모든 것이 通하는 황영구 박사의

通

경찰학개론

경찰학개론 通 시리즈 Ⅰ

2013년 개정판

모든 것이 通하는 황영구 박사의

경찰학개론

경찰학박사 **황영구** 편저

【머리말】

　그동안 대학 및 경찰고시학원에서 다년간 학생들을 지도할 때마다 아쉬운 것은 시중에 많은 경찰학개론 교재가 나와 있지만, 짧은 시간에 반복하여 학습효과를 얻을 수 있는 교재가 없다는 것입니다. 특히, 기존 경찰학개론 수험서는 수험생 스스로 중요내용을 파악하고 정리하기에는 너무 어렵게 구성이 되어 있다는 점입니다.

　따라서 본 저자는 경찰(공개 · 특별)채용시험, 경찰승진시험에 대비할 수 있도록 기존의 경찰시험기출문제와 경찰실무문제집 등을 면밀히 분석하여 반영하였으며, 수험생들이 효율적으로 내용을 정리할 수 있는 "**通 경찰학개론 기본서**"를 집필하게 되었습니다.

　通 경찰학개론의 가장 큰 특징은 다음과 같습니다.

첫째, **通** 경찰학개론 기본서는 순경공채 기출문제(2001~2012.8), 경찰승진 기출문제(1996~2012.1), 그 밖에 경찰간부시험 기출문제, 해양경찰 기출문제, 경찰 실무문제집 등을 분석하여 정리한 수험서입니다.

둘째, **通** 경찰학개론 기본서는 최근에 개정 및 제정된 법규를 철저히 반영하여 순경시험 및 승진시험을 준비하는 데 만전을 기하였습니다.

셋째, **通** 경찰학개론 기본서는 기존 경찰학개론 수험서와 달리 모든 내용을 〈표〉로 작성하였으며, 특히 시험에 출제된 중요한 지문에 대해서는 출제연도를 표시하여 중요내용 파악 및 정리가 가능하도록 하였습니다.

　끝으로, 본서의 출간을 위하여 수고해 주신 한국학술정보(주) 채종준 대표이사님과 조현수 팀장을 비롯하여 출판부 직원 여러분께 진심으로 감사를 드립니다.

2013년 1월

경찰학박사 황영구

목차

1부   경찰학개론 총론

# 총론

제1장

경찰학의 기초이론

제1절　경찰학의 등장

Ⅰ. 경찰학의 등장

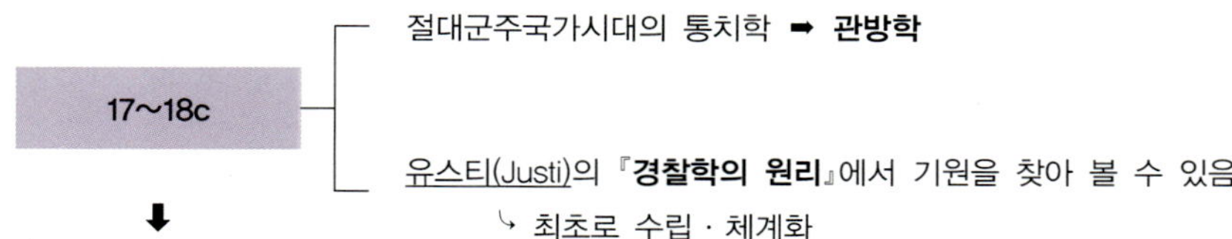

① **군주의 통치철학**으로 성립
② **내무행정 전체**를 대상
③ 절대주의적 국가권력을 기초지우는 학문으로 성립

Ⅱ. 경찰학의 연구분야

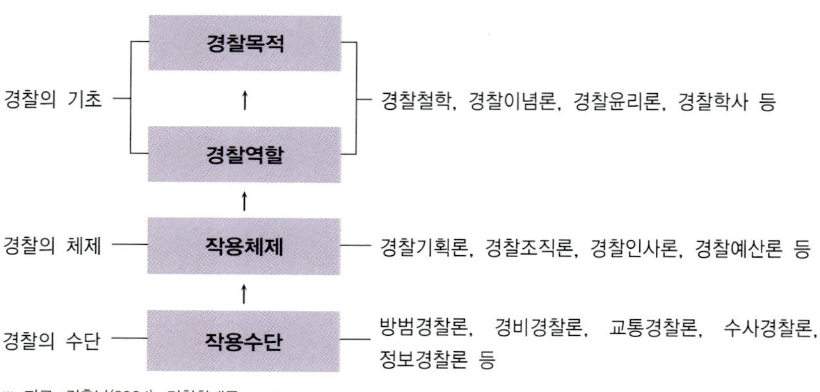

※ 자료: 김충남(2004), 경찰학개론, p.17

Ⅲ. 각국의 연구

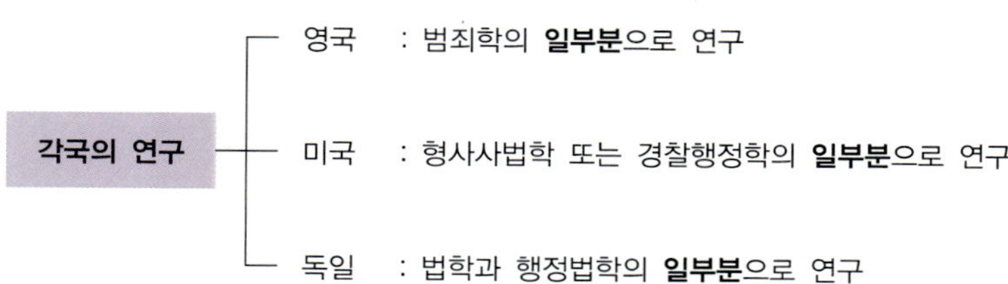

Ⅳ. 경찰학의 접근방법

역사적 접근방법	의 의	과거의 경찰에서 발생한 사건들을 찾아내고, 그것을 비판적으로 평가·기술하는 동시에 **사건들 간의 인과관계를 규명**하는 접근방법
	내 용	㉠ **각종 경찰제도의 진정한 성격과 그 제도가 형성되어 온 특수한 방법을 인식하는 유일한 수단을 제공**해 준다. {11.8 순경} ㉡ 과거와 현재의 사건들이 다양한 방식으로 상호 연계되어 있어 **과거의 충분한 이해가 현재의 문제를 효과적으로 해결**하는 데 도움을 준다. ㉢ 인간행태에 초점을 두는 미시적 연구가 아닌 **사회제도 또는 제도의 개혁과 관련된 정책연구에 유용한 시사점을 제공해 주는 것으로 인정**되고 있다. {11.8 순경}
행태론적 접근방법	의 의	**경찰조직 구성원의 행동양식의 연구에 초점**을 두는 접근방법
	특 징	㉠ **경찰현상을 비롯한 사회적 현상도 자연과학과 마찬가지로 엄밀한 과학적 연구가 가능하다고 간주**한다. {11.8 순경} ㉡ 사회현상을 관찰 가능한 객관적 대상으로 보고, **인간의 주관이나 의식을 배제해야 하며, 인식론적 근거로 논리실증주의를 신봉**하고 있다. {11.8 순경} ㉢ 행태주의는 명백한 자극과 반응으로 간주할 수 있는 행위 또는 행동만을 연구대상으로 삼는 심리학적 행동주의와 달리 특정 질문에 따른 반응을 통해 파악할 수 있는 태도, 의견, 개성 등도 행태에 포함시킨다. ㉣ 전술한 행태의 규칙성, 상관성 및 인과성을 경험적으로 입증하고 설명할 수 있는 것으로 간주한다. ㉤ 연구에서 가치와 사실을 명백히 구분하고, 가치중립성을 지키고 있다. ㉥ 개념의 조작적 정의를 통해 객관적인 측정방법을 사용하며, 자료를 계량적 방법에 의해 분석한다. ㉦ 형태주의는 집단의 고유한 특성을 인정하지 않은 방법론적 개체주의 시간을 견지한다.
법률적 접근방법	의 의	법치주의 원리를 바탕으로 하고 있는 경찰국가에서 **가장 중요시되는 접근방법**이고 또한 **가장 오래된 접근방법**
	장 점	㉠ 경찰현상을 분석하는 민주이론과 양립되어 조화를 이룬다는 점 ㉡ 시민은 물론 경찰관의 권익을 보장함 ㉢ 경찰행위와 결정에 대한 긍정적 또는 부정적 법령을 분석
	단 점	㉠ **경찰과정을 바라보는 시각이 편협하고, 왜곡되기 쉽다는 점** {11.8 순경} ㉡ 법적 기준이나 지침이 명확하지 않는 경우가 많아 **정확한 해석이 어렵다는 점** {11.8 순경} ㉢ 경찰과정의 **역동적 측면을 파악할 수 없다는 점**, 즉, 경찰 내부에서 이루어지고 있는 정책결정이나 가치갈등 같은 **동태적 측면들을 파악할 수 없다는 점** {11.8 순경}
체제론적 접근방법	의 의	연구의 기본적 관점을 체제로 파악하며, 특히 **오늘날 중요시되는 접근방법**
	내 용	정체사회와 제도의 관념을 부인하고, **체계적이고 발전적으로 사회가 변동한다는 관점에 입각**하고 있다.
제도적 접근방법	의 의	경찰제도를 중심으로 서술적인 연구를 수행하는 방법으로 **경찰과 관련된 각종 기관이나 직제에 비중**을 두고, 그에 대한 구체적 기술에 관심을 갖는 접근방법
	장 점	제도나 법규에 관한 자료는 도서관 또는 관련기관으로부터 쉽게 구할 수 있기 때문에 연구에 용이하다는 점
	단 점	㉠ 공식적 제도나 법률에 기반하고 있기 때문에 **정태적임** ㉡ 제도 이면의 **동태적 측면을 파악하기 어렵다는 점** ㉢ 제도와 실제 간의 괴리를 설명하지 못한다는 점

※ 자료: 김충남(2004), 경찰학개론. pp.20~25.

제2절　경찰의 개념

I. 대륙법계 경찰개념의 역사적 변천

고대시대
① 헌법을 의미하는 라틴어인 politia에서 유래
{09.1 승진, 08.1 경간부, 07.3 경간부, 06.8 순경, 05.7 경간부}
② **국가작용일체** {09.1 승진}

중세시대
① 프랑스(14C 말): **국가목적, 국가작용, 국가의 평온하고 질서 있는 상태를** 의미
{09.1 승진, 07.3 경간부, 06.8 순경}
↓ (15C말: 계수) {10.1 승진}
② 독일(16C): 제국경찰법에 의해 **일체 국가작용(교회행정 제외)**
{06.8 순경, 05.7 경간부, 04.11 순경, 02.1 승진, 07.3 경간부}

경찰국가시대
(17, 18C 초)

절대군주시대
(분업화 · 전문화)
㉠ 절대군주제의 체제가 강화됨에 따라 경찰로서 통치권의 전반을 행사하는 이른바 경찰국가시대가 도래 {10.1 승진, 08.1 경간부, 07.3 경간부, 05.7 경간부}
㉡ 관료는 국왕의 절대적 권력에 복종, 국민에 대해 포괄적인 권한에 근거하여 국민의 권리관계에 간섭하고 지배하였다. {03.1 승진, 05.2 경간부}

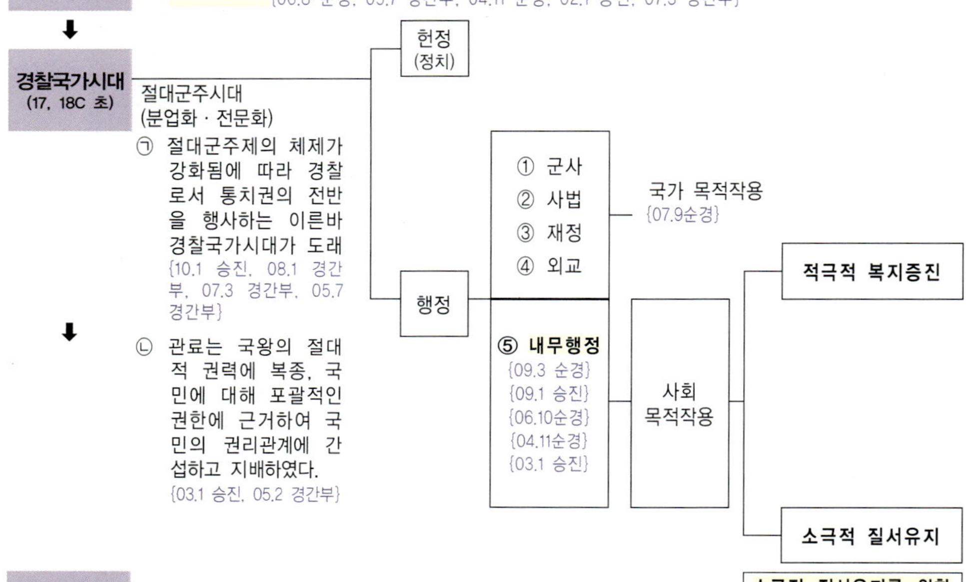

법치국가
(18C 말 · 19C)
{08.1 경간부}

계몽주의 철학 등장 → 법치국가 도래(시민의 주체성 회복) {12.8 순경}

자연법사상, 권력분립주의, 자유주의 등의 영향으로 경찰분야에서도 적극적 복지경찰분야 제외 {08. 7 순경, 06.8 순경, 03.1 승진}

→ **소극적 질서유지를 위한 위험방지 분야 한정(치안행정)(사법 제외)** {09.3 순경, 04.11 순경, 03.1 승진}

2차 대전 이후

비경찰화과정 {12.8 순경, 09.3 순경, 07.3 경간부, 01.10 순경}
{협의의 행정경찰(영업, 건축, 보건, 위생, 도로, 산림 등)}
→ 다른 행정관청으로 이관

→ **보안경찰** 임무에 국한
(협의의 행정경찰 제외)

【대륙법계 국가의 경찰개념 변천과정】

시대	경찰개념	특징
고대국가시대	국정 전반	경찰과 다른 국가작용의 미분화
중세국가시대	모든 국가작용(교회행정을 제외)	
경찰국가시대	내무행정전반(소극적 + 적극적)	경찰과 다른 국가작용의 분화
법치국가시대	소극적인 질서유지에 한정(위험방지)	
2차 대전 이후	보안경찰	

<table>
<tr><td colspan="2" align="center">【치안행정 : 소극적 위험방지분야에 한정】</td></tr>
<tr><td>프로이센
일반란트법
(1794)</td><td>독일에서는 칸트 등의 계몽주의와 자연법 사상하에서 "경찰관청은 **공공의 평온 · 안녕 및 질서를 유지**하고, 또한 공중 및 그의 개개 구성원들에 대한 **절박한 위험을 방지**하기 위하여 필요한 조치를 취하는 것이 경찰의 직무이다."라고 규정하고 있다. {10.1 승진, 12.8 순경}</td></tr>
<tr><td>죄와형벌법전
(=경죄처벌법전)
(1795)</td><td>프랑스의 죄와형벌법전에서 "경찰은 **공공의 질서 · 자유 · 재산 및 개인의 안전의 보호**를 임무로 한다."고 규정하고 있다. {09.1 승진}
① **행정 · 사법경찰의 구별을 처음으로 법제화** {09.3 순경}
② **행정경찰이라는 용어가 유래**　　　③ **일본의 행정경찰규칙의 모범**
④ **경찰의 직무를 소극목적에 한정**</td></tr>
<tr><td>지방자치법전
(1884)</td><td>프랑스의 지방자치법전에서 "자치제경찰은 **공공의 질서 · 안전 및 위생을 확보**함을 목적으로 한다."고 규정하고 있으며, 경찰의 직무를 **소극목적에 한정**하고 있으나, 역시 위생사무 등 **협의의 행정경찰적 사무가 포함**되어 있음을 알 수 있다. {10.1 승진}</td></tr>
<tr><td>프로이센
경찰행정법
(1931)</td><td>경찰관청은 일반 또는 개인에 대한 공공의 안녕과 질서를 위협하는 위험을 방지하기 위하여 현행법의 범위 내에서 의무에 합당한 재량에 따라 필요한 조치를 취하지 않으면 안된다.</td></tr>
</table>

<table>
<tr><td colspan="2" align="center">【경찰권에 관련된 기타 중요 판례】 {03.11 순경}</td></tr>
<tr><td>크로이쯔베르크
(Kreuzberg)
판결(1882)</td><td>① 위험방지 분야에 한정: 경찰의 임무는 **위험방지에 한정**된다는 사상이 법해석상 확정되는 계기를 만든 판결 {07.12 순경, 02.1 승진, 01.1 승진}
② 일반적 수권조항의 정당화: **소극적인 위험방지** 분야에 대해서는 일반적 수권조항의 존재를 정당화하였으나, 공공복리를 위한 적극적인 경찰권 행사는 특별조항에 근거하여서만 할 수 있다고 하여 수권조항에 근거한 경찰권 발동의 한계를 정하고 있다.</td></tr>
<tr><td>맵(Mapp)판결
(1961)</td><td>불법수색과 불법압수로 수집한 증거는 피고인에게 불리하게 사용될 수 없다는 판결</td></tr>
<tr><td>Escobedo판결</td><td>**변호인과의 접견교통권을 침해**하여 획득한 자백의 증거능력을 부정한 판결</td></tr>
<tr><td>Miranda판결</td><td>변호인선임권, 접견교통권 및 진술거부권을 고지하지 않은 상태에서 이루어진 **자백의 증거능력을 부정**하여, 자백의 임의성과 관계없이 채취과정에 **위법이 있는 자백을 배제**하게 된 판결</td></tr>
<tr><td>미망인판결
(Witwen Urteil)</td><td>**신의성실의 원칙을 근거**로 원고의 신뢰보호를 **최초로 인정**한 판결</td></tr>
<tr><td>띠톱사건
(Bands geurteil)</td><td>독일에서 **최초로 경찰개입청구권을 인정**한 사건</td></tr>
<tr><td>인구조사판결
(1983)</td><td>인구조사판결은 국가에 의한 **개인정보수집의 기본권 침해를 인정**한 판결
{10.1 승진}</td></tr>
<tr><td>Blanco판결</td><td>공무원에 의한 손해배상책임 있고, 그 관할은 행정재판소라는 원칙이 확립되는 계기가 된 판결</td></tr>
</table>

【소극적 질서유지와 관련된 법과 판결】 {04.3 순경, 03.1 승진}

① **독일의 프로이센 일반란트법(1794)**　　　② **프랑스의 죄와형벌법전(=경죄처벌법전)(1795)**
③ **독일의 프로이센 경찰행정법(1850)**　　　④ **크로이쯔베르크(Kreuzberg)판결(1882)**
⑤ **프랑스의 지방자치법전(1884)**　　　⑥ **독일의 프로이센 경찰행정법(1931)**

II. 대륙법계 경찰개념(전통적 개념)과 영미법계 경찰개념(현대적 개념) {12.8 순경, 03.11 순경}

	대륙법계(프, 독)	영미법계(영, 미)
입장	전통적 입장	현대적 입장
중심학자	행정법학자 중심	행정학자 중심
경찰권 기초	**통치권적**	**자치권적**
경찰의 개념	경찰은 무엇인가? 경찰권의 **발동범위 · 성질을 기준으로** 형성	경찰활동은 무엇인가? = 경찰은 무엇을 할 것인가? 경찰의 **역할 및 기능을 기준으로** 형성 {10.1 승진, 08.1 경간부, 08. 7 순경, 07.9 순경, 07.3 순경, 02.5 순경}
임 무	공공의 안녕 · 질서유지(**국가안전**)	국민의 생명 · 신체 · 재산(**개인안전**)
수 단	**권력적 작용(명령, 강제)**	**비권력적 작용(서비스)**
행정경찰과 사법경찰의 구분	**행정, 사법 구분(O)** 행정경찰만 경찰의 고유한 임무로 봄	**행정, 사법 구분(×)** 행정 · 사법(수사)경찰 모두를 경찰의 고유한 임무로 봄
시민과의 관계	**경찰과 시민은 대립관계** (객체)	**경찰과 시민은 상호 협력 및 동반자 관계** (주체)
관 계	**대립**, 반비례, 수직	동등(동반자), 비례, 수평
역 사	경찰권 발동범위 **축소** 역사	경찰권 활동범위 **확대** 경향

【한국의 경찰개념의 형성】

대륙법계의 영향	① **프랑스와 독일의 경찰개념이 일본에 계수**되었고, **한국 경찰개념은 일본을 통해 계수**되었으므로 **대륙법계 경찰개념을 전수받은 것**으로 볼 수 있다.
	② 행정경찰이라는 용어는 **프랑스의 죄와형벌법전(1795)에서 유래**되었다.
	  ☞ 프랑스의 죄와형벌법전(1795) → 일본의 행정경찰규칙(1875)
	    → 조선의 행정경찰장정(1894)
	③ 독일의 경찰개념은 **일본을 경유**하여 **한국에 영향**을 미쳤다.
	  ☞ 독일(프로이센): 일본의 행정집법법(1900) → 일본의 행정집행령(1914)
	    → 일본의 경찰관등직무집행법(1947) → 한국의 경찰관직무집행법(1953)

영미법계의 영향	① 미군정시기 1953년 국민의 생명·신체 및 재산보호라는 **영 · 미법계의 사고가 최초로 반영된 경찰관직무집행법이 제정**되었다. ② 범죄수사가 경찰의 사무관할로 규정된 것은 **영 · 미법계의 영향을 받은 것**이다.

Ⅲ. 형식적 의미의 경찰과 실질적 의미의 경찰의 구분

형식적 의미의 경찰 (어디서 하느냐?)	실질적 의미의 경찰 (무슨 일을 하느냐?)
① 실정법(경찰법 제3조, 경찰관직무집행법 제2조, 정부조직법 등)상 **보통경찰기관(경찰청, 지방경찰청, 경찰서)에 분배**되어 있는 **모든 작용**, 국가별로 차이가 큼. {12.2 순경, 10.3 순경, 10.2 경간부, 10.1 승진, 09.2 경간부, 07.3 순경, 05.10 순경, 05.3 순경, 03.3 순경} ➡ 치안서비스 활동, 방범지도, 순찰, 지리안내 등 ② **실무상 개념**이며, **조직을 중심**으로 **역사적·제도적인 면**에서 정립된 개념 {10.2 경간부, 08.10 순경, 05.10 순경} ③ 소극적 질서유지 + **적극적 서비스** {08.10 순경, 05.10 순경, 05.7 순경} ④ 각국마다 시대와 역사에 따라 다르며, **유동적·상대적 개념**이다. {10.3 순경, 03.3 순경}	① **일반통치권을 근거**하여 국민에게 **명령·강제하는 권력적 작용** {11.2 순경, 10.3 순경, 10.2 경간부, 10.1 승진, 07.9순경, 03.3 순경} ➡ 특별권력에 의거하여 명령·강제하는 활동(의원경찰, 법정경찰 등)은 제외 ② 경찰개념을 조직이 아닌 **작용·성질을 중심**으로 파악된 개념이며, **이론적·학문적인 면**에서 정립된 개념 {10.2 순경, 10.1 승진, 08.7순경, 05.10 순경, 05.7 순경, 05.3 순경, 03.3 순경} ③ **소극적**으로 일반 **사회공공의 현재 및 장래**의 안녕·질서 유지함을 목적으로 하는 **사회목적적 작용** {10.2 경간부, {10.1 승진} ➡ 공공복리의 증진을 위한 적극적 복리작용은 제외 ➡ 개인 상호 간의 법률관계의 질서유지를 위한 민사작용은 제외 ➡ 과거의 범죄행위에 형벌을 가하는 것을 목적으로 하는 사법(수사)작용은 제외 ➡ 국가 자체의 존립과 안전을 직접목적으로 하는 외교·군사 등의 국가목적적 작용은 제외

【형식적 의미의 경찰과 실질적 의미의 경찰 비교】
{10.1 승진, 09.2 경간부, 08.10 순경, 08. 7 순경, 07.3 순경, 05.7 순경, 05.3 순경, 02.5 순경}

※ 자료 : 김은표(2010), 멘토 경찰학개론, p. 6

◇ **의원경찰, 법정경찰** : ① 특별권력에 기초 ② 내부질서유지가 목적 ③ **원칙적으로 일반경찰권에 우선** {03.2 경간부}

◇ 형식적 의미의 경찰과 실질적 의미의 경찰은 반드시 일치하는 것은 아니다. 따라서 형식적 의미의 경찰이 언제나 실질적 의미의 경찰이 되는 것도 아니고, 실질적 의미의 경찰이 모두 형식적 의미의 경찰이 되는 것도 아니다.

◇ 실질적 의미의 경찰은 형식적 의미의 경찰 개념보다 넓은 의미로 형식적 의미의 경찰을 모두 포괄하는 상위개념이다.(×) {11.2 순경}

Ⅳ. 경찰의 분류 {07.10 순경, 03.2 경간부}

구분	종류	내용
직접적인 목적 {12.2 순경, 06.10 순경} {03.1 승진}	(광의) 행정경찰	① **공공질서의 유지 및 범죄예방**을 목적 ② 사회에 야기된 **현재 및 장래**의 사태에 대하여 발동하는 작용 ③ **각종 경찰법**에 의하여 적용 ④ **경찰청장의 지휘 및 감독** ⑤ **실질적 의미의 경찰**
	사법경찰	① **범죄의 수사 및 체포**를 목적 ② **과거의 사태**에 대한 작용 ③ **형사소송법**에 의한 권한 행사 ④ **검사의 지휘 및 감독** ⑤ **형식적 의미의 경찰**
		행정경찰과 사법경찰의 구분은 삼권분립의 사상에 투철했던 **프랑스에서 확립된 것**이며, 그 영향을 받아 **한국은 조직법상으로 행정경찰과 사법경찰의 구분이 명확하지 않다.** 즉 보통경찰기관인 경찰청 조직의 임무범위에 행정경찰과 사법경찰이 모두 포함되어 있다. {12.2 순경}
업무의 독자성 {12.2 순경 11.2 순경 07.9 순경}	보안경찰	**다른 행정작용을 동반하지 않음(독자성○)**, 조직상 보통경찰기관이 관장, 형식(○), 실질(○) {02.7 순경} ⑩ 생활안전, 교통, 경비, 정보, 보안(대공), 외사, 소방, 해양경찰
	협의의 행정경찰	**다른 행정작용과 결합(독자성×)**, 조직상 일반행정기관이 담당, 형식(×), 실질(○) {03.4 순경, 99 승진, 97 경위} ⑩ 건축, 위생(보건), 관세, 산림, 경제, 공물, 철도경찰 등
경찰권의 발동시점 {02.5 순경} {08.2경간부}	진압경찰	범죄수사를 위한 권력적 작용 ⑩ 범죄제지, 범죄의 진압 및 수사, 피의자의 체포 등
	예방경찰	사전 범죄예방을 위한 권력적 작용 ⑩ **정신착란자·주취자를 경찰이 보호조치시키는 경우, 총포·도검·화약류 취급제한,** 가축의 도살처분 등 {11.2 순경, 02.2 경간부}
권한과 책임소재 {10.3 순경} {09.3 순경} {08.2경간부} {03.7 순경} {03.1 승진}	국가경찰	중앙정부, 집권형 → **능률성(↑), 민주성(↓)**, 전국적 조직 대륙법계의 국가
	자치체경찰	지방정부, 분권형 → **능률성(↓), 민주성(↑)**, 지역적 조직 영미법계의 국가
경찰활동의 질과 내용 {12.2 순경, 02.5 순경}	질서경찰	**강제력을 수단으로** 사회질서 유지를 위한 법집행, 권력적 작용 ⑩ **범죄수사, 다중범죄진압, 교통위반자에 대한 통고처분** 등
	봉사경찰	강제력이 아닌 계몽, 지도 **서비스 수단**으로 하는 **비권력적 작용** ⑩ **방범지도, 청소년 선도, 교통정보의 제공, 방범순찰, 수난구호** 등
위해정도, 적용법규, 담당기관 {08.2 경간부}	비상경찰	전시, 계엄법, 군대
	평시경찰	평온한 상태, 일반법규, 보통경찰기관
보호되는 법익의 가치	고등경찰	정치, 사상 ⑩ 사상·종교·집회·결사·언론·출판 등에 관계된 경찰작용
	보통경찰	사회, 개인 ⑩ 교통경찰, 풍속경찰 등
담당기관 및 질서유지 범위	일반경찰	경찰공무원법상의 경찰공무원에 의한 일반 공안유지활동
	청원경찰	청원경찰법에 의한 청원경찰에 의하여 이루어지는 경찰활동

【국가경찰과 자치경찰의 비교】

구분	국가경찰	자치경찰
권한과 책임의 소재	국가	지방자치단체
조직체계	중앙집권적 단일화된 명령체계	자치단체별 지방부권적 조직체계
역 할	국민의 보호와 국가적 질서유지	국민의 보호와 사회공공의 안녕과 질서유지
수 단	명령·강제라는 권력실행적 수단	권력적 수단보다 ㅂ 권력적 수단을 중시
장 점	㉠ **강력한 집행력 행사가 가능하고 비상시 유리** {97.1 승진} ㉡ **전국에 걸쳐 통일적으로 조직운영 · 관리** {03.1 승진} ㉢ **경찰활동의 기동성과 능률성 발휘** ㉣ **전국적 통계자료의 정확성** {03.1 승진} ㉤ **타 행정부문과의 긴밀한 협조 · 조정이 원활** {03.1 승진} ㉥ **다른 지방자치경찰과의 협조가 원활** ㉦ **경찰기관 사이의 협조성** ㉧ **업무집행의 통일성** {01.1 승진}	㉠ **지역실정에 맞는 경찰행정이 가능** {03.1 승진, 97.1 승진} ㉡ **지역주민에 대한 경찰의 책임감이 높음** ㉢ **자치단체별로 독립되어 있어 조직 운영의 개혁이 용이** {97.1 승진} ㉣ **인권보장과 민주성이 보장되어 주민의 지지가 용이** {97.1 승진} ㉤ **주민의견 수렴이 용이하여 주민들의 지지를 받기 쉬움** {10.3 순경} ㉥ **재원과 책임의 분담** {02.1 승진} ㉦ **경찰과 시민과의 유대강화** {02.1 승진} ㉧ **주민협력 치안 활성화** {02.1 승진}
단 점	㉠ **경찰 본연의 업무 이외 타행정 업무에 이용** {03.7 순경} ㉡ **지방 실정에 적합한 치안행정 수립 곤란** ㉢ **관료화되어 지역주민을 위한 봉사자 의식 희박** {03.7 순경} ㉣ **각 지방의 특수성과 창의성의 저해** {03.7 순경} ㉤ **조직이 비대화되고 관료화 될 우려가 큼**	㉠ **집행력과 기동성이 약함** {05.1 승진} ㉡ **전국적·통일적 광의적 경찰활동 곤란** ㉢ **지방세력가의 경찰행정 개입으로 경찰부패 초래** ㉣ **전국적 통계자료의 정확성의 곤란** ㉤ **다른 경찰기관 및 국가행정기관과의 협조, 응원체제가 곤란** {05.1 승진, 03.7 순경, 99.1 승진} ㉥ **기동화, 광역화범죄에 대처하기 어려움** ㉦ **전국적인 범죄예방과 대응능력의 분산**

【참고】 우리나라는 현행 경찰법에서는 지방경찰청장의 소속을 시·도지사르 하고 있음으로 자치경찰제적 요소를 두고 있으나, **원칙적으로 국가경찰제도이며, 자치경찰제도(제주특별자치도)를 부분적으로 실시**하고 있다.

제3절　경찰의 임무

I. 실정법상 경찰의 임무 {10.3 순경, 09.1 승진, 07.12 순경, 06.10 순경, 03.11 순경}

경찰조직법(조직근거 · 임무)	경찰작용법(발동근거 · 한계)
경찰법 제3조(1991) {96.1 승진}	경찰관직무집행법 제2조(1953) {06.10 순경}
① 국민의 생명 · 신체 및 재산 보호	① 국민의 생명 · 신체 및 재산 보호
② 범죄예방 · 진압 및 수사	② 범죄예방 · 진압 및 수사
③ 경비 · 요인경호 및 대간첩작전 수행	③ 경비 · 요인경호 및 대간첩작전 수행
④ 치안정보의 수집 · 작성 및 배포	④ 치안정보의 수집 · 작성 및 배포
⑤ 교통의 단속과 위해의 방지	⑤ 교통의 단속과 위해의 방지
⑥ 그 밖의 공공의 안녕과 질서유지	⑥ 기타 공공의 안녕과 질서유지

☞ **경찰의 임무범위**에 대해서는 정부조직법 제29조, 경찰법 제3조, 경찰관직무집행법 제2조에 규정되어 있다.
☞ **보안(대공)에 대한 업무**는 경찰법 제3조, 경찰관직무집행법 제2조에 명시가 되어 있지 않다.
☞ 한국은 영·미법계의 영향을 받아 **범죄수사가 경찰의 임무(사물관할)로 규정**되어 있다.

II. 경찰의 기본적 임무

1. 공공의 안녕과 질서에 대한 위험방지(궁극적인 목적)

1) 공공의 안녕(성문법규의 총체) – 국가, 집단, 개인과도 관련되어 있는 개념(이중적 개념)
{03.11 순경}(기속에 따른 경찰작용)

의 의	① 법질서, 권리, 각 개인의 법익, 국가 또는 기타 공권력 주체의 기관과 집행의 불가침성을 의미한다.		
	② **공공의 안녕은 국민의 생명·신체 및 재산보호를 포함하는 상위개념**이다.		
법익의 불가침 (제1의 요소)	공법규범 위반	① **경찰개입(○)** ② 경찰의 활동은 형법적 가벌성의 범위 내에만 **국한되는 것이 아니며,** 가벌성의 범위 내에 이르지 아니하였을지라도 국민의 자유나 권리를 침해하지 않는 범위 내에서 수사나 정보, 보안, 외사의 기본적인 활동을 할 수 있다. {07.12 순경, 03.1 승진}	
	사법규범 위반	① **원칙 : 경찰개입(×),** 사법질서의 침해는 민사법원에 의해 보호가 된다. ② **예외 : 경찰개입(○) –** 보충성의 원칙에 의해 개입이 가능하다. **【보충성의 원칙】** {05.3 순경, 02.5 순경, 02.3 순경} 사법상의 문제에 대한 경찰권의 개입은 다른 조치가 효과를 발휘하지 못하거나 다른 조치를 기다릴 시간적 여유가 없는 경우 즉, **경찰의 원조 없이는 법을 실현시키는 것이 무효화되거나 사실상 어려워질 경우에 최소한도에서 경찰권 발동이 가능하다는 원칙**	

국가존립과 국가기관의 기능성의 불가침	국가존립	① 경찰은 **사회공공과 관련**하여 국가의 존립을 보호할 의무가 있다. 군대는 **적국과의 관계**에서 국가의 존립을 보호할 의무가 있다. ② 국가존립에 관한 침해에 대하여는 **대내적으로 내란의 죄, 대외적으로 외환의 죄를 형법상 규정**하고 있다. ③ 경찰은 가벌성의 범위 내에 이르지 아니하더라도 **국민의 자유나 권리를 침해하지 않는 범위 내에서 수사나 정보, 보안, 외사활동**을 할 수 있다.
	국가기관의 기능성	① 경찰은 국가기관 즉, 정부, 국회, 법원, 자치단체 등 **국가기관의 정상적인 기능발휘를 보호**할 의무가 있다. ② 주의할 것은 위험이라고 판단하여 경찰이 개입하는 것은 오히려 국민들의 자유나 권리를 침해할 가능성기 있기 때문에 **경찰은 위험의 범주를 너무 확대해석해서는 안된다.**
개인의 권리 및 법익의 불가침		① 개인적 법익뿐만 아니라 **재산적 가치 또는 무형의 권리(지적재산권 보호)도 보호**할 의무가 있다. {03.3 순경, 03.1 승진, 02.5 순경} ② 개인적 법익에 대한 침해가 동시에 형법이나 행정법 등의 공법규범을 위반한 경우는 보충성의 원칙은 적용이 되지 않고 직접적으로 개입해야 한다. {02.5 순경} ③ 사적인 문제의 경우는 개인이 효과적인 보호시기를 놓쳐 권리가 무효화될 우려가 있을 때에만 경찰에 원조를 요청할 수 있으며, 이 경우에도 **경찰의 원조는 잠정적 보호에 그쳐야 한다.** 즉, 최종적인 판단은 법원에서 한다.

2) 공공질서(불문법규의 총체) – 시대에 따라 변화하는 **유동적 개념**
{09.1 승진, 03.11 순경}(재량에 따른 경찰작용)

의 의	① 공공질서라 함은 **시대의 지배적 윤리와 가치관**에 따를 때, 인간의 원만한 공동체 생활을 위한 불가결적 전제조건을 말하며, 공공사회에서의 각 개개인이 행동에 대한 **불문규범의 총체**를 의미한다. {03.11 순경} ② **시대에 따라 변화하는 유동적인 개념**이지, 절대적·고정적인 개념이 아니다. [예] 공공과거에는 장발이니 미니스커트를 단속의 대상이 되었으나, 현재에는 단속 대상에 속하지 않는다.
적용한계	① 오늘날 거의 모든 영역에 대해 법적 규범화가 이루어지고 있기 때문에 **공공질서 개념의 사용 가능 분야는 점점 축소**되고 있다. {09.1 승진, 03.11 순경} ② 법치주의, 민주주의의 원칙에서 보아 법규범이 아닌 사회규범에 의하여 요구되는 것을 경찰권력에 의해 강요할 수 없으므로, 통치권의 집행을 위한 가입의 근거로서 사용될 수 있는 개념은 **엄격한 합헌성을 요구**받는다. {09.1 승진, 03.11 순경}
경찰의 개입 여부	공공질서 위반 시 경찰의 개입에 대해서는 **경찰권의 재량적 결정**에 맡겨지나, 기본적 인권의 **헌법적 보호규정을 준수하는 범위 내**에서 경찰관청의 의무에 합당한 재량행사에 따라야 한다.

3) 위험방지

개 념	경찰상의 위험	"가까운 장래에 공공의 안녕(또는 질서)에 손해가 나타날 수 있는 가능성이 개개의 경우에 충분히 존재하는 상태"로서, **경찰상 보호법익에 대한 침해 가능성**을 말하며, **경찰개입의 전제조건**이 된다. {02.11 순경, 01.11 순경} 경찰은 **경찰책임자에 의해 야기되지 않는 위험도 방지해야 할 의무가 있다.** {06.10 순경}
	경찰법상의 손해	보호받는 개인 및 공동의 법익에 관한 정상적 상태의 객관적 감소를 뜻하며 **보호법익의 현저한 침해행위가 있어야만 한다.**
	위해 (경찰위반)	**위험과 장해**(이미 침해가 발생된 상태)를 말한다.
위험의 현실성	추상적 위험 이전상태	위험의 존재는 경찰개입의 최소요건으로 위험이전 단계에서 사전배려차원의 개입은 허용되지 않으며,{06.10 순경, 01.11 순경} **구체적 또는 추상적 위험이 존재할 때 개입이 가능**하다. → **사전배려의 원칙 인정(×)** {예외 : 환경행정분야 인정(○)}
	추상적 위험	위험 가능성 존재 – **경찰개입을 위한 최소요건** {06.10 순경, 02.11 순경, 01.11 순경} **【사례】** 차가 다니지 않는 야간에 보행자가 빨간 불에 차도를 건너는 경우 **구체적 위험은 존재하지 않더라도 경찰책임자가 되어 경찰의 단속대상이 된다.** 이유는 도로교통법 위반행위로서 법질서의 불가침성의 침해, 그리고 공공의 안녕의 보호법익인 도로교통을 침해하였기 때문이다. 단, **경찰관직무집행법상 위험발생방지조치를 취하기 위해서는 구체적 위험이 존재**하여야 한다. {02.11 순경}
	구체적 위험	① 위험 존재 – **경찰개입을 위한 요건** {02.11 순경} ② 경찰개입은 구체적 위험이 존재하는 경우에 가능하지만, **위험이 보호를 받게 되는 법익에 대해 필수적으로 존재해야 하는 것은 아니다.** {06.10 순경, 02.11 순경, 01.11 순경}

【경찰개입의 요건】

① 위험의 존재는 **경찰개입의 최소요건**이다.

② 위험이 보호법익에 대해 필수적으로 존재하여야 하는 것은 아니다.

③ 경찰책임자(경찰상 위험 또는 위해를 야기한 자)가 누구인지는 불문한다.

④ 경찰은 일반적인 위험방지, 즉 범죄의 예방분야나 장래의 위험방지를 위한 준비행위를 목적으로 활동할 수 있다.

【경찰관직무집행법 제6조(경찰개입을 위한 요건)】

① 구체적 위험　　　　② 위험의 실재적 상황　　　　③ 법익의 침해

위험의 인식여부	외관적 위험 (표현위험)	위험을 잘못 긍정한 경우, 원칙적으로 **손해배상 문제(×), 손실보상(×)** 【사례】 ① 심야에 순찰 중인 경찰이 '강도야'라는 소리를 듣고 달려가 이를 제압하였으나 실제로는 한 친구가 다른 친구를 놀려주려고 장난을 치고 있었던 경우 ② 심야에 순찰 중인 경찰관이 살려달라는 소리를 듣고 출입문을 부수고 들어갔는데 귀가 어두운 노인이 TV 형사극을 크게 켜 놓아 그 소리가 밖으로 들린 경우
	오상위험 (추정성 위험)	외관적 위험, 위험혐의, 정당화되지 않은 상태(위법)에서 위험존재를 잘못 추정한 경우, **손해배상 문제(○), 손실보상(○),** 당연히 발생하는 것은 아니다. {02.11 순경, 01.11 순경} 【사례】 약간의 물적 손해를 일으킨 화재가 있는 후에, 과민한 김순경이 가옥이 붕괴될 위험을 두려워하여 즉시 철거할 것을 명한 경우 – 김순경의 주관적 판단에 따른 위험이 존재할 뿐이다. 따라서 오상위험의 방지를 위하여 행해진 경찰의 조치는 위법이다.
	위험혐의 (위험의심)	① 실제 위험의 가능성은 예측되나 불확실한 경우 {10.3 순경} 【사례】 ㉠ 악취가 나서 인근주민의 생명과 신체에 위해가 나타나고 있다고 할 경우에 경찰이 주변에 있는 화학공장에 대해 조사차원에서 가동을 중단시키고 개입하는 경우 ㉡ 익명의 자에 의한 폭파위협이 있음을 이유로 경찰이 의사당 내의 사람을 모두 대피시킨 경우 ② 경찰의 개입은 위험의 존재여부가 명백해질 때까지는 조사차원의 **예비적 조치에만 한정**되어야 한다.
객관적 여부	주관적위험 · 객관적위험	경찰이 개입할 수 있는 위험의 개념은 사실에 기인한 **주관적 추정이지만, 정당화될 수 있는 일종의 객관화를 요구**한다. {07.12 순경, 02.11 순경}

2. 범죄의 수사 {03.11 순경}

① 범죄수사는 **사법경찰작용으로서 수사경찰의 주된 임무**이다.
② **경찰법 제3조와 경찰관직무집행법 제2조**는 각각 범죄수사를 경찰의 임무로 규정하고 있다.
　{10.3 순경, 08.2 경간부}
③ 형사소송법은 수사에 관한 일반법적 성질을 가지는 것이므로 **검사의 지휘를 받는 한도 내에서 경찰에 수사권을 수권**하고 있다. {10.3 순경, 08.2 경간부}
④ **행정상의 경찰권의 행사(행정경찰작용):** 행정편의주의에 따라 "~할 수 있다."고 규정하고 있는 경우가 대부분이다. {10.3 순경, 09.1 승진}
⑤ **수사(사법)경찰(수사법정주의 원칙):** 형사소송법 제196조가 "~하여야 한다."고 규정함으로써 법정주의 원칙을 천명하고 있다.

3. 치안서비스

① 21세기적 복지행정이 강하게 요구(소극적 위험방지 + 적극적 서비스 활동)
② 예
   ㉠ 교통정보의 제공　　　　　　　㉡ 지리정보의 제공
   ㉢ 인명구조　　　　　　　　　　㉣ 각종 보호의 제공
   ㉤ 어린이 교통안전교육　　　　　㉥ 순찰활동을 통한 범죄의 예방활동 등

【경찰임무에 대한 학자들의 견해】

학자	견해			
홀덴(R. N. Holden)	① 법집행	② 질서유지	③ 비상사태업무	④ 범죄예방
스콜니크(J. H. Skolnick)	① 법집행	② 질서유지	③ 봉사	
비트너(Egon Bittner)	① 법집행	② 범죄통계	③ 치안의 유지	
파이프(J. J. Fyfe)	① 질서의 유지 ② 생명재산과 헌법적 권리의 보호			

【경찰업무의 특수성】

위험성	① 위험을 수반하는 경우가 많아 강한 신체와 정의감이 요구된다. ② **무기휴대가 허용**된다.
기동성	**신속하게 대응하지 않으면 피해가 확산**되기 때문에 기동성이 요구된다.
돌발성	경찰활동의 대상은 **예측할 수 없는 돌발적인 경우가 대부분**이다.
권력성	① 경찰작용은 국민의 자유와 권리를 제한하는 성격을 갖는다. ② **일반국민이 경찰을 멀리하는 요인**이다.
정치성	① 정치적 목적을 위해 악용될 수 있는 정치성을 갖는다. ② **정치적 중립이 요구**된다.
조직성	위험하고 돌발적인 상황에 신속히 대처하기 위해 일반행정기관과는 다른 강화된 형태의 계층제를 기반으로 하는 조직이 요구된다.
기타	고립성, 보수성 등

제4절　경찰의 수단

I. 수단의 종류

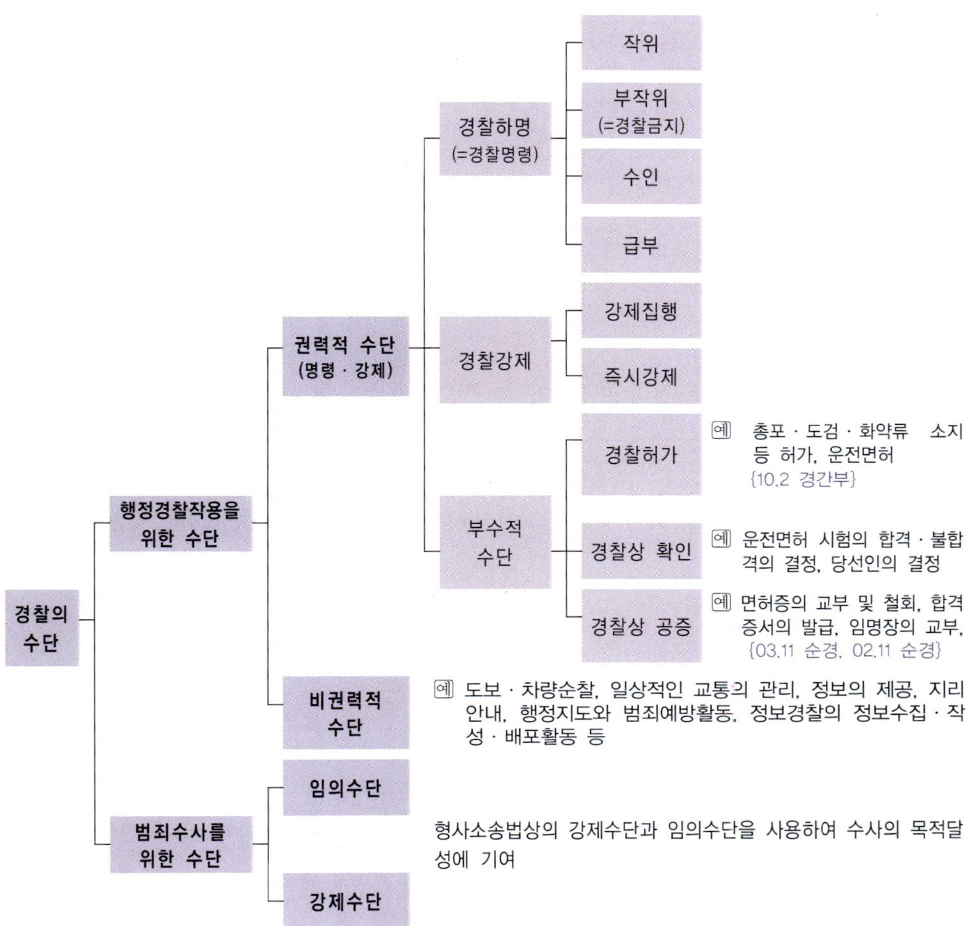

【경찰작용의 구체적 수단】		
행정경찰작용을 위한 수단	권력적 수단	① 명령 · 강제, 국민의 이익을 침해하는 **침익적 행위** ② **반드시 법적 근거**(조직법, 작용법)가 필요함.
	비권력적 수단	① 국민에게 이익을 주는 **수익적 행위** ② **조직법적 근거만으로** 가능(임무에 관한 일반조항만으로도 가능)
범죄수사를 위한 수단	임의수단(원칙)	상대방의 **동의나 임의의 협력**을 얻어서 행해지는 수사활동 예 피의자신문, 참고인 조사, 사실조회 등
	강제수단(예외)	상대방의 **의사에 반해** 행해지는 수사활동 예 체포 · 구속, 압수 · 수색 · 검증 등

제5절　경찰권(경찰활동의 기초)

I. 협의의 경찰권(실질적 의미의 경찰작용을 행할 수 있는 권한)

<table>
<tr><td rowspan="2">개 념</td><td>① 협의의 경찰권은 사회공공의 안녕과 질서를 유지하기 위하여 일반통치권에 의거 국민에게 명령·강제하는 권한을 말한다.
② 협의의 경찰권은 국가와 국민사이의 일반통치관계를 의미한다. {03.2 경간부}</td></tr>
<tr><td>　예 통행금지처분, 다중범죄진압, 노점상의 단속 등</td></tr>
<tr><td>발동요건</td><td>① 공공의 안녕에 대한 위해의 존재　　② 공공의 질서에 대한 위해의 존재
③ 경찰상 장애의 존재</td></tr>
<tr><td rowspan="5">대 상</td><td>원칙｜ 법률에 특별한 규정이 없는 한 통치권에 복종하는 모든 자는 자연인·법인, 내국인·외국인을 불문하고 경찰권의 대상이 된다. {05.7 순경, 03.2 경간부}</td></tr>
<tr><td>예외｜ 협의의 경찰권은 특별권력에 의한 명령·강제작용은 경찰이 아니다. 따라서, 국회의장 국회경호권한(국회법 제143조), 법원의 법정경찰권(법원조직법 제58조)은 일반통치권을 전제로 하지 않고, 내부질서를 목적으로 하는 경우에는 원칙적으로 일반경찰권에 우선한다. 즉, 협의의 경찰권 대상에 해당되지 않는다. {05.7 순경, 03.2 경간부, 97.1 경간부}</td></tr>
<tr><td>① 경찰책임자 아닌 자에 대한 발동여부
　협의의 경찰권의 발동은 경찰책임자에게만 가능한 것이 원칙이나, 예외적으로 법령상 근거가 있고, 긴급한 필요가 있는 경우에는 경찰책임자가 아닌 자에게도 가능하다.
　{10.2 경간부}</td></tr>
<tr><td>② 공공행정의 주체가 경찰권의 대상이 될 수 있는지 여부
　다른 행정기관이나 행정주체가 경찰의무에 위반하는 경우, 경찰권은 기능을 침해하지 않은 범위 내에서 가능하다.(허용 : 통설) {03.2 경간부}</td></tr>
<tr><td>② 협의의 경찰권에 의해서는 불특정다수인을 대상으로 하는 일반처분(입산금지, 통행금지)이 가능하다.</td></tr>
</table>

II. 수사권

<table>
<tr><td>개 념</td><td>국가 형벌권을 행사하기 위해 형사소송법에 의거 경찰에게 부여된 권한을 말한다.</td></tr>
<tr><td>성 질</td><td>수사권 발동은 사법경찰작용에 해당되고, 형식적 의미의 경찰작용의 기초가 된다.</td></tr>
<tr><td>대 상</td><td>특별한 규정이 없는 한 자연인(내국인, 외국인 불문)에게 수사권이 발동될 수 있으나, 예외적으로 법인(제한 있음)에게 적용되는 경우도 많다.</td></tr>
<tr><td>수사대상
의 제한
{01.6 순경}</td><td>① 외국원수 및 외교사절
② SOFA협정에 의거 공무집행중인 미군범죄(1차 재판권 – 미군당국) {02.5 순경}
③ 대통령 – 대통령의 형사상 특권(헌법 제84조)
④ 국회의원 – 의원의 불체포특권(헌법 제44조), 의원의 면책특권(헌법 제45조)
　☞ 한국주재 외국상사 직원은 일반경찰권의 대상</td></tr>
</table>

【협의의 경찰권과 수사권의 차이점】

협의의 경찰권에 의해서는 일반처분이 가능하고 **경찰책임자 이외의 비책임자에게도 권한이 발동**될 수 있는데 대하여, **수사권의 경우는** 피의자나 참고인 등 형사소송법에 규정된 관계자 이외에는 **발동될 수 없다.**

제6절　경찰의 관할(경찰권의 범위)

Ⅰ. 경찰의 관할(경찰권의 범위)

의의		경찰의 관할이란 **경찰기관이 법령상 유효하게 국가의사 또는 판단을 결정·표시·집행할 수 있는 직무의 범위**를 말한다.
사물 관할	의의	경찰이 처리해야 하는 **사무내용의 범위**를 말한다. ➡ 조직법적 임무규칙
	근거법규	**경찰법 제3조와 경찰관직무집행법 제2조**에서 경찰의 여러 가지의 직무를 나열하고 있다. 이는 궁극적으로 공공의 안녕과 질서유지에 귀결되며, 여기에는 소극적인 위험방지뿐만 아니라 서비스 영역이 포함된다.
	특징	① 사물관할은 **조직법적 임무규정에 의함이 원칙**이나, 우리나라의 경우 **조직법인 경찰법(1991) 외에 경찰작용법인 경찰관직무집행법에 조직법적인 임무규정이 포함**되어 있는 것이 특징이 있다. ② 영·미의 경찰개념의 영향으로 **범죄수사에 관한 임무가 경찰의 사물관할로서 규정**되어 있다.
	경찰의 사물관할에서 제외	**특별사법경찰관리의 직무범위**를 규정한 「형사소송법」, 「사법경찰관리 직무를 행할 자와 그 직무범위에 관한 법률」, 「사법경찰관리집무규칙」에 의하면 소속관서의 관할구역 내에서 법정의 범죄에 대하여 사법경찰관리로서의 직무를 수행하게 되어 있으므로 그러한 범위 내에서는 **원칙적으로 경찰의 사물관할 또는 지역관할에서 제외된다.**
	일반 경찰관리와 특별사법 경찰관리의 관계 (범죄수사 규칙 제18~21조)	**일반사법경찰관리와 특별사법경찰관리의 사이에는 당해 특정분야의 수사에 관하여 후자가 전자에 우선**하고, 기타(지명수배, 장물수배, 사건수배 등)의 경우 상호 응원이 인정된다.

	직접 수사하는 경우	경찰관은 특별사법경찰관리의 직무범위에 속하는 범죄를 **먼저 알게 되어 직접 수사하고자 할 때에는 경찰관서장의 지휘를 받아 수사**하여야 한다. 이 경우에는 해당 특별사법경찰관리와 긴밀히 협조하여야 한다.
	이송하는 경우	경찰관은 특별사법경찰관리에게 **사건을 인계하고자 할 때에는 필요한 조치를 한 후 관련 수사자료와 함께 신속하게 인계**하여야 한다.
	인계를 받았을 경우	① 경찰관은 특별사법경찰관리가 그 직무범위에 해당하는 범죄를 경찰관이 수사 중인 다른 사건과 관련된다는 등의 이유로 인계하려 하는 경우에는 사건을 인수하여 수사하여야 하며, **수사를 종결한 후에는 수사결과를 통보**하여야 한다. ② 전항의 경우에 있어서 필요한 때에는 해당 특별사법경찰관리에게 증거물의 인도 그 밖의 수사를 위한 협력을 요구하여야 한다.
	수사가 경합되는 경우	① 특별사법경찰관리의 직무범위에 해당하는 범죄를 수사 중인 **경찰관은 해당 사건 수사가 특별사법경찰관리가 행하는 수사와 경합될 때에는 경찰관서장의 지휘를 받아 해당 특별사법경찰관리와 그 수사에 관하여 필요한 사항을 협의**하여야 한다. ② 경찰관은 전항의 경우 필요하다고 인정할 때에는 관할 지방검찰청 또는 지청의 검사에게 보고하여 그 조정에 관한 지휘를 받을 수 있다.

인적 관할	의의		광의의 경찰권이 발동될 수 있는 **인적범위**를 말한다. ➡ 원칙적으로 국가의 일반통치권에 복종하는 **모든 사람**이다.
	예외	국내법	① **대통령(형사상특권)** : 대통령은 내란 또는 외환의 죄를 범한 경우를 제외하고는 재직 중 형사상의 소추를 받지 아니한다. {02.5 순경} ② **국회의원(불체포특권)** 　㉠ 국회의원은 현행범인인 경우를 제외하고는 회기 중 국회의 동의 없이 체포 또는 구금되지 아니한다. 　㉡ 국회의원이 회기 전에 체포 또는 구금된 때에는 현행범인이 아닌 한 국회의 요구가 있으면 회기 중 석방된다. ③ **국회의원(면책특권)** : 국회의원은 국회에서 직무상 행한 발언과 표결에 관하여 국회 외에서 책임을 지지 않는다. {02.5 순경}
		국제법	**외교사절**(면책특권), **주한 미군**(SOFA협정)에 일정한 제한이 있다. {02.5 순경}
지역 관할	의 의		광의의 경찰권이 발동될 수 있는 **지역적 범위**를 말한다.
	범 위		일반통치권을 근거로 하므로 **대한민국의 영역 내의 모든 지역에 적용됨이 원칙**이다.
	지역 관할 의 예외	해양 경찰	해양경찰은 **해양에서의 경찰사무**에 대하여 관할권을 가진다. {09.7 순경, 01.5 순경}
		철도 경찰	① **철도시설 및 열차 안에서** 발생하는 범죄와 **역구내 및 열차 안에서** 발생한 현행범인(철도경찰), **역구내 및 열차 안에서** 발생한 현행범 중 살인. 화재. 변사 등 중요사건(**협조의뢰시 경찰청**) ② **열차사고는 경찰청에서 처리함을 원칙**으로 한다. ③ 특별한 경우에는 역구내에 경찰관을 배치할 수 있다.
		국회	① 국회의장의 국회 경호권은 **국회 안에서** 행사(국회경호권한은 일반경찰권보다도 우선)하며, 필요시 경찰공무원의 파견을 요구할 수 있다. (파견된 경찰관은 회의장 **건물 밖에서만** 경호 가능){09.7 순경, 08.2 경간부, 01.5 순경} ② 국회 안 현행범인이 있을 경우에는 경위 또는 국가경찰공무원이 체포한 후 국회의장 지시받아야 하며, **국회의원은 국회의장 명령없이 체포할 수 없다.** (국회법 제150조) {01.5 순경} ③ 국회의장은 필요한 경우 경위 또는 경찰공무원으로 하여금 방청인의 신체를 검사하게 할 수 있다.
		법원	① 법원의 법정경찰권 행사는 재판장이 행한다. ② 재판장은 법정질서 유지를 위해 개정전후를 불문하고 관할경찰서장에게 경찰관을 파견을 요구할 수 있으며, 파견된 경찰관은 **법정 내외의** 질서유지를 위해 **재판장 지휘**를 받는다. {08.2 경간부}
		치외 법권	**원칙** 외교공관 · 외교관의 사택(외교사절의 승용차, 보트 등 교통수단 포함)은 치외법권 지역이므로 경찰은 직무수행을 위해 들어갈 수 없다. {01.5 순경} 따라서 **외교사절의 요구나 동의가 없는 한, 경찰은은 직무수행을 이유로 함부로 출입할 수 없다.**

			예외	화재나 전염병의 발생 등과 같이 상태책임의 경우에는 **외교사절의 동의**가 없이도 공관에 들어갈 수 있다.(국제적 관습) 즉, 외교공관도 상태책임의 대상이 될 수 있다. {09.7 순경, 08.2 경간부, 01.5 순경}	
	미군 영내	시설 및 구역 내부 경찰권 {09.7 순경}	원칙	한미행정협정 대상이 아닌 자 : **한국 경찰요청에 의해 미군 당국이 체포**하여 인도 {03.4 순경}	
			예외	① **동의한 경우** ② **중대한 죄를 범하고 도주하는 현행범인 추적하는 때** {09.7 순경, 08.2 경간부, 03.4 순경}	
		사람이나 재산 · 미군재산에 관 한 압수 · 수색 · 검증		**동의 필요** {08.2 경간부, 03.4 순경}	

II. 경찰활동의 유형과 법적 성질

즉시강제를 통한 위험방지활동	사 례	경찰관직무집행법상의 ㉠ **불심검문** ㉡ **정신착란자 등의 보호조치** ㉢ 위험발생의 방지 ㉣ 범죄의 예방과 제지 ㉤ 위험방지를 위한 출입 ㉥ **무기의 사용 등의 활동**
	법 적 성 질	권력적 사실행위
	구 제 수 단	① **취소소송 등 항고소송 제기 곤란** {04.4 순경} ② 국가배상법상 손해배상청구 가능
범죄수사를 위한 활동	사 례	형사소송법상의 범죄수사를 위한 제활동
	법 적 성 질	수사법정주의 원칙 적용
	구 제 수 단	① 부작위시 형법상 직무유기죄 ② 국가배상법상의 손해배상청구 가능
권력적 성질의 행정처분 활동 (=규제행정)	사 례	① **풍속·영업적 규제행정** 노래방영업의 허가, 단란주점업의 허가, 유흥주점의 허가, **휴양 콘도미니엄업의 허가,**{06.8 순경} **총포소지허가 등** {04.4 순경} ② **교통관련 규제행정** 교통범칙금납부통고서(통고처분)발부, **운전면허의 정지처분, 운전면허의 취소처분 등** {06.8 순경, 04.4 순경}
	법 적 성 질	법률행위, 권력행위, 규제행위
	구 제 수 단	① 취소소송 등 항고소송 가능 ② 국가배상법상 손해배상청구 가능
비권력적 행정활동 (=급부행정)	사 례 {06.10 순경}	① **금전의 급부** 중요범죄 신고자 또는 검거자에 대한 보상금의 지급 등 ② **서비스의 제공** **교통·지리정보 등의 제공**, 인명구조 및 경호 등 각종의 보호 제공, 어린이 교통안전교육, 순찰활동, 청소년 선도활동 등 ③ **교통시설의 설치활동** – 교통신호기, 도로표지의 설치 등 {04.4 순경}
	법 적 성 질	비권력적 사실행위
	구 제 수 단	① **취소소송 등 항고소송이 곤란** {04.4 순경} ② 국가배상법상 손해배상청구만 가능

제7절　경찰의 기본이념

I. 경찰이념의 의의

경찰의 이념	**경찰조직으로서의 경찰이 추구해야 할 기본가치, 방향, 규범**을 말하며, 경찰윤리(경찰활동의 기준)란 경찰관 개개인에게 요구되는 바람직한 경찰상을 말한다.
경찰이념과 경찰윤리의 관계	① **경찰이념과 경찰윤리는 상호의존적**이다. 　즉, 경찰의 기본이념이 경찰관 개개인의 신념체계로서 윤리의 바탕이 되어야 하고, 경찰이념간에 충돌이 있는 경우에는 궁극적으로 개개 경찰관의 윤리문제로 귀결되기 때문이다. ② **경찰의 이념들도 상호 연결되어 있으며, 완전히 독립적이지 않다.**
경찰법상 경찰의 기본이념	① 경찰법 제1조에 나타난 경찰조직상의 이념으로는 **민주성과 효율성**이다. {01.3 순경} ② 민주성에서 파생되는 이념으로는 **민주주의, 법치주의, 인권존중주의, 정치적 중립주의**가 있다. ③ 효율성의 범위를 확대하여 경찰조직을 사기업처럼 관리·운영하고자 하는 **경영주의**가 있다.

II. 경찰의 기본이념(경찰이 추구해야 할 기본가치, 방향, 규범)

민주 주의	**경찰의 조직이나 작용이 민주적(경찰조직의 민주화)이어야 한다는 주의이다.** 【경찰의 민주화를 위한 방안】 {02.11 순경} ㉠ 국민의 경찰에 대한 민주적 통제(예 : 경찰위원회) ㉡ **국민의 참여기회의 보장 및 경찰활동의 공개** 　(행정절차법, 공공기관의 정보공개에 관한 법률) ㉢ **경찰조직 내부의 적절한 권한 분배** ㉣ 개개 경찰관의 민주주의 의식이 확립 ㉤ 경찰간부의 민주적 리더쉽 요구 ㉥ 경찰활동의 투명 ㉦ 경찰조직내부의 민주화 필요　　　☞ 경찰책임의 완화(×)
법치 주의	국가 권력의 행사는 국민의 의사를 대변하는 국회에서 만든 **법률에 근거해야 한다**는 주의이다. 【국민의 권리·의무에 제한을 가하는 경우】 ① **법률에 근거가 있어야 한다는 원칙**이다. ② **국가안전보장, 질서유지, 공공복리를 위해 필요한 경우에만 가능**하다. 　{07.3 경간부, 06.10 순경, 04.11 순경} ③ **국민자유와 권리의 본질적 내용은 법률의 수권이 있어도 제한할 수 없다.** 　{07.3 경간부, 06.10 순경, 04.11 순경} ④ 국민의 권리·의무에 제한을 가하는 경우에는 **국회에서 제정된 법률과 법률의 수권이 있어야 한다.** {07.3 경간부, 06.10순경, 04.11 순경} ⑤ 주권자인 **국민 개개인에게 경찰활동에 참여할 기회가 제공**되어야 하며, 경찰의 활동이 공개되어야 한다.(공공기관의 정보공개에 관한 법률) {07.3 경간부}

법치 주의	내용	**법률의 법규창조력**	국민의 대표기관인 국회가 제정한 법률만이 국민의 권리와 의무에 관한 사항을 규율할 수 있는 힘이 있다. 즉 국민의 권리와 의무에 대한 구속력을 가지는 **법규범을 창조하는 것은 국회의 전속적 권한**이다.
		법률우위의 원칙	① 모든 경찰작용은 법률규정에 **위반·모순·저촉**되어서는 아니된다. ② 형식적 의미의 법(제정법)은 물론 **불문법을 포함** ③ 법률은 경찰기관이 국민에게 법률의 취지에 저촉되는 명령을 할 수 없도록 하는 제약규범으로서의 역할을 한다.
		법률유보의 원칙	① 경찰권 발동은 법률의 **수권**, 즉 **법적근거**가 있어야 한다. ② **성문법** 주의 ③ **권력적 활동의 경우에는** 국민의 자유와 권리를 제한하고 의무를 부과하는 것으로서 **법치주의의 원리가 강하게 요구**된다. ④ **비권력적 활동의 경우에는** 법치주의 적용이 완화되어 직무의 범위 내에서라면 **개별적 수권없이 경찰권의 행사가 가능**하다. ⑤ 국민의 모든 자유와 권리는 국가안전보장·질서유지 또는 공공복리를 위하여 필요한 경우에 한하여 **법률로서 제한할 수 있으며**, 제한하는 경우에도 자유와 권리의 본질적인 내용을 침해할 수 없다. ⑥ 경찰법 제4조, 경찰관직무집행법 제1조저2항은 경찰권의 남용을 금하고 있으며, **경찰관직무집행법 제12조는 남용자에 대한 처벌도 규정**하고 있다.
	작용	**적극적 권리**	① 법률에 근거하지 아니한 위법한 처분 등으로 국민의 법률상의 이익을 침해해서는 아니 된다는 것 ② 위반시 침해배제청구권을 가짐
		소극적 권리	① 경찰관청에게 법률로써 정한 의무를 이행하지 아니하여 국민에게 손해를 끼쳐서는 아니 된다는 것 ② 위반시 경찰개입청구권이 인정
인권 존중 주의			① 국민의 모든 자유와 권리를 제한하고자 할 경우 법률로써만 가능하며, 자유와 권리의 본질적인 내용을 침해할 수 없다는 것이 **헌법상 요청**이다. ② **수사경찰에게 가장 요구되는 경찰의 이념**은 인권존중주의이다. ③ 인권존중주의 등 이념을 훼손하는 **소속 상관의 위법한 지시에 따를 의무는 없지만, 부당한 지시에 대해서는 따를 의무가 있다.**
정치적 중립 주의			① 경찰은 특정정당 기타 **정치단체의 이익이나 이념을 위해 활동할 수 없으며**, 오로지 주권자인 전체국민과 국가를 위하여 활동해야 한다는 원칙이다. ② 경찰관은 정치적 중립을 훼손하는 소속 상관의 **위법한 지시에 따를 의무는 없지만, 부당한 지시에 대해서는 따를 의무가 있다.**

경영 주의	의의	① 불필요한 부서의 폐지, 통합, 축소 등 조직의 슬림화나 인력재배치, 예산의 적재적소에의 사용 등을 통하여 생산성을 높이고, 기업 구성원의 구태의연한 관행과 행태를 척결해야 한다는 이념이다. {06.10 순경} ② 21c에 경찰관에게 **능률성과 효율성이 요구**된다.
	경영 주의 수단	① 생산성 개념의 공유 ② 생산성의 극대화를 위해 적합한 조직 구조의 구축 ③ 인력과 예산 및 장비의 적정한 분배 ④ 경제성 있는 경력운용 ⑤ 국민만족을 넘어선 국민감동의 지향

경영주의 / 지향하는 이념:

경찰경영이 지향하는 이념으로는 **고객의 만족추구, 효율성, 효과성**

【고객의 분류와 기준】

고객의 만족 추구	고객의 장소	외부고객	일반 시민들(범죄인 포함)
		내부고객	조직의 구성원
	서비스 전　달 과　정	직접고객	경찰서비스를 받는 사람 ㉠ 주차·음주운전의 단속대상자
		간접고객	서비스를 제공함으로 인해 편익이나 불편을 받는 사람 ㉠ 음주운전 단속을 하는 경찰서 관할지역의 주민
	서비스의 대상범위 {02.1승진}	일반고객	불특정 다수가 서비스의 영향을 받는 경우의 고객
		특정고객	특정한 사건이나 범죄의 경우 대상이 한정되는 고객

효율성 (효과성 + 능률성)	투입과 산출의 비율을 의미한다. {05.3 순경}

투입요소	시간, 장비, 경력동원
산출요소	음주운전측정건수

효과성	목표에 대한 달성정도를 의미한다.

경영 주의 새로운 목표	① 경찰경영은 고객인 국민만족의 차원을 넘어서 이제는 **국민감동(경찰경영의 궁극적 목표)**을 지향해야 한다. ② 종래의 능률성이나 효과성의 차원을 넘어서는 생산성 차원의 경영 마인드가 요구된다.

제8절　경찰의 윤리(경찰활동의 기준)

I. 경찰윤리학의 접근법

미시적 접근법	거시적 접근법
① **개인행동**에 대한 처방과 평가 ② 숲은 보지 못하고 **나무**만 본다. ③ 대상을 **좁게** 본다. ④ 경찰윤리 중 충성심·청렴도를 강조한다. {10.1 승진} ⑤ 지금까지 **경찰윤리교육은 미시적 접근법 위주**로 이루어져 있다. {10.1 승진}	① **사회제도**구조에 대한 처방과 평가 ② 나무는 보지 못하고 **숲**만 본다. ③ 대상을 **넓게** 본다. ④ **부패의 원인을 예산부족** 등에서 찾는다. {10.1 승진}

☞ 미시적 접근법과 거시적 접근의 관계 : **상호보완적 관계**

II. 경찰행정윤리 확립의 필요성

경찰의 권한행사 및 재량권의 확대	경찰관의 권한행사에는 상당한 재량이 주어져 있다.
비정상적인 상황에서 업무처리	경찰업무의 상당부분은 정상적이지 않은 상황과 관련되어 있다.
위기상황 하에서 신속한 대처능력이 필요	경찰관은 종종 위기상황 하에서 장기간의 숙고를 허용하지 않는다.
강한 유혹에의 노출	경찰은 조직 내부의 규범에 대한 동조압력과 버타적 집단을 형성하려는 경향이 있다.
배타적 집단형성	의무불이행의 유혹은 외부뿐만 아니라 내부에서도 초래된다.

III. 경찰윤리 교육의 목적(클라이니히) {04.7 순경}

도덕적 결의의 강화	경찰관은 내부 및 외부로부터 여러 압력과 유혹에도 굴복하지 않고 자신의 소신과 직업의식에 따라 일을 처리하는 것이다.	
	도덕적 결의의 약화	【사례1】 김형사는 사건관련자가 돈 50만 원을 주면서 잘 처리하여 달라고 하자 처음에는 거절하다가 결국은 돈을 받았다.
	도덕적 결의의 강화	【사례2】 중앙경찰학교의 교관 김 경위는 신임순경에 '경찰이 받는 돈은 불과 몇 십만 원인데, 뇌물수수로 파면될 경우 퇴직금을 받기 힘드니 돈 받는 사람은 멍청한 사람이다.'라고 하였다.
도덕적 감수성의 배양	실무에서 경찰이 다양한 계층의 사람들에게 모두 **인간으로서 존중하고 공평하게 봉사하는** 것이다.	
	도덕적 감수성 배양	【사례】 파출소에 거지가 찾아왔을 때 소내 근무 중인 김순경이 욕설과 험담으로 이 거지를 내쫓았다.
도덕적 전문능력 함양	경찰이 비판적이고 반성적인 사고방식을 배양하여 조직 내에 곤습적으로 내려오는 관행을 비판적으로 검토하여 수용하는 것이며, **가장 중요한 목적**이다.	

Ⅳ. 경찰윤리강령 {12.1 승진}

취 지	경찰인의 업무 수행시 윤리적 고려의 준거를 제공하는 데 **취지**가 있다.	
효 력	전문직업인의 내부규율로서 선언적 효력을 가질 뿐 법적 효력은 없다.	
기 능	**대외적 기능**	① 치안서비스 수준의 확신부여, 보장 ② 국민과의 공공관계의 개선 ③ 과도한 요구에 대한 책임 제한
	대내적 기능	① 개인적 기준 ② 조직의 기준 ③ 조직에 대한 소속감 고취 ④ 조직구성원에 대한 교육자료
윤리강령의 문제점	**실행가능성의 문제**	경찰강령은 법적 강제력이 없기 때문에 위반했을 경우 제재할 방법이 미흡하다.
	최소주의의 위험	윤리강령의 내용을 울타리로 삼고 더 이상의 자기희생을 하지 않으려는 경향을 말한다.
	냉소주의의 문제	경찰강령은 직원들의 참여에 의하여 이루어지는 것이 아니라 상부에서 제정하여 하달하였기 때문에 냉소주의를 야기할 수 있다.
	비진정성의 조장	경찰강령은 경찰관의 도덕적 자각에 따른 자발적인 행동이 아니라 외부로부터 요구된 것으로서 타율성으로 인해 진정한 봉사가 이루어지지 않을 수 있다.
	행위중심적 성격	무슨 행위 중심적으로 규정되어 있어 행위이전의 의도나 동기를 소홀히 할 수 있다.
	여러상황에서의 우선순위 미결정	업무의 우선순위 결정기준이 못 된다.
제정순서	**경찰**윤리헌장(1966) → **새 경찰**신조(1980) → **경찰**헌장(1991) → **경찰**서비스헌장(1998)	
경찰윤리헌장 (1966)	**경찰윤리규범의 효시**	
새 경찰신조 (1980)	제5공화국 정부가 정의사회실현을 뒷받침하고 사회기강을 확립하기 위해 자질향상과 대민봉사확립을 위해 제정 {05.2 순경}	
경찰헌장 (1991) {10.3 순경, 09.2 경간부, 05.10 순경}	**5대 덕목**	**근면한 경찰** — **성실**하게 업무를 수행하는 경찰
		공정한 경찰 — **양심**에 따라 법을 집행하는 경찰
		친절한 경찰 — 누구에게나 따뜻하게 **봉사**하는 경찰
		의로운 경찰 — **정의**의 이름으로 진실을 추구하며, 어떠한 불의나 불법과도 타협하지 않는 경찰
		깨끗한 경찰 — 항상 규율을 지키며 **검소**하게 생활하는 경찰
경찰 서비스헌장 (1998)	① 범죄와 사고를 철저히 예방하고 법을 어긴 행위는 단호하고 엄정하게 처리 하겠습니다. ② 국민이 필요로 하면 어디든지 바로 달려가 도와 드리겠습니다. ③ 모든 민원은 친절하고 신속·공정하게 처리하겠습니다. ④ 국민의 안전과 편의를 제일 먼저 생각하며 성실하게 직무를 수행하겠습니다. ⑤ 잘못된 업무처리는 즉시 확인하여 바로 잡겠습니다.	

제9절　경찰직업의 문화

Ⅰ. 전문직의 개념(고전적 전문직의 특징 – 클라이니히)

① 공공서비스의 제공
② 윤리강령
③ 특수한 지식과 전문기술
④ 고등교육
⑤ 자율과 재량적 권위
⑥ 자기통제

Ⅱ. 경찰직업 전문화

1. 경찰직업 전문화의 문제점 {12.1 승진}

전문직업적 부권주의 (父權主義)	① 아버지가 자식의 문제를 모두 결정하듯이 전문가가 상대방의 입장을 고려하지 않고 일방적으로 결정하는 것을 말한다. ② **전문직업적 부권주의는 치안서비스의 질을 저해할 수 있다.** 　【사례】 병원의 의사가 환자의 치료법에 대하여 환자의 입장을 고려하지 않고 자신의 의학지식만 고려하여 일방적으로 치료방법을 결정하는 것이다.
소 외	나무는 보고 숲을 보지 못하듯 전문가가 자신의 국지적 분야만 보고 전체적인 맥락을 보지 못하는 것이다. {10.1 승진} 　【사례】 사회복지정책 전문직 공무원 甲은 복지정책을 결정하면서 정부정책의 기본방침을 고려하지 않고 자신이 속한 보건복지부 입장만 고려한 채 정책결정을 하였다.
차 별	① 전문직이 되는 데 장기간의 교육과 비용이 들어 가난한 사람은 전문가가 되는 기회를 상실한다. ② 경찰이 전문직업화되어 자신의 이익을 추구함에 따라 경제적, 교육적 약자에게 경찰에의 접근을 차단하는 현상이 발생한다.

2. 경찰직업 전문화의 장점

① 경찰의 지위를 높일 수 있다.
② 직업사기가 올라가고 긍지가 생길 것이다.
③ 경찰에 대한 공중의 존경이 증대할 것이다.
④ 훌륭한 인격자원이 유입될 것이다.
⑤ 서비스의 질이 개선될 것이다.
⑥ 효율성이 증대되고 부정부패가 척결될 수 있다.

제10절　경찰의 문화

I. 경찰의 문화

<table>
<tr><td>경찰문화</td><td colspan="3">경찰은 그 업무의 특수성으로 다른 행정관료와는 다른 독특한 문화를 형성시키는 측면이 있다. 즉, 경찰업무의 특수성으로 인해 동료나 조직에 대한 충성의 덕목이 중시되고 또한 조직의 대한 경찰의 경험이 도덕적 냉소주의를 만들어 낸다.</td></tr>
<tr><td rowspan="6">냉소주의와
회의주의
{11.2 순경}</td><td></td><td>냉소주의(Cynicism)</td><td>회의주의(Scepticism)</td></tr>
<tr><td>의　의</td><td>합리적 근거없이 **정치일반, 경찰제도, 전반에 대하여 아무런 근거없이 신뢰하지 않는 것**(신념의 결여)으로 대안없이 대상을 무시하는 것</td><td>**개별적 사안에서 합리적 의심을 하여 비판(방향제시)을 하는 것**</td></tr>
<tr><td>대　상</td><td>**대상이 특정화되어 있지 않음**
(정치일반, 경찰제도 전반을 대상으로 함)</td><td>**대상이 특정화**되어 있음</td></tr>
<tr><td>의　심</td><td>아무런 근거없이 **신뢰하지 않음**</td><td>특정대상을 **합리적으로 의심**</td></tr>
<tr><td>개선의지</td><td>대상을 **개선시키겠다는 의지가 없음**</td><td>대상을 **개선시키겠다는 의지가 있음**</td></tr>
<tr><td>공 통 점</td><td colspan="2">**양자 모두 불신을 바탕**으로 한다.</td></tr>
<tr><td>폐해</td><td colspan="3">① 조직에 대한 반발과 일탈현상을 초래할 수 있다.
② 극단적이고 객관성이 결여되어 모든 것을 부정적으로 보는 문화를 조장할 수 있다.</td></tr>
<tr><td>냉소주의
극복방안
{10.1 승진}</td><td colspan="3">① 의사결정 과정에의 참여
② 상사와 부하의 신뢰회복
③ 커뮤니케이션 과정의 개선
④ **Y이론(조직목적에 적극 참여)** ↔ X이론(조직목적에 무관심)</td></tr>
</table>

제11절　경찰의 부패

I. 경찰부패의 개념과 원인

개 념	부정부패의 개념에 대하여는 학자마다 차이가 있지만, 일반적으로 경찰의 비행과 일탈행위가 동일한 것이 아니라고 보는 것이 통설이다. ① 부패행위는 돈, 재화, 서비스뿐만 아니라 지위, 영향력, 위신, 증래의 지원 등의 목적을 위해 행하여진다. ② 부패행위는 권위의 남용뿐만 아니라 적절한 사용의 형태로도 이루어진다. ③ 부패행위로부터 이익은 행위자, 행위자와 동일시 할 수 있는 사람, 조직 등에 귀속된다.
원 인	① 일반사회의 비윤리적 의식의 공직 침투 ② 보수에 있어서 공무원의 상대적 박탈감 ③ 경제의 불안정 및 신분상 위치의 불안정 ④ 행정내부의 법규 및 명령과 현실과의 괴리감

II. 경찰부패의 원인

전체사회 가설	① 미국 시카고경찰의 부패원인을 분석하던 윌슨이 내린 결론이다. 즉 **미국의 윌슨**은 '**시카고 시**민이 경찰을 부패시켰다.'고 **주장**하였다. {11.2 순경, 10.1 승진, 09.3 순경, 09.1 승진, 08.7 순경, 08.1 승진} ② 사회전체가 **경찰의 부패를 묵인하거나 조장**할 때 경찰관은 자연스럽게 부패행위를 하게 되며 처음 단계에는 불법적인 행위를 하지 않더라도 작은 호의와 같은 것에 길들여져 나중에는 명백한 부정부패로 빠져들게 된다는 설명이다. ③ **미끄러지기 쉬운 경사로 이론과 유사**하다. {10.1 승진} **【사례】** 지역주민들이 관내 경찰관들과 어울려 도박을 일삼고, 부적절한 사건 청탁을 하는 경우가 종종 있었으나 아무도 이를 문제화하지 않았는데, 새로 발령받은 신임경찰관에게도 지역주민들이 접근하여 도박을 함께 하게 되는 경우이다.
구조원인 가설	① **니더호퍼, 로벅, 바커** 등이 주장하였으며, 이는 **신참경찰관들이 그들의 고참 동료들에 의해 조직의 부패전통 내에서 사회화됨으로써 부패의 길로 들거선다는 입장**이다. {11.2 순경, 10.1 승진, 09.3 순경, 08.1 승진} ② 구조원인 가설은 **부패의 원인을 개인적 결함보다는 조직의 체계적 원인**으로 보고 있다. {08.7 순경, 09.1 승진}
썩은 사과 가설	① 부패의 원인은 **자질이 없는 경찰관들이 모집단계에서 배제되지 못하고 조직 내에 유입됨으로써 경찰의 부패가 나타난다는 이론**이다. {09.1 승진, 08.1 승진} ② 썩은 사과 가설은 부패의 원인을 **조직의 체계적 원인보다는 개인적 결함**으로 보고 있다. {10.1 승진, 08.7 순경, 09.3 순경}

III. 호의에 대한 논의

작은 호의 의의	작은 호의란 경찰인의 활동에 대해 시민이 사적으로 선물이나 식사 등의 사례와 호의를 표시하는 것을 말한다.
미끄러지기 쉬운 경사로 이론(셔먼)	① 셔먼 등에 의하여 주장된 이론으로 **공짜 커피, 작은 선물 등의 사소한 호의가 습관화될 경우 미끄러운 경사로를 타고 내려오듯이 나중에는 엄청난 부패로 이어진다는 이론**이다. → 바늘도둑이 소도둑 된다는 관점이다.{11.2 순경, 08.7 순경, 09.3 순경, 09.1 승진} ② 아래 그림은 부정부패의 원인을 설명하기 위한 그림이다. ⓐ a점은 공짜 커피 같은 호의 ⓑ b점은 도박과 같은 중간 단계의 부패 ⓒ c점은 절도와 같은 좀 더 큰 부패
작은 호의 비판론 (펠드버그)	**펠드버그**는 작은 회의에 대해서는 경찰관들이 뇌물과 작은 호의를 구별할 수 있다고 보았고, 작은 호의를 허용할 경우 **경찰이 작은 호의를 베푸는 지역만 순찰**하여 가난한 자는 소외받는다는 근거로 작은 호의를 비판하였다.
작은 호의 비판론 (델라트르)	**작은 호의를 금지**해야 한다고 주장하였다.
작은 사례나 호의의 수령	① 전 뉴욕시장 국장 **패트릭 머피**는 '봉급 이외에 깨끗한 돈이라는 것은 없다.'고 하였다. ② **윌슨**은 '경찰인은 어떤 작은 호의도 받도록 허용되어서는 안 된다.'라고 하였다.

IV. 동료의 부패에 대한 반응

휘슬블로잉 {내부고발 = 딥스로트 (DeepThroat)}	의의 (엘리스톤)	① **동료나 상사의 부정에 대하여 감찰이나 외부의 언론매체를 통하여 공표하는 내부고발행위**를 말한다. {10.1 승진, 09.1 승진, 08.1 승진} ② 내부고발을 함에 있어서는 조직에 대한 충성의 의무와 국민을 위한 공공의 이익 2가지를 고려하여야 한다. ③ 클라이니히는 내부고발의 정당화요건을 제시하면서 내부문제를 외부에 공표하기 전 조직 내 다른 채널을 통하여 해결할 수 있으면 먼저 내부적으로 해결해야 한다고 보았다. {10.1 승진}
	내부고발 의 정당화 요건	① 적절한 도덕적 동기에 의해 이루어져야 한다. ② 내부고발자는 특별한 경우를 제외하고 공표를 하기 전에 자신의 이견을 표시하기 위한 **모든 내부적 채널을 다 사용하여야 한다.** ③ 내부고발자는 부적절한 행동을 하도록 지시되었다는 자신의 신념이 합리적 증거에 근거하였는지 확인해야 한다. ④ 내부고발자는 도덕적 위반이 얼마나 중대한가, 도덕적 위반이 얼마나 급박한가 등의 세심한 고려가 있어야 한다. ⑤ 어느 정도의 성공가능성이 있어야 한다.

침묵의 규범	동료나 상사의 부정부패에 대하여 눈감아 주는 것을 말한다. {08.1 승진}
비지 바디니스	타인의 비행에 대하여 일일이 **참견하는 도덕적 충고**를 말한다. {10.1 승진}
Moral hazard	**도덕적 해이**를 말한다.

Ⅴ. 기타

역부조리	시민이 경찰에게 뇌물을 공여하여 불법행위를 눈감아 달라고 요구하는 것을 말한다.
경찰의 충성	① 경찰 **충성이란 국가와 사회 또는 인간, 집단 등에 대해 헌신하는 충직한 마음과 태도**이다. {10.1 승진} ② 경찰 충성이란 **자기신념, 소속조직, 특정개인에 대한 헌신**으로 나타나기도 한다. {10.1 승진} ③ 일선현장에서 직무를 집행할 때 **항상 미시적 충성(조직이나 개인에 대한 충성)보다 거시적 충성(국가나 국민에 대한 충성)을 우선**해야 한다. {10.1 승진} ④ 경찰의 충성이 **정통성을 확보하지 않은 권력에 대한 충성이 되어서는 곤란**하다. {10.1 승진}

제12절　민주경찰의 사상적 토대

Ⅰ. 악법에 대한 철학논쟁

의 의	법률이 공동체가 가치로 승인한 객관적 윤리질서를 내용으로 하지 않을 때 악법이 될 수 있으며, 법이 정당한 것인지 아닌지를 판별해 주는 기준이 자연법이다.	
악법의 징표	인간의 존엄성을 부정하는 법, 자유와 생명을 부정하는 법, 평등의 원칙을 부정하는 법이 악법의 징표이다. {12.1 승진}	
학설 대립	법실증 주의자	법실증주의자들은 **국가가 사회나 개인보다 우월**하며, 인간의 기본권도 법률에 의해서 비로소 존재하게 된다는 입장에서 공동체가 추구하는 **객관적 윤리질서보다 법적 안전성을 강조**하고 자연법을 부정하는 관점에서 통상적으로 정당한 절차에 의해서 제정된 법이면 **악법도 법**이라고 본다.
	자연 법론자	자연법론자들은 **사회나 개인이 국가보다 우월**하다고 보아 공동체가 추구하는 **객관적 윤리질서에 반하는 법은 악법**으로 본다. 따라서 **경찰이 악법에 대하여 자연법론적 관점을 가지면 악법에 대한 저항을 어느 정도 묵인하는 태도**를 취하게 된다.
저항권과 경찰의 태도	저항권	주권자로서의 국민이 공권력에 의해 침해된 헌법기본질서를 회복하기 위해 취할 수 있는 비상적인 헌법보호수단이자 기본권의 성격을 가진다.
	경찰의 태도	① **경찰이 악법에 대하여 자연법론적 관점을 가지면**, 악법에 대한 저항을 어느 정도 묵인하는 태도를 취하게 된다. ② 법이 공동체의 객관적 윤리질서에 반하는 것이 **명백하고** 정상적인 제도적 채널로 그 해결이 어려운 경우라면 경찰은 **시민의 저항권을 저지하기 위해 공권력을 행사할 수 없다.** ③ 법이 객관적 윤리질서에 위배되는지가 **불분명**할 때에는 경찰은 현실적인 **법에 근거하여 법을 집행하여야 한다.**

Ⅱ. 사회계약설 {10.2 경간부, 05.3 순경, 01.1 승진}

사상적 토대	① **경찰활동의 사상적 토대는 사회계약설**에서 찾아 볼 수 있다. {01.1 승진} ② 홉스, 로크, 루소에 의해 주장된 근대의 사회계약설은 계약이라는 개념을 통해서 경찰제도를 포함한 제도나 정부형태, 법체계 등의 조직 원리를 도출하고 있다.
존 로크의 사회계약설 {10.1 승진} {05.3 순경}	① **개인은 자신의 육체적 노동을 투입한 경작물에 대하여 소유권**을 갖는다. ② **자연상태의 개인은 자유와 재산을 더 잘 보전하기 위해 공동체를 구성하는 계약**을 맺는다고 한다. ③ **자연상태에서도 자연법이 존재하여 개인의 행동에 제약**이 따른다고 하였다.

Ⅲ. 사회계약설에 따른 사상 {01.1 승진(3), 05.3 순경, 05.1 승진, 04.1 승진}

자연 상태 → 국민의 생명·재산의 안전보호 〈사회계약〉 자연권 양도 → ← 안전보호 사회조직(경찰, 군대 등) 구성 권력부여

1. 사회계약설의 내용

① ㉠ 자연상태(자유는 가지나 안전은 결여) → ㉡ 사회의 결성(계약) → ㉢ 자기보호권리를 국가기관(경찰)에 위임
② **경찰활동의 사상적 토대**는 사회계약설에서 찾을 수 있다. {01.1 승진}

2. 사회계약사상의 비교

구분	홉스	로크	루소
본성	성악설	성백지설	성선설
자연 상태	① **만인의 만인에 대한 투쟁상태**(이기심, 질투심, 경쟁심으로 인한 갈등과 대립상태) {10.1 승진, 04.1 승진} → 자기보존을 위해 폭력보다는 평화와 협력을 강조	① 처음에는 자유·평등·정의가 지배하는 사회 ② 인간관계가 확대됨에 따라 자연권의 유지가 불안하게 됨	① 처음에는 자유·평등이 보장되는 평온한 상태 ② 점차 강자와 약자의 구별이 생기고 불평등관계가 성립
사회 계약	① 각 개인의 **자연권 포기** {05.1 승진} ② 국왕에 절대 복종 (자연권의 **전면적 양도**) {10.2경간부, 10.1 승진, 05.1 승진}	① **자연권의 보장** {05.1 승진} (자연권은 시민에게 있음) ② **자연권의 일부를 국왕(군주)에 위임** {10.2 경간부, 05.1 승진}	① **일반의지 → 국왕이 보유하는 것이 아니라 모든 시민의 의지가 통합된 개념** {10.2 경간부} ② 사회계약을 통해 자연적 자유대신 사회적 자유를 얻게 됨
정치 사상	국왕에 절대 복종 (혁명은 절대불가) 군주주권론	시민은 **반항권(혁명권) 행사** {05.1 승진, 04.1 승진} 국민주권론	**일반의지**의 표현인 법을 통하여 인간의 자연권 및 정의실현하는 국민주권론
정치 형태	절대군주정치 {04.1 승진}	① 제한군주정치 ② **입헌군주정치** 　→ 시민권의 확보 ③ **간접민주정치**	① **민주공화정치** ② **직접민주제를 주장** {04.1 승진}

Ⅳ. 코헨과 펠드버그의 민주사회국가에서 경찰이 지향해야 할 윤리 기준 {04.7 순경}

1. 시민의 생명과 재산의 안전보호

① 경찰의 법집행활동은 **사회계약의 궁극의 목적인 생명과 재산의 안전이라는 차원에서 이루어져야 하며**, 법집행 자체는 목적이 아니고 시민의 생명과 재산의 안전을 유지하고 보호하기 위한 수단이다. {08.10 순경, 05.3 순경, 04.10 순경, 02.7 순경}

② **시민의 생명과 재산의 안전에 대한 이익이 엄격한 법집행에 우선**한다. {05.2 경간부, 05.1 승진}

【시민의 생명과 재산의 안전에 대한 이익 〉 엄격한 법집행】

[사례1] 불법오토바이를 단속하던 김순경은 정지명령에 불응하는 오토바이를 향하여 과도하게 추격한 결과, 운전자가 전신주를 들이받고 사망하였다. {10.1 승진, 08.2 경간부}

[사례2] 10대 폭주족들이 난폭운전을 하는 것을 발견한 김순경이 정지명령을 하였으나, 이를 무시하고 달아나는 폭주족을 무리하게 추적하는 과정에서 전봇대를 들이받아 사망하였다. {07.12 순경}

[사례3] 교통경찰인 A경장은 난폭운전을 하는 B를 교통이 번잡한 거리에서 발견하여 정지명령을 내렸다. 그럼에도 불구하고 B는 A경장에게 욕을 하면서 달아났다. A경장은 B를 추격하였고 B는 최대한의 속력을 내면서 달아나다가 무고한 시민 C의 자동차를 들이받아 사상이 생긴 경우 {08.1 승진}

[사례4] 법대로 법의 정신에만 입각하여 극단적으로 법대로 처리한 경우 {08.2 경간부}

[사례5] 불법어업단속 중 경찰관 甲이 검문에 불응한 선박을 과도하게 추적하다 선장이 방패에 부딪혀 사망한 경우 {08.2 경간부}

③ 현재적인 위협을 당하고 있는 시민의 생명과 안전이 잠재적인 위협보다 더 우선적이다.

【현재적인 위협을 당하고 있는 시민의 생명과 안전 〉 잠재적인 위협】

[사례] 은행 강도인 김씨는 어린 소녀를 인질로 잡고 차량도주를 하고 있고 그 뒤를 경찰이 추격을 한다. 많은 차와 인파가 있는 거리에서 김씨는 추격하는 싸이카를 보고 총격을 가하기 시작한다. 이때 경찰이 추격을 포기한다면 김씨는 총격을 하지 않을 것이므로 무고한 주민이나 주의차량에 위험을 야기하지 않으나 그렇게 되면 강도를 잡을 수 없을 뿐만 아니라 어린 소녀의 생명과 안전을 지킬 수 없게 될 것이다. 만약 경찰이 추격을 포기한 경우 생명과 재산의 안전보호에 위반된다. 따라서 추격(법집행)을 하여야 한다.

2. 경찰서비스에 대한 공정한 접근의 보장

① 공정한 접근이란 치안서비스는 일종의 사회적 공공재로서 **누구나 차별 없이 공정하게 제공**되어야 한다는 것이다.

② 경찰은 사회 전체의 필요에 의해서 생겨난 기구로서 **경찰 서비스에 대한 공정한 접근을 허용**해야 한다. {03.6 순경, 02.7 순경}

③ 경찰관이 법을 집행하면서 '성별, 나이, 전과의 유무, 인종 · 종교 · 사회적 신분, 장애인, 부자 · 빈자가 범죄신고를 한 경우, 평소의 경찰에 대한 협력유무 등에 의한 **차별을 해서는 안 된다**. {12.1 승진, 10.1 승진, 08.10 순경, 05.2 경간부, 05.1 승진, 04.1 승진, 03.2 경간부, 02.7 순경}

【편들기 사례】 {10.3 순경, 08.1 승진, 07.12 순경}

[사례1] 음주단속을 하던 중부경찰서 김순경이 서부경찰서 김경사를 적발하고도 이를 동료경찰관이라는 이
유로 눈감아 준 경우 {12.1 승진, 10.1 승진, 08.2 경간부, 08.1 승진, 07.12 순경}

[사례2] 유사한 우범지역인 A와 B거리에 순찰업무를 맡은 김순경이 A거리에 친척과 가족이 산다는 이유
로 그날 주어진 방범활동시간의 상당한 시간을 할애하여 A거리에 불균형적 방범 서비스를 제공하
는 것 {08.2 경간부}

[사례3] 김순경은 순찰 근무 중 달동네는 가려고 하지 않고 부자 동네인 구역으로만 순찰을 다니려고 한
경우 {08.2 경간부, 08.1 승진}

[사례4] 음주단속을 하는 교통경찰관은 차안에서 술냄새가 진동하였지만 경찰관 신분증을 보여주자 단속하
지 않는 경우 {08.1 승진}

【요청되는 경찰서비스의 제공을 해태하거나 무시하는 경우】

[사례] 甲은 집에 강도가 들어 가까운 지구대에 신고를 하였더니 지구대에서는 평소에 甲이 협조하지 않았
다는 이유로 현장에 출동하지 않았다.

---

3. 협동과 역할관계

① 역할한계와 팀워크는 **경찰에게 부여된 사회적 역할범위 내에서 활동을 해야 하며** 이러한 범위 내의
활동을 함에 있어서도 상호협력을 통해 경찰목적을 달성해야 한다는 것이다.
{09.2 경간부, 08.10 순경, 05.2 경간부, 05.1 승진, 04.10 순경, 02.7 순경}

② 경찰은 **행정부에 속하는 다른 기구, 입법부들과 협력**하여야 한다. {10.1 승진, 03.6 순경, 03.2 경간부}

③ 경찰에게 부여된 목적달성을 위해 국가기관 상호간이나 행정기관 상호간이나 경찰의 내부구성원간의
협력의무가 도출된다. **경찰기관 상호간의 협동은 경찰직무응원법에서, 경찰공무원간의 협동은 경찰
법에서 도출**된다. {08.10 순경}

【협동과 역할한계에 위배되는 사례】

[사례1] 김경사가 특진욕심에 주요 탈옥범 김씨를 혼자서 검거하려다 놓친 경우 {10.1 승진, 08.2 경간부}

[사례2] 형사계 김형사는 탈주범 박씨가 자기 관내에 있다는 첩보를 입수하고도 이를 상부에 보고하지 않
고 단독으로 검거하려다 실패한 경우

[사례3] 김형사는 좋은 사람과 나쁜 사람을 가려서, 나쁜 사람에 대해서만 적극적으로 혼내 주는 경우

---

4. 사회구성원들로부터 공공의 신뢰확보

① 경찰은 시민을 대신해서 시민을 위해서 수사상의 권한을 사용하고 질서의 유지를 위하여 힘을 사용
하거나 강제적인 수단을 사용할 권한을 가지고 있다.

② 경찰권은 시민으로부터 위임받은 것이므로 경찰관은 **시민들의 신뢰에 합당한 방식으로 권한을 행사**
하여야 한다. {10.1 승진, 06.1 승진, 06.2 경간부, 03.6 순경, 03.2 경간부}

【대리인으로서의 역할 사례】

[사례1] 김씨는 컴퓨터를 잃어버렸고 옆집에 사는 사람이 의심스럽다고 생각하였으나 甲자신이 직접 물건을 찾지 않고 경찰서에 신고하여 범인을 체포하였다. {09.2 경간부, 07.12 순경, 04.10 순경}

[사례2] 내가 TV를 잃어버렸고, 옆집에 사는 사람이 의심스럽다고 하자. 그렇지만 법적으로 나는 몽둥이를 들고 함부로 이웃 사람의 집에 들어가서 나의 물건을 찾아낼 수 없다. 그 대신 만약 내가 나의 물건을 되찾고 훔친 사람이 벌을 받기를 원한다면, 나는 형사사법제도를 이용하지 않으면 안 된다. 이를 위해서 우선 경찰을 부른다. 경찰은 수색영장을 얻는 등의 절차를 통해 합법적으로 이웃 사람의 집에 들어가 수색을 하고 범인을 체포할 것이다. {11.8 순경}

③ 시민은 경찰이 반드시 법집행을 할 것을 신뢰한다. {10.3 순경, 05.2 경간부, 05.1 승진, 03.2 경간부}

[사례1] 김순경은 절도신고를 받고 사건현장에 도착하였다. 도착한 순간 절도범 김막강은 절취물을 가지고 막 골목길로 달아나고 있는 중이었다. 김순경은 우람한 체격의 김막강을 본 순간 자신의 안위가 걱정이 되었다. 그렇지만 가게 주인이 보고 있으므로 김순경은 재빨리 골목 안으로 추격을 하였다. 그런데 실은 짐짓 쫓는 척하면서 김막강이 도망가도록 내버려 두었다. {08.2 경간부}

[사례2] 김순경은 강도범을 추격 중 골목길에서 칼을 든 강도와 조우하였다. 김순경은 추격하는 척하다가 도망가도록 내버려두었다. {08.1 승진}

④ **시민은 경찰이 강제력 행사시 필요한 만큼의 최소한도로 사용할 것을 신뢰**한다. {07.3 경간부}

[사례1] 경찰서에서 근무하는 김형사는 절도범을 추격 중 달아나는 절도범의 등 뒤에서 총을 쏘아 사망케 하는 경우 {10.3 순경, 08.2 경간부}

[사례2] 경찰이 만취한 사람을 제지하는 과정에서 약간의 폭행을 당하자 흥분하여 수갑을 채우고, 경찰봉으로 구타하는 경우(경찰의 과잉진압)

[사례3] 공원에서 만취한 사람이 맥주병을 던지고 심한 욕을 하고 있다는 신고를 받은 경찰관이 현장에 출동하여 제압하는 과정에서의 물리적 폭력 없이 제압할 수 있었지만, 경찰봉을 사용하여 상대방에게 약간의 상해를 입히면서 제압하였다.

⑤ 경찰은 자의적으로 권한을 행사해서는 안 되며, **최소한의** 물리력을 행사하여 국민의 자유와 권리보호라는 공공의 신뢰를 충족시켜야 한다. {10.1 승진, 06.1 승진, 06.2 경간부, 05.10 순경}

⑥ **사적인 이익을 위하여 경찰관은 자신의 직위 및 권한을 이용해서는 안 된다.**
{06.1 승진, 06.2 경간부}

[사례] 자신에게 심한 모욕을 주며 저항하는 절도범이 달아나자 이에 격분하여 추격하던 김순경은 달아나는 범인의 등 뒤에 권총을 쏘아 사망하게 하였다. {08.1 승진}

5. 냉정하고 객관적인 자세로 업무수행

① 경찰관은 **사회의 일부분인 아닌 사회 전체의 이익을 염두**에 두어야 하며, **시민들에 대해 냉정하고 객관적인 방식들로 업무를 처리하도록 기대**된다(**개인 편견×**).
　{10.1 승진, 09.2 경간부, 08.10 순경, 05.2 경간부, 05.1 승진, 04.10 순경, 03.6 순경, 02.7 순경}

② 경찰관이 냉정을 잃게 되는 경우는 **과도한 개입과 무관심**이다. {10.1 승진}

【냉정하고 객관적인 자세에 위배되는 사례】

[사례1] 아버지로부터 가정폭력을 많이 경험한 조사관 김경장은 가정문제의 모든 잘못은 남편에게 있다고 생각하고 간통사건 처리 시 항상 여자 쪽에 감정 이입하여 사건을 처리하는 경향을 보인다. {08.2 경간부}

[사례2] 김순경은 경찰에 들어오기 전 집에 도둑을 맞은 경험이 있다. 그런데 경찰이 되어 절도범을 검거하였는데, 과거 도둑맞은 경험이 생각나 피의자에게 욕설과 가혹행위를 한 경우 {10.1 승진, 08.1 승진}

[사례3] 유흥가 밀집지역의 지구대에 근무하는 甲경사는 전입 온 날로부터 하루도 빠짐없이 매일 저녁 주취자들의 상호 폭력을 신고 받고 출동한다. 가보면 돈 꽤나 있는 새파란 젊은 것들이 난장판이다. 甲경사는 '내가 이런 것들을 위해 일해야 되냐' 하면서 '이런 놈들은 다치거나 죽거나 무슨 상관이야' 하면서 이들을 위해서 노력할 필요를 전혀 못 느낀다. 그래서 그는 신고가 들어오면 '내가 가기 전에 자기들끼리 해결하겠지' 생각하면서 미적미적 늑장을 부리며 대처한 경우

[사례4] 단속한 경찰에게 수차례 공격하자 경찰이 통제력을 잃고 반격을 하는 경우 {08.2 경간부}

V. 현대 경찰에 요구되는 윤리 {01.2 경간부}

양 심	우리나라의 경찰윤리헌장은 '오직 양심에 따라 법을 집행'하는 공정한 경찰을 천명하고 있다.
창 의	창의라는 말은 여러 가지 사안에 대하여 종래의 틀에 구속되지 않고 새롭게 독창적으로 사고하는 힘이라고 할 수 있는바, 이러한 창의는 경찰에게 요구되는 정신이다.
자 율 {01.3 경간부}	① 자율은 책임과 윤리가 바탕이 되지 않을 때 자칫 방종으로 오해되기 쉽다. 따라서 **자율은 고도의 윤리수준과 자율에 따른 책임을 전제로 하는 개념**이다. ② 자율은 그것을 가능케 하는 **권한의 분배를 전제**로 한다. ③ 경찰활동에는 **광범위한 재량이 인정되고 있는 것이 특징**이다. ④ 경찰업무는 **신속한 판단과 대응이 요구되어 일선부서 또는 근무자에게 권한의 이양이 필요**하다.
책 임	경찰은 그 구성원 개인에게 자율에 바탕을 둔 임무수행을 요구하지만, 경찰관이 이에 자발적으로 따르지 않을 때, 이에 대한 책임을 묻게 된다.

제2장

한국경찰사

제1절　한국경찰의 시대적 구분

I. 한국경찰사 구분

갑오경장 이전의 경찰
① **경찰기능의 미분화**
② 경찰기능은 왕권의 공고화를 도모하는 데 활용
③ 법적근거 없이 지배세력의 필요에 따라 경찰작용이 이루어짐
④ **중국의 영향**

갑오개혁 (1894)

갑오경장 ~ 한일합병 이전의 경찰
① 경찰기능의 분화 – 완전한 분화는 이루어지지 못함(**불완전한 분화**)
② 경찰의 조직법적·작용법적 근거를 마련되었다는 점에서 한국 최초로 외형상 근대국가적 경찰체제를 갖추게 된 시기
③ 자주적인 입장을 견지하지 못하고 일본의 의도와 계획 하에 창설, 정비, 통일되었음 – **일본의 영향**(일본 ← 프랑스 영향)

일제 식민지기의 경찰
① 경찰은 일제 식민지배의 중추기관
② 경찰이념은 일본의 식민지배를 공고히 하는 데 활용
③ 사상경찰적 영역까지 경찰기능이 확대
④ 경찰에 대한 국민의 뼈저린 불신의 풍토가 축적된 시기

해방 (1945)

미군정하의 경찰
① 식민지기의 경찰제도와 인력에 대한 개혁이 없었음
② **경찰의 이념에 민주적 요소 도입(경찰위원회 등)**
③ 일제시대에 비해 경찰의 활동영역이 축소
④ 경찰에 대한 부정적인 태도가 불식되지 못하였음
⑤ 여자경찰제도의 신설

경찰법 (1991)

정부수립 이후 1991년 경찰법제정 이전의 경찰
① 독립국가로서 자주적인 입장에서 경찰을 운용한 시기
② 남북분단이라는 시대적, 상황적 한계를 지니고 있었음
③ 경찰작용에 관한 기본법으로서 **경찰관직무집행법이 제정**
④ 경찰의 부정선거에 개입하는 등 정치적 중립을 해치는 시기

1991년 경찰법제정 이후의 경찰
① 정치적 중립성을 확보하는데 초점
② 1988년 행정개혁위원회가 발족되어 경찰중립화를 위한 방안 마련
③ 1991년 **경찰법 시행**

제2절　갑오경장 이전의 경찰

Ⅰ. 부족국가시대

【부족국가시대 경찰기능의 특징】 {02.1 승진}

① 국가모습을 갖추지 않았기 때문에 **지배자의 지배체제를 유지하기 위해 경찰기능을 수행**하였다.
② 군사·재판·형집행·공물확보 등의 **기능이 분화됨이 없이 통합적으로 작용**하였다.
③ **개인의 생명과 재산 및 신체의 보호에 관심**을 가졌음을 알 수 있다.
④ 간음(姦淫)과 투기(妬忌) 등에 대하여 **강력히 처벌**하였음을 알 수 있다.

1. 고조선

① **팔조금법**은 중국의 역사서인 「한서지리지(漢書地理志)」에 8조금법의 일부인 3개 조항만 현재 전해
　내려오는 **3조목(살인·상해·절도)을 보아 오늘날 경찰·재판·형집행기능에 해당되므로 독립적인 행정**
　조직을 가졌음을 짐작할 수 있다. {10.2 경간부, 08.10 순경, 02.1 승진}

　ⓐ 제1조목(살인) : 사람을 죽인 자는 **사형**에 처한다. → 인간생명존중
　ⓑ 제2조목(상해) : 남에게 상해를 입힌 자는 **곡물**로써 배상한다.
　　　　　　　　　 ➡ 농경사회, 사유재산제도
　ⓒ 제3조목(절도) : 도둑질한 자는 남자의 경우 그 집의 **노(奴)**, 여자인 경우 **비(婢)**로 삼으며, 스스로 속
　　(贖)하려 하는 자는 **오십만전**을 내야 한다.
　　　 ➡ 계급사회, 화폐제도, ☞ 손괴(✕) {08.7 순경, 07.12 순경}

① **개인의 생명, 신체, 사유재산 등을 보호**하려는 사회상을 파악할 수 있다. {10.3 순경}
② 경찰·재판·형집행기능은 따로 분화되어 있지 않고, 지배세력이 모든 권한을 행사했으리라 짐작할 수
　있다.

2. 한사군시대

설　치	고조선은 B.C 108년 중국의 한나라의 침략으로 멸망, 그 대신 낙랑·진번·임둔·현도의 한사군이 설치되어 A.D 313년 낙랑이 멸망하기까지 지속되었다.	
군·현·경·정·리의 행정체제 {08.3 순경, 10.2 경간부}	**군(郡)**	문관직인 **태수**와 무관직인 **도위(都尉)**를 두었다. {06.10 순경}
	현(縣)	**현령**(縣令: 만호 이상의 현) 또는 **현장**(縣長: 만호 미만의 현)을 두고 현령 밑에는 장리인 승(丞), 소리인 두식(斗食)을, 현장 밑에는 장리인 위(尉), 소리(小吏)인 좌사(佐史)를 두었다. **위(尉)는 도적을 잡아 가두는 일을 담당**한다.
	경(卿)	교화를 주관하는 **삼로(三老)**와 순찰과 도적을 방비하는 **유요**를 두었다.
	정(亭)	**정장**을 두어 도적을 잡게 하였다.
	리(里)	**이괴(里傀)**를 두어 풍속경찰 즉, 오늘날 생활안전경찰을 담당케 하였다. {05.3 순경}
경찰기능 담당	위와 유요 및 정장에게 **활·창·방패·검·갑옷**의 5병이 주어 각각 현(縣), 경(卿), 정(亭)의 도적을 검거하는 일을 관장 → **오늘날 경찰기능 담당** {02.1 승진}	

3. 남북부족국가

부　여	① 마가(馬加), 우가(牛加), 저가(豬加), 구가(狗加) 등의 관직 → **국방과 경찰기능 수행** ② 부여에는 전국 도처에 죄인을 감금하기 위한 **감옥이 상당수 존재**했으며, **살인자는 사형에 처하고 그 가족은 노비로 삼았다.** ③ 절도자는 **일책십이법(一責十二法)**에 따라 12배로 배상하고, **간음을 범한 자와 부인으로서 투기하는 자는 모두 사형**에 처하도록 하는 등 가부장적 사회체제를 유지하기 위하여 강력히 처벌하였다. {07.9 순경} ④ 제천행사인 **영고(迎鼓)** 때에는 형옥을 중단하고 죄인들을 석방하였다.
고구려	① 고구려는 왕과 5부족(마가, 우가, 저가, 구가, 도가)의 연맹에 의하여 설립되었다. ② 초기 부족국가로서의 **고구려에는 부여와 같은 감옥은 없었던 것**으로 보인다. ③ 범죄인들은 대가들에 의한 제가평의의 결정에 따라 **범죄자는 사형을 처하고, 그 처자는 노비로 삼았다.** ④ 절도범은 **일책십이법(一責十二法)**에 따라 12배의 배상을 하도록 하는 등 엄한 형벌규범이 있었다. {09.2 경간부, 08.2 경간부, 07.9 순경, 06.3 순경, 02.1 승진} ⑤ 제천행사인 **동맹**은 매년 10월에 열렸던 제천 의식으로서 온 나라 백성이 추수에 대한 감사의 의미로 하늘에 제사하고 가무를 즐겼다.
옥저와 동예	① 옥저(沃沮)와 동예(東濊)는 고구려와 예속적 관계 하에 있어서 왕이 없이 거수(渠帥)들이 읍락(邑落)을 지배하였다. ② 동예는 각 읍락마다 경계가 설정되어 있어서 서로 경계를 침범하는 일이 있으면, **노예나 우마**로써 배상하는 **책화제도(責禍制度)**가 있었으며, **살인자는 사형에 처하고 도둑이 적었다고 전해진다.** {10.1 승진, 09.2 경간부, 07.3 경간부, 02.1 승진}
삼　한 (마한· 진한·변한)	① 북쪽에는 고구려, 부여, 한군현이 존속하고 있는 동안에 한강 이남에는 마한(馬韓), 진한(辰韓),변한(弁韓)의 삼한이 자리잡고 있었다. ② 삼한은 모두 **78개의 부족국가**이다. ③ 삼한은 **제사와 정치가 분리**되어 있었다. ③ **소도(蘇塗)**라는 별읍(別邑)은 천관(天官)이라는 신관(信管)이 다스리도록 하였는데, 이곳은 죄인이 도망하여도 잡지 못한다. → **오늘날 치외법권지역에 해당**

II. 삼국시대

【삼국시대 경찰기능의 특징】

① 국가모습을 갖추었기 때문에 **국가체제를 유지**하기 위해 경찰기능을 수행하였다.

② **왕권 확립**되고 **관등**이 정해지는 외에 통치를 위한 **율령이 반포**되는 등 **중앙집권적 국가체제**가 갖추어지는 시기이다. {09.2 경간부}

③ 행정과 군사 및 경찰이 일체를 이루고 있어서 **경찰기능의 분화는 이루어지지 않았다.** {10.1 승진, 01.11 순경}

④ 중앙집권적인 체제의 확립에 따라 반역죄를 엄벌하고, 공무원에 해당하는 **관인(官人)들의 범죄가 새롭게 처벌의 대상(백제의 관인수재죄)**이 되었다.

고구려	**중 앙**	대대로(大對虜)에서 선인(先人)에 이르는 **14관등체제**를 갖추었다.
	지 방	**5부로 나누어 욕살(褥薩)**이라는 지방장관을 두어 지방행정고- 치안책임을 병행하도록 하였다. {10.3 순경, 08. 10 순경, 08.1 승진, 07.12 순경, 07.9 순경, 07.3 순경, 02.7 순경, 01.11 순경}
		【엄격한 형벌 또는 부담으로써 사회질서 유지】 모반죄(외환죄)와 모반죄(내란죄) 등 반역죄, 전쟁에서 패하거나 항복한 죄, 살인행겁죄, 절도죄, 가축살상죄 등이 전해진다.
백 제	**중 앙**	6좌평제는 내신(왕명출납), 내두(재무, 회계), 내법(의전, 제사), 위사(숙위, 군사), 조정(사법, 치안), 병관(지방군사)이 있었는데, 여기에서 **위사(숙위, 군사), 조정(사법, 치안), 병관(지방군사)**에게 **경찰기능을 수행**하게 하였다. {03.11 순경}
	지 방	① 수도에는 **5부**를 두어 **달솔(達率)**로 하여금 다스리게 하였다. {08.3 순경, 08.2 경간부, 06.3 순경, 03.11 순경, 02.7 순경} ② 지방은 5방제를 취하여 **방령(方領)**을 두어 다스리게 하였다. {10.1 승진, 08.1 승진, 7.12 순경, 07.9 순경 07.3 순경, 01.11 순경}
		【형벌제도】 ① 반역죄, 절도죄, 간음죄, **관인수재죄** 등에 대해 엄격한 형벌을 가하여 국가체제와 사회질서를 유지하였다. {10.2 경간부, 08/7 순경, 07.12 순경, 07.10 순경, 07.1 승진, 03.11 순경, 03.1 승진} ② 관인수재죄를 처벌함으로써 **공무원에 해당하는 관인들의 범죄를 새롭게 처벌대상에 포함**시켰다. ③ 반군, 퇴군, 살인자는 참하고 **뇌물 받은 관리와 도둑은 3배의 배상**을 물게 하며, 음란한 여인은 남편집 노비로 삼았다. {07.2 경간부}
신 라	**중 앙**	이벌찬에서 조위(造位)에 이르는 **17관등제**를 통하여 신분질서를 유지하는 지배체제를 구축하였다.
	지 방	① **5주(州)**를 두고 **군주**로 하여금 다스리게 하였다. → **근사, 경찰업무도 담당**하게 하였다. {08.1 승진, 07.12 순경, 07.9 순경 07.3 순경, 02.7 순경, 01.11 순경} ② **2소경**에는 사신을 두었다.

III. 통일신라시대

행정관제 정비		신라는 통일 후에도 행정관제 등은 삼국시대의 것을 그대로 답습하였다. 즉, 예부, 조부, 병부, 사정부, 이방부 등을 그대로 존속되었다. 여기에서 **병부, 사정부, 이방부**(좌이방부, 우이방부)가 경찰조직과 관련이 있다.
중 앙	이방부	좌이방부, 우이방부로 나뉘어 **범죄의 수사와 집행을 담당**하였다.
	사정부	검찰, **풍속을 담당**하였다.
	병 부	내외의 병마사를 담당하였다.
지 방	지방장관 (총관/사신)	① 지방은 **9주(총관:摠管) 5소경(사신:仕臣)** 으로 두고, 주 밑에는 군(태수), 현(령), 촌(촌장), 향·소·부곡 등을 두었다. ② 주의 총관(摠管) → **경찰기능 담당** {08.2 경간부, 08.1 승진, 07.10 순경, 07.3 순경, 06.3 순경, 05.3 순경, 02.7 순경}
군사조직		국왕친위 부대인 **9서당**과 지방군사 조직인 **10정**을 두었다.
율 령 {10.1 승진}	통상적인 범죄유형	① 오역죄(五逆罪) – 당시 불교에서 말하는 5가지 악행 ② 절도죄(竊盜罪)
	왕권을 보호하기 위한 범죄	① 모반죄　　　　　② 모대역죄 ③ 지역사불고언죄(→ 국가보안법상 불고지죄) {10.1 승진, 08.3 순경, 07.9 순경, 06.10 순경}
	관리들의 **직무**와 관련된 범죄	① 배공영사죄(背公營私罪)(→ 관물횡령 · 관물무역에 관한 죄) ② 불휼국사죄(不恤國事罪)(→ 형법상 직무유기죄)
해양경찰		장보고가 설치한 청해진은 **해양경찰적 기능**으로 해상권 장악과 해적소탕의 경이적 경찰활동
형 벌		**형의 종류도 세분화**되고, **집행방법도 잔인하게 변화**되었다. 예 족형, 거열형, 사지해형, 기시형, 참형, 자진형, 유형, 장형 등

IV. 발해시대

발해의 건국	대조영이 당의 영향력에서 벗어나 고구려의 유민과 말갈의 무리를 포섭하여 한때 **해동성국의 이름을 들은 것이 발해**이다.
경찰기관	① 당의 진보된 3성 · 6부 · 5감 · 9시 · 위부의 경찰제도를 그대로 모방하였다. ② 경찰제도도 행정경찰은 지부(병부)에서 사법경찰은 예부(형부)에서 각각 세분화되었다. ③ 중정대(어사대)라는 기관이 있어 중앙감찰기관의 역할을 하였다. ④ 당시 경찰은 별도의 기관으로 분화되지 않고, **군사행정기능과 통합하여 수행**하였다. ⑤ 당시의 경찰은 방범과 경비경찰적 기능을 수행하였다.

V. 고려시대

제도의 정비		① 태조 왕건 : 고려는 신라의 제도를 답습하였다. ② 성종 : 3성(중서성, 문하성, 상서성), 6부(이, 병, 호, 형, 예, 공)의 중앙관제와 지방 12목(牧)의 설치 등 정비를 보았다.	
중 앙	**형부** (刑部)	**법률과 소송**을 담당하였다.	
	어사대	시정의 득실을 논하고 관리의 잘못을 규탄(**백관규찰**)하고, **풍속경찰의 임무**를 수행하였다. {08.2 경간부, 06.3 순경, 05.3 순경, 05.2 경간부, 02.1 승진}	
	금오위 (金吾衛)	서울 중앙군(=경군)으로 2군 6위가 있었는데 6위 중 **금오위가 수도 개경의 순찰, 포도금란(捕盜禁亂)의 업무, 비위예방경찰업무를 담당**하였다. {10.3 순경, 10.2 경간부, 08.7 순경, 08.3 순경, 07.12 순경, 07.10 순경, 05.2 경간부, 03.1 승진, 02.3 순경, 02.1 승진}	
	병부 (兵部)	**군사**를 담당하였다.	
	중추원 (=추밀원)	**왕궁경비, 왕명출납**을 담당하였다.	
지 방	**안찰사, 병마사**	① 5도 양계제로 정착되어 **도에는 안찰사, 계에는 병마사가 그 장으로 임명**되었고, 도 밑에는 군·현이, 계 밑에는 진이 각각 설치되었다. {10.1 승진, 05.2 경간부, 03.1 승진, 02.3 순경} ② 도(道지)의 장인 **안찰사**는 경찰업무를 **포함한** 행정, 사법, 군사 등의 사무를 그 **관할구역 내에서 통합적으로 처리**하였다. {06.10 순경}	
	위아 (尉衙)	① 현위(縣尉)를 장으로 하는 위아는 지방기관에 설치 되어 있었다. ② **위아 → 현재의 경찰서, 현위 → 경찰서장** {03.1 승진, 02.3 순경, 02.1 승진}	
	특수기관	**삼별초**	최씨 무신정권하에서 최씨 가문의 사병역할을 했던 삼별초는 **경찰, 전투 등의 공적인 업무도 수행**하였다.
		순군 만호부	① 방도금란(防盜禁亂)의 임무 외에 왕권보호 등의 **정치경찰적 활동도** 하였다. {07.3 순경, 05.2 경간부, 03.1 승진, 02.3 순경, 02.1 승진} ② 고려 말기의 순군만호부가 태종 2년에 순위부로, 태종 3년에 의용순금사로, 태종 14년에 의금부로 개칭되었다.
		금화원	오늘날 **소방경찰**이라 할 수 있다.
형벌 제도		**죄목이 더욱 분화됨**(모반죄, 대역죄, 살인죄, 절도죄, 공무원범죄, 문서훼손에 관한 범죄, 무고죄, 도주죄, 방화죄, 실화·연소죄, 강간죄, 도박죄, 유기죄, 인신매매죄, 장물죄 등) {10.1 승진, 09.2 경간부}	

VI. 조선시대

<table>
<tr><td rowspan="9">중앙</td><td>병조(兵曹)</td><td>① 군사업무와 함께 경찰사무도 담당하였다. {02.7 순경}
② 이후 순찰사무는 분리되어 포도청에서 관장하게 되었다.</td></tr>
<tr><td>형조(刑曹)</td><td>법률, 형벌, 소송, 노예 등의 업무를 관장하였다.</td></tr>
<tr><td>의금부
(義禁府)</td><td>① 순군만호부(고려 말) → 순위사(태종 2년) → 의용 순금사(태종: 3년) →　의금부(태종: 14년)
② 중요한 특별범죄를 관장한 특별사법기관으로서 왕족의 범죄, 국사범, 모역죄, 반역죄 등에 관한 사건 등을 업무를 수행하였다.
{09.2 경간부, 07.10 순경, 05.3 순경, 03.4 순경, 03.1 승진, 02.7 순경}</td></tr>
<tr><td>사헌부
(司憲府)</td><td>본래 시정을 논하고 백관을 감찰함이 본분이나 동시에 풍속경찰을 주관하고 민정을 살펴 국정에 반영케 하였다. {07.12 순경, 03.4 순경}</td></tr>
<tr><td>포도청
(捕盜廳)</td><td>① 우리나라 최초의 독립된 전문적 경찰기관(1471년) {09.2 경간부}
② 전국적으로 도적의 횡포를 막기 위해 성종 2년 포도장제에서 유래되었고, 포도청이란 명칭은 중종 치세기에 처음 등장하였다.
{10.3 순경, 10.2 경간부, 08.3 순경, 03.1 승진}
③ 포도청은 갑오경장 때 '경무청관제직장'이 제정되어 한성부에 경무청이 설치되면서 폐지되었다.
④ 포도청에는 양반집의 수색과 여자도적의 체포를 위한 '다모(茶母)'라는 여자 관비가 있었으며, 오늘날 여경의 선구라고 한다. {02.7 순경}
⑤ 서울 : 좌포도청, 우포도청/지방 : 토포청, 토포아문
⑥ 구체적 순찰구역이 명시되어 있고 관할구역을 침범하지 못하였다.</td></tr>
<tr><td>수성금화사</td><td>소방경찰기능을 관장하였다.</td></tr>
<tr><td>위장과 부장</td><td>왕궁경비를 담당하였다.</td></tr>
<tr><td colspan="2">

【직수아문(直囚衙門)】

경찰권은 일원화되지 못하고(경찰권의 다원화) 각 관청이 소관사무와 관련하여 직권에 의하여 위법자를 체포하여 구금할 수 있는데 이와 같은 권한을 가지는 중앙관청을 직수아문(直囚衙門)라 한다. {09.2 경간부, 08.7 순경, 06.10 순경, 03.4 순경, 03.1 승진}

		갑오개혁	
직수아문 ＝	**각 관청** (경찰권의 다원화)	↓ 직수아문 권한 폐지	**경무청** (경찰권의 일원화)

</td></tr>
<tr><td></td><td></td></tr>
<tr><td rowspan="4">지방</td><td>관찰사,
수령</td><td>① 지방은 8도로 나누어 관찰사를 두었고, 그 밑에 부·목·군·현을 두고 각각 부윤·목사·군수·현령 등의 수령을 두었다.
② 조선시대 지방행정기관의 장인 관찰사 및 수령 등은 관할지역 내의 행정에 대한 전반적인 권한과 동시에 군사적 기능과 사법적 기능도 수행하였다.
{09.2 경간부, 03.4 순경, 03.1 승진}</td></tr>
<tr><td>토포사</td><td>지방에서 서울의 포도청 역할을 수행하였다.</td></tr>
<tr><td>암행어사</td><td>오늘날의 정보경찰의 임무를 수행하였다. {02.7 순경}</td></tr>
<tr><td>야금제</td><td>야간의 통행을 금지(오후 10시~새벽 4시)시켰다.</td></tr>
</table>

【갑오개혁 이전 각 나라 경찰제도】

구 분		경찰제도
부족 국가시대	고조선	팔조금
	한사군	지방의 군(태수, 도위), 현(위), 경(삼로, 유요), 정(정장), **리(이괴)(풍속담당)** → 위, 유요, 정장에게 활·창·방패·검·갑옷의 오병이 주어짐.
	부 여	일책십이법
	고구려	일책십이법
	동 예	책화제도
	삼 한	제정분리, 천군(소도)
삼국시대	고구려	지방장관 **욕살**
	백 제	㉠ 수도(5부): 달솔 ㉡ 지방(5방제): **방령**
	신 라	지방의 **군주**
통일 신라시대	중 앙	이방부(범죄의 수사와 집행), 병부, **사정부(감찰, 풍속 담당)**
	지 방	**총관**
고려시대	중앙 경찰기관	㉠ 형부(사법경찰 업무) ㉡ 병부(군무 외에 기타 경찰 업무) ㉢ 중추원(왕명출납, 군사기무, 숙위 등 업무) ㉣ **어사대(풍속경찰의 임무)**
	군	금오위
	지방 경찰기관	안찰사, 병마사, 각 지방의 수령 – 행정·사법·군사·경찰 기능을 통합적 으로 수행
	순군만호부	방도금란의 임무 외에 왕권보호, 정치경찰적 기능수행
	현의 위아	현재의 경찰서
조선시대 (갑오개혁 이전)	중 앙	㉠ 의금부(중대범죄) ㉡ **사헌부(풍속경찰)** ㉢ 포도청
	지 방	관찰사와 각 지방의 수령 – 행정과 사법경찰 통괄

【풍속경찰 담당】

한군현(이괴),　　통일신라시대(사정부),　　고려시대(어사대),　　조선시대(사헌부)

【왕궁경비 담당】

백제(위사좌평),　　고려(중추원),　　조선(위장과 부장),　　갑오경장 이후(경위원)

제3절 갑오경장 ~ 한일합병 이전의 경찰

【갑오경장 ~ 한일합병 이전의 경찰체제의 특징】

① 1894년 갑오개혁 이후에 근대적 의미의 경찰이 처음 등장하였다. {09.2 경간부, 02.1 승진}
② 갑오개혁을 통하여 **경찰에 관한 조직법적 · 작용법적 근거가 마련**되었으나 경찰권은 전제주의적 수준에 머물렀고, **외형상으로는 근대 국가적 경찰체제를 갖추었다.** {09.1 승진}
③ 이 시기는 이미 프랑스 등 대륙법계의 경찰체제를 갖춘 일본이 일본경찰제도를 이식시켰으며, 이는 **궁극적으로 우리나라의 경찰을 지배하기 위한 장기적인 전략의 일환**이었다는 점에서 우리나라 경찰의 역사에 있어서 가장 치욕적인 시기이기도 하였다.

Ⅰ. 갑오개혁과 근대경찰의 창설 {09.7 순경, 03.1 승진}

한성부 경찰의 창설		① 1894년 6월에 일본내각은 내정개혁 방안의 하나로서 조선에 경찰 창설을 요구하였다. ② 1894년 6년 28일 김홍집 내각은 '각아문관제'에서 '법무아문관리 사법행정경찰'이라고 정하면서 처음으로 근대적 의미의 경찰이라는 용어를 사용하며, 경찰을 '**법무아문**' 하에 창설하였다. ③ 1894년 7월 1일 경찰 소속을 다시 '**내무아문**'으로 변경시켰다. ④ 1894년 7월 14일 '**경무청관제직장(한국 최초의 경찰조직법)**', '**행정경찰장정(한국 최초의 경찰작용법)**'을 제정하면서 **최초의 근대경찰인 경무청이 수도인 한성부에 창설**되었다.
경무청 관제직장 (경찰조직법)	경무청 신설 {03.6 순경}	① '**경무청관제직장**'에 의해 포도청을 폐지하고 당시 수도인 **한성부에 경무청이 창설**되었는데, **경무청은 '내무아문'에 예속**되어 한성부 내의 일체의 경찰사무를 관장하였다. {12.8 순경, 07.10 순경} ② 경무청의 長으로는 경무사(警務史)를 두고 경무사로 하여금 **경찰사무와 감옥사무를 총괄**토록 하였다. ③ 범죄인을 체포·수사하여 법사(法司)에 이송토록 하는 임무를 부여하여 경무청은 직수아문의 권한이 있었지만, **다른 기관의 직수아문의 권한은 불허하여 경찰권을 일원화** 하였다. ④ '경무청관제직장'에 의해 **최초로 한성부 내에 5개의 '경무지서'가 설치**되어 '**경무관**'을 서장으로 보하였다.
	최초 경찰조직법	'**경무청관제직장**'은 일본의 '**경시청관제**'(1891년)를 본뜬 것으로서 **우리나라 최초의 경찰조직법**이라 할 수 있다. {12.8 순경}
행정 경찰장정 (경찰작용법)	광범위한 업무	① 당시 경무청은 경찰 · 감옥업무 외에도 출판물 판매 허가, 호구조사, 전염병예방 등 **오늘날의 보건 업무를 포함하는 광범위한 영역의 업무를** 담당하고 있어 근대국가에서 흔히 나타나는 **경찰업무와 일반행정과의 미분화현상**을 엿볼 수 있다. ② 광범위한 영역의 업무를 수행하기 위한 작용법적 근거로서 제정된 것이 바로 '행정경찰장정'이다.
	최초의 경찰작용법	'행정경찰장정'은 일본의 1875년 '**행정경찰규칙**'과 1885년 '**위경죄즉결례**'를 혼합하여 한문으로 옮겨 놓은 것이 **한국 최초의 경찰작용법**이라 할 수 있다. {12.8 순경}

【한국경찰의 영향과정】

		갑오경장기	일제시대	미군정기
대륙 법계	프랑스	죄와형벌법전(1795) ➡ 일본의 행정경찰규칙(1875) ➡ 한국의 행정경찰장정(1894)		일본의 경찰관등직무집행법(1947) ➡ 한국의 경찰관직무집행법(1953) 　(대륙법계 + 영미법계 영향)
	독일 (프로이센)		일본의 행정집행법(1900) ➡ 한국의 행정집행령(1914)	
영미법계				

※ 자료: 안종우(2010), TOP PASS 안종우 경찰학개론, p.12.

경찰고문관 제도 (1894년)	일본은 1894년 경찰제도의 통일을 위한 작업을 담당할 인물을 **경무청의 고문관으로 초빙**토록 하였고, 이 **고문관을 통하여 조선의 경찰제도는 일본식 경찰제도에 맞추어 정비**되어 갔다.
내부 경찰체제의 정비 (1895년)	① 초빙된 고문관의 활동으로 1895년에 '내부관제'가 제정되어 내부대신의 경찰에 대한 **지휘감독관이 정비**되었다. ② 경무지서가 경무서로 바뀌고 궁내경무서가 신설되는 등 경무청의 관제도 새롭게 정비되었다.
지방제도의 정비	① 지방에서는 '**지방관제**'에 의해 **처음으로 관찰사 휘하에 경찰을 파견**하였고, 이들을 **내무대신의 지휘를 받아 관찰사가 관리**하도록 하였다. ② 1896년 1월에는 '**지방경찰규칙**'이 제정되어 **지방경찰의 작용법적 근거가 마련**되었는데, 이것은 거의 '행정경찰장정'과 동일한 내용으로 구성되어 있다.

II. 광무개혁에 따른 경부(警部) 경찰체제의 출범과 좌절

경부 경찰체제 (1900)	1990년 6월에 '경부관제'를 제정되면서 '**내부**'로부터 **독립하여 '경부'가 신설**되었으며, 이는 경찰이 내부직할에서 중앙관청인 경부로 독립(**1년 8개월 만에 폐지**)했다는 점에서 큰 의미가 있다. {08.10 순경, 04.10 순경}		
	이원적 체제	중앙	경부는 한성 및 각 개항시장의 **경찰업무와 감옥서를 통합하는 조직**으로서 **국내 일체의 경찰사무를 관리**하도록 하였다. {04.10 순경, 01.1 승진}
		지방	관찰사 밑에 **총순을 파견하여 관찰사를 보좌**하여 치안업무를 담당하게 하였다. {04.10 순경}
경무청 체제로 전환 (1902)	① '경부' 신설 이래 여러 가지 문제로 인해 1902년 2월에 '경무청관제'를 통하여 '**경무청**'이 '**경부**'의 업무를 관리하게 되었다. ② '구 경무청(1894)'이 한성부만을 대상으로 한 데 비하여, 1902년의 '경무청'은 전국을 관할하는 기관이었던 점에서 **오늘날의 경찰청의 원형**이라그 볼 수 있지만, 양자 간의 현저한 차이가 있었으며, '**경무사**'가 **국내 일체의 경찰사무를 관리**하였다.		

III. 을사조약과 한국경찰권의 상실

고문경찰 제도의 성립 (1904년)	제1차 한일협약(1904년)을 통하여 고문정치가 시작되었다. 경찰의 경우에는 다케시다(丸山重俊: 환산중준) 경시가 '**경무아문**'에 고문으로 초빙되어 **한국경찰권을 장악**해 갔다.
통감부 · 경무부 경찰체제 (1905년)	① 1905년 2월에 '**경무청**'은 다시 한성부 내의 경찰로 축소되었으며, **내무대신의 관할 하에 있던 경찰**이 새로이 '**경무부**'로 독립되어 경무총장이 경찰사무를 총괄하여 관장하게 되었다. ② 한국의 독립 이후 미군정 하에 있던 '경무부'의 원형은 바로 여기에서 출발하였다. ③ 을사조약에 의거하여 1905년 12월 일본은 '통감부 및 이사청 관제'를 제정함으로써 **통감부에 의한 통감정치가 시작**되었다.
경시청 경찰체제 (1907년)	① 일본은 이후 일본경찰과 한국경찰의 통일을 시도하는데, 이에 따라 '**경무청**'은 그 명칭이 '**경시청**'으로 개칭되었다. ② 한국 내에 주둔하고 있는 일본경찰은 고문경찰(=중앙경찰)과 이사청경찰(=지방경찰)로 이원화되어 있었다. ③ 한국경찰을 장악한 일본은 그 후속조치로서 1907년 12월 '내부관제'로 종전처럼 '**내부**'에 '**경무국**'을 두고 경찰사무를 총괄하게 하였는데, 이때 **감옥에 관한 사무가 경찰사무에서 제외**된다. ④ 1908년 7월에 '지방관제'로 각 도에 '**내무부**'와 '**경찰부**'를 두어 경시계급의 경찰부장이 관찰사를 보좌하여 도내의 경찰사무를 관장하게 되었는바, 지금까지 없었던 지방경찰의 지휘조직이 생겨난 것으로, 이것이 **오늘날 지방경찰청의 원형**이라고 할 수 있다.

IV. 한국의 경찰권의 상실과정 {12..8 순경, 07. 3 경간부, 04.11 순경}

경찰사무에 관한 취극서 (1908. 10. 29.)	주한 일본인에 대한 **경찰사무의 지휘감독권을 일본관헌의 지휘감독을 받아 일본계 한국경찰관이 행사토록** 하였지만, 한국경찰의 주요 요직은 일본인들이 독차지한 상태였다. {04.1 승진}
재한국 외국인민에 대한 경찰에 관한 한일협정 (1909. 3. 15.)	주한 외국인에 대한 경찰사무 지휘감독권을 일본계 한국경찰이 행사토록 하였지만, **한국경찰은 외국인에 대한 경찰권을 행사하지 못한 상태**였다.
한국 사법 및 감옥사무 위탁에 관한 각서 (1909. 7. 12.)	**한국의 사법권과 감옥사무가 일본으로 넘어가게 되었다.**
한국 경찰사무 위탁에 관한 각서(1910. 6. 24.)	경찰에 관한 법규였던 '내부관제', '지방관제'에서 경찰에 관한 규정이 삭제되고, 경시청 관제가 폐지되었으며, 이를 계기로 **한국의 경찰사무가 일본으로 넘어가게 되었으며, 새로이 헌병경찰제도가 시작**되었다.

【종합정리】

경무청(1894) → 내부(1895) → 경부(1900) → 경무청(1902) → 경무부(1905) → 경시청(1907) → 경무국(1907) → 헌병경찰(1910) → 보통경찰(1919)

제4절　일제 식민지기의 경찰

【일제 식민지기 경찰체제의 특징】

① 식민지기의 경찰은 **일본의 식민지배의 중추기관**이었다.
② 조선총독에게 **제령권(制令權)**이라 불리는 입법권을 주어졌다. 이 제령권을 통하여 **조선총독은 행정 · 입법 · 사법의 3권을 한 손에 장악하고 식민지 체제를 유지**하였으며, 총독부 권력의 핵심인 경찰권도 총독의 제령권을 통해 행사하였다. {01.1 승진}
③ 경찰이념은 한국 국민을 억압하고 탄압하는 존재로서 제국주의국 **일본의 식민지배를 공고**히 하는 데 있었다. {01.1 승진}
④ 1910년 한일합병부터 1919년까지의 이른바 **무단통치시기의 헌병경찰제도**와 1919년 이후의 보통경찰 제도로 나누었다.
⑤ 1906년 통감부가 설치되면서 헌병은 **군사경찰 이외에 사법경찰과 행정경찰의 업무를 수행**하였다. {05.2 경간부, 04.11 순경}
⑥ 경찰의 대상영역이 **특별고등경찰활동을 통해서 인간의 사상이나 이념까지 통제하는 사상경찰적 영역까지 확대**되었고, **중일전쟁이 발발하면서부터는 경제경찰 영역**까지 미치는 등 광범위하였다. {09.1 승진, 01.1 승진}

I. 헌병경찰제도(1910~1919)

경찰과 헌병의 통합	① 초대 총독인 데라우치는 통치방침으로 질서유지를 언명하고, 헌병경찰제도를 실하였으며, 중앙의 경무총장에는 주한헌병사령관이, 지방 각 도의 경무부장에는 각 도의 헌병대장이 임명되었다. ② 헌병장교가 경무총장 · 경무부장 · 경시에, 헌병준사관 · 하사는 경부에, 헌병의 일반경찰로의 임용할 수 있는 길을 열어 **헌병과 경찰이 통합**이 되었다. {08.1 경간부} ③ 한 · 일합병 후인 1910. 9. 30. '조선총독부경찰관서관제'로 위 내용이 그대로 승계되었다.
헌병경찰의 법적 근거	1910년 9월 10일 '조선주답헌병조령'에 의해 헌병이 일반치안을 담당한다고 하는 법적 근거가 마련되어 **헌병이 그 신분을 유지한 채 경찰관의 직무를 수행**할 수 있었다.
헌병경찰 활동의 관련법령	보안법, 집회단속에 관한 법률, 신문지법, 출판법과 총독에게 주어진 제령권을 통하여 제정된 **범죄즉결례, 조선태형령, 경찰범처벌규칙, 행정집행령** 등이 있다. {08.1 경간부, 05.2 경간부}
헌병경찰 활동의 임무	헌병경찰은 **첩보의 수집, 의병의 토벌뿐만 아니라, 민사소송의 조정, 집달리 업무, 국경세관 업무, 일본어의 보급, 부업의 장려** 등 광범위한 업무를 수행하였고, 특히 지방에서는 한국민의 생사여탈권을 쥐고 있었다. {09.1 승진, 05.2 경간부, 02.1 승진}
배치지역	**일반경찰관은 주로 개항장이나 도시에 배치**되었고, **헌병은 주로 군사경찰상 필요한 지역 및 의병활동지역** 등에 배치되었다. {08.2 경간부}

Ⅱ. 보통경찰제도로의 전환(1919~1945)

3 · 1운동과 보통경찰제도로의 전환	① 1919년 3월 1일의 **항일독립만세운동을** 계기로 헌병경찰제도에서 **보통경찰제도로 전환**되었지만 **경찰의 직무와 권한에는 변화가 없었다.** {11.2 순경, 08.1 경간부, 05.7 순경, 02.1 승진, 01.1 승진} ② 헌병정치 내지 무단정치는 1919년 3 · 1운동의 주요 원인이 되었고, 결국 **3 · 1운동의 영향으로 형식상 종언**을 고하였다. ③ 1919년 8월 19일 종래의 총독부 직속의 **경무총감부는 폐지**되고, **경무국이 설치**하여 **전국의 경찰사무와 위생사무를 감독**하도록 하였다. {05.7 순경, 02.1 승진} ④ 지방에는 각 도에 **3부(1920년: 경무부로 개칭)**를 두어 경찰사무와 위생사무를 관장토록 하였다.
보통경찰제도의 치안입법	① 헌병경찰제도에서 보통경찰제도로 전환되어도 **경찰의 직무와 권한은 변화가 없어**, 치안유지업무 이외에 각종 조장행정에의 원조, 민사쟁송조정사무, 집달리사무 등도 계속하여 헌병경찰이 맡아 수행하였다. ② 1919년 3 · 1운동을 기화로 '**정치범처벌법**'을 제정하여 단속체제는 한층 더 강화되었다. {05.7 순경, 02.1 승진} ③ 1925년 '**치안유지법**'도 한국에 적용되는 등 탄압의 지배체제는 한층 강화되었다. ④ 1937년 중 · 일전쟁 이후 **경찰업무가 경제경찰과 외사경찰까지 확대**되었다. {05.7 순경} ⑤ 1941년 '**예비검속법**' 등을 통하여 독립운동에 대한 탄압을 강화하였다. ⑥ 특별고등경찰활동을 통하여 **인간의 사상이나 이념까지도 통제**하는 사상경찰적 영역까지 확대하였다.

【헌병경찰제도와 보통경찰제도 관련법률 비교】

헌병경찰제도	보통경찰제도
① 보안법(1907) ② 출판법 ③ 신문지법 ④ 집회단속에 관한 법률	① 정치범처벌법(1919) ② 치안유지법(1925) ③ 예비검속법(1941)

【폐지순서】

① 정치범처벌법　→　② 치안유지법　→　③ 예비검속법　→　④ 보안법
　☞ ①②③은 1945.10 폐지, ④은 1948.4 폐지

제5절　미군정하의 경찰

【미군정하의 경찰체제의 특징】

① 미군정하 시기에 **조직법적, 작용법적 정비**가 이루어졌다. {05.2 경간부}
② 국민들 감시 통제하던 **고등경찰이 폐지**되고, 위생사무가 위생국 사무로 전환되었을 뿐만 아니라 **경제경찰업무도 경찰로부터 제외되는 등 경찰의 활동도 축소**되었다. {05.2 경간부}
③ 일본에서 행했던 과거의 경찰사무의 정리, 이른바 **비경찰화작업**은 우리나라에서 행해져 그러한 경찰사무가 다른 관청의 분장사무로 정리되었다.
④ **경찰제도와 인력에 대한 개혁은 이루어지지 아니하였다.** {05.2 경간부}
⑤ 경찰의 이념에 **민주적인 요소가 도입**된다. {05.2 경간부}
⑥ 경찰의 임무에서 **국민의 생명과 재산의 보호라는 새로운 자각**이 일어났다.
⑦ 경찰의 조직면에서 **중앙경찰위원회(1947)를 통한 경찰통제가 시도되는 등 민주적 요소가 강화하였지만 실패**하였다.
⑧ 해방 이후의 좌우대립과 혼란의 극한 상황을 극복함으로서 건국의 기초를 쌓는 데 기여하였다.
⑨ 여자경찰제도가 신설되었다.

Ⅰ. 식민경찰체제의 청산

경찰조직 및 인력 개혁의 미흡	① 미국은 한국을 독립대상이 아니라 점령통치의 대상으로 삼아 조선총독부를 통한 통치가 유지되고, **태평양 미군총사령부포고 1호를 통하여 군정의 실시와 구관리의 현직유지가 이루어져 인력개혁이 시행될 수 없었다.** {06.1 승진} ② 경찰의 경우에도 조선총독부의 경무국과 지방의 도지사 밑의 경찰부가 그대로 답습되어 **경무국이 군정청의 일국으로서 유지**되었다. 즉, **일제시대의 경찰을 그대로 유지한 것에 지나지 않았다.**
경찰사무 조직의 정비	① **위생사무의 이관** : 경무국 위생과를 폐지하고 위생국으로 위생과를 이관 ② **경제경찰의 폐지** : 물가행정처의 주관으로 이관 ③ **소방업무의 이관** : 경무부에서 관장하고 있던 **소방업무가 시·읍·면·동의 소방부로 이관** ③ **경찰사법권 폐지** : 즉결처분 및 훈계방면권을 사법부에 정식으로 이관 ④ **고등경찰의 폐지** : 고등경찰이 폐지되는 대신에 **정보과가 신설되어 정보경찰 업무를 담당** {06.2 경간부, 06.8 순경, 03.3 순경} ⑤ **검열·출판업무의 이관** : 1946년 4월에 **활동사진의 제작·배급·상영의 감독 및 단속에 관한 경무부의 의무, 문서, 재산은 공보부로 이관**. 1946년 5월에 신문 기타 정기간행물에 대한 허가권이 상무부에 주어지고, 1947년 3월에는 신문 기타 간행물에 대한 허가는 공보부에서 관장 ⑥ **여자경찰제도의 신설** : 노유자나 부녀자를 보호하고, 14세 미만 남자 범죄자를 취급하기 위해 신설 {01.4 순경}
치안입법의 철저한 정비	① 1945년 10월에 **치안유지법, 정치범처벌법, 예비검속법 등은 폐지** ② 1948년 4월에 **보안법 등이 폐지** {04.4 순경}

II. 미군정기의 경찰제도

<table>
<tr><td rowspan="2">긍정적인
측면</td><td>

① **경찰기능의 재정비** : 미군정 당국은 남한의 경찰권을 접수한 이후 본래의 경찰영역을 넘어서 비정상적인 권한을 경찰관서의 관할에서 회수하여 다른 관서로 이관시켜 이른바 **비경찰화(非警察化)를 단행**

② **위생업무의 이관** : 종전의 경무국 위생과가 폐지되어 위생국 위생과로 이관

③ **경제경찰업무의 이관** : 조선총독부 경무국 경제경찰과를 폐지

④ **소방업무의 이관** : 중앙의 경무부에서 관장하고 있던 소방업무가 시·읍·면·동의 소방부로 이관

⑤ **출판물 등의 검열업무 이관** : 활동사진의 제작·배급·상영의 감독 및 단속에 관한 경무부의 의무, 문서 및 재산은 공보부로 이관

⑥ **각종 허가권의 이관 및 폐지**

⑦ **선박 및 선원의 단속, 현장조사 및 수색업무의 이관** : 개항항에 있어서의 선박 및 선원의 단속, 형장조사 및 수색에 관한 의두, 직능, 서류, 재산, 임금 및 직원 등을 재무부 세관국으로 이관

⑧ **경찰의 독자적 수사권 행사**

⑨ **교육기관의 개편** : 미군정은 경찰관 강습소를 복구(1945. 9.) → 조선경찰학교로 개명 (1945. 11. 경찰간부교육기관의 시초) → 국립경찰학교로 개칭 및 확장(1946. 2.), 각 도관구경찰청 소관 하에 경찰학교 → 국립경찰전문학교로 승격(1946. 8.)

⑩ **과학수사의 도입**

⑪ **공보업무의 개시**

【민주화 조치】

① 법령의 개폐

② 경찰의 대민가혹행위 시정노력

③ 경찰검의 폐지

④ 표어의 제정

⑤ 부대로서의 경찰조직

⑥ 시·도지사로부터의 지방경찰분리

⑦ 경무부로의 승격과 경무총감부 및 관구경찰청의 설치

⑧ **중앙경찰위원회** {11.2 순경, 09.1 승진, 06.1 승진, 02.3 경간부}

　– **6인의 위원**으로 구성

　– 경찰의 민주적 개혁에 성공하지 못하였다.

</td></tr>
<tr></tr>
<tr><td>부정적인
측면</td><td>

친일인사의 입직 : 경위급 이상 경찰간부의 충원 과정에서는 일제에 봉사했던 한인 경찰관들이 대거 채용되었다.

</td></tr>
</table>

제6절　정부수립 이후 1991년 경찰법제정 이전의 경찰

【정부수립 이후 1991년 경찰법제정 이전의 경찰체제의 특징】

① 독립국가로서 역사상 처음으로 자주적인 입장에서 경찰을 운용한 시기이지만, 6.25 동란, 경제개발, 민주주의간의 갈등 등 시대적·상황적 한계를 지니고 있었다.

② 경찰작용에 관한 기본법으로서 **경찰관직무집행법이 제정**되었다.

③ 경찰이 **처음으로 국민의 생명과 신체보호 및 공공의 안녕과 질서유지의 임무를 수행**하게 되었다.

④ 경찰이 각종 부정선거 등에 개입하는 등 **정치적 중립을 해치는 잘못을 범한 시기**이다.

⑤ 이 시기에 국민의 최대 요구사항은 정치적 중립이었으며, 경찰 내부적으로 경찰기관의 독립이었으므로 1991년 경찰법의 제정은 이러한 배경 하에 이루어진 것이다.

Ⅰ. 내무부산하의 치안국 시대(1948년~1974년)

1. 정부수립과 자주경찰의 기반구축

중앙	내무부 치안국의 설치	1948년 8월 15일 대한민국정부가 수립되어 우리 경찰은 미군정하의 **'경무부'를 '치안국'으로 격하** 조정하여 그 지위를 보조기관화시켰다. {11.2 순경} **【경무부를 치안국으로 격하시킨 이유】** ㉠ 일제하의 경찰에 대한 심리적 저항감 등으로 인해 경찰 약화론이 우세했고, ㉡ 해방 후 좌익계열의 경찰권 약화 기도와 ㉢ 청산되지 않은 일본 관료 출신들이 정부조직법 제정에 참여하면서 구성원이 **대부분 일제시대의 관리로 구 총독부나 일본정부의 과거 행정조직을 모방**하였기 때문이다. {05.1 승진}
지방	시·도 경찰국	1991년 경찰법이 제정될 때까지 각 시·도의 경찰국도 중앙과 마찬가지로 시장 또는 도지사의 보조기구에 지나지 않았다. 단, **경찰서장은 유일하게 1991년 이전부터 행정관청으로서의 지위**를 가지고 있었다. {12.8 순경}
새로운 과업의 부과		건국 이후 극복하지 못한 이념 및 사상대립에서 비롯된 사회혼란 때문에 **경찰의 임무도 국민의 생명·신체·재산의 보호**이다.

2. 50년대 전시경찰체제

구국경찰로의 기능	1950년 6·25전란으로 경찰의 활동은 주로 전투였으며, 그 주된 임무는 **구국경찰로서의 기능과 전시 치안유지기능(방위기능 수행)**이었기 때문에 경찰로서의 최소한의 기본임무도 수행하기 어려웠다.
2원적 구조	경찰조직은 **일반경찰조직과 전투경찰대조직을 유지함으로써 이원구조를 형성**하게 되었으나, 전란과 더불어 **전투경찰대조직을 확대**하고, **일반경찰조직은 전투지원기구로 전환**하였다.
기관의 설치	① 경찰병원(1949) 설립 ① **해양경찰대의 설치**(1953)로 해양경찰업무가 경찰업무에 추가하였다. ② **국립과학수사연구소를 설치**(1955)하여 범죄수사의 현대화를 기하였다.
법규제정	① **경찰관직무집행법**(1953) : 국민의 생명·신체·재산의 보호라는 **영·미법적 사고가 최초로 반영** {12.8 순경, 03.3 순경} ② **행정대집행법**(1953) ③ **경범죄처벌법**(1954) : 일체하의 경찰범처벌규칙(독립운동가 색출 등에 악용)을 폐지하고 경범죄의 종류를 82종에서 45종으로 축소 ④ **경찰직무응원법**(1955)

3. 60년대 경찰의 위기와 경찰행정 복원

경찰조직의 위기	① **1960년 3·15 부정선거에 개입과 4·19혁명 시의 과잉진압**으로 경찰이 국민의 지탄의 대상이 되면서 데모가 빈발하여 무정부적인 상태 속에서 조직의 위기를 맞게 되었다. ② 이 시기는 국민으로부터 신뢰를 가장 많이 잃었던 혼돈의 시기였으며, 이후 **경찰의 정치적 중립성 보장**이 경찰의 기본목표가 되었다. ③ **경찰의 정치적 중립**을 실질적으로 보장하기 위하여 정부조직법에 공안위원회를 두도록 규정하였으나, 결국 이 법안은 유명무실되고 말았다. ④ **1962년 5·16 군사쿠데타**는 경찰존립의 정당성과 자주성을 위협하는 격동기의 시련으로 나타났다.
경찰행정 복원	① 야간통행금지의 부분해제 등 **치안행정의 민주화 계기 마련** ② **경찰윤리헌장의 제정(1966)** : 경찰윤리규범의 효시 ③ 경찰관 해외주재관제도 신설(1996) ④ **전투경찰대 설치**(1968) : 1968. 1. 21. 김신조 일당 청와대 기습사건 등은 시국치안 및 반공체제의 강화로 이어져 대간첩 작전을 효과적으로 수행하기 위해 전투경찰대를 설치하였다.
경찰공무원법의 제정	① **경찰공무원법**의 제정(1969)으로 일반공무원과는 다른 특성을 제시하여 직능별 전문화와 자질향상을 도모하여 **직업공무원제의 기틀을 마련**하였다. {11.2 순경} ② **경정·경장 2계급 신설**하고, 2급지 서장을 **경감에서 경정으로 격상**하였다. {11.2 순경}

II. 내무부산하의 치안본부 시대(1974년~1991년 이전)

1. 70년대 시국치안 강화

치안본부 승격 (1974)	1974년 **문세광의 8·15 육영수여사 저격사건을** 계기로 내무부 **치안국이 치안본부로 승격**되었다. 하지만 치안본부는 여전히 내무부 산하기관이었다.
소방업무 이관 (1975)	경찰이 맡아 왔던 **소방업무가 1975년 내무부 민방위본부로 이관**되면서 경찰업무에서 제외되었다.
법규제정	① **청원경찰 등장** : 청원경찰법(1962)에 제정되었으나 1970년대에 들어와 실질적 역할을 담당하였다. ② **용역경비업법 제정**(1976) ③ **경찰대학설치법 제정**(1979) : 1981년부터 신입생 선발

2. 80년대 민주화 요구

사회적 혼란	10·26 사태에 이은 5·18광주민주화운동 등 시국상황에 대처하기 위한 **치안수요가 격증**하게 되었다.
6·29 민주화 선언	집권세력은 국민의 요구에 굴복하고, **6·29민주화선언**에 이르게 되었다.
의무경찰제도의 도입	1983년에 **의무경찰제도를 도입하여 치안업무를 보조**하게 하였다.
새경찰신조 제정	제5공화국 정부(전두환)가 정의사회실현을 뒷받침하고 **사회기강을 확립하기 위해 자질향상과 대민봉사확립을 위해 제정**한 것이다. {05.2 경간부}
경찰공무원 복무규정의 개정	경찰공무원 복무규정을 개정하여 "경찰공무원은 국민의 수임자로서 일상의 직무수행에 있어서 국민의 자유와 권리를 존중하는 **호국, 봉사, 정의**의 정신을 바탕으로 삼는다."고 규정하였다.

제7절 | 1991년 경찰법제정 이후의 경찰

Ⅰ. 경찰법 제정(1991) 이후의 경찰

경찰법 제정 계기	경찰에 대한 **정치적 중립의 요청**과 내부적으로 거론되어 온 기구독립에의 열망에 따른 것으로 1991년 5월 10일 임시국회를 통과하고 5월 31일 공포되어 7월 1일부터 시행되게 되었다.
내무부의 외청화	1991년 제정된 경찰법은 **선거부처인 내무부의 외청으로 존속시킨다는** 점에서 **완전한 의미의 경찰의 독립은 아니었지만 나름대로 경찰법의 제정이 갖는 의의는** 크다고 할 것이다. {09.4 순경, 07.3 경간부}
독립관청화	**경찰청장과 각 지방경찰청장, 경찰서장은 모두 독립관청화**하였다는 점에서 여러 가지 아쉬운 점에도 불구하고 경찰조직 발전의 일부로서 평가할 수 있다. {09.4 순경, 07.3 경간부}
경찰위원회	① 경찰위원회 제도를 도입함으로써 향후 경찰에 대한 **민주적 통제시스템의 구축을 위한 발판을 마련**하였다. {09.4 순경, 07.3 경간부} ② 합의제 관청인 **경찰위원회**를 두어 **경찰행정에 관한 주요 정책을 심의·의결**하도록 하였다.
치안행정 협의회	지방에는 시도지사 밑에 **지방행정과 치안행정의 업무협조를 위해 치안행정협의회를 설치**하였다. {07.3 경간부}

【조선시대 이후의 한국경찰사 변천과정】

① 포도청(중종 35년) ▶ ② 경무청(1894) ▶ ③ 경부(1900) ▶ ④ (대)경무청(1902) ▶ ⑤ 고문경찰제도(1904) ▶ ⑥ (소)경무청(1905) ▶ ⑦ 통감부경무부체제(1905) ▶ ⑧ 경시청(1907) ▶ ⑨ 통감부 내부 경무국체제(1907) ▶ ⑩ 한국경찰권의 상실(1910) ▶ ⑪ 경무총감부(1910) ▶ ⑫ 경무국(1945) ▶ ⑬ 경무부(1946) ▶ ⑭ 치안국(1948) ▶ ⑮ 치안본부 ⑯ 경찰청(1991)

【우리나라 경찰의 연혁】 {10.2 경간부, 10.1 승진, 09.2 경간부}

미군정 시대	1945. 10. 21.	경찰 창설기념
	1946. 1.	경무국을 경무부로 승격
	1946. 5.	최초로 여자경찰관 채용
	1947. 11.	중앙경찰위원회 설치
치안국 시대	1948. 11.	내무부장관 산하에 치안국 설치
	1949. 10. 18.	**경찰병원 설치**
	1953. 12. 14.	**경찰관직무집행법 제정**
	1953. 12. 23.	**해양경찰대 발족**
	1954. 4.	경범죄처벌법 제정
	1955. 3. 25.	**국립과학수사연구소 설치**
	1966. 7. 1.	**경찰관 해외주재관 제도 신설**
	1966. 12.	경찰윤리헌장 선포
	1967. 8. 26	**전투경찰대 발족**
	1969. 1. 7.	① 경정, 경장 2계급 신설 ② 2급지 서장을 경감에서 경정으로 격상, **경찰공무원법 제정(1969)**
	1970. 12. 31	**전투경찰대 설치법 제정**
치안본부 시대	1974. 12. 24.	내무부 치안국을 치안본부로 개편
	1975	소방업무가 민방위본부로 이관
	1979. 12. 28.	**경찰대학설치법 제정 공포**
경찰청 시대	1991. 8. 1.	① **치안본부의 경찰청으로 승격** ② **지방경찰국의 지방경찰청으로 승격, 경찰법 제정(1991)**
	1996. 8. 8.	**해양경찰청의 해양수산부로 이관**
	1999. 5. 24.	**경찰서에 '청문관제' 도입**
	1999. 12. 28.	면허시험장을 책임운영기관화하여 청장직속의 '운전면허시험관리단' 신설 → 2010 도로교통공단으로 이관
	2000. 9. 29.	**사이버테러대응센터 신설**
	2005. 7. 5.	경찰청 생활안전국에 여성청소년과 신설
	2005. 12. 30.	경찰병원을 추가로 책임운영기관화
	2006. 3. 30.	**경찰청 외사관리관을 '외사국'으로 확대 개편**
	2006. 7. 1.	**제주도 자치경찰 출범**
	2006. 10. 31.	제주지방경찰청장을 치안감급으로 격상
	2006. 10. 31.	경찰청 수사국 내에 **'인권보호센터' 신설**

제3장

외국경찰사

제1절　경찰제도의 세 가지 모델

Ⅰ. 민주주의와 경찰

① 민주경찰제도는 **분권형 체제, 집권형 체제, 절충형 체제 3가지 특징적인 모형**으로 구분될 수 있다.
② 집권형 또는 분권형이라는 제도 그 자체가 **민주주의와 직접적인 연관성을 갖는 것이 아니다.**
　{01.10 순경}
③ 민주주의 국가의 형사사법체계상 주요한 관심사는 국민의 자유 및 정의와 범죄억제를 통한 **공공의 안녕과 질서유지를 어떻게 균형**을 이루게 하는가 하는 것이다.

Ⅱ. 경찰제도의 3가지 패러다임

	지방분권형	중앙집권형	통합형(절충형)
분류기준	경찰에 대한 통제권한이 어디에 우선 가치를 둘 것인지 **국가적 · 국민적 가치판단의 문제**이다.		
우선가치	시민의 자유와 권리	사회의 안전	자유와 안전의 조화
권한 · 책임의 소재	**지방정부 분담**	**중앙정부 분담**	중앙정부 + 지방정부 분담 {04.7 순경}
경찰기관의 수 (경찰청)	많음 (미국 18,800여 개)	적음 (한국 1개 경찰청)	중간 (영국 52개 경찰청)
장 점	시민의 **자유와 권리의 보장**에 기여함 {01.7 순경, 01.3 경간부}	① 범죄통제에 매우 **효율적 · 효과적인 대처 가능** ② 경찰력 행사로부터 **시민의 권리를 보호하기 위한 장치를 보유**하고 있음.	① **통일적인 경찰업무 수행이 가능**함. ② 중앙의 영향력은 경찰서비스의 열악화 및 부패를 방지할 수 있음.
단 점	① 국제범죄 및 광역범죄에 대처능력 미약함. ② 관할분쟁, 통일적 기준의 미비로 인한 **비능률이 존재** {02.10 순경, 01.11 순경}	국가경찰 위주의 임무수행 과정에서 **자치도시들의 이익을 무시**	① **범죄통제와 시민의 자유 보호 간의 균형이 어려움.** ② 분권화체제보다 경찰기관의 수가 적은 편
국 가	**네덜란드, 스위스, 캐나다, 미국, 벨기에,** {04.11 순경, 04.7 순경, 04.4 순경, 03.4 순경, 02.1 승진}	**한국, 덴마크, 스웨덴, 대만, 핀란드, 이스라엘, 프랑스, 이탈리아, 태국** {01.11 순경}	**영국, 일본, 호주, 독일, 브라질** {04.7 순경, 03.7 순경, 03.4 순경, 02.1 승진}

제2절　영국경찰사

Ⅰ. 영국경찰의 역사

1. 고대경찰

집단 안전체제	**자치치안의 전통**을 가지고 있음. {07.9 순경, 07.3 경간부, 03.9 순경, 02.11 순경}
10인 조합 (Tything)	① 지역마다 10가구씩 하나의 집단을 이루어 치안 유지(10인 조합) ② 10인 조합장(Chief Ththingman) ➡ **행정 · 사법권을 행사함.** 　㉠ 도적을 "도적 잡아라."라고 고함 질러 추적하고, 　㉡ 범죄자를 체포하며, 　㉢ 형벌을 부과할 책임을 가진다.
100인 조합 (Hundred)	① 10인 조합이 다시 모여 100인 조합을 형성 ② 관리책임자인 Constable(치안관) ➡ **오늘날 영국경찰의 기원**
샤이어 (Shire)	① 100인 조합이 다시 모여 샤이어(Shire) ➡ 오늘날 군(County) ② 귀족인 **국왕대관(Shire-Reeve)** ➡ **왕으로부터 재판권과 행정권 부여**받아 각종 권한 행사, 후에는 **Sheriff(보안관)**이 되었음. ▸ Constable : 주민들이 스스로 뽑은 자치치안의 대표자에서 유래하는 경찰관 ▸ Shire-Reeve(Sheriff) : 지역귀족 내지 왕이 파견한 중앙귀족

2. 중세경찰

의 의	**상공업의 발달로 범죄가 증가**하였지만, 경찰의 범죄대처능력이 부족하게 되자, 특별경찰인 산림경찰이나 상업경찰이 생겨나게 되었다.
에드워드 1세시대 ǀ 윈체스터 법령 (1285: 13C 말)	① 에드워드 1세는 범죄의 증가에 대처하고 지방도시의 치안유지를 위하여 제정하였다. ② 노르만 침공 이후 수도경찰청법이 만들어질 때까지 **600여 년 동안에 거의 유일하게 존재한 경찰활동을 규율한 경찰법의 원칙**이 되었다. 【원체스터 법령 내용】 ㉠ **통행금지시간 지정** ㉡ **상습범죄자 등록** ㉢ **범법자추적협조제도의 법령화** : 모두 주민에게 Hue and cry(저놈 잡아라) 식의 범법자 추적의무를 부과 ㉣ **무기보유** : 15~60세 미만의 남자들에게 일정한 장비보유 ㉤ **주야간감시제도 도입** : 중소도시에 야경인(watchman)제도를 도입하여 경찰관 임무를 보좌 ㉥ **공공도로의 단속**　　㉦ **중요범인의 체포권**

---

1) **『경찰실무종합』**(2013), 경찰공제회, p.98~113 일부내용을 참고했음을 밝힙니다.

3. 근대경찰

헨리필딩 법관 (1749)	① 헨리필딩 법관은 3가지 **경찰조직인 도보순찰대, 기마순찰대, 절도체포대로 발전**하였으며, 이러한 조직은 수도경찰청의 기본조직이 되었다. {08.3 순경} ② 절도체포대는 주 임무가 범죄수사였기 때문에 이들을 최초의 형사대로 간주하고, 기마순찰대는 변두리 지역에서, 도보순찰대는 도심지역에서 근무하였다.
신경찰제도의 창설 (1829)	① 1829년 내무부장관이었던 Robert Peel경은 산업혁명으로 인한 치안수요 급증으로 경찰청장을 책임자로 하여 런던 수도경찰청이 설치하고, **계급 · 제도 · 정복착용 등 통일을 추진하여 영국경찰의 기초를 확립**하였다. {02.11 순경} ② 수도경찰청은 런던의 중요시설, 요인경호, 테러위협 등으로 인해 자치경찰과는 다른 **내무부장관 관리 하의 특수한 경찰형태**(국가경찰제도)를 취하고 있다. {08.1 경간부} ③ 경찰의 제1목적은 '범죄진압'이 아니라 '범죄예방'에 있음을 밝혔다. {01.3 순경} **【필경의 원칙(Police Principles)】** ① **경찰의 기본적인 임무는 범죄와 무질서의 예방**이다. {09.7 순경} ② 경찰의 업무달성 능력은 국민의 지지에 의하여 결정된다. ③ 경찰은 국민들의 준법정신 향상을 위하여 적극적으로 협력하여야 한다. ④ **경찰의 물리력 사용은 국민의 지지를 받기 위하여 최소한으로 사용**되어야 한다. {09.7 순경} ⑤ **경찰은 여론이 아니라 절대적으로 공정한 법 집행을 통하여 국민의 지지를 얻고자 노력**해야 한다. {09.7 순경} ⑥ 경찰도 전체국민의 복지와 안전을 위하여 항상 노력하는 국민의 한 구성원임을 명심해야 한다. ⑦ 경찰은 기능수행에 필요한 정도의 권한만을 행사해야 한다. ⑧ 경찰의 능력은 가시적인 경찰력의 행사가 아닌, 실제적인 범죄와 무질서의 감소에 의해서만 평가 받아야 한다.

4. 현대경찰

경찰법 제정 (1964)	① 왕립경찰위원회의 보고서 내용을 수용하여 **1964년 경찰법이 성립**되었다. ② 당시 183개의 지방경찰청을 52개의 **지방경찰청으로 통폐합**되었다. ③ 런던 수도경찰청과 런던시경찰청을 제외한 모든 경찰관리기구를 **경찰위원회로 통합되고, 내무부장관에게 비능률적인 소규모의 경찰청을 통합할 수 있는 권한을 부여**하였다. {06.3 순경} ④ 1964년 경찰법에는 경찰의 관리와 운영면에서 **내무부장관, 경찰위원회, 경찰청장 사이의 3원 체제가 규정**되었다.
범죄기소법 제정 (1985)	1985년 **국립검찰청이 창설**되고, 거의 모든 범죄에 대한 **기소권을 국립기소청이 행사**하게 되었다. {10.2 경간부, 09.1 승진}
중앙범죄 정보국 (1992)	**국가범죄정보국(NCIS)은** 1992년 내무부장관 직속의 경찰기관으로 창설하여 **범죄정보의 수집 · 분석 · 배포 기능을 담당**케 하였다. {06.3 순경}
중앙범죄 수사국 (1997)	**중앙범죄수사대(NCS)는** 1997년 경찰법에 의해 종래의 지역수사대를 일원화하여 **중대범죄 · 조직범죄 · 국제범죄를 전담**하는 기구로 **창설**되었다. {06.3 순경}
수도경찰청 자치경찰화 (2000)	2000년 수도경찰청은 **완전 자치화**하게 되었다. {06.3 순경}

중대 · 조직 범죄청 (SOCA) (2006)	① 대형조직범죄 소탕을 목적으로 **2006년에 설립**되었다. {08.1 승진} ② 기존 **중앙범죄정보국(NCIS)**과 **중앙범죄수사국(NCS)**를 **흡수하여 중대 · 조직범죄청 (SOCA)을 창설**하였다. {08.1 승진} ③ **영국판 FBI**로 불리고 있다. {08.1 승진} ④ **중앙정부 예산으로 운영**되고 있다. {10.1 승진, 08.1 승진}

◉ 영국경찰조직은 **수도경찰청(1829)** → **중앙범죄정보국(NCIS : 1992)** → **중앙범죄수사국(NCS : 1997)** → **중대
조직범죄청(SOCA : 2006)** → **국립범죄청(NCA)(2013년부터)**순으로 창설되었다. {08.3 순경}

【사원 체제】

지역치안 위원장	① 지역주민의 선거에 의해 선출 ② 종전 경찰위원회의 임무를 대체하여 지방경찰청장 및 차장의 임면권을 행사 ③ 예산 및 재정을 총괄 ④ 지역치안계획을 수립
지역치안 평의회	① 지역치안위원장의 견제기구로서 각 지방자치단체에서 파견한 선출직 대표와 독립위원으 로 구성 ② 경찰 예산집행에 대한 감사 ③ 경찰예산안 및 지방경찰청장 임명에 대한 거부권 행사 ④ 지역치안위원장에 대한 정보와 출석요구권 ⑤ 지역치안위원장의 업무에 대한 주민소환투표
지방 경찰청장	① 관할 경찰에 대한 독자적인 지휘·운영 ② 차장 이외의 경찰관에 대한 인사권
내무장관	① 내무부 지원예산(50%)에 대한 감사 ② 국가적 범죄대응에 관련하여 지역경찰에 대한 임무부여 및 조정 ③ 지방경찰청장 중에서 국립범죄청장 임명

☞ 2011 '경찰개혁 및 사회책임법'을 통해 **삼원체제를 철폐**하고 **지역주민이 직접 선출하는 지역치안위원장**과　견제기구인 **지역치안평의회를 신설**하였음.

II. 영국경찰의 조직

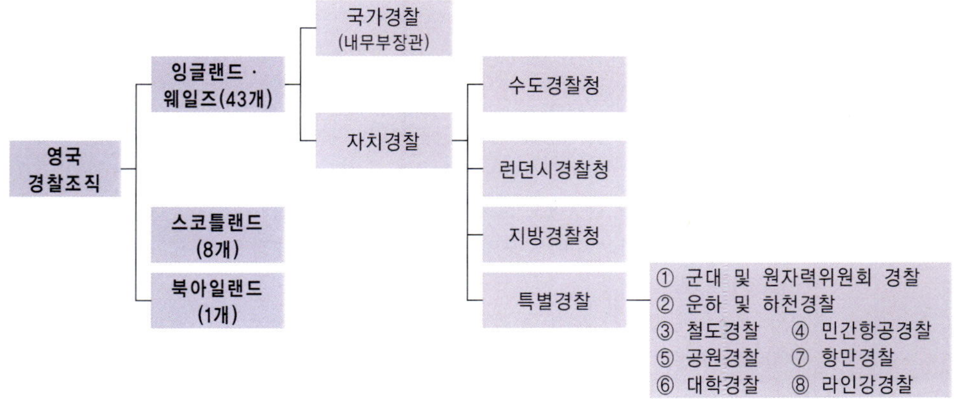

1. 영국경찰제도의 일반

영국 경찰제도 의 특징	① 영국은 잉글랜드, 웨일즈, 스코틀랜드, 북아일랜드로 나뉘어져 있으며, 경찰조직은 잉글랜드와 웨일즈에 43개, 스코틀랜드에 8개, 북아일랜드에 1개 등 **52개의 경찰청들이 각기 독립적으로 운영**되고 있다. {09.1 승진, 02.5 순경} ② 현재 내무부장관의 조정 및 통제를 받는 **수도경찰청과 북아일랜드 경찰청을 제외하고는 원칙적으로 상호 지휘나 감독 혹은 통제를 받지 않는 자치경찰제도를 유지**하고 있다. ③ 경찰제도는 **전통적으로 자치경찰제도**를 취하고 있지만, **북아일랜드는 국가경찰체제**이다. ④ **경찰의 업무를 기준으로 분류할 때는** 영국은 행정경찰과 사법경찰을 구분하지 않는 **일원주의**이며, **조직을 기준으로 분류할 때는** 영국은 독자적인 사법경찰 조직(SOCA)을 별도의 범죄수사조직을 두고 있으므로 **이원주의**에 해당한다.
영국 경찰의 권한	① 영국은 **소방, 위생, 영업 등에 관한 행정경찰의 업무도 수행**할 수 있으며, **경미범죄의 경우 경찰경고로 종결**할 수 있다. {10.2 경간부, 10.1 승진, 08.10 순경, 07.9 순경} ② 독일, 프랑스 등의 대륙법계 국가가 방대한 권한을 가지는 것과 비교할 때 **영국경찰의 권한 범위는 협소**하다. ③ 영국 경찰은 규칙을 제정할 권한이 없고, 구류 과료 등의 즉결처분권이 없어 거의 집행기관에 불과하다. 영국은 규칙제정권을 내무부장관만이 가지고 있지만 **독일이나 프랑스는 경찰이 가지고 있기 때문에 영국경찰이 작은 권한**을 갖지만, 독자적인 수사 개시 및 종결권을 가지고 있으므로 **수사에 있어서는 독일 및 프랑스의 경찰보다 크다.** ④ 경찰은 **규칙을 제정할 권한이 없다.**

2. 주요 경찰기관

1) 수도경찰청

의 의	① 산업혁명으로 인한 도시인구의 집중화 문제에 대처하기 위해 **로버트 필에 의해 창설(1829)**되었으며, **영국의 경찰 중 가장 그 역사가 오래되었다.** {06.3 순경, 01.7 순경, 01.1 승진} ② 수도경찰은 형사, 경비 등 실무분야에서 **전국경찰의 중추적 역할을 담당**하고 있다. ③ 런던시를 제외한 대 런던의 32개 특별구를 관할하고 있다.
특 색	① 산업혁명으로 도시인구 집중화 문제에 대응하기 위해 로버트 필경이 내무부장관이 직접 관리하는 특수한 형태로 창설하였다. ② 영국의 자치체 경찰 전통에도 불구하고 수도경찰청이 국가경찰에 유사한 특수형태를 취했던 이유는 **창설 시부터 수도의 특수성 때문에 내무부장관이 직접 관리하여 온 역사적 사정** 때문이다. ③ 1998년 5월에 '런던자치정부 수립을 위한 법안'이 런던시민투표에 의해 통과됨에 따라 **2000년 7월부터 자치경찰화**가 되었다.

2) 국립범죄청(NCA)

창 설	2006년 창설된 중대조직범죄청은 2013년에 국립범죄청으로 변경될 예정(2012년 관련법률 입법추진)
임 무	지역경찰 및 다른 법집행기관에 대하여 직무부과 및 조정권한을 가진다.
임 무	지역경찰과의 협력을 위해 내무장관이 지방경찰청장 중 국립범죄청장을 임명한다.

Ⅲ. 영국경찰의 형사제도

① 잉글랜드·웨일즈는 **영미법 체제**, 스코틀랜드·북아일랜드는 **대륙법 체제**로 운영한다.

② 피해자 등 사인이 직접 변호사를 사서 기소업무를 담당하게 하는 **사인소추주의의 전통**이 있다.

③ 경찰에서 수사와 기소를 함께 담당함에 따라 공정성의 문제대두로 **1985년 국립기소청 창설하여 경찰업무에서 기소업무가 분리·이관**되었다.

④ 중앙집권적 **검찰조직의 수장은 검찰총장**이며, **법무총감을 통해 의회에 대해 책임**을 진다.

⑤ 신고나 범죄인지 독자적 수사, 정지 및 수색, 압수, 잠입수사, 정보원 등 활용하여 증거수집 후

　㉠ 혐의가 있을 경우 기소 전 영장없이 **24시간**

　㉡ 경정급 간부의 허가시 **36시간**

　㉢ 치안판사의 허가시 **96시간**까지 피의자 구금조사 가능하다.

⑥ 수사종결 후 경찰이 기소, 경고처분, 무혐의처리 또는 정액벌금 부과결정, 7 소결정시에도 경찰이 구속 또는 불구속 결정

제3절　미국경찰사

I. 미국경찰의 역사

1. 식민지시대 ～ 독립 초기(1790년대, 18C)

사상적 기초	강력한 중앙정부에 의해 **시민의 자유와 권리**가 침해당할 것을 우려한 미국인들의 **"작은 정부"를 지향** 사상에 기인한다. {01.11 순경}
영국경찰 제도의 영향	미국경찰은 **영국경찰제도 영향**을 받았다.{08.1 승진, 04.11 순경, 04.3 순경, 03.9 순경} ㉠ 치안관(constable): 처음 선거직으로 선출되었고, 일부 임명직으로 전환, 법집행과 질서 유지 업무를 수행한다. ㉡ 보안관(sheriff): 식민지 주지사가 임명하는 지방정부 최고책임자로 형법을 집행하며, 세금징수·선거사무·도로 및 교량 건설 등 사무를 담당한다. ㉢ 자경대(watch): 화재·범죄·소란 등을 예방하기 위하여 도시순찰, 초기는 야간순찰만 담당하다가 도시가 확대되면서 주간 자경대도 조직하였다.
미국도시 경찰의 시초	최초의 도시경찰은 1631년 **보스톤(B)의 야경제도**이며 1636년 치안관(constable)을 임명하였으며, 이후 **뉴욕(N)(1658) → 필라델피아(P)(1700) 순으로 도시경찰의 발전**이 이루어졌다. {04.3 순경, 03.9 순경, 01.10 순경}

2. 근대경찰의 창설(19C 정치적 시대 : 1840～1920)

민간경비 의 시초 (1848)	민간경비의 시초는 **서부개척 당시 민간경비대, 보안관 등과 함께 철도나 역마차를 통한 금괴나 현금을 보호하기 위한 경호경비회사에서부터 유래**하며, 서부개척 이후 더욱 조직화·활성화되었다. {08.1 승진}
도시 경찰의 설립순서	보스턴 경찰(B) → 뉴욕 경찰(N) → 필라델피아 경찰(P) {04.11 순경, 04.3 순경, 02.3 경간부, 01.4 순경}
주경찰 기관의 성립	① **지나친 지방분권화와 정치적 영향으로 인한 범죄대처가 곤란하게 되자, 이에 대응**하기 위하여 주정부들은 주별로 경찰기관을 재조직하게 되었다. ② 1835년에 **최초의 주경찰인 텍사스 레인저가 탄생**되었다. {04.11 순경, 04.10 순경, 03.9 순경, 03.6 순경, 03.3 순경, 01.10 순경, 01.4 순경} **【주 경찰기관의 설립순서】** 텍사스 레인저(1835)(T) → 매사추세츠주(1865, 주경찰청의 설립은 1920년)(M) → 펜실베니아(P)(1905)

3. 경찰개혁시대(20C 전문직업 경찰시대 : 1920~1970)

배 경	19세기 미국경찰은 비전문적이고 부패와 비능률이 지배하였으며, ㅈ 나친 지방분권화와 정치적 영향으로 효과적인 범죄 대처가 불가능하였다.
대 응	① 1835년 텍사스 주에서 텍사스레인저가 창설되고, 1905년에는 펜실바니아 주 경찰청이 창설되었다. ② 주간 통상이나, 화폐위조, 도량형 표준화, 우편사무의 증가 등에 의한 필요성 때문에, 1908년 루즈벨트 대통령으 지시로 연방정부에 최초로 전담범죄수사기관으로 '수사국'이 설치되었고, 135년에 '연방범죄수사국(FBI)으로 변경되었다.
20C후반의 경찰개혁	경찰의 업무수행에 있어서 미란다 원칙 등 적법절차의 원리가 강하게 요구되어 상대적으로 **범죄대응의 효율성보다 인권보호에 관심을 두기 시작**하였다. **【연방대법원의 판결】** ㉠ 1914년 **윅스(Weeks) 판결** : 위법수집증거 배제법칙이 확립 ㉡ 1943년 맥납(McNabb) 판결 ㉢ 1957년 **맬로리(Mallory) 판결** : 자백배제법칙이 확립(불법구속 중에서 자백에 대한 증거능력을 부정 ㉣ 1951년 **맵(Mapp) 판결**{10.1 승진} : 위법수집증거 배제법칙이 확립(불법수색과 불법압수로 수집한 증거는 피고인에게 불리하게 사용될 수 없다) ㉤ 1964년 **에스코베도(Escobedo)** 판결 : 변호인 접견권의 확립 ㉥ 1956년 **미란다(Miranda) 판결** : 변호인 의뢰인, 진술거부권고지 원칙이 확립

II. 미국경찰의 조직

1. 미국경찰제도의 일반

미국경찰 제도의 특징	경찰조직 단위	연방경찰과 지방자치경찰의 이원적 경찰제도를 가지고 있다.
	분권환된 경찰제도	① 미국경찰은 **연방경찰, 주경찰, 지방경찰로 분권화**되어 있고, 분권화된 결과로 우리나라의 경찰청과 같이 **전국 경찰을 일원적으로 지휘하는 기구나 제도는 없다.** {06.1 승진} ② 각 기관 상호 간에는 상호 상하관계가 아닌 다등한 **지원·협력·응원관계를 유지**하고 있다.
	민간경찰의 발달	미국은 공적경찰(Public Police) 외에 민간부문의 경비업이 발달되어, 이를 민간경찰이라고 부를 정도로 각 분야에서 많은 ㄸ할을 한다.

2. 미국의 경찰조직(행정단위의 구성형태에 따른 분류)

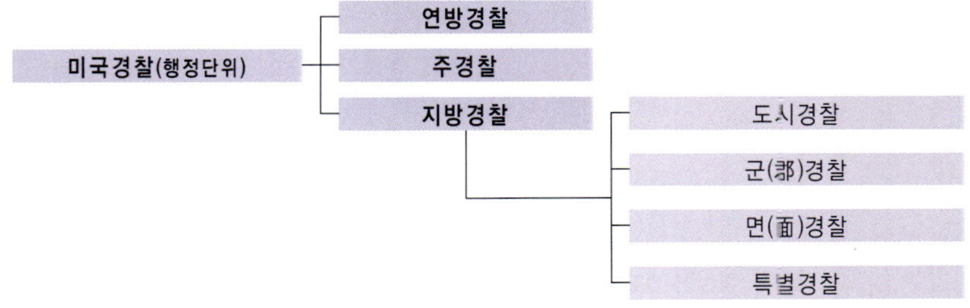

1) 연방경찰

연방정부의 경찰권	① 연방정부는 **헌법상 명문으로 경찰권을 보유하고 있지 않으나, 헌법이 부여한 과세권, 주간통상규제권 등의 행사**로 사실상 경찰권을 행사하고 있다. {10.1 승진, 03.6 순경, 03.3 순경} ② 연방경찰제도는 자치경찰의 단점을 보완하여 **전국적·국가적 범죄를 처리하는 제도**이다. ③ 연방경찰의 장점은 **통일적이고 공정한 법집행이 가능**하다는 점이다. ④ 연방법만을 집행하며, 최근 **연방경찰의 기능이 확대·강화되는 경향**이 있다. ⑤ 연방의 여러 부처에 다수의 연방법집행기관이 있으며, **재무부와 법무부, 국토안보부에 가장 많이 소속**되어 있다.

연방경찰의 권한	**국가적 범죄 및 주(州)간의 범죄단속에 한정**된다. {04.10 순경, 03.6 순경, 03.3 순경, 01.10 순경, 01.4 순경}	
	국가적 범죄	연방정부의 기능이나 수단에 대하여 직접적으로 유해하거나 파괴하는 범죄(예 밀수, 유가증권위조, 우편물 약탈, 대통령 암살 등)
	주(州) 간의 범죄	**일정한 범죄의 주(州로)의 이송, 도난자동차, 기타 도난품의 다른 주(州)로이 운송, 우편이용범죄 등**
연방경찰의 문제점	연방집행기관의 난립, **임무의 중복, 비능률, 비경제적이라는 비판**과 함께 조직개편 필요성이 제기되고 있다. {03. 6 순경, 03.4 순경}	

① 연방경찰의 종류

법무부 {09.1 승진, 05.10 순경}	**연방 범죄 수사국 (FBI)**	**발전**	① 1908년 법무부 수사국으로 설립, 1935년 기구확대로 연방수사국(FBI)이 되었다. ② **연방범죄수사국(FBI)을 제외하면** 모두 좁은 분야의 특정한 법영역만을 담당하고 있다. {03.6 순경, 03.4 순경, 03.3 순경} ③ 법무부 산하의 **연방범죄수사국(FBI)은 연방의 일반 경찰기관에 해당**하고, 기타 연방경찰기관들은 소속 각 부서의 업무에 관해 사법권을 행사하는 특별경찰기관이다. {04.10 순경}
		설립 배경	주(州) 간 교역의 증가에 따른 **화폐위조의 증가, 우편사무의 증가, 도량형 표준화에 기인**한 것이다. {02.1 승진}
		임무	모든 연방범죄와 타 기관에서 관할하지 아니한 모든 범죄를 수사한다. {08.7 순경, 07.9 순경} **【FBI의 기본적 임무】** ㉠ 연방범죄 수사 ㉡ 국내 공안정보의 수집 ㉢ **특정공무원의 신원조사** ㉣ 범죄감식 및 **범죄통계작성 업무**　☞ **지방경찰의 수사지휘(×)** **【FBI 특별수사관의 임무】** ㉠ 무기휴대, 영장과 소환장을 집행 ㉡ 연방법 위반자에 대하여는 영장없이 현행범으로 체포 ㉢ 중죄를 범하였다고 믿을 수 있는 충분하고 상당한 이유가 있는 경우에는 영장 없이 체포할 수 있는 권한
		조직	**워싱턴 D.C.에 본부**를 두고, 지방에는 지방국과 주재사무소를 두고 있다.

연방 보안관 (USMS)	설립	① 미국의 연방경찰 중 영국보통법의 전통을 이어 받은 제도로서 1789년 워싱턴 대통령이 처음 13명을 임명한 이래 계속되어 온 **미국 최초의 연방법집행기관**이다. {09.1 승진} ② 건국 초기 연방정부의 **유일한 일반적 법집행권을 가지는 조직**이었고, **형사사법관계의 각종 임무를 수행**한 적도 있었다. {09.2 경간부}	
	임무 {10.1 승진} {09.1 승진}	① **관할법원의 법정관리와 법정경비**　② **증인의 신변안전보호** ③ **체포영장, 기타 영장, 소환장의 집행**　④ **지역적 소요의 진압** ⑤ **연방범죄 피의자 호송** ⑥ 기타 법무부장관의 특별지시 이행 ☞ **조직범죄 대처(×)**	
마약 단속국 (DEA)		**마약 및 규제약물에 관한 법령을 집행**하며, 마약재배, 제조, 운수 등에 관한 수사를 한다.	
알코올 · 담배 · 무기 · 폭발물국 (ATFE)		과거 재무부 소속의 알코올 · 담배 · 총기국이 2003년 법무부 소속으로 개편되어 알코올 · 담배 · 무기 · 폭발물국(ATFE)으로 변경되었다.	
기 타		**연방검찰청, 형사국, 이민국, 국제형사경찰기구**(INTERPOL)	
국토 안보부 (DHS)	**설립 배경**	**2001. 9. 11. 테러사태 이후 테러기능을 통합 · 운영하기 위해서 설치된 연방경찰 기관**이며, 국내외의 테러공격을 예방하고 국민을 보호하는 기관이다.	
	과학 기술국	국가를 안전하게 지키기 위한 모든 과학적 · 기술적 발전을 이용할 수 있도록 지원한다.	
	국경 교통 안전국	주요한 **국경의 검문과 교통업무를** 담당한다. **【소속기관】** {07.10 순경} ㉠ 법무부의 이민귀화청　㉡ 재무부의 관세청　㉢ 교통부의 교통안전국	
	총무국	예산, 총무업무, 인사문제를 담당한다.	
	긴급 구호국	국내의 **재해에 대한 구호훈련을 감독하고, 재해대응을 협력하는 업무를** 담당한다. **【소속기관】** ㉠ 연방비상 업무관리청　㉡ 동력자원부의 원자력사고대응팀	
	정보 분석 및 기간시설 보호국	국내안전을 위협을 주는 정보를 분석하고, 국가의 기간시설의 위험을 평가한다.	
	해안 경비대	영해 경비와 해양구난 등을 임무로 하는 군사조직이다.	
	특별 업무국 {연방 정보국 ·	① 1869년 창설된 **연방 최초의 법집행기관이자 수사기관**이다. 19C 미국의 치안 유지는 주나 지방정부의 임무였으나, 연방정부발행 통화에 대한 위조행위가 빈번해지면서 이를 단속하고 연방정부의 재정 및 경제질서의 확립을 위하여	

비밀 경호국 (SS: Secret Service)} {08.1 승진, 04.1 승진}	특별업무국을 창설한다. ② 원래 재무부 소속이었으나, 국토안보부로 소속이 변경되었다.
재무부	관세청, **국세청**, 연방법집행훈련센터
교통부	**연방항공국(FAA), 연방도로국, 교통안전국**
내무부	**개간국, 동물보호국, 국립공원국(공원경찰), 토지관리국, 인디언 보호국**

2) 주(州) 경찰

주(州) 경찰의 일반			① 주경찰은 일반적으로 **주경찰국과 고속도로순찰대로 구분**한다. ② 주경찰조직의 관리는 통상 주지사 직속으로 하거나 지사 밑의 경찰위원회 소속, 또는 주지사 소속의 하나의 국으로 편성되어 있다. ③ 주경찰의 규모와 활동범위를 제한하고 있어 실질적 치안유지는 지방경찰이 담당한다.
주경찰의 조직형태			하와이를 제외한 미국의 모든 주(州)는 주경찰의 가장 일반적인 **3가지 형태(주경찰국, 고속도로순찰대, 주경찰청)를** 가지고 있다. {02.10 순경}
	주 경찰국	설 치	**주로 동부 지역(미시간, 뉴욕, 버지니아 등 21개 주)에서 채택**하고 있다.
		특 징	① **통상 주(州) 전역에 일선기관**을 두고 있으며, 고속도로순찰대보다 지역하부기관의 수가 많다. ② **제복경찰활동을 중심**으로 하고 있다. ③ 주민의 생명 · 신체 · 재산의 보호와 범죄예방 · 치안유지 · 범죄수사 · **교통경찰업무 등 폭넓은 기본적 경찰기능을 행사**한다.
		임 무	① 교통경찰업무: 자치경찰이 아니라 **주경찰국이 담당**한다. ② 범죄수사업무: 주경찰국은 **주(州) 전역에 걸친 범죄수사권**이 있다. 통상 범죄는 자치체 경찰에 맡겨지며, **특수범죄나 중요범죄 등의 경우에는 주경찰국이 직접 수사**한다.
	고속 도로 순찰대	설 치	① 1929년 **캘리포니아에서 최초로 설치**하였다. ② 주로 **남부, 서부 지역(캘리포니아, 오하이오, 남가주 등 19개 주)에서** 채택하고 있다. ③ 20C 이후 도로의 발달에 따라 도로상의 치안수요가 늘어남에 대응하여 고속도로순찰대가 발달하였다.
		특 징	① 일반적인 경찰기능을 행사하지 않고, **주요 고속도로에서 순찰활동만 행사하는 가장 업무영역의 좁은 형태의 조직**이다. ② **주로 교통 · 차량 · 고속도로에 한정**하며, 최근에는 순찰업무에 비행기나 헬기를 이용하기도 한다. ③ **제복경찰활동 중심**이다. ④ 고속도로순찰대가 없는 주(州)에서는 주경찰국이 고속도로순찰대의 역할을 병행하고 있고, 고속도로 순찰대 대신 기동순찰대를 두는 주도 있다.

3) 지방경찰

자치제 경찰	① 도시경찰은 시(city), 법인격을 인정한 타운(incorporated town), 빌리지(village), 버로우(borough)의 경찰을 총칭한다. ② 자치제경찰의 기능은 범죄수사와 순찰 등 전형적인 경찰기능을 담당한다.
카운티 보안관	① 일반적으로 주헌법에서 규정된 주민들로부터 직접 선출된 독립된 기관이다. ② 범죄수사, 순찰 등 모든 경찰관을 행사하며 이외에 구치소 관리, 일정 세금징수, 법정경비 등 업무를 수행한다.

Ⅲ. 미국경찰의 형사제도

① 전통적인 권력분립사상과 지방분권주의를 바탕으로 지방에 따라 다소의 차이는 있으나 **수사권은 경찰에, 소추권은 검찰에 분배됨**이 일반적이다.

② 검찰은 연방검찰과 지방검찰로 구분되며, **경찰이 수사를 개시, 진행, 종결하여 검찰에 송치** 후에야 비로소 **검사가 기소여부를 결정하고 소추절차를 진행**한다.

③ 경찰이 수사과정에서 검사의 조언을 구하거나 체포영장의 검토를 받는 경우가 있는 등 **경찰과 검찰은 기소를 위해서 상호신뢰 및 긴밀한 협력관계를 유지**하고 있다.

④ 수사가 검사의 주된 임무라고는 볼 수 없으나, **주에 따라서는 조직범죄, 경제범죄, 공무원범죄 등 특수한 범죄는 직접 수사하기도** 한다.

⑤ 검사의 경찰에 대한 통제는 송치사건에 대한 기소거부, 보완수사요구로 한정되어 있고 **경찰이 독자적으로 기소, 불기소에 대한 사전결정**을 하여 기소할 가치가 있다고 인정되는 사건에 한하여 **검찰에 송치**한다.

⑥ 기소 불가능하거나 가치가 없다고 판단할 경우 독자적으로 사건을 종결한다.

제4절　독일경찰사

Ⅰ. 독일경찰의 역사

14C ~ 18C 까지	① 독일의 지방을 다스리던 봉건영주들이 경찰권을 행사하였다. ② 당시의 경찰권은 교회권을 제외한 국가적 작용 일체를 의하였다.
18C 후반	① 경찰의 직무에서 '적극적 공공복리의 증진'이 제외되고 소극적 위험방지만을 고유사무로 보기 시작하였다. ② 1794년 프로이센 일반법에서 위험방지, 즉 공공의 평온과 안녕, 질서유지만을 경찰의 임무로 제한되었다.
제1차 세계대전 전후	1919년 **1차 세계대전 당시에 중앙집권적 경찰을 창설**하였지만, 독일의 패전에 따른 연합국의 해체요구로 중앙집권적인 경찰은 1920년 각 **지방경찰로 환원**되었다.
제2차 세계대전 나치시대	① 나치정권의 등장으로 법치주의적 경찰제도가 파괴되었다. ② 권력유지를 위한 도구로 경찰권에 대한 모든 견제가 없어졌다. ③ 정치경찰(게슈타포)의 등장과 경찰행위의 적법통제가 사라졌다.

제2차 세계대전 이후	연합국에 의해 시도된 독일경찰의 변화	① **문민화**　　　　② **지**방분권화(자치경찰 실시) ③ **민**주화　　　　④ **탈**나치화 ⑤ **탈군**사화　　　⑥ **비**정치화 ☞ **주단위 국가경찰체제(×)**
	연합국이 추진한 경찰개혁의 방향	① **자치**경찰화(자치단체화)　② 행정경찰과 **집행**경찰의 분리 ③ **지**방분권화
	비경찰화작업	도로, 영업, 소방, 위생, 건축 등의 협의의 행정경찰사무를 경찰로부터 분리하여 **일반행정기관에 이관**시키는 작업을 단행하였다.

독일 기본법 (1949)	① 일반 경찰권은 **원칙적으로 주정부에 속해 있다.** 　{06.1 승진, 03.9 순경, 03.7 순경, 03.1 승진} ② **각 주는 고유의 경찰법을 제정**하게 되었다. {06.1 승진} ③ 각 주의 경찰법은 경찰의 의무·권한, 경찰의 구조·편제, 재정에 관한 것을 주로 규정하고 있는데, 이는 **자치체경찰제로 전환을 의미하는 것은 아니다.** {06.1 승진} ④ 대부분의 주정부에서는 자체입법으로 **주단위의 국가경찰제도를 채택**하고 있다. 　{06.1 승진, 03.1 승진}
현대독일의 경찰	① 1950년대에는 연방단위의 **연방헌법보호청(BVS), 연방국경경비대(BGS), 연방범죄수사국(BKA) 등**이 설립되었다. ② 2005년에는 연방국경수비대가 연방경찰청으로 개명되었다.

II. 독일경찰의 조직

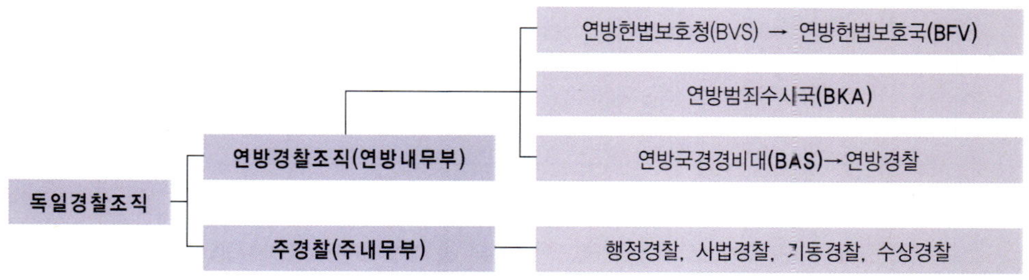

1. 독일의 경찰조직

1) 연방경찰

연방경찰의 일반	대표적인 연방경찰로는 **연방정부 내무부에, 주경찰은 주정부 내무부 소속되어 있다.**
연방경찰과 주경찰의 관계	① 독일기본법(헌법)상 **경찰권은 州(란트)정부가 보유**하고 있다. → **주 단위 국가경찰체제** {04.3 순경, 03.9 순경, 03.7 순경, 03.4 순경} ② **연방경찰은 연방정부의 내무부, 주경찰은 주정부의 내무부에** 손하나 연방제 국가인 독일에서는 **연방경찰은 주경찰은 상호 독자적 지위를 유지**하고 있으며, 양자 간의　관계는 **상명하복 관계가 아니라 상호 협력관계**이다. {06.1 승진, 03.9 순경, 03.7 순경, 03.1 승진} ③ 연방경찰은 **전국적 사항이 국가적 긴급사태에 대처**하기 위하여 설치되어 국경경비와 특수임무만 수행하며, **주경찰이 사실상의 지역치안을 전담**하고 있지만, 최근에는 연방경찰의 업무범위가 점차 확대되는 추세이다. ④ 영국과는 달리 독일 **연방경찰은 주경찰에 대하여 재정부담의 의무를 갖지 않는다.** {03.7 순경, 03.1 승진, 02.5 순경, 02.3 순경}

2) 연방조직

연방경찰청	설 치	① **독일기본법 및 연방국경수비대설치법**에 의해 1951년 동독지역과 체코지역 국경수비를 위하여 설치되었다. ② **연방내무부의 국경수비국 소속**이며, 연방수사국과 같은 외청은 아니다.
	임 무 {10.1 승진}	① **해**안을 포함한 국경지역의 경비업무 ② **국**가비상사태의 방지업무 {03.1 승진, 02.5 순경, 02.3 순경} 　㉠ 독일기본법에 규정되어 있으며, 연방정부의 결정으로 연방 국경경비대를 투입할 수 있다. 　㉡ 방위사태의 경우 연방정부는 전 연방지역에 연방 국경경비대를 투입할 수 있다. ③ **해양**오염방지업무 ④ **테러**진압업무

		⑤ 항만, 공항, 국경통제소 등에서의 출입국관리업무 ⑥ 철도경찰업무 ⑦ **주경찰조직의 지원 등의 업무** ⑧ **헌법기관 및 외국기관의 보호업무** 연방경찰청은 연방대통령, 연방수상, 연방장관, 외국국빈, 외교사절보호 업무도 수행한다. {09.1 승진}
연방범죄 수사국 (BKA)	설 치	① 각 주에서 발생하는 전국적인 범죄에 대한 경찰수사의 원활한 협조와 조정을 위해 1951년 "**비스바덴**"에 본부를 두고 창설되었다. {02.5 순경, 02.3 순경} ② **국가보호, 경호안전, 기술업무 등 3개 과는 "맥켄하임"에** 있으며, **나머지는 모두 "비스바덴"에 소재**한다. {09.2 경간부, 09.1 승진} ③ **연방내무부산하의 외청으로 내무부장관 지휘를** 받는다. {09.2 경간부}
	임 무	연방관련 주요 사건만을 담당할 뿐 전국경찰의 수사활동과는 큰 연관이 없다. {10.1 승진} ① 국제형사기구(인터폴)의 독일사무국: 외국의 경찰 및 사법기관과의 **국제적인 수사공조업무를 관장** {10.1 승진, 09.2 경간부, 09.1 승진} ② 관할 주 수사기관의 요청 또는 위임, 연방내무부장관의 지시, **연방검사의 요청이 있을 경우에 한해서 제한적으로 업무를 수행** {09.2 경간부} ③ 국제적 범죄, 조직범죄, 무기밀매, 마약 및 폭발물 관련범죄, 위조 ④ **지폐, 자금세탁, 요인암살기도 등의 범죄에 대해서는 직접수사권한을 가진다.** ⑤ 연방수사국은 **주 경찰의 범죄수사를 지원하는 기관**이며, 수사경찰의 총본부가 아니다.

Ⅲ. 독일경찰의 형사제도

① 검사가 수사지휘 권한을 보유하고 있으나, 2000년 형소법 개정으로 독자적인 경찰수사가 법적으로는 **초동수사에만 한정되어 있던 범위에서 벗어난 모든 영역에 걸쳐 수사권 행사가 가능**하게 된다.
② 검찰과 경찰의 상호관계
　㉠ **검사는 수사의 주재자**로서 경찰수사에 대한 수사지휘를 할 수 있으나, 자체수사관이 없어 독자적인 수사진행이 불가하며, 이에 **'팔없는 머리'**로 불리운다.
　㉡ 실제 수사시 검사는 사건에 대한 법률적 분석과 검토를 하고, 실체적 진실발견은 경찰에 의해 진행된다.
　㉢ 검사는 인적, 물적 자원이나 조직, 기술이 없으며, **검사작성 피의자신문조서의 증거능력도 인정되지 않아, 검사가 피의자 신문을 하는 경우는 거의 없다.**

제5절　프랑스경찰사

Ⅰ. 프랑스경찰의 역사

프랑스 혁명이전 (구체제) (11~17C)	프레보 (11C)	① 1032년 앙리 1세가 파리의 치안유지를 위해 창설한 국왕친위순찰대인 **프레보(prevot)가 재판과 경찰업무를** 담당하였으며, **지방의 경찰권은 봉건영주가 행사**하였다. ② 경찰업무는 국왕친위순찰대와 경찰국장이 담당하였는데, 국왕친위 순찰대는 각 지역마다 경찰책임자를 두었는데 이들이 **오늘날 경찰서장의 시초**가 되었다.
	꼬뮌 시장의 행정 경찰권 (11C)	꼬뮌의 시장이 영주로부터 자치권을 획득하면서 질서유지를 위해 행정경찰권을 행사하기 시작하면서 도시 내의 경찰권을 행사하는 자치경찰제가 생겨났으며, 이것이 **오늘날 지방자치경찰의 시초**이다.
	군인경찰 (14C)	여러 전쟁을 통해 지방의 치안이 무질서해지자 각 지방에 주둔하는 군인 헌병이 치안을 담당하기 시작하였으며, **오늘날에도 농촌지역에서는 군인경찰이 경찰업무를 담당**하고 있다.
	경찰국 창설 (17C)	루이 14세 때 **프레보(prevot)로부터 경찰업무를 분화하여 파리경찰국을 창설**하였다.
프랑스 대혁명기 (1789)	민간방범대	프랑스대혁명 진행 중에는 민간방범대가 파리시내의 질서유지를 담당하였으며, 이는 국립민간방위대의 근간이 되었다.
	파리경찰국 폐지	① 파리경찰국이 폐지되어 **파리시는 국립민간방위대가, 지방은 군인경찰(국립 군인경찰)이 치안을 담당**하였다. ② 혁명정부는 경찰대신(경찰국장)을 없애고 경찰업무를 **지방자치단체장에게 속하게 하는 지방경찰체제를 수립**하였다. {08.1 승진} ③ 1789년 프랑스혁명으로 중세의 매관매직이 사라지고, **경찰권은 경찰국장에서 시장에게로 이관**되었다. {10.1 승진}
	나폴레옹 집권기 (중앙집권화)	행정기구와 지방제도를 중앙집권화하면서 경찰제도도 **내무부 직속으로 파리경찰청을 창설**하였다. 지방에는 군인경찰조직이 더욱 강화하였다.
근대시대 (19C)		① 1881년 경찰을 감독하기 위해 **내무부 안에 새로 '경찰청'을 창설**하였다. {02.7 순경} ② 드레퓌스 사건 이후 **보안업무와 국경업무 등도 경찰업무로 점차 확대**되어 갔다. ③ 군인경찰의 정치경찰화에 대한 비난이 높았지만, 새로이 **군인경찰기동대를 창설하여 군인경찰 개혁이 이루어졌다.**
현대시대 (20C)		① 경찰의 자치체로서 성격을 제거하려는 노력의 일환으로 **내무부 경찰청을 국립경찰청으로 변경**하여 **중앙집권화를 강화**하였다. {02.7 순경} ② 1941년 경찰조직의 단순화와 통일화를 통한 경찰제도 개혁의 일환으로 인구 1만명 이상의 도시는 모두 **국가경찰화로 전환**하였고, **1996년부터는 인구 2만 이상의 도시는 모두 국가경찰화하고, 인구 2만명 미만의 지역에서는 자치체 경찰이 실시**되었다. {02.7 순경} ③ 2차 세계 대전 이후에도 경찰의 중앙집권화는 그대로 유지되었으며, 1966년 **내무부의 국립경찰청과 파리경찰청을 통합하여 국립경찰로 일원화**하였다.

II. 프랑스 경찰의 조직

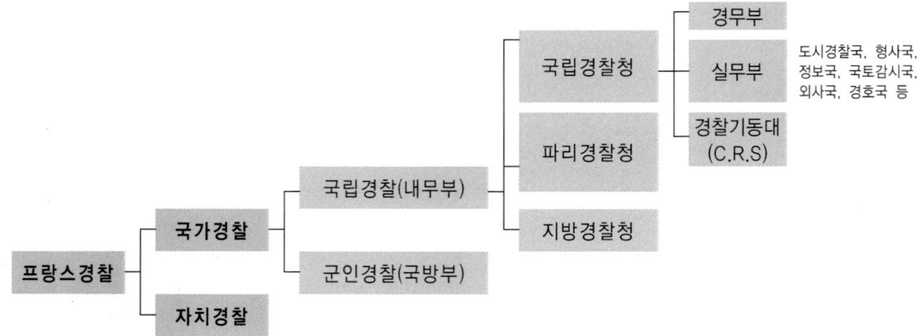

1. 프랑스 경찰제도의 일반

일 반	① 내무부 장관 지휘하에 국립경찰(14만여 명)과 군인경찰(10만여 명)이 있다. ② 자치단체인 코뮌에서 제한적 자치경찰제도를 실시하고 있다.

2. 국가경찰

1) 국립경찰(내무부)

국립 경찰청	① 인구 **2만 명 이상**으로 도시지역에서 운용되고 있다. ② 파리지역에는 군경찰도 중첩적으로 배치하고 있다. ③ 인구 2만명 이상 코뮌에서 도지사의 관장 아래에 있는 국립경찰은 범죄예방, 수사, 교통, 질서유지 등 일반적 경찰업무를 담당한다.

2) 군인경찰(국방부)

설 치	① 군인경찰은 인구 2만 미만의 소도시와 농촌지역, 주요 간선도로 등 지방경찰을 보충하여 치안을 담당하는데, **경찰서가 설치되어 있지 않은 전 국토의 95%에 해당하는 지역의 치안을 담당**한다. {06.2 경간부}. 반면 파리지역에는 국립경찰과 군경찰이 상호 중첩되게 배치되어 있다. ② **군인경찰은 국립경찰이 배치되지 않는 읍면에서 도지사의 지휘**를 받으며 지방경찰의 인원부족을 보충하는 역할을 한다. {10.1 승진. 06.2 경간부. 05.1 승진}
특 징	① 군인경찰은 **모두 사법경찰관리의 권한**을 가진다. {05.1 승진} ② 군인경찰은 **신분상 국방부에 소속된 군인으로서 국립경찰과 같이 노동조합을 결성할 수 없다.** {05.1 승진} ③ 군인경찰은 **일부 관리부서를 제외하고 전원 정복경찰**이며, 전차·장갑차 등 중화기를 가지고 있다. {05.1 승진} ④ **전쟁이나 내란의 경우에는 군대로 충돌**한다. {05.1 승진} ⑤ 벨기에, 룩셈부르크, 이탈리아, 스페인 등의 군인경찰에 영향을 주었다.

업 무	① 군인경찰은 **전원이 군인자체의 업무, 행정경찰과 사법경찰의 기능도 수행하지만,** 국립경찰은 사법경찰업무를 제한받고 있다. ② **행정경찰로서의 업무**는 소도시와 농촌의 순찰업무가 있으며, 주로 도로교통법질서와 관련된 업무를 수행한다. ③ **사법경찰로서의 업무**는 사법상의 명령에 의한 수사 등의 업무도 수행한다. {06.2 경간부} ④ 기마경찰은 파리의 각종 의식이나 행사에 참가하기도 한다.

【각국의 경찰노조】

프랑스	단결권과 단체교섭권 인정, 동맹파업권 불인정
미 국	단체행동권 불인정
독 일	단결권 인정, 단체교섭권과 단체행동권 불인정
한국, 일본, 영국	경찰노조 자체 불인정

III. 프랑스의 형사제도

① **경찰의 초동수사권은 인정**하며, 수사판사가 강제수사권자, 검사는 임의수사 및 기소권자이다.
② **검찰이 법원의 하부조직으로 되어 있으며,** 검찰은 소추권한과 일부 수사권을 행사하고 재판과 대부분의 수사는 모두 법원의 권한이다.
③ 검사는 10년 이상의 중죄, 소년범의 경우는 필수적으로 경죄에 대하여는 임의적으로 수사판사에게 수사개시를 청구한다.
④ 사법경찰이 수사를 함에 있어서는 수사(예심)판사 또는 검사의 지휘, 지시를 받도록 되어 있으나 **경찰의 독자적 수사개시권을 법률로 인정**한다.
⑤ 실제로는 일부 **중대 범죄에만 검사가 개입,** 대부분의 범죄는 경찰이 독자적 수사를 진행한다.
⑥ 범죄피해자가 수사판사나 재판법원에 **사인소추가 가능**하다.

제6절　일본경찰사

Ⅰ. 일본경찰의 역사

명치유신 이전 시대		① 영주에게 충성하면서 치안을 담당하므로 일반국민을 대상으로 한 것이라 할 수 없었다. 즉, **일반국민을 위한 경찰기관은 존재하지 않았다.** ② **정봉행소(1603)는 일본 최초의 경찰제도**로서 경찰업무 및 재판·재판·감옥·토목업무를 수행하였다. ③ 막부라는 강력한 권력이 치안을 유지하기 위해 반강제적으로 실시한 제도로서 **극히 소수의 국민을 제외하고 대부분**의 국민을 5인조제도에 속하게 하였다.
명치유신 이후 ~ 미군정 이전 시대		① **동양의 종주국으로 군림하려는 국가목표**를 달성하기 위해 국내 치안의 안정이었으며, 이를 위해 **군국주의 국가로서 필요한 통치의 수단과 해외침략 도구의 일환으로 근대적 경찰제도를 정비**하게 되었다. {01.11순경} ② 1889년에 제정된 명치헌법에는 **일왕의 독립명령권을 명문으로 규정**하였다.
	병부성 시대	군무관 지휘하에 번(藩)에서 차출된 무사들로 번병, 부병을 조직하였지만, 1871년 모든 번이 폐지되고 현(縣)이 설치되는 **폐번치현(廢藩置縣)조치에 따라 번병, 부병은 그 존재기반이 상실**되었다.
	사법성 시대	① 1871년 동경부에 나졸(순찰대원) 3,000명 창설되어 **근대적 경찰이 최초로 탄생**하였고, 1872년 나졸은 사법성의 관할로 이관되었다. 이 시기에 '**경보료 직제장정**'이라는 경찰의 조직과 임무에 관한 규정이 제정되었다. 이때 **행정경찰과 사법경찰의 구별**이 생겨나고, 경찰이라는 용어가 등장하였다. ② 지방에서는 '현치조례'가 제정되어 지방 경라(警邏)에 관한 규정을 두었으며, 이로써 전국 통일의 경찰조직으로 정비되어 갔다.
	내무성 시대	**내무성 설치** — ① 사법성의 대경시였던 **천로이량(일본경찰의 아버지)의 건의를 받아들여 1873년에 내무성을 설치**하였고, 1874년에는 **사법성의 경보료(후에 경보국 → 경시국 → 경보국)를 내무성으로 이관**하였다. ② 1874년에 **내무성 관할로 동경경시청이 창설**하였으며, 종래의 나졸은 '순사'가 되었고, **번인제도의 폐지로 인해 자치경찰제적인 요소가 완전히 제거**되었다. {03.1 승진, 01.11 순경}
		동경경시청 창설 — 동경경시청은 내무성 대신의 지휘를 받는 것 외에 **국사사무(정치경찰·고등경찰사무)만은 직접 태정대신(총리대신)의 지휘**를 받도록 되어 있어 **일본경찰의 정치경찰화의 단초를 제공**하게 되었다. {03.1 승진}
		지방 경찰청 — ① 1875년 행정경찰규칙(경찰활동의 근거법규, 경찰작용법) 제정 후 내무성은 전국지방의 실태를 조사하여 종전의 '현치조례'를 폐지하였다. ② 헌병은 **군사경찰 이외의 행정경찰 및 사법경찰의 임무를 겸임**하였다. {01.11순경}
미군정 시대	**경찰제도 개혁**	구체적인 개혁으로는 **비밀경찰조직의 철폐와 경찰제도의 개혁이 단행**되었다.
	개혁의 구체적 내용	① 일왕의 독립명령권, 명치헌법, 각종 치안입법을 폐지 ② 경찰수뇌부와 사상경찰 관계자 등을 파면 ③ **특별경찰·헌병대를 폐지** ④ **비경찰화 작업 단행** ⑤ **검사의 수사권독점을 철폐하고 경찰에게 수사권을 분산**

구 경찰법 시대 (1947)	의의	전제적인 군국주의에서 **민주국가로 전환하는 민주경찰제도의 확립**을 의미한다. {09.1 승진}
	공안 위원회 도입	① 경찰의 **민주성과 정치적 중립성을 보장**하기 위한 추지에서 도입하였다. ② 국가공안위원회는 **내각으로부터의 매우 강한 독립성**을 가지고 있었다.
	시·정·촌 자치체 경찰 창설	① **시와 인구 5,000명 이상의 정·촌에 자치체 경찰을 두며, 그 이외의 지역에는 국가지방경찰을 두는 이원적 구조**를 가진 경찰구조를 창설하여 경찰의 운영과 지방자치를 연계시키려 하였다. ② 광역지방자치단체(도도부현) 공안위원회 위원의 자격제한을 완화하였다.
신 경찰법 시대 (1954)	민주화 요청	**경찰업무 범위를 경찰 본래의 임무에 한정**하였지만, 전쟁전과 같이 정치경찰로 회귀하는 것은 아니다. {09.1 승진}
	능률화 요청	**경찰운영의 단위를 시·정·촌에서 도도부현으로 격상**하고 경찰조직을 모두 **도도부현경찰로 격상하고 일원화**하였다. {08.7 순경}
	정치적 중립성 확보	**중앙과 지방에 공안위원회제도를 유지**하였다. {09.1 승진}
	국가와 지방자치체의 조화	도도부현경찰의 **경비는 원칙적으로 도도부현에서 부담**하고, 도도부현에서 근무하는 **경시이하**의 직원은 **지방공무원으로 임명**하도록 하였다. 다만, 긴급사태 시에는 도도부현경찰에 대하여 총리대신 및 경찰청장관에 의한 중앙통제를 인정하였다.
현행 일본경찰 제도		① 국가경찰인 경찰청과 관구경찰국, 도도부현경찰인 동경도 경시청과 도부현 경찰본부로 이루어진 이중체계로 전국 47개의 도도부현공안위원회가 있고, 각 위원회의 관리하에 경시청 및 도부현 경찰본부가 있다. ② 경찰관리기관으로 국가와 도도부현에 공안위원회를 설치되어 있다.

II. 일본 경찰의 조직

일반적 내용	일본경찰은 **프랑스와 독일의 영향**을 받아 근대화의 과정을 밟았고, **2차 세계대전 이후 미국의 영향**으로 지방분권적이고, 민주적인 경찰제도를 마련하여 오늘날까지 이르고 있다.
구조	① 일본의 경찰구조는 **국가경찰(경찰청, 관구경찰국)과 자치체경찰(동경도 경시청, 도부현 경찰본부)의 2원적 체계를 기본구조로** 하고 있다. {09.7 순경, 05.2 경간부} ② 국가경찰은 내각총리대신의 **형식적 감독 하에 국가공안위원회의 관리**하며, **경찰청장관과 관구경찰국장은 관할 사무에 한하여 도도부현 경찰을 지휘·감독**할 수 있다. ③ 자치제경찰(도도부현경찰)은 **도도부현공안위원회가 관리**하며 **동경도 경시청장과 도부현 경찰국장은 경찰서를 지휘·감독**한다.

【국가경찰과 도도부현경찰의 비교】 {10.1 승진, 05.2 경간부, 03.9 순경}

	국가경찰	도도부현경찰
업무	국가 긴급사태의 경우는 국가경찰이 직접 경찰권을 행사	도도부현 경찰이 처리하는 것이 원칙
경비	**국가에서 부담**	① 원칙은 **도도부현이 부담** ② **예외적으로 경시정 이상**의 지방경무관의 봉급 기타의 급여 및 경찰교육시설 및 경찰통신시설의 유지관리비 등은 **국가에서 부담**하기 때문에 도도부현경찰은 국가경찰과 자치체경찰의 이중적인 성격을 가진다.
신분	**국가공무원**	**원칙은 지방공무원, 단, 경시정 이상은 국가공무원**
기타		① 도도부현 경찰에 경찰사무의 국가적 성격을 반영 　㉠ 경시총감, 경찰본부장 및 경시정 이상의 경찰관은 국가공안위원회가 도도부현공안위원회의 동의를 얻어 임명하는 국가공무원으로 한 것 　㉡ 일정한 국가경찰 활동에 요하는 경비는 국고에서 지급하도록 한 것 　㉢ 경찰청이 관장하는 특정사무는 경찰청장관의 지휘·감독을 받도록 한 것 ② 국가와 도도부현경찰 간의 관할극복을 위한 제도적 장치: **대규모 재해나 긴급사태 발생 시에는 내각총리대신과 경찰청장관에게 국가비상사태의 포고 등 중앙통제를 인정하고 있다.** {05.2 경간부, 03.9 순경, 03.3 순경} ③ 광역수사를 위한 국가경찰의 개입을 인정

국가 경찰 {03.1 승진}	경찰청	개 요	① 경찰청은 **내각총리대신의 소할인 국가공안위원회에 설치**되고 그 관리 하에 경찰사무를 관장하며, **경찰청은 내각총리대신의 형식적인 감독**을 받고 있다. {05.2 경간부, 03.9 순경, 03.3 순경, 03.1 승진, 02.10 순경} ② **국가공안위원회는 관리기관**이며, **경찰청은 시행기관**으로 각각 동일한 사무를 공동으로 관장하게 된다. {03.9 순경, 03.1 승진}
		경찰청 장관	① **경찰청장은 장관의 신분**이며, **국가공안위원회가 내각총리대신의 동의를 얻어서 임명**한다. {10.1 승진} ② 경찰청장관은 경찰청의 소장사무의 범위 내에서 **예외적으로 도도부현경찰을 지휘·감독**한다.

관구 경찰국	개 요		국가경찰인 **경찰청의 지방기관으로서 경찰청 소관사무의 일부를 관장**한다.
	조직		① 전국에 7개의 관구경찰국이 있으며, **동경도의 경우 수도경찰의 특수성을 고려하여 이 관할구역에서 제외**하였다. 북해도에는 도 전체를 관할하는 북해도 경찰본부가 있어서 관구경찰국은 설치하지 않았다. ② 관구경찰국장은 **경찰국의 사무를 총괄하고 소속 직원을 지휘 · 감독**하며 소장사무의 범위 내에서 **부현경찰을 지휘 · 감독할 수 있다.** {03.1 승진}
자치체 경찰 {10.2 경간부}	도도부현 지사의 소할하에 있는 도도부현 공안위원회의 관리를 받고 있으며, **도도부현 경찰에는 동경도 경시청과 도부현 경찰본부**가 있다. {05.3 순경, 03.3 순경}		
	동경도 경시청		① 동경도 경찰의 본부로서 **동경도 공안위원회의 관리** 하에 있고, 하부조직으로 경찰서, 파출소, 주재소를 두고 있다. ② 경시총감은 **국가공안위원회가 동경도 공안위원회 동의와 내각총리대신의 승인을 얻어 임명**한다. {05.3 순경}
	도부현 경찰본부		① 도부현 경찰의 본부로서 **도도부현 공안위원회 관리** 하에 집행기관으로 경찰업무 관리, 공안위원회 보조, 위원회의 서무업무 등을 담당한다. **하부조직으로는 방면본부와 시경찰부, 경찰서**가 있다. 경찰서장은 경시청장, 경찰본부장, 방면본부장, 시경찰부장의 지휘 · 감독을 받는다. ② 경찰본부장은 **국가공안위원회가 도부현 공안위원회의 동의를 얻어 임면**하며, 경찰사무를 총괄하고 소속경찰관을 지휘 · 감독한다. {05.3 순경, 02.3 경간부} ③ **도도부현 경찰 상호 간에는 협력의무**가 있으며, **도도부현공안위원회는 다른 도도부현 경찰에게 원조를 요구**할 수가 있으며, 원조의 요구를 할 때에는 경찰청에 필요한 사항을 연락하여야 한다. ④ **도도부현 경찰은 관할구역에 한하여 경찰권을 행사하는 것이 원칙**이지만, 범죄진압 및 수사, 피의자의 체포 등은 필요한 한도 내에서 관할구역 외에서도 권한 행사가 가능하다. 【도도부현 지사의 권한】 ① **경찰에 대한 지휘 · 감독권이 없다.** {09.7 순경, 04.1 승진} ② **경찰에 대한 조례안 · 예산안의 의회제출권** {04.1 승진} ③ 예산의 지출명령권(집행권) ④ **경찰서 설치권** {10.2 경간부, 04.1 승진, 03.3 순경, 02.3 경간부} ⑤ 도도부현 공안위원회 위원의 임면권 ⑤ 도도부현 지사는 공안위원회를 그 관할 하에 두고 있을 뿐 **경찰의 운영에 관하여 지휘 · 감독할 권한은 가지고 있지 않다.** {05.3 순경, 03.3 순경}

III. 일본경찰의 형사제도

① 형사법체계는 우리나라와 유사하나, **경찰이 독자수사권을 가진 1차적 수사기관으로서** 체포, 압수·수색·검증영장 청구권을 포함한 강제처분권이 폭넓게 인정된다.

② **검사는 2차적**이고 **보충·보정적 수사권과 소추권을 보유**한다.

③ 검사는 수사의 효율화, 적정한 공소제기를 위해 일정한 범위 내에서 경찰에 대한 지시 및 지휘권을 가지고 있는바, 이는 수사의 효율성 강화와 공소유지에 부합한 수사를 위한 기능적 상호협력의 차원이다.

④ 일본 형소법은 **경찰과 검찰을 각자 독립된 수사기관으로 규정**하면서 '검찰관과 사법경찰직원은 수사에 관하여 서로 협력해야 한다.'고 규정함으로써 **양자의 관계를 상호대등, 협조관계로 명문화**되어 있다.

【각국 경찰과 검사의 관계】

구 분	영 국		미 국	독 일	프랑스	일 본
	잉글랜드·웨일즈	스코틀랜드				
양자관계	상호 협력	상명하복	상호 협력	상명하복	상명하복	상호 협력
수사의 주재권	경찰	검사가 수사지도 및 감독	원칙 : 경찰 예외 : 검사 수사지휘권	검사	검사 (예비판사) 경찰의 독자적 수사개시권 인정	1차: 경찰 2차: 검사
영장청구권	경찰		경찰	검사	검사	(체포장 청구) 경부이상 경찰 + 검사
기소권	검사	검사	검사	검사	검사	검사
수사종결권	경찰		경찰	검사	검사	검사
기타			분권적 수사구조	모든 영역 경찰의 수사권 인정	형사소송법상 수사의 주체는 검사만	구류청구권은 검사만

※ 자료: 안종우(2010), TOP PASS 안종우 경찰학개론, p.124.

제7절　중국경찰사

Ⅰ. 중국경찰의 역사

건국 이전		① 1901년 **시정, 사법, 경찰업무 등이 혼합된 공순총국이 설립**되었으며, 이는 **중국 근대경찰의 시발점**으로 보고 있다. ② 1902년 **중앙과 지방에는 순경총국이 설치**하여 경찰업무집행 및 하부 경찰기관에 대한 감독을 담당하였다. ③ **공순총국은 경사내외성 순경총감으로 개칭**하였고, 여기에는 총무, 행정, 사법, 위생, 소방 등 5처를 설치하였다. ④ 1931년 장시성 루이진에 중국공산당 소비에트정권이 수립된 이후 산하 **정치보호국을 두어 반혁명분자 색출, 정탐활동, 범죄행위 단속, 치안유지 등 임무를 수행**하였다.
건국 이후	사회주의 확립 (1949~1965)	① 1949년 중화인민공화국을 건국하고 **정무원 산하에 공안부를 설치**하게 되었다. ② 공안조직은 **중앙에 정무원 산하의 공안부**가 있고, **성(省)급에는 공안청이, 현(縣)에는 공안사, 그리고 구(區)와 향(鄉)에는 각각 공안관리원과 공안원** 등이 있다. ③ 1954년에 **중화인민공화국 헌법이 제정되면서 정무원이 국무원으로** 바뀌고 **공안부는 국무원 소속의 중앙조직으로 독립**되었다. ④ 1957년에 전국인민대표대회 상임위원회가 '중화인민공화국경찰조례'를 통과시킴으로써 **중국경찰제도 건설의 초석**이 되었다.
	문화 혁명기 (1966~1976)	① 문화대혁명은 경찰조직뿐만 아니라 기존의 국가체제를 모두 파괴하였으며, **군이 공안기관을 통제하면서 인민경찰과 공안부는 군사관제위원의 명령과 지휘를** 받았다. ② **공안부 등 공안기관들은 군에 접수되어 독자성을 상실**하였다. {09.4 순경} ③ 1969년 마오쩌둥은 문화혁명의 혼란을 수습하기 위하여 점차 공안제도의 회복을 꾀하였고, 1970년대에 이르면 다시 **공안업무가 점차적으로 회복되면서 공안조직을 부활시키고 확대**시켰다.
건국 이후	사회주의의 발전시기 (1977~1989)	① 1978년 공안부에서 담당하던 **검찰사무를 공안부에서 분리하여 검찰조직을 회복**시켰다. ② **국민의 신체의 자유에 관한 규정과 불법적인 체포금지** 등의 내용이 헌법에 명시하였다. ③ 1983년 전국인민대표회의 **상임위원회는 국가안전부를 창설하여 공안체계 대개혁을 추진**하였다. ④ 1984년 대외부분에 대한 협력강화를 위해 **국제형사경찰기구(ICPO)에 가입하면서 공안부 형사국에 중국사무국을 조직**하였다. ⑤ 2006년에는 국제형사경찰기구(ICPO) 중국사무국이 공안부 국제협작국 → 공안부 형사정사국 → **공안부 국제협작국 소속 인터폴업무처로** 바뀌었다.
	개방화 시대 (1990~최근)	① 홍콩·마카오 반환에 따른 **1국 2체제의 국가형태**를 갖추었으며, **홍콩의 치안에 대해서는 독자성을 인정**하고 있다. ② 경제개발로 살인, 강도 등 **형사사건이 크게 증가하고 청소년범죄도 증가추세**에 있다. ③ **대만과의 통일문제**가 있다.

II. 중국경찰의 조직

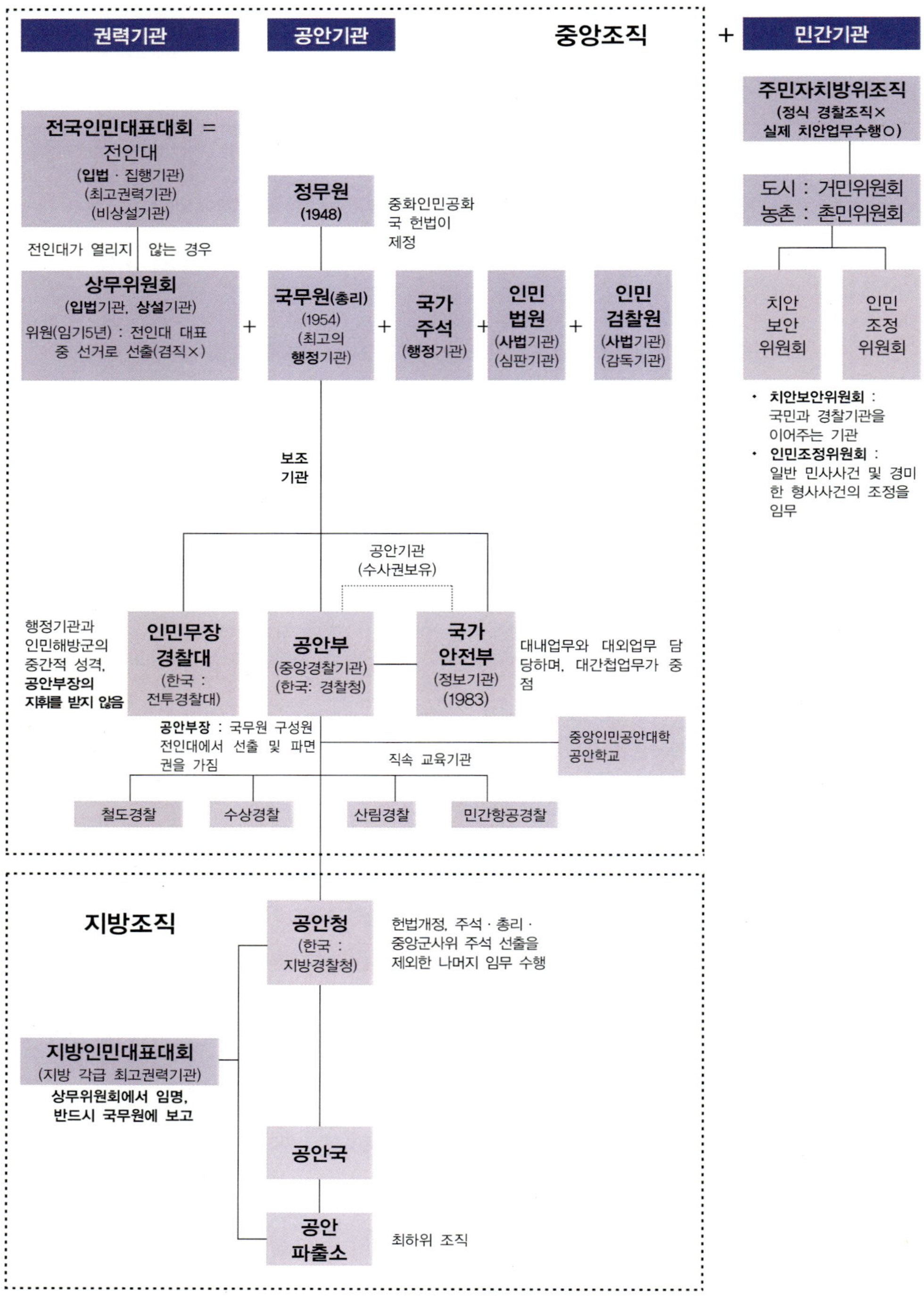

권력기관
공안기관
중앙조직
+ 민간기관
주민자치방위조직
(정식 경찰조직×
실제 치안업무수행○)
도시 : 거민위원회
농촌 : 촌민위원회
치안
보안
위원회
인민
조정
위원회
• 치안보안위원회 :
국민과 경찰기관을
이어주는 기관
• 인민조정위원회 :
일반 민사사건 및 경미
한 형사사건의 조정을
임무
전국인민대표대회 =
전인대
(입법·집행기관)
(최고권력기관)
(비상설기관)
전인대가 열리지 않는 경우
상무위원회
(입법기관, 상설기관)
위원(임기5년) : 전인대 대표
중 선거로 선출(겸직×)
정무원
(1948)
중화인민공화
국 헌법이
제정
국무원(총리)
(1954)
(최고의
행정기관)
국가
주석
(행정기관)
인민
법원
(사법기관)
(심판기관)
인민
검찰원
(사법기관)
(감독기관)
보조
기관
공안기관
(수사권보유)
행정기관과
인민해방군의
중간적 성격,
공안부장의
지휘를 받지 않음
인민무장
경찰대
(한국 :
전투경찰대)
공안부
(중앙경찰기관)
(한국: 경찰청)
국가
안전부
(정보기관)
(1983)
대내업무와 대외업무 담
당하며, 대간첩업무가 중
점
공안부장 : 국무원 구성원
전인대에서 선출 및 파면
권을 가짐
직속 교육기관
중앙인민공안대학
공안학교
철도경찰
수상경찰
산림경찰
민간항공경찰
지방조직
공안청
(한국 :
지방경찰청)
헌법개정, 주석·총리·
중앙군사위 주석 선출을
제외한 나머지 임무 수행
지방인민대표대회
(지방 각급 최고권력기관)
상무위원회에서 임명,
반드시 국무원에 보고
공안국
공안
파출소
최하위 조직

1. 중국경찰의 일반

경찰 구조	① **국무원 공안부**(한국의 경찰청), **인민경찰**(한국의 지방경찰청), **인민무장경찰대**(한국의 전투경찰대), **주민자치방위조직**으로 **구성**되어 있다. ② **입법기관**으로 전국인민대표대회와 전국인민대표대회 상무위원회가 있으며, **행정기관**으로 국가주석과 국무원이 있으며, **사법기관**으로는 인민법원과 인민검찰원이 있다. ③ **중앙집권과 지방분권의 결합체제**이다. 즉, 기본적으로 국가경찰제도를 취하면서 지방에서의 부족한 치안수요를 충당하기 위해 자치단체에 준하는 **민간조직의 도움을 받아 경찰력을 유지**하고 있다. {09.2 경간부} ④ **사법경찰과 행정경찰의 일원주의를 채택**하고 있으며, 사법경찰의 권한유형은 대륙법계에 속한다. {10.1 승진, 09.2 경간부, 09.1 승진}
정보 기관	① 국무원에 국가안전부가 있으며, **국가 안전 및 대간첩업무**를 수행한다. ② **행정기관과 인민행방군의 중간적 성격의 치안기관**으로 중국인민무장경찰부대가 있다.

Ⅲ. 중국경찰의 형사제도

① 수사기관
　㉠ 사법경찰 : **원칙적 수사주재자**
　㉡ 검사 : **예외적 수사주재자, 공소제기자**
　　▶ 상호협력관계, 검찰은 법률적 검토

② 사법경찰의 지위
　㉠ **독자적 수사권**을 가진 수사주재자
　㉡ 특별한 법률이 없는 경우와 원칙적 수사기관
　　− 형사사건에 대한 수사진행, 용의자의 유죄 또는 무죄, 죄의 경중에 관한 증거수집 및 조사
　　− 현행범인이나 중대한 용의자의 긴급체포

③ 검사의 지위
　㉠ 공무원의 직무상 횡령 및 뇌물범죄, 직권을 이용한 불법구금, 고문으로 인한 진술의 강요, 기타 법률이 검찰의 수사권한으로 정하는 범죄사건의 수사주재
　㉡ 법률적 감독
　　− 경찰의 범인체포 후 구속에 있어서 승인 및 위법사항의 시정요구
　　− 범죄에 대한 기소 및 기소면제의 결정
　　− 수사권의 남용이나 사법경찰의 범죄행위에 대한 입건, 수사

【각국의 인터폴(Interpol) 중앙사무국 소속기관】 {08.7 순경, 07.10 순경}

국 가	소속기관
한 국	경찰청 외사국 외사수사과 인터폴팀
영 국	중대 · 조직범죄청(SOCA)
미 국	연방 법무부
독 일	연방범죄수사국(BKA, 연방범죄수사청)
프랑스	내무부 형사국(사법경찰국) 공조수사과
일 본	장관관방 국제부
중 국	공안부 형사정사국 → 공안부 국제협작국 소속 인터폴 업무처

경찰법학

제1절   경찰법의 개요

I. 경찰과 법치행정(법치주의)

1. 법치행정(법치주의)

의 의	① 경찰행정이 국민의 권리·의무에 관계되는 작용을 할 경우에는 반드시 국민의 대표기관인 **국회가 제정한 법률에 따라야 한다는 원칙**을 말한다. ② **특별권력관계에도 법치행정의 원리가 적용**된다.

【전통적 특별권력관계와 현대적 의미의 특별권력관계 비교】

전통적 특별권력관계	현대적 의미의 특별권력관계
법치주의 적용이 제한된다.	법치주의가 적용된다.
법적 근거가 없어도 구성원의 기본권을 제한할 수 있다.	법적 근거 없는 구성원의 기본권 제한은 불가하다.
사법심사가 제한된다.	사법심사가 가능하다.

2. 형식적 법치주의와 실질적 법치주의

형식적 법치주의	실질적 법치주의
법률내용에 관계없이 절차와 형식만 중시 (합법성만 중시)	법률의 절차, 형식은 물론 그 내용도 중시 (합법성과 타당성 중시)
광범위한 재량권 인정	재량권 통제
포괄적 위임입법 인정	포괄적 위임입법 금지
소송에서 열기주의 채택	소송에서 개괄주의 채택
법률우위원칙의 적용한계	법률우위의 원칙(합헌성 강조) 철저
법률유보원칙의 적용한계	법률유보의 원칙 적용범위 확대
국가배상책임 부인	국가배상책임 인정

☞ **형식적 법치주의에서 실질적 법치주의로 변화**

3. 법치행정(법치주의)의 내용(O. Mayer)

법률의 법규 창조력	국민의 대표기관인 **의회만이 국민을 구속하는 규범인 법규를 제정할 수 있다는 것**을 말한다. 즉, **의회가 정립하는 법률만이 법규로서의 구속력을 가진다는 것**을 말한다.
법률의 우위 (법치주의의 소극적 기능)	① 법률은 모든 국가의사 중에서 가장 우월적 지위에 있으며, **행정이나 사법은 법률에 저촉(위반)될 수 없다는 것**을 말한다. 따라서 경찰관청은 국민에게 법의 취지에 저촉되는 명령을 발할 수 없다. ② 법률우위의 원칙에 위반한 행정작용은 그 효력이 부인되며, 그로 인해 피해를 입은 국민은 행정구제를 받을 수 있다. 이와 같은 법률우위의 원칙은 **행정의 모든 영역에서 예외 없이 적용되는 대원칙**이다.
법률의 유보 (법치주의의 적극적 기능)	행정권은 법률의 수권이 있는 때, 즉 **법률에 근거가 있는 때에만 발동될 수 있다는 원칙**을 말한다. 그러나 **모든 행정작용에 법률의 근거를 요구하는 것은 아니고, 비권력적 작용은 이를 요하지 않는다.** 따라서 행정활동 중에는 반드시 법적 근거를 요하는 행위도 있고, 행정청의 재량에 맡겨둘 영역도 필요한데 그의 적용범위에 관하여는 논의가 있다.

☞ 권력적 경찰작용은 비권력적 경찰작용보다 법치주의가 더 강하게 요구된다.

4. 법과 경찰행정의 관계 {02.10 순경}

서 설	경찰행정은 **법의 의해 일정한 제약**을 받게 되는데, **경찰행정을 구속하는 법의 원칙(규범)**은 조직규범, 제약규범, 근거규범이 있다.
조직규범 (합법성의 원칙)	① 모든 경찰기관의 활동은 **법률(경찰법 제3조)에 정해진 권한의 범위 내**에서 행해져야 한다. {11.2 순경, 07.3 경간부, 05.3 순경, 04.4 순경, 03.1 승진} ② 경찰관이 조직법상의 직무범위 외의 행위는 직무행위로 볼 수 없으며, 그 효과는 국가에 귀속되지 않는다. {03.1 승진} ③ 권력적 작용이든 비권력적 작용이든 모든 경찰관의 행위는 조직법에 근거가 있을 때 비로소 경찰기관의 행위가 되며, 경찰작용으로 인정되는 것이다.
제약규범 (=저촉규범) (법률우위의 원칙)	① **법률은 행정에 우위**에 있으므로, **경찰관청은 법률에 저촉하는 명령을 발할 수 없다는** 원칙이다. {03.1 승진} ② **어떠한 경찰활동**도 경찰활동을 제약하는 법률의 규정에 위반해서는 안 된다. {11.2. 순경} ③ 경찰관청은 국민에게 법의 취지에 저촉되는 명령을 해서는 안 되며, 경찰조직 내부에서도 법의 취지에 반하는 직무명령을 발해서는 아니 된다. ④ 법률우위의 원칙은 행정의 성질에 관계없이 경찰행정의 **모든 영역에서 적용**되며, 법치주의의 소극적 기능에 해당하게 된다.
근거규범 (=수권규범) (법률유보의 원칙)	① **일정한 경찰권 발동에는 개별적인 법률의 근거(수권)을 요한다는 원칙**이다. {03.7 순경, 02.3 순경} ② **경찰기관은 근거규범이 없을 경우 경찰기관은 자기의 판단에 따라 독창적으로 행위를 할 수 없다.** {11.2. 순경} ③ 경찰행정은 모든 경우엔 소관사무 내에서만 가능하므로 조직법적 근거는 당연히 존재하여야 한다. ④ 법률유보는 논의대상은 **조직법적 근거가 아니라 작용법(수권규범, 근거규범)적 근거**이며, **일정한 영역에만 적용**된다.

II. 경찰(행정)법

1. 경찰행정법의 개념 및 구성

개 념	실질적 의미의 경찰행정법	실질적 의미의 경찰(행정)법이란 **행정작용법의 일부분으로서 경찰의 조직·신분 및 작용에 관한 법**을 말한다.	
	형식적 의미의 경찰행정법	형식적 의미의 경찰(행정)법이란 **실정법상 경찰에 관하여 규정한 일체의 법**을 말한다.	
목 적	경찰행정의 목적은 ㉠ **국가가 국민 공통의 이익을 도모하기 위해 행하는 공공적 서비스활동**이며, ㉡ 국민주권의 원리 하에서 경찰행정은 국민의 뜻에 따라 행해져야 하며, ㉢ 일부 위정자의 독단으로 결정되는 경찰행정은 지양되어야 한다. {03.1 승진}		
유 형	보통경찰행정법	의 의	경찰조직을 구성하는 개개의 법적 단위로서 **보안경찰, 즉 다른 행정작용과 직접 관계없이 사회공공의 안녕과 질서를 유지하기 위하여 규정한 법**을 말한다.
		종 류	경찰법, 경찰공무원법, 전투경찰대설치법 등이 있고, 작용에 관련하여 경찰관직무집행법, 경찰관직무응원법 등이 있다.
	특별경찰행정법	의 의	보통경찰행정법에 대립한 개념으로 **협의의 행정경찰 또는 특수한 경찰, 비상경찰을 위해 규정한 법**을 말한다.
		종 류	건축법, 공중위생관리법, 식품위생법, 폐기물관리법, 전염병예방법, 비상계엄법, 마약류관리에 관한 법률 등이 있다.
	체계상 구성		경찰(행정)법이란 **경찰의 조직과 작용 및 권리구제에 관한 법**을 말한다. ☞ 경찰법이 제정되기 이전에 우리 경찰의 근거법은 **정부조직법**이다. {02.3 순경}
		경찰조직법	**경찰행정을 운영하는 조직이나 기구**(기관의 명칭, 권한, 관청 상호 간의 관계, 경찰관청의 임면, 신분, 직무 등)**에 관해 정한 법**을 말한다. {02.3 순경} 예 정부조직법, 경찰법, 전경대설치법, 경찰대학설치법, 경찰공무원법 등
		경찰작용법	**경찰조직이 실시해야 할 행정의 내용을 정한 법**을 말한다. 예 경찰관직무집행법, 경범죄처벌법, 즉결심판에 관한 절차법, 경비업법, 도로교통법, 청원경찰법 등
		경찰구제법	① **경찰활동에 의해 불이익을 받은 국민의 권리구제절차를 정한 법**을 말한다. ② 오늘날 경찰행정 등 **국민의 권리를 침해하는 행정분야에서는 사전절차의 준수 등 절차적 권리가 강조**되고 있다. {03.1 승진} 예 행정절차법, 행정심판법, 행정소송법, 국가배상법 등
특 색	경찰법은 **통일된 법전이 없이** 무수한 법으로 구성되어 있으나, **통일된 법체계**는 이루고 있다.		
	㉠ 성문성　　　㉡ 다양성　　　㉢ 획일성·강행성　　　㉣ 기술성·수단성 ㉤ 경찰행정 주체의 우위성　　　㉥ 공익우선성　　　㉦ 집단성·평등성		

2. 경찰행정법의 기본원리

<table>
<tr><td rowspan="5">경찰
조직법상의
원리</td><td colspan="2">경찰조직의 기본원리란 경찰의 기본적 사명을 보다 능률적으로 수행할 수 있도록 경찰의 조직과 기능을 유지하고 내부적·외부적 경찰활동을 규율함에 있어 지표로 삼아야 할 원리를 말한다.</td></tr>
<tr><td>민주성</td><td>경찰작용은 명령 및 강제하는 권력적 작용이며, 재량의 여지가 많기 때문에 강력한 민주성이 요구된다.</td></tr>
<tr><td>효율성</td><td>효율적인 임무수행을 위하여 국가경찰의 기본조직 및 직무범위 기타 필요한 사항을 규정한다.</td></tr>
<tr><td>정치적
중립성</td><td>공무원은 국민 전체에 대한 봉사자이며, 국민에 대해 책임지며, 공무원의 신분과 정치적 중립성은 법률이 정하는 바에 의하여 보장된다.</td></tr>
<tr><td>집권성</td><td>① 한국 경찰조직은 중앙정부의 직접적인 통제하에 놓여 있는 집권화된 체제이지만, 제주특별자치도는 자치경찰제도를 시행함으로서 분권성을 가미하고 있다.
② 집권적 경찰조직이 민주주의와 반드시 대립되는 것은 아니다.</td></tr>
<tr><td rowspan="5">경찰
작용법상의
원리</td><td colspan="3">경찰행정이 국민의 권리·의무에 관계되는 작용을 행할 경우에는 반드시 국민의 대표기관인 국회에서 제정한 법률에 따라야 한다는 원칙을 말한다.</td></tr>
<tr><td rowspan="3">법치
행정의
원칙</td><td colspan="2">근거 — 헌법 제37조 제2항에 국민의 모든 자유와 권리는 국가안전보장·질서유지 또는 공공복리를 위하여 필요한 경우에 한하여 법률로써 제한할 수 있으며, 제한하는 경우에는 자유와 권리의 본질적인 내용을 침해할 수 없다.</td></tr>
<tr><td rowspan="2">내용</td><td>형식적
법치주의
① 법률의 법규 창조력 : 법률은 국회의 전속적 권한
② 법률우위의 원칙(소극적 법치주의) : 행정은 헌법과 법률을 위반해서는 안 된다는 원칙, 행정의 전 영역에서 적용
③ 법률유보의 원칙(적극적 법치주의) : 행정활동은 법률에 근거하여 행해져야 한다는 원칙, 행정의 일정영역에서만 적용
◪ 법률우위는 법률을 경찰권 발동의 소극적 요건이며, 법률유보는 경찰권 발동의 적극적 요건이다.
◪ 법규명령은 법률유보의 원칙과 법률우위의 원칙이 적용되나, 행정규칙은 법률우위의 원칙만 적용된다.</td></tr>
<tr><td>실질적
법치주의
① 법률의 법규창조력 원칙의 관철(포괄적 위임 입법 금지)
② 합헌적 법률우위(위헌법령심사제가 인정)
③ 법률유보원칙의 적용범위 확대
④ 구제제도의 강화</td></tr>
<tr><td colspan="2">기본적
인권의
존중 — 헌법은 인간의 기본적 인권존중을 기본원리 중 하나로 하고 있으며, 기본적 인권은 공공복리에 반하지 않는 한 입법권으로도 침해할 수 없도록 하고 있다.</td></tr>
</table>

III. 경찰법의 법원(法源) {01.1 승진, 99.1 승진}

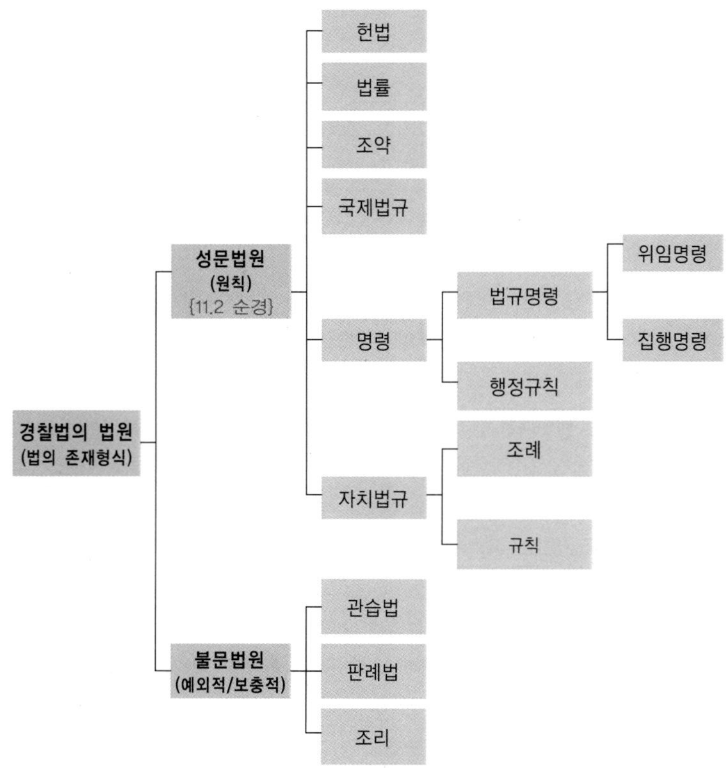

1. 경찰법의 법원에 대한 일반적 내용

의 의	① 경찰의 조직과 작용에 관한 법의 존재형식 또는 인식근거를 말하며, **경찰법의 법원에는 성문법원과 불문법원**이 있다. ② **불문법**도 성문법의 미비나 의문점을 보충하기 위하여 **행정관계의 법원**이 될 수 있다.
성문법 원칙	① 경찰법은 **성문법주의를** 원칙으로 하므로 **불문법은 예외적 · 보충적으로 적용**된다. ② 경찰법의 법원은 헌법, 민법 등과 같이 **다른 법분야처럼 단일법전으로 되어 있지 않다.** ③ **성문법원으로는 헌법, 법률, 명령, 국제조약, 자치법규**가 있으며, **불문법원으로는 관습법, 판례법, 조리**가 있다. {11.2 순경} 　　**【경찰행정법 분야에서 성문법이 차지하는 비중이 큰 이유】** {02.5 순경} ㉠ **국민에게 예측가능성을 보장**할 필요 ㉡ 경찰권력의 발동에는 **민주적 정당성**이 요청되며, 반드시 국민 대표기관인 **국회에서 정립한 법률의 근거가 요구**
성문법의 예외	경찰법의 규율대상은 극히 다양 · 가변하므로 그 **모든 영역을 빠짐없이 성문법으로 규율하기란 매우 어려운 일이므로 성문법이 미비한 부분 내에서는 불문법도 예외적 · 보충적으로 경찰법의 법원이 될 수 있다.

1) 성문법원

(1) 헌법

헌법은 **국가의 기본적인 통치구조를 정한 기본법**으로 **경찰법의 최고법원**이 된다.

(2) 법률

① 법률은 **국회가 제정하는 법형식**으로 국민의 권리와 의무에 관계되는 국가의 일체의 법규는 법률에 의하여 정해진다.
② 법률은 **경찰행정상의 법률관계에 있어 가장 중심적인 법원**이며, 경찰행정상의 조직이나 작용에 관한 기본적 사항은 모두 법률에 의하여 정해진다.
③ 법원조직법은 경찰법의 법원이 아니다.

【일반경찰행정법과 특별경찰행정법의 구별】 {03.2 경간부}

	일반경찰행정법	특별경찰형정법
조직법	경찰법, 경찰공무원법, 전투경찰대설치법 등	식품위생법, 폐기물관리법, 건축법, 공중위생관리법, 의료법, 약사법, 전염병예방법 등
작용법	경찰관직무집행법, 경찰직무응원법, 행정절차법, 도로교통법, 국가배상법, 행정심판법, 행정소송법, 형사소송법 등	

④ 법률은 특별한 규정이 없는 한 **공포한 날로부터 20일을 경과함으로써 효력을 발생**한다.
⑤ 법률의 위헌결정은 **법원, 국가기관 및 지방자치단체를 기속**한다. {10.3 순경}

(3) 조약/국제법규

① **헌법에 의하여 체결·공포된 조약과 일반적으로 승인된 국제법규는 국내법(법률)과 같은 효력**을 가진다. 따라서 조약이나 국제법규가 국내에 적용되기 위해서 별도의 국내법을 제정할 필요는 없다. 즉, 별도의 **국내법 제정절차 없이도 경찰활동을 위한 법원**이 된다. {03.7 순경, 01.7 승진}
② **조약의 국제법적 효력은 국회의 동의는 필요없고 대통령의 비준만으로 발생**하며, **국내법적 효력은 국회의 동의와 대통령의 비준 후에 그 효력이 발생**한다. 따라서 국회의 동의를 얻지 못한 조약은 **국내법적으로 효력을 상실하나 국제법적으로는 효력을 상실하는 것이 아니다.**
③ 세계 대부분의 국가가 가입한 **다자간 조약**(집단학살금지협정, 포로에 관한 제네바협정, 부전조약 등)은 대한민국이 당사국이 아니어도 **국내에서 효력이 있다.**
④ 국제법규에는 **성문의 국제법뿐만 아니라 국제관습법도 포함**된다.
⑤ 국내법과 조약 등의 내용이 충돌할 경우
　ⓐ 입법사항에 관한 조약 및 국제법규는 **법률과 동등한 효력**을 갖는다.
　ⓑ 입법사항과 관계없이 조약 및 국제법규는 **명령과 동등한 효력**을 갖는다.
⑥ **현행법상 조약이 국내법보다 우선적으로 적용된다고 명문으로 규정**한 경우가 있다. {10.3 순경}
　⑩ 주한미군지위협정, 외교특권과 관련한 비엔나협약, 범죄인인도조약 등

(4) 행정입법(명령)

<table>
<tr><td rowspan="2">법규
명령</td><td colspan="3">① 법규명령에는 위임명령과 집행명령이 있다. {10.2 경간부}
② 법규명령의 제정에는 헌법, 법률 또는 상위명령의 근거가 필요하다.
③ 법규명령에 위반한 행정청의 행위는 위법한 행위로서 무효 또는 취소사유가 된다.
④ 법규명령은 국민의 권리와 의무에 관한 사항을 정하며, 일반적으로 대외적 구속력을 갖기 때문에 법규명령에 반하는 행정권 행사는 위법하다. {06.1 경사}
⑤ 법규명령은 특별한 규정이 없는 한 법률과 같이 공포일로부터 20일이 경과하여야 효력이 발생한다.
⑥ 법규명령은 공포를 요한다. {05.2 경간부}
⑦ 위임명령과 집행명령은 법률의 명시적 수권이 있을 것을 요한다.</td></tr>
</table>

【위임명령과 집행명령의 구별】

	위임명령	집행명령
개 념	법률 또는 상위명령에 의하여 개별적 · 구체적으로 위임받은 사항을 보충하기 위해 발하는 법규명령 {06.1 경사}	법률 또는 상위명령의 규정범위 안에서 그 집행에 관한 세부적 사항을 정하는 법규명령 {10.2 경간부, 03.7 순경, 01.7 승진}
목 적	법률의 내용을 보충하는 보충명령	법률의 집행에 관한 시행세칙 (절차나 형식 : 허가신청서의 서식 등)
입법 사항	국민의 권리 · 의무에 관한 새로운 입법사항을 정할 수 있다.	국민의 권리 · 의무에 관한 새로운 입법사항을 정할 수 없다. {06.1 경사}
수권 규범	법률의 명시적 수권 필요	법률의 명시적 수권 불필요
공통점	양자 모두 법규성(대외적 구속력) 가진다.{10.2 경간부}	

【법규명령의 한계】

위임 명령의 한계	㉠ 포괄적 · 일반적 위임금지 : 법치행정의 원리에 따라 구체적으로 범위를 정하여 위임받은 사항만을 위임할 수 있고, 법률에 의한 포괄적 · 일반적 수권은 허용되지 않는다. ㉡ 국회의 전속적 입법사항 위임금지 : 국회의 전속적 법률사항의 위임은 원칙적으로 금지되지만, 입법사항을 반드시 법률로 정해야 하는 것은 아니고, 그 본질적인 내용을 제외한 세부적 사항에 관하여 위임이 가능하다. ㉢ 처벌규정의 위임문제 : 죄형법정주의의 원칙상 벌칙을 명령으로 규정하도록 일반적으로 위임할 수 없다. 그러나 범죄의 구성요건의 구체적 기준을 정하여 위임할 수 있고, 형벌의 정도에 관하여 법률이 형벌의 상한을 정하여 위임하는 것은 가능하다. ㉣ 재위임 문제(일부 위임O, 전부 위임×) : 법규명령 간의 재위임에 있어서는 법률로써 명시적 규정이 없다 하더라도 개별적 · 구체적 재위임(하위명령)은 가능하나 수임권한을 전부 다시 위임하는 것은 실질적으로 수권법의 내용을 바꾸는 것으로 허용되지 않는다.
집행 명령의 한계	집행명령은 상위법령을 시행하기 위하여 필요한 절차나 형식 등을 규정할 수 있을 뿐, 국민의 권리 · 의무에 관한 새로운 입법사항을 정할 수 없다.

행정규칙		① 행정규칙의 종류로는 **고시, 훈령, 예규, 지시, 일일명령** 등이 있다. ② 행정규칙은 **행정기관이 법률의 수권 없이 권한 범위 내에서 만든 일반적·추상적 명령**을 말한다. ③ 상급기관이 하급기관의 활동을 규율하는 것이기 때문에 **대외적 구속력이나 법규성은 없고 대내적 구속력만 있다.** {05.2 경간부} ④ 행정규칙의 제정에는 **원칙적으로 법률의 위임을 요하지 않는다.** {06.1 경사} ⑤ **행정규칙을 위반하면 반드시 위법이 되는 것이 아니다.** ⑥ **재량준칙의 제정은 행정청에게 재량권이 인정되는 경우에만 가능**하며 행정청이 기속권만을 갖는 경우에는 인정되지 않는다. {05.2 경간부}

【행정의 재량준칙】

의 의	재량준칙은 **행정청의 재량권 행사의 기준을 정하는 행정규칙**으로서 **재량권 행사의 일반적 방향을 제시**하기 위하여 발하는 것이다.
목 적	재량권행사의 **통일성, 예측가능성을 확보하고 자의적인 재량권 행사를 방지**하는 데 있다.
성 격	① 행정규칙에 법규성을 인정하려는 영역 중의 하나이며 **법규화 또는 준법규화는 행정의 자기구속의 원칙**에 의해 이루어진다. ② 재량준칙의 준법규성을 인정하는 학설에 의하면 재량준칙은 평등원칙 등을 매개로 하여 국민에 대하여도 법규적 효력을 갖는다고 보며, **대법원은 원칙적으로 재량준칙을 포함한 행정규칙의 법규성을 인정하지 않고, 예외적으로 인정할 뿐**이다.
구 별	재량준칙이 **위법한 경우에는 행정의 자기구속법리는 인정되지 않는다.**

【법규명령과 행정규칙의 구별】 {10.2 경간부}

	법규명령	행정규칙
법형식	대통령령 · 총리령 · 부령	훈령 · 지시 · 예규 · 일일명령 · 고시
권력의 기초	일반통치권에 의해 발해진다.	특별권력에 의해 발해진다.
법규성	법규성 인정	법규성 부정(원칙) 예외(인정)
구속력	대내적 · 대외적 구속력	대내적 구속력
위반의 효과	위법(무효 또는 취소사유)	원칙은 유효(징계책임)
입법사항 규율	㉠ 위임명령 : 새로운 입법사항 규율 가능 ㉡ 집행명령 : 새로운 입법사항 규율 불가	×(행정조직 또는 특별권력 관계 내부의 사항)
법적근거	위임명령(○), 집행명령(×)	×(행정권의 고유한 권능)
공포	공포하여 효력 발생	공포는 불요
한계	법률유보 · 법률우위원칙 적용	법률우위의 원칙 적용
공통점	대내적 효력(○)	

☞ 법규명령의 형식을 취하고 있지만 그 내용이 행정규칙의 실질을 가지는 경우
　→ **판례는 당해 규범을 행정규칙으로 보고 있다.** {05.2 경간부}

(5) 조례 · 규칙

> ① 조례란 지방자치단체인 의회가 법령의 범위 안에서 지방자치권에 의거하여 제정하는 법규를 말한다.
> ② 규칙이란 지방자치단체의 장이 법령 또는 조례가 위임한 범위 안에서 그 권한에 속하는 사무에 관하여 제정하는 법규를 말한다.
> ③ 조례로 **주민의 권리제한 또는 의무부과에 관한 사항이나 벌칙을 정할 때는 법률의 위임**이 있어야 한다.
> ④ 조례로서는 조례위반행위에 대하여 **1천만 원 이하의 과태료**를 정할 수 있는 데 그친다. 따라서 **조례로서는 형벌을 부과할 수 없다.** {03.7 순경, 02.5 순경, 01.7 승진}
> ⑤ **조례는 현재와 같은 국가경찰제도하에서는 경찰활동과 관련하여 특별히 관련된 것이 없다**(단, 제주특별자치도는 제외). {03.7 순경, 02.5 순경, 01.7 승진}
> ⑥ 조례는 **상위법의 근거없이도 제정가능**하다. 단, 주민의 권리제한, 의무부과, 벌칙에 대한 조례는 상위법의 근거가 필요하다.(포괄적 위임도 가능)

2) 불문법원

(1) 관습법

의 의		관습법이란 사람과 사람 사이에 다년에 걸쳐 행해진 관습이 법적 확신을 얻어 법적 규율을 말한다.
종 류	행정선례법	① 행정청의 반복적 관행이 법적확신을 얻게 되어 형성된 관습법을 말한다. ② 행정선례법과 같이 경찰의 취급이 수년간에 걸쳐 관행화하여 그것이 국민 사이에 법으로서 이른 것이 존재하는 경우에는 **경찰도 이에 구속**된다. ③ 행정절차법 제4조 제2항에서는 **행정선례법의 존재를 인정**하고 있다. {10.3 순경}
	민중관습법	공법관계에서 일정한 관행이 오랫동안 계속됨으로써 성립하게 된 관습법을 말한다.
특 징		행정선례법은 불문법으로서의 지위를 가지므로 법규성이 부정되는 **훈령에 의한 행정선례법의 변경은 법률의 개정에 의해서는 행정선례법 변경은 가능하다.** {04.3 순경}

(2) 판례법

> ① 동일 내용의 판결이 반복되면 그 내용이 법으로서 승인되기 이르는 경우가 있는데 이것이 판례법이다.
> ② **판례법이 형성되는 영역은 성문법이 결여되어 있는 경우와 실정법이 불확정 개념을 사용하고 있는 경우**이다. 소송의 제기시한, 무기의 사용요건과 같이 **실정법에 명문화되어 있는 사항에 대하여는 판례법이 형성될 수 없다.** {04.1 승진}
>
>

【판례형성 여부】 {04.1 승진, 03.9 순경}

판례법 형성(O)	판례법 형성(×)
① 무기사용의 한계　② 음란의 개념 ③ 무효와 취소의 구별　④ 재량권행사의 한계	① 무기의 사용요건　② 구속의 사유 ③ 구속의 기간　④ 소송의 제기시한

>
>
> ③ 법원조직법에는 상급법원의 재판에 있어서의 판단은 당해 사건에 관하여 하급심을 기속한다는 규정이 있다. {10.3 순경, 04.1 승진}
> ④ **영미법계 국가는** 선례구속성의 원칙이 확립되어 **판례의 법원성을 긍정**하고, **대륙법계 국가는 판례의 법원성을 부정**한다. **한국의 경우에는** 판례의 법적구속력은 부정되지만, 사실상 구속력은 인정되므로 **판례의 법원성을 긍정하는 것이 다수설**이다.

(3) 조리(법의 일반 원칙)

<table>
<tr><td rowspan="4">내 용</td><td>의의</td><td>법의 일반원칙(조리)란 반드시 법령상 명시되어 있지는 않으나, 일반적으로 정의에 합치되는 보편적 원리로서 인정되고 있는 제원칙을 말한다.</td></tr>
<tr><td>종류</td><td>① 비례의 원칙, 신뢰보호의 원칙, 평등의 원칙(자기구속의 법리), 부당결부금지의 원칙, 신의성실의 원칙이 있다.
② 평등원칙은 모든 공권력 행사를 통제하는 법원이며, 특히 재량권과 관계가 깊다.</td></tr>
<tr><td>특징</td><td>① 성문법과 관습법 등 불문법이 모두 없는 경우에 최후의 보충적 법원이 된다. {03.2 경간부. 02.5 순경}
② 오늘날 법의 일반원칙은 점차 성문화되어 가는 추세이다. {04.3 순경. 02.5 순경}</td></tr>
<tr><td>위반
효과</td><td>법의 일반원칙은 불문법원으로서 사인 간의 법률관계뿐만 아니라, 행정상의 법률관계도 구속되기 때문에 경찰관청의 행위가 형식상 적법하다고 하더라도 조리에 위반할 경우에는 위헌·위법 문제가 발생하여 무효 또는 취소의 사유가 될 수 있다.</td></tr>
<tr><td rowspan="9">비례의
원칙
(과잉금지
원칙)</td><td>의의</td><td colspan="2">① 행정주체가 구체적인 행정목적을 실현함에 있어서 그 목적과 수단간에는 합리적인 비례관계가 유지되어야 한다는 원칙을 말하며, 0 를 과잉금지의 원칙이라고도 한다.
② 비례원칙은 재량권의 한계를 설정하여 주는 원리로서 경찰작용에 있어 수단과 목적 사이에는 합리적인 비례관계가 있어야 한다.</td></tr>
<tr><td>근거</td><td colspan="2">비례원칙의 실정법적인 근거로는 헌법 제37조 제2항과 경찰관직무집행법 제1조 제2항 등이 있다.</td></tr>
<tr><td rowspan="3">내용</td><td>적합성의
원칙</td><td>행정기관이 취하는 조치 또는 수단은 그의 목적을 달성하기에 적합하여야 한다.</td></tr>
<tr><td>필요성의
원칙</td><td>최소침해의 원칙이라 하며, 행정목적을 달성하는 데 있어서 국민에게 가장 적은 부담을 주는 수단을 선택하여야 한다.</td></tr>
<tr><td>상당성의
원칙</td><td>협의의 비례의 원칙이라 하며, 행정목적을 달성하기 위한 조치를 취함에 따른 불이익이 그 조치로 인해 발생하는 이익보다 큰 경우에는 그 조치를 취해서는 안 된다는 것이다.</td></tr>
<tr><td>적용
범위</td><td colspan="2">비례원칙은 초기에 경찰행정영역에서 오늘날에는 모든 행정영역에서 적용된다.</td></tr>
<tr><td>위반
효과</td><td colspan="2">비례의 원칙은 행정법의 불문법원의 하나로서 이해되고, 헌법상의 원칙이라고 할 수 있으므로 이를 위반한 행정권발동은 위헌 및 위법한 것이 되고 이에 대하여는 손해배상청구와 행정쟁송이 가능하다.</td></tr>
<tr><td>관련
판례</td><td colspan="2">① 경찰관이 난동을 부리던 범인을 검거하면서 가스총을 근접 발사하여 가스와 함께 발사된 고무마개가 범인의 눈에 맞아 실명한 경우 국가배상책임을 인정한다. 【대판 2003.3.14 2002다572218】
② 집회 및 시위에 관한 법률에 의하여 금지되어 그 주최 또는 참가행위가 형사처벌의 대상이 되는 위법한 집회·시위가 장차 특정지역에서 개최될 것이 예상된다고 하더라도, 이와 시간적·장소적으로 근접하지 않은 다른 지역에서 그 집회·시위에 참가하기 위하여 출발 또는 이동하는 행위를 함부로 제지하는 것은 경찰관직무집행법 제6조 제1항의 행정상 즉시강제인 경찰관의 제지의 범위를 명백히 넘어 허용될 수 없다. 【대판 2008.11.13, 2007도9794】</td></tr>
</table>

신뢰보호 의 원칙 (=금반언 의 원칙)	의의	① 신뢰보호원칙이란 행정기관의 일정한 언동(명시적, 묵시적)의 정당성 또는 존속성에 대한 개인의 보호가치 있는 신뢰는 보호해 주어야 한다는 원칙을 말하며, **영미법상의 금반언의 법리와 유사한 개념**으로 이해되고 있다. ② 신뢰보호원칙의 적용영역은 **행정의 전 영역으로 확대**되고 있다.
	근거	신뢰보호원칙의 **실정법적 근거로는 행정절차법(일반법적 근거), 국세기본법에 명문으로 규정**되어 있다.
	요건	① **선행조치** – 먼저 행정기관의 어떤 선행조치가 존재하여야 한다. 행정청의 선행조치는 적법행위인지, 위법행위인지 묻지 않지만, 무효행위는 신뢰의 대상이 되지 않는다. ② **신뢰의 보호가치** – 관계인이 선행조치의 정당성 또는 존속성을 사실상 신뢰하여야 하고 그 신뢰는 보호받을 가치가 있어야 한다. 판례도 상대방의 귀책사유가 없을 것을 요한다고 판시하고 있다. ③ **상대방의 처리보호** – 신뢰보호는 행정기관의 조치를 상대방이 신뢰하여 이를 기초로 상대방이 일정한 행위를 한 경우에 인정된다. ④ **인과관계** – 행정기관의 선행조치와 상대방의 처리 사이에는 인관관계가 존재하여야 한다. ⑤ **선행조치에 반하는 행정작용의 존재** – 선행조치에 반하는 행정청의 처분 또는 부작위 등 행정작용에 의하여 선행행위를 신뢰하여 이미 일정한 행위를 한 상대방에게 손해의 발생이 있어야 한다.
	위반 효과	신뢰보호원칙은 행정법의 일반원칙으로서 그에 위반한 행정처분을 위법하여 **원칙적으로 취소사유가 되며, 예외적으로 무효가 되는 경우도 있다.**
	근거	① **국세기본법 제18조 제3항** ② **행정절차법 제4조 제2항**에는 행정청은 법령 등의 해석 또는 행정청의 관행이 일반적으로 국민들에게 받아들여진 때에는 공익 또는 제3자의 정당한 이익을 현저히 해할 우려가 있는 경우를 제외하고는 새로운 해석 또는 관행에 의하여 소급하여 불리하게 처리하여서는 아니된다.
	관련 판례	① 검사 신규임용을 위한 면접전형에 불합격한 자에 대한 검사임용거부처분이 평등권 및 신뢰보호의 원칙에 반하거나 재량권의 일탈·남용으로 볼 수 없다. 【대판 1997.11.28, 97누11911】 ② 동일한 사유에 관하여 보다 무거운 면허취소처분을 하기 위하여 이미 행하여진 가벼운 면허정지처분을 취소하는 것은 선행처분에 대한 당사자의 신뢰 및 법적 안정성을 크게 저해하는 것이 되어 허용될 수 없다. 【대판 2000.2.25, 99두10520】 ③ 민원팀장에 불과한 공무원이 민원봉사 차원에서 상담에 응하여 안내한 것을 신뢰한 경우 신뢰보호의 원칙이 적용되지 않는다. {04.1 승진} ④ 처분의 하자가 당사자의 사실은폐나 기타 사위의 방법에 의한 신청행위에 기인한 것이라면 당사자는 그 처분에 의한 이익이 위법하게 취득되었음을 알아 그 취소가능성도 예상하고 있었다고 할 것이므로, 그 자신이 위 처분에 관한 신뢰이익을 원용할 수 없다. {04.1 승진} ⑤ 국회에서 일정한 법률안을 심의하거나 의결한 적이 있다고 하더라도, 법률로 확정되지 아니한 이상 국가가 이해관계자들에게 위 법률안에 관련된 사항을 약속하였다고 볼 수 없으며, 이러한 사정만으로 어떠한 신뢰를 부여하였다고 볼 수도 없다. {04.1 승진} ⑥ 헌법재판소의 위헌 결정은 행정청이 개인에 대하여 신뢰의 대상이 되는 공적인 표명을 한 것이라고 할 수 없어 그 결정에 관련한 개인의 행위에 대하여는 신뢰보호원칙이 적용되지 않는다. {04.1 승진} ⑦ 운전면허 취소사유에 해당하는 음주운전을 적발한 경찰관의 소속 경찰서장이 사무착오로 위반자에게 운전면허정지 처분을 한 상태에서 위반자의 주소지 관할 지방경찰청장이 위반자에게 운전면허취소처분을 한 것은 선행처분에 대한 당사자의 신뢰 및 법적 안정성을 저해하는 것으로서 허용될 수 없다.

평등의 원칙	의의	① 행정청은 정당한 사유가 없는 한 제3자에 대한 처분보다 **관계자에게 불리한 처분을 하여서는 아니 된다는 원칙**이다. ② 평등의 원칙은 헌법상 원칙이며, **비례의 원칙과 함께 재량권 행사에 있어서 한계를 결정하는 중요한 기능(재량권을 통제하는 원칙)**을 한다. ③ 평등의 원칙은 **재량준칙을 외부적 효력을 갖는 법규**로서 전환시키는 행정규칙의 법규로의 **전환규범으로서의 기능**을 하게 된다.
	근거	헌법 제11조 '법 앞의 평등' 규정을 들어 **직접 헌법에 명시된 원리**라는 견해와 기본 이념으로 도출되는 **불문법 원리**라고 보는 견해가 있다.
	위반 효과	**평등의 원칙은 헌법적 효력을 갖는 일반원칙으로 이를 위반한 국가작용은 위헌·위법**이 된다. 따라서 위반에 대해서는 손해배상청구와 행정쟁송이 가능하다
	관련 판례	국립대학교 총장이 국가보안법위반죄로 기소유예 처분을 받은 전력이 있는 당해 임용신청자를 사범대학의 전임강사로 임용하기에는 적절하지 않다고 보아 임용을 거부한 것은 신의칙에 반한다거나, 자기구속의 원리에 위배된다고 할 수 없다. [대단1998.1.23, 96누12641]
부당 결부 금지의 원칙	의의	행정기관이 공권력을 행사함에 있어서 **실질적인 관련이 없는 상대방의 반대급부와 결부시켜서는 아니 된다는 원칙**을 말한다.
	위반 효과	헌법상의 원칙으로 **이 원칙을 위반한 경우 위헌·위법이 되어 행정쟁송이나 손해배상을 통해 구제**받을 수 있다.
	관련 판례	**인정 판례** ① 제1종 보통, 대형 및 특수면허를 가지고 있는 자가 레이카크레인을 음주 운전한 행위는 제1종 특수면허의 취소상 사유에 해당될 본 제1종 보통 및 대형면허의 취소사유는 아니므로 **3종 면허를 모두 취소한 처분 중 제1종 보통 및 대형면허에 대한 부분은 위법하므로 이를 이유로 분리하여 취소하면 될 것이며**, 제1종 특수면허부분은 재량권의 일탈, 남용이 있는 경우에 한하여 취소될 수 있다. 【대판 전원합의체 1995.11.16, 95누 6650】 ② 제1종 대형, 제1종 보통 및 제2종 소형면허를 소지한 자가 음주상태에서 오토바이운전 중 사고를 유발하였는바 이륜자동차로서 제2종 소형면허를 가진 사람만이 운전할 수 있는 오토바이는 제1종 대형면허나 보통면허로 운전할 수 없고, **이륜자동차의 운전은 제1종 대형면허나 보통면허와는 아무런 관련이 없는 것이므로 제1종 대형면허나 보통면허의 취소나 정지를 할 수 없다.** 【대판 1992.9.22, 91누8289】
		부정 판례 제1종 보통 및 대형운전면허의 소지자가 제1종 보통면허로 운전할 수 있는 차량을 음주운전하자 **양 면허 모두 취소한 경우 제1종 대형운전면허에 대한 취소부분은 재량권의 한계를 넘는 위법한 처분이 아니다.** 【대판 1997.3.11, 96누15167】 그 이유는 제1종 보통면허만 취소하면 대형면허로 승용차를 운전할 수 있으므로 음주운전에 대한 제재로서 운전면허를 취소한 효과가 없기 때문이다.
행정의 자기 구속의 법리	의의	행정청이 상대방과의 관계에서 동종의 사안에 대해 이미 제3자에게 행한 결정과 동일한 결정을 상대방에 대해 하여야 한다는 구속성을 으미한다.
	인정 이유	행정의 자기구속의 원리는 **평등원칙에서 파생된 것**으로 행정의 **통일성 유지와 동일한 사안에 대한 동일한 처분을 예측 가능케 하여 행정법관계의 간정성을 확보**하는데 있다.
	위반 효과	**자기구속의 법리에 위반하는 행정작용은 위법**하다. 따라서 행정쟁송으로 다툴 수 있고, 손해배상도 청구할 수 있다.
	한계	법치주의 원칙상 위법한 경우(행정규칙에 따른 종래의 관행이 위법한 경우)에 대하여는 **행정의 자기구속의 법리가 적용되지 않는다.**
신의성실의 원칙		행정청은 직무를 수행함에 있어서 **신의에 따라 성실**히 하여야 한다.

제2절　경찰조직법

Ⅰ. 경찰조직법의 개념

개 념	경찰의 설치와 조직 및 직무범위에 대하여 규정하고 있다. {02.3 순경}
경찰조직의 근거법	① 정부조직법 : **국가의 행정조직에 관한 기본법** {02.3 순경} ② 경찰법 : **경찰조직에 관한 기본법** {02.3 순경}
경찰조직의 기본원리	**민주성** — 헌법은 민주주의를 기본원리의 하나로 하고 있으므로 경찰조직은 민주주의적 이념을 다하여야 한다.
	효율성 — 경찰조직은 효율적으로 직무수행을 할 수 있는 합리적 조직이어야 한다.
	정치적 중립성 — 경찰작용은 국민의 기본적 인권과 밀접하므로 불편부당, 공평중립의 견지에서 정치적 중립이 요청된다.
	집권성 — 한국의 경찰은 독임제(=단독제)의 경찰청장을 정점으로 하는 국가경찰로 일원화되어 있다. 예외적으로 제주특별자치도는 분권적인 행정조직으로 이루어져 있다.

Ⅱ. 경찰행정주체

의 의	행정주체라 함은 **행정을 행할 권리와 의무를 가지며, 자기의 이름과 책임 하에 행정을 실시하는 단체(법인)**을 말한다. {05.2 경간부, 05.1 승진}
종 류	① **행정주체에는 국가와 지방자치단체가 있으며, 그 밖에 영조물법인, 공공조합 등**이 있다. {05.2 경간부, 05.1 승진} ② **국가는 경찰행정의 주체가 될 수 있으나 지방자치단체는 경찰행정의 주체가 아니다.** {05.2 경간부, 05.1 승진} ③ **제주특별자치도는** 자치경찰제도를 채택하고 있어 **경찰행정의 주체**가 된다. {05.2 경간부}

Ⅲ. 경찰행정기관 {07.12 순경, 05.10 순경}

개념	① 경찰행정은 **경찰행정주체가 자기이름과 책임 하에 실시**하지만, 행정주체인 국가는 법인이므로 현실적으로 그 업무를 수행하는 것은 행정주체를 위한 경찰행정기관이 수행한다. ② 경찰행정기관에게는 **법률에 의하여 일정한 범위의 권한과 책임**이 주어지며, 경찰행정기관이 그 권한범위 내에서 행하는 행위의 **법적효과는 모두 행정주체인 국가에 귀속**한다.
종류	**경찰 행정관청** {11.8 순경} ① 경찰행정주체의 법률상의 **의사를 결정**하여 **외부에 표시하는 권한**을 가지는 기관을 말한다. {12.8 순경, 05.2 경간부} ② 한국경찰조직은 **독임제 행정관청이 원칙**이고, 예외적으로 **소청심사위원회, 행정심판위원회 등은 합의제 행정관청**이다. {08.1 승진} ③ 상급의 경찰관청이 하급의 경찰관청을 지휘·감독하는 상명하복의 구조를 가지고 있으며, **행정책임은 종국적으로 최상급의 경찰관청인 경찰청장에게 귀속**된다. {05.2 경간부} 예 **경찰행정관청은 경찰청장, 지방경찰청장, 경찰서장** {12.8 순경, 05.2 경간부} 　　(단, 지구대장, 파출소장은 경찰서장의 보조기관)

경찰 의결기관 {12.8 순경}	① 행정관청의 의사를 구속하는 **의결을 행하는 행정기관**을 말하며, 의결을 **외부에 표시할 수 있는 권한은 없다.** ② **경찰위원회는 법문상 심의 · 의결하기 위한 기관**이지만, 행정안전부장관에게는 심의 · 의결사항에 대하여 재의요구권이 있으므로, **경찰위원회는 행정관청의 의사를 구속하지 못한다는 점에서 심의기관에 가깝다.** ㉠ 경찰의결기관으로는 **경찰위원회**, 징계위원회, 보안관찰소의위원회, **치안행정위원회**, **자치경찰공무원인사위원회** 등 {11.8 순경}	
경찰 자문기관 {12.8 순경}	행정청으로부터 자문을 받아 그 **의견을 제시하는 기관**을 갈하며, 다만 경찰자문기관의 의견은 경찰행정관청을 구속하지 못한다. ㉠ **치안행정협의회, 경찰공무원인사위원회**, 경찰청의 시민단체 · 경찰협력위원회 등 {11.8 순경}	
경찰 집행기관	**경찰행정 목적을 실현하기 위하여 필요한 실력을 행사하는 기관**을 말한다. {96.1 승진, 97. 1승진, 03.4 순경} ㉠ 보통경찰집행기관: 경찰공무원(순경~치안총감) 　특별경찰집행기관: 전투경찰대, 해양경찰, 헌병, 청원경찰, 소방공무원 등	
경찰 보조기관	**행정관청의 직무를 보조하기 위하여 일상적 직무를 수행혀는 기관**을 말하며, **계선 (line)기관에 해당**한다. ㉠ 차장, 국장, 과장, 계장 등 {11.8 순경, 99.1 승진}	
경찰 보좌기관	**행정기관의 기능이 원활하게 수행할 수 있도록 지원, 조성, 촉진하는 기관**을 말하며, **막료(Staff)기관에 해당**한다. ㉠ 교통관리관, 정보통신관리관, 기획조정관 등	
경찰 감사기관	**행정기관의 사무나 회계를 검사하여 그 적부를 감사하는 기관**을 말한다. ㉠ 감사관	

【경찰행정기관】

보통 경찰 기관	경찰 행정관청	보통경찰 행정관청	경찰청장	(최)상급경찰관청, 중앙보통경찰관청	행정안전부장관 소속
			지방경찰청장	중급경찰관청, 지방상급보통경찰관청	시 · 도지사 소속
			경찰서장	하급경찰관청, 지방하급보통경찰관청	지방경찰청장 소속
		특별경찰 행정관청	해양경찰청장, 지방해양경찰청장, 해양경찰서장		
	경찰 의결기관	경찰위원회, 징계위원회, 보안관찰심의위원회, 치안힁정위원회, 자치경찰공무원인사위원회 등			
	경찰 자문기관	치안행정협의회, 경찰공무원인사위원회, 경찰청의 시민단체 · 경찰협력위원회 등			
	경찰보조기관	차장, 국장, 과장, 계장 등			
	경찰보좌기관	교통관리관, 정보통신관리관, 기획조정관 등			
	경찰 집행기관	**보통경찰 집행기관**	경찰공무원(순경~치안총감)		
		특별경찰 집행기관	소방공무원, 헌병, 전투경찰대, 해양경찰, 청원경찰		
특별 경찰 기관	협의의 행정 경찰기관	보건복지부(위생경찰), 산림청장(산림경찰), 국토해양부장관(건축경찰)			
	비상경찰기관	계엄사령관, 위수사령관			
	상설기관	수도방위사령관			

1. 보통경찰기관

1) 경찰행정관청

보통 경찰 행정 관청	**경찰 청장**	설치 근거	① **정부조직법 제32조, 경찰법 제2조 제1항** ② **행정안전부장관 소속**하에 경찰청을 두고 있다. {05.10 순경}
		경찰 청장	① 경찰청장은 **최상급 중앙보통경찰관청**이다. ② 경찰청에 경찰청장을 두되, **경찰청장은 치안총감**으로 보하며, 경찰청장은 ㉠ **경찰위원회 동의를 얻어** ㉡ **행정안전부장관의 제청으로** ㉢ **국회 인사청문회를 거쳐** ㉣ **국무총리를 거쳐** ㉤ **대통령이 임명**한다. ③ 경찰청장이 그 직무집행에 있어서 헌법이나 법률에 위배된 때에는 **국회는 탄핵소추를 의결**할 수 있다. ④ 경찰청장의 **임기는 2년**으로 하고, **중임할 수 없다.** {05.3 순경} ⑤ 경찰청장은 전시·사변, 천재·지변 등으로 인해 전국적인 치안유지에 필요한 경우에는 제주특별자치도의 자치경찰공무원을 직접 지휘·명령할 수 있다. 다만, **제주특별자치도 지역 단위의 치안유지를 위한 경우에는 제주특별자치도 지방경찰청장이 지휘·명령**할 수 있다. ⑥ 퇴직 후 2년 이내에는 정당의 발기인 또는 당원이 될 수 없다고 규정하고 있었으나 헌법재판소에 의해 위헌결정【헌재 1999.12.23, 99헌마135】 되었고, **현재는 정당의 발기인이나 당원이 될 수 있다.**
		경찰청 차장	① 경찰청에 차장을 **두어야 하며, 차장은 치안정감**으로 보한다. ② 치안정감은 경찰청장을 보좌하며 경찰청장에게 사고가 있을 때 직무를 대행한다(협의의 법정대리). {96.1 승진, 97.1 승진}
		부속 기관	경찰대학, 경찰교육원, 중앙경찰학교, 경찰병원, 경찰수사연수원 ☞ **국립과학수사연구원(×)**
	지방 경찰 청청	소 속	**특별시장, 광역시장, 도지사 소속**하에 지방경찰청을 두고, 지방경찰청장 소속하에 경찰서를 둔다. {08.10 순경} 이 경우 인구, 행정구역, 면적, 지리적 특성, 교통 및 그 밖의 조건을 고려하여 시·도지사 소속으로 2개의 지방경찰청을 둘 수 있다.
		지휘· 감독	**지방경찰청장의 지휘·감독권은 경찰청장이 보유**하고 있다. {08.10 순경, 07.1 승진}
		지방 경찰 청장	① 지방경찰청장은 **경찰청장의 지휘·감독**을 받아 관할구역 안의 국가경찰사무를 관장한다. ② 지방경찰청에 지방경찰청장을 두며, 지방경찰청장은 치안정감(서울, 경기, 부산), 치안감(인천 외 11개), 경무관(제주)으로 보한다.
		지방 경찰청 차장	① 지방경찰청장을 보좌하기 위하여 서울특별시, 경기도, 부산, 대구, 인천, 울산, 대전, 강원, 충북, 충남, 광주, 전북, 전남, 경북, 경남, 제주에 지방경찰청 차장을 **둘 수 있다.** 현재 경기지방경찰청에는 차장 2인, 부산과 제주지방경찰청은 차장이 없으며, 그 외의 지방경찰청 차장은 1인을 두고 있다. ② **지방경찰청 각 과의 하부조직과 분장사무는 지방경찰청장이 경찰청장의 승인**을 얻어 정하며, 차장 밑에 경비단, 경비대, 기동대, 전투경찰대 등 직할대를 둘 수 있다.

	경찰 서장	① 1991년 **경찰법** 이전에도 **경찰관청**이었으며, **지방경찰청장 소속**하에 경찰서를 두고 있으며, **지방하급 보통경찰관청**이다. ② 경찰서에는 **경무관, 총경, 경정의 경찰서장**을 두며, **경찰서장은 지방경찰청장의 지휘·감독**을 받아 관할구역 안의 소관사무를 관장하고 소속공무원을 지휘·감독한다. {12.8 순경} ③ 경찰서 각 과의 하부조직과 분장사무는 **경찰청장의 승인**을 얻어 **지방경찰청장이 정한다.** ④ 경찰서장 소속 하에 지구대 또는 파출소를 둔다.
특별 경찰 관청	소속	해양에서의 경찰 및 오염방제에 관한 사무를 관장하기 위하여 2008년 2월 29일 **국토해양부장관 소속하의 외청**으로 해양경찰청장(치안총감), 지방해양경찰청장(경무관), 해양경찰서장(총경)을 관청으로 하여 운영되고 있다. {06.10 순경}
	법적 근거	해양경찰은 **조직법인 경찰법의 적용대상은 아니나, 경찰공무원법이 적용**되고 경찰관직무집행법에 의한 직무를 수행할 수 있다. {11.2 순경}
	해양 경찰 청장	① 해양경찰청장은 **국토해양부장관의 지휘·감독**을 받아 소관사무를 관장하고, 소속공무원 및 소속 경찰기관의 장을 지휘·감독한다. ② 해양경찰청장은 **국토해양부장관의 제청**으로 **국무총리를 거쳐 대통령이 임명**하고, 해양경찰청장은 경찰공무원으로 보하는 데 치안총감으로 한다. ③ 해양경찰청장 소속하에 **책임운영기관으로 해양경찰정비창**을 둔다. {06.10 순경} ④ COSPAS — SARSAT(코스파스–살샛)은 **해양경비구난활동에 관한 시스템**이다.
	지방 해양 경찰 청장	① 해양경찰청장 소속하에 3개의 지방해양경찰청을 두며, 각 지방해양경찰청에 청장 1인을 두며, **청장은 경무관**으로 보한다. ② 지방해양경찰청장은 해양경찰청장의 명을 받아 소관사무를 통할하고, 소속 공무원을 지휘·감독한다.
	해양 경찰 서장	① **지방해양경찰청장의 지휘·감독**을 받아 관할구역 안의 소관사무를 관장하고 소속공무원을 지휘·감독하는 하급경찰관청이다. {06.10 순경} ② **해양경찰서장은 총경**으로 보하고, 해양경찰서장의 소관사무를 분장하기 위하여 해양경찰서장 소속으로 파출소를 둔다.

【경찰관청 설치근거】

◘ 경찰청 설치 근거법: **정부조직법과 경찰법**

◘ 경찰청, 지방경찰청, 경찰서, 지구대의 설치 근거법: **경찰법**

◘ 해양경찰청 설치의 근거법: **정부조직법, 경찰법(×)**

2) 경찰위원회(경찰의결기관)

개념	경찰법에 근거하여 설치된 **행정안전부 소속의 합의제 심의 · 의결기관**으로 경찰청의 중요한 정책결정에 참여하면서 인권문제, 경찰발전을 위한 장기적 계획, **경찰의 민주적 운영과 정치적 중립을 목적으로** 한다. {12.1 승진, 11.8 순경, 09.1 승진, 07.1 승진, 06.3 순경, 05.10 순경, 04.3 순경, 02.3 순경, 97.1 승진, 96.1 승진}	
근거	**경찰법 제5조** {11. 2 순경}	
성격	① **대외적 의사표시 권한까지는 없다**는 점에서 행정관청과 구별된다. ② **국가의사의 심의·의결권을 가진다는 점**에서 단순한 보조기관 또는 자문기관과 구별된다.	
구성	**위원장**	① 위원장 1인을 **포함**한 7인 위원으로 구성, 위원장 및 5인의 위원은 비상임, **1인 위원은 상임(정무직 차관급)**으로 한다. {12.2 순경, 11.8 순경, 10.2 경간부, 09.7 순경, 09.1 승진, 08.1 승진, 04.3 순경} ② 위원장은 **비상임위원 중에서 호선**하며, 위원장 유고시 상임위원, 연장자 순으로 직무대리를 한다. {12.8 순경, 09.1 승진, 11.8 순경, 08.3 순경, 07.12 순경} ③ 위원은 **비밀엄수와 정치운동금지 의무**가 있다.
	임명	① 위원은 **행정안전부장관** 제청으로 **국무총리를 거쳐 대통령이 임명**하며, 위원 중 2인은 법관의 자격이 있는 자이어야 한다. {12.8 순경, 12.2 순경, 08.1 승진, 05.3 순경, 01.4 순경} ② 행정안전부장관은 위원을 제청함에 있어서 **국가경찰의 정치적 중립이 보장**되도록 하여야 한다.
	결격사유	① 당적을 **이탈한 날부터 3년**이 경과하지 아니한 자 {08.1 승진} ② 선거에 의하여 취임하는 공직에서 **퇴직한 날로부터 3년**이 경과되지 아니한 자 {04.1 승진, 05.1 승진} ③ 경찰 · 검찰 · 국가정보원 직원, 군인직에서 **퇴직한 날로부터 3년**이 경과되지 아니한 자 {12.1 승진, 11. 2 순경, 09.1 승진} ④ 「국가공무원법」 제33조 국가공무원 결격사유에 해당하는 자
	임기	**위원의 임기는 3년으로 하며 연임할 수 없다.** 보궐위원의 임기는 전임자의 잔임기간으로 한다. {12.2 순경, 03.4 순경, 09.7 순경, 09.1 승진, 06.3 순경, 05.3 순경, 01.4 순경}
	신분보장	**당연퇴직** : 위원은 정당에 가입, 선거에 의해 취임하는 공직, 경찰, 검찰, 국가정보원 직원, 군인의 직에 취임 및 임용되거나 국가공무원 결격사유에 해당하는 경우에는 당연히 퇴직된다. **면직** : ① 위원은 중대한 심신상의 장애로 직무를 수행할 수 없게 된 경우를 제외하고는 그 의사에 반하여 면직되지 않는다. {12.2 경간부} ② 위원이 중대한 심신상의 장애로 직무를 수행할 수 없어서 면직하는 경우에는 행정안전부장관 또는 위원장이 의결을 요구하여 경찰위원회에서 의결로 결정한다.
임무와 권한	**심의 · 의결권** {02.7 승진}	① 국가경찰의 인사 · 예산 · 장비 · 통신 등에 관한 주요 정책 및 국가경찰업무 발전에 관한 사항 ② 인권보호와 관련되는 경찰의 운영 · 개선에 관한 사항 ③ **국가경찰임무 외의 다른 국가기관으로부터의 업무협조요청에 관한 사항**{12.2 순경} ④ 제주특별자치도의 자치경찰에 대한 국가경찰의 지원 · 협조 및 협약체결의 조정 등에 관한 주요 정책사항
	동의권	경찰청장 임명에 있어서 **동의권을 행사**한다. {05.7 순경}

재의 요구권	① **행정안전부장관**은 경찰위원회의 의결사항이 부적정하다고 판단될 때에는 **10일 이내 제의를 요** **구**할 수 있고, 이 경우 **위원회는 7일 이내 재의결**하여야 한다. {12.8 순경, 12.1 승진, 11.8 순경} ② **경찰위원회는** 법문상 **심의·의결기관**이나, **행정안전부장관**에게 재의 요구권이 있어 행정관 청의 의사를 구속하지 못하여 사실상 심의기관에 가깝다는 평가를 받고 있다. {04.1 승진, 05.1 승진, 06.3 순경}
운영 및 규정	① 위원회의 사무는 경찰청에서 수행한다. ② 위원회의 회의는 **재적위원 과반수의 출석과 출석위원 과반수의 찬성으로 의결**한다. {04.1 승진, 05.1 승진, 05.3 순경, 09.7 순경, 09.1 승진}

운영 및 규정	정기회의	특별한 사유가 있는 경우를 제외하고는 **매월 1회 위원장이 소집**한다. {12.8 순경}
	임시회의	위원장은 필요한 경우에 임시회의를 소집할 수 있으며, **우원 3인 이상과 행정안전** **부장관 또는 경찰청장은 위원장에게 임시회의의 소집을 요구**할 수 있다.

3) 치안행정협의회(경찰자문기관)

의 의	**경찰법**에 근거하여 지방행정과 치안행정의 업무조정 그 밖의 필요한 사항을 협의·조정하기 위한 자문기관으로 **시·도지사 소속하에** 치안행정협의회를 둔다. 단, **제주특별자치도지사는** **제외**한다. {10.2 경간부, 05. 10 순경, 10. 1 승진, 08.3 순경, 01.4 순경, 04.3 순경}
성 격	조직과 운영에 필요한 사항은 **시·도의 조례가 아닌** 치안행정협의회규정(대통령령)에 규정하 고 있으므로 자치단체의 실정에 맞게 운영할 수 있는 여지가 제한되어 있는 등 **주민참여와** **는 거리가 멀다.** {10.2 경간부}
구 성	① **치안행정협의회는 위원장을 포함한 9인의 위원으로 구성**한다. {10.2 경간부, 10.1 승진, 04.3 순경, 03. 4 순경} 　㉠ 시·도 소속 공무원 중 시·도지사가 임명하는 자 **3인**(위원장 부시장, 부지사 포함) 　㉡ 지방경찰청 소속 경찰공무원 중 지방경찰청장의 추천으로서 시·드지사가 임명하는 자 **3인** 　㉢ 지방행정과 치안행정에 관한 학식과 경험이 있는 자로서 지방경찰청장의 의견을 들어 　　시·도지사가 위촉하는 자 **3인** ② **위촉된 위원은 임기 2년**으로 한다.
위원장	① 위원장은 **각 시·도의 부시장 또는 부지사**가 된다. {10. 1 승진, 08.3 순경, 05.7 순경} ② 위원장은 **협의회를 대표**하며 그 회무를 통할한다. ③ 위원장이 사고가 있을 때에는 **위원장이 미리 지명하는 자가 그 직무를 대행**한다.
회의	① 협의회의 회의는 **매분기 1회 개최**하되, 특정사안에 관하여 지방행정과 치안행정과의 업무 협조 등을 위하여 **필요한 경우에는 수시로 개최할 수 있다.** ② 회의는 **위원장이 소집**한다.
기 능	① 지역안정 및 질서유지에 관한 사항 ② 민방위 및 재해대책운영에 관한 사항 ③ 질서확립운동 등 지역사회운동의 효율적 추진에 관한 사항 ④ 지역주민과 경찰 간의 협조 및 요망사항 ⑤ **시·도지사 및 지방경찰청장**이 회의에 부치는 사항 등을 협의하는 것 ⑥ 기타 지방행정과 치안행정 간 상호 지원에 관한 사항

【경찰위원회와 치안행정협의회의 비교】

	경찰위원회	치안행정협의회
소 속	행정안전부	시 · 도지사
성 격	경찰의결기관	경찰자문기관
근 거	경찰법	
구 성	① 7인(위원장 포함: 상임 1인, 비상임 6인) ② 위원 중 2인은 법관 자격	① 9인(위원장 포함) ② 시 · 도공무원 3인, 경찰공무원 3인, 　일반인 3인
위원장	비상임 위원 중에서 호선	부시장 또는 부지사
위원 임명	① 행정안전부장관의 제청 ② 대통령의 임명	① 시 · 도지사의 임명 · 위촉 ② 공무원(임명), 일반인(위촉)
위원 임기	3년(연임불가)	위촉된 일반인만 2년
정기회의	매월	분기별
임무 및 권한	① 심의 · 의결권 ② 경찰청장 임명 동의권	지방행정과 치안행정의 업무협조 기타 필요한 사항을 협의 · 조정

【치안행정위원회(의결기관)】

설치근거	제주특별자치도 설치 및 국제자유도시 조성을 위한 특별법
소속	제주자치도의 지방행정과 치안행정의 업무 협조 및 **심의 · 의결**을 위하여 **제주특별자치도지사 소속** 하에 치안행정위원회를 둔다.
심의·의결 사항	① 국가경찰과 자치경찰 간 사무분담 및 사무 수행방법에 관한 사항 ② 자치경찰활동에 관한 목표의 수립 및 평가에 관한 사항 ③ 자치경찰의 운영에 대한 지원에 관한 사항 ④ 그 밖에 자치경찰의 운영에 관하여 치안행정위원회의 위원장이 부의하는 사항
구성	① 치안행정위원회는 **위원장 1인과 당연직 위원 2인을 포함한 11인의 위원으로 구성**하며, **위원장은 당연직 위원이 아닌 위원 중에서 호선**한다. ② 당연직 위원은 부지사, 제주자치도 지방경찰청의 경무(警務)업무를 담당하는 과장 ③ 당연직 위원이 아닌 위원: 아래에 해당하는 자 중에서 **3인은 도의회가 추천한 자를, 3인은 제주자치도 지방경찰청장이 추천한 자를 위촉**한다. 　㉠ 법관 · 검사 또는 변호사의 자격이 있는 자 　㉡ 대학에서 법학 · 행정학 · 경찰학 또는 교육학을 담당하는 조교수 이상의 직에 있는 자 　㉢ 그 밖에 지역주민 가운데 지방행정 또는 경찰행정 등의 분야에 학식이나 경험이 풍부한 자
위원 결격사유	① 정당의 당원　　　　　② 지방의회의원 ③ 지방공무원 결격사유에 해당하는 자는 위원이 될 수 없다.
임 기	**당연직 위원이 아닌 위원의 임기는 3년으로 하되, 1차에 한하여 중임**할 수 있다. 다만, 당연직　위원의 임기는 그 직에 있는 동안 재임하고, 보궐위원의 임기는 전임자의 잔임기간으로 한다.
의결정족수	치안행정위원회는 제1항의 규정에 의한 **재적위원 과반수의 출석과 출석위원 과반수의 찬성으로 의결**한다.
운 영	그 밖에 치안행정위원회의 구성 · 운영 등에 관하여 필요한 사항은 도조례로 정한다. 이 경우 제주자치도 지방경찰청장의 의견을 들어야 한다.

4) 경찰집행기관

의 의	① 소속 경찰관청의 명을 받아 경찰행정목적을 실현하기 위하여 필요한 실력을 행사하는 기관을 말한다. ② **경찰집행기관은 의사결정기관이 아니라 의사집행기관**인 것이다.
보통경찰 집행기관	① 경찰업무 일반에 관한 집행기관을 말하는데, 경찰공무원이 이에 해당된다. ② 경찰공무원법의 적용을 받는 **순경부터 치안총감에 이르기까지의 경찰관**을 말한다.
특별경찰 집행기관	일반경찰작용 중에서도 **특정분야의 경찰작용에 관한 경찰집행기관**을 말하며, 전투경찰대, 헌병, 소방공무원, 청원경찰, 해양경찰공무원 등이 있다.

<table>
<tr><td colspan="4" align="center">【보통경찰집행기관과 특별경찰집행기관 비교】</td></tr>
<tr><td></td><td>경찰공무원</td><td>국가배상법</td><td>형법</td></tr>
<tr><td>경찰공무원
(순경~치안총감)</td><td>○</td><td>○</td><td>○</td></tr>
<tr><td>해양경찰</td><td>○</td><td>○</td><td>○</td></tr>
<tr><td>전의경</td><td>×</td><td>○</td><td>○</td></tr>
<tr><td>청원경찰</td><td>×</td><td>×(원칙)
○(예외: 국가 또는 지방자치단체에서 근무자)</td><td>○</td></tr>
</table>

2. 특별경찰기관

협의의 행정 경찰기관	① 주된 경찰작용에 부수되어 일어나는 장해를 제거함으로써 사회질서를 유지하기 위한 **권력적·강제적 작용을 담당하는 기관**을 말하며, 학문상 개념이다. ② 주된 행정작용을 담당하는 행정관청으로 당해 관청의 소속 공두원을 말한다. 　예 **보건복지부(위생경찰), 산림청장(산림경찰), 국토해양부장관(건축경찰)**		
비상 경찰기관	보통경찰기관의 힘만으로는 치안을 유지할 수 없는 **비상시에 있어서 병력으로써 치안을 담당하는 기관**을 말하며, 계엄사령관, 위수사령관 등이 있다.		
	계엄 사령관	전시·사변 또는 이에 준하는 국가 비상사태에 있어서 병력으로 군사상의 필요에 응하거나 공공의 안녕·질서를 유지할 필요가 있을 때에는 계엄을 할 수 있다. **계엄이 선포되면 계엄사령관이 병력으로 당해 지역 내의 경찰작용을 수행**한다.	
	위수 사령관	① 재해 또는 비상사태 시 특별시장, 광역시장, 도지사의 병력출동을 요청받거나 치안유지에 대한 조치에 관하여 시장, 군수, 경찰서장 사이의 협의에 의하여 병력출동의 요청을 받았을 때 육군참모총장의 승인을 얻어 이에 응할 수 있다. ② 위수사령관에 의한 병력출동은 **군사기관의 독자적인 경찰작용이 아니고 일반경찰기관의 요청에 의하여 그를 응원하는 '행정응원'의 일종**이다. 따라서 경비·순찰과 같은 본래의 위수활동과 구분되는 경찰작용의 성질을 가지며, 그 한도 내에서 경찰관직무집행법이 정한 활동을 할 수 있다.	
상설기관	수도방위사령관		

【각종 위원회 정리】		
국민권익 위원회	① 위원장 1인을 포함한 15인의 위원으로 구성 ② 위원(위원장을 포함)의 **임기는 3년으로 하되, 1차에 한하여 연임 O** ③ 위원회는 재적위원 과반수의 출석으로 개의하고 출석위원 과반수의 찬성으로 의결	
경찰공무원 고충심사위원회	① **위원장 1인을 포함한 5인 이상 7인 이하**의 위원으로 구성 ② 시민고충처리위원회 위원의 임기는 4년으로 하되, **연임 ×** ③ 고충심사의 결정은 재적위원 과반수의 합의	
중앙징계 위원회	① 위원장 1인과 부위원장 1인을 포함한 위원 9인으로 구성 ② 위원의 임기는 2년으로 하며, 한 차례만 연임 O ③ 위원 5명 이상의 출석과 출석위원 과반수의 찬성으로 의결	
경찰공무원 중앙징계 위원회	① **위원장 1인을 포함한 위원 5~7인 이하**로 구성 ② 징계위원회의 의결은 위원장을 포함한 위원과반수(과반수가 3인 미만인 때에는 3인 이상)의 출석과 출석위원 과반수의 찬성으로 의결	
경찰공무원 보통징계 위원회	① 위원장을 포함한 위원 3인 이상 7인 이하로 구성 ② 징계위원회의 의결은 위원장을 포함한 위원과반수(과반수가 3인 미만인 때에는 3인 이상)의 출석과 출석위원 과반수의 찬성으로 의결	
언론중재위원회	① 40명 이상 90명 이내의 중재위원으로 구성 ② 위원장·부위원장·감사 및 중재위원의 **임기는 각각 3년으로 하며, 한 차례만 연임 O** ③ 재적위원 과반수의 출석과 출석위원 과반수의 찬성으로 의결	
소청심사위원회	① **위원장 1인을 포함한 5인 이상 7인 이내**의 상임위원과 상임위원 수의 1/2 이상의 비상임 위원으로 구성 ② 소청심사위원회의 상임위원의 **임기는 3년이며, 1차에 한해 연임 O** ③ 재적위원 2/3 이상의 출석과 출석위원 과반수의 합의	
경찰위원회	① 위원장 1인을 포함한 7인 위원으로 구성, 위원장 및 5인의 위원은 비상임, 1인 위원은 상임(정무직 차관급)으로 한다. ② 위원의 임기는 3년으로 하며 **연임 ×** ③ 재적위원 과반수의 출석과 출석위원 과반수의 찬성으로 의결	
치안행정협의회	① 위원장을 포함한 9인의 위원으로 구성 ② 위원들의 임기는 2년	
경찰공무원 인사위원회	① **위원장을 포함한 5인 이상 7인 이하**로 구성 ② 재적위원 과반수의 찬성으로 의결	
자치경찰공무원 인사위원회	① 위원 7인 이상 9인 이하로 구성 ② 위촉된 위원의 **임기는 3년으로 하되, 1차에 한하여 연임 O** ③ 재적위원 2/3 이상의 출석과 출석위원 과반수의 찬성으로 의결	
정규임용심사 위원회	① **위원장 1인을 포함한 위원 5인 이상 7인 이하**로 구성 ② 재적위원 2/3 이상의 출석과 출석위원 과반수의 찬성으로 의결	
승진심사 위원회	중앙승진 심사위원회	① **위원장을 포함한 위원 5인 이상 7인 이하**로 구성 ② 재적위원 과반수의 찬성으로 의결
	보통승진 심사위원회	① **위원장을 포함한 위원 5인 이상 7인 이하**로 구성 ② 재적위원 과반수의 찬성으로 의결

【각종 위원회 의결정족수 비교】

위원회	의결정족수
경찰위원회 경찰징계위원회 청소년보호위원회 보안관찰처분심의위원회 국민권익위원회 언론중재위원회 보안심사위원회	재적의원 과반수 출석, 출석위원 과반수 찬성 {08.7 순경}
소청심사위원회 정규임용심사위원회	재적위원 2/3 이상의 출석, 출석위원 과반수 찬성 {08.7 순경}
경찰공무원인사위원회 승진심사위원회	재적위원 과반수 찬성으로 의결 {08.7 순경}

※ 자료: 안종우(2010), TOP PASS 안종우 경찰학 종합해설서, p.235~236.

【각종 위원회 비교】 {11.2 순경}

		경찰위원회	소청심사위원회	치안행정협의회	경찰공무원인사위원회
목 적		정치적 중립성 · 민주성	구제	업무협조 · 조정	인사에 관한 자문
설 치		행정안전부	행정안전부	시 · 도지사 소속	(해양)경찰청
근거법		경찰법	국가공무원법	경찰법	경찰공무원법
성 격		심의 · 의결기관	합의제 행정관청	자문기관	자문기관
구 성		㉠ 7인(비상임6+상임1) ㉡ 2인은 법관의 자격 要 ㉢ 위원장은 비상임 ㉣ 위원장 유고시는 상임위원, 연장자 순으로 위원장의 임무를 대리한다.	㉠ 5~7인(상임) ㉡ 위원장은 정무직으로 보하고, 필요한 경우 약간 명의 비상임위원회를 둘 수 있다.	9인 (위원장 : 부시장, 부지사)	㉠ 5~7인 ㉡ 위원장: 인사담당국장(경찰청) ㉢ 위원: 경찰청 소속 총경 이상 중 경찰청장이 임명
기 타	**임 명**	행정안전부장관 제청 → 국무총리 거쳐 **대통령 임명**		㉠ 시도공무원 3인 ㉡ 경찰공무원 3인 ㉢ 학식과 경험 있는 자 3인(조직과 운영에 필요한 사항 – 대통령령) ㉣ 주민참여기관(×)	㉠ **재 1/2 찬성으로 의결** ㉡ 위원장 유고 시: 상위계급자 또는 선임자 순
	임 기	3년, 연임불가	3년, 1차 연임 가능		
	의결 정족수	재 1/2과 출 1/2	재 2/3와 출 1/2		
	재의 요구권	행정안전부장관 10일 이내 요구 7일 이내 재의결			

【제주특별자치도 설치 및 국제자유도시 조성을 위한 특별법】 [시행 2012.9.22]

1. 자치경찰의 조직과 사무

설 치	① 자치경찰사무를 처리하기 위하여 **제주자치도에 자치경찰단을 둔다.** ② 자치경찰단의 조직 및 자치경찰공무원의 정원 등에 관한 사항은 도조례로 정한다.
자치경찰 단장의 임명	① **자치경찰단장은 도지사가 임명**하며, **도지사의 지휘·감독을 받는다.** ② 자치경찰단장은 **자치총경으로 보한다.** 다만, **도지사는 필요하다고 인정하는 경우에는 개방형 직위로 지정하여 운영할 수 있다.** ③ 도지사는 자치경찰단장의 직위를 개방형직위로 지정하여 운영하는 경우에는 **임용기간 만료일에 60세가 초과되지 아니하는 자**로서 아래에 해당하는 자를 임용하여야 한다. 이 경우 미리 자치경찰공무원인사위원회의 심의·의결을 거쳐야 한다. 　㉠ 당해 자치경찰단장에 보할 수 있는 계급에 있거나 차하위계급에 있는 자로서 승진에 있어 계급별 최저근무연수를 경과한 자치경찰공무원 　㉡ 제1호에 상응하는 국가경찰공무원 　㉢ 제1호 또는 제2호에 해당하였던 자로서 퇴직한 날부터 2년이 경과되지 아니한 자 　㉣ 법관·검사 또는 변호사의 직에 5년 이상 근무한 자 ④ 개방형 직위로 지정·운영되는 자치경찰단장의 임용절차·임용기간 등에 관하여는 **도조례로 정한다.**
국가경찰 과의 협약체결	① 국가경찰과 자치경찰 간의 사무분담 및 사무수행방법은 도지사와 제주자치도 지방경찰청장이 협약으로 정하고 이를 공표하여야 한다. 이 경우 도지사는 미리 치안행정위원회의 의견을 들어야 한다. ② 협약을 체결함에 있어 **협약당사자가 의견을 달리하여 협약이 체결되지 아니하는 경우에는 협약당사자의 신청에 의하여** 경찰법 제5조에 따른 **경찰위원회의 심의·의결을 거쳐 행정안전부장관이 조정한다.** 다만, 협약이 체결되지 아니하는 상태가 지속되어 공익을 현저히 저해하여 조속한 조정이 필요하다고 인정되는 경우에는 **협약당사자의 신청이 없는 때에도 경찰위원회의 심의·의결을 거쳐 행정안전부장관이 이를 조정할 수 있다.** ③ 행정안전부장관이 협약의 체결을 조정한 때에는 이를 **서면으로 지체 없이 협약당사자에게 통보**하여야 하며, 그 통보를 받은 협약당사자는 그 내용을 협약에 포함시켜야 한다. ④ 국가경찰과 자치경찰 간의 사무분담 및 사무수행의 방법에 관한 기준 및 협약의 공표에 관하여 필요한 사항은 도조례로 정한다. 이 경우 **제주자치도 지방경찰청장의 의견을 들어야 한다.**

2. 자치경찰활동의 목표·평가 및 운영

자치경찰 활동의 목표 설정 및 평가	① 도지사는 매년 치안행정위원회의 의견을 들어 자치경찰활동의 목표를 수립하고 공표하여야 한다. ② 도지사는 목표를 기준으로 매년 자치경찰활동을 평가하고 치안행정위원회의 의견을 들어 그 결과를 공표하여야 한다.
자치경찰 의 운영	① 도지사는 자치경찰의 조직 및 규모의 적정화와 운영의 합리화를 위하여 인력 및 장비 등의 운용계획을 수립하여야 한다. ② 도지사는 자치경찰사무의 처리에 필요한 사무소, 무기고 등의 시설물을 갖추어야 하고, **국가경찰과 항시 긴밀한 연락체계를 유지**하여야 하며, 이를 위하여 유·무선 통신망 등의 설비를 갖추어야 한다.

3. 치안행정위원회(의결기관)

설치근거	제주특별자치도 설치 및 국제자유도시 조성을 위한 특별법
소속	제주자치도의 지방행정과 치안행정의 업무 협조 및 **심의·의결**을 위하여 **제주특별자치도지사 소속** 하에 치안행정위원회를 둔다.
심의·의결 사항	① 국가경찰과 자치경찰 간 사무분담 및 사무 수행방법에 관한 사항 ② 자치경찰활동에 관한 목표의 수립 및 평가에 관한 사항 ③ 자치경찰의 운영에 대한 지원에 관한 사항 ④ 그 밖에 자치경찰의 운영에 관하여 치안행정위원회의 위원장이 부의하는 사항
구성	① 치안행정위원회는 **위원장 1인과 당연직 위원 2인을 포함한 11인의 위원으로 구성**하며, **위원장은 당연직 위원이 아닌 위원 중에서 호선**한다. ② 당연직 위원은 부지사, 제주자치도 지방경찰청의 경무(警務)업무를 담당하는 과장 ③ 당연직 위원이 아닌 위원: 아래에 해당하는 자 중에서 **3인은 도의회가 추천한 자**를, **3인은 제주자치도 지방경찰청장이 추천한 자**를 위촉한다. 　㉠ 법관·검사 또는 변호사의 자격이 있는 자 　㉡ 대학에서 법학·행정학·경찰학 또는 교육학을 담당하는 조교수 이상의 직에 있는 자 　㉢ 그 밖에 지역주민 가운데 지방행정 또는 경찰행정 등의 분야에 학식이나 경험이 풍부한 자
위원 결격사유	① 정당의 당원　　　　　② 지방의회의원 ③ 지방공무원 결격사유에 해당하는 자는 위원이 될 수 없다.
임 기	**당연직 위원이 아닌 위원의 임기는 3년**으로 하되, **1차에 한하여 중임**할 수 있다. 다만, 당연직 위원의 임기는 그 직에 있는 동안 재임하고, 보궐위원의 임기는 전임자의 잔임기간으로 한다.
의결정족수	치안행정위원회는 제1항의 규정에 의한 **재적위원 과반수의 출석과 출석위원 과반수의 찬성으로 의결**한다.
운 영	그 밖에 치안행정위원회의 구성·운영 등에 관하여 필요한 사항은 도조례로 정한다. 이 경우 제주자치도 지방경찰청장의 의견을 들어야 한다.

4. 자치경찰의 직무수행

자치경찰의 직무수행	**경찰관직무집행법의 준용**한다.
무기와 장비의 사용	① 경찰관직무집행법 제10조의4의 규정에 불구하고 **무기를 휴대·사용할 수 있는 자치경찰공무원은 도지사의 신청에 의하여 제주자치도 지방경찰청장의 승인을 얻은 자**에 한한다. ② 자치경찰공무원이 무기를 사용한 때에는 무기의 사용자 및 사용 일시·장소·대상·경위를 소속 자치경찰단장을 거쳐 **즉시 제주자치도 지방경찰청장에게 통보**하여야 한다. ③ 자치경찰공무원이 사용하는 경찰장비에는 표지를 부착하되, 국가경찰의 장비와 구별될 수 있도록 하여야 한다.

범죄의 발견시 조치	① 자치경찰공무원이 직무수행 중에 범죄를 발견한 경우에는 **범죄의 내용 또는 증거물 등을 소속 자치경찰단장을 거쳐 즉시 제주자치도 지방경찰청장 또는 경찰서장(해양경찰서장을 포함)에게 통보하고 그 사무를 인계**하여야 한다. 다만, 제108조 제4호의 사법경찰관리의 직무에 속하는 범죄와 경범죄처벌법 제7조(범칙금납부), 도로교통법 제163조(통고처분)에 따른 통고처분의 대상이 되는 범칙행위의 경우에는 그러하지 아니하다. ② 자치경찰공무원이 **현행범인을 발견하여 현장에서 체포한 경우에는 즉시 국가경찰공무원에게 인도**하여야 한다. 다만, 제108조 제4호의 사법경찰관리의 직무에 속하는 범죄의 현행범인의 경우에는 그러하지 아니하다. ③ 자치경찰공무원이 현행범인을 체포하는 경우에는 범죄사실의 요지, 체포의 이유와 변호인을 선임할 수 있음을 알려주고 변명할 기회를 주어야 한다.
복제	자치경찰공무원은 도조례가 정하는 바에 따라 **제복을 착용**하되, **국가경찰공무원의 제복과 구별될 수 있도록 하여야 한다.**

5. 경찰상호 간의 관계

국가경찰과 자치경찰의 상호 협조	① **국가경찰과 자치경찰은 치안행정의 연계성을 확보**하고 지역특성에 맞는 치안서비스를 제공하기 위하여 자치경찰사무의 범위 안에서 필요한 정보와 기술을 제공하는 등 상호 협조하여야 한다. ② 국가경찰과 자치경찰은 직무수행을 위하여 **필요한 범위 안에서 유·무선의 통신망과 시설물을 상호 이용**할 수 있다. ③ 도지사와 제주자치도 지방경찰청장은 경찰인력 및 장비 등의 효율적인 운영을 위하여 **경찰인력 및 장비 등의 운영상황 및 계획을 상호 통보**하여야 한다. 이 경우 통보절차 및 방법 등에 관한 사항은 도조례로 정하되, **제주자치도 지방경찰청장의 의견을 들어야 한다.**
경찰통계	도지사는 당해 관할구역에서의 단속현황, 경찰장비보유현황 그 밖의 통계자료를 제주자치도 지방경찰청장에게 통보하여야 한다.
조례 및 규칙 등의 통보	도지사는 자치경찰의 사무 및 운영에 관련된 조례나 규칙을 제정·개정 또는 폐지하는 때에는 조례안은 **지방의회에서 이송된 날부터 10일 이내에, 규칙 안은 공포예정 15일 전에 제주자치도 지방경찰청장에게 전문을 첨부하여 통보**하여야 한다.

6. 자치경찰에 대한 지원 및 감독

재정지원	국가는 제주자치도가 자치경찰을 설치·운영하는 데 필요한 경비를 지원할 수 있다.
시정명령	① 행정안전부장관은 **자치경찰사무와 관련하여 시정명령을 하고자 하는 때에는 미리 경찰위원회의 의견을 들어야 한다.** ② 행정안전부장관은 자치경찰사무와 관련한 **도의회의 의결에 대하여 재의를 요구하고자 하는 때에는 미리 경찰위원회의 의견을 들어야 한다.**
자치경찰 사무에 대한 감사	도지사는 감사위원회가 자치경찰사무에 대한 감사를 하는 때에는 **제주자치도 지방경찰청장 또는 경찰서장에게 참여를 요청할 수 있다.**

7. 자치경찰공무원

계급구분	자치경찰공무원의 계급은 다음과 같이 구분한다: **자치총경, 자치경정, 자치경감, 자치경위, 자치경사, 자치경장, 자치순경**
임용권자	**도지사는 소속 자치경찰공무원의 임명 · 휴직 · 면직과 징계를 행하는 권한을** 가진다.
위원회 설치	① 자치경찰공무원의 **인사에 관한 사항을 심의 · 의결하기 위하여 자치경찰공무원인사위원회**를 둔다. ② 자치경찰인사위원회 **위원장은 위촉위원 중에서 호선**한다.
신규임용	① 자치경찰공무원의 **신규임용은 공개경쟁시험에** 의하여 행한다. ② 아래의 경우에는 **특별임용시험에 의하여 자치경찰공무원을 신규임용할 수 있다.** 　㉠ 국가경찰공무원을 그 계급에 상응하는 자치경찰공무원으로 임용하는 경우 　㉡ 퇴직한 자치경찰공무원 또는 국가경찰공무원을 퇴직한 날부터 2년 이내에 퇴직시에 재직한 계급 또는 그 계급에 상응하는 계급의 자치경찰공무원으로 재임용하는 경우 　㉢ 공개경쟁시험에 의하여 임용하는 것이 부적당한 경우에 임용예정직무에 관련된 자격증소지자를 임용하는 경우 　㉣ 관광지 · 환경기초시설 · 항만 · 자연공원 · 공공청사의 경비 등에 5년 이상의 근무실적 또는 연구실적이 있거나 전문지식을 가진 자를 임용하는 경우 　㉤ 지방공무원법 제41조의4의 규정에 의하여 재학 중 장학금을 받고 졸업한 자를 임용하는 경우 　㉥ 도서 · 벽지 등 특수지역에 근무할 자를 임용하는 경우 　㉦ 외국어에 능통한 자를 임용하는 경우 ③ 특별임용에 있어서는 동일한 사유에 해당하는 다수인을 대상으로 제한경쟁의 방법에 의하여 임용할 수 있다. ④ **국가경찰공무원을 자치경찰공무원으로 임용하는 경우에는 특별임용시험을 거치지 아니할 수 있다.**
국가경찰 공무원과 자치경찰 공무원 간의 인사교류	① 경찰청장과 도지사는 자치경찰공무원의 능력을 발전시키고 국가경찰사무와 자치경찰사무의 연계성을 높이기 위하여 국가경찰과 자치경찰 간 또는 다른 지방자치단체의 자치경찰 상호 간에 긴밀한 인사교류가 될 수 있도록 노력하여야 한다. ② 도지사는 인사교류를 함에 있어서 **매년 소속 자치경찰공무원 정원의 100분의 5의 범위 안에서** 국가경찰 또는 소속을 달리하는 자치경찰조직에 근무할 수 있도록 해당임용권자와 협의를 거쳐 인사교류를 하여야 한다. ③ 인사교류의 기준 · 방법 및 절차 등에 관하여 필요한 사항은 도조례로 정한다. 이 경우 제주자치도 지방경찰청장의 의견을 들어야 한다.
승진	① **자치경찰공무원의 승진은 승진심사에 의한다.** 다만, 자치경정 이하 계급에의 승진에 있어서는 도조례가 정하는 비율에 따라 승진시험을 병행할 수 있다. ② 도지사는 자치경정 이하의 자치경찰공무원에 대하여는 도조려가 정하는 바에 의하여 계급별로 승진대상자명부를 작성하여야 한다. ③ 자치경찰인사위원회는 작성된 승진대상자명부의 선순위자(제2항 단서의 규정에 의한 승진시험에 합격한 승진후보자를 제외) 순으로 도조례가 정하는 범위 안에서 승진후보자를 심사 · 선발하고, 승진후보자명부에 등재하여야 한다. ④ 자치경찰공무원의 승진에 필요한 계급별 최저근무연수는 대통령령으로 정한다. 다만, **계급별 최저근무연수의 기간 계산에 있어서는 휴직기간 · 직위해제기간 및 징계처분기간을 포함하지 아니한다.**
근속승진	① 해당 계급에서 일정기간 재직한 자에 대하여는 대통령령으로 정하는 바에 따라 **자치경장(자치순경 5년 이상) · 자치경사(자치경장 6년 이상) 및 자치경위(자치경사 7년 6개월 이상)로 근속승진임용을** 할 수 있다. ② 근속승진한 자치경찰공무원이 근무하는 기간 동안에는 그에 해당하는 직급의 정원이 따로 있는 것으로 보고, 종전의 직급의 정원은 감축된 것으로 본다.

시험실시 기관 및 응시자격	① 도지사는 도조례가 정하는 바에 따라 **각종 임용시험의 실시업무를 경찰청장 또는 제주자치도 지방경찰청장에게 위탁할 수 있다.** ② 각종 시험의 응시자격 · 시험방법 그 밖에 임용시험의 실시에 관하여 필요한 사항은 도조례로 정한다.
교육훈련	① 도지사는 모든 자치경찰공무원에게 균등한 교육훈련의 기회가 부여되도록 하여야 한다. ② 도지사는 치안활동과 관련된 전문지식 · 기술 및 활용능력을 높이기 위하여 자치경찰공무원이 소정의 교육과정을 이수하도록 하여야 한다. 이 경우 **자치경찰공무원의 교육훈련을 도조례가 정하는 바에 따라 국가경찰의 교육훈련기관에 위탁할 수 있다.** ③ 도지사는 자치경찰공무원의 교육훈련을 위탁하고자 하는 경우에는 다음 연도의 자치경찰공무원 교육훈련계획을 수립하여 경찰청장에게 제출하여야 한다.
직권면직	① 도지사는 자치경찰공무원이 아래에 해당하는 때에는 **직권에 의하여 이를 면직시킬 수 있다.** 　㉠ 지방공무원법 제62조 제1항 제3호 · 제4호 · 제7호 및 제8호의 어느 하나에 해당하는 때 　㉡ 자치경찰공무원으로서 부적합할 정도로 직무수행능력 또는 성실성이 현저히 결여된 자로서 도조례가 정하는 사유에 해당된다고 인정되는 때 　㉢ 성격 또는 도덕적 결함으로 자치경찰공무원으로서의 직무를 수행하기 곤란하다고 인정되는 자로서 도조례가 정하는 사유에 해당된다고 인정되는 때 ② 도지사는 면직시킬 경우에는 미리 자치경찰인사위원회의 의견을 들어야 한다. 다만, **㉡, ㉢ 및 지방공무원법 제62조 제1항 제7호의 규정에 의하여 면직시킬 경우에는 당해 자치경찰인사위원회의 동의를 얻어야 한다.**
정년	자치경찰공무원의 **정년은 60세로 한다.**
징계의 절차	① 자치경찰공무원의 징계는 **자치경찰인사위원회의 의결을 거쳐 도지사가 행한다.** ② 징계요구를 한 도지사는 자치경찰인사위원회의 의결이 가볍다고 인정하는 때에는 그 처분을 하기 전에 당해 자치경찰인사위원회에 재의결을 요청할 수 있다. 이 경우에는 소속공무원을 대리인으로 지정할 수 있다.

8. 교통안전 및 시설

교통시설 심의 위원회	① 안전하고 원활한 교통을 확보하기 위해 **도지사 소속하에 '제주자치도 교통시설 심의위원회'를 둔다.** ② 교통시설심의위원회는 **위원장 1인을 포함한 6인 이상 10인 이내의 위원으로 구성**하되, 위원은 교통관련 분야의 공무원 및 교통에 대한 학식과 경험이 풍부한 자 중에서 도지사가 임명 또는 위촉한다. 이 경우 **공무원이 아닌 위원은 전체위원의 과반수가 되어야 한다.** ③ **위원장은 공무원이 아닌 위원 중에서 호선**한다. ④ 교통시설심의위원회는 다음 각 호의 사항을 심의한다. 이 경우 미리 제주자치도 지방경찰청장의 의견을 들어야 한다. 　㉠ 횡단보도의 신설 및 이전에 관한 사항 　㉡ 신호기의 신설 및 이전에 관한 사항 　㉢ 중앙선의 절선 좌회전 및 유턴의 허용 및 폐지에 관한 사항 　㉣ 일방통행로 · 가변차로의 설치 및 폐지에 관한 사항 　㉤ 그 밖에 도지사 또는 제주자치도 지방경찰청장이 교통안전과 원활한 소통을 위하여 심의가 필요하다고 인정하는 사항 ⑤ 도지사는 교통시설심의위원회의 심의사항을 제주자치도 지방경찰청장에게 지체 없이 통보하여야 하며, 제주자치도 지방경찰청장은 교통의 안전과 원활한 소통을 확보하기 위하여 필요하다고 인정하는 때에는 도지사에게 필요한 조치를 요구할 수 있다. ⑥ 교통시설심의위원회의 구성 · 운영 등에 관하여 필요한 사항은 도조례로 정한다.

IV. 경찰관청의 권한

1. 권한의 일반적 내용

권한의 의의	① 경찰관청이 **법률상 유효하게 직무를 수행할 수 있는 범위**를 말하며, 여기에서의 **권한을 관할**이라고 한다. ② 정부조직법에서는 **직무범위, 직무권한** 등의 용어가 사용되고 있다.
권한과 권리와 구별	① 권리는 **일정한 이익을 향유케 하기 위해 법이 인정하는 힘**으로 권한과 구별된다. ② **권리의 주체는 자연인과 법인에 한정**된다. ③ 행정관청은 법인격이 부여되는 법인이 아니므로, 권리를 갖지 못하고 권한만 갖는다.

권한의 한계	사항적 한계 (=소관사무 =사물관할)	경찰에 관한 일정한 사무만을 관장할 수 있다(소관사무). 상급경찰관청이 하급경찰관청의 권한행사를 지휘·감독할 수 있으나 특별한 규정 없이 대행할 수는 없다(사물관할).
	지역적 한계 (=토지관할)	경찰관청의 권한이 전국에 미치는 중앙관청과 일정한 관할지역 내에서만 효력이 발생하는 지방관청이 있다(지역적 권한 또는 토지관할).
	대인적 한계 (=인적관할)	경찰관청의 권한이 일정한 인적범위에 한정(대인적 권한 또는 인적관할) 예 경찰관청의 권한이 군인 등에 미치지 않는 경우 　 경찰대학장의 권한이 교직원과 학생에게만 미치는 경우
	형식적 한계	경찰관청의 권한행사가 형식에 의하여 제한되는 경우 예 행정자치부령 제정권이 행정자치부장관에게만 있는 경우
	시간적 한계	경찰관청의 권한행사가 일정한 시간에 의하여 제한되는 경우
권한행사의 효과	적극적 효과	경찰관청이 소관 사무에 관하여 권한을 행사한 경우에는 **그 행위는 국가의 행위로서 효력을 발생**한다.
	소극적 효과	경찰관청이 그 권한의 한계를 넘어서서 권한을 행사한 때에는 **그 행위는 권한 외에 행위로서 당연 무효이고, 국가에게 귀속되지 않는다.**

【상하관청 & 대등관청간의 관계】

상하관청 간의 관계	권한의 대리	
	권한의 위임	
	권한의 감독	감시권, 훈령권, 주관(권한)쟁의결정권, 인가권, 취소·정리권
대등관청 간의 관계	권한의 상호 존중	권한의 불가침, 주관(권한)쟁의
	상호협력관계	협의, 행정응원(지원), 사무의 위탁(사무촉탁)

2. 권한의 대리

의 의	경찰관청의 **권한의 전부 또는 일부**를 다른 경찰기관(대리기관: 보통 보조기관)이 피대리관청을 위한 것임을 표시하고 **자기(대리기관)의 이름으로 행하고, 그 행위는 피대리관청의 행위로서의 법률상 효과를 발생하는 것**을 말한다. {12.2 순경, 08.10 순경, 07.3 순경, 03.4 순경, 02.2 경간부, 02.1 승진, 06.10 순경, 07.12 순경}	
임의대리 (수권대리 위임대리)	개 념	① **피대리관청의 수권(신뢰관계)에 의해 대리관계가 발생**하는 경우를 말한다. ② 경찰관청은 개별적인 법령의 근거가 없더라도 그 구성원의 사고유무를 불문하고 대리권을 수여할 수 있다.
	법적근거	**법적 근거는 필요 없다.** {08.10 순경, 08.2 경간부, 03.4 순경, 02.2 경간부, 02.1 승진, 09.4 순경, 04.11 순경} 수권의 뜻을 일반인에게 공시할 필요가 없다.
	발생원인	대리권을 수여하는 수권행위는 **피대리행정관청의 일방적 행위**로서 대리자의 동의를 요하지 아니한다.
	상대방	피대리관청의 **보조기관** 또는 하급기관이 대리기관이 된다.
	행위방식 (명의)	**피대리관청을 위한 것임을 표시(=현명주의)**하고 대리자 자기명의로 한다. {06.10 순경}
	권한의 범위	수권은 일반적·포괄적 **권한의 일부에 대해서만 가능**하다. 즉, **일부대리**에 한한다. {12.2 순경, 03.4 순경, 02.2 경간부, 04.11 순경}
	효과의 귀속	대리기관의 행위는 **피대리관청의 행위로서 법률상 효과가 발생**한다. {12.2 순경, 03.4 순경, 09.4 순경}
	책임의 귀속 (소송의 피고)	① 대리기관은 대리한 업무에 대해 **피대리관청이 책임부담(행정소송의 피고)**하게 된다. ② 대리권 행사에 있어 피대리관청의 지휘·감독을 받으며, **대리행위에 관해서는 대리자 자신이 책임**을 진다. {12.2 순경}
	직무대행권	**대리된 사항에 대해서 대행**할 수 있다.
	지휘·감독권	피대리관청은 **대리기관의 권한행사를 지휘·감독**할 수 있다.
	형식적 권한	행정관청의 권한 중 대통령령·부령의 제정권 등과 같은 **형식적 권한은 임의대리의 대상이 될 수 없다.**
	복대리·재위임	임의대리는 신임관계에 의한 대리권의 수여이므로, **복대리는 원칙적으로 인정되지 않는다.** {08.10 순경, 03.4 순경}

법정 대리	개 념		법정사실이 발생하였을 때 **직접 법령의 규정에 의하여 대리관계가 발생**하는 경우를 말한다.
	법적근거		**반드시 법령상 근거**를 요한다.
	발생원인	**협의의 법정대리**	법정사실이 발생하면 법률상 당연히 대리권이 발생하는 경우를 말한다. ㉠ 대통령의 궐위 시 국무총리의 대리 ㉡ 국무총리에게 사고가 있을 때 부총리에 의한 대리 ㉢ **경찰청장이 사고가 있을 때 차장의 대행** {02.2 경간부, 01.1 승진} ㉣ 장관에 사고가 있을 때 차관 기타 이에 준하는 자의 대리
		지정대리	일정한 법정사유가 발생하면 지정권자가 대리자를 지정함으로써 성립한다. − 국무총리 및 부총리 모두 유고시 다통령이 지정하는 국무위원이 국무총리를 대리
	상대방		피대리관청의 **보조기관**인 것이 보통이나 다른 경찰관청이 되는 경우도 있다.
	행위방식 (명의)		**피대리관청을 위한 것임을 표시(=현명주의)**하고 대리자 자기명의로 한다. {06.10 순경}
	권한의 범위		대리권은 **피대리관청의 권한의 전부에 미친다.** {09.4 순경, 04.11 순경}
	효과의 귀속		대리기관의 행위는 **피대리관청의 행위로서 법률상 효과가 발생**한다.
	책임의 귀속 (소송의 피고)		① **대리기관은 자기의 책임 하에서 그 권한을 행사**한다. ② **행정소송의 피고는 피대리관청**이다.
	지휘 · 감독권		피대리관청은 **대리기관의 권한행사를 지휘 · 감독할 수 없다.** {12.2 순경}
	형식적 권한		행정관청의 권한 중 대통령령 · 부령의 제정권 등과 같은 **형식적 권한도 법정대리의 대상**이 된다.
	복대리 · 재위임		법정대리에 있어서는 **복대리가 가능**하다.
복대리	개 념		① 경찰관청의 대리자가 그 대리권 행사를 다시 타인으로 하여금 대리하게 하는 것을 말한다. ② **복대리는** 대리인의 대리가 아니라 **피대리관청의 대리**이다.
	성 질		복대리는 **언제나 임의대리에 해당**한다.
	허용 여부		**임의대리에서는 복대리 허용하지 않고, 법정대리**는 가능하다.
	방 식		피대리관청을 위한 것임을 표시하고 **다른 행정기관 자기의 이름으로 한다 (현명주의).**

3. 권한의 위임

개 념	경찰관청이 법령에 근거하여 **권한의 일부**를 다른 경찰기관(수임청 : 보통하급관청)에 이전하여 수임청 자신의 명의와 책임으로 권한을 행사하게 하는 것을 말한다. {12.2 순경, 08.10 순경, 09.4 순경, 07.2 경간부, 06.10 순경, 02.1 승진, 02.11 순경, 02.2 경간부} 예 경찰청장이 순경임용권을 지방경찰청장에게 위임
법적 근거	권한 자체가 이전되므로 **반드시 법적 근거**를 요한다. {09.4 순경, 08.2 경간부, 07.2 경간부, 04.11 순경, 02.11 순경}
발생원인	권한의 위임은 위임청의 일방적 행위로서 **수임청의 동의를 요하지 않으며, 권한 자체가 이전되므로 외부에의 공시를 요한다.** {04.11 순경}
상대방	주로 **하급관청이 상대방**이 되며, 사인(私人)에 대한 위임도 가능하다.
행위방식 (명의)	**수임기관 자신의 명의와 책임** 하에서 이루어진다. {12.2 순경, 06.10 순경, 02.11 순경}
권한의 범위	경찰관청의 **권한의 일부에 관하여서만 가능**하고, 권한의 전부나 주요 부분에 대해서는 위임이 허용되지 않는다.
효과의 귀속	**위임청의 권한이 수임청의 권한으로 귀속이 변경**되며, 권한이 위임되면 위임관청은 사무를 처리할 권한을 상실하게 된다. 즉, 수임청이 권한을 행사하지 않는 경우에도 위임청이라고 하여 그 권한을 대행할 수 없다. {09.4 순경, 02.2 경간부}
책임의 귀속 (소송의 피고)	**수임청은 자기의 명의와 책임으로 권한을 행사**하며, 행위에 대한 책임도 수임청이 부담하고, **수임청이 행정소송의 피고**가 된다.
직무대행권	**위임된 사항에 대해 대행할 수 없다.**
지휘 · 감독권	① 수임청이 위임관청의 지휘 · 감독 하에 있는 기관인 경우에는 **지휘 · 감독이 가능**하다. ② 수임청이 위임관청의 지휘 · 감독 하에 있는 기관이 아닌 경우에는 지휘 · 감독할 수 없는 것이 원칙이다.
형식적 권한	행정관청의 권한 중 대통령령, 부령의 재정권 등과 같은 **형식적 권한은 위임의 대상이 될 수 없다.**
복대리 · 재위임	권한이 위임되면 그 권한은 수임청의 것이 되므로, **수임청은 법령의 근거가 있다면 위임받은 권한의 일부를 보조기관이나 하급행정관청에 재위임**할 수 있다.

【권한위임과 권한대리의 구별】

{09.4 순경, 07.3 경간부, 06.10 순경, 04.11 순경, 02.11 순경, 02.6 순경, 02.1 승진}

	권한의 위임	권한의 대리	
		임의대리	법정대리
개 념	법령에 근거하여 자기의 의사로써 자기의 권한의 일부를 위임	대리권을 부여하는 일방적 수권행위에 의하여	법령의 규정에 의하여 법정된 사실의 발생으로, 또는 일정한 자의 지정
법적 근거	반드시 법적 근거 ○ (공시○)	법적 근거 × (공시×)	반드시 법적 근거 ○
권한이전 (권한귀속)	수임청으로 이전	권한 이전 안 됨.	권한 이전 안 됨.
발생원인	법령에 근거한 위임청의 일방적 행위	수권행위에 의한 피대리관청의 일방적 행위	법정사실의 발생에 의해
상대방	주로 하급관청	주로 보조기관	주로 보조기관
행위방식 (명의)	수임청 명의 (현명주의 적용 ×)	대리기관 명의 (피대리관청을 위한 것임을 표시: 현명주의 ○)	대리기관 명의 (피대리관청을 위한 것임을 표시: 현명주의 ○)
권한범위	일부 위임	일부 대리	전부 대리
효과귀속	수임청	피대리관청	피대리관청
책임귀속 (소송의 피고)	수임청	① 대리기관은 대리한 업무에 대해 피대리관청이 책임 부담(행정소송의 피고) ② 대리행위에 관해서는 대리자 자신이 책임	
직무대행권	위임된 사항에 대해 대행 ×	대리된 사항에 대해 대행 ○	×
지휘·감독권	지휘·감독 ○	지휘·감독 ○	지휘·감독 ×
형식적 권한	위임 인정 ○	대리 인정 ×	대리 인정 ○
복대리·재위임	재위임 가능	복대리 ×	복대리 ○ (복대리는 임의대리)

【내부적 위임과 위임전결, 대결의 구별】

구 분	내부위임	위임전결	대결
개 념	상급관청이 자기의 권한을 하급관청에게 **외부에 표시함이 없이 내부적으로 사무처리에 관한 결재권만을 위임**하는 것을 말한다. ㈜ 대구지방경찰청장이 일정한 권한을 중부경찰서장에게 내부적으로 위임하는 경우	상급관청이 자기의 권한을 보조기관에게 **외부에 표시함이 없이 결재권만을 위임**하는 것을 말한다. ㈜ 시장의 권한으로 되어 있는 건축허가를 실질적으로 건축과장으로 하여금 처리하도록 하는 것	행정관청 내부에서 결재권자가 휴가, 출장, 사고 등의 **일시부재 시에 보조기관에게 대신 결재를 맡기는 것**을 말한다.
차이점	수임청은 자신의 명의가 아닌 본래의 **행정청(위임청)의 이름으로 권한을 행사**한다는 점이 권한의 위임과 구별되며, **법령상 근거를 요하지 않는다.** {08.2 경간부}	수임청은 자신의 명의가 아닌 본래의 **행정청(위임청)의 이름으로 권한을 행사**한다는 점이 권한의 위임과 구별되며, **법령상의 근거를 요하지 않는다.**	대외적인 권한행사는 본래의 **행정청(위임청)의 이름으로 권한을 행사**하는 것을 말하며, **법령상의 근거를 요하지 않는다.** {12.2 순경, 02.2 경간부}

Ⅳ. 경찰관청 상호 간의 관계

1. 경찰관청의 권한의 감독

개 념	상급관청이 하급관청의 권한행사를 지휘하며, 적법성과 합목적성을 확보하고 국가의사의 통일적인 실현을 도모하기 위하여 행하는 통제적 작용을 말한다.	
근 거	① 감독권은 상급관청이 하급관청에 대하여 일반적으로 가지는 권한이므로 그에 관한 개**별적인 법령의 근거는 필요 없으나 일반적 · 추상적인 법적 근거는 필요**하다. ② **조직법적 근거만 있으면, 따로 감독권에 대한 구체적 법적 근거는 필요하지 않는다.** 　　☞ 훈령은 원칙적으로 일반적 · 추상적 사항에 대해서 발해져야 하지만, 개별적 · 구체적 사항에 대해서도 발해질 수가 있다.	
감독 수단	감시권	① 보고를 받고, 서류 및 장부를 검사하며, 실제로 사무감사를 행하는 등 권한이다. ② 감시권 발동에 특별한 법적 근거는 필요하지 않다.
	훈령권	상급관청이 하급관청의 권한행사를 지휘하기 위하여 사전에 발하는 명령이다.
	주관쟁의 결정권	하급관청 간의 주관권한에 대한 쟁의가 있을 때 상급관청이 이를 결정하는 권한을 말한다.
	인가권(승인권)	하급관청의 권한행사 전에 상급관청이 갖는 인가권한을 말한다.
	취소 · 정지권	상급관청이 직권으로 또는 당사자의 청구에 의하여 하급관청의 위법 · 부당한 행위를 취소하거나 정지할 수 있는 권한이다.

【훈령권과 직무명령권】

	훈 령	직무명령
의 의	훈령권이란 **상급관청이 하급관청**의 권한행사를 지휘함을 내용으로 하는 권한을 말하며, 이를 위하여 발하는 명령을 훈령 {06.1 승진, 01.7 순경}	**상관**이 직무에 관하여 그 **부하**에게 발하는 명령
종 류 {01.6 순경}	협의의 훈령 : 상급경찰관청이 하급경찰관청의 권한행사를 상당히 **장기간에 걸쳐** 일반적으로 지휘하기 위해 발하는 명령 지시 : 상급경찰관청이 하급경찰관청에 대하여 **개별적 · 구체적으로** 발하는 명령 {06.1 승진, 02.10 순경} 예규 : 반복적 **경찰사무의 기준을 제시하**기 위해 발하는 명령 {03.1 승진} 일일 명령 : 당직 · 출장 · 휴가 등의 **일일업무에** 관하여 발하는 명령 {02.10 순경}	
성 질	① **경찰기관**의 의사를 구속 ② **특별한 법(작용법)적 근거 없어도 가능** ③ 하급경찰관청을 **대내적 구속만을 가질 뿐**, 일반 국민에 대한 대외적 구속력을 **갖지 못한다.** {02.10 순경, 01.6 순경} ④ 상급경찰관청의 훈령에 의한 감독은 하급경찰관청의 권한의 대(집)행권을 포함하지는 않는다.	① **경찰공무원** 개인의 의사를 구속 ② **특별한 법(작용법)적 근거 없어도 가능** ③ 수명공무원을 **대내적 구속력만 가질 뿐, 일반 국민에 대한 대외적 구속력을 갖지 못한다.**

요 건	**형식적 요건** {11.8 순경, 09.7 순경}	① 훈령권 있는(정당한 권한을 가진) 상급관청이 발한 것일 것 ② 하급관청의 권한 내의 사항에 관한 것일 것 ③ 하급관청의 직무상 독립된 범위에 속하는 사항이 아닐 것	① 권한이 있는 상관이 발할 것 ② 부하공무원의 **직무상 독립된 범위에 속하는 사항이 아닐 것** ③ 부하공무원의 **직무상 범위 내에 속하는 사항**이어야 함 ④ 직무명령을 발하는 데 있어 **법정의 형식과 절차가 있으면 그를 구비할 것**
	실질적 요건 {09.7 순경}	① 훈령이 상위법규에 저촉되지 않을 것 ② 공익에 반하지 않을 것 ③ 실현 가능하고 명백할 것	① 내용이 법령에 저촉되지 않아야 할 것 ② 공익에 적합할 것 ③ 실현 가능하고 명백할 것
하급 관청의 심사권	**형식적 요건**	하급관청에게 심사권(○) → 요건 구비(○) : 복종(○) → 요건 구비(×) : 복종(×)	하급공무원에게 심사권(○) → 요건 구비(○) : 복종(○) → 요건 구비(×) : 복종(×)
	실질적 요건	① 원칙적으로 하급관청에게 심사권(×) → 복종(○) ② **명백한 하자(당연무효), 명백한 범죄가 구성** 　→ 심사권(○) : 복종(×)	① 원칙적으로 하급공무원에게 심사권(×) → 복종(○) ② **명백한 하자(당연무효), 명백한 범죄가 구성** 　→ 심사권(○) : 복종(×)
위반 행위의 효과		① 훈령이 법규의 성질을 갖지 않으므로 하급경찰관청의 법적 행위가 훈령에 위반하여 행해진 경우 **위법이 아니며, 행위 자체의 효력에는 영향이 없다(유효).** {05.7 순경, 01.7 순경} ② 위반행위를 한 경찰공무원의 직무상 의무위반이 문제가 되어 **징계사유**가 된다. {02.10 순경, 01.6 순경}	① 직무명령이 법규의 성질을 갖지 않으므로 직무명령에 대한 위반하여 행해진 경우 **위법이 아니며, 행위 자체의 효력에는 영향이 없다(유효).** ② 위반행위를 한 경찰공무원의 직무상 의무위반이 문제가 되어 **징계사유**가 된다.
훈령의 경합		① **주관 상급관청의 훈령에 따라야 한다.** ② 주관 상급관청이 서로 상하관계에 있는 때에는 **직근 상급관청의 훈령에 따라야 한다.** {07.12 순경, 05.1 승진} ③ 주관 상급관청이 불명확한 때에는 **주관 쟁의 방법으로 해결하여야 한다.**	2인 이상의 상관으로부터 서로 모순된 직무명령을 받았을 때에는 **직근 상관의 명령에 복종하여야 한다.** {05.7 순경, 07.12 순경} ☞ 부당한 직무명령 – 복종의무○ 　 위법한 직무명령 – 복종의무×
공통점		① **법적 근거를 요하지 않는다.** {06.8 순경, 06.1 순경, 04.3 순경, 01.7 순경} ② **경찰법의 법원이 아니다.**	
차이점		① 상급관청의 하급관청에 대한 명령 ② **경찰기관 의사를 구속,** 즉 기관 구성자가 변경·교체 되더라도 훈령의 효력에 영향이 없다. {06.8 순경} ③ **행정기관의 소관사무에 대해서만 구속**할 수 있다. ④ 훈령은 동시에 **직무명령으로서의 성질을 갖게 되는 것**이 보통이다. {06.8 순경}	① 상관의 부하에 대한 직무상 명령 ② **공무원 개인을 구속,** 즉 경찰공무원의 변경·교체에 의해 당연히 효력이 상실 {07.12 순경, 06.1 승진} ③ **직무사항 외에** 직무수행에 필요하다고 인정된 **공무원의 생활행동까지도 구속**할 수 있다. ④ 직무명령은 **언제나 훈령으로서의 성질을 갖는 것은** 아니다. {06.1 승진, 05.7순경}

【참고】
㉠ 훈령은 **재판규범성도 부정**된다. 즉, 법원을 구속하지 않는다.
㉡ 훈령은 국민의 권리와 의무에 영향을 미치지 않는다. {12.1 승진}
㉢ 훈령 중 행정사무처리의 기준을 제시하는 행정규칙인 **재량준칙은 평등원칙에 근거한 자기구속의 법리에 의해 법규성이 인정되어 대외적 효력을 가지는 경우가 있다.**
㉣ 훈령은 원칙적으로 일반적·추상적 사항에 대해서 발해져야 하지만, **개별적·구체적 사항에 대해서도 발해질 수 있다.** {11.1 승진, 12.2 경간부}

2. 대등 관청간의 관계

<table>
<tr><td rowspan="2">권한의
상호존중</td><td colspan="2">① 대등관청 사이에서는 상호 다른 관청의 권한을 존중하여야 하며, 다른 관청의 권한을 침범하지 않아야 한다.
② 행정행위에는 공정력(구성요건적 효력)이 인정되므로 행정관청이 그의 권한 내에서 행한 행위는 비록 흠이 있더라도 다른 행정청도 이에 구속된다.</td></tr>
<tr></tr>
<tr><td rowspan="3">상호협력
관계</td><td>협의</td><td>하나의 사항이 둘 이상이 행정청의 권한과 관련되는 경우에는 행정관청 간의 협의에 의해 이를 해결한다.</td></tr>
<tr><td>사무의
위탁·촉탁</td><td>① 대등행정관청간에 있어서 어느 행정청의 직무상 필요한 사무가 다른 행정청의 관할에 속하는 경우, 그 행정청에 사무처리를 촉탁하는 것을 말한다.
② 사무의 위탁은 법령의 근거를 요하며 위탁받은 관청은 위탁을 거부할 수 없다.</td></tr>
<tr><td>행정응원</td><td>행정응원이란 협의로는 재해·사변 기타 비상시에 처하여 어떤 행정청만으로는 행정목적을 달성할 수 없는 때에, 다른 행정청의 청구에 의해 또는 자발적으로 다른 행정청을 원조하는 것을 포함한다. 일반적으로 응원의 요청을 받은 행정청은 정당한 이유없이 이를 거절하지 못한다.</td></tr>
</table>

제3절　경찰공무원법 {2012.7.1 시행}

Ⅰ. 경찰공무원법제의 기본구조

1. 개념

① 국가경찰공무원이란 경찰공무원법의 대상이 되는 국가의 공무원으로서 경찰의 직무에 종사하는 자를 말한다. 경찰공무원은 국가공무원법상 경력직 공무원(신분보장) 중 특정직 공무원에 해당한다. 보통 **순경에서부터 치안총감에 이르는 계급을 가진 공무원**이 이에 해당한다.
② 경찰법은 국가경찰제를 채택하고 있으며, **경찰공무원은 국가경찰공무원에** 속하지만, **제주특별자치도는 자치경찰제도를 채택하고 있어 자치경찰공무원에 속한다.**
③ 국가경찰공무원은 **경력직에 속하면서 특정직으로 분류**되어 있다. {06.10 순경, 01.1 승진}
④ 조직상 경찰기관에 근무하는 **일반직이나 기능직 등의 공무원, 작전전투경찰순경, 의무전투경찰순경은 경찰공무원에 해당되지 않지만**, 이들은 **형법상의 공무집행방해죄의 공무원 및 국가배상법상의 공무원에는 포함된다.** {02.5 순경}
⑤ 국가공무원법과 경찰공무원법과의 관계는 **일반법과 특별법의 관계**에 있다고 볼 수 있으며, **실제로 경찰공무원법은 많은 경우에 국가공무원법을 준용**하고 있다. {02.5 순경}

2. 분류

서 설	① 경찰공무원법은 국가경찰공무원은 다시 **계급, 경과, 특기 등 3가지 기준으로 분류**하고 있다. ② 경과와 특기는 경찰업무의 여러 가지 특성에 따라 적합한 경찰관을 모집, 채용하고, 능력과 경력을 **전문화시키고** 발전시킴으로써 **경찰업무의 효율성을 높이기 위한 제도**이다. ③ **계급제는** 권위와 책임, 그리고 보수 등에 차이를 두기 위해 **수직적으로 분류**하는 것이며, **경과와 특기는** 개개 경찰관의 특성, 자격과 능력, 경력을 활용하기 위해 **수평적으로 분류**하는 것이다.

수직적 분업	계급	국가 경찰공무원	순경, 경장, 경사, 경위, 경감, 경정, 총경, 경무관, 치안감, 치안정감, 치안총감 11개 계급 {02.5 순경}
		자치 경찰공무원	자치순경, 자치경장, 자치경사, 자치경위, 자치경감, 자치경정, 자치총경 7개 계급

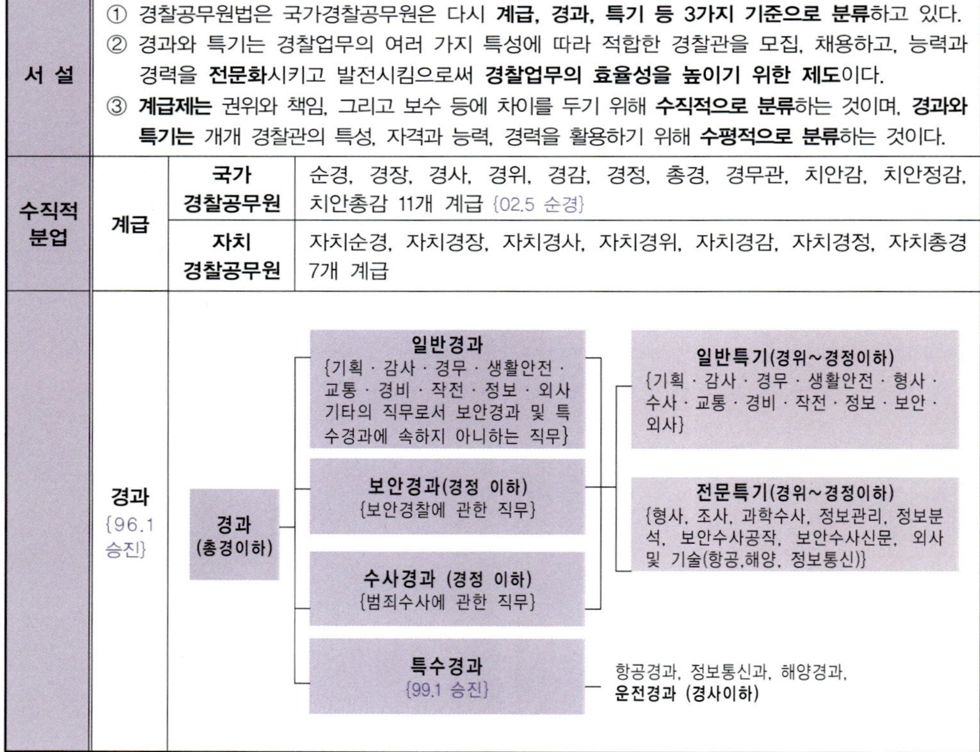

수평적 분업	**경 과** {99.1 승진, 96.1 승진}	경과변경 (=전과)	전과는 **일반경과에서 수사경과 · 보안경과 또는 특수경과로 전과하는 것에** 한하여 인정된다. 단, 정원감축 등으로 인하여 부득이한 경우에는 보안경과, 정보통신경과, 운전경과에서 일반경과로 전과하는 것을 인정할 수 있다.
		경과부여	① 경찰공무원을 **신규채용할 때**에 경과를 **부여하여야 한다**(기속행위). ② 경과는 **원칙적으로 총경 이하에 부여**하지만, 수사경과와 보안경과는 **경정 이하에 부여**하고, 특수경과 중 운전경과는 **경사 이하에만 부여**된다.

【수사경과 제도】

수사 경과 부여자	① 경찰청 수사국장의 업무지휘를 받고 있는 경찰관서의 수사부서 ② 경찰청 생활안전국장의 업무지휘를 받고 있는 경찰관서의 여성청소년사범, 생활질서사범 및 지하철범죄 수사부서 ③ 경찰청 외사국장의 업무지휘를 받고 있는 경찰관서의 외사사범 수사부서 ④ 경찰청 교통관리관의 업무지휘를 받고 있는 경찰관서의 교통사고 사범 수사부서 ⑤ 경찰교육기관의 수사직무 관련 학과 ⑥ 직제상 정원에 경찰공무원이 포함되어 있는 정부기관 ⑦ 외국경찰과 수사업무 관련 교환 근무하는 외국의 관서 ⑧ '국가공무원법' 제32조의4 및 경찰공무원 임용령 제30조 규정에 의한 수사경찰 파견근무 부서 ⑨ 기타 경찰청장이 특별한 필요에 의하여 지정하는 부서 　☞ **유치장과 호송출장소는 제외**
선발의 원칙	① 수사경과자는 **재직 경찰공무원** 중에서 선발하는 것을 원칙으로 한다. ② 재직 경찰공무원 중 수사경과자를 선발할 때는 **순환보직 또는 시보 기간을 마친 경위 이하 경찰공무원**을 대상으로 한다. ③ 선발공고일을 기준으로 **수사경과 해제 후 5년**이 경과되지 않은 자는 선발대상이 될 수 없다. ④ 지방경찰청장은 해당 지방경찰청 및 소속기관 **수사부서 정원 내에서** 수사경과자를 **선발**할 수 있다. ⑤ 수사경찰을 신규로 채용하는 경우에는 지원자격 등을 해당 전문분야의 특성에 맞게 경찰청장이 별도로 정할 수 있다.
경과의 부여	경찰청장과 지방경찰청장은 심사위원회에서 선발된 자에 대하여 **예비부여와 확정부여의 2단계를 거쳐 수사경과를 부여**한다. 단, **수사경찰로 신규채용된 자에 대하여 임용과 동시에 수사경과를 부여**한다.
경과의 제한	① **수사경과자는 다른 경과로의 전과를 제한**한다. 단, 아래의 경우에는 **일반경과로 전과**할 수 있다. 　㉠ 금품수수, 직무태만 등의 비위로 징계처분을 받은 자 　㉡ 과도한 채무부담 등 경제적 빈곤상태가 현저하거나, 도박 · 사행행위 · 불건전한 이성관계 등 성실한 수사업무 수행을 기대하기 곤란한 자 　㉢ 기타 적성 · 건강 등의 사유로 수사업무능력 및 의욕부족이 현저하고 다른 경과에서 더욱 발전할 수 있다그 인정되는 자 ② **수사경과에서 다른 경과로 전과한 자는 다시 수사경과로 전과할 수 없다.**
경과의 해제	① **금품수수, 직무태만, 음주운전 등의 비위로 징계처분**을 받은 자 ② 인권침해, 편파수사 등에 관한 시비로 **사건관계인으로부터 수시로 진정을 받는 자** ③ 수사와 관련된 정당한 **업무지시를 반복적으로 위반한 자** ④ 과도한 채무부담 등 경제적 빈곤상태가 현저하거나, 도박 · 사행행위 · 불건전한 이성관계 등 성실한 수사업무 수행을 기대하기 곤란한 자 ⑤ 기타 적성 · 건강 등의 사유로 수사업무능력 및 의욕부족이 현저한 자

특기	개념		① 경찰관의 **보직은 크게 경과에 의해 결정**되지만, 다시 그 **보직은 특기에 의하여 제약**을 받게 된다. {10.2 경간부, 06.1 승진} ② 특기제도는 **일반특기와 전문특기로 구분**되며, 일반경과는 일반특기와 전문특기를 부여받게 되지만, **운전경과를 제외한** 특수경과는 경과 그 자체가 전문특기에 해당된다. {06.1 승진} ③ 특기는 **경위 이상 경정 이하의 모든 경찰관**에게 줄 수 있다(재량사항). {10.2 경간부, 06.1 승진} ④ 경과부여는 신규채용할 때 반드시 부여하여야 하는 **기속사항이나, 특기부여**는 그 경과별 직무분야에 따라 일반특기 또는 전문특기를 부여할 수 있는 **재량사항**이다. {10.2 승진}
	종류	일반특기	기획 · 감사 · 경무 · 생활안전 · 형사 · 수사 · 교통 · 경비 · 작전 · 정보 · 보안 · 외사 12가지 {06.1 승진}
		전문특기	① 형사, 조사, 과학수사, 정보관리, 정보분석, 보안수사공작, 보안수사신문, 외사 및 기술(항공, 해양, 정보통신) ② 전문특기를 부여하여 전문화 관리를 할 수 있는 범위는 해당 일반 특기분야 정원의 **3할 이내**로 한다. {10.2 경간부}
	특기 부호		① 첫째자리: 경과번호, ② 둘째자리: 일반특기번호, ③ 셋째자리: 전문특기번호
	특기 변경		예비분류기간 중 일반특기 상호 간 또는 전문특기 상호 간 **1회에 한하여** 할 수 있다.
	특기 분류		① 특기분류는 **예비분류와 확정분류의 2단계**를 거쳐 실시한다. {10.2 경간부} ② 경위에 대한 일반특기의 예비분류는 경위로 임용되어 **2년이 경과**한 때에 하고, **확정분류는 예비분류 후 5년이 경과**하고 해당특기분야에 적성과 능력이 있다고 인정될 때 또는 경감으로 승진 임용할 때에 한다. ③ 경감이상으로 신규 채용된 자에 대한 일반 특기의 예비분류는 **채용후 1년이 경과**한 때에 하고, **확정분류는 예비분류후 2년이 경과**한 때에 한다. ④ 경찰교육훈련기관에 해당분야 전문화 교육과정이 설치되어 있는 경우에는 그 교육을 받은 자에 한하여 전문특기를 부여한다. {10.2 경간부}
	특기 분류 심사		신규채용자를 임용하거나 보직을 전문화할 필요가 있는 등 특별한 사유가 있는 경우에 한하여 인정된다. **【특기분류 시 고려사항】** ① **근무경험** {10.2 경간부} ② **본인의 희망** ③ **적성**(전공분야 및 자격증 등) ④ **전문화 교육** ⑤ **소속상사의 의견**

II. 경찰공무원의 근무관계

1. 근무관계의 성질

① 오늘날에는 공무원관계를 **수정된 특별권력관계**로 본다.
② **공무원은 국민 전체에 대한 봉사자**이면서, 한편으로는 **근로자로서 한 사람의 인격체이며 인권보장의 대상**이 된다.
③ 국가공무원법이나 경찰공무원법도 경찰공무원의 근무관계의 내용에 관하여 상세히 규정하고 있을 뿐만 아니라 **불이익 처분에 대해서는 소를 제기**할 수 있는 길을 열어 놓고 있다.

2. 근무관계의 변동

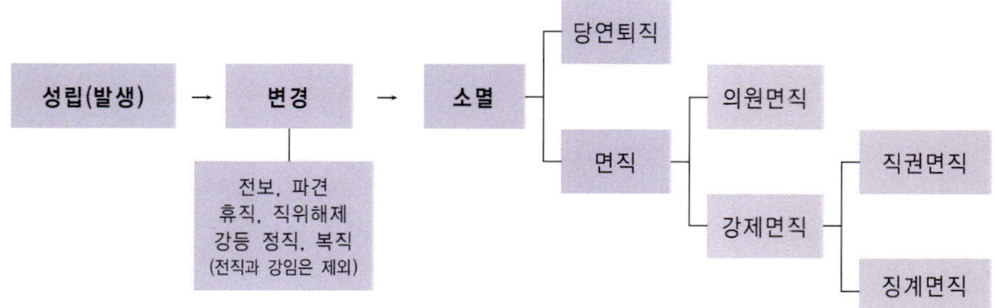

1) 국가경찰공무원 관계의 발생(임명)

(1) 의의 및 법적 성질

의 의		경찰공무원 근무관계의 **성립(임명)**이란 특정인에게 공무원으로서의 신분을 부여하여 근무관계를 설정하는 행위를 의미하며, 경찰공무원법에서는 **임용 · 신규채용**이라 한다.
용 어 구 분	**임 명**	신규채용
	임 면	신규채용, 승진, 면직
	임 용	경찰공무원 관계를 발생, 변경 및 소멸하게 하는 일체의 행위를 말하는 것으로 **신규채용, 승진, 전보, 파견, 휴직, 직위해제, 정직, 강등, 복직, 면직, 해임 및 파면을 말한다.** {11.8 순경}
법 적 성 질	**쌍방행정 행위설 (다수설, 판례)**	① **상대방의 동의를 요하는 행정행위**라고 보는 견해이다-. ② 임용에 있어 **공무원의 동의는 절대적 요건**이 되며, **임용거부의 처분성을 인정(행정소송)**되나, **상대방 동의가 없는 임용행위는 무효**가 된다. {06.2 경간부, 03.7 순경} ③ 임용은 행정행위로서 **개별적 · 구체적 규율에 해당**하며, 그 성격은 형성적 행위로서 특허에 해당하게 된다.
	공법상의 계약설	상대방의 신청에 대해서 **행정(임명권자)측이 승낙하는 행위로 보는 견해로서 처분성을 불인정(민사소송)**한다.
임용의 원 칙 {01.10 순경}	**평등의 원 칙**	공개경쟁에 의한 채용시험은 동일한 자격을 가진 모든 국민에게 평등하게 공개해야 한다는 원칙이다. ☞ **지역분할의 원칙(×)**
	실적주의 원칙	공무원의 임용은 시험성적 및 기타 능력의 실증에 의하여야 한다는 원칙이다. ☞ **엽관주의(×)**
	적격자	적격자의 임용을 위하여 경과, 특기, 교육훈련, 근무경력 등을 고려해야 한다는

	임용의 원칙	원칙이다. ☞ **경력자 우대의 원칙(×)**

(2) 임용의 요건

경찰 공무원법상 결격사유 {12.2순경, 10.3순경, 06.2경간부, 04.9순경, 03.7순경}	① 대한민국 국적을 가지지 아니한 자 ② 국적법에 따른 복수국적자 ③ 금치산자 또는 한정치산자 ④ 파산선고를 받은 자로서 복권되지 아니한 자 ⑤ 자격정지 이상의 형의 선고를 받은 자 ⑥ **자격정지 이상**의 형의 선고유예를 받고 그 선고유예 기간 중에 있는 자 ⑦ 징계에 의하여 파면 또는 해임의 처분을 받은 자 ☞ 일반공무원의 경우는 **해임 처분 후 3년, 파면 처분 후 5년이 경과하면 공무원으로 임용**될 수 있으나, **경찰공무원은 해임·파면처분 후 기간 경과와 관계없이 결격사유에 해당**된다. ☞ 경찰공무원이 **경찰공무원법상 임용자격 및 결격사유에 해당하게 된 때에는 당연히 퇴직**된다.
신규채용	① **경정 및 순경의 신규채용은 공개경쟁시험**에 의하여 행한다. {03.7 순경} ② **경위의 신규채용**은 경찰대학을 졸업한 자 및 대통령령이 정하는 자격을 갖추고 공개경쟁시험에 의하여 선발된 자로서 교육훈련을 마치고 소정의 시험에 합격한 자 중에서 행한다. ③ 다음 아래에 해당하는 경우에는 **특별채용시험에 의하여 경찰공무원을 신규채용**할 수 있다. 　㉠ 퇴직한 경찰공무원을 퇴직한 날로부터 2년 이내에 퇴직시에 재직한 계급의 경찰공무원으로 재임용하는 경우 　㉡ 공개경쟁시험에 의하여 임용하는 것이 부적당한 경우에 임용예정직무에 관련된 자격증소지자를 임용하는 경우 　㉢ 임용예정직에 상응한 근무실적 또는 연구실적이 있거나 전문지식을 가진 자를 임용하는 경우 　㉣ 국가공무원법에 의한 5급 공무원의 공개경쟁채용시험이나 사법시험법에 의한 사법시험에 합격한 자를 경정 이하의 경찰공무원으로 임용하는 경우 　㉤ 국가공무원법 제85조의 규정에 의하여 재학중 장학금을 받고 졸업한 자를 임용하는 경우 　㉥ 도서·벽지 등 특수지역에 근무할 자를 임용하는 경우 　㉦ 외국어에 능통한 자를 임용하는 경우 　㉧ 제주특별자치도의 자치경찰공무원을 그 계급에 상응하는 경찰공무원으로 임용하는 경우
부정행위자에 대한 제재	경찰청장 또는 해양경찰청장은 경찰공무원의 채용시험 또는 경찰간부후보생 공개경쟁선발시험에서 부정행위를 한 응시자에 대하여는 해당 시험을 정지 또는 무효로 하고, 그 처분이 있은 날부터 **5년간 시험응시자격을 정지**한다.
채용 후보자 명부	① **경찰청장 또는 해양경찰청장은 신규채용시험에 합격한 자(경찰대학을 졸업한 자 및 경찰간부후보생을 포함)를** 대통령령이 정하는 바에 의하여 **성적순위에 따라 채용후보자명부에 등재**하여야 한다. {04.1 승진} ② 경찰공무원의 신규채용은 채용후보자명부의 **등재순위에 의한다.** 다만, 채용후보자가 경찰교육기관에서 신임교육을 받은 때에는 그 교육성적순위에 의한다. {09.2 경간부, 04.1 승진} ③ **채용후보자명부의 유효기간은 2년의 범위 안에서 대통령령으로 정한다.** 다만, **경찰청장 또는 해양경찰청장은 필요에 따라 1년의 범위 안에서 그 기간을 연장**할 수 있다. **최장 유효기간은 3년**이 된다. {09.2 경간부, 04.1 승진} ④ 경찰청장 또는 해양경찰청장은 채용후보자명부의 유효기간을 **연장하기로 결정한 때에는**

	이를 공고하여야 한다. ⑤ 채용후보자명부의 작성과 운영에 관하여 필요한 사항은 대통령령으로 정한다. ⑥ 임용권자는 경찰공무원의 결원보충에 있어서 채용후보자명부 또는 승진 후보자명부에 등재된 후보자 수가 결원 수에 부족하고, 인사행정운영상 특히 필요하다고 인정하는 때에는 그 결원된 계급에 관하여 다른 임용권자가 작성한 자치경찰공무원의 신규임용후보자명부 또는 승진후보자명부를 해당 기관의 채용후보자명부 또는 승진후보자명부로 보아 해당 자치경찰공무원을 임용할 수 있다. 이 경우 임용권자는 해당 자치경찰공무원의 임용권자와 협의하여야 한다.
채용 후보자의 자격상실	① 채용후보자가 **임용 또는 임용제청에 불응한 때** ② 채용후보자로서 받아야 할 **교육훈련에 불응한 때** ③ 채용후보자로서 받은 **교육훈련성적이 수료점수에 미달되어 퇴학처분을 받은 때** ④ 채용후보자로서 교육훈련 중 질병·병역복무 기타 교육훈련을 계속할 수 없는 불가피한 **사정 외의** 사유로 퇴학처분을 받은 때 {09.2 경간부, 04.1 승진}

(3) 임용의 형식과 효력발생시기

임용의 형식	임용은 **임용장의 교부로써 행하여지는 것이 원칙**이다. 그러나 임용장의 교부는 임용의 유효요건(요식행위)이 아니라, 임용행위는 형식적으로 표시·증명하는 선언적·공증적 효력이 있을 뿐이다.
효력 발생시기	경찰공무원은 원칙적으로 임용장 또는 임용통지서에 **기재된 일자**에 **임용**된 것으로 본다. 다만, 사망으로 인한 면직은 사망한 다음 날에 면직된 것으로 본다. {09.2 경간부, 06.2 순경}

(4) 임용권자

대통령	① **경찰청장** : 경찰위원회 동의 → 행정안전부장관의 제청 → 국무총리 → 인사청문회 → 대통령 임명(인사청문회 결과에 구속되지 않고, 독자적 인사권을 행할 수 있음) ② **해양경찰청장** : 국토해양부장관의 제청 → 국무총리 → 대통령이 임명. 해양경찰청장은 국회인사청문 대상이 아니다. ③ **총경 이상의 임용** : 경찰청장 또는 해양경찰청장(추천) → 행정안전부장관 또는 국토해양부장관(제청) → 국무총리(경유) → 대통령(임용) {09.4 순경, 06.3 순경, 03.1 승진} ④ **경정에의 신규채용·승진임용 및 면직 : 경찰청장 또는 해양경찰청장**(제청○, 추천×) → 국무총리(경유) → 대통령 {09.4 순경, 06.3 순경} ⑤ **경무관 이상의 경찰공무원이 강등한 경우**
경찰청장 해양경찰청장	① **경정 이하의 임용** {09.4 순경, 09.2 경간부, 03.1 승진} ② **총경의 전보·휴직·직위해제·강등·정직·복직** {09.4 순경, 09.2 경간부, 03.1 승진} ③ **총경 이하 경찰공무원이 강등**된 경우 ④ **경정의 경찰공무원이 강등과 정직**된 경우 {09.4 순경, 03.1 승진} ⑤ 경찰청장은 경찰대학, 경찰교육원, 중앙경찰학교, 경찰수사연수원, 경찰병원, 및 지방경찰청의 장에게 그 소속경찰공무원 중 **경정의 전보, 파견, 휴직, 직위해제 및 복직에 관한 권한과 경감 이하의 임용권을 위임**할 수 있다. {03.1 승진}

	⑥ 경찰청장은 소속기관장에 대한 위임규정에도 불구하고 경찰공무원의 정원의 조정, 인사교류 또는 파견을 위하여 필요한 때에는 임용권을 행사할 수 있다.
지방경찰청장 경찰대학장 경찰교육원장 중앙경찰 학교장 경찰수사 연수원장	① 경찰청장의 권한을 위임받아 소속경찰관 중 **경정의 전보 · 파견 · 휴직 · 직위해제 및 복직에 관한 권한과 경감 이하의 임용권 보유** {06.3 순경} ② **지방경찰청장은 소속 경감 이하의 경찰공무원에 대한 당해 경찰서 안에 서의 전보권을 경찰서장에게 다시 위임**할 수 있다.
경찰서장	지방경찰청장의 권한을 위임받아 소속경찰관 중 **경감 이하의 승급 · 전보권 행사(임명권 없음)** {06.3 순경}

【국가경찰공무원 인사위원회】

의 의		경찰공무원의 인사에 관한 중요사항에 관하여 **경찰청장 또는 해양경찰청장의 자문에 응하기 위하여(비상설 자문기관)** 경찰청 및 해양경찰청에 경찰공무원인사위원회를 둔다.
법적 근거	설 치	경찰공무원법
	구성 및 운영	경찰공무원임용령(대통령령)
구성 및 의결방법	설 치	**경찰청과 해양경찰청에 설치**한다.
	위 원	**위원장을 포함하여 5~7인으로 구성**한다. {10.1 승진}
	위원장	① **위원장은 경찰청 인사담당국장(경무국장)이며, 위원은 경찰청 소속 총경 이상의 경찰관 중에서 경찰청장이 임명**한다. {10.1 승진, 09.7 순경} ② 위원장이 부득이한 사유로 직무를 수행할 수 없을 때에는 **위원 중에서 최초 상위계급 또는 선임경찰관이 그의 직무를 대행**한다.
운영		① 회의는 **재적위원 과반수의 출석과 재적위원 과반수의 찬성으로 의결**한다. {08.7 순경, 05.7 순경} ② 위원장은 인사위원회를 대표하여, 인사위원회의 사무를 총괄한다.
심의사항		① 경찰공무원의 인사행정에 관한 방침과 기준 및 기본계획에 대해서 심의 ② 경찰공무원의 인사에 관한 법령의 제정 또는 개폐에 관한 사항을 취급 ③ 기타 경찰청장 또는 해양경찰청장이 부의하는 사항에 대하여 심의 　☞ **경찰공무원의 인사상담 및 고충 심사(×)**

☞ **위원회 구성원이 5인 이상 7인 이하로 구성된 위원회** – 경찰공무원인사위원회, 승진심사위원회, 경찰공무원중앙징계위원회, 소청심사위원회

(5) 시보임용 {경찰공무원법(시행 2012.7.1), 경찰공무원임용령(시행 2012.5.1)}

의 의	경찰관을 신규 채용함에 있어서 **일정한 기간(1년)**을 정하여 그 기간 내에 경찰관으로서의 자질과 적성 등을 검토하여 부적격이라고 인정될 때에는 임용권자의 재량으로 면직시킬 수 있는 제도를 말한다.
적용대상	신규채용되는 **경정이하의 경찰공무원이 대상**이다. {08.1 순경, 05.7 순경, 03.1 승진, 02.1 승진}
시보기간	① **경정 이하의** 경찰공무원을 신규채용하는 경우에는 **1년의 기간 시보로 임용**하고, 그 기간이 **만료된 다음 날**에 정규 경찰공무원으로 임용한다. {12.2 순경, 11.2 순경, 03.1 승진, 02.1 승진} ② **휴직기간 · 직위해제기간 및 징계에 의한 정직 또는 감봉처분**을 받은 기간은 시보임용기간에 산입하지 아니한다. {11.2 순경, 08.2 경간부, 05.2 순경}
신분보장	**시보임용기간 중에는 신분보장을 받지 못한다.** {11.2 순경, 08.1 순경, 08.2 경간부, 05.7 순경, 05.2 순경}
교육훈련	임용권자 또는 임용제청권자는 시보임용경찰공무원 또는 시보임용예정자에 대하여 일정한 기간 교육훈련을 시킬 수 있다. 이 경우 시보임용예정자에 대하여는 교육훈련을 받는 기간동안 예산의 범위안에서 임용예정계급의 **1호봉에 해당하는 봉급의 80퍼센트에 상당하는 금액 등을 지급**할 수 있다.

면 직	**사유**	① **징계사유에 해당**할 때 ② 경찰교육 성적이 **6할 미만**이거나 교육생활태도 점수가 극히 불량할 때 {11.2 순경} ③ 근무성적 제2평정요소의 점수가 **5할에 미치지 못한 때** {03.1 승진}
	절차	임용권자 또는 임용제청권자는 시보임용경찰공무원이 아래에 해당하여 정규경찰공무원으로 임용함이 부적당하다고 인정되는 경우에는 정규임용심사위원회의 **심사를 거쳐** 당해 **시보임용경찰공무원을 면직시키거나 면직을 제청**할 수 있다. {12.2 순경, 08.2 경간부, 08.1 순경, 03.1 승진, 05.2 순경}

면제대상 {08.1 순경, 05.7 순경, 03.1 승진, 02.1 승진}	① **경찰대학을 졸업한 자 또는 경찰간부후보생으로서 소정의 교육을 마친 자를 경위로 임용하는 경우** {11.2 순경, 08.2 경간부, 05.2 순경, 03.1 승진} ② 경찰공무원으로서 대통령령이 정하는 상위계급에의 승진에 **필요한 자격요건을 갖추고 임용예정계급에 상응한 공개경쟁채용시험에 합격한 자를 당해 계급의 경찰공무원으로 임용하는 경우** ③ 퇴직한 경찰공무원으로서 퇴직시에 재직한 계급의 채용시험에 합격한 자를 재임용하는 경우 {11.2 순경} ④ 자치경찰공무원을 그 계급에 상응하는 경찰공무원으로 임용하는 경우
정규임용	**시보임용기간이 만료된 다음 날** {08.2 경간부, 03.1 승진}
의결방법	시보경찰공무원의 정규임용의결은 정규임용심사위원회 **재적위원 2/3 이상의 출석과 출석위원 과반수의 찬성으로 의결**한다. {03.1 승진, 02.1 승진}

2) 경찰공무원 관계의 변경

개 요	국가경찰공무원으로서의 신분을 유지하면서 **국가경찰공무원 관계의 내용의 전부 또는 일부를 변경함**을 말하며, **국가의 일방적 행정행위로서의 성질**을 가진다. 따라서 **처분성이 긍정되어 행정소송의 대상**이 될 수 있다(판례).		
변경요인	**국가공무원법상 변경요인**	승진, 정직, 전직, 강임, 파견, 전보, 휴직, 직위해제, 복직	
	경찰공무원법상 변경요인	승진, 정직, 파견, 휴직, 직위해제, 복직, 전보	
		【경찰공무원에게 미적용】	
		전직	직렬을 달리하는 임용
		강임	동일한 직렬 내에서 하위의 계급에 임용하는 것

(1) 승진 (경찰공무원 승진임용규정 시행 2012.2.5)

의 의	① **동일직렬 내에서 하위직급(계급)에서 상위직급(계급)으로 임용**되는 것을 말한다. ② 승진은 바로 하위계급에 있는 경찰공무원 중에서 근무성적 · 경력평정 기타 능력의 실증에 의하며, **경무관 이하 계급에의 승진은 승진심사에 의하는 것이 원칙**이다. 단, 경정 이하 계급에의 승진에 있어서는 승진시험을 병행할 수 있다. ③ 총경 이하의 경찰공무원에 대하여는 계급별로 **승진대상자명부를 작성**하여야 한다.						
종 류 (개방형 승진제도) {12.2순경}	**심사승진**	경무관 이하까지 승진 가능					
	시험승진	경정 이하까지 승진 가능 {12.2순경}					
	특별승진	경찰공무원으로서 전사 또는 순직한 자, 직무수행에 남달리 뛰어난 공적이 있는 자가 승진심사에 의하지 않고 1계급 또는 2계급 승진되는 것을 말한다. **경감 이하에 적용되는 것이 원칙이지만, 경정까지 승진이 가능**하다. ☞ **명예퇴직자의 특별승진: 20년 이상 근속한 자가 정년 1년 전까지 자진 퇴직하는 경우에 치안정감까지 특별승진이 가능하다.**					
	근속승진	순경에서 경장(**5년 이상**), 경장에서 경사(**6년 이상**), 경사에서 경위(**7년 6개월 이상**), 경위에서 경감(**12년 이상**)으로의 승진에 적용된다. {12.2순경}					
승진최저 근무연수 {12.2순경}	순경	경장	경사	경위	경감	경정	총경
	1년		2년		3년		4년
	휴직·직위해제, 징계처분기간은 승진 최저근무연수에 산입하지 않는다.						
승진임용 구분별 임용비율 과 승진임용 예정인원 수의 책정	「경찰공무원법」승진심사에 의한 승진과 승진시험에 의한 승진을 병행하는 경우에 그 승진임용방법별 임용비율은 계급별로 승진임용 예정인원수의 각 5할로 한다.{12.1 승진} 다만, 특별승진임용 예정인원수를 따로 책정한 경우에는 승진임용 예정인원수에서 특별승진임용 예정인원수를 감한 인원수의 각 5할로 하며, 승진심사를 실시하기 전에 승진시험을 실시한 경우에 그 최종합격자가시험승진임용 예정인원수에 미달된 때에는 그 미달되는 인원수를 심사승진임용 예정인원수에 가산한다.						

제한 사유	① **징계의결요구 · 징계처분 · 직위해제 · 휴직 또는 시보임용기간 중에 있는 자** ② 징계처분의 집행이 끝난 날부터 **강등 · 정직(18개월), 감봉(12개월), 견책 · 근신 · 영창 (6개월)**의 기간이 경과되지 아니한 자 단, **금품 및 향응 수수, 공금의 횡령 · 유용에 따른 징계처분의 경우에는 각각 3개월을 가산**하여야 한다. ③ 징계에 관하여 경찰공무원과 다른 법령의 적용을 받는 공무원이 경찰공무원으로 임용된 경우, 종전의 신분에서 강등의 징계처분을 받고 그 처분 종료일로부터 18개월이 경과되지 아니한 자와 근신 · 영창 기타 이와 유사한 징계처분을 받고 그 처분종료일로부터 6월이 경과되지 아니한 자
심사 승진 후보자 명부의 작성	① 승진에 필요한 요건을 갖춘 총경이하 경찰공무원에 대하여 **근무성적평정점 5할, 경력평정점 3.5할, 교육훈련성적평정점 1.5할의 비율**에 따라 계급별로 승진대상자명부를 작성한다. 다만, 5급 공무원 공개경쟁채용시험 또는 사법시험에 합격하여 경정이하의 경찰공무원으로 특별채용할 수 있는 자로서 연령에 달하지 아니한 경감 이하 경찰공무원에 대하여는 그가 경정에의 승진이 될 때까지 근무성적평정만으로 승진대상자명부를 작성할 수 있다. ② 임용권자 또는 임용제청권자는 승진후보자명부에 등재된 자가 승진임용되기 전에 **정직이상**의 처분을 받은 경우에는 승진후보자명부에서 이를 **삭제하여야 한다.**

【승진심사위원회】

	중앙승진심사위원회	보통승진심사위원회
설 치	**경찰청**에 설치	**각급 경찰기관**에 설치
대 상	**총경이상(총경, 경무관)** 에의 승진심사	〈경정이하에의 승진심사〉 **경찰서 · 해양경찰학교 · 해양경찰연구소 · 지방해양경찰청 · 해양경찰서 또는 정비창 소속 경찰공무원 중 경위 이하에의 승진심사** : 경찰서 · 해양경찰학교 · 해양경찰연구소 · 지방해양경찰 · 해양경찰서 또는 정비창의 보통승진심사위원회에서 행한다. 다만, 경찰청장 또는 해양경찰청장은 승진예정인원수 등을 고려하여 부득이 한 때에는 경찰서 · 해양경찰학교 · 해양경찰연구소 · 지방해양경찰청 · 해양경찰서 또는 정비창소속 경찰공무원 중 경위 이하의 승진심사를 지방경찰청 또는 해양경찰청의 보통승진심사위원회에서 심사하게 할 수 있다.
소 집	**경찰청장 또는** **해양경찰청장**이 소집	당해 **경찰기관의 장이 경찰청장 또는 해양경찰청장(경찰서의 보통승진심사위원회의 회의는 지방경찰청장)의 승인**을 얻어 이를 소집
구 성	위원장을 포함한 위원 **5인 이상 7인 이하로 구성**	
회 의	**비공개**	
의 결	**재적위원 과반수의 찬성**으로 의결	

【대우공무원제도】	
근본취지	만성적 인사적체의 해결을 위한 것으로서, **해당공무원의 사기를 진작하고 업무의 효율성을 증진**하기 위해 시행하는 제도이다.
의　의	임용권자 또는 임용제청권자는 소속 경찰공무원 중 해당 계급에서 승진소요최저근무연수 이상 근무하고 승진임용의 제한사유가 없으며 근무실적이 우수한 자를 바로 상위계급의 대우공무원으로 선발할 수 있으며, 대우공무원에 대해서는 **예산 범위 내에서 대우공무원 수당을 지급**할 수 있다.
근무기간	① 대우공무원으로 선발되기 위해서는 ㉠ **승진소요최저근무연수를 경과**한 ㉡ **총경 이하 경찰공무원으로서** ㉢ **총경·경정은 7년 이상, 경감 이하는 5년 이상 근무**하여야 한다. {09.3 순경} ② 근무기간을 산정하는 때에는 재임용된 계급 이상에 해당하는 퇴직 전의 재직기간은 현 계급의 재직기간에 합하여 근무기간에 산입하되, **대우공무원 발령 기준일(매분기 첫 달의 1일) 전 10년 이내의 재직기간**에 한한다.
선발절차	임용권자 또는 임용제청권자는 **매분기말 5일 전까지 대우공무원 발령일을 기준**으로 하여 대우공무원 선발요건에 적합한 대상자를 결정하여야 한다.
발령시기	대상자를 결정한 후 **매 분기 첫 달 1일(1월 1일, 4월 1일, 7월 1일, 10월 1일)에 일괄하여 대우공무원으로 발령**하여야 한다. {09.3 순경}
수당지급	① 대우공무원으로 선발된 경찰공무원에 대하여는 예산의 범위 내에서 **해당 공무원 월봉급의 4.1%를 대우공무원 수당으로 지급**할 수 있다. 　단, 대우공무원수당과 월봉급액을 합산한 금액이 상위직급으로 승진 시의 월봉급액을 초과할 경우에는 해당 직급 월봉급액과 상위 직급 월봉급액의 차액을 대우공무원 수당으로 지급한다. ② 필수실무관으로 지정된 공무원에게는 예산의 범위에서 월 **10만원 가산하여 지급**할 수 있다. ③ 대우공무원이 징계 또는 직위해제 처분을 받거나 휴직하여도 대우공무원 수당은 계속 지급하지만, 규정에 따라 **정직기간 및 강등에 따라 직무에 종사하지 못하는 3개월의 기간 중 수당 액의 2/3을 감액, 감봉기간 중 수당액의 1/3을 감액하여 지급**한다. {09.3 순경}
자격상실	대우공무원이 아래 해당하는 경우 그 해당 일자에 대우공무원의 자격은 별도 조치없이 당연히 상실된다. ① 상위계급으로 승진임용되는 경우: **승진임용일자** ② 강등되는 경우: **강등일자**

(2) 전보(=보직, 직위)

의 의	① 임용권자 또는 임용제청권자는 **경찰공무원의 동일직위에서의 장기근무로 인한 직무수행의 침체현상을 방지하여 직무수행 능률을 높이기 위하여 동일직급 내에서의 보직변경을** 말한다. {09.7 순경} ② 동일직렬·동일직급 내에서 직위(보직)을 바꾸는 임용을 의미한다. 　　[예] 경찰서 형사반장(경위)에서 순찰지구대 팀장(경위)로 보직 변경되는 경우
전보의 제한	① 경찰공무원이 비위 등으로 인한 물의를 일으킨 경우 이를 이유로 경찰기관을 달리하는 전보를 하여서는 아니 된다. 단, 미리 경찰청장의 승인을 얻은 경우에는 그러하지 아니한다. ② 임용권자 또는 임용제청권자는 소속공무원을 **당해 직위에 임용된 날부터 1년 이내(감사업무를 담당하는 경찰공무원의 경우에는 2년 이내)에 다른 직위에 전보할 수 없다.**
전보제한 예외사유 {12.1 승진}	① 직제상의 최저단위 보조기관(담당관을 포함) 내에서의 전보 ② 경찰청 및 해양경찰청과 소속기관 등 또는 소속기관 등 상호 간의 교류를 위한 전보 ③ 기구의 개편, 직제 또는 정원의 변경으로 인한 해당경찰공무원의 전보 ④ **당해 경찰공무원을 승진시키는 경우** ⑤ 특수한 기술을 가진 경찰공무원 또는 전문특기자를 당해 직무 분야에 보직하는 경우 ⑥ 징계처분을 받은 경우 ⑦ 형사사건에 관련되어 수사기관에서 조사를 받고 있는 경우 ⑧ 경찰기동대 기타 특수임무부서와의 정기적인 교체에 의하는 경우 ⑨ **교육훈련기관의 교수요원으로 보직하는 경우** ⑩ **시보임용 중인 경우** ⑪ **신규채용된 경찰공무원으로서 제22조제5항의 규정에 의한 보직 관리기준에 따라 순환보직 중인 자의 전보 및 이와 관련한 전보** ⑫ **감사담당** 경찰공무원 가운데 부적격자로 인정되는 경우

(3) 휴직

의 의	① 경찰공무원의 **신분을 유지하면서 일정 기간 직무를 담당하지 않는 것**을 말하며, 직위해제와 달리 제재적 성격이 없고, **휴직은 복직이 보장**된다. ② 임용권자는 만 6세 이하의 초등학교 취학 전 자녀를 양육하기 위하여 필요하거나 여자공무원이 임신 또는 출산하게 된 때에 따른 휴직을 이유로 인사에 불리한 처우를 하여서는 아니 된다. ③ 휴직에는 **직권휴직**(본인의사에도 불구하고 휴직을 명함), **의원(청원)휴직**(공무원이 휴직을 원하면 휴직을 명할 수 있음)이 있다.	
직 권 휴 직	신체·정신상의 장애로 장기 **요양**이 필요할 때	**1년, 공무원연금법에 따른 공무상 질병 또는 부상으로 인한 휴직기간 3년, 급여 70% 지급**
	병역법에 따른 병역 복무를 마치기 위하여 **징집 또는 소집**된 때	휴직기간 복무기간 만료 시까지
	천재지변이나 전시·사변, 그 밖의 사유로 **생사(生死) 또는 소재(所在)가 불명확**하게 된 때	**휴직기간 3월 이내.** 단, 경찰공무원은 법원의 실종선고를 받는 날까지
	그 밖에 법률의 규정에 따른 의무를 수행하기 위하여 **직무를 이탈**하게 된 때	휴직기간은 **복무기간 만료 시까지**
	공무원의 노동조합설립 및 운영 등에 관한 법률 제7조에 따라 **노동조합 전임자로 종사**하게 된 때	휴직기간 **전임기간 동안**

의 원 (청원) 휴 직	중앙인사관장 기관의 장이 지정하는 연구기관이나 교육기관 등에서 연수하게 된 때	휴직기간은 **2년 이내**
	국외 유학을 하게 된 때	**3년 이내 단, 부득이한 경우 2년 연장 가능**
	만 6세 이하의 초등학교 취학 전 자녀를 **양육**하기 위하여 필요하거나 여자공무원이 임신 **또는 출산**하게 된 때	휴직기간은 **1명에 대해 1년**(여자공무원 3년)**이내**
	외국에서 근무·유학 또는 연수하게 되는 배우자를 **동반**하게 된 때	휴직기간은 **3년 이내.** **단, 부득이한 경우 2년 연장 가능**
	국제기구, 외국 기관, 국내외의 대학·연구기관, 다른 국가기관 또는 대통령령으로 정하는 민간기업, 그 밖의 기관에 임시로 채용될 때	휴직기간은 **채용기간이다.** 단, 민간기업은 3년 이내
	사고나 질병 등으로 장기간 요양이 필요한 부모, 배우자, 자녀 또는 배우자의 부모를 간호하기 위하여 필요한 때	휴직기간 **1년 이내**로 하되, **재직기간 중 3년 초과 불가**
휴 직 효 력	① 휴직기간 중 사유가 없어지면 **30일 이내에 임용권자 또는 임용제청권자에게 신고**하여야 하며, 임용권자는 지체 없이 복직을 명하여야 한다. ② 휴직기간이 끝난 공무원이 **30일 이내 복귀신고 당연히 복직**된다.	

(4) 직위해제

의 의	① 국가경찰공무원 신분을 보유하나 직위를 부여하지 않는 것을 말한다. ② **직위해제는 휴직과는 달리 제재적 성격을 가지는 보직의 해제이며 출근의무도 없고, 복직이 보장되지 않는다.** {05.2 경간부} ③ 지휘관 등에게 징계책임을 묻는 대신에 활용하는 경우가 많으나, **직위해제는 징계가 아니므로 직위해제와 징계처분이 동시에 병과** 될 수 있다. {05.2 경간부}
사 유	① 임용권자는 아래에 해당하는 자에게는 **직위를 부여하지 아니할 수 있다**(임의규정). 　㉠ **직무수행** 능력이 부족하거나 **근무성적**이 극히 나쁜 자(이 경우 직위해제된 자에 대하여 **3월 이내의 기간 대기**를 명하며, **능력과 근무성적의 향상을 기대하기가 어렵다고 판단되는 경우에는 징계위원회 동의**를 얻어 임용권자가 **직권면직**시킬 수 있다) {12.8 순경} 　㉡ 파면·해임·강등 또는 정직에 해당하는 **징계** 의결이 요구 중인 자(감봉, 견책은 제외) 　㉢ **형사** 사건으로 기소된 자(약식명령이 청구된 자는 제외) {01.1 승진, 03.7 순경} 　㉣ 고위공무원단에 속하는 일반직공무원으로서 연속하여 2년 이상 근무 성적평정에서 최하위 등급의 평정을 받거나 총 3년 이상 최하위 등급의 평정을 받은 때, 정당한 사유 없이 직위를 부여받지 못한 기간이 총 2년에 이른 때의 사유로 **적격심사**를 요구 받은 자 ② 공무원에 대하여 ㉠㉡㉢의 **직위해제 사유가 경합**하면 **㉡㉢의 직위해제 처분을 하여야 한다.**

효 력	① 직위를 부여하지 아니한 경우에 **직위해제 사유가 소멸되면 임용권자는 지체 없이 직위를 부여하여야 한다.** ② 임용권자는 직무수행 능력이 부족하거나 근무성적이 극히 나쁜 자에 따라 직위해제된 자에게 **3개월의 범위에서 대기**를 명하며, 대기명령 기간 중 능력 또는 근무성적의 향상을 기대하기 어렵다고 인정될 때에는 **징계위원회 동의**를 얻어 **임용권자가 직권면직**시킬 수 있다. {05.2 경간부} ③ 임용권자 또는 임용제청권자는 대기 명령을 받은 자에게 능력 회복이나 근무성적의 향상을 위한 교육훈련 또는 특별한 연구과제의 부여 등 필요한 조치를 하여야 한다. ④ 직위해제가 된 때에는 **직위에 종사하지 못하며, 출근의무도 없으며, 봉급의 8할을 지급한다.** ⑤ 직위해제기간은 **징계 여부와 관계없이 승진소요 최저 연수에 산업되지 않는다.** ⑥ 직위해제 여부는 **직위해제권자의 재량행위**이다. ⑦ 직위해제는 공무원에 대한 불이익한 처분이기는 하지만 징계처분과는 성질이 다르므로, 동일한 사유로 **직위해제와 징계책임이 동시에 병과해도 일사부재리 원칙에 위배되지 않는다**(판례).

(5) 기타

전 과	경과는 바꾸는 임용을 의미한다. 전과는 일반경과에서 수사경과, 보안경과 또는 특수경과로 전과하는 것에 한하여 인정된다.
파 견	경찰공무원을 국가기관 · 공공단체 · 국내외 교육기관이나 연구기관 등에 파견하는 것을 말한다.
복 직	휴직, 정직, 직위해제 중에 있는 국가경찰공무원을 직위에 복귀시키는 것을 말한다.
정 직	징계의 일종으로 일정기간 그 직무에서 종사하지 못하게 하는 것이다.
감 봉	직무수행은 계속하게 하면서 보수만을 감액하는 것이다.
전 직	직렬을 달리하는 임용을 의미하며, **경찰공무원에게는 적용되지 않는다.**
강 임	① 동일한 직렬 또는 다른 직렬의 하위직급에 임명되는 것을 의미하며, **경찰공무원에게는 적용되지 않는다.** ② 임용권자는 직제 또는 정원의 변경이나 예산의 감소 등으로 즈위가 폐직되거나 하위의 직위로 변경되어 과원이 된 경우 또는 본인이 동의한 경우에는 소속 공무원을 강임할 수 있다. ③ 강임된 공무원은 상위 직급 또는 고위공무원단 직위에 결원이 생기면 제40조(승진) · 제40조의2(승진임용의 방법) · 제40조의4(우수공무원 등의 특별승진) 및 제41조(승진시험 방법)에도 불구하고 우선 임용된다. 다만, 본인이 동의하여 강임된 공구원은 본인의 경력과 해당 기관의 인력 사정 등을 고려하여 우선 임용될 수 있다.
전 입	국회, 법원, 헌법재판소, 선거관리위원회 및 행정부 상호 간에 다른 기관 소속 공무원을 전입하려는 때에는 시험을 거쳐 임용하여야 한다. 이 경우 임용 자격 요건 또는 승진소요최저연수 · 시험과목이 같을 때에는 국회규칙, 대법원규칙, 헌법재판소규칙, 중앙선거관리위원회규칙 또는 대통령령으로 정하는 바에 따라 그 시험의 일부나 전부를 면제할 수 있다.
겸 임	직위와 직무 내용이 유사하고 담당 직무 수행에 지장이 없다고 인즣하면 국회규칙, 대법원규칙, 헌법재판소규칙, 중앙선거관리위원회규칙 또는 대통령령으로 정하는 바에 따라 일반직공무원을 대학 교수 등 특정직공무원이나 특수 전문 분야의 일반직공무원 또는 대통령령으로 정하는 관련 교육 · 연구기관, 그 밖의 기관 · 단체의 임직원과 서로 겸임하게 할 수 있고, 대통령령으로 정하는 관련 교육 · 연구기관, 그 밖의 기관 · 단체의 임직원은 특수 전문 분야의 별정직공무원으로 겸임하게 할 수 있다.

3) 경찰공무원 관계의 소멸

(1) 퇴직

개요		① 징계처분에 대하여 **행정소송으로 다툴 수 있음을 물론이며, 직권면직 등에 의한 경찰공무원 관계의 소멸의 경우에도 행정소송으로 다툴 수 있다.** ② 경찰공무원법상 당연퇴직, 직권면직, 정년, 의원면직, 파면·해임 등의 징계 처분 등의 종류가 있다.
당연 퇴직	의의	① 당연퇴직이란 일정한 법정사유의 발생에 따라 별도의 행위를 기다릴 것이 없이 **당연히 경찰공무원의 신분을 상실하는 것**을 말한다. ② 당연퇴직 발령은 임용권자의 처분에 의해서가 아니고, 일정한 사유의 발생으로 인하여 퇴직된 사실을 알리는 관념의 통지에 불과하여 처분성이 부정되어 **행정소송의 대상이 되지 않는다.** ③ 당연퇴직으로 **공무원신분을 상실한 자가 사실상 공무원으로 근무하여 왔더라도 공무원연금법상의 퇴직급여 청구를 할 수 없다(판례).** ④ **결격사유가 있는 자가 공무원에 임명된 경우에는 그 임명행위는 무효**이다. 단, 퇴직사유가 있는 공무원이 행한 행위는 권한 없는 자의 행위가 되지만, "사실상 공무원이론"에 의하여 일단 유효한 행위로 볼 수 있다. 퇴직발령 통지서의 발부는 퇴직의 유효요건이 아니라 확인행위에 불과하다. 즉 당연퇴직 발령은 임용권자의 처분에 의해서가 아니고, 일정한 사유의 발생으로 인하여 퇴직된 사실을 알리는 관념의 통지에 불과하다. 【대판 1995. 11. 14, 95누2036】
	당연 퇴직 사유 {98. 2 승진}	① 대한민국 국적을 가지지 아니한 자 ② 국적법에 따른 복수국적자 ③ 금치산자 또는 한정치산자 ④ 파산선고를 받은 자로서 복권되지 아니한 자 ⑤ 자격정지이상의 형의 선고를 받은 자 ⑥ 징계에 의하여 파면 또는 해임의 처분을 받은 자 ☞ 자격정지이상의 형의 선고유예를 받고 그 선고유예기간 중에 있는 자는 **임용(신규채용) 결격사유에는 해당**하지만, **당연퇴직사유에는 포함되지 않는다.**
정년 퇴직	의의	연령으로 인한 능력의 감퇴를 방지하고, 신진대사의 촉진을 목적으로 공무원관계를 소멸시키는 일종의 이직수단이며, 인사관리체제의 최종단계를 속한다.
	정년퇴직 사유	① 경찰공무원의 정년은 다음과 같다. ㉠ **연령정년 : 60세** 　☞ 2009~2010년 : 58세 / 2011~2012년까지 : 59세 / 2013년까지 : 60세 ㉡ **계급정년:** 치안감(4년), 경무관(6년), 총경(11년), 경정(14년) ② 징계로 인하여 강등(경감으로 강등된 경우 포함)된 경찰공무원의 계급정년은 아래에 따른다.

	㉠ 강등된 계급의 계급정년은 **강등되기 전 계급 중 가장 높은 계급의 계급 정년으로** 한다. ㉡ 계급정년을 산정할 때에는 **강등되기 전 계급의 근무연수와 강등 이후의 근무연수를 합산**한다. ③ 수사 · 정보 · 외사 · 보안등 특수부문에 근무하는 경찰공무원으로서 대통령령이 정하는 바에 의하여 지정을 받은 자는 **총경 및 경정의 경우에는 3년의 범위 안에서 계급정년을 연장**할 수 있다. ④ 경찰청장 또는 해양경찰청장은 전시 · 사변 기타 이에 준하는 비상사태 하에서는 **2년의 범위 안에서 계급정년을 연장**할 수 있다. 이 경우 **경무관 이상의 경찰공무원에 대하여는 행정안전부장관 또는 국토해양부장관과 국무총리를 거쳐 대통령의 승인**을 얻어야 하고, **총경 · 경정의 경찰공무원예 대하여는 국무총리를 거쳐 대통령 승인**을 얻어야 한다. ⑤ 경찰공무원은 그 정년에 달한 날이 1월에서 6월 사이에 있는 경우에는 6월 30일에, 7월에서 12월 사이에 있는 경우에는 12월 31일에 각각 당연퇴직이 된다.

(2) 면직

의의		① 면직이란 공무원관계의 소멸이 법정사유에 의해서가 아니라 **공무원 본인이나 임용권자의 의사에 의하여 행하여지는 것**을 말한다. ② **면직발령장 또는 면직통지서에 기재된 일자**에 효력이 발생한다. 다단, 사망으로 인한 면직은 **사망한 다음 날에 면직**된 것으로 본다.
의원 면직	**의 의**	**공무원 관계를 소멸시키는 행위**이며, 경찰공무원 자신의 의사표시를 전제로 하여 **임용권자가 처분으로 경찰공무원 관계를 소멸시키는 쌍방적 행정행위**이다. {01.10 순경}
	효력 발생 시기	① 의원면직의 효과는 서면에 의한 사직서를 제출하며, 사직의 의사표시만으로는 부족하고, **서면에 의한 사직서를 제출하여 임용권자의 승인을 받은 때 발생**한다. ② 의원면직의 경우 면직효과의 발생시기는 사직의 의사표시가 있는 때가 아니라 **서면에 의한 사직서를 임명권자가 승인(수리)한 때**이다. {06.2 경간부, 01.10 순경} ③ 사직의 의사표시는 **진정한 의사에 의한 것**이어야 한다. {01.10 순경} ④ 사직서 제출 후 수리 전에 무단결근한 경우 **징계사유에 해당**한다. {01.10 순경} **【관련판례】** ㉠ 공무원으로서 20년 이상 근속한 자가 정년 전에 자진하여 퇴직하는 것을 말한다. 명예퇴직은 의원면직의 하나이다. 명예퇴직하는 경우에는 예산의 범위 안에서 명예퇴직수당을 지급할 수 있다. ㉡ 상사 등의 강요에 의해 반려될 것으로 기대를 하고 사직원을 저출한 경우 정식 수리되더라도 면직처분은 무효이다. ㉢ 범법행위를 저지른 공무원이 수사기관 등으로부터 사직종용을 받고 형사처벌을 받아 징계파면될 것을 염려하여 사직서를 제출한 경우 그 사직의사 결정을 강요에 의한 것으로 볼 수 없다. 【대판 1990.11.27 90누257】

강제 면직	**의의**		강제면직이란 **본인의 의사와 상관없이** 일방적으로 행해지는 면직처분으로서 징계를 통하여 강제로 면직시키는 경우인 **징계면직(파면, 해임)과 직권면직**이 있다.	
	징계 면직	**의의**	① 징계처분에 의해 경찰공무원관례를 소멸시키는 처분을 말한다. ② 징계로서 공무원의 신분을 박탈하는 행위를 말하며, **파면과 해임**이 있다.	
		내용	① 경찰공무원에 대한 파면의 경우에는 **공무원의 신분을 박탈**함과 동시에 **퇴직 급여액 1/4~1/2을 감액하여 지급**한다. ② 공무원 자신이 그 범법행위로 인하여 구속되어 형사처벌되고, 징계파면까지 될 것을 우려하여 사직서를 작성·제출한 것으로 볼 수는 없다.	
	직권 면직	**의의**	**법정사유가 있는 경우** 본인 경찰공무원 **본인의 의사여부에 상관없이**(국가의 일방적 의사에 의해) **임용권자가 직권으로 행하는 면직처분**을 말하며, 직권면직에 대해서 행정소송으로 다툴 수 있다.	
		직권면직 사유 (경찰 공무원법)	1. 경찰공무원으로서 부적합할 정도로 **직무수행능력 또는 성실성이 현저히 결여된 자**로서 대통령령이 정하는 사유에 해당된다고 인정될 때 {11.8 순경, 10.1 승진}	징계위 **동의 필요** {11.8 승진}
			2. 직무수행에 있어서 위험을 일으킬 우려가 있을 정도의 **성격 또는 도덕적 결함이 있는 자**로서 대통령령이 정하는 사유에 해당된다고 인정될 때 {11.8 순경}	
			3. 직무수행능력 부족이나 근무성적이 극히 불량으로 **대기 명령을 받은 자**가 그 기간에 **능력** 또는 근무성적의 향상을 기대하기 어렵다고 인정된 때 {11.8 순경, 10.1 승진, 08.2 경간부, 03.7 순경, 01.1승진}	
			4. 직제와 정원의 개폐 또는 예산의 감소 등에 따라 **폐직(廢職) 또는 과원(過員)**이 되었을 때 {10.1 승진, 08.2 경간부, 03.7 순경, 01.1승진}	징계위 **동의 불요**
			5. 휴직 기간이 끝나거나 휴직 사유가 소멸된 후에도 **직무에 복귀하지 아니하거나 직무를 감당할 수 없을 때**(이 경우 직권면직일은 휴직기간의 만료일 또는 휴직사유의 소멸일로 함) {08.2 경간부, 03.7 순경, 01.1승진}	
			6. 당해 경과에서 직무를 수행하는 데 **필요한 자격증의 효력이 상실되거나 면허가 취소되어 담당 직무를 수행할 수 없게 된 때** {10.1 승진}	
		직권면직 사유 (국가 공무원법)	7. **전직시험에서 세 번 이상 불합격한 자**로서 직무수행 능력이 부족하다고 인정된 때 8. **징병검사·입영 또는 소집의 명령을 받고** 정당한 사유 없이 이를 기피하거나 군복무를 위하여 휴직 중에 있는 자가 군복무 중 군무(軍務)를 이탈하였을 때 9. **해당 직급에서 직무를 수행**하는데 필요한 자격증의 효력이 없어지거나 면허가 취소되어 담당직무를 수행할 수 없게 된 때 10. **고위공무원단에 속하는 공무원**이 적격심사 결과 부적격 결정을 받은 때	
면직 효력의 발생 시기			① 경찰공무원에 대하여 직권면직을 하고자 할 때에는 처분사유를 기재한 증명서를 교부해야 한다. 이에 대하여 **불복이 있는 경우**에는 소청심사위원회의 심사를 청구할 수 있다. ② **면직한 날** 면직처분의 효력이 발생한다. ③ 임용 중 면직의 경우에는 면직발령장 또는 면직통지서에 **기재된 일자에 면직의 효과가 발생**하여 그날 영시부터 공무원의 신분을 상실한다. 【대판 1985.12.24, 85누531】	

III. 경찰공무원의 지위(권리 · 의무 · 책임)

1. 경찰공무원의 권리

기본적 인권	① 국가경찰공무원도 한 사람의 인격체로서 **양심 · 표현의 자유 등 기본적 인권의 주체**이다. ② 국가경찰공무원은 근로자이기는 하나 **헌법상의 단결권, 단체교섭권, 단체행동권의 향유주체는 아니다.** {06.1 승진, 03.1 승진}		
신분 상의 권리	**일 반 공무원과 공통적인 권 리**	신분보유권	경찰공무원의 신분보장은 궁극적으로 헌법에 의해 보장된다. ☞ **경찰청장의 2년 임기제가 경찰법에 명시됨으로써 앞으로는 경찰청장의 신분은 2년의 범위 내에서 보장된다고 볼 수 있으나(견해 대립), 치안정감과 시보임용기간 중의 공무원은 원칙적으로 신분이 보장되지 않는다.** {06.1 승진, 03.1 승진} ☞ **2013년 경찰공제회 실무문제집 p. 140** 　: 치안총감, 치안정감, 시보임용자 모두 신분보장(×)
		직위보유권	① 경찰공무원에 임용된 자는 계급에 상응하는 일정한 직위를 부여받을 권리를 가진다. ② 법정사유에 의하지 아니하고는 직위해제를 당하지 아니하는 동시에, 직위해제 된 경우에도 그 **해제사유가 소멸된 때에는 지체 없이 직위를 부여받을 권리를 갖는다.**
		직무집행권	경찰공무원은 자기가 담당하는 직무를 수행하고 그 직무집행에 방해를 받지 않을 권리가 있다.
		쟁송제기권	소청심사청구권, 고충심사청구권을 보유한다.
		직장협의회 가입 권리	**모든 경찰공무원은 공무원직장협의회에 가입**할 수 있다. {10.2 경간부}
	경 찰 공무원의 특수한 권 리 {10.2 경간부, 10.3 순경}	제복착용권	경찰공무원의 **권리이자 의무(직무상 의무)로서의 성격**을 가진다.
		무기휴대 및 사용권	무기휴대 및 사용을 **할 수 있다(재량). 무기**휴대의 법적 근거(경찰공무원법), **무기사용**의 법적 근거(경찰관직무집행법)
		장구사용권	경찰관직무집행 제10조에 의거하여 수갑, 포승, 경찰봉, 방패 등 경찰장구를 **사용할 수 있다(재량).**
	보수청구권		① 공무원의 보수는 봉급과 기타 각종 수당을 합산한 금액으로 근로의 대가로서의 성질과 **공무원의 생활보장적 성격**을 갖는다. ② **보수는 봉급과 수당으로 구성**되며, 근거로서 경찰공무원의 보수에 관한 규정으로 **공무원보수규정**(대통령령)을 두고 있다. ③ 시간외 근무수당을 거짓이나 부정한 방법으로 수령한 경우 **부당 수령액의 2배에 해당하는 금액을 징수**한다. ④ 공무원의 **보수에 대한 압류는 1/2까지로 제한**된다. ⑤ 보수청구권은 공무원관계에서 발생하는 공권이므로 **양도 · 포기가 제한**된다. ⑥ 국가재정법상 공무원 보수청구권의 소멸시효는 5년이 나, 판례 【대판 1996. 9. 20, 65다2506】에 따르면 민법 제163조를 적용하여 **임금채권의 소멸시효기간인 3년**으로 본다. {10.2 경간부}

재산 상의 권리 {02.1 승진}	**보상 청구권**	① 경찰공무원이 **질병·폐질·퇴직·사망 또는 재해를 입었을 때**에는 본인 또는 그 유족에게 법률이 정하는 바에 따라 적절한 급여를 지급받게 되는 권리를 말한다. ② **경찰공무원으로서 전투 기타 직무수행 또는 교육훈련 중 사망한 자 및 상이(傷痍)를 입고 퇴직한 자와 그 유족 또는 가족**은 국가유공자 예우 등에 관한법률에 의하여 예우를 받는다. **【순직·공상 경찰관의 손해전보 개선사항】** ㉠ 공무상 요양비 산정기준을 개정하여 공무상 부상 시 치료비 전액을 부담토록 하고 있다. ㉡ 국가배상법의 개정을 통해 일반 직무집행 중 발생한 순직·공상시 국가배상 청구가 가능하게 되었다. ㉢ 국가배상법에 근거한 관용자동차 특별약관을 개정하여 보험보상 제한범위를 대폭 축소시켰다. ㉣ 112순찰 근무 중 운전경찰관이 과실로 사고를 야기하여 **동승한 경찰관이 순직하거나 공상을 입은 경우에도 국가배상청구가 가능**하게 되었다. {06.2 경간부} ㉤ 순직공무원보상법이 제정되어 경찰관이 범인을 체포하거나 교통단속 등 생명 또는 신체에 대한 고도의 위험이 예측되는 상황 시 사망한 경우 유족에 대한 보상을 강화하고 있다. ㉥ 순직공무원보상법을 제정하여 **유가족 생계보장**을 하고 있다. {06.2 경간부} ㉦ 지구대·파출소 소내 근무 중 계단에 있는 빗물에 미끄러져 **경찰관이 부상을 입은 경우 등에도 영조물 관리 하자와 관련하여 국가배상을 받을 가능성**을 열어 놓고 있다. {06.2 경간부} ㉧ 전투·훈련 등 **직무집행 이외에 일반 직무집행 중 발생한 관용자동차 교통사고 손해에 대해 종합보험 보상이 가능**하게 되었다. {06.2 경간부}
	연금 청구권	① 경찰공무원이 상당한 기간 근무하여 퇴직 및 사망과 공무로 인한 부상, 질병, 폐질의 경우에 본인 및 그 유족이 생활안정과 복리현상에 기여함을 목적으로 지급되는 급여를 말한다. {03.4 순경} ② **단기급여 소멸시효는 3년, 장기급여소멸시효는 5년**이다. ③ 연금청구권은 **양도·압류·담보의 제공 등의 포기가 불가능**하다.
	실비 변상 청구권	① 경찰공무원은 직무수행에 소요되는 여비, 출장비, 수사 활동비 등 실비변상을 받는다. ② 지급청구는 **당사자소송**에 의하며, **양도·압류·포기가 가능**하다. ③ 소멸시효는 5년이다.
	실물대여 청구권	제복 기타 물품의 급여 및 대여를 받는다.
	퇴직 연금권	20년 이상 재직하고 퇴직한 공무원 또는 그 유족에게 지급하는 연금을 말한다.
	명예퇴직	치안정감 이하의 경찰공무원으로 20년 이상 근속한 자로서 **정년퇴직일 전 1년 이상의 기간 중 자진 퇴직하는 자**에게 지급한다. {02.1 승진}

【경찰공무원의 재산상 권리】

	보수청구권	연금청구권	실비변상청구권
의 의	보수는 근로에 대한 반대급부로서의 성질은 물론 생활보장적 성질을 갖는다. 보수는 봉급과 수당으로 구성된다.	연금은 봉급을 연불함과 동시에 사회보장성격을 동시에 갖는다.	공구원이 공무집행상 필요한 비용을 보상받을 권리를 말한다(여비, 식비, 숙박비).
성 질	공권, 지급청구는 당사자소송에 의한다(단, 판례는 민사소송에 의함).	공권, 지급청구는 당사자소송에 의한다(단, 판례는 민사소송에 의함).	공권, 지급청구는 당사자소송에 의한다.
양도 · 압류 · 포기	㉠ 양도 · 포기 금지(단, 퇴직 후의 포기는 가능) ㉡ 보수의 1/2까지 압류 가능	양도 · 포기 · 압류 금지	양도 · 포기 · 압류가능
소멸시효	㉠ 국가재정법 : 5년 ㉡ 판례 : 3년	㉠ 단기급여 : 소멸시효: 3년 ㉡ 장기급여 : 소멸시효: 5년	5년의 시효로 소멸

※ 자료: 공병인(2010), 공병인 경찰학개론, p.257.
☞ 경찰공무원의 보수에 관한 법령으로 대통령령인 **공무원보수규정**이 있다.
☞ 연금급여의 결정에 이의가 있는 자는 **결정이 있는 날로 180일, 그 사실을 안 날로부터 90일 이내**에 공무원급여 재심위원회에 그 심사를 청구할 수 있다.

2. 경찰공무원의 의무 {10.1 승진}

개 요		① 현행 국가공무원법에서 정하는 복무의 근본기준이며, 이를 기초로 각종의 **직무상의 의무가 국가경찰공무원에게 부여**된다. ② 경찰공무원의 의무는 **모두 법적 의무**이며, **신의칙상 · 윤리상 의무가 아니며 이를 위반하면 위법 · 징계사유**가 된다. ③ 공무원의 의무 중 **정치운동금지의무와 집단행동금지의무 위반**에 대해서는 **국가공무원법에 직접 형사상 처벌규정**을 두고 있다.
일반적 의무	선서의무	경찰공무원은 취임할 때에 소속기관장 앞에서 선서할 의무를 갖는다. 단, 불기피한 사유가 있을 때에는 취임 후 선서를 할 수 있다.
	성실의무 {05.1 승진, 02.7 순경}	① 국가공무원법 제56조는 "**공무원은 법령을 준수하며 성실히 직무를 수행하여야 할 의무를 진다.**"고 규정하고 있다. ② 공무원의 의무 중 **가장 기본적인 의무**로서 다른 의무의 원천이 된다. ③ **법적 의무이나 다른 의무에 비해 윤리적 성격이 강·하다.** {03.4 순경} ④ 고위직 공무원일수록 더욱 요구되며, **공무원의 자발적이고 적극적인 의무**이다. ⑤ 국가공무원법상 공무원의 성실의무는 경우에 따라서 **근무시간 외에 근무지 밖에까지 미칠 수도 있다**(판례).
	비밀엄수 의무	① 공무원은 **재직 중은 물론 퇴직 후에도 직무상 지득한 비밀을 엄수**하여야 한다. 직무에 관한 비밀뿐만 아니라 **직무와 관련하여 알게 된 모든 비밀을 포함**한다.

신분상 의무 {04.7 순경, 06.3 순경}		② 비밀엄수의무의 위반에 대해서는 **형사벌(형법상 피의자실공표죄 또는 공무상 비밀누설죄) 및 징계처분이 가능**하며, **공무원의 퇴직 후에는 형사벌에 의한 처벌이 가능**하다. ③ 경찰공무원 또는 경찰공무원이었던 자가 법원 기타 법률상 권한을 가진 기관의 감정인이 되어 **직무상의 비밀에 관하여 심문을 받을 때에는 감독관공서의 허가를 받은 사항에 한하여 진술**을 할 수 있다. ④ 공무원이 법원의 증인이 되어 비밀에 관하여 심문을 받을 때에는 **소속공무소의 허가를 받은 사항에 한하여 진술**할 수 있다. 국가공무원법상 직무상 비밀이라 함은 행정기관이 비밀이라고 형식적으로 정한 것에 따를 것이 아니라 실질적으로 비밀로서 보호할 가치가 있는지 등이 객관적으로 검토되어야 한다(실질설). 실질설에 따를 때, 실질적으로는 비밀에 해당되지 않으나 **형식적으로는 비밀로 분류되어 있을 경우 그 비밀을 누설했을 경우에는** 비밀엄수 의무위반의 문제가 아니라(**형사벌은 불가능**) 비밀엄수에 관한 직무명령위반의 문제로서 **징계책임의 대상**이 될 수 있다. 【대판 1996.10.11, 이문옥 감사관사건】
	청렴의무	① 공무원은 **직무와 관련하여 직접 또는 간접을 불문**하고 사례·증여 또는 향응을 수수할 수 없으며, **직무상의 관계 여하를 불문**하고 그 소속상관에게 **증여**하거나 소속공무원으로부터 **증여**를 받아서는 아니 된다. ② 공직자윤리법상 **국가경찰공무원은 총경이상, 자치경찰공무원은 자치 총경 이상, 공직자윤리법시행령상 국가경찰공무원 경사 이상 재산등록의무**가 있으며, 공직자윤리법상 **치안감 이상의** 경찰공무원 및 특별시·광역시·도의 지방경찰청장은 **재산공개의무**가 있다. ③ **청렴의무의 위반은 징계사유**가 될 뿐만 아니라 일정한 경우에는 **형사상 범죄를 구성**한다.
	품위유지 의무	① 경찰공무원은 **직무의 내외를 불문**하고 그 품위를 손상하는 행위를 하여서는 아니 된다. ② **직무와 관련성이 없는 공무원의 단순한 사생활에는 미치지는 않는다.**
	외국정부의 영예 등의 제한	공무원이 외국정부로부터 영예 또는 증여를 받을 경우에는 대통령 허가를 얻어야 하며, 외국정부로부터 훈장을 수여받거나 영예스러운 직함이나 재산을 무상으로 증여받으려면 **대통령 허가**를 얻어야 한다. {07.1 승진, 01.3 순경, 98.2 승진}
	정치운동 금지의무	① **공무원은 정당 기타 정치단체의 결성에 관여하거나 이에 가입할 수 없으며, 위반시 국가공무원법상 형사처벌을 받게 된다.** {01.3 순경, 98.2 승진} ② 경찰공무원은 선거에 있어서 특정정당 또는 특정인의 지지나 반대를 하기 위하여 아래 행위를 하여서는 아니 된다. **【행위금지 내용】** {01.1 승진} ㉠ **투표를 하거나 하지 아니하도록 권유운동을 하는 것** ㉡ 서명운동을 기도·주재하거나 권유하는 자 ㉢ 문서 또는 도서를 공공시설 등에 게시하거나 게시하게 하는 것 ㉣ 기부금을 모집 또는 모집하게 하거나 공공자금을 이용 또는 이용하게 하는 것 ㉤ **타인으로 하여금 정당 기타 정치단체에 가입하게 하거나 또는 가입하지 아니하도록 권유운동을 하는 것**

	집단행동 금지의무		경찰공무원은 노동운동 기타 공무 이외의 일을 위한 집단적 행위를 하여서는 아니 된다고 규정함으로써 **노동 3권(단결권, 단체교섭권, 단체행동권)은** 물론이고 **집단적 행위도 금지**하고 있다. 이를 **위반 시 국가공무원법상 형사처벌을 받게 된다.**
직무상 의무 (국가 공무 원법) {08.3 순경, 09.1 승진}	**법령 준수의무**		경찰공무원은 직무수행에 있어서 법령을 준수해야 한다. 이는 직무수행에 있어서 가장 기본적인 의무이다.
	복 종 의 무		① 경찰공무원이 직무를 수행함에 있어서 **소속 상관(당해 신분상의 상관이 아닌 직무상의 상관)의 직무상의 명령에 복종**하여야 하며, 직무상의 명령에는 직무집행에 직접 관계되는 것뿐만 아니라, 복장 등도 **들어간다.** 그러나 이러한 복종의무는 **직무와 관련 없는 공무원의 사생활까지 미치는 것은 아니다.** ② 직무명령에 대한 복종의무와 관련하여, 상대방 공무원은 직무명령이 위법함을 알고도 복종하였으며, 비록 상사의 명령이 있었다고 하더라도 이에 복종한 공무원에게도 책임이 있으며(판례), 단순히 법령이나 일반원리·이념에 위반될 가능성이 있음에 그치는 **부당한 상관의 지시에는 따를 의무가 있다.** {06.10 순경, 03.4 순경, 02.3 순경, 01.1 승진} ③ 직무명령은 특별한 규정이 있는 경우 외에는 **서면이나 구두의 어느 형식이나 무방하다.** ④ **직무명령은 형식적 요건의 하자가 있는 경우 그 복종에 따르는 책임은 수명공무원이 져야 하며,** 수명공무원의 직무범위 내에 속하는 직무명령에 대하여 발생한다. {06.10 순경, 01.1 승진} ⑤ 공무원의 복종의무는 **직무의 성질상 독립이 보장된 공무원의 직무수행에는** 인정되지 않는다.
	직 무 전 념 의 무	직장이탈 금지의무	① 공무원은 **소속 상관의 허가 또는 정당한 이유 없이 직장을 이탈하지 못한다.** {01.3 순경, 98.2 승진} ② 수사기관이 공무원을 구속하고자 할 때에도 미리 그 **소속기관의 장에게 통보(10일 이내)**하여야 한다. 단, 현행범은 그러하지 아니하다.
		영리업무 금지의무	공무원은 대통령령 등으로 정하는 **공무 이외의 영리를 목적으로 하는 업무에 종사하지 못하며,** 설령 소속기관장의 허가를 받아도 영리업무에 종사할 수 없다. {01.3 순경, 98.2 승진}
		겸직 금지의무	공무원은 **소속기관의 장의 허가 없이 다른 직무를 겸할 수 없다.** {07.1 승진, 01.3 순경, 98.2 승진}
	친절· 공정의무		공무원은 **국민 전체의 봉사자로서 친절 공정히 집무**하여야 한다. {03.6 순경}
	종교 중립의무 {10.3 순경, 09.1 승진}		① 공무원은 **종교에 따른 차별 없이 직무를 수행**하여야 한다. ② 공무원은 소속 상관이 종교중립의 의무를 위배되는 직무상 명령을 한 경우에는 이에 따르지 아니할 수 있다.

직무상 의무 (경찰 공무 원법) {10.3 순경}	**거짓보고 등의 금지의무**	경찰공무원은 **직무에 관하여 허위의 보고나 통보를 하여서는 아니 되며**, 또한 직무를 태만히 하거나 유기하여서도 아니 된다.
	지휘권 남용 금지의무	전시·사변 기타 이에 준하는 비상사태에 처하거나, 작전수행 중인 경우 또는 많은 인명손상이나 국가재산손실의 우려가 있는 위급한 사태가 발생한 경우에 경찰공무원을 지휘·감독하는 자는 정당한 사유 없이 그 직무수행을 거부 또는 유기하거나 경찰공무원을 지정된 근무지에서 진출·퇴각 또는 이탈하게 하여서는 아니 된다.
	제복 착용의무	국가경찰공무원은 **특수한 경우를 제외하고는 제복을 착용**하여야 한다.
직무상 의무 (경찰 공무원 복무 규정)	**지정장소 이외에 직무수행 금지**	국가경찰공무원은 **상사의 허가를 받거나 그 명령에 의한 경우를 제외하고는** 직무와 관계없는 장소에서 직무수행을 하여서는 아니 된다. {10.2 경간부}
	근무시간 중 음주금지	국가경찰공무원은 근무시간 중에 **음주를 하여서는 아니 된다.** 다만, 특별한 사정이 있는 경우 예외로 한다.
	민사분쟁에의 부당개입 금지	국가경찰관은 직위·직권을 이용하여 **부당하게 타인의 민사분쟁에 개입해서는 아니 된다.** {05.2 경간부, 05.1 승진}
	여행의 제한	국가경찰공무원은 휴무일 또는 **근무시간 외에 공무 아닌 사유로 2시간 이상 직무에 복귀하기 어려운 지역으로 여행하는 경우 소속경찰기관의 장에게 신고**하여야 한다. 다만, 치안상 특별한 사정이 있어 경찰청장 또는 경찰기관의 장이 지정하는 기간 중에는 소속경찰기관의 장의 허가를 받아야 한다.
	기타	① **보고 및 통보**　　② **상관에 대한 신고**

【경찰공무원 권리의 유형】

신분상의 권리	**일반공무원과 공통적인 권리** (국가공무원법) {03.4 순경}	신분보유권	㉠ 헌법에 의해 보장 ㉡ 치안정감(×), 시보기간(×), 　　**치안총감(2년임기 보장)**
		직위보유권	
		직무집행권	
		직장협의회 가입 권리	**모든** 경찰공무원은 가입가능
		쟁송제기권	
	경찰공무원의 특수한 권리 {10.2 경간부}	제복착용권	**권리이자 의무** {06.10 순경}
		무기휴대 및 사용권	무기의 **휴대(경공법)**, 무기**사용권(경직법)**, **재량** {10.3 순경, 06.10 순경, 06.1 승진}
		장구사용권	수갑, 포승, 경찰봉 등, **재량**
재산상의 권리 {06.1 승진, 02.1 승진}		보수청구권	소멸시효는 5년(다수설), **3년(판례)**, **압류는 1/2까지 제한**, 양도·포기 제한 {10.2 경간부, 03.1 승진}
		연금청구권	**단기급여** 소멸시효 **3년**, **장기급여** 소멸시효 **5년** {03.4 순경} 양도 · 압류 · 담보의 제공 등의 포기가 불가능
		보상청구권	질병 · 폐질 · 퇴직 · 사망 또는 재해를 입었을 따, 경찰공무원으로서 전투 기타 직무수행 또는 교육훈련 중 사망한 자 및 상이(傷痍)를 입고 퇴직한 자와 그 유족 또는 가족
		실비변상청구권	**소멸시효 5년**, 양도 · 압류 · 포기가 가능
		실물대여청구권	
		명예퇴직	치안정감 이하의 경찰공무원으로 20년 이상 근속한 자
		퇴직연금권	20년 이상 재직하고 퇴직한 공무원 및 그 유족

☞ 경찰공무원의 보수에 관한 법령으로 대통령령인 **공무원보수규정**이 있다.

☞ 연금급여의 결정에 이의가 있는 자는 **결정이 있는 날로 180일**, 그 **사실을 안 날토부터 90일 이내**에 공무원 급여 재심위원회에 그 심사를 청구할 수 있다.

		【경찰공무원 의무의 유형】 {12.8 순경}	
일반의무	국가공무원법	㉠ 선서의무 ㉡ 성실의무 : **가장 기본적인 의무임, 윤리적 성격**이 강함 　　근무시간 외에 근무지 밖에까지 미침(판례)	
신분상 의무	국가공무원법	㉠ 비밀엄수 의무{09.2 경간부, 06.3 순경, 04.7 순경} : 재직 중, 퇴직 후 　비밀엄수, **위반시 재직 중(형사벌 또는 징계처분), 퇴직 후(형사벌)** ㉡ 청렴의무{06.3 승진}, : **위반시 징계사유, 형사벌,** ㉢ 품위유지의무{06.3 순경} : 단순한 사생활에는 미치지 않음 ㉣ 외국정부의 영예 등의 제한 : 훈장, 직함, 재산 등 증여 받기 위해서 　는 **대통령 허가** ㉤ 정치운동 금지의무 : **위반시 형사처벌** ㉥ 집단행동 금지의무 : **위반시 형사처벌**	
	공직자윤리법 {10.3 순경, 10.2 경간부}	재산의 등록의무	공직자윤리법상 총경 이상, **동 시행령: 경사 이상**
		재산공개의무	㉠ **치안감 이상 경찰공무원** ㉡ **특별시·광역시·도·특별자치도의 지방경찰청장**
		선물신고의무	**미화 100달러, 한화 10만 원 이상** {10.2 경간부} → 신고된 즉시 국고에 귀속
		퇴직공직자의 취업제한의무	**퇴직일부터 2년간 퇴직 전 5년 이내** 업무와 관련된 업체에 취업불가, 단, 관할공직자윤리위원회의 승인시 가능
	부패방지 및 국민원익위원회 설치 및 운영에 관한 법률	부패행위의 신고의무	
		공직자의 청렴의무	
직무상 의무	일반공무원과 공통적인 의무 (국가공무원법)	㉠ 법령준수 의무 {08.3 순경, 06.3 순경} ㉡ 복종의무 {09.2 경간부, 08.3 순경} – 신분상의 상관이 아닌 **직무상의** 　**상관** : **부당한 지시 – 복종○, 위법한 지시 – 복종×** ㉢ 직무전념의무(직장이탈 금지의무, 영리업무 금지의무 {04.7 순경} 　겸직 금지의무) {10.1 승진} ㉣ 친절 · 공정의무 {08.3 순경} ㉤ 종교중립 의무 {10.3 순경}	
	경찰공무원의 특수한 권리 (경찰공무원법)	㉠ 거짓보고 등의 금지의무{08.3 순경} ㉡ 지휘권남용 금지의무 ㉢ 제복착용 의무	
	경찰공무원 복무규정	㉠ 지정장소 이외에 직무수행 금지 : 상사의 허가 및 명령시 가능 ㉡ 여행의 제한 : 근무시간 외에 공무 아닌 사유로 **2시간 이상** 직무에 　복귀하기 어려운 지역으로 여행하는 경우 소속경찰기관의 장에게 신고 ㉢ 근무시간 중 음주금지　　　㉣ 민사분쟁에의 부당개입금지 ㉤ 상관에 대한 신고　　　　　㉥ 보고 및 통보	

【경찰청 공무원 행동강령】 [시행 2009.12.22]

적용 범위	경찰청 소속 공무원과 경찰청에 파견된 공무원에게 적용한다.	
공정한 직무 수행	**공정한 직무수행을 해치는 지시에 대한 처리**	① 공무원은 상급자가 자기 또는 타인의 부당한 이익을 위하여 공정한 직무수행을 현저하게 해치는 지시를 하였을 때에는 그 사유를 그 상급자에게 소명하고 지시에 따르지 아니하거나 제23조에 따라 지정된 공무원 행동강령에 관한 업무를 담당하는 공무원과 **상담할 수 있다.** ② 지시를 이행하지 아니하였는데도 같은 지시가 반복될 때에는 **즉시** 행동강령 책임관과 **상담하여야 한다.**
	특혜의 배제	공무원은 직무를 수행함에 있어 지연·혈연·학연·종교 등을 이유로 특정인에게 특혜를 주어서는 아니 된다.
	예산의 목적 외 사용 금지	공무원은 여비, 업무추진비 등 공무 활동을 위한 예산을 목적 외의 용도로 사용하여 소속 기관에 재산상 손해를 입혀서는 아니 된다.
	인사 청탁 등의 금지	① 공무원은 자신의 임용·승진·전보 등 인사에 부당한 영향을 미치기 위하여 타인으로 하여금 인사업무 담당자에게 청탁을 하도록 해서는 아니 된다. ② 공무원은 직위를 이용하여 다른 공무원의 임용·승진·전보 등 인사에 부당하게 개입해서는 아니 된다.
부당 이득의 수수 금지	**직위의 사적 이용 금지**	공무원은 직무의 범위를 벗어나 사적 이익을 위하여 소속기관의 명칭이나 직위를 공표·게시하는 등의 방법으로 이용하거나 이용하게 하여서는 아니 된다.
	공용물 등의 사적사용· 수익의 금지	공무원은 관용 차량·선박·항공기 등 공용물과 예산의 사용으로 제공되는 **항공마일리지, 적립포인트 등 부가서비스를 정당한 사유 없이 사적인 용도로 사용·수익해서는 아니 된다.**
	금품 등을 받는 행위의 제한	① 공무원은 직무관련자로부터 금전, 부동산, 선물 또는 향응을 받아서는 아니된다. **다만, 아래의 어느 하나에 해당하는 경우에는 그러하지 아니하다.** {12.1 승진} 　㉠ 채무의 이행 등 정당한 권원에 의하여 제공되는 금품등 　㉡ 직무수행상 부득이한 경우에 한하여 제공되는 1인당 가액 3만원 이내의 간소한 식사와 통신·교통 등 편의(다만, 인가·허가·수사·단속·지도 등 민원 사무를 처리하는 부서의 공무원은 제외) 　㉢ **직무와 관련된 공식적인 행사에서 주최자가 참석자에게 일률적으로 제공하는 교통·숙박 또는 음식물** 　㉣ **불특정 다수인에게 배포하기 위한 소액의 기념품 또는 홍보용 물품** 　㉤ 질병·재난 등으로 어려운 처지에 있는 공무원을 돕기 위하여 공개적으로 제공되는 금품등 　㉥ **그 밖에 원활한 직무수행 등을 위하여 소속기관의 장이 허용하는 범위에서 제공되는 금품등** ② 공무원은 직무관련공무원으로부터 금품등을 받아서는 아니 된다. **다만, 아래에 해당하는 경우에는 그러하지 아니하다.** 　㉠ 전항 제1호, 제3호에서 제5호까지 및 제7호 　㉡ 직무수행상 부득이한 경우에 한하여 제공되는 **1인당 가액 3만원 이내의** 간소한 식사 또는 교통·통신 등 편의 　㉢ **가액 3만원을 초과하지 아니하는 범위내**에서 공개적으로 제공되는 간소한 선물 　㉣ 직원상조회 등에서 공개적으로 제공되는 금품등 　㉤ 상급자가 하급자에게 위로, 격려, 포상 등 사기를 높을 목적으로 제공하는 금품 ③ 공무원은 직무관련자였던 자나 직무관련공무원이었던 자로부터 당시의 직무와 관련하여 금품등을 받아서는 아니 된다. 다만, 제1항 각 호와 제2항 각 호의 어느 하나에 해당하는 경우는 제외한다. ④ 공무원은 배우자나 직계 존속·비속이 제1항부터 제3항까지의 규정에 따라 수령이 금지되는 금품등을 받지 아니하도록 하여야 한다.

	외부강의 · 회의 등의 신고	① **공무원은 대가를 받고** 세미나, 공청회, 토론회, 발표회, 심포지엄, 교육과정, 회의 등에서 강의, 강연, 발표, 토론, 심사, 평가, 자문, 의결 등을 할 때에는 미리 외부강의 · 회의 등의 요청자, 요청 사유, 장소, 일시 및 대가를 외부강의 등 신고서에 따라 **소속기관의 장에게 신고하여야 한다.** 다만, 외부강의 · 회의 등의 요청자가 국가나 지방자치단체(그 소속 기관을 포함)인 경우는 그러하지 아니하다. ② 공무원이 외부강의 · 회의 등을 할 때 받을 수 있는 대가는 외부강의 · 회의 등의 요청자가 통상적으로 적용하는 기준을 초과해서는 아니 된다.
건전한 공직 풍토의 조성	금전의 차용 금지	① 공무원은 직무관련자 또는 직무관련공무원(4촌 이내의 친족은 제외)에게 금전을 빌리거나 빌려 주어서는 아니 되며 부동산을 무상(대여의 대가가 시장가격 또는 거래관행과 비교하여 현저하게 낮은 경우를 포함)으로 대여 받아서는 아니 된다. 다만, 금융실명거래 및 비밀보장에 관한 법률 제2조에 따른 금융기관으로부터 통상적인 조건으로 금전을 빌리는 경우는 제외한다. ② 부득이한 사정으로 직무관련자 또는 직무관련공무원에게 금전을 빌리거나 빌려 주는 것과 부동산을 무상으로 대여 받으려는 **공무원은 금전차용(부동산 대여)신고서에 따라 소속기관의 장에게 신고하여야 한다.**
	경조사의 통지와 경조금품의 수수 제한	① **공무원은 직무관련자나 직무관련공무원에게 경조사를 알려서는 아니 된다.** 다만, 아래에 해당하는 경우에는 경조사를 알릴 수 있다. ㉠ 친족에 대한 통지 ㉡ 현재 근무하고 있거나 과거에 근무하였던 기관의 소속직원에 대한 통지 ㉢ 신문, 방송 또는 제2호에 따른 직원에게만 열람이 허용되는 내부통신망 등을 통한 통지 ㉣ 공무원 자신이 소속된 종교단체 · 친목단체 등의 회원에 대한 통지 ② **공무원은 경조사와 관련하여 가액 5만원을 초과하는 금품 등을 주거나 받아서는 아니 된다.** 다만, 아래에 해당하는 경우는 제외한다. ㉠ 공무원과 친족 간에 주고받는 경조사 관련 금품 등 ㉡ 공무원 자신이 소속된 종교단체 · 친목단체 등에서 그 단체 등의 정관 · 회칙 등에서 정하는 바에 따라 제공되는 경조사 관련 금품 등 ㉢ 공무원의 소속기관 또는 소속기관의 장의 명의로 지급되는 경조사 관련 금품 등 ㉣ 특별한 사유로 소속기관의 장이 허용하는 제2항 본문의 가액을 초과하는 경조사 관련 금품 등
위반 시의 조치	위반행위의 신고 및 확인	① 공무원은 직무를 수행하면서 이 규칙을 위반하는 지가 분명하지 아니할 때에는 **행동강령책임관과 상담한 후 처리하여야 한다.** ② 행동강령책임관은 상담이 원활하게 이루어질 수 있도록 해당 기관의 규모 등 여건을 고려하여 전용전화 · 상담실 설치 등 필요한 조치를 취할 수 있다.
	징계	보고를 받은 소속기관의 장은 해당 공무원을 징계하는 등 필요한 조치를 할 수 있다.
교 육		① **경찰청장**(소속기관장, 지방경찰청장, 경찰서장 등을 포함)은 소속 공무원에 대하여 이 규칙의 준수를 위한 교육계획을 수립 · 시행하여야 하며, **매년 1회 이상 교육**을 하여야 한다. ② **경무국장**은 교육기관의 신임 · 직무교육과정에 이 규칙의 **교육을 위한 계획을 수립 · 시행하여야 한다.**

【공직자윤리법】 [2011.10.30 개정]

재산등록 의무자	① **총경(자치총경을 포함) 이상**의 경찰공무원, ② 대통령령으로 정하는 특정 분야의 공무원과 공직유관단체의 직원(**국가경찰공무원 중 경정, 경감, 경위, 경사와 자치경찰공무원 중 자치경정, 자치경감, 자치경위, 자치경사**) {01.3 순경}
등록대상 재산	등록의무자가 등록할 재산은 아래에 해당하는 사람의 재산(소유 명의와 관계없이 사실상 소유하는 재산, 비영리법인에 출연한 재산과 외국에 있는 재산을 포함)으로 한다. ㉠ **본인**, ㉡ **배우자**(사실상의 혼인관계에 있는 사람을 포함), ㉢ **본인의 직계존속·직계비속**. 다만, 혼인한 직계비속인 여자와 외증조부모, 외조부모, 외손자녀 및 외증손자녀는 제외한다.
재산의 등록기관과 등록시기	공직자는 **등록의무자가 된 날부터 2개월 이내**에 등록의무자가 된 날 현재의 재산을 아래의 구분에 따른 기관에 등록하여야 한다. 다만, **등록의무자가 된 날부터 2개월 이내에 등록의무를 면제받은 경우에는 그러하지 아니하며, 전보(轉補)·강임(降任)·강등(降等) 또는 퇴직 등으로 인하여 등록의무를 면제받은 사람이 3년(퇴직한 경우에는 1년) 이내**에 다시 등록의무자가 된 경우에는 전보·강임·강등 또는 퇴직 등을 한 날 이후 또는 재산변동사항 신고 이후의 재산변동사항을 신고함으로써 등록을 갈음할 수 있다.
변동사항 신고	① 등록의무자는 매년 1월 1일부터 12월 31일까지의 재산 변동사항을 **다음 해 2월 말일까지 등록기관에 신고하여야 한다.** 다만, 최초의 등록 후 또는 신고 후 최초의 변동사항 신고의 경우에는 등록의무자가 된 날부터 그해 12월 31일까지의 재산 변동사항을 등록기관에 신고하여야 한다. ② 퇴직한 등록의무자는 **퇴직 후 1개월 이내**에 그 해 1월 1일(1월 1일 이후에 등록의무자가 된 경우에는 등록의무자가 된 날)부터 퇴직일까지의 재산 변동사항을 퇴직 당시의 등록기관에 신고하여야 한다. 다만, 퇴직 후 1개월 이내에 다시 등록의무자가 된 경우에는 변동사항 신고만으로 신고를 갈음할 수 있다.
등록재산의 공개 {10.2 경간부, 10.3 순경}	공직자윤리위원회는 관할 등록의무자 중 **치안감 이상의 경찰공무원 및 특별시·광역시·도·특별자치도의 지방경찰청장에 해당하는 공직자** 본인과 배우자 및 본인의 직계존속·직계비속의 재산에 관한 등록사항과 변동사항 신고내용을 등록기간 또는 신고기간 만료 후 1개월 이내에 관보 또는 공보에 게재하여 공개하여야 한다. | **재산등록의무자**	경찰공무원 중 **경사 이상**은 재산등록 의무가 있다.
재산공개 의무자	㉠ **치안감 이상 경찰공무원** ㉡ **특별시·광역시·도·특별자치도의 지방경찰청장**	
외국 정부 등으로부터 받은 선물의 신고	공무원(지방의회의원 및 교육위원을 포함) 또는 공직유관단체의 임직원은 외국으로부터 선물을 받거나 그 직무와 관련하여 외국인(외국단체를 포함)으로부터 **미화로 100달러 이상이거나 국내시가로 10만 원 이상 선물을 받으면 지체 없이 소속 기관·단체의 장에게 신고하고 그 선물을 인도**하여야 한다. 이들의 가족이 외국으로부터 선물을 받거나 그 공무원이나 공직유관단체 임직원의 직무와 관련하여 외국인에게 선물을 받은 경우에도 또한 같다. {10.2 경간부}
선물의 국고 귀속	**신고된 선물은 신고 즉시 국고에 귀속**된다.
퇴직공직자의 관련 사기업체 등 취업제한	대통령령으로 정하는 직급이나 직무분야에 종사하였던 **공무원과 공직유관단체의 임직원은 퇴직일부터 2년간 퇴직 전 5년 이내**에 소속하였던 부서의 업무와 밀접한 관련이 있는 일정 규모 이상의 영리를 목적으로 하는 사기업체 또는 영리사기업체의 공동이익과 상호 협력 등을 위하여 설립된 법인·단체에 취업할 수 없다. 다만, 관할 공직자윤리위원회의 승인을 받은 때에는 그러하지 아니하다.

【부패방지 및 국민권익위원회의 설치와 운영에 관한 법률】 [2012.2.17 개정]

【국민권익위원회】

설 치	고충민원의 처리와 이에 관련된 불합리한 행정제도를 개선하고, 부패의 발생을 예방하며 부패행위를 효율적으로 규제하도록 하기 위하여 **국무총리 소속으로 국민권익위원회**를 둔다.
구 성	① 위원회는 **위원장 1명을 포함한 15명의 위원(부위원장 3명과 상임위원 3명을 포함)으로 구성**한다. 이 경우 부위원장은 각각 고충민원, 부패방지업무 및 중앙행정심판위원회의 운영업무로 분장하여 위원장을 보좌한다. ② 위원장, 부위원장과 위원은 고충민원과 부패방지에 관한 업무를 공정하고 독립적으로 수행할 수 있다고 인정되는 자로서 아래에 해당하는 자 중에서 임명 또는 위촉한다. 　㉠ 대학이나 공인된 연구기관에서 부교수 이상 또는 이에 상당하는 직에 8년 이상 있거나 있었던 자 　㉡ 판사·검사 또는 변호사의 직에 10년 이상 있거나 있었던 자 　㉢ 3급 이상 공무원 또는 고위공무원단에 속하는 공무원의 직에 있거나 있었던 자 　㉣ 건축사·세무사·공인회계사·기술사·변리사의 자격을 소지하고 해당 직종에서 10년 이상 있거나 있었던 자 　㉤ 시민고충처리위원회 위원으로 위촉되어 그 직에 4년 이상 있었던 자 　㉥ 그 밖에 사회적 신망이 높고 행정에 관한 식견과 경험이 있는 자로서 시민사회단체로부터 추천을 받은 자 ③ **위원장 및 부위원장은 국무총리의 제청으로 대통령이 임명**하고, **상임위원은 위원장의 제청으로 대통령이 임명**하며, **상임이 아닌 위원은 대통령이 임명 또는 위촉**한다. 이 경우 **상임이 아닌 위원 중 3명은 국회가, 3명은 대법원장이 각각 추천하는 자를 임명 또는 위촉**한다. ④ **위원장과 부위원장은 각각 정무직**으로 보하고, **상임위원은 고위공무원단에 속하는 별정직 국가공무원**으로 보한다. ⑤ 위원이 궐위된 때에는 **지체 없이** 새로운 위원을 임명 또는 위촉하여야 한다. 이 경우 후임으로 임명 또는 위촉된 위원의 임기는 새로이 개시된다. ⑥ 위원장은 위원회를 대표하며, 위원장이 부득이한 사유로 직무를 수행할 수 없는 때에는 위원장이 지명한 부위원장이 그 직무를 대행한다.
결 격 사 유	① 다음 아래에 해당하는 자는 위원이 될 수 없다. 　㉠ 대한민국 국민이 아닌 자 　㉡ 국가공무원법 제33조 각 호의 어느 하나에 해당하는 자 　㉢ 정당의 당원 　㉣ 공직선거법에 따라 실시하는 선거에 후보자로 등록한 자 ② 위원이 위에 해당하게 된 때에는 당연히 퇴직된다.
직무상 독립과 신분보장	① 위원회는 그 **권한에 속하는 업무를 독립적으로 수행**한다. ② **위원장과 위원의 임기는 각각 3년**으로 하되 **1차에 한하여 연임**할 수 있다. ③ 위원은 아래에 해당하는 경우를 제외하고는 그 의사에 반하여 면직 또는 해촉되지 아니한다. 　㉠ 대한민국 국민이 아닌 자, 국가공무원법 제33조 각 호의 어느 하나에 해당하는 자, 정당의 당원, 공직선거법에 따라 실시하는 선거에 후보자로 등록한 자 어느 하나에 해당하는 때 　㉡ 심신상의 장애로 직무수행이 현저히 곤란하게 된 때 　㉢ 겸직금지의무에 위반한 경우 ④ **전체 위원 3분의 2 이상의 찬성에 의한 의결을 거쳐 위원장의 제청으로 대통령 또는 국무총리가 면직 또는 해촉**한다.

겸직금지	위원은 재직 중 **아래의 직을 겸할 수 없다.** ㉠ 국회의원 또는 지방의회의원 ㉡ 행정기관등과 대통령령으로 정하는 특별한 이해관계가 있는 개인이나 법인 또는 단체의 임·직원
위원의 제척·기피·회피	① 위원은 아래에 해당하는 경우에는 해당 **위원회의 심의·의결에서 제척**된다. 　㉠ 위원 또는 그 배우자나 배우자였던 자가 당해 사안에 관하여 당사자이거나 공동권리자 또는 공동의무자인 경우 　㉡ 위원이 당해 사안의 신청인과 친족 관계에 있거나 있었던 경우 　㉢ 위원이 당해 사안에 관하여 증언, 감정, 법률자문 또는 손해사정을 한 경우 　㉣ 위원이 되기 전에 당해 사안에 대하여 감사, 수사 또는 조사에 관여한 사항 　㉤ 위원이 당해 사안에 관하여 신청인의 대리인으로 관여하거나 관여하였던 경우 ② 위원회 심의·의결의 이해당사자는 위원에게 공정을 기대하기 어려운 특별한 사정이 있는 경우에는 기피신청을 할 수 있다. ③ 위원 본인이 해당하는 경우에는 스스로 그 사안의 심의·의결을 회피할 수 있다.
위원회의 의결	① 위원회는 **재적위원 과반수의 출석으로 개의**하고 **출석위원 과반수의 찬성으로 의결**한다. 다만, 위원회의 **종전 의결례를 변경할 필요가 있는 사항은 재적위원 과반수의 찬성으로** 의결한다. ② **심의·의결에 관여하지 못한 위원은 재적위원수의 계산에 있어서 이를 제외**한다.
부패행위의 신고	**누구든지** 부패행위를 알게 된 때에는 이를 위원회에 **신고할 수 있다.**
공직자의 부패행위 신고의무	공직자는 그 직무를 행함에 있어 다른 공직자가 부패행위를 한 사실을 알게 되었거나 부패행위를 강요 또는 제의받은 경우에는 지체 없이 이를 수사기관·감사원 또는 위원회에 **신고하여야 한다.**
신고자의 성실의무	신고자가 신고의 내용이 허위라는 사실을 알았거나 알 수 있었음에도 불구하고 신고한 경우에는 이 법의 보호를 받지 못한다.
신고의 방법	부패행위를 신고하고자 하는 자는 신고자의 인적사항과 신고취지 및 이유를 기재한 기명의 문서로써 하여야 하며, 신고대상과 부패행위의 증거 등을 함께 제시하여야 한다.
신고의 처리	① 위원회에 신고가 접수된 당해 부패행위의 혐의대상자가 아래에 해당하는 **고위공직자로서 부패혐의의 내용이 형사처벌을 위한 수사 및 공소제기의 필요성이 있는 경우에는 위원회의 명의로 검찰에 고발**을 하여야 한다. 　㉠ 차관급 이상의 공직자　　　　㉡ 특별시장·광역시장 및 도지사 　㉢ **경무관급 이상**의 경찰공무원　　㉣ 법관 및 검사 　㉤ 장관급 장교　　　　　　　　㉥ 국회의원 ② 고발한 경우 **검찰은 수사결과를 위원회에 통보**하여야 한다. 위원회가 고발한 사건이 이미 수사 중이거나 수사 중인 사건과 관련된 사건인 경우에도 또한 같다. ③ 위원회는 접수된 신고사항을 그 **접수일부터 60일 이내에 처리**하여야 한다. 이 경우 신고자의 인적사항, 신고의 경위 및 취지 등 신고내용의 특정에 필요한 사항에 따른 보완 등을 위하여 필요하다고 인정되는 경우에는 그 기간을 **30일 이내에서 연장**할 수 있다.
책임의 감면	이 법에 의한 신고를 함으로써 그와 관련된 자신의 범죄가 발견된 경우 그 신고자에 대하여 **형을 감경 또는 면제할 수 있다.**
감사청구권	**19세 이상의 국민**은 공공기관의 사무처리가 법령위반 또는 부패행위로 인하여 공익을 현저히 해하는 경우 **300인 이상의 국민**의 연서로 감사원에 감사를 청구할 수 있다. 감사청구를 접수한 때에는 그 **접수한 날부터 30일 이내**에 국회규칙·대법원규칙·헌법재판소규칙·중앙선거관리위원회규칙 또는 감사원규칙으로 정하는 바에 따라 감사실시 여부를 결정하여야 한다. {09.1 승진}

<table>
<tr><td colspan="2" align="center">【시민고충처리위원회】</td></tr>
<tr>
<td>설 치</td>
<td>

① 지방자치단체 및 그 소속 기관에 관한 고충민원의 처리와 행정제도의 개선 등을 위하여 **각 지방자치단체에 시민고충처리위원회**를 둘 수 있다.
② 시민고충처리위원회는 아래의 업무를 수행한다.
　㉠ 지방자치단체 및 그 소속 기관에 관한 고충민원의 조사와 처리
　㉡ 고충민원과 관련된 시정권고 또는 의견표명
　㉢ 고충민원의 처리과정에서 관련 행정제도 및 그 제도의 운영에 개선이 필요하다고 판단되는 경우 이에 대한 권고 또는 의견표명
　㉣ 시민고충처리위원회가 처리한 고충민원의 결과 및 행정제도의 개선에 관한 실태조사와 평가
　㉤ 민원사항에 관한 안내, 상담 및 민원처리 지원
　㉥ 시민고충처리위원회의 활동과 관련한 교육 및 홍보
　㉦ 시민고충처리위원회의 활동과 관련된 국제기구 또는 외국의 권익구제기관 등과의 교류 및 협력
　㉧ 시민고충처리위원회의 활동과 관련된 개인·법인 또는 단체와의 협력 및 지원
　㉨ 그 밖에 다른 법령에 따라 시민고충처리위원회에 위탁된 사항

</td>
</tr>
<tr>
<td>위원의
자격요건</td>
<td>

① 시민고충처리위원회 위원은 고충민원 처리업무를 공정하고 독립적으로 수행할 수 있다고 인정되는 자로서 아래에 해당하는 자 중에서 **지방자치단체의 장이 지방의회의 동의를 거쳐 위촉**한다.
　㉠ 대학이나 공인된 연구기관에서 부교수 이상 또는 이에 상당하는 직에 있거나 있었던 자
　㉡ 판사·검사 또는 변호사의 직에 있거나 있었던 자
　㉢ 4급 이상 공무원의 직에 있거나 있었던 자
　㉣ 건축사·세무사·공인회계사·기술사·변리사의 자격을 소지하고 해당 직종에서 5년 이상 있거나 있었던 자
　㉤ 사회적 신망이 높고 행정에 관한 식견과 경험이 있는 자로서 시민사회단체로부터 추천을 받은 자
② 시민고충처리위원회 **위원의 임기는 4년**으로 하되, **연임할 수 없다.**
③ 지방자치단체의 장은 시민고충처리위원회 위원의 임기가 만료되거나 임기 중 결원된 경우에는 **임기만료 또는 결원된 날부터 30일 이내에 후임자를 위촉**하여야 한다.
④ 결원된 시민고충처리위원회 **위원의 후임으로 위촉된 시민고충처리위원회 위원의 임기는 새로이 개시**된다.

</td>
</tr>
<tr>
<td>활동비
지원</td>
<td>시민고충처리위원회가 설치된 **지방자치단체의 장은 시민고충처리위원회가 업무를 처리하는 데 필요한 경비를 지원**하여야 한다.</td>
</tr>
<tr>
<td>위원회에
관한
규정의
준용</td>
<td>국민권익위원회의 제15조(위원의 결격사유), 제16조(직무상 독립과 신분보장) 제3항, 제17조(위원의 겸직금지), 제18조(위원의 제척·기피·회피), 제25조(공무원 등의 파견), 제31조(벌칙) 적용에 있어서 공무원 의제는 시민고충처리위원회에 관하여 이를 준용한다.</td>
</tr>
</table>

3. 경찰공무원의 책임

개 념			경찰공무원이 의무를 위반함으로써 **법률의 제재 또는 불이익을 받게 되는 지위**를 말한다.	
유 형 {98.2 승진}	협의	행정상 책임	징계책임(의무위반), 변상책임(재산상손실)	
	광의	형사상 책임	형법상 책임	직무범죄(직무유기죄, 직권남용죄 등) 준직무범죄(수뢰, 사전수뢰죄 등)
			경찰형벌상 책임	
		민사상 책임	손해배상책임	경찰공무원의 직무상 위법행위로 인한 손해배상 영조물의 설치·관리상의 하자로 인한 손해배상

1) 징계책임

의 의		징계책임이란 벌은 징계벌이라고 하고, 징계에 의한 제재를 받는 책임을 말한다.		
종 류	국가공무원법상 징계	배제징계(공무원 관계소멸)	파면, 해임	중징계 {11.8 순경}
		교정징계(공무원관계 유지)	강등, 정직	
			감봉, 견책	경징계
	전투경찰대설치법상 징계	영창, 근신		

(1) 경찰징계의 내용

의 의	경찰공무원의 의무위반 행위에 대하여 공법상 특별권력관계의 내부질서를 유지하기 위하여 그 책임을 추궁하여 과하는 제재를 말한다. {12.8 순경}
목 적	특별권력관계상의 **내부질서를 유지**하는 것이다. {06.2 순경. 97.1 승진}
경찰 징계사유 {12.8 순경}	① 국가공무원법 및 국가공무원법에 의한 **명령에 위반한 때**(법령위반) ② 직무상의 의무를 위반하거나 **직무를 태만히 한 때**(직무상의 의두위반) ③ 직무의 내·외를 불문하고 그 **체면 또는 위신을 손상하는 행위를 한 때** ④ 하급기관으로부터 징계징계 등 의결 요구 신청을 받았을 때 　☞ **임명 전의 행위라도 공무원의 체면 또는 위신을 손상시킬 경우에는 징계사유가 될 수 있다.** 　☞ 징계사유는 행위자의 고의·과실의 유무는 불문한다. 　☞ 징계에도 **법치주의가 적용**된다.
경찰징계 소멸시효	징계의결의 요구는 징계사유가 **발생한 날로부터 3년 이내**이다. 단, 금품의 향응수수, 공금의 횡령·유용의 경우는 **5년 이내**이다. {05.2 경간부. 08.10 순경. 07.12 순경}
징계 처분의 특징	① 아래에 해당하는 **경찰공무원은 승진임용을 할 수 없다.** 　㉠ 징계의결요구, 징계처분, 직위해제, 휴직 또는 시보임용기간 중에서 있는 자 　㉡ 징계처분의 집행이 종료된 날로부터 **강등·정직 18월, 감봉 12월, 견책·영창·근신 6월의 기간이 경과되지 아니 한 자** ② 임용권자 또는 임용제청권자는 심사승진후보자명부에 등재된 자가 승진 임용되기 전에 정직의 징계처분을 받은 경우에는 심사승진후보자명부에서 이를 삭제하여야 한다.

(2) 경찰징계의 종류

중징계 {11.8 순경}	**파 면**	① 경찰공무원으로서 신분 박탈, **향후 경찰관 임용불가** ② **향후 5년간** 공직 재임용 제한 {09.2 경간부, 11.8 순경} ③ 퇴직급여 　㉠ 재직기간이 5년 이상 근무자 : **1/2 감액지급** {04.1 승진} 　㉡ 재직기간이 5년 미만 근무자 : **1/4 감액지급** {09.2 경간부, 07.3 경간부} ④ 퇴직수당 : 재직기간에 상관없이 **1/2 감액지급**	**배제 징계**
	해 임 {07.3 경간부}	① 경찰공무원으로서 신분 박탈, **향후 경찰관 임용 불가** {11.8 순경} ② **향후 3년간** 공직 재임용 제한 {10.1 승진} ③ 퇴직급여 및 퇴직수당은 **전액 지급이 원칙. 예외적으로** 금품 및 향응수수 　나 공금의 횡령·유용으로 해임된 경우에는 일정비율이 감액된다. 　{09.2 경간부} 　㉠ 재직기간이 5년 이상 근무자 : **1/4 감액지급** 　㉡ 재직기간이 5년 미만 근무자 : **1/8 감액지급** ④ 퇴직수당 : 재직기간에 상관없이 **1/4 감액지급** {10.2 경간부}	
	강 등	① 1계급 아래로 직급을 내리는 징계처분 ② **3개월 직무정지,** 경찰공무원 신분은 그대로 보유 {11.2 순경} ③ **보수의 2/3 감액지급**(1/3 지급) {11.2 순경} ④ 승진소요최저연수 및 경력평정기간에서 제외 ⑤ 승진대상자 명부에서 삭제 ⑥ **18개월 동안은 승진과 호봉승급이 제한** {11.2 순경} ⑦ 강등된 계급의 계급정년은 강등되기 전 계급 중 **가장 높은 계급의 계급정** 　**년으로 한다.** {11.2 순경} ⑧ 징계로 인하여 경감으로 강등된 경찰공무원의 계급정년을 산정할 때에는 　**강등되기 전 계급인 경정의 근무연수와 강등 이후의 계급인 경감의 근무** 　**연수를 합산한다.** {11.2 순경}	
	정 직 {07.3 경간부}	① **1~3개월** 직무정지, 경찰공무원 신분은 그대로 보유 ② 정직기간 중 **보수의 2/3 감액지급**(1/3 지급) {04.1 승진} ③ 대우공무원이 정직의 징계처분을 받은 경우 정직기간 중 **수당액의 2/3를** 　**감액** 지급 {10.1 승진} ④ 승진소요최저연수 및 경력평정 기간에서 제외 ⑤ 승진대상자 명부에서 삭제 ⑥ 정직기간 종료 후 **18개월 동안** 승진 및 승급 제한 {03.1 승진} ⑦ 가계지원비는 월봉급액의 16.7%를 각각 지급한다. 다만 징계처분에 따른 　감봉으로 봉급이 감액 지급되는 경우에는 감액되기 전의 월봉급액을 기준 　으로 지급 {10.1 승진}	**교정 징계**
경징계	**감 봉** {03.1 승진}	① **1~3개월** 직무정지, 경찰공무원 신분은 그대로 보유 ② **보수의 1/3 감액지급**(2/3 지급) {04.1 승진} ③ 감봉기간만큼 승진소요최저연수에서 제외, 경력평정기간에는 산입 ④ 감봉기간 종료 후 **12개월 동안** 승진 및 승급제한 {04.1 승진} ⑤ 대우공무원이 감봉의 징계처분을 받은 경우 감봉기간 중 **수당액의 1/3을** 　**감액** 지급 {10.1 승진}	
	견 책	① 공식적인 훈계·경고 조치 ② 보수는 **전액지급** ③ 집행일로부터 **6개월 동안** 승진 및 승급 제한 {03.1 승진}	

☞ 승진 및 호봉승급의 경우에 징계처분의 집행이 종료된 날로부터 강등 및 정직의 경우 18개월, 감봉 12개월, 견책
　6개월간은 승진 및 승급시킬 수 없다. 단, **징계의 내용이 금품 및 향응수수, 공금의 횡령 등일 경우에는 승진 및**
　승급제한기간에 별도로 3개월 가산하여야 한다. {11.2 순경}

【경고·주의 및 장려제도 운영규칙(시행 2011.11.1)】

의의	경고	불문경고	징계위원회 또는 소청심사위원회에서 불문으로 의결하그 경고를 권고하는 것
		직권경고	경찰기관의 장이 징계사유에 이르지 아니한 경미한 사안의 경우, 감독자 등을 문책하는 경우 앞으로 그러한 행위가 다시 발생하지 않도록 엄중히 훈계하는 것
	주의		의무위반행위의 정도가 경고에 이르지 아니한 경미한 사안의 경우 또는 감독자 등을 문책하는 경우 앞으로 그러한 행위가 다시 발생하지 않도록 우대하는 것
	장려		경찰표창규칙의 표창 정도에는 모자라는 공적이나 선행을 장려하고 우대하는 것
처분권자			① 경고·주의처분과 장려는 **경찰기관장이 소속 경찰공무원 등에 대하여 행한다.** ② 상·하급 경찰기관장은 같은 사유로 **중복하여 경고·주의 또는 장려를 할 수 없다.** ③ 경찰기관장이 소속 직원에게 장려를 할 때에는 사실이 입증되는 경우에만 실시하여야 하며, 이를 남발하여서는 아니 된다.
처분방법	경고처분		**경찰기관장이 경고장을 교부함으로써 한다.** 다만, 소청심사위원회로부터 불문경고 결정을 통보받은 때에는 결정문으로 경고장으로 갈음한다.
	주의처분		경찰기관장이 재발방지를 위해 **주의를 환기시키고 훈계함으로써 한다.**
	장려		**처분권자가 장려장을 교부함으로써 한다.**
경고·주의의 효력			① 경찰공무원등이 경고 · 주의를 받은 때에는 경고 · 주의 및 장려장 상벌상계 기준표에 따라 일정한 벌점을 부여한다. ② 경고 · 주의의 벌점은 처분을 받은 **해당 계급에서 1년간 효력을 가진다.** ③ **1년 이내에 2회의 경고를 받은 자**가 같은 기간 내에 다시 경고 에 해당하는 사유가 있는 경우에는 징계위원회에 회부하여야 한다. 다만, **감독책임으로 인한 경우는 제외한다.** ④ 경찰기관장은 경고 또는 주의를 받은 자에 대하여 그 처분의 사유가 중하다고 판단되는 경우에는 같은 사유로 징계위원회에 회부할 수 있다. ⑤ 징계위원회에 회부되어 징계 등의 의결이 있은 때에는 **해당 처분의 효력은 상실한다**
장려의 효력			① 경찰공무원등이 장려장을 받은 때에는 경고 · 주의 및 장려장 상벌상계 기준표에 따라 일정한 상점을 부여한다. ② 장려장의 상점은 장려장을 받은 해당 계급에서 효력을 가진다. ③ **1년 이내에 2회 이상의 장려장을 받은 경우**에는 공적을 심사하여 표창을 실시할 수 있다. ④ **장려장은 경고(불문경고는 제외) · 주의의 벌점을 상계한다.**

【전투경찰대설치법 징계】 [시행 2012.7.1]

의 의	① **영창**은 전투경찰대 또는 함정 기타의 구금장에 구금함을 말하며 그 기간은 **15일 이내로 구금**하며, 집행이 종료된 날로부터 **10월이 경과**해야 승급이 가능하다. ② **근신**은 훈련 또는 교육을 받는 경우를 제외하고는 평상근무에 복무함을 금하고 일정한 장소에서 비행을 반성함을 말하며 그 기간은 **15일 이내**로 하며, 집행이 종료된 날로부터 **8월 경과**해야 승진이 가능하다.	
종 류	전투경찰대의 대원중 경사 · 경장 또는 순경(전투경찰순경을 포함)에 대한 **징계는 파면 · 해임 · 정직 · 감봉 · 견책 · 영창 및 근신**으로 한다.	
	영 창	전투경찰대 또는 경찰서 유치장 등에 **15일 이내** 구금하는 조치
	근 신	평상근무에 복무함을 금지하고 **15일 이내**의 기간을 두고 일정한 장소에서 자기 잘못에 대해 반성케 하는 조치
내 용	① 영창 또는 근신의 징계는 그 **징계의결을 요구한 자가 집행**한다. ② 영창을 집행함에 있어서는 구금장을 관리하는 국가경찰기관의 장에게 협조를 요청할 수 있으며 그 기관의 장은 부득이한 경우를 제외하고는 이에 협조하여야 한다. ③ 징계의결을 요구한 자가 영창 · 근신의 징계의결을 집행한 때에는 지체 없이 그 결과를 징계의결서의 사본을 첨부하여 그 임용권자에게 보고하여야 한다.	

【청원경찰법상 징계】 [2010.7.1 시행]

의 의	관할 경찰서장은 청원경찰이 ㉠ 직무상의 의무를 위반하거나 직무를 태만히 한 때, ㉡ 품위를 손상하는 행위를 한 때에 해당한다고 인정되면 **청원주에게 해당 청원경찰에 대하여 징계처분을 하도록 요청**할 수 있다.	
종 류	청원경찰에 대한 징계의 종류는 **파면, 해임, 정직, 감봉 및 견책**으로 구분한다.	
	정 직	**1개월 이상 3개월 이하**로 하고, 그 기간에 청원경찰의 신분은 보유하나 직무에 종사하지 못하며, **보수의 3분의 2를 줄인다.**
	감 봉	**1개월 이상 3개월 이하**로 하고, 그 기간에 **보수의 3분의 1을 줄인다.**
	견 책	전과(前過)에 대하여 훈계하고 회개하게 한다.
내 용	① 청원주는 청원경찰 배치 결정의 통지를 받았을 때에는 통지를 받은 날부터 **15일 이내**에 청원경찰에 대한 징계규정을 제정하여 **관할 지방경찰청장에게 신고**하여야 한다. 징계규정을 변경할 때에도 또한 같다. ② 지방경찰청장은 징계규정의 보완이 필요하다고 인정할 때에는 청원주에게 그 보완을 요구할 수 있다.	

(3) 징계권자

징계권자	징계권은 임용권에 포함되는 것이 원칙이므로 **징계권자는 인사권자(임용권자)가 되는 것이 원칙**이다. {06.1 승진, 03.1 승진}			
징계명령	① 징계는 **징계위원회의 의결**을 거쳐야 한다. {06.1 승진, 03.1 승진} ② 징계명령은 징계위원회의 의결을 거쳐 **인사권자가 발한다.**			
	대 상	**징계종류**	**징계권자**	
	중징계 권자	㉠ **경무관 이상의 강등 · 정직** ㉡ **경정 이상의 파면 · 해임** {11.8 순경}	경찰청장(해양경찰청장)(제청) → 행정안전부장관(국토해양부장관)과 국무총리(경유) → **대통령(집행)** {09.4 순경, 06.1 승진, 03.1 승진}	
		총경 및 경정의 강등 · 정직 {11.8 순경}	**경찰청장**(해양경찰청장) {06.1 승진, 03.1 승진}	
		경감이하의 파면 · 해임 · 강등 · 정직		
	경징계 권자	**경무관 이상의 견책, 감봉**	**경찰청장**(해양경찰청장)	
재량인정 여부	① 임명권자의 재량권은 **어떠한 처분을 선택할 것인가에 있다.** ② 징계사유가 발생하는 한 징계권자는 **반드시 징계위원회에 징계를 요구**하여야 하므로 징계를 요구할 것인가에 관하여 **결정재량이 인정되지 않는다.** ③ 반면 **징계의 종류** 중 어느 것을 선택할 수 있는지에 대해서는 **선택재량이 인정된다.**			
징계권자의 징계집행	징계의결은 그 의결만으로써는 그 내용에 대한 효력을 발생하지 못하고, 그 **임명권자가 그 의결을 집행함으로써 비로소 효력을 발생**한다.			
	경징계의 집행	① 징계의결을 요구한 자는 감봉 또는 견책의 징계의결을 통고받은 때에는 **통고를 받은 날부터 15일 이내에 징계를 집행**하여야 한다. {08.10 순경, 02.1 승진} ② 경찰공무원의 징계는 징계위원회의 의결을 거쳐 징계위원회가 설치된 소속기관의 장이 행하되, 국가공무원법에 의하여 **국무총리 소속하에 설치된 징계위원회에서 의결한 경무관 이상의 (경)징계는 경찰청장(해양경찰청장)이 행한다.** ③ 징계의결을 요구한 자가 징계의결을 집행할 때에는 징계처분사유설명서에 징계의결서 사본을 첨부하여 징계처분 대상자에게 고부하여야 한다.		
	중징계의 집행	① 징계의결을 요구한 자는 파면, 해임, 강등 또는 정직의 징계의결을 통고받은 때에는 지체 없이 징계의결서의 정본을 첨부하여 징계처분 대상자의 임용권자에게 파면, 해임, 강등 또는 정직 처분을 제청한다. 다만, **경무관 이상의 강등 및 정직, 경정 이상의 파면 및 해임 처분은 경찰청장의 제청으로 행정안전부장관과 국무총리를 거쳐 대통령이 행하고, 총경 및 경정의 강등 및 정직의 집행은 경찰청장 또는 해양경찰청장**이 한다. {02.1 승진} ② 파면, 해임, 강등 또는 정직 처분의 제청을 받은 임용권자는 **15일 이내**에 징계처분사유설명서에 징계의결서 사본을 첨부하여 징계처분대상자에게 교부하여야 한다.		

【징계의 종류】 {11.8 순경}

	배제징계		교정징계			
	중징계				경징계	
	파면	해임	강등	정직	감봉	견책
치안정감, 치안감 경무관	경찰청장(제청) 장관·총리(경유)		대통령		경찰청장	
총경, 경정	대통령		경찰청장			
경감이하	인사권자(관할징계위원회가 설치된 기관의 장)					

※ 자료: 공병인(2010. 8.), 경찰학개론 서브노트 , p.105.

☞ 대우공무원이 징계 또는 직위해제 처분을 받거나 휴직하여도 대우공무원수당은 계속 지급하지만, 규정에 따라 대우공무원수당을 감액하여야 한다(**정직은 수당액의 2/3 감액, 감봉은 수당액의 1/3 감액 지급**).
☞ 직위해제는 징계처분이 아니라 **행정처분의 일종**이다.

(4) 경찰징계의 절차(경찰공무원 징계령 2012.1.26 시행)

① 비위사실 적발 ➡ ② 징계의결 요구 ➡ ③ 징계위원회의 의결 ➡ ④ 징계의결 통고 ➡ ⑤ 인사권자의 집행 ➡ ⑥ 징계의결에 불복(소청심사청구, 행정법원에 행정소송)

① 징계의결 요구

징계의결 요구 (제9조)	경찰기관의 장은 소속 경찰공무원 중 징계사유가 있다고 인정한 때와 징계의결 요구의 신청을 받은 때에는 **지체 없이 관할 징계위원회를 구성하여 징계의결을 요구하여야 한다.** {12.8 순경} ㉠ 이 법 및 이 법에 따른 **명령을 위반**한 경우 ㉡ 직무상의 **의무**(다른 법령에서 공무원의 신분으로 인하여 부과된 의무를 포함)**를 위반**하거나 **직무를 태만**히 한 때 ㉢ 직무의 내외를 불문하고 그 **체면 또는 위신을 손상**하는 행위를 한 때 ㉣ 하급기관으로부터 징계 등 **의결 요구 신청**을 받았을 때
징계의결 신청 (제9조)	① 경찰기관의 장은 그 소속 경찰공무원에 대한 징계사건의 관할이 상급경찰기관에 설치된 징계위원회의 관할에 속한 때에는 그 **상급 경찰기관의 장에게 징계의결의 요구를 신청하여야 한다.** ② 징계의결요구 또는 그 신청은 징계사유에 해당하는 사실을 충분히 조사한 후에 징계의결요구서 또는 징계의결신청서에 의하되, **중징계 또는 경징계로 구분하여 요구 또는 신청하여야 한다.** ③ 경찰기관의 장이 징계의결을 요구하는 경우에는 징계의결요구서 사본을 징계심의대상자에게 송부하여야 한다. 다만, 징계심의대상자가 그 수령을 거부하는 경우에는 그러하지 아니한다.
징계사건 통보 (제10조)	① 경찰기관의 장은 그 소속이 아닌 경찰공무원에게 징계사유가 있다고 인정되는 때에는 당해 경찰기관의 장에게 그 사실을 증명할 만한 충분한 사유를 적시하여 이를 통보하여야 한다. ② 징계사유의 통보를 받은 경찰기관의 장은 상당한 이유가 없는 한 그 **통보를 받은 날로부터 30일 이내**에 관할징계위원회에 징계 의결을 요구하거나 신청하여야 한다. ③ 징계사유의 통보를 받은 경찰기관의 장은 당해 사건의 처리결과를 징계사유를 통보한 경찰기관의 장에게 회보하여야 한다.

② 징계위원회의 의결

징계 위원회 (제6조)	① 경찰공무원 징계위원회는 경찰공무원의 징계에 과한 의결을 행할 뿐, 그 대외적 표시는 징계권자가 행하므로 징계위원회의 성격은 의결기관의 성격을 갖는다. ② 관할 징계위원회의 **의결을 거치지 아니한 징계는 무효**이다. ③ 징계의결 시에는 당해 공무원 또는 대리인에게 **출석 및 의견진술의 기회를 부여해야 하며, 의견진술 기회를 결여한 징계는 무효사유**가 된다. {09.1 승진} ④ 징계 시 근무성적, 소행, 공적, 징계의결 요구자의 의견을 참작하여야 한다.

【징계위원회】

	설 치	대 상	구 성
중앙징계 위원회	**국무총리** **소속하에 설치** {11.8 순경, 10.2 경간부, 04.1 승진}	경무관 이상	위원장: 1인 부위원장 1인을 포함한 위원 9인
경찰공무원 중앙징계 위원회	경찰청	**총경, 경정** {12.2 순경, 11.8 순경, 04.1승진, 09.7 순경}	위원장 1인을 포함한 위 원 5~7인 이하 {12.2 순경}
경찰공무원 보통징계 위원회	경찰청, 소속기관(지방경찰 청, 경찰대학, 경찰교육원, 중앙경찰학교, 경찰병원 등)	**경감 이하** {12.2 순경, 10.1 승진, 04.1승진}	위원장을 포함한 위원 3 인 이상 7인 이하로 구성 {12.2 순경}
	경찰서, 경찰기동대 및 해 양경찰서 등 총경이상을 장 으로 하는 경찰기관	**경위 이하**	
	전투경찰대 등 경감이상의 장으로 하는 경찰기관	**경사 이하** {04.1승진}	

⑤ 징계위원회의 위원은 징계등 심의 대상자보다 상위 계급인 경위 이상의 소속 경찰공무원 또는 상위 직급에 있는 6급 이상의 소속 공무원 중에서 해당경찰기관의 장이 임명한다. {12.2 순경} 다만, **보통징계위원회의 경우 징계등 심의 대상자보다 상위 계급인 경위이상의 소속 경찰공무원 또는 상위 직급에 있는 6급 이상의 소속 공무원의 수가 위원 수에 미달되는 등의 사유로 보통징계위원회를 구성하는 것이 불가능할 때에는 징계등 심의 대상자보다 상위계급인 경사 이하의 소속 경찰공무원 또는 상위 직급에 있는 7급 이하의 소속 공무원 중에서 임명할 수 있으며, 이 경우에는 3개월 이하의 감봉 또는 견책에 해당하는 징계등 사건만을 심의 · 의결한다.**
☞ **경찰공무원 외에 경찰청에 소속되어 있는 공무원도 징계위원회의 위원으로 임명할 수 있다.**

⑥ 징계위원회가 설치된 경찰기관의 장은 제2항에도 불구하고 징계위원회의 공정하고 효율적인 운영을 위하여 **위원장을 포함한 위원 수의 40퍼센트를 넘지 아니하는 범위에서 위원으로 위촉할 수 있다.**

관련 사건의 관할 (제5조)	① 상위 계급과 하위 계급의 경찰공무원이 관련된 징계등 사건은 **상위 계급의 경찰공무원을 관할하는 징계위원회에서 심의 · 의결**하고, 상급 경찰기관과 하급 경찰기관에 소속된 경찰공무원이 관련된 징계등 사건은 **상급 경찰기관에 설치된 징계위원회에서 심의 · 의결**한다. 다만, 상위 계급의 경찰공무원이 감독상 과실책임만으로 관련된 경우에는 관할 징계위원회에서 각각 심의 · 의결할 수 있다.

		② 소속이 다른 2명 이상의 경찰공무원이 관련된 징계등 사건으로서 **관할 징계위원회가 서로 다른 경우에는 모두를 관할하는 바로 위 상급 경찰기관에 설치된 징계위원회에서 심의·의결**한다.
징계등 의결 기한 (제11조)		징계 등 의결 요구를 받은 징계위원회는 그 요구서를 받은 날부터 **30일 이내에 징계등에 관한 의결**을 하여야 한다. 다만, 부득이한 사유가 있을 때에는 해당 징계등 의결을 요구한 경찰기관의 장의 승인을 받아 **30일 이내의 범위에서 그 기간을 연장**할 수 있다. {10.1 승진, 08.10 순경}
징계 심의	**출석 통지** (제12조)	① 징계위원회가 징계심의대상자의 출석을 요구할 때에는 출석통지서로 하되, **징계위원회 개최일 3일 전까지 그 징계심의대상자에게 도달**되도록 하여야 한다. ② 징계위원회는 징계심의대상자가 **2회 이상 출석통지**를 하였음에도 불구하고 정당한 사유 없이 출석하지 아니한 때에는 그 사실을 기록에 명기하고 **서면심사에 의하여 징계의결**할 수 있다. 다만, 징계심의대상자의 소재가 분명하지 아니한 때에는 **출석통지를 1회에 한하여 관보에 게재**하여 행하고 그 **게재일부터 10일이 경과**함으로써 출석통지가 송달된 것으로 보며, 징계의결에 있어서는 관보게재의 사유와 그 사실을 기록에 명기하여야 한다. {07.12 순경}
	서면 심사 (제12조)	① 징계위원회는 징계심의대상자가 그 징계위원회에서의 진술을 위한 **출석을 원하지 아니할 때에는 진술권포기서를 제출**하게 하여 이를 기록에 첨부하고 **서면심사에 의하여 징계의결**할 수 있다. ② 징계위원회는 징계심의대상자가 징계 또는 형사사건의 사실조사를 기피할 목적으로 도피하였거나 출석통지서의 수령을 거부하여 징계심의대상자나 그 가족에게 직접 출석통지서를 전달함이 곤란하다고 인정되는 때에는 징계심의대상자의 소속기관의 장에게 송부하여 이를 교부하게 하고, 교부불능 또는 수령거부 시에는 그 사실을 증명하는 서류를 첨부하여 보고하게 한 후 기록에 명기하고 서면심사에 의하여 징계의결할 수 있다.
	심문 과 진술권 (제13조)	① 징계위원회는 출석한 징계심의대상자에게 징계사유에 해당하는 사실에 관한 심문을 행하고(심문권) 심사상 필요하다고 인정될 때에는 **관계인의 출석을 요구하여 심문**할 수 있다. ② 징계위원회는 징계심의대상자에게 **충분한 진술을 할 수 있는 기회(진술권)를 부여**하여야 하며, 징계심의대상자는 **서면 또는 구술**로서 자기에게 이익이 되는 사실을 진술하거나 증거를 제출할 수 있다. ③ 징계심의대상자는 증인의 심문을 신청할 수 있다. 이 경우에 징계위원회는 의결로써 채택 여부를 결정하여야 한다. ④ 징계의결을 요구한 자 또는 징계의결의 요구를 신청한 자는 필요하다고 인정할 때에는 징계위원회에 서면에 의하거나 출석하여 의견을 진술할 수 있다.
	제척 및 기피 (제15조)	① 징계위원회의 위원 중 징계심의대상자의 친족 또는 그 징계사유와 관계가 있는 자는 그 징계사건의 심의에 관여하지 못한다. ② 징계심의대상자는 위원 중에서 불공정한 의결을 할 우려가 있다고 의심할 만한 상당한 사유가 있을 때에는 그 사실을 서면으로 소명하고 당해 위원의 기피를 신청할 수 있다. ③ 징계위원회가 기피신청을 받은 때에는 당해 징계사건을 심의하기 전에 의결로써 당해 위원의 기피여부를 결정하여야 한다. 이 경우에 기피신청을 받은 자는 그 의결에 참여하지 못한다. ④ 징계위원회의 위원장 또는 위원은 징계등 심의 대상자의 친족 등에 해당하는 등 위원의 제척·기피 사유에 해당하면 스스로 해당 징계 등 사건의 심의·의결을 회피할 수 있다.

	⑤ 징계위원회는 제척 또는 기피로 인하여 위원회를 구성하지 못하게 된 때에는 당해 경찰기관의 장에게 위원의 보충임명을 요청하여야 한다. ⑥ 당해 경찰기관의 장은 지체없이 위원을 보충 임명하여야 한다. 다만, 위원의 보충임명이 곤란한 때에는 그 징계의결의 요구를 철회하여 그 상급경찰기관의 장에게 징계의결의 요구를 신청하여야 한다.
징계에 서의 고려 사항	㉠ 징계심의대상자의 소행 ㉡ 근무성적 ㉢ 징계의결을 요구한 자의 의견 ㉣ 공적 ㉤ 개전의 정을 참작하여야 한다.

③ 징계의결 통고

징계위 원회의 의결 및 통고	의결 정족수	징계위원회의 의결은 **위원장을 포함한 위원 과반수(과반수가 3인 미만인 때에는 3인 이상)의 출석과 출석위원 과반수의 찬성으로 의결**하되, 의견이 분립하여 출석위원 과반수에 달하지 못할 때에는 출석위원 과반수에 달하기까지 징계심의대상자에게 가장 불리한 의견에 순차 유리한 의견을 가하여 그 가장 유리한 의견을 합의된 의견으로 본다. {03.1 승진}
	통 고	징계의결을 한 때에는 **지체 없이** 징계의결서의 정본을 첨부하여 **징계의결을 요구한 자에게 통고**해야 한다.
	효력 발생	징계의결은 그 의결만으로써는 내용에 대한 효력을 발생하지 못하고, 각 그 **임명권자가 그 의결을 실시(집행, 징계명령)함으로써 비로소 효력을 발생**한다.

④ 인사권자의 집행

징계의 집행	의 의	징계의결은 그 의결만으로써는 그 내용에 대한 효력을 발생하지 못하고, 그 임명권자가 그 의결을 집행함으로써 비로소 효력을 발생한다.
	경징계 의 집행	징계의결을 요구한 자는 **감봉 또는 견책의 징계의결의 통고를 받은 날로부터 15일 이내**에 징계의결서의 사본을 첨부한 징계처분사유설명서를 징계의결 된 자에게 교부함으로써 집행한다.
	중징계 의 집행	① 징계등 의결을 요구한 자는 중징계의 징계등 의결을 통지받았을 때에는 **지체 없이** 징계등 처분 대상자의 임용권자에게 의결서 정본을 보내어 **해당 징계등 처분을 제청하여야 한다.** 다만, 경무관 이상의 강등 및 정직, 경정 이상의 파면 및 해임 처분의 제청, 총경 및 경정의 강등 및 정직의 집행은 경찰청장 또는 해양경찰청장이 한다. ② 중징계 처분의 제청을 받은 임용권자는 **15일 이내**에 의결서 사본에 징계 등 처분 사유 설명서를 첨부하여 징계등 처분 대상자에게 보내야 한다.

⑤ 징계의결에 불복

소청심사 위원회에 심사청구		징계를 받은 자는 징계처분사유서를 받은 날로부터 **30일 이내**에 징계 결정의 위법 또는 억울한 사정을 이유로 들어 행정안전부 설치 소청심사위원회에 소청을 할 수 있다. {05.10 순경, 05.3 순경, 04.7 순경}
행정 소송의 제기	의 의	소청을 제기한 자가 소청심사위원회의 결정에 불복이 있는 때에는 결정서의 사본을 **송달받은 날로부터 90일 이내**에, 또는 위원회가 **60일**이 지나도록 결정을 하지 않는 때에는 징계처분사유설명서를 받은 날로부터 **90일 이내**에 행정법원에 행정소송을 제기할 수 있다.
	특 징	① 일반 행정심판의 경우는 **원칙적으로 행정심판 없이도 행정소송 청구가 가능**하다(임의적 전치주의). ② 소청심사의 경우는 국가공무원법에서 소청심사를 거치지 않고는 행정소송을 청구할 수 없도록 규정하고 있다(필요적 전치주의).

⑥ 재징계의결 등의 요구

재징계 의결 등의 요구	재징계 의결 사유	① 처분권자(대통령이 처분권자인 경우에는 처분 제청권자)는 아래에 해당하는 사유로 소청심사위원회 또는 법원에서 징계처분 등의 무효 또는 취소(취소명령 포함)의 결정이나 판결을 받은 경우에는 **다시 징계 의결 또는 징계부가금 부과 의결을 요구하여야 한다.** 　㉠ 법령의 적용, 증거 및 사실 조사에 명백한 흠이 있는 경우 　㉡ 징계위원회의 구성 또는 징계의결 등, 그 밖에 절차상의 흠이 있는 경우 　㉢ 징계양정 및 징계부가금이 과다(過多)한 경우 ② 다만, 징계양정 및 징계부가금이 과다(過多)한 경우의 사유로 무효 또는 취소(취소명령 포함)의 결정이나 판결을 받은 **감봉 · 견책처분**에 대하여는 징계의결을 **요구하지 아니할 수 있다**(국가공무원법 제78조의3).
	절 차	처분권자는 징계의결 등을 요구하는 경우에는 소청심사위원회의 결정 또는 법원의 판결이 확정된 날부터 **3개월 이내**에 관할 징계위원회에 징계의결 등을 요구하여야 하며, 관할 징계위원회에서는 다른 징계사건에 우선하여 징계의결 등을 하여야 한다.
징계의 효과		징계처분을 받은 자는 그 징계처분을 받은 날 또는 그 집행이 종료된 날로부터 **승진임용과 승급에 있어 제한**을 받으며, **파면 또는 해임처분을 받은 자는 경찰공무원의 임용자격이 박탈**된다. 그리고 공무원의 **징계처분(준사법적 행위)**에 대해서는 이를 **취소 · 철회할 수 없다.**(불가변력)

【감사원에서의 조사와의 관계】

① **감사원**에서 조사 중인 사건에 대하여는 **조사개시의 통보를 받은 날로부터 징계의결의 요구 기타 징계절차를 진행하지 못한다**(감사선행의 원칙).

② 검찰 · 경찰 기타 수사기관에서 수사 중인 사건에 대하여는 수사개시의 통보를 받은 날로부터 징계의결의 요구 기타 징계절차를 진행하지 아니할 수 있다. 즉 징계와 형벌과의 관계에 **형사소추선행의 원칙이 채택되지 않아** 수사 중인 사건에 대하여도 징계절차를 **진행시킬 수 있다.**

③ 감사원과 검찰 · 경찰 기타 수사기관은 조사나 수사를 개시한 때와 이를 종료한 때에는 **10일 내**에 소속기관의 장에게 당해 사실을 통보하여야 한다.

【경찰공무원징계양정 등에 관한 규칙】 [시행 2011.11.1]

징계 양정 기준	행위자의 징계양정 기준	징계의결요구권자 또는 징계위원회는 행위자에 대한 의무위반행위의 유형·정도, 과실의 경중, 평소의 행실, 근무성적, 공적, 뉘우치는 정도 또는 그 밖의 정상을 참작하여 징계양정기준에 따라 징계의결 요구 또는 징계 의결하여야 한다.
		징계요구권자 또는 징계위원회는 아래에 해당하는 사유가 있을 때에는 징계책임을 감경하여 징계의결 요구 또는 징계의결하거나 징계책임을 묻지 아니할 수 있다. ㉠ 과실로 인하여 발생한 의무위반행위가 다른 법령에 의해 처벌사유가 **되지 않고 비난가능성이 없는 때** ㉡ 국가 또는 공공의 이익을 증진하기 위해 성실하고 능동적으로 업무를 처리하는 과정에서 부분적인 절차상 하자 또는 비효율, 손실 등의 잘못이 발생한 때 ㉢ 업무매뉴얼에 규정된 직무상의 절차를 충실히 이행한 때 ㉣ 의무위반행위의 발생을 방지하기 위해 최선을 다하였으나 부득이한 사유로 결과가 발생하였을 때 ㉤ 발생한 의무위반행위에 대하여 자진신고하거나 사후조치에 최선을 다하여 원상회복에 크게 기여한 때 ㉥ 간첩 또는 사회이목을 집중시킨 중요사건의 범인을 검거한 공로가 있을 때
	감독자의 징계양정 기준	징계요구권자 또는 징계위원회는 **감독자에 대한 감독의무위반 정도 등을 고려하여 징계의결 요구 또는 징계의결**하여야 한다. 다만, 감독자가 부하직원의 의무위반행위를 묵인·방조하거나 은폐·비호하였을 때에는 행위자와 동일한 양정으로 징계의결 요구 또는 징계의결하여야 한다. 징계요구권자 또는 징계위원회는 감독자에게 아래에 해당하는 사유가 있을 때에는 징계책임을 감경하여 징계의결 요구 또는 징계의결하거나 징계책임을 묻지 아니할 수 있다. ㉠ **부하직원**의 의무위반행위를 사전에 발견하여 적법 타당하게 조치한 때 ㉡ **부하직원**의 의무위반행위가 감독자 또는 행위자의 비번일, 휴가기간, 교육기간 등에 발생하거나, 소관업무와 직접 관련 없는 등 감독자의 실질적 감독범위를 벗어났다고 인정된 때 ㉢ **부임기간이 1개월 미만으로 부하직원**에 대한 실질적인 감독이 곤란하다고 인정된 때 ㉣ 교정이 불가능하다고 판단된 **부하직원**의 사유를 명시하여 인사상 조치(전출 등)를 상신하는 등 성실히 관리한 이후에 같은 부하직원이 의무위반행위를 야기하였을 때 ㉤ 기타 **부하직원**에 대하여 평소 철저한 교양감독 등 감독자로서의 임무를 성실히 수행하였다고 인정된 때
징계 사유의 경합		① 징계의결요구권자 또는 징계위원회는 서로 관련이 없는 2개 이상의 의무위반 행위가 경합될 때에는 **그 중 책임이 중한 의무위반행위에 해당하는 징계보다 한 단계 위의 징계의결 요구 또는 징계의결을 할 수 있다.** ② 하나의 행위가 동시에 여러 종류의 의무위반행위에 해당될 때에도 제1항과 같다.
상훈 감경		① 징계위원회는 징계의결이 요구된 자가 아래에 해당하는 **공적이 있는 경우 징계를 감경할 수 있다.** 　㉠ 상훈법에 따라 훈장 또는 포장을 받은 공적 　㉡ 정부표창규정에 따라 국무총리 이상의 표창을 받은 공적. 다만, **경감 이하의 경찰공무원 등은 경찰청장 또는 중앙행정기관 차관급 이상 표창을 받은 공적** {10.1 승진} 　㉢ 모범공무원규정에 따라 모범공무원으로 선발된 공적 ② 경찰공무원 등이 징계처분 또는 징계위원회의 권고에 의한 경고를 받은 사실이 있는 경우에는 그 징계처분 또는 경고처분 전의 공적은 감경대상 공적에서 제외한다. ③ 의무위반행위의 내용이 ㉠ **직무와 관련한 금품 및 향응 수수, 공금횡령·유용** ㉡ **여성발전기본법상 성희롱** ㉢ **성매매알선 등 행위의 처벌에 관한 법률상 성매매 목적 인신매매** ㉣ **성폭력범죄의 처벌 등에 관한 특례법상 성폭력범죄**에 해당하는 경우에는 **징계를 감경할 수 없다.**

2) 변상책임

국가배상법에 의한 변상책임	① 경찰이 **고의 또는 과실**로 국민에게 손해를 입은 경우에는 **국가가 배상**한다. ② 경찰이 고의 또는 중과실로 국민에게 손해를 입은 경우에는 **경찰 개인이 배상**하거나 **국가가 배상**한다(선택적 청구권 : 판례는 인정). 이 때 국가는 공무원에게 구상할 수 있게 되므로, 이에 의하여 그 공무원은 국가에 대해 변상책임을 지게 된다.
공공 영조물의 관리 하자로 인해 피해를 입은 경우	① 공공영조물이란 국가나 지자체에서 관리하는 인공공물이나 자연공물, 동물 등도 포함. 즉, 교량·도로(인공공물), 하천(자연공물), 경찰견(동물), 경찰버스 등이 여기에 속한다. ② **고의·과실·유책성 불문**하며, **하자와 손해 발생과의 인과관계는 필요**하다.
회계관계직원의 변상책임	① **회계 관계직원이 고의 또는 중과실로** 국가 또는 단체 등의 재산에 대하여 손해를 끼친 경우에는 변상의 책임이 있다. ② **현금 또는 물품을 출납·보관하는 회계관계직원**은 선량한 관리자로서의 주의를 게을리 하여 그가 보관하는 현금 또는 물품이 망실되거나 훼손된 때에는 변상의 책임이 있다. ③ 현금 또는 물품을 출납·보관하는 회계관계직원은 스스로 사무를 집행하지 아니한 것을 이유로 그 **책임을 면할 수 없다.** ④ **변상책임의 유무 및 변상액은 감사원이 판정**하며, 감사원이 변상금액을 정함에 있어서 일정한 사유가 있는 경우에는 그 금액의 **전부 또는 일부를 감면할 수 있다.** ⑤ 감독기관의 장은 회계관리직원이 변상책임이 있다고 인정되는 때는 감사원이 판정하기 전이라도 당해 회계관계직원에 대하여 **변상을 명할 수 있다.**

3) 형사상의 책임

형사벌 책임	경찰공무원이 **형법상의 공무원의 직무에 관한 죄와 뇌물죄 등을 범한 경우**에 받게 되는 책임을 말한다.
행정형벌 책임	경찰공무원의 **행정법규위반 행위로 행정법령상 보장된 법익을 침해하는 경우**에 형법이 정한 벌을 받게 되는 경우를 말한다. 예 경찰관직무집행법 제12조 : 경찰공무원으로서 경찰관직무집행법상의 의무에 위반하거나 직권을 남용하여 다른 사람에게 해를 끼친 자는 1년 이하의 징역이나 금고에 처한다.

4) 민사상 손해배상책임

① **경찰공무원이 직무상 불법행위로 국민에게 손해를 입힌 경우**에 국가의 손해배상책임과 함께 가해 경찰공무원의 피해자에 대한 민사상 손해배상책임을 인정할 것인가에 대해서는 견해의 대립이 있다. ② 판례는 공무원에게 **고의·중과실이 있는 때에는** 국가와 함께 공무원도 손해배상책임이 있는 것으로 보아 피해자에게 국가나 공무원 중 누구에게라도 손해배상을 청구할 수 있는 **선택적 청구권을 인정**하고 있다. 그러나 **공무원에게 경과실이 있는 때에는 선택적 청구권을 부정**한다. ③ 피해자에게 선택적 청구권이 인정되는 범위에서는 경찰공무원에게 민사상의 손해배상책임이 있다.

Ⅳ. 경찰공무원의 권익보장 제도

경찰공무원의 권익보장제도로는 **고충심사청구, 처분사유설명서 교부, 소청, 행정소송제기** 등이 있다. 단, 국가공무원법은 제76조에서 '후임자의 보충발령의 유예제도'를 두고 있지만, 경찰공무원법 제30조 제1항은 경찰공무원의 징계에 관하여서는 국가공무원법의 위 조항의 적용을 배제하고 있어 **후임자의 보충발령의 유예제도는 경찰공무원의 권익보장제도와 관련이 없다.**

1. 관용심사

의 의	① 경찰청과 그 소속기관 등에 근무하는 경찰관(전·의경 포함) 및 경찰업무 보조자가 소신을 갖고 열심히 일하는 과정에서 발생한 **잘못을 관용하여 주기 위한 제도**이다. ② **관용심사의 청구는 감사·감찰책임관**이 하며, **본인은 청구권자가 아니다.**
구 성	위원회는 경찰청, 지방경찰청, 경찰청장 소속기관, 경찰서, 경감급 이상을 장으로 하는 경찰기관에 설치하며, 위원장을 포함하여 5인의 위원으로 구성된다.
제외 대상	① 직무관련 금품수수행위 및 기타 중점정화대상으로 지정된 비위를 야기한 자 ② 구속·입건된 자 ③ 고의성 있는 지시명령위반, 직무태만, 무사안일 등 행위자 ④ 2회 이상 관용심사처분을 받은 자

2. 고충심사

의 의		고충심사란 공무원의 **근무조건, 인사관리 기타 신상문제에 대한 고충이 있을 경우, 고충심사위원회에 심사를 청구할 수 있는 제도**이다. 단, 처리결과에 대한 강제성이 없어서 **경찰공무원의 권익구제제도로서의 실효성이 떨어진다.**
대 상		직무와 관련되는 **모든 문제가 고충심사의 대상**이다. {09.7 순경}
절 차		고충심사를 **청구함에 있어서는 기간의 제약을 받지 않으며**, 고충심사위원회가 **청구서를 접수한 때에는 30일 이내**에 고충심사에 대한 결정을 하여야 하며, 부득이한 경우는 설치기관의 승인을 얻어 **30일 연장**할 수 있다. {04.10 순경}
심 사 기 관	중앙고충심사 위원회	**경정 이상**의 경찰공무원의 고충심사와 경찰공무원 고충심사위원회의 심사를 거친 재심청구를 담당한다. 현재 소청심사위원회에서 중앙고충심사위원회의 직무를 관장하고 있다.
	경찰공무원 고충심사위원회	① **경감이하** 경찰공무원의 고충심사를 담당한다. ② 위원장 1인 포함한 5인 이상 7인 이하의 위원으로 구성 ③ 위원장과 위원은 청구인보다 상위계급의 소속 경찰공무원 중에서 설치기관장이 임명한다. ④ 고충심사의 결정은 **재적위원 과반수의 합의**에 의해 이루어진다.
심 사 결 과 처 리		설치기관의 장은 심사결과를 청구인에게 통보하는 이외에 스스로 고충의 해소를 위한 조치를 하거나 관계기관의 장에게 필요한 조치를 요청하여야 한다. 그러나 처리결과에 대한 **강제성이 없어서** 경찰공무원의 권익구제제도로서의 실효성이 떨어진다.

3. 징계처분사유설명서의 교부(사전구제절차)

의 의	공무원에 대해 징계처분, 강임, 휴직, 직위해제 또는 면직처분을 할 때에는 그 **처분권자 또는 처분제청권자는 처분사유를 적은 설명서를 교부**하여야 한다. {09.7 순경, 03.4 순경} ☞ **의원휴직, 의원면직의 경우에는 처분사유설명서를 교부하지 않는다.**
중요성	피처분권자에게 소청심사위원회에 소청심사를 청구할 수 있는 기회를 부여하는 **사전적 구제절차로서의 의미**를 갖는다. {09.7 순경, 03.4 순경}

4. 소청심사

의 의		① 소청이란 징계처분 기타 그의 의사에 반하는 **불이익처분을 받은 자**가 관할 소청심사위원회에 심사를 청구하는 특별**행정심판절차**이다. ② **공무원이 징계처분 등이나 강임, 휴직, 면직처분 기타 그의 의사에 반하는 불리한 처분을 받았을 때에는** 그 시정을 요청할 수 있도록 소청심사위원회가 행정안전부에 설치되어 있다. {04.7 순경, 04.10 순경, 01.2 경간부} ③ 국가경찰공무원은 행정안전부에 설치되어 있는 **소청심사위원회에 소청심사를 청구**하며, **전투경찰대의 대원 중 경사 이하의 국가경찰공무원(전경 포함)은 그 소속에 따라 경찰청, 각 시·도 지방경찰청에 소청을 제기**하여야 한다. ④ 국가공무원법 직위해제처분에 대하여 그 처분이 있는 것을 안 날로부터 30일 이내에 소청심사위원회에 심사청구를 하지 않으면 당연 무효 등 사유가 없는 한 다시 다툴 수 없고, 위 직위해체처분을 전제로 한 면직처분에 대해 쟁송에서도 당연 무효 아닌 사유를 들어 다툴 수 없다.
대 상	징계처분	파면, 해임, 강등, 정직, 감봉, 견책
	기타 의사에 반하는 불리한 처분	① 휴직, 직위해제, 면직, 전보, (기각)계고, (불문)경고 등 ② 의원면직의 형식에 의한 면직, 전직, 대기명령, 경력평정 등
	부작위	복직청구, 봉급 청구 등 (당사자의 신청에 대하여 행정청이 상당한 기간내 일정한 처분을 하여야 할 법률적 의무가 있음에도 처분을 하지 않은 경우)

<table>
<tr><td colspan="2" align="center">【소청심사위원회】</td></tr>
<tr>
<td>설 치</td>
<td>① 소청심사위원회는 소청을 심사 · 결정하는 행정안전부 소속의 합의제 행정관청이다.
② 소청심사위원회의 소청심사는 행정심판의 일종이다.
③ 설치근거는 국가공무원법이다. {11. 2 순경}</td>
</tr>
<tr>
<td>구 성</td>
<td>① 위원장 1인을 포함한 5인 이상 7인 이내의 상임위원과 상임위원 수의 1/2 이상의 비상임위원으로 구성하되, 위원장은 정무직으로 보한다.
{12.8 순경, 11.2 순경, 09.7 순경, 02.7 순경, 01.1 승진}
② 소청심사위원회의 위원은 금고 이상의 형벌 또는 장기의 심신쇠약으로 직무를 수행할 수 없게 된 때를 제외하고는 그의 의사에 반하여 면직되지 아니한다.
③ 소청심사위원회의 공무원이 아닌 위원은 형법이나 그 밖의 법률에 따른 벌칙을 적용할 때 공무원으로 본다.</td>
</tr>
<tr>
<td>임명
절차</td>
<td>소청심사위원회의 위원(위원장을 포함)은 행정안전부장관의 제청으로 대통령이 임명한다. {12.8 순경, 10.1 승진}</td>
</tr>
<tr>
<td>위 원
임 명</td>
<td>① 소청심사위원회의 위원(위원장을 포함)은 아래에 해당하고 인사행정에 관한 식견이 풍부한 자 중에서 대통령이 임명한다.
　㉠ 법관 · 검사 또는 변호사의 직에 5년 이상 근무한 자 {10.1 승진}
　㉡ 대학에서 행정학 · 정치학 또는 법률학을 담당한 부교수 0 상의 직에 5년 이상 근무한 자 {02.7 순경, 01.1 승진}
　㉢ 3급 이상 공무원 또는 고위공무원단에 속하는 공무원으로 3년 이상 근무한 자 {10.1 승진}.
② 상임위원의 자격은 ㉠, ㉡이다.</td>
</tr>
<tr>
<td>임기</td>
<td>① 소청심사위원회의 상임위원의 임기는 3년이며, 1차에 한해 연임 가능하다.
{12.8 순경, 11.2 순경, 08.3 순경, 02.7 순경, 01.1 승진}
② 상임위원과 비상임위원 모두 신분보장이 되며, 겸직은 허용되지 않는다. {11. 2 순경}</td>
</tr>
<tr>
<td>위 원
결 격
사 유</td>
<td>① 다음 아래에 해당하는 자는 소청심사위원회의 위원이 될 수 없다.
　㉠ 제33조 각 호의 어느 하나에 해당하는 자
　㉡ 정당법에 따른 정당의 당원
　㉢ 공직선거법에 따라 실시하는 선거에 후보자로 등록한 자
② 소청심사위원회위원이 위에 해당하게 된 때에는 당연히 퇴직한다.</td>
</tr>
<tr>
<td>신분
보장</td>
<td>소청심사위원회의 위원은 금고 이상의 형벌이나 장기의 심신 쇠약으로 직무를 수행할 수 없게 된 경우 외에는 본인의 의사에 반하여 면직되지 아니한다.</td>
</tr>
<tr>
<td>기타</td>
<td>소청심사위원회의 공무원이 아닌 위원은 「형법」이나 그 밖의 법률에 따른 벌칙을 적용할 때 공무원으로 본다.</td>
</tr>
</table>

5. 소청의 절차

심사청구	① 처분사유설명서를 받은 공무원이 그 처분에 불복할 때에는 그 **설명서를 받은 날로부터 30일 이내**에 공무원이 처분 외에 본인의 의사에 반한 불리한 처분을 받았을 때에는 그 처분이 있는 것을 **안 날로부터 30일 이내**에 소청심사위원회에 이에 대한 심사를 청구할 수 있다. ② 징계처분, 강임, 휴직, 직위해제 및 면직처분의 경우에는 처분사유설명서를 **교부받은 날로부터 30일 이내**에 소청심사위원회에 심사를 청구할 수 있다. ③ 기타 불리한 처분으로 인한 소청심사청구는 처분 발생일이 아닌, **처분이 있는 것을 안 날로부터 30일 이내**에 소청심사위원회에 심사를 청구할 수 있다.
소청인의 진술권	① 소청심사위원회가 소청 사건을 심사할 때에는 국회규칙, 대법원규칙, 헌법재판소규칙, 중앙선거관리위원회규칙 또는 대통령령으로 정하는 바에 따라 **소청인대리인에게 진술기회를 주어야 한다.** ② **진술 기회를 주지 아니한 결정은 무효**로 한다. {04.7 순경}

행정소송 과의 관계	① 행정소송법은 행정소송 시 소송의 대상에 관하여 행정심판의 재결이 아닌 원처분을 그 대상으로 하도록 규정하고 있는 바, 소청심사의 경우에도 소청심사위원회의 결정 또는 처분이 아닌 **최초의 처분(원처분)을 대상으로 소송을 제기하여야 한다.** ② 처분 및 그 밖에 본인의 의사에 반한 불리한 처분이나 부작위에 관한 행정소송은 **소청심사위원회의 심사·결정을 거치지 아니하면 제기할 수 없다.** ③ 행정소송을 제기할 때에는 대통령의 처분 또는 부작위의 경우에는 소속 장관을, 중앙선거관리위원회위원장의 처분 또는 부작위의 경우에는 중앙선거관리위원회사무총장을 각각 피고로 한다.
소청심사 위원회 결정에 대한 불복	① 소청심사위원회의 결정이 부당하고 인정될 때에는 **소청인은 소청결정서 정본을 송달받은 날로부터 90일 이내에 처분청을 피고로 하여 행정법원에 행정소송을 제기**할 수 있다. ② 감사원의 파면요구로 파면처분을 받은 소청인이 소청제기한 소청심사위원회의 결정에 대하여 **감사원은 통보를 받은 날부터 1월 이내 재심을 요구**할 수 있다.

6. 소청심사위원회의 결정에 따른 불복

재심청구 불가	① 소청심사위원회의 결정에 불복한 경우 행정안전부장관은 재심을 청구할 수 없다. ② 감사원이 파면을 요구한 사안에 대해 파면 의결이 되지 아니하였다면 감사원은 재심의를 요구할 수 있다.		
행정소송 제기	소청을 제기한 자가 소청심사위원회의 결정에 불복이 있는 때에는 **결정서 정본을 송달받은 날로부터 90일 이내에**, 또 위원회가 **60일이 지나도록 결정을 하지 않는 때에는 징계처분사유설명서를 받은 날로부터 90일 이내에** 행정법원에 행정소송을 제기할 수 있다.		
	행정소송 대상	행정소송법의 원칙상 원처분주의가 적용되기 때문에 **원칙적으로 징계처분(최초의 처분)을 소송대상**으로 다루게 된다.	
	행정소송 피고	행정소송의 피고는 **경찰청장 또는 해양경찰청장이 됨이 원칙**이나, 임용권을 위임한 경우에는 그 위임을 받은 자(=수임기관)를 피고로 한다. {09.7 순경, 08.7 순경, 03.1 승진}	
	필요적 행정심판 전치주의	행정소송은 **소청심사위원회의 심사·결정을 거치지 아니하면 제기할 수 없다.**	

【고충심사제도와 소청심사제도와의 비교】

	고충심사제도	소청심사제도
결정 불복시	행정소송 불가 (행정소송의 전심절차 ×)	행정소송 (행정소송의 전심절차 ○)
심사 대상	**근로조건, 인사관리 등 모든 신상문제** {06.1 승진}	**신분상 불이익처분** {04.10 순경}
관할 행정청	복수기관이 관장 (중앙인사기관의 장, 임용권자 등)	소청심사위원회가 전담
결정효력 (기속력)	**법적 기속력 ×** {04.10 순경}	법적 기속력 ○
내용	시정, 권고	결정
제기기간	**제기기간 구애 ×** {04.10 순경}	처분이 있음을 안날로부터 30일 이내

제4절　경찰작용법

Ⅰ. 경찰작용법의 일반 내용

의 의	① 경찰작용법은 **경찰행정의 내용을 규율하는 법규**로서 **경찰행정상의 법률관계의 성립 · 변경 · 소멸에 관련된 모든 법규**를 말한다. {06.2 순경, 01.10 순경} ② 경찰작용은 경찰의 목적달성을 위해 일반통치권에 의거하여 국민에게 **명령 · 강제하는 권력적 행위**를 말한다. ③ 경찰작용법은 **경찰권 발동의 근거와 한계, 경찰행정의 유형, 경찰상 처분의 법적 효력, 경찰강제 등에 관한 규율**을 내용으로 한다. {06.2 순경, 01.10 순경} ④ 경찰작용은 **공법적 작용**이므로 **사법적 작용은 경찰작용에서 제외**된다.	
경찰 작용법의 주요 내용	① 경찰의 임무 ② 경찰권 발동의 근거와 한계 ③ 경찰행정의 유형 ④ 경찰상 처분의 법적 효력 ⑤ 경찰강제 등에 관한 규율 {06.2 순경, 01.10 순경}	
경찰작용에 관한 법	일반법	경찰관직무집행법
	개별법 — 생활안전	풍속영업의 규제에 관한 법률, 음악산업진흥에 관한 법률, 게임산업진흥에 관한 법률, 식품위생법, 공중위생관리법, 성매매알선 등행 위의 처벌에 관한 법률, 아동복지법, 경범죄처벌법, 청소년보호법, 청소년의 성보호에 관한 법률, 총포 · 도검 · 화약류단속법, 사격 및 사격장단속법, 검역법, 전염병 예방법 등
	개별법 — 교통	도로교통법, 도로법, 교통사고처리특례법 등
	개별법 — 경비	경찰직무응원법, 수난구호법, 청원경찰법 등
경찰 작용법의 특성	① 경찰관직무집행법이 과연 일반법으로서의 체계나 내용을 담고 있는지가 의문시되고 있으며, 각 단행법도 개별목적의 개별입법에 의하여 존재하고 있어, **경찰작용법 전체가 체계적 통합성과 법적 명확성을 가지고 있지 못한 한계**를 지니고 있다. {07.12 순경, 06.2 순경, 01.10 순경} ② 경찰작용은 국민의 자유와 권리에 긴장관계에 일으킬 가능성이 큰 작용이므로 법치주의가 강하게 요구된다.	

II. 경찰권발동의 법적 근거

1. 경찰권 발동의 근거

서설		① **경찰권의 행사는 다른 어떤 행정작용 분야에 있어서 보다 법치행정 원리의 요구가 강하며**, 그 결과 개별적인 경찰상의 처분은 법률의 근거가 있어야 한다는 **법률유보의 원칙이 적용**된다. {01.5 순경} ② 위험방지를 위하여 개인의 자유와 권리를 침해하는 구체적인 경찰상의 조치는 **당연히 경찰의 직무에 속하여야 하며**, 그 조치권한을 정당화할 수 있는 **별도의 법적 근거가 있어야 비로소 허용**된다. {01.5 순경} ③ 명령·강제작용이 아닌 **비권력적·임의적 경찰활동은 구체적인 수권조항이 필요하지 않고, 일반조항만으로 가능**하다. {01.5 순경} ④ 경찰조치를 위한 법적 근거의 형태로 논의되는 **일반적 수권조항과 개별적 수권조항의 문제**이다. {01.5 순경}
근거	**조직법적 근거** (=임무규정, 직무규범 =사물관할)	조직법적 근거는 경찰의 임무를 의미하는 것으로 경찰작용의 성질과 관계 없이 **모든 경찰작용에는 조직법적 근거가 필요**하다. 즉, 경찰의 모든 활동은 경찰의 직무범위 내에서 이루어져야 한다.
	작용법적 근거 (구체적인 근거규정)	국민의 자유와 권리를 침해하지 않는 **비권력적 활동의 행사는 개별적·구체적 수권 없이(법적 근거 不要) 조직법적 근거만으로는 가능**하나, 국민의 자유와 권리를 침해하는 **권력적 활동의 행사에는 반드시 그 권한을 정당화할 수 있는 개별적·구체적 수권이 필요(법적 근거 要)**하다.

2. 수권조항(근거규범)

개별적 수권조항 (=구체적 조항 =특별조항)	개별적·구체적 사안에 대하여 특정한 종류·내용의 조치에 관한 법적 근거를 마련하는 경우이다. ㉠ 경찰관직무집행법 제3조(불심검문) ～ 제10조의4(무기의 사용)까지의 규정
개괄적 수권조항 (=일반조항 =포괄적 조항)	법률에 의한 개별적 수권 없이 **경찰권의 발동권한을 포괄적으로 수권하는 규정**을 말하는데, 이와 같은 규정은 독일의 경찰법 모범초안에서 찾아볼 수 있다.
양자의 관계	① 구체적 수권조항이 있는 한도 내에서 **일반적 수권조항은 적용되지 않는다.** ② 일반적 수권조항은 **구체적 수권조항에 대하여 보충적으로만 적용**된다.

3. 경찰관직무 집행법 제2조 5호의 개괄적 수권조항 인정여부

긍정설	① 일반(개괄)조항을 확대해석 하거나 남용한 경우에는 **법원의　심판**을 받는다. ② 경찰권의 성질상 입법기관의 미리 경찰권 발동사태를 상정해서 모든 요건을 규정하는 것은 **사실상 불가능**하다. {09.4 순경} ③ 개괄적 수권조항(일반조항)은 개별조항이 없는 경우에만 **보충적으로 적용**하면 된다. {09.4 순경, 01.6 순경} ④ 일반조항으로 인한 경찰권 남용의 가능성은 **조리상의 한계 등으로 충분히 통제가 가능**하다. {09.4 순경, 01.6 순경} ⑤ 독일에서의 학설·판례가 일반조항을 **인정하고 있다.**
부정설	① 경찰작용은 대표적인 권력적 작용으로 **법률유보 원칙의 엄격한　적용**을 받으므로 **경찰권의 발동에는 개별적 수권조항이 요구**된다. ② 헌법은 질서유지를 위한 국민의 자유와 권리의 제한은 법률로서만 할 수 있도록 하고 있어서 **경찰권의 발동에는 반드시　법률의 근거가 있어야 한다.** ③ 경찰관직무집행법 제2조 제5호는 경찰권의 발동근거에 관한　개괄조항은 아니고, 그것은 다만 **경찰의 직무범위만을 정한 것으로서, 본질적으로는 조직법적 성질을 규정한 것에 불과**하다. {09.4 순경}
일반조항 인정여부 (판례태도)	판례는 청원경찰의 경찰권발동의 적법성을 판단하면서 경찰관직무집행법 제2조 제5호를 경찰권발동의 일반적 근거조항으로 인정하고 있다. **【일반조항인정 판결】** 청원경찰법 제3조, 경찰관직무집행법 제2조 비추어 보면 군·도시과 단속계 요원으로 근무하고 있는 청원경찰관이 허가 없이 창고를 주택으로 개축하는 것을 단속하는 것은 그의 정당한 공무집행에 속한다고 할 것이므로 이는 공무집행방해죄에 해당된다. [대판 1986.1.28, 88도2448]
결 론	① **일반조항을 부정하는 입장에서는** 개별적 수권조항이 없는 경우에는 경찰권발동이 불가능하게 된다. ② **긍정설의 입장에서는** 개별적 수권조항이 없을 때 경찰관직무집행법 제2조제5호를 권한규범으로서 일반조항으로 인정하여 경찰권발동이 가능하다고 할 것이다. 다만, 이를 인정한다고 하여도 **개괄적 수권조항은 개별적인 규정이 없는 경우에 보충적으로만 적용**되어야 하며, 경찰권행사의 조리상의 한계를 준수하여야 할 것이다.

III. 경찰권 발동의 한계

1. 발동의 한계

법규상 한계	경찰권 발동의 제1단계적 제약으로, **근거규정은 원칙적으로 법률이어야 하고 예외적으로 법규명령도 포함**된다. 따라서 경찰법규는 경찰권의 발동근거이자 한계로서 기능을 한다.
조리상 한계	조리상의 한계이론은 개괄적 수권조항의 인정을 전제로 **경찰권 발동의 남용가능성을 통제하기 위해 발전된 이론**이다.

2. 조리상 한계(소극적 한계)

1) 경찰소극목적의 원칙(경찰권 발동의 목적) – 크로이쯔베르크 판결에 의해서 확립

개 념	경찰권은 **사회공공의 안녕과 질서의 유지라는 소극적으로 질서유지를 위한 목적범위 내에서만 발동**할 수 있지만, **복리증진이라는 적극목적이나 재정·군정과 같은 국가목적을 위하여 발동은 될 수 없다는 원칙**이다. {06.3 순경, 05.1 승진, 03.6 순경, 03.1 승진, 97.1 승진}
위배되는 사례	① 경찰허가를 함에 있어 동업자간의 경쟁관계를 배려하는 것 ② 경찰이 사치품의 수입금지를 결정하는 것 ③ 경찰이 식품위생법을 집행함에 있어서 소비자보호를 배려하는 것

2) 경찰공공의 원칙(경찰권 발동의 영역)

개 념	경찰권은 **사회공공의 안녕과 질서의 유지에 관계없는 사적 관계에 발동되어서는 안 되며, 사회공공의 안녕과 질서에 영향을 미치는 경우에 한하여 그 범위 안에서만 발동될 수 있다는 원칙**이다. {07.12 순경, 06.3 순경, 05.1 승진, 03.7 순경}
사생활 불가침의 원칙	① 경찰은 사생활, 즉 **개개인의 생활활동에는 개입할 수 없다.** 　예 질병 예방 및 치료, 남녀교제, 개인의 가정불화 등 ② **예외적으로 사생활이라도 사회질서에 직접 영향을 줄 때에는 간섭할 수 있다.** 　예 질병 예방 및 치료는 사생활일지라도 전염병의 경우에는 강제접종 및 강제격리를 실시, 남녀교제에 있어서 풍기문란일 경우에는 단속됨, 신체의 과도한 노출, 고성방가 등
사주소 불가침의 원칙 {96.1 승진}	① 경찰은 주택, 공장, 사무소 등 **사적 활동의 본거가 되는 사주소 내에는 관여하지 못한다.** 　예 사주소 내에서 나체로 있는 행위, 사주소 내의 청소, 피아노 연주 등 ② **예외적으로 사주소라도 직접 공중과 접촉되거나 영향을 미칠 수 있는 때에는 간섭할 수 있다.** 　예 외부에서 보이는 사주소 내의 나체, 이웃에 영향을 주는 사주소 내의 화기·소음 등
민사관계 불간섭의 원칙	① **단순한 민사상의 관계는** 원래 **특정한 관계인의 개인적 이해에 관계되는 데 그치고**, 또 그 형성이나 유지는 사법권의 작용에 속하여 불고불리의 원칙에 따라 사적 자치가 인정되는 것이므로 경찰권이 관여할 바가 아니다. {96.1 승진} 　예 소유권의 불행사를 명하거나, 방의 전세를 줄 것을 명하거나, 사인 간의 매매, 임대차, 채무불이행, 불법행위에 관여하는 것 등 ② **예외적으로 민사상의 관계라고 하더라도 그 당사자 사이의 개인적 이해에 관계됨에 그치지 아니하고, 동시에 사회공공의 안전과 질서에 영향을 미치는 경우에는 그 범위 내에서 경찰권발동의 대상**이 된다. {11.8 순경} 　예 암표매매, 총포·도검·화약류의 거래, 연 19세 미만의 자에 대한 술·담배의 판매 등

3) 경찰비례의 원칙(=과잉금지의 원칙)(경찰권 발동의 조건과 정도)

개 념	① 경찰권은 **공공의 안녕과 질서유지를 위하여 묵과할 수 없는 장해가 발생**한 경우에(경찰권 발동의 조건), 이를 **해결하기 위하여 필요한 최소한도의 범위 내에서 발동**되어야 한다(경찰권 발동의 정도). {06.3 순경, 05.1 승진, 03.1 승진} ② **경찰권 발동의 조건과 정도에 관한 원칙**이다.
법적 근거	① 초기에는 경찰행정영역에서 주로 적용(**권력적**)이 되었으나, **오늘날에는 모든 행정의 영역에서 적용(권력적 + 비권력적)**이 되고 있다. ② 헌법상 **과잉금지원칙에서 도출된 헌법상의 원칙**이며, 경찰관직무집행법에도 명문의 규정이 있다(제1조 제2항). → **조리의 성문화** ③ 경찰비례의 원칙은 **일반조항에 근거하여 경찰권을 발동**하는 경우는 물론 **개별적 수권조항에 근거하여 경찰권을 발동하는 경우에도 적용**된다.

경찰권 발동의 조 건	**진압경찰**	사회공공의 안녕과 질서에 대한 **묵과할 수 없는 장해를 제거하기 위해서만 경찰권을 발동**하여야 한다.
	예방경찰	사회공공의 안녕과 질서에 대한 **묵과할 수 없는 위해가 발생할 직접적 위험 또는 상당한 확실성이 있는 경우에만 경찰권을 발동**하여야 한다.

경찰권 발동의 정도		비례원칙은 경찰조치를 취함에 있어 **적합한 수단**을, 적합한 수단 중에서 **필요한 수단**을, 필요한 수단 중에서 **상당성이 있는 수단**을 선택해야 한다는 단계구조를 이루고 있다. 즉, **3가지 수단을 모두 충족되어야 적법한 행정작용**이 될 수 있다.
	적합성의 원칙	① 수단의 적합성, 방법의 적정성이라고도 한다. ② 경찰기관이 취하는 조치 또는 수단이 그 **기관이 의도하는 목적을 달성하기에 적합하여야 한다는 원칙**을 말한다.
	필요성의 원칙	① 최소침해의 원칙, 침해의 최소성이라고도 한다. ② 경찰기관의 조치는 그 목적달성을 위해 필요한 한도 이상으로 행해져서는 안 된다는 것으로 **목적달성에 적합한 여러 수단 중 국민에게 가장 적은 부담을 주는 수단을 선택하라는 원칙**이다. 　㉑ 위험한 건물에 대하여 보수명령으로써 목적을 달성할 수 있음에도 불구하고 철거명령을 발하는 것은 필요성의 원칙에 위배된다.
	상당성의 원칙	① 협의의 비례의 원칙, 수인가능성의 원칙, 이익의 균형성, 법익의 균형성성이라고도 한다. ② 경찰기관의 어떤 조치가 경찰목적달성을 위해 필요한 경우라 하여도 그 조치를 취함에 따른 **불이익이 그 조치로 인해 발생되는 이익보다 큰 경우에는 그 조치를 취해서는 안 된다는 원칙**이다. 　㉑ 경찰은 참새를 잡기 위해 대포를 쏘아서는 안 된다. 경찰봉으로 막을 수 있는 것을 권총으로 막아서는 안 된다.

위반의 효과	비례의 원칙을 위반한 경찰권 행사는 **위헌·위법의 문제가 발생하여 손해배상이나 행정쟁송의 대상**이 될 수 있다.

4) 경찰책임의 원칙(경찰권 발동의 대상)

개념		① 경찰권 **발동의 대상에 관한 원칙**이다. {10.1 승진, 08.7 순경, 06.3 순경} ② 경찰권의 행사는 원칙적으로 직접 책임을 질 자(경찰책임자, 장해자)에 대해서만 **발동**될 수 있고, **관계없는 제3자에게는 발동할 수 없다는 원칙**을 말한다. {10.1 승진, 06.3 순경, 05.2 경간부, 05.1 승진, 03.6 순경, 03.1 승진} **예외적으로 법령상 근거가 있는 경우의 경찰긴급사태에 대해서는 비책임자(비장해자)에 대하여도 경찰책임이 인정**되는 경우가 있다. {08.7 순경, 05.7 순경} 예 붕괴위험이 있는 축대의 소유자, 발작으로 도로에 쓰러진 간질병자, 만취상태에서 차도에 누워 있는 자는 경찰책임자가 된다. ③ 경찰권 행사를 제한하여 **시민의 권리를 보호하자는 경찰권 제한이론**이다.
주 체	**자연인**	① **모든 자연인은 경찰책임자**가 될 수 있으며, 경찰책임은 그 위법상태가 객관적으로 존재하기만 하면 되지 **책임자의 고의·과실이나 정당한 권원의 유무, 행위자의 행위능력, 국적의 유무 등은 문제가 되지 않는다.** {03.3 순경, 02.7 순경} ② 행위무능력자 자신 외에 그의 법정대리인도 부가적인 책임을 지게 된다.
	사법인	① **사법상의 법인뿐만 아니라 사법상 권리능력 없는 사단, 재단도 경찰책임을 진다.** {08.2 경간부, 07.3 순경} ② 자기 지배범위에 속하는 한 **타인의 행위 또는 물건의 상태에 대해서도 책임**을 진다.
	국가 등 고권력 주체	고권력주체의 기능의 적법한 행사가 침해되지 않는 한도 내에서는 국가 등 고권력의 주체도 경찰권의 발동이 가능하다는 견해가 있다.
	외교사절과 외교공관	행위책임과 상태책임을 진다.
특성		① 경찰책임은 단지 사회공공의 안녕과 질서에 대한 객관적인 위험 상황이 존재한다는 것이 문제가 될 뿐이기 때문에 **행위자의 국적, 자연인·법인의 여부, 고의·과실·위법성의 유무, 위험에 대한 인식여부, 행위자의 행위능력·불법행위능력·형사책임능력, 정당한 권원의 유무 등은 문제되지 않는다.** {07.3 순경, 03.3 순경, 02.7 순경} ② 물건의 소유권자와 사실상의 지배권자가 다를 경우 **사실상의 지배권자가 우선적으로 책임**을 진다. {05.2 경간부} ③ 물건의 소유권자가 그에 대한 **법적 또는 사실적 지배권을 상실했을 때에는 책임지지 않는다.** {05.2 경간부} ④ 협의의 경찰권은 경찰책임자 뿐만 아니라 경찰비책임자에게 발동할 수 있지만, 수사권은 피의자 등 형사소송법상 규정된 자 이외의 자에게는 발동할 수 없다. ⑤ **경찰책임은 민·형사상의 책임과 달리 고의·과실을 요하지 않는다.** {10.1 승진, 08.7 순경, 07.3 순경, 03.3 순경, 02.7 순경}

【경찰책임 여부】 {05.7 순경, 05.3 순경}

경찰 책임 (○)	㉠ 공원에서 유아에게 소변을 보게 한 자의 책임 ㉡ 소유자의 과실 없이 무너진 축대에 대한 소유자의 책임 ㉢ 폭발물이 매장되어 있는 토지 소유자의 책임 ㉣ 발작으로 도로에 쓰러져 있는 간질병자 ㉤ 만취상태에서 차도에 누워 있는 자
경찰 책임 (×)	㉠ 도난당한 자동차의 사고에 대한 차주의 책임 ㉡ 팬들에게 둘러싸여 교통을 마비시킨 유명 연예인 ㉢ 절취당한 물건이 경찰상의 위해를 조성하고 있는 경우 그 물건의 소유자

종 류 {10.1 승진}	행위 책임	의 의	공공의 안녕·질서에 대한 위험이나 장해가 **자기 또는 자기의 보호·감독** **하에 있는 자의 행위**로 인하여 질서위반의 상태가 발생한 경우에 지는 책임 을 말한다.
		지배자 책임	① 타인을 보호·감독할 지위에 있는 자(친권자, 사용주)는 피지배자의 행위 　로 인하여 발생한 경찰위반에 대하여 경찰책임을 진다. ② 지배자책임의 성질은 **대위책임이 아니고 자기의 지배범위 내에서 발생** 　**한 데에 대한 책임, 즉 자기책임이다.** ③ 행위책임의 경우, **위해발생에 대한 경찰책임자의 고의·과실은 묻지 않** 　**는다.** {10.1 승진} ④ 행위책임의 존재 여부를 결정함에 있어서는 **민법상의 행위능력도 문제** 　**되지 않는다.** {03.3 순경, 02.7 순경}
		책임의 범위	행위책임을 발생시키는 행위는 작위뿐만 아니라 부작위도 포함된다. {11.1 승진}
		책임의 귀속	경찰위반의 상태에 대해 **직접적인 원인을 야기한 자에게만 행위책임이 귀속** 된다. 따라서 경찰상 위해에 대해 단지 **간접적인 원인을 제공한 사람은 경** 찰책임자로서 **경찰권 발동의 대상이 되지 않는다.** 예 실내에서 화가가 그림을 그리는 것을 구경하기 위하여 모인 사람들이 교통방 　해를 일으킨 경우의 화가, 팬들에게 둘러싸여 교통을 마비시킨 유명연예인은 　경찰책임자가 아니다.
	상태 책임	의의	물건 또는 동물의 소유자, 점유자 기타 이를 **사실상 관리하고 있는 자**는 그 범위 안에서 그 물건 또는 동물로 말미암아 질서위반의 상태가 발생한 경우에 지는 책임을 말한다.
		책임자	① 상태책임자가 되기 위해서는 물건 또는 동물의 소유자 뿐만 아니라 경 　우에 따라 정당한 권한없이 부당하게 사실상의 지배권을 행사하는 자도 　생태책임을 부담할 수 있다. ② 상태책임의 경우에도 **경찰책임자의 고의·과실은 불문**한다. {08.7 순경}
		상태 책임의 범위	① 원칙은 상태책임의 인정범위에는 제한이 없으며, **상태책임자는 그 원인** 　**여하(제3자의 행위, 자연현상 및 돌발적 사건)를 불문**하고 언제나 완전 　한 책임을 지게 된다. {05.2 경간부} 　예 상태책임을 부담하는 경우는 소유자의 과실 없이 무너진 축대의 소유자, 　　폭발물이 매장된 토지의 소유자, 폭탄의 투하로 파괴된 가옥의 소유자 ② **예외적으로** 비정형적 사건에 의해 당해 물건의 위반상태가 발생한 경우에는 　인과관계가 부정되어 책임이 귀속되지 않는다. 　예 상태책임을 부담하지 않은 경우는 불가항력적인 자연재해 현상, 도난당한 　　자동차의 사고에 대한 차주의 책임 등
		상태 책임의 귀속	① 점유자나 관리자가 1차적으로 책임을 지게 되며, 상태책임은 물건에 대 　한 소유권이나 사실상의 지배권에 근거하는 것이 아니라, 물건에 대한 　법률적·사실적 처분권, 즉 위험을 가져오는 물건에 영향을 미칠 수 있 　는 가능성에 근거하는 것이다. {05.2 경간부} ② 즉 **절취당한 물건이 경찰상의 위해를 조성하고 있는 경우에, 소유자에게** 　**상태책임을 귀속시킬 수 없다.** {05.3 순경, 03.4 순경}
		상태 책임의 소멸	사실상의 지배가 종료되거나 소유권 기타의 권원이 소멸되는 경우에는, 그 **소유권의 포기가 경찰책임을 면하기 위한 목적이 아니라면, 원칙적으로 상** **태책임을 지지 아니한다.** {05.2 경간부}

복합 책임	의의		경찰위반사실이 다수인의 행위 또는 다수인이 지배하는 물건의 상태에 기인하였거나, **행위책임과 상태책임이 결합되어 사회질서를 위반한 때의 책임**을 말한다.
	책임의 경합		① **다수인의 행위에 대한 책임 : 책임자 중 일부 또는 전체에 대하여 경찰권을 발동**할 수 있다. 　㉐ 오수를 소량씩 배출하는 다수의 행위가 결합하여 질서위반의 비위생상태를 초래한 경우 ② **행위책임과 상태책임의 경합 :** 행위책임과 상태책임이 경합하는 경우에는 일반적으로 **행위책임이 우선**한다. 　㉐ 타인의 토지에 매설한 위험물이 폭발한 경우 토지 소유자에게 책임(상태책임)을 먼저 물을 것이 아니라 이를 매설한 자에게 책임(행위책임)을 먼저 물을 것이다.
경찰 책임에 대한 예외 (경찰 긴급권)	의 의		경찰책임은 **위험발생에 대하여 직접적으로 원인을 제공한 자에 부과되는 것이 원칙**이나, 예외적으로 긴급한 필요가 있는 경우 또는 **본래의 경찰책임자에 대한 경찰권 발동으로는 경찰상 장해를 제거할 수 없는 경우**에 그 이외의 제3자에게도 부과되는 경우가 있다. {01.11 순경, 96.1 승진, 05.2 경간부} 　㉐ 화재현장에 있는 자를 소화작업에 동원하는 경우(소방기본법), 수난구호를 위한 징용(수난구호법) 등 {01.5 순경}
	법 적 근 거		㉠ 경찰긴급권은 예외적인 것으로 **목전에 급박한 위해를 제거하는 경우에 한하여 반드시 법령에 근거**하여 행하여져야 한다. {01.5 순경} ㉡ 경찰긴급권에 대한 **일반법은 존재하지 않으며**, 개별법으로 소방기본법, 경범죄처벌법, 경찰관직무집행법, 수난구호법 등이 있다.
	요 건		㉠ **제1차**적 경찰책임자에 대한 경찰권발동으로는 목적을 달성할 수 없을 것 ㉡ **위험**이 현존하고 급박할 것 ㉢ **법**적 근거가 있을 것 ㉣ 제3자의 생명이나 건강을 해치지 않고, 그의 본래의 **업무**를 방해하지 않을 것 ㉤ 경찰권발동의 대상이 된 제3자가 입은 **손실**에 대한 보상이 행해질 것 ㉥ **다**른 방법을 통한 위험방지가 불가능할 것
위반의 효과			① 경찰권의 발동이 **경찰책임의 원칙에 위반**되면 그것은 위법행위로서 **무효·취소의 사유**가 된다. {01.11 순경, 01.5 순경, 96.1 승진} ② **경찰책임이 없는 자에 대한 경찰권의 발동으로 손실이 발생한 경우에는 보상**하여야 한다. {08.7 순경, 01.11 순경, 96.1 승진}

5) 경찰평등의 원칙

① 경찰권을 행사함에 있어서 모든 국민에 대하여 **성별·종교·인종·사회적 신분 등을 이유로 하는 불합리한 조건에 의한 차별대우**를 할 수 없다. {03.6 순경}
② 오늘날 경찰평등의 원칙은 조리상의 원칙이 아니라 법률상의 원칙으로 전환되었다.

6) 보충성의 원칙

① **개인에게 불이익을 주는 공권력의 행사는** 행정목적 달성을 위하여 다른 수단이 없을 때 **최후의 수단**으로 행하여야 한다.
② 사법적 보호가 적시에 이루어지지 않고, 경찰의 원조 없이는 법을 실현시키는 것이 무효화되거나 사실상 어려워질 경우에만 경찰이 개입할 수 있다.

3. 적극적 한계 – 경찰개입청구권

1) 재량행위

(1) 기속행위와 재량행위

서 설	재량행위와 기속행위의 구별의 일차적 기준은 **법률규정**이며, 다만 법률규정의 **문리적 표현뿐**만 아니라 관련규정, 입법취지 등을 종합적으로 **고려**하여야 한다. {06.1 승진}		
기속 행위	법이 정한 일정한 요건이 충족되어 있을 때 법이 정한 효과로서 **일정한 행정행위를 반드시 하도록 되어 있는 경우의 행정행위**를 말하며, 이를 **위반할 경우에는 위법**(행정소송 가능) 즉, **사법심사의 대상**이 된다. ◉ 지방경찰청장은 ~ 운전면허를 <u>취소하여야 한다</u>.(의무존재○) – 위반시 위법(○)		
재량 행위	의 의	① 행정법규가 행정청에 대하여 그 요건의 판단 또는 효과의 결정에 있어서 **많은 가능성 중에서 선택의 여지를 부여하고 있는 경우의 행정행위**를 말한다. ② 재량에는 **어떤 조치·수단을 선택할 것인가의 결정**에 포함된다. ③ 위헌의 방지를 위하여 **개입할 것인가, 말 것인가의 결정이 포함**된다. {02.11 순경} 　　◉ 지방경찰청장은 ~ <u>금지하거나 제한</u> 할 수 있다. (의무존재×) – 위반시 위법(×) 　　　　　　　　　　(선택재량)　　　(결정재량)	
	유 형	**【재량의 유형에 대한 비판적 견해】**	
		전통적 견해로서는 재량행위는 기속재량행위과 자유재량으로 구분하는 바 구별이 무의미하다는 비판적 견해가 있다. 일반적으로 결정재량과 선택재량으로 구별한다.	
		기속재량 행위	무엇이 법인가를 판단하는 재량으로 법규재량이라고도 한다. 이를 위반할 경우에는 위법의 문제가 발생하여 행정소송이 가능하지만, 부당의 문제는 발생하지 않는다.
		자유재량 행위	무엇이 공익목적 내지 행정목적에 더 적합한 것인지를 판단하는 재량으로 공익재량이라고도 한다. 이를 위반할 경우에는 부당의 문제가 발생하지만, 위법의 문제는 발생하지 않아 행정소송은 할 수 없다. 단, 재량을 일탈·남용한 경우에는 위법이 되어 행정소송이 가능하다.
		결정재량	① 행정청이 **법규가 허용한 조치를 할 것인가 말 것인가의 여부에 대한 재량**이다. {02.11 순경} ② 재량권이 0으로 수축되면 **결정재량은 소멸**하게 된다.
		선택재량	① 법규가 허용한 여러 조치 중에서 **어느 것을 선택하느냐 또는 누구에 대해 조치를 할 것인가의 여부에 대한 재량**이다. {02.11 순경} ② 재량권이 0으로 수축되어도 **선택재량은 원칙적으로 소멸하지 않는다.**
	재량 행위에 대한 통제 {06.1 승진}	① 재량권의 0으로의 수축에 따른 손해배상 인정 ② 재량준칙의 제정과 행정의 자기구속의 법리 적용 ③ 무하자재량행사청구권과 행정개입청구권의 인정 ④ 법치행정을 위한 현대행정에 있어서 재량인정	

기속행위와 재량행위의 구별	① 기속행위와 재량행위의 구별 필요성은 **행정행위에 대한 사법심사의 한계(심판대상자)를 설정하기 위함**이다. ② 기속행위와 재량행위의 구분은 **양적·상대적인 구분에 불과**하다. ③ **재량행위와 기속행위의 구별의 일차적 기준은 법률규정**이며, 다만, 법률규정의 **문리적 표현**뿐만 아니라 관련규정, 입법취지 등을 종합적으로 **고려**하여야 한다. {06.1 승진} ④ 재량권 행사가 **개별적인 사안마다 행하여지는 경우**에는 재량권 행사가 자의적으로 행해질 위험이 있어 재량준칙을 정하여 재량권을 행사하도록 하는 경우가 많다. {06.1 승진}
기속행위와 재량행위의 판례	① 대법원은 일반적으로 기속행위나 기속적 재량행위에는 부관을 붙일 수 없고 부관을 붙였다 하더라도 이는 **무효 또는 취소라고 판시**하였다. {10.3 순경} ② 행정소송법 제27조는 행정청의 재량에 속하는 처분이라도 재량권의 한계를 넘거나 그 남용이 있는 때에는 법원은 이를 **취소할 수 있다고 규정**하고 있다. {10.3 순경} ③ 요건재량설에 대해서는 행정행위의 **종국목적과 중간목적의 분류**나 **구체적 기준자체가 불명확하다는 비판**이 있다. {10.3 순경} ④ 총포·도검·화약류 등 단속법상의 총포 등 **소지허가는 기속행위**라고는 할 수 없다. 　－ **재량행위로 봄【대판 1993.5.14, 92도21790】** {10.3 순경}
재량의 한계	

	의 의	① **경찰관에게 재량권의 행사가 인정되어 있다고 하여 어떠한 조치를 하여도 된다는 완전한 자유재량이 인정되지는 않는다.** {02.11 순경} ② 경찰관의 재량권의 행사는 의무에 합당할 것, 즉 재량권의 목적과 한계를 벗어나지 않는 행위를 할 것이 요청된다. ③ 이러한 **한계를 벗어난 행위를 한 경우 재량권이 일탈되거나 남용**되었다고 볼 수 있으므로 이는 **재량하자의 문제가 되어 사법심사의 대상**이 된다.
	실정법 규정	행정청의 재량에 속하는 처분이라도 재량권의 한계를 넘거나 그 남용이 있는 때에는 **법원은 이를 취소할 수 있다.**
	재량권 의 일탈	**법규가 허용하는 외형적 범위의 한계를 넘는 재량권 행사**를 말한다. 예 1월 이내의 영업정지처분을 할 수 있다고 규정이 있는 경우에 행정청이 3월의 영업정지처분을 한 경우
	재량권 의 남용	① 법규가 허용한 범위 안에서도 재량권 행사는 재량권을 부여한 목적에 적합하여야 하며, 그에 위반한 재량권 행사는 내적 한계를 벗어난 행위로서 위법이 되어 사법심사의 대상이 된다. ② **비례원칙에 위반한 재량권의 행사는 재량의 남용**에 해당한다. {06.1 승진} 예 비례원칙, 평등원칙 등 일반법원칙에 위반한 재량권 행사
	실 익	① 일반적으로 일탈과 남용으로 나누어 파악하지만 **일탈과 남용의 경우 모두 위법이 되므로 양자를 구별하는 실익은 크지 않다.** ② 무하자재량행사청구권은 재량권의 일탈·남용으로 인한 위법한 처분의 배제를 구할 수 있는 권리인 동시에 행정청에 대하여 하자 없는 재량처분을 구할 수 있는 권리라는 의미에서 적극적 공권의 성질도 가지고 있다.
	한 계	재량에도 한계가 있으며, 그 한계를 넘어서는 경우에는 위법이 된다.

2) 공권과 반사적 이익

<table>
<tr><td rowspan="7">공 권</td><td colspan="2">의 의</td><td colspan="2">공법관계에 있어서 직접 자기를 위하여 일정한 이익을 주장할 수 있는 법적인 힘을 말한다.</td></tr>
<tr><td rowspan="2">종 류</td><td colspan="2">국가적 공권</td><td>행정주체(행정기관)가 행정객체에 대하여 가지는 권리</td></tr>
<tr><td colspan="2">개인적 공권</td><td>개인이 자기의 이익을 위해 국가 · 공공단체 등에 대하여 일정한 행위 (작위 · 부작위 · 급부 · 수인)를 청구할 수 있는 법률상의 힘</td></tr>
<tr><td colspan="2">효 과</td><td colspan="2">공권은 침해받게 되면 소송을 통해 권리가 실현될 수 있고, 침해로 입은 손해에 대하여는 손해배상이 인정된다.</td></tr>
<tr><td rowspan="3">개인적 공권의 성립 요건</td><td>강행법규의 존재</td><td colspan="2">① 공권이 성립하기 위해서는 먼저 행정주체에 대하여 일정한 작위의무를 부과하는 강행법규가 존재하여야 하며, 이러한 의무는 원칙적으로 기속행위의 성질을 가져야 한다.
② 행정청의 재량이 인정되는 재량규범에서는 원칙적으로 개인의 공권이 성립될 수 없고, 다만 예외적으로 무하자재량행사청구권이나 재량권의 0으로의 수축에 의하여 공권이 성립될 수 있다.</td></tr>
<tr><td>강행법규의 사익보호성</td><td colspan="2">공권이 성립하기 위해서는 행정법규가 단순히 공익의 실현이라는 목적이외에도 사익을 보호하여야 한다. 만약 어떤 법규의 규정이 전적으로 공익보호만을 목적으로 하는 경우, 그로 인하여 개인이 이익을 받는다고 하더라도 단순한 반사적 이익에 불과하다.</td></tr>
<tr><td>청구권의 존재</td><td colspan="2">사인의 이익이 침해된 경우 행정주체의 작위의무 이행을 요구하기 위한 소송을 청구할 수 있는 권리가 사인에게 부여되어 있어야 한다.</td></tr>
<tr><td rowspan="4">개인적 공권과 구별되는 개념</td><td rowspan="4">반사적 이익</td><td>의 의</td><td colspan="2">행정법규가 공익목적을 위하여 국가나 개인의 작위 · 부작위 등을 규정하고 있는 결과로 인해 그 반사적 효과로서 국민이 사실상 받는 이익을 말한다.</td></tr>
<tr><td>사 례</td><td colspan="2">① 영업허가 등에 의하여 받는 이익 : 공중목욕장 허가 등
② 공물의 일반사용에 의해 얻는 이익 : 도로의 통행, 공원의 산책, 하천개수의 의한 수해예방 등
③ 제3자에 대한 법적 규제에 의하여 얻는 이익 : 의사의 진료의무에 의한 환자의 진료혜택, 약사의 조제의무에 의한 환자의 조제혜택 등</td></tr>
<tr><td>전통적 반사적 이익</td><td colspan="2">① 경찰행정관청의 규제권한의 행사를 오로지 공익목적만을 위한 것으로 보고, 이로 인해 사인이 어떠한 이익을 향유하더라도 이는 반사적 이익일 뿐 법률상의 권리가 아니라고 본다.
② 경찰관청이 권한의 행사를 게을리 하여 관계자가 손해를 입더라도 손해배상청구를 인정할 수 없다. {10.2 경간부}
③ 경찰의 직무수행은 원칙적으로 공익목적을 위한 것이고, 개개인의 사익을 위한 것이 아니다. 만약 경찰이 음주단속을 강화한다면 음주사고가 많이 줄게 될 것이고, 그 때문에 시민들이 이익(반사적 이익)을 볼 수가 있다. 따라서 경찰이 직무수행(음주단속)을 게을리 하여 시민이 음주운전자에게 교통사고를 당한다고 해도 경찰(국가)상대로 소송을 통해 구제받을 수는 없다. 즉, 반사적 이익은 법에 의해 직접 보호된 이익이 아니므로 그 이익이 침해되어도 원칙적으로 재판을 통해 구제되지 않는다.</td></tr>
</table>

	반사적 이익의 보호 이익화	① 보호이익이란 종래 반사적 이익 중에서 권리는 아니나 그렇다고 반사적 이익이라고 볼 수도 없는 이익으로서, **행정소송을 통하여 구제받을 수 있는 이익**을 말하며, **반사적 이익과는 달리 침해 시 소의 이익과 원고적격이 인정**된다. ② 종래에는 경찰권의 발동으로 인해 **특정 개인이 이익을 보더라도 그것은 단지 반사적 이익에 불과한 것으로 여겨져 원칙적으로 경찰개입청구권이 인정되지 않았지만**, 오늘날 반사적 이익도 일정한 경우에 법적이익으로 해석하여 **경찰개입청구권을 인정하려는 움직임이 점점 확산**되고 있다. {10.2 경간부, 04.7 순경, 01.1 승진}
	법률상 보호 이익	① **법률상 보호이익이란** 강행법규의 목적·취지가 직접적으로 공익을 보호하여 공권은 아니지만 제3자 보호규범을 통하여 **간접적으로 사익도 보호하고 있는 경우에 성립하는 이익**을 말한다. ② 이익이 침해당하면 **행정쟁송을 통하여 구제**되어야 할 이익이라는 점에서 반사적 이익과는 구별된다. **【연탄공장설치 허가에 관한 판결】** 도시계획법과 건축법이 주거지역 내에서의 일정한 건축을 금지하고 제한하고 있는 것은 공공복리의 증진을 도모하고자 하는 데 목적이 있는 동시에 한편으로는 주거지역 내에 거주하는 사람의 주거의 안녕과 생활환경을 보호하고자 하는데도 그 목적이 있는 것으로 해석되므로, 주거지역 내에 거주하는 사람이 받는 이와 같은 보호이익은 **단순한 반사적 이익이나 사실상의 이익이 아니라 법률에 의하여 보호되는 이익**이다.

【공권과 반사적 이익의 비교】

공 권	반사적 이익
권리로서의 이익	사실상 이익
상대방에게 부여된 효과	제3자에게 부여된 효과
소의 이익과 원고적격 인정	소의 이익과 원고적격 부중
손해배상 인정	손해배상 부정
침해 시 권익 구제 가능	침해 시 권익 구제 안 됨.

※ 자료: 김은표(2010), 멘토 경찰학개론, p.203.

【공권과 반사적 이익 관련판례】

공권으로 본 판례 (원고적격 인정판례)	① LPG 충전소 허가제한으로 얻은 이익 ② 도시계획결정처분으로 제3자가 얻는 이익 ③ 연탄공장허가제한으로 얻은 인근주민의 이익 ④ 약종상허가제한으로 얻는 이익 ⑤ 선반운항사업제한으로 얻는 이익 ⑥ 환경영향평가대상 지역 안의 주민이 얻는 이익
반사적 이익으로 본 판례 (원고적격 부정판례)	① 석탄가공업허가로부터 얻는 이익 ② 공중목욕장영업허가로부터 얻는 이익 ③ 건축법상 제한규정으로 얻는 이익 ④ 양곡가공업허가로부터 얻는 이익

3) 공권 또는 법적 보호이익의 확대경향(반사적 이익의 축소경향)

재량권의 0으로의 수축이론	공권은 강행법규에 의한 기속행위의 성질을 요소로 하지만 행정주체의 재량행위도 재량이 0으로 수축되는 현대국가에 있어서 종래 **반사적 이익으로 간주되는 것을 공권으로 보는 경향이 늘고 있다.**		
반사적 이익의 공권화	현대복지국가에서는 행정에 대한 의존도가 높아짐에 따라 국민의 사법적 보호의 필요성은 더욱 커지고 그로 인해 원고적격의 확대를 통한 공권과 반사적 이익의 구별은 상대화되어 가고 있다.		
사익보호적 해석	행정목적인 공익을 우선하여 해석하는 행정목적론적 법령해석은 개인의 이익이 무시되기 쉬우므로 사익보호적 해석을 통한 개인적 공권을 확대하려는 노력이 경주되고 있다.		
공권의 2요소론	청구권의 존재를 제외한 나머지 2요소로서 공권은 성립한다는 것이다.		
새로운 공권의 등장	무하자 재량행사 청구권	의 의	행정청에게 재량권이 부여된 경우에 개인이 행정청에 대하여 특정한 행위를 구할 권리는 갖지 못하지만, **재량권의 법적한계를 준수하면서 하자 없는 적법한 재량처분을 구하는 공권**을 말한다.
		특 성	① 재량영역에서의 주관적 공권의 성립 : 종래에는 재량영역에서 공권의 성립이 어려운 것으로 보았다. 그러나 현대행정에서 **행정청의 재량영역이 확대되고 재량행위에 대해서도 개인의 권익을 보장할 필요성이 요구됨에 따라 재량영역에서도 개인적 공권의 성립을 인정**한 점에서 커다란 의의를 가진다. {06.1 승진} ② 형식적 권리로서의 주관적 공권 : 특정한 처분을 구하는 실체적 공권이 아니라 행정청의 재량영역에서 하자 없는 적법한 재량처분을 구하는 형식적 권리이다
	행정개입 청구권	협의의 행정개입 청구권	행정청에 대하여 자기를 위하여 타인에게 행정권의 발동을 요구하는 권리
		행정행위 발급청구권	자기를 위하여 자기에게 행정권의 발동을 요구하는 권리

4) 경찰개입청구권

의 의	경찰개입청구권이란 경찰행정청의 부작위로 인하여 **자신의 권익을 침해당한 자가 당해 경찰행정청에 대하여 경찰권의 발동을 청구할 수 있는 권리**를 말하며, 이 개념은 2차 대전 이후 독일의 연방행정법원이 이른바 **띠톱판결을 통해 최초로 인정**되었다. {04.7 순경} 예 연탄공장 인근주민이 연탄공장에 의한 오염을 방치(부작위)한 행정청에게 그 단속을 욕하는 권리
성 립 배 경	종래에는 반사적 이익론 및 행정편의주의에 입각하여 경찰개입청구권을 부정적으로 보았으나, 경찰권의 행사와 관련하여 사인이 특정조치를 취할 것을 청구할 수 있는 권리인 경찰개입청구권을 인정되었던 것이다. 즉, **오늘날에는 반사적 이익의 보호이익화와 재량권의 0으로의 수축이론에 의하여 인정**하게 되었다. {04.7 순경}
성 립 요 건	① **강행법규에 의한 개입의무의 발생** : 법규에 의하여 행정권발동어 대한 행정청의 개입의무가 인정되어야 하는데 **기속행위는 당연히 인정**되며, 재량행위의 경우에도 그 재량권이 0으로 수축되는 경우에는 개입의무가 인정된다. ② **관계법규의 사익보호성, 즉 반사적 이익의 보호이익화** : 경찰권의 행사로 인해 국민이 받는 이익이 **반사적 이익에 해당하는 경우에는 법적 보호의 대상이 될 수 없기 때문에 경찰개입청구권이 인정될 수가 없다.** {04.7 순경, 01.1 승진} 다만, 최근에는 반사적 이익이 보호이익으로 인정되는 경우가 늘어나는 추세이므로 **반사적 이익의 보호이익에는 경찰개입청구권이 가능**하다. ③ **보충성의 원칙이 인정** : 타 수단으로 목적을 달성할 수 있는 경우에는 **경찰개입청구권이 인정되지 않는다.** {01.1 승진}
구 제 수 단	**행정쟁송** 경찰개입청구권을 행사했는데도 **경찰권을 발동하지 않으면(부작위) 행정쟁송을 통하여 구제**받을 수 있다. **손해배상** 경찰개입청구권의 행사에도 불구하고 경찰권이 발동되지 않아 **국민에게 손해가 발생한 경우에는 국가배상(손해배상)청구가 가능**하다.
효 과	① 경찰이 신변보호를 거부할 경우 위법한 처분이 되게 된다. ② 의무이행심판과 취소소송 및 부작위위법확인소송이 가능하다. ③ 국가배상청구가 가능하다.
관련된 사례	① **김신조 일당의 청와대 기습사건** : 경찰권의 발동 의무 및 당해 으무의 **사익보호성을 전제로 국가의 손해배상책임을 인정** {09.2 경간부, 05.10 순경} ② **극동호사건** : 사익보호성을 전제로 국가의 손해배상책임을 인정 ③ **눈썰매사건** : 행정청의 작위의무, 즉 권한불행사의 위법성을 인정 ④ **띠톱사건** : 경찰(행정)개입청구권이 최초로 인정 {09.2 경간부, 05.10 순경, 04.7 순경, 03.11 순경} ⑤ 별장 점탈 사건판결 ⑥ 혼잡 교차로 교통정리 미실시 사건판결 ⑦ 지뢰사건 판결

<table>
<tr><td colspan="3">【재량권의 0으로 수축이론】 {07.3 경간부, 02.7 순경, 01.1 승진}</td></tr>
<tr><td rowspan="5">의 의</td><td colspan="2">① 경찰위반의 상태가 있는 경우에도 경찰은 반드시 경찰권을 발동해야 하는 것이 아니라, 발동의 여부 및 수단의 선택에 있어서 당해 경찰관청의 의무에 합당한 재량에 의한다는 원칙을 말한다(경찰권행사의 편의주의 원칙).</td></tr>
<tr><td colspan="2">② 원칙적으로 재량권이 인정되고 있는 경찰권의 행사가 목전의 상황이 매우 중대하고 긴박한 것이거나 그로 인하여 국민의 중대한 법익이 침해될 우려가 있는 경우에는 완전한 자유재량이 아니고, 경찰개입결정만이 의무에 합당한 재량행사, 즉 적법한 재량행사로 인정된다.</td></tr>
<tr><td colspan="2">③ 학설과 판례에 의하면 예외적인 상황 하에서는 오직 하나의 결정만이 의무에 합당한 재량권 행사로 인정된다고 보는 바, 이것을 재량권의 0으로 수축이론이라고 한다.</td></tr>
<tr><td colspan="2">④ 경찰의 재량권은 0으로 수축되어 기속행위로 변한 것으로서 개입의무가 인정되고, 개인은 재량행위에 대해서도 예외적으로 특정행위를 요구할 수 있는 경찰개입청구권을 갖게 된다. {02.11 순경, 01.3 경간부}</td></tr>
<tr><td colspan="2">⑤ 재량권의 수축은 일반적으로 결정재량의 영역에서 인정이 되는 것이며, 이는 개인적 공권의 확대화를 가져왔다.</td></tr>
<tr><td rowspan="2">경찰권
행사의
편 의
주의의
한 계
문 제</td><td>경찰관청이
적극적으로 경찰권을
행사한 경우(작위)</td><td>하자 있는 ㉠ 재량행사의 문제와 ㉡ 비례의 원칙의 문제로서 경찰권의 개입에 대한 법적 제한을 가하게 된다.</td></tr>
<tr><td>경찰관청이 개입하지
않는 경우(부작위)</td><td>㉠ 재량권 수축론의 법리가 작용한다. 재량권이 0으로 수축이 되면 행정에게는 결정재량이 부정되어, 개인에게는 경찰(행정) 개입청구권이 인정된다. {03.11 순경, 01.2 경간부}
㉡ 재량행위는 내용적으로는 기속행위로 전환된다.
{04.7 순경, 03.11 순경, 01.3 경간부}
㉢ 의무이행심판 및 부작위위법확인소송, 그리고 그로 인하여 손해가 발생한 경우에는 손해배상소송을 제기한다.
{04.7 순경, 03.11 순경, 01.3 경간부}</td></tr>
<tr><td>요 건</td><td colspan="2">① 법익침해의 중대성(국민의 중대한 법익이 침해될 우려가 있는 경우)
② 절박성(목전의 상황이 매우 중대하고 긴박한 경우)
③ 보충성(다른 수단이 없는 경우)</td></tr>
</table>

	【행정개입청구권과 무하자재량행사청구권의 비교】	
	행정개입청구권	**무하자재량행사청구권**
법적 성격	실체적 권리(사전 · 사후적 기능)	형식적 권리
인정범위	㉠ 재량행위 · 기속행위 모두 인정 ㉡ 주로 결정재량에서만 인정	㉠ 재량행위에서만 인정 ㉡ 선택재량 · 결정재량 모두 인정
내용	특정처분을 청구할 수 있는 공권	적법한 재량처분을 구하는 공권(특정처분청구 안 됨)
관련이론	재량권의 수축이론	재량권의 한계이론
쟁송수단	의무이행심판, 취소소송, 부작위위법확인소송	

※ 자료: 김은표(2010), 멘토 경찰학개론, p.207.

Ⅳ. 행정행위(행정처분)

1. 행정행위와 쟁송법상 처분의 개념 및 관계

행정행위 (실체법상의 처분)의 개념	행정청이 구체적 사실에 관한 법집행으로서 **행하는 권력적·단독적 공법행위**이다. 행정처분과 동의어로 사용하며, 특히 쟁송법상의 처분개념과 구별ㅎ·여 **실체법상의 처분개념**이라 한다.
관 계	쟁송법상 처분의 개념을 행정행위보다 더 넓게 해석하는 이원설이 다수설이며, **권력적 사실행위는 행정행위는 아니지만 쟁송법상 처분의 개념에는 해당하여 항고쟁송의 대상**이 된다.

2. 행정행위(행정처분)의 종류

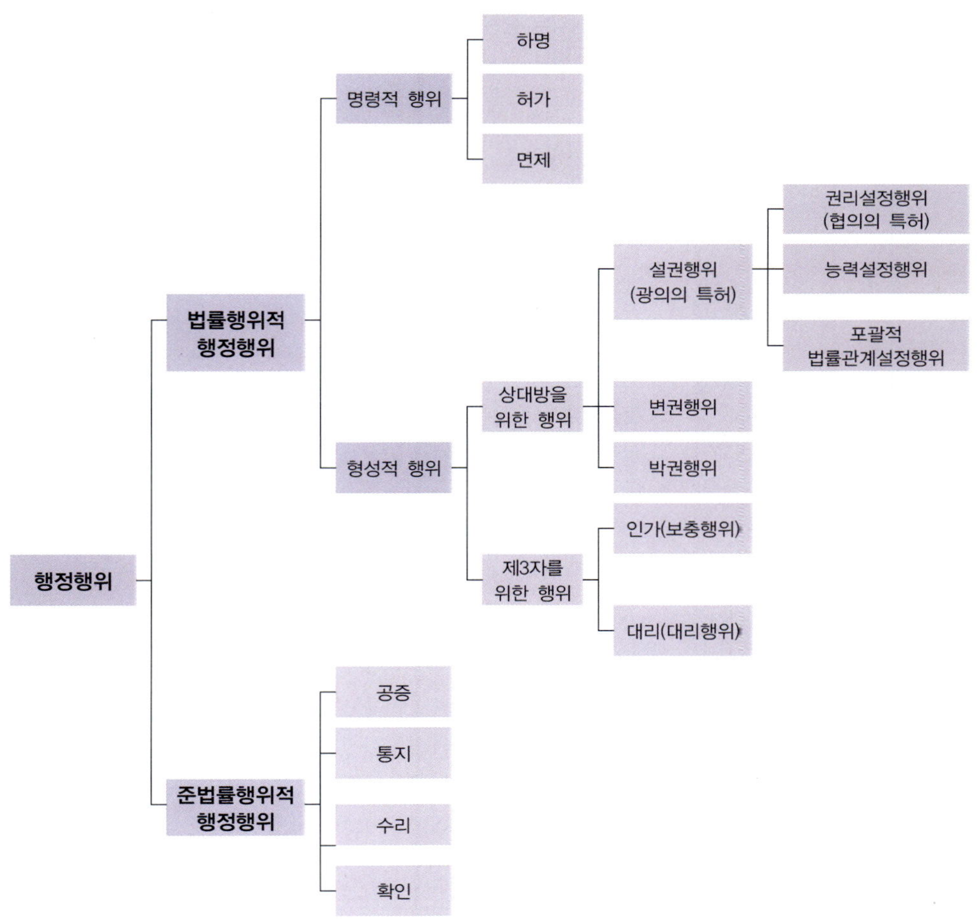

1) 행정행위의 분류

<table>
<tr><td rowspan="10">법적효과의
발생원인에
따른 분류
(법률행위적
행정행위)</td><td rowspan="2">의의</td><td colspan="3">① 행정청의 의사표시를 구성요소로 하고, 그 의사표시의 내용에 따라 법률적 효과가 발생하는 행정행위이다.
　　예 하명, 허가, 면제, 특허, 인가, 공법상 대리 등
② 의사표시(효과의사표시)를 요소로 한다.
③ 원칙적으로 부관이 가능하다.
④ 원칙적으로 불요식행위이다.
⑤ 법적 효과는 의욕한 대로 발생한다.</td></tr>
<tr></tr>
<tr><td rowspan="8">요건</td><td rowspan="4">명령적
행위
(적법요건)
{96.2
경간부}</td><td colspan="2">① 국민에 대하여 자연적으로 가지는 자유를 제한하고, 의무를 명하며, 또한 특정한 경우에 이런 의무를 면제하는 행정행위를 말한다.
② 명령적 행위의 성격은 기속행위(기속재량행위)인 것이 원칙이다.
③ 명령적 행위는 적법요건이지 효력요건이 아니므로 명령적 행위에 위반한 행위는 행정상 제재나 강제집행의 대상은 되지만, 그 행위의 법률상 효력은 유효함이 원칙이다.</td></tr>
<tr><td>하 명</td><td>작위 · 부작위 · 급부 · 수인 등을 명하는 명령적 행정행위를 말한다. 원칙상 하명에 위반하여 행해진 행위의 사법상의 효력은 부인되지 않는다.</td></tr>
<tr><td>허 가</td><td>부작위의무의 해제행위이다. 허가는 법률에 특별한 규정이 없는 한 기속행위로 본다. {06.2 경간부}</td></tr>
<tr><td>면 제</td><td>작위 · 급부 · 수인의무 해제 행위를 말한다.</td></tr>
<tr><td rowspan="4">형성적
행위
(유효요건)</td><td colspan="2">① 국민에게 자연적으로 갖지 않는 특정한 권리, 권리능력, 행위능력, 법률관계 등을 발생 · 변경 · 소멸시키는 행정행위를 말한다.
② 형성적 행위는 재량행위인 것이 원칙이다.</td></tr>
<tr><td rowspan="2">직접
상대방을
위한행위</td><td>설권행위
(광의의 특허)　　㉠ 권리설정행위(협의의 특허)
　　㉡ 능력 설정행위
　　㉢ 포괄적 법률관계 설정행위</td></tr>
<tr><td>변권행위

박권행위</td></tr>
<tr><td>제3자를
위한행위</td><td>㉠ 보충행위(인가)
㉡ 대리행위(대리)</td></tr>
</table>

법적효과의 발생원인에 따른 분류 (준법률행위적 행정행위)	의의	① 행정청의 의사표시 이외의 정신작용, 즉 판단, 인스, 관념 등을 구성요소로 하고, 그 법률적 효과는 행정청의 **의사표시에 의해서가 아니라 직접 법률의 규정에 의하여 발생하는 행정행위**이다. ② **의사표시(효과의사표시)이외의 정신작용을 요소로** 한다. ③ 원칙적으로 **부관을 붙일 수 없다.** ④ 원칙적으로 **요식행위**이다. ⑤ 효과는 **법률의 규정에 따라 발생**한다.
	공증	다툼이나 의문이 없는 사실·법률관계의 존재에 대하여 형식적으로 증명하고 공적인 증거력을 부여하는 행위를 말한다. 예 **운전면허증 교부, 합격증서 발급, 등기부에 등기, 선거인명부에의 등재, 영수증 교부, 토지·임야 대장에 등재 등**
	통지	특정·불특정의 상대방에 대하여 특정한 사실을 알리는 행위를 말한다. 예 **관념의 통지**(사업인정고시, 특허출원공고, 귀화고시, 전매가격고시 등), **의사의 통지** (대집행계고, 대집행실행통지, 납세의 독촉 등)
	수리	타인의 행정청에 대한 행위를 요하는 것으로서 **수령하는 행위**를 말한다. 예 **혼인신고 수리, 행정심판청구서 수리, 입후보자등록의 수리 등**
	확인	특정한 사실 또는 법률관계에 관하여 다툼이 있는 경우에 공권적으로 그 존부(存否) 또는 정부(正否)를 행정청이 판단하는 행위를 말한다. 예 **당선·합격자 결정, 행정심판 재결(결정), 교과서 검정, 신체검사, 도로구역 결정, 발명특허 등**
행정행위의 성립형식에 의한 분류	요식 행위	법령에 의하여 일정한 형식을 요하는 행정행위이며, 형식상 하자가 있는 경우에는 위법이다. 예 **준법률행위적 행정행위, 행정절차법에서 처분을 하는 때에 원칙적 문서주의 규정, 행정심판의 재결, 납세고지서 발부 등**
	불요식 행위	**일정한 형식을 요하지 않는 행위**로서 법률행위적 행정형위는 원칙적으로 불요식행위이다. 예 **교통경찰의 수신호 등**
상대방의 협력여부에 의한 분류	일방적 행정 행위	**상대방의 의사와 상관없이 직권으로 행하는 행정행위**이다. 예 **직권면직 등**
	쌍방적 행정 행위	**상대방의 신청이나 동의를 요하는 행정행위**이다. 예 ㉠ **상대방의 신청 : 허가, 인가, 특허, 공무원의 의원면직, 귀화 허가 등** 　㉡ **상대방의 동의 : 공무원의 임명**
행정행위의 대상에 의한 분류	대인적 행정 행위	사람의 주관적 요소에 기초를 둔 행정행위로서 행정행위의 효과가 이전·승계되지 않는다. 예 **의사·약사면허, 운전면허, 공무원 임명, 귀화허가, 통행허가 등 → 이전(×)**
	대물적 행정 행위	물건의 객관적 사정에 기초를 둔 행정행위로서 **행정행위의 효과가 이전·승계**된다. {10.1 승진} 예 **건축허가, 자동차검사합격처분, 주차금지구역의 지정, 단란주점 영업허가 등 → 이전(○)**
	혼합적 행정 행위	사람의 주관적 요소와 물건의 객관적 사정을 모두 고려하는 행정행위로서 효과의 여부는 관계법규의 해석에 의해 판단을 해야 한다. 예 **석유사업허가, 풍속영업(사행행위 등)의 허가, 총포·도검·화약류 제조허가 등 → 이전(○)**

행정행위의 법적효과에 의한 분류	**수익적 행정행위**	① 상대방에 대하여 유리한 효과를 발생시키는 행정행위를 의미하며, 국민에게 권리 · 이익을 부여하거나 부담적 행정행위를 취소 · 철회하는 행정행위이다. ② 법률유보원칙이 완화되어 적용되며, 재량행위에 해당한다. 　예 **허가, 특허, 인가, 면제, 부담적 행정행위의 취소 · 철회 등**
	부담 (침해)적 행정행위	① 상대방에게 불리한 효과를 발생시키는 행정행위를 의미하며, 권리의 권리 · 이익을 침해하거나 새로운 의무를 부과하는 행정행위이다. ② 법률유보원칙이 엄격히 적용되며, 기속행위에 해당한다. ③ 침해적 행정행위는 **상대방의 권익을 제한하거나 의무를 부과하는 행정행위**이므로 **사전에 통지를 하고 상대방의 의견진술을 들어야** 한다. {05.2 경간부} 　예 **금지 · 박권행위, 수익적 행정행위의 철회 등**
	복효적 행정행위 (이중적 효과행정행위)	하나의 행정행위가 수익과 부담의 복효적 효과를 동시에 발생시키는 행정행위를 말한다. 　예 **당선인 · 합격자 결정, 공매처분, 수용재결 등**
행정주체에게 재량이 있느냐의 여부에 따른 분류	**기속행위**	법규집행에 있어 **행정청의 재량이 전혀 허용되지 않는 행정처분**을 말한다.
	재량행위	행정법규가 행정청에 대하여 그 요건의 판단 또는 효과의 결정에 있어서 많은 가능성 중에서 선택의 여지를 부여하고 있는 경우의 행정행위를 말한다.

【법률행위적 행정행위와 준법률행위적 행정행위의 비교】	
법률행위적 행정행위	**준법률행위적 행정행위**
① 의사표시를 요소	① 의사표시 이외의 판단 · 인식표시를 요소
② 행정청이 의욕한 대로 효과가 발생	② 법률의 규정에 의하여 효과가 발생
③ 재량행위	③ 기속행위
④ 부관 가능(원칙)	④ 부관 불가(원칙)
⑤ 불요식행위(원칙)	⑤ 요식행위(원칙)

【허가 & 특허 & 인가】

	허가(명령적 행위) {06.10 순경}	특허(형성적 행위) {06.10 순경}	인가(형성적 행위)
의의	일반적·상대적 금지의 해제하여 자유회복시켜 주는 행위	특정인에게 권리·능력 및 포괄적 법률관계의 설정하여 주는 행위	**제3자의 법률행위를** 보충하여 법률적 효력을 완성시켜 주는 행위 {06.10 순경}
대상	㉠ 사실행위(원칙) : 건축허가 ㉡ 법률행위 : 무기판매허가	법률행위	**법률행위만 대상** **공법행위와 사법행위를 불문** {06.10 순경}
성질	㉠ 법률행위적 행정행위 ㉡ 수익적 행정행위 ㉢ 명령적 행위 ㉣ 기속행위 ㉤ 쌍방적 행정행위 : **신청 없이 행하여지는 경우 있음**(통행금지해제). {06.2 경간부}	㉠ 법률행위적 행정행위 ㉡ 수익적 행정행위 ㉢ 형성적 행위(설권행위) ㉣ 재량행위 ㉤ 쌍방적 행정행위 : 반드시 신청 요함.	㉠ 법률행위적 행정행위 ㉡ 수익적 행정행위 ㉢ 형성적 행위(보충행위) ㉣ 기속행위 ㉤ 쌍방적 행정행위 : 반드시 신청 요함.
법적 효과	적법요건	유효(효력)요건	유효(효력)요건
위반 행위 효력	㉠ 행위 자체는 유효 ㉡ 행정벌·강제집행의 대상(○)	㉠ 행위 자체가 무효 ㉡ 강제집행 등의 대상(×)	㉠ 행위 자체가 무효 ㉡ 강제집행 등의 대상(×)
효과	㉠ 반사적 이익(원칙) ㉡ 권리로 보기도 함(예외).	권리의 설정	제3자의 법률적 행위를 보충하여 그 법률적 효력을 완성시켜 주는 행위
예 {96.2 경간부}	㉠ 건축허가 ㉡ 수출입허가 ㉢ **영업허가** ㉣ 총포·화약류제조허가 ㉤ 일시적 도로사용 허가 ㉥ 의사면허 ㉦ 운전면허 ㉧ 통금해제 ㉨ 택시미터 검사 ㉩ 차량검사합격 처분	㉠ 광업허가 ㉡ 귀화허가 ㉢ 도로·하천점용 허가 ㉣ 사설철도 허가 ㉤ 하천구역점용 허가 ㉥ 어업면허 ㉦ 자동차운수사업 면허 ㉧ 공유수면매립 면허 ㉨ 사업인정 ㉩ 공기업 특허 ㉪ 공물사용권 특허 ㉫ 공무원 임명	㉠ 토지거래 허가 ㉡ 사업양동 인가 ㉢ 하천사용권양도 인가 ㉣ 특허기업요금 인가 ㉤ 공법인설립 인가 ㉥ 사립대설립 인가 ㉦ 수도공급규정 인가 ㉧ 공기업양도 인가 ㉨ 공공조합의 정관 승인 ㉩ 토지구획정리조합 설립인가

V. 경찰상의 행정처분(경찰처분)

1. 경찰처분의 의의와 성질

의 의	경찰처분이란 경찰행정주체가 법 아래에서 구체적 사실에 관한 법집행 행위로서 하는 대외적인 공권력의 발동으로서의 단독적 공법행위를 말하며, **경찰행정행위**로도 불린다.
성 질	**법률행위적 행정행위 중 명령적 행정행위**에 속하며, 경찰처분은 **일반통치권에 근거하여 발동**된다.

2. 경찰하명

의 의	경찰상의 목적을 달성하기 위하여 일반통치권에 의거하여 **개인에게 특정한 작위·부작위·수인·급부의 의무를 명함으로써 개인의 자연적 자유를 제한하거나 새로운 의무를 부과하는 것을 내용으로 하는 행정행위**를 말한다. {07.12 순경, 04.9 순경}
성 질	① 경찰하명은 법률행위적 행정행위 중 **명령적 행위**를 말한다. ② 경찰하명은 **부담적 행위이므로 법령의 근거를 필요로** 한다. ③ 경찰하명은 **부담적 경찰작용**이다. ④ 경찰하명은 특별한 규정이 있는 경우를 제외하고는 **원칙적으로 기속행위**이다.
대 상	**원칙적으로 사실행위**(교통방해물 제거, 무단건축금지 등)이며, **예외적으로 법률행위**(무기매매금지 등)인 경우도 있다.

1) 경찰하명의 종류

내용에 따른 분류	작위 하명	적극적으로 어떤 행위를 할 것을 명하는 경찰하명을 말한다. 예 불법집행의 해산의무, 도로상의 오물제거의무, 화재예방시설의 설치 의무, 전염병예방 접종 하명 등 경찰하명으로서 경찰처분(○) | 사실행위로서 경찰처분(×) ① 경찰관의 수신호·신호 등의 교통신호 {01.7 순경} ② 범칙금납부통보서의 발부 ③ 운전면허의 정지·취소 | ① 불심검문을 위한 차량정지 등 단순한 교통경찰관의 지시 ② 교통정리
	부작위 하명 (금지)	적극적으로 행위를 하지 아니할 것을 명하는 하명을 말하며, 경찰금지라고도 한다. {02.1 승진, 97.1 승진, 96.1 승진, 96.2 경간부} 절대적 금지: 어떠한 경우에도 해제의 대상이 될 수 없는 금지를 말한다. 예 아편흡식 금지, 마약제조 및 판매금지, 불량식품의 판매금지, 19세 미만 청소년의 흡연 및 음주금지, 인신매매금지 등 상대적 금지: 일정한 경우에는 해제의 대상이 될 수 있는 금지를 말한다. 예 음식점·유흥업소 영업금지, 도로통행금지, 교통신호기 또는 경찰관에 의한 정지, 주차금지구역의 지정, 영업장소의 제한, 총포소지·거래금지, 건축금지, 공공시설에서의 흡연금지, 불법집회금지, 영업정지, 야간통행금지, 수렵금지 등 {10.1 승진, 05.1 승진, 02.1 승진}
	급부 하명	금전 또는 물품의 급부의무를 과하는 경찰하명으로서, 경찰작용에 따르는 수수료의 지급을 명하는 것이다. 예 조세부과처분, 면허시험의 수수료 납부, 교통범칙금 납부, 현품부과 등
	수인 하명	경찰권의 발동으로 인하여 자기의 신체·재산에 가하여지는 사실상의 침해를 수인(受忍)하고 항거하지 않을 의무를 과하는 경찰하명을 말한다. 예 ㉠ 영업장소에 출입하거나 장부를 검사할 때 영업주가 출입을 허용하고 검사에 응하는 것 ㉡ 미성년자 관람불가판정 영화를 상영하는 극장에 임검 경찰관의 극장출입을 거부하지 못하는 경우 {07.12 순경, 01.1 승진} ㉢ 대집행·즉시강제 시 공권력에 복종할 의무 ㉣ 위험방지를 위한 출입 시에 관계인이 경찰의 출입에 응할 의무
대상에 따른 분류	대인적 하명	① 특정인의 개인적 사정에 중점을 두고 행하여지는 하명을 말한다. ② 대인적 하명에 의한 경찰의무는 하명의 상대방에 대하여만 효과가 생긴다. {10.1 승진} ③ 대인적 하명에 의해 발생된 경찰의무는 그 상대방 이외의 사람에게는 이전 또는 승계되지 않는다. 예 택시운전자의 운전면허취소, 무면허운전금지 등
	대물적 하명	① 상대방의 일신상의 사정에 의한 것이 아니고 특정의 물건이나 설비 등 물적 사정에 중점을 두고 있는 하명을 말한다. ② 대물적 하명에 의한 경찰의무는 하명의 상대방뿐만 아니라 그 물건 등의 양수인·승계인에게도 미친다. {10.1 승진} 예 무등록차량의 사용금지, 정비불량차량의 사용금지, 주정차금지구역의 지정 등 {07.12 순경, 03.7 순경}
	혼합적 하명	대인적 하명이면서 동시에 대물적 하명의 요소가 혼합된 경우를 말하며, 원칙적으로 이전이 제한된다.

| 형식에
따른
분류 | 법규
하명
(경찰
명령) | ① 법규하명은 법령 등의 **일반적 · 추상적 규율**에 의하여 직접 일정한 경찰의무를 발생시키게 되는 하명을 말한다(불특정 다수인). 즉, **법령 자체에서 직접 일정한 경찰의무를 발생시키게 되는 하명**을 말한다.
② 법령은 **법률과 법규명령(위임명령, 집행명령, 대통령령, 총리령, 부령)**을 가리키며, 넓게는 법규의 성질이 가지는 **조례, 규칙 등의 자치입법도 포함**한다. 단, 경찰상의 행정규칙(훈령)은 법규성이 없으므로 포함되지 않는다.
　예 **총포소지금지, 일반인의 의료행위금지, 무면허운전금지, 음주운전금지, 집회신고의무, 미성년자의 혼숙금지, 교통사고를 낸 자의 신고의무 등** |
| | 하명
처분
(경찰
처분) | ① 처분하명은 법령에 의거하여 특정한 경찰의무를 부과하기 위하여 명하는 **개별적 · 구체적 행위**를 말한다(특정인). 즉, **법령에 의거하여 경찰관청이 직권으로 행정행위의 형식으로 부과하는 하명**을 말한다.
② 처분하명은 **불특정다수인에 대하여 행해지는 경우(일반처분)와 특정의 상대방에 대하여 개별적 · 구체적으로 행해지는 경우(개별처분)**가 있다.
　예 **야간통행제한, 위험한 도로의 통행금지, 차량정지명령, 대피명령 등** |

2) 경찰하명의 효과

경찰의무의 발생	① 경찰하명을 받은 **특정인(하명처분) 또는 불특정인(법규하명)**은 경찰의무의 발생과 자연적 **자유가 제한**되지만, 개인의 법률상 능력에는 영향이 없다. {04.9 순경} ② 하명의 수명자는 **하명을 발한 행정주체에 대해서만 부담**할 뿐이고 **그 이외의 제3자에 대하여서는 법적 의무를 부담하지 않는다.** 즉, 하명의 효과로 제3자가 반사적 이익을 받을지라도 사법상의 청구권을 발생시키지 않는다. {04.9 순경}
하명효과의 인적 범위	① 법규하명은 **불특정다수인에 대하여** 일반적으로 그 효력이 발생한다. ② 처분하명은 그 처분의 상대방인 **특정인에 대하여** 효력을 가지는 것이 보통이다. {07.12 순경}
하명효과의 지역적 범위	① **원칙 : 하명을 발한 경찰관청 관할구역 내**에서만 효력을 미친다. ② **예외 :** 법령의 규정 또는 처분의 성질상 관할구역 외에 미치는 경우도 있다. 　예 **경찰서장의 자동차사용정지처분**
공법상의 효과	**작위 · 수인 · 급부의 경찰의무를 불이행한 경우에는 행정상 강제집행이 행하여지며, 부작위 경찰의무를 위반한 경우에는 경찰벌(경찰형법, 경찰질서법)**이 가해진다. {10.1 승진, 05.1 승진, 04.9 순경}
사법상의 효과	① 하명은 행위의 **적법요건일 뿐 유효요건이 아니다.** ② 하명에 위반한 행위의 **사법적 효과에는 영향이 없다.** {10.1 승진, 06.2 경간부, 05.1 승진} ③ 경찰하명 자체의 효력으로서 하명에 위반한 법률행위의 효과까지 부인되는 것은 아니며, 따라서 효력은 유효하다. 　예 ㉠ 무면허 음식물 판매행위가 처벌의 대상은 되지만 판매행위가 무효가 되는 것은 아니다. 　　㉡ 영업정지명령에 위반하여 영업을 계속하였을 경우 당해 영업에 관한 거래행위의 효력까지 부인되지는 않는다.

3) 경찰하명의 하자

하명의 무효	경찰하명의 하자가 중대하고 명백한 경우에는 **무효가 되고, 무효인 경찰하명은 처음부터 효력을 발생하지 않는다.** 따라서 수명자는 그 하명에 의한 경찰의무를 위반하거나 불이행하여도 경찰벌이나 경찰상 강제집행의 대상이 되지 않는다. {05.2 경간부} **【무효원인】** ㉠ 정당한 권한을 가지지 않은 자의 행위 또는 정상적인 의사를 결한 경우 ㉡ 내용이 불분명하거나 실현 불능한 경우 ㉢ 법령이 정하고 있는 절차를 결한 경우 ㉣ 요식행위를 갖춰야 할 경찰하명이 소정의 형식을 갖추지 아니한 경우
하명의 최소	경찰하명이 단순한 위법인 경우에는 **취소할 수 있는** 행위에 그치고, 권한 있는 기관에 의하여 취소가 있기 전까지는 유효한 하명으로 추정된다. 그러나 **취소가 있으면 하명의 효과는 원칙적으로 과거에 소급하여 없어진다.** {05.1 승진} **【취소원인】** {04.5 순경} ㉠ 권한을 초과한 경우　　㉡ 경미한 절차나 형식을 결여한 경우 ㉢ 착오에 의한 경우　　㉣ 사기 등 부정수단에 의한 경우

4) 경찰하명에 대한 구제

적법한 경찰하명	경찰하명의 수명자는 수인의무가 있으므로 **적법한 경찰하명으로 인하여 손실이 발생하였다 하더라도 원칙적으로 손실보상청구할 수 없다.** 다만 수명자에게 수인할 수 없는 특별한 희생이 있는 경우에는 손실보상을 청구할 수 있다.
위법한 경찰하명	**손해배상이나 행정쟁송 등에 의해 구제받을 수 있다.** {05.1 승진}

3. 경찰허가

의의	① 경찰허가라 함은 국가의 일반통치권에 의거하여 **일반적·상대적 금지**(절대적 금지는 허가대상 ×)를 특정한 경우에 해제하여 적법하게 특정행위를 할 수 있도록 자연적 자유를 회복시켜주는 **행정행위**를 말한다. {10.1 승진, 05.3 순경, 04.11 순경, 04.3 순경, 03.4 순경, 03.1 승진, 02.7 순경, 02.5 순경, 02.3 순경, 02.1 승진} ② 실정법상으로는 허가, 면허, 인가, 승인 등으로 용어가 혼용되어 사용되고 있다. 　예 **자동차 운전면허, 건축허가, 수렵면허, 야간통행금지해제, 총포소지허가, 공연허가, 공중목욕탕 영업허가, 사행행위허가, 이용사면허 등**
허가 대상	원칙적으로 사실행위이지만, 예외적으로 법률행위일 때도 있다. 　예 **사실행위(통행금지허가, 건축허가 등) 법률행위(영업허가, 무기판매허가 등)**
허가 상대방	원칙적으로 특정인을 대상으로 한다. 그러나 예외적으로 불특정 다수인에 대하여 행하여지는 경우도 있다. 예 **야간통행금지의 해제**

성질 {04.9 순경}	**경찰(일반적·상대적) 금지의 해제행위**	☞ 절대적 금지(×) 경찰허가는 일반적인 경찰금지 중에서 누구에게나 또 어떤 경우에도 해제할 수 없는 절대적 금지에 대해서가 아니라, **상대적 금지를 해제하여 주는 것이다.** {09.4 순경, 04.11 순경}	
	법률행위적 행정행위	☞ 준법률행위적 행정행위(×) {07.12 순경, 03.4 순경}	
	명령적 행정행위	☞ 형성적 행정행위(×) {06.10 순경} 경찰허가는 특정한 부작위 의무를 해제하여 자연적 자유를 회복시켜 주는 명령적 행정행위인 점에서, 일정한 권리·능력을 발생·변경·소멸시켜 주는 것을 내용으로 하는 **형성적 행정행위인 특허와 구별**된다. 따라서 **허가를 받은 자가 사실상 독점적 이익을 얻는 경우가 있다 해도 그것은 권리가 아니라 반사적 이익에 불과**하다.	
	기속행위 또는 기속재량 행위	☞ 자유재량행위(×) {03.1 승진, 01.6 순경} 허가는 명령적 행위로서 자연적 자유의 금지를 해제하는 의미를 갖기 때문에 허가의 요건을 갖춘 경우에 허가를 할 것인가의 여부는 **원칙적으로 기속행위 또는 기속재량행위이다. 예외적으로 공익적 요구에 의한 이익형량이 요구되는 경우에는 재량이 인정**될 수 있다.{10.2 경간부}	
	쌍방적 행정행위	㉠ 경찰허가는 공익상의 필요보다 당사자의 이익을 위한 것이 보통인 까닭에 **당사자의 신청(출원)을 필요로 하는 쌍방적 행정행위인 것이 원칙이다. 예외적으로 야간통행의 허가(야간통행금지의 해제)와 같이 상대방이 신청이 없이도** 직권에 의해 불특정다수인에게 일반적 허가로 이루어지는 경우도 있다. {04.9 순경} ㉡ 판례에 의하면 **허가 여부의 결정기준은** 특별한 사정이 없는 한 **원칙적으로 허가처분 당시의 법령에 의한다.** 따라서 허가 신청 후 처분 전에 관계법령이 개정된 경우에는 개정된 법률에 따라 처분을 하여야 한다. {09.4 순경} ㉢ **신청과 다른 허가도 상대방의 동의가 있으면 가능**하다(수정허가). {09.4 순경, 06.2 경간부, 05.3 순경, 04.11 순경, 04.3순경, 03.4 순경, 03.1승진, 02.5 순경, 02.3 순경, 02.1 승진, 01.6 순경}	
종류	**심사 대상에 따른 분류** {02.7 순경, 02.5 순경}	**대인적 허가**	개인적 사정이 심사대상이며, 특정인에 제한되어 **이전성이 없다.** 예 **야간통행금지해제, 이용사면허, 수렵면허, 마약취급면허, 자동차운전면허, 의사면허, 건축사 면허, 총포류 소지허가 등** {09.4 순경, 07.12 순경, 05.3 순경}
		대물적 허가	시설·물적 대상이 심사 대상이 되며, **이전성이 있다.** {05.3 순경, 04.11 순경, 04.3 순경, 02.1 승진, 96.1 경간부} 예 **건축허가, 목욕탕·유기업 영업허가, 입산금지의 해제, 차량검사 합격·불합격 처분 등**
		혼합적 허가	인적·물적 대상이 심사 대상이며, **원칙적으로 이전성이 없으나,** 예외적으로 행정청의 동의·승인 하에 가능한 경우도 있다. 예 총포소지허가, 자동차운전학원의 허가, 풍속영업의 허가, **총포화약 제조·판매허가** 등 {09.4 순경, 05.3 순경, 02.7 순경, 02.5 순경}
	형식에 따른 분류	**법규 허가**	경찰허가는 법규에서 직접 행하여질 수 없으므로 **법규허가는 성립될 수 없다.** {04.9 순경, 02.7 순경, 02.5 순경}
		처분 허가	경찰허가는 일반적·상대적 금지를 특별한 경우에 해제하는 행위이므로 언제나 구체적인 경찰처분의 형식으로 행하여진다. 예 **일반허가(통행금지해제 등), 개별허가(노래방 영업허가 등)**

요건	신청 (출원)		경찰허가는 **상대방의 신청을 필요로 하는 것이 원칙이며, 신청을 요하는 행위, 즉 쌍방적 행위**이다. 다만, 특정외래품 수입금지의 일반적 해제, 비상계엄하에서의 보도관제사항의 해제 통고, **입산금지 해제 등과 같이 신청이 없이도 직권으로 허가**하는 경우도 있다. {07.12 순경, 06.2 경간부, 05.3 순경, 04.11 순경, 04.9 순경, 04.3 순경, 03.1 승진, 03.4 순경, 02.7 순경, 02.5 순경, 02.1 승진, 01.6 순경}
	시험· 검사		경찰법규에서 경찰허가의 요건으로서 **일정한 시험이나 검사 등을 거치도록 규정**한 경우가 있다. 그러나 **시험 및 검사합격 등의 확인행위를 거치지 아니한 경찰허가는 무효**가 된다.
	수수료·조 세의 납부		경찰허가를 함에 있어서는 그 허가사무에 대한 반대급부로서 **법령에 의하여 수수료 또는 조세의 납부를 그 요건으로 할 때**가 있다.
	공 증		허가받은 자와 허가받지 않은 자를 구별하기 위하여 **법령의 규정에 의하여 특정한 형식에 의한 공적 증명을 허가의 효력발생요건으로** 하는 경우가 많다.
효과	경찰금지의 해제		허가는 상대방에게 새로운 권리·능력 기타의 힘을 설정시켜 주는 행위가 아니라 제한되었던 자유를 회복시켜 주는 효과를 갖는데 불과하므로 상대방이 허가에 의하여 어떤 이익을 얻는다 해도 그것은 **원칙적으로 반사적 이익에 불과**하다. 그러나 **예외적으로** 관계법령의 목적·취지가 공익뿐만 아니라 사익도 보호하는 것으로 해석될 경우에는 단순한 반사적 이익이 아니라 법률상 이익이 된다. {09.4 순경, 01.6 순경}
	타 법률과의 관계		**특별한 규정이 없는 한 관계법령상의 금지가 해제**될 뿐이고, 타법상의 제한까지 해제되는 것은 아니다. {04.9 순경} 즉 **허가의 효과는 상대적**이다. 예 경찰공무원이 음식점영업허가를 받는다 해도 식품위생법상의 금지만을 해제한 것이고, 국가공무원법상의 제한(영리업무금지)까지 해제하는 것은 아니므로 경찰공무원은 당해 영업을 못한다.
	행위의 적법성 부여 (무허가 행위의 효과)		허가는 행위의 적법요건이지, 유효요건이 아니므로 이를 위반하면 위법하나 무효가 되는 것은 아니다. {10.1 승진, 09.4 순경, 07.12 순경, 04.11 순경, 04.3 순경, 02.7 순경, 02.5 순경, 02.1 승진} 따라서 **무허가 행위는 강제집행이나 경찰벌의 대상이 되지만**(공법적 효과) 사법상 효력은 없다. 단, 행위 자체의 효력은 유효하다. {07.12 순경, 05.3 순경, 04.11 순경, 03.1 승진, 01.6 순경}
	허가효과의 지역적 범위	원칙	경찰허가의 효과는 원칙적으로 당해 경찰관청의 관할구역 내에서만 한다.
		예외	법령의 규정에 의하거나 또는 운전면허 등과 같이 허가의 성질상 관할구역 밖에까지 미쳐야 할 경우에는 관할구역 밖에서도 효력이 있다.
허가 의 갱신 {09.4 순경}			① 기한부 허가는 그 기한이 도래함으로써 별도의 행위를 기다릴 필요없이 효력이 상실됨이 원칙이다. 허가의 갱신은 기한의 도래 전에 이루어져야 하며, 이런 **기간 도래 전 허가의 갱신은 종전 허가의 효력을 지속시키는 것**이지 종전허가와 무관한 새로운 행위가 아니다. ② 기간 도래 후의 갱신신청에 따른 허가는 갱신허가가 아니고 **별개의 새로운 허가**이다. ③ 허가에 붙은 기한이 성질상 부당하게 짧은 경우 갱신기간으로 보아 기간의 도래하기 전에 상대방이 신청할 경우 특별한 사정이 없는 한 기간연장을 한다.

4. 경찰면제

의 의	경찰면제란 **법령에 의하여 과하여진 경찰상의 작위·급부·수인의 의무를 특정한 경우에 해제하여 주는 경찰상의 행정행위를** 말한다. {10.1 승진} 예 체납처분의 집행면제, 시험의 면제, 수수료의 면제, 예방접종면제, 병역면제, 조세면제, 납기의 연기 등
성 질	① 경찰상의 의무를 해제하여 주는 행위이므로 **법률행위적 행정행위 중에서 명령적 행위에** 속한다. ② 경찰면제의 발급 여부를 결정하는 것은 **원칙적으로 경찰행정청의 기속재량에 속한다고 한다.** ③ 경찰면제는 **수익적 경찰작용**이다.

경찰허가 와 비교	**공통점**	**경찰허가(부작위)와 면제(작위·수인·급부) 모두 의무의 해제**라는 공통점이 있다. {03.4 순경}
	차이점	**경찰허가는 부작위 의무를 해제하고, 경찰면제는 작위, 급부, 수인 의무를 해제하**는 행위이다.

5. 행정행위의 부관

의 의		① 행정행위의 부관이란 행정행위의 **일반적 효과를 제한** 또는 **새로운 의무를 부과**하거나 법정요건을 보충하기 위해서 행정청의 주된 행위에 부가된 종된 규율을 말한다. {09.2 경간부, 01.1승진} 예 "~~영업을 허가한다."　　　"허가일로부터 3년까지로 한다." 　　　주된 의사표시　　　　　　　종된 의사표시(부관) ② 행정행위의 부관은 행정청의 의사표시에 의하여 붙여지는 반면 법정부관은 처분의 효과의 제한이 직접 **법규에 의해서 부여되는 부관으로서 행정행위의 부관에서는 제외**되는 개념이다. ③ 행정행위의 효과제한이 행정청의 행위가 아니고 직접 법규에 의해 이루어지는 **법정부관(인감증명의 유효기간, 자동차검사증의 유효기간)은 여기서 말하는 부관에 포함되지 않는다.**
성 질	**법률행위적 행정행위**	법률행위적 행정행위는 **법적 근거없이도 부관을 붙일 수 있다**는 것이 일반적 견해이다.
	준법률행위적 행정행위	준법률행위적 행정행위에는 **부관을 붙일 수 없다는 것이 통설·판례**이다. 단, 준법률행위적 행정행위에도 일정한 부관을 붙일 수 있다는 견해가 있다. {06.2 경간부}
	재량행위	법률행위적 행정행위 중 **재량행위에는 부관을 붙일 수 있다.**
	기속행위	**기속행위에는 부관을 붙일 수 없고, 기속행위에 부관을 붙인 것은 무효라는 것이 판례의 입장**이다. 단, 기속행위에도 일정한 부관은 허용된다는 견해가 있다. {09.2 경간부, 01.1 승진}
	기타	부관은 행정행위의 일부이기 때문에 **원칙적으로 독립하여 쟁송대상으로 할 수 없다.** {06.2 경간부}

1) 부관의 종류 {06.2 경간부}

구분			내용
조 건	**의 의**		행정행위의 **효력의 발생 또는 소멸**을 장래의 도래가 **불확실한 사실**에 의존하게 하는 의사표시를 말한다. 물론 조건이 성취되면 당연히 행정행위의 효력이 발생하거나 소멸한다.
	정지 조건		행정행위의 효력의 **발생**을 **장래의 불확실한 사실**에 의존시키는 부관을 말한다. 〔예〕 도로확장을 조건으로 한 자동차운수사업면허, 시설완성을 조건으로 한 호텔경영허가, 재해시설 완비를 조건으로 하는 도로사용 허가, 우천이 아닐 경우 옥외집회장소의 허가 등
	해제 조건		행정행위의 효력의 **소멸**을 **장래의 불확실한 사실**에 의존시키는 부관을 말한다. {01.1 승진} 〔예〕 **2월 이내에 공사에 착수하지 않으면 효력을 상실한다는 건축허가**, 명일 비가 오면 집회 취소, 오우기 전에 제방축조할 것을 조건으로 하는 허가 등 {07.12 순경, 06.10 순경, 06.2 순경}
기 한	**의 의**		경찰처분의 **효과의 발생 또는 소멸**을 장래 도래가 확실한 사실에 의존하게 하는 경찰권의 의사표시를 말한다. {10.1 승진, 08.1 승진, 06.10 순경, 05.1 승진, 04.1 승진}
	효력 발생 시기	**시 기**	기한이 도래하면 행정행위의 효력이 비로소 **발생하는 경우** 〔예〕 ~부터: 10월 1일부터 허가한다.
		종 기	기한의 도래로 효력이 **소멸하는 경우** 〔예〕 ~까지: 10일 30일까지 허가한다.
	기한의 종류	**확정 기한**	도래가 **확실**함은 물론이고 **도래하는 시기까지 확실**한 경우 〔예〕 일주일 후, 3개월까지 등
		불확정 기한	도래는 **확실**하나 **도래 시기는 불확실**한 경우 〔예〕 비가 오면~, 네가 사망하면~ 등
부 담	**의 의**		부담이란 행정행위의 효과를 받는 상대방에게 일정한 **작위·부작위·수인·급부의 의무를 과하는 행정행위의 부관**이다. {08.1 승진} 〔예〕 도로점용허가 시 도로점용료의 납부명령, 수수료를 납부를 전제로 한 다방영업 허가, 영업을 허가하되 수수료를 납부하라고 명하는 경우, 종업원의 정기건강진단을 요건으로 하는 영업허가 등
	성 질		① 부담은 그 성질상 **독립된 행정행위로서 독립적인 처분성이** 인정된다. ② 부담은 그 자체가 하나의 행정행위, 즉 **하명으로서의 성격**을 지니기 때문에 분리가 **가능하여 독자적으로 행정강제나 행정쟁송의 대상**이 될 수 있다. ③ 부담은 다른 부관과 달리 그 자체가 행정행위이므로 **부담단이 취소소송 등 항고소송의 대상**이 될 수 있다. {05.1 승진, 04.1 승진} ④ 부담은 주된 행정행위와 독립된 행위로서 부담을 이행하지 않는 경우 **행정청은 부담의 내용을 강제집행**할 수 있다. {05.1 승진, 04.1 승진} ⑤ 부담은 **사후부관의 형태로 부가**할 수 있다. {05.1 승진, 04.1 승진}
	조건과 구별	**정지 조건**	조건의 성취에 의해 효력이 발생하나 부담은 처음부터 효력이 완전히 발생한다.
		해제 조건	조건의 성취에 의해 당연히 효력이 소멸하나, **부담은 불이행**이 있어도 부담부행정행위가 당연히 효력을 상실하는 것은 아니며, 먼저 **경찰벌이나 강제집행의 사유**가 되고 그 후에 행정청의 철회의 의사표시가 있어야 **효력이 소멸**한다. {01.1 승진}

수정 부담	**의 의**	① 행정행위에 부가하여 새로운 의무를 부과하는 것이 아니라, **상대방이 신청한 내용과 다르게 행정행위의 내용 자체를 수정·변경하는 형태의 부관**을 말한다. {08.1 승진} ② 상대방이 수정된 내용에 **동의하여야 효력이 발생**한다.
	사 례	① 미국에 대한 소고기 수업허가 신청: 행정청은 호주로부터의 소고기 수입허가 부여 ② **화물차량의 A도로 통행허가 신청에 B도로 통행을 허가한 경우** {09.2 경간부, 01.1 승진} ③ A도로에 시위행진허가신청을 하였더니 허가청이 B도로로 허가한 경우
법률 효과의 일부 제한 (배제)		법률이 행정행위에 부여하는 법률효과의 **일부를 배제**하는 것을 내용으로 하는 부관을 말한다. 예 ㉠ **야간에만 도로 사용을 허가하는 경우** 　　㉡ **버스노선을 지정하면서 자동차운수사업을 허가하는 경우** 　　㉢ **택시영업허가를 하면서 격일제 운행을 하도록 한 경우** {04.3 순경}
철회권 (취소권) 유보	**의 의**	행정행위의 주된 의사표시에 부가하여 **장래에 일정한 사유가 발생하는 경우에는 행정행위를 철회할 수 있는 권리를 유보하는 부관**을 말한다. {09.2 경간부, 08.1 승진} 예 숙박영업허가를 하면서 성매매알선행위를 하면 허가를 취소(철회)한다는 것, 미성년자를 고용하면 유흥업소 영업허가를 취소(철회)하겠다는 것 등 {09.2 경간부}
	성 질	① **유보된 사실이 발생하여 철회권을 행사할 경우, 철회권의 제한에 관한 일반원칙에 따른 제한**을 받는다. {01.1 승진} ② 철회사유가 법령에 명시되어 있는 경우 **그 이외의 사유를 철회권의 유보사유로 할 수 없다**(판례). ③ 철회권이 유보되어 있는 경우에도 철회권 행사를 위해서는 **행정행위 철회에 관한 일반원칙이 고려**되어야 한다. {09.2 경간부} ④ 철회권 유보에 의한 철회권 행사는 **상대방의 권익보호 견지에서 제한**받는다.
부담권 의 유보		행정청이 **사후에 부담을 부과하거나 이미 부과된 부관의 내용을 변경·보충할 수 있는 권한을 유보하는 부관**을 말한다. 예 인근주민에 대한 소음공해, 원자력 발전소의 안전성 문제

【부관】	
부관에 속하는 것 {06.2 경간부}	① 법률효과의 일부 배제 ② 부담 ③ 조건 ④ 기한 ⑤ 취소권의 유보 ⑥ 수정부담 　☞ **수정부담(다수설은 부관으로 보지 않음)**
부관에 속하지 않는 것	① 기간, 법정부관, 기일 ② 공용부담, 부담금 ③ 도달, 통지 ④ 법률효과의 전부배제, 해제권의 유보 등

2) 부관의 한계

의 의	① 부관은 **원칙적으로 재량행위에만 붙일 수 있고**, 기속행위나 기속재량행위에는 붙일 수 없다.(판례, 통설). 부관을 붙였다 하더라도 **무효**에 해당한다.【대판 1988.4.27, 87누1107】 ② 부관은 주된 행정행위가 추구하는 목적에 위배하여 붙일 수 없다. ③ **부관도 비례의 원칙, 평등의 원칙과 같은 법의 일반원칙에 적합**하여야 한다.{09.2 경간부, 01.1 승진} 위반하면 위법한 부관이 된다.
사후 부관문제	① 부관은 행정행위를 발할 때 부가하는 것이 원칙인데 행정행위를 발한 후 나중에 부관을 부가할 수 있는가가 문제가 된다. ② 통설과 판례에서는 사후에 부관을 붙이는 것 원칙 : 인정되지 않는다(제한적 인정) 예외 : ㉠ 행정행위 당시에 유보했거나 ㉡ 부담인 경우 ㉢ 상대방의 동의가 있는 경우 ㉣ 법률의 규정이 있는 경우에는 가능하다고 본다.

3) 하자 있는 부관

하자 있는 부관인 경우	하자 있는 부관의 경우, **그 하자가 중대하고 명백한 경우에는 그 부관은 무효**이고, 그 외의 **경우에는 취소**할 수 있다. {09.2 경간부}
무효인 부관인 경우	행정행위의 부관의 하자가 중대하고 명백하여 부관이 당연무효인 경우 본래의 행정행위의 효력이 어떻게 되는가의 문제이다. **【판례 및 다수설】** 절충설의 입장에서 **무효인 부관이 주된 행정행위의 본질적인 요소라면 주된 행정행위까지도 무효로 되며, 본질적인 요소가 아닌 경우에는 부관만 무효**이며 부관 없는 단순행정행위가 된다. {06.2 경간부}
취소사유를 지닌 부관인 경우	원칙적으로 부관과 관계없이 행정행위는 유효하며, 부관이 취소되게 되면 무효의 경우와 효과가 같게 된다.

4) 부관에 대한 쟁송

행정행위의 부관의 하자가 있는 경우 주된 행정행위와 부관을 분리하여 부관만 독립하여 행정쟁송의 대상으로 삼을 수 있는가의 문제이다.

【판례 및 다수설】

부관 중 **부담은** 주된 행정행위와 **독립된 행정행위**이므로 독립하여(주된 행정행위와 분리하여) **행정쟁송의 대상**이 될 수 있으나, 부담 이외의 부관은 독립적으로 행정쟁송의 대상으로 할 수 없고, 부관부 행정행위 전체를 대상으로 소송을 제기하여야 한다. {10.3 순경, 06.2 경간부}

VI. 행정행위의 효력

1. 행정행위의 효력발생 요건

도달주의 원칙	행정행위는 상대방에게 통지되어 **도달되어야 효력이 발생**하며, 이때 도달이라 함은 상대방이 알 수 있는 상태에 두어진 것을 말한다. {05.1 승진}
상대방이 특정된 경우	행정행위의 상대방이 특정되어 있는 행정행위의 상대방의 대한 **통지는 원칙상 송달의 방법에 의한다.** {05.1 승진} 송달방법에는 **우편, 교부, 정보통신망 등의 의한 방법**에 의하여 송달받을 자의 주소 등으로 한다.
상대방의 주소 및 거소가 불분명한 경우	① 상대방의 주소 및 거소가 불분명한 경우 **공고의 방법에 의한다.** {05.1 승진} 　단, 공고일로부터 **14일이 경과**한 때에 효력이 발생한다. ② 내용증명우편이나 등기우편과는 달리, **보통우편의 방법으로 발송되었다는 사실만으로는 그 우편물이 상당기간 내에 도달하였다고 추정할 수 없고**, 송달의 효력을 주장하는 측에서 증거에 의하여 도달사실을 입증하여야 한다(판례). {05.1 승진}

2. 행정행위의 효력

구속력 (기속력)		행정행위가 성립요건과 효력발생요건의 법정요건을 갖추어 행하여진 경우에 그 내용에 따라 일정한 법적 효과가 발생하고, 그에 따라 **관계행정청 및 상대방과 이해관계인에 대하여 구속하는 실체법적 효력을** 말한다. 예 **조세의 부과처분이 있게 되면, 상대방에게 금전급부의무가 발생하게 되는 것**	
공정력	**의 의**	① 공정력이란 행정행위의 하자가 중대하고 명백하여 **당연 무효인 경우를 제외하고는 권한 있는 기관(처분청, 행정심판위원회, 수소법원)이 취소할 때까지는 일응 유효한 것으로 추정되어 누구든지** 그 효력을 부인할 수 없는 절차상의 효력을 말한다. 　예 운전면허취소처분이 일단 행해지면 비록 그것이 위법하더라도 상대방인 국민은 일단 이에 복종해야 하고, 취소처분 후 운전을 하게 되면 무면허운전이 된다. 　예 연령을 속여 발급받은 운전면허는 비록 위법하다고 해도, 도로 교통법상 허위 기타 부정한 수단으로 운전면허를 받은 경우에 불과하여 취소되지 않는 한 그 효력이 있는 것이라 할 것이므로, 그러한 운전면허에 의한 운전행위는 무면허운전이 아니다. ② 공정력은 행정의 실효성 확보 및 신뢰보호를 위하여 행정행위의 잠정적, 일반적 통용력을 인정하는 절차법 효력으로 **실체법적인 적법성의 추정은 인정되지 않는다.** ③ **공정력이 취소소송에서의 입증책임에는 영향을 미치지 않는다.**	
	근 거	**이론적 근거**	행정의 실효성 보장, 행정법관계의 안정성 유지 및 상대방의 신뢰보호의 필요성을 이유로 하는 법적 안정설이 다수설이다.
		실정법적 근거	실정법상 공정력을 직접적으로 인정하는 규정은 없으나, **간접적으로 취소쟁송제도를 규정한 행정소송법과 행정심판법에서 그 근거규정을** 찾을 수 있다.
	한계 (배제 사유)	① **공정력은 공권력의 발동인 권력행위**, 특히 행정행위에만 인정되므로 **비권력행위나 사법행위에는 인정되지 않는다.** ② 공정력은 **무효인 행정행위에는 인정되지 않는다.** 다만, 취소인 행정행위에는 인정된다.	

	공정력과 선결문제	① 민·형사법원이 그 행정행위의 효력과 위법성 여부를 스스로 심리·결정할 수 있는가의 문제이다. ② 행정행위가 당연무효가 아닌 한 **민사법원이 행정행위의 효력까지 부인할 수 없다.** ③ 행정처분의 당연무효임을 전제로 하여 민사소송을 제기한 때에는 **민사법원은 그 행정처분의 하자가 중대, 명백하여 당연 무효라고 인정될 때에는 이를 전제로 하여 판단할 수 있다.** 　예 연령을 속여 발급받은 운전면허를 가지고 운전하였다 하더라도 취소되지 않는 한 무면허운전행위는 아니다.【대판 1982.6.8 80도2646】
존속력 (확정력)	불가쟁력 (형식적 확정력)	① **모든 행정행위에 대한** 쟁송제기기간이 경과하거나 쟁송수단을 다 거친 경우에는 **상대방 또는 이해관계인**은 더 이상 그 행정행위의 효력을 다툴 수 없게 되는 행정행위를 말한다(**행위객체의 변경을 제한하는 힘**). ② **무효인 행정행위는 쟁송제기 기간의 제한을 받지 않으므로 원칙적으로 불가쟁력이 발생하지 않는다.** ③ **상대방 또는 이해관계인은 더 이상 쟁송을 제기하여 다툴 수 없다.** 그러나 불가쟁력이 발생했다 하더라도 위법성은 치유되지 않아 상대방은 행정행위의 위법성을 이유로 **손해배상청구는 가능**하다.
	불가변력 (실질적 확정력)	행정행위에 하자가 있거나 새로운 사정이 있으면 행정청은 직권으로 이를 취소하거나 철회할 수 있음이 원칙이나, **일정한 행정행위에 있어서는** 그 성질상 **행정청 자신**도 직권으로 행정행위를 취소·변경 및 철회를 할 수 없는 제한을 받는 행정행위의 효력을 말한다(**행위주체의 변경을 제한하는 힘**). **【불가변력이 인정되는 행정행위】** ① 법률이 명시적으로 소송법적 확정력을 부여하고 있는 경우 　예 **국가배상심의회의 결정, 토지수용위원회의 재결 등** ② 수익적 행정행위 ③ 일정한 쟁송절차를 거쳐서 행해지는 확인행위·준사법적 행위 　예 **행정심판의 재결, 징계위원회의 결정, 소청심사위원회 결정 등** ④ 취소에 의해 공공복리 침해되는 경우 　예 **사정판결**
	관 계	불가쟁력은 행정행위의 상대방 또는 이해관계인은 구속하나, 처분행정청은 구속하지 않는다. 따라서 **처분행정청은 불가변력이 발생하지 않는 한 불가쟁력이 발생한 후에도 직권으로 취소·변경이 가능**하며, 불가변력이 있는 행정행위라 해도 불가쟁력이 발생하기 전에는 상대방 또는 이해관계인은 소송을 통해 다툴 수가 있다. 그러므로 **양자는 상호 관련이 없는 독립적 효과**이다.
강제력 (자력 집행력)	자력 집행력 (경찰강제)	행위행위에 의해 부과된 행정상의 의무를 상대방이 이행하지 않는 경우에 행정청이 스스로의 강제력을 발동하여 그 의무를 실현시키는 힘을 말한다. 즉, 행정주체에게 우월적 권한을 부여하고 있다.
	제재력 (경찰벌)	행정법상 부과된 의무위반에 대하여 경찰형벌과 경찰질서법을 부과할 수 있는 효력을 말한다.

【불가쟁력과 불가변력의 비교】

	불가쟁력	불가변력
대 상	행정행위의 상대방 및 이해관계인(**행정객체**) **행정객체**의 주장을 제한하는 힘	처분청 등 행정기관(**행정주체**) **행정주체**의 변경을 제한하는 힘
성 질	**절차법**적 구속력	**실체법**적 구속력
범 위	**무효아닌 모든 행정행위에 인정**	**특정한 행정행위에만 인정** ㉠ 소송법적 확정력이나 준사법적 행위 　(확인행위 – 행정심판재결, 국가배상심의회 결정, 　토지수용위원회 재결) ㉡ 수익적 행정행위(허가, 인가, 특허) ㉢ 취소에 의해 공공복리가 침해되는 경우(사정판결)
취소 · 변경	불가쟁력이 발생한 행정행위라도 불가변력이 없는 한 행정청이 **직권으로 취소 · 변경할 수 있다.**	불가변력이 발생한 행정행위라도 불가쟁력이 없는 한 행정청이 **직권으로 취소 · 변경할 수 없다.**
공통점	행정법관계의 안정과 상대방의 신뢰보호를 목적으로 하고, 또한 행정행위의 구속력이라는 점이다.	
관 계	① 양자는 **상호 독립적인 효력**을 가진다(양자는 무관함). ② 불가쟁력은 행정행위의 상대방이나 이해관계인에 대하여 생기는 구속력이다. 따라서 **불가쟁력이 생긴 행위가 당연히 불가변력을 발생시키는 것은 아니다.** 불가쟁력이 발생한 행정행위라도 위법함이 확인된 때에는 불가변력이 발생하지 않는 한 권한 있는 기관이 취소 · 변경하는 것은 가능하다. ③ **불가변력이 있는 행위가 당연히 불가쟁력을 가지는 것은 아니다.** 따라서 불가변력이 있는 행정행위도 불가쟁력이 발생하기 전에는 그 상대방이나 이해관계인은 쟁송을 제기하여 그 효력을 다툴 수 있다.	

VII. 행정행위의 하자(흠)

행정행위의 하자란 행정행위가 성립요건과 효력발생요건을 제대로 갖추지 못하여 **정상적인 행정행위로서의 효력을 발생할 수 없는 경우**를 말한다.

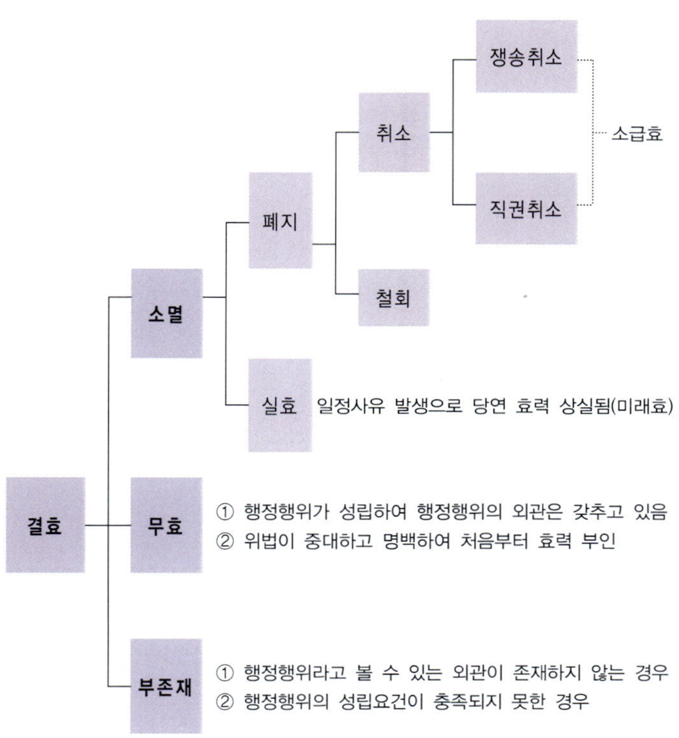

▲ 결효 : 행정행위의 효력이 없는 상태의 총칭
▲ 소멸 : 일단 효력발생한 행정행위 효력을 행정청의 의사작용 및 일정한 사유발생으로 그 효력이 상실되는 것

※ 자료: 안종우(2010), TOP PASS 안종우 경찰학 종합해설서, p.318.

1. 행정행위의 무효

의 의		일정한 행정행위가 무효원인에 의하여 **전혀 행정행위로서의 효력이 생기지 않은 상태에 있는 것**을 말한다.

무효 원인	주체에 관한 하자	① 정당한 권한을 갖지 아니하는 행정기관의 행위
		 ㉠ 공무원자격에 결함이 있는 자의 행위(단, 사실상 공무원의 행위는 유효)
		 ㉡ 대리권 없는 자의 행위(단, 표현대리행위는 유효)
		 ㉢ 적법하게 구성되지 아니한 행정기관의 행위
		 ㉣ 타 기관의 필요적 협력을 결한 행위(단, 필요적 자문의 결여는 취소사유)
		② 행정기관의 권한 이외의 행위(권한초과행위는 취소사유)
		③ 행정기관의 의사에 결함이 있는 행위
		 ㉠ 의사가 없는 행위
		 ㉡ 의사결정에 하자가 있는 행위
		  ⓐ 착오로 인한 행위 : 착오의 결과 불가능(무효), 착오결과 단순위법 · 부당(취소)
		  ⓑ 사기 · 강박 · 증뢰 등 부정행위에 기한 행위 → 취소사유
		  ⓒ 행위무능력자의 행위 : 금치산자, 한정치산자의 행위(무효), 미성년자의 행위(유효)

	내용에 관한 하자	① 내용이 불능인 행위 ㉠ 사실상 불능인 행위 ㉡ 법률상 불능인 행위 ② **내용이 불명확한 행위** {96.2 경간부, 04.5 순경}
	절차에 관한 하자	① 필요불가결한 절차를 위반하는 행위 ② 필요한 **상대방의 동의나 신청이 없는 행위** {96.2 경간부} ③ 필요한 공고 · 통지를 결한 행위 단, 취소원인으로 보는 경우 존재(판례) ④ 필요한 **이해관계인의 참여 · 협의를 결한 행위** {96.2 경간부} ⑤ 필요한 창문을 결한 행위 단, 무효 또는 취소원인(판례)
	형식에 관한 하자	① 문서에 의하지 아니한 행위 ② 서명 · 날인을 결한 행위 ③ 이유 · 일자 등 필요적 기재가 없는 행위. 단, 일자의 결여만으로는 무효가 되지 않는다.

2. 행정행위의 취소

의 의		행정행위의 취소란 그 성립에 흠이 있음에도 불구하고 일단 유효하게 성립한 행정행위를 권한 있는 기관이 그 **효력의 전부 또는 일부를 원칙적으로 소급하여 상실시키는 행위**를 말한다.
종 류	직권취소	권한 있는 **행정기관의 직권으로 행정행위의 효력을 상실시키는 행위**로서 그 자체도 행정행위이다.
	쟁송취소	위법 · 부당한 행정행위로 인하여 그 **권익이 침해된 자에 의한 쟁송의 제기에 의하여 권한 있는 기관이 당해 행위의 효력을 소멸**시키는 것이다.
취소 원인	주체에 관한 하자	① 필요적 자문의 결여 ② **권한초과행위** {96.2 경간부, 04.5 순경} ③ **사기 · 강박 · 증뢰 등 부정행위에 기한 행위** {04.5 순경} ④ **착오의 결과 행해진 내용이 단순위법 · 부당한 경우** {96.2 경간부, 04.5 순경}
	내용에 관한 하자	① 내용이 단순위법 · 부당인 경우 ② **공서양속에 반하는 행위 단, 민법의 경우는 무효사유** {96.2 경간부}
	절차에 관한 하자	행정편의적 · 세부적 · 참고적 절차를 위반한 행위
	형식에 관한 하자	경미한 형식의 하자

【무효와 취소의 구별】

	무 효	취 소
효 력	처음부터 효력이 발생하지 않음	취소될 때까지는 효력 인정
공정력	인정(×)	인정(○)
행정쟁송의 제기요건	제약 없음.	제약 있음(제소기간 등).
불가쟁력	인정(×)	인정(○)
하자의 치유	**치유 부정** {03.2 경간부}	치유 인정
하자의 전환	**전환 인정** {03.2 경간부}	전환 부정
하자의 승계	승계 인정(○) 선행행위가 무효인 경우 후행행위도 무효	㉠ 선행행위와 후행행위가 동일한 효과 발생 시 승계인정 ㉡ 양자가 별개 효과발생 시 불인정
사정재결	인정(×)	인정(○)
선결문제	선결문제가 발생하지 않음. 판단 가능	위법성 여부 판단(○) 유효성 여부 판단(×)
국가배상청구 소송에서의 인용여부의 문제	국가배상청구소송에서는 위법성만 심판하여 유효성의 문제는 발생되지 않으므로 무효인 행정행위이든 취소인 행정행위이든 손해배상을 인용할 수 있다.	

3. 행정행위의 철회

의 의	유효하게 성립된 행정행위의 효력을 그 성립 후 발생한 새로운 사정에 의하여 더 이상 존속시킬 수 없게 된 경우에, **장래에 향하여 그 효력의 전부 또는 일부를 소멸시키는 독립된 행정행위**를 말한다.
법적 근거	행정의 법률적합성 및 공익적합성, 새로운 사정의 적응요청 등의 이유 때문에 **철회에 법적 근거는 필요하지 않다.**
행정행위의 철회 및 철회권 행사의 제한	① **수익적 행위의 철회**는 철회를 요하는 공익상 필요와 상대방의 신뢰보호 및 법적 안정성을 비교 형량하여 결정하여야 한다. ② **부담적 행위의 철회는 자유롭다.** ③ 운전면허정지기간 중에 운전을 하여 **운전면허취소사유에 해당되더라도 3년이나 지나서 면허를 취소한 것은 위법**이다. {10.3 순경} ④ 처분 후에 원래의 처분을 존속시킬 필요가 없게 된 사정변경이 생겼거나 **중대한 공익상의 필요가 발생한 경우 별도의 법적 근거가 없어도 철회·변경할 수 있다.** {10.3 순경} 　㉢ 택시운송사업자가 중대한 교통사고로 인하여 많은 사상자를 냈다면 **사업면허가 취소될 것을 예상할 수 있었다 하더라도 1년 10개월이 지나 사업면허를 취소하였다면 위법이라 할 수 없다.** {10.3 순경}
효 과	① 원칙적으로 **장래에 향해서만 발생**한다. ② 철회로 재산상의 특별한 손실이 있으면 **상대방에게 귀책사유가 없는 한 손실을 보상**해 주어야 한다.

【취소와 철회의 차이점】 {09.1 승진}		
	취 소	**철 회**
권한자	직권취소(처분청, 감독청), 쟁송취소(법원)	**원칙적으로 처분청만 가능** {03.2 경간부} 감독청은 특별규정이 있으면 가능함.
발생원인	㉠ **처분의 원시적 하자** ㉡ 성립상의 경미한 하자가 원인	**사후적으로 발생한 새로운 사정** (법령의 개폐, 의무위반 등)
방 법	직권취소와 쟁송취소 가능	직권에 의한 철회에 한함
절 차	엄격한 절차 적용	특별한 절차 규정이 없음.
효력의 소급여부	**소급효 원칙**(직권취소는 상대방의 귀책사유가 없는 한 소급효 부정)	**소급효 부정(장래효)**
배상문제	손해배상문제 발생	손실보상문제 발생
사 례	**연령미달의 이유로 운전면허 취소**	**음주운전 이유로 면허 취소**
공통점	㉠ **취소나 철회 모두 제한 사유가 인정**된다. ㉡ 독립한 행정행위로서 취소와 철회를 합쳐 '폐지'라고 한다. ㉢ 본래의 행정행위의 효력을 소멸시키는 **형성적 행위**라는 점이다.		

【취소와 철회의 공통점】	
취소권 제한사유	**철회권 제한사유**
① 법률생활의 안정, 기성법률질서 침해한 때 ② 취소가 국민의 권리, 이익을 침해한 때 ③ 공공복리를 해치는 경우 ④ 준법률행위적 행정행위인 경우(확인, 공증 등) ⑤ 포괄적 신분관계 설정행위인 경우 ⑥ 실권의 법리가 적용되는 경우 ⑦ 복효적 행정행위에 대한 취소권의 제한 등	① 철회로 국민의 권리이익을 침해하는 경우의 제한 ② 불가변력이 발생하는 행위의 철회권 제한 (공공복리에 의한 제한은 있을 수 없다) ③ 확인·판단적 행정행위상의 철회권 제한 ④ 포괄적 신분관계설정행위상의 철회권 제한 ⑤ 무효적 행정행위에 있어서의 철회권 제한

4. 행정행위의 실효

의 의	행정행위의 실효란 하자 없이 유효하게 성립한 **행정행위가 행정청의 의사와는 관계없이 일정한 객관적 사실에 의하여 당연히 장래를 향하여 소멸**되는 것을 말한다.	
구 별	무효와의 구별	실효는 하자없이 유효하게 성립한 행정행위의 효력이 일정한 사실의 발생에 의하여 **장래에 향하여 소멸된다는 점에서 성립상의 하자로 인하여 처음부터 효력이 발생하지 않는 무효와 구별**된다.
	취소와의 구별	실효는 하자 없이 유효하게 성립한 행정행위의 효력이 일정한 사실의 발생에 의하여 **장래에 향하여 소멸된다는 점**에서 성립상의 하자로 인하여 일단 유효하게 성립한 행정행위를 행정청의 별도의 의사표시에 의해 소급적으로 소멸시키는 취소와는 구별된다.
	철회와의 구별	실효나 철회는 하자 없이 유효하게 성립한 행정행위의 효력이 일정한 사실의 발생에 의하여 **장래에 향하여 소멸**된다는 점에서 같으나, **실효는 실효사유가 발생하면 당연히 소멸하나 철회는 행정청의 별도의 의사표시에 의해 소멸**된다.
실효의 사유	① **당사자의 사망** : 유효한 의사면허가 의사의 사망으로 당연히 소멸 ② **부관의 성취** : 해제조건의 성취, 종기의 도래 ③ **행정행위의 목적달성** : 위법건축물 철거명령에 따른 자진철거 등 ④ **행정행위의 목적달성의 불가능** : 운행허가를 받은 자동차의 수리불능 ⑤ **행정행위의 대상인 목적물의 소멸** : 허가업소의 자진폐업	
실효의 효과	① 행정행위의 실효사유가 발생하면 **행정청의 별도의 행위 없이 그때부터 장래에 향하여 당연히 효력이 소멸**된다. ② **행정행위가 실효된 경우 누구나 이를 주장**할 수 있으며, 이에 대한 분쟁으로 실효확인의 소를 제기할 수 있다.	

5. 하자의 승계

의 의	① **선행행위가 당연 무효라면 언제나 다툴 수 있고 후행행위는 당연히 원인무효가 되어 그 취소 또는 무효를 주장**할 수 있다. {08.1 승진} ② **행정행위 상호 간에는 기본적으로 하자의 승계가 인정되지 않는다.** ③ **선행처분과 후행처분이 결합하여 하나의 법효과를 완성하는 경우에 하자는 승계된다.** ④ 두 개 이상의 행정행위가 **서로 독립하여 별개의 효과를 목적으로 하는 경우에 선행행위가 당연 무효가 아닌 한, 하자는 승계되지 않는다고 본다**(통설). {08.1 승진}
요 건	① 선행행위에는 무효사유가 아닌 **취소사유에 해당하는 하자가 존재할 것** ② 선행행위에 대한 제소기간이 경과하여 **불가쟁력이 발생할 것**: 선행행위에 불가쟁력이 발생하지 않았다면 그 선행행위를 다툴 수 있을 것이므로 하자의 승계를 논할 실익이 없게 된다. ③ 후행행위 자체에는 **고유한 하자가 없을 것**: 후행행위 자체에 하자가 있다면 후행행위의 위법성을 독자적으로 다툴 수 있기 때문이다. ④ 선행행위와 후행행위 **모두 항고소송의 대상이 되는 처분인 것** ⑤ **선행정행위에는 하자가 존재하나 후행정행위에는 하자가 존재하지 않을 것**

하자승계 긍정 (판례)	예외	선행행위와 후행행위가 **서로 결합하여 하나의 법적효과를 목적으로 하는 경우**에는 무효원인이든 취소원인이든 **하자의 승계를 인정**한다.
	예문	① 대집행절차에 있어서 대집행계고통지, 대집행영장통지, 대집행 실시, 비용징수의 각 행위사이 ② 개별토지가격 결정과 양도소득세 부과처분 ③ 귀속재산의 임대처분과 매각처분 ④ **액화석유가스 판매사업 허가와 액화석유가스 판매업개시신고 반려처분** {10.3 순경} ⑤ **안경사 시험합격 무효처분과 안경사 면허 취소처분** {10.3 순경} ⑥ 조세체납처분(강제징수)절차에 있어서 독촉, 압류, 매각, 청산, 충당의 각 행위 사이 ⑦ 택지개발계획의 승인과 수용재결처분
하자승계 부정 (판례)	원칙	선행행위와 후행행위가 **서로 독립하여 별개의 법적효과를 목적으로 하는 경우**에는 선행행위가 당연무효인 경우는 하자의 승계를 인정하지만, 취소원인인 하자는 승계되지 않는다고 본다.
	예문	① **과세처분과 체납처분**(압류, 매각, 청산 등) 사이 {08.1 승진} ② 공무원의 직위해제처분과 면직처분 사이 : **구 경찰공무원법상 직위해제 처분과 면직처분** {10.1 승진, 10.3 순경} ③ 표준지 공시지가처분과 과세처분 사이 : 개별토지가격 결정에 대한 재조사 청구에 따른 감액조정과 과세처분 ④ 사업인정과 토지수용재결처분 사이 ⑤ 수강거부처분과 수표처분 사이 ⑥ **토지등급의 설정 또는 수정처분과 과세처분** {10.3 순경} ⑦ **구 병역법상 보충역 편입처분과 공익근무요원 소집처분** {10.3 순경} ⑧ 계고처분과 대집행 비용 납부명령 ⑨ 대체적 작위의무 부과명령(건물철거명령 또는 원상회복명령 등)과 대집행절차(대집행계고처분 등) 사이 ⑩ 택지개발 계획승인과 수용재결

【서로 별개의 효과를 목적으로 하는 행위간의 하자의 승계긍정】

2개 이상의 행정처분이 연속적으로 행하여지는 경우, 선행처분과 후행처분이 서로 결합하여 1개의 법률효과를 완성하는 때에는 선행처분에 하자가 있으면 그 하자는 후행처분에 승계되므로 선행처분에 불가쟁력이 생겨 그 효력을 다툴 수 없게 된 경우에도 선행처분의 하자를 이유로 후행처분의 효력을 다툴 수 있는 반면, 선행처분과 후행처분이 서로 독립하여 별개의 법률효과를 목적으로 하는 때에는 선행처분에 불가쟁력이 생겨 그 효력을 다툴 수 없게 된 경우에는 선행처분의 하자가 중대하고 명백하여 당연무효인 경우를 제외하고는 선행처분의 하자를 이유로 후행처분의 효력을 다툴 수 없는 것이 원칙이나, **선행처분과 후행처분이 서로 독립하여 별개의 효과를 목적으로 하는 경우에도 선행처분의 불가쟁력이나 구속력이 그로 인하여 불이익을 입게 되는 자에게 수인한도를 넘는 가혹함을 가져오며, 그 결과가 당사자에게 예측가능한 것이 아닌 경우에는 국민의 재판받을 권리를 보장하고 있는 헌법의 이념에 비추어 선행처분의 후행처분에 대한 구속력은 인정될 수 없다. 【대판 1994.1.25, 93누8542】**

【경찰상 사실행위】

의의	일정한 법적효과의 발생을 목적으로 하는 것이 아니라, **사실상의 결과의 발생만을 직접 목적으로 하는 행정주체의 일체의 행위**를 말한다. 예 불법 주·정차차량의 견인, 경찰상 강제집행·즉시강제, 단순한 교통경찰관의 지시·교통정리 등
법적 근거	**비권력적 사실행위에는 조직법상의 근거**만 있으면 가능하고, 국민의 권리와 의무에 영향을 미치는 **권력적 사실행위는 조직법적 근거와 작용법적 근거가 필요**하다.
한계	경찰상 사실행위도 행정작용의 하나로서 법령에 저촉되어서는 안 되겨, 비례원칙·평등원칙 등과 같은 조리상 제한을 받는다.

유형	권력적 사실행위	행정주체가 법령 또는 행정행위를 집행하기 위하여 국민의 신체·재산 등에 대하여 실력을 가하여 행정목적을 실현하는 행위(공권력으 행사)를 말한다. 예 **경찰강제(강제집행, 즉시강제), 전염병환자의 강제격리** 등
	비권력적 사실행위	공권력의 행사와 관계없는 행위를 말한다. 예 쓰레기 수거, 경찰의 정보수집활동, 행정지도, 단순한 교통경찰관의 지시, 교통정리 등 　☞ **경찰관의 수신호, 신호등의 교통신호 → 경찰하명(작위하명)으로서 경찰처분** 　☞ **불심검문·음주단속을 위한 차량정지 등 단순한 교통경찰관의 지시** 　　**→ 비권력적 사실행위**

구제	행정쟁송 (절차적 구제)	① 권력적 사실행위는 **처분성을 인정**하여 항고**소송의 대상이 되지만**, 그 침해가 비교적 단기간에 그치기 때문에 소의 이익이 부정되는 경우가 많으므로 계속적인 성질을 가지는 경우(물건의 영치, 전염병환자의 강제격리 등)에 예외적으로 행정쟁송이 인정된다. ② 비권력적 사실행위는 **처분성이 부정**되므로 항고**소송의 대상이 될 수 없다.**
	손해전보 (실체적 구제)	① 손해배상: 위법한 사실행위에 의하여 손해를 입은 자는 국가배상책임의 요건을 충족하는 경우 손해배상을 청구할 수 있다. ② 적법한 권력적 사실행위로 인하여 재산권에 특별한 받은 자는 손실보상을 청구할 수 있으나(소방원조강제 등), 비권력적 사실행위는 개별법의 규정이 없는 한 보상책임이 없다.

6. 하자의 치유

제도의 의의		하자 있는 행정행위는 법치주의의 관점에서는 원칙적으로 무효 또는 추소되어야 하지만, 행정행위의 무용한 반복을 피하고 당사자의 법적 안정성을 위해 **예외적으로 그 행정행위의 효력을 유지키시거나 다른 행위로 전환하게 하는 법리**가 등장하였는바, 이를 하자의 치유·전환이라 한다.
하자의 치유	의의	① 행정행위의 성립 당시에는 하자가 있었으나, 사후에 그 하자가 보완되었거나 그 하자가 경미하여 취소할 필요성이 없는 경우에, 그 **성립 당시의 하자에도 불구하고 이를 유효한 행위로 취급하는 것**을 말한다. ② 사실상 공무원이론에 대해서 하자의 전환사유라는 견해, 하자의 치유사유라는 견해, 신뢰보호의 견지에서 인정되는 예외적 효과라는 견해 등이 대립하고 있다.

		③ **하자의 치유와 전환에 관한 직접적인 국내 행정법 규정은 존재하지 않는다.** ④ 전환된 새로운 행정행위는 **종전의 행정행위로 소급하여 효력을 발생**한다. ⑤ 다수설은 독일 행정절차법의 규정의 내용과 같이 **기속행위를 재량행위로 전환함을 금지**된다고 본다.
	근거	**실정법적 근거는 없으나,** 행정행위에 대한 상대방의 신뢰보호, 행정법관계의 안정성, 고려 및 공공복리의 도모, 행정행위의 불필요한 반복의 배제 등을 들고 있다. 참고로 **하자의 치유와 전환에 관한 직접적인 국내 행정법 규정은 존재하지 않는다.**
	적용 범위	하자의 치유는 **취소할 수 있는 행정행위에 대해서만 인정**되며, 무효인 행정행위 에 대해서는 인정될 수 없다.
	사유	① 요건의 사후보완 　　㉠ 필요한 신청서의 사후제출 또는 보완 　　㉡ 무권대리권의 추인 　　㉢ 불특정 목적물의 사후특정 　　㉣ 요식행위의 형식보완 ② 취소할 필요성이 없게 된 경우 　　㉠ 행정행위의 하자에 의해 실제로 해가 발생하지 않아 하자가 치유된 경우 　　㉡ 비교적 경미한 절차상·형식상 하자가 있는 경우 ③ 취소할 수 없는 공공복리상의 필요(사정재결, 사정판결) ④ 장기간 방치에 따른 행정행위의 내용실현
	시기	학설　행정쟁송제기 전까지, 행정소송 전까지, 소송종료 전까지 판례　**행정쟁송 제기전까지** {10.3 순경}
	효과	**치유의 효과는 소급적**이다. 따라서 **행정행위의 하자가 치유되면 행정행위는 처분시부터 하자가 없는 적법한 행정행위로 효력을 발생**하게 된다.

7. 하자의 전환

	의의	행정행위가 원래의 행정행위로서는 **무효이나 일정 요건 하에 하자 없는 다른 행위로서의 요건을 갖추고 있는 경우에는 그 다른 행위로서 효력을 인정하는 것**을 말한다.
	인정 범위	하자의 전환은 **무효인 행정행위에 대해서만 인정**되며, 취소할 수 있는 행정행위에 대해서는 인정될 수 없다. 또한 **기속행위의 재량행위로의 전환은 금지**된다고 한다(판례).
하자의 전환	요건	① 원처분이 전환되는 행위로서의 **성립, 발효요건을 갖추고 있어야 한다.** {03.2 경간부} ② 무효인 행정행위가 전환될 행정행위에 요구된 **법적 요건을 갖추어야 한다.** ③ 당초 행정행위의 전환될 행정행위가 **그 목적 효과를 같이하여야 한다.** ④ 상대방 기타 관계인의 **권익을 침해하지 않아야 한다.** ⑤ 당초의 행정행위와 전환될 행정행위에 대하여 **동일한 행정기관이 권한을 갖고 있어야 한다.** ⑥ 양 행정행위 사이에 **요건, 목적, 효과에 있어 실질적 공통성이 있어야 한다.** ⑦ 당사자에게 원처분보다 불이익한 것이 아니어야 하며, 제3자의 이익을 침해해서는 아니 되어야 한다.
	효과	하자 있는 행정행위의 전환으로 인하여 생긴 **새로운 행정행위는 발령 당시로 소급하여 효력을 발생**한다.

Ⅷ. 경찰행정의 실효성 확보수단(의무이행확보수단)

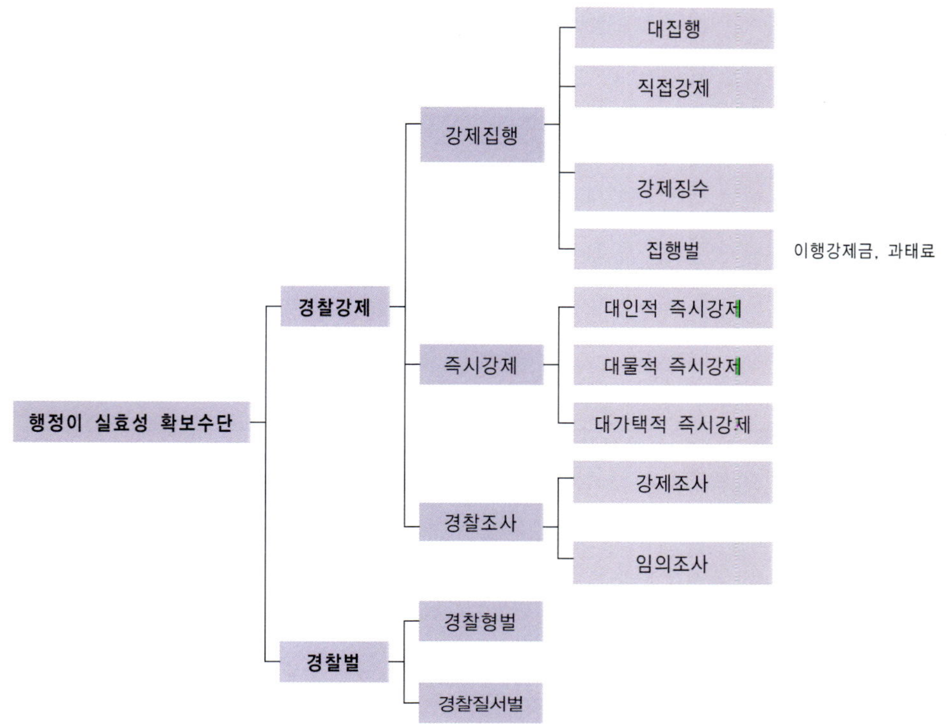

전통적 의무이행 확보수단 {03.4 순경}	**경찰강제**	**강 제 집 행**	① 대집행 : 대체적 작위의무(**행정대집행법 : 일반법**) ② 집행벌 : 비대체적 작위의무 · 부작위의무(개별법) ③ 직접강제 : 모든 의무(개별법) ④ 강제징수 : 공법상 금전급부의무(**국세징수법 : 일반법**)
		즉 시 강 제	① **일반법 : 경찰관직무집행법** ② 의무를 부과할 시간적 여유가 없거나 성질상 의무를 부과하여서는 목적을 달성할 수 없는 경우
		경 찰 조 사	① 강제조사(권력적 조사) ② 임의조사(비권력적 조사)
	경찰벌		① 경찰형벌 : 형법의 **9가지 형벌**로 처벌 ② 경찰질서벌 : **과태료**(비송사건절차법상)
새로운 의무이행 확보수단 {05.2 경간부}	**비금전적 제재**		공급거부, 공표제도(명단공개), 관허사업의 제한, 국외여행 제한
	금전적 제재		과징금, 가산금, 부당이득세 등
직접적 이행확보수단			경찰강제(대집행, 직접강제, 강제징수), 경찰상 즉시강제
간접적 이행확보수단			경찰벌, 집행벌, 기타 새로운 의무이행 확보수단

1. 경찰강제

의의	① 경찰강제란 경찰기관이 경찰상의 목적을 달성하기 위하여 **일반통치권에 근거**하여 개인의 신체 또는 재산에 실력을 행사하여 경찰상 필요한 상태를 실현시키는 **권력적 사실행위**를 말한다. {03.4 순경} ② 경찰강제는 개별법에 의하여 인정되는 것으로서 **특별법에 개별적으로 수권**되어 있다. {02.5 순경} ③ 경찰강제의 종류는 **경찰상 강제집행, 경찰상 즉시강제, 경찰상 조사**가 있다.
특성	**자력집행** : 경찰강제는 경찰법상의 의무이행을 행정권이 자력으로 강제시키는 점에서 법원의 개입을 필요로 하는 민사상의 강제집행과 다르다.
	상대방의 수인의무 발생 : 경찰강제에는 그 속에 수인의무가 내포되어 있으므로 상대방이 이에 저항할 수 없으며, 저항할 경우 공무집행방해죄가 성립한다.

1) 경찰상 강제집행

(1) 의의

① 경찰상의 강제집행은 **경찰하명(강제집행의 전제)에 따른 경찰의무의 불이행이 있는 경우에** 상대방의 신체 또는 재산이나 주거 등에 실력을 행사하여 경찰상 필요한 상태를 실현시키는 작용이다. {03.4 순경, 96.1 승진} ② 경찰상 즉시강제는 국민의 의무와는 상관없이 경찰기관의 실력을 행사하여 경찰목적을 도모하는 경우이므로 **인권침해의 소지가 많다.** ③ 법치행정의 **원칙상 행정강제는 강제집행을 원칙**으로 하고, 인권침해의 소지가 큰 **행정상 즉시강제는 예외적 수단**에 속한다. {97.1 승진} ④ **경찰상의 강제집행에는 대집행, 직접강제, 집행벌, 강제징수**가 있으나, 직접강제는 인권침해의 가능성이 높아 원칙적으로 허용되지 않는다. {06.1 승진, 03.4 순경, 02.5 순경}

(2) 실정법적 근거

일반법	강제집행의 일반법 : **행정대집행법**(대집행의 일반법), **국세징수법**(강제징수의 일반법) ☞ 즉시강제의 일반법 : 경찰관직무집행법
개별법	건축법, 출입국관리법, 식품위생법, 도로교통법, 관세법 등

(3) 수단 {06.1 승진, 03.4 순경, 96.1 승진}

대집행	의의	경찰상의 **대체적 작위의무를 이행하지 않는 경우** 경찰기관이 스스로 또는 제3자로 하여금 의무이행과 동일한 상태를 실현시킨 후, 그 비용을 의무자로부터 징수하는 강제집행인 권력적 사실행위를 말한다. {10.3 순경, 06.1 승진}
	주체 (대집행 권자)	**경찰의무를 부과한 당해 경찰관청, 즉 처분청을 의미하며, 감독청은 대집행권을 가지지 않는다.** 다만 당해 행정청의 위임이 있으면 다른 행정청도 대집행의 주체가 될 수 있다. {10.3 순경}
	요건	① **대체적 작위의무의 불이행**이 있을 것 ② 다른 수단으로 이행확보가 곤란할 것(**보충성의 원칙**) ③ 불이행을 방치함이 심히 공익을 해할 것(**비례의 원칙**)

대집행	절차	대집행의 **계고**	대집행을 하기 위하여는 상당한 이행기간을 정하여 그 기한까지 이행되지 아니할 때에는 대집행을 한다는 뜻을 미리 문서로서 계고하여야 한다.
		대집행영장에 의한 **통지**	의무자가 계고를 받고 그 지정 기한까지 그 의무를 이행하지 아니할 때에는 당해 행정청은 대집행영장으로써 한다는 뜻을 미리 문서로서 계고하여야 한다.
		대집행의 **실행**	대집행 실행행위는 물리력을 행사하는 권력적 사실행위로서 영장에 기재된 시기에 대집행책임자가 실행한다.
		비용의 징수	① 대집행의 비용은 원칙상 의무자가 부담하여야 한다. ② 대집행비용의 징수에 있어서는 행정청은 그 금액과 그 납기일을 정하여 의무자에게 문서로서 그 납부를 명하여야 하고, 납부하지 않을 경우 국세징수법의 예에 의하여 강제징수할 수 있다.
			① 대집행영장에 의한 통지는 비상시 또는 위험이 절박하여 그 절차를 취할 이유가 없는 경우 **당해 수속을 거치지 아니하고 대집행을 할 수 있다.** {10.3 순경} ② 한 장의 문서로 위법건축물에 대한 자진철거를 명함과 동시에 그에 필요한 상당한 기간 경과 후에도 자진철거를 하지 않을 때는 **대집행할 뜻을 미리 계고한 경우 당해 계고 처분은 적법**하다. {10.3 순경}
	대상		대집행의 대상인 의무는 **경찰법상의 대체적 작위의무**에 한한다. 예 위법건축물 철거의무, 이동명령에 불응하는 불법주차차량의 견인조치, **사증없이 입국한 외국인의 강제퇴거 등** {06.1 승진}
	비용		① **원칙상 의무자가 부담**하여야 한다. {06.1 승진} ② **대집행 소요되는 비용을 납부기일까지 납부하지 않을 때에는** 국세체납처분의 예에 의하여 **강제징수할 수 있다.** {10.3 순경}
	근거		**행정대집행법**이 있으며, **단행법은 토지수용법, 건축법, 지방재정법** 등이 있다. {10.3 순경, 03.4 순경, 98.1 승진, 96.1 승진}
	구제	대집행의 실행 전의 구제	대집행의 계고 또는 대집행영장에 의한 통지 자체를 대상으로 그 취소 또는 무효확인을 구하는 행정심판이나 행정소송을 제기하는 일이다.
		대집행의 실행 완료된 후의 구제	**대집행의 위법이나 과잉집행을 이유로 하는 손해배상 또는 원상회복의 청구가 가능**하며, 대집행이 종료된 후에도 대집행의 취소로 회복하는 법률상 이익이 있는 때에는 그 취소를 구하는 행정소송을 할 수 있다.
직접 강제	의의		경찰상의 **대체적 작위의무**뿐만 아니라 **비대체적 작위의무, 부작위의무, 수인의무** 등 **모든 의무불이행이 있는 경우에** 의무자의 신체·재산 등에 직접적으로 실력을 가함으로써 의무의 이행과 동일한 상태를 실현하는 작용을 말한다. {05.3 순경, 97.1 승진} 예 실력에 의한 예방접종, 무허가영업소의 강제폐쇄, 사증 없이 입국한 외국인의 강제퇴거, 집시법상의 해산명령 후 집회자 강제해산 등
	성질		① 직접강제는 행정상 강제집행 수단 중에서 국민의 인권을 가장 크게 제약하기 때문에 **최후의 수단으로 인정**되고 있다. {05.3 순경} ② **강제집행 중 가장 강력한 수단으로서 2차적·보충적으로 활용**되어야 하며, 그 수단의 목적과 침해 사이에 엄격한 비례성이 유지되는 한도 너에서만 사용될 수 있다.

	근거	**일반법은 없고, 개별법으로서 출입국관리법, 식품위생법, 도로교통법 등**이 있다. {02.5 순경}
	한계	**직접강제는 강제집행수단 중에서도 가장 강력한 수단**이라고 할 수 있으므로 국민의 기본권을 침해할 가능성이 가장 높다. 따라서 **반드시 법률에 근거가 있는 경우에만 행사되어야** 하며, **과잉금지의 원칙(비례의 원칙)의 준수 하에 제2차적·최후수단 (보충성의 원칙)으로서 활용**하여야 할 것이다.
집행벌 (이행 강제금)	의의	① 경찰상 **비대체적 작위의무 또는 부작위의무를 이행하지 않는 경우**에 그 의무 자에게 심리적 압박을 가하여 장래의 의무이행을 간접적으로 강제하는 금전적 부담 또는 강제금을 말한다. ② 집행벌은 의무자에게 심리적 압박을 가하는 **간접적·심리적 강제**이다. 例 도로교통법 제199조의 범칙금 납부기간 초과 시 범칙금의 100분의 20을 더한 금액 부담, 건축법상의 시정명령을 불이행한 위법건축주에 대한 이행강제금
	근거	일반법은 없고, 개별법에서 일부 인정되고 있다.(건축법상 이행강제금)
	성질	① **성질은 과태료이고, 개별법에서 예외적으로 인정**된다. ② 일사부재리 원칙이 적용되지 않기 때문에 **의무위반의 상태가 존재하는 한 반복적 부과가 가능**하다.(의무가 이행될 때까지 계속 부과가능) ③ 집행벌과 경찰벌은 그 목적·성질이 다르므로 **양자는 병과될 수 있다.**
강제 징수	의의	경찰상 **금전급부의무를 이행하지 않은 경우**에 경찰기관이 의무자의 재산에 실력을 가하여 의무이행이 있었던 것과 동일한 상태를 실현하는 작용을 말한다. 例 도로교통법상 주·정차 위반차량에 대한 대집행에 따른 비용의 강제징수

강제 징수	절차	독 촉		의무자에게 금전급부의무의 이행을 최고하고 최고기한까지 납부하지 않을 때에는 체납처분을 하겠다는 것을 예고하는 통지행위로서 준법률 행위적 행정행위에 해당한다.
		체납처분 (압류→ 매각 → 청산)		재산의 압류, 압류재산의 매각·청산의 과정을 말한다. ☞ 징수의 순위 : **체납처분비 → 국세(본래의 채무) → 가산금**
			압 류	① 압류는 원칙상 의무자가 지정된 기한까지 금전급부의무 이행하지 아니한 때 행해지는 권력적 사실행위이다. ② 의무불이행자의 소유의 재산은 원칙상 압류의 대상이 된다. ③ 압류된 재산에 대하여는 사실상, 법률상의 처분이 금지된다.
			매 각	① 압류한 재산은 금전으로 환가하기 위해 매각을 하는데 매각은 원칙적으로 공매에 의하여야 한다. 예외적으로 수의계약이 허용된다. ② 공매는 입찰 또는 경매의 방법에 의한다.
			청 산	청산은 압류재산의 매각대금 등 체납처분에 의해 취득한 금전을 국세·가산금과 체납처분비 기타의 채권에 배분하고, 배분한 금전에 잔액이 있는 때에는 이를 체납자에게 지급하는 행정절차이다.
		체납처분의 중지		체납처분의 목적물인 총재산의 추산가액의 체납처분비에 충당하고, 나머지가 생길 여지가 없을 때에는 체납처분을 중지하여야 한다.
		결손처분		이 경우 그에 해당하는 금액은 결손처분을 한다.
	일반법	**국제징수법**		

2) 경찰상 즉시강제

(1) 의의 및 성질

의 의	경찰상 즉시강제란 ㉠ **목전의 급박한 장해를 제거하기 위하여 미리 의무를 명할 시간적 여유가 없거나** 또는 ㉡ **성질상 의무를 명함에 의하여서는 목적의 달성이 곤란할 때에는** 즉시 국민의 신체 또는 재산에 실력을 가하여서 행정상 필요한 상태를 실현하는 작용을 말한다. {02.5 순경, 96.1 승진}
성 질	① 경찰상 즉시강제는 경찰작용 중 **경찰강제**에 속한다. ② 경찰상 즉시강제는 **권력적 사실행위**이다. ③ 경찰상 즉시강제는 **부담적 경찰작용**이다.
근 거	**일반법** : **경찰관직무집행법** **개별법** : 소방기본법, 식품위생법, 전염병예방법, 마약류관리에 관한 법률 등

(2) 수단

	경찰관직무집행법	개별법
대인적 즉시강제	① **불심검문** ② 구호를 요하는 자의 **보호조치** ③ 경고 · 억류 · 피난 등과 같은 위험발생 방지조치 ④ **범죄의 예방 및 제지조치** ⑤ **무기 및 장구의 사용** ⑥ **분사기 등의 사용** ⑦ 경찰장비의 사용	① **강제격리** ② 강제건강진단 ③ 교통차단 ④ **강제수용** ⑤ 소방활동종사명령 ⑥ 강제퇴거
대물적 즉시강제	① 무기 · 흉기 · 위험물 등의 **임시영치** ② **위험발생 방지조치**	① 청소년보호법상의 수거 · 파기 ② 약사법 · **식품위생법의 수거 및 폐기** ③ 도로교통법상의 교통장애물 제거 조치
대가택적 즉시강제	위험방지를 위한 출입 · 검색	① 영업소 등 출입 · 음식물저장품 검사 ② 총포 · 화약류의 제조소 등 출입 및 조사

(3) 한계

절차적 한계		헌법상 영장제도는 권력의 억제와 기본권 보장을 목적으로 하므로 **경찰상 즉시강제에도 원칙적으로 필요로 하다.** 다만 행정목적의 달성을 위하여 불가피하다고 인정할 만한 합리적인 이유가 있는 경우에 한하여 영장제도에 대한 예외를 인정할 수 있다는 절충설의 입장이 다수설이다.
실체적 한계	법규상 한계	① 법치주의의 요청인 **예측가능성과 법적 안정성 보장을 위하여 엄격한 법규상의 근거가 있어야** 하며, 법규의 수권이 있는 경우에도 당해 법규의 내용에 적합하도록 하여야 한다. ② 경미한 위해를 제거하기 위하여 **개인의 권리에 대한 중대한 영향을 미치는 경찰상 즉시강제는 할 수 없다**

조리상 한계 {05.3 순경}	소극성	소극적으로 사회공공의 안녕·질서의 유지를 위해 필요한 한도 내에 그쳐야 한다. {06.10순경, 06.2 순경, 05.3 순경, 97.1 승진}
	보충성	다른 수단으로는 경찰목적을 달성할 수 없어야 한다. {06.10순경, 06.2 순경, 97.1 승진}
	급박성	경찰상 장해가 목전에 급박하여야 한다. {06.10순경, 06.2 순경, 97.1 승진}
	비례성	적합성, 필요성, 상당성의 원칙을 충족해야 한다.
	필요성	경찰목적 달성을 위하여 즉시강제가 필요한 경우라야 한다.
행사상 한계	필요 이상으로 실력을 행사하여 **상대방의 신체를 침해하거나, 경찰책임자 이외의 자에게 유형력을 행사하는 것은 위법이 되며, 국가배상법상 국가 또는 지방자치단체는 손해배상의 대상이** 될 수 있다.	

(4) 구제 {01.1 승진}

위법한 즉시강제에 대한 구제	행정 쟁송	① **즉시강제는 권력적 사실행위로서 행정쟁송의 대상인 처분 등에 해당**한다. ② **즉시강제는 성질상 단기간 내에 종료**되어 행정처분과 같이 취소·변경을 구할 법률상의 이익이 존재하지 않는 것이 대부분이어서 **행정소송에 의한 구제는 즉시강제의 성질상 적합하지 아니하다.** ③ **장기간에 걸친 강제수용이나 물건의 영치와 같은 경우에는 행정소송에 의한 구제도 가능**하다고 하겠다. {02.5 순경} ④ 즉시강제행위가 종료된 이후에도 그 취소로 회복될 이익이 있는 경우에는 **예외적으로 행정쟁송을 제기**할 수 있다.
	손해 배상	① **위법한 즉시강제에 의하여** 권리나 이익의 침해를 받은 개인은 국가배상법에 의한 **손해배상을 통해서 구제**를 받을 수 있다. {01.1 승진} ② 즉시강제에 대한 **가장 효과적인 구제방법**이다. ③ **적법한 즉시강제에 의하여** 수인의 한도를 넘는 특별한 희생을 받은 경우에는 **개별법에 의한 보상 이외에 수용적 침해의 법리에 의해 손실보상을 청구**할 수 있다. ④ 행정상 즉시강제가 적법한 경우에도 그로 인하여 특정인에게 귀책사유 없이 특별한 손실이 발생하면 그에 대한 보상이 이루어져야 한다.
	정당 방위	**위법한 즉시강제에 대하여** 형법상 정당방위가 인정될 수 있으므로 이 경우 저항행위는 **공무집행방해죄가 성립하지 않는다.**
	기타	공무원의 위법한 즉시강제로 인하여 신체 또는 재산상의 손해를 받았을 때에는 국가 또는 지방자치단체에 대해 **손해배상을 청구**할 수 있다.
적법한 즉시강제에 대한 구제		① **적법한 즉시강제로 인하여** 개인에게 손실을 가한 경우 그로 인하여 특정인에게 귀책사유 없이 특별한 희생을 입은 자는 **손실보상을 청구**할 수 있다. ② 일정한 요건 하에서 형법상 위법성조각사유에 해당하는 긴급피난도 가능하다.

【경찰상 강제집행과 타 개념과의 구별】

경찰상 즉시강제	같은점 {97.1 승진}	① **권력적 실력행사, 권력적 사실행위** {97.1 승진, 98.1 승진, 01.3 순경} ② **장래의 의무이행**을 실현 ③ 경찰목적의 실현을 확보하기 위한 수단 ④ **행정권의 자력집행** {98.1 승진, 01.3 순경} ⑤ **국민의 신체·재산에 대한 실력행사**
	차이점 {05.3 순경}	① 강제집행은 **경찰하명과 선행의무의 존재 및 그 불이행을 전제**로 한다. ② 즉시강제는 **경찰하명과 선행의무 및 그 불이행을 전제로 하지 않는다.** ③ 경찰상 강제집행은 **의무의 존재 및 그 불이행을 전제**로 한다는 점에서 이를 전제로 하지 아니하고 급박한 경우에 행하여지는 **경찰상 즉시강제와 구별**된다. ④ **행정상 즉시강제는 의무불이행을 전제하지 않고 대집행의 경우 의무불이행을 전제**로 한다. {05.3 순경}
경찰벌	같은점	경찰목적의 실현을 확보하기 위한 수단
	차이점	경찰상 강제집행은 **장래에 향하여 의무이행을 강제하는 것을 직접 목적**으로 하고, 경찰벌은 **과거의 의무위반에 대한 제재를 직접 목적**으로 한다.
민사상 강제집행	같은점	의무불이행이 있는 경우에 의무의 이행을 강제하는 의무이행확보수단이다.
	차이점	① 양자는 **강제집행의 대상 및 주체에서 차이**가 있다. ② 민사상 강제집행은 **국가기관의 강제력 행사**지만 경찰상 강제집행은 **행정청이 스스로 강제력을 행사**하여 행하여진다. ③ 행정상 강제집행이 인정되는 경우 **민사상 강제집행은 인정될 수 없다.**

3) 경찰상 조사

(1) 의의 및 성질

의 의	① 경찰조사란 경찰행정기관이 **경찰행정작용에 필요한 자료를 얻기 위하여 행하는 일체의 권력적 · 비권력적 조사작용**을 말한다. ② 경찰조사는 향후 **경찰작용의 실효성 확보를 위한 준비적 · 보조적 수단**으로서의 의미를 가진다.
근 거	경찰조사의 **일반법적 근거로 행정조사기본법**이 있으며, **경찰관직무집행법, 총포 · 도검 · 화약류 등 단속법, 식품위생법 등 개별법**에서도 규정하고 있다.
종 류	**강제조사** (권력적 조사)　시민의 신체나 재산에 대한 제한을 야기하므로 법률유보원칙에 따라 구체적 수권(조직법, 작용법)이 필요하다.
	임의조사 (비권력적 조사)　작용법적 근거는 필요치 않으나 적어도 조직법적 근거는 필요하다.
성 질	① 경찰조사는 경찰작용 중 **경찰강제**에 속한다. ② 경찰상 조사는 **직접적으로는 법적 효과를 발생하지 않는 사실행위**이다. ③ 경찰조사는 **부담적 경찰작용**이다.

(2) 경찰조사의 종류

대상에 의한 분류	대인적 조사	경찰관직무집행법상의 불심검문, 전염병예방법상의 강제건강진단과 같이 **사람의 신체에 실력을 가하여 하는 조사**이다.
	대물적 조사	장부의 검사 및 물건의 검사 · 수거 등과 같이 **개인의 부책 기타의 물건에 실력을 가하여 하는 조사**이다.
	대가택 조사	**가택출입, 임검** 등이 있다.
조사수단 에 의한 구분	① 행정행위 또는 행정강제의 수단에 의해 행해지는 권력적 조사 ② 비권력적 사실행위에 의해 행해지는 비권력적 조사	

(3) 경찰조사의 한계

실체법적 한계	① 권력적 조사의 경우에는 **법률유보의 원칙이 적용**된다. ② 경찰상 조사가 법적 근거에 의해 행하여지는 때에도 **경찰법의 일반원칙, 즉 비례성 · 평등의 원칙 등의 적용**을 받는다.	
절차법적 한계	영장주의 적용 여부	경찰상 조사를 위한 출입조사에는 **원칙적으로 영장주의가 적용**되고, 다만 **형사소추절차로 이행하는 경우와 직접적 강제를 수반하는 경우에는 긴급을 요하는 경우에만 영장주의의 예외**를 인정한다.
	증표 제시	경찰상 조사를 하는 **공무원은 그 권한을 표시하는 증표를 휴대하고 관계자에게 제시**하여야 한다.
	실력행사 가능성 여부	법률에 직접적 · 명시적 규정이 없는 경우에는 경찰조사과정에서 실력으로 상대방의 저항을 배제하고 필요한 조사를 할 수 없다(다수설).

【행정조사기본법】 [시행 2008.2.29]

행정조사의 기본원칙	① 행정조사는 조사목적을 달성하는 데 **필요한 최소한의 범위 안에서 실시**하여야 하며, 다른 목적 등을 위하여 조사권을 남용하여서는 아니 된다. ② 행정기관은 조사목적에 적합하도록 조사대상자를 선정하여 행정조사를 실시하여야 한다. ③ **행정기관은 유사하거나 동일한 사안에 대하여는 공동조사 등을 실시함으로써 행정조사가 중복되지 아니하도록 하여야 한다.** {10.3 순경} ④ 행정조사는 법령 등의 위반에 대한 처벌보다는 **법령 등을 준수하도록 유도하는데 중점을 두어야 한다.** ⑤ 다른 법률에 따르지 아니하고는 행정조사의 대상자 또는 행정조사의 내용을 공표하거나 직무상 알게 된 **비밀을 누설하여서는 아니 된다.** ⑥ 행정기관은 행정조사를 통하여 알게 된 정보를 다른 법률에 따라 내부에서 이용하거나 다른 기관에 제공하는 경우를 제외하고는 **원래의 조사목적 이외의 용도로 이용하거나 타인에게 제공하여서는 아니 된다.**
조사의 주기	행정조사는 법령 등 또는 **행정조사운영계획으로 정하는 바에 따라 정기적으로 실시함을 원칙**으로 한다. 다만, 아래에 해당하는 경우에는 수시조사를 할 수 있다. {10.3 순경} ㉠ 법률에서 수시조사를 규정하고 있는 경우 ㉡ 법령 등의 위반에 대하여 혐의가 있는 경우 ㉢ 다른 행정기관으로부터 법령 등의 위반에 관한 혐의를 통보 또는 이첩받은 경우 ㉣ 법령 등의 위반에 대한 신고를 받거나 민원이 접수된 경우
조사의 사전통지	행정조사를 실시하고자 하는 행정기관의 장은 출석요구서, 보고요구서·자료제출요구서 및 현장출입조사서를 **조사개시 7일 전까지 조사대상자에게 서면으로 통지**하여야 한다. {10.3 순경} 다만, ㉠ 행정조사를 실시하기 전에 관련 사항을 미리 통지하는 때에는 증거인멸 등으로 행정조사의 목적을 달성할 수 없다고 판단되는 경우, ㉡ 통계법 제3조 제2호에 따른 지정통계의 작성을 위하여 조사하는 경우, ㉢ 조사대상자의 자발적인 협조를 얻어 실시하는 행정조사의 경우에는 **행정조사의 개시와 동시에 출석요구서등을 조사대상자에게 제시하거나 행정조사의 목적 등을 조사대상자에게 구두로 통지**할 수 있다.
자발적인 협조에 따라 실시하는 행정조사	① 행정기관의 장이 조사대상자의 자발적인 협조를 얻어 행정조사를 실시하고자 하는 경우 조사대상자는 문서·전화·구두 등의 방법으로 당해 행정조사를 거부할 수 있다. ② 행정조사에 대하여 조사대상자가 조사에 응할 것인지에 대한 응답을 하지 아니하는 경우에는 **법령 등에 특별한 규정이 없는 한 그 조사를 거부**한 것으로 본다. {10.3 순경} ③ 행정기관의 장은 조사거부자의 인적 사항 등에 관한 기초자료는 특정 개인을 식별할 수 없는 형태로 통계를 작성하는 경우에 한하여 이를 이용 할 수 있다.
조사결과의 통지	행정기관의 장은 법령 등에 특별한 규정이 있는 경우를 제외하고는 **행정조사의 결과를 확정한 날부터 7일 이내에 그 결과를 조사대상자에게 통지**하여야 한다.

2. 경찰벌

1) 경찰벌의 일반적 내용

의의	① 경찰벌은 경찰법상 의무위반에 대한 제재로서 일반통치권에 의거하여 사후적으로 과하는 벌을 말하며, **의무불이행에 대하여서도 과하도록 함**으로써 간접적으로 의무이행의 확보를 도모하고 있다. ② 경찰벌은 **행정벌의 일종**이므로 **행정벌에 관한 일반원칙이 적용**된다. 【행정벌】 ① 행정벌에는 행정형벌과 행정질서벌이 있으며, 판례에 의하면 **행정형벌과 행정질서벌(이행강제금의 부과)의 동시 부과가 가능**하다. {06.1 승진, 05.2 경간부} ② 행정벌도 **원칙적으로 죄형법정주의가 적용**된다. {06.1 승진, 05.2 경간부} ③ 과태료와 같은 행정질서벌은 행정질서유지를 위한 의무의 위반이라는 객관적 사실에 대하여 과하는 제재이므로 **반드시 현실적인 행위자가 아니라도 법령상 책임자로 규정된 자에게 부과되고 원칙적으로 위반자의 고의, 과실을 요한다.** {06.1 승진, 05.2 경간부}
성질	① 경찰벌은 **권력적 사실행위**이다. ② 경찰벌은 **부담적 경찰작용**이다.
기능	**직접적 기능** : 과거의 의무위반에 대하여 제재를 가함으로써 **행정법규의 실효성을 확보**한다. **간접적 기능** : 의무자에게 심리적 압박을 가하여 의무자의 **경찰법상의 의무의 이행을 확보하는 기능**을 갖는다.
종류	**경찰형벌** ① 경찰형벌이란 경찰법규 위반에 대한 제재로서 **형법 제41조에 규정된 형을 과하는 경찰벌**을 말하며, **원칙적으로 형법총칙의 규정이 적용**되며, 개별법에 특별한 규정이 있는 경우에는 그에 따른다. ② 경찰형벌은 **원칙적으로 형사소송법에 의한 절차**를 따르되, **예외적으로** 즉결심판절차 또는 통고처분절차에 의해서 과하여지는 경우도 있다. {06.2 경간부} ③ 형법상 **고의·과실이 필요**하다. **경찰질서벌** ① 경찰질서벌이란 경찰법상의 의무위반에 대해 제재로서 **형법상의 형명이 없는 벌, 즉 과태료를 과하는 경찰벌**을 말한다. ② 경찰질서벌은 형벌은 아니므로 **형법총칙이 적용되지 않는다.** {05.7 순경, 05.3 순경} ③ 질서위반행위의 성립과 과태료 처분에 관한 법률관계를 명확히 하여 국민권익을 보호하도록 하고, 과태료의 부과·징수 절차를 일원화하기 위하여 **경찰질서벌 법정주의를 채택**하고 있다. ④ 질서위반행위규제법상 **고의·과실이 필요**하다. ⑤ **경찰질서벌(과태료) 성립요건** 　㉠ 고의 또는 과실 　㉡ 위법성의 착오에 정당한 이유가 있는 경우 　㉢ 책임연령(14세 미만인 자) 　㉣ 심신장애인의 질서위반행위

【경찰형벌(행정형벌)과 경찰질서벌(행정질서벌)의 차이점】

	경찰형벌	경찰질서벌
대 상	직접적으로 행정목적을 침해한 행위에 대하여 과한다.	간접적으로 행정법상 질서에 장해를 줄 위험성이 있는 행위에 더하여 과한다.
처 벌	형법 총칙상의 9가지 형을 과한다.	형법 총칙에 규정이 없는 벌, 즉 **과태료를 과한다.** {05.7 순경. 05.3 순경}
근 거	형법 총칙상 벌을 과하므로 **행정형벌에는 형법총칙이 적용**된다.	형법 총칙이 없는 과태료로 벌하므로 **경찰질서벌에는 형법총칙에 적용되지 않는다.** {05.7 순경, 05.3 순경}
고의·과실	고의·과실, 위법성의 인식에 대해 처벌한다.	질서위반행위규제법상 고의·과실, 위법성의 인식이 있어야 처벌한다.
절 차	원칙상 형사소송법절차에 의해, 예외적으로 통고처분, 즉결심판절차에 따라 처벌된다. {05.7 순경, 05.3 순경} – **법원에서 부과**	질서위반행위규제법 및 비송사건절차법이 정하는 절차에 따라 처벌된다. {05.7 순경, 05.3 순경} – **행정청에서 부과**
병과여부	양자 모두 비행자의 **주소지를 관할하는 지방법원에서 과함이 원칙**이며, 서로 병과할 수 없다(다수설). 단 **판례는 병과할 수 있다**는 입장이다.	

【경찰벌과 집행벌의 차이점】

	경찰벌	집행벌
목 적	**과거의 의무위반**에 대한 제재	**장래의 의무이행**을 강제
주관적 요건	원칙적으로 **고의·과실을 요함.**	**고의·과실을 요하지 않음.**
수 단	형벌과 질서벌(과태료)	이행강제금(과태료) 부과
반복부과	**반복적 부과는 불가**(일사부재리 원칙)	의무이행시까지 **반복적 부과가 가능**
부과주체	법원	행정청
공통점	① 경찰벌과 집행벌은 그 목적·취지를 달리하기 때문에 **병과가 가능**하다. ② **경찰벌**은 일시적, 과거적 성질을 가진다는 점에서 **계속적, 장래적 성질을 가진 집행벌과 구별**된다.	
권력적 기초	**일반통치권**	**일반권력** {09.2 경간부}
성질·목적	과거의 의무위반에 대한 제제	특별행정법관계의 내의 질서유지
대 상	일반국민(행정법상 의무위반자)	특별행정법관계 내의 질서문란자
내 용	**자유·재산의 제한 또는 박탈**	**일정한 신분적 이익의 박탈,** **퇴직 후 처벌 ×**
부과절차	법원	특별권력의 주체
특 징	① 경찰벌과 징계벌은 권력적 기초·목적·대상에서 차이점이 있으므로 **병과가 가능**하고, **일사부재리의 원칙에 반하지 않는다.** {09.2 경간부} ② 양벌의 처벌절차는 **독립적으로 진행**되며, **형사소추선행의 원칙은 적용되지 않는다.**	

【경찰벌과 징계벌의 차이점】

	경찰벌	징계벌
권력적 기초	**일반통치권**	**특별권력** {09.2 경간부}
성질·목적	과거의 의무위반에 대한 제제	특별행정법관계의 내의 질서유지
대상	일반국민(행정법상 의무위반자)	특별행정법관계 내의 질서문란자
내용	**자유·재산의 제한 또는 박탈**	**일정한 신분적 이익의 박탈, 퇴직후 처벌×**
부과절차	법원	특별권력의 주체
특징	① 경찰벌과 징계벌은 권력적 기초·목적·대상에서 차이점이 있으므로 병과가 가능하고, 일사부재리의 원칙에 반하지 않는다. {09.2 경간부} ② 양벌의 처벌절차는 독립적으로 진행되며, 형사소추선행의 원칙은 적용되지 않는다.

【경찰벌 & 집행벌 & 징계벌】

	집행벌	경찰벌	징계벌
목적	장래의 이행을 강제하기 위한 금전벌	과거의 비행에 대하여 과하는 제재	특별권력관계의 내부질서 유지
권력적 기초	일반통치권		**특별통치권** {03.4 순경, 09.2 경간부}
성질	간접적 수단		
법적근거	반드시 법적근거가 필요		
대상	주로 부작위·비대체적의무 불이행자 (일반국민)	경찰법상의 의무위반자 (일반국민)	특별권력관계 내부의 질서문란자 (공무원 : **퇴직후 처벌×**) {03.4 순경, 09.2 경간부}
반복여부	반복부과 가능	반복불가	
부과권자	행정청	법원	특별권력의 주체
병과여부	병과 가능		
		병과가능 {03.4 순경, 09.2 경간부}	
내용	금전부담	생명·자유·재산의 제한·박탈	신분상 이익의 박탈

【일사부재리원칙 위반(병과) 여부】

병과 가능한 경우 (일사부재리의 원칙이 적용되지 않는 경우)	① 경찰형벌과 경찰질서벌(판례 : 可, 헌판·다수설 : 不) ② 형사벌과 경찰질서벌(판례 – 可)　　　③ 경찰벌과 경찰상 강제집행 ④ 경찰벌(경찰형벌과 경찰질서벌)과 집행벌 ⑤ **경찰벌(경찰형벌과 경찰질서벌)과 징계벌** {11.8 순경} ⑥ 경찰벌(경찰형벌과 경찰질서벌)과 불이익처분 대법원은 "행정법상 질서벌인 과태료의 부과처분과 형사처벌은 그 성질이나 목적을 달리하는 별개의 것이므로 행정법상의 질서벌인 과태료를 납부한 후에 형사처벌을 한다고 하여 이를 일사부재리의 원칙에 반하는 것이라고 할 수는 없다."라고 하였다. **【대판 1996.4.12 96도158】**
병과 불가능한 경우 (일사부재리의 원칙이 직용되는 경우)	경찰형벌과 형사벌(양자 모두 형벌이므로)

2) 경찰벌의 과벌절차

(1) 경찰질서벌의 과벌절차(질서위반행위규제법[시행 2011.7.6])

의 의		① 질서위반행위란 법률(지방자치단체의 조례를 포함)상의 의무를 위반하여 **과태료를 부과**하는 행위를 말한다. ② **과태료 부과는 경찰벌의 일종**이다. {05.7 순경, 05.3 순경}
질서위반 행위의 성립	질서위반행위 법정주의	**법률에 따르지 아니하고는** 어떤 행위도 질서위반행위로 **과태료를 부과하지** 아니한다.
	고의 또는 과실	**고의 또는 과실이 없는** 질서위반행위는 **과태료를 부과하지 아니한다.**
	위법성의 착오	**자신의 행위가 위법하지 아니한 것으로 오인하고** 행한 질서위반행위는 그 오인에 정당한 이유가 있는 때에 한하여 **과태료를 부과하지 아니한다.**
	책임연령	**14세가 되지 아니한 자**의 질서위반행위는 **과태료를 부과하지 아니한다.**
	심신장애	① **심신(心神)장애로 인하여** 행위의 옳고 그름을 판단할 능력이 없거나 그 판단에 따른 행위를 할 능력이 없는 자의 질서위반행위는 **과태료를 부과하지 아니한다.** ② **심신장애로 인하여 능력이 미약한 자**의 질서위반행위는 **과태료를 감경**한다. ③ **스스로 심신장애 상태를 일으켜** 질서위반행위를 한 자에 대하여는 ① 및 ②를 적용하지 아니한다.
법인의 처리		① 법인의 대표자, 법인 또는 개인의 대리인·사용인 및 그 밖의 종업원이 업무에 관하여 법인 또는 그 개인에게 부과된 법률상의 의무를 위반한 때에는 법인 또는 그 개인에게 과태료를 부과한다. ② 고의 또는 과실, 위법성의 착오, 책임연령, 심신장애에 따른 고용주 등을 과태료를 부과하는 경우에는 적용하지 아니한다.
수개의 질서위반 행위의 처리		① **하나의 행위가 2개 이상의 질서위반행위에 해당하는 경우**에는 각 질서위반행위에 대하여 정한 과태료 중 **가장 중한 과태료를 부과한다.** ② ①의 경우를 제외하고 **2개 이상의 질서위반행위가 경합하는 경우**에는 각 질서위반행위에 대하여 정한 **과태료를 각각 부과한다.**
과태료의 시효		과태료는 행정청의 과태료 부과처분이나 **법원의 과태료 재판이 확정된 후 5년간 징수하지 아니하거나 집행하지 아니하면 시효로 인하여 소멸**한다.
사전통지 및 의견 제출		① 행정청이 질서위반행위에 대하여 과태료를 부과하고자 하는 때에는 미리 당사자(고용주 등을 포함)에게 통지하고, **10일 이상의 기간을 정하여 의견을 제출할 기회**를 주어야 한다. 이 경우 지정된 기일까지 의견 제출이 없는 경우에는 의견이 없는 것으로 본다. ② 당사자는 의견 제출 기한 이내에 행정청에 의견을 진술하거나 필요한 자료를 제출할 수 있다. ③ 행정청은 당사자가 제출한 의견에 상당한 이유가 있는 경우에는 과태료를 부과하지 아니하거나 통지한 내용을 변경할 수 있다.
과태료의 부과		행정청은 의견 제출 절차를 마친 후에 **서면(당사자가 동의하는 경우에는 전자문서를 포함)으로 과태료를 부과**하여야 한다.

자진 납부자에 대한 과태료 감경	① 행정청은 당사자가 의견 제출 기한 이내에 **과태료를 자진하여 납부하고자 하는 경우에는** **과태료를 100분의 20의 범위 이내 감경할 수 있다.** ② 행정청은 사전통지 및 의견 제출 결과 당사자가 아래에 해당하는 경우에는 해당 **과태료 금액의 100분의 50의 범위에서 과태료를 감경할 수 있다.** 다만, 과태료를 체납하고 있는 당사자에 대해서는 그러하지 아니하다. 　㉠ 국민기초생활보장법 제2조에 따른 수급자 　㉡ 한부모가족지원법 제5조에 따른 보호대상자 　㉢ 장애인복지법 제2조에 따른 제1급부터 제3급까지의 장애인 　㉣ 국가유공자등 예우 및 지원에 관한 법률 제6조의4에 따른 1급부터 3급까지의 상이등급 　　판정을 받은 사람 　㉤ 미성년자 ③ 법령상 감경할 사유가 여러 개 있는 경우라도 제1항에 따라 감경을 하는 경우에는 **감경을 제외하고는 거듭 감경할 수 없다.** ④ 당사자가 감경된 과태료를 납부한 경우에는 해당 질서위반행위에 대한 과태료 부과 및 징수절차는 종료한다.
과태료 부과의 제척기간	① 행정청은 질서위반행위가 종료된 날(다수인이 질서위반행위에 가담한 경우에는 최종행위가 종료된 날을 말한다)부터 **5년이 경과한 경우에는 해당 질서위반행위에 대하여 과태료를 부과할 수 없다.** ② 행정청은 재판과 약식재판에 따른 법원의 결정이 있는 경우에는 그 **결정이 확정된 날부터 1년이 경과하기 전까지는** 과태료를 정정부과 하는 등 해당 결정에 따라 필요한 처분을 할 수 있다.
이의제기	① 행정청의 과태료 부과에 불복하는 당사자는 **과태료 부과 통지를 받은 날부터 60일 이내에 해당 행정청에 서면으로 이의제기를** 할 수 있다. ② 이의제기가 있는 경우에는 **행정청의 과태료 부과처분은 그 효력을 상실**한다. ③ 당사자는 행정청으로부터 통지를 받기 전까지는 행정청에 대하여 **서면으로 이의제기를 철회할 수 있다.**
법원에의 통보	① 이의제기를 받은 행정청은 **이의제기를 받은 날부터 14일 이내에** 이에 대한 의견 및 증빙서류를 첨부하여 관할 법원에 통보하여야 한다. 다만, 아래에 해당하는 경우에는 그러하지 아니하다. 　㉠ 당사자가 이의제기를 철회한 경우 　㉡ 당사자의 이의제기에 이유가 있어 과태료를 부과할 필요가 없는 것으로 인정되는 경우 ② 행정청은 사실상 또는 법률상 같은 원인으로 말미암아 다수인에게 과태료를 부과할 필요가 있는 경우에는 다수인 가운데 1인에 대한 관할권이 있는 법원에 이의제기 사실을 통보할 수 있다. ③ 행정청이 관할 법원에 통보를 하거나 통보하지 아니하는 경우에는 그 사실을 즉시 당사자에게 통지하여야 한다.
가산금 징수 및 체납처분	① 행정청은 당사자가 납부기한까지 과태료를 납부하지 아니한 때에는 납부기한을 경과한 날부터 체납된 과태료에 대하여 **100분의 5에 상당하는 가산금을 징수**한다. ② 체납된 과태료를 납부하지 아니한 때에는 납부기한이 경과한 날부터 매 1개월이 경과할 때마다 체납된 과태료의 **1천분의 12에 상당하는 가산금(=중가산금)을** 가산금에 가산하여 징수한다. 이 경우 **중가산금을 가산하여 징수하는 기간은 60개월을 초과하지 못한다.** ③ 행정청은 당사자가 기한 이내에 이의를 제기하지 아니하고 가산금을 납부하지 아니한 때에는 국세 또는 지방세 체납처분의 예에 따라 징수한다.

(2) 경찰형벌의 과벌절차

① 원칙과 예외

원 칙	경찰형벌도 형사소송법이 정하는 바에 따라 법원의 선고에 의하여 과하는 것이 원칙이다.
예외적 절차	간이한 절차로서 **통고처분이나 즉결심판절차를 예외적으로 인정**하고 있다.

② 통고처분(★각론 부분에서 자세히 언급)

의 의	① 통고처분이란 행정청이 정식재판에 갈음하여 절차의 간이·신속에 주안점을 두고 **10만 원 이하(경범죄처벌법)** 또는 **20만 원 이하(도로교통법)의 벌금이나 구류·과료에 상당하는 금액의 납부를 명하는 준사법적 행정처분 즉, 행정행위**를 말한다. {06.2 경간부, 02.3 순경} ② 행정형벌도 원칙상 형사벌과 같이 형사소송법에 따라 과해지나 **통고처분이라는 예외적 과벌 절차**가 있다. {06.2 승진}
법규정	① 경미한 법규위반의 **경범죄사범(경찰서장), 교통사범(경찰서장), 조세범(세무서장), 관세범(관세청장), 출입국사범(출입국관리소장)의 경우에 통고처분**을 규정하고 있다. {06.2 경간부, 02.3 순경} ② 경범죄처벌법·도로교통법상의 **통고처분권자는 경찰서장**이다. {02.3 순경}
성 질	① 범칙금은 **통고처분에 의하여 국고에 납부해야 할 금액**을 의미하며, 이는 형벌이 아니다. ② 통고처분은 준사법적 행정행위로서 행정처분의 일종이지만, **구제에 대한 특별한 절차를 두고 있기 때문에 행정소송의 대상이 아니다.** {06.2 경간부, 06.1 승진, 02.3 순경} ③ 통고처분이 행하여지면 **공소시효의 진행은 중지**가 된다. ④ 도로교통법과 경범죄처벌법에 의하면 **형사소송절차에 앞서 즉결심판절차를 거칠 수 있다.** {02.3 순경}
통고 처분권자	통고처분을 할 수 있는 자는 **국세청장, 지방국세청장, 세무서장, 관세청장, 세관장, 입국관리소장, 경찰서장** 등이다. ☞ 법원(×), 검사(×)
범칙금 납부 시기	① 통고처분서를 받은 날로부터 **10일 이내에 납부**해야 한다(1차 납부기간). 다만, 천재·지변 그 밖의 부득이한 사유로 말미암아 그 기간 내에 범칙금을 납부할 수 없는 때에는 그 부득이한 사유가 없어지게 된 날로부터 **5일 이내에 납부**하여야 한다. {02.11 순경} ② 미납자는 **1차 납부기간 만료일의 다음 날로부터 20일 이내에 100분의 20의 가산금을 더한 금액을 납부**하여야 한다. ③ 벌금이나 과료의 경우는 **판결확정일로부터 30일 이내에 납입**하여야 한다. ④ 범칙금액(행정제재금)은 **분할하여 납부할 수 없다.**
법적 효과	**통고처분을 이행한 경우의 법적 효과** ① 이미 통고된 내용을 변경하지 못한다(**불가변력이 발생**). ② 다시 소추할 수 없으며(일사부재리의 원칙) 따라서 통고처분을 받은 자가 임의로 범칙금을 납부한 경우에는 더 이상 통고처분의 위법을 다툴 수가 없게 된다(**확정판결과 동일한 효력이 발생**). {02.3 순경} ③ 통고처분의 이행기간이 경과하여도 **고발절차 이전에 범칙금을 납부하면 고발할 수가 없다.** **통고처분을 불이행한 경우의 법적 효과** ① **통고권자(행정청)는 고발하여야 할 의무가 있고, 검찰은 통고권자의 고발 없이는 기소할 수 없다.** ② 통고권자의 검찰에 대한 고발에 의해 형사절차가 진행되며 강제징수의 대상이 되지 아니한다(**통고처분은 효력이 상실**). ③ **범칙자가 통고처분을 불이행하면 통고처분은 그 효력을 상실**하고, 행정관청이 범칙자가 고발하면 과벌절차는 형사소송절차에 의한다.

③ 즉결심판(★각론 부분에서 자세히 언급)

의 의	경미한 범죄사건, 즉 **선고형이 20만 원 이하의 벌금·구류 또는 과료에 해당하는 사건**에 대하여 정식 형사소송 절차를 거치지 않고 즉결심판에 관한 절차법에 따라 경찰서장의 청구로 순회판사가 행하는 약식재판을 말한다.
범칙금 납부	① **1차 납부** : 10일 이내 납부 ② **2차 납부** : 20일 이내 납부, 20/100 가산금 ③ **3차 납부 또는 즉결심판** : 30일 이내 납부, 50/100 가산금. 또는 즉결회부의 통지서 발송 ④ **60일 이내 미납부 또는 즉심 부진행시**(벌점 40점 부과, 40일 면허정지) {02.1 승진}

즉결심판 회부에 관한 내용:

즉결심판에 회부할 수 있는 경우

① **통고처분 적용 제외자**는 경찰서장이 지체 없이 즉결심판을 청구해야 한다. {02.1 승진, 02.3 순경}

경범죄처벌법상 통고처분 적용제외자	㉠ **주거·신원 불명자** {06.3 순경, 03.4 순경, 03.3 순경} ㉡ 통고처분서를 받기를 거부한 사람 ㉢ 통고처분하기가 매우 어려운 사람
도로교통법상 통고처분 적용제외자	㉠ 성명·주소 불명자 ㉡ 범칙금납부통고서 받기를 거부한 사람 ㉢ 달아날 염려가 있는 사람

② 납부일 내에 범칙금을 납부하지 아니한 자, 즉 **통고처분 불이행자**

③ 교통사범의 경우 즉결심판 출석 최고에도 불구하고 통고처분 불이행자가 범칙금 등을 납부하지 아니하거나, 즉결심판절차가 진행되지 못하는 경우에는 **운전면허의 효력을 일시 정지시킬 수 있으며, 벌점 40점을 부과**한다. 단, **누산점수에는 산입하지 않는다.**

즉결심판에 회부할 수 없는 경우

범칙자가 아닌 경우에는 즉결심판에 회부할 수 없다.

경범죄처벌법상 범칙자가 아닌 경우	① 범칙행위를 상습적으로 행하는 자 ② 구류처분함이 상당하다고 인정되는 자 ③ 피해자가 있는 행위를 한 자 ④ 18세 미만인 사람
도로교통법상 범칙자가 아닌 경우	① 운전면허증을 제시하지 못한 자 ② 범칙행위로 교통사고를 일으킨 사람(단, 사고에 대한 형벌 면제자는 제외) ③ 국제운전면허증 소지자

【새로운 의무이행 확보수단】

전통적인 행정의 실효성 확보수단이 **전통적인 실효성 확보수단을 보완하기 위하여 경제적 제재수단인 과징금, 가산세, 부당이득세, 공표제도, 공급거부, 취업제한, 행정행위의 철회 또는 정지 등 새로운 수단들이 등장**하였다. {05.2 경간부} 이러한 새로운 수단은 대부분 심리적 부담이나 권유를 통해 의무를 사전에 이행시키거나 위반상태를 스스로 시정하는 기능이 있어 **간접적 강제수단**이라고 부른다.

IX. 경찰관직무집행법[시행 2011.8.4]

1. 경찰관직무집행법의 일반

연 혁	① 프랑스의 1795년 죄와형벌법전은 일본의 1875년 행정경찰규칙에 영향을 주었고, 다시 행정경찰장정의 제정에 영향을 주었다. ② **우리나라에 경찰작용법이 최초로 재정된 것은 1894년의 행정경찰장정이었으며, 이 장정은 일본의 행정경찰규칙을 모방한 것이었다.** {02.1 승진} ③ 이후 일본의 1947년 경찰관등직무집행법은 한국의 1953년 경찰관직무집행법에 영향을 주었으며, 지금까지 9차례의 개정이었다.
목 적	① **국민의 자유와 권리의 보호 및 사회공공의 질서**를 위한 경찰관의 직무수행에 필요한 사항을 규정함을 목적으로 한다. {12.8 순경, 10.2 경간부} ② 경찰관직무집행법에 규정된 경찰관의 직권은 **그 직무수행에 필요한 최소한도 내에서 행사되어야 하며(경찰비례의 원칙-조리의 성문화), 이를 남용하여서는 아니 된다(권한남용금지의 원칙).** {06.10 순경, 02.1 승진}
성 격	① 국민의 생명 · 신체 · 재산보호라는 **영미법적 사고가 최초로 반영된 법**이다. {12.8 순경} ② **경찰작용의 일반법**, 즉 경찰관직무집행법이 경찰작용에 관한 일반법으로서의 기능을 한다고 볼 수 있다. {09.4 순경, 06.1 승진, 02.1 승진} ③ **경찰상 즉시강제의 일반법**의 지위에 있다. {06.10 순경} ④ 경찰장구 · 분사기 및 최루탄 사용의 근거가 된다. ⑤ **무기사용의 근거가 된다.** ☞ **무기휴대의 근거법 : 경찰공무원법** ⑥ 유치장 설치의 근거가 된다.

개 정	**1차 개정** (81.4.13)	① **유**치장 설치 근거마련 {10.1 승진, 09.2 경간부, 08.1 승진} ② 경찰**장**구사용, **사**실조회 등을 명문으로 규정 {10.1 승진, 09.2 경간부}
	2차 개정 (88.12.31)	① 임의동행 시 경찰관서 **유**치시한을 3시간으로 규정 {10.1 승진} ② **임**시영치 기간을 30일에서 10일로 단축 {08.1 승진} ③ **경찰관의 직**권남용 시 6월 이하에서 1년 이하의 징역에 처함. {10.2 경간부, 10.1 승진, 06.10 순경}
	3차 개정 (89.6.16)	**최루탄 사용 조항의 추가** {10.1 승진, 09.2 경간부, 08.1 승진, 06.10 순경}
	4차 개정 (91.3.8)	① 임의동행 시 경찰관서 **유**치시한을 6시간으로 완화 {10.2 경간부} ② 경찰장구 사용대상에 현행범인 추가
	5차 개정 (96.8.8)	해양수산부를 신설, **해양수산부장관 소속하에 해양경찰청 신설** {10.1 승진}
	6차 개정 (99.5.24)	**경찰장구 · 무기 등을 포괄한 장비 등의 규정** {10.1 승진}
	7차 개정 (04.12.23)	① 기존 여러 개의 파출소를 통합하여 하나의 **지**구대를 설치 ② 정무직 공무원으로 되어있던 **경찰위원회 상**임위원에 대한 법적 근거를 마련 {10.1 승진, 09.2 경간부, 06.10 순경}
	8차 개정 (06.2.21)	제주도를 폐지하고 **제주특별자치도를 설치, 자치경찰제 도입**
	9차 개정 (11.8.4)	경찰관직무집행법과 경찰법상 경찰임무를 상호 일치(국민의 생명·신체 및 재산의 보호)

기본 (일반) 원칙 {09.1 승진}	상당성의 원칙	경찰관은 불심검문, 보호조치, 사실의 확인, 경찰장비의 사용 등의 조치를 취하는 경우에는 **상당한 이유가 있어야 즉시강제가 가능**하며, 상당한 이유가 없는데도 직권을 행사해서는 안 된다.	
	필요성의 원칙	경찰관은 사실의 확인, 경찰장비의 사용, 경찰장구의 사용, 무기의 사용 등의 조치를 취하여야 할 **필요가 있거나 또는 부득이한 경우에 한하여 직권의 행사가 가능**하다.	
	협의의 비례의 원칙	① 협의의 비례의 원칙은 경찰관직무집행법상의 모든 직무를 수행하는 데 있어 기본원칙, 즉 **직무수행함에 있어서 필요한 최소한도의 범위 내에서 행사하여야 한다는 원칙**이다. ② 특히 위험방지를 위한 출입, 최루탄의 사용, 무기의 사용의 경우에는 **인권침해의 가능성이 높기 때문에 비례의 원칙이 더 요구**된다. {06.10 순경}	
	보충성의 원칙	경찰관은 무기를 사용하지 않고는 **다른 수단이 없을 때에 한하여 무기를 사용**할 수 있다. 특히 대간첩작전의 수행 시 무장간첩이 경찰관의 투항명령을 받고도 이에 불응하는 경우에는 보충성을 요하지 아니한다. 또한 정당방위, 긴급피난도 마찬가지이다.	
범위	적용의 범위 (경찰관 직무집행법상 경찰관의 범위)	경찰공무원법	경찰공무원(해양경찰 포함)
		전투경찰대설치법	**작전전투경찰순경 및 의무전투경찰순경** {09.1 승진}
		사법경찰관리의 직무를 행할 자와 그 범위에 관한 법률	소정의 직무를 수행하는 특별사법경찰관리
		국가정보원법	소정의 직무를 수행하는 특별사법경찰관리
		청원경찰법	청원경찰
		경비업법	**경비원(×)** {06.10 순경}
	직무의 범위	전에는 경찰법(1991년)에는 **국민의 생명·신체 및 재산의 보호가 경찰의 임무로 규정**되어 있지만 경찰관직무집행에는 그 내용이 빠져 있다. {06.10 순경, 05.3 순경, 03.7 순경} 그러나 2011. 8. 4. 경찰관직무집행법 개정으로 경찰의 임무로 규정되었다. ① 국민의 생명·신체 및 재산 보호 ② 범죄예방·진압 및 수사 ③ 경비·요인경호 및 대간첩작전 수행 ④ 치안정보의 수집·작성 및 배포 ⑤ 교통의 단속과 위해의 방지 ⑥ 기타 공공의 안녕과 질서유지	

내 용			
	즉시 강제 수단	경찰상 대인적 즉시강제 {02.1 승진}	① 경찰**장비**의 사용 ② **무**기의 사용 ③ **범죄**의 **예방**과 **제지** {09.4 순경} ④ **불**심검문 ⑤ **보호조치 등** {09.4 순경} ⑥ **경찰장구의 사용** {09.4 순경} ⑦ **분**사기 등의 사용
		경찰상 대물적 즉시강제	무기, 흉기 등 위험한 물건의 **임시영치** {02.1 승진}
		경찰상 대가택적 즉시강제	**위험방지를 위한 출입** {09.4 순경}
		경찰상 대인 · 대물 · 대가택적 즉시수단	**위험발생의 방지**
	임의적 사실행위		① 경찰상 직무수행을 위한 사실확인 행위 ② 경찰상 직무수행을 위한 출석요구
	유치장의 설치		경찰관직무집행법은 **유치장 설치의 법적 근거**이다.
	벌 칙		경찰관의 의무에 위반하거나 직권을 남용하여 다른 사람에게 해를 끼친 자는 1년 이하의 징역이나 금고에 처한다.

① **지체 없이** 보호조치대상자에게 통지한다.

② 임의동행의 최대허용시간은 **6시간 이내**이다.

③ 요보호자를 경찰관서에 일시보호조치할 때 최대허용시간은 **24시간 이내**이다. 단, 긴급구호에는 적용되지 않는다.

④ 경찰관이 ㉠ **예방**출입 또는 작전지역에서의 검색, ㉡ **임시영치**, ㉢ 동행**검문**의 보고, ㉣ **동행**요구, ㉤ 범죄행위의 **제지**, ㉥ **사**실확인은 **24시간 이내**에 소속경찰관서의 장에게 이를 보고하여야 한다.

⑤ 임시영치의 최대허용 시간은 **10일 이내**이다.

⑥ 경찰관직무집행법에 규정된 경찰관의 의무위반 · 직권남용시 **1년 이하의 징역이나 금고**에 처한다. {09.1 승진, 07.12 순경, 05.3 순경, 02.1 승진}

⑦ **경찰장구 사용요건**으로는 장기 3년 이상의 징역이나 금고에 해당하는 죄를 범한 범인체포 · 도주의 방지이다.

⑧ **위해를 수반하는 무기사용 요건**으로는 장기 3년 이상의 징역이나 금고에 해당하는 죄를 범하거나 범하였다고 의심할 만한 충분한 이유가 있는 자의 체포 및 도주의 방지이다.

2. 경찰상 대인적 즉시강제 수단

1) 불심검문(경찰관직무집행법 제3조)

의 의	경찰관이 범죄의 수사 및 범인의 검거 등 그 직무를 수행하기 위하여 **거동이 수상하다고 인정되는 자를 정지시켜 직접 질문하여 조사**하는 것이다. {05.3 순경}
법적 성격	① 행정경찰작용 특히 **생활안전경찰작용**에 속한다. ② 경찰상 **대인적 즉시강제 수단**이다. {06.3 순경, 02.5 순경}
법적 근거	① 경찰관직무집행법 제3조 ①~⑦항　　② 형사소송법 제211조 ③ 전투경찰대설치법 제2조　　　　　　④ 주민등록법 제17조의10
대상자 {06.3 순경}	㉠ **어떠한 죄(경찰상 위험×)를** 범하였거나 ㉡ 범하려 하고 있다고 의심할 만한 상당한 이유가 있는 자 ㉢ 이미 행하여진 범죄나 행하여지려고 하는 범죄행위에 관하여 그 사실을 안다고 인정되는 자 　{11.8 순경, 06.3 순경, 05.3 순경} ☞ 형사책임을 물을 수 없는 **심신상실자 또는 전과자도 불심검문의 대상**이 된다. {06.3 순경} ☞ 소동이 날 것 같다고 큰 소리 치고 있는 자, 심야에 사람 살려 하며 소리치고 있는 자 등은 불심검문의 대상이 된다. ☞ 위험방지 목적의 불심검문은 허용되지 않는다.

방 법	**정지**	① 경찰관은 복장, 언어, 장소, 소지품, 태도 등 주위의 사정을 합리적으로 판단하여 거동불심자라고 인정되는 때에는 그를 정지시킬 수 있으며(자동차 포함), **당해인(피질문자)은 답변을 강요당하지 아니한다.** ② 상대방이 불심검문에 불응하는 경우 강제에 이르지 않는 유형력 행사는 허용된다. 　예 앞에서 가로막는 행위, 자전거 핸들이나 짐받이를 잡는 행위, 배후에서 어깨에 손을 얹는 행위는 허용한다. 　예 정지시키기 위해 양쪽에서 밀착하여 체포하는 듯한 인상을 주는 것은 허용되지 않는다.
	질문	① 질문 시 또는 흉기조사의 경우 당해인은 형사소송법에 의하지 아니하고는 신체를 구속당하지 아니하며, **그 의사에 반하여 답변을 강요당하지 아니한다.** {11.2 순경, 06.3 순경, 96.1 순경} ② 질문은 수사의 단서를 얻기 위한 질문이며 피의자신문이 아니므로 **진술거부권을 알릴 필요는 없다.** {06.3 순경, 02.5 순경}
	소지품 검사	① 경찰관은 정지시켜 질문할 때에 **흉기의 소지여부를 조사**할 수 있다. {11.8 순경} 단, 소지품검사의 대상은 흉기에 한한다. {10.3 순경, 96.1 순경, 08.2 경간부} ② 검사의 수단은 **관찰과 제시요구 및 외표검사**이다. ③ 흉기조사 시 **구속영장은 불필요**하며, 적발시 총포·도검·화약류 등 단속법과 **경범죄처벌법 위반으로 처벌이 가능**하다. ④ 경찰관직무집행법상 **흉기조사에 대해서는 명문의 규정이 있으나, 흉기 이외의 일반 소지품검사, 자동차 검문(해석상○)에 대하여는 명문의 규정이 없다.** {10.3 순경}

임의 동행 요건	① 질문을 하는 것이 **당해인에게 불리(이 장소에서 질문하는 것이 당해인의 명예심을 해하거나 수치심을 느끼게 하는 경우)하거나 교통의 방해가 된다고 인정되는 때**에는 질문하기 위하여 부근의 경찰서·지구대·파출소 또는 출장소에 동행할 것을 요구할 수 있다. {11.2 순경, 09.1 승진} ② 경찰관의 동행요구시에는 **반드시 당해인의 동의**가 있어야 하며, 이 경우의 동의의 의사표시는 자의에 의한 것이어야 한다. {10.3 순경} ③ 강제로 동행해서는 아니되며, **당해인은 경찰관의 임의동행의 요구를 거절**할 수 있다. 물론 특별한 사정이 없더라도 거절이 가능하다. {11.8 순경, 96.1 승진} ④ 질문을 계속하기 위한 것이 아닌 피질문자를 조사하거나 체포하기 위한 목적으로 동행요구를 하여서는 아니 된다.
임의 동행 절차	① **질문하거나 동행을 요구할 경우** 경찰관은 ㉠당해인에게 자신의 신분을 표시하는 증표(경찰관의 공무원증)를 제시하면서 소속과 성명을 밝히고 ㉡그 목적과 이유를 설명하여야 하며, ㉢동행의 경우에는 동행장소를 밝혀야 한다. {06.2 경간부} ② **가족 등에게 동행한 경찰관의 신분, 동행장소, 동행목적과 이유를 고지하거나 본인으로 하여금 즉시 연락할 수 있는 기회**를 주어야 한다. {06.2 경간부, 05.3 순경 02.5 순경} ③ 피의자신문이 아니므로 **진술거부권을 고지할 필요는 없으나, 변호인의 조력을 받을 권리가 있음을 고지**하여야 한다. {10.3 순경, 08.2 경간부, 06.3. 순경, 05.3 순경, 02.5 순경} ④ 동행을 거부할 자유와 동행 후 언제든지 경찰관서로부터 **퇴거할 수 있음을 고지할 필요는 없다.**
동행 장소	① 임의동행의 장소는 **부근의 경찰서·지구대·파출소 또는 치안센터**이다. ② **본인의 동의가 있는 경우에는 이들 장소 이외의 다른 장소에도 동행**할 수 있다고 본다. {10.3 순경}
고지 내용	**동행을 한 경우** 경찰관은 ㉠ 당해인의 가족 또는 친지 등에게 동행한 경찰관의 신분, ㉡ 동행목적과 이유를 고지, ㉢ 동행장소를 고지하거나 ㉣ 본인으로 하여금 즉시 연락할 수 있는 기회를 부여하여야 하며, ㉤ **변호인의 조력을 받을 권리가 있음을 고지**하여야 한다. <table><tr><td colspan="2">구 분</td><td>고지내용</td></tr><tr><td>당해인에게 고지</td><td>동행 요구시</td><td>① 경찰관의 신분(성명·소속)　② 동행목적과 이유 ③ 동행장소</td></tr><tr><td rowspan="2">당해인의 가족·친지 등에게 고지 {06.2 경간부</td><td rowspan="2">동행한 경우</td><td>① 경찰관의 신분(성명·소속)　② 동행목적과 이유 ③ 동행장소</td></tr><tr><td>④ 가족 또는 친지 등에게 고지하거나, 즉시 연락기회를 부여 ⑤ 변호인의 조력을 받을 권리</td></tr></table> 전경들이 검문검색을 하면서 소속과 성명을 밝히지 않고 대학생의 가방을 강제로 개방하여 소지품검사를 하였을 경우에는 불법행위로서 국가를 상대로 **손해배상청구가 가능**하다. 【99.1.26 서울지법 민사항소2부의 국가배상판결】
사후 조치	① 동행을 한 경우 경찰관은 **당해인을 6시간을 초과하여 경찰관서에 머물게 할 수 없다.** {11.8 순경, 08.2 경간부, 02.11 순경, 02.5 순경} ② 당해인은 **형사소송에 관한 법률**에 의하지 아니하고는 **신체를 구속 당하지 아니하며, 그 의사에 반하여 답변을 강요당하지 아니한다.** {96.1 승진} ③ 신체의 구속 등은 경찰상의 즉시강제에 의하여 행할 수는 없고, 그것이 필요하면 **형사소송법상의 절차**에 의하여야 한다. {11.8 순경} ④ 피질문자에게 동행을 요구하였을 때에는 **24시간 이내에 동행검문결과보고서를 작성**하여 소속 경찰관서의 장에게 보고하여야 한다. 다만 형사소송법에 의해 처리한 경우에는 그렇지 않다.

【불심검문과 관련 판례 및 국가인권위원회의 결정내용】

① 수사관이 동행에 앞서 피의자에게 동행을 거부할 수 있음을 알려 주었거나 동행한 피의자가 언제든지 자유로이 동행과정에서 이탈 또는 동행장소로부터 퇴거할 수 있었음이 인정되는 등 오로지 피의자의 자발적인 의사에 의하여 **수사관서 등에의 동행이 이루어졌음이 객관적인 사정에 의하여 명백하게 입증된 경우에 한하여, 그 적법성이 인정**되는 것으로 봄이 상당하다.【대판 2005도6810】

② 상해사건 신고를 받고 출동한 정복착용 경찰관들이 사건당사자인 피검문자의 경찰관신분확인의 요구가 없는 상황에서 경찰공무원증 제시없이 불심검문하자 피검문자가 경찰관들을 폭행한 사안에서 **당시 정황상 객관적으로 경찰관의 공무집행임을 누구나 인식할 수 있었고, 피검문자들이 경찰관에 대한 신분확인을 요구하지 않았다면 경찰관이 신분증을 제시하지 않았더라도 불심검문은 적법한 공무집행에 해당**한다.【대판 2004도4029】

③ 국가인권위원회는 **정복 착용한 경찰관이 신분증을 제시하지 아니하고 불심검문 하였다면 이는 적법절차를 위반한 인권침해에 해당**한다고 결정하였다.

④ 대법원판결에서 경찰관은 신고현장에서 객관적으로 공무집행임을 일반인이 인식할 수 있는 사정이라면, 불심검문을 하는 과정에서 굳이 신분증을 제시할 이유가 없으므로 신분증 소지의무는 없다고 보아진다.(×)

⑤ 대법원판결에서 경찰관의 신분을 밝혀줄 수 있는 것이라면 신분증이 아니라도 재직증명서, 신분증의 칼라 복사본, 흉장 등으로 대치할 수 있다.(×)

2) 보호조치(경찰관직무집행법 제4조)

의 의	보호조치란 경찰관이 **긴급구호를 요하는 자를 발견할 때에 관계기관에 긴급구호를 요청**하거나 **경찰관서에 일시적으로 보호하여 구호의 방법을 강구하는 조치**를 말한다. (재량행위)	
법적 성격	① 긴급구호의 요청은 **즉시강제 자체가 아니라 즉시강제에 수반한 후속적 조치로서 사실행위이다.** ② 경찰강제 중 경찰상 **대인적 즉시강제 수단의 일종**이다. 　{01.4 순경, 05.10 순경, 03.3 순경, 02.1 승진}	
대상자 {08.2 경간부}	임의보호 대상자 {08.2 경간부}	보호조치의 대상자이지만 **당해인이 거절하는 경우에는 행할 수 없다.** {12.8 순경, 11.2 순경, 07.12 순경} ① **미아 · 부상자 · 병자**로 적당한 보호자가 없으며, 응급구호를 요한다고 인정되는 자 ② **급성질환자 · 약물중독자** 등으로 적당한 보호자가 없으며 응급구호를 요한다고 인정되는 자
	강제보호 대상자 {05.3 순경, 05.10 순경, 03.3 순경, 02.1 승진}	반드시 보호조치를 해야 한다는 의미가 아니라, **대상자가 거절해도 강제로 보호조치를 할 수 있다**는 의미이다. ① **술취한 상태**로 인하여 자기 또는 타인의 생명 · 신체와 재산에 위해를 미칠 우려가 있는 자 ② **정신착란**으로 인하여 자기 또는 타인의 생명 · 신체와 재산에 위해를 미칠 우려가 있는 자 ③ **자살기도자**
요 건	① **보호조치의 대상임을 명백**하여야 한다. ② **응급의 구호를 요한다고 믿을 만한 상당한 이유(경찰관의 재량적 판단)**가 있어야 한다. ③ 보호조치는 **상대방의 구호**에 1차적 목적이 있다.	

상당한 이유 판단		원칙적으로 **경찰관의 재량적 행위**이다. {01.4 순경} 다만 재량권이 1 또는 0으로 수축이 되는 경우에는 **기속성이 인정**되며, **국가배상청구소송의 대상**이 된다. 판례 : 만취상태의 주취자를 병원후송까지는 필요 없이 파출소에 보호하더라도 구토에 의한 기도폐쇄 등 질식을 유발할 수 있는 점을 고려하여 고개를 돌려 놓는 등 지속적으로 관찰하여 생명신체에 위해가 발생하지 않도록 보호조치를 취하여야 할 주의의무가 있다. {01.4 순경}
방 법	**긴급구호의 요청**	① 경찰관은 긴급구호를 요한다고 믿을 만한 상당한 이유가 있는 자를 발견한 때에는 **보건의료기관이나 공공구호기관에 긴급구호를 요청**할 수 있다. {01.4 순경} ② 경찰관의 긴급구호요청을 받은 **공공의료기관이나 공공구호기관은 정당한 이유 없이 긴급구호를 거절할 수 없다.** ③ 보건의료기관이나 공공구호기관이 정당한 이유없이 긴급구호를 거절하더라도 **경찰관직무집행법에는 처벌규정이 없다.** ➡ 응급환자의 경우 정당한 이유없이 보건의료기관이 거절하면 「**응급의료에 관한 법률**」에 의해 **처벌이 가능하다.**
	경찰관서에서의 일시보호	① 피구호자를 보호자나 관계기관에 인계할 때까지 또는 보호조치 사유가 제거될 때까지 일시 보호하는 것이다. 이 경우 보호조치는 **24시간을 초과할 수 없다.** {05.10 순경, 03.3 순경, 02.11 승진, 02.1 승진, 01.4 순경} ② 보호대상은 형사범과 분리하여 안전하게 보호하여야 한다.
연고자에의 통지		① 경찰관이 피구호자를 경찰관서에 일시 보호조치하거나 관계기관에 긴급구호를 요청한 경우에는 **지체 없이 피구호자의 가족 · 친지 기타의 연고자에게 그 사실을 통지**하여야 한다. {10.2 경간부, 05.10 순경, 03.3 순경, 02.11 승진, 02.1 승진} ② 연고자가 발견되지 아니할 때에는 피보호자를 적당한 공중보건의료기관이나 공공구호기관에 즉시 인계하여야 한다.
물건의 임시 영치	의 의	피구호자가 휴대하고 있는 무기 · 흉기 등 **위험을 야기할 수 있는 것으로 인정되는 물건은 경찰관서에 보관하는 것**을 말한다. {03.3 순경}
	성 질	**대물적 즉시강제**이며, 상대방의동의를 요하지 않는다.
	방 법	① 임시영치기간은 **10일을 초과할 수 없다.** {05.10 순경, 03.3 순경, 02.11 승진, 02.1 승진} ② 기간이 만료되면 반환한다.

【보호조치 관련 판례】

① 주취자가 극도의 만취상태여서 병원후송조치까지는 필요가 없어 **파출소에 보호하더라도 지속적으로 관찰하여 생명·신체에 위해가 생기지 않도록 보호조치를 취하여야 할 주의의무가 있다. 【대판 2001 다24839】**

② 경찰관이 응급의 구호를 요하는 자를 보건의료기관에게 긴급구호요청을 하고, 보건의료기관이 이에 따라 치료행위를 하였다고 하더라도 국가와 보건의료기관 사이에 국가가 그 치료행위를 보건의료기관에 위탁하고 보건의료기관이 이를 승낙하는 내용의 치료위임계약이 체결된 것으로는 볼 수 없다. 【대판 2004도4029】

3) 위험발생 방지조치(경찰관직무집행법 제5조)

의 의	① 위험발생의 방지란 **경찰관이 인명 · 신체에 위해를 미치거나 재산에 중대한 손해를 끼칠 위험한 사태가 있을 때에 이의 방지를 위하여 필요한 경고·억류·피난·기타의 조치를 취하는 경찰상 즉시강제조치**를 말한다. ② 위험발생의 방지의 개념에는 **위험방지를 위한 출입, 강제적 보호조치, 범죄의 제지가 모두 포괄**될 수 있다.
법적 성격	**대인적 · 대물적 · 대가택적 경찰상 즉시강제 수단**이다.
위험방지조치를 취할 수 있는 요건	경찰관은 인명 또는 신체에 위해를 미치거나 재산에 중대한 손해를 끼칠 우려가 있는 ㉠ **천재**, ㉡ **공작물의 손괴**, ㉢ **사변**, ㉣ **위험물의 폭발**, ㉤ **교통사고**, ㉥ **극단한 혼잡**, ㉦ **광견 · 분마류 등의 출현**, ㉧ **기타 위험한 사태**가 있어야 한다. {05.3 순경, 05.1 승진, 99.1 승진, 98.1 승진}

위험방지 조치를 취할 수 있는 구체적 수단 {08.1 승진, 07.12 순경, 05.1 승진, 00.1 승진, 98.1 승진}	경고조치	경찰관은 ㉠ **그 장소에 집합한 자**, ㉡ **사물의 관리자**, ㉢ **기타 관계인**에게 필요한 경고를 발할 수 있다. {11.2 순경, 10.2 경간부, 08.1 승진} 例 경찰관은 통행인에게 붕괴위험이 있는 건물의 존재를 알려 건물 근처로 통행하지 말도록 주의를 주는 경우
	위험방지의 조치	경찰관은 ㉠ **그 장소에 있는 자**, ㉡ **사물의 관리자**, ㉢ **기타 관계인**에게 위해방지상 필요하다고 인정되는 조치를 하게 하거나 스스로 그 조치를 취할 수 있다. {08.1 승진} 例 **광견 등의 사살을 명하거나 경찰관이 직접 사살하는 경우**
	억류 또는 피난의 조치	경찰관은 특히 긴급을 요할 때에는 **위해를 받을 우려가 있는 자**를 필요한 한도 내에서 억류하거나 피난시킬 수 있다. {11.2 순경, 08.1 승진} 例 **화재나 건물붕괴 현장에서 사람들을 대피시키는 경우**
	접근 또는 통행의 제한 · 금지	① 경찰관서의 장은 대간첩작전 수행 또는 소요사태 진압을 위하여 필요하다고 인정되는 상당한 이유가 있을 때에는 대간첩작전지역 또는 경찰관서 · 무기고 등 국가중요시설에 대한 접근 또는 통행을 제한하거나 금지할 수 있다. ② **접근 또는 통행의 제한 · 금지의 조치권자가 경찰관이 아니라 경찰관서장**이다.

사후조치	① 경찰관이 일반적 위험방지조치를 한 때에는 **지체 없이** 이를 소속경찰관서의 장에게 보고하여야 한다. ② 보고를 받은 경찰관서의 장은 관계기관의 협조를 구하는 등 적당한 조치를 하여야 한다.

【위험발생 방지조치 관련 판례】

경찰관이 농민들의 시위를 진압하고 시위과정에 도로 상에 방치된 트랙터 1대에 대하여 이를 도로 밖으로 옮기거나 후방에 안전표지판을 설치하는 것과 같은 위험발생방지조치를 취하지 아니한 채 그대로 방치하고 철수하여 버린 결과, 야간에 그 도로를 진행하던 운전자가 위 방치된 트랙터를 피하려다가 다른 트랙터에 부딪혀 상해를 입은 경우 **국가배상책임을 인정하였다. 【대판 98다16890】**

4) 범죄의 예방과 제지조치(경찰관직무집행법 제6조)

의 의	범죄의 예방과 제지란 경찰관이 **범죄행위가 목전에 행하여지려 하고 있다고 인정될 때** 이를 예방하기 위하여 관계인에게 필요한 경고를 발하고, 그 행위로 긴하여 인명 · 신체에 위해를 미치거나 재산에 중대한 손해를 끼칠 우려가 있어 긴급을 요할 때 그 **행위를 제지**하는 것을 말한다.	
법 적 성 격	경찰상 **대인적 즉시강제 수단의 일종**이다.	
수 단	**경고와 제지**이다.	
대 상	경고의 대상	① 범죄행위를 하려는 자 또는 그의 보호자 · 관리자 ② 범죄행위의 피해자
	제지의 대상	범죄행위를 하려는 자 또는 실행 중인 자

【범죄의 예방과 제지조치 관련 판례】

구 집회 및 시위에 관한 법률에 의하여 금지되어 그 주최 또는 참가행위가 형사처벌의 대상이 되는 위법한 집회·시위가 장차 특정지역에서 개최될 것이 예상된다고 하더라도 이와 **ㅅ간적·장소적으로 근접하지 않은 다른 지역에서 그 집회·시위에 참가하기 위하여 출발 또는 이동하는 행위를 함부로 제지하는 것은 경찰관직무집행 제6조 제1항의 행정상 즉시강제인 경찰관의 제지의 범위를 명백히 넘어 허용될 수 없다.** 따라서 이러한 제지행위는 공무집행방해죄의 보호대상이 되는 공무원의 적법한 직무집행이 아니다. 【대판 2007도9794】

5) 경찰장비의 사용(경찰관직무집행법 제10조, 경찰장비의 사용기준 등에 관한 규정[시행 2009.11.25] 제2조)

의 의	경찰장비 사용이란 경찰관이 **직무수행 중 필요한 경우에 장비를 사용**하는 것을 말한다.		
성 격	경찰장비의 사용은 경찰상 즉시강제 중 **대인적 즉시강제**에 속한다.		
사 용 기 준	① 경찰장비는 통상의 용법과 달리 사용함으로써 **타인의 생명 · 신체에 위해를 주어서는 아니 되며, 필요한 최소한의 범위 내에서 이를 사용**하여야 한다. {01.1 승진} ② 경찰장비 사용으로 부상자가 발생한 경우 즉시 구호 기타 필요한 긴급조치를 하여야 한다.		
종 류 {12.8 순경 10.3 순경, 04.11 순경, 03.7 순경, 03.1 순경, 01.3경간부}	경찰장구	**수갑, 포승**, 호송용 포승, 경찰봉, 호신용경봉, **전자충격기, 방패, 전자방패** {03.1 승진}	
	분사기 및 최루탄 {03.1 승진}	가스발사총 {01.1 승진}	① **1m 이내의 거리 : 상대방 아래(다리)를 향하여 발사한다.** ② **3~4m 이내의 거리 : 상대방 안면을 향하여 발사한다.**
		근접분사기 가스분사기 가스발사총 최루탄(발사 장치 포함)	① 가스차, 집회시위용물포(살수차) 또는 특수진압차, **최루탄 발사대 : 15도 이상의 발사각을 유지** ② **최루탄 발사기 : 30도 이상의 발사각을 유지**
	무 기	**권총, 소총, 기관총**, 산탄총, 유탄발사기, 박격포, 3인치 포, 함포, 크레모아, 수류탄, 폭약류 및 **도검** 등 {03.1 승진}	
	기타 장비	가스차, 집회시위용물포(살수차), 특수진압차, **석궁, 다목적발사기**, 도주차량차단장비, 감식기구, 해안감시기구, 통신기기, 차량 · 선박 · 항공기 등 {03.1 승진}	

6) 경찰장구의 사용(경찰관직무집행법 제10조의2) {12.8 순경, 03.7 순경, 01.3 경간부, 96.1 승진}

의 의	경찰장구의 사용이란 경찰관이 **범인의 체포와 도주방지, 자기 또는 타인의 생명·신체에** 대한 보호, 공무집행에 대한 항거의 억제를 위하여 필요하다고 인정되는 상당한 이유가 있을 때 **사용**하는 것을 말한다. {01.3 순경}
성 격	경찰장구의 사용은 경찰상 즉시강제 중 **대인적 즉시강제**에 속한다. {03.7 순경}
종 류	경찰장구라 함은 경찰관이 휴대하여 범인검거와 범죄진압 등 직무수행에 사용하는 **수갑·포승·경찰봉·방패** 등을 말한다. {11.2 순경, 10.3 순경, 08.10 순경, 98.1 승진} ☞「**경찰장비의 사용기준 등에 관한 규정**」상 **경찰장구** : 수갑·포승(포승)·호송용포승·경찰봉·호신용경봉·전자충격기·방패 및 전자방패
요 건 {11.2 순경, 05.1 승진, 96.1 승진}	① **자기** 또는 **타**인의 생명·신체에 대한 방호 ② **공무집행**에 대한 항거의 억제를 위하여 필요하다고 인정되는 상당한 이유가 있을 때에는 그 사태를 합리적으로 판단하여 필요한 한도 내에서 경찰장구를 사용할 수 있다 ③ **현행범인인** 경우 ④ **사형·무기** 또는 **장기 3년** 이상의 징역이나 금고에 해당하는 죄를 범한 범인의 체포·도주의 방지 {10.3 순경}

사용 기준 {98.1 승진}	**수갑, 포승, 호송용 포승**	① 경찰관은 체포·구속영장을 집행하거나 신체의 자유를 제한하는 판결 또는 처분을 받은 자를 호송하거나 수용하기 위하여 필요한 때에는 최소한의 범위 내에서 수갑·포승 또는 호송용 포승을 사용할 수 있다. ② 범인, 주취자 또는 정신착란자의 자살 또는 자해기도를 방지하기 위하여 필요한 때에는 수갑, 포승 또는 호송용 포승을 사용할 수 있다.
	경찰봉, 호신용 경봉	경찰관은 **불법집회 및 시위로 인하여 발생할 수 있는 타인 또는 경찰관의 생명·신체의 위해와 재산·공공시설의 위험을 방지**하기 위하여 필요한 때에는 최소한의 범위 안에서 경찰봉 또는 호신용경봉을 사용할 수 있다.
	전자 충격기, 전자방패	① 경찰관은 **14세 미만의 자** 또는 **임산부**에 대하여 전자충격기 또는 전자방패를 사용하여서는 아니 된다. ② 경찰관은 전극침(電極針) 발사장치가 있는 전자충격기를 사용하는 경우 **상대방의 얼굴**을 향하여 전극침을 발사하여서는 아니 된다.

7) 분사기 및 최루탄의 사용(경찰관직무집행법 제10조의3)

의 의	분사기 및 최루탄의 사용이란 경찰관이 범인의 체포와 도주의 방지 또는 불법집회·시위로 인한 **자기 또는 타인의 생명·신체와 재산 및 공공시설의 안전에 대한 현저한 위험의 발생을 억제하기 위하여 분사기 또는 최루탄을 사용하는 것**을 말한다.
성 격	분사기·최루탄의 사용은 경찰상 즉시강제 중 **대인적 즉시강제**에 속한다.
요 건	① **범**인의 **체포·도주의 방지** ② **불법**집회·시위로 인하여 자기 또는 타인의 생명·신체와 재산에 대한 현저한 위해의 발생을 억제 ③ **공공시설**안전에 대한 현저한 위해의 발생을 억제하기 위하여 부득이한 경우(분사기·최루탄을 사용하지 않고는 달리 효율적으로 범인의 체포·도주방지 및 위해발생을 억제할 수 없는 경우) 현장책임자의 판단으로 **필요한 최소한의 범위 안에서 분사기**(총포·도검·화약류 등 단속법의 규정에 의한 분사기와 최루 등의 작용제) **또는 최루탄을 사용**할 수 있다. {10.3 순경, 01.1 승진, 97.1 승진}
사용 한계	① 경찰관 개개인의 개인적 판단에 의하여서는 안 되고, **현장 책임자의 합리적 판단**에 의하여야 한다. ② 분사기·최루탄의 사용은 **신체에 직접 위해를 가하지 않는 범위 내에서 사용**해야 되며, 직접 사람의 신체를 향해 발사하여서는 안 된다. ③ **경찰비례의 원칙에 따라 가장 피해가 작은 방법을 사용**해야 한다. {01.1 승진}
사용 제한	**가스 발사총**: 경찰관은 **1m 이내의 거리**에서 상대방의 얼굴을 향하여 이를 발사하여서는 아니 된다. {01.1 승진} **최루탄**: ① 가스차, 집회시위용물포(살수차) 또는 특수진압차, 최루탄발사대: **15도 이상**의 발사각을 유지 ② 최루탄 발사기 : **30도 이상**의 발사각을 유지

8) 무기의 사용(경찰관직무집행법 제10조의4)

의 의	무기의 사용이란 경찰관이 **범인의 체포와 도주의 방지, 자기 또는 타인의 생명·신체에 대한 방호, 공무집행에 대한 항거의 억제를 위하여 무기를 사용하는 것**을 말한다. {08.1 승진, 04.1 승진}
법 적 근 거	① **무기의 사용** : 경찰관**직무집행법 제10조의4 {03.7 순경, 01.2 경간부} ② **무기의 휴대** : 경찰**공무원 제20조 {04.1 승진}
성 격	① 무기의 사용은 경찰상 즉시강제 중 **대인적 즉시강제**에 속한다. ② 무기의 사용은 실력행사의 가장 강력한 수단으로서 공공의 안녕·질서 유지를 위해 **최종적으로 행사하는 비상수단**이다.
종 류	**성질상 무기**: ① 사람을 살상하는 성능을 가진 기구로서 그러한 용도에 쓸 목적으로 제작된 것을 말한다. ② **본래적 의미의 무기**이며, **경찰관직무집행법상의 무기는 이러한 의미로 사용**된다. **용법상 무기**: ① 본래의 제작목적과 달리 용법에 의하여 사람의 살상 등에 이용될 수 있는 식도·와도 등의 물건을 말한다. ② **경찰관직무집행법상의 무기는 아니다.**

	경찰관 직무집행 법상 무기	① 경찰관직무집행법은 무기의 종류로는 **권총 · 소총 · 도검 등을 예시**하고 있다. ② **대간첩 · 대테러작전 등 국가안전에 관련되는 작전을 수행할 때**에는 개인화기 외에 공용화기도 사용할 수 있다.
요 건		① **자기 또는 타인의 생명 · 신체에 대한 방호** {03.7 순경, 01.2 경간부} ② **공무집행에 대한 항거의 억제를 위하여 필요하다고 인정되는 상당한 이유가 있을 때** 　　에는 그 사태를 합리적으로 판단하여 필요한 한도 내에서 **무기를 사용할 수 있다.** {07.3 순경} ③ **범인의 체포 · 도주의 방지**
기 준		① 경찰관이 **총기를 사용할 때**에는 미리 **구두 또는 공포탄에 의한 사격으로 상대방에게 경고**하여야 한다. 단, 상황이 급박하고 경고의 시간적 여유가 없는 때에는 예외가 인정된다. ② 총기는 **범죄와 무관한 다중의 생명, 신체에 위해를 가할 우려가 있는 때에는 사용하여서는 아니 된다.** 단, 위험을 방지할 수 있는 다른 수단이 없다고 인정되는 때에는 필요 최소한의 범위 내에서 사용할 수 있다. ③ **총기 또는 폭발물을 가지고 대항하는 경우를 제외하고는 14세 미만자, 임산부에 대해서는 총기를 사용하지 못한다.** ④ 공공의 안전을 위협하는 동물을 사살하기 위하여 부득이 할 때 총기를 사용할 수 있다.
한 계		① 필요하다고 인정되는 상당한 이유가 있을 때에는 그 사태를 **합리적으로 판단**하여 필요한 한도 내에서 사용하여야 한다(합리성 및 경찰비례의 원칙). {05.3 순경} ② 무기를 사용하지 아니하고는 **다른 수단이 없다고 인정되는 상당한 이유가 있을 때에 사용**하여야 한다(보충성의 원칙).

【경찰관 무기사용의 요건과 한계】

구분	위해를 주지 않는 무기사용 (위협사격=비신체사격)	위해를 수반한 무기사용 (조준사격=신체사격)
사용 요건	① **범인의 체포 · 도주의 방지** ② **자기 또는 타인의 생명신체에 대한 방호** 　　{07.12 순경} ③ **공무집행에 대한 항거와 억제 경찰관이 임무를 수행**할 때 현재 상황의 부당한 침해를 방지하기 위한 상당한 이유가 있는 **정당방위** 외, 현재의 부당한 위난을 피하기 위한 상당한 이유가 있는 긴급피난에 해당되는 경우에는 상대방의 신체에 총을 쏠 수 있다. {08.1 승진} ☞ 정당행위(×), 자구행위(×)	① **대간첩작전 시 무장간첩이 투항명령을 불응하는 경우** 　　{08.1 승진, 07.12 순경, 07.3 순경, 03.1 승진} ② **장기 3년 이상 징역에 해당하는 범죄를 저지른 범인이 항거, 도주할 때** 　　{08.1 승진, 07.12 순경, 07.3 순경, 03.6 순경} ③ **정당방위와 긴급피난에 해당**하는 경우 　　{11.8 순경, 10.3 순경, 08.1 승진, 07.3 순경, 03.6 순경, 03.1 승진} ④ **구속영장, 압수 · 수색영장, 체포영장집행시 항거, 도주하려 할 때** {03.6 순경, 03.1 승진} ⑤ **무기, 흉기소지 범인이 경찰관의 3회 이상 투기, 투항명령을 받고도 불응, 항거할 때** {07.12 순경, 03.6 순경, 03.1 승진}
사용 한계	① **합리성** ② **필요성** ③ **상당성**	① **합리성**　　② **보충성** {08.1 승진} ③ **상당성**　　④ **필요성**

		【각종 요건 정리】
무기 사용의 요건	**위해를 주지 않는 무기 사용** (위협사격 = 비신체사격)	① 범인의 체포 · 도주의 방지 ② 자기 또는 타인의 생명신체에 대한 방호 ③ 공무집행에 대한 항거와 억제 경찰관이 임무를 수행할 때
	위해를 수반한 무기 사용 (조준사격 = 신체사격)	① 대간첩작전 시 무장간첩이 투항명령을 불응하는 경우 ② 장기 3년 이상 징역에 해당하는 범죄를 저지른 범인이 항거, 도주할 때 ③ 정당방위와 긴급피난에 해당하는 경우 ④ 구속영장, 압수 · 수색영장, 체포영장집행시 항거, 도주하려 할 때 ⑤ **무기, 흉기소지 범인이 경찰관의 3회 이상 투기, 투항명령을 받고도 불응, 항거할 때** {11.8 순경}
분사기 및 최루탄의 사용 요건		① 범인의 체포 · 도주의 방지 ② 불법집회 · 시위로 인하여 자기 또는 타인의 생명 · 신체와 재산에 대한 현저한 위해의 발생을 억제 ③ 공공시설안전에 대한 현저한 위해의 발생을 억제하기 위하여 부득이한 경우(분사기 · 최루탄을 사용하지 않고는 달리 효율적으로 범인의 체포 · 도주방지 및 위해발생을 억제할 수 없는 경우)
경찰장구의 사용 요건		① 자기 또는 타인의 생명 · 신체에 대한 방호 ② 공무집행에 대한 항거의 억제를 위하여 필요하다고 인정되는 상당한 이유가 있을 때 ③ 현행범인인 경우 ④ 사형 · 무기 또는 장기 3년 이상의 징역이나 금고에 해당하는 죄를 범한 범인의 체포 · 도주의 방지

【무기사용이 비례원칙에 반하는 판례(대판 98다61470)】

경찰관이 신호위반을 이유로 한 정지명령에 불응하고 도주하던 차량에 탑승한 동승자를 추격하던 중 몸에 지닌 각종 장비 때문에 거리가 점점 멀어져 추격이 힘들게 되자 수차례에 걸쳐 경고하고 공포탄을 발사했음에도 불구하고 계속 도주하자 실탄을 발사하여 사망케 하였다.

위 사망자가 아무런 흉기를 휴대하지 아니한 상태에서 경찰관을 공격하거나 위협하는 등 거칠게 항거하지 않고 단지 계속하여 도주하였다면 그러한 상황은 형법에 규정된 정당방위나 긴급피난의 요건에 해당한다고 보기 어렵고, 위 사망자가 경찰관의 정지명령에 응하지 아니하고 계속 도주하였다는 사실만으로 경찰관직무집행법 제11조에서 규정하는 범죄를 범하였거나 범하였다고 의심할 충분한 이유가 있다고 보기도 어려우며, 동료 경찰관이 총기를 사용하지 않고도 함께 도주하던 다른 일행을 계속 추격하여 체포한 점에 비추어 볼 때, **경찰관이 추격에 불필요한 장비를 일단 놓아둔 채 계속 추격을 하거나 공포탄을 다시 발사하는 방법으로 충분히 위 사망자를 제압할 여지가 있었다고 보이므로, 경찰관이 그러한 방법을 택하지 아니하고 실탄을 발사한 행위는 경찰관직무집행법 제11조에 정해진 총기사용의 허용 범위를 벗어난 위법행위라고 본 사례**이다.

【무기사용이 상당성에 반하는 판례(대판 98다63445)】 {12.2 순경}

경찰관이 길이 40cm가량의 칼로 반복적으로 위협하며 도주하는 차량 절도 혐의자를 추격하던 중, 도주하기 위하여 등을 돌린 혐의자의 몸 쪽을 향하여 약 2m 거리에서 실탄을 발사하여 혐의자를 복부 관통상으로 사망하게 하였다.
경찰관의 총기사용은 사회통념상 허용범위를 벗어난 위법행위라고 본 사례이다.

【무기사용 관련 문제 – 틀린 것은? 】 {11.8 순경}

> ㉠ 경찰관 A는 동료 경찰관 B와 함께 순찰차를 타고 관내를 순찰하고 있었다. 이때 경찰서 상황실로부터 신고에 의하면 K라는 사람이 한 술집에서 술병으로 타인을 찌르고, 자신의 집인 꽃집으로 가서 아들을 칼로 위협하는 사건이 발생하였으니 이에 대응하라는 무선지령을 받고 지원 출동하였다.
>
> ㉡ 용의자의 꽃집에 도착하여, 동료 경찰관 B는 주위에 있는 막대기를 들고 앞장서고, A는 권총을 꺼내 안전장치를 풀고 B의 뒤에 서서 엄호하며 집 안으로 걸어 들어갔다. 이 때 용의자 K가 세면장에서 나오면서 경찰관 A와 B에게 소리를 지르며 달려들었다. 일반부 씨름선수에서 우승할 정도의 건장한 체격을 가진 K는 쉽게 경찰관 A와 B를 넘어뜨리고 넘어진 경찰관 B의 몸 위에 올라 타 몸싸움을 하였다.
>
> ㉢ 이를 본 경찰관 A는 넘어져 있는 상태에서 소지하고 있던 권총으로 공포탄 1발을 발사하였다. 그러나 K는 이에 굴복하지 않고 계속 경찰관 B의 몸 위에서 그의 목을 누르는 등의 물리력을 행사하여 일어나지 못하게 하였다.
>
> ㉣ 이에 경찰관 A는 K를 향하여 실탄 1발을 발사하였고, 그 실탄은 K의 우측 흉부 하단 늑간 부위를 관통하였다. K는 즉시 병원에 후송되어 입원치료를 받았으나 간파열 등으로 인한 패혈증으로 며칠 뒤에 사망하였다. 나중에 확인하여 보니 K는 경찰관과 격투를 할 당시 칼을 소지하지 않고 있었던 것으로 밝혀졌다.

① 경찰관은 범인이 무기·흉기 등 위험한 물건을 소지하고, 경찰관으로부터 3회 이상의 투기명령 또는 투항명령을 받고도 이에 불응하면서 계속 항거하여 이를 방지 또는 체포하기 위하여 무기를 사용하지 아니하고는 다른 수단이 없다고 인정되는 상당한 이유가 있을 경우에는 총기를 사용할 수 있다.

② 사망한 K의 유가족은 경찰관 A를 상대로 형법 제268조의 업무상 과실치사를 주장할 수 있다.

③ 경찰관 A는 자기 또는 동료경찰관 B의 현재의 부당한 침해를 방위하기 위한 행위로서 상당성이 있기 때문에 형법 제21조상의 정당방위를 주장할 수 있다.

④ 이 사건에서 경찰관 A의 정당방위가 인정된다면, 민사상에 있어서 국가의 국가배상책임 역시 면책된다고 할 수 있다.

[정답] ④

[해설] **민사상에 있어서 국가의 국가배상책임 역시 면책된다고 할 수 없다.**

불법행위에 따른 형사책임은 사회의 법질서를 위반한 행위에 대한 책임을 묻는 것으로서 행위자에 대한 공적인 제재(형벌)를 그 내용으로 함에 비하여, 민사책임은 타인의 법익을 침해한 데 대하여 행위자의 개인적 책임을 묻는 것으로서 피해자에게 발생된 손해의 전보를 그 내용으로 하는 것이고 따라서 손해배상제도는 손해의 공평·타당한 부담을 그 지도원리로 하는 것이므로, 형사상 범죄를 구성하지 아니하는 침해행위라고 하더라도 그것이 민사상 불법행위를 구성하는지 여부는 형사책임과 별개의 관점에서 검토되어야 할 것이다. **경찰관이 범인을 제압하는 과정에서 총기를 사용하여 범인을 사망에 이르게 한 사안에서, 경찰관이 총기사용에 이르게 된 동기나 목적, 경위 등을 고려하여 형사사건에서 무죄판결이 확정되었다 하더라도 당해 경찰관의 과실의 내용과 그로 인하여 발생한 결과의 중대함에 비추어 민사상 불법 행위책임을 인정한 사례이다[대판 2008.2.1, 2006다6713].** {12.8 순경, 11.8 순경}

3. 경찰상 대물적 즉시강제 수단[임시영치(경찰관직무집행법 제4조)]

의 의	임시영치란 보호조치의 대상이 되는 피구호자가 무기·흉기 등 위험을 야기할 수 있는 것으로 인정되는 물건을 휴대하고 있는 경우에 일시적으로 그 점유를 박탈하여 경찰관서에 보관하는 것을 말한다.
성 격	① 임시영치는 경찰상 즉시강제 중 **대물적 즉시강제**에 속한다. ② 임시영치는 **상대방의 동의를 요하지 않는다.**
대 상	임시영치의 대상은 보호조치의 대상이 되는 **피구호자가 휴대하고 있는 무기·흉기 등 위험을 야기할 수 있는 물건**이다.
요 건	피구호자가 소지하고 있는 무기·흉기 등의 물건이 객관적 상황으로 보아 **경찰상 위해를 야기할 우려가 있다고 인정**되어야 한다.
증명서 교부	임시영치를 한 때에는 소속 경찰관서의 장은 그 물건을 소지하였던 자에게 **임시영치증명서를 교부**하여야 한다.
영치물 보관	임시영치는 점유를 일시 박탈할 뿐이므로 그 기간의 제한이 있다. 즉 **임시영치의 기간은 10일을 초과할 수 없다.**
영치물 반환	임시영치물이 폭발물과 같이 반환할 수 없는 **물건인 경우에는 몰취하고, 반환하지 않는다.**
임시영치 보고	경찰관이 임시영치 하였을 때 또는 소지하였던 자에게 임시영치한 물건을 반환하였을 때에는 **소속 경찰관서의 장에게 보고**하여야 한다.

4. 경찰상 대가택 즉시강제 수단[위험방지를 위한 출입(경찰관직무집행법 제7조)] {99.1 승진}

1) 일반위험방지를 위한 출입(긴급출입)

의 의	위험방지를 위한 출입이란 개인의 주거 내일지라도 인명, 신체와 재산에 대하여 위해 또는 중대한 손해가 일어나려고 하는 응급한 경우에 **범죄 또는 위해의 예방을 위하여 개인의 주거 및 공개의 장소에 출입하는 권한으로서 경찰관에게 부여된 대가택적 즉시강제수단**이다. {03.7 순경, 98.1 승진}
요 건	① **위해**를 방지하거나 피해자를 구조하기 위하여 부득이 하다고 인정(위험방지를 위한 긴급출입이 위해방지나 피해자구조를 위해 부득이하다고 인정)할 때 　에는 합리적으로 판단하여 필요한 한도 내에서 타인의 토지·건물 또는 선차 내에 출입할 수 있다. {98.1 승진, 03.7 순경} ② **재산**에 대한 위해가 절박한 때 ③ **위험**한 사태가 발생하여 인명·신체
목 적	긴급출입은 위해방지와 피해자구조에 있으므로 범죄수사를 목적으로 이용될 수 없다. {03.7 순경, 98.1 승진}
시 간	긴급출입의 시간은 **주·야간의 제한이 없다.** {03.7 순경}
장 소	긴급출입의 장소는 **타인의 토지·건물 및 선차(선박과 차량), 기타 필요한 곳** 등이다.
효 과	① 긴급출입 시 출입장소의 관계인은 수인의무를 지며, 따라서 **긴급출입시 관계인의 동의는 필요하지 않다.** {03.7 순경} ② 관계인이 폭행·협박 등으로 **경찰관의 출입을 거부하면 공무집행방해죄가 성립**한다.

2) 경찰상 공개된 장소에 대한 출입(예방출입)

의 의	흥행장·여관·음식점·역 기타 다수인이 출입하는 장소의 관리자 또는 이에 준하는 관계인은 그 영업 또는 공개시간 내에 경찰관이 범죄의 예방 또는 인명·신체와 재산에 대한 위해예방을 목적으로 그 장소에 출입할 것을 요구한 때에는 정당한 이유 없이 이를 거절할 수 없다.
요 건	흥행장·여관·음식점·역 기타 다수인이 출입하는 장소의 영업 또는 공개시간 내에 **경찰관이 범죄의 예방 또는 인명·신체와 재산에 대한 위해예방의 필요**가 있어야 한다.
목 적	**범죄예방 또는 인명·신체와 재산에 대한 위해예방을 목적으로 한다.**
시 간	예방출입 시간은 **영업 또는 공개된 시간 내에 한한다.** {01.1 승진}
장 소	예방출입의 장소는 **흥행장·여관·음식점·역 기타 다수인이 출입하는 장소 등 공개된 장소**이다. {01.1 승진}
효 과	① 예방출입은 **상대방의 동의를 얻어야 가능**하지만, **상대방은 정당한 이유 없이 출입을 거절할 수 없다.** {01.1 승진} ② 경찰상 공개된 장소에 대한 출입은 **강제출입권의 성질**을 가진다고 볼 수 있다.

3) 대간첩작전을 위한 검색(긴급검색)

의 의	경찰관은 대간첩작전수행에 필요한 때에는 작전지역 안에 있어서의 제2항에 규정된 장소 안을 검색할 수 있다.
요 건	① **대간첩작전에 필요**하여야 한다. ② 검색의 대상은 제7조 제2항에서 설명한 **경찰상 공개된 장소**이다. ③ **영업시간이나 공개시간 외에도 가능**하다. ④ **장소관리자의 동의가 필요하지 않다.** ⑤ **작전지역 내**이어야 한다.
내 용	**검색이란 직접 수색하는 것**을 말한다. 그러나 간첩을 발견하는 것에 한하지 않으며 발견하였을 때 이를 체포·진압하는 작용도 당연히 포함된다.
효 과	관리자의 **동의가 불필요**하다.

5. 사실조회 및 출석요구 – 임의적 사실행위(경찰관직무집행법 제8조)

의 의	경찰관서의 장이 직무수행에 필요한 경우에 국가기관 또는 공사단체 등에 대하여 사실을 조회하거나 경찰관이 사실의 확인을 위해 관계인에게 출석을 요구하는 사실행위를 말한다.
법 적 성 격	사실확인행위는 **비권력적(임의적) 사실행위**로서 법적 효과를 발생시키는 법률행위가 아니며, **목전에 급박한 장해제거를 위한 즉시강제수단도 아니다.**
사실조회	경찰관서의 장은 직무수행에 필요하다고 인정되는 상당한 이유가 있을 때에는 **국가기관 또는 공사단체 등에 대하여 직무수행에 관련된 사실을 조회할 수 있다.** ☞ 사실조회(경찰관서장), 사실확인(경찰관)

출석요구	상사의 결재에 의해서만 **출석요구**할 수 있으므로 개개 경찰관의 권한으로 보기 어려우며, 따라서 출석요구의 주체는 출석요구서 명의의인 경찰관서장으로 보아야 한다. **【출석요구 여부】** {08.2 경간부, 07.12 순경, 06.2 경간부, 05.3 순경}

출석요구(○)	출석요구(×)
① **미**아를 인수할 수 있는 보호자인가의 확인 ② **행**정처분을 위한 교통사고조사에 필요한 사실확인 ③ **사**고로 인한 사상자의 신원확인 ④ **유**실물을 인수할 권리가 있는 자인가의 확인	① 형사책임규명을 의한 사실조사를 위한 출석요구 ② 범죄피해내용의 확인을 위한 출석요구

6. 유치장(경찰관직무집행법 제9조)

의 의	① 유치장은 법률이 정한 절차에 따라 **체포·구속되거나 신체의 자유를 제한하는 판결 또는 처분을 받은 자를 수용하기 위하여 경찰서에 두는 시설**이다. ② 유치장은 구치소나 교도소와는 달리 경찰의 적법절차에 따라 **체포·구속된 자, 구류형 선고자, 입감의뢰자가 주로 수용**된다.
근거법규	**경찰관직무집행법 제9조(유치장 설치의 법적 근거)** {04.4 순경, 02.10 순경, 98.1 승진}
수용 대상자	법률이 정한 절차에 의하여 체포·구속된 자 ① 구속영장이 발부되지 않은 피의자(체포영장발부 피의자, 현행범체포피의자, 긴급피의자) ② 구류형 선고자 ③ 입감의뢰자
수용 비대상자	① 형의집행 및 수용자의 처우에 관한 법률상 구속영장이 집행된 피의자나 피고인(구치소에 수용) ② 보호조치 대상자 ③ 임의동행자 ④ 연행된 피의자(구인대상자)

7. 벌칙(경찰관직무집행법 제12조)

이 법에 규정된 경찰관의 의무에 위반하거나 직권을 남용하여 다른 사람에게 해를 끼친 자는 **1년 이하의 징역이나 금고**에 처한다. {12.8 순경, 09.1 승진, 07.12 순경, 05.3 순경}

Ⅹ. 경찰구제법

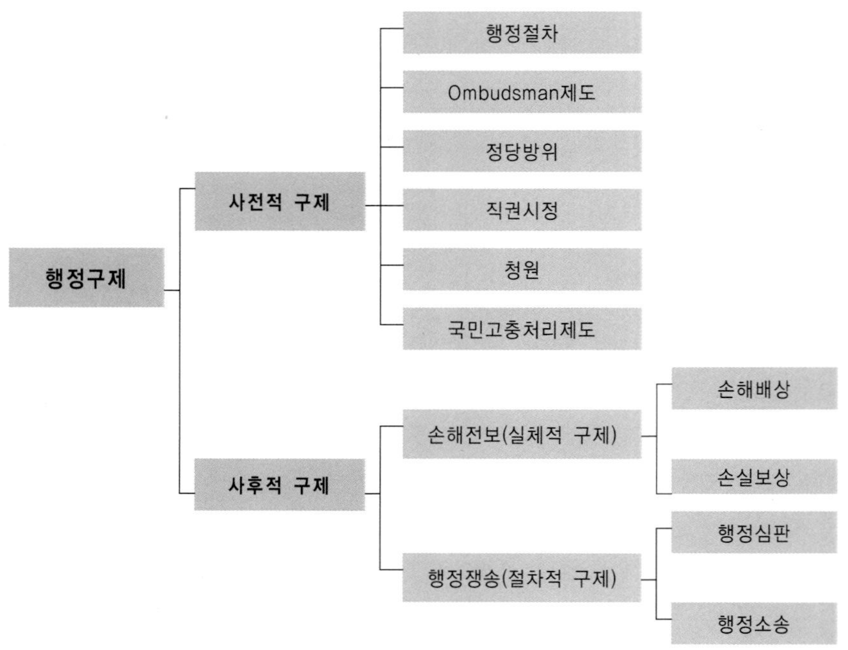

사전적 구제	**행정절차**	의 의	행정의사결정에 관한 대외적 사전절차
		구체적 적용	**처분절차, 신고절차, 행정입법예고절차, 행정예고절차, 행정지도절차**
	기 타		옴부즈맨제도, 정당방위, 직권시정, 청원, 국민고충처리제도, 국민권익위원회
사후적 구제	**손해전보**	**손실보상**	공공필요에 의한 **적법한 공권력 행사로 인하여** 발생한 개인의 재산상의 특별한 희생에 대하여 사유재산권의 보장과 공평부담의 견지에서 행정주체가 행하는 금전적 보상
		손해배상 의 의	공무원의 **위법한 직무행위** 또는 **공공의 영조물의 설치·관리의 하자와 인하여** 개인에게 손해가 발생한 경우에 국가 등이 그 손해를 보전하여 주는 제도
		유 형	공무원의 직무상 불법행위로 인한 손해배상
			영조물의 설치·관리의 하자로 인한 손해배상
	행정쟁송	**행정심판**	행정청의 **위법·부당한 처분**으로 인하여 권익이 침해된 자가 **행정기관에 대하여** 그 시정을 구하는 일련의 모든 쟁송절차
		행정소송	행정청의 **위법한 처분** 등으로 인한 국민의 권리 또는 이익의 침해에 대하여 **법원이 판단하는** 정식재판 절차

1. 사전구제제도

의 의	사전구제제도란 위법·부당한 경찰작용 등으로 인한 구체적인 권익침해가 발생하기 이전에 그와 같은 침해를 예방하기 위한 구제수단을 인정하는 경찰구제제드를 말한다. 예 **직권에 의한 취소, 정지, 정당방위, 행정절차, 청원, 국민권익위원회 등**	
행정절차	의의	1차적 행정의사결정에 관한 **대외적 사전절차를 의미**하며, **실질적 법치주의의 실현을 위한 제도**이며, **가장 대표적인 사전적 행정구제제도**에 속한다. {06.11 순경}
	특징	① 적법절차의 원칙은 **형사절차상의 영역에 한정되지 않고** 입법·행정 등 국가의 모든 공권력의 작용에도 적용된다. {06.11 순경} ② 행정절차제도는 영미법계의 **자연적 정의 또는 적법절차의 법리의 특색으로 인정**되고 있다. {06.11 순경} ③ 행정절차법은 **주로 절차적 규정만을 두고 있지만**, 예외적으로 실체법 규정도 있다. {06.11 순경} ④ 행정절차라는 신중하고 민주적인 절차를 취함으로써 **행정의 신속성이나 탄력성 등은 오히려 저해될 우려가 있다.**
	원칙	① **투**명성의 원칙 ② **공**정성의 원칙 ③ **신**뢰성의 원칙
청 원	① 청원이란 **국민이 국가에 대하여 불만 또는 희망을 개진하고 시정을 구하는 것**을 말한다. ② 헌법 제26조 제1항에 의해 국민의 청원권을 보장하고 있으며, 청원법 제9조 4항에서는 모든 국가 또는 공공단체의 기관은 청원을 수리하여 성실, 공명, 신속히 심사·처리하고 그 결과를 청원인에게 통지하여야 한다고 규정하고 있다.	
옴부즈맨 제도	① 옴부즈맨이란 **의회에서 임명**되나 의회로부터 광범위한 독립성을 부여받은 의회의 의뢰인으로서 개개 국민의 권리를 보호하는 역할을 하는 자를 말한다. ② 1809년 **스웨덴에서 처음으로 채택**되어 실시된 제도로 **입법부의 행정부 통제수단**으로 활용된다. ③ 전형적인 외부 행정통제의 하나로 행정권의 남용이나 부당행위로 인한 국민의 권익침해를 구제한다. ④ 부당한 행정행위를 무효·취소하는 권한을 갖지는 않는다.	
국민권익 위원회	① 우리나라에서 **옴부즈맨적 기능을 수행**한다. ② 국민의 권익을 보호하기 위하여 **국무총리 소속하에 설치**되는 기관이다. ③ 위원장 1인을 포함한 15인의 위원으로 구성하고, 위원장을 제외한 위원 중 상임위원은 3인으로 한다. ④ 위원(위원장을 포함)의 임기는 3년으로 하되, 1차에 한하여 연임할 수 있다.	
기 타	정당방위, 행정청에 의한 직권시정, 정보공개제도 등	

【행정절차법】 [시행 2012.3.15]

제1장 총칙	
목적 **(제1조)**	이 법은 행정절차에 관한 공통적인 사항을 규정하여 국민의 행정참여를 도모함으로써 **행정의 공정성·투명성 및 신뢰성을 확보하고 국민의 권익을 보호함을 목적**으로 한다.
정의 **(제2조)**	① 행정청 : 행정에 관한 의사를 결정하여 표시하는 국가 또는 지방자치단체의 기관 기타 법령 또는 자치법규에 의하여 행정권한을 가지고 있거나 위임 또는 위탁받은 공공단체나 그 기관 또는 사인을 말한다. ② **처분** : 행정청이 행하는 구체적 사실에 관한 법집행으로서의 공권력의 행사 또는 그 거부와 기타 이에 준하는 행정작용을 말한다. ③ **행정지도** : 행정기관이 그 소관사무의 범위 안에서 일정한 행정목적을 실현하기 위하여 특정인에게 일정한 행위를 하거나 하지 아니하도록 지도·권고·조언 등을 하는 행정작용을 말한다. ④ 당사자 등 : 행정청의 처분에 대하여 직접 그 상대가 되는 당사자와 행정청이 직권 또는 신청에 의하여 행정절차에 참여하게 한 이해관계인을 말한다. ⑤ **청문** : 행정청이 어떠한 처분을 하기에 앞서 당사자 등의 의견을 직접 듣고 증거를 조사하는 절차를 말한다. ⑥ **공청회** : 행정청이 공개적인 토론을 통하여 어떠한 행정작용에 대하여 당사자 등, 전문지식과 경험을 가진 자 기타 일반인으로부터 의견을 널리 수렴하는 절차를 말한다. ⑦ **의견제출** : 행정청이 어떠한 행정작용을 하기에 앞서 당사자등이 의견을 제시하는 절차로서 청문이나 공청회에 해당하지 아니하는 절차를 말한다.
적용범위 **(제3조)**	㉠ 처분, ㉡ 신고, ㉢ 행정상 입법예고, ㉣ 행정예고, ㉤ 행정지도의 절차에 관하여 다른 법률에 특별한 규정이 있는 경우를 제외하고는 이 법이 정하는 바에 의한다. {10.2 경간부, 04.4 순경, 02.1 승진}
관할 **(제6조)**	① 행정청이 그 관할에 속하지 아니하는 **사안을 접수하였거나 이송받은 경우에는 지체 없이 이를 관할 행정청에 이송**하여야 하고 그 사실을 **신청인에게 통지**하여야 한다. **행정청이 접수 또는 이송 받은 후 관할이 변경된 경우에도 또한 같다.** ② **행정청의 관할이 분명하지 아니하는 경우에는** 당해 행정청을 공통으로 감독하는 **상급행정청이 그 관할을 결정**하며, 공통으로 감독하는 상급행정청이 없는 경우에는 **각 상급행정청의 협의로 그 관할을 결정**한다.
당사자 등의 자격 **(제9조)**	㉠ **자연인**, ㉡ **법인 또는 법인 아닌 사단이나 재단**, ㉢ **기타 다른 법령 등에 의하여 권리의무의 주체가 될 수 있는 자**는 행정절차에 있어서 당사자 등이 될 수 있다.
지위의 승계 **(제10조)**	① **당사자 등이 사망하였을 때**의 상속인과 다른 법령 등에 의하여 당사자 등의 권리 또는 이익을 승계한 자는 당사자 등의 지위를 승계한다. ② **당사자 등인 법인 등이 합병한 때**에는 합병 후 존속하는 법인 등이나 합병 후 새로 설립된 법인 등이 당사자 등의 지위를 승계한다. ③ 당사자 등의 지위를 승계한 자는 **행정청에 그 사실을 통지**하여야 한다. ④ 처분에 관한 권리 또는 이익을 사실상 양수한 자는 행정청의 승인을 얻어 당사자 등의 지위를 승계할 수 있다. ⑤ **통지가 있을 때까지 사망자 또는 합병 전의 법인 등에 대하여 행정청이 행한 통지는 당사자 등의 지위를 승계한 자에게도 효력**이 있다.

대표자 **(제11조)**	① 다수의 당사자 등이 공동으로 행정절차에 관한 행위를 하는 때에는 대표자를 선정할 수 있다. ② 행정청은 제1항의 규정에 의하여 당사자 등이 대표자를 선정하지 아니하거나 대표자가 지나치게 많아 행정절차가 지연될 우려가 있는 경우에는 그 이유를 들어 **상당한 기간 내에 3인 이내의 대표자를 선정하여 줄 것을 요청**할 수 있다. 이 경우 당사자 등이 대표자의 선정요청에 응하지 아니한 때에는 **행정청이 직접 선정**할 수 있다. ③ 당사자 등은 **대표자를 변경 또는 해임**할 수 있다. ④ 대표자는 각자 그를 대표자로 선정한 당사자 등을 위하여 행정절차에 관한 모든 행위를 할 수 있다. 다만, 행정절차를 끝맺는 행위에 있어서는 당사자 등의 동의를 얻어야 한다. ⑤ 대표자가 있는 경우에는 당사자 등은 그 **대표자를 통하여서만 행정절차에 관한 행위**를 할 수 있다. ⑥ **다수의 대표자가 있는 경우 그중 1인에 대한 행정청의 행위는 모든 당사자 등에게 효력**이 있다. 다만, 행정청의 통지는 대표자 모두에게 행하여야 그 효력이 있다.
대리인 **(제12조)**	㉠ **당사자 등의 배우자, 직계존속·비속 또는 형제자매, ㉡ 당사자 등이 법인 등인 경우 그 임원 또는 직원, ㉢ 변호사, ㉣ 행정청 또는 청문주재자(청문의 경우에 한한다)의 허가를 받은 자, ㉤ 법령 등에 의하여 당해 사안에 대하여 대리인이 될 수 있는 자**를 대리인으로 선임할 수 있다. 단, 제11조 제3항·제4항 및 제6항의 규정은 대리인의 경우에 이를 준용한다.
대표자· 대리인의 통지 (제13조)	당사자 등이 대표자 또는 대리인을 선정하거나 선임한 때에는 **지체 없이 그 사실을 행정청에 통지**하여야 한다. 대표자 또는 대리인을 변경하거나 해임한 때에도 마찬가지이다.
송달 **(제14조)**	**효력발생시기** ① 다른 법령 등에 특별한 규정이 있는 경우를 제외하고는 송달받은 자에게 도달됨으로써 그 효력이 발생한다. ② 교부에 의한 송달은 수령확인서를 받고 **문서를 교부함으로써 행하며**, 송달하는 장소에서 송달받을 자를 만나지 못한 때에는 그 사무원·피용자(피용자) 또는 동거자로서 사리를 분별할 지능이 있는 자에게 이를 교부할 수 있다. **정보통신망을 이용한 전자문서로 송달** ① 송달받을 자가 지정한 컴퓨터 등에 입력된 때에 도달한 것으로 본다. ② **정보통신망을 이용한 송달은 송달받을 자가 동의하는 경우에 한한다.** 이 경우 송달받을 자는 송달받을 전자우편주소 등을 지정하여야 한다. **게시판, 관보, 공보 등에 공고하는 방법으로 송달** ① ㉠ **송달받을 자의 주소 등을 통상의 방법으로 확인할 수 없는 경우, ㉡ 송달이 불가능한 경우**에는 송달받을 자가 알기 쉽도록 관보·공보·게시판·일간신문 중 하나 이상에 공고하고 인터넷에도 공고하여야 한다. ② 다른 법령 등에 특별한 규정이 있는 경우를 제외하고는 **공고일로부터 14일이 경과**한 때 효력이 발생한다.
송달의 효력발생 (제15조)	① 송달은 다른 법령 등에 특별한 규정이 있는 경우를 제외하고는 **송달받을 자에게 도달됨으로써 그 효력이 발생**한다. ② 제14조 제3항의 규정에 의하여 정보통신망을 이용하여 전자문서로 송달하는 경우에는 송달받을 자가 지정한 컴퓨터 등에 입력된 때에 도달된 것으로 본다. ③ 관보·공보·게시판·일간신문 중 하나 이상에 공고하고 인터넷에도 긍고 경우에는 다른 법령 등에 특별한 규정이 있는 경우를 제외하고는 **공고일부터 14일이 경과한 때에 그 효력이 발생**한다. 다만, 긴급히 시행하여야 할 특별한 사유가 있어 효력발생시기를 달리 정하여 공고한 경우에는 그에 의한다. {10.2 경간부}

	제2장 처분
처분의 신청 (제17조)	① 행정청에 대하여 처분을 구하는 **신청은 문서로 하여야 한다.** 다만, 다른 법령 등에 특별한 규정이 있는 경우와 행정청이 미리 다른 방법을 정하여 공시한 경우에는 그러하지 아니하다. {09.1 승진} ② 처분을 신청함에 있어 **전자문서로 하는 경우에는 행정청의 컴퓨터 등에 입력된 때에 신청한 것으로 본다.** ③ 행정청은 신청에 필요한 구비서류 · 접수기관 · 처리기간 기타 필요한 사항을 게시(인터넷 등을 통한 게시를 포함)하거나 이에 대한 편람을 비치하여 누구나 열람할 수 있도록 하여야 한다. ④ **행정청은 신청이 있는 때에는 다른 법령 등에 특별한 규정이 있는 경우를 제외하고는 그 접수를 보류 또는 거부하거나 부당하게 되돌려 보내서는 아니되며,** {09.1 승진} 신청을 접수한 경우에는 신청인에게 접수증을 주어야 한다. 다만, 대통령령이 정하는 경우에는 접수증을 주지 아니할 수 있다. ⑤ **행정청은 신청에 구비서류의 미비 등 흠이 있는 경우에는 보완에 필요한 상당한 기간을 정하여 지체 없이 신청인에게 보완을 요구**하여야 한다. ⑥ 행정청은 신청인이 기간 내에 보완을 하지 아니한 때에는 그 이유를 명시하여 접수된 신청을 되돌려 보낼 수 있다. ⑦ 행정청은 신청인의 편의를 위하여 다른 행정청에 신청을 접수하게 할 수 있다. 이 경우 행정청은 다른 행정청에 접수할 수 있는 신청의 종류를 미리 정하여 공시하여야 한다. ⑧ **신청인은 처분이 있기 전에는 그 신청의 내용을 보완하거나 변경 또는 취하할 수 있다.** 다만, 다른 법령 등에 특별한 규정이 있거나 당해 신청의 성질상 보완 · 변경 또는 취하할 수 없는 경우에는 그러하지 아니하다.

처분의 사전통지 (제21조)

① 행정청은 당사자에게 의무를 과하거나 권익을 제한하는 처분을 하는 경우에는 미리 아래의 사항을 **당사자 등에게 통지**하여야 한다.

당사자 등에게 통 지 (O)	㉠ 처분의 제목 ㉡ 당사자의 성명 또는 명칭과 주소 ㉢ 처분하고자 하는 원인이 되는 사실과 처분의 내용 및 법적 근거 ㉣ ㉢에 대하여 의견을 제출할 수 있다는 뜻과 의견을 제출하지 아니하는 경우의 처리방법 ㉤ 의견제출기관의 명칭과 주소 ㉥ 의견제출기한 ㉦ 기타 필요한 사항
당사자 등에게 통 지 (×)	㉠ 공공의 안전 또는 복리를 위하여 긴급히 처분을 할 필요가 있는 경우 ㉡ 법령 등에서 요구된 자격이 없거나 없어지게 되면 반드시 일정한 처분을 하여야 하는 경우에 그 자격이 없거나 없어지게 된 사실이 법원의 재판 등에 의하여 객관적으로 증명된 때 ㉢ 당해 처분의 성질상 의견청취가 현저히 곤란하거나 명백히 불필요하다고 인정될 만한 상당한 이유가 있는 경우

② 행정청은 청문을 실시하고자 하는 경우에 **청문이 시작되는 날부터 10일 전까지 당사자 등에게 통지**하여야 한다. 이 경우 ①의 ㉣ 내지 ㉥의 사항은 청문주재자의 소속 · 직위 및 성명, 청문의 일시 및 장소, 청문에 응하지 아니하는 경우의 처리방법 등 청문에 필요한 사항으로 갈음한다.

③ 의견제출기한은 **의견제출에 필요한 상당한 기간을 고려**하여야 한다.

의견청취 (제22조)	① 행정청이 처분을 함에 있어서 아래에 해당하는 경우에 **청문을 실시**한다. {09.1 승진} 　㉠ 다른 법령 등에서 청문을 실시하도록 규정하고 있는 경우 　㉡ 행정청이 필요하다고 인정하는 경우 ② 행정청이 처분을 함에 있어서 아래에 해당하는 경우에 **공청회를 개최**한다. 　㉠ 다른 법령 등에서 공청회를 개최하도록 규정하고 있는 경우 　㉡ 당해 처분의 영향이 광범위하여 널리 의견을 수렴할 필요가 있다고 행정청이 인정하는 경우 ③ 행정청이 당사자에게 의무를 과하거나 권익을 제한하는 처분을 함에 있어서 ① **또는** ②의 **경우 외에는 당사자등에게 의견제출의 기회를 주어야 한다.** {09.1 승진} ④ ① 내지 ③의 규정에 불구하고 **의견청취를 아니 할 수 있다.** 　㉠ 공공의 안전 또는 복리를 위하여 긴급히 처분을 할 필요가 있는 경우 　㉡ 법령 등에서 요구된 자격이 없거나 없어지게 되면 반드시 일정한 처분을 하여야 하는 경우 　　에 그 자격이 없거나 없어지게 된 사실이 법원의 재판 등에 의하여 객관적으로 증명된 때 　㉢ 당해 처분의 성질상 의견청취가 현저히 곤란하거나 명백히 불필요하다고 인정될 만한 　　상당한 이유가 있는 경우 　㉣ 당사자가 의견진술의 기회를 포기한다는 뜻을 명백히 표시한 경우 ⑤ **행정청은 청문·공청회 또는 의견제출을 거친 때**에는 신속히 처분하여 당해 처분이 지연 　되지 아니하도록 하여야 한다. ⑥ **행정청은 처분 후 1년 이내에 당사자 등의 요청이 있는 경우**에는 청문·공청회 또는 의견 　제출을 위하여 제출받은 서류 기타 물건을 반환하여야 한다.
처분의 방식 (제24조)	① 행정청이 처분을 하는 때에는 **다른 법령 등에 특별한 규정이 있는 경우를 제외하고는 문서**로 하여야 하며, **전자문서로 하는 경우에는 당사자 등의 동의**가 있어야 한다. 다만, **신속을 요하거나 사안이 경미한 경우**에는 구술 기타 방법으로 할 수 있으며 이 경우 당 사자의 요청이 있는 때에는 지체 없이 처분에 관한 문서를 주어야 한다. ② 처분을 하는 문서에는 그 처분행정청 및 담당자의 소속·성명과 연락처(전화번호·모사전 송번호·전자우편주소 등을 말한다)를 기재하여야 한다.
처분의 정정 (제25조)	행정청은 처분에 오기·오산 기타 이에 준하는 명백한 잘못이 있는 때에는 **직권 또는 신청에 의하여 지체 없이 정정하고 이를 당사자에게 통지**하여야 한다.
의견제출 (제27조)	① 당사자 등은 **처분 전에 그 처분의 관할행정청에 서면·구술로 또는 정보통신망을 이용하여 의견제출**을 할 수 있다. ② 당사자 등은 제1항에 의하여 의견제출을 하는 경우 그 주장을 입증하기 위한 증거자료 등 을 첨부할 수 있다. ③ 행정청은 **당사자 등이 구술로 의견제출을 한 때에는 서면으로 그 진술의 요지와 진술자를 기록**하여야 한다. ④ 당사자 등이 정당한 이유 없이 **의견제출기한 내에 의견제출을 하지 아니한 경우에는 의견이 없는 것**으로 본다.
청문 주재자 (제28조)	① 청문은 행정청이 소속직원 또는 대통령령이 정하는 자격을 가진 자 중에서 선정하는 자가 **주재**하되, 행정청은 청문주재자의 선정이 공정하게 이루어지도록 노력하여야 한다. 　{10.2 경간부} ② 청문주재자는 독립하여 공정하게 직무를 수행하며, 그 직무수행상의 이유로 본인의 의사 에 반하여 신분상 어떠한 불이익도 받지 아니한다. ③ 대통령령이 정하는 자중에서 선정된 청문주재자는 형법 기타 다른 법률에 의한 벌칙의 적용에 있어서 공무원으로 본다.

청문의 공개 (제30조)	청문은 당사자의 공개신청이 있거나 청문주재자가 필요하다고 인정하는 경우 이를 공개할 수 있다. 다만, 공익 또는 제3자의 정당한 이익을 현저히 해할 우려가 있는 경우에는 공개하여서는 아니 된다. {10.3 순경}
증거조사 (제33조)	① 청문주재자는 **신청 또는 직권에 의하여 필요한 조사**를 할 수 있으며, **당사자 등이 주장하지 아니한 사실에 대하여도 조사**할 수 있다. {10.3 순경} ② 증거조사는 ㉠ **문서·장부·물건 등 증거자료의 수집,** ㉡ **참고인·감정인 등에 대한 질문,** ㉢ **검증 또는 감정·평가,** ㉣ **기타 필요한 조사의 방법**에 의한다. ③ 청문주재자는 필요하다고 인정하는 때에는 **관계행정청에 대하여 필요한 문서의 제출 또는 의견의 진술을 요구**할 수 있다. 이 경우 관계 행정청은 직무수행상 특별한 지장이 없는 한 이에 응하여야 한다.
청문 주재자의 의견서 (제34조의 2)	청문주재자는 ㉠ **청문의 제목,** ㉡ **처분의 내용·주요 사실 또는 증거,** ㉢ **종합의견,** ㉣ **그 밖에 필요한 사항**이 기재된 청문주재자의 의견서를 작성하여야 한다.
문서의 열람 및 비밀유지 (제37조)	① 당사자 등은 청문의 통지가 있는 날부터 청문이 끝날 때까지 행정청에 대하여 당해 사안의 조사결과에 관한 문서 기타 당해 처분과 관련되는 문서의 열람 또는 복사를 요청할 수 있다. 이 경우 **행정청은 다른 법령에 의하여 공개가 제한되는 경우를 제외하고는 이를 거부할 수 없다.** {10.3 순경, 09.1 승진} ② 행정청은 **열람 또는 복사의 요청에 응하는 경우 그 일시 및 장소를 지정**할 수 있다. ③ 행정청은 **열람 또는 복사의 요청을 거부하는 경우에는 그 이유를 소명**하여야 한다. ④ **열람 또는 복사를 요청할 수 있는 문서의 범위는 대통령령으로 정한다.** ⑤ **행정청은 복사에 따른 비용을 요청한 자에게 부담**시킬 수 있다. ⑥ 누구든지 청문을 통하여 알게 된 사생활 또는 경영상이나 거래상의 비밀을 정당한 이유 없이 누설하거나 다른 목적으로 사용하여서는 아니 된다.
공청회 개최의 알림 (제38조)	행정청은 공청회를 개최하려는 경우에는 **공청회 개최 14일 전까지 당사자 등에게 통지**하고, 관보·공보·인터넷 홈페이지 또는 일간신문 등에 공고하는 등의 방법으로 널리 알려야 한다.
전자 공청회 (제38조의 2)	① **행정청은 제38조에 따른 공청회와 병행하여서만 정보통신망을 이용한 공청회를 실시할 수 있다.** {10.3 순경} ② 행정청은 전자공청회를 실시하는 경우 의견제출 및 토론 참여가 가능하도록 적절한 전자적 처리능력을 갖춘 정보통신망을 구축·운영하여야 한다. ③ 전자공청회를 실시하는 경우에는 누구든지 정보통신망을 이용하여 의견을 제출하거나 제출된 의견 등에 대한 토론에 참여할 수 있다.
제3장 신고	
신고 (제40조)	① 법령 등에서 행정청에 대하여 일정한 사항을 통지함으로써 의무가 끝나는 신고를 규정하고 있는 경우 신고를 관장하는 행정청은 신고에 필요한 구비서류와 접수기관 기타 법령 등에 의한 신고에 필요한 사항을 게시(인터넷 등을 통한 게시를 포함)하거나 이에 대한 편람을 비치하여 누구나 열람할 수 있도록 하여야 한다.

	② 신고가 아래의 요건을 갖춘 경우에는 **신고서가 접수기관에 도달된 때에 신고의 의무가 이행된 것으로 본다.** 　㉠ 신고서의 기재사항에 흠이 없을 것 　㉡ 필요한 구비서류가 첨부되어 있을 것 　㉢ 기타 법령 등에 규정된 형식상의 요건에 적합할 것 ③ 행정청은 요건을 갖추지 못한 신고서가 제출된 경우 지체 없이 상당한 기간을 정하여 신고인에게 보완을 요구하여야 한다. ④ 행정청은 신고인이 기간내에 보완을 하지 아니한 때에는 그 이유를 명시하여 당해 신고서를 되돌려 보내야 한다.

제4장 행정상 입법예고

행정상 입법예고 (제41조)	① 법령 등을 제정 · 개정 또는 폐지하고자 할 때에는 당해 입법안을 마련한 행정청은 이를 예고하여야 한다. 다만, **아래에 해당하는 경우에는 예고를 하지 아니할 수 있다.** 　㉠ 입법내용이 국민의 권리 · 의무 또는 일상생활과 관련이 없는 경우 　㉡ 입법이 긴급을 요하는 경우 　㉢ 상위 법령 등의 단순한 집행을 위한 경우 　㉣ 예고함이 공익에 현저히 불리한 영향을 미치는 경우 　㉤ 입법내용의 성질 그 밖의 사유로 예고의 필요가 없거나 곤란하다고 판단되는 경우 ② 법제처장은 입법예고를 하지 아니한 법령안의 심사요청을 받은 경우에 입법예고를 함이 적당하다고 판단될 때에는 당해 행정청에 대하여 입법예고를 권고하거나 직접 예고할 수 있다.
예고방법 (제42조)	① 행정청은 **입법안의 취지, 주요 내용 또는 전문을 관보 · 공보나 인터넷 · 신문 · 방송 등의 방법으로 널리 공고**하여야 한다. ② 행정청은 입법예고를 하는 경우에는 대통령령을 **국회 소관 상임위원회에 제출**하여야 한다. ③ 행정청은 입법예고를 하는 때에 입법안과 관련이 있다고 인정되는 중앙행정기관, 지방자치단체 그 밖의 단체 등이 예고사항을 알 수 있도록 예고사항의 통지 그 밖의 방법 등으로 알려야 한다. ④ 행정청은 제1항에 따라 예고된 입법안에 대하여 **전자공청회 등을 통하여 널리 의견을 수렴**할 수 있다. ⑤ 행정청은 예고된 입법안의 전문에 대하여 **열람 또는 복사의 요청이 있는 때에는 특별한 사유가 없는 한 이에 응하여야 한다.** ⑥ 행정청은 복사에 따른 비용을 요청한 자에게 부담시킬 수 있다.
예고기간 (제43조)	입법예고기간은 예고할 때 정하되, **특별한 사정이 없는 한 40일(자치법규는 20일) 이상으로** 한다.
의견제출 및 처리 (제44조)	① 누구든지 예고된 입법안에 대하여 그 의견을 제출할 수 있다. ② 행정청은 의견접수기관 · 의견제출기간 기타 필요한 사항을 당해 입법안을 예고할 때 함께 공고하여야 한다. ③ 행정청은 당해 입법안에 대한 의견이 제출된 경우 특별한 사유가 없는 한 이를 존중하여 처리하여야 한다. ④ 행정청은 의견을 제출한 자에게 그 제출된 의견의 처리결과를 통지하여야 한다.
공청회 (제45조)	행정청은 입법안에 관하여 공청회를 개최할 수 있다.

	제5장 행정예고
행정예고 (제46조)	① 행정청은 아래에 해당하는 사항에 대한 정책·제도 및 계획을 수립·시행하거나 변경하고자 하는 때에는 이를 예고하여야 한다. 다만, 예고로 인하여 공공의 안전 또는 복리를 현저히 해할 우려가 있거나 기타 예고하기 곤란한 특별한 사유가 있는 경우에는 예고하지 아니할 수 있다. 　㉠ 국민생활에 매우 큰 영향을 주는 사항 　㉡ 많은 국민의 이해가 상충되는 사항 　㉢ 많은 국민에게 불편이나 부담을 주는 사항 　㉣ 기타 널리 국민의 의견수렴이 필요한 사항 ② 법령 등의 입법을 포함하는 행정예고의 경우에는 입법예고로 이를 갈음할 수 있다. ③ 행정예고기간은 예고내용의 성격 등을 고려하여 정하되, **특별한 사정이 없는 한 20일 이상**으로 한다.

	제6장 행정지도
행정지도 의 원칙 (제48조)	① 행정지도는 그 목적달성에 **필요한 최소한도에 그쳐야 하며**, 행정지도의 **상대방의 의사에 반하여 부당하게 강요하여서는 아니 된다.** ② 행정기관은 행정지도의 상대방이 행정지도에 따르지 아니하였다는 것을 이유로 불이익한 조치를 하여서는 아니 된다.
행정지도 의 방식 (제49조)	① 행정지도를 행하는 자는 그 상대방에게 당해 행정지도의 취지·내용 및 신분을 밝혀야 한다. ② 행정지도가 구술로 이루어지는 경우에 상대방이 기재한 서면의 교부를 요구하는 때에는 당해 행정지도를 행하는 자는 직무수행에 특별한 지장이 없는 한 이를 교부하여야 한다.
의견제출 (제50조)	행정지도의 상대방은 당해 행정지도의 방식·내용 등에 관하여 행정기관에 의견제출을 할 수 있다.

	【행정지도】
의 의	행정목적의 달성을 위하여 행정주체가 조언·권고 등의 방법으로 행정객체를 일정한 방향으로 유도하기 위하여 행하는 임의적인 협력을 요청하는 **비권력적 사실행위**를 의미한다. 따라서 **구속력도 없고 법적 효과도 발생하지 않는다.** {05.1 승진}
근 거	행정지도에는 **반드시 법률의 근거가 필요한 것은 아니다.** 예외적으로 법령의 직접적인 근거에 의한 경우도 있다. {05.1 승진}
원 칙	① 비례의 원칙(과잉금지의 원칙)　② 임의성의 원칙　③ 불이익조치금지의 원칙
방 식	행정지도는 구술로 이루어지는 경우에 서면의 교부를 요구하는 때에는 직무수행에 특별한 지장이 없는 한 이를 교부하여야 한다.
구 제	① 행정지도는 상대방의 자발적인 협력이 없으면 아무런 효과도 발생하지 않는 비권력적 사실행위이기 때문에 그 처분성을 인정할 수 없으므로, **원칙적으로 행정지도는 행정쟁송의 대상이 될 수 없다.** ② **행정지도에 따를지 여부에 관해 상대방에게 완전한 자유가 보장되어 있는 경우 손해배상이나 손실보상은 원칙적으로 인정되지 않는다.** 예외적으로 위법한 행정지도 손해발생 시는 국가배상책임을 인정할 수 있다. {05.1 승진} ③ 판례는 행정청이 법령의 근거도 없이 책의 판매금지를 종용하였다면 이는 불법행위를 구성할 뿐만 아니라 그 시판불능으로 입은 손해와는 상당 인과관계가 있다고 판시한 바 있다.

2. 사후구제제도

1) 손해전보(실체적 구제)

(1) 손해배상

의 의	행정상 손해배상이란 공무원의 위법한 직무행위 또는 공공의 영조물의 설치·관리의 하자와 인하여 **개인에게 손해가 발생한 경우에 국가 등이 그 손해를 보전하여 주는 제도를** 말한다.		
헌법상 규정	헌법적 근거	헌법 제29조 제1항에 "공무원의 직무상 불법행위로 손해를 받은 국민은 법률이 정하는 바에 의하여 **국가 또는 공공단체에** 정당한 배상을 청구할 수 있다. 이 경우 공무원 자신의 책임은 면제되지 아니한다."라고 규정하여 **공무원의 직무상 불법행위에 대하여 국민의 국가배상청구권을 인정**하고 있으나, **공공영조물의 설치·관리의 하자로 인한 국가배상책임은 규정하고 있지 않다.**	
	군인 등의 이중배상 금지	군인·군무원·경찰공무원 기타 법률이 정하는 자가 전투·훈련 등 직무집행과 관련하여 받은 손해에 대하여는 법률이 정하는 보상 외에 국가 또는 공공단체에 공무원의 직무상 불법행위로 인한 배상은 청구할 수 없다.	
국가 배상법 규정	주 체	**배상청구권의 주체(원고)는 국민이며, 배상책임의 주체(피고)는 국가와 지방자치단체**이다.	
	적용 범위	국가배상법은 **국가 또는 지방자치단체의** 손해배상책임에 관한 **일반법적 성격을** 가진다. 【국가배상에 관한 법적용의 순서】 **국가배상에 관한 특별법 → 국가배상법 → 민법**	
	법적 성격	**공법설 (다수설)**	국가배상법은 공법이고, 배상청구권은 공권이며 이 경우 국가배상에 관한 소송은 공법상 당사자소송에 의하게 된다.
		사법설 (판례)	국가배상책임이론은 민법상 일반 불법행위 책임의 한 유형에 불과하므로 **국가배상법은 민법의 특별법의 지위에 있는 사법**이고, 배상청구권은 사권이며 이 경우 **국가배상에 관한 소송은 민사소송에** 의하게 된다. {06.1 순경, 06.2 승진}
	유 형	**공무원의 직무상 불법행위로 인한 손해배상**	헌법과 국가배상법에 근거하는 **과실책임주의**이다.
		영조물의 설치·관리의 하자로 인한 손해배상	**헌법에는 명문규정이 없고,** 국가배상법에 근거하는 **무과실책임주의**이다.
	국가 배상법과 외국인	외국인 피해자인 경우에는 해당 국가와 **상호의 보증이 있는 때에만 적용**한다.	

【헌법과 국가배상법 차이점】

구분	헌법	국가배상법
주체	국가, 공공단체	국가, 지방자치단체
유형	공무원의 직무상 불법행위로 인한 손해배상	① 공무원의 직무상 불법행위로 인한 손해배상 ② 영조물의 설치·관리 하자로 인한 손해배상

가) 공무원의 직무상의 불법행위로 인한 손해배상(국가배상법[2009. 10. 21] 제2조)

(가) 개념

> 국가 또는 지방자치단체는 공무원이 그 직무를 집행함에 당하여 **고의 또는 과실로 법령에 위반**하여 타인에게 손해를 가하거나, 자동차손해배상보장법의 규정에 의하여 손해배상의 책임이 있는 때에는 이 법에 의하여 그 손해를 배상하여야 한다(국가배상법 제2조).

(나) 요건

요건	㉠ **공무원이** ㉡ 그 **직무를 집행함**에 당하여 ㉢ **고의 또는 과실로** ㉣ **법령에 위반**하여 ㉤ **타인에게 손해를** 가했어야 한다. {02.11 순경}
공무원	공무원의 신분을 가진 자(국가공무원법이나 지방공무원법상의 공무원, 입법·사법·행정 모두 포함)는 물론 널리 공무를 위임받아 이에 종사하는 모든 사람 및 사실상 공무원, 공무를 위탁받은 사인도 포함된다. {06.10 순경, 05.1 승진} 따라서 국가나 지방자치단체에 근무하는 **청원경찰은 직무상의 불법행위에 대하여 민법이 아닌 국가배상법이 적용**된다. {06.10 순경, 05.1 승진} **【국가배상법상의 공무원 여부(판례)】** {06.10 순경, 05.1 승진} **공무원(○)** ① 전입신고에 확인인을 찍는 통장 ② 시청소차량운전수 ③ 소집중인 향토예비군 ④ 수당을 지급받는 교통할아버지 ⑤ 재판의 집행을 행하는 집행관 ⑥ 미군부대카투사 ⑦ 공탁공무원 ⑧ 조세원천징수의무자 등 **공무원(×)** ① 의용소방대원 ② 공무집행에 자진협력하는 사인 ③ 시영버스운전사 ④ 정부기관에서 아르바이트 지방자치단체가 교통할아버지 봉사활동 계획을 수립한 후 관할 동장으로 하여금 교통할아버지를 선정하게 하여 어린이 보호, 교통안내, 거리질서 확립 등의 공무를 위탁하여 집행하게 하던 중 **교통할아버지로 선정된 노인이 위탁받은 업무 범위를 넘어 교차로 중앙에서 교통정리를 하다가 교통사고를 발생시킨 경우 지방자치단체가 배상책임을 부담**한다. 【대판 2001.1.5, 선고 98다39060】 {06.1 승진} 국가나 지방자치단체에 근무하는 청원경찰은 그 근무관계를 사법상의 고용계약관계로 보기는 어렵고, 직무상의 불법행위에 대하여도 민법이 아닌 국가배상법이 적용된다. 【대판 1993.7.13, 92다47564】 {06.10 순경, 05.1 승진}

직무 행위	범 위	공무원의 직무에는 **권력적 작용**만이 아니라 **비권력적 작용(관리작용)도 포함**되며, 단지 **행정주체가 사경제주체로서 하는 활동만 제외**된다(판례). {06.1 승진}
	판단 기준	① 직무행위와 관련된 부수적 행위는 말할 것도 없고, **직무행위의 외관을 띠고 있는 직무 아닌 행위에 대해서도 손해배상을 인정**하그 있다. ② 당해 직무행위가 현실적으로 **공무원의 정당한 권한 내의 것인지** 또는 행위자인 공무원의 직무의사와 관계없이 객관적으로 직무행위의 외형을 갖추고 있는지 여부에 의한다(외형설, 통설·판례). ③ 행위의 외관을 객관적으로 관찰하여 공무원의 직무행위로 보여질 때에는 비록 그것이 **실질적으로 직무집행행위이거나 아니거나 또는 행위자의 주관적 의사에 관계없이 그 행위를 공무원의 직무집행행위**라고 본다. {06.10 순경, 05.1 승진} ④ 본래의 직무와 관련이 없는 행위이고 **외형상으로도 직무범위 내에 속하는 행위라고 볼 수 없는 행위는 직무행위에서 제외**된다.
	내 용	① 공무원의 직무행위는 **입법, 사법, 행정작용 및 법적 행위, 사실행위, 비권력적 행위, 작위, 부작위 등이 모두 포함**된다. ② 국가기관이 법령에 의해 일정한 행위를 해야 하는데 기를 하지 않아 **개인에게 손해가 발생한 경우에는 그 부작위 자체가 곧 직무행위로 인정**될 수 있다(판례). **【직무행위 인정사례】** {{TABLE}}
고의· 과실로 인한 행위	과실 책임 원칙	공무원의 위법한 직무행위로 인한 국가의 배상책임이 인정되기 위해서는 **공무원의 고의 또는 과실이 있어야 하는 과실책임주의의 원칙에 입각**하고 있으며, **선임·감독자인 국가의 고의·과실은 불문**한다. ☞ 국가배상법은 과실책임주의를 취하고 있기 때문에 당해 공무원에게 고의·과실이 없으면 배상청구를 할 수 없다. {06.10 순경, 05.1 승진}
	입증 책임	공무원의 고의·과실에 대한 입증책임은 **원칙적으로 피해자인 원고**에게 있다. 그러나 과실을 입증하는 것은 용이하지 않고, 피해자보호를 의하여 입증책임을 완화시키기 위한 방법으로 위법의 과실추정이론과 일응추정의 이론을 들 수 있다. ☞ 배상책임의 성립에 가해공무원의 특정을 요하지 않는다. ☞ 과실의 객관화 추세에 따라 완화되는 추세이다(일응추정의 원칙).
법령의 위반 행위 (위법성)	법령의 의미	법령이란 **성문법과 불문법뿐만 아니라 조리상의 일반원칙도 포함**하고 나아가 당해 직무행위가 객관적으로 정당성을 결여한 경우를 의미한다.(통설·판례)
	구체적 검토	재량행위의 경우 **재량권을 남용·일탈하면 법령위반에 해당하며, 행정규칙 위반의 경우는** 법규성을 인정하지 않는 다수설과 판례의 입장에서는 **단순히 부당에 그치고 법령위반에 포함되지 않는다.**

【직무행위 인정사례】 (내용란 삽입표)

직무행위 인정사례(○)	직무행위 부정사례(×)
① 군인이 유흥목적으로 군용차량을 운행 중 사고	① **통상적인 출근행위 중 사고** {10.3 순경}
② 수사 도중 고문행위	② 군인의 휴식 중 비둘기사냥
③ 훈련 중인 군인의 휴식 중 꿩 사격	③ 군의관의 포경수술
④ 시위진압 중 전경이 조경수를 짓밟는 행위	④ 결혼식 참석을 위한 군용차 운행

타인에 대한 손해의 발생 했을것	타 인	① 가해자인 공무원과 그의 **불법행위에 관여한 자 이외의 모든 사람**(자연인, 법인 등) ② 공무원도 다른 공무원의 불법행위로 손해를 받은 때에는 **타인에 해당**된다.
	손 해	**피해자가 입은 모든 불이익**을 말하며, 재산적 손해이든 비재산적 손해(생명, 신체의 침해)이든 또는 적극적 손해(치료비 등)이든 소극적 손해(기대이익)이든 불문하지만, **사실상 이익이나 반사적 이익은 포함되지 않는다.**
	관 계	공무원의 직무상 의무위반행위와 제3자의 손해발생 사이에는 상당인과관계가 있을 것이 요구된다.

(다) 내용

배상 범위		① 배상액은 **가해행위와 상당인관계에 있는 모든 손해를 배상**해야 한다. ② 피해자가 손해를 입은 동시에 이익을 얻은 경우에는 손해배상액에서 그 이익에 상당하는 **금액을 공제**하여야 하며, 유족배상과 장해배상 및 장래에 필요한 요양비 등을 일시에 신청하는 경우에는 호프만식에 따라 중간이자를 공제하여야 한다.
군인· 군무원 등에 대한 특례	대 상	① **군인·군무원·경찰공원 또는 향토예비군대원** ② 이중배상 금지 규정은 **전투경찰순경에는 적용되나 공익근무요원은 적용되지 않는다.** {06.2 경간부, 03.2 경간부}
	요 건	**전투·훈련 등 직무집행과 관련**하여 전사·순직 또는 공상을 입은 경우
	내 용	본인 또는 그 유족이 다른 법령에 규정에 의하여 재해보상금·유족연금·상이연금 등의 보상을 지급받을 수 있을 때에는 **이 법 및 민법의 규정에 의한 손해배상을 청구할 수 없다.**
배상 책임자		① 국가배상법상 **배상주체는 국가와 지방자치단체**이다. {05.1 승진} ② 경찰공무원에 의한 손해발생의 경우 **국가경찰제를 유지하고 있으므로 국가만이 손해배상의 책임자가 되며 지방자치단체는 아직은 배상책임자가 될 수 없다.** 다만, **제주특별자치도는 배상책임자**가 될 수 있다. ③ 국가나 지방자치단체가 손해를 배상할 책임이 있는 경우에 공무원의 선임·감독 또는 영조물의 설치·관리를 맡은 자와 공무원의 봉급·급여, 그 밖의 비용 또는 영조물의 설치·관리 비용을 부담하는 자가 동일하지 아니하면 **그 비용을 부담하는 자도 손해를 배상하여야 한다. 손해를 배상한 자는 내부관계에서 그 손해를 배상할 책임이 있는 자에게 구상할 수 있다.**
국가 구상권 행사		**가해공무원이 고의 또는 중과실이 있는 때에는** 국가 또는 지방자치단체는 **그 공무원에게 구상권을 행사**할 수 있고, 그 공무원은 국가 등에 대해 변상책임을 진다. 단, **가해 공무원에게 경과실에 대해서는 그 공무원에게 구상권을 행사할 수 없다.** {06.1 순경, 06.10 순경, 05.1 승진}
선택적 청구권의 문제		가해공무원에게 경과실이 있는 경우에는 피해자에 대한 공무원 개인의 책임이 부정되나, **고의 또는 중과실이 있는 경우**에는 피해자에 대한 공무원 개인의 배상책임이 긍정되어 피해자는 공무원이나 국가 등에 대하여 선택적 청구권을 가진다. {03.11 순경}
양도·압류 의 금지		① 생명·신체의 침해를 원인으로 하는 **국가배상청구권은 양도·압류가 금지**된다. {06.2 경간부, 03.2 경간부} ② 재산권적 침해를 원인으로 하는 **국가배상청구권은 양도·압류가 가능**하다.
소멸시효		국가배상청구권은 **피해자나 그 법정대리인이 손해 및 그 가해자를 안 날로부터 3년간, 불법행위를 한 날로부터 10년간 불행사시 시효로 소멸**한다. {06.2 경간부, 03.2 경간부}

나) 영조물의 설치 · 관리의 하자로 인한 손해배상책임(국가배상법 제5조)

개념		도로 · 하천, 그 밖의 **공공의 영조물(營造物)의 설치나 관리에 하자(瑕疵)가 있기 때문에 타인에게 손해를 발생하게 하였을 때에는 국가나 지방자치단체는 그 손해를 배상**하여야 한다. {07.3 순경} 손해의 원인에 대하여 책임을 질 자가 따로 있으면 국가나 지방자치단체는 그 자에게 구상할 수 있다.
요건	**공공의 영조물의 범위** {10.3 순경}	① 영조물에는 개개의 물건뿐만 아니라 **물건의 집합체인 공공시설도 포함**된다. ② 공용물 · 공공용물, 동산(경찰차) · 부동산, 인공공물(도로, 공원) · 자연공물(하천), 동물(경찰견)을 모두 포함한다. ③ 영조물이란 **도로 등 인공공물뿐만** 아니라 하천 등 자연공물도 영조물에 포함하며, 경찰차량 등 동산 및 동물도 영조물에 포함된다. {07.3 순경} 　　　　　　**【영조물 범위】** {10.3 순경} ① 매향리 사격장　　　　② 철도건널목 자동경보기 ③ 도로와 일체가 되어 그 효용을 다하게 되는 시설인 여의도 광장
	설치 · 관리상 하자	영조물의 설치 · 관리상의 하자란 **영조물이 통상적으로 갖추어야 할 안전성을 결여한 상태**를 말하며, 영조물의 설치 · 관리의 하자 유무는 객관적으로 판단되어야 하므로 **하자발생에 있어서 관리자의 고의 · 과실은 문제되지 않는다**(객관설, 통설 · 판례).
	타인에게 손해가 발생할 것	**무과실 책임** : **고의 또는 과실을 불문**한다. {07.3 순경, 06.1 승진, 04.4 순경} **손해의 발생** : 손해란 **법익침해에 대한 불이익**을 말하며, 손해는 **재산적 · 비재산적 손해, 적극적 · 소극적 손해를 불문**한다. **인관관계** : **영조물의 설치 · 관리의 하자와 손해발생 간에는 상당인과관계가** 있어야 한다. **면책사유의 부존재** : 영조물이 통상의 안전성을 갖추고 있음에도 불구하고 천재지변 등과 같은 **불가항력에 의하여 하자가 발생한 경우에는 국가배상책임은 인정되지 않는다.**
내용	**배상범위**	**영조물의 설치 · 관리의 하자와 상당인과관계에 있는 모든 손해에 대하여 배상**한다.
	배상 책임자	**국가와 지방자치단체**가 배상책임을 진다. 이 경우에 영조물의 설치 · 관리자와 그 비용부담자가 동일하지 않은 경우에는 **비용부담자도 배상책임이 있으므로 피해자와 양자에 대하여 선택적으로 배상을 청구**할 수 있다. 　　　　　　**【배상책임 부담】** {10.3 순경} 지방자치단체장이 교통신호기를 설치하여 그 관리권한이 도로교통법 제71조의2 제1항의 규정에 의하여 관할 지방경찰청장에게 위임되어 지방자치단체 소속 공무원과 지방경찰청 소속 공무원이 합동근무하는 교통종합관제센터에서 그 관리업무를 담당하던 중 위 신호기가 고장난 채 방치되어 교통사고가 발생한 경우 **배상책임을 부담하는 것은 관리권한을 위임한 지방자치단체라고 할 것이나, 교통신호기를 관리하는 지방경찰청장 산하 경찰관들에 대한 봉급을 부담하는 국가도 배상책임을 부담한다.**[대판 1999.6.25 99다 11120]
	국가 등 구상권	① 국가 등이 손해를 배상한 경우에 **손해의 원인에 대하여 책임을 질 자가 따로 있을 때에는 국가 또는 지방자치단체는 그 자에 대하여 구상**할 수 있다. ② 피해자에게 손해를 배상한 자는 내부관계에서 그 손해를 배상할 책임이 있는 자에게 구상할 수 있다.
	국가배상법 제2조와 제5조의 경합	① **양조 중 어느 것에 의해서도 배상청구가 가능**하다. ② 국가 또는 지방자치단체가 자동차 소유자로서 **운행이익 또는 운행 지배를 갖고 있다면 자동차 손해배상보장법이 적용**된다. {06.2 경간부, 03.2 경간부}

(2) 손실보상

개 념	행정상 손실보상이란 공공필요에 의한 적법한 공권력 행사로 인하여 발생한 **개인의 재산상의 특별한 희생에 대하여** 사유재산권의 보장과 공평부담의 견지에서 행정주체가 행하는 금전적 보상을 말한다. {05.1 승진}
근 거	사유재산에 가하여진 특별한 희생은 **국민 전체의 부담으로 전보하는 것이 재산권보장의 원칙과 공평의 원칙에 합당하다는 특별희생설**이 통설이다.

요 건	공공필요	**특정한 공익사업이나 공공복리**는 물론이고 **널리 공공의 목적을 위한 경우까지 포함**한다.
	재산권에 대한 공권적 침해	재산권이란 법에 의하여 보호되는 일체의 재산적 가치 있는 권리를 의미한다. 따라서 **생명·신체의 침해에 대한 보상은 손실보상의 대상에서 제외**된다. 판례는 **자연·문화적인 학술가치는 손실보상의 대상이 아니라고 판시**하였다. {05.1 승진}
	적법한 행위	**적법한 행위로 인한 손실의 보상**, 이점은 손해배상과 구별된다.
	특별한 희생에 대한 보상	① 보상액 결정시 **기업자의 재산상태를 고려해서는 안 된다.** ② 손실보상의 이론적 근거로는 **특별희생설이 통설**이다. {05.1 승진}

기 준	헌법 제23조 제3항에서 규정하고 있는 손실보상의 기준인 정당한 보상의 내용에 대해 완전보상설과 상당보상설이 대립하고 있는데, 판례는 "**정당한 보상이란 원칙적으로 피수용재산의 객관적인 재산가치를 완전하게 보상하여야 한다는 완전보상을 뜻하는 것이다.**"라고 판시하였다.【대판 2001.9.25, 2000두 2426】
방 법	손실보상은 **금전보상을 원칙**으로 한다. {05.1 승진} **예외적으로 현물보상·매수보상·채권보상 등**이 있다.

【손해배상과 손실보상의 비교】

	손해배상(국가배상)	손실보상
기초원리	**개인주의**, 도의적 과실책임주의	**단체주의**, 사회적 공평부담주의
본 질	**위법한 행정작용**에 대한 구제	**적법한 행정작용**에 대한 구제
법적 근거	헌법과 일반법인 국가배상법	**일반법은 없고**, 헌법과 개별법
보상내용	재산상 손해 + 비재산적 손해	**재산적 손해에 한정**
양도·압류	① **재산적 침해의 경우에만 가능** ② 생명·신체의 침해로 인한 청구권은 **압류나 양도 금지**	**압류나 양도 가능**
외국인	상호주의 적용	상호주의 적용
청구권의 발생원인	① 공무원의 직무상 위법행위(**과실책임**) ② 공공영조물의 설치·관리상의 하자 (**무과실책임**)	적법한 침해에 의해 가하여진 **특별한 희생에 대한 보상**
전보방법	**금전배상 원칙**	원칙적으로 금전보상
책임자	① 헌법 : 국가·공공단체 ② 국가배상법 : 국가·지방자치단체	사업시행자 (국가·공공단체·공무수탁사인)
소멸시효	안 날로부터 **3년(판례)**	**안 날로부터 5년**

2) 행정쟁송(절차적 구제)

(1) 일반적 내용

개념		행정상의 법률관계에 관한 분쟁이 있는 경우에 이해관계인의 쟁송제기에 의하여 일정한 기관이 심리·판단하는 절차를 총칭하는 개념으로, 그 심리기관이 행정청인지 법원인지, 정식절차인지 약식절차인지 불문한다.
기능	권리구제기능 (주된 목적)	위법·부당한 행정작용으로부터 국민의 권익을 구제하는 수단으로서 가능하다.
	행정통제기능 (부수적 목적)	법치행정을 실현하기 위한 행정의 법적 통제기능을 수행한다.
종류	심판기관 / 행정심판과 행정소송	① **행정심판** : 행정기관에 의하여 심리·재결되는 행정쟁송 ② **행정소송** : 법원에 의하여 심리·판결되는 행정쟁송
	쟁송의 목적 / 주관적 쟁송과 객관적 쟁송	① **주관적 쟁송** : 개인의 권익구제를 직접적인 목적으로 하는 쟁송 ② **객관적 쟁송** : 개인의 권익보호가 아닌 행정의 적법·타당성 또는 공익의 실현을 직접 목적으로 하는 쟁송
	처분의 존재여부 / 항고쟁송과 당사자쟁송	① **항고쟁송** : 이미 행하여진 처분의 위법·부당을 주장함으로써 취소나 변경을 구하는 쟁송 ② **당자자쟁송** : 행정처분을 전제로 하지 않고 서로 대등한 당사자 사이에 공법상의 법률관계의 분쟁을 다투는 쟁송
	쟁송의 주체 / 민중쟁송과 기관쟁송	① **민중쟁송** : 행정법규의 위법한 적용을 시정하기 위하여 일반대중에게 재소권이 부여되는 행정쟁송 ② **기관쟁송** : 국가 또는 지방자치단체 상호 간에 있어서 권한의 다툼이 있을 때 이에 대하여 제기하는 행정쟁송

(2) 행정심판

가) 일반

의의		① 실질적 의미의 행정심판이란 **행정청의 위법·부당한 처분으로 인하여 권익이 침해된 자가 행정기관에 대하여 그 시정을 구하는 일련의 모든 쟁송절차를** 말한다. {05.1 승진, 03.1 승진} ② 실정법상으로는 이의신청, 심사청구, 심판청구, 행정심판 등의 여러 가지 명칭으로 불리고 있다.
종류 {05.3 순경}	취소심판	행정청의 위법 또는 부당한 처분의 취소·변경을 구하는 심판
	무효 등 확인심판	행정청의 처분의 효력 유무 또는 존재 여부에 대한 확인을 구하는 심판
	의무이행 심판	행정청의 위법 또는 부당한 거부처분이나 부작위에 대하여 일정한 처분을 구하는 심판

대상	개괄주의	① 행정심판사항을 정하는 방식에는 개괄주의와 열기주의가 있으며, 현행 행정심판법은 "행정청의 처분 또는 부작위에 대하여 다른 법률에 특별한 규정이 있는 경우를 제외하고는 이 법에 의하여 행정심판을 제기할 수 있다."고 규정하여 **모든 처분 또는 부작위에 대하여 행정심판을 제기할 수 있는 개괄주의를 채택**하고 있으며, **다만 대통령의 처분 또는 부작위에 대하여는 다른 법률에 특별한 규정이 있는 것을 제외하고는 행정심판을 제기할 수 없다.** {05.1 승진, 03.1 승진} ② **다른 법률에 별도의 구제절차가 마련되어 있는 처분은 행정심판법상의 처분의 개념에서 제외되어 행정심판의 대상이 될 수 없다**(통고처분, 과태료처분 등).
	행정청의 처분	행정청이 행하는 구체적 사실에 관한 법집행으로서의 공권력의 행사 또는 그 거부와 그 밖에 이에 준하는 행정작용을 말한다.
	행정청의 부작위	행정청이 당사자의 신청에 대하여 상당한 기간 내에 일정한 처분을 하여야 할 법률상 의무가 있음에도 불구하고 이를 하지 아니하는 것을 말한다.
당사자		① 청구인은 **법률상 이익이 있는 자**가 가진다. ② 피청구인은 **처분 또는 부작위를 한 행정청을 피청구인으로 하여 제기**하여야 한다. 다만, 그 처분이나 부작위와 관계되는 권한이 다른 행정청에 승계된 때에는 이를 승계한 행정청을 피청구인으로 하여야 한다. {05.3 순경}

나) 행정심판기관

설 치	직근 상급 행정기관 소속	행정청의 처분 또는 부작위에 대한 행정심판의 청구를 **심리 · 재결**하기 위하여 **해당 행정청의 직근 상급행정기관 소속으로 행정심판위원회를** 둔다.
	행정청의 소속	행정청 또는 그 소속 행정청(행정기관의 계층구조와 관계없이 그 감독을 받거나 위탁을 받은 모든 행정청을 말하되, 위탁을 받은 행정청은 그 위탁받은 사무에 관하여는 위탁한 행정청의 소속 행정청으로 본다)의 처분 또는 부작위에 대한 행정심판의 청구에 대하여는 **아래의 행정청에 두는 행정심판위원회에서 심리 · 재결**한다. ㉠ 감사원, 국가정보원장, 그 밖에 대통령령으로 정하는 대통령 소속기관의 장 ㉡ 국회사무총장 · 법원행정처장 · 헌법재판소사무처장 및 중앙선거관리위원회 사무총장 ㉢ 국가인권위원회, 진실 · 화해를 위한 과거사 정리위원회, 그 밖에 지위 · 성격의 독립성과 특수성 등이 인정되어 대통령령으로 정하는 행정청
	국민 권익위원회 소속	행정청의 처분 또는 부작위에 대한 심판청구에 대하여는 부패방지 및 국민권익위원회의 설치와 운영에 관한 법률에 따른 **국민권익위원회에 두는 중앙행정심판위원회에서 심리 · 재결**한다. ㉠ 행정청 외의 국가행정기관의 장 또는 그 소속 행정청 　┃예┃ 경찰청장, 지방경찰청장, 경찰서장의 처분이나 부작위에 대한 재결기관은 모두 중앙행정심판위원회가 된다.

	ⓛ 특별시장 · 광역시장 · 도지사 · 특별자치도지사(특별시 · 광역시 · 도 또는 특별자치도의 교육감을 포함) 또는 특별시 · 광역시 · 도 · 특별자치도의 의회(의장, 위원회의 위원장, 사무처장 등 의회 소속 모든 행정청을 포함) ⓒ 지방자치법에 따른 지방자치단체조합 등 관계 법률에 따라 국가 · 지방자치단체 · 공공법인 등이 공동으로 설립한 행정청. 다만, 시 · 도의 관할구역에 있는 둘 이상의 지방자치단체 · 공공법인 등이 공동으로 설립한 행정청은 제외한다.
시 · 도지사 소속	행정청의 처분 또는 부작위에 대한 심판청구에 대하여는 **시 · 도지사 소속으로 두는 행정심판위원회에서 심리 · 재결**한다. ㉠ 시 · 도 소속 행정청 ⓛ 시 · 도의 관할구역에 있는 시 · 군 · 자치구의 장, 소속행정청 또는 시 · 군 · 자치구의 의회(의장, 위원회의 위원장, 사무국장, 사무과장 등 의회 소속 모든 행정청을 포함) ⓒ 시 · 도의 관할구역에 있는 둘 이상의 지방자치단체(시 · 군 · 자치구를 말함) · 공공법인 등이 공동으로 설립한 행정청
제3의 기관	개별 법률에서 행정심판의 공정성을 확보하기 위해 제3의 기관을 행정심판기관으로 정한 경우
행정 심판 위원 회의 구성	① 행정심판위원회(중앙행정심판위원회는 제외)는 **위원장 1명을 포함한 30명 이내의 위원으로 구성**한다. ② **행정심판위원회의 위원장은 그 행정심판위원회가 소속된 행정청이 되며**, 위원장이 없거나 부득이한 사유로 직무를 수행할 수 없거나 위원장이 필요하다고 인정하는 경우에는 위원이 위원장의 직무를 대행한다. ③ 시 · 도지사 소속으로 두는 행정심판위원회의 경우에는 해당 지방자치단체의 조례로 정하는 바에 따라 공무원이 아닌 위원을 위원장으로 정할 수 있다. 이 경우 **위원장은 비상임**으로 한다. ④ 행정심판위원회의 회의는 **위원장과 위원장이 회의마다 지정하는 8명의 위원**(위촉위원은 6명 **이상으로 하되, 위원장이 공무원이 아닌 경우에는 5명 이상으로 한다)으로 구성**한다. 다만, 국회규칙, 대법원규칙, 헌법재판소규칙, 중앙선거 관리위원회규칙 또는 대통령령으로 정하는 바에 따라 위원장과 위원장이 회의마다 지정하는 6명의 위원(위촉위원은 5명 이상으로 하되, 공무원이 아닌 위원이 위원장인 경우에는 4명 이상으로 한다)으로 구성할 수 있다. ⑤ 행정심판위원회는 **과반수의 출석과 출석위원 과반수의 찬성으로 의결**한다. ⑥ 행정심판위원회의 조직과 운영, 그 밖에 필요한 사항은 국회규칙, 더법원규칙, 헌법재판소규칙, 중앙선거관리위원회규칙 또는 대통령령으로 정한다.
위원의 제척 · 기피 · 회피	위원회(행정심판위원회 및 국무총리행정심판위원회)의 위원에게 **행정심판의 공정성을 확보하기 위하여 제척 · 기피 · 회피제도**를 두고 있다.

	【중앙행정심판위원회】
구 성	① 중앙행정심판위원회는 **위원장 1명을 포함한 50명 이내의 위원으로 구성**하되, 위원 중 **상임위원은 4명 이내**로 한다. ② **중앙행정심판위원회의 위원장은 국민권익위원회의 부위원장 중 1명**이 되며, 위원장이 없거나 부득이한 사유로 직무를 수행할 수 없거나 위원장이 필요하다고 인정하는 경우에는 상임위원(상임으로 재직한 기간이 긴 위원 순서로, 재직기간이 같은 경우에는 연장자 순)이 위원장의 직무를 대행한다. ③ 중앙행정심판위원회의 **상임위원은 별정직 국가공무원으로 임명**하되, 3급 이상 공무원 또는 고위공무원단에 속하는 일반직공무원으로 3년 이상 근무한 사람이나 그 밖에 행정심판에 관한 지식과 경험이 풍부한 사람 중에서 **중앙행정심판위원회 위원장의 제청으로 국무총리를 거쳐 대통령이 임명**한다. ④ 중앙행정심판위원회의 **비상임위원은 중앙행정심판위원회 위원장의 제청으로 국무총리가 위촉**한다. ⑤ 중앙행정심판위원회의 회의(제6항에 따른 소위원회 회의는 제외)는 **위원장, 상임위원 및 위원장이 회의마다 지정하는 비상임위원을 포함하여 총 9명으로 구성**한다. ⑥ 중앙행정심판위원회는 심판청구사건 중 자동차운전면허 행정처분에 관한 사건(소위원회가 중앙행정심판위원회에서 심리 · 의결하도록 결정한 사건은 제외)을 심리 · 의결하게 하기 위하여 4명의 위원으로 구성하는 소위원회를 둘 수 있다. ⑦ 중앙행정심판위원회 및 소위원회는 **구성원 과반수의 출석과 출석위원 과반수의 찬성으로 의결**한다. ⑧ 중앙행정심판위원회는 위원장이 지정하는 사건을 미리 검토하도록 필요한 경우에는 전문위원회를 둘 수 있다.
임 기	① 중앙행정심판위원회 **상임위원의 임기는 3년으로 하며, 1차에 한하여 연임**할 수 있다. ② **위촉된 위원의 임기는 2년으로 하되, 2차에 한하여 연임**할 수 있다. 다만, 행정심판위원회의 위촉위원의 경우에는 각각 국회규칙, 대법원규칙, 헌법재판소규칙 또는 중앙선거관리위원회 규칙으로 정하는 바에 따른다.
위원의 제척 · 기피 · 회피	① 위원회의 위원은 아래에 해당하는 경우에는 그 사건의 심리 · 의결에서 **제척(除斥)**된다. 이 경우 **제척결정은 위원회의 위원장이 직권으로 또는 당사자의 신청에 의하여 한다.** 　㉠ 위원 또는 그 배우자나 배우자이었던 사람이 사건의 당사자이거나 사건에 관하여 공동 권리자 또는 의무자인 경우 　㉡ 위원이 사건의 당사자와 친족이거나 친족이었던 경우 　㉢ 위원이 사건에 관하여 증언이나 감정(鑑定)을 한 경우 　㉣ 위원이 당사자의 대리인으로서 사건에 관여하거나 관여하였던 경우 　㉤ 위원이 사건의 대상이 된 처분 또는 부작위에 관여한 경우 ② **당사자는** 위원에게 공정한 심리 · 의결을 기대하기 어려운 사정이 있으면 **위원장에게 기피 신청**을 할 수 있다. ③ 위원에 대한 제척신청이나 기피신청은 그 사유를 소명(疏明)한 **문서로 하여야 한다.** ④ 위원장은 제척신청이나 기피신청의 **대상이 된 위원에게서 그에 대한 의견을 받을 수 있다.** ⑤ 위원장은 제척신청이나 기피신청을 받으면 제척 또는 기피 여부에 대한 결정을 하고, **지체 없이 신청인에게 결정서 정본(正本)을 송달**하여야 한다. ⑥ 위원회의 회의에 참석하는 **위원**이 제척사유 또는 기피사유에 해당되는 것을 알게 되었을 때에는 **스스로 그 사건의 심리 · 의결에서 회피**할 수 있다. 이 경우 회피하고자 하는 위원은 위원장에게 그 사유를 소명하여야 한다.

다) 행정심판의 청구

심판청구의 제기요건	대 상	행정청의 **모든 처분 또는 부작위에 대하여 행정심판을 제기**할 수 있다.
	방 식	심판청구는 **서면**으로 하여야 한다.
	제 출	① 심판청구서는 **위원회 또는 피청구인인 행정청(처분청)에 제출**하여야 한다. ② 심판청구서를 받은 행정청은 그 심판청구가 이유 있다고 인정할 때에는 심판청구의 취지에 따르는 처분이나 확인을 하고 **지체 없이 이를 위원회와 청구인에게 통지하여야 한다.**
	답변서의 제출 등 추가	위원회는 심판청구서를 받은 때에는 **지체 없이 그 부본을 피청구인에게 송부**하고, 피청구인은 그 부본을 받은 날부터 **10일 이내에 답변서를 위원회에 제출**하여야 한다.
청구기간	의 의	심판청구는 **청구기간 내에 제기**하여야 한다. 이 기간기 경과하면 불가쟁력이 발생하여 원칙적으로 심판청구를 할 수 없다.
	원칙적인 심판 청구기간	① 행정심판은 **처분이 있음을 알게 된 날부터 90일(불변기간)이내** 또는 **처분이 있는 날로부터 180일 이내**에 제기하여야 한다. 이 2가지 중 어느 하나라도 먼저 경과하면 심판청구를 제기할 수 없다. {05.2 경간부} ② 행정청이 심판청구 기간을 **90일 이내**보다 긴 기간으로 잘못 알린 경우 그 잘못 알린 기간에 심판청구가 있으면 그 행정심판은 **90일 이내**에 청구된 것으로 본다. ③ 행정청이 심판청구 기간을 알리지 아니한 경우에는 **180일**에 심판청구를 할 수 있다.
	예외적인 심판 청구기간	청구인이 천재지변, 전쟁, 사변(事變), 그 밖의 불가항력으로 인하여 **90일 이내**에 심판청구를 할 수 없었을 때에는 그 사유가 소멸한 날부터 **14일 이내**에 행정심판을 청구할 수 있다. 다만, 국외에서 행정소판을 청구하는 경우에는 그 기간을 **30일**로 한다.
	적용범위	행정심판청구기간의 제한은 **취소심판과 거부처분에 대한 의무이행심판에만 적용**되고, **무효등확인심판청구와 부작위에 대한 의무이행심판청구에는 적용하지 아니한다.**
심판청구의 변경		심판청구의 변경이란 **심판청구의 계속 중에 청구인이 당초의 청구취지나 청구원인 등을 변경하는 것**을 말한다. 행정심판법은 청구인의 편의와 심판의 촉진을 도모하기 위하여 심판청구의 변경을 인정하고 있다.
심판청구 절차		현행 행정소송법은 **행정심판을 원칙적으로 임의적인 절차**로 본다.
심판청구의 효과	집행부정지의 원칙	행정심판이 제기되어도, **원칙적으로 처분의 효력이나 집행 또는 절차의 속행에 영향을 주지 않는다.** {05.1 승진}
	집행정지의 결정의 요건	① 행정심판위원회는 회복하기 어려운 손해발생의 우려 등 일정 요건 하에서 **직권 또는 당사자의 신청에 의하여 처분의 효력이나 그 집행 또는 절차의 속행의 전부 또는 일부의 정지를 결정할 수 있다.** ② 집행정지 요건이 인정된다 하더라도 **공공복리에 중대한 영향을 미칠 우려가 있을 때에는 허용되지 않는다.** {05.1 승진} ③ 당사자의 집행정지 신청은 심판청구와 동시에 또는 행정심판위원회의 재결이 있기 전까지 하여야 한다.

라) 행정심판의 심리

의 의	심리란 재결의 기초가 된 사실 및 법률관계를 명백히 하기 위하여 **당사자 및 관계인의 주장과 반박을 듣고 증거 기타 자료를 수집·조사하는 절차**를 말한다.	
내 용	요건심리	당해 심판청구의 제기요건을 갖추고 있는지의 여부를 **형식적으로 심사하는 것**을 말한다.
	본안심리	① 심판청구가 적법한 경우에 청구의 당부(위법 또는 부당 여부)에 대하여 **실질적으로 심리하는 것**을 말한다. ② 본안심리의 결과 **청구이유 × → 기각재결, 청구이유 ○ → 인용재결, 청구이유 ○ → 사정재결**을 한다.
범 위	불고불리의 원칙 및 불이익변경 금지의 원칙	행정심판위원회는 심판청구의 대상이 되는 처분 또는 부작위 외의 사항에 대하여는 재결하지 못하며, **심판청구의 대상이 되는 처분보다 청구인에게 불이익한 재결을 하지 못한다.**
	법률문제·재량문제	행정심판위원회는 **적법·위법의 법률문제에 한하지 않고, 당·부당의 재량문제를 포함한 사실문제에 대하여도 심리**할 수 있다.
기 본 원 칙	직권심리주의	사건의 심리를 위하여 필요하다고 인정할 때에는 **직권에 의하여 증거조사를 할 수 있다.**
	구술심리와 서면심리	행정심판의 심리는 **구술심리 또는 서면심리**로 한다. 다만 당사자가 구술심리를 신청한 때에는 서면심리만으로 결정할 수 있다고 인정되는 경우 외에는 구술심리를 하여야 한다.
	쌍방심리주의	행정심판법은 **당사자가 제출한 공격·방어방법을 심리의 바탕으로 심리**한다.
	비공개주의 {09.1 승진}　☞　**행정소송(공개주의)**	

마) 행정심판의 재결

재결의 의의	재결이라 함은 **행정심판의 청구에 대하여 위원회가 행하는 판단**을 말하며, **준법률행위적 행정행위 중 확인행위이며, 준사법적 행위에 해당**한다.	
재결의 절차	행정심판법 개정으로 종전 재결청 개념이 사라지고 행정심판위원회에서 심리뿐만 아니라 재결까지 행하게 하여 **행정심판의 기간 및 절차를 단축**시키도록 하였다.	
	재결기간	① 재결은 피청구인 또는 위원회가 심판청구서를 받은 날부터 **60일 이내**에 하여야 한다. 다만, 부득이한 사정이 있는 경우에는 위원장이 직권으로 **30일을 연장**할 수 있다. {04.1 승진} ② 위원장은 재결 기간을 연장할 경우에는 재결 기간이 끝나기 **7일 전까지** 당사자에게 알려야 한다.
	재결방식	재결은 **서면**으로 한다.
재결의 종류	각하재결	요건심리의 결과 심판청구가 **부적법한 것**인 때에 본안심리를 거절하는 내용의 **재결**을 말한다.
	기각재결	본안심리의 결과 심판청구가 **이유 없다고 인정**하여 청구인의 심판청구를 배척하여 원처분을 지지하는 재결을 말한다.

인용재결		본안심리의 결과 심판청구가 **이유 있다고 인정**하여 심판청구의 취지를 받아들이는 내용의 재결을 말한다.
	취소·변경 재결	취소심판의 청구가 이유 있다고 인정할 대에는 **처분을 취소 또는 변경하거나, 처분청에서 취소 또는 변경할 것**을 명한다.{05.3 순경}
	무효등확인 재결	무효등확인심판의 청구가 이유 있다고 인정할 때에는 **처분의 효력 유무 또는 존재 여부를 확인**한다.
	의무이행 재결	의무이행심판의 청구가 이유 있다고 인정할 때에는 **지체없이 신청에 따른 처분을 하거나 이를 할 것**을 명한다.
사정재결		위원회가 심판청구가 **이유 있다고 인정**하는 경우에도 이를 인용하는 것이 **현저히 공공복리에 적합하지 아니하다고 인정**하는 때에 그 심판청구를 **기각하는 재결**을 말한다.
	인정범위	성질상 **취소심판과 의무이행심판의 경우에만 인정**되고, **무효등확인심판에서는 인정되지 아니한다.**
	구제방법	위원회는 사정재결을 함에 있어서 청구인에 대하여 상당한 구제방법을 취하거나, 피청구인에게 상당한 구제방법을 취할 것을 명할 수 있다. **구제방법으로는 손해배상이나 재해방지조치 등**을 들 수 있다.
재결의 범위		① 위원회는 **심판청구의 대상이 되는 처분 또는 부작위 외의 사항에 대하여는 재결하지 못한다.** (불고불리의 원칙) ② 위원회는 심판청구의 대상이 되는 처분보다 **청구인에게 불리한 재결을 하지 못한다.** (불이익변경금지의 원칙)
재결의 효력	기속력 (구속력)	① 재결의 기속력이란 피청구인인 행정청과 그 밖의 관계행정청이 그 재결의 취지에 따라 행동해야 하는 구속력을 말한다. ② 재결의 기속력은 **인용재결에만 인정되고, 각하재결이나 기각재결의 경우에는 인정되지 않는다.** 따라서 각하재결이나 기각재결 후에라도 **정당한 사유가 있으면 직권으로 원처분을 취소·변경·철회**할 수 있다.
	불가쟁력	심판청구에 대한 재결이 있는 경우에는 당해 재결 및 동일한 처분 또는 부작위에 대하여 다시 심판청구를 제기할 수 없고, **재결 자체에 고유한 위법이 있는 경우에 그에 대한 행정소송의 제기가 가능**하다. 이 경우 **제소기간(재결서를 송달받은 날로부터 90일, 재결 있는 날로부터 1년)이 경과하면 불가쟁력**이 발생한다.
	불가변력	재결은 쟁송절차에 의하여 행하여진 **준사법적 행위이므로 일단 재결이 행하여지면 재결청 자신도 이를 취소·변경할 수 없는 불가변력이 발생**한다.
	형성력	처분에 대한 취소재결이 확정되면 당해 처분의 효력은 처분청의 별도의 행위가 없어도 처분 시에 소급하여 소멸됨으로써 **기존의 법률관계의 변동을 가져오는 효력**을 말한다.
재결에 대한 불복	재심판 청구의 금지	심판청구에 대한 재결이 있는 경우에는 **당해 재결 및 동일한 처분 또는 부작위에 대하여 다시 심판청구를 제기할 수 없다.**
	재결에 대한 행정소송의 제기	① 행정심판이 기각된 경우 그 **기각재결을 행정소송의 대상으로 하는 것이 아니라 원처분을 대상**으로 하여야 하며, 예외적으로 재결자체의 고유한 위법이 있음을 이유로 하는 재결취소소송의 경우에는 직접 재결을 대상으로 행정소송을 제기할 수 있다. ② 행정심판청구가 있는 날로부터 **60일이 경과하였음에도 불구하고 재결이 없는 때에는 행정심판을 거치지 않고 행정소송을 지기할 수 있다.**

<table>
<tr><td colspan="3" align="center">【행정심판전치주의】</td></tr>
<tr><td>개념</td><td colspan="2">법에 의하여 행정심판이 인정되고 있는 경우에는 행정소송을 제기하기 전에 행정심판을 먼저 거치게 하는 제도이다.</td></tr>
<tr><td rowspan="2">원칙</td><td>임의적
행정심판
전치주의
(원칙)</td><td>① 행정소송의 제기에 앞서 전심절차로서 행정심판의 재결을 거치거나 거치지 않고 바로 행정소송을 제기할 수 있는 것을 말한다. {05.3 순경}
② 취소소송은 법령의 규정에 의하여 당해 처분에 대한 행정심판을 제기할 수 있는 경우에도 이를 거치지 아니하고 제기할 수 있다.</td></tr>
<tr><td>필요적
행정심판
전치주의
(예외)</td><td>① 다른 법률에 당해 처분에 대한 행정심판의 재결을 거치지 아니하면 취소소송을 제기할 수 없다는 규정이 있는 때에는 행정심판을 거쳐야 한다.
② 다른 법률에서 필요적 행정심판 전치주의를 채택하고 있는 경우
　㉠ 공무원의 징계처분에 대하여 소청을 거쳐서 소송제기(국가공무원법)
　㉡ 운전면허취소 또는 면허정지처분 등에 대하여 행정심판을 거쳐서 소송제기(도로교통법)</td></tr>
</table>

<table>
<tr><td colspan="5" align="center">【행정심판의 특징】</td></tr>
<tr><td rowspan="2"></td><td rowspan="2">취소심판</td><td rowspan="2">무효등
확인심판</td><td colspan="2">의무이행심판</td></tr>
<tr><td>거부처분</td><td>부작위</td></tr>
<tr><td>행정심판
청구기간의
제한</td><td>○</td><td>×</td><td>○</td><td>×</td></tr>
<tr><td>집행정지결정</td><td>○</td><td>○</td><td>×</td><td>×</td></tr>
<tr><td>사정재결</td><td>○</td><td>×</td><td>○</td><td>○</td></tr>
</table>

(3) 행정소송

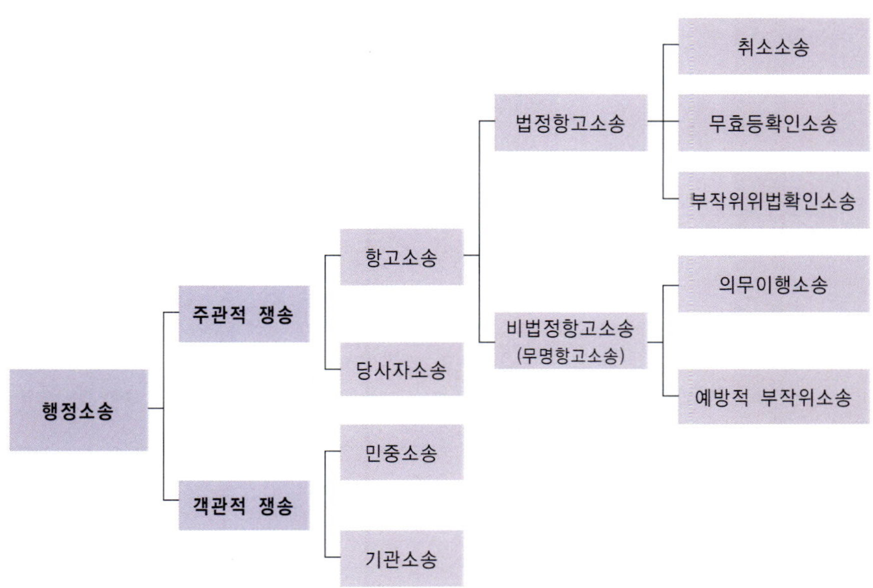

가) 행정소송법의 일반

정의		① **처분** : 행정청이 행하는 구체적 사실에 관한 법집행으로서의 공권력의 행사 또는 그 거부와 그 밖에 이에 준하는 행정작용 및 행정심판에 대한 재결을 말한다. ② **부작위** : 행정청이 당사자의 신청에 대하여 상당한 기간 내에 일정한 처분을 하여야 할 법률상 의무가 있음에도 불구하고 이를 하지 아니하는 것을 말한다. 이 법을 적용함에 있어서 행정청에는 법령에 의하여 **행정권한의 위임 또는 위탁을 받은 행정기관, 공공단체 및 그 기관 또는 사인이 포함**된다.
한계	통치행위	원칙적으로 심리(사법심사)의 대상이 되지 않지만, 그것이 **국민의 기본권침해와 직접 관련되는 경우에는 당연히 심판대상**이 된다.
	재량행위	**재량을 위반한 행위는** 재량권 행사가 재량권의 한계 내에서라면 그 재량을 그르치더라도 **원칙적으로 부당에 그치고 위법이 되지 않아 행정소송의 대상이 되지 않는다.** 그러나 **재량행위일지라도 재량권을 일탈·남용한 때에는 위법이 되어 행정소송의 대상**이 된다.
	특별권력관계의 행위	오늘날에는 특별권력관계 내부행위에 대해서도 행정소송을 제기할 수 있다.

종류 {04.1 승진}	항고소송 {04.1 승진}	의 의	행정청의 처분 등이나 부작위에 대하여 제기하는 소송	
		법정 항고소송	**취소소송**	행정청의 위법한 처분 등을 취소 또는 변경하는 소송
			무효등확인소송	행정청의 처분 등의 효력 유무 또는 존재 여부를 확인하는 소송
			부작위위법확인소송	행정청의 부작위가 위법하다는 것을 확인하는 소송
		비법정형 항고소송 (무명항고소송)	**의무이행소송** {04.1 승진}	
			예방적 부작위소송	
	당사자소송		행정청의 처분 등을 원인으로 하는 법률관계에 관한 소송 그 밖에 **공법상의 법률관계에 관한 소송**으로서 그 법률관계의 한쪽 당사자를 피고로 하는 소송	
	민중소송		국가 또는 공공단체의 기관이 법률에 위반되는 행위를 한 때에 직접 자기의 법률상 이익과 관계없이 그 시정을 구하기 위하여 제기하는 소송	
	기관소송		국가 또는 공공단체의 기관 상호 간에 있어서의 권한의 존부 또는 그 행사에 관한 다툼이 있을 때에 이에 대하여 제기하는 소송. 다만, **헌법재판소의 관장사항으로 되는 소송은 제외**한다.	

나) 행정소송의 종류

(가) 취소소송

의 의	행정청의 **위법(부당×)한 처분** 등을 취소 또는 변경하는 소송으로 공정력을 가지는 **행정청의 행위를 소급적으로 소멸시키는 것을 주된 내용**으로 하는 소송으로 항고소송의 중심을 이룬다.	
당사자	**원고 적격**	① 취소소송은 처분 등의 취소를 구할 법률상 이익이 있는 자가 제기할 수 있다. 즉, 행정소송의 원고적격은 소송을 구할 **법률상 이익이 있는 자**가 가진다. ② **권리를 침해당한 경우 외에도 법률상 보호이익을 침해당한 경우에도 원고적격이 인정**된다. ③ 처분 등의 효과가 기간의 경과, 처분 등의 집행 그 밖의 사유로 인하여 소멸된 뒤에도 **그 처분 등의 취소로 인하여 회복되는 법률상 이익이 있는 자의 경우에는 또한 같다.** 즉, 처분 등의 효과가 소멸된 경우에도 회복되는 법률상의 이익(협의의 소익)이 있는 경우에도 재판을 통한 권리보호의 필요성이 인정된다. ④ 부령에서 정하는 가중처벌 규정은 행정규칙에 불과한 것이므로 법규성이 없다고 하면서도 이로 인한 **장래의 불이익을 이유로 소멸된 제재처분의 취소를 구할 소의 이익이 있다고 하는 것이 최근 변경된 판례의 태도**이다. [대판 2006. 6. 22, 2003두1684]
	피고 적격	① **행정소송의 피고는 그 처분을 행한 행정청을 피고로** 한다. **행정권한의 위임·위탁의 경우(수임기관), 대리의 경우(피대리관청), 내부위임의 경우(실제명의)를 기준으로 피고를 정한다.** ② 처분 등이 있는 뒤에 그 처분 등에 관계되는 권한이 다른 행정청에 **승계된 때에는 이를 승계한 행정청을 피고로** 한다. ③ 처분을 행한 행정청 또는 승계한 행정청이 없게 된 때에는 그 처분 등에 관한 **사무가 귀속되는 국가 또는 공공단체를 피고로** 한다.

대 상		**의 의**	취소소송의 대상은 **행정청의 위법한 처분** 등이다.	
	처분성의 인정여부	**처분성 인정판례**	① **실체법상의 처분**(행정행위), **권력적 · 계속적 사실행위** ② 법령위반의 경우에는 **형식적 위법은 물론이고 실질적 위법(조리 위반)의 경우도 포함**된다. ③ 재량행위 위반의 경우는 원칙적으로 부당에 그치므로 제소할 수 없으나, **재량의 일탈 · 남용의 경우에는 위법성이 인정되어 제소할 수 있다.**	
		처분성 부정판례 (소송대상×)	① **비권력적 사실행위**(행정지도 · 권고 · 알선 · 권유 등) ② 표시되지 않은 **행정주체의 내부적 의사결정 또는 행정기관 상호 간의 행위** ③ 행정행위로서 **다른 법률에 별도의 구제절차가 마련되어 있는 경우 (통고처분)** ④ 교통경찰관의 교통사고조사서 ⑤ 교통법규위반에 대한 벌점부과행위 ⑥ 공무원법상 결격사유로 인한 당연퇴직의 인사발령 ⑦ **행정규칙 위반의 경우**	
취소 소송 제기 기간	**행정심판을 거치는 경우**		재결서의 정본을 송달받은 날로부터 **90일 이내**에, 재결이 있는 날로부터 **1년 이내**에 소송제기가 가능하다.	
	행정심판을 거치지 않는 경우		① 취소소송 및 부작위위법확인소송은 처분 등이 있음을 안날부터 **90일 이내**에 제기하여야 하며, 처분 등이 있은 날부터 **1년을 경과하면 이를 제기하지 못한다.** 다만, 정당한 사유가 있는 때에는 그러하지 아니하다. ② **무효등확인소송의 경우에는 제소기간의 제한이 없다.**	
행정 심판과 의 관계	행정소송은 행정심판을 거치지 않고 제기할 수 있는 것이 원칙이다.(**임의적 행정심판전치주의**) 다만, 개별법률이 행정심판을 거치지 않으면 행정소송을 제기할 수 없다고 규정하고 있는 경우에는 행정심판을 거쳐야 한다.			
취소 소송 제기 효과	**일반적 효과**		소의 제기에 의하여 사건은 법원에 계속되며, 법원은 이를 **심의하고 판결할 의무를** 가진다. 또한 당사자는 동일사건에 대하여 다시 소를 제기하지 못한다(**중복제소금지**).	
	처분에 대한 효과 {05.3 순경}	**집행 부정지 (원칙)**	위법한 처분 등에 대하여 취소소송이 제기되어도 그 **소송의 제기로 인하여 당연히 처분 등의 효력이나 그 집행 또는 절차의 속행에 영향을 주지 않는 것을 말한다.** {05.2 경간부} 즉 처분의 집행은 중단되지 않는다.	
		집행정지 (예외)	**의의**	법원은 **당사자의 신청 또는 직권에 의하여 처분 등의 효력이나 그 집행 또는 절차의 속행의 전부 또는 일부의 정지를 결정할 수 있다.** 다만, 처분의 효력정지는 처분 등의 집행 또는 절차의 속행을 정지함으로써 목적을 달성할 수 있는 경우에는 허용되지 아니한다.
			요건	**적극적 요건** : 처분의 존재, 심판청구의 계속, 회복하기 어려운 손해예방의 필요, 긴급한 필요
				소극적 요건 : 공공복리에 중대한 영향을 미칠 우려가 없을 것

		집행 정지의 절 차	집행정지는 당사자의 신청이나 법원의 직권에 의하면, 당사자의 신청에 의한 경우에는 집행정지신청에 대한 이유를 소명하여야 한다.
		집행 정지의 결정 범위	집행정지의 범위는 처분 등의 효력이나 그 **집행 또는 절차의 속행의 전부 또는 일부의 정지**이다.
사정 판결	원고의 청구가 이유 있다고 인정하는 경우에도, 처분 등을 취소하는 것이 현저히 공공복리에 적합하지 아니하다고 인정하는 때에 **법원이 원고의 청구를 기각하는 판결을 하는 경우**를 말한다.		
취소 소송 판결의 효력	기속력 (구속력)	행정청과 관계행정청에게 **확정판결의 내용에 따라 행위하여야 할 실체법상 의무를 발생시키는 효력**을 말한다.	
	불가변력	법원이 판결을 선고하면 **선고법원 자신도 판결의 내용을 취소·변경할 수 없는 기속을 받게 되는 것**을 말한다.	
	형성력	① **파면처분을 받은 공무원**은 법원으로부터 그 취소판결이 있게 되면 소급하여 **공무원의 신분을 회복**하게 된다. 이러한 판결의 효력을 형성력이라 한다. ② **권리의무관계의 변동을 가져오는 힘을 형성력**이라 한다. ③ 확정된 취소판결을 형성력을 갖고, 별도의 행정청의 조치 없이도 처분이 없었던 상태로 된다.	
	기판력 (실질적 형성력)	취소판결이 확정된 이후에는 **당사자 및 법원은 기판력이 발생한 사건에 대하여 다시 소를 제기하거나 모순·위배되는 판결을 해서는 안 되는 효력**을 말한다.	
	집행력 (간접강제)	행정청이 재처분을 하지 아니하는 때에는 제1심 수소법원은 당사자의 신청에 의하여 결정으로써 상당한 기간을 정하고 행정청이 그 기간 내에 이행하지 아니하는 때에는 그 지연기간에 따라 일정한 배상을 할 것을 명하거나 즉시 손해배상을 할 것을 명할 수 있다.	

(나) 무효등확인소송

① **소송의 제기기간, 행정심판전치주의, 사정판결이 적용되지 않는다.**
② **집행정지가 허용된다.**

(다) 부작위위법확인소송

의 의	행정청이 상대방의 신청에 대하여 어떠한 처분도 하지 아니하고 이를 방치하고 있는 경우에 이러한 **행정청의 부작위가 위법한 것임을 확인하는 소송**을 말한다.
부작위	행정청의 부작위란 행정청이 당사자의 신청에 대하여 상당한 기간 내에 일정한 처분을 하여야 할 법률상 의무가 있음에도 불구하고 이를 하지 아니하는 것을 말한다.
원 고 적 격	① 부작위의 위법의 확인을 구할 **법률상 이익이 있는 자만이 제기**할 수 있다. ② 부작위의 직접상대방이 아닌 **제3자도 법률상 이익이 있다면 원고적격이 인정**될 수 있다.

【행정심판과 행정소송의 비교】

	행정심판	행정소송
성 질	행정통제제도가 강함.	개인의 권리 구제적 기능이 강함.
종 류	항고쟁송(취소, 무효, 의무이행심판)	항고소송, 당사자소송, 기관소송, 민중소송 인정(의무이헝소송은 없음)
부작위에 대한 쟁송의 방법	㉠ 의무이행심판 인정 ㉡ 행정심판은 이행재결과 적극적 변경 재결이 가능	㉠ 부작위 위법확인 소송인정 ㉡ 행정소송의 경우에는 확인 판결과 소극적 변경판결(일부취소)만 이 가능
쟁송대상	위법 및 부당문제 심리	귀법
제소기간	㉠ 처분이 있음을 안 날로부터 90일 이내 ㉡ 처분이 있는 날부터 180일 이내	㉠ 행정심판을 거친 경우에는 재결서 정본을 송달받은 날로부터 90일, 재결이 있은 날로부터 1년 이내 ㉡ 행정심판을 거치지 않은 경우에는 처분이 있음을 안 날로부터 90일, 처분이 있는 날로부터 1년 이내
제소기간제한	제한 없음(부작위가 존재하는 한 언제든지 심판청구 가능).	행정심판을 거친 경우 제소기간의 제한 받음. 단, 행정심판을 거치지 않은 경우는 제소기간 제한 없음.
특 칙	(불복)고지제도 명시	행정심판 전치주의 적용(임의적)
공통점 {09.1 승진}	① **원고적격**(법률상 이익)　② 청구(소)의 변경　③ **집행부정지원칙** ④ 보충적 직권심리주의　⑤ 구술심리　⑥ 불이익변경금지 ⑦ 사정재결(판결)　⑧ **불고불리의 원칙** 　☞ 행정심판(비공개), 행정소송(공개)	

제5장

경찰행정학

제1절　경찰관리의 이론적 배경

Ⅰ. 경찰관리의 의의

경찰관리 의의	경찰관리란 경찰의 신속하고 효율적인 목적달성을 위하여 경찰조직과 그 밖의 인적 · 물적 자원을 관리하는 것을 말한다.
경찰관리자 의의	경찰관리자는 경찰조직의 목적 달성을 위해 인적 · 물적 자원을 활용하여 업무를 추진해 나가는 사람을 말한다. {04.1 승진}

경찰관리자 구분	**고위관리자**		주로 **총경급 이상**의 간부를 말한다. {04.1 승진}
	중간관리자		**경정 · 경감급**의 과장이나 계장, 반장 등을 말한다.
	고위 관리자	**역할**	① **환**경에 대한 적응성 확보 {06.10 순경, 02.3 경간부} ② 직원의 **생활**지도 ③ **조**정과 통합 {06.10 순경, 02.3 경간부, 01.1 승진} ④ 직원의 **지도** · 육성 ⑤ 직원의 **사**기관리 {04.1 승진} ⑥ **비**전의 제시 {06.10 순경, 02.3 경간부}　☞ **전문적인 지식과 기술**(×) **【귤릭(Gulick)의 최고관리자의 7대(POSDCorB)기능】** {01.1 승진} ① P : 기획(Planning)　　② O : 조직(Organizing) ③ S : 인사(Staffing)　　④ D : 지휘(Directing) ⑤ Co : 조정(Coordinating)　　⑥ R : 보고(Reporting) ⑦ B : 예산(Budgeting)　　☞ **협동(Cooperation)(×)**
		자질	① 정책결정 능력(넓은 시야와 기획능력) ② 지도력(리더십) ③ 대외교섭력과 판단력
	중간 관리자	**역할** {01.1 승진}	① 상사의 보좌 ② 의사전달(커뮤니케이션) 　- **상하수평의 의사소통**이 잘 되도록 하여야 한다. {04.1 승진} ③ 업무의 지도 · 감독
		자질	① **전문적 지식과 기술** {06.10 순경, 02.3 경간부} ② 성실성

경찰관리자 요건	**넓은 시야**	조직을 전체적인 사야와 감각이 요구된다.
	기획능력	새로운 기획능력이 요구된다.
	리더십	통솔력과 지도력이 불가결한 관리능력이 요구된다. {04.1 승진}
	집행력	방침과 결정을 힘 있게 추진해 가는 능력이 요구된다.
	대외 교섭력 (섭외력)	다른 기관, 다른 부처의 사람, 관할구역의 시민들과 협조하고 협력을 받아내는 능력이 요구된다.
	판단력	돌발적 사건사고를 신속하고 정확하게 판단하고 결단력이 요구된다.
	업무지식	업무에 대해 깊은 지식이 요구된다.

제2절　경찰기획관리

I. 경찰기획의 의의

개 념	기획이란 최적수단으로 행정목표를 달성하기 위하여 장래의 활동에 관한 일련의 결정을 준비하는 **계속적·동태적 과정(장기적·포괄적 설계 준비과정)**을 의미한다. ☞ 우리나라 경찰의 기획주무부서 　: 경찰청(경무국내 기획과), 지방경찰청(경무과내 기획계), 경찰서(경무과)	

구 분	**기 획**	① **기획은 계획을 세워 가는 절차와 과정**이며, **장기적·동적·절차적 개념**이다. {02.1 승진} ② 기획은 **민주성·자율성과는 직접 관계가 없다.**	
	계 획	① **활동목표와 수단이 문서로 체계화된 것**이며, **단기적·구체적·최종적·산출적 개념**이다. {02.1 승진} ② **기획활동과정을 거쳐서 나온 최종 산출물**이 계획기다. {02.1 승진}	
	정책·기획의 관계	**정책**	일반성·추상성·기획방향의 결정
		기획	특정성·구체성·참모적 기능
	정책·기획·계획의 관계	정책은 기획을 거친 다음 계획을 통해 구체화된다. **(정책 〉기획 〉계획)**	

종 류	**활동기획**	각급 기구의 목표활동
	관리기획	조직관리 및 자금
	절차기획	근무지침 등 절차
	부외기획	경찰부서 외 관계기관·주민과의 협조
	용병기획	경력의 동원·배치

과 정 **(단계)** {04.1 승진 03.1 승진, 02.1 승진}	**1단계** **목표의 설정**	행정업무수행의 목적 또는 목표설정단계이다.
	2단계 **상황의 분석** (정보의 수집·분석)	상황분석이란 목표를 달성하는 데 예상되는 장애요인과 문제점을 분석하는 것으로 현실적인 여건을 대상으로 정보의 수집·분석을 통한 기획대상 현황 판단이다.
	3단계 **기획전제의 설정** (미래예측)	상황분석이 현실적인 여건을 대상으로 하는 게 비하여 기획전제 설정은 미래에 관한 예측전망으로, 수량화된 구체적인 것은 물론, 예측하지 못하는 불의의 상황도 고려해야 한다.
	4단계 **대안의 탐색과** **비교·평가**	목표실현을 위한 대안들은 작성하여 수개의 가능한 행동노선(수단)을 탐색하고 상호 비교·평가하는 과정이다.
	5단계 **최종대안의 선택**	대안간의 비교·평가의 경과에 따라 최종안을 선택한다.

특 징	**목표지향성**	기획은 그 자체가 목표가 아니며 선택을 행하는 의사결정과정이다.
	미래지향성	기획은 효과의 발생시점이나 행동실행을 장래 어느 시점에 두고 있다.
	합리지향적	기획은 설정된 목표 내지 정책을 달성하기 위한 방법을 제시함으로써 목표위주의 과정을 이루고 있다.
	동적 과정	기획은 변화에 대응하여 선택을 행하는 동적 의사결정이다.
	계속된 준비과정	조직이 집행할 일련의 결정을 준비하는 과정
원 칙	**목적성의 원칙**	반드시 목적이 있어야 한다.
	신축성의 원칙	유동적 상황에 대응할 수 있어야 한다.
	경제성의 원칙	최소비용으로 최대효과를 얻어야 한다.
	계속성의 원칙	계속적 과정이어야 한다.
	단순성의 원칙	간단·명료해야 하며, 이해하기 쉽게 작성되어야 한다.
	안전성의 원칙	빈번한 수정이 없도록 그 요인을 최소화해야 한다.
	장래예측성의 원칙	장래에 대한 정확한 예측판단에 기초를 두어야 한다.
	표준화의 원칙	기획대상이 되는 재화·서비스·작업 방법의 표준화를 요한다.
기 능	① 목표의식을 부여하고 응집력을 높인다. ② 경찰활동의 목표를 제시한다. ③ 성과에 대한 평가의 척도가 된다. ④ 행정통제의 수단을 제공한다. ⑤ 경찰직무 수행의 지침이 된다. ⑥ 자원의 효율적 배분에 기여한다.	
한 계	① 미래예측의 한계 ② 자료 및 정보의 부족 ③ 정치적 인식 및 행정적 지원이 미흡 ④ 시간과 비용의 제약 ⑤ 기획가의 능력부족 ⑥ 예산제도 및 관리제도의 비효율성 ⑦ 신축성의 결여	

【정책결정의 이론모형】		
Miles & Snow의 환경에 대한 대응전략유형	방어형 전략	경쟁자들이 **자신의 영역으로 들어오지 못하도록** 적극 경계하는 매우 안정적 · 소극적 · 폐쇄적 전략이다.
	탐색형 전략	이 전략의 성공 여부는 환경변화 및 상황추세의 분석능력에 달려 있으며, **매우 공격적 · 변화지향적 전략**이다.
	분석형 전략	**방어형과 탐색형의 장점**을 모두 살려 안정과 변화를 동시에 추구하는 전략이다.
	반응형 전략 {07.10 순경}	① **방어형, 탐색형, 분석형 전략이 부적절할 때 나타나는 비일관적이고 불안정한 전략**이다. ② 환경에 대해 조직활동을 조정하지만 반응이 **부적절**하고 성과도 낮은 소극적이고 수동적인 낙오형이다. ③ 환경의 압력에 대해 조직활동을 조정하기는 하지만 반응도 **부적절**하고 성과도 낮다. ④ 환경변화를 인지하면서도 **현재의 전략-구조관계를 유지하려는 경향**이 강하다. ⑤ 환경에 따라 일관성 있는 해결방안을 수립하지 못하여 **수동형 또는 낙오형**으로 불리기도 한다.
정책결정 이론모형	합리모형	인간은 누구나 **이성과 합리성에 따라 결정하고 행동**한다고 보는 이론이다.
	만족모형	**사이몬(H. Simon)과 마치(J. G. March)의 의한 행태론적 의사결정론과 관계된 것**으로서, 절대적 합리성의 기준보다 **제한된 합리성의 기준**에, 최적대안보다는 **현실적으로 만족할 만한 만족대안의 선택에 이론적 근거를 둔 모형**이다.
	점증모형	린드블룸(C. E. Lindblom)과 윌다브스키(A. Wiildavsky) 등에 의해서 제시된 것으로서 **합리모형의 비판 및 정책의 실현가능성에 초점**을 둔 이론모형이다.
	최적모형	도로어(Dror)가 제시한 모형으로서, 그는 **만족모형이나 점증모형이 지니는 보수성을 비판**하고, 제한된 자원, 불확실한 상황, 지식 및 정보의 결여 등이 항시 결정과정에서의 합리성을 제약하그로 직관 · 판단과 같은 초합리적 요인을 중요시해야 한다는 것이다.
	혼합관조 모형	**합리모형과 점증모형의 혼합**으로 에치오니(A. Etzion)는 규범적 · 이상적인 합리모형과 현실적 · 실증적인 점증모형으 장점을 교호적으로 혼용하는 이른바 제3의 접근법이다.
	쓰레기통 모형 {06.8 순경}	코헨(Cohen), 마치(March), 올센(Olsen) 등이 주장하였으며, **조직화된 무정부상태나 변동 상황 속에서 조직이 어떠한 결정행태를 보여 주는가**를 설명하기 위한 모형이다.
	공공선택 모형	부캐넌(Buchanan)과 털록(G.Tullock)이 중심이 되어 연구한 것으로 정치 · 경제학적 관점을 사용하여 **공공재의 공급을 정치학의 주요 대상으로 삼**고 그의 공급을 위한 정책결정 방법과 조직배열을 연구한 것이다
	연합모형	사이어트(Cyert)와 마치(March)가 개인적 의사결정에 치중한 **만족모형을 한층 더 발전시켜 그것을 조직에서의 의사결정에 적용시킴으로써 만족모형의 적용범위를 확대시킨 것**으로 일명 회사모형이라고도 한다.
	집단모형	정책결정이 **집단 간의 균형관계나 상호작용**에 따라서 이루어진다는 이론이다.

제3절　경찰조직관리

I. 경찰조직

1. 경찰조직의 의의 및 지도원리

의 의	경찰조직이란 경찰목적을 달성하기 위하여 형성된 조직이며, 경찰권이 그 기능을 수행하기 위하여 편성한 조직을 말한다.	
지도 원리	**【경찰조직의 이념】** 경찰의 **민주적인 관리 · 운영**과 **효율적인 임무수행**을 위하여 경찰의 기본조직 및 직무 범위, 기타 필요한 사항을 규정함을 목적으로 한다(경찰법 제1조). {01.3 순경}	
	민주성	① 경찰작용은 권력적 수단이므로 경찰조직은 **민주성의 확보가 강력히 요구**된다. {01.11 순경} ② 현행 경찰조직은 경찰위원회를 민주적 통제장치로 두고 있다. 　☞ 자치경찰제도는 **일반적으로 민주성의 요청에 의한 제도**이다. {08.1 승진}
	효율성	① 경찰은 사회안전과 질서유지라는 신속을 요하는 작용임을 그 특징으로 하기 때문에 **경찰조직은 능률성과 기동성을 요구**한다. {01.11 순경} ② 경찰권의 행사는 국민의 헌법상 기본권 침해의 우려가 많기 때문에 합의제 행정관청으로 조직하게 되면 공정성을 확보할 수 있으나 신속성은 희생되므로 **독임제 경찰관청**으로 하고 있다. {01.11 순경} 　☞ 경찰의 조직상 이념이 시대에 따라 달라질 수 있지만, **민주성과 능률성의 이념은 양자택일의 문제가 아닌 양자조화가 요구되는 이념**이다.
	정치적 중립성	경찰조직은 불편부당, 공평중립을 요하는 경찰의 본질상 당연히 **정치적 중립성의 보장을 필요**로 한다. {01.11 순경}
과 제 {02.3 순경}	① 행정안전부로부터의 독립 ② 경찰위원회의 재정립 ③ 수사권 독립 ④ 경찰역할의 적정화 ⑤ 자치체경찰제도의 도입 ⑥ 경찰업무수행의 효율화	

2. 관료제이론

의 의	관료제란 계층제적 구조를 가진 대규모의 복잡한 합리적·능률적 관리조직을 의미한다. **【M. Weber의 관료제론】** ㉠ 계층제 ㉡ 법과 규칙 ㉢ 문서에 의한 행정 ㉣ 비정의적인 업무의 처리 ㉤ 전문가에 의한 행정 ☞ **계층제적 측면을 가장 중시** {04.1 승진, 01.4 순경, 01.10 순경}
배 경	현대 사회가 복잡해지고 해야 할 일이 많아짐으로써 그 많은 업무를 한꺼번에 효율적으로 처리하기 위해서 관료제가 등장하게 되었다.

관료제의 특징	법규의 지배	관료의 권한과 직무범위는 **법규에 의해 규정** {02.7 순경, 02.1 승진}
	계층제적 조직구조	모든 직위는 피라미드식의 계층 내에서 배치, **상하계층은 명령복종체제** {02.7 순경, 02.1 승진}
	문서주의	직무의 수행은 문서에 의해 이루어지며 기록은 **징기간 보존** {02.7 순경, 02.1 승진}
	비개인성	**개인적인 감정에 의하지 않고 법규에 따라 임무를 수행**(공사구분) {02.7 순경, 02.1 승진}
	전문가에 의한 직무수행	모든 직무는 전문지식과 기술을 지닌 관료가 담당, **시험 또는 자격 등에 의해 공개적으로 채용** {02.7 순경}
	관료의 전임화	관료는 직무수행의 대가로 급료를 정규적으로 받고, 승진 및 퇴직금 등의 **직업적 보상**을 받음.
	고용관계의 자유계약성	관료제에서 구성원은 **신분의 계급에 의한 관계가 아니라 계약관계**
관료제의 역기능	할거주의의 경향	관료는 자기가 소속한 조직단위나 기관에만 충성심을 가질뿐, 다른 부서에 대한 배려가 없어 조정·협조가 잘 이루어지지 않음(부서 및 부처 이기주의).
	변화에 대한 저항과 보수주의	관료들이 자기유지에 대한 불안감 때문에 보수주의적 폐단이 생기고, 신기술, 신지식의 도입이 어려움.
	동조과잉과 목표·수단의 전환(목적전치주의)	목표가 소홀히 되고 수단이 중시되는 목표, 수단의 전환 현상이 발생
	기 타	㉠ 무사안일주의 : 책임회피, 복지부동 ㉡ 몰주관성 : 인격적 관계의 상실 ㉢ 서면주의 : 번문욕례(red-tape)·형식주의 ㉣ 전문화로 인한 무능 : 훈련된 무능으로 새로운 일에 소극적 형태를 보임

II. 경찰조직의 편성원리 {01.1 승진}

1. 계층제의 원리

개 념	① 계층제란 조직목적 수행을 위한 **구성원의 임무를 권한과 책임의 정도에** 따라 **직무를 등급화함으로써 상하계층 간에 직무상 지휘·감독관계**(상관과 부하의 관계)에 있도록 하는 것을 말한다. {09.1 승진, 08.1 승진, 06.8 순경, 03.4 순경} 이 원리는 위원회 같은 조직에는 적용이 곤란하므로 **조직의 모든 부서에 적용되는 것은 아니다.** ② **경찰과 군대 조직의 편성에 핵심적 원리**이다.
특 징	① 계층적 원리는 조직의 모든 부서에 적용되는 것은 아니다. ② 경찰과 군대 조직의 편성에 핵심적인 원리이다. ③ 명령과 지시를 거의 여과 없이 수행하도록 적합한 조직이다. ④ 계층제적 구조를 가지고 있지만, 상하계층간의 상명하복과 함께 수평으로 움직이는 부서들도 많이 있다. ⑤ 계층제는 수직적인 분업이다.
장점 (순기능)	① **명령·지시·권한의 위임이나 의사소통의 통로**가 된다. {02.11 순경} ② 경찰행정목표를 설정하고 업무를 분담하는 통로가 된다. ③ 조직 내의 분쟁·갈등의 해결·조정과 내부통제의 확보 수단이다. ④ 지휘·감독을 통하여 **경찰의 질서유지와 조직의 일체감·통일성을 확보**할 수 있다. {04.1 승진, 03.11 순경, 03.1 승진, 01.2 경간부} ⑤ 경찰행정의 능률성과 책임의 명확성을 보장하는 수단이다. ⑥ 경찰승진의 경로가 되어 사기를 앙양시킨다. ⑦ **권한과 책임의 배분을 통하여 업무의 신중**을 기할 수 있다. {03.1 승진} ⑧ **조직의 안정성 확보**를 할 수 있다. {03.1 승진, 02.11 순경, 01.3 경간부} ⑨ **지휘계통을 확립하고 대규모 경찰조직의 업무수행에 질서와 통일**을 기할 수 있다. {02.11 순경, 01.2 경간부} ⑩ 권한과 책임을 계층에 따라 적정하게 배분함으로써 의사결정의 검토가 이루어진다. ⑪ **조직 내의 분쟁이나 갈등이 계층구조 속에서 용해**되도록 한다. {02.11 순경} ⑫ 명령과 지시를 거의 여과 없이 수행하도록 하는 데 적합하다.
단점 (역기능)	① 계층제의 심화 시 **조직의 경직화를 초래**하고 **동태적인 인간관계의 형성을 저해**하기 쉽기 때문에 새로운 지식·기술의 도입이 용이하지 못하다. {04.7 순경, 04.1 승진, 03.11 순경, 03.1 승진, 02.11 순경, 01.3 경간부} ② **계층이 많아질수록 업무처리과정이 지연되어 관리비용이 증가**하게 되고, **계층간 갈등의 원인**이 될 수가 있다. {05.2 경간부, 05.1승진, 03.11 순경, 02.11 순경} ③ **의사전달의 지연·왜곡 가능**, 하의상달이 곤란하고 할거주의가 초래된다. ④ 계층제를 능률적인 업무수행보다 **비합리적인 인간지배의 수단으로 인식**하기 쉽다. ⑤ 최고책임자에의 높은 의존심과 **상하간의 지나친 불균형은 근무의욕을 저하**시킨다. ⑥ 자율성이 강한 경찰관은 **계층제의 권위와 잦은 대립·갈등을 초래**한다. ⑦ 지배와 통제의 비합리적인 인간지배의 수단으로 인식하기 쉽다. ⑧ 인간의 자아실현욕구나 성취욕구의 추구와 조화가 어렵다. ⑨ 환경의 변화에 신축적인 대응이 곤란하다.

2. 통솔범위의 원리

개 념	① 통솔의 범위는 한 사람의 상관이 효과적으로 **직접 통솔할 수 있는 최대한의 부하의 수**를 말한다. {12.2 순경, 08.1 승진, 06.8 순경, 03.4 순경} ② 관리자의 통솔범위로 적정한 부하의 수는 어느 정도인가는 관리의 효율성을 좌우하는 중요한 원리이다. ③ 최근 부각되는 **구조조정의 문제와 깊은 관련성**을 가지고 있다. {˚0.1 승진}
결정 요인	① 조직운영이 잘 되면 통솔의 범위는 넓어진다. ② 업무의 종류가 단순할수록 통솔의 범위는 넓어지고{09.1 승진} **업무의 종류가 복잡할수록 통솔의 범위는 좁아진다.(업무의 성격)** {09.1 승진, 03.1 승진, 02.1 승진} ③ **오래된 부서보다는 신생부서의 경우에 통솔범위가 좁아진다.** 즉, 으래된 부서일수록 업무숙련도가 높아지고 관리노하우가 쌓여 통솔범위가 넓어진다.**(부서의 역사)** {10.1 승진, 09.1 승진, 05.1 승진, 05.2 경간부, 03.1 승진, 02.1 승진} ④ 유능한 부하만을 감독한다면 많은 부하를 거느릴 수 있다. ⑤ **부하의 능력, 의욕, 경험 등이 높아질수록** 통솔범위는 넓어진다. {03.1 승진} ⑥ **관리자의 리더쉽 능력이 높으면** 통솔범위도 넓어질 수 있다. {03.1 승진} ⑦ 경찰관간의 의사전달이 잘 되면 통솔의 범위는 넓어진다. ⑧ 더 많은 감독자를 고용할 수 있는 기관의 재정능력이 좋으면 통솔의 범위는 넓어진다. ⑨ 위기보다 정상적인 작업조건에서는 통솔의 범위는 넓어진다. ⑩ **조직의 규모가 클수록 세분화되므로 통솔의 범위는** 좁아지고 조직의 규모가 작을수록 통솔의 범위는 넓어진다. {12.8 순경, 03.1 승진} ⑪ 지리적으로 **분산된 부서가 근접한 부서보다 통솔범위가 좁아진다.(지리적 분포)** {02.1 승진, 03.1 승진} ⑫ 시간적인 면에서 기성조직의 책임자는 신설조직의 책임자보다 닳은 수의 부하를 거느릴 수 있다. {10.1 승진, 09.1 승진, 05.2 경간부, 05.1 승진, 03.1 승진} ⑬ **교통 · 통신의 발달은 통솔범위를 더욱 확대시킨다.** {09.1 승진, 05.2 경간부, 05.1 승진} ⑭ 참모 · 관리정보체제가 발달되어 있으면 통솔범위가 더 넓어진다. ⑮ **전문적인 업무의 경우에 통솔범위가 좁아진다.** ☞ 청사 또는 예산의 규모(×) {03.1 승진, 02.1 승진}
피라미드 모양 조직	① 조직의 피라미드 높이는 직위 및 계급제도에 따라 아래로 향한 권한에 따른 책임의 산물이며, 바닥의 넓이는 통솔의 범위의 산물이다. ② **통솔범위와 계층의 수는 반비례관계**이다. → 통솔범위는 계층의 수가 많아질수록 좁아지고, 적어질수록 넓어진다. {05.1 승진, 05.2 경간부} ③ **상위계층으로 올라갈수록 통솔범위는 좁아지고 권한 및 책임은 확**대된다. **【통솔범위와 권한에 관계】**

3. 명령통일의 원리

개 념	명령통일의 원리란 조직의 구성원 간에 지시나 보고를 주고받는 과정에서 **지시는 한사람만이 할 수 있고, 보고도 한사람에게만 하여야 한다는 원리**를 말한다. {10.1 승진, 09.3 순경, 09.1 승진, 05.1 승진, 05.2 경간부, 04.7 순경, 03.4 순경}	
필요성	**업무의 효율성 확보**	**업무수행의 혼선과 혼선으로 인한 비능률을 막아 주는 기능**을 한다. {09.1 승진}
	책임한계의 명확화	판단이나 행동상의 잘못에 대한 책임을 명백히 함으로써 부하에 대한 통제를 가능하게 한다.
장단점	**장점 (순기능)**	① 책임의 소재를 명확히 한다. ② 조직 내 혼란 · 갈등을 방지한다. ③ 업무의 신속성 · 능률성을 확보할 수 있다. ④ 경찰조직의 구성원으로 하여금 누구에게 보고하여야 하며, 누구로부터 보고를 받는가를 명시해 줌으로써 지위의 안정감을 갖게 한다.
	단점 (역기능)	① 직접 감독하지 않는 참모 및 계선조직이 부하들에게 유익한 자문을 하도록 허용치 않는다. ② 한 사람의 상관을 통한 의사전달을 강조하면 행정능률과 횡적인 조정을 저해한다. ③ 비상상태 또는 직접적인 감독자가 감독을 할 수 없을 때에는 업무가 마비될 수 있다.
한 계	① 명령통일의 원리를 너무 철저하게 지킨다면 **실제 업무수행에 더 큰 지체와 혼란을 야기할 수 있다.** {12.8 순경, 10.1 승진, 09.1 승진} ② 관리자의 사고나 여타의 이유로 인해 관리자가 적정한 지휘통솔을 할 수 없는 때에는 **관리기능을 대행하는 체제**를 갖추고 있어야 한다. {09.1 승진} 즉, 관리자의 공백 등을 대비하여 권한의 위임, 대리 대결 또는 유고관리자의 사전지정 등이 필요하다.	

4. 전문화의 원리(분업의 원리, 기능의 원리)

개 념	① 조직의 전체 기능을 성질별로 나누어 가급적 한 사람에게 **동일한 업무를 분담**시키는 것을 말한다(**전문화의 원리에 상반되는 원리는 조정과 통합의 원리**이다). {12.8 순경, 03.2 경간부} ② 계선, 참모, 그리고 보조기능의 분리는 관료적 조직 내에서는 전문화의 대규모적인 예라고 할 수 있다.	
필요성	① 경찰조직의 목표달성을 위한 능률적 수단이다. ② 사람이 습득할 수 있는 지식 · 기술에는 한계가 있으므로, 특정분야에 관한 전문화가 필요하다. ③ 업무를 세분할수록 업무를 습득하는데 걸리는 시간을 단축시킬 수 있다.	
장단점	**장점 (순기능)**	① 조직의 목표달성을 위한 능률적 수단이다. ② 업무를 습득하는 데 걸리는 시간을 단축시킬 수 있다. ③ 업무는 그 업무를 가장 잘 알고 있는 경찰관에 의하여 수행되기 때문에 경찰기관 내에서 직무수행의 질을 향상시킨다.
	단점 (역기능)	① 전문화는 정형화된 업무를 반복시켜 일에 대한 흥미를 잃게 하고, **전문화의 정도가 높아질수록 조정과 통합이 어려워진다.** ② **업무의 지나친 세분화는 업무관계의 예측가능성을 저하시켜** 불확실한 환경을 조성하게 된다. ③ 전문화에 의하여 자기 분야는 잘 알지만 시야가 좁아지고 **경찰문제를 전체적인 입장에서 보는 넓은 통찰력을 가지기 어렵다.**

5. 조정과 통합의 원리

개 념	조정의 원리란 조직의 공동목적을 달성하기 위하여 **구성원의 행동통일**을 기하도록 집단적 노력을 **질서 있게 배열**하는 과정으로서 구성원이나 단위기관의 활동을 **전체적인 관점에서 통일**하여 조직의 목표달성도를 높이려는 원리이다. {10.1 승진, 09.1 승진, 08.1 승진, 06.8 순경, 04.11 순경, 04.7 순경, 03.4 순경}
필요성	① 조정의 원리가 필요한 이유는 **조직구성원의 행동통일**이다. {03.9 순경} ② 조직의 구성원 간에 행동양식을 정하는 것은 **조직목적을 효율적으로 달성하기 위한 것**이다. {06.8 순경, 03.4 순경} ③ 장단점 간의 갈등을 조정하여야 한다는 원리가 조정의 원리이다. ④ 조정과 통합의 원리는 **조직의 제1원리(Mooney)**이며, **가장 최종적 원리**이다. {04.7 순경}
갈등 원인	① **갈등의 가장 큰 원인은 분업의 원리**로서, 업무의 과다한 분화와 이로 인한 의사소통의 단절은 조직목적을 달성에 장애가 된다. ② **목표나 이해관계의 상충, 인적자원 또는 물적 자원에 대한 경쟁, 가치관이나 신념의 차이, 지위나 신분역할의 애매성 등이 갈등의 원인**이 된다. ③ 경찰조직의 경우 특히 나타나기 쉬운 갈등은 인적자원에 대한 경정, 지위나 신분이동의 불공정성에 대한 것이 많다.

갈등 해결 방안	**단기적인 해결방안**	① 갈등의 원인이 세분화된 업무처리에 있다면 업무처리과정의 통합 또는 연결 장치 등으로 **세분화된 업무에 대한 조정**에 힘써야 한다. {02.1 승진} ② 부서 간의 갈등이 일어나고 있을 때는 더 높은 상위목표를 서로 이해하고 양보하도록 하여야 한다. ③ 한정된 인력이나 예산을 가지고 갈등이 생기는 경우에는 가능하면 **예산과 인력을 확보하고 업무추진의 우선순위를 관리자가 정해 주어야 한다.** {02.1 승진} ④ **문제를 해결해 주는 것이 어려울 때는 갈등을 완화**하거나 양자 간의 타협을 이끌어 내거나, 또는 관리자가 갈등을 초래할 수 있는 결정을 보류 또는 회피하거나 하는 방법을 쓸 수 있다. {02.1 승진} ⑤ 갈등을 해결하는 방법은 우선 갈등의 원인을 진단하고 **갈등이 생기는 원인을 근원적으로 찾아내어 문제를 해결**해주는 것이 좋을 것이다. {03.1 승진} ⑥ 시간적으로 급박하거나 이해관계가 첨예할 경우 최후의 수단으로 상관의 판단과 명령에 의해 해결하는 방법을 택할 수 있다.
	장기적인 해결방안	① 조직의 구조, 보상체계, 인사 등의 문제점을 제도개선을 통해 해결하는 것이 필요하다. ② 조직원의 형태를 협력적이고 합리적으로 변화시키는 노력도 필요하다.

III. 목표에 의한 관리(MBO)

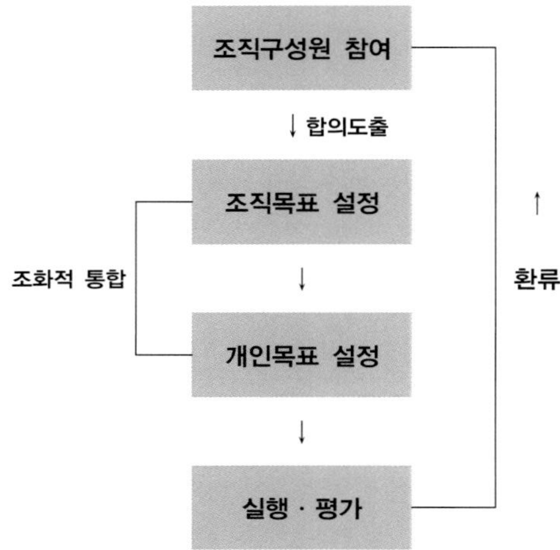

의 의	목표에 의한 관리(MBO)란 조직구성원의 참여과정을 통하여 **조직의 공통된 목표를 명확히 하고 체계적으로 부과하며, 그 수행결과를 평가**하고 **환류시켜 궁극적으로 조직의 효율성을 향상**시키기 위한 관리기법을 말한다. {04.11 순경, 04.1 승진, 03.3 순경}
MBO 특징	① MBO는 **단기적 · 가시적 · 미시적 관점의 목표를 중시**한다. {03.3 순경, 04.3 순경} ② MBO는 조직의 하부층과 상부층이 다 같이 참여하여 하나의 목표성취를 위해 **조직의 구성요소의 상호 의존적인 입장에서 팀워크를 이루면서 활동**한다. {04.1 승진} ③ MBO는 조직내 부서별 **단기목표의 달성을 양적으로 추구**한다. ④ MBO는 총체적 관리이지만, 구성요소 간의 상호 의존성을 전제로 한 통합적 관리를 말한다. ⑤ MBO는 상호 의존성을 전제로 한 자율적 통합성을 강조하기 때문에 예산 · 기획 · 인력 · 연구 · 평가 간의 체계적인 연결을 강조한다.
MBO 장점	① **조직목표와 개인목표의 통합**할 수 있다. {10.2 경간부, 04.11 순경, 04.3 순경, 04.1 승진} ② **조직목표에 조직활동을 집중시킴으로 인한 효과성을 제고**할 수 있다. {10.2 경간부} ③ 갈등의 극소화를 이룰 수 있다. ④ **참여적 방법에 의한 조직구성원의 사기를 제고**할 수 있다. {10.2 경간부} ⑤ 조직의 동태화 등의 장점이 있다.
MBO 단점	① **목표성과의 측정이 어렵다.** {10.2 경간부, 04.3 순경, 04.1 승진} ② **구성원간의 합의도출이 어렵다.** {10.2 경간부, 04.3 순경} ③ 단기적 · 양적 목표에 치중하게 된다.　　☞ **장기적 · 양적 목표에 치중 (×)** ④ **급격한 변화나 복잡한 환경에서는 목표설정이 어렵다.** {10.2 경간부, 04.3 순경}

Ⅳ. 경찰조직관리

1. 경찰조직의 구조

근거	① 한국 경찰은 1945년 10월 21일 국립경찰로 출범 아래, **1991년 내무부장관의 보조기관에서 내무부소속의 외청으로 독립**, 2008년 정부조직법의 개정으로 행정안전부의 외청의 형태로 있다. ② 경찰법 제1조는 국가경찰의 **민주적인 관리 · 운영과 효율적인 임무수행**을 위하여 경찰의 기본조직 및 직무범위를 정하고 있는데, 분단국가로서의 안보상황과 치안여건에 효율적으로 대처하기 위해 **중앙집권적인 국가경찰체제를 고수**하고 있는 것이 특징이다.
조직구성 형태	① 한국 경찰조직은 **경찰청 1원 조직의 형태로 구성**되어 있다. {08. 승진} ② 중앙의 경찰청을 중심으로 지방경찰청, 경찰서로 이어지는 **상명하복의 계층제**의 이루고 있다. {08.1 승진, 05.1 승진}

2. 경찰행정기관

경찰청	**설치 근거**	**정부조직법** 제29조 제4~5항, **경찰법** 제2조 제1항: 치안에 관한 사무를 관장하기 위하여 **행정안전부장관 소속하에 경찰청**을 둔다. {03.1 승진}
	임 명	① 경찰청장으로 치안총감 1인을 두되, **경찰청장의 임기는 2년**으로 하며 중임할 수 없으며, 경찰청장은 퇴직일로부터 2년 이내에도 정당의 발기인이 되거나 당원이 될 수 있다. 【1999.12.23, 99헌마135】 {05.3 순경} ② 경찰청장은 **경찰위원회 동의**를 얻어 **행정안전부장관의 제청**으로 국무총리를 거쳐 **대통령이 임명**한다. {06.1 승진, 05.3 순경} ③ 대통령의 경찰청장 임명 전에 **국회의 인사청문회**를 거치도록 하고 있으며, 직무를 집행함에 있어서 **헌법이나 법률을 위반할 때에는 국회는 탄핵의 소추를 의결**할 수 있다. ④ **경찰청에 차장을 두고**, 차장은 치안정감으로 보하고, 차장은 경찰청장을 보좌하며, **경찰청장이 사고가 있을 때에는 그 직무를 대행(법정대리)**한다. {06.1 승진} ⑤ **경찰청장**은 전시 · 사변, 천재 · 지변 그 밖에 이에 준하는 국가비상사태, 대규모의 테러 또는 소요사태가 발생하였거나 발생 할 우려가 있어 전국적인 치안유지를 위하여 긴급한 조치가 필요하다고 인정할 만한 충분한 사유가 있는 경우에는 **제주특별자치도의 자치경찰공무원을 직접 지휘 · 명령**할 수 있다.
	하부 기관	① 중앙경찰기구인 경찰청을 정점으로 16개의 지방경찰청, 244개 경찰서, 760개의 지구대, 793개의 파출소, 부속기관으로는 경찰대학, 경찰교육원, 중앙경찰학교, 경찰수사보안연구소가 있다. ② 경찰청장의 책임운영기관으로 경찰병원을 두고 있다.
지방 경찰청	**설치 근거**	① 경찰법 제2조 제2항 : 경찰청의 사무를 지역적으로 분담수행하게 하기 위하여 **특별시장 · 광역시장 및 도지사소속하에 지방경찰청**의 덩칭 · 위치 및 그 관할구역은 행정안전부령으로 정한다. {96.1 승진} ② 경찰법 제14조 제2항 : **지방경찰청장은 경찰청장의 지후 · 감독을 받아** 관할구역 안의 국가경찰사무를 관장하고 소속국가공무원 및 소속 경찰기관의 장을 지휘 · 감독한다. {97.1 승진, 96.1 승진}

	임 명	① 지방경찰청에 지방경찰청장을 두되, 지방경찰청장은 치안정감 · 치안감으로 보한다. ② 서울특별시 및 경기지방경찰청장, 부산지방경찰청은 치안정감, 대구광역시 외 12개 지방경찰청장은 치안감으로 보한다. ③ **지방경찰청에 차장을 둘 수 있으며**, 차장은 지방경찰청장을 보좌하여 소관사무를 처리하고, 지방경찰청장이 사고가 있을 때에는 그 직무를 대행한다(협의의 법정대리).
	보조 기관	차장(서울지방경찰청, 경기지방경찰청은 치안감), 각 직할대장, 담당관, 부장, 과장 등이 있다. {97.1 승진, 96.1 승진}
경찰서	**설치 근거**	경찰법 제2조 제2항 : **지방경찰청장 소속하에 경찰서**를 둔다.
	임 명	① 경찰서에 경찰서장을 두되, 경찰서장은 경무관, 총경 또는 경정으로 보한다. ② 경찰서장은 지방경찰청장의 지휘 · 감독을 받아 경찰구역의 소관사무를 관장하고 소속국가공무원을 지휘 · 감독한다.
	보조 기관	과장, 지구대장, 파출소장, 치안센터장 등이 있다. {99.1 승진}
지구대 · 파출소 · 치안센터	**설치 근거**	① 경찰청과 그 소속기관등직제 : 경찰서장 소속하에 지구대 · 파출소 · 치안센터 등을 둔다. ② 경찰청과 그 소속기관 등 직제 시행규칙 : 지구대 · 파출소 · 치안센터 등의 명칭 · 위치 및 관할구역은 지방경찰청장이 정한다.
	설치 권자	① 지구대의 설치 · 폐지는 **경찰청장의 승인**을 얻어 지방경찰청장이 한다. {06.10 순경, 03.1 승진} ② 파출소 · 치안센터의 설치는 **지방경찰청장**이 한다. {06.10 순경}
	보조 기관	지구대는 경찰서장의 보조기관이다. {01.7 순경, 98.1 승진}
경찰대학		경찰대학은 경찰간부를 양성하기 위하여 설립된 4년제 국립대학으로서 경찰대학생 및 경감이상 현직 경찰관에 대한 필수교육과 수사지휘 등 일부 분야에 대한 전문화 교육을 담당하고 있다.
경찰 교육원		경찰교육원에서는 간부후보생과 초급간부(경사, 경위) 필수기본교육 및 **일선 현장에서 직접 필요로 하는 대부분의 기능별 직무교육을 담당**하고 있다. {01.1 승진}
중앙 경찰학교		중앙경찰학교에서는 신임순경에 대한 신규채용교육 및 전 · 의경 교육을 담당하고 있다. 신규채용교육은 일반 공개채용, 101경비단, 전산 및 경찰특공대, 여경요원 등을 대상으로 하고 있으며, 전 · 의경교육은 신임교육을 포함한 각종 전문교육 과정을 전담하고 있다.
경찰병원		경찰병원은 경찰청장의 책임 운영기관으로 운영되고 있다.
국립 과학수사 연구소		**국립과학수사연구소는 행정안전부 소속 책임운영기관**으로서 경찰청장의 지휘 · 감독 하에 운영하여 범죄수사 및 사법재판에 관한 증거물에 대하여 법의학 및 교통공학적 감정과 연구를 수행하고 있다. {05.1 승진}

【한국의 경찰조직】

구 분	경찰청(장)	지방경찰청(장)	경찰서(장)
경찰관청	중앙경찰관청	지방상급경찰관청	지방하급경찰관청
설 치	행정안전부장관 소속	특별시장 · 광역시장 및 도지사 소속	지방경찰청장 소속
지휘 · 감독권 의 소재	행정안전부장관	경찰청장	지방경찰청장
관장업무	치안에 관한 사무	경찰청의 사무를 지역적으로 분담	관내 경찰업무 수행

Ⅴ. 경찰조직이론

【경찰조직이론】	
내용이론(욕구이론)	**과정이론**
사람을 움직이고 일하게 하는 실체가 인간의 마음속에 있다는 이론	인간의 욕구가 곧바로 인간행동을 유발하는 것이 아니라 자신의 행동이 가져오는 결과를 고려하여 행동한다는 이론
㉠ 과학적 관리론과 인간관계론 ㉡ **매**슬로우의 욕구5단계 욕구설 ㉢ **하**즈버그의 욕구충족2요인이론(동기, 위생요인) ㉣ **아**지리스의 미성숙 · 성숙이론 ㉤ **리**커트의 관리체제이론 ㉥ **앨**더퍼의 ERG이론 ㉦ **맥**그리그의 X · Y이론 ㉧ **맥**클랜드의 성취동기이론 ㉨ 룬트스테트와 로렐스의 Z이론 등	㉠ 브롬의 기대이론 ㉡ 포터와 롤러의 성과 · 관족이론 ㉢ 아담스의 공정성이론 ㉣ 조지오플러스의 통로목표이론 ㉤ 포터와 롤러의 성과만족이론 ㉥ 아킨슨의 기대이론 등

1. 경찰조직이론

1) 매슬로우(A. H. Maslow)의 욕구계층이론

의 의	① 인간관계론의 발전에 있어서 두 번째의 눈부신 발견은 매슬로우(Maslow)의 동기부여의 자기실현 이론이다. ② 매슬로우는 대부분의 사람에게는 **5가지의 기본적 욕구**가 있으며 하위욕구로부터 상위욕구로 발달한다고 보았다.
전 제	① 인간의 5가지 기본욕구가 서로 연관되어 우선순위의 계층을 이루고 있다. ② 욕구는 한 단계의 욕구가 충족되어야 다음 단계로 순차적 · 상향적으로 표출된다. ③ 한 계층의 욕구가 만족되면 그 욕구는 더 이상 동기부여요인으로서의 의미가 없어진다.

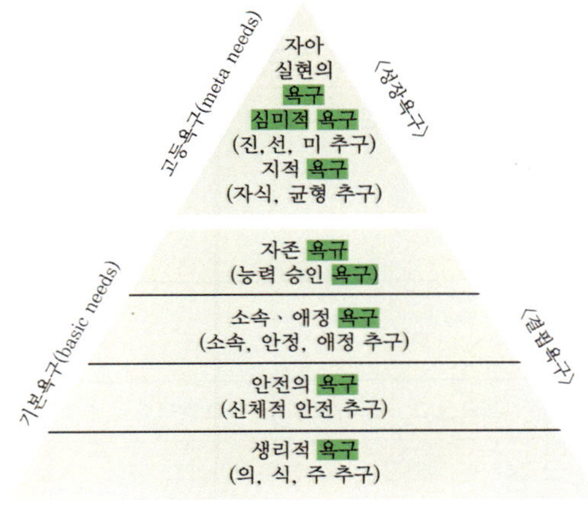

\#매슬로우의 욕구유형# {10.1 승진}		
유 형	내 용	비 고
자기실현의 욕구	㉠ 장래의 자기발전 · 자기완성의 욕구 및 성취감 충족 {10.1 승진, 02.7 순경} ㉡ 조직의 욕구와 조화함에 어려움이 뒤따른다. {02.5 순경} ㉢ 매슬로우는 극소수만이 이에 이를 수 있다고 주장	공정하고 합리적인 승진, 공무원단체 활용, 공직에 대한 사회적 평가의 제고, 직무확장, 직무확충, 사명감 고취, 행정윤리 {09.1 승진, 05.1 승진}
자기존중의 욕구	타인에게 인정 · 존중 · 신망을 받으려는 욕구 {02.7 순경}	참여확대, 권한의 위임, 제안제도, 포상제도, 교육훈련, 근무성적평정, 승진, 배치전환 {10.1 승진, 09.1 승진, 05.10 순경, 05.1 승진, 03.2 경간부, 02.1 승진}
사회 (소속 · 애정) 욕구	㉠ 동료 · 상사 · 조직 전체에 대한 친근감, 귀속감 충족 {10.1 승진, 02.7 순경} ㉡ 매슬로우는 대부분 사람들은 이 단계 이상을 넘어서지 못한다고 주장	인간관계의 개선, 고충처리 상담, 의사소통의 촉진, 개인 간 갈등 제거, 비공식조직, 인간화 {09.1 승진, 05.10 순경, 05.2 경간부}
안전의 욕구	공무원의 현재 및 장래의 신분이나 생활에 대한 불안의 해소 {02.7 순경}	신분보장, 연금제도, 고용 및 신분의 안정성, 작업환경의 안정성 {10.1 승진, 09.1 승진}
생리적 욕구	㉠ 의 · 식 · 주 및 건강 등에 관한 욕구 {02.7 순경} ㉡ 최하위에 있는 가장 기초적인 욕구로서 우선순위가 가장 높은 욕구	적정보수제도, 휴양 및 휴가제도 {10.1 승진, 09.1 승진}

2) 맥클리랜드(D. C. McClelland)의 성취동기이론

의 의	맥클리랜드의 성취동기이론은 **목표관리의 목표설정과 깊은 관계**가 있다. 성취동기란 중요 목표에 대해서 능력을 발휘하고 어려운 문제의 해결을 위해서 도전하며, 목표를 가능한 잘 성취하려는 동기를 말하는 것으로 **자아실현 욕구에 초점**을 둔 동기라 할 수 있다.
종 류	① 인간은 대체로 **성취욕구, 친교(친화)욕구, 권력욕구**를 가지고 있다. 단, 욕구서열은 개인별로 다르다. {03.1 승진} ② 맥클랜드의 성취동기이론에 의하면 매슬로우의 5단계 욕구를 3단계, 즉 **성취욕구, 권력욕구, 친교욕구로 구분**한다.

3) 맥그리거의 X · Y이론

X 이론	관리자가 직원을 아주 게으르고, 책임감이 없고 **피동적**으로 본다.
Y 이론	관리자가 직원을 근면하고, 책임감 있고, **능동적**이라고 본다.

【맥그리거(D. McGregor)의 X·Y이론 비교】

	X이론(전통적 인간관) 성악설, 과학적 관리론의 인간관	Y이론(현대적 인간관) 성선설, 인간관계론적 인간관
인간관	㉠ 본래 태만하고 가능한 한 일을 회피함. ㉡ 야망이 없고 책임지기를 싫어함. ㉢ 이기적이며 창의력이 부족함. ㉣ 변화에 저항적임. ㉤ 생리적·안전적 수준에서 동기 부여됨. ㉥ 인간은 통제와 강제의 대상임.	㉠ 일을 놀이와 같이 자연스럽게 생각함. ㉡ 목표 달성을 위해 자기통제가 가능함. ㉢ 능동적인 성향을 지님. ㉣ 변화에 저항적으로 반항하지 않음. ㉤ 친화, 자존, 자기실현 수준에서 동기부여 ㉥ 장래성, 창조성을 지님.
동기 부여 방식	㉠ 저차원(생리적)의 욕구 충족 ㉡ 지시, 명령, 감독, 통제 ㉢ 권위주의적 관리	㉠ 고차원의 욕구 충족 ㉡ 조직목표와 개인목표의 조화 ㉢ 민주적 관리

【E. Schein의 4대 인간관이론】

종 류	개념	관리자
합리적 경제인관	인간이 경제적 이득을 계산하여 행동한다고 본다.	관리자는 사기나 리더십보다는 수당과 보수같은 경제적인 유인을 인간통제의 수단으로 활용할 수 있다고 본다.
사회인관	직원은 업무나 경제적인 보상보다는 직장내외의 인간관계, 사교 내지는 동료관계가 동기유발에 중요하다고 본다.	관리자는 직원의 인간관계욕구의 충족을 위해 노력해야 한다.
자기실현인관	직원은 자아실현욕구를 가지고 있고 스스로 자기통제를 해나간다고 본다.	관리자는 통제자가 아니라 직원이 보람을 느낄 수 있도록 촉진자, 촉매자로 행동하는 것이 생산성을 높여준다.
복잡인관	인간은 다양한 특성을 가지고 있다고 본다.	관리자는 직원의 다양한 능력과 욕구를 감지하여 그 특성을 이용한 관리를 해야 한다.

4) 허즈버그(Herzberg)의 욕구충족2요인이론(동기, 위생요인)

의 의	허즈버그의 이론은 **만족요인(동기요인)과 불만족요인(위생요인)으로 이원화**되어 있으며, 조직생활에서 만족을 주는 요소와 불만을 주는 요소는 서로 다르다고 한다.		
욕구충족 이원론 {10.1 승진}	**만족요인 (동기부여 요인)**	㉠ 성장　　　　㉡ 승진　　　　㉢ 보람 있는 일 ㉣ 직무상의 성취　㉤ 직무성취에 대한 인정　㉥ 책임	
	불만족 요인 (위생요인)	㉠ 조직의 정책과 관리　㉡ 감독　　　㉢ 작업 조건 ㉣ 대인 관계　　　　㉤ 봉급　　　㉥ 지위 ㉦ 직무 안정　　　　㉧ 개인적 생활	

욕구충족 이원론의 특징	**만족 요인의 특징**	① 일 자체에 대한 욕구로서 일의 성취와 이를 통한 자기실현이 이에 속하고 충족되면 **적극적인 만족감을 느끼고 근무의욕이 향상**될 수 있다. ② 인간의 정신적 측면이나 자기실현 욕구·존경욕구 등 상위욕구 또는 이른바 **아브라함 본성(Abraham Nature)과 관련되고 장기적 효과**를 가진다. ③ 동기를 적극적으로 유발하게 되는 자기실현욕구·존경욕구를 충족하는데는 능력발휘의 기회를 더 많이 주고 일에 대한 책임과 자유를 더 확대시켜 자기통제를 할 수 있게 함으로써 이른바 **직무충실화**가 이루어진다는 데 중점을 둔다.
	불만족 요인의 특징	① 일하고 있는 환경과 관련되지만, 이를 개선하면 불만을 줄이거나 방지하게 된다. ② 충족되지 않으면 심한 불만을 일으키지만, 충족되어도 적극적으로 만족감을 느끼게 하여 근무의욕을 향상시키지는 않는다. ③ 불만요인이 제거되어도 근무태도의 단기적 변동만 가져올 뿐 장기적 효과는 없다. ④ 인간의 동물적·본능적 측면이나 이른바 **아담 본성(Adam Nature) 또는 욕구계층상의 하위욕구(생리적 욕구, 안전욕구)와 관계**가 있다

5) 롤러와 포터(Lawler & Porter)의 기대이론

의 의	인간의 욕구가 바로 인간행동을 유발하는 것이 아니며, **인간은 자신의 행동이 가져오는 결과를 고려하여 행동한다는 이론**이다.
내 용	① **과거에 습득한 경험이나 미래에 대한 기대감에 의해서 동기부여**가 된다. ② 동기부여이론에서는 생산성에 영향을 미치는 요인으로 **조직구성원의 사기나 만족보다는 노력이 중요**하다고 본다. ③ 롤러·포터는 인간의 기대, 업적, 보상을 연결시켜 동기부여 과정을 설명한다. ④ 높은 성과를 올릴수록 많은 보상을 받아야 하고 그 보상은 공평해야 하며 보상이 공정하지 않으면 만족감이 적어진다고 한다.
보 상	① 보상은 외재적 보상과 내재적 보상으로 나눌 수 있다. ② **내재적 보상**은 주로 정신적인 측면으로 가시적이지는 않다. ③ **외재적 보상**은 제도적 측면의 조직의 통제 아래에 있으며, 매슬로우 모형의 생리적 욕구 및 안전욕구의 충족 수단들이다. ④ 경찰은 보상을 함에 있어 특진, 휴가, 승진, 표창 등 주로 **외재적 보상에 의존하는 비중이 내재적 보상에 의존하는 비중보다 크다.**

6) 브룸(Vroom)의 기대이론

의 의		욕구충족을 위해 **어떠한 방법으로 행동선택을 하는가에 초점**을 두는 이론이다.
3가지 변수	기대성	기대감은 일정한 노력을 기울이면 **일정한 수준의 성과를 가져올 수 있다는 가능성에 대한 주관적인 믿음**을 뜻한다(1차적 결과).
	수단성	수단성은 일정한 성과가 달성되면 **반드시 바람직한 보상(승진, 봉급인상, 상사의 인정)이 있을 것이라는 주관적인 믿음**을 뜻한다(2차적 결과).
	유의성	유의성은 어느 **개인의 1차적 및 2차적 결과에 대하여 갖는 매력의 정도**를 말한다.
3가지 변수의 상관관계		브룸의 3가지 변수의 상관관계를 보면 ㉠ 일정한 노력을 기울이면 일정한 성과(=1차적 결과)가 온다는 기대감, ㉡ 성과가 달성되면 반드시 보상(=2차적 결과)이 뒤따른다는 기대감(수단성), ㉢ 결과에 대해 개인이 갖고 있는 매력성(유의성)에 달려 있다고 주장하였다.

7) 앨더퍼(C. P. Alderfer)의 ERG이론

의 의		**매슬로의 욕구 5단계 이론을 수정**하여 인간의 동기(motive)에 관한 체계적인 연구를 통하여 높은 수준의 욕구나 낮은 수준의 욕구 모두가 어느 시점에서 동기부여의 역할을 한다는 이론이다.
기본 욕구 {10.1 승진}	존재욕구 (Existence needs : E)	**존재욕구는 허기, 갈증, 주거 등과 같은 모든 형태의 생리적, 물질적 욕구들**이다. 이는 인간의 생존을 위하여 필요로 하는 욕구로서 **가장 기본적인 동기**라 할 수 있다. 즉, 인간의 생존에 기본적으로 필요한 음식, 안전 등을 나타내는 개념이다. 따라서 존재욕구는 신체적 안녕, 복지를 유지하기 위해 본질적으로 필요한 생리적 욕구와 안정의 욕구를 포함하는 것이다. 이는 **매슬로우의 이론의 생리적 욕구와 안전의 욕구가 이 범주에 속한다.**
	관계욕구 (Relatedness needs : R)	**관계욕구는 대인관계와 관련된 모든 욕구 즉 개인간의 사교 소속감, 자존심 등을 의미**한다. 개인의 이러한 유형의 욕구의 충족은 타인과의 상호 교류를 통하여 자신의 감정과 생각을 교환함으로서 이루어진다. 이는 **매슬로우의 대인 관계 측면의 안전욕구, 사회적 욕구 중 애정욕구 및 소속감과 일부 존경욕구와 유사**하다.
	성장욕구 (Growth needs : G)	**성장욕구는 창조적, 개인적 성장을 위한 개인적 노력과 관련된 욕구를 의미**한다. 이러한 성장욕구의 충족은 자신의 능력을 최대한 발휘할 수 있을 뿐만 아니라 새로운 능력개발을 필요로 하는 업무에 종사함으로써 획득할 수 있다. 이는 **매슬로우의 자아실현 욕구와 일부 존경의 욕구(자기 확신의 자존심)가 이 범주에 속한다.**

8) 아지리스(C. Argyris)의 미성숙·성숙이론

조직과 개인의 갈등	조직과 개인은 각각 그 목표를 추구하는 과정에서 상호 작용하는 가운데 갈등과 대립을 나타낸다. {10.1 승진}		
인간의 Personality 의 변화모형	미성숙 (Immature Infant Behavior)	㉠ 수동적 활동 ㉢ 단순한 행동양식의 제한 ㉤ 단기적 안목 ㉦ 자아의식의 결여	㉡ 타인에 대한 의존적 상태 ㉣ 변덕스럽고 얕은 관심 ㉥ 타인에 대한 종속적 지위
	성숙 (Mature Behavior)	㉠ 능동적 활동 ㉢ 다양한 행동양식 ㉤ 장기적 안목 ㉦ 자아의식과 자기통제	㉡ 타인에 대한 독립적 상태 ㉣ 길고 강한 관심 ㉥ 타인에 대한 대등 혹은 우월한 지위
특징	① 이 7단계는 전체 인성의 한 측면만을 나타낸 것이므로 어떤 경우 인성은 개인의 지각과 자아 개념, 적응·조정에 의존한다. ② 이 7단계는 연속체의 유년에서 성년까지 계속 변화한다. ③ 이는 특정한 형태를 예견한 것이 아니라 인간의 성장을 묘사·측정할 수 있는 방법을 제시한 것이다. ④ 아지리스와 기타 조직 개발 실천가들이 제안하는 조직발전을 위한 전략 중 개입 전략(interventions)은 그들이 주장한 공식이론으로부터 부분적으로 유추될 수 있으나 주로 실험실 교육과 민감도 훈련 운동(sensitivity training movement)에 의해 유추된다.		

제4절　경찰인사관리

I. 경찰인사관리의 내용

의 의	① 경찰인사관리는 **경찰인력을 효율적이며 공정하게 운용하는 동태적인 과정**이다. {06.1 승진} ② 경찰관을 체계적이고 합리적인 기준에 따라 **분류 · 모집 · 채용 · 관리 등을 해 나가는 활동**을 말한다. {06.1 승진}
업 무	인사관리 업무는 **직원의 업적 및 조정**, 그리고 **생산성의 향상**뿐만 아니라 경찰관의 **모집, 선발, 교육훈련, 보수, 승진, 퇴직관리, 그리고 복지**를 다룬다. {06.1 승진}
3대 변수	㉠ 채용 · 임용 ㉡ 능력발전(승진, 전직, 전보, 파견근무, 교육훈련, 근무성적평정 등) ㉢ 사기(보수, 연금, 신분보장, 고충처리 및 인사상담 등)가 있다.
목 적	① **효율적인 인력운용** {02.1 승진} ② **공정하고 합리적인 인사운영** {06.1 승진, 02.1 승진} ③ 경찰조직과 경찰관 개개인의 욕구 조화(경찰조직내의 갈등 지양) ④ 우수한 인재확보와 계속적인 능력발전 ⑤ **환경변화에 대한 적응성 확보** {02.1 승진} 　☞ **정실주의의 적절한 활용(×)** {02.1 승진}

1. 인사행정의 2대원칙

엽관 주의	의의	① **공직임용에 있어서 능력, 자격, 업적보다는 충성심, 당파성 등에 기준을 두는 인사제도**로서 선거에서 승리한 정당이 모든 관직을 전리품처럼 획득하고 선거에서의 충성도에 따라 공직을 정당원들에게 임의대로 처분할 수 있는 **정치적 인사제도**이다. {08.2 경간부, 01.1 승진} ② **미국의 자유민주정치 발전과정에서 도입**된 인사행정제도이다. ③ 주의할 것은 **행정을 단순하게 보아 누구나 수행할 수 있는 것으로 보는 것**은 엽관주의 발달원인 중 하나라는 점이다.
	장점	① **정당정치의 발전과 책임행정** ② **민주적 통제 강화와 시민의 요구에 따른 행정의 수행**이 이루어진다. ③ 공무원의 **적극적인 충성심 유도** ④ 관료의 특권화(관료주의화) 방지와 공직침체의 방지
	단점	① 행정의 비능률성 · 비전문성 초래 ② **부정부패의 만연** ③ 공무원은 국민보다 정당을 위해 봉사 ④ **기회균등의 원리에 위배** ⑤ **행정의 계속성 · 안정성 저해** ⑥ 정당에 충성한 사람들을 많이 임용하기 위하여 불필요한 관직을 증설하여 예산 낭비 초래

실적주의	의의	① 실적주의란 공무원인사제도의 기준을 **공무원 개개인의 자격과 능력**에 따라 행하는 것으로 **공무원의 신분보장을 통한 직업공무원제의 확립을 위한 기반**이 된 제도이다. {08.2 경간부} ② 실적주의의 도입은 직업공무원제 도입 및 중앙인사기관 설치의 전제조건이라 할 수 있다. ③ 실적주의 인사제도는 **공무원의 신분보장, 정치적 중립성을 구성요소로** 하며 **미국 자유민주주의 발전과정에서 도입**되었다. {08.2 경간부} ④ 미국은 1883년 펜들턴법의 제정, 영국은 1870년 제2차 추밀원령 제정으로 실적주의로 전환하였다.
	특징	① 공개경쟁채용 시험제도 ② 신분보장 ③ 공직에의 기회균등 보장 ④ 과학적 · 객관적 인사행정 ⑤ 공무원의 정치적 중립 ⑥ 중앙인사기관의 권한 강화
	장점	① **공무원의 정치적 중립** ② **부패방지에 기여** ③ 신분보장으로 인한 **행정의 능률성 · 전문성 · 안정성 · 계속성 확보** ④ **공직기회의 균등 실현**
	단점	① 인사행정의 소극화 · 형식화 · 집권화 초래 {08.2 경간부} ② 정책의 효율적인 수립 · 집행곤란 ③ 관료의 보수화 · 특권화 ④ **정당이념의 행정에 대한 반영 곤란** ⑤ **공무원의 신분보장으로 인한 민주적 통제의 곤란** ⑥ **국민요구에 대응하지 않을 우려가 있다.** {08.2 경간부}
엽관주의 와 실적주의 의 조화		① 엽관제나 실적제는 각각 장단점이 있기 때문에 **상호 보완적으로 활용**되는 것이 바람직하다. ② 오늘날 대부분의 국가에서도 **실적제를 기본으로** 하여 공무원 개혁의 일환으로 **엽관제적 요소가 가미된 적극적 인사행정을 도입**하고 있는 추세이다. ③ **고위직은** 집권자와 정치적 이념을 공유하여야 정책추진이 수월하므로 **정실기준(엽관주의)**이, **중·하위직**에는 행정의 능률성과 안정성을 확보하기 위하여 **실적기준**이 많이 적용된다.

【엽관주의와 정실주의의 비교】 {12.1 승진}

	엽관주의(미국)	정실주의(영국)
기 준	정치성(당파성, **충성심**)	정치성+귀속성(학연 · 지연 · 혈연 등 인사권자와의 친분 · 신임관계를 고려)
신분보장	불인정	인정
공통점	능력이나 실적 등에 의해 선발하지 않는다.	

【성과평가제도의 개선】 {11.8 순경}

경찰청은 금년 상반기(2011 1. 1 ～ 2011. 5. 31) 각 경찰관서에 대한 성과평가를 실시한 결과, 지방청 중에서는 부산청, 경찰서는 부산 해운대서가 각각 1위를 했다고 밝혔다.

금년 경찰청의 상반기 성과평가는 예년과 달리, 각 경찰관서에 대한 국민만족도를 40%(지방청 25%, 경찰서 20～40%)까지 평가에 반영하였으며, 지역 주민으로 구성된 치안정책평가단이 평가과정에 직접 참여하는 등 국민만족 치안활동에 대한 평가를 대폭 강화하였다.

특히, 과도한 실적주의로 인한 폐해를 없애겠다고 취임이후부터 계속 공언해 온 조현오 경찰청장의 의지에 따라 그동안 평가에서 큰 비중을 차지했던 단속과 검거실적은 평가에 거의 반영되지 않았다.

※ 교통질서.기초질서 위반사범 등 단속건수는 평가에 반영하지 않았으며, 범인검거 실적은 주요 4대 범죄(살인.강도.강간.절도)만 평가

경찰청은 과도한 실적주의로 인한 폐해를 방지하고, 국민중심의 치안활동을 펼치도록 성과평가를 개선한 결과 범죄발생증가율은 예년과 비슷한 0.5% 증가에 그친 반면, **교통질서위반사범 단속실적을 평가에 반영하지 않았음에도 교통법규 준수율은 오히려 7% 향상되고, 교통사고 사망자는 10% 감소하는 성과를 거두었으며,** {11.8 순경} 치안고객만족도(5.8%↑)와 직원 내부만족도(7.6%↑) 모두 큰 폭으로 향상되었다고 밝혔다.

이러한 결과는 일선 치안현장에서 실적에 쫓기지 않고 국민이 원하는 방향으로 치안서비스를 제공한 결과로 해석된다. 경찰청은 앞으로도 성과평가제도의 문제점을 계속 개선하여 성과주의의 패러다임을 국민만족도 위주로 바꾸어 나갈 것이라고 밝혔다.

하반기에는 치안만족도의 평가 반영비율을 10% 추가 상향하여 전체 평가에서 관족도가 차지하는 비중이 50% 이상이 되도록 하고, 지역 주민의 평가 참여도 더욱 확대할 예정이다

특히, 국민권익에 가장 밀접하게 관련된 수사 활동에서 **국민만족도를 더욱 높일 수 있도록 형사활동평가 분야를 대폭 개선할 계획이다.** {11.8 순경}

인권침해, 적법절차 준수 미흡 등 그간 수사상 관행으로 치부되었던 수사 과오가 발생하면 평가에서 크게 불이익을 받게 되며, {11.8 순경} **소액 절도사건 등 사소한 사건이라도 지역주민의 피해신고에 적극 대응하고, 주민만족도를 높이는 형사팀에 높은 점수가 부여되도록 할 계획**이다. {11.8 순경}

경찰청 관계자는 단순히 실적을 평가하고 서열을 세우던 종래의 성과평가 방스에서 벗어나, 경찰관 개개인의 동기부여와 역량을 강화할 수 있는 평가체계로 패러다임을 전환하고, 궁극적으로 치안에 대한 국민만족도가 높아지도록 성과관리를 해 나가겠다. **[2011년 7월 21일 경찰청 보도자료]**

2. 경찰직업공무원제도

의 의	직업공무원제란 **젊은 인재들을 공직에 적극적으로 유치하기 위하여 만든 것**으로 공직에 근무하는 것을 명예롭게 생각하면서 일생동안 공무원으로 근무하도록 하기 위한 것이다. {06.10 순경}
실적주의 와의 관계	① 실적주의는 **실적과 자격에 기준**을 둔 공무원 인사행정제도인 반면에, 경찰직업공무원제도는 실적주의에 의한 채용 및 신분보장은 물론 더 나아가 **경찰직을 평생직업으로 근무하면서 이로 인해 보람된 삶을 향유하도록 하는 제도**이다. {06.10 순경} ② 실적주의는 채용이나 보장 등에 한정하는 반면에 경찰직업공무원제도는 실적주의를 포함하는 개념이며 **경찰직 생활 자체에 더 핵심을 두고 있는 점**에서 구별된다. ③ **실적주의는 직업공무원제의 필요조건**이며 충분조건(폐쇄형 실적주의가 충분조건임)이 아니다. 즉 직업공무원제가 확립되기 위해서는 실적제가 필요하지만 개방형을 폭넓게 허용하면서 직업공무원제의 확립이 곤란하기 때문에 실적제가 도입된다고 해서 바로 직업공무원제가 확립되는 것은 아니다.
직위분류 제와의 관계	직업공무원제가 가장 발달한 영국이나 프랑스가 직위분류제가 아닌 계급제를 택하고 있다는 것은 **직위분류제가 직업공무원제의 전제조건은 아닌 점**을 볼 때 경찰직업공무원제와 직위분류제는 필수적 요건관계는 아니다. {06.10 순경}
경찰직업 공무원 제도의 확립요건	① 공직에 대한 높은 사회적 평가 ② 보수 및 연금제도의 적정화 ③ 유능한 젊은 인재의 채용 ④ 승진제도의 합리화 ⑤ 공무원의 능력개발기회 공정 ⑥ 직급별 인력수급계획의 수립 ⑦ 공무원의 신분보장

【직업공무원제와 실적주의의 비교】

	직업공무원제	실적주의
차이점	영국, 독일, 한국, 프랑스	미국
	계급제	직위분류제
	폐쇄형 충원	개방형 충원
	일반행정가 중시	전문행정가 중시
공통점	① 공개경쟁채용시험 ② 기회균등(실적주의가 다소 강함) ③ 정치적 중립성 ④ 신분보장(직업공무원제가 다소 강함)	

3. 공직의 분류

분류		① 경찰인사관리제도는 경찰조직의 요소가 되는 각 직위를 분류하는 방식에 따라 **사람 중심의 계급제와 직무 중심의 직위분류제**로 나눌 수 있다. {08.7 순경, 05.7 순경, 02.3 순경} ② 한국의 경찰조직은 **계급제 위주**로 되어 있으며, 거기에 **직위분류제적 요소가 가미**되어 있다. {08.7 순경, 06.10 순경, 02.3 순경}
계급제	개 념	① 계급제는 직위에 보임하고 있는 공무원의 자격·신분을 중심으로 계급을 만드는 인사관리제도로서 **인간중심의 분류방법**이다. {03.1 승진, 02.3 순경, 02.2 경간부} ② 한국의 공무원인사제도는 기본적으로 계급제 구조를 가지며, 영국, 독일, 프랑스, 일본, 한국 등이 이 제도를 따르고 있다.
	특 징	① 계급제는 보통 계급의 수가 적고, 계급 간의 차별이 심하며 외부로부터 충원이 힘든 **폐쇄형의 충원방식**을 취하고 있다. {10.1 승진, 06.10 순경, 03.1 승진, 02.2 경간부} ② 중간계급에의 진입을 허용치 않는 계급제가 공직을 평생직장으로 이해하는 직업공무원제도의 정착에 보다 유리하다. ③ 계급제는 직류, 직렬, 직군 등의 수평적 분류가 없어 인적자원활용의 수평적 융통성은 높으나, 계급의 수가 적고 계급이 사회출신 성분과 교육제도상 계층과 연관되어 있어 **계급 간 승진이나 이동이 용이하지 않아 수직적 융통성은 낮은 편이다.** {08.3 순경} ④ 계급제는 규모가 작고 단순한 조직에 적합하다.
	장 점	① 계급제는 널리 일반적 교양·능력을 가진 사람을 채용하여 신분보장과 함께 장기간에 걸쳐 능력이 키워지므로 **공무원이 보다 종합적·융통적·신축적인 능력을 가질 수 있다.** {10.1 승진, 03.1 승진, 02.2 경간부, 02.1 승진, 01.1 승진} ② **이해력이 넓어져 기관 간의 횡적인 협조가 용이**하다. {10.1 승진, 03.1 승진, 02.2 경간부} ③ 계급제는 탄력적인 인사관리를 통해 일반행정가 육성에 기여할 수 있다.
	단 점	① 행정의 전문화 곤란 ② 객관적인 근무평정의 곤란 ③ 동일업무에 대한 동일보수지급의 곤란 ④ 계급의 폐쇄화에 따른 상호 배타적인 긴장 조성 ⑤ 직무와 직무담당자의 능력의 괴리 초래 ⑥ 직무지향적 동기유발의 좌절 초래
직위 분류제	개 념	① 직위분류제는 **일의 종류와 난이도 및 책임도에 따라 공직을 분류하는 인사관리제도**이다. ② 1909년 **미국의 시카고에서 처음 실시**되었다. {08.7 승진, 07.3 경간부, 01.1 승진}
	특 징	① 직위분류제는 **직무분석과 직무평가의 중요성을 강조**한다. {03.1 승진, 02.3 순경, 02.2 경간부} ② 직위들을 종적, 횡적으로 분류하기 위한 것이 바로 **직무분석(종적)과 직무평가(횡적)**이다.
	장 점	① 시험·채용·전직의 합리적 기준을 제공하여 **인사행정의 합리화**를 기할 수 있다. {10.1 승진} ② 동일직무에 대한 동일보수의 원칙을 확립함으로써 **보수제도의 합리적 기준을 제시**할 수 있다. {08.2 경간부, 07.3 경간부, 01.1 승진} ③ 전직이 제한되고 동일한 직무를 장기간 담당하게 되어 **행정조직의 전문화·분업화에 기여**할 수 있다. {08.2 경간부, 07.3 경간부, 01.1 승진} ④ **권한과 책임의 한계를 명확**히 할 수 있다. {08.3 순경, 08.1 경간부, 02.1 승진, 01.1 승진}

단 점	① **유능한 일반행정가의 확보가 곤란**하다. {08.2 경간부} ② **인사배치에 신축성과 융통성이 없다.** {08.3 순경, 08.2 경간부, 01.1 승진} ③ **신분보장이 미흡**하다. {10.1 승진, 08.3 순경, 08.2 경간부} ④ 합리적인 직위의 분류가 어려워 실제 적용에 문제가 많다. ⑤ 직위분류제는 조직보다 직무를 중시하므로 자기 집단이익에 집착할 가능성이 낮아진다. ⑥ 직위분류제는 엄격한 기준에 의한 분류구조이므로 역동적이고 불확실한 상황에 불리하다.	

양자의 관계 {02.1승진, 02.3 순경, 08.7 순경}		계급제	직위분류제
	분류방법	사람중심의 분류방법	직무중심의 분류방법
	충원방식	폐쇄형	개방형
	인사배치	신축적	비융통적

【계급제와 직위분류제의 비교】

	계급제	직위분류제
분류방법	**사람중심**(일반행정가 양성에 유리) {07.3 경간부, 05.7 순경}	**직무중심**(전문행정가 양성에 유리) {02.3 순경, 01.1 승진}
분류기준	개인의 자격·능력·신분(사람차이)	직무의 곤란성·책임도(직무차이)
충원방식	**폐쇄형**{08.7 순경, 02.1 승진}	**개방형**{02.3 순경}
인사관리	**신축적·탄력적·융통성** {08.7 순경, 08.1 승진}	**비신축적·비융통적·경직적** {10.1 승진, 08.1 승진, 05.7 순경, 02.3 순경}
행정계획	장기적 사업계획 → 환경에 동태적 적용	단기적 사업계획 → 능률성 확보
조정·협조	**기관 간 협조·조정이 용이**	**기관 간 협조·조정이 곤란** {05.7 순경}
신분보장	**강함**	**미약(민주적 통제가 용이)**
권한·책임	**불명확**	**명확**
직업공무원제	**확립 용이**	**확립 곤란**
공무원의 격	일반행정가	전문행정가
보수체계	생활급(동일계급에 동일보수) → 보수의 적정화·현실화(생계비)	직무급(동일직무에 동일보수) → 보수제도의 합리적 기준을 제시
인사행정 합리성	낮음(정실개입 가능성 높음).	높음(정실 개입 가능성 낮음).
교육훈련	일반지식, 교육훈련수요나 내용파악이 곤란	전문지식, 교육훈련수요의 정확한 파악 가능
적용국가	영국·독일·프랑스·일본·한국 등	미국의 시카고 시에서 처음 시작
상호관계	계급제와 직위분류제는 서로 양립될 수 없는 상호 배타적인 관계가 아니라 상호 결점을 치유할 수 있는 **상호보완적인 관계**에 있다고 볼 수 있다.	

☞ **발탁인사제도** : 승진의 연한을 채우지 아니하더라도 리더재능이 있다고 평가받을 인물을 나이와 경력에 상관없이 책임 있는 자리에 앉히는 제도이다. 이 제도는 승진연한이나 경력을 중시하지 않으므로 연공서열제에서 오는 조직침체를 보완할 수 있는 장점이 있는 반면에 구성원간의 갈등과 과다 경쟁의 우려가 있다.

☞ **인사자기내신제(人事自己內申制)** : 경찰공무원이 다음 보직을 선택함에 있어서 개인의 근무환경과 생활여건 등을 고려하여 자기설계가 가능하도록 본인의 근무희망부서나 희망가능 등을 내신케 하여 보직인사에 반영하는 인사상 의사전달 경로를 개방한 제도이다. {01.1 승진}

II. 경찰교육훈련

1. 교육훈련의 의의

의 의	㉠ **경찰조직의 목적달성에 민주적이고 능률적으로 기여**할 수 있도록 경찰관의 능력을 개발하고 ㉡ **직무수행에 필요한 지식과 기술을 연마**하며, ㉢ **직무수행에 적합한 태도와 가치관의 발전적 변화를 추구하는 계획적이고 지속적인 활동**이다. {03.2 경간부}
목 적 {01.10 순경}	① 경찰관의 지식과 기술의 향상 ② 효율성 향상 ③ 새로운 관리기법의 도입 ④ 상황대응능력제고 ⑤ 임무수행능력 향상 ⑥ **승진대비와 발전성 유지** 　　☞ 승진시험 대비나 승진욕구의 충족(×) 　　☞ 통제와 조정의 필요성 증가(×)
교육훈련 체제의 개선방안 {02.1 승진}	① 교육훈련수요에 대한 정확한 파악 ② 교육훈련 프로그램에 대한 적절한 평가 ③ 위탁교육의 확대 ④ 우수한 교관요원의 확보 ⑤ 훈련의 개별화 및 새로운 기법의 활용 ⑥ 직장훈련(OJT)의 강화

2. 교육훈련기관

경찰대학	① 1981년 4년제 국립대학으로 경찰대학을 설립하였다. ② 경찰대학생과 총경 · 경정 · 경감에 대한 기본교육 및 일선 경찰관에 대한 직무교육을 실시하고 있다. ③ 부설기관으로서 치안정책연구소가 있다.
경찰 교육원	경찰간부후보생 교육과 경위 · 경사에 대한 기본교육, 그리고 일선 경찰관들이 현장에서 직접 필요로 하는 대부분의 직무관련 전문교육을 담당하고 있다.
중앙 경찰학교	① 신임경찰관 및 전 · 의경 교육을 담당하고 있다. ② 신임교육은 일반 · 여경 공채채용자와 101경비단, 사이버, 외사, 기동경찰, 경찰행정학과 특별채용자 등을 대상으로 24주간(6개월) 실시하고 있으며, 고육을 통해 경찰업무에 필요한 실무, 전문 지식 등을 습득케 함으로써 전문 역량을 갖추고 현장에 능숙한 프로 경찰관 야성을 목표로 하고 있다.
경찰수사 연수원	경찰청 소속기관인 경찰수사연수원으로 확대 · 개원하여 수사경찰으 직무전문교육을 담당하고 있다. 또한 타 부처 수사관을 대상으로 전문수사교육과 개발도상국 경찰관을 대상으로 수사교육 프로그램을 운영하고 있다.
지방 경찰학교	경찰에서는 지역특성에 맞는 현장 중심의 전문 직무교육을 강화하기 위해 지방경찰청별로 지방경찰학교를 설치 · 운영하고 있다.

3. 경찰교육훈련의 형태[경찰공무원 교육훈련규정(대통령령 2012.7.22 시행)]

1) 분류

장소에 따른 교육의 분류	학교교육, 위탁교육, 직장훈련
대상에 따른 교육의 분류	신임교육, 기본교육, 전문교육

2) 학교교육 [경찰공무원 교육훈련규칙(경찰청훈령 2010.10.26 시행)]

구 분		교육과정	교육 대상	교육기간	교육기관	비 고
학교 교육	신임 교육	간부후보생 교육과정	간부후보생	52주	경찰교육원	전투경찰순경출신자 및 특수경과(항공·통신·운전)의 경찰공무원과 경찰청이 지정하는 경찰공무원에 대한 신임교육과정은 12주로 단축할 수 있다.
		신규채용자 교육과정	경찰공무원으로 임용될 자 또는 임용된 자	34주	중앙경찰학교	
	기본 교육	치안정책 교육과정	총경 (승진후보자 포함)	24주	경찰대학	
		고급간부 교육과정	경정	5주		
			경감			
		초급간부 교육과정	경위	3주	경찰교육원	
			경사			
	전문 교육	직무와 관련된 전문교육(**경정이하** 경찰공무원)				

3) 직장훈련 [경찰공무원 직장훈련 시행규칙(경찰청훈령 2011.5.6 시행)]

의 의	경찰기관의 장이 소속 경찰공무원의 직무수행능력을 향상시키기 위하여 일상업무를 통하여 행하는 훈련이다.
적 용 범 위	**경정 이하**의 경찰공무원에게 실시한다.
종 류	**직장교육 · 체력단련 및 사격훈련**으로 구분한다
직 장 훈 련 횟 수 및 시 간	① 직장교육은 **월 2회 이상 실시**하되 1회는 기관단위 소집교육으로 하여야 하며, 1회 교육시간은 1시간 이상으로 한다. ② 무도훈련은 **월 2회 이상 실시**하되 1회 훈련시간은 1시간 이상으로 한다. ③ 체력검정은 매년 10월까지 연 1회 정기적으로 실시한다. ④ 사격훈련은 아래와 같이 실시한다. 　㉠ 정례사격 : 연 2회(2, 3분기 각 1회) 　㉡ 외근요원 특별사격 : 연 2회(1, 4분기 각 1회), 다만 사격성적 등 특별한 사정에 따라 횟수를 증감하여 실시할 수 있다.
평 가 시 기	직장훈련의 평가는 **연 1회 실시하되 10월말 일을 기준**으로 한다. 다만, 교육, 해외파견 등의 사유로 정기평정이 곤란할 경우에는 전년도의 성적에 준한다.

4) 위탁교육

① 교육훈련기관의 성격에 따라 **국외파견교육, 국내위탁교육**으로 나누어진다.
② 위탁교육을 이수한 자는 교육훈련결과보고서를 그 이수 후 **출근하는 날로부터 30일 안에 경찰청장에게 제출**하여야 한다.

5) 퇴학처분

사유	경찰교육기관의 장은 피교육자가 다음 각호의 1에 해당하게 된 때에는 퇴학처분을 하고, 해당 소속기관등의 장에게 이를 통보하여야 한다. ① 입교명령을 받은 자가 타인으로 하여금 대리로 교육훈련을 받게 한 때 ② 정당한 이유없이 결석한 때 ③ 수업을 극히 태만히 한 때 ④ 생활성적이 극히 불량한 때 ⑤ 시험중 부정한 행위를 한 때 ⑥ 경찰교육기관의 장의 교육훈련에 관한 지시에 따르지 아니한 때 ⑦ 질병 기타 피교육자의 특수사정으로 인하여 교육훈련을 계속 받을 수 없게 된 때
징계	소속기관등의 장은 ①~⑥의 **사유로 인하여 퇴학처분을 당한 자 또는 정당한 이유없이 등록을 기피한 자**로서 국가공무원법상 징계사유에 해당한다고 인정하는 때에는 **관할징계위원회에 징계의결을 요구**하고, 이를 **경찰교육기관의 장에게 통보**하여야 한다.
재교육	퇴학처분을 받은 자는 차후 다시 교육훈련을 받아야 한다.

Ⅲ. 공무원 평정제도

1. 경찰근무성적평정[경찰공무원 승진임용 규정(대통령령 2012.2.5 시행)]

의 의	① 근무성적평정이란 공무원의 근무실적, 직무수행능력, 직무수행태도 등을 체계적이고 정기적으로 평가하는 제도이다. ② 근무성적평정에 있어서는 객관성·신뢰성·타당성 등이 보장되어야 한다.
평정 목적	① 공정하고 객관적인 인사행정의 기준 제고 ② 채용시험의 타당성 측정 ③ 교육훈련의 필요성 파악 ④ 적재적소의 인사배치 ⑤ 공무원의 능력발전 ⑥ 감독자와 부하 간의 협조 및 이해증진 ⑦ 인사행정기술의 타당성 평가 기준제시 ⑧ 청렴도 파악과 능률향상
평정 대상	**총경 이하의 경찰공무원을 대상**으로 하며, **총경의 근무성적평정은 제2평정요소(주관적 평정요소)에 의하여만 평정**한다.
평정 시기	근무성적평정은 전년도 11월 1일부터 당해 연도 10월 31일까지를 기준으로 하여 매년 1회씩 정기적으로 평정한다.

평정 요소	**제1평정요소** **(객관적 평정요소)** **(총30점)** {02.1 승진, 99.1 승진}	① 경찰업무발전기여도 : 15점 ② 포상 : 5점 ③ 직장훈련 : 5점 ④ 첩보제출 : 3점 ⑤ 근태 : 2점
	제2평정요소 **(주관적 평정요소)** **(총20점)**	① 근무실적 : 6.5점 ② 직무수행태도 : 6.5점 ③ 직무수행능력 : 7점

근무 성적 평정자	근무성적의 평정자는 **3인**으로 한다.	
	1차 평정자	피평정자의 직근상급감독자 ☞ 지구대인 경우 지구대장
	2차 평정자	제1차 평정자의 직근상급감독자 ☞ 생활안전과장
	3차 평정자	제2차 평정자의 직근상급감독자 ☞ 경찰서장
	평정자를 특정하기 곤란한 경우	**경찰청장**이 평정자를 지정하도록 규정되어 있다.

근무 성적 평정점		**총 경**	**경정 이하**
	수(2할)	47점 이하	19점 이상
	우(3할)	40점 이상 ~ 47점 미만	16점 이상 ~ 19점 미만
	양(4할)	25점 이상 ~ 40점 미만	10점 이상 ~ 16점 미만
	가(1할)	25점 미만	10점 미만

근무성적 평정방법	도표식 평정 척도법 (한국)	① 도표로 된 평정표를 사용하는 방법으로 **가장 많이 이용**한다. {96.1 승진} ② **장점** : 평정표의 작성이 용이하고 평정이 쉽다. ③ **단점** : 평정 요소의 합리적 선정이 어렵다. 평정 요소어 대한 등급을 정한 기준이 모호하다. 연쇄 효과가 나타나기 쉽다.
	강제 배분법	① 근무 성적을 평정한 결과 피평정자들의 성적 분포가 과도히 집중되거나 관대화되는 것을 막기 위해 **성적분포의 비율(4등급: 수, 우, 양, 가)을 미리 정해 놓는 방법**이다. ② **장점** : 피평정자가 많을 때 관대화 경향에 따르는 평정오차를 방지할 수 있다. ③ **단점** : 역산식 평정을 할 가능성이 높다.
	행태 기준 평정 척도법	① **도표식 평정척도법이 갖는 평정 요소 및 등급의 모호성과 해석상의 주관적 판단 개입, 그리고 중요 사건 평정법이 갖는 상호 비교의 곤란성을 보완하기 위하여 두 방법의 장점을 통합**시킨 것이다. ② **장점** : 평정자에게서 오는 오류를 줄일 수 있고, 평정 대상자의 신뢰와 적극적인 관심 및 참여를 기대할 수 있다. ③ **단점** : 개발에 많은 시간과 비용 그리고 노력이 필요하다.
	체크 리스트 평정법	① 공무원을 평가하는 데 적절하다고 판단되는 **표준 행동목록을 미리 작성**해 두고, 이 목록에 **단순히 가부를 표시하게 하는 방법을 통하여 공무원을 평가하는 방법** ② **장점** : 평정하기가 비교적 쉽다. ③ **단점** : 평정 요소에 관한 평정 항목을 만들기가 힘들 뿐 아니라 질문 항목이 많을 경우 평정자가 곤란을 겪게 된다.
근무성적 평정의 결과오류	연쇄 효과	한 평정 요소에 대한 **평정자의 판단이 연쇄적으로 다른 요소의 평정에도 영향을 주는 현상**으로 쉽게 관찰할 수 없는 평정 요소가 선정된 경우나 각 평정 요소의 의미가 서로 구별되지 못하고 중복되어 있거나 모호할 때나 평정자가 부하를 잘 모르는 경우에 나타난다. {04.1 승진} ☞ **연쇄 효과를 줄이기 위한 방법:** 체크리스트 방법이나 강제 선택법을 사용
	집중화 경향	평정자가 **모든 피평정자들에게 대부분 중간 수준의 점수를 주는 심리적 경향**으로 피평정자를 잘 모를 때 그리고 평정자가 책임 회피의 수단으로 모든 피평정자들에게 비슷한 점수를 줄 때 나타난다. {04.1 승진}　　☞ **강제배분법을 적용**

	관대화 /엄격화 경향	관대화 경향	평정 결과의 분포가 **우수한 쪽에 집중**되는 경향
		엄격화 경향	평정 결과의 점수 분포가 **낮은 쪽에 집중**되는 경향
	규칙적 /총계적 오류	규칙적 오류	어떤 평정자가 다른 평정자들보다 언제나 후한 점수 또는 나쁜 점수를 주는 것
		총계적 오류	평정자의 평정 기준이 일정치 않아 관대화 및 엄격화 경향이 불규칙하게 나타나는 경우
	시간적 오류	첫머리 효과	전체 기간의 근무성적을 평가하기보다는 **초기의 업적에 영향**을 크게 받는 현상
		막바지 효과	**최근의 실적이나 능력을 중심**으로 평가하는 경향
	선입견에 의한 오류		평정의 요소와 관계가 없는 성별 · 출신 학교 · 출신 지방 · 종교 · 연령 등에 대하여 평정자가 갖고 있는 편견이 평정에 영향을 미치는 것 ☞ **근속 연한의 오류도 이에 속한다.**
	대비 오차		**바로 직전 피평정자의 평정점이 다음 피평정자에게도 영향을 미치는 것** {04.1 승진}
	논리적 오차		평정요소간에 존재하는 논리적 상관관계에 의한 오류
	상동적 오차		유형화(정형화 · 집단화)의 착오로 선입견 · 고정관념에 의한 오차 {04.1 승진}

직무평가 방법	① 서열법　② 분류법　③ 요소비교법　④ 점수법　⑤ 쌍쌍 비교법
평정결과의 활용	① 근무성적평정의 결과는 **공개하지 아니한다.** ② 근무성적평정의 결과는 승진, 전보, 특별승급 및 특별상여금 지급 등에 크게 작용한다. ③ 심사승진 대상자 명부 작성에 50%, 시험승진의 경우에는 25%의 비율을 차지하고 있다.

2. 다면평가제(=다자평가, 복수평정법, 집단평정법, 360° 평정법) {03.9 순경}

의 의	① 다면평가제란 어느 개인을 평가할 때 상급자, 동료, 부하, 민원인 등 **여러 사람이 동시에 평가하는 인사평정방식**으로 여러 방면에서 평가하는 것을 말하며, **관련 부문의 상급자, 동료, 하급자에 의한 평가가 포함**한다. {03.9 순경} ② **민간기업을 중심으로 확산**되어 공기업, 공공기관에서도 지도력과 관리능력이 요구되는 **고위직에 적용되는 추세**이며, 지금은 모든 관리직 임용시에 활용되고 있다. {04.3 순경, 03.9 순경} ③ 다면평가는 수평, 상향, 하향 평정이 가능하므로 **특정인에 대한 다양한 면모의 평가가** 가능하다는 장점이 있다. ④ 조직원의 **업무행태변화와 능력향상을 위해 사용하는 발전적 목적과 실적평가의 판단적 목적이라는 양면을 추구**한다. ⑤ **전통적 평가방식과 달리 근무성적에 따른 뚜렷한 서열정립이 어렵다.** {04.3 순경, 03.9 순경}
다면평가제를 공직에 도입할 경우 고려사항 {04.11 순경}	① 평가기준을 **문서화하거나 평가를 위한 교육실시가 바람직**하다. ② 상급자의 보복과 눈치가 두려워 제대로 평가할 수 없다는 우려에 **익명성을 원칙**으로 한다. ③ 평가조사의 진행을 외부업체에 위탁할 경우 **객관성과 신뢰도 향상을 기대**할 수 있다.

다면평가제 도입할 경우의 장·단점	장점	① 인사고과의 객관성 제고와 조직원의 능력향상 및 자기발전 촉진, 조직에서의 의사교환을 통한 **조직활성화 도모 등의 긍정적 효과가 기대**된다. ② 근무평가를 통제가 아니라 능력개발의 목적으로 사용하고자 할 때 **정확성과 신뢰성이 보장**된다. ③ 감독자 이외에 동료, 부하, 고객 등 **다양한 사람이 참여하므로 평정에 관심과 지지도**를 높일 수 있다. ④ 평가에 참여하는 소수인의 개인편차를 줄임으로서 **객관성과 공정성**을 높일 수 있다.
	단점	① 객관적인 실적보다는 인기투표식 평가가 우려된다. ② 하급자의 상급 평가에 대한 반발심리가 있고 상호평가를 하기에 잘못하면 **조직 내 불신이나 갈등을 유발**할 수 있다. {04.11 순경} ③ 구성원의 유동성이 심한 경우 평정의 신뢰성이 떨어지기 쉽다. ④ 절차가 복잡하고 평가에 시간과 비용이 많이 든다. ⑤ 아랫사람의 평가라는 점에서 전통적인 하향식 행정문화와의 마찰이 생길 수도 있다.
결과공개		평정의 결과는 개인에게 통보하여 능력발전을 위한 피드백장치로 활용하도록 하고 있으며, 평정결과에 대하여 이의가 있을 경우 **5일 이내에 이의신청**할 수 있다.

【전통적 평가방식과 다면평가제의 비교】

	전통적 평가방식	다면평가방식
평가목적	실적평가의 판단 목적이 중심	업무형태변화의 능력향상을 위한 발전적 목적 + 실적평가의 판단목적 {06.10 순경}
평가방식	상급자에 의한 일방적 평가	동료, 하급자의 평가가 포함 {04.3 순경}
서열정립	피평가자의 근무성적을 비교하여 서열을 정하는 방식	근무성적에 따른 뚜렷한 서열 정립이 어렵다. {04.3 순경, 03.9 순경}
시간과 비용	빠르고 쉬운 평가방식 {04.3 순경}	정교하고 구체적인 평정방식

제5절　경찰사기관리

I. 경찰사기에 대한 일반적 내용

의 의	경찰사기란 경찰조직의 목표달성에 기여하려는 **경찰관 개인과 집단의 정신자세 또는 태도**라고 할 수 있다.	
결정 요인	① 조직 내의 인간관계 ② 근무조건 ③ 신분의 안정 ④ 보수 ⑤ 승진 등 복합적 요인	
성 격	**개인적·자발적 성격** (자주성, 자율성)	사기는 개인이 직무와 근무환경에 대하여 가지는 심리상태를 가리키며, **적극적·자발적 근무의욕**이다.
	집단적·조직적 성격 (집단성)	사기는 개인적인 근무의욕에 그치는 것이 아니라 조직구성원이 전체로서 **조직의 목표달성에 이바지하는 정신상태**라 할 수 있다.
	사회적 성격 (사회성)	사기는 조직 구성원인 개인 또는 어느 한 기관의 자기만족을 의미하는 것이 아니며, 보다 **큰 사회적 가치 또는 발전에 공헌**하는 것이다.
사기 진작의 효과	① 능률적인 직무의 수행을 가능 ② 보다 우수한 자질을 갖춘 인재가 경찰기관에 지원 ③ 경찰조직과 그 관리자에게 충성 ④ 규칙이나 직무명령 및 규범들을 자발적으로 준수 ⑤ 경찰기관의 위기극복능력을 증대 ⑥ 담당직무의 대한 관심이 높아지고 창의성을 **발휘**	
사기 제고의 방법	① 인간의 자율성 존중 ② 인간으로서의 인격 존중 ③ 개인의 기본적 인권 존중 ④ 기회의 평등성 보장 ⑤ 정당한 보수 ⑥ 인사상의 불이익처분이나 불만, 갈등 등의 해결통로 마련 ⑦ 제안제도의 활동 ⑧ 근무조건 개선 ⑨ 실적 중심의 공정한 인사관리와 승진제도의 운영 ⑩ 고충처리·인사상담제도의 활용	

제6절　경찰예산관리

Ⅰ. 경찰예산의 일반적 내용

1. 경찰예산의 의의 및 기능

의의	① 예산은 헌법과 국가재정법에 의거하여 일정한 형식에 따라 편성되어 국회의 심의, 의결을 받는 각 회계연도(1. 1.부터 12. 31.까지)의 재정계획을 말한다. ② 국가의 회계연도는 **매년 1월 1일에 시작하여 12월 31일에 종료**한다. {04.11 순경}
기능	① 경찰예산은 국민의 조세부담을 전제로 하며, 적정 재원의 확보와 확보된 재원의 배분을 통하여 경찰의 범죄예방과 수사 등 범죄에 대처하는 경찰활동을 조장·유도한다. ② 경찰의 보수, 교육훈련, 물적 시설 제공, 근무환경개선 등 기본수요를 충족시켜 나감으로써, 궁극적으로는 국민생활의 안녕과 질서유지를 지원하게 된다.

2. 경찰예산의 분류[국가재정법 시행 2012.7.22]

일반 회계		국가활동에 관한 세입·세출을 포괄적으로 편성한 예산으로서 치안·사법·국토방위 등 국가의 안녕과 질서유지를 위한 기본적인 기능은 거의 모든 일반회계를 통하여 이루어지고 있다. 따라서 **경찰예산은 대부분이 일반회계에 해당**한다. {12.2 순경, 05.2 경간부, 04.1 승진} ☞ 일반회계는 조세수입 등을 주요 세입으로 하여 국가의 일반적인 세출에 충당하기 위하여 설치한다.
특별 회계	의 의	① 국가회계 중 특정한 세입으로 **특정한 세출을 충당함으로써 일반의 세입·세출과 구분하여 경리하는 회계**를 말한다. ② 현대행정국가에서 경제적 기능이 확대·강화됨으로써 **특별예산수가 증가되는 추세**이다.
	설 치 요 건	① 국가가 특정한 사업을 운영하고자 할 때 ② 특정한 자금을 보유하여 운용하고자 할 때 ③ 특정한 세입으로 특정한 세출에 충당함으로써 일반회계와 구분하여 계리할 필요가 있을 때 ☞ 「특별회계설치 근거법률」에 규정된 법률에 의하지 아니하고는 이를 설치할 수 없다.
	경찰의 특별 회계	① 책임운영기관 특별회계로서 **경찰병원의 세입·세출 등**이 있다. ② **특별회계는 원칙적으로 설치 소관부서가 관리**하며, **국회나 기획재정부의 직접적인 통제를 받지 않는다.** {12.2 순경} ③ 최근에는 조세 이외의 정부수입과 사업적 성격을 지니는 행정분야가 증대함에 따라 이들 분야의 경영합리화를 위해 **특별회계의 적용이 점차 늘어나고 있는 추세**이다.

예산성립 과정의 중심 {04.1 승진}	본예산	정부가 **회계연도 90일 전까지 국회에 제출**하고 국회는 **회계연도 개시 30일 전까지 의결하여 예산을 확정**하는데, 이렇게 의결 · 확정된 예산을 말한다. {07.9 순경}
	수정예산	정부가 예산안을 국회에 제출한 후 **확정(성립) 전** 국회에서 심의 중인 예산안을 부득이한 사정으로 그 **내용의 일부를 수정하여 제출하는 예산**을 말한다. {01.1 승진}
	추가 경정예산	**예산이 확정(성립) 후** 생긴 사유로 인하여 필요한 경비의 부족이 생길 때 **본예산에 추가 또는 변경을 가한 예산**을 말한다. {07.9 순경, 02.7 순경}
	준예산	① 새로운 회계연도가 개시(매년 1월 1일)될 때까지 예산안이 성립되지 못할 경우 **정부가 국회에서 예산안이 의결 · 확정될 때까지 전년도 예산에 준하여 지출하는 예산**을 말한다. {10.1 승진, 03.1 승진} ② 예산집행의 신축성을 부여하고 예산 불성립으로 인한 행정의 중단을 방지한다. {12.2 순경, 03.1 승진} ③ 지출가능기간은 당해 연도 예산이 국회에서 의결될 때까지이다. ④ 국회의 **사전동의가 필요하지 않다.** **【준예산제도가 적용되는 경비】** ㉠ 헌법이나 법률에 의하여 설치된 기관 또는 시설의 유지비 · 운영비 　㉊ 급여, 청사시설관리비 등 ㉡ 법률상 지출의 의무가 있는 경비 　㉊ 공무원의 보수, 사무처리에 관한 기본경비, 행정상 손해배상액 ㉢ 이미 예산으로 승인된 사업의 계속 　㉊ 계속비 사업 등
형식적 내용의 중심	예산총칙	예산총칙에는 세입세출예산 · 계속비 · 명시이월비 및 국고채무부담행위에 관한 총괄적 규정을 말한다.
	세입세출 예산	수입 · 지출의 견적서를 말하며, **예산의 핵심부분**이며, **예비비를 포함**한다.
	계속비	① 완성에 수년도를 요하는 공사나 제조 및 연구개발사업은 그 경비의 총액과 연부액(年賦額)을 정하여 미리 국회의 의결을 얻은 범위 안에서 수년도에 걸쳐서 지출할 수 있다. ② 국가가 지출할 수 있는 연한은 그 **회계연도부터 5년 이내**로 한다. 다만, 사업 규모 및 국가재원 여건상 필요한 경우에는 **예외적으로 10년 이내**로 할 수 있다.
	명시 이월비	① 세출예산 중 경비의 성질상 연도 내에 지출을 끝내지 못할 것이 예측되는 때에는 그 취지를 세입세출예산에 명시하여 **미리 국회의 승인**을 얻은 후 다음 연도에 이월하여 사용할 수 있다. ② 각 중앙관서의 장은 제1항의 규정에 따른 명시이월비에 대하여 예산집행상 부득이한 사유가 있는 때에는 사항마다 사유와 금액을 명백히 하여 **기획재정부장관의 승인**을 얻은 범위 안에서 다음 연도에 걸쳐서 지출하여야 할 지출원인행위를 할 수 있다.
	예비비	정부는 예측할 수 없는 예산 외의 지출 또는 예산초과지출에 충당하기 위하여 **일반회계 예산총액의 100분의 1이내의 금액**을 예비비로 세입세출예산에 계상할 수 있다.
	국고채무 부담행위	법률 · 세입세출예산 · 계속비 이외의 국가채무부담행위를 말한다.

II. 경찰예산의 과정

1. 예산과정의 의의와 기관

의 의	예산과정은 회계연도를 단위로 하여 주기적으로 **예산의 입안, 집행, 통제를 되풀이하는 순환적 과정**이다.		
예산 관련기관	**정부**	**기획재정부**	① 정부의 예산관련 사무의 관장기관 ② 정부의 세입·세출의 결산기관 ③ 예산, 결산 및 기금에 관한 사무관장
		감사원	정부의 회계관련 사무의 관장기관
	경찰청	**경무국 경무과**	경찰청의 예산의 집행 및 회계관리
		경찰청 기획조정관 {05.1 승진}	① 경찰청의 예산의 편성 및 조정과 결산에 관한 사항 ② 국유재산관리계획의 수립 및 집행 ③ 중기 재정계획 수립 및 재정사업 성과분석
예산과정	① **예산의 편성** → ② **심의·의결** → ③ **예산의 집행** → ④ **결산 및 회계검사** {01.1 승진} 일반적으로 예산편성과 집행은 **행정부**가, 예산과 결산의 심의는 **국회**가, 회계검사는 **감사원**이 맡고 있다.		

2. 예산안의 편성

중기사업 계획서의 제출	① **경찰청장은 매년 1월 31일까지** 당해 회계연도부터 5회계연도 이상의 기간 동안의 신규사업 및 **기획재정부장관**이 정하는 주요 계속사업에 대한 중기사업계획서를 **기획재정부장관에게 제출**하여야 한다. {12.8 순경, 10.2 경간부, 07.1 승진, 04.1 승진, 03.2 경간부, 03.1 승진} ② 매년 초에 기획재정부장관에게 제출되는 **중기사업계획서와 실제 예산요구 사이에는 괴리가 크다.** {03.2 경간부}
예산안 편성 지침의 통보	① **기획재정부장관은 국무회의의 심의를 거쳐 대통령의 승인**을 얻은 다음 연도의 **예산안편성지침을 매년 4월 30일까지 경찰청장에게 통보**하여야 한다. {12.8 순경, 10.2 경간부, 09.1 승진, 03.1 승진} ② 기획재정부장관은 경찰청장에게 통보한 예산안편성지침을 국회예산결산특별위원회에 보고하여야 한다.
예산 요구서의 제출	① **경찰청장은 예산안편성지침에 따라** 그 소관에 속하는 다음 연도의 세입세출 예산·계속비·명시이월비 및 국고채무부담행위요구서를 작성하여 **매년 6월 30일까지 기획재정부장관에게 제출**하여야 한다. {12.8 순경} ② 기획재정부장관은 제출된 예산요구서가 예산안편성지침에 부합하지 아니하는 때에는 기한을 정하여 이를 수정 또는 보완하도록 요구할 수 있다. {10.2 경간부, 09.1 승진, 07.1 승진, 04.1 승진, 03.2 경간부, 03.1 승진}
예산안의 편성 및 국회제출	① **기획재정부장관은** 예산요구서에 따라 예산안을 편성하여 **국무회의 심의를 거친 후 대통령의 승인**을 얻어야 한다. ② 정부는 대통령의 승인을 얻은 예산안을 **회계연도 개시 90일 전까지 국회에 제출**하여야 한다. {12.8 순경, 09.1 승진, 07.1 승진, 04.1 승진, 03.2 경간부, 03.1 승진} 　☞ 정부는 예산안을 국회에 제출한 후 부득이한 사유로 인하여 그 내용의 일부를 수정하고자 하는 때에는 **국무회의의 심의를 거쳐 대통령의 승인을 얻은 수정예산안을 국회에 제출**할 수 있다.

3. 예산의 심의 · 의결

국회의 심의 · 의결	① 정부의 예산안이 회계연도 개시 90일 전까지 국회에 제출되면 예산안 심의를 위한 **국회가 개회되고, 예산안의 종합심사를 위하여 예산결산특별위원회가 구성**된다. ② 예산결산특별위원회의 **종합심사는 ㉠ 종합정책 질의 → ㉡ 부처별 심의 → ㉢ 계수조정소위원회의 계수조정 → ㉣ 예결위전체회의에서 소위원회의 조정안 승인의 순서로 행하여진다.** {10.2 경간부} ③ **국회는 회계연도 개시 30일전까지 정부 예산안을 심의 · 의결**하여야 한다. {10.2 경간부, 09.1 승진, 04.1 승진}

4. 예산의 집행

의 의	① 예산의 집행이란 **국회에서 확정된 예산에 따라 재원을 조달하그 경비를 지출하는 재정활동**이다. {04.11 순경, 03.1 승진} ② 예산의 배정은 **기획재정부장관이 행한다.** {03.1 승진} ③ **예산의 집행은 예산의 배정으로 시작**한다. {03.1 승진} ④ 기획재정부장관은 예산집행의 효율성을 높이기 위하여 **매년 계산집행에 관한 지침을 작성하여 각 중앙관서의 장에게 통보**하여야 한다. ⑤ 예산회계제도에 의하면 각종 정부예산사업의 수행과 경비지출을 위한 **지출원인행위는 배정된 예산의 범위 내**에서 하도록 되어 있다. {03.1 승진} ⑥ 예산이 확정되었더라도 **해당예산이 배정되지 않은 상태에서 지출원인 행위를 할 수 없다.** {07.9 순경, 07.1 승진, 04.11 순경, 03.1 승진}
예산배정 요구서의 제출	**경찰청장은** 예산이 확정된 후 사업운영계획 및 이에 따른 세입세츨예산 · 계속비와 국고채무부담행위를 포함한 **예산배정요구서를 기획재정부장관에게 제출**하여야 한다.
예산배정 계획서 작성	**기획재정부장관은** 예산배정요구서에 따라 분기별 예산배정계획서를 작성하여 국무회의의 심의를 거친 후 **대통령의 승인**을 얻어야 한다.
예산배정	**기획재정부장관은** 분기별 예산배정계획에 따라 **경찰청장에게 예산을 배정**하며, 필요한 때에는 대통령령이 정하는 바에 따라 회계연도 개시 전에 예산을 배정할 수 있다.
예산배정 통지	**기획재정부장관은** 경찰청장에게 예산을 배정한 때에는 **감사원에 통지**하여야 한다.
예산 재배정	산하기관의 재정운영을 감독 · 통제하기 위하여 **경찰청장이 배정 받은 예산액의 범위 내에서 다시 산하기관에 분기별로 예산을 배정**해 주는 절차를 말한다.

5. 예산의 결산 및 회계감사

출납사무의 완결	회계연도 말일까지 완결, 즉 출납정리 기한을 말한다.
결산보고서 작성 및 제출	**경찰청장은 다음 연도 2월 말까지 기획재정부장관에게 제출**하여야 한다.
결산서 작성 및 제출	**기획재정부장관은** 회계연도마다 국무회의의 심의를 거친 후 **대통령의 승인**을 얻어 다음 연도 **4월 10일까지 감사원에 각각 제출**하여야 한다.
감사원의 결산검사 및 결산보고서 제출	**감사원은 결산보고서를 검사**하고 그 보고서를 **다음 연도 5월 20일까지 기획재정부장관에게 송부**하여야 한다.
결산보고서의 국회 제출	**정부는 다음 연도 5월 31일까지 국회에 제출**하여야 한다.
국회의 결산심의	정부는 회계심사를 마친 결산서류를 국회에 제출하고, 국회는 결산승인을 하며, 국회의 결산승인이 나면 정부의 예산집행 책임이 해제되고 당해 연도 예산의 기능은 완결된다 (소관상임위원회의 예비심사, 예산결산특별위원회의 종합심사, 본회의의 심의).

【예산 · 결산 일정】

	내 용	일 정
예산 일정	경찰청장이 기획재정부장관에게 신규 및 중기**사업계획서의 제출**	1월 31일까지
	기획재정부장관이 경찰청장에게 **예산안편성지침의 통보**	4월 30일까지
	경찰청장이 기획재정부장관에게 **예산요구서 제출**	6월 30일까지
	기획재정부장관이 **예산안 편성 및 국회제출**	회계연도 개시 90일 전까지
	국회의 **예산심의 완료**	회계연도 개시 30일 전까지
결산 일정	경찰청장은 기획재정부장관에게 **결산보고서 제출**	다음 연도 2월 말까지
	기획재정부장관이 **감사원에 제출**	다음 연도 4월 10일까지
	감사원이 기획재정부장관에게 **결산검사보고서 제출**	다음 연도 5월 20일까지
	기획재정부장관이 국회에 **결산보고서를 제출**	다음 연도 5월 31일까지
	국회의 **결산심의 완료**	정기회 개회 전

※ 자료: 김은표(2009), 멘토 경찰학개론, p.347.

Ⅲ. 경찰예산의 집행의 구체적 절차

1. 예산의 집행의 목표 및 통제

구체적 절차	① 예산의 배정 → ② 예산의 재배정 → ③ 지출원인행위와 지출 → ④ 현금지급	
예산집행의 목표	**재정통제**(입법부의 의도를 구현하고 입법부에서 정하여 준 재정적 한계를 엄수)와 **신축성의 유지**(예산성립 후의 여건변동에 적응)이다.	
예산의 집행통제 (재정통제)	예산의 배정	① 기획재정부장관이 경찰청장에게 일정기간 동안 집행할 수 있는 금액과 책임소재를 정하여 예산을 나누어 주는 것을 의미하며(정기배정), **예산의 배정은 예산의 배정으로 시작**된다. ② **지출원인행위**(지출의 원인이 되는 계약 기타의 행위)는 배정된 예산의 범위 내에서 수행되어야 하며, 예산이 국회를 통과하여 확정되었더라도 해당 **예산이 배정되지 않으면 지출원인행위를 할 수 없다.**
	예산의 재배정	산하기관의 재정운영을 감독·통제하기 위하여 경찰청장이 배정받은 예산액의 범위 내에서 다시 산하기관에 분기별로 예산을 배정해 주는 절차를 말한다.

2. 예산집행의 신축성(예산의 탄력적 집행제도)

의 의	**예산집행의 신축성**이란 예산집행에 있어서 경제사정 등의 변화에 조응할 수 있도록 예산통제를 어느 정도 완화하여 일정한 범위 내에서 행정부에 재량권을 부여하는 것이다.	
예산의 이용·전용·이체		**예산한정성의 원칙의 예외**
	예산의 이용	① 경찰청장은 예산이 정한 각 기관 간 또는 **각 장·관·항** 간에 상호 이용(移用)할 수 없다. ② 다만, 예산집행상 필요에 따라 미리 예산으로써 **국회의 의결을 얻은 때에는 기획재정부장관의 승인을 얻어 이용**하거나 **기획재정부장관이 위임하는 범위 안에서 자체적으로 이용**할 수 있다.
	예산의 전용	① 예산의 행정과목 간의 경비를 **기획재정부장관의 승인**을 얻어 상호 이용하는 것을 말한다. ② 경찰청장은 예산의 목적범위 안에서 재원의 효율적 활용을 위하여 **기획재정부장관의 승인을 얻어 각 세항 또는 목의 금액을 전용**할 수 있다. {03.1 승진, 02.1 승진}
	예산의 이체	정부조직 등에 관한 법령의 제정, 개정 또는 폐지로 인하여 직무와 권한에 변동이 있을 때에는 그 **중앙관서의 장의 요구에 따라 그 예산을 상호 이용하거나 이체(移替)**할 수 있다. {03.1 승진}
예산의 이월	**매 회계연도의 세출예산은 다음 연도에 이월하여 사용할 수 없다.**(회계연도 독립원칙의 예외) 아래에 해당하는 경비의 금액은 다음 회계연도에 이월하여 사용할 수 있다. 이 경우 이월액은 다른 용도로 사용할 수 없으며, **②에 해당하는 경비의 금액은 재이월할 수 없다.** ① 명시이월비 ② 연도 내에 지출원인행위를 하고 불가피한 사유로 인하여 연도 내에 지출하지 못한 경비와 지출원인행위를 하지 아니한 그 부대경비 ③ 지출원인행위를 위하여 입찰공고를 한 경비 중 입찰공고 후 지출원인행위까지 장기간이 소요되는 경비 ④ 공익사업의 시행에 필요한 손실보상비 ⑤ 경상적 성격의 경비	

장(章)	관(款)	항(項)	세항(細項)	목(目)
기능별 분류		조직별 · 사업별 분류		품목별 분류
입법과목			행정과목	
예산의 이용			예산의 전용	
국회 및 기획재정부장관의 승인			기획재정부장관의 승인	

※ 자료: 김은표(2009), 멘토 경찰학개론, p.347.

3. 예산의 지출

의 의		예산의 지출이란 세출예산 및 기금운용계획의 집행에 따라 국고에서 현금 등이 지급되는 것을 말한다.
회계관계 공무원	**재무관**	경찰청장의 임명에 의하여 지출원인행위를 할 수 있는 권한을 가진 자를 재무관(경찰서의 경우과장)이라 한다.
	지출관	중앙관서의 장은 재무관의 지출원인행위에 대한 지출을 하게 하기 위하여 지출관을 임명하여야 하며, 재무관이 행한 지출원인행위에 대하여 그 채무를 변제하기 위하여 출납기관에 지출을 명령하는 공무원(경찰서 경리계장)을 말한다.
	출납기관	지출관의 명령에 따라 현금의 지급을 행하는 집행기관(한국은행, 출납공무원)을 말한다.
지출 원인행위		① 예산이 배정되면 경찰청은 배정된 예산의 범위 내에서 계약 등 지출원인행위를 하게 된다. ② 모든 예산을 지출원인행위를 한 때로부터 예산을 지출할 수 있는 근거가 생기게 되는데, 경찰청장 또는 위임을 받은 자가 지출원인행위를 할 수 있다.
지출의 원칙		① 지출관이 지출을 하는 때에는 한국은행 등으로 하여금 채권자 등의 금융기관 **예금계좌로 이체하여 지급**하게 하여야 한다. ② 지출관이 정보통신장애 그 밖에 불가피한 사유로 인하여 일반적 지출방법으로 지급할 수 없는 경우에는 **현금 등의 방법으로 지출**하게 할 수 있다. ③ **회계연도 개시 후에 지출**할 수 있다. ④ **확정채무가 존재하고 그 이행시기가 도래한 때 지출**할 수 있다. ⑤ **당해 연도 세입예산으로 지출**하여야 한다.
지출의 제한		① 지출관은 채권자 등을 수취인으로 하는 경우 외에는 지출할 수 없다. ② 다만, 출납공무원에 대하여 자금을 교부하는 경우에는 그러하지 아니하다.

4. 관서운영경비[국고금 관리법(2011.10.5 시행)]

의 의	관서운영경비란 관서를 운영하는데 드는 경비로서 그 성질상 지출의 원칙적 절차규정에 따라 지출할 경우 업무수행에 지장을 가져올 우려가 있는 경비에 대하여, 사무비를 **출납공무원(또는 관서의 장)으로 하여금 지출관으로부터 교부받아 지급**하게 함으로써 그 책임과 계산 하에 사용하는 하는 경비를 말한다. {05.2 경간부, 05.1 승진, 02.10 순경, 96.1 승진}
법적 근거	국고금관리법 제24조

관서운영 경비의 취급자 {05.1승진}	해당기관	관서운영경비취급공무원(처리공무원은 소속경찰관 중에서 일임함)
	지구대	**지구대장(관리반의 관리요원)** {02.10 순경, 02.1 승진}
	파출소	파출소장(지구대와 별도로 관리 집행)
	전경중대	중대장(행정반장)
지급관서		① 지구대 ② 파출소 ③ 치안센터 ④ 전투경찰중대 ⑤ 해외주재관서 {01.1 승진}
관서운영 경비의 범위 {04.11 순경}		① **운영비**(수용비, 공공요금 및 제세, 피복비, 급량비, 특근매식비, 운영수당, 임차료, 연료비, 시설장비유지비, 차량선박비, 재료비), **특수활동비**(단, 수사활동에 소요되는 경비는 제한없음), **업무추진비**(일반업무비, 특정업무비, 직급보조비, 정원외 가산금) ➡ 건당 500만원 이하의 경비만 관서운영비로 집행하도록 규정된 예산과목 {10.1 승진} ② **여비**(국내여비) ③ 외국에 있는 채권자가 외국에서 지급받고자 하는 경우에 지급하는 경비(재외공관 및 외국에 설치된 국가기관에 지급하는 경비를 포함) ④ 그 밖에 지출절차에 따라 지출할 경우 업무수행에 지장을 가져올 우려가 있는 경비로서 기획재정부령이 정하는 경비 예 수당 중 함정근무수당 및 특수지근무수당 등 ☞ **봉급(×)** {05.1 승진}
관서운영 경비의 관리		① 관서운영경비취급자는 지출관으로부터 관서운영경비를 교부받아 지급하는 출납공무원을 말한다. ② **관서운영경비는 관서운영경비출납공무원이 아니면 지급할 수 없으며**, 관서운영경비 출납공무원은 관서운영 경비를 금융기관에 예치하여 관리하여야 한다. ③ 관서운영경비를 교부받아 지급하는 출납공무원은 교부된 자금의 범위에서 지급원인행위를 할 수 있다. ④ 정부구매카드를 교부받아 사용하는 공무원은 관서운영경비출납공무원으로 본다.
관서운영 경비의 집행	관서운영 경비의 지급방법	관서운영경비출납공무원이 관서운영경비를 지급하려는 경우에는 **정부구매카드를 사용**하여야 한다. 다만, 경비의 성질상 정부구매카드를 사용할 수 없는 경우에는 **현금지급, 계좌이체의 방법으로 지급**할 수 있다. {05.2 경간부, 05.1 승진}
	관서운영 경비의 전용	① 관서운영경비는 **목간전용은 불가능**하나, **세목조정이 가능**하다. {05.2 경간부, 05.1 승진} ② 일반예산집행과 같이 입법과목인 장·관·항은 이용하려면 **국회승인**이 있어야 한다. ③ 행정과목인 세항과 목간 전용은 **기획재정부장관의 승인**이 있어야 한다. { 전용가능 비목 {05.1 승진} | **관서운영비, 여비, 업무추진비**는 예산과목별과 사용비목별 예산액 50% 이내 전용 가능 {02.10 순경} } { 전용불가 비목 {05.2경간부, 01.1 승진} | 비정규직 보수 중 기타직 보수, 관서운영비 중 공공요금 (다른 비목으로 전용할 수 없고, 전용 받을 수는 있음) }

	회계연도 개시 전의 관서운영경비의 교부		일정한 관서운영경비에 한하여 회계연도 개시 전에 필요한 자금을 관서운영경비 출납공무원으로 하여금 지출관으로부터 교부받아 지급하게 할 수 있다.(관서운영비, 업무추진비 및 특수활동비, 외국에서 지급하는 경비, 국내여비)
	지급금의 반납과 이월	원칙	① **관서운영경비출납공무원은** 매 회계연도의 관서운영경비의 사용잔액을 다음 회계연도 1월 15일까지 당해 **지출관에게 반납**하여야 한다. ② **관서운영경비출납공무원이 선사용자금출납명령관으로부터 자금을 교부받은 경우에는** 매 회계연도의 관서운영경비의 사용잔액을 다음 회계연도 1월 15일까지 **선사용자금출납명령관에게 반납**하여야 한다. ③ 재외공관 및 해외주재관의 경우에는 매 회계연도의 관서운영경비의 사용잔액을 다음 회계연도의 재외공관 및 해외주재관에 교부할 관서운영경비에서 차감하는 것으로써 반납에 갈음할 수 있다.
		예외	관서운영경비출납공무원은 아래의 경우에는 **관서운영경비의 사용잔액을 다음 연도로 이월하여 사용**할 수 있다. ㉠ 지급원인행위를 하고 지급하지 아니한 금액 ㉡ 직전 회계연도에 사용한 정부구매카드사용금액 중 그 대금을 지급하지 아니한 금액 ㉢ 재외공관의 시설비 중 지급원인행위를 하고 지급되지 아니한 경비
장부의 비치			관서운영비 사용 증빙서류 · 현금출납부 · 물품관리부는 **회계연도 종료 후 5년간 보존**하여야 한다. {05.2 경간부, 05.1 승진}

Ⅳ. 결산

의의	결산이란 각 회계연도 중의 국가의 수입과 지출의 실적을 확정적 계수로서 표시하는 행위이며, **예산에 의하여 수입과 지출을 한 정부의 사후적 재정보고**이다.
책임 해제	① 결산은 회계감사기관인 **감사원의 결산확인과 국회의 심의 · 의결에 의하여 확정되며 이러한 확정을 통하여 정부의 책임이 해제**된다. ② 국회의 결산승인이 나면 정부의 예산집행 책임이 해제되고 당해연도 예산의 기능은 완결된다.

Ⅴ. 예산제도

1. 품목별 예산제도(LIBS: Line Item Budget System, 통제기능)→한국 경찰예산제도 {05.2 경간부, 98.1 승진}

의의	① 품목별예산은 지출의 대상과 성질에 따라 세출예산을 **인건비, 은영경비, 시설비 등**으로 구분하는 방법으로 그 비용이 얼마인지에 따라 예산을 배정하는 제도이다. {08.7 순경, 03.3 순경} ② 이 분류는 **가장 오래되고 가장 많이 이용**되고 있는 방법으로서 차기회계연도의 예산증가 또는 감소를 산출하는 데 평가기준으로써 **전년도의 예산을 활용**한다. ③ 예산을 품목별로 분류하는 방식으로서 행정책임의 소재와 회계책임에 대한 **감독부서 및 국회의 통제가 용이**하도록 하기 위한 제도이다. {08.7 순경} ④ 통제지향적이라 볼 수 있으며, **예산담당 공무원들에게 필요한 핵심적 기술은 회계기술**이다. {08.7 순경}
장점	① **회계 집행내용 및 책임의 소재가 명확**하다. {10.1 승진, 03.1 승진} ② **예산의 집행과 집행에 대한 통제가 용이**하다. ③ 인사행정에 유용한 정보·자료제공하고, 행정의 재량범위가 축소된다. ④ 경비주체 및 집행이 품목별로 표시되어 작성이 용이다. ⑤ **행정의 재량범위가 축소**되며, 재량범위를 출입으로써 부정과 **예산의 남용을 방지**한다.
단점	① **투입측면에만 초점**을 두고 편성되므로 **지출에 따른 성과측정이 곤란**하다. ② **계획과 지출의 불일치, 기능의 중복을 피하기 곤란**하다. {10.1 승진 08.7 순경} ③ **의사결정을 위한 충분한 자료제시가 부족하다.** {10.1 승진} ④ 품목과 비용을 따지는 미시적 관리로 **정부 전체의 활동의 통합조정에 필요한 수단을 제공하지 못한다.** {08.7 순경} ⑤ 품목별 예산은 사업대안의 우선순위를 제시하지 못한다. ⑥ 품목별 예산제도는 품목중심으로 예산집행의 유연성이 낮아 환경변화가 심할 때 능동적 대처가 불가능하다. ⑦ 지출대상 및 금액이 명확히 설정되어 있으므로 **예산집행의 신축성이 저해**된다.

2. 성과주의 예산제도(PBS: Performance Budget Sytem, 관리기능)

의의	① 성과주의 예산제도는 **업무단위의 원가와 양을 계산**(단위원가×업므량=예산액)해서 사업별, **활동별로 분류해서 예산을 편성**하는 것을 말한다. {07.2 경간부, C4.3 순경, 03.3 순경} ② **예산의 통제보다는 성과에 초점**을 두며, 업무단위의 비용과 업무를 측정함으로써 정보의 계량화를 통하여 관리의 능률성을 향상시키고자 하는 **관리지향적 예산**이다. ③ 성과주의 예산제도는 정부가 하고 있는 일에 중점을 두며 **예산운용에서 능률성을 중시**한다. {07.3 경간부, 04.3 순경, 03.3 순경}

장점	① **정부정책이나 계획수립이 용이**하며, 입법부의 예산심의가 간편하다. {04.1 승진, 01.1 승진} ② 예산편성에 있어서 자원배분을 합리화할 수 있고, **예산의 집행에 있어서도 신축성을 부여** **할 수 있다.** {04.1 승진, 03.1 승진, 01.1 승진} ③ 예산집행 결과에 대한 평가를 통한 **해당 부서의 업무능률을 측정하여 다음 연도 예산에** **반영**할 수 있다. {04.1 승진, 01.1 승진} ④ 국민의 입장에서 볼 때 예산을 통한 경찰활동을 이해하는 데 용이하다. {10.1 승진, 03.3 순경}
단점	① 동질적이고 계량화할 수 있는 최종산출물을 찾기가 곤란하기 때문에 업무측정 단위 선정 이 어렵고, 단위원가 계산에 어려움이 있다. ② **업무측정단위 선정의 어렵고, 단위원가 계산이 곤란**하다. {04.1 승진, 01.1 승진} ③ 투자사업 등에 소요되는 예산에는 적용이 용이하나, **공무원의 봉급 등 인건비에 들어가는** **행정 기본경비에 대해서는 적용이 어려운 점**이 있다. {10.1 승진, 04.1 승진, 01.1 승진}

【품목별 예산과 성과주의 예산의 비교】

	품목별 예산(LBS)	성과주의 예산(PBS)
의 의	통제지향적 예산편성	관리지향적 예산편성
초 점	투입 중심	성과(능률) 중심
편성방법	지출대상 × 가격	단위원가 × 업무량
예	환경미화원의 인건비, 청소차량 구입비 등에 관심	거리의 청결도, 만족도 등에 관심

3. 계획예산제도(PPBS: Performance Budget System, 계획기능)

의의	① 계획예산제도란 **장기적인 계획(5년)과 단기적인 예산(1년)을 프로그램작성을 통하여 유기** **적으로 결합**하여 자원배분에 관한 의사결정을 일관성 있게 합리화하려는 제도이다. {03.3 순경, 03.1 승진} ② **장기계획과 단기예산을 프로그래밍을 통하여 연계시키**는 것은 PPBS(계획예산)이다. ③ **종래의 관리중심의 예산기능을 지양**하고 상대적으로 경시되어 왔던 **예산편성에 있어서의** **계획기능을 중시**하는 예산제도이다. {04.1 승진, 03.1 승진} ④ 계획예산제도는 **계획지향적**이다. ⑤ 계획예산제도는 **계획과 예산을 연계**시키고 있으며, 예산과정에서 주관적 판단을 배제하고 비용편익분석 등 객관적 접근을 중시한다. ⑥ **계획예산과 영기준 예산은 합리모형에 해당**한다.
장점	① 자원배분의 합리화　　　　　② **예산과 계획의 연계(통합)가 가능**
단점	① **예산편성의 집권화(의회의 통제기능이 약화)**　　② 계량화와 환산작업의 곤란

4. 영기준예산제도(ZBBS: Zero-Base Budget Sytem, 감축기능)

의 의	① 영기준예산제도란 예산을 편성·결정함에 있어서 **전년도의 예산에 구애됨이 없이 조직체의 모든 사업과 활동에 대하여 영기준을 적용**해서 각각의 효율성과 효과성 및 중요도 등을 체계적으로 분석하고 그에 따라 **우선순위가 높은 사업과 활동을 선택하고 실행예산을 결정**하는 예산제도를 말한다. {12.1 승진, 10.1 승진, 07.9 순경, 04.1 승진, 03.3 순경} ② **감축관리와 관련이 깊으며, 작은 정부시대·자원난 시대에 각광받는 예산제도**이다. ③ 예산계획에 특정활동의 목표, 비용, 성과의 척도, 활동대안, 비용편익 등에 관한 정보가 포함되어야 한다. ④ 작은 정부시대에 각광받고 있는 예산제도이다. **– 삭제하시고 아라 번호 수정** ⑤ 영기준예산은 정보들을 의사결정 패키지별로 조직한다. ⑥ **영기준예산은 안목이 단기적**이다. ⑦ 전년도 관행을 무시하고 원점에서부터 계속사업 및 신규사업에 대한 우선순위를 분석하려는 것으로 **점증주의적 의사결정 방식을 탈피하려는 예산제도**이다. {04.1 승진} ⑧ 영기준예산은 점증주의를 극복하기 위해 전년도 예산을 없는 것으로 보는 예산이다.
장 점	① 조직의 모든 사업에 대하여 비용과 효과를 지속적으로 재평가함으로써 자원배분의 합리화를 보장할 수 있으며, 조세부담의 증가도 억제할 수 있다. ② 우선순위가 낮은 사업은 축소 내지 폐지되고 그 자원을 시급한 사업에 자금을 배정함으로써 **재정운용상의 탄력성을 확보**할 수 있다. ③ **재정압박에 대비**하고 **감축관리에 적합한 제도적 장치**이다. ④ **하의상달 및 조직구성원의 참여를 촉진할 수 있고,** 기존의 어떠한 예산제도와도 공존할 수 있다. {03.1 승진}
단 점	① 새로운 사업을 제안하는 것이 곤란하다. ② **우선순위 결정에 많은 어려움**이 수반된다. ③ 재정위기를 극복하기 위한 감축관리측면에서 현재 사업의 축소지향적 우선순위를 강조하므로 **장기적인 목표가 경시될 수 있는 우려**도 있다. ④ 의사결정단위의 설정 및 의사결정 패키지의 작성 등에 많은 시간과 노력이 소비된다. ⑤ 공공업무의 특성상 지속적 업무가 많고 연속성이 고려되어야 하며, 법령상 제약이 심하기 때문에 사업의 축소·폐지가 곤란하다.

5. 일몰법(Sunset Law, 한시법)

의의	특정의 행정기관이나 사업이 **일정기간(3~7년)이 지나면 의무적·자동적으로 폐지되게** 하는 법률을 말하며 **영기준예산과 함께 감축지향적인 예산제도**로서 중요한 의미를 가진다.
특징	① 일몰법은 **입법부가 "법"으로 정하는 것이며, 중요사업에 대해 적용**하게 된다. ② 감축지향적 예산관리로서 일몰법에 의한 심사는 입법부의 예산편성과정에서 행해진다.

<table>
<tr><td colspan="3" align="center">【일몰법과 영기준예산의 비교】</td></tr>
<tr><td></td><td align="center">일몰법</td><td align="center">영기준 예산</td></tr>
<tr><td align="center">중 점</td><td align="center">예산심의</td><td align="center">예산편성</td></tr>
<tr><td align="center">주 체</td><td align="center">입법부</td><td align="center">행정부</td></tr>
<tr><td align="center">기 간</td><td align="center">장기적(3~7년)</td><td align="center">단기적(1년)</td></tr>
<tr><td align="center">의사결정의 방향</td><td align="center">하향적</td><td align="center">상향적</td></tr>
<tr><td align="center">공통점</td><td colspan="2">① 감축관리를 통한 재정절약 ② 자원의 합리적 배분을 도모</td></tr>
</table>

6. 자본예산제도(CBS: Capital Budget System)

의 의	예산을 **경상지출과 자본지출로 구분**하여, **경상지출은** 경상수입으로 충당시켜 수지의 **균형을 이루도록** 하지만, **자본지출은** 적자재정과 공채발행으로 그 수입에 충당함으로써 **불균형 예산을 편성**하는 제도이다. {10.1 승진}
특 징	① 자본예산제도는 재정의 기본구조를 보다 잘 파악할 수 있게 해 준다. ② **자본예산은** ㉠ **종합계획의 수립** → ㉡ **사업계획의 수립** → ㉢ **다년도 자본투자사업과 투자예산의 편성**으로 이루어진다. ③ 자본예산은 사업별 종류와 함께 기능별 분류도 사용되며 정부조직과도 연관되므로 조직별 분류도 사용될 수 있다. ④ 자본적 지출에 대한 과학적 관리와 분석을 가능하게 한다.

<table>
<tr><td colspan="5" align="center">【예산제도 비교】</td></tr>
<tr><td></td><td align="center">품목별 예산</td><td align="center">성과주의 예산</td><td align="center">계획 예산</td><td align="center">영기준 예산</td></tr>
<tr><td align="center">예산의 기능</td><td align="center">통제기능</td><td align="center">관리기능</td><td align="center">계획기능</td><td align="center">감축기능</td></tr>
<tr><td align="center">정보의 초점</td><td align="center">품목의 지출</td><td align="center">기능 · 활동 · 사업</td><td align="center">정책수립 · 목표설정</td><td align="center">목표달성 · 사업평가</td></tr>
<tr><td align="center">예산기관의 역할</td><td align="center">합법성 유지</td><td align="center">능률성 향상</td><td align="center">정책효과성 향상</td><td align="center"></td></tr>
<tr><td align="center">의사결정의 방향</td><td align="center">상향적 · 분권적</td><td align="center">상향적 · 분권적</td><td align="center">하향적 · 집권적</td><td align="center">상향적 · 분권적</td></tr>
<tr><td align="center">기 간</td><td align="center">단기적(1년)</td><td align="center">단기적(1년)</td><td align="center">장기(보통 5년)</td><td align="center">단기적(1년)</td></tr>
</table>

제7절　경찰장비관리

I. 경찰장비관리의 개념과 목표

개 념	경찰장비관리 또는 경찰물품관리는 경찰업무를 수행하는 데 필요한 물품을 취득하여 효율적으로 보관·사용하고, 사용 후에 합리적으로 처분하는 과정이라그 할 수 있다.
목 표	경찰장비관리의 목표는 ① **능률성,** ② **효과성,** ③ **경제성**에 있으므로, 절약과 능률을 근간으로 과학적인 관리기법을 적용하여 경찰업무수행의 원활한 지원과 사용에 낭비적 요소를 제거함으로써 국가예산과 물자를 절약하도록 노력하여야 한다. {021 승진}

II. 물품관리기관

총괄기관	**기획재정부장관**	물품관리에 관한 **정책과 제도를 관장**
	재정관리청장 (구 조달청장)	각 중앙관서의 장이 행하는 **물품관리의 총괄조정**에 관한 사항을 관장
관리기관	**각 중앙관서의 장(경찰청장)** : 그 소관에 속하는 물품관리	
물품 관리관	각 중앙관서의 장으로부터 물품관리에 관한 사무의 위임을 받은 자	
	경찰청	장비과장
	경찰병원, 경찰대학 경찰교육원	총무과장
	각 지방경찰청장	경무과장
	각 경찰서{04.7 순경}	지방경찰청 물품관리관의 업무를 위임받은 분딤 물품관리관(**경무과장**)
물품출납 공무원	① 물품관리관으로부터 물품 출납 및 보관에 관한 사무를 위임받은 공무원 ② 물품관리관이 임명하는 **의무적 설치기관**, 물품의 보관 및 출납에 관한 **실질적 관리기관**	
물품 운용관	① 물품관리관으로부터 물품사용에 관한 사무를 위임받은 공무원 ② 물품관리관이 임명하는 **의무적 설치기관**이다. ③ 출납명령 요청 및 필요사항의 기록·관리업무, 수선·개조를 우한 적절한 조치 및 정비를 담당한다.	
분임 물품관리관	물품관리관의 사무의 일부를 분장하는 공무원	
분임 물품 출납공무원	물품출납공무원의 사무의 일부를 분장하는 공무원	

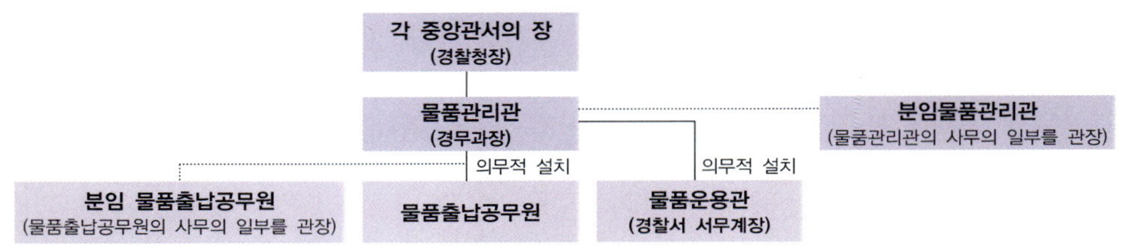

III. 주요 경찰장비관리

1. 총기 및 탄약관리

법적근거	① 경찰관의 무기휴대 : **경찰공무원법** ② 경찰관의 총기사용 : **경찰관직무집행법** {04.11 순경}	
관리상 주의할 점	① 총기·탄약관리 및 사용 시에는 반드시 법정요건을 준수하고 안전수칙을 지켜야 한다. ② 총기지급 및 회수 시에는 반드시 책임간부가 입회하에 출·입고 조치하여야 한다. ③ 부적격자에게는 총기휴대를 금지시켜는 등 주의하여야 한다. ④ **무기고와 탄약고의 열쇠는 관리 책임자가 보관**한다.	
무기고 열쇠관리 책임	경찰서의 집중무기고	일과시간 중에는 **경무과장**(총무과장)이며, 일과시간 이후에는 **상황 관리(담당)관**이 관리한다.
	지구대·파출소의 간이무기고	**지역경찰관리자**(지구대장, 파출소장, 치안센터장)가 관리한다.
	상황실 간이무기고	상황(부)실장이 관리한다.
	기타 간이무기고	설치부서 책임자가 관리한다. (야간 : 당직관 등 열쇠 인수책임자)
	① 다만, 휴가, 비번 등으로 관리책임자 공백 시에는 별도 관리책임자를 지정하여야 한다. ② **간이무기고 소총용 열쇠는 관리책임자가 별도 관리**하여야 하고, 지구대 등 무기고의 경우 관리책임자 부재 시는 이중문 열쇠를 소내 근무자 등에게 관리상 책임을 알린 뒤 각각 분리 보관하게 하여야 한다.	
무기· 탄약의 회수 및 보관 {09.1 승진, 07.10 순경, 07.1 승진, 04.4 순경 12.1 승진}	무기·탄약을 즉시 회수하여야 하는 자 (강제회수 대상자)	① **형사사건으로 인하여 조사의 대상이 된 자** ② **사의를 표명한 자** ③ **직무상의 비위 등으로 인하여 징계대상이 된 자**
	무기·탄약을 회수 또는 보관할 수 있는 자 (임의회수 대상자)	① **평소에 불평이 심하고 염세비관하는 자** ② 주벽이 심한 자 ③ **변태성벽이 있는 자** ④ 가정환경이 불화한 자 ⑤ **기타 경찰관서의 장이 부적합하다고 판단한 자**
	무기·탄약을 무기고에 보관하여야 하는 경우 (보관대상)	① 상사의 사무실을 출입할 경우 ② 술자리 또는 연회장소에 출입할 경우 ③ 기타 정황을 판단하여 필요하다고 인정되는 경우

2. 무기고 및 탄약고의 관리 [경찰장비관리규칙, 2011.1.1 시행]

용어	① 무기 : 인명 또는 신체에 위해를 가할 수 있도록 제작된 권총·소총·도검 등을 말한다. ② 집중무기고 : 경찰인력 및 경찰기관별 무기책정기준에 따라 배정된 개인화기와 공용화기를 집중보관·관리하기 위하여 각 경찰기관에 설치된 시설을 말한다. ③ 탄약고 : 경찰탄약을 집중 보관하기 위하여 타용도의 사무실, 무기고 등과 분리 설치된 보관시설을 말한다. ④ 간이무기고 : 경찰기관의 각 기능별 운용부서에서 효율적 사용을 위하여 집중 무기고로부터 무기·탄약의 일부를 대여 받아 별도로 보관·관리하는 시설을 말한다.
무기고 및 탄약고 설치	① 집중무기고는 경찰청, 지방경찰청, 경찰대학, 경찰교육원, 중앙경찰학교 및 경찰수사연수원, 경찰서, 경찰기동대, 방범순찰대 및 경비대, 전투경찰대, 경찰특공대, 기타 경찰청장이 지정하는 경찰관서에 설치한다. ② 무기고와 탄약고는 견고하게 만들고 환기·방습장치와 방화시설 및 총가시설 등이 완비되어야 한다. ③ **탄약고는 무기고와 분리**되어야 하며 가능한 본 청사와 격리된 독립 건물로 하여야 한다. ④ 무기고와 탄약고의 환기통 등에는 손이 들어가지 않도록 쇠창살 시설을 하고, **출입문은 2중으로 하여 각 1개소 이상씩 자물쇠를 설치**하여야 한다. ⑤ 무기·탄약고 비상벨은 상황실과 숙직실 등 초동조치 가능장소와 연결하고, 외곽에는 철조망장치와 조명등 및 순찰함을 설치하여야 한다. ⑥ 간이무기고는 근무자가 24시간 상주하는 지구대, 파출소, 상황실 및 112타격대 등 경찰기관의 장이 필요하다고 인정하는 상당한 이유가 있는 장소에 설치할 수 있다. ⑦ **탄약고 내에는 전기시설을 하여서는 아니 되며, 조명은 건전지 등으로 하고 방화시설을 완비**하여야 한다. 단, **방폭설비를 갖춘 경우 전기시설을 설치할 수 있다.**
무기· 탄약의 보관	① 무기·탄약은 종류별, 제조 연도별로 구분 관리하며, 그 품명과 수량이 표시된 현황판과 격납배치도, 무기출입 및 점검확인부를 비치하여야 한다. ② 간이무기고에 권총과 소총을 함께 보관할 경우에는 견고한 분리 보관 장치를 하고, 소총은 별도 잠금장치를 설치하여야 한다. ③ 무기고에는 가스발사총(분사기)을 보관할 수 있고, 최루탄은 보관함에 넣어 탄약고에 함께 보관할 수 있으나, 무기·탄약고에 인화물질 및 기타 장비를 보관하여서는 아니 된다. ④ 간이무기고에 탄약을 함께 보관할 경우에는 반드시 튼튼한 상자에 넣어 잠금장치를 하고 분리보관하여야 한다.

3. 진압장비관리

① 가스발사총을 사용할 경우 1m 이내의 거리에서 상대방의 얼굴을 향하여 이를 발사하여서는 안 된다.
② **최루탄발사기로 최루탄을 발사하는 경우 30도 이상의 발사각을 유지하여야** 하고, **가스차·살수차** 또는 **특수진압차의 최루탄발사대로 최루탄을 발사하는 경우에는 15도 이상의 발사각을 유지하여야** 한다.

4. 차량관리

용 어	차량이란 **자동차와 원동기를 장치한 이륜차**를 말한다.
차량의 구분	① 차량의 차종은 승용 · 승합 · 화물 · 특수용으로 구분하고, 차형은 차종별로 대형 · 중형 · 소형 · 경형 · 다목적형으로 구분한다. ② 차량은 용도별로 **전용 · 지휘용 · 업무용 · 순찰용 · 특수용 차량으로 구분**한다.
차량의 교체	① 부속기관 및 지방경찰청은 소속기관 차량 중 다음 년도 교체대상 차량을 **매년 11월 말까지 경찰청장에게 보고**하여야 한다. ② 차량교체는 차량의 최단운행 기준연한에 따라 부속기관 및 지방경찰청의 장이 보고한 교체대상 차량 중 책정된 예산범위 내에서 매년 초에 수립하는 "경찰청 물품수급관리계획"에 따라 실시한다.
교체대상차량의 불용처리	① 차량교체를 위한 불용 대상차량은 부속기관 및 지방경찰청에 배정되는 수량의 범위 내에서 내용연수 경과 여부 등 차량사용기간을 최우선적으로 고려하여 선정한다. ② 사용기간이 동일한 경우에는 주행거리와 차량의 노후상태, 사용부서 등을 종합적으로 검토 예산낭비 요인이 없도록 신중하게 선정한다. ③ 단순한 내용연수 경과를 이유로 일괄교체 또는 불용처분하는 것을 지양하고 성능이 양호하여 운행가능한 차량은 교체순위에 불구하고 연장 사용할 수 있다. ④ 불용처분된 차량은 부속기관 및 지방경찰청별로 실정에 맞게 **공개매각을 원칙으로 하되, 공개매각이 불가능한 때에는 폐차처분을 할 수 있다. 다만, 매각을 할 때에는 경찰표시도색을 제거**하는 등 필요한 조치를 하여야 한다.
차량의 집중관리	① 각 경찰기관의 업무용차량은 운전요원의 부족 등 불가피한 사유가 없는 한 **집중관리를 원칙**으로 한다. ② 특수용 차량 등도 필요하다고 인정되는 경우에는 집중관리할 수 있다. ③ 집중관리대상 차량 및 운전자는 관리 주무부서 소속으로 한다.
차량의 관리	① 차량열쇠는 지정된 열쇠함에 집중보관하여 **주간에는** 경무(장비)과장, **일과 후 및 공휴일에는** 상황관리(담당)관(경찰서는 상황(부)실장, 지구대는 지역경찰관리자)이 관리하고, 예비열쇠의 확보 등을 위한 **무단복제와 전 · 의경 운전원의 임의 소지 및 보관을 금한다.** ② 차량은 지정된 운전자 이외의 사람이 무단으로 운행하여서는 아니되며, 운전자는 교통법규를 준수하여 사고를 방지하여야 한다. ③ 차량을 주 · 정차할 때에는 엔진시동 정지, 열쇠분리 제거, 차량문을 잠그는 등 도난방지에 유의하여야 하며, 범인 등으로부터의 피탈이나 피습에 대비하여야 한다. ④ 근무교대시 전임 근무자는 차량의 청결상태, 각종 장비의 정상작동 여부 등을 점검한 후 다음 근무자에게 인계하여야 한다. ⑤ 각 경찰기관의 장은 차고시설을 갖추도록 하되, 차고시설을 갖추지 못한 경우에는 눈 · 비를 가리는 천막 등 시설을 하여야 한다.
차량의 관리책임	① 차량을 배정 받은 각 경찰기관의 장은 차량에 대한 관리사항을 수시 확인하여 항상 적정하게 유지되도록 하여야 한다. ② 경찰기관의 장은 차량이 책임 있게 관리되도록 차량별 관리담당자를 지정하여야 한다. ③ **차량운행시 책임자는 1차 운전자, 2차 선임탑승자(사용자), 3차 경찰기관의 장**으로 한다.

제8절　경찰보안관리

Ⅰ. 보안의 일반적 내용

개 념	협의의 보안 (소극적 보안활동)	국가가 보호를 필요로 하는 비밀이나 인원, 문서, 자재, 시설 및 지역 등을 보호하는 소극적 예방활동을 말한다.
	광의의 보안 (적극적 보안활동)	국가안전보장을 해치고자 하는 간첩, 태업이나 전복으로 국가를 위태롭게 하는 **불순분자에 대하여 탐지, 조사, 체포하는 등의 적극적 예방활동**을 말한다.
법적 근거 {10.1 승진}	① 국가정보원법 ② 정보 및 보안업무 기획조정 규정(대통령령) ③ **보안업무규정**(대통령령) ④ 보안업무규정시행규칙(대통령훈령) ⑤ 보안업무규정시행세부규칙(경찰청훈령) 　☞ **국가보안법(✕)** {10.1 승진}	
보안 책임	행정책임	보안업무를 담당하는 공무원과 관계기관의 장이 고의와 관계없이 보안누설이나 보안사고 등에 대해 또는 보안업무처리상 하자로 인해 부담하는 징계책임을 말한다.
	형사책임	공무상비밀누설죄로 처벌받게 되는 것을 말한다.
보안 업무의 원칙 {09.1 승진 03.11 순경}	부분화 또는 구분화의 원칙 (**적**당의 원칙)	알 사람만 알게 하고 **한번에 다량의 비밀이나 정보가 유출되지 않도록 하는 원칙**을 말한다. {10.1 승진}
	보안과 업무 효율의 조화 (**보**안과 능률의 원칙)	**보안과 업무효율은 반비례관계**가 있으므로 **양자의 적절한 조화**를 유지하는 방법을 강구해야 한다는 원칙이다.
	알 사람만이 알아야 하는 원칙 (**한**정의 원칙)	보안의 대상이 되는 사실은 전파할 때 **전파가 꼭 필요한가 또는 피전파자가 반드시 전달받아야 하며 필요한 것인가** 검토하여야 한다.
	비확산의 원칙	
보안의 대상	보안의 주체	**국가** {02.1 승진} ☞ **국가는 보안의 주체이지만, 보안의 대상은 아니다.**
	보안의 대상	인 원｜지위고하 불문, 내방 중인 외국인도 포함
		문서·자재｜㉠ 내용의 중요성과 가치의 정도에 따라 각급으로 분류 ㉡ **실질설** : 형식에 관계없이 국가기밀에 해당하는 문서는 보안대상
		시설｜㉠ 중요산업시설로서 특별히 보호가 요청되는 시설(소유관계는 불문) ㉡ **보안책임자** : 관리자(소유자 포함) － 보호구역 설치 가능
		지 역｜국가안전보장상 특별히 보호가 요청되는 지역

II. 보안의 대상

1. 인원보안

취 급		① 각급 경찰기관의 인사업무 취급 부서에서 관장한다.
		② 전·의경에 대한 인원보안업무는 그 인사업무를 취급하는 부서에서 담당한다.
대 상		① 경찰공무원을 포함하여 기타 국가·지방공무원 등 모든 공무원이 대상이다.
		② **지위의 고하를 불문**하며, **내방 중인 외국인도 대상에 포함**된다. {98.1 승진}
수 단	신원조사	① 개인에 대한 참고자료에 불과하며 보증서는 아니다.
		② 각급 경찰기관의 장은 소속직원에 대하여 신원내용을 확인할 책임을 진다.
	보안교육	보안교육의 대상으로는 신규임용자, 비밀취급인가 예정자, 해외여행자 등이 해당된다.
	보안조치	

2. 문서보안

의 의		① 문서보안은 국가기밀을 담고 있는 문서를 각종 위험으로부터 보호하는 것을 의미한다.
		② 보안의 대상이 되는 문서는 **일반문서와 비밀문서 모두를 포함**하며, Ⅰ·Ⅱ·Ⅲ급 등의 비밀표시가 되어 있지 않은 문서라도 국가기밀에 해당하는 문서는 보안의 대상이 된다.
문서 비밀 분류의 원칙 (보안업무규정 제10조) {10.1 승진, 96.1 승진, 99.1 승진}	과도 또는 과소분류 금지의 원칙	① 비밀은 적절히 보호할 수 있는 **최저등급으로** 분류하여야 하며, **과도 또는 과소하게 분류하여서는 안 된다.** {10.1 승진, 04.11 순경, 96.1 승진}
		② **암호자재는 Ⅱ급 이상 분류, 음어자재는 Ⅲ급 분류, 약호자재는 대외비 이상으로 분류**한다.
	독립분류의 원칙	① 비밀은 그 자체의 **내용과 가치의 정도에 따라 분류**하여야 하며 다른 비밀과 관련하여서는 안 된다. 즉, 문서와 분류되는 문서의 등급을 관련시켜 생각해서는 안 된다는 원칙을 말한다.
		② **상급부서가 하급부서에게 획일적으로 보고문서에 대한 비밀등급을 지시한 경우 독립분류의 원칙에 위배**된다. {10.1 승진}
	외국 또는 국제 기구 비밀존중의 원칙	외국 또는 국제기구로부터 접수한 비밀은 그 **발행기관이 필요로 하는 정도 또는 그 이상으로 보호할 수 있도록 분류**하여야 한다. {10.1 승진, 96.1 승진}
문서의 성질에 의한 구분	법규문서	① 헌법, 법률, 대통령령, 총리령, 부령, 조례 및 규칙에 관한 문서
		② 특별한 규정이 있는 경우를 제외하고는 관보게재 후 20일이 경과하면 효력이 발생한다.
	지시문서	행정기관의 장이 그 하급기관 또는 소속공무원에 대하여 일정한 사항을 지시 또는 명령하는 문서 예 **훈령, 지시, 예규, 일일명령 등**
	공고문서	① 고시 및 공고 등과 같이 일정한 사항을 일반에게 알리기 위한 문서
		② 특별한 규정이 없으면 고시·공고 후 5일이 경과하면 효력이 발생
	비치문서	비치대장, 비치카드 등 행정기관의 일정한 사항을 기록하여 행정기관 내부에 비치하면서 업무에 활용하는 문서

전자문서	① 전산망을 활용하여 작성 · 시행 또는 접수 · 처리되는 문서 ② 전자문서는 수신자의 컴퓨터 파일에 등록이 된 때에 효력이 발생	
민원문서	민원인이 행정기관에 대하여 허가, 인가, 기타 처분 등 특정한 행위를 요구하는 문서	
일반문서	법규, 지시, 공고, 비치, 전자, 민원문서에 속하지 아니하는 모든 문서	

☞ **문서 작성 시 연도별 일련번호로만 사용하는 것** : 일일명령, 회보, 고시, 공고 {10.1 승진}
☞ **문서 작성 시 누년별 일련번호로만 사용하는 것** : 법규문서, 예규, 훈령

3. 시설보안

보호 구역 설치	**의 의**		각급 기관의장과 국가중요시설장비 및 자재를 관리하는 자는 국가 비밀의 보호와 국가 중요시설 장비 및 자재의 보호를 위하여 필요한 장소에 일정한 범위를 정하여 제한지역, 제한구역, 통제구역 등의 보호구역을 설정할 수 있다.
	설치권자		**중요시설의 장** {98.1 승진}
	설치기준		시설의 중요도 및 취약성
보호 구역 종류 {09.2 경간부}	**제한 지역** {09.2 경간부}	내 용	비밀 또는 정부재산의 보호를 위하여 울타리 또는 경호원에 의하여 일반인의 출입의 **감시가 요구되는 지역**
		구 역	**경찰서 전지역**
	제한 구역 {10.1 승진, 09.2경간부 08.10순경, 04.11승진}	내 용	비밀 또는 주요시설 및 자재에 대한 비인가자의 접근 방지하기 위하여 그 출입에 **안내가 요구되는 구역**
		구 역	① 전자교환기(통합장비실) 및 정보통신실 ② **송신 및 중계소**, 정보통신관제센터 ③ 경찰청 및 지방청 항공대 ④ 발간실 ⑤ **과학수사센터** ⑥ 작전, 경호 및 정보업무, 보안업무 담당부서 전역
	통제 구역 {10.1승진, 07.1 승진, 06.10순경, 06.2경간부 04.11순경}	내 용	비인가자의 출입이 일체 **금지되는 보안상 극히 중요한 구역**
		구 역	① **암호**취급소 ② **암호**장비관리실 ③ **종합**상황실·치안상황실 ④ **종합조회처리실** ⑤ **무기**창·무기고 및 탄약고 ⑥ **정보**상황실 ⑦ **정보·보안기록실** ⑧ **비밀**발간실

III. 비밀의 보안(보안업무규정[시행 2008. 12. 31] 제4조)[보안업무규정 시행 세부규칙 2010.5.25 시행]

{10.1 승진, 03.6 순경, 01. 1 승진}

개 념	경찰이 보유하는 문서, 음어자재, 정보자료 등이 외부로 유출되었을 때 국가안보나 사회안전 또는 개인의 비밀로 침해하는 경우에는 비밀로 구분하고 유출을 막는 보호조치를 하여야 한다. {01. 1 승진}
비밀 분류자	**비밀을 작성하거나 생산하는 자**(경비과 직원) {01.1 승진, 03.1 승진, 08.2 경간부}
분류 기준	**비밀내용의 중요성과 가치의 정도** {96.1 승진}

비밀의 구분 {08.2 경간부, 03.6 승진, 01.1 승진}	**I급 비밀**	누설되는 경우 ㉠ **대한민국과 외교관계가 단절**되고 ㉡ **전쟁을 유발**하며 ㉢ **국가의 방위계획·정보활동 및 국가방위상 필요불가결한 과학과 기술의 개발을 위태**롭게 하는 등의 우려가 있는 비밀 {03.6 승진}
	II급 비밀	① 누설되는 경우 **국가안전보장에 막대한 지장을 초래**할 우려가 있는 비밀 {10.1 승진, 08.1 승진, 04.11 순경, 03.6 순경, 01.1 승진} ② **영수증을 반드시 발행하고 발급** {96.1 승진}
	III급 비밀	누설되는 경우 **국가안전보장에 손해를 끼칠** 우려가 있는 비밀 {03.1 승진}
	대외비	비밀은 아니지만 직무상 특히 보호를 요하는 사항으로서 보호기간을 명시하고 **비밀에 준하여 취급 및 관리**하는 것

특별 인가	① 경찰공무원(전투경찰순경 포함)은 **임명과 동시에 III급 비밀취급권**을 가진다. {08.2 경간부, 08.1 승진, 03.6 순경, 03.1 승진, 02.1 승진} ② 경찰공무원 중 **특수경과**(정보통신·항공·해양경과)와 일반경과 중 아래의 부서에 근무하는 자(전투경찰순경 포함)는 그 보직발령과 동시에 **II급 비밀취급권**을 가진다. {08.2 경간부, 02.1 승진} 　㉠ 경비, 경호, 작전 담당부서(기동대, 전경대의 경우는 행정부서에 한함) 　㉡ 정보, 보안, 외사부서 　㉢ 감찰, 감사 담당부서 　㉣ 상황실, 발간실, 문서수발실 　㉤ 경찰청 각 과의 서무담당자 및 비밀을 관리하는 보안업무 담당자 　㉥ 부속기관, 지방경찰청, 경찰서 각 과의 서무담당자 및 비밀을 관리하는 보안업무 담당자 ③ 비밀을 취급하고자 하는 자는 비밀취급인가증을 발급받아야 하나, **경찰공무원은 특별인가의 대상이기 때문에 비밀취급인가증을 별도로 발급받을 필요가 없다.** {10.1 승진, 08.2 경간부, 03.6 순경, 03.1 승진, 02.1 승진}

비밀 취급 인가 권자	**I · II 급 비밀**	① 대통령 ② 국무총리 ③ 감사원장 ④ 국가인권위원회위원장 ⑤ 각 부·처의 장 ⑥ 국정원장 ⑦ 국가안전보장회의 사무처장 ⑧ 국무조정실장 ⑨ 공정거래위원회위원장 ⑩ 금융위원회위원장 ⑪ 비상기획위원회위원장 ⑫ 대통령비서실장 ⑬ 검찰총장 ⑭ 합동참모의장, 각군 참모총장 및 육군의 1,2,3군 사령관 ⑮ 국방부장관이 지정하는 각군 부대장

Ⅱ · Ⅲ 급 비밀	① **경찰청장**, 경찰대학장, 경찰교육원장, 중앙경찰학교장, **경찰병원장**, 지방경찰청장, 경찰수사연수원장, 운전면허시험관리단장, **경찰서장**, 기동대장 {10.1 승진, 01. 1 승진} ② 각 시 · 도 지방경찰청장은 경찰서장, 기동대장, **경정 이상의 경찰공무원을** 장으로 하는 단위 경찰기관의 장에게 **Ⅱ · Ⅲ급 비밀취급인가권을 위임한다.** ③ 위임받은 경찰서장, 기동대장, **경정 이상의 경찰공무원을** 장으로 하는 단위 경찰기관의 장은 이를 **다시 위임할 수 없다.** ④ Ⅰ급비밀취급 인가권자 ⑤ 특별시장, 광역시장, 도지사	
비밀의 보관방법	① 비밀은 일반문서나 자재와 혼합 보관할 수 없다. ② 보관책임자가 Ⅱ급 비밀 취급인가를 받은 때에는 Ⅱ급 및 Ⅲ급 비밀을 혼합 보관할 수 있다. ③ **비밀의 보관용기 외부에는 비밀의 보관을 알리거나 나타내는 어떠한 표시도 하여서는 아니 된다.** ④ 보관용기에 넣을 수 없는 비밀은 제한구역 또는 통제구역 내에 보관하거나 내용이 노출되지 아니하도록 특별한 보호책을 강구하여야 한다.	
비밀의 관리방법	① Ⅰ급 비밀관리기록부는 별도로 비치하여야 한다. ② Ⅱ급이나 Ⅲ급 비밀은 구분된 관리번호를 사용하여 동일관리기록부를 사용할 수 있다. ③ **비밀열람기록전은 그 비밀의 발행기관이 비밀문서 말미에 첨부**하며, 그 비밀을 파기하는 때에는 그 **비밀에서 분리하여 따로 철하여 보관**하여야 한다. ④ 모든 비밀에는 작성 및 접수되는 순서에 따라 관리번호를 부여하여야 한다. ⑤ 비밀관리부철은 **5년간 보존**하여야 하며, 그 이전에 폐기하고자 할 때에는 **국가정보원장의 승인**을 받아야 한다.	

		【보안심사위원회】 [보안업무규정 시행 세부규칙 2010.5.25 시행]
위원장	경찰청	**차장을 위원장**으로 하고, 5명 이상 7명 이하의 국·관을 위원으로 하며, 간사는 경무과장으로 한다.
	경찰대학	**교수부장을 위원장**으로 하고, 3명 이상의 과장급을 위원으로 하며, 간사는 총무계장으로 한다.
	경찰교육원, 중앙경찰학교, 경찰수사연수원	**운영지원과장을 위원장**으로 하고, 5명 이상 7명 이하의 계장급을 위원으로 하며, 간사는 총무계장으로 한다..
	각 시 · 도 지방경찰청	**차장을 위원장**으로 하고, 5명 이상 7명 이하의 부장 또는 과장급을 위원으로 하며, 간사는 경무계장으로 한다. 다만, **차장이 없는 지방경찰청의 경우에는 경무과장을 위원장**으로 하고, 5명 이상 7명 이하의 계장급을 위원으로 하며, 간사는 경무계장으로 한다.
	경찰병원	**총무과장을 위원장**으로 하고, 5명 이상 7명 이하의 계장급을 위원으로 하며, 간사는 총무계장으로 한다.
	운전면허시험관리단	**관리과장을 위원장**으로 하고, 계장급을 위원으로 하며, 간사는 보안업무 담당자로 한다.
	경찰서	**해당 기관장을 위원장**으로 하고, 과장급을 위원으로 하며, 간사는 경무계장 또는 서무계장으로 한다.
보안 담당관	경찰청장	**총무과장**
	경찰대학 외 소속기관	서무를 담당하는 과장
	각 시 · 도 지방경찰청	경무과장
	경찰서	경무과장 또는 서무 담당 과장
	경찰청장은 경찰청 보안담당관 및 서울지방경찰청 보안담당관을 교체하였을 때에는 국가정보원장에게 즉시 통보하여야 한다.	
심 사	① 위원회의 **안건 심의는 회의제를 원칙**으로 하되, 위원장은 필요한 경우 결정으로 보안심사위원 의견서를 제출받아 **서면심의로 갈음할 수 있다.** ② 위원장은 심의요구일로부터 **20일 이내**에 위원회를 열어 의안을 심의하여야 한다. 다만, 심의에 필요한 자료의 조사나 의안의 보완이 필요하여 해당 기간 내에 처리할 수 없는 경우에는 처리기간을 **10일간 연장**할 수 있다.	
심의 사항	심의사항으로는 보안내규 수립 및 그 개정에 관한 사항, 분야별 보안대책의 수립, 보안에 관계된 사건에 관한 조치사항 등이다.	
의결	위원회의 회의는 **재적위원 과반수의 출석으로 개의**하고, **출석위원 과반수의 찬성으로 의결**한다. 다만, 가부 동수일 경우에는 위원장이 결정권을 갖는다	

제9절　경찰홍보

I. 경찰홍보의 일반적 내용

개 념	협의의 개념	경찰활동상을 널리 알려 경찰목적 달성에 유리한 환경을 조성하는 행위를 말한다.
	광의의 개념	지역주민의 경찰활동에 대한 참여를 확대하고 각종 기 관·단체 및 언론 등과의 상호 협조체제를 강화하여 이를 경찰이 수행하는 모든 업무에 연계시키는 것까지를 포함하는 개념이다.
목 적		국민에게 경찰의 시책이나 **경찰활동의 상황을 정확하게 전달**함과 동시에 **경찰에 대한 국민의 의견이나 요망을 파악하여 경찰활동에 반영**시키는 데 있다. {09.1 승진}
중요성		오늘날 경찰업무는 국민의 이해와 협력 없이는 목적달성이 곤란하며 홍보는 경찰과 국민을 연결하는 교량으로서 중요한 역할을 수행하고 있다.
특 성	수평성	경찰과 국민은 대등한 수평적 지위에 있을 것을 그 전제로 한다.
	교류성	경찰과 국민의 의사가 상호 교류되어야 하는 것이다.
	의무성	국민은 정부가 현재 및 장래에 대하여 어떠한 정책(계획)을 수행해 나가려는지에 대하여 알 권리가 있고, 대민홍보의 주체는 이를 국민에게 알려 줄 의무가 있다.
	진실성 (객관성)	경찰은 국민에게 사실 그대로 홍보하여야 한다.
	계몽성 (교육성)	대민홍보의 주체인 국가는 객체인 국민을 계도·설득·교육하여 건전한 여론이 조성될 수 있도록 노력하여야 한다.
유 형	협의의 홍보 (PR: Public Relations)	**유인물, 인쇄매체, 각종 매체 등을 통해** 개인이나 단체의 좋은 점을 **일방적으로 알리는 활동**을 말한다. {04.7 순경}
	지역공동체 관계 (CR: Community Relations)	**지역사회 내에서 경찰과 주민이 직접적인 대화를 통하여 문제점을 해결**하고 경찰업무를 설명하여 상호 이해와 협력을 얻는 동시에 경찰활동을 널리 알리는 종합적인 지역사회 홍보체계를 의미하며, **CR의 수단으로서 가장 효과적인 것은 지역경찰관의 활동**이다. {96.1 승진}
	언론관계 (PR: Press Relations)	**신문, TV, 라디오 등 뉴스 프로그램의 보도기능에 대응하는 활동**으로 대개 사건·사고에 대한 기자들의 질의에 답하는 대응적이고 **소극적인 홍보활동**을 말한다. {96.1 승진}
	기업 이미지식 경찰홍보	① **소비자주권시대를 맞아 경찰업무의 서비스 개념,** 즉 주민을 소비자로 보는 관점에서 발달한 개념이다. ② 조직이미지를 고양하여 높아진 주민 지지도를 바탕으로 예산회득, 형사사법 환경하의 협력확보 등의 목적을 달성하는 종합적이고 계획적인 홍보활동이다. {09.1 승진} ③ **캐릭터(포돌이)를 이용한 활동**이 여기에 해당된다. {01.1 승진}

대중매체 관계 (MR: Media Relations media Services)	종합적인 홍보활동으로 **신문, 방송 및 영상물 등 각종 대중매체 제작자와 긴밀한 협조관계를 구축, 유지**하여 대중매체의 필요를 충족시켜 주면서 **경찰의 긍정적인 측면을 널리 알리는 적극적인 활동**을 말한다. {96.1 승진}	

【경찰과 대중매체와의 관계】

로버트 마크 (R. Mark)	단란하고 행복스럽지는 않더라도, **오래 지속되는 결혼생활** {05.2 경간부}
에릭슨 (R. Ericson)	경찰과 대중매체는 서로 연합하여 그 사회의 일탈에 대한 개념을 규정하며, **도덕성과 정의를 규정짓는 사회적 엘리트 집단을 구성**한다고 주장 {10.1 승진, 08.3 순경, 05.3 순경}
크랜돈 (G. Crandon)	경찰과 대중매체는 상호 필요성 때문에 **공생관계로 발전** {09.1 승진}

【협의의 홍보(PR)과 지역공동체관계(CR)】 {01.4 순경, 96.1 승진}

	협의의 홍보(PR)	지역공동체관계(CR)
대 상	일반국민(**불특정 다수인**)	지역사회주민(**특정 다수인**)
수 단	대중매스컴을 통한 **간접수단**	주민과 대화를 통한 **직접수단**
공통점	국민이나 주민 등의 협력을 얻기 위한 **대외적 공보(홍보)활동**	
관계	CR은 넓게는 PR의 개념에 포함된다고 볼 수 있다	

【보도관련 용어】

보도용 설명 (On The Record)	제공하는 정보를 즉시 기사화할 수 있는 경우를 말하며, 취재원의 이름과 직책이 기사에 이용될 수 있다. 대부분의 보도자료 제공에는 이 방법을 사용하고 있다.	
비보도 (Off The Record)	**보도하지 않을 것을 전제**로 자료제공이 이루어지는 관행을 말한다. {10.1 승진}	
	전면적 비보도	취재한 내용을 어떠한 형식으로도 보도하지 못하는 것
	취재원 및 소속기관 비보도	취재원을 보호하기 위하여 소속기관까지도 공표하지 않을 것을 약속하는 것
	취재원 비보도	취재원의 신원만을 밝히지 않을 것을 조건으로 하는 것
가십(Gossip)	원래 험담이나 루머 등 확인되지 않은 뉴스를 말하나, 우리 언론에서는 스트레이트로 처리하기 힘든 흥밋거리, 뒷이야기, 스케치 등을 함축성 있게 처리한 기사로 사용하고 있다.	
라운드업 (Round Up)	한동안 보도되어 온 중요뉴스나 사건의 전말을 종합적으로 정리한 기사	
리드(Lead)	전문(前文)으로 기사내용을 1~2줄 정도로 간략하게 쓴 글이다.	
엠바고 (Embargo)	**어느 시한까지 보도하지 않을 것을 전제**로 자료제공이 이루어지는 관행	
콘티(Continuity)	방송용의 비드라마 대본이나 준비된 방송자료	
크레디트 (Credit)	외신 기사머리에 발신, 통신사명 등을 밝히는 것으로 기사의 신뢰성과 계약관계를 명시한다.	
이슈(Issue)	일정시점에서 중요시되어 토론, 논쟁이나 갈등의 요인이 되는 사회, 문화, 경제, 정치적 관점이나 사고	
데드라인 (Deadline)	취재된 기사를 편집부에 넘겨야 하는 기사 마감시간	

Ⅱ. 경찰홍보전략

소극적 홍보전략	① 홍보실과 기자실 ② **홍보와 타 기능의 분리** ③ **언론접촉 규제** ④ **비밀주의와 공개최소화 원칙** {09.1 승진, 02.1 승진}
적극적 홍보전략 {02.1 승진}	① 대중매체의 이용 ② **공개주의와 비밀최소화 원칙** ③ 전 경찰의 홍보요원화 ④ **언론접촉 장려** ⑤ **홍보와 타 기능의 연계를 통한 총체적 홍보전략**

Ⅲ. 언론홍보활동의 기본원칙

신문기자 와의 인터뷰 10원칙	① **모든 발언에 주의하라.** {02.11 순경, 01.3 경간부} ② 계속 이러질 질문을 예상하라. ③ **확실하고 명확하게 답변하라.** {02.11 순경, 01.3 경간부} ④ **사실에 입각한 얘기만 하라.** {02.11 순경, 01.3 경간부} ⑤ 필요하면 확인할 시간을 달라고 요청한다. ⑥ 말 다듬어 주기를 받아들여라. ⑦ 단호하게 말하되 실수에 대해서는 사과하라. ⑧ 자신 스스로의 말을 하라. ⑨ 혼자 고민하지 마라. ⑩ 'No Comment'라고 답하지 마라.
TV 인터뷰 10원칙	① 주위를 깨끗이 하라. ② 방해요소를 제거하라. ③ 대본을 미리 점검하라. ④ 계획하고, 계획하고 또 계획하라. ⑤ 방송출연이 예정되었을 땐 충분히 시간을 갖고 출발하라. ⑥ 자신 있게 이야기하라. ⑦ 오직 진실만을 이야기하라. ⑧ 카메라 주위에선 항상 긴장하라. ⑨ 진행자와 친근감을 형성하라. ⑩ 세부사항에 주의하라.
라디오 인터뷰 10원칙	① 두려워하지 마라. ② 생방송일 때와 녹음방송일 때를 구분하여 대응하라. ③ 청취자를 의식하라. ④ 인터뷰의 주제를 파악하라. ⑤ 관련자료와 통계의 정확성 여부를 확인하라. ⑥ 주요 메시지에 집중하라. ⑦ 간결히 설명하라. ⑧ 당황하지 마라. ⑨ 너무 장황하게 늘어놓지 말라. ⑩ 평이한 용어로 쉽게 설명하라.

Ⅳ. 언론의 오보에 대한 대응방안(언론중재 및 피해구제 등에 관한 법률[시행 2011. 4. 14]) {02.1 승진}

1. 보도청구권

의 의	국민이 언론사의 언론보도를 인하여 명예나 권리 그 밖의 법익에 관하여 침해를 받았을 경우 이를 어떻게 구제받느냐 하는 문제를 말한다.	
용 어	① **언론사 등의 대표자** : 언론사 등의 경영에 관하여 법률상 대표권이 있는 자 또는 그와 같은 지위에 있는 자를 말한다. 다만, 외국신문 또는 외국 잡지 등 정기간행물로서 국내에 지사 또는 지국이 있는 경우에는 「신문 등의 진흥에 관한 법률」 제28조에 따라 등록을 한 자 또는 잡지 등 정기간행물의 진흥에 관한 법률 제29조에 따라 등록을 한 자를 말한다. ② **정정보도** : 언론의 보도 내용의 **전부 또는 일부가 진실하지 아니한 경우** 이를 진실에 부합되게 고쳐서 보도하는 것을 말한다. ③ **반론보도** : 언론의 보도 내용의 **진실 여부에 관계없이** 그와 대립되는 반론적 주장을 보도하는 것을 말한다.	
정정보도 청구권	**의 의**	사실적 주장에 관한 언론보도가 **진실하지 아니함으로써 인하여** 피해를 입은 자가 그 보도내용에 관한 정정보도를 언론사에 청구할 수 있는 권리를 말한다.
	요 건	① 사실적 주장에 관한 언론보도 등이 **진실하지 아니함으로 인하여** 피해를 입은 자는 해당 **언론보도 등이 있음을 안 날부터 3개월 이내에** 언론사, 인터넷뉴스 서비스 사업자 및 인터넷 멀티미디어 방송사업자에게 그 언론보도 등의 내용에 관한 정정보도를 청구할 수 있다. 다만, 해당 **언론보도 등이 있은 후 6개월이 지났을 때에는** 그러하지 아니하다. {04.11 순경, 03.1 승진, 02.1 승진} ② 청구에는 언론사 등의 고의ㆍ과실이나 위법성을 필요로 하지 아니한다.
	행 사	① 정정보도 청구는 **언론사 등의 대표자에게 서면으로 하여야 하며**, 청구서에는 피해자의 성명ㆍ주소ㆍ전화번호 등의 연락처를 적고, 정정의 대상인 언론보도 등의 내용 및 정정을 청구하는 이유와 청구하는 정정보도문을 명시하여야 한다. 다만, 인터넷신문 및 인터넷뉴스서비스의 언론보도 등의 내용이 해당 인터넷 홈페이지를 통하여 계속 보도 중이거나 매개 중인 경우에는 그 내용의 정정을 함께 청구할 수 있다. ② 청구를 받은 언론사 등의 대표자는 **3일 이내에 그 수용 여부에 대한 통지를 청구인에게 발송**하여야 한다. {10.1 승진} 이 경우 정정의 대상인 언론보도 등의 내용이 방송이나 인터넷신문, 인터넷뉴스서비스 및 인터넷 멀티미디어방송의 보도과정에서 성립한 경우에는 해당 언론사 등이 그러한 사실이 없었음을 입증하지 아니하면 그 사실의 존재를 부인하지 못한다. ③ 언론사 등이 청구를 수용할 때에는 지체 없이 피해자 또는 그 대리인과 정정보도의 내용ㆍ크기 등에 관하여 협의 한 후, **그 청구를 받은 날부터 7일 내에 정정보도문을 방송하거나 게재**하여야 한다. 다만, 신문 및 잡지 등 정기간행물의 경우 이미 편집 및 제작이 완료되어 부득이할 때에는 다음 발행 호에 이를 게재하여야 한다. ④ 방송사업자, 신문사업자, 잡지 등 정기간행물사업자 및 뉴스통신사업자는 공표된 방송보도(재송신은 제외) 및 방송프로그램, 신문, 잡지 등 정기간행물, 뉴스통신 보도의 **원본 또는 사본을 공표 후 6개월간 보관**하여야 한다. ⑤ 인터넷신문사업자 및 인터넷뉴스서비스사업자는 대통령령으로 정하는 바에 따라 인터넷신문 및 인터넷뉴스서비스 보도의 **원본이나 사본 및 그 보도의 배열에 관한 전자기록을 6개월간 보관**하여야 한다.

정정 보도의 거부	아래에 해당하는 사유가 있는 경우에는 **언론사 등은 정정보도 청구를 거부할 수 있다.** ㉠ 피해자가 정정보도청구권을 행사할 **정당한 이익이 없는 경우** ㉡ 청구된 정정보도의 내용이 **명백히 사실과 다른 경우** ㉢ 청구된 정정보도의 내용이 **명백히 위법한 내용인 경우** ㉣ 정정보도의 청구가 **상업적인 광고만을 목적으로 하는 경우** ㉤ 청구된 정정보도의 내용이 국가·지방자치단체 또는 공공단체의 **공개회의**와 **법원의 공개재판절차의 사실보도에 관한 것인 경우**	
반론보도 청구권	① 사실적 주장에 관한 언론보도 등으로 인하여 피해를 입은 자는 그 보도 내용에 관한 반론보도를 언론사 등에 청구할 수 있다. ② 청구에는 언론사 등의 **고의·과실이나 위법성을 필요로 하지 아니하며**, 보도 내용의 **진실 여부와 상관없이** 그 청구를 할 수 있다.	
추후보도 청구권	① 언론 등에 의하여 범죄혐의가 있거나 형사상의 조치를 받았다고 보도 또는 공표된 자는 그에 대한 형사절차가 **무죄판결** 또는 이와 동등한 형태로 종결되었을 때에는 그 **사실을 안 날부터 3개월 이내**에 언론사 등에 이 사실에 관한 추후보도의 게재를 청구할 수 있다. ② 추후보도에는 청구인의 명예나 권리 회복에 필요한 설명 또는 해명이 포함되어야 한다.	

2. 조정

조정 신청	① 정정보도청구 등과 관련하여 분쟁이 있는 경우 **피해자 또는 언론사 등은 중재위원회에 조정을 신청**할 수 있다. ② 피해자는 언론보도 등에 의한 피해의 배상에 대하여 언론보도가 있음을 안 날부터 **3개월 이내, 있은 후 6개월 이내에 중재위원회에 조정을 신청**할 수 있다. 이 경우 피해자는 손해배상액을 명시하여야 한다. ③ 정정보도청구 등과 손해배상의 **조정신청은 3개월 기간 이내에 서면 또는 구술**이나 그 밖에 대통령령으로 정하는 바에 따라 전자문서 등으로 하여야 하며, 피해자가 먼저 언론사 등에 정정보도청구 등을 한 경우에는 **피해자와 언론사 등 사이에 협의가 불성립된 날부터 14일 이내**에 하여야 한다. ④ 이때 피해자와 언론사간의 협의가 불성립된 날이라 함은 언론사가 피해자의 청구를 거부한다는 명시적인 의사표시를 기재한 문서를 피해자가 수령한 날을 말한다.
조 정 기 간	① 조정은 관할 중재부에서 한다. 관할구역을 같이 하는 중재부가 여럿일 경우에는 중재위원회 위원장이 중재부를 지정한다. ② 조정은 **신청 접수일부터 14일 이내**에 하여야 하며, 중재부의 장은 조정신청을 접수하였을 때에는 지체 없이 조정기일을 정하여 당사자에게 출석을 요구하여야 한다. ③ 출석요구를 받은 **신청인이 2회에 걸쳐 출석하지 아니한 경우에는 조정신청을 취하**한 것으로 보며, 피신청 **언론사 등이 2회에 걸쳐 출석하지 아니한 경우에는** 조정신청 취지에 따라 **정정보도 등을 이행**하기로 합의한 것으로 본다. ④ 출석요구를 받은 자가 천재지변이나 그 밖의 정당한 사유로 출석하지 못한 경우에는 그 **사유가 소멸한 날부터 3일 이내**에 해당 중재부에 이를 소명(疏明)하여 기일 **속행신청**을 할 수 있다.
비공개 원칙	**조정은 비공개를 원칙**으로 하되, 참고인의 진술청취가 필요한 경우 등 필요하다고 인정되는 경우에는 중재위원회규칙으로 정하는 바에 따라 참석이나 방청을 허가할 수 있다.

조정 결정	① 중재부는 조정신청이 부적법할 때에는 이를 **각하(却下)하여야 한다.** ② 중재부는 신청인의 주장이 이유 없음이 명백할 때에는 **조정신청을 기각할 수 있다.** ③ 중재부는 당사자 간 합의 불능 등 조정에 적합하지 아니한 현저한 사유가 있다고 인정될 때에는 조정절차를 종결하고 **조정불성립결정을 하여야 한다.**
직권 조정 결정	① 당사자 사이에 합의가 이루어지지 아니한 경우 또는 신청인의 주장이 이유 있다고 판단되는 경우 중재부는 당사자들의 이익이나 그 밖의 모든 사정을 고려하여 신청취지에 반하지 아니하는 한도에서 직권으로 조정을 갈음하는 결정을 할 수 있다. 이 경우 그 결정은 **조정신청 접수일부터 21일 이내**에 하여야 한다. ② 직권조정결정서에는 주문(主文)과 결정 이유를 적고 이에 관여한 중재위원 전원이 서명·날인하여야 하며, 그 정본을 지체 없이 당사자에게 송달하여야 한다. ③ 직권조정결정에 불복하는 자는 결정 정본을 **송달받은 날부터 7일 이내**에 불복사유를 명시하여 서면으로 **중재부에 이의신청**을 할 수 있다. 이 경우 그 결정은 효력을 상실한다. ④ 직권조정결정에 관하여 이의신청이 있는 경우에는 그 이의신청이 있은 때에 소(訴)가 제기된 것으로 보며, **피해자를 원고**로 하고 **상대방인 언론사 등을 피고**로 한다.

3. 중재

중 재	① 당사자 양쪽은 정정보도청구 등 또는 손해배상의 분쟁에 관하여 중재부의 종국적 결정에 따르기로 **합의하고 중재를 신청할 수 있다.** ② 중재신청은 **조정절차 계속 중에도 할 수 있다.** 이 경우 조정절차에 제출된 서면 또는 주장·입증은 중재절차에서 제출한 것으로 본다.
중재결정의 효력	**중재결정은 확정판결과 동일한 효력**이 있다.

4. 소송

정정보도청 구 등의 소(訴)	① 피해자는 언론보도가 있음을 **안날로부터 3월 이내, 있은 날로부터 6월 이내**에 법원에 정정보도청구등의 소를 제기할 수 있다. ② 피해자는 정정보도청구등의 소를 병합하여 제기할 수 있고, 소송계속(訴訟繫屬) 중 정정보도청구 등의 소 상호 간에 이를 변경할 수 있다. ③ 법원은 청구가 이유 있는 경우에는 정정보도·반론보도 또는 추후보도의 방송·게재 또는 공표를 명할 수 있다.
재 판	① 정정보도청구 등의 **소는 접수 후 3개월 이내에 판결을 선고**하여야 한다. ② 법원은 정정보도청구 등이 이유 있다고 인정하여 정정보도·반론보도 또는 추후보도를 명할 때에는 방송·게재 또는 공표할 정정보도·반론보도 또는 추후보도의 내용, 크기, 시기, 횟수, 게재위치 또는 방송 순서 등을 정하여 명하여야 한다. ③ 법원이 정정보도·반론보도 또는 추후보도의 내용 등을 정할 때에는 청구취지에 적힌 정정보도문·반론보도문 또는 추후보도문을 고려하여 청구인의 명예나 권리를 최대한 회복할 수 있도록 정하여야 한다.
불복 절차	① 정정보도청구 등을 인용한 재판에 대하여는 항소하는 것 외에는 불복을 신청할 수 없다. ② 불복절차에서 심리한 결과 정정보도청구 등의 전부 또는 일부가 기각되었어야 함이 판명되는 경우에는 이를 인용한 재판을 취소하여야 한다.

	③ 언론사 등이 이미 정정보도 · 반론보도 또는 추후보도의 의무를 이행하였을 때에는 언론사 등의 청구에 따라 취소재판의 내용을 보도할 수 있음을 선고하고, 언론사 등의 청구에 따라 상대방으로 하여금 언론사 등이 이미 이행한 정정보도 · 반론보도 또는 추후보도와 취소재판의 보도를 위하여 필요한 비용 및 통상의 지면게재 사용료 또는 방송 사용료로서 적정한 손해의 배상을 하도록 명하여야 한다. 이 경우 배상액은 해당된 지면 사용료 또는 방송의 통상적인 광고비를 초과할 수 없다.
손해의 배상	① 언론 등의 고의 또는 과실로 인한 위법행위로 인하여 재산상 손해를 입거나 인격권 침해 또는 그 밖의 정신적 고통을 받은 자는 그 손해에 대한 배상을 언론사 등에 청구할 수 있다. ② 법원은 손해가 발생한 사실은 인정되나 손해액의 구체적인 금액을 산정(算定)하기 곤란한 경우에는 변론의 취지 및 증거조사의 결과를 고려하여 그에 상당하다고 인정되는 손해액을 산정하여야 한다.

【언론중재위원회】	
의 의	언론 등의 보도 또는 매개로 인한 분쟁의 조정 · 중재 및 침해사항을 심의하기 위하여 언론중재위원회를 둔다.
구 성	① 중재위원회는 40명 이상 90명 이내의 중재위원으로 구성하며, 중재위원은 문화체육관광부장관이 위촉한다. ② 중재위원회에 위원장 1명과 2명 이내의 부위원장 및 2명 이내의 감사를 두며, 각각 중재위원 중에서 호선(互選)한다. ③ 위원장 · 부위원장 · 감사 및 중재위원의 **임기는 각각 3년으로** 하며, **한 차례만 연임**할 수 있다. ④ 중재위원회의 회의는 **재적위원 과반수의 출석과 출석위원 과반수의 찬성**으로 의결한다.
중재부	① 중재는 **5명 이내의 중재위원으로 구성**된 중재부에서 하며, 중재부의 장은 법관 또는 변호사의 자격이 있는 중재위원 중에서 중재위원회 위원장이 지명한다. ② 중재부는 **중재부의 장을 포함한 과반수의 출석과 출석위원 과반수의 찬성**으로 의결한다.
중재 위원의 제척	① 중재위원회의 위원이 아래에 해당하는 경우에는 그 **직무의 집행에서 제척(除斥)**된다. ㉠ 중재위원 또는 그 배우자나 배우자였던 사람이 해당 분쟁사건의 당사자가 되는 경우 ㉡ 중재위원이 해당 사건의 당사자와 친족관계이거나 친족관계였던 경우 ㉢ 중재위원이 해당 사건에 관하여 당사자의 대리인으로서 관여하거나 관여하였던 경우 ㉣ 중재위원이 해당 사건의 원인인 보도 등에 관여한 경우 ② 사건을 담당한 중재위원에게 제척의 원인이 있을 때에는 그중 재위원이 속한 중재부는 직권으로 또는 당사자의 신청을 받아 제척의 결정을 한다. ③ 당사자는 사건을 담당한 중재위원에게 공정한 직무집행을 기대하기 어려운 사정이 있는 경우에는 사건을 담당한 중재부에 기피신청을 할 수 있다. ④ 기피신청에 관한 결정은 중재위원회 위원장이 지명하는 중재부가 하고, 해당 중재위원 및 당사자 양쪽은 그 결정에 불복하지 못한다. ⑤ 중재위원은 ① 또는 ③의 사유에 해당하는 경우에는 해당 사건의 직무집행에서 회피하여야 한다. 이 경우 중재부의 허가를 필요로 하지 아니한다. ⑥ 기피신청이 있으면 해당 중재위원이 속한 중재부는 그 신청에 대한 결정이 있을 때까지 조정 또는 중재 절차를 중지하여야 한다. ⑦ 제척 · 기피 또는 회피에 따라 중재부에 중재위원의 결원이 생긴 경우에는 중재위원회 위원장이 중재위원을 지명하여 그 중재부를 보충한다.

제6장
경찰에 대한 통제방안 및 향후과제

제1절　경찰에 대한 통제방안

Ⅰ. 행정책임과 행정통제

행정책임	① 행정책임이란 공무원이나 행정조직이 직무를 수행할 때 주권자인 국민의 기대와 요구에 부응하여 공익, 근무규율, 합법성, 국민의 요청이나 고객의 요구, 정책목표 등을 일정한 기준에 따라 행동하여야 할 의무를 말한다. ② **행정책임은 행정통제를 통하여 보장**되며, **행정통제는 행정의 책임성을 확보하는 수단**이다. {06.1 승진}
행정통제	① 행정책임에는 시민의 요구에 대한 대응이 포함된다. ② 행정통제는 행정 체제의 일탈에 대한 감사를 통해 행정성과를 달성하려는 활동이다. ③ **행정의 책임성을 확보하기 위한 구체적인 수단이 행정통제**라고 볼 수 있다. {06.1 승진} ④ 행정통제는 행정책임을 보장하기 위한 **사전적·사후적 제어장치**이다. {06.1 승진}

Ⅱ. 경찰통제의 의의 및 필요성

의의		경찰의 조직과 활동을 체크하고 감시함으로써 경찰조직과 경찰활동의 적정을 도모하기 위해 제도적 장치 또는 활동을 총칭한다.
필요성		① **국민의 인권을 보호**하기 위하여 필요하다. ② 경찰의 **민주적 운영**을 위해서 필요하다. {09.3 순경, 03.6 순경, 02.5 순경} ③ 경찰의 **정치적 중립을 확보**하기 위하여 필요하다. {03.6 순경, 02.5 순경} ④ 경찰의 통제는 **조직 자체의 부패를 방지하고 건강을 유지**하기 위하여 필요하다. 　{03.6 순경, 02.5 순경} ⑤ 경찰활동에 있어 **법치주의를 도모하기 위해 필요**하다.
기본요소 {02.1 승진, 04.3 순경}	**환류**	경찰행정의 목표와 관련하여 그 수행 과정의 적정 여부를 확인하는 과정으로 이의 확인 결과에 따라 책임을 추구하고 나아가 환류를 통하여 순환을 발전적으로 유도하여야 한다.
	정보의 공개	① **경찰통제의 요소 중 행정통제의 근본 또는 전제요소**라고 볼 수 있다. 　{02.3 순경, 01.3 경간부} ② 공공기관의 정보공개에 관한 법률은 원칙적으로 행정기관의 정보의 공개를 의무화하고, 나아가 **적극적으로 정보의 제공을 규정**하고 있으며, 적용제외 대상에 포함되지 아니하는 한 경찰기관의 정보도 공개에 예외일 수 없다. ③ **정보의 공개가 없으면 참여가 불가하고 그 결과 통제가 불가**하게 된다. 따라서 **정보공개는 경찰통제의 근본 또는 전제요소**이다. 그러므로 **경찰기관의 정보는 과감하게(원칙적, 적극적) 공개**하여야 한다. ④ 국민의 알권리를 보장하고 국정에 대한 **국민의 참여와 국정운영의 투명성을 확보하기 위해 행정기관의 정보공개가 강력히 요청**된다. {06.1 승진}

책 임		① 경찰에 대한 통제의 과정에서 잘못으로 드러난 문제어 대해서는 **분명히 책임** (형사책임, 민사책임, 징계책임 등)을 **추궁**해야 한다. ② 경찰공무원 개인의 징계책임은 지나치게 무거운 대신 관리자의 정책결정 책임이나 조직을 개혁하지 않은 책임 등은 경시되기 쉽고, 그 결과 조직은 구습을 반복하고 개혁이나 발전 없이 같은 정체의 과정 속에 빠지게 된다. ③ **통제는 자기통제가 바람직하나**, 조직의 자기비호와 변화를 거부하는 **속성상 외부통제가 필요하다.** ④ 외부기관에 의한 업무의 상시적인 지휘는 조직의 자율성을 저해하는 등의 문제점이 있으므로 바람직하지 않다.
참 여		① **국민의 행정참여 기회의 소홀 :** 주권자인 국민에게는 사전적 절차로서 자기의 권리를 보호해 나가기 위해 행정에 참여할 기회가 인정되지 않아 행정의 절차적 통제가 소홀히 되어 온 것이 사실이다. ② **행정절차법에 의한 절차적 권리의 인정 :** 국민의 행정참여를 도모함으로써 행정의 공정성, 투명성, 신뢰성을 확보하고 국민의 권익을 보호할 목적으로 행정절차법에 의한 절차적 권리가 보편적으로 인정되고 있다. ③ **국민의 경찰행정에 대한 참여 도모 :** 민주적 통제 장치의 일환으로서 국민의 경찰행정에 대한 참여를 도모하기 위한 목적으로 경찰위원회가 구성되어 있는 등 제한적이나마 간접적 참여의 장치도 마련되어 있다.
권한의 분산		권한이 중앙이나 일부에 집중되어 있을 때 남용의 위험이나 정치적 유혹 또는 이용의 대상이 되기 쉬우므로 **경찰의 중앙조직과 지방조직간의 권한의 분산, 상위계급자와 하위계급자 간의 권한의 분산 등이 필요**하다. {02.1 승진, 04.3 순경}

【주민의 경찰에 대한 참여방안】 {04.1 승진, 01.4 순경}
(경찰이 주민들의 의견수렴을 위해 발족시킨 기구)

치안행정 협의회	자치단체와의 원활한 업무협조를 위해 **시 · 도지사 소속하에 두고 있는 협의기구**로 9명의 위원 중 3명의 민간인이 포함되어 있다.
경찰서 치안행정 발전위원회	NGO관련인사 등 **사회지도층 인사로 구성하여 참여와 감시**를 통하여 경찰행정 발전을 도모키 위해 신설된 기구이다.
방범 리콜제도	방범활동과 관련된 **주민의 건의사항을 수렴하여 방범시책에 반영**함으로써 **주민의 치안참여를 확대하기 위한 제도**이다. {06.1 승진, 01.4 순경}
민원봉사실	경찰 인 · 허가, 증명확인 및 고소 · 고발 등 경찰민원의 접수 · 처리와 상담을 위해 설치한 기구이다.

☞ **경찰위원회 :** 경찰의 민주성과 중립성 및 공정성 확보 등을 목적으로 **행정안전부에 설치된 심의 · 의결기구**로 지역사회관계의 발전과 다소 거리가 있다. 즉, **간접적인 국민참여 방안에 속하지만, 주민참여 방안으로는 볼 수 없다.** {04.1 승진, 01.4 순경}

III. 경찰통제의 유형 및 장치

1. 민주적 통제와 사법적 통제

1) 한국의 통제제도

	민주적 통제	사법적 통제
의 의	**경찰위원회제도와 국민감사청구제도**가 도입되어 있지만, 경찰책임자의 선거제도나 자치경찰제도 등은 시행되고 있지 아니한다.	① 경찰기관의 행위에 따라서 법원이 사법심사를 통하여 행정기관의 행위를 통제하는 방식이다. ② **행정소송(재량통제의 강화) 및 국가배상제도**를 모두 채택하고 있다.
제 도	① **경찰위원회제도** ② **국민감사청구제도 등**	① **행정소송(행정소송법)** ② **국가배상제도(국가배상법)** ③ **재량의 일탈이나 남용 등**
제도 및 특색	① 경찰위원회제도는 행정안전부장관의 재의요구권이 있어 명실상부한 민주적 통제장치로는 보기 곤란하다. ② 국민감사청구제도는 만 19세 이상의 국민은 경찰을 비롯한 공공기관의 사무처리가 법령위반 또는 부패행위로 인하여 공익을 현저히 해하는 경우 300인 이상의 연서로 감사원에 감사를 청구할 수 있다. {09.1 승진}	① 국민은 경찰관청의 위법한 처분 그 밖의 공권력의 행사 또는 불행사로 인하여 권리 또는 이익의 침해를 받은 경우에는 행정소송을 통하여 구제를 받을 수 있다. ② 경찰공무원의 위법한 행위로 손해를 입은 국민은 국가를 상대로 손해배상을 청구할 수 있다. ③ 경찰의 활동은 일반적으로 행정편의 주의에 입각하여 고도의 재량에 의하는 것이 보통이다. ④ **오늘날 재량의 일탈이나 남용이 사법심사의 대상이 되는 것은 물론이고, 재량의 실체적 심사뿐만 아니라 재량의 절차적 통제가 이루어지고 있는 것이 현실**이다. {08.2 경간부}

2) 민주적 통제와 사법적 통제(주체에 따라 구분)

민주적 통제 (영미법계)	의의	① **절차적ㆍ사전통제 중심**이다. ② 경찰의 민주성 확보를 위한 제도적 장치를 마련하여 **시민이 직접 또는 그 대표기관을 통한 참여와 감시를 가능케** 하는 민주적 통제장치를 구축하고 있다. {03.1 승진, 03.3 순경} 　예 **경찰위원회제도, 자치경찰제도, 경찰책임자의 선거제도 등** {03.1 승진, 02.11 순경} ③ 영미법계 국가에서는 **경찰조직의 민주성을 확보하기 위한 제도적 장치마련**에 관심을 가지고 있다. {03.3 순경, 03.1 승진}
	특색	**적정절차의 원칙에 중점**을 두어 시민이 직접 또는 그 대표기관을 통해 참여와 감시를 가능케 하는 시스템을 구축하고 있다. {09.3 순경}

사법적 통제 (대륙법계)	의의	① **실체적 · 사후통제 중심**이다. ② 경찰행정에 대한 사법심사 등을 통해 **법원이 행정부의 행위를 심사**함으로써 통제하는 사법적 통제장치를 구축하고 있다. {09.3 순경, 03.1 승진} 　　예 **국가배상제도, 행정소송제도** {07.12 순경, 02.11 순경} ③ 대륙법계의 국가에서는 초기 **행정소송 등의 열기주의**(법에서 소송대상으로 규정한 것만 소송제기 가능)**에서 개괄주의**(모든 행정작용은 원칙적으로 소송제기의 대상)**로 전환**함으로써 **행정에 대한 법원의 통제를 확대**하고 있으며, 이는 국민의 사법적 구제의 길을 넓힘으로써 행정에 대한 통제를 강화하는 효과를 가져왔다. {08.2 경간부, 03.3 순경, 03.1 승진}
	특색	**실체적 권리보장에 중점**을 두어 법원이 행정부의 행위를 심사함으로써 행정부를 통제하는 시스템을 구축하고 있다.

2. 사전통제와 사후통제(시기에 따라 구분)

의 의		① 사전통제와 사후통제의 구분은 **"경찰권 발동의 시점"**을 기준으로 한다. ② 오늘날 행정청에 대해서는 권리나 이익이 침해받기 전에 절차적으로 참여하는 등 사전통제를 강화하고 있다.
사전 통제	행정절차법	① **행정에 대한 사전통제를 규정하고 있는 기본법**이다. {11.2 순경, 08.2 경간부, 03.3 순경} ② 의견청취제도, 입법예고제, 행정예고제 등이 있다.
	정보공개 청구권	① 국민의 알권리를 보장하고 국정에 대한 국민의 참여와 국정운영의 투명성을 확보함을 목적으로 행정기관의 정보공개가 강력히 요청되고 있다. ② 정보의 공개는 행정통제의 근본이 되고 있다.
	입법기관인 국회	**입법권, 국회의 예산심의권**, 경찰청장의 **인사청문회** 등을 통하여 경찰관계법령의 제정이나 경찰예산의 편성과정에서 통제가 가능하다. {12.8 순경, 11.2 순경, 10.3 순경, 07.12 순경, 06.1 승진, 05.1 승진, 03.11 순경, 03.4 순경, 01.11 순경}
사후 통제	행정부에 의한 통제	① **행정부의 행정심판** {11.2 순경, 10.3 순경, 01.11 순경} ② 소청심사위원회의 소청심사 {10.3 순경} ③ 징계책임 ④ **상급기관의 하급기관에 대한 감사(감독)권** {12.8 순경, 03.4 순경, 01.11 순경}
	사법부에 의한 통제 {12.8 순경}	① 행정소송 {03.4 순경} ② 국가배상청구소송 {07.12 순경} ③ **사법부의 사법심사에 의한 통제** {11.2 순경, 10.3 순경, 09.3 순경}
	입법부에 의한 통제 {12.8 순경}	① 국정감사 및 조사권 {01.1 승진, 01.11 순경} ② 경찰청장의 탄핵소추권 ③ **국회의 예산결산권** {03.4 순경, 08.7 순경}

3. 내부적 통제와 외부적 통제(경찰청을 기준으로 한 구분)

의 의	① 내부적 통제와 외부적 통제의 구별은 **"경찰청"을 기준**으로 한다. ② 행정의 내부적 통제는 널리 행정부 내의 통제를 상정할 수 있으나, 여기에서는 **경찰조직 내의 통제만을 한정**되며, **외부적 통제는 경찰조직 외의 경찰에 대한 통제**를 말한다.		
내부적 통제 **(자체 통제)** {08.7 순경, 08.2경간부, 07.12 순경, 07. 3순경, 06.1 승진, 05.1 승진, 04.7 순경, 03.3 순경, 01.11 순경}	**감사관 제도**	① 경찰청의 감사관(경무관, 감찰담당총경 및 감사담당총경) ② 지방경찰청의 청문감사담당관 ③ 경찰서에는 **청문감사관** {11.2 순경, 06.1 승진, 04.7 순경}	
	훈령권, 직무 명령권	① 상급자는 하급 경찰공무원에 대하여 직무명령을 통하여 그 행위를 통제하기도 한다. {08.7 순경, 04.7 순경} ② 상급관청이 하급관청에 대하여 지시권이나 감독권 등의 훈령권을 행사함으로써 통제를 기할 수 있다. {12.8 순경}	
	행정 심판의 재결권	① 행정심판의 경우에는 행정청의 처분 또는 부작위에 대하여는 행정심판의 청구를 심리·재결하기 위하여 해당 **행정청의 직근 상급행정기관 소속으로 행정심판위원회를 두고 있다.** {05.1 승진, 01.11 순경} ② 행정심판위원회는 행정의 **위법은 물론 부당한 문제에 대해서도 통제**를 기할 수 있다. {05.1 승진, 01.11 순경} ③ 집회 및 시위에 관한 법률에 의거, 집회의 금지통고에 대하여는 이의신청을 받은 **경찰관서의 직근 상급경찰관서의 장은 재결기관**이 되므로 그 범위에서는 내부적 통제에 해당한다. {05.1 승진, 01.11 순경}	
외부적 통제 {07. 3순경}	**입법통제** (국회에 의한 통제)	① 가장 강력한 경찰통제기관으로 볼 수 있다. 예 **국회**는 ㉠ **입법권**, ㉡ **예산심의·결산권**, ㉢ **국정감사·조사권**, ㉣ **경찰청장의 인사청문회 및 탄핵소추권** {11.2 순경, 08.7 순경, 05.1 승진, 04.7 순경}	
	사법통제 (법원에 의한 통제)	사법통제는 사후통제에 그치지만, 가장 실효성이 큰 경찰통제의 수단이다. 예 **행정소송, 위헌위법명령·규칙심사권 등** {08.7 순경, 04.7 순경}	
	행정통제 (행정부에 의해 통제) {08.7 순경, 07.12 순경}	**대통령**	**경찰청장의 임명권, 경찰위원회 위원의 임명권 등**과 행정수반으로서 주요 정책결정을 통하여 경찰을 통제할 수 있다. {01.3 순경}
		행정안전부 장관	행정안전부장관은 **경찰청장과 경찰위원회 위원의 임명제청권**을 가지므로 상급관청으로서의 권한행사를 통하여 경찰을 통제할 수 있다.
		감사원	**경찰기관의 세입·세출의 결산**뿐만 아니라, **경찰기관 및 경찰공무원의 직무에 대한 감찰**을 통하여 경찰을 통제할 수 있다. {09.3 순경, 09.1 승진, 01.3 순경}
		소청심사 위원회	행정안전부에 설치된 소청심사위원회는 **경찰공무원의 징계** 등 불이익 처분에 관한 심사를 하므로 외부통제에 해당한다. {09.3 순경, 08.7 순경, 07.12 순경, 06.1 승진, 05.1 승진, 04.7 순경}
		국민권익 위원회	국무총리 소속인 국민권익위원회는 **고충민원의 처리**와 이에 관련된 불합리한 행정제도를 개선하고 부패의 발생을 예방하여 부패행위를 효율적으로 규제하고 있다. {11.2 순경}
		시민고충 처리위원회	부패방지 및 국민권익위원회의 설치와 운영에 관한 법률에 근거하여 시민고충처리위원회를 설치하였다.

외부적 통제		경찰위원회	**행정안전부 소속**의 경찰위원회는 합의제 심의·의결기관으로서 외부통제를 수행하지만, 형식적 수준에 머물러 있어 **외부적 통제기능을 제대로 수행하고 있지 못하다.** {11.2 순경, 09.1 승진, 08.7 순경, 07.12 순경, 06.3 순경, 04.7 순경, 03.7 순경}
		검찰 · 국가정보원 · 국방부	경찰은 **정보 · 보안업무와 관련하여서는 국가정보원의 조정과 통제**를 받고 있으며, 대간첩작전은 국방부의 통제를, 수사업무는 검찰에 의한 지휘를 받고 있다. {05.1 승진}
	국가인권 위원회에 의한 통제		국가인권위원회는 인권의 보호와 향상을 위한 업무를 수행하기 위하여 설치한 **입법 · 사법 · 행정 등 3부 어디에도 소속되지 않은 독립적인 국가기구**이다. {11.2 순경, 09.1 승진}　예 방문조사권, 사전통보권
	NGO (비정부 기구)에 의한 통제	의 의 {08.1 승진}}	① **비정부기구 또는 비정부단체**를 의미한다. ② 국제회의에 회원국으로 참가할 권리는 없지만 옵저버(참관인)로서 참가하여 의견을 발표할 수 있으며, 실제로도 비정부간 국제기구의 의견이 국제회의에서 차지하는 비중은 날로 커지고 있다. ㉠ **사적단체 또는 조직이 회원국**이 된다. ㉡ 주로 **사법에 의해 규율**된다. ㉢ 일반적으로 **국제법상의 주체**가 된다.
		요 건 {02.10 순경}	① 일회성 캠페인에 그치지 않고 지속성을 가져야 한다(**지속성**). ② 의사결정의 자율성을 보장되어야 한다(**자율성**). ③ 이윤을 추구하지 않아야 한다(**비영리성**). ④ 정부 내지 정치적 영향으로부터 독립적으로 운영되어야 한다(**독립성**).
		NGO 관련 이론	① **소비자통제이론** : 소비자인 시민이 국가권력을 감시하고 통제하기 위한 수단으로 발생하였다는 모형 ② **계약실패모형** : NGO는 소비자들이 영리기업에서 생산하는 서비스에 대해서 정확한 평가를 내리기가 불가능하기 때문에 이를 보완할 목적으로 등장 ③ **공공재이론** : NGO부문은 사회의 구성원들에게 기존의 공공재공급구조체제에서 충족되지 못한 수요를 만족시키는 역할 ④ **다원화이론** : NGO부문은 정부에서 의해 달성될 수 있는 것보다 사회서비스 생산에서 상당한 다양성을 제공 ⑤ **기업가이론** : 정부와 NGO부문이 이질적이고 이들 간의 관계가 경쟁과 갈등이라고 가정
		경찰과 NGO와 관계 {06.2 순경, 02.1 승진, 01.10 순경}	① NGO와 상호 관심사항을 폭넓게 협의하여 치안정책에 반영함으로써 **경찰행정의 공정성 · 투명성 등을 담보**할 수 있다. ② 경찰행정에 NGO를 참여시켜 **각계각층의 경찰지원세력을 확보**할 수 있다. ③ 법집행 취약분야에서 활동하는 NGO의 동참을 유도함으로써 **법집행 사각지대를 보완**할 수도 있다. ④ 현재 각급 행정기관에서는 NGO와의 협력체제 구축을 위하여 다양한 시도가 진행되고 있다.
	민중에 의한 통제	의 의	민중통제는 여론, 이익집단, 언론기관, 정당, NGO 등을 통한 직·간접적인 통제로서, 민주주의의 특징이라고 할 수 있다.
		방 법 {09.3 순경}	① **언론기관에 의한 통제**　　② **정당에 의한 통제** ③ **선거권에 의한 통제**

【공공기관의 정보공개에 관한 법률】 [시행 2010.5.5]

정보공개 청구권자	① 모든 국민은 정보의 공개를 청구할 권리를 가진다. ② **외국인도 법령이 정하는 바에 의하여 정보공개청구가 가능**하다. {09.1 승진, 02.1 승진}
공공기관 의 의무	① 정보공개의 필요성가 **개인정보보호의 필요성이 충돌한 경우 비교형량을 통해 공개 여부를 결정**하여야 한다. {06.1 승진} ② 공공기관의 정보공개에 관한 법률은 **공개를 원칙**으로 하고, **비공개는 예외에 해당하므로 비공개 대상정보는 제한적으로 해석**하여야 한다. {06.1 승진}
비공개 대상정보	① 다른 법률 또는 법률이 위임한 명령(국회규칙 · 대법원규칙 · 헌법재판소규칙 · 중앙선거관리위원회규칙 · 대통령령 및 조례에 한한다)에 의하여 비밀 또는 비공개 사항으로 규정된 정보 ② 국가안전보장 · 국방 · 통일 · 외교관계 등에 관한 사항으로서 공개될 경우 **국가의 중대한 이익을 현저히 해할 우려가 있다고 인정되는 정보** {01.11 순경} ③ 공개될 경우 국민의 생명 · 신체 및 재산의 보호에 현저한 지장을 초래할 우려가 있다고 인정되는 정보 ④ 진행 중인 재판에 관련된 정보와 범죄의 예방, 수사, 공소의 제기 및 유지, 형의 집행, 교정, 보안처분에 관한 사항으로서 공개될 경우 그 직무수행을 현저히 곤란하게 하거나 **형사피고인의 공정한 재판을 받을 권리를 침해한다고 인정할 만한 상당한 이유가 있는 정보** {01.11 순경} ⑤ 감사 · 감독 · 검사 · 시험 · 규제 · 입찰계약 · 기술개발 · 인사관리 · 의사결정과정 또는 내부검토과정에 있는 사항 등으로서 공개될 경우 업무의 공정한 수행이나 연구 · 개발에 현저한 지장을 초래한다고 인정할 만한 상당한 이유가 있는 정보 <table><tr><td>**공개 제한(○)**</td><td>경찰의 보안관찰 관련 통계자료</td></tr><tr><td>**공개 제한(×)**</td><td>㉠ 국 · 공립학교에서의 성적평가에 관한 사항 ㉡ 조세의 부과, 징수 또는 환급에 관한 사항 ㉢ 학력, 기능 및 채용에 관한 사항에 관한 정보 ㉣ **경찰서장의 판공비 내역** {01.11 순경}</td></tr></table> ⑥ 당해 정보에 포함되어 있는 이름 · 주민등록번호 등 개인에 관한 사항으로서 공개될 경우 **개인의 사생활의 비밀 또는 자유를 침해할 우려가 있다고 인정되는 정보.** {01.11 순경} **【개인에 관한 정보는 공개가능】** ㉠ 법령이 정하는 바에 따라 열람할 수 있는 정보 ㉡ 공공기관이 공표를 목적으로 작성하거나 취득한 정보로서 개인의 사생활의 비밀과 자유를 부당하게 침해하지 않는 정보 ㉢ 공공기관이 작성하거나 취득한 정보로서 공개하는 것이 공익 또는 개인의 권리구제를 위하여 필요하다고 인정되는 정보 ㉣ 직무를 수행한 공무원의 성명 · 직위 ㉤ 공개하는 것이 공익을 위하여 필요한 경우로써 법령에 의하여 국가 또는 지방자치단체가 업무의 일부를 위탁 또는 위촉한 개인의 성명 · 직업 ⑦ 법인 · 단체 또는 개인의 경영 · 영업상 비밀에 관한 사항으로서 공개될 경우 **법인 등의 정당한 이익을 현저히 해할 우려가 있다고 인정되는 정보.** **【아래 정보는 공개가능】** ㉠ 사업활동에 의하여 발생하는 위해로부터 사람의 생명 · 신체 또는 건강을 보호하기 위하여 공개할 필요가 있는 정보 ㉡ 위법 · 부당한 사업활동으로부터 국민의 재산 또는 생활을 보호하기 위하여 공개할 필요가 있는 정보 ⑧ 공개될 경우 부동산 투기 · 매점매석 등으로 **특정인에게 이익 또는 불이익을 줄 우려가 있다고 인정되는 정보**

정보 공개 여부의 결정	① 공공기관은 정보공개의 청구가 있는 때에는 **청구를 받은 날부터 10일 이내에 공개 여부를 결정**하여야 한다. {09.1 승진, 02.1 승진} ② 공공기관은 부득이한 사유로 10일 이내에 공개 여부를 결정할 수 없는 때에는 그 기간의 만료일 **다음 날부터 기산하여 10일 이내의 범위에서 공개 여부 결정기간을 연장**할 수 있다. 이 경우 공공기관은 연장된 사실과 연장사유를 청구인에게 지체 없이 문서로 통지하여야 한다. ③ 공공기관은 공개청구된 공개대상정보의 전부 또는 일부가 제3자와 관련이 있다고 인정되는 때에는 그 **사실을 제3자에게 지체없이 통지**하여야 하며, 필요한 경우에는 그의 의견을 청취할 수 있다. {09.1 승진} 　☞ **정보공개청구는 이해관계가 없는 경우에도 인정된다.** {06.1 승진} ④ 공공기관은 다른 공공기관이 보유·관리하는 정보의 공개청구를 받은 때에는 지체 없이 이를 소관기관으로 이송하여야 하며, 이송을 한 공공기관은 지체 없이 소관기관 및 이송사유 등을 명시하여 청구인에게 문서로 통지하여야 한다. ⑤ 정보공개를 **청구한 날부터 20일 이내에 공공기관이 공개 여부를 결정하지 아니한 때에는 비공개의 결정이 있는 것으로 본다.** {09.1 승진, 06.1 승진, 02.1 승진}
정보공개여 부결정의 통지	① 공공기관은 정보의 공개를 결정한 때에는 공개일시·공개장소 등을 명시하여 청구인에게 통지하여야 한다. ② 공공기관은 공개대상정보의 양이 과다하여 정상적인 업무수행에 현저한 지장을 초래할 우려가 있는 경우에는 정보의 사본·복제물을 일정 기간별로 나누어 교부하거나 열람과 병행하여 교부할 수 있다. ③ 공공기관은 정보를 공개함에 있어 당해 정보의 원본이 오손 드는 파손될 우려가 있거나 그 밖에 상당한 이유가 있다고 인정될 때에는 당해 정보의 사본·복제물을 공개할 수 있다. ④ 공공기관은 정보의 비공개결정을 한 때에는 그 사실을 청구인에게 지체 없이 문서로 통지하여야 한다. 이 경우 비공개이유·불복방법 및 불복절차를 구체적으로 명시하여야 한다.
이의 신청	① 청구인이 정보공개와 관련한 공공기관의 비공개 또는 부분공개의 결정에 대하여 불복이 있는 때에는 공공기관으로부터 정보공개 여부의 결정통지를 받은 날 또는 비공개의 결정이 있는 것으로 보는 날부터 **30일 이내에 당해 공공기관에 문서로 이의신청**을 할 수 있다. {09.1 승진, 04.11 순경, 04.1 승진, 02.1 승진} ② 공공기관은 **이의신청을 받은 날부터 7일 이내에 그 이의신청에 대하여 결정**하고 그 결과를 청구인에게 지체 없이 문서로 통지하여야 한다. 다만, 부득이한 사유로 정해진 기간 이내에 결정할 수 없는 때에는 그 기간의 만료일 다음 날부터 기산하여 **7일 이내의 범위에서 연장**할 수 있으며, 연장사유를 청구인에게 통지하여야 한다. ③ 공공기관은 이의신청을 각하 또는 기각하는 결정을 한 때에는 청구인에게 행정심판 또는 행정소송을 제기할 수 있다는 취지를 결과통지와 함께 통지하여야 한다.
행정 심판	① 청구인이 정보공개와 관련한 **공공기관의 결정에 대하여 불복이 있는 때에는** 행정심판법이 정하는 바에 따라 **행정심판을 청구할 수 있다.** 이 경우 국가기관 및 지방자치단체 외의 공공기관의 결정에 대한 감독행정기관은 관계 중앙행정기관의 장 또는 지방자치단체의 장으로 한다. ② 청구인은 **이의신청절차를 거치지 아니하고 행정심판을 청구할 수 있다.** {12.8 순경} ③ 행정심판위원회의 위원 중 정보공개 여부 결정에 관한 행정심판에 관여하는 위원은 재직 중은 물론 퇴직 후에도 그 직무상 알게 된 비밀을 누설하여서는 아니 된다.

행정소송	① 청구인이 정보공개와 관련한 공공기관의 결정에 대하여 **불복이 있는 때에는 행정소송법이 정하는 바에 따라 행정소송을 제기**할 수 있다. ② 재판장은 필요하다고 인정되는 때에는 당사자를 참여시키지 아니하고 제출된 공개청구정보를 비공개로 열람 · 심사할 수 있다. ③ 재판장은 행정소송의 대상이 정보 중 국가안전보장 · 국방 또는 외교에 관한 정보의 비공개 또는 부분공개 결정처분인 경우에 공공기관이 그 정보에 대한 비밀지정의 절차, 비밀의 등급 · 종류 및 성질과 이를 비밀로 취급하게 된 실질적인 이유 및 공개를 하지 아니하는 사유 등을 입증하는 때에는 당해 정보를 제출하지 아니하게 할 수 있다.
제3자의 비공개 요청	① **공개청구된 사실을 통지받은 제3자는 통지받은 날부터 3일 이내에 당해 공공기관에 대하여 자신과 관련된 정보를 공개하지 아니할 것을 요청**할 수 있다. ② 비공개요청에도 불구하고 공공기관이 공개결정을 하는 때에는 공개결정 이유와 공개실시일을 명시하여 지체 없이 문서로 통지하여야 하며, 제3자는 당해 공공기관에 문서로 이의신청을 하거나 행정심판 또는 행정소송을 제기할 수 있다. 이 경우 **이의신청은 통지를 받은 날부터 7일 이내에** 하여야 한다. ③ 공공기관은 **공개결정일과 공개실시일의 사이에 최소한 30일의 간격을 두어야** 한다.

【정보공개위원회】	
설치	**행정안전부장관 소속**하에 정보공개위원회를 둔다.
구성	위원회는 **위원장과 부위원장 각 1인을 포함한 9인의 위원으로 구성**한다.
자격	① 위원회의 위원은 아래에 해당자가 된다. 이 경우 **위원장을 포함한 5인은 공무원이 아닌 자로 위촉하여야 한다.** ② 위원회의 **위원장은 ⓛ,ⓒ에 해당하는 사람** 중에서, **부위원장은 ⑤에 해당하는 공무원** 중에서 행정안전부장관이 각각 위촉하거나 임명한다. ③ ⑤의 규정에 의한 위원은 법무부 · 행정안전부 및 기획재정부의 차관과 국무총리실 국무차장을 말한다. 　⑤ 대통령령이 정하는 관계부처의 차관급 또는 고위공무원단에 속하는 일반직공무원 　ⓛ 정보공개에 관하여 학식과 경험이 풍부한 자로서 행정안전부장관이 위촉하는 자 　ⓒ 시민단체(비영리민간단체지원법 제2조의 규정에 의한 민간단체를 말한다)에서 추천한 자로서 행정안전부장관이 위촉하는 자
위원장 직무	① 위원회의 위원장은 위원회의 업무를 총괄하고 회의의 의장이 된다. ② 위원회의 부위원장은 위원장을 보좌하고, 위원장이 부득이한 사유로 직무를 수행할 수 없는 때에는 그 직무를 대행한다.
임기	위원장 · 부위원장 및 위원의 **임기는 2년으로 하되, 연임할 수 있다.** 다만, 공무원인 위원의 임기는 그 직위에 재직하는 기간으로 한다.
회의	위원회의 회의는 **반기별로 개최**한다. 다만, 위원장은 필요하다고 인정하는 때에는 임시회를 소집할 수 있다.
의결정족수	위원회의 회의는 **재적위원 과반수의 출석**으로 개의하고 **출석위원 과반수의 찬성으로** 의결한다.
운영규정	대통령령에 규정된 것 외에 위원회의 운영에 관하여 필요한 사항은 **위원회의 의결을 거쳐** 위원장이 정한다.

제2절　경찰의 향후과제

Ⅰ. 행정개혁

의 의		행정개혁이란 행정을 현재 상태로부터 보다 나은 상태·방향으로 개선시키기 위해 행정부가 의도적으로 추구하는 계획된 변화라고 할 수 있다.
필요성 {02.1 승진}		① 새로운 철학의 추구 ② 행정의 능률화와 **새로운 기술도입** 및 지식발전의 필요성의 발생 ③ 신행정수요의 발생과 기관장의 변동 ④ 인구 및 고객구조의 변화　　☞ 사회적 안정(×)
특 징 {03.1 승진}	미래지향성	행정개혁은 과거보다 미래를 지향한다.
	가치지향성	행정개혁은 그 자체가 목적이 아니라 행정의 바람직한 상태를 달성하기 위한 수단이다.
	행동지향성	행정개혁은 실제 행동에 옮긴다는 전제가 내포한다.
	계속성 (지속성)	행정개혁은 행정이 존재하는 한 **일시적인 과정이 아니라 계속적인 과정**이다. {03.2 경간부, 03.1 승진}
	저항의 수반	행정개혁은 기존의 이해관계에 변화를 초래하므로 **기득권을 가진 세력에 의해 저항이 수반**한다. {03.2 경간부, 03.1 승진}
	인위적· 계획적· 기술적 노력	행정개혁은 자연발생적인 것이 아니라 인위적·계획적·기술적 노력이다.
	포괄적 관련성	행정개혁은 형정의 어떤 요소를 바꾸더라도 그것이 행정 전체에 영향을 미치게 된다.
	불확실성과 위험	행정개혁은 의식적·인위적 노력으로 성공여부에 대한 **불확실성의 상황에서 행하여지는 특징이므로 이에 대하여 상황변화에 적극적으로 대처**할 수 있어야 한다. {03.2 경간부, 03.1 승진}
	정치적 성격 (상호 의존성)	**행정개혁은 정치적 상호작용 과정의 산물**일 수도 있다. {03.2 경간부, 03.1 승진}
개혁과정 에서 저항이 수반되는 주요 원인	개혁 상황에서 야기되는 원인	① 자원부족 ② 정치적 갈등 ③ 제도와 법적 해석상의 차이 ④ 사회문화적 가치체계와의 갈등 ⑤ 개혁추진세력에 대한 불만 ⑥ 관료제의 경직성과 보수성 ⑦ 비공식 인간관계와의 부조화 ⑧ 피개혁자의 능력부족 {06.2 순경} ⑨ 개혁과정의 폐쇄성으로 인한 참여부족 및 무관심 {06.2 순경} ⑩ 개혁시기, 방법, 절차의 차이
	심리적인 원인	① 개혁내용의 불명확성 {08.10 순경} ② 전면적 개혁 {08.10 순경} ③ 기득권의 침해에 대한 불안 {08.10 순경} ④ 미래의 불확실성 ⑤ 새로운 상황에 적응이 어렵거나 불편하다고 생각할 경우

개혁의 저항을 극복할 수 있는 주요방법 (수단) {01.1 승진}		① **참여자의 수 확대** ② 개혁안의 명확화와 **공공성의 강조** ③ 의사소통의 촉진 ④ 개혁의 점진적 추진 ⑤ 개혁방법과 개혁안에 대한 기술의 수정기회 **부여**
조직혁신의 저항 극복방안 (에치오니 A.Etzioni)	**강제적 전략**	저항에 대한 **제재**(징계, 감봉, 처벌 등)를 사용하여 개혁에 동참시키는 전략이며, 극복방안으로는 **바람직하지 못한 방법**이다. 따라서 **최후의 수단으로 한정적으로 사용**하는 것이 바람직하다. {07.9 순경} 예 단돈 1000원이라도 받으면 중징계를 하겠다고 공언
	규범적 (사회적) 전략	구성원의 참여, 교육훈련 실시, 개혁지도자의 카리스마 등 **윤리규범**을 이용해 잠재적 저항심리를 완화시키거나 혁신에 동조하도록 하는 전략으로서 **가장 바람직한 방법**이다. {05.3 순경} 예 국민의 신뢰를 받는 경찰상을 구현하기 위해서는 새로운 개혁추진이 필요하다는 정신교육을 강화
	공리적 (기술적) 전략	**기득권 침해에 대한 경제적 보상, 기득권 불침해 보장 및 이득**을 실증해 보이는 전략이다. {03.1 승진, 07.9 순경} 예 기존의 조사요원들이 인수하여 오던 기소중지자를 관내 소재수사를 담당하는 추적수사요원으로 하여금 인수토록 조치하면서, 추적수사요원의 불만을 해소하기 위하여 수당을 지급
행정개혁의 추진전략	**개혁의 폭과 속도에 따른 전략**	**급진적/전면적 전략** — 근본적인 변화를 일시에 달성하려는 광범위하고 빠른 속도의 추진전략으로 **개발도상국에서 주로 사용** {05.1 승진, 01.11 순경}
		점진적/부분적 전략 — 개혁의 영향, 수용태세, 동원자원을 감안하여 완만하게 추진하는 전략으로 **주로 선진국에서 사용** {01.11 순경} 예 **소극적 개혁** {05.1 승진}, **저항의 감소** {01.11 순경}
	개혁의 추진방향에 따른 전략	**명령적/하향적 전략** — 대내외의 참여 없이 상층부에서 일방적으로 추진하는 전략으로 **개발도상국에서 사용** {01.11 순경} 예 저항유발, **지속화 곤란** {05.1 승진, 01.11 순경}
		참여적/상향적 전략 — 구성원의 아이디어를 수집하고 그들의 의견을 반영하여 추진하는 전략으로 **주로 선진국에서 사용** {01.11 순경} 예 저항최소화, **신속한 변화 곤란** {05.1 승진, 01.11 순경}
행정 체제	**의 의**	행정체제란 일반적으로 복수의 구성요소 또는 변수가 일정한 관계를 가지고 상호의존성, 상호작용성, 통일성 등을 추구하면서 환경과 끊임없이 영향을 서로 주고받고 실체 내지 전체를 의미한다.
	특 징 {03.2 경간부}	① 체제는 여러 하위체제로 구성되며 **상호 의존관계**가 있다. ② 체제는 경계라는 개념에 의해 다른 체제와 구별되며, 한 체제는 다른 체제의 환경이 된다. ③ 체제는 체제와 환경 간, 하위체제 상호 간의 균형을 통해서만 안정적으로 존재할 수 있다.
	기 능 {03.2 경간부}	① 적응 기능　　　　② 목표달성 기능 ③ 통합 기능(경찰이 담당)　　　　④ 체제유지 기능

II. 경찰제도의 개혁

개혁의 목표		국민으로부터 신뢰와 사랑받는 경찰상을 정립하는 것이다.
개혁의 방향		① 국민에게 치안서비스를 제공하는 방향으로 개혁되어야 한다. ② 국민에게 신뢰받는 조직으로 개혁되어야 한다. ③ 경찰은 민주적이면서도 생산적인 조직으로 경찰제도를 개혁되어야 한다. ④ 경찰제도는 민주성을 향상시키는 방향으로 개혁되어야 한다.
새로운 정책 수단	**발탁 인사제도** {04.4 순경}	① **미국 GE사의 Jack Welch식 인사기법**에서 유래되었다. ② 종래 **연공서열제의 조직침체의 단점을 보완할 수 있는 방식**으로 볼 수 있다. ③ 리더재능이 있다고 평가받은 인물은 **나이와 경험에 중요하지 않다.** ④ **조직 구성원 간의 갈등을 초래할 우려가 있으므로 신중히 적용**되어야 한다.
	새경찰 새일꾼 제도	경위 이하 정예경찰관들로 위원회를 구성하여 개혁에 관한 새로운 아이디어 수집과 직원들의 건의사항을 수렴하는 제도이다.
	직급별 workshop 개최	기능별 · 직급별 의식개혁 확신을 이해 사용된 다양한 의식개혁 프로그램이다.
	신지식 경찰관제도	2010년 폐지
경찰제도 개혁을 통해 변화된 패러다임	**패러다임 의의**	1962년 T. S. Kuhn이 『과학혁명의 구조』라는 저서에서 제시한 개념으로 모든 과학자들이 당연히 옳다고 여기는 공통된 믿음, 가치, 기술들의 총체를 말하는 것이다. {02.1 승진}
	경찰의 주된 임무	법집행 → 서비스 제공 {03.7 순경}
	경찰운영	**규제 위주 → 치안서비스 제공 위주** {03.7 순경}
	정책결정	**획일적 치안정책 수립 위주 → 지역별 치안정책 수립 위주** {03.7 순경}
	교통활동	**위반자 적발 · 단속**(자동차 중심) → **소통확보 · 사고예방**(사람중심) {03.7 순경}
	국민에 대한 인식	단속 · 규제 대상 → 보호 · 봉사 대상
	치안활동 주체	경찰만의 몫 → 국민과 공동생산

【치안지수의 활용방안】

① 정기적으로 조사하여 국민들의 치안만족도의 변화를 파악할 수 있다.
② 치안수사를 통하여 범죄 발생원인을 분석할 수있는 것이 아니라, 범죄유형별로 국민들에게 불안을 주는 요소가 무엇인지를 파악할 수 있게 함으로써 효과적인 범죄예방 대책을 수립하여 국민들을 불안케 하는 범죄에 대해 중점적으로 대처함으로써 치안만족도를 향상시킬 수 있다.
③ 어떤 범죄가 국민을 불안하게 만드는지를 파악하여 치안정책의 중점사항을 선택할 수 있다.
④ 지역별로 치안지수를 산출하여 지역특성에 맞는 치안정책을 수립할 수도 있다.

각
론

제1장
생활안전
경찰활동

제1절　범죄학 이론

Ⅰ. 범죄의 개념

1. 학문적 개념

법률적 개념	① 범죄학 분야에서 **가장 일반적으로 규정하는 개념** ② 범죄는 **법규를 위반하는 행위** {04.1 승진} ③ 어떤 행위이건 법률에 위반하는 것을 범죄로 규정 ④ 법이 금지하는 행위를 고의로 한 행위, 법이 요구하는 행위를 고의로 하지 않는 행위 ⑤ 사회구성원들의 동의를 구하는데 어려움이 없는 개념 　☞ 너무 포괄적인 개념으로 법률위반만을 문제시한다.		
비법률적 개념	낙인 이론적 개념	① 범죄는 **특정한 계급이나 권력층에 의해 정의되어진 행위** {04.1 승진} ② 특별한 행위도 없이 그 자체만으로 범죄가 되는 것 　☞ 너무 포괄적인 개념으로 법률위반만을 문제시한다.	
	해악 기준의 개념	**범죄의 가치적인 측면을 강조**하여 그 범주를 확장한 개념 ☞ 범죄는 해악이라는 가치적인 측면에서 치중하는 개념이라는 비판 {04.1 승진} **【범죄의 개념에 대한 이론을 주장한 학자】**	
		서덜랜드	① 화이트칼라 범죄에 대한 해악과 사회적 심각성에 대한 연구 ② 상위계층에 의한 경제범죄에 관심
		허만 & 스벤딩거 부부	① 범죄는 인간의 기초적 인권을 침해하는 해악적 행위라고 규정 ② 인간의 생존욕구와 자존의 욕구를 침해하는 범죄행위에 대한 심각한 고려가 요구된다고 주장
		미칼로스키	① 범죄는 불법과 유사하나 일부는 법적으로 용인되기도 한다고 주장 ② 법적으로는 개념화되지 않은 사회적 해악한 행위도 포함시켜야 한다고 주장
		사이키스	① 범죄는 사회규범에 대한 위반행위로서 **각 시대의 사회적·역사적, 문화적 환경에 따라 다르다고 주장** {10.1 승진, 04.1 승진} ② 법이 금지한 행위 **예 : 혼인빙자간음죄(처벌×), 근친상간(독일 처벌○, 한국×)**

2. 법제정 및 집행상 개념

법제정 과정상의 개념	① **법규가 형성되는 과정을 중심으로 한 개념**이다. ② **사회적 환경변화에 따라 범죄의 개념**이 다르다. ③ 법제정기관인 의회의 방침과 정책에 따라 범죄의 개념이 다르다.
법집행 과정상의 개념 {07.1 승진}	① **시간과 국가마다 법집행기관의 방침과 정책에 따라 범죄의 개념이 다르다.** ② 범죄에 대한 개념의 규정은 **주로 사법기관에 의해 이루어진다.** ③ 사회적 이슈에 대한 경찰의 정책과 방침이 범죄형성에 중요한 역할을 수행한다. 　"바다이야기" 게임과 같은 불법오락의 보다 효과적이고 철저한 단속을 위해서는 **오락행위자에 대해서도 처벌할 필요성**이 제기되어 2006년 경찰청에서는 오락행위자들에 대해 그동안 적용하지 않았던 **형법상의 "도박죄"를 적용**하였다.

Ⅱ. 범죄원인론

1. 범죄원인론의 일반적 내용

의 의	범죄의 원인이 무엇인지에 대해서 1930년 이전에는 인간의 소질이나 환경 중 어느 한쪽에 치중하여 정태적 접근방법이 주류였지만, 1930년대에 들어와 소질과 환경의 상호작용에 의해 변화하는 인간을 동태적으로 파악하는 다원적인 연구방법이 등장하게 되었다.	
범죄 유발의 4요소	조제프 셀리(J. F. Sheley)는 범죄를 일으키는 중요한 4가지의 요소로는 ㉠ **범행의 기회**, ㉡ **사회적 제재로부터의 자유**, ㉢ **범행의 동기**, ㉣ **범행의 기술**이라고 하였으며, 이 4가지 요소가 모두 충족되어야 가능하다. {10.3 순경, 10.1 승진, 09.2 경간부}	
범인성의 소질과 환경	**범인성 소질**	① 선천적 원시요소(유전적 결함) ② 후천적 발전요소(체질, 성격의 이상, 연령, 지능 등)
	범인성 환경	① 범인성 행위환경 ② 범인성 인격환경(행위자 환경)
	소질과 환경의 관 계	**외인성 범죄**	**범인성 환경**에 더 많은 영향을 받은 범죄
		내인성 범죄	**성격이나 신체 이상**으로 인한 소질적 범죄

2. 범죄원인에 대한 이론

1) 고전주의 범죄학

특 징	① 고전주의 범죄학파는 **인간을 자유의지를 가진 합리적 존재**라고 가정한다. ② 범죄의 원인에 대한 통제방안으로는 효과적 범죄통제를 위한 **엄격하고 분명하며 신속한 형벌을 주장**한다. 즉, 부정적인 행위에 대한 형벌을 **신속**하고, **엄격**하그, **확실**하게 함으로써 범죄에 대한 이익보다는 위험을 더 크게 함으로써 매력적이지 못한 선택이 되게 하는 것이다. ③ **형벌이 가장 효과적인 범죄예방의 방법**이며, 범죄를 발생시킨 외생변수(환경 등)는 무시하고, 그 결과만을 가지고 범죄원인을 연구하므로 **일반예방주의, 의사비결정론, 객관주의를 그 특징으로 한다.** ④ 고전주의 범죄학은 **일반예방이론(억제이론)과 합리적 선택이론에 영향**을 끼치게 된다. ⑤ 고전주의 범죄학의 대표적인 학자는 **베카리아와 벤담으로 공리주의 영향**을 받았다.	
학 자	**베카리아 (Cesare Beccaria)**	① 『**범죄와 형벌**』 저자이다. ② **형벌은 범죄에 비례하여 부과되어야** 한다. ③ **일반예방주의 주장**(범죄예방의 우선성, 형벌의 예방즈 기능) ④ 죄형법정주의
	벤 담 (Jeremy Bentham)	① 공리주의이론을 세운 철학자이다. ② **형벌을 통한 범죄의 통제를 주장**하였다.
	하워드 (John Howard)	① 『**잉글랜드 및 웨일즈의 교도소 상태론**』 저자이다. ② **감옥 내 질병치료를 적극적으로 주장**하였다. ③ 교도소는 징벌이나 가혹한 형의 집행이 아니라 교화의 장소가 되어야 하며, 이를 위해 **혼거수용이나 과밀수용은 금지**하고 **연령과 성별에 따라 분리수용의 필요성을 강조**하였다. ④ 건강한 자는 노역을 통한 교정 및 노역결과인 생산물로 자치적으로 교도소 운영할 것을 주장한 것이다.

2) 실증주의 범죄학

<table>
<tr><td rowspan="2">특 징</td><td colspan="2">① 고전주의 범죄학의 한계를 보완하였으며, 범죄는 자유의지가 아닌 외적 요소(환경 등)에 의해 강요되는 것이라고 주장하였다. {10.1 승진}
② 범죄에 대한 연구도 자연과학과 같은 과학적 검증을 통해 관찰되고 측정되어야 한다고 주장하였다.
③ 기존의 형벌과 제도는 통제가 불가능하다고 주장하였다.
④ 실증주의 범죄학에서는 범죄원인을 인간의 행위가 생물학적 · 심리학적 · 사회적 성질에 의해 결정된다고 보았다.</td></tr>
<tr></tr>
<tr><td rowspan="3">학 자</td><td>롬브로조</td><td>① 저서 『범죄인』을 통해 범죄자는 원시인의 속성을 격세유전을 통해 전수받은 자들이라는 "생래적 범죄인설"을 주장하였다.
② 생물학적 퇴행성 때문에 범죄를 저지를 수밖에 없는 생래적 범죄인은 교정의 효과를 거의 기대할 수 없으므로 영구 격리 또는 도태처분을 해야 한다고 주장하였다.</td></tr>
<tr><td>페 리</td><td>① 1917년 저서 『범죄사회학』을 통해 범죄인을 생래적 범죄인, 격정범, 기회범, 정신병적 범죄인 4가지 유형으로 나누고 범죄의 원인을 존재하는 사회에서는 이에 상응하는 일정한 양의 범죄가 반드시 발생한다는 "범죄포화의 법칙"을 주장하였다. {10.3 순경}
② 범죄를 일으키는 원인으로 ㉠ 인류학적 요인, ㉡ 물리적 요인, ㉢ 사회적 요인이 있다.
③ 형벌을 통한 직접적인 대응보다는 범죄 충동을 없앨 대체 수단이 필요하다고 주장하였다.</td></tr>
<tr><td>가로팔로</td><td>① 1885년 저서 『범죄학』을 통해 범죄를 자연범과 법정범으로 구별하였다.
② 인간의 근본적 품성인 연민이나 정직성의 결여로 저질러지는 살인, 절도와 같은 자연범은 생래적인 것이므로 사형이나 유형에 처해야 한다고 주장하였다.</td></tr>
<tr><td rowspan="2">생물학적 범죄학</td><td>체형이론</td><td>대표적인 체형학파로는 크레취머, 셀던, 글룩부부, 크르테스 등이 있다.
 【크레취머의 체형이론】

세장형	몸이 야위고 약하며, 체중도 평균보다 가볍다.
투사형	근육질이고 골격이 좋으며, 남성미를 지녔다.
비만형	지방이 많은 것이 특징이고, 목이 짧고 몸통도 굵다.

</td></tr>
<tr><td>유전이론</td><td>① 덕데일의 주크 가와 도다드의 칼리카크 가에 관한 조사연구가 유명하다.
② 덕데일(Dugdale)은 주크라는 집안의 가계도를 연구하면서 후손이 대대로 범죄자가 되어 형무소에 들어가는 일이 많다는 것을 발견하였다.
③ 고다드(Goddard)는 칼리카그라는 집안의 연구를 통해서 후손이 대대로 정신박약인 것을 발견하였다.
④ 고링(C. Goring)은 부모의 범죄성과 자식의 범죄성이 관련 있다는 연구결과에 근거하여 범죄성은 유전에 의해 전수되는 것으로 보았다.</td></tr>
</table>

심리학적 범죄학	**성염색체 이론**		① **제이콥스는** 염색체 이상에 대한 연구를 중심으로 이루어졌는데 연구자들이 주목한 염색체는 **XYY라는 염색체**이다. ② **제이콥스는** 정신병원에 수용된 환자들을 염색체를 조사한 결과 공격적인 성향을 지닌 **XYY염색체를 가진 자는 다른 정상인들에 비하여 수용시설에 구금되는 정도가 높다고 주장**하였다.
	프로이드		① 프로이드는 여성은 심리적 형성과정에서 **남성에 대한 열등감, 시기심 등의 경향**을 가지게 되고, **이를 극복하지 못하면 극단적인 경우 공격적인 성향을 갖게 되어 범죄의 원인이 된다고 주장**하였다. ② 프로이드의 정신분석이론은 **원본능(id)의 힘이 자아(ego)나 초자아(superego) 통제기능을 능가하게 되면 범죄가 발생한다는 이론**이다. 즉, 범죄는 원시적이고 폭력적이며, 비도덕적인 유아적 충동과 초자아의 통제사이의 불균형의 표출이라고 보았다.
	슈나이더		크레펠린(E. Kraepelin)의 정신병질자 분류유형보다 더 세분된 **10가지 유형으로 정신병질적 성격유형을 구분**하였다. **【정신병질자 등 10가지 유형】** ㉠ 발양성 정신병질자　　㉡ 억울성 정신병질자 ㉢ 자기불확실성 정신병질자　　㉣ 광신성 정신병질자 ㉤ 자기현시성 정신병질자　　㉥ 기분이변성 정신병질자 ㉦ 폭발성 정신병질자　　㉧ 정서(애정)결핍성 정신병질자 ㉨ 의지박약성 정신병질자　　㉩ 무력성 정신병질자
	타르드의 모방이론	**의 의**	① **인간은 다른 사람들과 생각을 나누면서 이를 배우고 행동 역시 그러한 생각에 따른다는 점을 강조**하면서 이 이론을 주장하였다. ② 사람의 행동패턴은 개인의 심리와 개인이 사회에서 경험한 것을 모방한 결과라는 "**모방의 법칙**"을 발표하였다. ③ 반두라의 모델이론과 서덜랜드의 차별적 접촉이론에 많은 영향을 주었다.
		모 방 법 칙	**접촉의 법칙 (Law of imitation)** ① 개인의 행동은 친밀하게 접촉하는 사람의 행동을 모방한다는 것이다. ② 오늘날에는 개인이 가장 많이 접촉하는 매체, 즉 사람, 대중매체, 환경 등으로 확대 해석할 수 있다.
			상하의 법칙 (Law of top down) ① 모방은 아래에서 위로 이루어진다는 것이다. ② 가난한 사람은 부자를, 젊은 사람은 나이든 사람을, 하류층은 보다 상류층의 행동을 모방한다는 것이다.
			삽입의 법칙 (Law of insertion) ① 새로운 법과 행동은 재강화되며, 기존의 것을 대체하게 된다. ② 새로운 음악이나 정치가 구세대의 그것들을 밀어내고 대체되는 것처럼, 새로운 형태의 범죄가 나타난다. ③ 인터넷을 이용한 금융사기범이 은행강도보다 더 심각한 사회문제가 된다.

【고전주의 범죄학과 실증주의 범죄학의 비교】			
	학자(이론)	내 용	비 고
고전주의 범죄학	베카리아	형벌은 범죄에 비례하여 부과	① **자유의사**
	벤담	형벌을 통한 범죄통제	② **범죄행위**에 관점 ③ **일반예방효과**(처벌의 확실성)에 중점
실증주의 범죄학	생물학적 이론	생래적 범죄인설	① 자유의사가 아닌 **외적요소**에 의한다. ② **범죄자**에 관점
	심리학적 이론	범죄원인은 정신이상. 모방학습에 기인한다.	③ **특별예방효과**(처벌의 엄격성)에 중점

3) 사회학적 범죄학 {08.1 경간부, 07.9 순경}

(1) 사회구조이론

아노미 이론	에밀 뒤르켐의 아노미이론	① 뒤르켐은 **아노미상황은 사회 구성원 개인의 욕구와 욕망에 대한 통제력을 가지고 유지할 수 없을 때 일어나는 것으로 주로 경제공황, 전쟁, 기아와 같은 재난으로부터 일어나지만 갑작스러운 행운으로 인해 규범이나 규칙에 대한 관념을 혼란시키는 상황에서도 일어날 수 있다고 주장**하였다. ② 아노미는 **사회준칙이 붕괴되어 급격한 사회변화 · 전쟁 · 사태 · 소요 등의 기간 동안에 제대로 작용하지 못하는 상태**이다. {10.1 승진}
	로버트 머턴의 긴장이론	① 머턴은 사회문화적 목표는 모든 사회구성원이 공유하고 있으나 이 **목표를 성취하기 위한 수단은 계층에 따라 차등화 되어 목표성취가 어려운 계층에게는 분노와 좌절이라는 긴장이 유발되고 결국 비합법적인 수단이나 일탈행위에 호소**하게 된다는 것이다. ② 긴장이론은 **구조적으로 야기된 경제적 문제나 신분 · 지위의 문제를 범죄의 원인으로 보는 이론**이다. {09.3 순경} 例 성적이 오르지 않는 저학력 학생의 욕구불만 ③ **범죄는 정상적인 것이며 불가피한 사회적 행위라는 범죄에 대한 새로운 시각을 제시**하였다. ④ 머튼(Merton)은 아노미의 발생원인을 **문화적 목표와 제도화된 수단 간의 괴리**에서 찾았다. ⑤ 머튼은 아노미상태에서 개인의 적응방식을 **동조형, 혁신형, 의례형, 도피형, 반역형**으로 나누고, 그 중 혁신형이 범죄와 가장 깊은 관련이 있다고 보았다.
	애그뉴의 일반적 긴장이론	**긴장이 발생하는 경우** ① 개인이 가치있는 일을 추구할 때 방해받거나 방해받을 우려가 있을 때 ② 개인의 소유를 증식하거나 보호하려고 하는 노력이 제거되거나 제거될 우려가 있는 때 ③ 해로운 또는 부정적인 성격을 가진 누군가가 등장하거나 등장할 우려가 있는 때
		특 징 ① 주의 사람들로부터 제대로 평가받지 못하는 개인은 타인과 극도로 부정적 혹은 소극적인 대인관계를 가진다는 점 ② 애정결핍에 의한 비행소년은 대체로 극단의 분노감정 및 종종 소극적인 대인관계의 결과 형성되는 분노와 유사한 감정 등을 가진다는 점

쇼와 맥케이의 사회해체 이론	① 쇼와 맥케이는 소년비행률이 사회해체지역에서 높다는 사실을 확인 그 원인을 분석한 결과 **사회해체가 진행되는 지역에서 범죄율이 높다**는 사실을 확인하였다. ② 사회해체론은 소득이 낮고 임대입주자가 많은 **빈민지역사회는 구성원이 바뀌더라도 비행발생률이 변하지 않는다고 보았다.** {07.3 순경} ③ 생물학적 · 심리학적 범죄원인론에 비해 **사회적 환경을 중요시**하였다. ④ 지배적 사회관계가 와해되었지만 **아직까지 새로운 관계가 형성되어 있지 않은 틈새지역은 범죄유발환경**이 된다. ⑤ **열악한 환경에 따른 지역사회의 통제력 약화도** 범죄유발요인이 된다. ⑥ 인구이동이 많은 지역에서 흔히 볼 수 있는 **주민이동과 주민 이질성은 사회해체의 원인**이 된다. {07.10 순경} 【버제스와 파크의 시카고지역의 동심원실험】 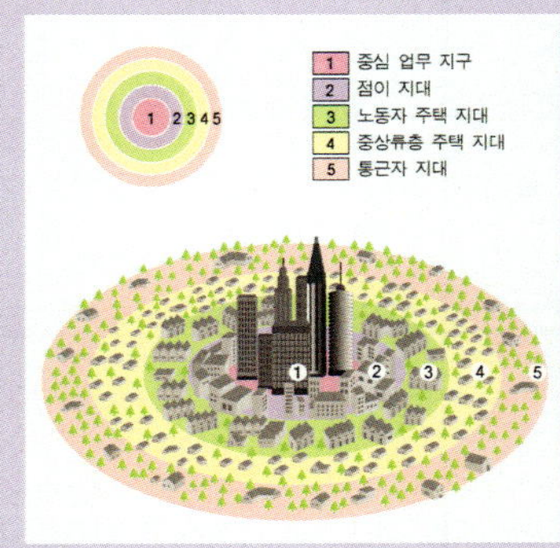 ㉠ 도시의 특정지역에 범죄가 집중되고 있는 원인으로는 **산업화와 도시화 과정에서 지역의 사회조직이 극도로 해체**되기 때문이다. {09.1 승진, 07.3 순경} ㉡ 도시지역에서 범죄가 집중되고 있는 원인은 **인구밀집, 불안정한 주거환경, 빈곤, 실업, 제한된 경제적 기회들, 약화된 가족유대, 적절한 역할모델의 부재등과 같은 특성들 때문이라**고 규정하였다. {10.1 승진, 07.10 순경}

	클로와드 와 올린의 차별적 기회구조 이론	① 하위계층의 집단비행을 유발시키는 **사회구조적 조건을 강조**하고 있다. ② 비행집단은 합법적인 수단을 사용할 기회가 제한되어 있거나 존재하지 않기 때문에 사회적 목표를 실현하기 위해서 불법적인 수단을 사용하도록 강요받는다. ③ 하위계층에서는 **기회박탈에 대한 반응으로 비행집단을 형성**하게 되는데, 집단이 지속됨에 따라 이들은 비행을 나쁘거나 옳지 못하다고 보는 대신에 자신들의 행동을 합리화하게 된다. ④ **범죄적 하위문화, 갈등적 하위문화, 도피적 하위문화를 제시**하였다.
	울프강과 페라쿠티 의 폭력적 하위문화 이론	① 폭력적 하위문화란 폭력적인 가치와 이를 지지하는 행동이 주류를 이루는 문화적 공동사회를 말한다. ② 폭력적 하위문화에서 폭력이란 구성원들이 그들을 둘러싼 부정적 혹은 문제적인 환경에 적응하는 하나의 효과적인 생활양식으로서 이는 오랜 세월동안의 경험에서 학습된 결과라는 것이다. ③ 구성원들은 다른 무엇보다도 폭력을 사용했을 때 문제를 가장 효과적으로 해결할 수 있다는 것을 경험적으로 인지하고 있다는 것이다.
생태학 이론		① 1920년대 미국의 **시카고학파에서는 범죄자의 사회적 환경을 중심으로 범죄의 원인을 규명**하고자 시도하였다. ② **각 지역사회의 문화적 갈등을 통해 범죄나 비행이 발생**한다. {10.1 승진, 09.1 승진}

(2) 사회과정이론

서덜랜드의 차별적 접촉이론 (분화적 접촉이론 = 사회적 학습이론)	① 서덜랜드는 쇼와 맥케이의 사회해체라는 개념 대신 **사회조직의 분화라는 개념으로 대체**하면서 분화된 사회조직 속에서 범죄행동이 정상적으로 학습된다고 보는 사회적 학습의 개념을 도출하였다. {10.3 순경, 10.1 승진, 09.1 승진} ② 특정한 개인이 분화된 사회조직 속에서 **분화적(차별적)으로 범죄문화에 접촉, 참가, 동조함에 의해서 범죄행동이 학습되어 범죄가 발생**한다. {10.3 순경, 09.1 승진, 07.3 순경} ③ 범죄행위 학습의 중요한 부분들은 **친밀한 관계를 맺고 있는 집단들에서 일어나며**, 범죄행위는 일반적 욕구나 가치관의 표현이지만, **일반적 욕구나 가치관으로만 범죄행위를 설명할 수 없다.** ④ 범죄행위를 학습할 때에 학습되는 내용은 **범죄기술, 범죄행위에 유리한 동기, 충동, 합리화 방법, 태도 등**이다. ⑤ 범죄의 원인을 **물리적 환경, 범행의 기회**로 본다. {07.10 순경} ⑥ 범죄자가 되느냐 비범죄인이 되느냐의 차이는 **접촉유형의 차이에 의해 결정**된다.
글래저의 차별적 동일시 이론	① 글래저는 서덜랜드 이론의 '접촉'이라는 개념을 '동일시'라는 개념으로 바꾸어서, **범죄는 행위자가 단순히 범죄적인 가치에 접촉됨으로써 발생되는 것이 아니라 스스로 그것을 자기 것으로 동일시시키는 단계로까지 나아가야 발생된다고 주장**하였다. ② 동일시라는 단계에 주목하여야 범죄적 문화에 접촉하면서도 범죄를 행하지 않는 사람들의 행동도 설명할 수 있다는 것이 글래저의 주장이다.

에이커스의 차별적 접촉강화 이론	에이커스는 1998년 "사회적 학습과 사회적 구조"라는 저서를 통ㅎ·여 **범죄율은 사회적 구조 안에서 발생한 사회적 학습의 기능이라고 정의**하였다.

【4가지 개념】

차별적 접촉	개인이 법준수나 법위반에 대해 우호 또는 비우호적인 규범적 정의에 노출되어 있는 과정을 말한다.
정 의	특정행위에 대하여 가지는 의미와 태도로 그 행위어 대한 시비를 평가하는 것을 말한다.
차별적 강화	행위의 결과로 나타나는 보상과 처벌에 의해 영향을 받는 것으로 주변에서의 인정감, 돈, 음식, 자아, 만족감 등이 많거나 높을수록 강화가 크게 나타난다.
모 방	다른 사람의 행동이나 태도 등을 따라서 하는 것으로 모방대상의 특성이나 자신의 가치관, 행위에 대한 정의 등에 따라 모창이 결정된다.

사이크스의 중화기술 이론	의 의	① 사이크스(G. M. Sykes)와 맛차(D. Matza)는 청소년의 경우 비행화의 과정에서 **이미 내면화되어 있는 합법적·전통적 규범의식이나 가치관을 중화시킨 결과로서 범죄나 비행을 일으키게 된다는 것**이다. {10.1 승진, 09.3 순경} ② 사이크스(Sykes)는 중화기술이론을 통해 **청소년은 비항의 과정에서 합법적, 전통적 관습, 규범, 가치관 등을 중화시킨다고 주장**하였다. {10.1 승진, 09.1 승진}
	유 형 {10.1 승진}	**비난자에 대한 비난** : 조그만 잘못을 저지른 비행청소년이 자신보드 단속하는 경찰관, 교사, 법관 등이 더 나쁜 사람이라고 스스로를 합리화시킨다. {09.7 순경} 예 **검사나 경찰들이 더 악랄하다고 주장**
		책임의 회피 : 자신의 행위가 의도적인 것이 아니고 자신의 잘못도 아니다라고 주장한다.　예 **갑작스럽게 오줌이 마려워 노상방뇨를 하는 것**
		손해(피해) 발생 부정 : 자신의 행위로 인해 누구도 손해를 입지 않았다고 주장한다. 예 **안전벨트 착용하지 않는 것, 마약 복용하는 것, 매춘을 하는 것, 도박행위를 하는 것 등**
		피해자의 부정 : 피해자는 응징을 당해야 마땅한 사람이라고 주장한다. 예 **돈을 빌려 주었는데 돈을 갚지 않자 폭력형사**
		보다 높은 충성심에의 호소 (=상위가치에 대한 호소) : 자신의 행동이 옳지는 않으나 친구나 주변의 친한 사람을 위해 어쩔 수 없었다는 충성심에서 호소한다. 예 **친구한테 빌려 주는 돈이 도박자금인 줄 알았지만 친한 친구라 모른 척하는 것**

(3) 사회통제이론

레크리스의 견제이론 (봉쇄이론)	① 레크리스(W. Reckless)는 **범죄나 비행으로 이끄는 힘이 있더라드 차단하는 힘이 강하면 범죄나 비행이 통제된다고 주장**하였다. ② **나쁜 친구**는 범죄나 비행으로 이끄는 유인요인이 될 수 있으며, **좌절감에 대한 내성 및 자기통제력**은 범죄나 비행을 차단하는 **내적 봉쇄요인에 해당한다고 주장**하였다. ③ 외적 봉쇄요인이 약하더라도 **내적 봉쇄요인이 강하면 범죄나 비행이 통제될 수 있다고 주장**하였다.

허쉬의 사회적 유대이론	① 허쉬(T. Hirshi)는 저서 『비행원인』에서 **범죄는 범행하지 못하게 억제하는 요인이 약화되었기 때문**이라고 주장하였다. **【범죄통제를 강화시키는 요인】** <table><tr><td>**애착** (attachment)</td><td>부모나, 학교, 동료와 같이 자신에게는 매우 중요한 사람들에 대한 결속</td></tr><tr><td>**전념** (commitment)</td><td>관습적인 생활방식과 활동에 투자하는 시간과 정열</td></tr><tr><td>**참여** (involvement)</td><td>전념의 결과로 관습적인 일들에 동참</td></tr><tr><td>**신념** (belief)</td><td>선생님, 경찰, 법률과 같은 공적인 권위의 정당성과 같은 관습적 도덕 가치를 믿는 것</td></tr></table> ② 위 4가지의 결속을 다지는 유대가 약화됨으로써 **사회의 통제를 적게 받게 되고 그 만큼 일탈할 수 있는 가능성은 높아진다는 것**이다. {09.3 순경} ③ 범행을 야기하는 이유보다 **특정한 사람들이 범죄를 저지르지 않는 이유에 초점**을 둔다. ④ **부모와의 애착관계가 긴밀할수록** 범죄를 저지를 가능성이 낮다. ⑤ **공식적 사회와의 유대감이 클수록** 범죄를 저지를 가능성이 낮다. ⑥ **규범에 대한 믿음이 약할수록** 범죄를 저지를 가능성이 높다. ⑦ 범죄를 저지를 잠재적 가능성은 누구에게나 있지만, 범죄의 통제가 가능한 것은 개인이 사회와 맺고 있는 유대관계 때문이다.

(4) 사회반응이론

낙인이론		① 낙인이론이란 범죄와 일탈을 바라보는 시각이 범죄와 일탈을 가진 자의 시점에서 파악한 것이라고 전제하고, **제도 · 관습 · 규범 · 법규 등 사회를 유지하기 위한 기본적인 제도적 장치들이 오히려 범죄를 유발한다는 이론**이다. ② 사회제도나 규범을 근거로 특정인을 일탈자로 인식하기 시작하면서 그 사람은 결국 범죄인이 되고 만다는 이론이다. 즉, **범죄의 원인은 사법 당국의 낙인때문이라고 보는 이론**이다. ③ 범죄자로 만드는 것은 범죄를 행위의 질적인 면이 아니라 **사회인이 가지고 있는 그 행위에 대한 사람들의 인식이라고 보는 견해**이다. {10.1 승진}
	레머트	① 최초의 일탈로 낙인된 행위를 1차적 일탈이라고 표현하고, 이로 인해 일탈자들의 부정적인 결과들이 지속되면서 2차적 일탈을 야기하게 된다고 주장하였다. **【낙인이론의 인지과정】** ㉠ **1차적 일탈** → ㉡ **사법당국의 낙인** → ㉢ **분화적 접촉의 초래** → ㉣ **2차적 일탈(범죄)** ② 행위자의 정체성과 그의 사회적 역할 수행에 영향을 미치는 **2차적 일탈에 관심**을 두었다.
	탄넨바움	낙인이론의 인지과정을 '**악의 극화**'라고 표현하였다.

【피낙인자를 위한 형사정책적 결론(5D)】	
비범죄화 (Decriminalization)	① 기존형법의 범죄목록 중에서 사회변화로 인하여 더 이상 사회위해성이 없는 행위로 평가되는 것에 대해서는 범죄목록에서 삭제하여야 한다. ② 비범죄화는 형벌구성요건을 필요한 최소한으로 제한시키기 위한 형법의 보충성 요청을 강화시켜주는 수단이다. ③ 비범죄화 이론은 형사사법기관의 업무부담을 덜어주는 데 기여한다. ④ 검찰의 기소편의주의에 의한 불기소처분은 사실상의 비범죄화의 대표적인 유형이다. ⑤ 개인적 법익에 관한 범죄는 보통 비범죄화 이론의 관심대상이 되지 않는다. ⑥ 형사법의 공식적 통제권한에는 변함이 없으면서도 일정한 행위양태에 대해 형사사법체계의 점진적 활동축소로 이루어진다.
법의 적정절차 (Due process of law)	공권력에 의한 국민의 생명·자유·재산의 침해는 반드시 합리적이고 정당한 법률에 의거해서 정당한 절차를 밟는 경우에만 유효하다는 원리이다.
비시설수용화 (Deinstitutionalisation)	가능한 한 범죄자를 자유로운 공동체내에 머물게 하여 자유상태에서 그를 처우해야 한다.
비낙인화 (Destigmatization)	이미 행해진 사회통제적 낙인은 재사회화가 성과 있게 이루어진 후에는 피낙인자에게 그의 사회적 지위를 돌려주는 비낙인학가 뒤따라야 한다.
전환 (Diversion)	① 가능한 한 범죄에 대한 공식적 반작용은 비공식적 반작용으로, 중한 공식적 반응은 경한 공식적 반작용으로 대처되어야 한다. ② **경찰단계에서의 전환으로는 훈방, 통고처분 등이 있으며, 검찰단계에서의 전환으로는 기소유예, 불기소처분, 선도 조건부 기소유예 등이 있으며, 재판단계에서의 전환으로는 선고유예, 집행유예 등이 있다.** ③ **범죄자를 전과자로 낙인 찍을 가능성이 줄어든다.** ④ **형사사법기관의 업무량이 감소한다는 장점**이 있다.

(5) 사회갈등이론

셀린의 문화갈등 이론	① 셀린(Sellin)은 저서 『문화갈등과 범죄』를 통해 **범죄는 문화적 갈등을 통한 심리적인 갈등에 의해 발생한다고 주장**하였다.	
	일차적 갈등	행위를 지배하는 서로 다른 문화가 공존하는 과정에서 한 문화가 다른 문화 속으로 유입되는 경우에 느끼는 갈등
	이차적 갈등	범위가 큰 문화 속에서 그 보다 작은 하위문화가 일으키는 갈등
	② 문화갈등이 있게 되면 법규범은 **다양한 사회구성원들 사이에 합의된 가치를 반영하는 것이 불가능**해진다. ③ 개별집단의 문화적 행동규범과 사회전체의 지배적 가치체계 사이에 발생하는 **문화적 갈등관계가 범죄원인**이 된다. ④ 문화갈등이 존재하는 지역의 사람들은 그 지역의 행위규범이 모호하고 서로 경쟁적이기 때문에 **사회통제가 약화되어 보다 용이하게 범죄나 일탈행위에 이끌리게 된다.** ⑤ 범죄학적으로 의미 있는 문화갈등은 **합법적 행위규범과 비합법적 행위규범이 다른 경우**이다.	
문화 전파이론	**범죄는 고유한 문화가 다음세대에 전달되어 범죄 속으로 발생한다**는 이론으로서 **범죄를 부추기는 가치관으로서의 사회화나 범죄에 대한 구조적·문화적인 유인에 대한 자기통제의 상실을 범죄원인**으로 본다. {10.3 순경, 07.10 순경, 07.3 순경}	

III. 범죄통제론

1. 일반적 내용

의의	범죄발생 전에 수행하는 행위를 말한다.				
유형	**범죄통제 방법** {02.3 순경, 02.1 승진}	**구 분**		**범죄통제방법**	**비 고**
		근세이전		응보와 복수	사후적 대응방법 {02.1 승진}
		고전주의		형벌과 제재	
		실증주의		교정과 치료	
		20세기 이후		범죄예방	사전적 대응방법
	재퍼리 (C.R Jeffery)	범죄억제 모델		형벌을 통한 범죄억제	
		사회복귀 모델		범죄자의 치료와 갱생으로 통한 사회복귀 {08.3 순경}	
		범죄예방 모델		사회환경 개선을 통한 범죄예방 {04.3 순경, 03.11 순경, 01.11 순경}	
	브란팅햄과 파우스트 {04.3 순경, 03.11 순경, 03.1 승진, 01.11 순경}	1차적 예방	대 상	일반 대중	
			내 용	일반대중을 대상으로 **물리적, 사회적 환경 중에서 범죄원인이 되는 조건들을 개선시키는 데 초점** 예 **환경설계, 이웃감시, 민간경비, 방범교육, 금융기관에 CCTV 설치, 금은방에 비상벨 설치 등** {08.3 순경, 03.1 승진}	
			전 략	① 범죄의 기회를 제공하는 **물리적 환경조건을 찾아 개입하는 전략** {09.7 순경} ② 범죄발생 원인에 영향을 미치는 **경제 및 사회조건에 개입하는 전략** {09.7 순경, 07.7 순경}	
		2차적 예방	대 상	**우범자, 우범집단, 우범지역**	
			내 용	잠재적 범죄자를 초기에 발견하고 기회를 차단하기 위하여 **비합법적 행위가 발생하기 전에 예방하는데 우범자·우범지역에 초점** {03.1 승진}. 예 **잠재적 범죄인이 실제 범죄를 저지르지 않도록 우범지역을 단속하는 활동**	
			전 략	**잠재적 범죄자를 초기에 발견하여 개입하는 전략** {09.7 순경}	
		3차적 예방	대 상	**범죄자**	
			내 용	실제 범죄자를 대상으로 범죄자들이 더 이상 범죄를 저지르지 않도록 **체포, 구속, 기소, 교도소 구금, 치료, 사회복귀 등에 초점** {03.1 승진, 01.1 순경} 예 **민간단체나 지역사회의 교정프로그램**	
			전 략	**상습범 대책수립 및 재범억제를 저항하는 전략** {09.7 순경}	

범죄예방 에 대한 견해	미국 범죄예방 연구소 (NCPI)	범죄예방이란 **범죄적 기회를 감소시키는 사전활동**이며, **범죄에 관련된 환경적 기회를 제거하는 직접적 통제활동**으로 규정하고 있다. {08.3 순경, 04.3 순경, 03.11 순경, 02.1 승진, 01.11 순경}	
	랩(S. P. Lab)의 범죄예방	① 범죄예방이란 **실제의 범죄발생과 범죄에 대한 공중의 두려움을 줄이는 사전활동으로 규정**하고 있다. {08.3 순경, 04.3 순경, 03.11 순경, 02.1 승진, 01.11 순경} ② 범죄예방에 대한 **통계적 측면과 심리적 측면을 동시에 고려**하였다. {02.1 승진}	
	재퍼리 (C.Jeffery)	범죄가 발생하기 전에 이루어지는 직접적인 활동으로 **주로 범죄환경에 초점을 두는 활동**이라고 하였다.	
	범죄예방 활동	① 범죄사건 이후에 대응하는 활동이 아니라 **범죄가 발생하기 전에 수행되는 행위**를 말한다. ② 범죄환경에 대한 직접적 통제뿐만 아니라 **간접적 활동도 포함**된다. ③ 공중에게 인지된 범죄에 대한 **두려움을 감소시키는 활동**이다. ④ 범죄예방은 **민간에서 사설 경비시설을 설치 및 신고체제를 구축하는 것도 포함**된다.	

2. 범죄이론 – 범죄예방이론

1) 고전학파 – 억제이론 {09.7 순경}

의 의	① 범죄에 대한 **국가의 강력하고, 확실한 처벌**이 있어야 범죄억제를 시킬 수 있다는 이론이다. {08.1 승진, 05.10 순경, 05.1 승진, 03.1 승진} ② 억제의 형태에는 2가지가 있는데, 하나는 **엄격한 처벌을 통해 범죄자의 재범을 막고자 하는 특별억제**이고, 다른 하나는 **확실한 처벌을 통해 일반인의 범죄를 예방하고자 하는 일반억제**이다. {09.7 순경, 04.1 승진} ③ 억제이론에 따를 때 범죄를 예방하기 위해 형벌의 집행이 가져야 할 중요한 3가지 요소는 **처벌의 엄중성, 확실성, 신속성**이다. {09.7 순경}
특 징	① 범죄에 대한 **책임은 전적으로 개인에게 있음을 강조**한다. {09.3 순경, 04.11 순경, 04.1 승진, 03.1 승진} ② **인간의 자유의지를 강조하고 합리적 인간관에 있음을 가정**한다. {03.7 순경} ③ **비결정론적 인간관에 입각한 일반예방효과를 중점**을 두고 있다. {03.7 순경} ④ **억제이론은 응보주의 입장에서 강력한 처벌을 통한 범죄예방을 강조**한다. {09.4 순경, 04.11 순경, 04.1 승진} ⑤ 범죄를 범하면 반드시 처벌됨을 일반 공중에게 보여 줌으로써 **일반예방효과**(처벌의 확실성)가 나타나고, 범죄자에게 엄격하고 강력한 처벌을 할 때 **특별예방 효과**(처벌의 엄격성)가 나타난다. {04.11 순경}
비 판	폭력과 같은 충동적 범죄에는 적용에 한계가 있다. {05.10 순경, 04.11 순경, 04.1 승진}

2) 생물학 · 심리학적 이론 – 치료 및 갱생이론 {09.4 순경}

의의	범죄자의 **치료와 갱생 · 교정을 통한 범죄예방에 초점**을 둔 이론이다. {08.1 승진, 05.1 승진}
특징	① 범죄에 대한 책임은 **개인이 아닌 사회에게 있음을 강조**한다. {05.10 순경} ② 범죄자는 처벌보다는 **범죄자의 치료와 갱생활동을 통한 사회복귀**가 범죄예방에 도움이 된다. ③ **결정론적 인간관에 기초한 특별예방효과를 강조**한다. {10.3 순경, 03.1 승진}
비판	비용이 많이 들고, 범죄자를 대상으로 하므로 일반예방효과에 한계가 있다.

3) 사회학적 이론 – 사회발전이론

의의	**사회발전을 통하여 범죄의 근본적인 원인을 제거를 통한 범죄예방에 초점**을 둔 이론이다. {05.10 순경, 05.1 승진}
특징	① 범죄자의 **사회적 환경이 범죄자의 내재적 성향보다 더 중요한 범죄원인으로 본다.** {03.1 승진} ② **범죄의 동기나 범죄자의 환경에 관심**을 가진다. ③ **결정론적 인간관에 기초**한다.
비판	범죄의 원인이 되는 **사회적 환경을 개선할 능력이 있는가의 여부가 문제이며, 개인이나 소규모의 조직체에 의해서 수행될 수 없다.**

3. 현대적 범죄예방이론

1) 상황적 예방이론

의 의	① 범죄행위에 대한 위험과 어려움을 높여 **범죄기회의 제거와 범죄행위의 이익감소시킴으로써** 범죄를 예방하는 이론이다. {08.1 승진} ② 일상활동이론, 합리적 선택이론, 범죄패턴이론 등 상황 이론들은 **개인을 합리적 존재로 가정하고 범죄예방에 관심을 둔다는 점**에서 신고전이론이라 불린다. {08.2 경간부} ③ 범죄가 다른 곳으로 전이되어 전체 범죄는 줄지 않고, **국가통제사회가 될 가능성이 있다는 비판**을 받고 있다. {09.2 경간부}
일상 활동 (생활) 이론	① 코헨(L. Cohen)과 펠슨(M. Felson)은 본래 지역 사회의 차등적 범죄율과 변화를 지역사회의 구조적 특성의 변화가 아닌 **개인들의 일상활동의 변화에서 찾고자 한 이론**이다. ② 일상활동이론은 **잠재적 범죄자는 시대를 불문하고 동일한 수준으로 존재한다는 가정**을 기본 전제로 한다. ③ 범죄발생요인을 **범죄욕구, 범죄능력, 범죄기회로 구분**하고, 범죄가 발생하는 상황적 요인, 특히 **범죄기회를 통제하여 범죄를 예방**하려고 한다. ④ **범죄기회가 주어지면 누구든지 범죄를 저지를 수 있다고 보아, 모든 개인을 잠재적 범죄자로 파악하고 있다.** {10.1 승진} ⑤ **미시적 범죄분석을 토대로 범죄예방 모델을 도출**하고자 한다. {10.1 승진, 09.4 순경, 09.2 경간부, 08.2 경간부}

【범죄의 3가지 요소】

㉠ 적절한 대상　　　㉡ 보호자의 부재　　　㉢ 동기가 부여된 잠재적 범죄자
{10.1 승진, 09.2 경간부, 08.10 순경, 08.1 승진}

【범행피해 리스크 수준을 결정하는 VIVA 모델】 {10.1 승진}

㉠ 대상의 가치(Value)　　　　　㉡ 범행의 가시성(Visibility)
㉢ 이동의 용이성(Inertia)　　　　㉣ 장소의 접근성(Access)

【Sheley의 범죄발생 4가지 조건】 {10.1 승진}

㉠ 범행의 기술　　　　　㉡ 사회적 제재로부터 자유
㉢ 범행의 동기　　　　　㉣ 범행의 기회

합리적 선택이론	① 클락과 코니쉬(1985)는 제한된 자유의지 또는 제한된 합리적 인간성을 기본 가정으로 하여 각각 상황에 따른 잠재적 범죄자의 의사결정과정을 설명하는데 **잠재적 범죄자는 가능한 적은 비용이나 위험을 감수하고 많은 것을 취하려 한다고 주장**한다. {09.2 경간부, 08.2 경간부} ② **인간의 자유의지를 전제로 한 비결정론적 인간관에 입각**하고 있다. {09.4 순경, 09.2 경간부, 08.2 경간부, 03.1 승진} ③ 범죄행위는 **비용과 이익을 고려하여 합리적으로 선택**한다.
범죄 패턴 이론	브랜팅햄(1993)은 범죄에는 일정한 장소적 패턴이 있는데, 이러한 패턴은 **범죄자의 일상적인 행동패턴과 유사하다고 주장**하였다.
비 판	**국가에 의한 사회통제 가능성이 증가하며 범죄가 다른 곳으로 전이되어 전체범죄는 줄어들지 않는다.** 즉, 범죄를 예방하는 장치나 수단 등은 실제로 범죄예방이 효과가 없으며, 범죄기회를 줄여도 실제적 범죄가 주는 것이 아니라 범죄가 다른 곳으로 전이되어 전체 범죄는 줄어들지 않는다. {09.2 경간부}

2) 환경범죄이론

생태학적 이론	① **제인 제이콥스(1961)는 물리적 환경의 변화를 통해 범죄예방을 할 수 있다는 환경설계를 통한 범죄예방(CPTED)을 주장**하였다. {10.3 순경, 08.2 경간부} ② 범죄발생을 용이하게 하는 **환경적 요소를 파악**하여 주택 및 도시설계를 통하여 이를 개선함으로써 범죄발생을 줄이려는 이론이다. 예 CCTV의 설치, 가로등 설치, 순찰 등
방어공간 이론	① **오스카 뉴먼(1972)의 방어공간 이론**은 주민들이 그들이 살고 있는 지역이나 장소를 **자신들의 영역이라 생각하고 감시를 게을리 하지 않으면** 어떤 지역이나 장소든 범죄로부터 안전할 수 있다고 주장하였다. ② 방어적 공간요소를 ㉠ **이미지,** ㉡ **영역성,** ㉢ **자연적 감시,** ㉣ **입지조건**으로 제시하였다.

【환경설계를 통한 범죄예방(CPTED)】		
의의		경찰력에 의존해 왔던 범죄예방과 범죄진압이 한계가 있어 보다 근본적이고 효과적인 범죄예방을 위한 방안으로 **주거 및 도시지역의 물리적 환경 설계 또는 재설계를 통해 범죄기회를 차단하고자** 하는 기법이다.
기본 원리 {10.1 승진. 09.2 경간부}	유지관리	① **처음 설계된 대로 혹은 개선한 의도대로 기능을 지속으로 유지하도록 관리**함으로써 범죄예방을 위한 환경 설계의 장기적이고 지속적 효과를 유지하는 원리이다. ② **최초 환경설계의 취지가 유지되도록 지속적인 관리의 실천**이다. {10.1 승진. 09.2 경간부} 예 **파손의 즉시보수, 청결유지, 조명, 조경의 관리**
	영역성의 강화	① **사적 공간에 대한 경계를 표시하여 주민들의 책임의식과 소유의식을 증대함**으로써 사적공간에 대한 관리권과 권리를 강화시키고, 외부인들에게는 침입에 대한 불법사실을 인식시켜 범죄기회를 차단하는 원리이다. {10.1 승진} ② **경계선의 구분을 통해 거주자의 소유의식과 책임의식을 증대시키는 원리이**다. {10.1 승진 09.2 경간부} 예 **울타리 · 펜스의 설치, 사적 · 공적 공간의 구분**
	자연적 접근통제	일정한 지역에 접근하는 사람들을 정해진 공간으로 유도하거나 **외부인의 출입을 통제하도록 설계함으로써 접근에 대한 심리적 부담을 증대**시켜 범죄를 예방하려는 원리이다. {10.1 승진} 예 **차단기, 방범창, 잠금장치, 통행로의 설치, 출입구의 최소화**
	활동의 활성화	지역사회의 설계 시 **주민들의 의사소통과 유대감을 강화하기 위한 공공장소의 설치하고 이용하도록 함으로써 "거리의 눈"을 활용한 자연적 감시와 접근통제의 기능을 확대**하는 원리이다. {10.1 승진. 09.2 경간부} 예 **놀이터 · 공원의 설치 · 체육시설의 접근성과 이용의 증대, 벤치 · 정자의 위치 및 활용성에 대한 설계**
	자연적 감시	① **건축물이나 시설물의 설계 시 가시권을 최대한 확보**하여 외부침입에 대한 감시기능을 확대함으로써 범죄위험을 증가시키고, 기회를 감소시킬 수 있다는 원리이다. {10.1 승진} ② **가시권 확보를 통해 외부침입자에 대한 감시기능을 강화하는 원리**다. {10.1 승진. 09.2 경간부} 예 **조명 · 조경 · 가시권 확대를 위한 건물의 배치 등** {08.2 경간부}

3) 깨진유리창이론(Broke Window Theory)

의 의	윌슨과 켈링(1982)은 무질서와 심각한 범죄를 이론적으로 연결시킨 최초의 시도로서 깨진유리창이론은 공동체내의 사소한 무질서를 계속 방치하다 보면, 결국에는 사회 전체로 무질서가 확대되어 범죄화되기 때문에, **조그만 불법, 무질서라도 방치하지 말고 제때에 단속하고 조치를 취해야 한다는 이론**이다.
특 징	① 경미한 범죄 및 무질서 행위에 대해 관용을 두어서는 안 된다는 무관용 원칙을 주장한다. ② 무질서에 대한 엄격한 통제관리가 요구한다. ③ 무관용 정책과 집합효율성의 강화가 범죄를 예방하는 데 중요한 기여를 하게 된다.

4) 집합효율성이론

의 의	로버트 샘슨의 집합효율성이란 지역주민간 상호신뢰 또는 연대감과 범죄 등 사회문제에 대한 적극적 개입, 즉 비공식적 사회통제의 결합을 의미한다고 주장하였다.
특 징	① 강한 집합효율성은 지역사회의 불리한 사회·경제적 여건이 범죄에 미치는 영향을 상쇄시키는 효과를 가지고 있다고 하였다. ② 생활수준이 낮고 유해환경에 많이 노출된 지역이더라도 구성원들간의 합의와 의지, rhded의 노력만 있다면 얼마든지 범죄문제에 효과적으로 대응할 수 있다는 논리이다. ③ 법집행기관(경찰) 등 공식적 사회통제의 중요성을 간과하였다.

4. 외국의 범죄예방프로그램

미국 언론의 범죄예방 프로그램	범죄분쇄방안 (Take A Bite Out of Crime)	미 범죄예방협회가 운영하는 대중홍보 프로그럼으로서 개를 심벌로 등장시켜 가상 범죄상황에 대한 적절한 대처방안을 가르쳐 주는 형식으로 구성되어 범죄어방요령을 알려 주는 프로그램을 말한다.	
	범죄해결사 (Crime Stopper Program) {09.4 순경}	동기부여를 위하여 범죄정보를 신고하는 **시민에게 현금보상**을 실시하는 범죄정보 보상프로그램을 말한다.	일상생활 이론 {08.1 승진}
미국 학교의 범죄예방 프로그램	Head Start Program {09.4 순경}	**빈곤계층 아동들에게** 적절한 사회화과정을 거치게 함으로써 장차 범죄를 저지를 수 있는 **잠재성을 감소**시키려는 교육 프로그램을 말한다. {08.1 승진, 05.1 승진, 03.ᵀ 승진}	사회해체 이론 {08.1 승진}
	총체적 교육을 통한 긍정적 활동 (PATHE Program)	교사 학교경영자, 학생, 학부모 등이 함께 학교운영이나 교육에 참여하여 **비행소년에 대한 특별교육과 관리**하는 프로그램이다.	
	전환제도 (Diversion Program) {09.4 순경}	비행을 저지른 청소년이 주변의 낙인으로 심각한 범죄자로 발전하는 것을 방지하기 위하여 **형사처벌이 아니라 지역사회의 보호 및 관찰로 대처**하여 범죄를 예방하려는 제도이다. {07.3 순경}	① **낙인이론** {08.1 승진} ② **그란팅햄 2차예방** {08.1 승진}
	National Alliance of Businessmen's JOBS Program	미국 정부와 민간단체에서 전국적으로 전개하는 **직업기회제공 프로그램**을 비행소년이나 비행에 빠질 가능성이 높은 청소년을 대상으로 **직업훈련, 재정지원, 교육, 취업알선을 하는 프로그램**을 말한다. {09.4 순경}	
영국 범죄예방 프로그램	Safe City Program(SCP)	지역사회 발전 프로그램을 통한 **사회환경개선으로 범죄원인을 제거**하고자 하는 영국의 범죄예방 프로그램을 말한다. {09.4 순경}	① **생태학적 이론** {08.1 승진} ② **일상활동 이론**

Ⅳ. 범죄피해자학

의 의		피해자에 대한 체계적인 연구는 **제2차 세계대전 이후에 시작**되었다.
학 자	**가로팔로** (Garofalo : 1914)	범죄피해자가 **다른 사람으로 하여금 공격하도록 유발**시킬 수도 있다고 주장하였다.
	헨티히 (Hentig : 1948)	죄를 범한 자와 그로 인하여 고통받는 자라는 도식을 통하여 **피해자의 존재가 오히려 범죄자를 만들어 낸다고 지적하면서 범죄자와 피해자의 관계에 대한 과학적인 연구의 필요성을 강조**하였다.
	멘델존 (Mendelshon : 1956)	강간범죄의 피해자를 연구하여 형사정책적으로 의미 있는 피해자학의 기초를 마련하였고, **범죄에 대한 피해자의 유책성 정도에 따라 피해자를 분류**하였다.

【맨델존의 범죄피해자 유형】

피해자의 유형	내용
완전히 책임 없는 피해자	영아살해에 있어서의 영아
책임이 조금 있는 피해자	무지에 의한 낙태여성
가해자와 같은 정도의 책임이 있는 피해자	촉탁살인에 의한 피살자
가해자보다 더 책임이 있는 피해자	자신의 부주의로 인한 피해자
가장 책임이 높은 피해자	공격을 가한 자신이 피해자가 되는 가해적 피해자

제2절　범죄예방활동

Ⅰ. 지역사회경찰활동(Community Policing)

의 의	① 지역사회공동체의 모든 분야와 협력하여 **범죄발생을 예방하고 범죄로 부터의 피해를 줄이는 것을 목표로 하는 경찰활동**이다. ② 지역사회경찰활동을 **지역공동체 경찰활동, 민경협력경찰활동, 문제지향적 경찰활동, 시민지향법집행, 경찰활동실험구역, 지역사회 도보순찰** 등으로 불린다. ③ 지역사회 경찰활동은 **상황적 범죄예방이론과 사회발전이론, 범죄원인의 감소 및 제거 전략에 근거**한 다양한 형태의 범죄예방방법을 활용하고 있다.		
지역중심 경찰활동	학 자	스콜닉 & 베일리	
	의 의	지역사회와 경찰사이의 새로운 관계를 증진시키는 조직적이고 전략적인 원리이다.	
	내 용	문제발생 전에 문제해결을 통한 사전 예방적 대응	
문제지향 경찰활동	학 자	골드슈타인, 에크와 스펠만	
	문제해결 과정 (에크와 스펠만)	**조사(Scanning)**	지역 내 문제들을 찾아내는 과정
		분석(Anaysis)	문제의 원인과 효과를 파악하는 단계
		대응(Response)	문제해결을 위한 행동하는 단계
		평가(Assessment)	대응책의 적절성 여부 평가단계
	내 용	① 문제지향적 경찰활동은 전통적인 경찰활동의 중앙집권적인 경찰조직구조와 명령의 하향식 전달, 범죄에 대한 사후 대응, 시민과의 분리 등의 특성이 범죄예방에는 한계가 있다는 점에서 출발하였으며, **경찰활동에 대한 접근방법을 지역 사회의 문제해결 중심으로 변경할 필요성을 제기**되었다. ② 문제지향적 경찰활동은 경찰의 의사결정 과정에서 있어 **단순히 개별사건 하나하나를 해결하기보다는 기본 문제해결을 강조**하였다. ③ 문제지향적 경찰활동은 **범죄뿐만 아니라 폭넓은 다른 문제들의 범위**를 다룬다.	
이웃지향적 경찰활동	학 자	윌리엄스	
	내 용	① 지역에서 범죄는 비공식적 사회통제의 약화와 경제적 궁핍이 소외를 정당화하기 때문에 발생　　　예 **의사소통프로그램** ② 지역조직은 경찰관에게 중요한 역할을 부여받으며, 서로를 위해 감시하고 공식적인 민간순찰을 실시　　예 **지역사회순찰, 이웃감시제도** ③ 지역조직은 거주자들에게 지역에 관한 정보를 제공하며 경찰과 협동해서 범죄를 억제하는 기능을 수행 예 **시민경찰학교, 지역방범세미나 및 공청회**	
전략지향적 경찰활동	학 자	골드슈타인	
	내 용	전통적인 관행과 절차를 이용하여 확인된 문제에 대한 그들의 자원을 재분배하는 것 예 **지정순찰, 합동순찰, 무관용경찰활동**	

【전통적인 경찰활동과 지역사회 경찰활동】		
	전통적인 경찰활동	지역사회 경찰활동
주 체	범죄에 대한 책임은 경찰	범죄에 대한 책임은 경찰과 주민 {06.2 경간부, 06.1 승진}
역 할	**범죄해결** {09.1 승진}	폭넓은 **지역 문제를 해결** {11.8 순경, 10.1 승진, 01.2 경간부}
업무평가 방식	**체포율과 적발건수**(검거건수), **범인검거율** (사후통제) {10.1 승진, 09.7 순경, 09.1 승진}	**범죄와 무질서의 부재**(사전통제) {11.8 순경, 10.1 승진, 09.7 순경}
예방 및 검거 중 우선순위	사후적 범죄검거활동을 우선	**사전적 범죄예방활동을 우선** {11.8 순경, 09.7 순경}
경찰업무의 우선순위	범죄와 폭력퇴치에 우선	**범죄와 폭력퇴치**뿐만 아니라 **지역사회질서 문란행위 등 시민불편에 우선** {09.1 승진}
경찰의 주된 업무	범죄사건들	㉠ 주민의 문제 및 관심사항 ㉡ **시민의 문제와 걱정거리** {10.1 승진, 09.1 승진}
효과성	대응시간	**지역주민과의 협력정도**, 대중의 협조 {11.8 순경, 10.1 승진, 09.1 승진, 06.2 경간부, 06.1 승진, 02.1 승진, 01.2 경간부}
조직구조	집권화	**분권화** {02.1 승진}
경찰관의 관계	우선사항에 대해서는 종종 갈등	**타 기관과의 관계는 갈등보다는 원활한 협조** {10.1 승진}
주민참여 형태	수동적인 참여	**자발적·능동적 참여** {11.8 순경}
의사소통	경찰의 일방적 의사전달(상의하달구조)	**쌍방의 의사소통**(하의상달구조) {11.8 순경}
경찰과 지역사회의 관계	공공관계(PR) 모형	주민참여 모형, 공동생산 모형
전 술	문제해결만이 주된 전술	**문제해결과 상황적 범죄예방이 주된 전술** {09.7 순경, 07.7 순경}

Ⅱ. 범죄다발지역 경찰활동

① 셔먼(1995)은 특정지역 또는 한정된 지역에서 경찰신고 전화가 집중되는 것을 발견하게 되고, 이러한 **범죄다발지역에 경찰력을 집중할 경우 매우 효과적**이라는 결과를 보여 주었다.

② 범죄다발지역 경찰활동은 **범죄신고나 무질서 행위가 줄고, 전체적인 범죄나 마약, 총기 범죄의 감소가 다른 지역에 비해 현저히 감소**하였다.

③ **범죄의 전이란 범죄가 많이 발생하는 지역에 경찰력을 집중할 경우 범죄가 일어나지 않는 지역으로 이동하는 것을** 말하며, 일명 **풍선효과**라고 부르기도 한다.

④ 범죄의 전이효과에 대한 우려는 실제 많은 연구에서는 발견되지 않았으며, 오히려 경찰력이 범죄가 많이 발생하는 우범지역에 집중됨으로써 주변 지역에 대해서도 범죄를 통제하게 되는 효과가 확산되었다는 주장이 제기되는데 이것이 바로 **범죄 억제효과의 확산이론**이다.

Ⅲ. 무관용 경찰활동 {09.7 순경}

① 무관용 원칙이란 **사소한 규칙위반에도 관용을 베풀지 않는 정책**을 말한다.

② 무관용 경찰활동은 **1990년대 뉴욕에서 본격적으로 시행**되었으며, **윌슨과 케링의 깨진유리창이론에 근거**를 두고 있다.

③ 경미한 비행자에 대한 **무관용 개입은 낙인효과를 유발할 수 있다는 비판**이 있다.

④ **직접적인 피해자가 없는 무질서 행위를 용인하는 전통적 경찰활동의 전략을 비판**하고, 지역 주민들의 적극적 이해와 참여를 유도함으로써 집합 효율성을 강화시킬 수 있는 삶의 질 경찰활동 또는 지역사회 경찰활동 계승하였다는 평가를 받고 있다.

Ⅳ. 민경협력생활안전체제의 강화방안 {03.9 순경, 03.2 경간부}

① 지역사회 경찰활동의 도입

② **민간방범활동의 중요성에 대한 홍보강화**

③ **자율방범단체의 조직 및 운영의 합리화**
　㉠ 참여자 구성의 적정화
　㉡ 재정의 확보
　㉢ 자율방범대원의 교육훈련
　㉣ 자율방범활동의 체계적 운영
　㉤ 다른 자원봉사단체와의 연계 강화
　㉥ 자원봉사자에 대한 지원강화

④ **민간경비업의 육성**　　　☞ **신임경찰관의 신규채용 증가(×)**
　㉠ 민간경비업에 대한 지도육성 필요
　㉡ 청원경찰과 경비업의 일원화 요구
　㉢ **청원경찰의 지도·감독은** 업무분장상 **경비기능에서 담당**하고, **경비업의 지도·감독은 생활안전기능에서 담당**한다.

제3절　생활안전활동

I. 생활안전경찰활동

의 의		생활안전경찰이란 **범죄예방정책의 수립과 집행**, 기타 이에 관련된 활동을 통하여 국민의 생명과 재산을 보호하고, 공공의 안녕과 질서를 유지하기 위한 경찰이다. {96.1 승진}	
분 류		생활안전경찰은 **행정경찰, 보안경찰, 예방경찰**에 속한다. {03.9 순경}	
특 성 {08.2 경간부 99.1승진 97.2 경간부, 96.1 승진}	예방경찰		경찰활동의 대상이 되는 모든 범죄를 미연에 방지하는 활동이다.
	업무의 전반성, 작용의 다양성, 대상의 복잡성 · 다양성		수사, 정보, 교통, 경비 등 한정된 분야를 제외한 경찰업무 전반이 생활안전경찰의 대상이므로 매우 복잡하고 광범위하다. {01.11 순경}
	대상의 유동성		사회정세와 국민의식 변화에 따른 대상분야가 일정하지 않고 유동적이다.
	업무의 긴박성 · 즉효성		범인검거 및 사고의 예방 등이 기본업무이므로 업무의 긴박성 · 즉효성의 특징을 가지고 있다.
	주민과의 접촉성		**다른 경찰분야에 비해 주민과 가장 밀접하게 접촉**하고 있다. {08.1 경간부. 03.9 순경. 01.11 순경}
	관계법령의 다양성, 전문성		생활안전경찰이 관장하는 법령은 종류가 다양하고 내용도 전문적·기술적인 것이 많다.
	타 부분에 대한 지원성		생활안전은 타 분야 경찰의 업무에 대한 지원의 성격을 갖고 있다.
유 형	일반 방범 활동	의의	지역경찰의 일상적인 근무활동으로서 **범죄의 기회와 유발요인을 감소**시키는 활동을 말한다.
		종류	① 입초 · 경계　　② 순찰　　③ 불심검문 ④ 피난 등의 보호조치　　⑤ 위험발생 방지조치 ⑥ 범죄의 예방 및 경고 · 제지조치 ⑦ 위험방지를 위한 출입
	특별 방범 활동	의의	일반방범활동 이외의 **특별한 대상 또는 사항에 대해 수행**되는 방범활동을 말한다.
		종류	① **방범**정보수집　　② **방범**진단　　③ 경찰방문 ④ **방범**시설　　⑤ **방범**지도　　⑥ **방범**상담 ⑦ 현장**방범**　　⑧ **방범**홍보　　⑨ 우범지역설정 ⑩ **방범**단체와의 협조
	자위 방범 활동	의의	한정된 경찰력만으로는 완벽한 방범활동을 기대할 수 없으므로 **주민들 스스로가 자기 가정 · 직장 · 지역을 범죄로부터 보호**하기 위한 방범활동을 말한다.
		종류	① **생활**방범　　② **가정**방범　　③ **지역**방범　　④ **직장**방범
	종합 방범 활동	의의	특정지역 · 대상에 대하여 경찰과 관계기관 · 단체 등의 활동을 결합하여 **유기적인 협조로 일관된 계획 하에 종합적으로 실시**하는 방범활동을 말한다.
		종류	① **특정**범죄 방범활동　　② **지역**방범활동　　③ **계절**범죄 방범활동

II. 경찰청 생활안전국의 업무(경찰청과 그 소속기관 등 직제 2011. 10. 10. 시행) {05.3 순경}

1. **범죄예방에 관한 연구** 및 계획의 수립
2. **경비업에 관한 연구** 및 지도
3. 삭제 〈1999.5.24〉
4. 112신고제도의 기획 및 운영
5. 지구대 · 파출소 외근업무의 기획
6. 풍속 · 성매매 사범에 관한 지도 및 단속
7. 총포 · 도검 · 화약류 등의 지도 · 단속
8. **즉결심판청구업무의 지도**
9. 각종 안전사고의 예방에 관한 사항
10. 소년비행방지에 관한 업무
11. 소년범죄의 수사지도
12. 여성 · 소년에 대한 범죄의 예방에 관한 업무
13. 가출인 및 실종아동 등(「실종아동 등의 보호 및 지원에 관한 법률」 제2조 제2호에 따른 실종아동 등을 말한다. 이하 같다)과 관련된 업무의 총괄
13의2. 가정폭력 및 아동학대의 예방 및 피해자 보호에 관한 업무
14. 성폭력 · 성매매의 예방 및 피해자 보호에 관한 업무
15. 실종아동 등 찾기에 관한 업무

III. 경찰서 생활안전과의 업무

생활 안전계	① **지구대 및 파출소 지역경찰업무의 지도 · 감독** {06.3 순경, 05.10 순경} ② 민경협력방범 업무 ③ 112제도의 운영 및 관리 ④ 범죄 예방 대책 수립 및 시행 ⑤ **경비업에 대한 지도 · 감독 업무** {06.3 순경, 05.10 순경} ⑥ 기타 관내 서무와 다른 계의 주관에 속하지 아니하는 사항
생활 질서계	① **즉결심판 청구 및 처리** {06.3 순경, 05.10 순경} ② 총포 · 도검 · 화약류 등의 지도 및 단속 ③ 기초질서, 행락질서 단속 ④ 유실물 처리업무 ⑤ **풍속사범에 관한 지도 및 단속** {06.3 순경} ⑥ 각종 안전사고의 예방에 관한 사항
여성 · 청소년계	① 청소년선도, 비행방지에 관한 업무 ② 소년범죄의 수사 및 비행소년의 업무 ③ **미아 · 실종아동 등 가출인 보호 및 수배** {06.3 순경} ④ **청소년 유해업소 단속** {06.3 순경}

【근거법규】 (98.1 승진)	
일반방범분야	경찰법, **경찰관직무집행법**, 유실물법, 경범죄처벌법, 즉결심판에 관한 절차법 등
총포 · 화약분야	**총포 · 도검 · 화약류 등 단속법**
풍속분야	풍속영업의 규제에 관한 법률, 음악산업 진흥에 관한 법률, 영화 및 비디오물의 진흥에 관한 법률, 게임산업 진흥에 관한 법률, 성매매방지 및 피해자보호 등에 관한 법률, 식품위생법, **사행행위 등 규제 및 처벌특례법**, 형법, 공중의생관련법, 공연법 등
소년업무분야	아동복지법, 소년법, 근로기준법, 직업안정법, 학교보건법, 마약류관리에 관한 법률, 학원의 설립 · 운영에 관한 법률, 청소년보호법, 청소년의 성보호에 관한 법률, 유해화학물질관리법 등　☞ **아동보호법(×)**

【생활안전경찰 관련 법규】		
법 률	내 용	나 이
청소년 기본법	청소년	9세 이상 ~ 24세 이하
형법	형사미성년자	14세 미만
근로기준법	근로에 사용할 수 있는 소년	15세 이상
소년원법	연소소년	16세 미만
	연장소년	16세 ~ 22세
소년법	환형처분의 금지연령	18세 미만
	사형, 무기형의 15년 유기징역 완화 {10.2 경간부}	
경범죄처벌법	**통고처분할 수 없는 연령** {10.2 경간부}	
공연법	연소자	
아동복지법	아동	
영화 및 비디오물의 진흥에 관한 법률	청소년	
음악산업진흥에 관한 법률		
게임산업진흥에 관한 법률		
총포 · 도검 · 화약류 등 단속법	총포 등의 취급금지 연령	
직업안정법	**청소년유해업소에 직업소개 금지** {10.2 경간부}	
아동 · 청소년 성보호에 관한 법률		만 19세 미만의 자
청소년보호법		
사행행위 등 규제 및 처벌에 관한 특례법		
소년법	소년	
식품위생법	**유흥접객원으로 고용금지** {10.2 경간부}	
민법	미성년자	20세 미만
소년경찰직무규칙	소년	
형의집행 및 수용자의 처우에 관한 법률	소년	
총포 · 도검 · 화약류 등 단속법	총포 등의 소지금지 연령	

제4절　지역경찰활동

I. 지역경찰의 의의

의 의	지역경찰활동이란 일정한 담당구역을 가지는 **지구대를 활동거점**으로 하여 경찰관이 **제반 경찰사고에 즉응하는 활동**을 말하며, 기본이념으로는 **민주성과 능률성의 확보**에 있다. {96.1 승진}		
활동단위	**기본적 활동단위**	지구대, 파출소, 치안센터	
	보조적 활동단위	112순찰차, 검문소, 이동방범파출소	
임 무 {04.1 승진}	① 24시간 상시경비체제의 유지 ② 경찰업무 전반에 대한 초동조치 ③ 지역경찰업무의 독자성		
특 성 {08.2 경간부}	① 업무의 전반성　　　　　② 해당구역 책임제 ③ 정형적인 근무방법　　　④ 주민과의 접촉성		
J. Skolnick의 지역사회 경찰활동의 4가지 요소 {07.2 경간부}	① 주민에 대한 일반서비스제공을 위한 **순찰활동으로의 방향전환** ② **지역사회 범죄예방활동** ③ **주민에 대한 책임성 중시** ④ 정책결정과정에서의 **주민참여를 포함한 권한**의 분산화		
평가 기준	**안전도** (가장 중요한 기준) {02.1 승진}	**객관적 안정성 지표**	① 범죄발생률 ② 범죄악질률 ③ 범죄에 대한 피해확률
		주관적 안정성 지표	시민들의 불안감 평균치
	경찰력의 수준	**방범활동 자체의 수준**	① 인구당 경찰관의 수 ② 지역경찰관의 수
		순찰빈도	도보순찰 및 순찰차의 순찰횟수
	경찰활동 결과의 수 준	① 검거율 ② 피해회복률 ③ 범죄발생 통보율 ④ 경찰에 대한 시민협력도	
지역사회경찰 활동의 효과	**단기효과**	① **경찰과 지역사회 간의 협력 및 상호작용의 증가** ② 주민의 책임의식과 주민에 의한 범죄통제 증가	
	장기효과 {04.1 승진}	① **범죄의 감소** ② **주거지역 생활환경의 향상** ③ **통합과 비공식적 사회통제의 증대** ④ 범죄에 대한 두려움 감소	

【지역경찰과 전담경찰의 비교】

	지역경찰	전담경찰
담당업무	일반적이며, 초동적 임무수행 {02.1 승진}	특정업무에 대한 전문성이 요구되며, 종국적 업무수행
기 준	담당업무의 지역(지구대, 파출소)을 기준으로 구분된 임무 수행	담당업무의 성질(수사, 교통, 정보 등)을 기준으로 구분된 임무 수행
대민관계	주민과의 접촉성이 강하다.	지역경찰에 비해 주민과의 접촉도가 상대적으로 약하다.
업 무	업무의 넓이를 추구	업무의 깊이를 추구
양자의 관계	지역경찰은 전담경찰에 종속되어 보조적인 역할만을 수행하는 것은 아니다. {08.2 경간부}	

II. 경찰방문(경찰방문 및 방범진단규칙[2012.8.8 시행]) {04.10 순경, 00.1 승진}

의 의	경찰방문이라 함은 경찰관이 관할구역 내의 각 가정, 상가 및 기타시설 등을 방문하여 **청소년선도, 소년소녀가장 및 독거노인·장애인 등 사회적 약자 보호활동 및 안전사고방지 등의 지도·상담·홍보 등**을 행하며 **민원사항을 청취**하고, 필요시 주민의 협조를 받아 **방범진단**을 하는 등 예방경찰활동을 말한다. {10.1 승진, 04.10 순경} ☞ **일제시대의 호구조사에서 비롯되었다.**
목 적 {04.10순경, 99.1 승진}	① **범죄예방**, 청소년선도, 안전사고방지 등의 **지도·상담·홍보** ② 주민의 고충·요망사항 등 **민원사항을 청취 및 해결** ③ 주민의 협력을 얻어 **예방경찰활동의 기초자료를 수집** ☞ **범죄진압(×)**
성 질	**비권력적 사실행위로서 행정지도에 해당**하므로 별도의 법적 근거 없이도 경찰방문을 할 수가 있다. {10.1 승진, 04.10 순경, 00.1 승진}
방 문 대 상	① 경찰관의 방문을 요청하는 주민 ② 지구대장 또는 파출소장이 범죄의 예방, 청소년선도, 안전사고방지상 지도·상담·홍보 등이 필요하다고 인정하는 가정, 기업체 등 ③ 기타 경찰서장이 치안유지상 특히 필요하다고 인정하는 지역
방 문 구 역	① 경찰서장은 **지구대, 파출소별로 경찰방문구역**을 정하고 지역경찰관으로 하여금 그 구역 내의 **주택(아파트 포함)**과 **건조물(기업체·학교·금융기관·병원·선박 등)**에 거주하는 내국인 및 외국인에 대해 경찰방문을 행하게 할 수 있다. {04.10 순경} ② **외국대사관·공사관 및 영사관원과 그 관내 거주자, 주한미군·군속 등 치외법권자**에 대하여는 경찰관의 방문을 특별히 **서면**으로 요청한 경우에만 경찰방문을 할 수 있다. {10.1 승진}
방 문 절 차	경찰방문은 **방문요청이 있거나 경찰서장 또는 지구대장이 필요하다고 인정할 때 상대방의 동의를 얻어 실시**한다.
방 문 시 간	경찰방문은 **일출 후부터 일몰시간 전에 함을 원칙으로 한다.** 다만, **주민으로부터 야간방문 요청**이 있거나 특별한 사유로 인해 **경찰서장의 사전허가와 상대방의 동의를 얻은 때에는 야간에도 실시**할 수 있다. {04.10 순경, 96.1 승진}
카 드 보 관	방범진단카드는 담당구역별로 구분하여 방문순서대로 편철하여 **3년간 보관**한다. 단, **중요업무용 방범진단카드는 중요행사 종료 즉시 파기**하여야 한다.
보 고	① 지구대장은 매분기 말 현재의 방범진단통계표를 작성하여 **다음 달 5일까지 경찰서장에게 제출**하여야 한다. ② 경찰서장은 방범진단통계표를 집계하며 **같은 달 10일까지 지방경찰청장에게 보고**하여야 한다.

Ⅲ. 방범진단

의 의	방범진단이라 함은 범죄예방 및 안전사고방지를 위하여 **관내 주택, 고층빌딩, 금융기관 등 현금다액취급업소 및 상가·여성운영업소 등에 대하여 방범시설 및 안전설비의 설치상황, 자위방범역량 등을 점검하여 미비점을 보완하도록 지도**하거나 경찰력 운용상의 문제점을 보완하는 활동을 말한다.
방 법	**외부적 진단으로부터 내부적 진단으로 이행하여 실시한 다음 다시 내부에서 외부로 중첩적 진단으로 진행한다.** {04.10 순경, 98.1 승진}
성 질	**비권력적 사실행위인 행정지도에 해당**하므로, 방범진단의 결과 취약요소가 발견된 경우, 경찰이 시정의 요구나 대책강화를 촉구할 수는 있지만 보완조치를 강제할 수는 없다.
방범 진단시 세부착안	① 빌딩 회사 : **경비원제도 유무, 야간경비상황, 시설방범 등** {04.10 순경, 98.1 승진} ② 아파트 : **관리체제상황, 이웃집 상호간 협력체제 상황 등** {04.10 순경, 98.1 승진} ③ 일반주택 : **방범 등의 설치여부, 담장 파손, 침입 가능성 등** {04.10 순경, 98.1 승진} ④ 금융기관 : CCTV 설치 여부 ⑤ 농촌지역 : 고갯길, 한적한 야산주변도로 등 취약장소 파악 등

【112신고센터 운영 및 신고처리규칙】 [2010.1.1 시행]	
의 의	**112센터**란 112신고의 즉응·적정 처리를 위해 **지방경찰청 또는 경찰서에 설치·운영하는 부서**를 말한다
112센터의 설치	① 112신고의 효율적인 처리를 위해 **각 지방경찰청 및 경찰서 생활안전과장(생활안전 교통과장을 포함) 소속하에 112센터를 설치**한다. 다만, 지방경찰청장 또는 경찰서장은 관내 특성상 112센터 운영의 필요성이 없다고 인정되는 때에는 112센터를 설치하지 않을 수 있다. ② 경찰서의 112센터는 **치안상황실 안에 설치하는 것을 원칙**으로 한다.
운영책임	112센터는 지방경찰청장 및 경찰서장 지휘하에 **주간에는 생활안전과장이 운영**하며, **일과후 및 토요일·공휴일에는 상황관리관·담당관이 운영**한다.
근무기간	① 112요원의 근무기간은 **1년 이상**으로 한다. ② 112요원으로 제1항의 규정에 따른 임기를 마친 경찰공무원은 **희망부서로 배치**하고, **차기 경비부서의 차출순서에서 1회 면제**한다.
근무방법	① 112요원은 **3~4개조로 나누어 교대 근무**를 실시하는 것을 원칙으로 한다. ② 112요원은 **근무복을 착용하는 것을 원칙**으로 하며, 지방경찰청장 또는 경찰서장은 상황에 따라 다른 복장의 착용을 지시할 수 있다.
자료보존	① 112센터 자료의 보존은 아래의 기준에 따른다. 　㉠ 112신고 접수처리 입력자료는 **1년간 보존** 　㉡ 112신고 접수 및 무선지령내용 녹음자료는 **24시간 녹음하고 3개월간 보존** 　㉢ 기타 문서 및 일지는 「공공기관의 기록물 관리에 관한 법률」에서 정하는 바에 따라 보존 ② 지방경찰청장 또는 경찰서장은 문서 및 녹음자료의 보존기간을 연장할 특별한 사유가 있는 경우에는 보존기간을 연장하여 특별 관리할 수 있다.
문서와 부책	① 112센터에는 아래의 문서와 부책을 비치하여 업무처리 내용을 기록 유지하여야 한다. 　㉠ 112범죄신고 접수처리표　　㉡ 112운영상황 월보　　㉢ 112센터 근무일지 ② 112요원은 근무를 교대할 때에는 문서와 부책에 대하여 **생활안전과장(야간 및 토요일·공휴일의 경우 상황관리관·담당관을 말한다)의 결재**를 받아야 한다.

IV. 순찰

<table>
<tr><td rowspan="3">의 의</td><td colspan="3">① 지역경찰관이 지구대 또는 파출소 관내의 일정한 지역을 순회 · 시찰하면서 범죄예방 및 단속활동을 벌이는 활동을 말한다.</td></tr>
<tr><td colspan="3">② 경찰의 순찰활동(목적)이 범행성공의 확신을 제거, 범죄예방활동의 대비책 발견, 범죄요인 제거, 범인의 신속한 체포, 인명에 대한 응급조치 등은 할 수 있으나, 범행욕구 그 자체를 감소시키는 것이라고 보기는 힘들다. {99.1 승진}</td></tr>
<tr><td colspan="3">③ 순찰은 지역경찰관근무 중에서도 가장 대표적이며 기본적인 근무이다. {01.1 승진}</td></tr>
<tr><td rowspan="4">기 능
{03.2
경간부}</td><td rowspan="2">헤일
(C. D.
Hale)
{08.1 승진}</td><td>분류</td><td>① 교통지도단속
② 범죄예방과 범인검거
③ 법집행
④ 대민서비스 제공 {05.10 순경}
⑤ 질서유지</td></tr>
<tr><td>주장</td><td>모든 경찰활동의 목적은 순찰을 통해 달성된다.</td></tr>
<tr><td rowspan="2">워크
(S.
Walker)</td><td>분류</td><td>① 공공안전감 증진
② 범죄의 억제
③ 대민서비스 제공 {05.10 순경}</td></tr>
<tr><td>주장</td><td>순찰은 경찰활동의 핵심이며, 주민들에게 심리적 안전감을 주기 위해서라도 반드시 가시적인 순찰이 필요하다. {03.9 순경}</td></tr>
<tr><td rowspan="7">종류
(노선)</td><td rowspan="3">정선
순찰</td><td>의의</td><td>① 인간에 대한 불신을 바탕으로 강제를 통하여 경찰관 개인의 직업윤리의식 수준과 상관없이 일정한 산출을 올리려는 제도이다. {03.2 경간부}
② 가급적 관할 구역 내에 전무 미칠 수 있도록 사전에 정하여진 노선을 지정된 시간에 규칙적으로 순찰을 하면서 순찰함에 기록하도록 하는 순찰방법이다. {08.1 승진}</td></tr>
<tr><td>장점</td><td>순찰노선이 일정하고 경찰관 행동이 규칙적이므로 감독 · 연락이 용이하다. {03.9 순경}</td></tr>
<tr><td>단점</td><td>① 범죄행위자들이 이를 예측하고 출현할 수 있는 단점이 있다. {03.9 순경}
② 순찰 여부의 감독에는 효과가 있으나, 순찰근무자의 자율성을 저해하여 기계적이고, 형식적인 책임회피식의 순찰이 될 위험성과 낭비의 우려가 있다. {03.2 경간부, 03.9 순경}</td></tr>
<tr><td>수정된
정선순찰</td><td colspan="2">주간에는 자율순찰, 야간에는 축소된 정선순찰을 수행한다.</td></tr>
<tr><td rowspan="3">자율
순찰</td><td>의의</td><td>① 인간에 대한 신뢰와 자율성을 바탕으로 창의적으로 임무를 수행하도록 하는 제도이다. {03.2 경간부}
② 지역경찰관에게 순찰시간과 순찰지역을 정해 주고, 주어진 시간 내에 지역경찰관의 판단과 업무 필요에 따라 순찰하게 하는 방법이다.</td></tr>
<tr><td>장점</td><td>순찰근무자가 자율성을 최대한 발휘하여 방범활동을 하게 할 수 있다. {03.2 경간부}</td></tr>
<tr><td>단점</td><td>근무경찰관의 사명감과 직업윤리가 확립되어 있지 않을 경우 자칫 근무의 공백을 초래할 수 있고, 이를 확인하고 감독할 방법이 없다. {03.9 순경}</td></tr>
</table>

	구역책임 자율순찰		① 담당구역 내 범죄취약 시간과 지점을 적극적으로 분석 및 활용하는 **자율성과 창의성을 기반으로 하는 순찰제도**이다. ② **순찰자의 적극성과 책임감이 부족한 경우에 순찰의 효과를 보기 어렵다.**
	난선 순찰	**의의**	① 임의로 경찰사고 발생상황을 고려하여 **순찰지역이나 노선을 선정하여 불규칙적으로 순찰하는 방법**이다. ② 사전에 순찰노선을 정해놓지 않고 임의로 불구칙적으로 순행하며, **순찰함이 없게 된다.** {08.1 승진}
		장점	**범죄자의 예측을 교란시킬 수 있고, 종횡무진한 순찰을 통하여 범죄 예방을 증대시킬 수 있다.**
		단점	순찰근무지의 **위치추적이 곤란**하고, 근무자의 태단과 소홀을 조장할 우려가 있다.
	요점 순찰		① 순찰구역 내의 중요지점을 지정하여 순찰자는 반드시 그곳을(순찰함 설치) 통과하며, **지정된 요점과 요점 사이에는 난선순찰을 실시하는 방법**이다. ② **정선순찰과 난선순찰의 장점을 살리고 단점도 보완되도록 절충한 방식**이다. {96.1 승진} ③ 중요 요점에만 순찰함이 놓이게 되므로 **순찰함이 정선순찰에 비해 적게 소요**된다. {08.1 승진}
종류 (수단)	**도보 순찰**	**장점**	① 순찰자가 상세하고 치밀하게 정황을 관찰할 수 있다. ② 주민접촉이 용이하며 대민관계의 기회를 높일 수 있다. ③ 특별한 경비가 불필요하다. ④ 야간 등 청력을 필요로 하는 경우에 유리하다.
		단점	① 기동성의 부족과 장비휴대에 한계가 있다. ② 통행자가 다수일 경우 기동성이 떨어진다. ③ 순찰자의 피로로 순찰노선의 단축과 순찰횟수 감소를 야기한다.
	자동차 순찰	**장점**	① 기동성에 의한 신속한 사건·사고의 처리가 가능하다. ② 안정성이 높고, 다양한 장비의 적재가 가능하다. ③ 높은 가시방범의 효과가 있다.
		단점	① 많은 경비가 소요된다. ② 정황관찰의 범위가 제한된다. ③ 좁은 골목길 주행이 불가능하다.
	오토바이순찰		
	자전거순찰		
종류 (인원)	① 단독순찰 ② 복수순찰		

【112관련 장비】

AVL	순찰차위치 자동표시장치 {07.1 승진, 05.2 경간부}
AVNI	차량번호 자동판독 시스템 {05.2 경간부, 05.1 승진, 02.1 승진}
ANI	전화번호 자동표시장치 {05.1 승진}
ALI	신고자 전화위치 자동판독장치 {07.1 승진, 05.2 경간부, 05.1 승진, 02.1 승진, 99.1 승진}
PDA	개인용 정보단말 조회기 차적이나 수배차량 조회 등만 가능할 뿐 주민등록 · 범죄경력 조회 등은 불가능
MDT	차량용 컴퓨터 단말기 {07.1 승진}
SCR	도난차량 회수장치 {07.1 승진, 05.2 경간부, 05.1 승진, 02.1 승진}
CDA	컴퓨터처리자동화시스템

【순찰에 대한 연구】

뉴욕경찰의 25구역 순찰실험 (1945~1966)	뉴욕경찰의 25구역 순찰실험은 **순찰을 효과를 과학적으로 측정하고자 했던 최초의 연구**로서 순찰의 증가와 범죄감소의 상관관계를 밝혔으나, 과학적 연구가 갖추어야 할 기본적인 조건들을 갖추지 못한 불완전한 실험이었다.
캔자스시의 범죄예방 순찰실험 (1972~1973)	① 캔자스시의 범죄예방 순찰실험은 캔자스 시내에 15개의 순찰구역을 5개씩 3개의 그룹으로 나누어 1구역은 사후 대응적으로, 2구역은 구역당 순찰차 한대의 평균적인 수준으로 표준 예방순찰을 하는 통제적 순찰로, 3구역은 사전예방적으로 실시하였다. ② **차량순찰 수준을 증가해도 범죄는 감소하지 않았고, 일상적인 순찰을 생략해도 범죄는 증가하지 않았다.** {08.1 승진, 08.10 순경, 07.3 순경, 02.1 승진} ③ 순찰의 증감이 범죄율과 시민의 안전감에 영향을 미치지 못한다는 결과를 도출하여 **경찰의 순찰활동 전략을 재고하게 만든 연구**였다. {09.7 순경}
뉴왁시 도보 순찰 실험 (1978~1979)	① 뉴왁시 **도보순찰 실험**은 도보순찰의 효과성이 떨어지는 점에 대해 경찰관들의 재배치를 통해 도보순찰실험을 실시하였다. ② **도보순찰을 증가하여도 범죄발생은 감소되지 않으나, 주민들은 자신들의 구역 내에서 범죄가 줄어들고 있다고 생각하였다.** {08.1 승진, 06.10 순경, 04.1 승진} ③ 도보순찰의 증가와 범죄의 감소에 상관관계가 없으나 시민들의 범죄에 대한 공포감은 감소되고, 경찰에 대한 신뢰는 증가한다는 연구결과를 도출하였다.
플린트 도보순찰 프로그램 (1979)	① 플린트 도보순찰프로그램은 실험지역이 다른 지역에 비해 범죄가 감소되었음이 발견되었고 시민들은 경찰관의 도보순찰로 안전하다고 느꼈다. ② **실험기간 중 범죄발생 건수가 증가했음에도 불구하고, 도보순찰의 결과 시민들은 더 안전하다고 느꼈다.** {07.10 경간부, 05.2 경간부, 08.1 승진}

Ⅴ. 지역경찰의 조직 및 운영에 관한 규칙[시행 2009.12.30]

1. 용어 및 임무

용어 (제2조)	지역경찰관서	지구대 및 파출소를 말한다.	
	지역경찰	**지역경찰관서 소속 경찰공무원 및 전투경찰 순경**을 말한다.	
	일근근무	「국가공무원복무규정」 제9조 제1항에 규정된 근무형태(1주 근무시간 40시간(점 심시간 제외), 토·휴무함을 원칙)를 말한다.	
	상시· 교대근무	상시근무	일상적으로 **24시간** 계속하여 대응·처리해야 하는 업무를 수행하거나 긴급하고 중대한 치안상황에 대비하기 위하여 야간, 토요일 및 공휴일에 관계없이 상시적으로 업무를 수행하는 근무형태를 말한다.
		교대근무	근무조를 나누어 일정한 계획에 의한 반복주기에 따라 교대로 업무를 수행하는 근무형태를 말한다.
임 무	① 지역경찰은 **관할지역의 실태를 파악하여 그에 알맞은 활동**을 하고, **항상 즉응체제를 유지**하여 경찰업무 전반에 걸쳐 초동조치를 함으로써 **주민생활의 안전과 평온을 확보**하여야 한다. {04.1 승진, 97.1 승진} ② 지역경찰관은 **지역치안을 책임진다는 사명감**을 가지고 경찰활동을 수행하고 **주민에 대한 적극적인 봉사 및 원활한 관계유지**에 노력하여야 한다. {06.1 승진, 06.2 경간부}		
적용범위 (제3조)	**지역경찰관서와 지역경찰 및 지역경찰업무 담당부서에 적용**한다.		

	경찰청과 그 소속기관 직제[시행 2012.7.22]
지구대	① **지방경찰청장은 경찰서장의 소관사무를 분장하기 위하여 경찰청장의 승인을 얻어 지구대 또는 파출소를 둘 수 있다.** ② **지방경찰청장은 임시로 필요한 때에는 출장소를 둘 수 있다.** ③ 지구대·파출소 및 출장소의 명칭·위치 및 관할구역과 기타 필요한 사항은 **지방경찰청장이 정한다.**
	경찰청과 그 소속기관 조직 및 정원관리규칙규[시행 2012.7.9]
지구대, 파출소 및 출장소	① **지방경찰청장이 지구대 또는 파출소를 설치하고자 할 때에는 경찰청장에게 승인을 요청하여야 한다.** ② **지구대장은 경정 또는 경감, 파출소장은 경감 또는 경위**로 한다. ③ 지방경찰청장은 임시로 필요한 때에는 출장소를 둘 수 있으며, 출장소를 설치한 때에는 경찰청장에게 보고하여야 한다. ④ **출장소장은 경위 또는 경사**로 한다. ⑤ **지방경찰청장이** 지구대 또는 파출소를 폐지하거나 명칭·위치 및 관할구역을 변경하였을 때에는 **경찰청장에게 보고하여야 한다.**
치안센터	① **지방경찰청장은 지역치안을 효율적으로 수행하기 위하여 치안센터를 둘 수 있다.** ② 치안센터의 운영에 관한 사항은 지역경찰 조직 및운영에 관한 규칙이 정하는 바에 따른다.

2. 지역경찰관서

설치 및 폐지 (제4조)		**지방경찰청장**은 인구, 면적, 행정구역, 교통 · 지리적 여건, 각종 사건사고 발생 등을 고려하여 **경찰서의 관할구역을 나누어 지역경찰관서를 설치**한다. {05.10 순경}
지역경찰 관서장 (제5조)		① **지역경찰관서의 사무를 통할**하고 소속 지역경찰을 지휘 · 감독하기 위해 **지역경찰관서에 지구대장 및 파출소장**을 둔다. ② 지구대장은 **경정 또는 경감, 파출소장은 경감 또는 경위**로 보한다. **【지역경찰관서장의 직무】** ㉠ 관내 치안상황의 분석 및 대책 수립 ㉡ 지역경찰관서의 시설 · 예산 · 장비의 관리 ㉢ 소속 지역경찰의 근무와 관련된 제반사항에 대한 지휘 및 감독 ㉣ 경찰 중요 시책의 홍보 및 협력치안 활동
하부조직 (제6조)		① 지역경찰관서에는 **관리팀**과 상시 · 교대근무로 운영하는 복수의 **순찰팀**을 둔다. ② **순찰팀의 수**는 지역 치안수요 및 인력여건 등을 고려하여 **지방경찰청장이 결정**한다. ③ **관리팀 및 순찰팀의 인원**은 지역 치안수요 및 인력 여건 등을 고려하여 **경찰서장이 결정**한다.
	관리팀 (제7조)	관리팀은 **문서의 접수 및 처리, 시설 및 장비의 관리, 예산의 집행 등 지역경찰관서의 행정업무를 담당**한다.
	순찰팀 (제8조)	① 순찰팀은 범죄예방 순찰, 각종 사건사고에 대한 초동조치 등 현장 치안활동을 담당하며, **팀장은 경감 또는 경위**로 보한다. **【지역경찰관서장의 직무】** ㉠ 근무교대 시 주요 취급사항 및 장비 등의 인수인계 확인 ㉡ 관리팀원 및 순찰팀원에 대한 일일근무 지정 및 지휘 · 감독 ㉢ 관내 중요 사건 발생 시 현장 지휘 ㉣ 지역경찰관서장 부재시 업무 대행 ② 순찰팀장을 보좌하고 순찰팀장 부재시 업무를 대행하기 위해 순찰팀별로 부팀장을 둘 수 있다.
지휘 및 감독 (제8조)	**경찰서장**	지역경찰관서의 운영에 관하여 총괄 지휘 · 감독
	경찰서 각 과장	각 과의 소관업무와 관련된 지역경찰의 업무에 관하여 지휘 · 감독
	지역경찰관서장	지역경찰관서의 시설 · 장비 · 예산 및 소속 지역경찰의 근무에 관한 제반사항을 지휘 · 감독
	순찰팀장	근무시간 중 소속 지역경찰을 지휘 · 감독

3. 치안센터

설치 및 폐지 (제10조)	**지방경찰청장은** 지역치안을 효율적으로 수행하기 위하여 **지역경찰관서장 소속하에 치안센터를 설치**할 수 있다.
소속 및 관할 (제11조)	① **치안센터는 지역경찰관서장의 소속** 하에 두며, 치안센터의 인원, 장비, 예산 등은 지역경찰관서에서 통합 관리한다. ② 치안센터의 관할구역은 소속 지역경찰관서 관할구역의 일부로 한다. ③ **치안센터 관할구역의 크기는** 설치목적, 배치 인원 및 장비, 고통·지리적 요건 등을 고려하여 **경찰서장이 정한다.**
운영시간 (제12조)	① 치안센터는 **24시간 상시 운영을 원칙**으로 한다. ② 경찰서장은 지역 치안여건 및 인원여건을 고려, **운영시간을 탄력적으로 조정**할 수 있다.
근무자의 배치 (제13조)	① 치안센터 운영시간에는 **치안센터 관할구역에 근무자를 배치함을 원칙**으로 한다. ② 경찰서장은 치안센터의 종류 및 지리적 여건 등을 고려하여 필요한 경우 **치안센터에 전담근무자를 배치할 수 있다.**
치안센터장 (제14조)	① 경찰서장은 치안센터에 전담근무자를 배치하는 경우 전담근무자 중 **1명을 치안센터장으로 지정**할 수 있다. 【**치안센터장의 임무**】 ㉠ 경찰 민원 접수 및 처리 ㉡ 관할지역 내 주민 여론 수렴 및 보고 ㉢ 타기관 협조 등 협력방범활동 ㉣ 기타 치안센터 운영과 관련된 문제점 및 개선대책 수립 및 보고

치안센터의 종류 (제15조)		
	① 치안센터는 설치목적에 따라 **검문소형과 출장소형으로 구분**한다. ② **출장소형 치안센터는** 지리적 여건·치안수요 등을 고려하여 필요한 경우 **직주일체형으로 운영**할 수 있다.	
	검문소형 치안센터 (제16조)	검문소형 치안센터는 적의 침투 예상로 또는 주요 간선도로의 취약요소 등에 교통통제요소 등을 고려하여 설치한다. 다만, 지방경찰청 및 경찰서 관할의 경계에는 인접 관서장과 협의하여 **단일 치안센터를 설치하는 것을 원칙**으로 한다. 【**검문소형 치안센터 근무자의 임구**】 ㉠ 거점 형성에 의한 지역 경계 ㉡ 불순분자 색출 및 제 경찰사범의 단속 및 검거 ㉢ **관할내 각종 사건·사고 발생시 초동조치**
	출장소형 치안센터 (제17조)	① **출장소형 치안센터는** 지역 치안활동의 효율성 및 주민 편의 등을 고려하여 필요한 지역에 설치한다. 【**출장소형 치안센터 근무자의 임무**】 ㉠ 범죄예방 순찰 및 위험발생 방지 ㉡ 방문 민원 접수 및 처리 ㉢ **관할 내 각종 사건사고 발생시 초동조치** ㉣ 관할 내 주민여론 청취 등 지역사회 경찰활동 ② 경찰서장은 도서, 접적지역 등 지리적 여건상 필요한 경우에는 출장소형 치안센터에 검문소형 치안센터의 임무를 병행토록 할 수 있다.

직주일체형 치안센터 (제18조)	① **직주일체형 치안센터**는 출장소형 치안센터 중 근무자가 치안센터 내에서 거주하면서 근무하는 형태의 치안센터를 말한다. ② 직주일체형 치안센터에는 **배우자와 함께 거주함을 원칙**으로 하며, 배우자는 근무자 부재 시 방문 민원 접수 · 처리 등 보조 역할을 수행한다. ③ 직주일체형 치안센터에 배치된 근무자는 근무 종료 후에도 관할구역 내에 위치하며 지역경찰관서와 연락체계를 유지하여야 한다. 다만, **휴무일은 제외**한다. ④ **지방경찰청장**은 직주일체형 치안센터에 배우자가 함께 거주하지 않는 경우에는 **전투경찰순경을 상주 배치**하여야 한다.
직주일체형 치안센터 근무자의 특례 (제19조)	① **경찰서장**은 직주일체형 치안센터에서 거주하는 근무자의 **배우자에게 조력사례금을 지급**하여야 하며, **지급 기준 및 금액은 경찰청장**이 정한다. ② 직주일체형 치안센터 근무자의 **근무기간은 1년 이상**으로 하며, **임기를 마친 경찰관**은 **희망부서로 배치**하고, **차기 경비부서의 차출순서에서 1회 면제**한다.

4. 근무

복장 및 휴대장비 (제20조)	① 지역경찰은 근무 중 경찰복제에관한규칙 제15조 제1항에 규정된 근무장을 착용하는 것을 원칙으로 한다. ② 지역경찰은 근무 중 근무수행에 필요한 **경찰봉, 수갑 등 경찰장구, 무기 및 무전기 등을 휴대**하여야 한다. ③ 지역경찰관서장 및 순찰팀장은 필요한 경우 지역경찰의 복장 및 휴대장비를 조정할 수 있다.
근무형태 및 시간 (제21조)	① 지역경찰관서장은 **일근근무를 원칙**으로 한다. 다만, **경찰서장은 필요하다고 인정되는 경우에는** 지역경찰관서장의 근무시간을 조정하거나, 시간외 · 휴일 근무 등을 명할 수 있다. ② 관리팀은 **일근근무를 원칙**으로 한다. 다만, **지역경찰관서장은 필요하다고 인정되는 경우에는** 근무시간을 조정하거나, 시간외 · 휴일근무 등을 명할 수 있다. ③ 순찰팀장 및 순찰팀원은 **상시 · 교대근무를 원칙**으로 하며, 근무교대 시간 및 휴게시간, 휴무횟수 등 구체적인 사항은 국가공무원복무규정 및 경찰기관상시근무공무원의근무시간등에관한규칙이 규정한 범위 안에서 **지방경찰청장이 정한다.** ④ 치안센터 전담근무자의 근무형태 및 근무시간은 치안센터의 종류 및 운영시간 등을 고려하여 **경찰서장이 정한다.** ⑤ 전투경찰순경의 근무형태 및 시간은 지역 치안여건 등을 고려하여 전투경찰순경등관리규칙에 규정한 범위 내에서 **지역경찰관서장이 정한다.**
	지역경찰의 근무는 **순찰근무, 경계근무, 상황근무, 대기근무, 행정근무, 기타근무로 구분**한다.
행정근무 (제23조)	① 문서의 접수 및 처리 ② 시설 · 장비의 관리 및 예산의 집행 ③ 각종 현황, 통계, 자료, 부책 관리 ④ 기타 행정업무 및 지역경찰관서장이 지시한 업무

근무의 종류 **(제22조)**	**상황근무** **(제24조)**	① 시설 및 장비의 작동여부 확인 ② 방문민원 및 각종 신고사건의 접수 및 처리 ③ 요보호자 또는 피의자에 대한 보호·감시 ④ 중요 사건·사고 발생 시 보고 및 전파 ⑤ 기타 필요한 문서의 작성
	순찰근무 **(제25조)**	① 순찰근무는 그 수단에 따라 **112 순찰, 방범오토바이 순찰, 자전거 순찰 및 도보 순찰 등으로 구분**한다. {08.1 승진, 05.1 승진} ② 112 순찰근무 및 야간 순찰근무는 **반드시 2인 이상 합동으로 지정**하여야 한다. {08.1 승진, 05.1 승진} ③ 순찰근무를 지정받은 지역경찰은 지정된 근무구역에서 아래의 업무를 수행한다. 　㉠ 주민여론 및 범죄첩보 수집 　㉡ 각종 사건사고 발생시 초동조치 및 보고, 전파 　㉢ **범죄 예방 및 위험발생 방지 활동** 　㉣ **경찰사범의 단속 및 검거** 　㉤ **경찰방문 및 방범진단** 　㉥ 통행인 및 차량에 대한 검문검색 등
	경계근무 **(제26조)**	① 경계근무는 **반드시 2인 이상 합동으로 지정**하여야 한다. ② 경계근무를 지정받은 지역경찰은 지정된 장소에서 아래의 업무를 수행한다. 　㉠ 불순분자 및 범법자 등 색출을 위한 통행인 및 차량, 선박 등에 대한 검문검색 및 후속조치 　㉡ 비상 및 작전사태 등 발생시 차량, 선박 등의 통행 통제
	대기근무 **(제27조)**	① 대기근무의 장소는 **지역경찰관서 및 치안센터 내로** 한다. 단, 식사 시간을 대기근무로 지정한 경우에는 식사 장소를 대기근무 장소로 지정할 수 있다. ② 대기근무를 지정받은 지역경찰은 지정된 장소에서 휴식을 취하되, **무전기를 청취하며 10분 이내 출동이 가능한 상태를 유지**하여야 한다.
	기타근무 **(제28조)**	① 기타근무는 치안상황에 효과적으로 대응하기 위하여 지역경찰 관리자가 지정하는 근무로서 제23조부터 제27조까지 규정한 근무에 해당하지 않는 형태의 근무를 말한다. ② 기타근무의 근무내용 및 방법 등은 지역경찰관리자가 정한다.
일일근무 **지정** **(제29조)**		① 지역경찰관서장은 **지역경찰관서 및 치안센터의 설치목적, 근무인원, 치안수요, 기타 업무량 등을 고려**하여 근무의 종류 및 실시 기준을 정한다. ② 순찰팀장은 지역경찰관서장이 정한 기준을 준수하여 당해 근무시간 내 관리팀원 및 순찰팀원의 개인별 근무 종류, 근무 장소, 중점 근무사항 등을 **근무일지(갑지)에 구체적으로 지정**하여야 한다. ③ 순찰팀장은 **관리팀원에게 행정근무를 지정**하고, **순찰팀원에게 상황 또는 순찰근무 지정하는 것을 원칙**으로 하되, 필요한 경우에는 다른 근무를 지정하거나 병행하여 수행하도록 지정할 수 있다. ④ 치안센터 전담근무자는 지역경찰관서장이 정한 기준을 준수하여 근무일지에 자율적으로 근무지정을 하고 근무를 수행한다. ⑤ 지역경찰관리자는 신고출동태세 유지 등을 위해 필요한 경우에는 휴게 및 식사시간도 대기근무로 지정할 수 있다.

근무내용 의 변경 (제30조)	관리팀원 및 순찰팀원이 물품구입, 등서 등 기타 사유로 지정된 근무종류 및 근무구역 등을 변경하고자 할 때에는 **순찰팀장에게 보고**하여야 한다.
지역경찰 의 동원 (제31조)	① 지방경찰청장 또는 경찰서장은 아래에 정한 사유에 해당하는 경우로서 특히 필요하다고 인정되는 때에 한하여 지역경찰의 기본근무에 지장을 초래하지 않는 범위 내에서 **지역경찰을 다른 근무에 동원**할 수 있다. {04.10 순경} 　㉠ 다중범죄 진압, 대간첩작전 기타의 비상사태 　㉡ 경호경비 또는 각종 집회 및 행사의 경비 　㉢ 중요범인의 체포를 위한 긴급배치 　㉣ 화재, 폭발물, 풍수설해 등 중요사고의 발생 　㉤ 기타 다수 경찰관의 동원을 필요로 하는 행사 또는 업무 ② 지역경찰 동원은 **근무자 동원을 원칙**으로 하되, 불가피한 경우에 한하여 **휴무자를 동원**할 수 있다. ③ 지방경찰청장 또는 경찰서장은 휴무자를 동원한 때에는 경찰기관상시근무공무원의근무시간등에관한규칙 **초과근무수당을 지급하거나 추가 휴무를 부여**하여야 한다.

5. 시설 및 장비

관서표지 (제32조)	지역경찰관서 및 치안센터에 게시하는 모든 표지는 경찰기및관서제표지규칙이 정하는 바에 따른다.
시설관리 (제33조)	① 경찰서장은 근무자가 신고출동 등으로 지역경찰관서 또는 치안센터를 비울 경우에 대비하여, 출입구 근처에 근무자와 통신할 수 있는 통신장치를 설치하여야 한다. ② 경찰서장은 필요한 경우에는 **지역경찰관서 또는 치안센터에 자체 방호시설을 설치**할 수 있다. ③ 지역경찰관서장은 지역경찰의 근무 및 주민 편의를 위해 청사 및 시설을 수시로 점검, 보완하여야 한다.
112 순찰차 (제34조)	① 112 순찰 근무자는 차량의 적정관리를 위해 운행사항 등을 112 **순찰일지에 매일 기록**하여야 한다. ② 112 순찰차에는 신속한 현장조치 등을 위해 필요한 장비를 탑재해야 하며 **탑재장비의 종류 및 수량 등은 경찰청장이 따로 정한다.**
통신망의 구축 및 점검 (제35조)	① 경찰서장은 **경찰서, 지역경찰관서, 치안센터 간 상호 원활한 유·무선 통신망을 구축**해야 한다. ② 경찰서장은 구축된 통신장비를 수시로 점검하여 통신두절을 방지하여야 한다.

6. 인사관리

정원관리 (제37조)	① 경찰서장은 지역경찰관서의 관할면적, 치안수요 등을 고려하여 지역경찰관서에 적정한 인원을 배치하여야 한다. ② 경찰서장은 **지역경찰의 정원을 다른 부서에 우선하여 충원**하여야 한다. {05.10 순경} ③ 지방경찰청장은 소속 지방경찰청의 **지역경찰 정원 충원 현황을 연 2회 이상 점검**하고 현원이 정원에 미달할 경우, 지역경찰 정원충원대책을 수립·시행하여야 한다.

부적격자의 배제 (제38조)	① 경찰서장은 최일선 대민접점부서인 지역경찰관서의 업무 특성을 고려하여 **아래에 해당하는 자를 지역경찰관서에 배치하여서는 아니 된다.** 　㉠ 금품수수, 직무태만, 음주운전 등의 비위로 **감봉 이상의 징계처분을 받은 날로부터 3년**이 경과되지 아니한 자 　㉡ 형사사건으로 기소된 자 　㉢ 과도한 채무부담 등 경제적 빈곤상태가 현저하거나, 도박 · 사행행위 · 불건전한 이성관계 등으로 성실한 업무 수행을 기대하기 곤란한 자 ② 경찰서장은 지역경찰 중 아래에 해당하는 사유가 발생한 자는 **지체없이 교체하여야 한다.** 　㉠ 금품수수, 직무태만, 음주운전 등의 비위로 **감봉 이상의 징계처분을 받은 날로부터 3년**이 경과되지 아니한 자 　㉡ 형사사건으로 기소된 자 　㉢ 과도한 채무부담 등 경제적 빈곤상태가 현저하거나, 도박 · 사행행위 · 불건전한 이성관계 등으로 성실한 업무 수행을 기대하기 곤란한 자 　㉣ **6월 이상**의 휴직 · 파견근무를 명받은 자

7. 교육 및 평가

교육 (제39조)	① 지방경찰청장 및 경찰서장은 지역경찰의 올바른 직무수행 및 자질향상을 위해 필요한 교육을 실시하여야 한다. ② **교육시간, 방법, 내용 등 지역경찰 교육과 관련된 세부적인 기준은 경찰청장**이 따로 정한다.
지도방문 (제40조)	지방경찰청장 및 경찰서장은 소속 지역경찰의 업무 지도 및 현장 의견 수렴, 사기관리 등을 위해 지도방문 계획을 수립 · 시행하여야 한다.
실적평가와 포상 (제41조)	경찰청장, 지방경찰청장 및 경찰서장은 지역경찰의 사기 진작 및 지역경찰활동의 활성화를 위하여 근무실적에 대한 공정한 평가를 실시하고 우수 경찰공무원을 포상하여야 한다.

8. 문서관리

근무일지의 기록 · 보관 (제42조)	① 지역경찰관리자와 상황근무자는 근무 중 주요사항을 **근무일지(을지)에 기재**하여야 한다. {10.1 승진} ② 순찰근무자는 근무 중 주요 사항을 **근무수첩에 기록하고 업무에 활용**하여야 한다. {10.1 승진} ③ **근무일지와 사용 종료한 근무수첩은 3년간 보관**한다. {10.1 승진}
정기보고 기간 (제43조)	① 지역경찰 업무담당부서에서 지역경찰관서장에게 각종 현황 및 통계 등을 정기적으로 보고하도록 지시한 경우 지시의 효력은 **최초 보고받은 날로부터 1년이 경과하면 자동으로 소멸**한다. ② 지역경찰 업무담당부서에서는 지시의 효력을 연장할 필요가 있는 경우 **소속관서의 생활안전과장과 협의하여 1년 단위로 연장**할 수 있다.
문서부책 (제44조)	① 지구대와 파출소 등에는 업무수행에 필요한 최소한의 부책만을 비치하여야 한다. ② 비치 문서와 부책은 **지방경찰청장이 정한다.**

	【지구대 CCTV설치 및 녹화】
CCTV의 설치	① **지구대 등 내에는** 자체방호, 공무집행 방해행위 채증 및 경찰관의 인권침해 방지 등을 위하여 **CCTV(카메라, 모니터, 녹화장치 등)를 설치하여야 한다.** ② CCTV 모니터는 **피의자 또는 민원인이 잘 볼 수 있는 장소에 설치**하여야 한다. ③ CCTV 카메라는 **출입문 · 소내근무석 및 민원인 대기석 방향으로 설치**하여 피의자 또는 민원인이 잘 촬영될 수 있도록 하여야 한다.
CCTV의 녹화	① 지구대 등의 CCTV는 특별한 사유가 없는 한 **24시간 녹화, 유지**하여야 한다. ② 음주소란 · 난동행위자 등에 대하여는 모든 행위가 CCTV에 녹화되어 증거자료로 활용될 수 있음을 **사전 고지해야 한다.** ③ 민원 또는 사건 · 사고와 관련된 **녹화CD 등은 1개월간 보존**하고, 필요한 경우에는 보존기간을 연장하여 특별관리한다.
CCTV의 일반관리	① CCTV의 정상적 작동을 위하여 지역경찰관리자 및 소내근무자는 수시로 기기 작동 상태를 점검하고, 유사시 활용할 수 있도록 하여야 한다. ② 지역경찰관리자는 기기가 파손되거나 고장발생시 즉시 수리하고, 경찰서장은 외근 감독 순시계획 수립시 CCTV 운영사항을 확인하도록 하여야 한다. ③ **녹화자료는 외부에 유출하여서는 아니된다.** 다만, 부득이한 사유로 인해 외부로 자료를 제공할 경우에는 경찰서장의 허가를 얻어야 한다.

제5절　생활질서사범 단속활동

Ⅰ. 일반적 내용

의 의		경찰사범의 단속(생활질서업무)이란 사회공공의 안녕과 질서를 유지하기 위하여 경찰이 풍속사범을 비롯한 제 사범을 단속하는 활동을 말하며, 단속활동의 종류로는 ㉠ **풍속사범의 단속,** ㉡ **기초질서위반사범의 단속,** ㉢ **총포 · 도검 · 화약류의 단속 등**이 있다.
단속 근거		① **풍속영업 관련 주된 법률은 풍속영업의 규제에 관한 법률**이며, 각 개별업에서 각각의 대상업종의 내용을 규정하고 있다. ② 행위별 단속 근거법을 숙지하되, **경찰관직무집행법은 단속근거**가 될 수 없다.
허가권		풍속영업에 대한 허가권은 **사행행위 이외에는** 모두 시 · 군 · 구청장에게 위탁되어 있다.
성매매 행위의 단속	**의 의**	불특정인을 상대(주체 : 남녀)로 금품 기타 재산상 이익을 받거나 받을 것을 약속하고 성행위를 하는 것을 말한다. {97.1 승진}
	단 속 법 규	① **성매매알선 등 행위의 처벌에 관한 법률**　　② **공중위생관리법** ③ **풍속영업의 규제에 관한 법률**　④ 아동복지법　⑤ 식품위생법 {03.11 순경} ☞ 아동·청소년의 성보호에 관한 법률(×)
	입법형태 {04.4 순경}	**금 지 주 의**　모든 종류의 성매매행위를 금지하며, **처벌규정**을 두고 있다. 예 한국, 태국, **대만,** 필리핀, 미국의 **뉴욕** 등 대부분의 주 {04.4 순경}
		규 제 주 의　일정한 형태의 성매매를 법적으로 인정하고 이에 대한 **세금징수, 의료감시체계를 가지며, 활동지역을 규제**한다. {04.4 순경} 예 독일, 호주, 네덜란드, 미국의 네바다 주 등
		허 용 (폐지) 주 의　성매매행위 자체를 처벌하는 규정은 없으며, 주로 **호객행위, 광고 등을 불법으로 간주**하고 있다. 예 일본, **영국**, 프랑스, 이탈리아 등 {04.4 순경}
음란행위 의 단속	**의 의**	① 일반적으로 성욕을 흥분 또는 자극하여 사람의 성적 수치심을 해하며, 선량한 성적 도덕관념에 반하는 행위를 말한다(판례, 학술). ② 음란행위의 판단은 **구체적 행위를 사안별로 개별적으로 판단할 수밖에 없고, 법률로 일률적으로 설정할 수 없다.**
	단속법규	① **풍속영업규제에 관한 법률**　　② **경범죄처벌법**　　㉢ 형법
사행행위 의 단속	**의 의**	다수인으로부터 재물 또는 재산상의 이익을 모아 **우연적 방법에 의하여 득실을 결정하여 재산상의 이익 또는 손실을 주는 행위**를 말하며 다양성, 요행성, 반사회성을 그 특징으로 한다.
	단속법규	① 사행행위등 규제 및 처벌 특례법　　② 형법상 도박죄와 복표의 발매 등의 죄

II. 풍속영업 규제법률{풍속영업의 규제에 관한 법률[시행 2010.7.23]}

1. 목적과 풍속영업자의 준수사항

목적 **(제1조)**		풍속영업(風俗營業)을 하는 장소에서 선량한 풍속을 해치거나 청소년의 건전한 성장을 저해하는 행위 등을 규제하여 **미풍양속을 보존하고 청소년을 유해한 환경으로부터 보호**함을 목적으로 한다. {99.1 승진}
풍속 영업자의 준수사항	**풍속영업자** **(제3조)**	풍속영업자는 **허가나 인가**를 받지 아니하거나 **등록이나 신고**를 하지 아니하고 풍속영업을 하는 자를 포함한다. {10.3 순경, 10.2 경간부, 09.4 순경}
	풍속영업 종사자	**명칭 여하를 불문하고 영업자를 대리하거나 영업자의 지시를 받아 상시 또는 일시 영업 행위를 하는 대리인 · 사용인 기타의 종업원**을 의미한다.
	풍속영업을 하는 자의 준수사항 {05.1 승진}	① 성매매알선 등 행위의 처벌에 관한 법률 제2조 제1항 제2호에 따른 **성매매알선 등 행위** ② **음란행위를 하게 하거나 이를 알선 또는 제공하는 행위** ③ **음란한 문서 · 도화(圖畵) · 영화 · 음반 · 비디오물, 그 밖의 음란한 물건**에 대한 아래 항목 행위 　㉠ 반포(頒布) · 판매 · 대여하거나 이를 하게 하는 행위 　㉡ 관람 · 열람하게 하는 행위 　㉢ 반포 · 판매 · 대여 · 관람 · 열람의 목적으로 진열하거나 보관하는 행위 ④ **도박이나 그 밖의 사행(射倖)행위를 하게 하는 행위**
풍속영업 의 통보 및 출입	**풍속 영업의 통보**	① 허가관청은 풍속영업소의 소재지를 관할하는 경찰서장에게 ㉠ **풍속영업자의 성명 및 주소 (법인인 경우에는 대표자의 성명과 주소를 포함), ㉡ 풍속영업소의 명칭 및 주소, ㉢ 풍속영업의 종류 등 사항**을 알려야 한다. ② 허가관청은 **풍속영업자가 휴업 · 폐업하거나 그 영업내용이 변경된 경우**와 그 밖에 대통령령으로 정하는 사유가 발생한 경우에는 **경찰서장에게 그 사실을 알려야 한다.**
	위반 사항의 통보	① 경찰서장은 풍속영업자나 대통령령으로 정하는 **종사자가 준수사항을 위반하면 그 사실을 허가관청**에 알려야 한다. ② 통보를 받은 허가관청은 그 내용에 따라 **허가취소 · 영업정지 · 시설개수 명령 등 필요한 행정처분을 한 후 그 결과를 경찰서장**에게 알려야 한다.
	출 입	① 경찰서장은 특별히 필요한 경우 **국가경찰공무원**에게 풍속영업소에 출입하여 풍속영업자와 대통령령으로 정하는 **종사자가 준수사항을 지키고 있는지를 검사**하게 할 수 있다. ② 풍속영업소에 출입하여 검사하는 **국가경찰공무원**은 그 권한을 표시하는 증표를 지니고 이를 관계인에게 내보여야 한다.

2. 풍속영업의 범위

영화 및 비디오물의 진흥에 관한 법률 [시행 2012.8.18]	**신고 및 등록**	① 비디오물제작업, 비디오물배급업 → 신고 ② 비디오물시청제공업(비디오물감상실업, 비디오물소극장업, 제한관람가비디오물소극장업, 복합영상물제공업 등) → 등록 ③ 영화업 → 신고 ④ 영화상영관 → 등록
	청소년 연령	18세 미만의 자
	비디오물 시청제공 업자의 준수사항	① 영업소 안에 화재 또는 안전사고 예방을 위한 조치를 할 것 ② 비디오물소극장업의 경우에는 대통령령이 정하는 출입시간에 한하여 청소년을 출입시킬 것. 다만, 부모 등 보호자를 동반하거나 그의 출입동의서를 받은 경우 ③ 비디오물감상실업의 경우에는 아래에 해당하는 행위를 하지 아니할 것 　㉠ 주류를 판매·제공하는 행위 　㉡ **접대부(남녀를 불문)를 고용·알선하는 행위** ④ 비디오물감상실업과 제한관람가비디오물소극장업의 경우에는 출입자의 연령을 확인하고 청소년의 출입을 금지시킬 것 ⑤ 영업소에 등록증을 게시할 것
음악산업 진흥에 관한 법률 [시행 2011.7.20]	**신고 및 등록**	① **노래연습장(노래방) → 등록** ② 음반·음악영상물제작업 → 신고 ③ 음반·음악영상물배급업 → 신고 ④ 온라인음악서비스제공업 → 신고
	청소년 연령	**18세 미만의 자**(「초·중등교육법」 제2조의 규정에 따른 고등학교에 재학중인 학생 포함)
	노래 연습장 업자의 준수 사항	① 노래연습장업자는 다음 각 호의 사항을 지켜야 한다. 　㉠ 영업소 안에 화재 또는 안전사고 예방을 위한 조치를 할 것 　㉡ 당해 영업장소에 대통령령이 정하는 **출입시간(오전 9시부터 오후 10시) 외에 청소년이 출입**하지 아니하도록 할 것. 다만, 부모 등 보호자를 동반하거나 그의 출입동의서를 받은 경우에는 그러하지 아니하다. 　㉢ **주류**를 판매·제공하지 아니할 것 　㉣ **접대부**(남녀를 불문)를 고용·알선하거나 호객행위를 하지 아니할 것 　㉤ **성매매**알선 등 행위의 처벌에 관한 법률 제2조 제1항의 규정에 따른 성매매 등의 행위를 하게 하거나 이를 알선·제공하는 행위를 하지 아니할 것 　㉥ 건전한 영업질서의 유지 등에 관하여 대통령령이 정하는 사항을 준수할 것 ② 누구든지 영리를 목적으로 노래연습장에서 손님과 함께 술을 마시거나 노래 또는 춤으로 손님의 유흥을 돋우는 접객행위를 하거나 타인에게 그 행위를 알선하여서는 아니 된다.

	주요 내용	① 노래연습장에서 업주가 술을 판매한 사실은 없으나, 손님이 억지로 술을 가지고 들어가는 것을 말릴 수 없어 묵인한 경우 → **주류의 판매제공행위에 해당** ② 노래연습장에서 유흥종사자없이 맥주와 조리하지 않은 안주(과자류)를 제공한 경우 → **무허가 단란주점영업을 한 것으로 인정** ③ 노래연습장에서 유흥종사자를 두고 술을 판매한 경우 → **무허가 유흥주점영업을 한 것으로 인정** ④ 누구든지(남녀불문) 영리를 목적으로 노래연습장에서 손님과 함께 술을 마시거나 노래 또는 춤으로 손님의 유흥을 돋우는 접객행위를 하거나 타인에게 그 행위를 알선하여서는 아니된다. → **위반시 1년 이하의 징역 또는 300만원 이하 벌금** ⑤ 노래연습장에서 영리를 목적으로 여자손님들의 흥을 돋구는 접객행위를 한 남성 도우미에 대한 처벌근거 → **음악산업진흥에 관한 법률** ⑥ 여성을 보도방에서 불러 손님들과 함께 노래부르게 한 노래연습장업주 처벌근거 → **음악산업진흥에 관한 법률**
게임산업진흥 에 관한 법률 [시행 2012.8.18]	신고 및 등록	① 게임제작업 → 등록 ② 게임배급업 → 등록 ③ **일반게임제공업 → 허가** ④ **청소년게임제공업·인터넷컴퓨터게임시설제공업 → 등록·신고** ⑤ **복합유통게임제공업 → 등록·신고**
	청소년 연령	**18세 미만의 자**(「초·중등교육법」 제2조의 규정에 따른 고등학교에 재학중인 학생 포함)
	게임물 관련 사업자 의 준수 사항	① 유통질서 등에 관한 교육을 받을 것 ② 게임물을 이용하여 도박 그 밖의 **사행행위를 하게 하거나** 이를 하도록 내버려 두지 아니할 것 ③ 게임머니의 화폐단위를 한국은행에서 발행되는 화폐단위와 동일하게 하는 등 게임물의 내용구현과 밀접한 관련이 있는 운영방식 또는 기기·장치 등을 통하여 사행성을 조장하지 아니할 것 ④ **경품 등을 제공하여** 사행성을 조장하지 아니할 것. 다만, 청소년게임제공업의 전체이용가 게임물에 대하여 경품의 종류(완구류 및 문구류 등. 다만, 현금, 상품권 및 유가증권은 제외)·지급기준·제공방법 등에 의한 경우에는 그러하지 아니하다. ⑤ 청소년게임제공업을 영위하는 자는 청소년이용불가 게임물을 제공하지 아니할 것 ⑥ 일반게임제공업을 영위하는 자는 **게임장에 청소년을 출입시키지 아니할 것** ⑦ 게임물 및 컴퓨터 설비 등에 문화체육관광부장관이 고시하는 음란물 및 사행성게임물 차단 프로그램 또는 장치를 설치할 것. 다만, 음란물 및 사행성게임물 차단 프로그램 또는 장치를 설치하지 아니하여도 음란물 및 사행성게임물을 접속할 수 없게 되어 있는 경우에는 그러하지 아니하다. ⑧ **영업시간(오전 9시부터 오후 12시까지)** 및 **청소년의 출입시간(오전 9시부터 오후 10시까지)**을 준수할 것 ⑨ 그 밖에 영업질서의 유지 등에 관하여 필요한 사항으로서 대통령령이 정하는 사항을 준수할 것
	주요 내용	게임제공업 등록을 하고 손님으로 하여금 게임물을 이용하여 도박을 하게 한 업주의 단속근거법규 – **게임산업진흥에 관한 법률**

공중위생관리법 [시행 2011.3.30]	① **숙박업**(농어촌에 소재하는 민박 제외) ② **목욕장업** 　단, 이용업, 미용업, 세탁업 제외
식품위생법 [시행 2012.6.8] {00.1 승진, 03. 6 순경}	① **단란주점영업** : **노래 + 맥주**와 조리하지 않은 **안주(과자료) 계공 + 유흥종사자(×)** 　　　　{10.2 경간부, 09.4 순경} ② **유흥주점영업** : **노래 + 맥주**와 조리하지 않은 **안주(과자료) 계공 + 유흥종사자(○)** 　　　단, 일반음식점인 카페, 다방은 제외
체육시설의 설치 · 이용에 관한 법률 [시행 2012.7.18]	① 무도학원업 ② 무도장업 　단, 골프장업, 스키장업, 자동차경주장업(등록체육시설업), 요트장업, 조정장업, 카누장업, 빙상장업, 승마장업, 종합체육시설업, 수영장업, 체육도장업, 골프연습장업, 체력단련장업, 당구장업, 썰매장업(신고체육시설업 등) 제외

【풍속업소의 허가 · 등록 · 신고 대상 구분】

허 가	유흥주점, 단란주점, 카지노, 유원시설업, 일반게임제공업 등 {97.2 경간부}
신 고	일반음식점, 휴게음식점, 숙박업, 목욕장업, 이용업, 미용업, 세탁업, **비디오물제작업, 비디오물배급업** 등
등 록	청소년게임제공업, 관광호텔, 노래연습장, **비디오물시청제공업**(비디오물감상실업, 비디오물소극장업, 제한관람가비디오물소극장업, 복합영상물제공업 등), 인터넷컴퓨터시설제공업, **복합**유통게임제공업, 휴양콘도미니엄 등

【풍속영업자의 범위 및 풍속영업자의 준수사항 관련판례】 {12.2 순경}

유흥주점 여종업원들이 웃옷을 벗고 브래지어만 착용하거나 치마를 허벅지가 다 드러나도록 걷어올리고 가슴이 보일 정도로 어깨끈을 밑으로 내린 채 손님을 접대한 사안에서, 위 종업원들의 행위와 노출 정도가 형사법상 규제의 대상으로 삼을 만큼 사회적으로 유해한 영향을 끼칠 위험성이 있다고 평가할 수 있을 정도로 노골적인 방법에 의하여 성적 부위를 노출하거나 성적 행위를 표현한 것이라고 단정하기에 부족하다는 이유로, 구 풍속영업의 규제에 관한 법률 저3조 제1호에 정한 **'음란행위'**에 해당한다고 판단하기 어렵다. 【대법원 2009.2.26, 선고, 2006도3119, 판결】

① 숙박업소에서 위성방송수신기를 이용하여 수신한 외국의 음란한 위성방송프로그램에 대해 일정한 잠금장치를 설치하여 관람을 원하는 성인만을 상대로 방송을 시청하게 한 경우, **풍속영업의 규제에 관한 법률 제3조 제2호 위반으로 처벌된다.** 【대법원 2010.7.15 2009도4545】
② 풍속영업자가 지켜야 할 준수사항은 실제로 하고 있는 영업형태에 따라 정하여지는 것이므로 유흥주점 영업허가를 받고 실제로는 노래연습장 영업을 하고 있다면 **노러방 영업자의준수사항을 지켜야 할 의무가 있다.** 【대법원 1997.9.30 97도1873】
③ 풍속영업자가 자신이 운영하는 여관에서 친구들과 일시 오락 정도에 불과한 도박을 한 경우, 형법상 도박죄는 성립되지 않는다 할지라도 형법과 그 제정목적이 다른 풍속영업의 규제에 관한 법률 제3조 제4호의 '도박이나 그 밖의 사행행위를 하게 하는 행위'에는 해당(구성요건 해당성 인정)되나 사회상규에 위배되지 않는 행위로서 **위법성도 조각되어 이를 처벌할 수 없다.** 【대법원 2004.4.9 2003도6351】

III. 기초질서 위반사범

1. 일반적 내용

의 의	기초질서 위반사범이란 **사람들이 일상생활에서 흔히 범하기 쉬운 경미한 법익의 침해로서 경범죄처벌법과 도로교통법 등에 행위유형이 규정**되어 있으며, 제재수단이 범칙금 부과로 되어 있는 행위를 말하며, 이러한 개념은 **법률상 및 학문적으로 정의된 개념이 아니라 실무상의 용어**이다. {04.1 승진, 00.1 승진}
단속의 필요성	기초질서 위반사범에 대한 단속을 통해서 그 이후에 발생할 수도 있는 더 큰 범죄를 예방하는 데 그 의의가 있다(**깨진유리창이론과 관련**). {04.1 승진, 02.7 순경, 01.10 순경, 00.1 승진}

유 형	경범죄 처벌법 {04.1 승진, 02.11 순경}	㉠ **오물방치** ㉡ **광고물 무단부착** ㉢ **자연훼손** ㉣ **무단방뇨** ㉤ **음주소란** ㉥ **덮개** 없는 음식물 판매 ㉦ **금연장소 흡연** ㉧ **새치기** 등
	도로 교통법	㉠ **무단횡단** ㉡ 신호위반 ㉢ 정차·주차금지 위반 ㉣ 노상시비 ㉤ 차도보행·차도에서 차 잡는 행위 등

2. 경범죄처벌법[시행 2008.1.1]

의의	경찰상의 목적을 수행하기 위하여 비교적 경미한 경찰의무위반자에 대한 제재로서 경한 형벌인 **10만원 이하의 벌금·구류 및 과료에 처할 것**을 규정한 법률이다. {03.4 순경, 03.3 순경, 00.1 승진}
성격	① 경범죄처벌법은 **광의의 형법, 형법의 보충법, 형사실체법, 일반법**이다. {10.1 승진, 04.1 승진, 03.4 순경, 03.3 순경, 03.1 승진, 02.1 승진, 96.1 승진} ② 주로 추상적 위험범이다. **미수범 처벌규정이 없다.** {10.2 경간부, 10.1 승진, 03.4 순경, 03.3 순경, 03.1 승진, 02.1 승진, 96.1 승진} ③ 경범죄자를 벌함에 있어서는 그 사정과 형편을 헤아려서 그 **형을 면제하거나 또는 구류와 과료를 함께 과할 수 있다.** {06.3 순경, 03.4 순경, 03.3 순경, 03.1 승진, 02.1 승진, 96.1 승진} ④ **법정형이 10만 원 이하의 벌금, 구류 또는 과료에 처한다.** {03.4 순경, 03.3 순경} ⑤ 법인에 대하여도 금전벌에 한하여 처벌할 수 있다. {10.2 경간부}
특징	① 경범죄처벌법에는 **벌금 이하의 형으로만** 규정되어 있어 3년 이하의 징역 또는 금고의 형을 선고할 경우에 가능한 **집행유예는 불가능**하다. {10.2 경간부, 10.1 승진, 08.10 순경, 08.1 승진, 03.3 순경, 03.1 승진, 02.1 승진, 96.1 승진} ② 벌금형의 선고 시에는 **선고유예는 가능**하다. {10.2 경간부, 10.1 승진, 03.3 순경, 03.1 승진, 02.1 승진} ③ **교사범, 종범의 형은 감경하지 아니한다.** 즉, 정범과 동일한 형으로 처벌한다. {10.2 경간부, 10.1 승진, 03.4 순경, 03.3 순경, 03.1 승진, 02.1 승진, 98.1 승진, 96.1 승진} ④ **벌금형이 규정**되어 있으므로 본법의 죄를 범한 범인을 은닉·도피하게 한 경우에도 범인은닉죄가 성립한다. {10.2 경간부, 03.3 순경, 03.1 승진, 02.1 승진, 96.1 승진} ⑤ **폭행·상해죄·강요죄·공갈죄·공무집행방해죄의 예비죄에 대한 처벌규정**이 있다(형법은 예외) ⑥ 과료를 납입하지 아니한 자는 **1일 이상 30일 미만의 기간을 정하여 노역장에 유치하여 작업에 복무**하게 한다. {10.2 경간부} ⑦ 벌금 또는 과료를 선고할 때는 **납입하지 아니하는 경우의 유치기간을 정하여 동시에 선고**한다. {10.2 경간부} ⑧ 법규위반에 해당하는 행위를 하지 않고 **단순한 주의의무 또는 감독의무를 위반한 자도 처벌**된다. {10.2 경간부}

유형 {04.1 승진 04.5 순경 99.1 승진}	**통고처분대상** **(21종)** {10.1 승진, 04.5 순경 02.11 승진, 02.1 승진, 99.1 승진}	**전**당품장부 허위기재, **노**상방뇨(침 뱉는 행위, 대 · 소변 행위), **무**단출입, **공무**원 원조불응, **자**연훼손, **새**치기, **수**로 유통방해, **야**간통행제한위반, **인**근소란, **금**연장소에서의 흡연, **오**물방치(쓰레기투기, 죽은 짐승투기), **위**해 동물 관리소홀, **물**건던지기 등 위험행위 **뱀** 등 **진**열행위, **굴**뚝 등 관리소홀, **음**주소란, **미**신요법, **무**단소등, **공**작물 등 관리소홀, **불**안감 조성, **공**중통로 안전소홀	
	즉결심판대상 **(29개)** {10.1 승진, 08.1 승진, 02.11 승진, 02.1 승진, 00.1 승진 98.1 승진}	**허위신고, 과다노출, 장난전화, 단체가입 강청 자릿세 징수, 빈집 등에의 잠복, 흉기의 은닉휴대, 광고물 무단첩부, 무임승차 및 무전취식, 허위광고**, 물품강매, 청객행위, 업무방해, 위식방해, 암표매매, 구걸부당이득, 폭행 등 예비, 시체 현장변경, 지문채취 불응, 관명사칭, 음료수 사용방해, 위험한 불씨사용, 총포 등 조작장난, 정신병자 감호소홀, 성명 등의 허위기재, 출판물의 부당게재, 동물 등에 의한 행패, 요부조자 등 신고불이행, 비밀 춤 고습 및 장소의 제공, 타인의 가축 · 기계 등의 무단조작	

3. 경범죄의 종류와 처벌

1호	빈집 등에의 잠복	다른 사람이 살고 있지 아니하고 또한 지키지 아니하는 집 또는 그 울타리 안이나 건조물 · 배 · 자동차 안에 정당한 이유 없이 숨어 들어간 사람	즉심대상
2호	흉기의 은닉휴대	칼 · 쇠몽둥이 등 사람의 생명 또는 신체에 중대한 해를 입히는 데 사용될 연장이나 쇠톱 등 집 그 밖의 건조물에 침입하는 데 사용될 연장을 정당한 이유 없이 숨기어 지니고 다니는 사람	즉심대상
4호	폭행 등 예비	다른 사람의 신체에 대하여 해를 입힐 것을 공모하여 그 예비행위를 한 사람이 있는 경우 해를 입힐 것을 공모한 사람	즉심대상
5호	허위신고	있지도 아니한 범죄 또는 재해의 사실을 공무원에게 거짓으로 신고한 사람	즉심대상
6호	시체 현장변경 등	죽어 태어난 태아를 감추거나 정당한 이유 없이 변사체 또는 죽어 태어난 태아가 있는 현장을 바꾸어 놓은 사람	즉심대상
7호	요부조자 등 신고불이행	자기가 관리하고 있는 곳에 도움을 받아야 할 노인 · 어른이 · 불구자 · 다친 사람 또는 병든 사람이 있거나 시체 또는 죽어 태어난 태아가 있는 것을 알면서 빨리 이를 관계공무원에게 신고하지 아니한 사람	즉심대상
8호	관명사칭 등	국내외의 관공직 · 계급 · 훈장 · 학위 그 밖에 법령에 의하여 정하여진 명칭이나 칭호 등을 거짓으로 꾸며 대거나 자격이 없으면서 법령에 의하여 정하여진 제복 · 훈장 · 기장 그 밖의 표장 또는 이와 비슷한 것을 사용한 사람	즉심대상
9호	출판물의 부당게재 등 {04.5 순경}	올바르지 아니한 이익을 얻을 목적으로 다른 사람 또는 단체의 사업이나 사사로운 일에 관하여 신문 · 잡지 그 밖의 출판물에 어떤 사항을 싣거나 싣지 아니할 것을 약속하고 돈이나 물건을 받은 사람	즉심대상
10호	물품강매 · 청객행위	청하지 아니한 물품을 억지로 사라고 한 사람, 청하지 아니한 일을 해주거나 재주 등을 부리고 그 대가로 돈을 달라고 한 사람 또는 여러 사람이 모이거나 다니는 곳에서 영업을 목적으르 떠들썩하게 손님을 부른 사람	즉심대상

11호	허위광고 {04.5 순경}	여러 사람에 대하여 물품을 팔거나 나누어 주거나 또는 일을 해 줌에 있어서 다른 사람을 속이거나 잘못 알게 할 만한 사실을 들어 광고한 사람	즉심대상
12호	업무방해 {04.5 순경}	다른 사람 또는 단체의 업무에 관하여 못된 장난 등으로 이를 방해한 사람	즉심대상
13호	광고물 무단첩부 등	다른 사람 또는 단체의 집이나 그 밖의 공작물에 함부로 광고물 등을 붙이거나 걸거나 또는 글씨나 그림을 쓰거나 그리거나 새기는 행위 등을 한 사람과 다른 사람 또는 단체의 간판 그 밖의 표시물 또는 공작물을 함부로 옮기거나 더럽히거나 해친 사람	즉심대상
14호	음료수 사용방해 {04.5 순경}	사람이 마시는 물을 더럽히거나 그 사용을 방해한 사람	즉심대상
16호	오물방치	담배꽁초·껌·휴지·쓰레기·죽은 짐승 그 밖의 더러운 물건이나 못쓰게 된 물건을 함부로 아무 곳에나 버린 사람	통고처분
17호	노상방요 등 {99.1 승진}	길이나 공원 그 밖의 여러 사람이 모이거나 다니는 곳에서 함부로 침을 뱉거나 대소변을 보거나 또는 그렇게 하도록 시키거나 개 등 짐승을 끌고 와 대변을 보게 하고 이를 수거하지 아니한 사람	통고처분
18호	의식방해	공공기관 그 밖의 단체 또는 개인이 베푸는 행사나 의식에 대하여 못된 장난 등으로 이를 방해하거나 행사나 의식을 베푸는 자 또는 그 밖의 관계있는 사람이 말리는데도 듣지 아니하고 이를 방해할 우려가 뚜렷한 물건을 가지고 들어간 사람	즉심대상
19호	단체가입강청 {00.1 승진 99.1 승진}	싫다고 하는데도 되풀이하여 단체가입을 억지로 청한 사람	즉심대상
20호	자연훼손 {00.1 승진}	공원·명승지·유원지 그 밖의 녹지구역 또는 풍치구역에서 함부로 풀·꽃·나무·돌 등을 꺾거나 캔 사람 또는 바위·나무 등에 글씨를 새기거나 하여 자연을 해친 사람	통고처분
21호	타인의 가축· 기계 등 무단조작 {00.1 승진}	함부로 다른 사람 또는 단체의 소나 말 그 밖의 짐승 또는 매어 놓은 배·뗏목 등을 풀어 놓거나 자동차 등의 기계를 조작한 사람	즉심대상
22호	수로유통방해	개천이나 도랑 그 밖의 물길의 흐름에 방해될 행위를 한 사람	통고처분
23호	구걸 부당이득 {00.1 승진}	다른 사람을 구걸하게 하여 올바르지 아니한 이익을 얻은 사람	즉심대상
24호	불안감 조성	정당한 이유 없이 길을 막거나 시비를 걸거나 주위에 모여들거나 뒤따르거나 또는 몹시 거칠게 겁을 주는 말 또는 행동으로 다른 사람을 불안하게 하거나 귀찮고 불쾌하게 한 사람 또는 여러 사람이 이용하거나 다니는 도로·공원 등 공공장소에서 고의로 험악한 문신을 노출시켜 타인에게 혐오감을 준 사람	통고처분

호	구분	내용	처분
25호	음주소란 등	공회당 · 극장 · 음식점등 여러 사람이 모이거나 다니는 곳 또는 여러 사람이 타는 기차 · 자동차 · 배 등에서 몹시 거친 말 또는 행동으로 주위를 시끄럽게 하거나 술에 취하여 이유 없이 다른 사람에게 주정을 한 사람	통고처분
26호	인근소란 등	악기 · 라디오 · 텔레비전 · 전축 · 종 · 확성기 · 전동기 등의 소리를 지나치게 크게 내거나 큰소리로 떠들거나 노래를 불러 이웃을 시끄럽게 한 사람	통고처분
27호	위험한 불씨사용	상당한 주의를 하지 아니하고 건조물 · 수풀 그 밖의 불붙기 쉬운 물건 가까이서 불을 피우거나 휘발유 그 밖의 불이 옮아 붙기 쉬운 물건 가까이서 불씨를 사용한 사람	즉심대상
28호	물건 던지기 등 위험행위	다른 사람의 신체나 다른 사람 또는 단체의 물건에 해를 끼칠 우려가 있는 곳에 상당한 주의를 하지 아니하고 물건을 던지거나 붓거나 또는 쏜 사람	통고처분
29호	공작물 등 관리소홀	무너지거나 넘어지거나 떨어질 우려가 있는 공작물 그 밖의 물건에 대하여 관계공무원으로부터 고칠 것을 요구받고도 필요한 조치를 게을리 하여 여러 사람에게 위험을 미칠 우려가 있게 한 사람	통고처분
30호	굴뚝 등 관리소홀	관계공무원으로부터 고칠 것을 문서로 요구받고도 사람의 통행에 불편을 주는 굴뚝 · 물받이 · 하수도 · 냉난방장치 · 환풍장치 등을 고치는 등 필요한 조치를 하지 아니한 사람	통고처분
31호	정신병자 감호소홀	위험한 행위를 할 우려가 있는 정신병자를 돌볼 의무가 있는 사람이 그를 제대로 돌보지 아니하여 집 밖이나 감호시설 밖으로 나돌아 다니게 한 사람	즉심대상
32호	위해동물 관리소홀	사람이나 가축에 해를 끼치는 버릇이 있는 개 그 밖의 동물을 함부로 풀어놓거나 제대로 살피지 아니하여 나돌아 다니게 한 사람	통고처분
33호	동물 등에 의한 행패 등	소나 말을 놀라게 하여 달아나게 하거나 개 그 밖의 동물을 시켜 사람이나 가축에 달려들게 한 사람	즉심대상
34호	무단소등	여러 사람이 다니거나 모이는 곳에 켜놓은 등불이나 다른 사람 또는 단체가 표시가 되게 하기 위하여 켜놓은 등불을 함부로 끈 사람	통고처분
35호	공중통로 안전관리소홀 〔99.1 승진〕	여러 사람이 다니는 곳에서의 위험한 사고의 발생을 막을 의무가 있는 사람이 등불을 켜 놓지 아니하거나 그 밖의 예방조치를 게을리 한 사람	통고처분
36호	공무원 원조불응	눈 · 비 · 바람 · 해일 · 지진 등으로 인한 재해 또는 화재 · 교통사고 · 범죄 그 밖의 급작스러운 사고가 발생한 때에 그곳에 있으면서도 정당한 이유 없이 관계공무원 또는 이를 돕는 사람의 현장출입에 관한 지시에 따르지 아니하거나 공무원이 도움을 청하여도 이에 응하지 아니한 사람	통고처분
37호	성명 등의 허위기재	성명 · 주민등록번호 · 등록기준지 · 주소 · 직업 등을 거짓으로 꾸며대고 배나 비행기를 탄 사람	즉심대상
38호	전당품장부 허위기재	물건을 전당잡히는 데 있어서 영업자의 장부에 성명 · 주민등록번호 · 주소 · 직업 등을 거짓으로 알려 써넣게 한 사람	통고처분

39호	미신료법	근거 없이 신기하고 용한 약방문인 것처럼 내세우거나 그 밖의 미신의 방법으로 병을 진찰·치료·예방한다고 하여 사람들의 마음을 홀리게 한 사람	통고처분
40호	야간 통행제한위반	전시·사변·천재·지변 또는 그 밖의 사회에 위험이 생길 우려가 있을 경우에 경찰청장 또는 해양경찰청장이 정하는 야간통행제한을 위반한 사람	통고처분
41호	과다노출 {99.1 승진}	여러 사람의 눈에 뜨이는 곳에서 함부로 알몸을 지나치게 내놓거나 속까지 들여다보이는 옷을 입거나 또는 가려야 할 곳을 내어놓아 다른 사람에게 부끄러운 느낌이나 불쾌감을 준 사람	즉심대상
42호	지문채취불응	범죄의 피의자로 입건된 사람에 대하여 경찰공무원이나 검사가 지문조사외의 다른 방법으로 그 신원을 확인할 수 없어 지문을 채취하려고 할 때 정당한 이유 없이 이를 거부한 사람	즉심대상
43호	자릿세 징수 등	여러 사람이 모이거나 쓸 수 있도록 개방된 시설 또는 장소에서 좌석이나 차 세워 둘 자리를 잡아 주기로 하거나 잡아 주면서 돈을 받거나 요구하거나 이를 위하여 다른 사람을 귀찮게 따라다니는 사람	즉심대상
46호	비밀춤 교습 및 장소제공	공연하지 아니한 곳에서 다른 사람으로부터 대가를 받고 춤을 가르치거나 그 장소를 사용하도록 한 사람	즉심대상
47호	암표매매	흥행장·경기장·역·나루터 또는 정류장 그 밖의 정해진 요금을 받고 입장시키거나 승차 또는 승선시키는 곳에서 웃돈을 받고 입장권·승차권 또는 승선권을 다른 사람에게 되판 사람	즉심대상
48호	새치기	흥행장·경기장·역·나루터 또는 정류장 그 밖의 여러 사람이 모이는 곳에서 승차·승선 또는 입장하거나 표를 사기 위하여 사람들이 줄을 서고 있을 때에 새치기하거나 떠밀거나 하여 그 줄의 질서를 어지럽힌 사람	통고처분
49호	무단출입	출입이 금지된 구역이나 시설 또는 장소에 정당한 이유 없이 들어간 사람	통고처분
50	총포 등 조작장난	여러 사람이 모이거나 다니는 곳에서 상당한 주의를 하지 아니하고 총포나 화약류 그 밖의 폭발의 우려가 있는 물건을 다루거나 이를 가지고 장난한 사람	즉심대상
51	무임승차 및 무전취식	영업용차 또는 배 등을 타거나 다른 사람이 파는 음식을 먹고 정당한 이유 없이 제값을 치르지 아니한 사람	즉심대상
52	뱀 등 진열행위	여러 사람이 모이거나 다니는 곳에서 뱀이나 끔찍한 벌레 등을 팔거나 또는 팔기 위하여 늘어놓아 다른 사람에게 불쾌감을 준 사람	통고처분
53	장난전화 등	정당한 이유 없이 다른 사람에게 전화 또는 편지를 여러 차례 되풀이하여 괴롭힌 사람	즉심대상
54	금연장소에서 의 흡연	담배를 피우지 못하도록 표시된 곳에서 담배를 피운 사람	통고처분

4. 경범죄처벌의 특례

범칙자 제외자 (법률 제5조)	① 범칙행위를 상습적으로 행하는 사람 ② 죄를 범한 동기나 수단 및 결과를 헤아려 구류처분함이 상당하다고 인정되는 사람 ③ 피해자가 있는 행위를 한 사람 ④ 18세 미만인 사람
통고처분 제외자 (법률 제6조)	① 통고처분서 받기를 거부한 사람 ② **주거 또는 신원이 확실하지 아니한 사람** {06.2 승진} ③ 그 밖에 통고처분하기가 매우 어려운 사람
범칙금의 납부 (법률 제7조)	① 통고처분서를 받은 사람은 그 **통고처분서를 받은 날로부터 10일 이내에 경찰청장 또는 해양경찰청장이 지정하는 국고은행, 그 지점이나 대리점, 우체국 또는 제주특별자치도지사가 지정하는 금융기관이나 그 지점에 범칙금을 납부하여야 한다.** {10.1 승진} 다만, 천재·지변이나 그 밖의 부득이한 일로 말미암아 그 기간 내에 범칙금을 납부할 수 없을 때에는 그 **부득이한 일이 없어지게 된 날로부터 5일 이내에 납부**하여야 한다. ② 납부기간 내에 범칙금을 납부하지 아니한 사람은 **납부기간이 만료되는 날의 다음 날부터 20일 이내에 통고받은 범칙금액에 그 100분의 20을 더한 금액을 납부**하여야 한다. ③ 범칙금을 납부한 사람은 그 범칙행위에 대하여 다시 벌 받지 아니한다. ④ 범칙금은 분할하여 납부할 수 없다.
통고처분 불이행자 등의 처리 (시행령 제8조)	① 경찰서장 또는 해양경찰서장은 범칙금을 납부기간 내에 납부하지 아니한 통고처분 불이행자에 대하여는 **범칙금납부기간 만료일부터 30일 이내에 범칙금액에 그 100분의 50을 더한 금액의 납부**와 즉결심판을 위한 출석의 일시·장소 등을 알리는 즉결심판 및 범칙금 등 납부통지서를 발송하여야 한다. 이 경우 통지서의 범칙금등영수증 및 범칙금등납부고지서에 해당 사항을 기재하여야 하며, **즉결심판을 위한 출석일은 범칙금납부기간 만료일부터 40일이 초과되어서는 아니된다.** ② 경찰서장 또는 해양경찰서장은 통고처분 불이행자가 범칙금등을 납부하지 아니하고 즉결심판 기일에 출석하지도 아니하여 즉결심판절차가 진행되지 못한 경우에는 그 **통고처분 불이행자에게 지체없이 범칙금등의 납부와 즉결심판을 위하여 다시 정한 출석의 일시·장소 등을 알리는 통지서로 즉결심판 출석최고(出席催告)를 하여야 한다.** 이 경우 통지서의 범칙금등영수증 및 범칙금등납부고지서에 해당 사항을 기재하여야 하며, 즉결심판을 위한 출석일은 법원의 사정에 의하여 **즉결심판을 할 수 없는 경우 등 다른 사정이 없는 한 범칙금납부기간 만료일부터 60일이 초과되어서는 아니된다.**

Ⅳ. 총포 · 도검 · 화약류 등 단속법[시행 2011.1.1]

1. 주요 내용

단체 소지 허가	① 총포 등의 소지 시 **신고제에서 허가제로 요건이 강화**되고, 5.5mm 단탄공기총 중요부품의 **지구대 보관을 의무화**하였다. {05.1 승진, 03.6 순경} ② 제조나 판매의 경우 제조소나 판매소보다 **경찰청장 또는 지방경찰청장의 허가**를 받아야 한다. ③ 단체소지 허가의 경우에는 **법인만 가능**하다.
	① 총포의 소지허가를 받은 사람은 허가를 받은 날로부터 **5년마다 갱신**하여야 한다. {01.1 승진} ② 총포소지 허가를 받은 후 **5년의 갱신기간이 지나도록 갱신을 하지 않은 경우에는 별도의 절차 없이 허가의 효력은 당연히 상실**되지만, 총포 · 도검 · 화약류등 단속법 시행규칙(제52조)에서 이 경우 **허가 취소하도록 규정**하고 있다.
기 타	① 화약 또는 폭약을 **1월에 50kg 이상 사용하거나 6월 이상 계속 사용하는 사람은 화약류관리보안책임자를 선임**하여야 한다. {08.1 승진} ② 총포 등의 취급금지 연령은 **18세 미만**이다. {10.2 경간부, 08.7 순경} ③ 총포 등의 소지금지 연령은 **20세 미만**이다. ④ 화약류를 운반하고자 하는 자는 **운반개시 4시간 전까지 발송지 경찰서장에게 신고**하여야 한다.

2. 단속대상

총 포	정의	권총 · 소총 · 기관총 · 포 · 엽총, 금속성 탄알이나 가스 등을 쏠 수 있는 장약총포, 공기총(압축가스를 이용하는 것을 포함) 및 총포신 · 기관부 등 그 부품을 말한다.
	총 {08.7 순경}	① **권총(기관권총 포함)** ② 기관총(구경 20밀리미터 미만의 것에 한하여, 기관권총을 제외) ③ **소총** ④ 어획총[어획소총(구경 0.22인치 내지 0.38인치의 것에 한함), 섬총] ⑤ 사격총 ⑥ **가스발사총** ⑦ 구난 구명총 ⑧ **엽총** ⑨ **산업용총** ⑩ 도살총 ⑪ 마취총 ⑫ 기타 뇌관의 원리를 이용한 장약총
	포	① **박격포** ② **포경포**(소구경포에 한함) ③ 소구경포(구경 20밀리미터 내지 40밀리미터의 것에 한함) ④ 중구경포(구경 40밀리미터 초과 90밀리미터 미만의 것에 한하며, 박격포를 제외) ⑤ 대구경포(구경 90밀리미터 이상의 것에 한하며, 박격포를 제외)

도 검	정의	칼날의 길이가 15센티미터 이상 되는 칼·검·창·치도(雉刀)·비수 등으로서 성질상 흉기로 쓰여지는 것과 칼날의 길이가 15센티미터 미만이라 할지라도 흉기로 사용될 위험성이 뚜렷이 있는 것을 말한다. {10.2 경간부}
	종류	① **재크나이프(칼날의 길이가 6센티미터 이상의 것에 한함)** {10.2 경간부, 08.7 순경} ② **비출나이프(칼날의 길이가 5.5센티미터 이상이고, 45도 이상 자동으로 펴지는 장치가 있는 것에 한함)** {10.2 경간부} ③ 그 밖의 6센티미터 이상의 칼날이 있는 것으로서 흉기로 사용될 위험성이 뚜렷이 있는 도검 ④ 월도　⑤ 장도　⑥ 단도　⑦ 검　⑧ 창　⑨ 치도　⑩ 비수
화약류	화약	① 흑색화약 또는 질산염을 주성분으로 하는 화약 ② 무연화약 또는 질산에스테르를 주성분으로 하는 화약
	폭약	① 뇌홍·아지화연·로단염류·테트라센 등의 기폭제 ② 초안폭약·염소산칼리폭약·카리트 그 밖의 질산염·염소산염 또는 과염소산염을 주성분으로 하는 폭약 ③ 니트로글리세린·니트로글리콜 그밖의 폭약으로 사용되는 질산 에스테르 ④ 다이너마이트 그 밖의 질산에스테르를 주성분으로 하는 폭약 ⑤ 폭발에 쓰이는 트리니트로벤젠·트리니트로토루엔·피크린산·트리니트로클로로벤젠·테트릴·트리니트로아니졸·핵사니트로디페닐아민·트리메틸렌트리니트라민·펜트리트 및 니트로기 3 이상이 들어 있는 그 밖의 니트로 화합물과 이들을 주성분으로 하는 폭약 ⑥ 액체산소폭약 그 밖의 액체폭약
	화공품	① 공업용뇌관·전기뇌관·총용뇌관 및 신호뇌관 ② 실탄(실탄; 산탄을 포함) 및 공포탄 ③ 신관 및 화관 ④ 도폭선·미진동파쇄기·도화선 및 전기도화선 ⑤ 신호염관·신호화전 및 신호용화공품 ⑥ 시동약(始動藥) ⑦ 꽃불 그 밖의 화약이나 폭약을 사용한 화공품 ⑧ 장난감용 꽃불 등으로서 행정자치부령이 정하는 것 ⑨ 자동차 긴급신용용 불꽃신호기 ⑩ 자동차에어백용 가스발생기
분사기		사람의 활동을 일시적으로 곤란하게 하는 **최루 또는 질식 등의 작용제를 분사할 수 있는 기기**를 말한다. 다만, **살균·살충용 및 산업용 분사기를 제외**한다. ① 총포형 분사기 ② 막대형 분사기 ③ 만년필형 분사기 ④ 기타 휴대형 분사기
전자 충격기		**사람의 활동을 일시적으로 곤란**하게 하거나 **인명에 위해를 가하는 전류를 방류할 수 있는 기기**를 말한다. 다만, **산업용 및 의료용 전자충격기를 제외**한다. ① 총포형 전자충격기 ② 막대형 전자충격기 ③ 기타 휴대형 전자충격기
석 궁		활과 총의 원리를 이용하여 **화살 등의 물체를 발사하여 인명에 위해를 줄 수 있는 것**을 말한다. 다만, **국궁 또는 양궁에 속하는 것은 제외**한다. ① 일반형 석궁　② 도르래형 석궁(지렛대의 원리를 이용한 것)　③ 권총형 석궁

3. 총포 · 도검 · 화약류 등의 허가권자

	내 용	허가권자
제조업	㉠ 총포(권총 · 소총 · 기관총) ㉡ 화약류(화약 · 폭약)	**경찰청장** {10.1 승진}
	㉠ 화약류(화공품)　　㉡ 엽총 ㉢ 도검　　　　　　　㉣ 분사기 ㉤ 전자충격기　　　　㉥ 석궁 {07.1 승진}	**(소재지)** **지방경찰청장** {10.1 승진}
판매업	제조나 판매의 경우 제조소나 판매소마다 경찰청장 또는 지방경찰청장의 허가를 받아야 한다.	**(소재지)** **지방경찰청장** {10.1 승진, 07.1 승진}
수출입	㉠ 총포　　　　㉡ 화약류	**경찰청장**
	㉠ 도검　　　㉡ 분사기　　　㉢ 공기총 및 화공품 등	**주된 사업장 소재지(관할) 지방경찰청장**
소지	㉠ 엽총　　　㉡ 가스발사총　　㉢ 공기총 ㉣ 마취총　　㉤ 산업용총　　　㉥ 도살총 ㉦ 구난구명총　㉧ 전자충격기　　㉨ 석궁 ㉩ 화약류　　㉪ 분사기　　　　㉫ 도검 ㉬ 총포의 부품 {10.2 경간부, 10.1 승진, 08.7 순경, 08.3 순경}	**(주소지) 경찰서장** {09.2 경간부, 07.1 승진}
	㉠ 권총　　　㉡ 소총　　　㉢ 기관총 ㉣ 어획총　　㉤ 사격총	**(주소지) 지방경찰청장** {08.7 순경, 08.1 승진}
화약류	㉠ 사용(발파)　㉡ 양수허가	**화약류사용지의 경찰서장** {10.2 경간부, 09.4 순경, 03.6 순경}
	㉠ 1급　　　㉡ 2급　　　㉢ 도화선　㉣ 장난감용 꽃불류 저장소 ㉤ 수중　　　㉥ 실탄　　　㉦ 꽃불류	**지방경찰청장** {10.1 승진}
	㉠ 3급　　　㉡ 간이저장소 {10.1 승진}	**경찰서장**

【모의총포의 기준(시행령 13조)】 {08.1 승진}

① 금속 또는 금속 외의 소재로 만들어진 것으로서 모양이 총포와 아주 비슷하여 범죄에 악용될 소지가 현저한 것
② 금속 또는 금속 외의 소재로 만들어진 것으로서 금속 또는 금속 외의 물체를 발사하거나 소리 · 불꽃을 내는 것 중 아래에 해당하여 인명 · 신체상 위해를 가할 우려가 있는 것
　　가. 발사되는 물체(이하 "탄환"이라 한다)의 크기가 **직경 5.7밀리미터 미만인 것**
　　나. 탄환의 무게가 **0.2그램을 초과하는 것**
　　다. 발사된 탄환의 운동에너지(파괴력)가 **0.02kgm를 초과하는 것**
　　라. 탄환의 앞부분이 둥글게 처리되지 아니하여 예리한 것
　　마. 순간 폭발음이 **90데시벨을 초과**하거나 가연성의 불꽃을 내는 것

Ⅴ. 사격 및 사격장 안전관리에 관한 법률[시행 2012.8.5]

1. 주요 내용

목적 **(제1조)**	사격과 사격장으로 인한 위험과 재해를 미리 방지하여 공공의 안전을 확보하는 것을 목적으로 한다.	
용어 **(제2조)**	**사 격**	총기 또는 석궁을 사용하여 실탄 또는 화살 등을 발사하는 모든 행위를 말한다.
	사격장	사격을 할 수 있도록 시설을 갖춘 특정 장소를 말한다.
	사격장 설치자	사격장 설치허가를 받은 자를 말한다.
적용배제 **(제3조)**	**경찰·군, 그 밖의 국가기관**(그 구성원이 법령에 따라 무기를 휴대할 수 있는 국가기관을 말함)**이 설치하는 사격장 및 그 구성원이 공무상 목적으로 실시하는 사격에 대하여는 이 법을 적용하지 아니한다.**	
사격의 금지 **(제4조)**	사격은 사격장 이외의 장소에서는 하지 못한다. 다만, 다른 법령에서 허용하는 경우에는 그러하지 아니하다.	
사격장의 종류 **(제5조)**	사격장은 실외사격장과 실내사격장으로 구분한다. ① 클레이사격장　② 라이플사격장　③ 권총사격장　④ 공기총사격장　⑤ 석궁사격장	

사격장의 설치허가 **(제6조)**	사격장을 설치하려는 자는 **경찰서장이나 지방경찰청장의 허가를 받아야 한다.** 사격장의 위치와 대통령령으로 정하는 주요 구조설비를 변경하려는 경우에도 또한 같다. {10.2 경간부, 09.4 순경, 08.10 순경, 08.1 승진}	
	경찰서장	공기총(가스를 이용하는 것을 포함) 사격장 및 석궁사격장
	지방경찰청장	이 외의 사격장 (클레이사격장, 라이플사격장, 권총사격장)

휴업·폐업의 신고 **(제6조의2)**	① 사격장설치자는 사격장을 **1년 이내의 범위에서 휴업할 수 있다.** 다만, 정당한 사유가 있는 경우에는 그 기간을 연장할 수 있다. ② 사격장설치자가 **사격장을 폐업하거나 15일 이상 1년 이내의 기간 동안 휴업하려면** 행정안전부령으로 정하는 바에 따라 제6조제1항에 따른 **사격장의 설치 허가관청에 신고하여야 한다.** 그 기간을 연장하는 경우에도 또한 같다.
결격사유 **(제7조)**	① 금치산자·한정치산자·미성년자 ② 파산선고를 받은 자로서 복권되지 아니한 자 ③ 마약, 대마, 그 밖의 향정신성의약품 중독자. 다만, 정신과전문의가 사격장설치자로서 적합하다고 인정하는 사람은 그러하지 아니하다. ④ **금고 이상의 형을 받고 그 집행이 종료되거나 집행을 받지 아니하기로 확정된 후 2년이 경과되지 아니한 자** ⑤ **금고 이상의 형을 받고 그 집행유예의 기간 중에 있는 자** ⑥ 이 법 또는 총포·도검·화약류 등 단속법의 규정에 위반하여 **벌금이상의 형을 받고** 그 집행이 종료되거나 집행을 받지 아니하기로 **확정된 후 1년이 경과되지 아니한 자** ⑦ **사격장의 허가가 취소된 날로부터 3년이 경과되지 아니한 자** ⑧ 임원 중에 ①~⑥에 해당하는 자가 있는 법인 또는 단체

사격장 설치의 제한 (제8조)	아래에 해당하는 시설 또는 장소로부터 **200미터 이내**의 주변에는 실외사격장을 설치하지 못한다. 다만, 위해(危害)를 예방하기 위하여 필요한 설비 또는 지형지물 등이 있는 장소로서 대통령령으로 정하는 경우에는 그러하지 아니하다. ㉠ 관공서　㉡ 학교　㉢ 병원　㉣ 공원　㉤ 사찰 또는 교회　㉥ 주택 ㉦ 그 밖에 대통령령으로 정하는 시설 또는 장소
보관설비 (제9조)	① 사격장설치자(석궁사격장설치자는 제외)는 사격장 내에 총기격납고와 실탄저장소를 따로 설치하고 총기와 실탄을 분리하여 보관하여야 한다. ② 석궁사격장설치자는 사격장 내에 석궁(화살을 포함)격납고를 설치하여야 한다.
완성검사 (제10조)	① 사격장설치자는 사격장 설치허가 또는 사격장의 주요 구조설비의 변경허가를 받은 날부터 1년 이내에 그 시설이나 설비에 대하여 행정안전부령으로 정하는 바에 따라 허가관청의 검사를 받아야 하고, 그 검사에 합격하기 전에는 업무를 시작하거나 시설·설비를 사용할 수 없다. 다만, 부득이한 사유가 있는 경우에는 1년을 초과하지 아니하는 범위에서 그 기간을 연장할 수 있다. ② 사격장설치자는 완성검사에 합격한 후 6개월 이내에 영업을 시작하여야 한다. 다만, 부득이한 사유가 있는 경우에는 6개월을 초과하지 아니하는 범위에서 그 기간을 연장할 수 있다.
사격장 설치자의 안전점검 의무	사격장설치자는 사격 후 잔류화약 등이 사격장 안에 남아있지 아니하도록 대통령령으로 정하는 바에 따라 월 1회 이상 안전점검을 실시하여야 한다.
관리자의 선임 (제11조)	① 사격장설치자는 **사격장마다 관리자**를 두어야 한다. ② 사격장설치자가 관리자를 선임한 때에는 **허가관청에 신고**하여야 한다. 이를 해임한 때에도 또한 같다.
총기 등의 대여 (제12조)	사격장설치자는 사격을 하려는 사람이 총기나 석궁의 대여를 요청하면 **사격용으로 소지허가를 받아 보관 중인 총기와 실탄 또는 석궁을 그 사격장에서의 사격용으로 사용할 수 있도록 대여할 수 있다.** 이 경우 사격이 끝나면 대여한 총기와 사격 후 남은 실탄(탄피를 포함) 또는 석궁을 즉시 회수하여야 한다.
사격의 제한 (제13조)	사격장설치자는 **아래에 해당하는 자에 대하여는 사격을 하게 하여서는 아니 된다.** ① 14세 미만의 자 단, 국민체육진흥법상 사격 또는 석궁 관련 경기단체에 선수로 등록된 사람, 초·중등교육법상 초등학교와 중학교의 사격 또는 석궁관련 선수단에 소속된 사람은 사격경기용 총기나 석궁으로 사격을 하는 경우는 제외한다. ② 심신상실자 ③ 음주자 ④ 기타 위해를 발생하게 할 우려가 있는 자
사고발생의 신고 (제14조)	사격장설치자는 ㉠사격으로 인하여 인명의 사상 기타의 사고가 발생하거나 ㉡보관 중인 총기·실탄 또는 석궁을 도난분실한 때에는 지체 없이 관할경찰서장에게 신고하여야 한다.
정기점검 (제16조)	허가관청은 위해방지를 위하여 **연 1회 이상 정기적으로 사격장에 대한 점검**을 하여야 한다.
허가의 취소 (제18조)	허가관청은 사격장설치자가 **아래에 해당하는 때에는 그 허가를 취소**할 수 있다. ① 사격장설치자가 제7조(결격사유) 중 어느 하나에 해당하는 경우 ② 사격장 운영 정지기간 중에 사격장 영업을 한 경우
청문 (제18조의2)	허가관청은 **사격장설치자의 허가를 취소하고자 하는 경우에는 청문을 실시**하여야 한다.

VI. 즉결심판에 관한 절차법[시행 2009.12.29]

1. 일반적 내용

의 의	즉결심판은 **범증이 명백하고 죄질이 경미한 범죄**, 즉 선고형이 **20만 원 이하의 벌금 또는 구류나 과료에 처할 범죄사건에 대하여** 통상적인 형사소송절차에 의하지 아니하고 판사가 경찰서장의 청구에 의하여 즉결하는 심판절차를 말한다. {07.9 순경, 07.2 경간부, 06.1 승진, 05.10 순경, 03.11 순경, 02.5 순경, 02.1 승진, 01.11 순경}

특 징	기소 독점주의		① 청구권자는 검사가 아니라 관할(해양)경찰서장이므로 검사의 **기소독점주의에 대한 예외**에 해당한다. {07.9 순경, 07.2 경간부, 06.1 승진, 03.1 승진, 02.5 순경, 02.1 승진} ② 경찰서장의 즉결심판청구권이 **검사의 공소제기권이나 판사의 영향권을 박탈한 것이라고는 볼 수 없다.** {06.1 승진, 02.5 순경}
	증거에 관한 특칙	증거능력에 관한 특칙	① 피고인이 경찰관이 작성한 피의자신문조서의 내용을 부인하더라도 **자백의 임의성 및 조서의 성립의 진정이 인정되면 유죄의 증거로 할 수 있다.** ② 피고인 또는 피고인이 아닌 자가 작성한 **진술서나 진술조서는 성립의 진정이 인정되지 아니하더라도 증거능력이 인정**된다.
		자백의 보강법칙의 배제	① **다른 보강증거가 없더라도 피고인의 자백만으로도 유죄를 선고할** 수 있다. 즉, 형사소송법 제310조(불이익한 자백의 증거능력)의 규정은 적용하지 않는다. {07.9 순경, 06.1 승진, 03.1 승진, 02.1 승진} ② **보강증거 없이 피고인의 경찰자백을 유일한 증거로 하여 유죄판결을 선고**할 수 있다. {07.2 경간부}
		자백의 임의성의 법칙	**임의성이 없는 자백은 즉결심판에서도 증거르 사용될 수 없다.** {07.9 순경, 06.1 승진}
	심리상의 특칙		① 즉결심판의 장소는 **공개된 장소에 행하며, 반드시 법정일 필요는 없지만, 경찰관서에서 즉결심판을 진행하면 안 된다.** ② 즉결심판의 경우에도 **원칙적으로 피고인의 출정이 개정이 요건이나 벌금 또는 과료를 선고하는 경우에는 궐석재판이 허용**된다.

2. 즉결심판의 절차

즉결심판의 대상 (제2조)	지방법원, 지원 또는 시 · 군법원의 판사는 즉결심판절차에 의하여 피고인에게 **선고형이 20만 원 이하의 벌금, 구류 또는 과료에 처할 수 있다.** {10.1 승진}
즉결심판 청구 (제3조)	① 즉결심판은 **관할경찰서장 또는 관할해양경찰서장**이 관할법원에 이를 청구한다. {06.1 승진, 02.5 순경} ② 즉결심판을 청구함에는 **즉결심판청구서를 제출**하여야 하며, 즉결심판청구서에는 **피고인의 성명 기타 피고인을 특정할 수 있는 사항, 죄명, 범죄사실과 적용법조를 기재**하여야 한다.

	③ 즉결심판을 청구할 때에는 사전에 피고인에게 즉결심판의 절차를 이해하는 데 필요한 사항을 **서면 또는 구두**로 알려 주어야 한다. **【즉결심판청구서의 작성시 유의사항】** ① 해당란에 위반사실을 다 기재하지 못할 경우에는 별지를 사용한다. {10.1 승진} ② 수개의 적용법조가 경합할 때에는 전부를 기재하여야 한다. ③ 위반법조와 처벌법조가 따로 규정된 경우 양자를 기재하여야 한다. ④ 범죄내용란에 심판의견을 기재할 수 없다.
청구의 기각 (제5조)	① 판사는 사건이 즉결심판을 할 수 없거나 즉결심판절차에 의하여 심판함이 적당하지 아니하다고 인정할 때에는 **결정으로 즉결심판의 청구를 기각**하여야 한다. ② **결정이 있는 때에는 경찰서장은 지체 없이 사건을 관할지방검찰청 또는 지청의 장에게 송치**하여야 한다.
심판 (제6조)	즉결심판의 청구가 있는 때에는 판사는 사건이 즉결심판을 할 수 없거나 즉결심판절차에 의하여 심판함이 적당하지 아니하다고 인정되는 경우를 제외하고 즉시 심판을 하여야 한다.
개정 (제7조)	① 즉결심판절차에 의한 심리와 재판의 선고는 **공개된 법정에서 행하되, 그 법정은 경찰관서(해양경찰관서를 포함) 외의 장소에 설치**되어야 한다. ② 법정은 판사와 법원서기관, 법원사무관, 법원주사 또는 법원주사보가 열석하여 개정한다. ③ 판사는 상당한 이유가 있는 경우에는 **개정 없이 피고인의 진술서와 서류 또는 증거물에 의하여 심판**할 수 있다. 다만, **구류에 처하는 경우에는 그러하지 아니하다.**
피고인의 출석 (제8조)	**피고인이 기일에 출석하지 아니한 때에는** 이 법 또는 다른 법률에 특별한 규정이 있는 경우를 제외하고는 개정할 수 없다.
불출석 심판 (제8조의2)	① **벌금 또는 과료를 선고하는 경우에는** 피고인이 출석하지 아니하더라도 심판할 수 있다. ② 피고인 또는 즉결심판출석통지서를 받은 자는 **법원에 불출석심판을 청구할 수 있고, 법원이 이를 허가한 때에는** 피고인이 출석하지 아니하더라도 심판할 수 있다.
기일의 심리 (제9조)	① 판사는 피고인에게 피고사건의 내용과 **진술거부권이 있음을 알리고 변명할 기회를 주어야 한다.** ② 판사는 필요하다고 인정할 때에는 적당한 방법에 의하여 재정하는 증거에 한하여 조사할 수 있으며, 변호인은 기일에 출석하여 증거조사에 참여할 수 있으며 의견을 진술할 수 있다.

【즉결심판절차에서의 불출석심판청구 등에 관한 규칙[시행 2003.5.29]】

불출석심판을 청구할 수 있는 자의 범위(제2조)	① 경범죄처벌법 시행령 제7조 제1항 또는 제2항에 의하여 즉결심판 출석통지를 받은 자 ② 도로교통법 시행령 제78조 제1항 또는 제2항에 의하여 즉결심판 출석통지를 받은 자 ③ 별표 기재 법률위반행위로 즉결심판출석통지를 받은 자
불출석심판 청구의 방식 (제3조)	① **불출석심판을 청구하고자 하는 자는 즉결심판을 청구할 관할 경찰서장(해양경찰서장을 포함)에게** 경범죄처벌법 시행령 제2조 또는 도로교통법 시행령 제73조에 규정된 **범칙금액에 그 100분의 50을 더한 금액을 예납하고 불출석심판청구서를 제출**하여야 한다. {10.1 승진} ② 예납하여야 할 금액에 **1,000 미만의 단수가 있는 때에는 그 단수는 이를 계산하지 아니한다. 예납하여야 할 금액이 200,000원을 초과하는 때에는 이를 200,000원으로 본다.** ③ 불출석심판청구인이 예납액을 예납한 때에는 이를 수령한 경찰공무원이 불출석심판청구서의 해당란에 그 취지를 기재하고 기명날인하여야 한다. ④ 경찰서장이 즉결심판을 청구함에는 제출받은 불출석심판청구서를 사건기록과 함께 법원에 제출하여야 한다.
허부의 결정 (제4조)	① 불출석심판청구가 있는 때에는 **법원은 특별한 사정이 없는 한 그 불출석심판청구를 허가**하여야 한다. 다만, 죄질이 중하거나 범행이 상습적으로 이루어진 경우에는 불출석 심판을 허가하지 아니한다. ② 불출석심판청구에 대한 허부의 결정은 법정에서 선고할 수 있다. 이 경우에는 불출석 심판청구서의 오른쪽 윗부분의 여백에 그 취지를 기재하고 법관이 날인하여야 한다.

【불출석심판청구 가능 법률위반행위의 유형 및 벌금 등 예납기준표】

해당 법조문	위반행위	예납기준
철도법 제82조	여객이 철도운송에 관한 법령에 위반하여 전염병환자를 승차시킨 때, 전염병환자가 그 병증을 숨기고 승차한 때	벌금 100,000원
철도법 제83조	탁송화물의 종류 또는 성질을 사칭하는 자	벌금 100,000원
철도법 제87조	철도승차여객이 (1) 열차가 운행 중 타거나 내린 때, (2) 열차운전 중 차량의 측면에 있는 출입문을 연 때, (3) 열차 중 여객승용에 쓰이지 아니하는 장소에 탄 때	벌금 50,000원
철도법 제87조의2	철도법 제16조 제1항 각 호의 1에 해당하는 행위를 한 자로서 소정의 운임을 지급하지 아니하는 자	과료 40,000원
철도법 제88조	철도직원의 제지에 따르지 아니하고 역 또는 철도지역 내의 금연장소 또는 흡연이 금지된 차 안에서 흡연을 한 자	과료 40,000원
철도법 제89조	철도직원의 허락을 받지 아니하고 차내, 역 기타 철도지역 내에서 여객 또는 공중에 대하여 기부를 청하거나 물품을 판매 또는 배부하거나 기타 연설, 권유 등의 행위를 한 자	벌금 50,000원
철도법 제90조	철도법 제8조의 규정에 의한 철도직원의 지시에 따르지 아니하는 자나 제17조 또는 제18조의 규정(화약류 기타 위험발생의 우려가 있는 물건은 제외한다)에 위반한 자	과료 40,000원
향토예비군설치법 제15조 제8항	**향토예비군설치법 제6조 제1항에 의한 훈련을 정당한 사유 없이 받지 않은 자(훈련불참시간이 8시간 이하인 경우)** {10.1 승진}	**벌금 100,000원**
〃	〃 (훈련불참시간이 8시간 초과 16시간 이하인 경우)	벌금 150,000원
〃	〃 (훈련불참시간이 16시간 초과 24시간 이하인 경우)	벌금 200,000원
향토예비군설치법 제15조 제11항	향토예비군설치법 제6조의3 제2항의 규정에 의한 신고를 정당한 이유 없이 이행하지 아니한 자(동종전과가 없고 신고 지연기간이 6개월 미만인 경우)	벌금 200,000원

3. 즉결심판의 선고 및 청구

즉결심판의 선고 (제11조)	① 즉결심판으로 유죄를 선고할 때에는 형, 범죄사실과 적용법조를 명시하고 **피고인은 7일 이내에 정식재판을 청구할 수 있다는 것을 고지**하여야 한다. ② 참여한 법원사무관등은 **선고의 내용을 기록**하여야 한다. ③ 피고인이 판사에게 정식재판청구의 의사를 표시하였을 때에는 이를 기록에 명시하여야 한다. ④ 법원사무관 등은 **7일 이내에 정식재판을 청구할 수 있음을 부기한 즉결심판서의 등본을 피고인에게 송달하여 고지**한다. 다만, 피고인 등이 미리 즉결심판서의 등본송달을 요하지 아니한다는 뜻을 표시한 때에는 그러하지 아니하다. ⑤ 판사는 사건이 **무죄 · 면소 또는 공소기각을 함이 명백**하다고 인정할 때에는 이를 선고 · 고지할 수 있다.
정식재판의 청구 (제14조)	① 정식재판을 청구하고자 하는 **피고인은 즉결심판의 선고 · 고지를 받은 날부터 7일 이내**에 정식재판청구서를 경찰서장에게 제출하여야 한다. 정식재판청구서를 받은 경찰서장은 지체 없이 판사에게 이를 송부하여야 한다. {07.9 순경, 07.2 경간부, 06.1 승진, 03.1 승진, 02.5 순경} ② 경찰서장은 **무죄, 면소 또는 공소기각의 재판이 선고·고지된 때에는 그 선고 · 고지를 한 날부터 7일 이내에 정식재판을 청구**할 수 있다. 이 경우 경찰서장은 관할지방검찰청 또는 지청의 검사의 승인을 얻어 정식재판청구서를 **판사에게 제출**하여야 한다. ③ 판사는 **정식재판청구서를 받은 날부터 7일 이내**에 경찰서장에게 정식재판청구서를 첨부한 사건기록과 증거물을 송부하고, 경찰서장은 지체 없이 관할지방검찰청 또는 지청의 장에게 이를 송부하여야 하며, 그 검찰청 또는 지청의 장은 지체 없이 관할법원에 이를 송부하여야 한다.
즉결심판의 실효 (제15조)	즉결심판은 **정식재판의 청구에 의한 판결이 있는 때에는 그 효력을 잃는다.**
즉결심판의 효력 (제16조)	① 즉결심판은 **정식재판의 청구기간의 경과, 정식재판청구권의 포기 또는 그 청구의 취하에 의하여 확정판결과 동일한 효력**이 생긴다. ② 정식재판청구를 기각하는 재판이 확정된 때에도 같다. ③ 즉결심판이 확정되면 **집행력과 기판력이 발생**하며, **재심이나 비상상고의 대상**이 된다. ④ 정식재판청기각 결정에 대해서는 **즉시항고가 가능**하므로 **즉시항고 기간의 3일이 경과되어야 청구기각이 확정**되고 이로 인하여 본형이 확정된다. {06.1 승진}

4. 유치명령과 형의 집행

유치명령 (제17조)	① **판사는 구류의 선고를 받은 피고인**이 일정한 주소가 없거나 또는 도망할 염려가 있을 때에는 **5일을 초과하지 아니하는 기간 경찰서유치장**(지방해양경찰관서의 유치장을 포함)**에 유치할 것을 명령할 수 있다. 다만, 이 기간은 선고기간을 초과할 수 없다.** ② 집행된 유치기간은 본형의 집행에 산입한다. ③ 형사소송법 판사가 벌금 또는 과료를 선고하였을 때에 이를 준용한다.

형의 집행 (제18조)	① **형의 집행은 경찰서장**이 하고 그 **집행결과를 지체 없이 검사에게 보고**하여야 한다. {06.1 승진} ② 구류는 경찰서유치장 · 구치소 또는 교도소에서 집행하며 구치소 또는 교도소에서 집행할 때에는 검사가 이를 지휘한다. ③ 벌금, 과료, 몰수는 그 집행을 종료하면 지체 없이 검사에게 이를 인계하여야 한다. 다만, 즉결심판 확정 후 상당기간 내에 집행할 수 없을 때에는 검사에게 통지하여야 한다. 통지를 받은 검사는 형사소송법 제477조에 의하여 집행할 수 있다. ④ **형의 집행정지는 사전에 검사의 허가를 얻어야 한다.**

【즉결심판절차와 약식절차의 비교】

	즉결심판절차	약식절차
대상사건	20만 원 이하의 벌금 · 구류 · 과료	벌금 · 과료 · 몰수에 처할 사건
청구권자	경찰서장	검사
정식재판 청구권자	피고인, 경찰서장 {02.1 승진}	검사와 피고인
피고인 출석 여부	출석이 공판개정의 요건 (단, 벌금 또는 과료의 경우는 궐석재판이 가능)	불출석으로 서면심리 가능
공통점	① 정식재판의 청구기간 : 7월 ② 정식재판청구의 취하시기 : 1심판결선고 전 ③ 정식재판청구에 의한 판결이 있는 때 실효 여부 : 실효됨. ④ 확정판결과 동일한 효력을 부여	

※ 자료: 김은표(2009), 멘토 경찰학개론, p.437.

제6절　소년경찰업무

Ⅰ. 일반적 내용

의 의	① 소년경찰활동은 **생활안전경찰의 일환**으로서 소년비행을 방지하고 그 건전한 육성을 위해 유해환경의 정화활동과 반사회성 있는 소년에 대한 품성의 순환·선도활동 등 예방활동을 전개하는 경찰활동을 말하며, 청소년의 비행과 범죄를 막기 위해서는 특히 낙인 찍히는 과정을 밟지 않도록 예방과 선도가 가장 중요하다. ② 우리나라 법령에서는 **청소년이라는 통일된 용어를 사용하고 있지 않다.** {96.1 승진}
소년범죄의 경향	**연소화, 보편화, 지능화, 집단화, 흉포화, 재범화 등** {06.2 순경, 97.1 승진, 96.1 승진} ☞ **고립화(×)**
소년경찰의 기본정신 {96.1 승진}	① 건전하게 지도·육성·보호정신 ② 소년의 특성 이해 ③ 처우의 **개별화** ④ 처우의 과학화 ⑤ 비밀의 보장 ⑥ 관계자의 존경과 신뢰의 획득
비행소년 문제와 선도대책에 대한 기본법	소년법

소년·청소년의 연령 {10.1 승진, 05.2 경간부, 03.7 순경, 03.1 승진, 97.1 승진, 96.1 승진}		
	① 청소년기본법 ② 청소년복지지원법	9세 이상 ~ 24세 이하
	① 형의 집행 및 수용자의 처우에 관한 법률 ② 민법	20세 미만
	① 소년법 ② 청소년보호법 ③ 아동·청소년의 성보호에 관한 법률 ④ 사행행위 등 규제 및 처벌특례법 ⑤ 풍속영업의 규제에 관한 법률	**19세 미만**
	① 공연법 ② 아동복지법 ③ 게임산업 진흥에 관한 법률 ④ 음악산업 진흥에 관한 법률 ⑤ 영화 및 비디오물의 진흥에 관한 법률	**18세 미만의 청소년**

II. 소년의 분류 [소년업무처리규칙, 2009.11.19 시행]

비행소년 {10.3 순경, 01.2 경간부, 98.1 승진, 97.1 승진, 96.1 승진}	범죄 소년	14세 이상 19세 미만의 자로서 죄를 범한 자로 형사책임이 부과된다. {02.3 순경, 01.3 순경} ① 소년을 조사할 경우에 있어서는 **미리 진술을 거부할 수 있음을 알려야 한다.** ② 경찰관은 범죄소년일지라도 부득이한 경우를 제외하고는 **체포·구금·기타 강제조치를 하여서는 아니 된다.** {02.3 순경, 01.3 순경} ③ 부득이한 체포, 구금, 기타 강제조치를 결정하려고 할 때 또는 강제조치를 집행하려고 할 때에는 다음 사항에 유의하여야 한다. 　㉠ 범죄소년의 연령, 성격, 비행경력, 범죄의 내용, 구금장소의 상황, 구금시간, 기타 강제조치로부터 당해 소년에게 미치는 정신적 영향 등을 신중히 고려하여야 한다. 　㉡ 구금할 때에는 원칙적으로 성인과 분리하여 수용하여야 한다. 　㉢ 강제조치를 하였을 때에는 지체 없이 그 보호자 또는 대리자에게 연락하여야 한다.
	촉법 소년	① **10세 이상 14세 미만의 자로서 형벌법령에 저촉되는 행위를 한 자로서 형사책임은 없다.** {10.1 승진, 02.3 순경, 01.3 순경} ② 경찰서장은 촉법소년의 경우에 범죄소년에 준하는 관계서류를 작성하도록 되어 있으므로 소년보호사건 송치서, 진술조서, 소년 환경조사서 기타 참고자료를 첨부하여 **직접 관할 소년부에 송치**하여야 하며, {02.3 순경, 01.3 순경} **경미한 사안의 경우 신병은 부모에게 인계하고 송치서와 참고자료만 소년부에 송치**한다.
	우범 소년	아래 사유가 있고, 그의 성격 또는 환경에 비추어 장래 형벌법령에 저촉되는 행위를 할 우려가 있는 **10세 이상 19세 미만의 자**를 말한다. {10.1 승진} ① 집단적으로 몰려다니며 주위 사람들에게 **불안감을 조성하는 성벽이 있는 것** {10.1 승진} ② **정당한 이유 없이 가출하는 것** {10.1 승진} ③ **술을 마시고 소란을 피우거나 유해환경에 접하는 성벽이 있는 것** {10.1 승진}
불량행위 소년		비행소년은 아니나 **음주, 흡연, 싸움 기타 자기 또는 타인의 덕성을 해하는 행위를 하는 소년**을 말한다. {10.1 승진}
요보호 소년		비행소년은 아니나 **확대, 혹사, 방임된 소년 또는 보호자로부터 유기 또는 이탈**되었거나, 그 **보호자 양육할 수 없는 경우, 기타 경찰관직무집행법 제4조 또는 아동복지법에 의하여 보호를 요하는 자**를 말한다.

III. 소년사건의 처리절차(소년법[시행 2011.8.4])

1. 보호사건

관할 **(제3조)**	① 소년 보호사건의 관할은 **소년의 행위지, 거주지 또는 현재지**로 한다. ② 소년 보호사건은 **가정법원소년부 또는 지방법원소년부에 속한다.** ③ 소년 보호사건의 심리와 처분 결정은 소년부 단독판사가 한다.
송치 및 **통고** **(제4조)**	① **촉법소년, 우범소년이 있을 때에는 경찰서장은** 직접 관할 **소년부에 송치**하여야 한다. {10.1 승진} ② **범죄소년, 촉법소년, 우범소년에** 해당하는 소년을 발견한 **보호자 또는 학교 · 사회복리시설 · 보호관찰소(보호관찰지소를 포함)의 장은** 이를 관할 소년부에 **통고**할 수 있다.
이송 **(제6조)**	① 보호사건을 송치받은 소년부는 **보호의 적정을 기하기 위하여 필요하다고 인정하면** 결정으로써 사건을 **다른 관할 소년부에 이송**할 수 있다. ② 소년부는 **사건이 그 관할에 속하지 아니한다고 인정하면** 결정으로써 그 사건을 **관할소년부에 이송**하여야 한다.
관할 **검찰청으로** **의 송치** **(제7조)**	① 소년부는 **조사 또는 심리한 결과 금고 이상**의 형에 해당하는 범죄사실이 발견된 경우 그 동기와 죄질이 형사처분을 할 필요가 있다고 인정하면 결정으로써 **사건을 관할 지방법원에 대응한 검찰청 검사에게 송치**하여야 한다. ② 소년부는 조사 또는 심리한 결과 **사건의 본인이 19세 이상인 것으로 밝혀진 경우**에는 결정으로써 사건을 **관할 지방법원에 대응하는 검찰청 검사에게 송치**하여야 한다.
진술거부권 **의 고지** **(제10조)**	소년부 또는 조사관이 범죄 사실에 관하여 소년을 조사할 때에는 **미리 소년에게 불리한 진술을 거부할 수 있음을 알려야 한다.**

2. 보호처분

보호처분의 **결정** **(제32조)**	**제1호**	보호자 또는 보호자를 대신하여 소년을 보호할 수 있는 자에게 감호 위탁(6개월)
	제2호	수강명령(12세 이상 소년, 100시간 이내)
	제3호	사회봉사명령(14세 이상 소년, 200시간 이내)
	제4호	보호관찰관의 단기 보호관찰(1년)
	제5호	보호관찰관의 장기 보호관찰(2년, 1년의 범위에서 한 번에 한하여 그 기간을 연장 가능)
	제6호	아동복지법에 따른 아동복지시설이나 그 밖의 소년보호시설에 감호 위탁(6개월)
	제7호	병원, 요양소 또는 보호소년 등의 처우에 관한 법률에 따른 소년의료보호시설에 위탁(6개월)
	제8호	1개월 이내의 소년원 송치
	제9호	단기 소년원 송치(6개월 이내)
	제10호	장기 소년원 송치(2년 이내, 12세 이상 소년)

	① 다음 각 호 안의 처분 상호 간에는 **그 전부 또는 일부를 병합**·할 수 있다. 　㉠ 제1호 · 제2호 · 제3호 · 제4호 처분 　㉡ 제1호 · 제2호 · 제3호 · 제5호 처분 　㉢ 제4호 · 제6호 처분 　㉣ 제5호 · 제6호 처분 　㉤ 제5호 · 제8호 처분 ③ **사회봉사명령**의 처분은 14세 이상의 소년에게만 할 수 있다. ③ **수강명령 및 장기 소년원 송치의 처분**은 12세 이상의 소년에게만 할 수 있다. ④ **소년의 보호처분**은 그 소년의 장래 신상에 어떠한 영향도 미치지 아니한다.
보호관찰처 분에 따른 부가처분 (제32조의2)	① **보호관찰관의 단기, 장기 보호관찰의 처분을 할 때에 3개월 이내의 기간을** 정하여 보호소년 등의 처우에 관한 법률에 따른 대안교육 또는 소년의 상담 · 선도 · 교화와 관련된 단체나 시설에서의 상담 · 교육을 받을 것을 동시에 명할 수 있다. ② **보호관찰관의 단기, 장기 보호관찰의 처분을 할 때에 1년 이내의 기간을** 정하여 야간 등 특정시간대의 외출을 제한하는 명령을 보호관찰대상자의 준수사항으로 부과할 수 있다.
보호처분의 기간 (제33조)	① 감호 위탁, 소년보호시설에 감호 위탁, 소년의료보호시설에 위탁기간은 6개월로 하되, 소년부 판사는 결정으로써 **6개월의 범위에서 한 번에 한하여 그 기간을 연장**할 수 있다. 다만, 소년부 판사는 필요한 경우에는 언제든지 결정으로써 그 위탁을 종료시킬 수 있다. ② 보호관찰의 **단기 보호관찰기간은 1년으로** 한다. ③ 보호관찰관의 **장기 보호관찰기간은 2년으로** 한다. 다만, 소년부 판사는 보호관찰관의 신청에 따라 결정으로써 **1년의 범위에서 한 번에 한하여 그 기간을 연장**할 수 있다. ④ **수강명령은 100시간을, 사회봉사명령은 200시간을 초과**할 수 없으며, 보호관찰관이 그 명령을 집행할 때에는 사건 본인의 정상적인 생활을 방해하지 아니하도록 하여야 한다. ⑤ **단기로 소년원에 송치된 소년의 보호기간은 6개월을 초과**하지 못한다. ⑥ **장기로 소년원에 송치된 소년의 보호기간은 2년을 초과**하지 못한다. ⑦ 아동복지법에 따른 아동복지시설이나 그 밖의 소년보호시설에 감호 위탁, 병원, 요양소 또는 보호소년 등의 처우에 관한 법률에 따른 소년의료보호시설에 위탁, 1개월 이내의 소년원 송치, 단기 소년원 송치, 장기 소년원 송치까지의 어느 하나에 해당하는 처분을 받은 소년이 시설위탁이나 수용 이후 그 시설을 이탈하였을 때에는 위 처분기간은 진행이 정지되고, 재위탁 또는 재수용된 때로부터 다시 진행한다.
보호처분의 취소 (제38조)	① 보호처분이 계속 중일 때에 **사건 본인이 처분 당시 19세 이상인 것으로 밝혀진 경우에는** 소년부 판사는 결정으로써 그 보호처분을 취소하고 다음의 구분에 따라 처리하여야 한다. 　㉠ **검사 · 경찰서장의 송치 또는 통고에 의한 사건인 경우에는** 관할 지방법원에 대응하는 검찰청 검사에게 송치한다. 　㉡ **법원이 송치한 사건인 경우에는** 송치한 법원에 이송한다. ② 범죄소년, 촉법소년의 소년에 대한 보호처분이 계속 중일 때어 **사건 본인이 행위 당시 10세 미만으로 밝혀진 경우 또는 우범소년에 대한 보호처분이 계속 중일 때에 사건 본인이 처분 당시 10세 미만으로 밝혀진 경우에는** 소년부 판사는 결정으로써 그 **보호처분을 취소**하여야 한다.
보호처분의 효력 (53조)	보호처분결정에 의해 보호처분을 받은 소년에 대하여는 그 심리가 결정된 사건은 **다시 공소를 제기하거나 소년부에 송치할 수 없다.** 다만, 검사 · 경찰서장의 송치 또는 통고에 의한 사건인 경우에는 관할 지방법원에 대응하는 **검찰청 검사에게 송치하는 경우에는** 공소를 제기할 수 있다.

3. 형사사건

검사의 송치 (제49조)	① **검사는 소년에 대한 피의사건을 수사한 결과 보호처분에 해당하는 사유가 있다고 인정한 경우에는** 사건을 관할 소년부에 송치하여야 한다. ② 소년부는 송치된 사건을 조사 또는 심리한 결과 그 동기와 죄질이 금고 이상의 형사처분을 할 필요가 있다고 인정할 때에는 결정으로써 해당 검찰청 검사에게 송치할 수 있다. ③ **송치한 사건은 다시 소년부에 송치할 수 없다.**
검사의 결정 전 조사 (제49조의2)	① 검사는 소년 피의사건에 대하여 소년부 송치, 공소제기, 기소유예 등의 처분을 결정하기 위하여 필요하다고 인정하면 피의자의 주거지 또는 검찰청 소재지를 관할하는 보호관찰소의 장, 소년분류심사원장 또는 소년원장에게 피의자의 품행, 경력, 생활환경이나 그 밖에 필요한 사항에 관한 조사를 요구할 수 있다. ② 요구를 받은 보호관찰소장 등은 **지체 없이 이를 조사하여 서면으로 해당 검사에게 통보**하여야 하며, 조사를 위하여 필요한 경우에는 소속 보호관찰관·분류심사관 등에게 피의자 또는 관계인을 출석하게 하여 진술요구를 하는 등의 방법으로 필요한 사항을 조사하게 할 수 있다. ③ 조사를 할 때에는 미리 피의자 또는 관계인에게 조사의 취지를 설명하여야 하고, **피의자 또는 관계인의 인권을 존중하며, 직무상 비밀을 엄수하여야 한다.** ④ 검사는 보호관찰소장등으로부터 통보받은 조사 결과를 참고하여 **소년피의자를 교화·개선하는 데에 가장 적합한 처분을 결정하여야 한다.**
조건부 기소유예 (제49조의3)	검사는 피의자에 대하여 아래에 해당하는 선도 등을 받게 하고, **피의사건에 대한 공소를 제기하지 아니할 수 있다.** 이 경우 **소년과 소년의 친권자·후견인 등 법정대리인의 동의**를 받아야 한다. ㉠ 범죄예방자원봉사위원의 선도 ㉡ 소년의 선도·교육과 관련된 단체·시설에서의 상담·교육·활동 등
이송 (제51조)	소년부는 송치받은 사건을 조사 또는 심리한 결과 **사건의 본인이 19세 이상인 것으로 밝혀지면 결정으로써 송치한 법원에 사건을 다시 이송**하여야 한다.
소년부 송치 시의 신병 처리 (제52조)	① 소년부 송치결정이 있는 경우에는 소년을 구금하고 있는 시설의 장은 검사의 이송지휘를 받은 때로부터 **법원 소년부가 있는 시·군에서는 24시간 이내에, 그 밖의 시·군에서는 48시간 이내에 소년을 소년부에 인도**하여야 한다. 이 경우 **구속영장의 효력은 소년부 판사가 소년의 감호에 관한 결정을 한 때에 상실**한다. ② **인도와 결정은 구속영장의 효력기간 내에** 이루어져야 한다.
공소시효의 정지 (제54조)	심리 개시 결정이 있었던 때로부터 **그 사건에 대한 보호처분의 결정이 확정될 때까지 공소시효는 그 진행이 정지**된다.
구속영장의 제한 (제55조)	① 소년에 대한 구속영장은 부득이한 경우가 아니면 발부하지 못한다. ② 소년을 구속하는 경우에는 특별한 사정이 없으면 **다른 피의자나 피고인과 분리하여 수용**하여야 한다.

4. 심판

조사의 위촉 (제56조)	법원은 소년에 대한 형사사건에 관하여 필요한 사항을 조사하도록 **조사관에게 위촉**할 수 있다.
심리의 분리 (57조)	소년에 대한 형사사건의 심리는 다른 피의사건과 관련된 경우에도 **심리에 지장이 없으면 그 절차를 분리**하여야 한다.
사형 및 무기형의 완화 (제59조)	죄를 범할 당시 **18세 미만**인 소년에 대하여 **사형 또는 무기형으로 처할 경우에는 15년의 유기징역**으로 한다. {10.2 경간부, 09.2 경간부}
부정기형 (제60조)	① 소년이 법정형으로 **장기 2년 이상의 유기형에 해당하는 죄를 범한 경우**에는 그 형의 범위에서 **장기와 단기를 정하여 선고**한다. 다만, 장기는 10년, 단기는 5년을 초과하지 못한다. {10.2 경간부, 09.2 경간부} ② 소년의 특성에 비추어 상당하다고 인정되는 때에는 그 **형을 감경할 수 있다.** ③ **형의 집행유예나 선고유예를 선고할 때에는 적용하지 아니한다.** ④ 소년에 대한 부정기형을 집행하는 기관의 장은 형의 단기가 지난 소년범의 행형 성적이 양호하고 교정의 목적을 달성하였다고 인정되는 경우에는 **관할 검찰청 검사의 지휘에 따라 그 형의 집행을 종료시킬 수 있다.**
미결구금일수의 산입 (제61조)	소년분류심사원에 위탁의 조치가 있었을 때에는 그 **위탁기간은 판결선고 전 구금일수**로 본다.
환형처분의 금지 (제62조)	**18세 미만인 소년에게는 유치선고를 하지 못한다.** {10.1 승진} 다만, 판결선고 전 구속되었거나 소년분류심사원에 위탁의 조치가 있었을 때에는 그 구속 또는 위탁의 기간에 해당하는 기간은 **노역장에 유치된 것으로 본다.**
징역 · 금고의 집행 (제63조)	징역 또는 금고를 선고받은 소년에 대하여는 특별히 설치된 **교도소 또는 일반 교도소 안에 특별히 분리된 장소에서 그 형을 집행**한다. {09.2 경간부} 다만, **소년이 형의 집행 중에 23세가 되면 일반 교도소에서 집행**할 수 있다.
보호처분과 형의 집행 (제64조)	보호처분이 계속 중일 때에 징역, 금고 또는 구류를 선고받은 소년에 대하여는 **먼저** 그 형을 집행한다. {10.1 승진, 09.2 경간부}
가석방 (제65조)	징역 또는 금고를 선고받은 소년에 대하여는 아래의 기간이 지나면 **가석방을 허가**할 수 있다. ㉠ 무기형의 경우에는 **5년** ㉡ 15년 유기형의 경우에는 **3년** ㉢ 부정기형의 경우에는 단기의 **3분의 1**
가석방 기간의 종료 (제66조)	징역 또는 금고를 선고받은 **소년이 가석방된 후 그 처분이 취소되지 아니하고 가석방 전에 집행을 받은 기간과 같은 기간이 지난 경우에는 형의 집행을 종료**한 것으로 한다. 다만, 형기 또는 장기의 기간이 먼저 지난 경우에는 그 때에 형의 집행을 종료한 것으로 한다.

제7절　민간협력 범죄예방활동

Ⅰ. 민간방범활동

1. 민간방범활동의 의의 및 필요성

의 의	오늘날 범죄가 날로 대담화 · 흉포화되고 있어서 세계 각국에서는 범죄예방활동을 단순히 정부만이 떠맡아 하지 않고 시민들이 적극적으로 참여하여 민간차원의 범죄예방활동을 다양하게 전개하고 이다.	
형 태 {03.9 순경}	**자율방범대에 의한 방범활동**	지역주민들의 자발적인 조직으로 지역치안 유지에 기여
	시민단체에 의한 방범활동	직접적으로 방범활동(해병전우회 등), 간접적인 방범활동을 하는 단체 (라이온스클럽, YMCA 등)가 방범활동하는 형태
	언론매체에 의한 방범활동	언론매체의 대중성, 홍보성을 이용하여 범죄예방의 한 수단으로 활용하는 형태
	민간경비업체에 의한 방범활동	경비업법에 따라 민간경비업체가 등장, 경비수요자와의 계약에 따라 방범활동하는 형태
필요성	① 범죄의 급증과 질적 변화　　② 경찰방범역량의 한계 ③ 치안서비스의 공동생산의 경향　　④ 수익자부담원칙의 확산 ⑤ 경제발전에 따르는 필요성	
민간협력 강화방안	① 민간방범활동에 대한 홍보　　② 지역사회경찰활동의 도입 ③ 민간경비업에 대한 지도 · 육성　　④ 자율방범단체의 조직 및 운영의 합리화	

2. 민간경비

의 의	경비업이란 경비업무의 전부 또는 일부를 도급받아 행하는 영업을 말하며, 우리나라 경비업은 법인이 아니면 영위할 수 없다.	
민간경비의 이론적 배경	**수익자 부담이론**	국민의 세금으로 운영되는 경찰의 역할은 국민의 생명과 재산을 보호하는 것은 한계가 있으므로 **개인적 편익을 위해 수익자 자신이 비용을 부담**해야 한다는 이론
	공동화이론	현재의 경찰력만으로 **증가하는 치안수요에 따라가지 못하여 공동(空洞: gap)이 발생**하므로 민간경비가 필요하다는 이론
	이익집단이론	민간경비는 이익집단이므로 **자기이익의 증대를 위해 발전**한다는 이론
	경제환원이론	실업자를 민간경비로 고용함으로써 **경제적 부를 사회에 환원**시킨다는 이론
	민영화이론	국가의 기능을 민간부문에 이전하고 공공부문의 관여를 줄어 **민영화의 흐름이 민간경비의 발달의 요인으로 작용**한다는 이론

분 류	경비형태에 따른 분류	인경비	상주경비, 순찰경비, 신변경비, 행사안전경비(혼잡경비) 등
		기계경비	
	경비목적에 따른 분류		시설경비, 행사안전경비(혼잡경비), 경호경비, 운송경비
	현행법상 분류		① 청원경찰과 민간경비업으로 분류 ② 경비업법 : 시설경비업무, 호송경비업무, 신변보호업무, 특수경비업무 　　　기계경비업무 등
민간경비 와 공경비의 관계	민 간 경 비	목 적	특정한 의뢰자에 대하여 그 대가만큼 범죄예방·억제 및 경제적 손실방지**(예방적 측면을 중시)**
		주 체	**영리기업** {10.1 승진}
		권 한	경찰에 비해 **권한이 한정**되어 있거나 **각종 제약을 받음** {10.1 승진}
		서비스 내용	민간경비업의 서비스는 **민간재**이므로 대가의 유무나 다소에 따라 서비스의 내용이 달라지는 **경합적 서비스** {10.1 승진}
	공경비	목 적	일반대중을 대상으로 범인체포 및 범죄수사를 위한 법집행 **(법집행적 측면을 중시)** {10.1 승진}
		주 체	**정부기관**
		권 한	법집행에 관한 **일반적인 권한**을 가짐 {10.1 승진}
		서비스 내용	경찰의 서비스는 **공공재**로서 모든 사람이 동등하게 소비할 수 있는 **비경합적 서비스**

II. 경비업법[시행 2009.4.1]

<table>
<tr><td rowspan="8">용어
(제2조)</td><td rowspan="5">경비업
업무
{12.2 순경,
11.2 순경}</td><td>시설
경비업무</td><td>경비를 필요로 하는 시설 및 장소에서의 도난 · 화재 그 밖의 혼잡 등으로 인한 위험발생을 방지하는 업무</td></tr>
<tr><td>호송
경비업무</td><td>운반 중에 있는 현금 · 유가증권 · 귀금속 · 상품 그 밖의 물건에 대하여 도난 · 화재 등 위험발생을 방지하는 업무</td></tr>
<tr><td>신변
보호업무</td><td>사람의 생명이나 신체에 대한 위해의 발생을 방지하고 그 신변을 보호하는 업무</td></tr>
<tr><td>특수
경비업무</td><td>공항(항공기를 포함) 등 대통령령이 정하는 국가중요시설의 경비 및 도난 · 화재 그 밖의 위험발생을 방지하는 업무</td></tr>
<tr><td>기계
경비업무</td><td>경비대상시설에 설치한 기기에 의하여 감지 · 송신된 정보를 그 경비대상시설 외의 장소에 설치한 관제시설의 기기로 수신하여 도난 · 화재 등 위험발생을 방지하는 업무</td></tr>
<tr><td colspan="2">경비
지도사</td><td>경비원을 지도 · 감독 및 교육하는 자를 말하며 일반경비지도사와 기계경비지도사로 구분한다.</td></tr>
<tr><td colspan="2">무기</td><td>인명 또는 신체에 위해를 가할 수 있도록 제작된 권총 · 소총 등을 말한다.</td></tr>
<tr><td colspan="2">법인
(제3조)</td><td>경비업은 법인이 아니면 이를 영위할 수 없다.</td></tr>
</table>

법인
(제3조)

경비업은 **법인이 아니면 이를 영위할 수 없다.**

경비업의 허가
(제4조)

경비업을 영위하고자 하는 법인은 도급받아 행하고자 하는 경비업무를 특정하여 그 **법인의 주사무소의 소재지를 관할하는 지방경찰청장의 허가**를 받아야 한다.

허가의 유효기간
(제6조)

① 경비업 허가의 유효기간은 **허가받은 날부터 5년**으로 한다.
② 유효기간이 만료된 후 계속하여 **경비업을 하고자 하는 법인은 갱신허가**를 받아야 한다.

경비업의 취소
(제19조)

① 허가관청은 경비업자가 ㉠ 내지 ㉥에 해당하는 때에는 그 허가를 취소하고, ㉦에 해당하는 때에는 그 허가를 취소하거나 6월 이내의 기간을 정하여 영업의 전부 또는 일부에 대하여 영업정지를 명할 수 있다.

<table>
<tr><td>필요적
취소사유</td><td>㉠ 허위 그 밖의 부정한 방법으로 허가를 받은 때
㉡ 허가받은 경비업무외의 업무에 경비원을 종사하게 한 때
㉢ 경비업 및 경비관련업외의 영업을 한 때
㉣ 정당한 사유 없이 허가를 받은 날부터 1년 이내에 경비 도급실적이 없거나 계속하여 1년 이상 휴업한 때
㉤ 정당한 사유 없이 최종 도급계약 종료일의 다음 날부터 1년 이내에 경비도급실적이 없을 때
㉥ 영업정지처분을 받고 계속하여 영업을 한 때</td></tr>
<tr><td>임의적
취소사유</td><td>㉦ 이 법 또는 이 법에 의한 명령에 위반한 때</td></tr>
</table>

② 허가관청은 허가취소 또는 영업정지처분을 하는 때에는 **경비업자가 허가받은 경비업무 중 허가취소 또는 영업정지사유에 해당되는 경비업무에 한하여 처분**을 하여야 한다. 다만, 허가취소를 하는 때에는 그러하지 아니하다.

청문 **(제21조)**	경찰청장 또는 지방경찰청장은 **경비업 허가의 취소 또는 영업정지, 경비지도사자격의 취소 또는 정지처분**을 하고자 하는 경우에는 **청문을 실시**하여야 한다.	
경비 **지도사 및** **경비원의** **결격사유** **(제10조)**	**경비지도사** **또는** **일반경비원의** **결격사유**	① 만 18세 미만인 자, 금치산자, 한정치산자 ② 파산선고를 받고 복권되지 아니한 자 ③ 금고 이상의 실형의 선고를 받고 그 집행이 종료(집행이 종료된 것으로 보는 경우를 포함)되거나 집행이 면제된 날부터 5년이 지나지 아니한 자 ④ 금고 이상의 형의 집행유예선고를 받고 그 유예기간 중에 있는 자
	특수경비원의 **결격사유**	① 만 18세 미만 또는 만 60세 이상인 자, 금치산자, 한정치산자 ② 제1항 제2호 내지 제4호의1에 해당되는 자 ③ 금고 이상의 형의 선고유예를 받고 그 유예기간 중에 있는 자 ④ 행정안전부령이 정하는 신체조건에 미달되는 자
무기사용 **(제14조)**	① 특수경비 이외의 업무를 담당하는 자(**일반경비원**)는 무기를 휴대할 수 없다. ② 특수경비업무를 담당하는 자(**특수경비원**)는 무기를 휴대가 가능하다.	

제8절　기타 경찰활동(관련법령)

I. 성매매알선 등 행위의 처벌에 관한 법률[시행 2011.5.23]

1. 총칙

목 적 (제1조)	성매매 · 성매매알선 등 행위 및 성매매 목적의 인신매매를 근절하고, 성매매피해자의 인권을 보호함을 목적으로 한다.

용어 (제2조)	**성매매**	**불특정인을 상대로 금품 그 밖의 재산상의 이익을 수수 · 약속**하고 아래 어느 하나에 해당하는 행위를 하거나 그 상대방이 되는 것을 말한다. {07.1 승진, 97.1 승진} ㉠ **성교행위** ㉡ 구강 · 항문 등 신체의 일부 또는 도구를 이용한 **유사성교행위(대딸방 등)**
	성매매알선 등 행위	① 성매매를 알선 · 권유 · 유인 또는 강요하는 행위 ② 성매매의 장소를 제공하는 행위 ③ 성매매에 제공되는 사실을 **알면서** 자금 · 토지 또는 건물을 제공하는 행위
	성매매 피해자 {04.11 순경, 04.3 순경}	① **위계 · 위력 그 밖에 이에 준하는 방법으로 성매매를 강요당한 자** 　{08.2 경간부, 04.11 순경, 04.1 승진} ② 업무 · 고용 그 밖의 관계로 인하여 보호 또는 감독하는 자에 의하여 **마약 · 향정신성의약품 또는 대마에 중독되어 성매매를 한 자** ③ 청소년, 사물을 변별하거나 의사를 결정할 능력이 없거나 미약한 자 또는 대통령령이 정하는 **중대한 장애가 있는 자로서 성매매를 하도록 알선 · 유인된 자** ④ **성매매 목적의 인신매매를 당한 자**

금지행위 (제4조) {04.11 순경}	① 성매매 ② 성매매알선 등 행위 ③ 성매매 목적의 인신매매 ④ 성을 파는 행위를 하게 할 목적으로 다른 사람을 고용 · 모집하거나 성매매가 행하여진다는 사실을 알고 직업을 소개 · 알선하는 행위 ⑤ ①, ② 및 ④의 행위 및 그 행위가 행하여지는 업소에 대한 광고행위

2. 성매매피해자 등의 보호

성매매피해 자에 대한 처벌특례와 보호 (제6조)	① **성매매피해자의 성매매는 처벌하지 아니한다.** 　{08.2 경간부, 04.11 순경, 04.10 순경, 04.3 순경, 04.1 승진} ② **검사 또는 사법경찰관은 수사과정에서 피의자 또는 참고인이 성매매피해자에 해당한다고 볼 만한 상당한 이유가 있을 때에는 지체 없이 법정대리인, 친족 또는 변호인에게 통지**하고, 신변보호, 수사의 비공개, 친족 또는 지원시설 · 성매매피해상담소에의 인계 등 그 보호에 필요한 조치를 하여야 한다. **다만, 피의자 또는 참고인의 사생활 보호 등 부득이한 사유가 있는 경우에는 통지하지 아니할 수 있다.** 　{08.2 경간부, 04.11 순경, 04.10 순경, 04.3 순경, 04.1 승진}

신고의무 (제7조)	① 성매매방지 및 피해자보호 등에 관한 법률 제5조 제1항에 따른 지원시설 및 같은 법 제10조에 따른 성매매피해상담소의 장이나 종사자가 업무와 관련하여 성매매 피해사실을 알게 되었을 때에는 지체 없이 수사기관에 **신고하여야 한다.** ② 다른 법률에 규정이 있는 경우를 제외하고는 신고자등의 인적사항이나 사진 등 그 신원을 알 수 있는 정보나 자료를 인터넷 또는 출판물에 게재하거나 방송매체를 통하여 방송하여서는 아니 된다.
신뢰관계에 있는 자의 동석 (제8조)	① **법원은** 신고자 등을 증인으로 신문할 때에는 **직권으로 또는 본인 · 법정대리인이나 검사의 신청에 의하여** 신뢰관계에 있는 사람을 **동석하게 할 수 있다.** ② **수사기관은** 신고자등을 조사할 때에는 **직권으로 또는 본인 · 법정대리인의 신청에 의하여** 신뢰관계에 있는 사람을 **동석하게 할 수 있다.** ③ **법원 또는 수사기관은** 청소년, 사물을 변별하거나 의사를 결정할 능력이 없거나 미약한 사람 또는 대통령령으로 정하는 중대한 장애가 있는 사람에 대하여 신청을 받은 경우에는 재판 또는 수사에 지장을 줄 우려가 있는 등 특별한 사유가 없으면 신뢰관계에 있는 사람을 **동석하게 하여야 한다.** {08.2 경간부. 04.1 승진. 04.3 순경}
심리의 비공개 (제9조)	① 법원은 신고자 등의 사생활이나 신변보호를 위하여 필요하면 결정으로 **심리를 공개하지 아니할 수 있다.** ② 증인으로 소환받은 신고자등과 그 가족은 사생활이나 신변을 보호하기 위하여 **증인신문의 비공개를 신청할 수 있다.** ③ 재판장은 신청이 있는 때에는 그 허가 여부, 법정 외의 장소에서의 신문 등 신문의 방식 및 장소에 관하여 결정할 수 있다.
불법원인으로 인한 채권무효 (제10조)	① ㉠ 성매매알선 등 행위를 한 사람, ㉡ 성을 파는 행위를 할 사람을 고용 · 모집하거나 그 직업을 소개 · 알선한 사람, ㉢ 성매매 목적의 인신매매를 한 사람이 그 행위와 관련하여 **성을 파는 행위를 하였거나 할 자에게 가지는 채권은 그 계약의 형식이나 명목에 관계없이 이를 무효로** 한다.{10.3 순경. 07.1 승진} 그 채권을 양도하거나 그 채무를 인수한 경우에도 또한 같다. ② **검사 또는 사법경찰관은 불법원인과 관련된 것으로 의심되는 채무의 불이행을 이유로 고소 · 고발된 사건을 수사할 때에는** 금품이나 그 밖의 재산상의 이익 제공이 성매매의 유인 · 강요 수단이나 성매매업소로부터의 이탈방지 수단으로 이용되었는지 여부를 확인하여 **수사에 참작하여야 한다.** ③ 검사 또는 사법경찰관은 성을 파는 행위를 한 사람이나 성매매피해자를 조사할 때에는 채권이 무효라는 사실과 지원시설 등을 이용할 수 있음을 **본인 또는 법정대리인 등에게 고지**하여야 한다.
외국인 여성에 대한 특례 (제11조)	① **외국인 여성이 이 법에 규정된 범죄를 신고한 경우나 외국인여성을 성매매피해자로 수사하는 경우에는** 해당 사건을 불기소처분하거나 공소를 제기할 때까지 **강제퇴거 명령 또는 보호의 집행을 하여서는 아니 된다.** ② **검사는 사건에 대하여 공소를 제기한 후에는** 성매매피해 실태, 증언 또는 배상의 필요성 그 밖의 정황을 고려하여 출입국관리사무소장 등 관계 기관의 장에게 **일정한 기간을 정하여 강제퇴거명령의 집행을 유예하거나 보호를 일시해제할 것을 요청**할 수 있다. ③ 강제퇴거명령의 집행을 유예하거나 보호의 일시해제를 하는 기간 중에는 당해 외국인여성에게 지원시설 등을 이용하게 할 수 있다. ④ **수사기관은 외국인여성을 성매매피해자로 조사할 때에는** 소송촉진 등에 관한 특례법에 따른 **배상신청을 할 수 있음을 고지**하여야 한다.

3. 보호사건

보호사건의 처리 (제12조)	① **검사는 성매매를 한 사람에 대하여** 사건의 성격·동기, 행위자의 성행 등을 고려하여 이 법에 따른 보호처분을 하는 것이 적절하다고 인정할 때에는 **특별한 사정이 없으면 보호사건으로 관할법원에 송치**하여야 한다. ② 법원은 성매매 사건의 심리결과 이 법에 의한 보호처분을 하는 것이 적절하다고 인정할 때에는 결정으로 사건을 보호사건의 관할법원에 송치할 수 있다.
관할 (제13조)	① 이 법에서 정한 보호사건의 관할은 **성매매를 한 장소나 성매매를 한 사람의 거주지 또는 현재지를 관할하는 가정법원**으로 한다. 다만, 가정법원이 설치되어 있지 아니한 지역의 경우에는 해당 지역의 지방법원(지원을 포함)으로 한다. ② 보호사건의 심리와 결정은 단독판사가 한다.
보호처분의 결정 (제14조)	① 판사는 심리결과 보호처분이 필요하다고 인정할 때에는 결정으로 아래에 해당하는 처분을 할 수 있다. 　㉠ **출입금지**　　㉡ **보호관찰**　　㉢ **사회봉사·수강명령**　　㉣ **상담위탁**　　㉤ **치료위탁** ② **보호처분은 이를 병과**할 수 있다.
보호처분의 기간	보호처분의 기간은 **6개월**을, 사회봉사·수강명령은 **100시간**을 각각 초과할 수 없다.
보호처분의 변경 (제16조)	① 법원은 검사, 보호관찰관 또는 수탁기관의 장이 청구하면 결정으로 **한 번만 보호처분의 종류와 기간을 변경할 수 있다.** ② 보호처분의 종류와 기간을 변경할 때에는 종전의 처분기간을 합산하여 **출입금지, 보호관찰, 상담위탁, 치료위탁에 따른 보호처분 기간은 1년을, 사회봉사·수강명령은 200시간을 각각 초과할 수 없다.**
몰수·추징	제18조 내지 제20조에 규정된 **죄를 범한 사람이 그 범죄로 인하여 얻은 금품이나 그 밖의 재산은 몰수**하고, **몰수할 수 없는 경우에는 그 가액을 추징**한다.
형의 감면 (제26조)	죄를 범한 사람이 수사기관에 신고하거나 자수한 경우에는 **형을 감경하거나 면제할 수 있다.** {09.4 순경}
보상금	성매매관련범죄를 **수사기관에 신고한 자에 대하여는 보상금을 지급**할 수 있다.

벌칙		
	7년 이하 징역, 7천만원 이하 벌금	① 영업으로 성매매알선 등 행위를 한 자 ② 성을 파는 행위를 할 사람을 모집하고 그 대가를 지급받은 자 ③ 성을 파는 행위를 하도록 직업을 소개·알선하고 그 대가를 지급받은 자
	3년 이하 징역, 3천만원 이하 벌금	① 성매매알선 등 행위를 한 자 ② 성을 파는 행위를 할 사람을 모집한 자 ③ 성을 파는 행위를 하도록 직업을 소개·알선한 자 ④ 성을 파는 행위 또는 「형법」 제245조에 따른 음란행위 등을 하도록 직업을 소개·알선할 목적으로 광고(각종 간행물, 유인물, 전화, 인터넷, 그 밖의 매체를 통한 행위를 포함)를 한 자 {04.11 순경} ⑤ 성매매 또 성매매알선 등 행위가 행하여지는 업소에 대한 광고를 한 자 ⑥ 성을 사는 행위를 권유하거나 유인하는 광고를 한 사람
	2년 이하 징역, 1천만원 이하 벌금	영업으로 광고물을 제작·공급하거나 광고를 **게재한 자**
	1년 이하 징역, 5백만원 이하 벌금	영업으로 광고물이나 광고가 **게재된 출판물을 배포한 자**
	1년 이하 징역, 3백만원 이하 벌금	**성매매를 한 자** {07.1 승진}

II. 사행행위 등 규제 및 처벌 특례법[시행 2011.8.4]

1. 총칙

목적 (제1조)	건전한 **국민생활을 해치는 지나친 사행심의 유발을 방지**하고 선량한 풍속을 유지하기 위하여 **사행행위관련영업의 지도와 규제 및 사행행위 관련 영업에 대한 지도와 규제에 관한 사항, 사행행위 관련 영업 외에 투전기나 사행성 유기기구로 사행행위를 하는 자** 등에 대한 처벌의 특례에 관한 사항을 규정함을 목적으로 한다.		
유 형	① **현**상업 ② **경품**업 ③ **추**첨업 ④ **회**전판돌리기업 ⑤ **복권발행업** 　☞ **카지노업(×), 경마(×)** {10.1 승진, 05.10 순경}		
용어 (제2조)	**사행행위**		여러 사람으로부터 재물이나 재산상의 이익을 모아 우연적 방법으로 득실을 결정하여 재산상의 이익이나 손실을 주는 행위를 말한다.
	사행행위 영업	**복권 발행업**	**특정한 표찰**(컴퓨터프로그램 등 정보처리능력을 가진 장치에 의한 전자적 형태를 포함)을 이용하여 여러 사람으로부터 재물 등을 모아 추첨 등의 방법으로 당첨자에게 재산상의 이익을 주그 다른 참가자에게 손실을 주는 행위를 하는 영업
		현상업	**특정한 설문 또는 예측**에 대하여 그 답을 제시하거나 예측이 적중하면 이익을 준다는 조건으로 응모자로부터 재쿨 등을 모아 그 정답자나 적중자의 전부 또는 일부에게 재산상의 이익을 주고 다른 참가자에게 손실을 주는 행위를 하는 영업
		그 밖의 사행 행위업	가목 및 나목 외에 영리를 목적으로 **회전판돌리기 · 추첨 · 경품** 등 사행심을 유발할 우려가 있는 기구 또는 방볍 등을 이용하는 영업
	사행기구 제조업		사행행위영업에 이용되는 기계 · 기판 · 용구 또는 컴퓨터프로그램을 제작 · 개조 또는 수리하는 영업
	사행기구 판매업		사행기구를 판매하거나 수입하는 영업
	투전기		동전 · 지폐 또는 그 대용품을 넣으면 우연의 결과에 ﾃﾞ라 재물 등이 배출되어 이용자에게 재산상 이익이나 손실을 주는 기기
	사행성 유기기구		투전기 외에 기계식 구슬치기 기구 · 사행성 전자식 유기기구 등 사행심을 유발할 우려가 있는 기계 · 기구 등

2. 사행행위 영업

구분	내용
허가 (제4조)	① **사행행위영업을 하려는 자는** 시설 등을 갖추어 행정안전부령이 정하는 바에 의하여 **지방경찰청장의 허가를** 받아야 한다. 다만, 그 영업의 **대상범위가 2 이상의 특별시·광역시·도 또는 특별자치도에 걸치는 경우에는 경찰청장의 허가를** 받아야 한다. {10.2 경간부, 09.4 순경} ② **허가를 받은 자가 대통령령이 정하는 중요사항을 변경하려면** 행정안전부령으로 정하는 바에 따라 **경찰청장 또는 지방경찰청장의 허가를** 받아야 한다. ③ 국가기관 또는 지방자치단체가 사행행위영업을 하려면 **경찰청장의 승인을** 받아야 한다.
허가의 요건 (제5조)	경찰청장 또는 지방경찰청장은 사행행위영업의 허가신청을 받으면 아래에 해당하는 경우에만 그 영업을 허가할 수 있다. ㉠ 공공복리의 증진을 위하여 특별히 필요하다고 인정되는 경우 ㉡ 상품을 판매·선전하기 위하여 특별히 필요하다고 인정되는 경우 ㉢ 관광 진흥과 관광객 유치를 위하여 특별히 필요하다고 인정되는 경우
허가의 제한 (제6조)	경찰청장 또는 지방경찰청장은 **아래에 해당하는 경우에는 영업의 허가를 할 수 없다.** ① 허가가 취소되거나 영업소가 폐쇄된 후 2년이 지나지 아니한 장소에서 그 영업과 같은 종류의 영업을 하려는 경우 ② 사행행위영업을 하려는 자가 아래에 해당하는 경우 　가. 미성년자, 금치산자·한정치산자 　나. 파산선고를 받고 복권되지 아니한 사람 　다. 정신질환자. 다만, 정신과전문의가 영업을 하기에 적합하다고 인정하는 사람은 그러하지 아니하다. 　라. 폭력행위 등 처벌에 관한 법률 제4조의 규정에 의한 단체 또는 집단을 구성하거나 그 단체 또는 집단에 자금을 제공하는 사람 　마. **금고 이상의** 형의 선고받고 그 집행이 끝나거나 집행을 받지 아니하기로 확정된 날부터 **2년이 지나지 아니한 사람** 　바. **금고 이상의** 형의 집행유예의 선고받고 그 **집행유예기간 중에 있는 사람** 　사. **금고 이상의** 형의 선고유예를 받고 그 **선고유예기간 중에 있는 사람** 　아. 임원 중 가목부터 사목까지의 어느 하나에 해당하는 사람이 있는 법인 ③ 그 밖에 다른 법령에서 사행행위영업을 할 수 없도록 규정하고 있는 경우
허가의 유효기간 (제7조)	① **영업허가의 유효기간은** 사행행위영업의 종류별로 정하되(**90일**), **3년을 초과할 수 없다.** ② 영업허가의 유효기간이 지난 후 계속하여 영업을 하려는 자는 **허가의 유효기간 만료 10일 전까지 허가를 받아야 한다.**
조건부 영업허가 (제8조)	① 경찰청장 또는 지방경찰청장은 영업허가를 할 때 **허가를 받은 날로부터 2월 이내에 시설 및 사행기구를 갖출 것을 조건으로 허가할 수 있다.** 부득이한 사정이 인정되는 경우에는 **2월을 넘지 아니하는 범위 내에서 1회에 한하여 연장할 수 있다.** ② 경찰청장 또는 지방경찰청장은 허가를 받은 자가 정당한 사유 없이 그 기간 내에 그 시설 및 사행기구를 갖추지 아니한 때에는 그 **허가를 취소하여야 한다.**
영업의 승계 (제9조)	① ㉠ 영업자가 사망한 경우 그 상속인, ㉡ 영업자가 그 영업을 양도한 경우 그 양수인, ㉢ 합병의 경우 합병 후 존속하는 법인은 영업허가를 받은 자의 지위를 승계한다. ② ㉠ 민사집행법에 의한 경매, ㉡ 채무자 회생 및 파산에 관한 법률에 의한 환가, ㉢ 국세징수법·관세법 또는 지방세기본법에 의한 **압류재산의 매각,** ㉣ 그 밖에 ㉠부터 ㉢까지의 규정에 준하는 절차에 따라 영업의 시설 및 사행기구의 전부를 인수한 자는 종전의 **영업자의 지위를 승계**한다. ③ **영업자의 지위를 승계한 자는 1월 이내에 경찰청장 또는 지방경찰청장에게 신고**하여야 한다.

3. 영업의 운영

영업시간 (시행규칙 제12조)	영업시간은 **오전 9시부터 오후 12시까지로** 한다.
영업자의 준수사항 (제12조)	**영업자는** 다음 사항과 영업의 방법 및 당첨금에 관하여 대통령령이 정하는 **사항 및 영업시간 등에 관한 제한을 지켜야 한다.** ① 영업명의를 다른 사람에게 빌려 주지 말 것 ② 법령에 위반되는 사행기구를 설치하거나 사용하지 아니할 것 ③ 법령에 위반하여 사행기구를 변조하지 아니할 것 ④ 행정안전부령으로 정하는 **영업소(회전판돌리기 영업소)** 안에 **청소년(19세미만의 자)**을 입장하게 하거나 인터넷 등 정보통신망을 이용하는 사행행위영업어 청소년의 참가를 허용하지 아니할 것 ⑤ 지나친 사행심을 유발하는 등 선량한 풍속을 해칠 우려가 있는 광고 또는 선전을 하지 아니할 것
사행기구 의 검사 (제12조의2)	사행기구를 이용하여 영업을 하는 사행행위영업자는 그 사행기구가 규격 및 기준에 적합한지의 여부에 관하여 **경찰청장의 검사를** 받아야 한다.

4. 사행기구의 제조 · 판매

사행기구 제조업의 허가 (제13조)	① 사행기구 제조업을 하려는 자는 일정한 시설 및 설비 · 인력 등을 갖추어 **경찰청장의 허가를** 받아야 한다. ② 사행기구판매업을 하려는 자는 **경찰청장의 허가를** 받아야 한다. ③ 사행기구 제조업의 허가를 받은 자와 사행기구 판매업의 허가를 받은 자가 대통령령이 정하는 중요사항을 변경하려면 행정안전부령이 정하는 바에 따라 **경찰청장의 허가를** 받아야 한다. ④ 사행기구제조업의 허가를 받은 자는 사행기구판매업의 허가를 받은 것으로 본다.
사행기구 의 규격 및 기준 (제14조)	① 경찰청장은 필요하다고 인정하면 사행기구의 모양 · 구조 · 재질 · 성능 등에 관한 규격 및 기준을 정할 수 있다. ② 경찰청장은 규격 및 기준이 없는 사행기구에 대하여는 행정안전부령이 정하는 바에 따라 **행정안전부장관이 지정하는 검사기관의 검정을 거쳤으면 사행기구의 규격 및 기준으로 인정**할 수 있다. ③ 수출을 목적으로 하는 사행기구의 규격 및 기준은 수입자가 요구하는 규격 및 기준에 의할 수 있다.
사행기구 의 검사 (제15조)	① 사행기구 제조업자 및 사행기구 판매업자는 사행기구를 제조하거나 수입하였을 때에는 당해 사행기구에 대하여 매 품목마다 당해 제품이 규격 및 기준에 적합한지의 여부에 관하여 **경찰청장의 검사를** 받아야 한다. ② 검사에 합격된 사행기구에는 행정안전부령이 정하는 바에 의하여 **검사합격증명서를** 붙여야 한다. ③ 사행기구제조업자 및 판매업자는 행정안전부령이 정하는 바에 의하여 검사를 받은 사항에 관한 기록을 당해 제품의 **검사일부터 3년간 보존**하여야 한다.

5. 영업자의 대한 지도 · 감독

행정지도 및 시정명령 (제19조)	① 경찰청장 또는 지방경찰청장은 공익을 위하여 필요하거나 지나친 사행심 유발의 방지 등 선량한 풍속을 유지하기 위하여 필요하다고 인정하는 경우에는 영업자에 대하여 필요한 지도와 명령을 할 수 있다. ② 경찰청장 또는 지방경찰청장은 ㉠ 영업의 시설 등이 기준에 적합하지 아니한 경우, ㉡ 영업자 등이 이 법 또는 이 법에 의한 명령에 위반한 경우 즉시 또는 일정한 기간을 정하여 그 시설 등의 개수 또는 개선을 명하거나 시정을 명할 수 있다.
행정처분 (제21조)	① 경찰청장이나 지방경찰청장은 영업자가 제6조 제2호 각 목의 허가제한 사항 중 어느 하나에 해당하게 된 경우에는 그 **영업의 허가를 취소**하여야 한다. 이 경우 법인인 영업자에 대하여 아래 ⑧에 해당하는 사유로 허가를 취소할 때에는 취소하기 전에 **임원의 교체에 필요한 기간을 3개월 이상의 여유를 주어야 한다.** ① 금치산자 · 한정치산자 또는 미성년자 ② 파산선고를 받은 자로서 복권되지 아니한 자 ③ 정신병자 · 마약 기타 약물중독자 ④ 폭력행위 등 처벌에 관한 법률 제4조의 규정에 의한 단체 또는 집단을 구성하거나 그 단체 또는 집단에 자금을 제공하는 자 ⑤ **금고 이상**의 형의 선고를 받고 그 집행이 종료되거나 집행을 받지 아니하기로 확정된 날부터 **2년이 지나지 아니한 자** ⑥ **금고 이상**의 형의 집행유예의 선고를 받고 그 집행유예기간 중에 있는 자 ⑦ **금고 이상**의 형의 선고유예를 받고 그 선고유예기간 중에 있는 자 ⑧ 임원 중 ① 내지 ⑦에 해당하는 자가 있는 법인 ② 경찰청장 또는 지방경찰청장은 영업자 등이 이 법 또는 이 법에 따른 명령을 위반하면 그 **영업의 허가를 취소하거나 6개월 이내의 기간을 정하여 영업의 정지를 명령할 수 있다.**
청문 (제27조)	경찰청장 또는 지방경찰청장은 **영업허가를 취소하거나 단체의 설립허가를 취소하는 때에는 청문을 하여하여야 한다.**

Ⅲ. 청소년보호법[시행 2012.9.16]

1. 총칙

목적 (제1조)		청소년보호법은 ㉠ **청소년에게 유해한 매체물과 약물 등이 청소년에게 유통되는 것**과 ㉡ **청소년이 유해한 업소에 출입**하는 것 등을 규제하고, ㉢ **청소년을 청소년폭력 · 학대 등 청소년유해행위를 포함한 각종 유해한 환경으로부터 보호 · 구제**함으로써 청소년이 건전한 인격체로 성장할 수 있도록 함을 목적으로 한다. {03.1 승진, 99.1 승진}
용어 (제2조)	**청소년**	**만 19세 미만의 자**를 말한다. 다만, 만 19세에 도달하는 해의 1월 1일을 맞이한 자를 제외한다. {03.1 승진, 02.10 순경, 02.1 승진, 01.7 순경, 01.3 순경}
	매체물	① 「영화 및 비디오물의 진흥에 관한 법률」에 따른 **영화 및 비디오물** ② 「게임산업진흥에 관한 법률」에 따른 **게임물** ③ 「음악산업진흥에 관한 법률」에 따른 **음반, 음악파일, 음악영상물 및 음악영상파일** ④ **「공연법」에 따른 공연**(국악공연은 제외) ⑤ 「전기통신사업법」에 따른 전기통신을 통한 **부호 · 문언 · 음향 또는 영상정보** ⑥ 「방송법」에 따른 **방송프로그램**(보도 방송프로그램은 제외) ⑦ 「신문 등의 진흥에 관한 법률」에 따른 **일반일간신문**(주로 정치 · 경제 · 사회에 관한 보도 · 논평 및 여론을 전파하는 신문은 제외), **특수일간신문**(경제 · 산업 · 과학 · 종교 분야는 제외), **일반주간신문**(정치 · 경제 분야는 제외), **특수주간신문** (경제 · 산업 · 과학 · 시사 · 종교 분야는 제외), **인터넷신문**(주로 정치 · 경제 · 사회에 관한 보도 · 논평 및 여론을 전파하는 신문은 제외) 및 **인터넷뉴스서비스** ⑧ 「잡지 등 정기간행물의 진흥에 관한 법률」에 따른 **잡지**(정치 · 경제 · 사회 · 시사 · 산업 · 과학 · 종교 분야는 제외), **정보간행물, 전자간행물 및 그 밖의 간행물** ⑨ 「출판문화산업 진흥법」에 따른 **간행물, 전자출판물 및 외국간행물**(7과 9에 해당하는 매체물은 제외) ⑩ 「옥외광고물 등 관리법」에 따른 **옥외광고물**과 1부터 9까지의 매체물에 수록 · 게재 · 전시되거나 그 밖의 방법으로 포함된 **상업적 광고선전물** ⑪ 그 밖에 청소년의 정신적 · 신체적 건강을 해칠 우려가 있어 다통령령으로 정하는 매체물
	청소년 유해 매체물	① 청소년보호위원회가 청소년에게 유해한 것으로 결정하거ㅓ 확인하여 여성가족부장관이 이를 고시한 매체물 {03.1 승진} ② 각 심의기관이 청소년에게 유해한 것으로 심의하거나 확인하여 여성가족부장관이 고시한 매체물
	청소년 유해 약물	**청소년 유해 약물** ① 주세법의 규정에 의한 **주류** ② 담배사업법의 규정에 의한 **담배** ③ 마약류관리에 관한 법률의 규정에 의한 **마약류** ④ 유해화학물질관리법의 규정에 의한 **환각물질** ⑤ 기타 중추신경에 작용하여 습관성, 중독성, 내성 등을 유발하여 인체에 유해하게 작용할 수 있는 약물 등 청소년의 사용을 제한하지 아니하면 청소년의 심신을 심각하게 손상시킬 우려가 있는 약물 **청소년 유해 물건** ① 청소년에게 음란한 행위를 조장하는 성기구 등 청소년의 사용을 제한하지 아니하면 **청소년의 심신을 심각하게 손상시킬 우려가 있는 성관련 물건** ② 청소년에게 음란성 · 포악성 · 잔인성 · 사행성 등을 조장하는 완구류 등 청소년의 사용을 제한하지 아니하면 **청소년의 심신을 심각하게 손상시킬 우려가 있는 물건**

			법률	대상 업소
청소년 유해 업소	청소년 출입·고용 금지업소 {10.2경간부, 09.4 순경 02.1 승진}		식품위생법	**유흥주점영업, 단란주점영업**
			영화 및 비디오물의 진흥에 관한 법률	**비디오물감상실업** {02.1 승진} **제한관람가 비디오물 소극장업**
			음악산업진흥에 관한 법률	**노래연습장**(청소년실을 갖춘 노래연습장의 경우 청소년실은 출입가능)
			체육시설의 설치·이용에 관한 법률	**무도학원업, 무도장업**
			사행행위 등 규제 및 처벌특례법	**사행행위영업**
			게임산업 진흥에 관한 법률	**복합유통게임제공업, 일반게임제공업** 단, 카지노업, 사행기구를 갖추어 사행행위를 하는 경우
			전기통신설비를 갖추고 불특정한 사람 상호간의 음성대화 또는 화상대화를 매개하는 것을 주된 목적으로 하는 영업	**음성대화방(전화방), 화상대화방** 다만, 전기통신사업법 등 다른 법률의 규정에 의하여 통신을 매개하는 영업을 제외
			불특정한 사람 사이의 신체적인 접촉 또는 은밀한 부분의 노출 등 성적 행위가 이루어지거나 이와 유사한 행위가 이루어질 우려가 있는 서비스를 제공하는 영업	
			청소년유해매체물 및 청소년유해약물등을 제작·생산·유통하는 영업 등 청소년의 출입과 고용이 청소년에게 유해하다고 인정되는 영업 – **성기구 취급업소, 키스방, 대딸방, 전립선마사지, 유리방, 성인PC방, 휴게텔, 인형체험방 등**	
	청소년 고용금지 업소		게임산업 진흥에 관한 법률	청소년게임제공업, 인터넷컴퓨터게임시설제공업
			공중위생관리법	① **숙박업** [휴양콘도미니엄업, 숙박시설에 의한 숙박업(민박)은 제외] ② **이용업**　　③ **목욕장업**
			식품위생법 {03.1 승진}	**티켓다방, 소주방, 호프, 카페**
			영화 및 비디오물의 진흥에 관한 법률	**비디오물소극장업** {02.1 승진}
			유해화학물질관리법	**유독물영업**(유독물제조업, 유독물판매업, 유독물보관·저장업, 유독물운반업 및 유독물사용업) 단, 유독물사용업, 유독물을 직접 사용하지 아니하는 장소에서 이루어지는 영업은 제외
			회비 등을 받거나 유료로 만화를 대여하는 **만화대여업**	
			청소년유해매체물 및 청소년유해약물등을 제작·생산·유통하는 영업 등 청소년의 고용이 청소년에게 유해하다고 인정되는 영업으로서 대통령령으로 정하는 기준에 따라 청소년보호위원회가 결정하고 여성가족부장관이 고시한 것	

☞ 청소년고용·출입금지업소와 청소년고용금지업소에 **청소년을 고용** : 3년 이하 징역, 2천만 원 이하 벌금
☞ 청소년고용·출입금지업소에 **청소년을 출입** : 2년 이하 징역, 1천만 원 이하 벌금

【청소년 출입 · 고용금지업체】

청소년 출입 · 고용 금지업소	유흥주점영업, 단란주점영업, 비디오물감상실업, 제한관람가 비디오물 소극장업, 노래연습장, 무도학원업, 무도장업, 사행행위영업, 복합유통게임제공업, 일반게임제공업, 음성대화방(전화방), 화상대화방, 성기구취급업소, 키스방, 대딸방, 전립선마사지, 유리방, 성인PC방, 휴게텔, 인형체험방 등
청소년 고용금지 업소	청소년게임제공업, 인터넷컴퓨터게임시설제공업, 숙박업, 이용업, 목욕장업, 티켓다방, 소주방, 호프, 카페, 비디오물소극장업, 유독물영업, 회만화대여업

【청소년 출입 · 고용제한 연령 정리】

대상업소		연령제한	처벌법규
유흥주점, 단란주점	출입	19세 미만	청소년보호법
	고용		
다방 (고용만 제한)	일반다방	13세 이상	근로기준법 (취직인허증 없이)
		15세 미만	
		18세 미만	근로기준법(과태료)
	소개업자	18세 미만	직업안정법
일반음식점 (고용만)	소주방, 호프, 카페	19세 미만	청소년보호법
	일반식당	13세 이상	근로기준법 제64조
		15세 미만	
		18세 미만	근로기준법 제66조
청소년 주류제공		19세 미만	청소년보호법

2. 다른 법률과의 관계(제6조)

이 법은 청소년유해환경의 규제에 관한 **형사처벌을 할 때 다른 법률에 우선하여 적용**한다.
{04.1 승진, 02.10 순경, 99.1 승진}

3. 청소년유해매체물의 결정에 대한 재심의

① 매체물의 제작자 · 발행자나 유통행위자는 청소년보호위원회의 심의 · 결정데 이의가 있는 경우 심의 · 결정의 결과를 **통지받은 날부터 30일 이내**에 청소년보호위원회에 재심의를 청구할 수 있다.

② 재심의 청구는 심의 · 결정의 효력 및 청소년유해매체물 고시 절차의 진행에 영향을 주지 아니한다.

③ 청소년보호위원회는 **재심의 청구를 받은 날부터 30일 이내**에 심의 · 결정하여 그 결과를 청구인에게 통보하여야 한다. 다만, **30일 이내**에 재심의 결정을 하기 어려운 경우에는 청소년보호위원회의 의결을 거쳐 **30일의 범위에서 그 기간을 연장할 수 있다.**

4. 청소년유해매체물의 청소년대상 유통 규제

청소년유해 표시의무 (제13조)	청소년유해매체물에 대해서는 **청소년에게 유해한 매체물임을 나타내는 표시**를 하여야 한다.
포장의무 (제14조)	**청소년유해매체물에 대해서는 이를 포장**하여야 한다. 이 경우 매체물의 특성으로 인하여 포장할 수 없는 것은 포장에 준하는 보호조치를 마련하여 시행하여야 한다.
표시·포장 의 훼손금지 (제15조)	**누구든지 표시의무의 정에 의한 청소년유해표시의무 및 포장의무의 규정에 의한 포장을 훼손하여서는 아니 된다.**
판매금지 (제16조)	① 청소년유해매체물을 판매·대여·배포하거나 시청·관람·이용하도록 제공하려는 자는 그 상대방의 나이 및 본인 여부를 확인하여야 하고, **청소년에게 판매·대여·배포하거나 시청·관람·이용하도록 제공하여서는 아니된다.** ② 청소년유해표시를 하여야 할 매체물은 청소년유해표시가 되지 아니한 상태에서는 당해 매체물의 판매 또는 대여를 위하여 전시 또는 진열하여서는 아니 된다. ③ 포장을 하여야 할 매체물은 포장이 되지 아니한 상태에서는 당해 매체물의 판매 또는 대여를 위하여 전시 또는 진열하여서는 아니 된다.
방송시간 제한 (제18조)	청소년유해매체물을 방송하여서는 아니될 방송시간은 **평일의 경우에는 오전 7시부터 오전 9시까지, 오후 1시부터 오후 10시까지로** 하며, 토요일과 「관공서의 공휴일에 관한 규정」 제2조에 따른 공휴일 및 여성가족부장관이 정하여 고시하는 초등학교·중학교·고등학교의 **방학기간동안에는 오전 7시부터 오후 10시까지로** 한다. {04.1 승진}
광고선전 제한 (제19조)	청소년유해매체물로서 「옥외광고물 등 관리법」에 따른 옥외광고물과 매체물에 수록·게재·전시되거나 그 밖의 방법으로 포함된 상업적 광고선전물은 아래에 해당하는 장소에 공공연하게 설치·부착·배포하여서는 아니 되며, 상업적 광고 선전물을 청소년의 접근을 제한하는 기능이 없는 컴퓨터 통신을 통하여 설치·부착 또는 배포하여서도 아니 된다. ㉠ 청소년출입·고용금지업소외의 업소 ㉡ 일반인들이 통행하는 장소

5. 청소년의 인터넷게임 중독 예방

인터넷게임 이용자의 친권자 등의 동의	① 「게임산업진흥에 관한 법률」에 따른 게임물 중 「정보통신망 이용촉진 및 정보보호 등에 관한 법률」 제2조제1항제1호에 따른 정보통신망을 통하여 실시간으로 제공되는 게임물)의 제공자(「전기통신사업법」 제22조에 따라 부가통신사업자로 신고한 자를 말하며, 같은 조 제1항 후단 및 제4항에 따라 신고한 것으로 보는 경우를 포함)는 회원으로 가입하려는 사람이 **16세 미만의 청소년일 경우에는 친권자등의 동의를 받아야 한다.** ② 친권자등의 동의에 필요한 사항은 「게임산업진흥에 관한 법률」에서 정하는 바에 따른다
심야시간대의 인터넷게임 제공시간 제한 (제26조)	① 「게임산업진흥에 관한 법률」에 따른 게임물 중 「정보통신망 이용촉진 및 정보보호 등에 관한 법률」 제2조 제1항 제1호에 따른 정보통신망을 통하여 실시간으로 제공되는 게임물의 제공자(「전기통신사업법」 제22조에 따라 부가통신사업자로 신고한 자를 말하며, 같은 조 제1항 후단 및 제4항에 따라 신고한 것으로 보는 경우를 포함)는 **16세 미만의 청소년에게 오전 0시부터 오전 6시까지 인터넷게임을 제공하여서는 아니 된다.** ② 여성가족부장관은 문화체육관광부장관과 협의하여 심야시간대 인터넷게임의 제공시간 제한대상 게임물의 범위가 적절한지를 **2년마다 평가**하여 개선 등의 조치를 하여야 한다.

청소년 고용금지 및 출입제한 (제29조)	① **청소년유해업소의 업주는 청소년을 고용하여서는 아니 된다.** 청소년유해업소의 업주가 종업원을 고용하려면 미리 나이를 확인하여야 한다. ② 청소년 출입·고용금지업소의 업주와 종사자는 출입자의 나이를 확인하여 청소년이 그 업소에 출입하지 못하게 하여야 한다. ③ 청소년유해업소의 업주와 종사자는 나이 확인을 위하여 필요한 경우 주민등록증이나 그 밖에 나이를 확인할 수 있는 증표의 제시를 요구할 수 있으며, 증표 제시를 요구받고도 정당한 사유 없이 증표를 제시하지 아니하는 사람에게는 그 업소의 출입을 제한할 수 있다. ④ **청소년이 친권자등을 동반할 때에는 출입하게 할 수 있다.** 다만, 「식품위생법」에 따른 식품접객업 중 업소의 경우에는 출입할 수 없다. ⑤ 청소년유해업소의 업주와 종사자는 그 업소에 청소년의 출입과 고용을 제한하는 내용을 표시하여야 한다.
청소년 유해행위의 금지 (제30조)	① 영리를 목적으로 청소년으로 하여금 신체적인 접촉 또는 은밀한 부분의 노출 등 성적 접대행위를 하게 하거나 이러한 행위를 알선·매개하는 행위 ② 영리를 목적으로 청소년으로 하여금 손님과 함께 술을 마시거나 노래 또는 춤 등으로 손님의 유흥을 돋우는 접객행위를 하게 하거나 이러한 행위를 알선·매개하는 행위 {11.2 순경} ③ 영리나 흥행을 목적으로 청소년에게 음란한 행위를 하게 하는 행위 ④ 영리나 흥행을 목적으로 청소년의 장애나 기형 등의 모습을 일반인들에게 관람시키는 행위 ⑤ 청소년에게 구걸을 시키거나 청소년을 이용하여 구걸하는 행위 ⑥ 청소년을 학대하는 행위 ⑦ 영리를 목적으로 청소년으로 하여금 거리에서 손님을 유인하는 행위를 하게 하는 행위 ⑧ 청소년을 남녀 혼숙하게 하는 등 풍기를 문란하게 하는 영업행의를 하거나 이를 목적으로 장소를 제공하는 행위 ⑨ 주로 차 종류를 조리·판매하는 업소에서 청소년으로 하여금 영업장을 벗어나 차 종류를 배달하는 행위를 하게 하거나 이를 조장하거나 묵인하는 한위
청소년 대상무효인 채권 (제32조)	① 청소년유해 행위를 한 자가 유해행위와 관련하여 청소년에게 가지는 채권은 그 계약의 **형식이나 명목에 관계없이 이를 무효로 한다.** ② 업소의 업주가 고용과 관련하여 청소년에게 가지는 채권은 그 계약의 **형식이나 명목에 관계없이 이를 무효로 한다.**

6. 벌칙

형의 감경 (제63조)	죄를 범한 자가 시정명령을 받고 이를 이행하면 **그 형을 감경할 수 있다.**
과태료 (제64조)	① 아래 시정명령을 이행하지 아니한 자에게는 **500만원 이하의 과태료를 부과**한다 　㉠ **청소년유해표시 의무**(제13조)(제28조제5항에서 준용하는 경우를 포함)를 위반하여 청소년유해매체물 또는 청소년유해약물등에 청소년유해표시를 하지 아니한 자 　㉡ **포장의무**(제14조)(제28조제5항에서 준용하는 경우를 포함)를 의반하여 청소년유해매체물 또는 청소년유해약물등을 포장하지 아니한 자 　㉢ **광고선전제한**(제19조)제1항을 위반하여 청소년유해매체물로서 제2조제2호차목에 해당하는 매체물 중 「옥외광고물 등 관리법」에 따른 옥외광고물을 청소년 출입·고용금지업소 외의 업소나 일반인들이 통행하는 장소에 공공연하게 설치·부착 또는 배포한 자 또는 상업적 광고선전물을 청소년의 접근을 제한하는 기능이 없는 컴퓨터 통신을 통하여 설치·부착 또는 배포한 자

	㉣ **청소년 고용금지 및 출입 제한**(제29조)제5항을 위반하여 청소년유해업소에 청소년의 출입과 고용을 제한하는 내용을 표시하지 아니한 자 ② 아래 시정명령을 이행하지 아니한 자에게는 **100만원 이하의 과태료를 부과**한다. 　㉠ 영리를 목적으로 청소년유해매체물을 **청소년유해표시가 되지 아니한 상태에서** 판매나 대여를 위하여 전시하거나 진열한 자 　㉡ 영리를 목적으로 청소년유해매체물을 **포장하지 아니한 상태에서** 판매나 대여를 위하여 전시하거나 진열한 자 　㉢ 영리를 목적으로 청소년유해매체물을 **구분·격리하지 아니하고** 판매나 대여를 위하여 전시하거나 진열한 자 　㉣ 영리를 목적으로 청소년유해매체물로서 제2조제2호가목부터 다목까지 및 사목부터 자목까지에 해당하는 매체물을 **자동기계장치나 무인판매장치를 통하여** 유통시킬 목적으로 전시하거나 진열한 자

【청소년보호위원회】	
설치	**여성가족부장관 소속**하에 **청소년보호위원회**를 두며, 아래 내용을 심의·결정한다. {04.1 승진} ① 청소년유해매체물, 청소년유해약물 등 청소년유해업소 등의 심의·결정 등에 관한 사항 ② **일반일간신문, 특수일간신문, 일반주간신문, 특수주간신문, 인터넷신문, 인터넷뉴스서비스, 잡지, 정보간행물, 전자간행물 등을 발행하거나 수입한 자에 대한 과징금 부과의 심의·결정에 관한 사항** {04.1 승진} ③ 청소년보호를 위하여 여성가족부장관이 필요하다고 심의를 요청한 사항
구성	① **위원장 1인 포함한 11인 이내의 위원으로 구성**하되, 고위공무원단에 속하는 공무원 중 여성가족부장관이 지명하는 청소년업무담당 공무원단에 속하는 공무원 중 **여성가족부장관이 지명하는 청소년 업무 담당 공무원 1명을 당연직 위원으로** 한다. ② 위원장은 청소년에 관한 경험과 식견이 풍부한 자 중에서 **여성가족부장관의 제청으로 대통령이 임명**하고, **위원은 위원장의 추천을 받아 여성가족부장관의 제청으로 대통령이 임명 또는 위촉**한다.
위원장	① 위원장은 **위원회를 대표**하고 위원회의 업무를 총괄한다. ② 위원장이 부득이한 사유로 직무를 수행할 수 없을 때에는 위원장이 지명한 위원이 그 직무를 대행한다. ③ 위원장은 위원회의 회의를 소집하고 그 의장이 된다. ④ 위원회의 회의는 **재적위원 과반수의 출석으로 개의**하고, **출석위원 과반수의 찬성으로 의결**한다.
위원의 임기	① 위원의 **임기는 2년**으로 하되, **연임할 수 있다.** ② 당연직 위원이 아닌 위원의 결원이 생겼을 때에는 **결원된 날부터 30일 이내에 보궐위원을 임명 또는 위촉**하여야 하며, **보궐위원의 임기는 전임자 임기의 남은 기간으로** 한다.
위원의 직무상 독립과 신분보장	① 위원은 직무와 관련하여 **외부의 지시나 간섭을 받지 아니한다.** ② 위원은 아래에 해당하는 경우를 제외하고는 그 의사에 반하여 면직되지 아니한다. 　㉠ 금고 이상의 형의 선고를 받은 경우 　㉡ 장기간의 심신쇠약으로 직무를 수행할 수 없게 된 경우

【청소년보호법 관련판례】

① 청소년이라 함은 만 19세 미만의 자를 말한다. 다만, 만 19세에 도달하는 해의 1월 1일을 맞이한 자를 제외한다."고 규정하고 있고, 형법과 청소년보호법이 연령 계산에 관하여 민법과 달리 규정하고 있지 않으므로 "연령 계산에는 출생일을 포함한다."는 민법 제158조에 따라 청소년인지 여부를 판단하여야 하는 점에 비추어 볼 때, 이때의 **연령은 호적 등 공부상의 나이가 아니라 실제의 나이를 기준으로 하여야 한다.** 공부상 출생일과 다른 실제의 출생일을 기준으로 청소년보호법상의 청소년에서 제외도는 자임이 역수상 명백하면 피고인을 주류판매에 관한 청소년보호법 위반죄로 처벌할 수 없다. [대구지법 2009.9.11 209노1765]

② **식품위생법상의 일반음식점 영업허가를 받은 업소라고 하더라도 실제로는 음식류의 조리·판매보다는 주로 주류를 조리·판매하는 영업행위가 이루어지고 있는 경우에는 청소년보호법상의 청소년고용금지업소에 해당하며,** 나아가 일반음식점의 실제의 영업형태 중에서는 주간에는 주로 음식류를 조리·판매하고 야간에는 주로 주류를 조리·판매하는 형태도 있을 수 있는데, 이러한 경우 음식류의 조리·판매보다는 주로 주류를 조리·판매하는 **야간의 영업형태에 있어서의 그 업소는 위 청소년보호법의 입법취지에 비추어 볼 때 청소년보호법상의 청소년고용금지업소에 해당한다.**[대판 2004.2.12. 2003도6282]

③ 청소년이 이른바 '티켓걸'로서 노래연습장 또는 유흥주점에서 손님들의 흥을 돋우어 주고 시간당 보수를 받은 사안에서 **업소주인이 청소년을 시간제 접대부로 고용한 것으로 보고 업소주인을 청소년보호법위반죄로 처단한 원심의 조치를 정당**하다. [대판 2005.7.29. 2005도3801]

④ 청소년유해업소의 업주는 청소년을 고용하여서는 아니됨에도 피고인이 자신이 운영하는 유흥주점에 청소년인 甲(17세)을 종업원으로 고용하였다는 청소년보호법 위반의 공소사실에 대하여, 업주인 피고인이 甲을 직접 고용하였다고 볼 수 없고 **위 주점의 지배인이 甲을 고용한 것으로 보일 뿐이라는 이유로 피고인에게 무죄를 선고한 것은 위법하다.** [대판 2011.1.13. 2010도10029]

⑤ 심야시간에 20대 후반의 남자가 인터넷 채팅을 통하여 만난 가출 청소년들과 함께 찜질방에 입장하면서 위 **청소년들의 오빠로 행세하자 그를 위 청소년들의 보호자로 오인하여 위 청소년들을 입장시킨 사안에서, 위 남자가 청소년이 동행하여 심야시간대의 찜질방에 출입할 수 있는 보호자에 해당하지 않으나, 종업원에게 그에 관한 미필적 인식이 없다.** [대판 2009.3.26. 2008도12065]

⑥ 18세 미만의 청소년에게 술을 판매함에 있어서 가사 그의 **민법상 법정대리인의 동의를 받았다고 하더라도 그러한 사정만으로 위 행위가 정당화될 수는 없다.**[대판 1999.7.13. 99도2151]

⑦ 청소년출입금지업소의 업주 및 종사자는 객관적으로 보아 출입자를 청소년으로 의심하기 어려운 사정이 없는 한 증명력이 있는 증거에 의하여 대상자의 연령을 확인하여야 하며, 이러한 **연령확인의무에 위배하여 연령확인을 위한 아무런 조치를 취하지 아니함으로써 청소년이 당해 업소에 출입한 것이라면, 특별한 사정이 없는 한 업주 및 종사자에게 최소한 위 법률 조항 위반으로 인한 청소년보호법위반죄의 미필적 고의는 인정된다고 할 것이다.**[대판 2007.11.16. 2007도7770]

⑧ 유흥주점 운영자가 업소에 들어온 미성년자의 신분을 의심하여 주문받은 술을 들고 룸에 들어가 신분증의 제시를 요구하고 밖으로 데리고 나온 사안에서, **미성년자가 실제 주류를 마시거나 마실 수 있는 상태에 이르지 않았으므로 술값의 선불지급 여부 등과 무관하게 주류판매에 관한 청소년보호법 위반죄가 성립하지 않는다.**[대판 2008.7.24. 2008도3211]

⑨ 술을 내어 놓을 당시에는 성년자들만이 자리에 앉아서 그들끼리만 술을 마시다가 나중에 청소년이 들어와서 합석하게 된 경우에는 처음부터 음식점 운영자가 나중에 그렇게 청소년이 합석하리라는 것을 예견할 만한 사정이 있었거나, 청소년이 합석한 후에 이를 인식하면서 추가로 술을 내어 준 경우가 아닌 이상, **합석한 청소년이 상 위에 남아 있던 소주를 일부 마셨다고 하더라도 음식점 운영자가 청소년에게 술을 판매하는 행위를 하였다고는 할 수 없다.**[대판 2009.4.9. 2008도11282]

Ⅳ. 아동 · 청소년의 성보호에 관한 법률[시행 2012.8.5]

1. 총칙

목적		아동 · 청소년대상 성범죄의 처벌과 절차에 관한 특례를 규정하고 피해아동 · 청소년을 위한 구제 및 지원절차를 마련하며 아동 · 청소년대상 성범죄자를 체계적으로 관리함으로써 아동 · 청소년을 성범죄로부터 보호하고 아동 · 청소년이 건강한 사회구성원으로 성장할 수 있도록 함을 목적으로 한다.
용어	**아동 · 청소년 (제2조 제1호)**	**19세 미만의 자**를 말한다. 다만, 19세에 도달하는 해의 1월 1일을 맞이한 자는 제외한다. {11.2 순경}
	아동 · 청소년대상 성범죄 (제2조 제2호)	**가. 제7조부터 제12조까지의 죄(제8조 제5항의 죄는 제외)** ㉠ 제7조(아동 · 청소년에 대한 강간 · 강제추행 등) ㉡ 제7조의2(형법상 감경규정에 관한 특례) 음주 또는 약물로 인한 심신장애 상태에서 아동 · 청소년에 대하여 성폭력범죄의처벌등에관한특례법 제3조(특수강도강간 등), 제4조(특수강간 등), 제5조(친족관계에 의한 강간 등), 제6조(장애인에 대한 간음 등), 제7조(13세 미만의 미성년자에 대한 강간, 강제추행 등), 제8조(강간 등 상해 · 치상), 제9조(강간 등 살인 · 치사), 제10조(업무상 위력 등에 의한 추행), 제11조(공중 밀집 장소에서의 추행)까지의 죄를 범한 때에는 심신장애자와 농아자를 적용하지 아니할 수 있다. ㉢ 제7조의3(공소시효 기산에 관한 특례) ① 아동 · 청소년대상 성범죄의 공소시효는 해당 성범죄로 피해를 당한 아동 · 청소년이 성년에 달한 날부터 진행한다. ② 아동 · 청소년에 대한 강간 · 강제추행의 죄는 디엔에이(DNA)증거 등 그 죄를 증명할 수 있는 과학적인 증거가 있는 때에는 공소시효가 10년 연장된다. ㉢ 제8조(아동 · 청소년이용음란물의 제작 · 배포 등) 　　단, 아동 · 청소년이용음란물을 소지한 자는 제외 ㉤ 제9조(아동 · 청소년 매매행위) ㉥ 제10조(아동 · 청소년의 성을 사는 행위 등) ㉦ 제11조(아동 · 청소년에 대한 강요행위 등) ㉧ 제12조(알선영업행위 등) **나. 아동 · 청소년에 대한 성폭력범죄의 처벌 등에 관한 특례법 제3조부터 제10조까지 및 제14조의 죄** 제3조(특수강도강간 등), 제4조(특수강간 등), 제5조(친족관계에 의한 강간 등), 제6조(장애인에 대한 간음 등), 제7조(13세 미만의 미성년자에 대한 강간, 강제추행 등), 제8조(강간 등 상해 · 치상), 제9조(강간 등 살인 · 치사), 제10조(업무상 위력 등에 의한 추행), 제14조(미수범) 제3조부터 제9조까지 및 제13조의 미수범은 처벌한다.

용어	아동 · 청소년 대상 성범죄 (제2조 제2호)	**다. 아동 · 청소년에 대한 형법 제297조부터 제301조까지, 제301조의2, 제302조, 제303조, 제305조 및 제339조의 죄** 형법 제297조(강간), 제298조(강제추행), 제299조(준강간, 준강제추행), 제300조(미수범) 전3조의 미수범은 처벌한다. 제301조(강간 등 상해 · 치상), 제301조의2(강간 등 살인 · 치사), 제302조(미성년자 등에 대한 간음), 제303조(업무상 위력 등에 의한 간음), 제305조(미성년자에 대한 간음, 추행), 제339조(강도강간) **라. 아동 · 청소년에 대한 아동복지법 제17조 제2호 및 제4호의 죄** ㉠ 아동에게 음행을 시키거나 음행을 매개하는 행위 ㉡ 아동에게 성적 수치심을 주는 성희롱, 성폭행 등의 학대행위
	아동 · 청소년 대상 성폭력범죄 (제2조 제3호) {05.1 승진, 07.2 경간부}	**아동 · 청소년대상 성범죄에서 제8조부터 제12조까지의 죄를 제외한 죄** 제8조(**아동 · 청소년이용음란물의 제작** · 배포 등) 단, 아동 · 청소년이용음란물을 소지한 자는 제외한다. 제9조(아동 · 청소년 매매행위), 제10조(**아동 · 청소년의 성을 사는 행위** 등), 제11조(아동 · 청소년에 대한 강요행위 등), 제12조(알선영업행위 등) **제외한 범죄**
	아동 · 청소년 의 성을 사는 행위 (제2조 제4호)	**아동 · 청소년, 아동 · 청소년의 성(性)을 사는 행위를 알선한 자 또는 아동 · 청소년을 실질적으로 보호 · 감독하는 자 등에게 금품이나 그 밖의 재산상 이익, 직무 · 편의제공 등 대가를 제공하거나 약속**{04.1 승진}하고 다음 아래에 해당하는 행위를 아동 · 청소년을 대상으로 하거나 아동 · 청소년으로 하여금 하게 하는 것을 말한다. ㉠ 성교 행위 ㉡ 구강 · 항문 등 신체의 일부나 도구를 이용한 유사 성교 행위 ㉢ 신체의 전부 또는 일부를 접촉 · 노출하는 행위로서 일반인의 성적 수치심이나 혐오감을 일으키는 행위 ㉣ 자위행위
	아동 · 청소년 이용음란물 (제2조 제5호)	아동 · 청소년이 등장하여 제4호의 어느 하나에 해당하는 행위를 하거나 그 밖의 성적 행위를 하는 내용을 표현하는 것으로서 필름 · 비디오물 · 게임물 또는 컴퓨터나 그 밖의 통신매체를 통한 화상 · 영상 등의 형태로 된 것을 말한다.
	피해아동 · 청소년 (제2조 제6호)	제2호 나목 · 다목의 죄 및 제7조(아동 · 청소년에 대한 강간 · 강제추행 등), 제8조(아동 · 청소년이용음란물의 제작 · 배포 등), 제9조(아동 · 청소년 매매행위)의 죄의 피해자가 된 아동 · 청소년을 말한다.
	대상아동 · 청소년 (제2조 제7호)	제10조(아동 · 청소년의 성을 사는 행위 등)의 죄의 상대방이 된 아동 · 청소년을 말한다.

2. 아동 · 청소년대상 성범죄의 처벌 {07.2 경간부, 05.1 승진}

아동 · 청소년에 대한 강간 · 강제추행 (제7조)	① 폭행 또는 협박으로 아동·청소년을 강간한 자 ② 아동 · 청소년에 대하여 폭행이나 협박으로 아래에 해당하는 행위를 한 자 　㉠ 구강 · 항문 등 신체(성기는 제외)의 내부에 성기를 넣는 행위 　㉡ 성기 · 항문에 손가락 등 신체(성기는 제외)의 일부나 도구를 넣는 행위 ③ 아동 · 청소년에 대하여 「형법」 제298조(강제추행)의 죄를 범한 자 ④ 아동 · 청소년에 대하여 「형법」 제299조(준강간, 준강제추행)의 죄를 범한 자 ⑤ 위계(僞計) 또는 위력으로써 아동 · 청소년을 간음하거나 아동 · 청소년을 추행한 자 (위계·위력에 의한 간음·강제추행) ⑥ **①부터 ⑤까지의 미수범은 처벌한다.**
공소시효 기산에 관한 특례 (제7조의3)	① 아동 · 청소년대상 성범죄의 공소시효는 「형사소송법」 제252조제1항에도 불구하고 해당 **성범죄로 피해를 당한 아동 · 청소년이 성년에 달한 날부터 진행한다.** ② 아동 · 청소년에 대한 강간 · 강제추행의 죄는 디엔에이(DNA)증거 등 그 죄를 증명할 수 있는 과학적인 증거가 있는 때에는 **공소시효가 10년 연장**된다.{11.2 순경} ③ 13세 미만의 여자 및 신체적인 또는 정신적인 장애가 있는 여자에 대하여 폭행 또는 협박으로 강간하거나 「형법」 제299조(준강간에 한정)의 죄를 범한 경우에는 「형사소송법」 제249조부터 제253조까지 및 「군사법원법」 제291조부터 제295조까지에 규정된 **공소시효를 적용하지 아니한다.**
아동 · 청소년이용음란물의 제작 · 배포 (제8조)	① 아동 · 청소년이용음란물을 제작 · 수입 또는 수출한 자 ② 영리를 목적으로 아동 · 청소년이용음란물을 판매 · 대여 · 배포하거나 이를 목적으로 소지 · 운반하거나 공연히 전시 또는 상영한 자 ③ 자신이 관리하는 정보통신망에서 아동 · 청소년이용음란물을 발견하기 위하여 대통령령으로 정하는 조치를 취하지 아니하거나 발견된 아동 · 청소년이용음란물을 즉시 삭제하고, 전송을 방지 또는 중단하는 기술적인 조치를 취하지 아니한 온라인서비스제공자 다만, 온라인서비스제공자가 정보통신망에서 아동 · 청소년이용음란물을 발견하기 위하여 상당한 주의를 게을리하지 아니하였거나 발견된 아동 · 청소년이용음란물의 전송을 방지하거나 중단시키고자 하였으나 기술적으로 현저히 곤란한 경우에는 그러하지 아니하다. ④ 아동 · 청소년이용음란물을 배포하거나 공연히 전시 또는 상영한 자 ⑤ 아동 · 청소년이용음란물을 소지한 자 ⑥ 아동 · 청소년이용음란물을 제작할 것이라는 정황을 알면서 아동 · 청소년을 아동 · 청소년이용음란물의 제작자에게 알선한 자 ⑦ **①의 미수범은 처벌한다.**
아동 · 청소년 매매행위 (제9조)	① 아동 · 청소년의 성을 사는 행위 또는 아동 · 청소년이용음란물을 제작하는 행위의 대상이 될 것을 알면서 아동 · 청소년을 매매 또는 국외에 이송하거나 국외에 거주하는 아동 · 청소년을 국내에 이송한 자 ② **①의 미수범은 처벌한다.**
아동 · 청소년의 성을 사는 행위 (제10조)	① 아동 · 청소년의 성을 사는 행위를 한 자 ② **아동 · 청소년의 성을 사기 위하여 아동 · 청소년을 유인하거나 성을 팔도록 권유한 자**

아동 · 청소년에 대한 강요행위 (제11조)	① 다음 아래에 해당하는 자 　㉠ 폭행이나 협박으로 아동 · 청소년으로 하여금 아동 · 청소년의 성을 사는 행위의 상대방이 되게 한 자 　㉡ 위계나 선불금, 그 밖의 채무를 이용하는 등의 방법으로 아동 · 청소년을 곤경에 빠뜨려 아동 · 청소년으로 하여금 아동 · 청소년의 성을 사는 행위의 상대방이 되게 한 자 　㉢ 업무 · 고용이나 그 밖의 관계로 자신의 보호 또는 감독을 받는 것을 이용하여 아동 · 청소년으로 하여금 아동 · 청소년의 성을 사는 행위의 상대방이 되게 한 자 　㉣ 영업으로 아동 · 청소년을 아동 · 청소년의 성을 사는 행위의 상대방이 되도록 유인 · 권유한 자 ② ① 제1호부터 제3호까지의 죄를 범한 자가 그 대가의 전부 또는 일부를 받거나 이를 요구 또는 약속한 때 ③ **아동 · 청소년의 성을 사는 행위의 상대방이 되도록 유인 · 권유한 자** ④ **①과 ②의 미수범은 처벌한다.**
장애인인 아동·청소년에 대한 간음 (제11조의2)	① 19세 이상의 사람이 장애 아동 · 청소년(「장애인복지법」 제2조제1항에 따른 장애인으로서 신체적인 또는 정신적인 장애로 사물을 변별하거나 의사를 결정할 능력이 미약한 13세 이상의 아동 · 청소년을 말한다.)을 간음하거나 장애 아동 · 청소년으로 하여금 다른 사람을 간음하게 하는 경우 ② 19세 이상의 사람이 장애 아동 · 청소년을 추행한 경우 또는 장애 아동 · 청소년으로 하여금 다른 사람을 추행하게 하는 경우
알선영업행위 (제12조 제1항)	① 아동 · 청소년의 성을 사는 행위의 장소를 제공하는 행위를 업으로 하는 자 ② 아동 · 청소년의 성을 사는 행위를 알선하거나 정보통신망에서 알선정보를 제공하는 행위를 업으로 하는 자 ③ 범죄에 사용되는 사실을 알면서 자금 · 토지 또는 건물을 제공한 자 ④ 영업으로 아동 · 청소년의 성을 사는 행위의 장소를 제공 · 알선하는 업소에 아동 · 청소년을 고용하도록 한 자
알선영업행위 (제12조 제2항)	① 영업으로 아동 · 청소년의 성을 사는 행위를 하도록 유인 · 권유 또는 강요한 자 ② 아동 · 청소년의 성을 사는 행위의 장소를 제공한 자 ③ 아동 · 청소년의 성을 사는 행위를 알선하거나 정보통신망에서 알선정보를 제공한 자 ④ 영업으로 제2호 또는 제3호의 행위를 약속한 자
알선영업행위 (제12조제3항)	아동 · 청소년의 성을 사는 행위를 하도록 유인 · 권유 또는 강요한 자
신고의무자 가중처벌 (제12조의2)	기관 · 시설 또는 단체의 장과 그 종사자가 자기의 보호 · 감독 또는 진료를 받는 아동 · 청소년을 대상으로 성범죄를 범한 경우에는 그 죄에 정한 형의 2분의 1까지 가중처벌한다.

【미수범 처벌하는 경우】

① 아동 · 청소년에 대한 **강간·강제추행 등**(제7조 모두)
② 아동 · 청소년이용음란물 **제작·수입·수출**(제8조 ①항만)
③ 아동 · 청소년 **매매행위**(제9조 모두)
④ 아동 · 청소년에 대한 **강요행위**(제11조 ①②항만, ③항은 제외)
　단, **아동 · 청소년의 성을 사는 행위의 상대방이 되도록 유인 · 권유한 자**는 미수범 처벌(×)

3. 친권상실청구

친권상실 청구 (제14조)	① 아동 · 청소년대상 성범죄 사건을 수사하는 검사는 그 사건의 가해자가 피해아동 · 청소년의 친권자나 후견인인 경우에 법원에 「민법」 제924조의 친권상실선고 또는 같은 법 제940조의 **후견인 변경 결정을 청구하여야 한다.** 다만, 친권상실선고 또는 후견인 변경 결정을 하여서는 아니될 특별한 사정이 있는 경우에는 그러하지 아니하다. ② 아래의 기관 · 시설 또는 단체의 장은 검사에게 청구를 하도록 요청할 수 있다. 이 경우 청구를 요청받은 **검사는 요청받은 날부터 30일 내에 해당 기관 · 시설 또는 단체의 장에게 그 처리 결과를 통보하여야 한다.** 　㉠ 「아동복지법」 제45조에 따른 아동보호전문기관 　㉡ 「성폭력방지 및 피해자보호 등에 관한 법률」 제10조의 성폭력피해상담소 및 같은 법 제12조의 성폭력피해자보호시설 　㉢ 삭제 　㉣ 「청소년복지 지원법」 제29조제1항에 따른 청소년상담복지센터 및 같은 법 제31조 제1호에 따른 청소년쉼터 ③ 처리결과를 통보받은 기관 · 시설 또는 단체의 장은 그 처리결과에 대하여 이의가 있을 경우 통보받은 날부터 **30일 내에 직접 법원에 청구를 할 수 있다.**

4. 피해아동 · 청소년의 보호조치 및 피해자의 의사

피해아동 · 청소년의 보호조치 결정 (제15조)	법원은 아동 · 청소년대상 성범죄 사건의 가해자에게 민법 제924조에 따라 **친권상실선고를 하는 경우에는 피해아동 · 청소년을 다른 친권자 또는 친족에게 인도**하거나 제30조 또는 제31조의 **기관 · 시설 또는 단체에 인도하는 등의 보호조치를 결정**할 수 있다. 이 경우 그 아동 · 청소년의 의견을 존중하여야 한다.
피해자의 의사 (제16조) {09.4 순경}	① **아동 · 청소년을 대상으로 한 아래 죄에 대하여는 피해자의 고소가 없어도 공소를 제기할 수 있다.(비친고죄)** {08.2 경간부} 　㉠ 「아동·청소년의 성보호에 관한 법률」 제7조(아동 · 청소년에 대한 강간 · 강제추행) 　㉡ 「형법」 제297조(강간), 제298조(강제추행), 제299조(준강간, 준강제추행), 제300조(전 3조 미수범 처벌), 제302조(미성년자 등에 대한 간음), 제303조(업무상 위력 등에 의한 간음), 제305조(미성년자에 대한 간음, 추행) 　㉢ 「성폭력범죄의 처벌 등에 관한 특례법」 제10조①항(업무상위력 등에 의한 추행) ② **아동 · 청소년을 대상으로 한 아래 죄에 대하여는 피해자의 명시한 의사에 반하여 공소를 제기할 수 없다.(반의사불벌죄)** {11.2 순경} 　㉠ 「성폭력범죄의 처벌 등에 관한 특례법」 제11조(공중 밀집 장소에서의 추행) 　㉡ 「성폭력범죄의 처벌 등에 관한 특례법」 제12조(통신매체를 이용한 음란행위)

5. 영상물의 촬영·보존 및 신뢰관계에 있는 자의 동석

영상물의 촬영·보존 (제18조의2)	① **아동·청소년대상 성범죄 피해자**의 진술내용과 조사과정은 비디오녹화기 등 영상물녹화 장치에 의하여 **촬영·보존하여야 한다.** ② 영상물녹화는 **피해자 또는 법정대리인이 이를 원하지 아니하는 의사를 표시한 때에는 촬영을 하여서는 아니된다.** 다만, 가해자가 친권자 중 일방인 경우는 그러하지 아니하다. ② 영상녹화는 조사의 개시부터 종료까지의 전 과정 및 객관적 정황을 녹화하여야 하고, 녹화가 완료된 때에는 **지체 없이 그 원본을 피해자 또는 변호인 앞에서 봉인하고 피해자로 하여금 기명날인 또는 서명**하게 하여야 한다. ④ 검사 또는 사법경찰관은 피해자 또는 법정대리인으로부터 신청하는 경우에는 영상물촬영과정에서 작성한 조서의 **사본을 신청인에게 교부하거나 영상물을 재생하여 시청하게 하여야** 한다. ⑤ 절차에 따라 촬영한 영상물에 수록된 피해자의 진술은 공판준비 또는 공판기일에 피해자 또는 조사과정에 동석하였던 **신뢰관계에 있는 자의 진술에 의하여 그 성립의 진정함이 인정된 때에는 증거로 할 수 있다.**
신뢰관계에 있는 자의 동석 (제18조의4)	① 법원은 아동·청소년대상 성범죄의 피해자를 증인으로 신문함에 있어서 **검사·피해자 또는 법정대리인의 신청이 있는 때에는** 재판에 지장을 초래할 우려가 있는 등 부득이한경우가 아닌 한 **피해자와 신뢰관계에 있는 자를 동석하게 하여야 한다.** ② 법원과 수사기관은 피해자와 신뢰관계에 있는 사람이 **피해자에게 불리하거나, 피해자가 원하지 아니하는 경우에는 동석하게 하여서는 아니 된다.**

6. 아동·청소년대상 성범죄의 신고

아동·청 소년대상 성범죄의 신고 (제22조)	① **누구든지** 아동·청소년대상 성범죄의 발생 사실을 알게 된 때게는 **수사기관에 신고할 수 있다.** ② 다음 아래에 해당하는 **기관·시설 또는 단체의 장과 그 종사자는** 직무상 아동·청소년대상 성범죄의 발생 사실을 알게 된 때에는 **즉시 수사기관에 신고하여야 한다.** 　➡ **위반시 300만원 이하의 과태료 부과** 　㉠ 「유아교육법」 제2조제2호의 유치원 　㉡ 「초·중등교육법」 제2조의 학교 　㉢ 「의료법」 제3조의 의료기관 　㉣ 「아동복지법」 제3조제10호의 아동복지시설 　㉤ 「장애인복지법」 제58조의 장애인복지시설 　㉥ 「영유아보육법」 제2조제3호의 어린이집 등등 ③ 다른 법률에 규정이 있는 경우를 제외하고는 누구든지 신고자 등의 인적사항이나 사진 등 그 신원을 알 수 있는 정보나 자료를 출판물에 게재하거나 방송 또는 정보통신망을 통하여 공개하여서는 아니 된다. ➡ **위반시 5년 이하의 징역 또는 5천만원 이하 벌금**

7. 아동 · 청소년대상 성범죄로 유죄판결이 확정된 자의 신상정보 등록 및 공개

신상정보 등록대상자 (제33조) {01.2 경간부, 04.1 승진}	① 아동 · 청소년대상 **성범죄로 유죄판결이 확정된 자** 또는 **공개명령이 확정된 자는 신상정보 등록대상자**가 된다. ② 법원은 아동 · 청소년대상 성범죄로 판결을 선고할 경우에 등록대상자라는 사실과 신상정보 제출 의무가 있음을 등록대상자에게 알려 주어야 한다. ③ 법원은 **판결이 확정된 날부터 14일 이내**에 고지사항을 서면으로 판결문 등본에 첨부하여 **여성가족부장관에게 송달**하여야 한다.
신상정보의 제출 의무 (제34조)	① 등록대상자는 **판결이 확정된 날로부터 40일 이내**에 아래의 신상정보를 자신의 주소지를 관할하는 경찰관서의 장에게 제출하여야 한다. 다만, 등록대상자가 교정시설 또는 치료감호시설에 수용된 경우에는 그 교정시설의 장 또는 치료감호시설의 장에게 신상정보를 제출함으로써 이에 갈음할 수 있다. **【신상정보(제출)】** ㉠ **성**명 ㉡ **주**민등록번호 ㉢ **직**업 및 직장 등의 소재지 ㉣ **신**체정보(키와 몸무게) ㉤ **사**진(등록일 기준으로 6개월 이내에 촬영된 것) ㉥ **소**유차량의 등록번호 ㉦ **주**소 및 실제거주지 ② 등록대상자는 **제출한 신상정보가 변경된 경우에는 그 사유와 변경내용을 변경사유가 발생한 날부터 30일 이내에 제출**하여야 한다. 다만, **사진은 최초 등록일부터 1년마다 새로 촬영한 사진을 제출**하되, 교정시설 또는 치료감호시설에 수용된 자의 경우에는 석방 또는 치료감호 종료 전에 새로 촬영한 사진을 교정시설 등의 장에게 제출하여야 한다. ③ 등록대상자로부터 제출정보 및 변경정보를 제출받은 관할경찰관서의 장 또는 교정시설 등의 장은 **지체 없이** 이를 **여성가족부장관에게 송달**하여야 한다.
등록정보의 관리 (제36조)	① 여성가족부장관은 등록정보를 최초 등록일(등록대상자에게 통지한 등록일)부터 **20년간 보존 · 관리**하여야 한다. ② 등록기간이 끝나면 등록정보를 즉시 폐기하고 그 사실을 등록대상자에게 통지하여야 한다. 이 경우 등록대상자가 등록 원인이 된 아동 · 청소년대상 성범죄로 교정시설에 수용된 기간은 등록기간에 넣어 계산하지 아니한다. ③ 관할경찰관서의 장은 등록기간 중 매년 1회 등록정보의 변경 여부를 확인하여야 한다.
등록정보의 공개 (제38조)	① 법원은 아래의 어느 하나에 해당하는 자에 대하여 판결로 **공개정보를 등록기간 동안 정보통신망을 이용하여 공개하도록 하는 명령을 아동 · 청소년대상 성범죄 사건의 판결과 동시에 선고**하여야 한다. 다만, 아동 · 청소년대상 성범죄사건에 대하여 벌금형을 선고하거나 피고인이 아동 · 청소년인 경우, 그 밖에 신상정보를 공개하여서는 아니 될 특별한 사정이 있다고 판단되는 경우에는 그러하지 아니하다. 　㉠ 아동 · 청소년대상 성폭력범죄를 저지른 자

	ⓛ 이 법에 따른 신상공개 결정 또는 열람명령·공개명령을 선고받고 다시 아동·청소년대상 성폭력범죄를 저지른 자 ⓒ 13세 미만의 아동·청소년을 대상으로 아동·청소년대상 성범죄를 저지른 자로서 13세 미만의 아동·청소년을 대상으로 아동·청소년대상 성범죄를 다시 범할 위험성이 있다고 인정되는 자 ⓔ 아동·청소년대상 성폭력범죄를 저지른 자로서 아동·청소년대상 성폭력범죄를 다시 범할 위험성이 있다고 인정되는 자 ⓜ 아동·청소년대상 성폭력범죄를 범하였으나 형법 제10조 제1항에 따라 처벌할 수 없는 자로서 아동·청소년대상 성폭력범죄를 다시 범할 위험성이 있다고 인정되는 자 ② **등록정보의 공개기간은 판결이 확정된 때부터 기산**한다. 다만, 공개명령을 받은 자가 실형 또는 치료감호를 선고받은 경우에는 그 형 또는 치료감호의 전부 또는 일부의 집행을 종료하거나 집행이 면제된 때부터 기산한다. **【등록정보(공개)】** ⓖ **아동·청소년대상 성범죄 요지** ⓛ **신체정보(키와 몸무게)** ⓒ **성명** ⓔ **주소 및 실제거주지(읍·면·동까지)** ⓜ **사진** ⓗ **나이**
등록정보의 고지 **(제38조의2)**	① 법원은 공개대상자 중 아래에 해당하는 자에 대하여 **판결로 공개명령 기간 동안 고지정보를 고지대상자가 거주하는 읍·면·동의 지역주민, 「영유0·보육법」 상 어린이집의 원장, 「유아교육법」 상 유치원의 장, 「초·중등교육법」 상 학교의 장에게 고지하도록 하는 명령을 아동·청소년대상성범죄 사건의 판결과 동시에 선고**하여야 한다. ⓖ 아동·청소년대상 성폭력범죄를 저지른 자 ⓛ 아동·청소년대상 성폭력범죄를 범하였으나, 형법 제10조 제1항에 따라 처벌할 수 없는 자로서 등록대상 성폭력범죄를 다시 범할 위험성이 있다고 인정되는 자 ② **고지명령은 아래 기간 이내에 하여야 한다.** ⓖ 집행유예를 선고받은 고지대상자는 신상정보 최초 등록일부터 **1개월 이내** ⓛ 금고 이상의 실형을 선고받은 고지대상자는 출소 후 거주할 지역에 전입한 날부터 **1개월 이내** ⓒ 고지대상자가 다른 지역으로 전출하는 경우에는 변경정보 등록일부터 **1개월 이내**
고지명령의 집행 **(제38조의3)**	① **고지명령의 집행은 여성가족부장관**이 한다. ② **법원은 고지명령의 판결이 확정되면** 판결문 등본을 지체 없이 **여성가족부장관에게 송달**하여야 한다. ③ 법무부장관은 고지대상자가 출소하는 경우 **출소 1개월 전까지 아래의 정보를 여성가족부장관에게 송부**하여야 한다. ⓖ 고지대상자의 출소 예정일 ⓛ 고지대상자의 출소 후 거주지 상세주소

공개명령의 집행 (제39조)	① **공개명령은 여성가족부장관이 정보통신망을 이용하여 집행**한다. ② 법원은 판결이 확정되면 **판결문 등본을 지체 없이 여성가족부장관에게 송달**하여야 한다. ③ 공개명령의 집행·공개절차·관리 등에 관한 세부사항은 대통령령으로 정한다.
계도 및 범죄정보의 공표 (제40조)	① 여성가족부장관은 아동·청소년 대상 성범죄의 발생추세와 동향, 그 밖에 계도에 필요한 사항을 **연 2회 이상 공표**하여야 한다. ② **여성가족부장관은** 성범죄 동향 분석 등을 위하여 **성범죄로 유죄판결이 확정된 자에 대한 자료를 관계 행정기관에 요청**할 수 있다.
비밀준수 (제42조)	아동·청소년대상 성범죄자의 신상정보의 등록·공개·보존 및 관리업무에 종사하거나 종사하였던 자는 **직무상 알게 된 등록정보를 누설하여서는 아니 된다.**
아동·청소년 관련 교육기관 등에의 취업제한 (제44조)	① 아동·청소년대상 성범죄 또는 성인대상 성범죄로 형 또는 치료감호를 선고받아 확정된 자는 그 형 또는 치료감호의 전부 또는 일부의 집행을 종료하거나 집행이 유예·면제된 날부터 **10년 동안,** 가정을 방문하여 아동·청소년에게 직접교육서비스를 제공하는 업무에 종사할 수 없으며 관련 시설 또는 기관을 운영하거나 아동·청소년 관련 교육기관 등에 취업 또는 사실상 노무를 제공할 수 없다. ② 아동·청소년 관련 교육기관 등의 설치 또는 설립인가·신고를 관할하는 지방자치단체의 장, 교육감 또는 교육장은 아동·청소년 관련 교육기관 등을 운영하려는 자에 대하여 본인의 동의를 받아 관계 기관의 장에게 성범죄의 경력 조회를 요청할 수 있다. 이 경우 관계기관의 장은 정당한 사유가 없는 한 이에 따라야 한다(**공동주택의 관리사무소, 의료기관은 제외**). ③ 아동·청소년 관련 교육기관 등의 장은 그 기관에 취업 중이거나 사실상 노무를 제공 중인 자 또는 취업하려 하거나 사실상 노무를 제공하려는 자에 대하여 성범죄의 경력을 확인하여야 한다. 이 경우 본인의 동의를 받아 관계 기관의 장에게 성범죄의 경력조회를 요청하여야 한다.

【성매매와 청소년매매의 비교】

	성매매	청소년성매매
근 거	성매매 알선 등 행위의 처벌에 관한 법률	아동·청소년의 성보호에 관한 법률
대 상	불특정인	특정인도 상관없음.
연 령	제한 없음.	연 19세 미만의 자(청소년)
처 벌	일반성매매자	청소년의 성을 산 자
행 위	성교행위, 유사행위를 포함	

【13세 미만 아동에 대한 강간·강제추행】

성폭력범죄의 처벌 등에 관한 특례법	강간	무기 또는 10년 이상의 유기징역
	강제추행	5년 이상의 유기징역 또는 3천만원 이상 5천만원 이하 벌금
아동·청소년의 성보호에 관한 법률	강간	5년 이상 유기징역
	강제추행	1년 이상 유기징역 또는 500만원 이상 2천만원 이하 벌금

☞ 13세 미만 아동에 대한 강간·강제추행은 **법정형이 중한 「성폭력범죄의 처벌 등에 관한 특례법」으로 처벌**

※ 자료: 장정훈(2012), 경찰학개론, p.390.

V. 실종아동 관련 법령

1. 실종아동 등의 보호 및 지원에 관한 법률[시행 2012.8.5]

용어	① **아동 등** : ⓐ 실종 당시 14세 미만인 아동, ⓑ 장애인복지법 제2조의 장애인 중지적 장애인, 자폐성 장애인 또는 정신장애인에 해당하는 사람을 말한다. {11.2 순경} ② **실종아동 등** : 약취·유인 또는 유기되거나 사고를 당하거나 **가출하거나 길을 잃는 등의 사유**로 인하여 보호자로부터 이탈(離脫)된 아동 등을 말한다. {11.2 순경} ③ **보호자** : 친권자, 후견인이나 그 밖에 다른 법률에 따라 아동 등을 보호하거나 부양할 의무가 있는 사람을 말한다. 다만, 보호시설의 장 또는 종사자는 제외한다. ④ **보호시설 : 사회복지시설 및 인가·신고 등이 없이 아동 등을 보호하는 시설**로서 사회복지시설에 준하는 시설을 말한다. {11.2 순경}
다른 법률과의 관계	실종아동 등에 관하여 다른 법률에 제11조부터 제15조까지의 규정과 다른 규정이 있는 경우에는 이 법의 규정에 따른다.
신고의무	① 다음 아래에 해당하는 사람은 그 직무를 수행하면서 실종아동 등임을 알게 되었을 때에는 경찰청장이 구축하여 운영하는 신고체계로 **지체 없이 신고하여야 한다.** 　ⓐ 보호시설의 장 또는 그 종사자 　ⓑ 아동복지법 제7조에 따른 아동복지지도원 　ⓒ 청소년보호법 제33조의2에 따른 청소년보호센터 및 청소년재활센터의 장 또는 그 종사자 　ⓓ 사회복지사업법 제14조에 따른 사회복지전담공무원 　ⓔ 의료법 제3조에 따른 의료기관의 장 또는 의료인 　ⓕ 업무·고용 등의 관계로 사실상 아동등을 보호·감독하는 사람 ② 지방자치단체의 장이 관계 법률에 따라 아동등을 보호조치할 때에는 아동 등의 신상을 기록한 신고접수서를 작성하여 경찰신고체계로 제출하여야 한다. ③ 보호시설의 장 또는 정신보건법 제3조 제3호에 따른 정신의료기관의 장이 **보호자가 확인되지 아니한 아동 등을 보호하게 되었을 때에는 지체 없이 아동 등의 신상을 기록한 카드를 작성하여 지방자치단체의 장과 전문기관의 장에게 각각 제출**하여야 한다. ④ 지방자치단체의 장은 **출생 후 6개월이 경과된 아동의 출생신고를 접수하였을 때에는 지체 없이 해당 아동의 신상카드를 작성하여 그 사본을 경찰청장에게 보내야 하며**, 경찰청장은 실종아동 등인지 여부를 확인하여 그 결과를 해당 지방자치단체의 장에게 보내야 한다. 지방자치단체의 장은 경찰청장이 해당 아동을 실종아동 등으로 확인한 경우 전문기관의 장에게 해당 실종아동 등의 신상카드의 사본을 보내야 한다. ⑤ 지방자치단체의 장은 신고의무와 신상카드 제출의무에 관한 사항을 지도·감독하여야 한다.
미신고 보호행위의 금지	누구든지 정당한 사유 없이 실종아동 등을 경찰관서의 장에게 신고하지 아니하고 보호할 수 없다. 이를 위반하여 **정당한 사유 없이 실종아동 등을 보호한 자는 5년 이하의 징역 또는 3천만원 이하의 벌금**에 처한다. {11.2 순경}
실종아동 등의 지문등 정보의 등록·관리	경찰청장은 보호시설의 입소자 중 **보호자가 확인되지 아니한 아동 등으로부터 서면동의를 받아 아동 등의 지문 등 정보를 등록·관리할 수 있다.** 이 경우 해당 아동 등이 미성년자·심신상실자 또는 심신미약자인 때에는 **본인 외에 법정대리인의 동의를 받아야 한다.** 다만, 심신상실·심신미약 또는 의사무능력 등의 사유로 본인의 동의를 얻을 수 없는 때에는 본인의 동의를 생략할 수 있다.

수색 또는 수사의 실시 (제9조)	① 경찰관서의 장은 실종아동 등의 발생 신고를 접수하면 **지체 없이 수색 또는 수사의 실시 여부를 결정**하여야 한다. ② 경찰관서의 장은 실종아동 등(**범죄로 인한 경우를 제외**)의 조속한 발견을 위하여 필요한 때에는 위치정보의 보호 및 이용 등에 관한 법률 제5조에 따른 위치정보사업자에게 실종아동 등의 개인위치정보의 제공을 요청할 수 있다. ③ 요청을 받은 위치정보사업자는 그 실종아동 등의 동의 없이 개인위치정보를 수집할 수 있으며, **실종아동 등의 동의가 없음을 이유로 경찰관서의 장의 요청을 거부하여서는 아니 된다.**
출입 · 조사 (제10조)	① 경찰청장이나 지방자치단체의 장은 실종아동 등의 발견을 위하여 필요하면 관계인에 대하여 필요한 보고 또는 자료제출을 명하거나 소속 공무원으로 하여금 관계 장소에 출입하여 관계인이나 아동 등에 대하여 필요한 조사 또는 질문을 하게 할 수 있다. ② 경찰청장이나 지방자치단체의 장은 출입·조사를 실시할 때 정당한 이유가 있는 경우 소속 공무원으로 하여금 실종아동 등의 가족 등을 동반하게 할 수 있다. ③ 출입·조사 또는 질문을 하려는 관계공무원은 그 권한을 표시하는 증표를 지니고 이를 관계인 등에게 내보여야 한다.
유전자 검사의 실시 (제11조)	① 경찰청장은 실종아동 등의 발견을 위하여 **다음 아래에 해당하는 자로부터 유전자검사 대상물을 채취할 수 있다.** 　㉠ 보호시설의 입소자나 정신의료기관의 입원환자 중 보호자가 확인되지 아니한 아동 등 　㉡ 실종아동 등을 찾고자 하는 가족 　㉢ 그 밖에 보호시설의 입소자였던 무연고아동 ② 유전자검사를 전문으로 하는 기관으로서 대통령령으로 정하는 기관은 유전자검사를 실시하고 그 결과를 데이터베이스로 구축·운영할 수 있다. ③ 경찰청장은 검사대상물을 채취하려면 **미리 검사대상자의 서면동의**를 받아야 한다. 이 경우 검사대상자가 미성년자, 심신상실자 또는 심신미약자일 때에는 본인 외에 법정대리인의 동의를 받아야 한다. **다만, 심신상실, 심신미약 또는 의사무능력 등의 사유로 본인의 동의를 받을 수 없을 때에는 본인의 동의를 생략할 수 있다.** ④ 유전정보 데이터베이스를 구축·운영하는 경우 **유전정보는 검사기관의 장이, 신상정보는 전문기관의 장이 각각 구분하여 관리**하여야 한다.
검사 대상물 및 유전정보 의 폐기 (제13조)	① 검사기관의 장은 유전자검사를 끝냈을 때에는 **지체 없이 검사대상물을 폐기**하여야 한다. ② 검사기관의 장은 다음 아래에 해당할 때에는 해당 유전정보를 지체 없이 폐기하여야 한다. 다만, ㉢에도 불구하고 검사대상자 또는 법정대리인이 ㉢에서 정한 보존기간의 연장을 요청하는 경우에는 **실종아동 등의 보호자를 확인할 때까지 그 기간을 연장할 수 있다.** 　㉠ 실종아동 등이 보호자를 확인하였을 때 　㉡ 검사대상자 또는 법정대리인이 요청할 때 　㉢ **유전자 검사일부터 10년이 경과되었을 때** ③ 검사기관의 장은 검사대상물·유전정보의 폐기 및 유전정보의 보존기간 연장에 관한 사항을 기록·보관하여야 한다.
유전자검사 기록의 열람 (제14조)	검사기관의 장은 검사대상자 또는 법정대리인이 유전자검사 결과기록의 열람 또는 사본의 발급을 요청하면 이에 따라야 한다.

2. 실종아동 등 · 가출인 업무처리규칙[시행 2012.2.5]

1) 용어

용어 (제2조)	① **찾는실종아동** : 실종아동 등 중 보호자가 찾고 있는 아동 등을 말한다. ② **보호실종아동** : 실종아동 등 중 보호자가 확인되지 않아 경찰관이 보호하고 있는 아동 등을 말한다. {10.1 승진} ③ **장기실종아동** : 보호자로부터 신고를 접수한 지 **48시간이 경고**한 후에도 발견되지 않은 찾는실종아동 등을 말한다. {12.8 순경, 10.3 순경, 10.1 승진, 09.1 승진, 08.7 순경} ④ **가출인 연령별 구분**

가출인	실종신고 당시 보호자로부터 이탈된 **14세 이상의 자**
가출청소년	보호자가 찾고 있는 **14세 이상에서 19세 미만의 자** {10.1 승진}
가출성인	보호자가 찾고 있는 **19세 이상의 자**

⑤ **치매환자** : 치매로 인한 임상적 특징이 나타나는 사람으로서 의사 또는 한의사로부터 치매로 진단받은 사람을 말한다.

⑥ **발생지** : 실종아동 등 및 가출인이 실종 · 가출 전 최종적으로 목격되었거나 목격되었을 것으로 추정하여 신고자 등이 진술한 장소를 말하며, 신고자 등이 최종 목격 장소를 진술하지 못하거나, 목격되었을 것으로 추정되는 장소가 대중교통시설 등일 경우 또는 실종 · 가출 발생 후 **1개월이 경과**한 때에는 실종아동 등 및 가출인의 실종 전 최종 주거지를 말한다. {12.8 순경}

⑦ **발견지** : 실종아동 등 또는 가출인을 발견하여 보호 중인 장소를 말하며, 발견한 장소와 보호 중인 장소가 서로 다른 경우에는 보호 중인 장소를 말한다. {12.8 순경}

치매환자에 관한 특례	치매환자는 연령에 관계없이 실종아동 등에 준하여 처리한다. {08.7 순경}

실종아동 찾기센터 (제4조)	실종아동 등의 조속한 발견 등 관련 업무를 효율적으로 수행하기 위해 **경찰청에 실종아동찾기센터를 설치**한다. **【실종아동찾기센터의 업무】** ㉠ 전국에서 발생하는 실종아동 등의 신고접수 · 조회 · 전국 수배 및 수배해제 등 실종아동 등 발견 · 보호 · 지원을 위한 업무 ㉡ 실종아동 등 신고용 특수번호 전화서비스인 "182"의 운영 ㉢ 그 밖의 실종아동 등과 관련하여 경찰청장이 지시하는 사항

실종아동 추적반 (제5조)	장기실종아동 등에 대한 지역별 전담 추적··조사를 위해 **지방경찰청 또는 경찰서에 실종아동추적반을 설치**할 수 있다. **【실종아동추적반의 업무】** ㉠ 실종아동등에 대한 전담 조사 ㉡ 경찰청장 또는 소속 경찰관서의 장이 지시하는 실종아동 등 · 가출인 관련사건 수사 ㉢ 그 밖의 소속 경찰관서의 장이 지시하는 실종아동 등 관련 업무

정보시스템의 운영 (제6조)	① **경찰청장은** 정보시스템으로 실종아동 등 **프로파일링시스템 및 실종아동찾기센터 홈페이지를 운영**한다. ② 실종아동 등 **프로파일링시스템은 경찰관서 내에서만 사용할 수 있도록 제한**하고, **실종아동찾기센터 홈페이지는 누구든 사용할 수 있도록 공개 하는 등 분리하여 운영**한다. 다만, 자료의 전송 등을 위해 필요한 경우 **상호 연계할 수 있다.** ③ 경찰관서의 장은 실종아동 등 프로파일링시스템에 업무담당자 등 필요하다고 인정되는 사람만 접근할 수 있도록 권한을 부여하는 등의 방법으로 통제 · 관리하여야 한다. ④ 실종아동찾기센터 홈페이지에는 실종아동 등의 신고 또는 예방 · 홍보 등과 관련된 정보를 제공한다.
정보시스템 입력 대상 및 정보 관리 (제7조)	① **실종아동 등 프로파일링시스템 입력대상** 표 참조

① **실종아동 등 프로파일링시스템 입력대상**

입력하는 대상(O)	㉠ 실종아동 등 ㉡ 가출인 ㉢ 보호시설 입소자 중 보호자가 확인되지 않는 사람(=보호시설 무연고자) ㉣ 변사자 · 교통사고 사상자 중 신원불상자
입력하는 대상(×)	㉠ 민사 문제 해결 목적으로 신고된 사람 ㉡ 범죄혐의를 받고 형사관련 수배된 사람 ㉢ 허위로 신고된 사람 ㉣ 보호자가 가출 시 동행한 실종아동등 ㉤ 그 밖에 신고 내용을 종합하였을 때 명백히 제1항에 따른 입력 대상이 아니라고 판단되는 사람

② **실종아동 등 프로파일링시스템에서 데이터베이스로 관리하는 자료의 보존기간**

다만, 대상자가 사망하거나 보호자가 삭제를 요구한 경우는 즉시 삭제하여야 한다.

발견된 14세 미만 아동 및 가출인	수배 해제 후로부터 **5년간 보관**
발견된 지적 · 자폐성 · 정신장애인 등 및 치매환자	수배 해제 후로부터 **10년간 보관**
미발견자	**소재 발견 시까지 보관**
보호시설 무연고자, 신원불상자	본인 요청 시 및 신원 확인 시 **즉시 삭제**

③ 경찰관서의 장은 본인 또는 보호자의 동의를 받아 실종아동 등 프로파일링시스템에서 데이터베이스로 관리하는 실종아동 등 및 보호시설 무연고자 자료를 실종아동찾기센터 홈페이지에 공개할 수 있다.

④ 경찰관서의 장은 아래에 해당하는 때에는 **지체 없이 실종아동찾기센터 홈페이지에 공개된 자료를 삭제하여야 한다.**
　㉠ 찾는 실종아동 등을 발견한 때
　㉡ 보호실종아동 등 또는 보호시설 무연고자의 보호자를 확인한 때
　㉢ 본인 또는 보호자가 공개된 자료의 삭제를 요청하는 때

⑤ 실종아동 등 또는 가출인에 대한 신고를 접수하거나, 실종아동 등 프로파일링시스템에 신고 내용이 입력되어 있는 것을 확인한 경찰관은 보호자가 요청하는 경우에는 신고접수증을 발급할 수 있다.

실종 아동 등 프로파일링 시스템 수배 (제8조)	① 경찰관서의 장은 ㉠ **실종아동 등**, ㉡ **가출인**, ㉢ **보호시설 입소자 중 보호자가 확인되지 않는 사람(=보호시설 무연고자)**, ㉣ **변사자 · 교통사고 사상자 중 신원불상자에 대하여** 실종아동 등 프로파일링시스템 입력자료를 작성하여 실종아동 등 프로파일링시스템에 입력하는 방법으로 수배 조치한다. **【대상별 수배기간】** 	찾는실종아동 등 및 가출인	소재(所在)를 발견하는 때까지 수배
보호실종아동 등 및 보호시설 무연고자	대상자의 신원을 확인하거나 보호자를 확인하는 때까지 수배
신원불상자	대상자의 신원을 확인하는 때까지 수배	 ② 경찰관서의 장은 아래에 해당하는 경우에는 수정 · 해제자료를 작성하여 실종아동 등 프로파일링시스템에 수배된 자료를 해제하여야 한다. 다만, ㉢**에 해당하는 경우에는 수배해제 사유의 진위(眞僞) 여부를 확인한 후 해제한다.** ㉠ 제2항 각 호에 따라 수배기간 종료 사유에 해당하는 경우 ㉡ 허위 또는 오인신고인 경우 ㉢ 수배 대상 또는 보호자가 해제를 요청한 경우 ③ 실종아동 등에 대한 **수배 또는 수배 해제는 실종아동찾기센터**에서 하며, **지방경찰청장 및 경찰서장이 수배 또는 수배 해제하려면 실종아동찾기센터로 요청**하여야 한다.

2) 실종아동 등

| 신고 접수
(제10조) | 실종아동 등 **신고는 관할에 관계 없이 실종아동찾기센터, 각 지방경찰청 및 경찰서에서 전화, 서면, 구술 등의 방법으로 접수**하며, 신고를 접수한 경찰관은 범죄와의 관련 여부 등을 확인해야 한다. 이 경우 **지방경찰청 및 경찰서에서 신고를 접수한 때에는 즉시 신고 내용을 경찰청장(실종아동찾기센터)에게 보고하여야 한다.** |
| 신고에
대한 조치
(제11조) | ① 경찰관서의 장은 찾는실종아동 등에 대한 신고를 접수한 때에는 정보시스템의 자료를 조회하는 등의 방법으로 실종아동 등을 찾기 위한 조치를 취하고, 실종아동 등을 발견한 경우에는 즉시 보호자에게 인계하는 등 필요한 조치를 하여야 한다.
② 경찰관서의 장은 보호실종아동 등에 대한 신고를 접수한 때에는 ①의 절차에 따라 보호자를 찾기 위한 조치를 취하고, 보호자가 확인된 경우에는 즉시 보호자에게 인계하는 등 필요한 조치를 하여야 한다.
③ 경찰관서의 장은 ②에 따른 조치에도 불구하고 보호자를 발견하지 못한 경우에는 관할 지방자치단체의 장에게 보호실종아동 등을 인계한다.
④ 경찰관서의 장은 실종아동 등에 대하여 현장 탐문 및 수색 후 그 결과를 즉시 보호자에게 통보하여야 한다. 이후에는 **실종아동 등 프로파일링시스템에 수배한 날로부터 1개월까지는 15일에 1회, 1개월이 경과한 후부터는 분기별 1회 보호자에게 추적 진행사항을 통보한다.** {12.8 순경}
⑤ **경찰관서의 장은 찾는실종아동 등을 발견하거나,** 보호실종아동 등의 보호자를 발견한 경우에는 실종아동찾기센터에 보고하는 등 수배 해제를 위한 조치를 취하고, 해당 실종아동 등에 대한 발견 관서와 관할 관서가 다른 경우에는 발견과 관련된 사실을 **관할 경찰관서의 장에게 지체 없이 알려야 한다.** |

출생 신고 지연 아동의 확인	경찰관서의 장은 지방자치단체의 장으로부터 출생 후 6개월이 경과한 아동의 신상카드 사본을 제출받은 경우에는 지체 없이 정보시스템에서 관리하는 자료와의 비교·검색 등을 통해 해당 아동이 실종아동인지를 확인하여 그 결과를 지방자치단체의 장에게 통보하여야 한다.
아동 등 지문 등 정보의 사전등록 및 관리 (제13조)	① 경찰관서의 장은 보호자가 사전등록을 신청하는 때에는 **신청서를 제출받아 10년간 보관하여야 한다.** ② 경찰관서의 장은 가족관계 기록사항에 관한 증명서, 장애인등록증 등 필요한 서류를 확인하는 등의 방법으로 아동 등이 사전등록 대상에 해당하는지를 확인하여야 한다. ③ 경찰관서의 장은 보호자의 신청을 받아 아동 등의 지문·얼굴사진정보를 수집 및 인적사항 등 신청서상 기재된 개인정보를 확인하여 사전등록시스템에 입력할 수 있다. 다만, 보호자가 지문 또는 얼굴사진 정보의 수집을 거부하는 때에는 그 의사에 반하여 정보를 수집할 수 없다. ④ 경찰관서의 장은 보호실종아동 등을 발견한 때에는 해당 아동 등의 지문·얼굴사진 정보를 수집 및 신체특징을 확인한 후 사전등록시스템의 데이터베이스와 비교 검색하는 등의 방법으로 신원을 확인하기 위한 조치를 하여야 한다. 다만, 해당 아동 등이 지문 또는 얼굴사진 정보의 수집을 진정한 의사에 의해 명시적으로 거부할 때에는 그 의사에 반하여 정보를 수집할 수 없다. ⑤ 경찰관서의 장은 사전등록된 데이터베이스를 폐기하는 때에는 어떠한 방법으로도 복구할 수 없도록 기술적 조치를 하여야 한다. ⑥ 경찰관서의 장은 보호자가 사전등록된 데이터베이스의 폐기를 요청하는 때에는 **즉시 해당 데이터베이스를 폐기하고, 제출받은 요청서는 10년간 보관하여야 한다.**
실종아동 등의 위치정보를 요청하는 방법 및 절차 (제14조)	① 찾는실종아동 등의 신고를 접수하여 현장에 출동한 경찰관은 보호자·목격자의 진술, 실종 당시의 정황 등을 종합하여 실종아동 등의 조속한 발견을 위해위치정보 제공 요청의 필요 여부를 판단하여야 한다. ② 현장 출동 경찰관은 신고자로부터 가족관계 등록사항에 관한 증명서, 장애인등록증 등 필요한 서류를 확인하는 등의 방법으로 신고대상자가 실종아동 등에 해당하는지와 신고자가 실종아동 등의 보호자가 맞는지 확인하여야 한다. 다만, 현장에서 관련 서류를 확인하기 어려운 때에는 신고자의 진술로 이를 확인할 수 있다. ③ **경찰관이 위치정보 제공을 요청하는 때에는 아래에 따른 결재권자의 결재를 받아 요청하여야 한다.** 다만, 야간 또는 공석 등의 이유로 즉시 결재를 받기 어려운 때에는 사후에 보고하도록 해야 한다. 　㉠ **지구대·파출소 지역경찰관** : 지구대장 또는 파출소장 　㉡ **경찰서 여성청소년부서 또는 형사부서 담당 경찰관** : 해당 주무과장 　㉢ **지방청 여성청소년부서 또는 형사부서 담당 경찰관** : 해당 주무계장 ④ 담당 경찰관은 찾는실종아동 등의 위치정보를 제공받아 수색하는 과정에서 해당 실종아동 등이 범죄 피해로 인해 실종되었다고 확인되는 때에는 **즉시 해당 위치정보를 폐기하여야 한다.** ⑤ 경찰관서의 장은 위치정보가 실종아동 등 찾기 이외의 목적으로 오·남용되지 않도록 관리하여야 한다.

3) 가출인

신고 접수 (제15조)	① **가출인 신고는 관할에 관계없이 접수하여야 하며,** 신고를 접수한 경찰관은 범죄와 관련 여부를 확인하여야 한다. ② 경찰서장은 가출인에 대한 신고를 접수한 때에는 정보시스템의 자료 조회, 신고자의 진술을 청취하는 방법 등으로 가출인을 발견하기 위한 조치를 하여야 하며, 가출인을 발견하지 못한 경우에는 즉시 실종아동 등 프로파일링시스템에 가출인에 대한 사항을 입력, 수배한다. ③ **경찰서장은 접수한 가출인 신고가 다른 관할인 경우 ②의 조치 후 지체 없이 가출인의 발생지를 관할하는 경찰서장에게 이첩하여야 한다.** {10.1 승진}
신고에 대한 조치 (제16조)	① 가출인 사건을 관할하는 경찰서장은 정보시스템 자료의 조회, 다른 자료와의 대조, 주변인물과의 연락 등 가출인을 발견하기 위해 지속적으로 추적하고, **수배일로부터 반기별 1회 보호자에게 귀가 여부를 확인한다.** ② 경찰서장은 가출인을 발견한 때에는 수배를 해제하고, 해당 가출인을 발견한 경찰서와 관할하는 경찰서가 다른 경우에는 발견 사실을 관할 경찰서장에게 지체 없이 알려야 한다. {12.8 순경} ③ 경찰서장은 가출청소년을 발견한 경우에는 가출신고가 되어 있음을 고지하고, 즉시 보호자에게 통보 또는 인계한다. 다만, 보호자가 인수를 거부하거나 인계함이 부적당하다고 판단될 경우에는 청소년보호 관련기관에 보호를 의뢰하는 등 필요한 조치를 취할 수 있다. ④ 경찰서장은 가출성인을 발견한 경우에는 가출신고가 되어 있음을 고지하고, 보호자에게 통보한다. 다만, 가출인이 거부하는 때에는 보호자에게 가출인의 소재(所在)를 알 수 있는 사항을 통보하여서는 아니 된다.

4) 초동조치 및 추적·수사

현장 탐문 및 수색 (제18조)	① 찾는실종아동 등 및 가출인발생신고를 **접수 또는 이첩 받은 발생지 관할 경찰서장은 즉시 현장출동 경찰관을 지정하여 탐문 · 수색하도록 하여야 한다** {10.1 승진} 다만, **찾는실종아동 등 또는 가출인이 발생한지 1개월이 경과한 후에 신고한 경우에는 탐문 · 수색을 생략할 수 있다.** {09.1 승진, 08.3 순경} ② 경찰서장은 현장을 탐문 · 수색한 결과, 정밀수색이 필요하다고 인정될 경우에는 추가로 필요한 경찰관 등을 출동시킬 수 있다. ③ 현장출동 경찰관은 현장을 **탐문 · 수색한 결과에 대해 필요한 보고서를 작성하여 경찰서장에게 보고하여야 한다.** {09.1 승진, 05.2 경간부, 05.1 승진, 04.10 순경}
합동심의 위원회 (제19조)	① 찾는실종아동 등 및 가출인에 대한 발생지 관할 경찰서장은 범죄와의 관련여부를 판단하기 위하여 아래에 따른 **합동심의위원회를 구성, 심의를 하여야 한다.** {10.1 승진, 08.3 순경} ㉠ 위원회는 **위원장을 형사과장** (부재시 또는 직제 미편성시 수사과장 또는 경찰서장이 지정하는 이와 상응하는 경찰관)으로, **위원은 실종사건전담수사팀장**(부재시 또는 직제 미편성시 경찰서장이 지정하는 이와 상응하는 경찰관), **여성청소년계장**(부재시 또는 직제 미편성시 경찰서장이 지정하는 이와 상응하는 경찰관), **현장출동 경찰관, 보호자로 구성**하며, 위원장 판단 하에 참석자의 범위를 조정할 수 있다. {05.2 경간부, 05.1 승진, 04.10 순경} ㉡ 보호자가 요청하는 경우에는 관련단체 관계자 등 보호자가 지정하는 자를 참여시킬 수 있다. {05.2 경간부, 05.1 승진, 4.10 순경}

	② 위원회는 찾는실종아동 등 및 가출인 신고를 접수한 후 **24시간 이내에 구성하여 심의하여야 한다.** {10.1 승진, 09.1 승진, 08.3 순경, 05.2 경간부, 05.1 승진, 04.10 순경} ③ 찾는실종아동 등 및 가출인에 대한 관할 경찰서가 변경되거나, 해당 사건에 대해 이미 심의한 위원회의 결정에 영향을 미칠 수 있는 새로운 단서가 생긴 경우에는 위원회를 다시 개최하여 심의할 수 있다.
추적 및 수사 (제20조)	① 경찰관서의 장은 위원회 심의 결과 심의 대상자가 **범죄와 관련이 없다고 의결된 경우에는 즉시 대상자를 발견하기 위한 추적에 착수한다.** 다만, 심의대상자의 발생지와 주거지가 다른 경우에는 심의대상자의 실종 전 최종 주거지 관할 경찰관서로 사건을 이첩하고, 심의대상자의 최종 주거지가 불분명한 경우에는 심의대상자의 보호자 주거지 관할 경찰관서로 사건을 이첩하며, 심의대상자의 보호자 주거지 관할 경찰관서도 불분명한 경우에는 신고자의 주거지 관할 경찰관서로 사건을 이첩하여 즉시 추적에 착수하도록 하여야 한다. ② 경찰관서의 장은 보호자가 요청하는 경우에는 보호자가 희망하는 경찰관서로 사건을 이첩할 수 있다. 이 때 이첩하는 경찰관서의 장은 이첩을 받는 경찰관서의 장에게 사건 내용 및 이첩하는 이유를 미리 알리는 등 적극 협력하여야 한다. ③ 경찰관서의 장은 위원회 심의결과 심의대상자가 **범죄 피해로 인하여 수사가 필요하다고 의결된 경우에는 즉시 수사에 착수하여야 한다.** {09.1 승진, 08.3 순경, 05.2 경간부, 05.1 승진, 04.10 순경}

【초동조치】

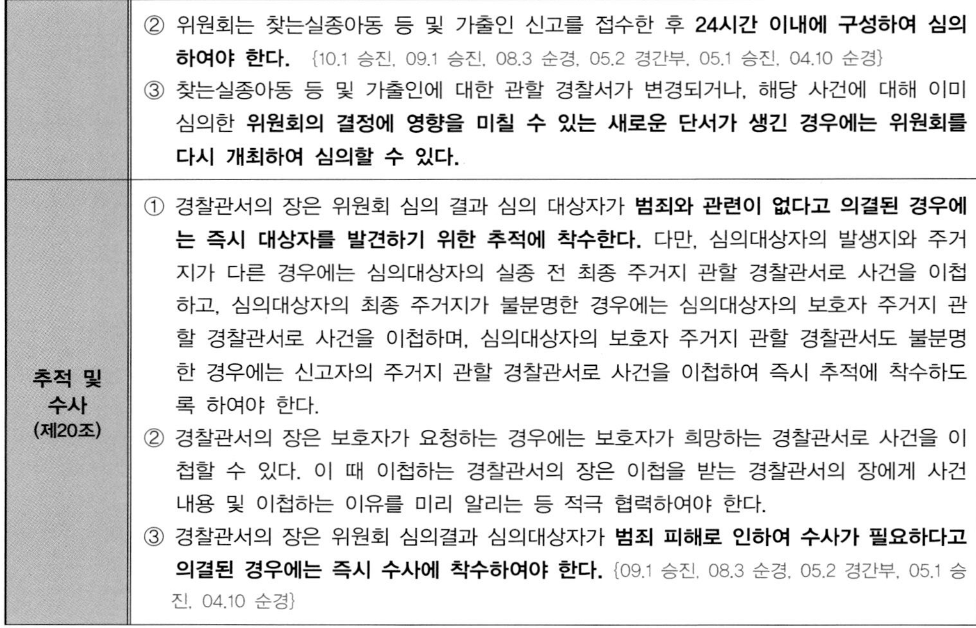

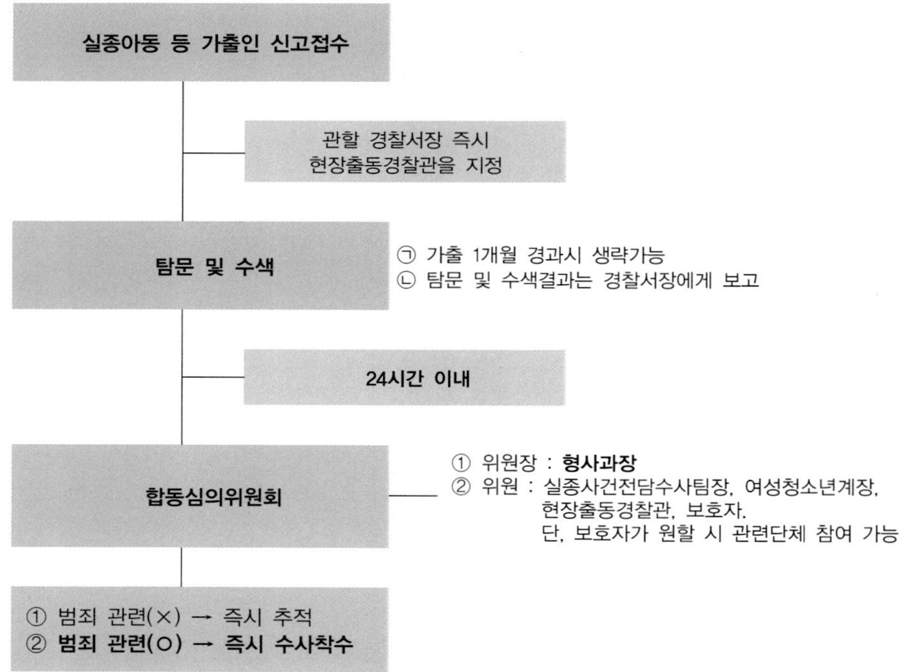

VI. 가정폭력범죄의 처벌 등에 관한 특례법[시행 2012.8.5]

1. 일반적 내용

의의 (제2조)	가정폭력이란 가정구성원 사이의 **신체적, 정신적 또는 재산상 피해를 수반하는 행위**를 말한다. {11.1 승진, 10.1 승진, 07.1 승진, 04.3 순경, 03.2 경간부}
용어 (제2조)	① 가정폭력행위자 : 가정폭력범죄를 범한 사람 및 가정구성원인 공범을 말한다. {10.3 순경} ② 피해자 : 가정폭력범죄로 인하여 **직접적으로** 피해를 입은 사람을 말한다. 　{10.3 순경, 04.3 순경} ③ 가정보호사건 : 가정폭력범죄로 인하여 이 법에 따른 보호처분의 대상이 되는 사건을 말한다. {10.3 순경} ④ 보호처분 : 법원이 가정보호사건에 대하여 심리를 거쳐 가정폭력행위자에게 하는 제40조에 따른 처분을 말한다. ⑤ 아동이란 **18세 미만의 자**를 말한다.
가정 구성원 (제2조) {08.2경간부 03.2경간부 07.1 승진}	① 배우자(사실상 혼인관계에 있는 사람을 **포함**) 또는 배우자였던 사람 　{10.1 승진, 07.3 순경, 06.1 승진, 04.3 순경, 03.2 경간부, 01.2 경간부} ② 자기 또는 배우자와 직계존비속관계(사실상의 양친자관계를 **포함**)에 있거나 있었던 사람 ③ 계부모와 자녀의 관계 또는 적모(嫡母)와 서자(庶子)의 관계에 있거나 있었던 사람 ④ 동거하는 **친족** {10.3 순경, 03.1 승진}
가정폭력 범죄 유형 (제2조)	상해, 존속상해, 중상해, 존속중상해, 폭행, 존속폭행, 특수폭행, 유기, 존속유기, 영아유기, 학대, 존속학대, 아동혹사, 체포, 감금, 존속체포, 존속감금, 중체포, 중감금, 존속중체포, 존속중감금, 특수체포, 특수감금, 협박, 존속협박, 특수협박, 명예훼손 사자의 명예훼손, 출판물 등에 의한 명예훼손, 주거 · 신체 수색, 강요, 공갈, 재물손괴, 강간, 강제추행, 준강간, 준강제추행, 강간등 상해 · 치상, 강간등 살인 · 치사, 미성년자등에 대한 간음, 미성년자에 대한 간음, 추행 등의 죄 등의 죄를 말한다. ☞ **약취 · 유인, 강도, 절도, 사기, 횡령, 배임, 주거침입, 퇴거불응, 아동구걸 등(×)** {10.3 순경, 10.1 승진, 08.1 승진, 07.3 순경, 03.2 경간부, 01.2 경간부, 99.1 승진, 00.1 승진, 05.1 승진, 01.1 승진}
가정폭력 특례법 제정취지 {01.1 승진}	① 가정폭력범죄를 가정보호사건으로 처리할 수 있는 절차를 마련 ② 가정폭력범죄에 대한 응급조치 및 임시조치 등 폭력제지수단 강구 ③ 피해자 보호를 위한 각종 절차적 권리 마련 ④ 민사구제 절차 신설 ⑤ 피해자와 가정구성원의 인권보호 　☞ **가정폭력사범에 대한 엄벌주의 강화(×), 경찰 보호처분권한의 확대(×)**

2. 가정보호사건

신고의무 (제4조)	① **누구든지 가정폭력범죄를 알게 된 경우에는 수사기관에 신고할 수 있다.** {11.2 순경, 10.1 승진, 04.3 순경, 03.2 경간부} ② 다음 아래의 어느 하나에 해당하는 사람이 **직무를 수행하면서** 가정폭력범죄를 알게 된 경우에는 정당한 사유가 없으면 **즉시 수사기관에 신고하여야 한다.** {04.3 순경} ➡ **직무를 수행하면서 가정폭력범죄를 알게 된 경우에도 신고를 하지 아니한 사람에게는 300만원 이하의 과태료를 부과한다.** ⓐ 아동의 교육과 보호를 담당하는 기관의 종사자와 그 기관장 ⓑ 아동, 60세 이상의 노인, 그 밖에 정상적인 판단 능력이 결여된 사람의 치료 등을 담당하는 의료인 및 의료기관의 장 ⓒ 노인복지법에 따른 노인복지시설, 아동복지법에 따른 아동복지시설, 장애인복지법에 따른 장애인복지시설의 종사자와 그 기관장 ⓓ 다문화가족지원법에 따른 다문화가족지원센터의 전문인력과 그 장 ⓔ 결혼중개업의 관리에 관한 법률에 따른 국제결혼중개업자와 그 종사자 ⓕ 소방기본법에 따른 구조대·구급대의 대원 ⓖ 사회복지사업법에 따른 사회복지 전담공무원 ⓗ 「아동복지법」에 따른 아동상담소, 「가정폭력방지 및 피해자보호 등에 관한 법률」에 따른 가정폭력 관련 상담소 및 보호시설, 「성폭력범죄의 피해자보호 등에 관한 법률」에 따른 성폭력피해상담소 및 보호시설에 근무하는 상담원과 그 기관장은 피해자 또는 피해자의 법정대리인 등과의 상담을 통하여 가정폭력범죄를 알게 된 경우에는 **가정폭력피해자의 명시적인 반대의견이 없으면** 즉시 신고하여야 한다. ③ 누구든지 가정폭력범죄를 신고한 사람에게 그 신고행위를 이유로 불이익을 주어서는 아니 된다.
응급조치 (제5조) {11.1 승진 02.3 순경 02.1 승진 01.1 승진 99.1 승진}	진행 중인 가정폭력범죄에 대하여 **신고를 받은 사법경찰관리는 즉시 현장에 나가서 아래의 조치를 하여야 한다.** {08.1 승진} ⓐ **폭력행위의 제지**, 가정폭력행위자 · 피해자의 분리 및 범죄수사 ⓑ 피해자를 가정폭력 **관련 상담소 또는 보호시설로 인도**(피해자가 동의한 경우만 해당) ⓒ 긴급치료가 필요한 **피해자를 의료기관으로 인도** {07.1 승진, 01.1 승진, 03.2 경간부} ⓓ 폭력행위 재발 시 **임시조치를 신청할 수 있음을 통보** {12.8 순경, 07.1 승진}
고소에 관한 특례 (제6조)	① **피해자 또는 그 법정대리인은 가정폭력행위자를 고소할 수 있다.** 피해자의 법정대리인이 가정폭력행위자인 경우 또는 가정폭력행위자와 공동으로 가정폭력범죄를 범한 경우에는 피해자의 친족이 고소할 수 있다. ② 피해자는 「형사소송법」 제224조에도 불구하고 **가정폭력행위자가 자기 또는 배우자의 직계존속인 경우에도 고소할 수 있다.** 법정대리인이 고소하는 경우에도 또한 같다. ③ 피해자에게 고소할 법정대리인이나 친족이 없는 경우에 이해관계인이 신청하면 **검사는 10일 이내에 고소할 수 있는 사람을 지정**하여야 한다.
임시조치 의 청구 (제8조)	① **검사는** 가정폭력범죄가 재발될 우려가 있다고 인정하는 경우에는 **직권으로 또는 사법경찰관의 신청에 의하여 법원에** ⓐ 격리, ⓑ 100미터 이내의 접근금지, ⓒ 전기통신을 이용한 접근금지의 임시조치를 **청구**할 수 있다. {12.8 순경} ② **검사는** 가정폭력행위자가 임시조치 청구에 의하여 결정된 임시조치를 위반하여 가정폭력범죄가 재발될 우려가 있다고 인정하는 경우에는 **직권으로 또는 사법경찰관의 신청에 의하여 법원에 유치의 임시조치를 청구**할 수 있다. ③ 피해자 또는 그 법정대리인은 검사 또는 사법경찰관에게 임시조치의 청구 또는 그 신청을 요청하거나 이에 관하여 의견을 진술할 수 있다.

긴급임시조치 (제8조의2)	① 사법경찰관은 응급조치에도 불구하고 가정폭력범죄가 재발될 우려가 있고, 긴급을 요하여 법원의 임시조치 결정을 받을 수 없을 때에는 **직권 또는 피해자나 그 법정대리인의 신청에 의하여** ㉠ 격리, ㉡ 100미터 이내의 접근금지, ㉢ 전기통신을 이용한 접근금지의 어느 하나에 해당하는 조치를 할 수 있다. ② 사법경찰관은 긴급임시조치를 한 경우에는 즉시 긴급임시조치결정서를 작성하여야 한다. ③ 긴급임시조치결정서에는 범죄사실의 요지, 긴급임시조치가 필요한 사유 등을 기재하여야 한다.
긴급임시조치와 임시조치의 청구 (제8조의3)	① 사법경찰관이 긴급임시조치를 한 때에는 **지체 없이 검사에게 임시조치를 신청**하고, 신청받은 **검사는 법원에 임시조치를 청구**하여야 한다. 이 경우 **임시조치의 청구는 긴급임시조치를 한 때부터 48시간 이내에 청구**하여야 하며, 긴급임시조치결정서를 첨부하여야 한다. ② 임시조치를 청구하지 아니하거나 법원이 임시조치의 결정을 ㅎ·지 아니한 때에는 즉시 긴급임시조치를 취소하여야 한다.
상담조건부 기소유예	검사는 가정폭력사건을 수사한 결과 가정폭력행위자의 성행 교정을 위하여 필요하다고 인정하는 경우에는 **상담조건부 기소유예**를 할 수 있다.
비밀엄수 등의 의무 (제18조)	① 가정폭력범죄의 수사 또는 가정보호사건의 조사·심리 및 그 집행을 담당하거나 이에 관여하는 공무원, 보조인, 상담소 등에 근무하는 상담원과 그 기관장 및 규정된 사람(그 직에 있었던 사람을 포함)은 **그 직무상 알게 된 비밀을 누설하여서는 아니 된다.** ② 피해자가 보호하고 있는 아동이나 피해자인 아동의 교육 또는 보육을 담당하는 학교의 교직원 또는 보육시설의 종사자는 정당한 사유가 없으면 **해당 아동의 취학, 진학, 전학 또는 입소(그 변경을 포함)의 사실을 가정폭력행위자인 친권자를 포함하여 누구에게든지 누설하여서는 아니 된다.** ③ 비밀엄수 등의 의무 위반시 **1년 이하의 징역이나 2년 이하의 자격정지 또는 1천만원 이하의 벌금**에 처한다. {04.3 순경}

3. 조사 · 심리

조사명령 (제21조)	판사는 가정보호사건조사관, 그 법원의 소재지 또는 가정폭력행위자의 주거지를 관할하는 보호관찰소의 장에게 **가정폭력행위자, 피해자 및 가정구성원에 대한 심문(審問)이나 그들의 정신·심리상태, 가정폭력범죄의 동기·원인 및 실태 등의 조사를 명하거나 요구**할 수 있다.
진술거부권의 고지 (제23조)	판사 또는 가정보호사건조사관은 가정보호사건을 조사할 때에 미리 가정폭력행위자에 대하여 불리한 **진술을 거부할 수 있음을 알려야 한다.**
임시조치 (제29조) {11.1 승진 03.1 승진}	① 판사는 가정보호사건의 원활한 조사·심리 또는 피해자 보호를 위하여 필요하다고 인정하는 경우에는 **결정으로 가정폭력행위자에게 임시조치를** 할 수 있다. 【임시조치 내용】 ㉠ 피해자 또는 가정구성원의 주거 또는 점유하는 방실(房室)로부터의 퇴거 등 **격리** ㉡ 피해자 또는 가정구성원의 주거, 직장 등에서 100미터 이내의 **접근금지** {08.1 승진} ㉢ 피해자 또는 가정구성원에 대한 전기통신기본법 제2조 제1호의 전기통신을 이용한 **접근 금지** ㉣ 의료기관이나 그 밖의 요양소에의 **위탁** ㉤ 국가경찰관서의 유치장 또는 구치소에의 **유치** ② 동행영장에 의하여 동행한 가정폭력행위자에 대하여는 가정폭력행위자가 법원에 인치된 때부터 **24시간 이내에 조치 여부를 결정**하여야 한다.

	③ **법원은 임시조치를 결정한 경우에는 검사와 피해자에게 통지**하여야 한다. ④ **법원은 위탁 또는 유치를 한 경우에는** 그 사실을 가정폭력행위자의 보조인이 있는 경우에는 보조인에게, 보조인이 없는 경우에는 법정대리인 또는 가정폭력행위자가 지정한 사람에게 통지하여야 한다. 이 경우 유치를 하였을 때에는 **가정폭력행위자에게 변호사 등 보조인을 선임할 수 있으며 항고를 제기할 수 있음을 고지**하여야 한다. ⑤ **격리, 접근금지의 임시조치기간은 2개월, 위탁 및 유치의 임시조치기간은 1개월을 초과할 수 없다.** 다만, 피해자의 보호를 위하여 그 기간을 연장할 필요가 있다고 인정하는 경우에는 결정으로 격리, **접근금지의 임시조치는 2회만, 위탁 및 유치의 임시조치는 1회만 각 기간의 범위에서 연장**할 수 있다. ⑥ 위탁을 하는 경우에는 의료기관 등의 장에게 가정폭력행위자를 보호하는 데에 필요한 사항을 부과할 수 있다. ⑦ 민간이 운영하는 의료기관 등에 위탁하려는 경우에는 부과할 사항을 그 의료기관 등의 장에게 **미리 고지하고 동의**를 받아야 한다. ⑧ **판사는 격리, 접근금지, 위탁, 유치의 결정을** 한 경우에는 가정보호사건조사관, 법원공무원, 사법경찰관리 또는 구치소 소속교정직공무원으로 하여금 집행하게 할 수 있다. ⑨ 가정폭력행위자, 그 법정대리인이나 보조인은 **임시조치 결정의 취소 또는 그 종류의 변경을 신청**할 수 있다. ⑩ 판사는 직권으로 또는 신청에 정당한 이유가 있다고 인정하는 경우에는 **결정으로 해당 임시조치를 취소하거나 그 종류를 변경**할 수 있다. ⑪ 위탁의 대상이 되는 의료기관 및 요양소의 기준과 그 밖에 필요한 사항은 **대법원규칙으로 정한다.**
임시조치 의 집행 (제29조의2)	① 임시조치 결정을 집행하는 사람은 가정폭력행위자에게 **임시조치의 내용, 불복방법 등을 고지**하여야 한다. ② 피해자 또는 가정구성원은 임시조치 후 주거나 직장 등을 옮긴 경우에는 관할 법원에 임시조치 결정의 변경을 신청할 수 있다.
심리의 비공개 (제32조)	① 판사는 가정보호사건을 심리할 때 사생활 보호나 가정의 평화와 안정을 위하여 필요하거나 선량한 풍속을 해칠 우려가 있다고 인정하는 경우에는 결정으로 **심리를 공개하지 아니할 수 있다.** ② 증인으로 소환된 피해자 또는 가정구성원은 사생활 보호나 가정의 평화와 안정의 회복을 이유로 하여 판사에게 증인신문(證人訊問)의 비공개를 신청할 수 있다. 이 경우 판사는 그 허가 여부와 공개법정 외의 장소에서의 신문 등 증인신문의 방식 및 장소에 관하여 결정을 할 수 있다.
처분의 기간 (제38조)	가정보호사건은 다른 쟁송보다 우선하여 신속히 처리하여야 한다. 이 경우 처분의 결정은 특별한 사유가 없으면 **송치받은 날부터 3개월 이내에,** 이송받은 경우에는 **이송받은 날부터 3개월 이내에** 하여야 한다.

4. 보호처분

보호 처분의 결정 (제40조)	① 판사는 심리의 결과 보호처분이 필요하다고 인정하는 경우에는 **결정으로 아래에 해당하는 처분을 할 수 있다.** ㉠ 가정폭력행위자가 **피해자 또는 가정구성원에게 접근하는 행위의 제한** ㉡ 가정폭력행위자가 피해자 또는 가정구성원에게 전기통신기본법 제2조 제1호의 **전기통신을 이용하여 접근하는 행위의 제한**

	ⓒ 가정폭력행위자가 친권자인 경우 **피해자에 대한 친권 행사의 제한** ⓔ 보호관찰 등에 관한 법률에 따른 **사회봉사 · 수강명령** ⓜ 보호관찰 등에 관한 법률에 따른 **보호관찰** ⓗ 가정폭력방지 및 피해자보호 등에 관한 법률에서 정하는 **보호시설에의 감호위탁** ⓢ 의료기관에의 **치료위탁** ⓞ 상담소등에의 **상담위탁** ② **처분은 병과(倂科)할 수 있다.** ③ 처분을 하는 경우에는 피해자를 다른 친권자나 친족 또는 적당한 시설로 인도할 수 있다. ④ 법원은 보호처분의 결정을 한 경우에는 지체 없이 그 사실을 검사, 가정폭력행위자, 피해자, 보호관찰관 및 보호처분을 위탁받아 하는 보호시설, 의료기관 또는 상담소 등의 장에게 통지하여야 한다. 다만, 수탁기관이 민간에 의하여 운영되는 기관인 경우에는 그 기관의 장으로부터 수탁에 대한 동의를 받아야 한다. ⑤ **사회봉사 · 수강명령, 보호관찰, 감호위탁, 치료위탁, 상담위탁의 처분을 한 경우에는** 가정폭력행위자의 교정에 필요한 참고자료를 보호관찰관 또는 수탁기관의 장에게 보내야 한다. ⑥ 감호위탁기관은 가정폭력행위자에 대하여 그 성행을 교정하기 위한 교육을 하여야 한다.
보호 처분의 기간	접근제한, 친권행사 제한 및 보호관찰, 감호위탁, 치료위탁, 상담위탁의 보호처분의 기간은 **6개월을 초과**할 수 없으며, **사회봉사 · 수강명령의 시간은 200시간을 각각 초과**할 수 없다.
보호 처분의 변경 (제45조)	① 법원은 보호처분이 진행되는 동안 필요하다고 인정하는 경우에는 직권으로 또는 검사, 보호관찰관 또는 수탁기관의 장의 청구에 의하여 결정으로 한 차례만 보호처분의 종류와 기간을 변경할 수 있다. ② 보호처분의 종류와 기간을 변경하는 경우 종전의 처분기간을 합산하여 **접근제한, 친권행사 제한 및 보호관찰, 감호위탁, 치료위탁, 상담위탁의 보호처분의 기간은 1년을, 사회봉사 · 수강명령의 시간은 400시간을 각각 초과할 수 없다.** ③ 처분변경 결정을 한 경우에는 지체 없이 그 사실을 검사, 가정폭력행위자, 법정대리인, 보조인, 피해자, 보호관찰관 및 수탁기관에 통지하여야 한다.

5. 피해자보호명령

피해자보호 명령사건의 관할 (제55조)	① 피해자보호명령사건의 관할은 **가정폭력행위자의 행위지 · 거주지 또는 현재지 및 피해자의 거주지 또는 현재지를 관할하는 가정법원으로** 한다. 다만, 가정법원이 설치되지 아니하는 지역에 있어서는 해당 지역의 지방법원으로 한다. ② 피해자보호명령사건의 심리와 결정은 **판사가** 한다.
피해자보호 명령 (제55조의2)	① 판사는 피해자의 보호를 위하여 필요하다고 인정하는 때에는 피해자 또는 그 법정대리인의 청구에 따라 결정으로 가정폭력행위자에게 아래에 해당하는 피해자보호명령을 할 수 있다. 　ⓐ 피해자 또는 가정구성원의 주거 또는 점유하는 방실로부터의 퇴거 등 **격리** 　ⓑ 피해자 또는 가정구성원의 주거, 직장 등에서 100미터 이내의 **접근금지** 　ⓒ 피해자 또는 가정구성원에 대한 「전기통신사업법」 제2조제1호의 전기통신을 이용한 **접근금지** 　ⓓ 친권자인 가정폭력행위자의 피해자에 대한 **친권행사의 제한** ② ①의 ⓐ～ⓓ의 **피해자보호명령은 이를 병과할 수 있다.** ③ 피해자 또는 그 법정대리인은 피해자보호명령의 취소 또는 그 종류의 변경을 신청할 수 있다. ④ 판사는 직권 또는 신청에 상당한 이유가 있다고 인정하는 때에는 결정으로 해당 피해자보호명령을 취소하거나 그 종류를 변경할 수 있다.

피해자보호 명령의 기간 (제55조의3)	① 격리, 100미터 이내의 접근금지, 전기통신을 이용한 접근금지, 친권행사의 제한의 피해자 보호명령의 기간은 **6개월을 초과할 수 없다.** 다만, 피해자의 보호를 위하여 그 기간의 연장이 필요하다고 인정하는 경우에는 **직권이나 피해자 또는 그 법정대리인의 청구에 따른 결정으로 2개월 단위로 연장**할 수 있다. ② 격리, 100미터 이내의 접근금지, 전기통신을 이용한 접근금지, 친권행사의 제한에 따라 피해자보호명령의 기간을 연장하거나 그 종류를 변경하는 경우 **종전의 처분기간을 합산하여 2년을 초과할 수 없다.**

6. 민사처리에 관한 특례

배상명령 (제57조)	① 법원은 제1심의 가정보호사건 심리 절차에서 보호처분을 선고할 경우 **직권으로 또는 피해자의 신청에 의하여 아래의 금전지급이나 배상을 명할 수 있다.** 　㉠ 피해자 또는 가정구성원의 부양에 필요한 금전의 지급 　㉡ 가정보호사건으로 인하여 발생한 직접적인 물적 피해 및 치료비 손해의 배상 ② 법원은 가정보호사건에서 가정폭력행위자와 피해자 사이에 합의된 배상액에 관하여도 배상을 명할 수 있다.
배상명령 의 선고 (제58조)	① 배상명령은 **보호처분의 결정과 동시**에 하여야 한다. ② 배상명령은 일정액의 금전지급을 명함으로써 하고 배상의 대상과 금액을 보호처분 결정서의 주문(主文)에 표시하여야 한다. 이 경우 배상명령의 이유는 특히 필요하다고 인정되는 경우가 아니면 적지 아니할 수 있다. ③ **배상명령은 가집행할 수 있음을 선고**할 수 있다. ④ 배상명령을 한 경우에는 보호처분 결정서의 정본(正本)을 가정폭력행위자와 피해자에게 지체 없이 송달하여야 한다.
불복 (제60조)	① 보호처분에 대한 항고가 있는 경우에는 배상명령은 가정보호사건과 함께 항고심에 이심(移審)된다. 보호처분에 대한 재항고가 있는 경우에도 또한 같다. ② 항고심에서 **제1심 결정을 유지하는 경우에도 배상명령에 대하여는 취소하거나 변경**할 수 있다. ③ 가정폭력행위자는 보호처분 결정에 대하여 항고하지 아니하고 배상명령에 대하여만 항고할 수 있다. 이 경우 **항고는 7일 이내**에 하여야 한다. ④ 항고의 기각결정에 대하여는 그 결정이 법령에 위반된 경우에만 대법원에 **7일 이내에 재항고**할 수 있다. 항고심 결정에 대하여 배상명령에 대하여만 재항고하는 경우에도 또한 같다. ⑤ **항고와 재항고는 배상명령의 집행을 정지하는 효력이 없다.**

【환경조사서의 작성 & 응급조치 보고서】

{11.1 승진, 06.1 승진, 07.3 순경, 97.1 승진, 99.1 승진, 04.1 승진, 10.1 승진}

환경조사서의 작성	응급조치보고서
① 범죄의 원인 및 동기 ② 행위자의 성격·행상·경력 ③ 교육정도 ④ 가정상황 ⑤ 그 밖의 환경	① 가정폭력행위자의 성명·주소·생년월일·직업 ② 피해자와의 관계 ③ 범죄사실의 요지 ④ 가정상황 ⑤ 피해자와 신고자의 성명 ⑥ 응급조치의 내용

Ⅶ. 유실물법[시행 2011.5.30]

의 의	유실물	점유자의 의사에 의하지 않고 또는 타인에게 절취된 것이 아니면서 우연히 그 지배에서 벗어난 동산을 말한다.
	준유실물	착오로 인하여 점유한 물건, 타인이 놓고 간 물건이나 일실한 가축을 말한다.
유형별 적용법규	유실물법	① 유실물　② 습득물　③ 매장물　④ 준유실물 {08.1 승진}
	수난구호법	① 표류물　② 침몰물
습득물의 조치 (제1조)		① 타인이 유실한 물건을 습득한 자는 이를 급속히 **유실자 또는 소유자 기타 물건회복의 청구권을 가진 자에게 반환**하거나 경찰서(지구대, 파출소, 출장소를 포함) 또는 제주특별자치도의 자치경찰단 사무소에 제출하여야 한다. 단, **법률에 의하여 소유 또는 소지가 금지된 물건은 그 반환을 요하지 아니한다.** {10.1 승진} ② 물건을 경찰서에 제출한 때에는 경찰서장이 자치경찰단에 제출한 경우에는 제주특별자치도지사는 물건의 반환을 받을 자에게 이를 반환하여야 한다. 이 경우에 반환을 받을 자의 성명이나 주거를 알 수 없을 때에는 공고하여야 한다.
습득공고 (시행령 제3조)		습득물의 공고는 **제출받은 날로부터 14일간** 당해 경찰서 또는 자치 경찰단의 게시판에 게시하여야 한다.
보관 방법 (제2조)		① 경찰서장 또는 자치경찰단을 설치한 제주특별자치도지사는 **보관한 물건이 멸실되거나 훼손될 우려가 있을 때** 또는 **보관에 과다한 비용이나 불편이 수반될 때에는 이를 매각**할 수 있다. {04.1 승진} ② **매각에 드는 비용은 매각대금에서 충당한다.** ③ 매각비용을 공제한 **매각대금의 남은 금액은 습득물로 간주하여 이를 보관**한다.
습득금품의 보관과 예탁 (시행령 제8조)		① 경찰서장 또는 제주특별자치도지사는 제출받은 유실물을 경리사무담당책임자로 하여금 보관하게 하여야 한다. ② 습득한 현금 또는 물건을 **매각한 대금은 금융기관에 예탁**하여야 한다. {10.1 승진}
비용의 부담 (제3조)		습득물의 보관비, 공고비 그 밖에 필요한 비용은 물건의 반환받는 자나나 물건의 소유권을 취득하여 이를 인도받는 자의 부담으로 한다.
보상금 (제4조)		① **물건의 반환을 받는 자는 물건가액의 100분의 5 내지 100분의 20 이하의 범위에서 보상금을 습득자에게 지급**하여야 한다. 다만, 국가 · 지방자치단체 또는 정부투자기관관리기본법에 의하여 설립된 정부투자기관, 지방공기업법에 의하여 설립된 지방공사 및 지방공단은 **보상금을 청구할 수 없다.** ② 관리자가 있는 선박, 차량이나 건축물 기타 공중의 통행을 금지한 구내에서 타인의 물건을 습득한 경우의 보상금은 **점유자(관리자)와 실제로 물건을 습득한 자가 절반**하여야 한다.
비용, 보상금의 청구기한 (제6조)		보상금은 **물건을 반환한 후 1개월이 지나면 이를 청구할 수 없다.** {05.2 경간부}

습득자의 권리포기 (제7조)	습득자는 미리 신고하여 **습득물에 관한 모든 권리를 포기하고 의무를 지지 아니할 수** 있다.
습득자와 청구권자 의 권리포기 (시행령 제9조)	습득자가 습득자의 권리를 포기하거나 소유권의 취득권리를 포기하고자 할 때 또는 청구권자 등이 물건반환청구권을 포기하고자 할 때에는 권리포기서를 경찰서장 또는 제주특별자치도지사에게 제출하여야 한다.
유실자의 권리포기 (제8조)	① 물건을 반환받을 자는 그 **권리를 포기하고 보상금 지급의 의무를 지지 아니할 수 있다.** ② 물건의 반환받을 **각 권리자가 그 권리를 포기한 경우에는 습득자가 그 물건의 소유권을 취득**한다. ③ 법률에 따라 소유 또는 소지가 금지된 물건의 습득자는 소유권을 취득할 수 없다. 다만, 행정기관의 허가 또는 적법한 처분에 의하여 그 소유 또는 소지가 예외적으로 허용되는 물건에 있어서는 그 습득자 기타 청구권자는 기간 안에 허가 또는 적법한 처분을 받아 소유 또는 소지할 수 있다.
습득자의 권리상실 (제9조)	습득물 그 밖에 이 법의 규정을 준용하는 **물건을 횡령함으로써 처벌을 받은 자** 및 습득일로부터 **7일 이내에 습득물의 조치절차를 밟지 아니한 자는 보상금을 받을 권리 및 습득물의 소유권을 취득할 권리를 상실**한다. {05.2 경간부. 04.1 승진}
소유권 취득	**유실물의 소유권취득 (민법 제253)**　유실물은 법률에 정한 바에 의하여 **공고(14일)한 후 1년 내에** 그 소유자가 권리를 주장하지 아니하면 습득자가 그 소유권을 취득한다. {05.2 경간부} **매장물의 소유권취득 (민법 제254조)**　매장물은 법률에 정한 바에 의하여 **공고한 후 1년 내에 그 소유자가 권리를 주장하지 아니하면** 발견자가 그 소유권을 취득한다. 그러나 타인의 토지 기타 물건으로부터 발견한 매장물은 그 토지 기타 물건의 소유자와 발견자가 절반하여 취득한다. {04.1 승진}
장물의 습득 (제11조)	① 범죄자가 놓고 간 것으로 인정되는 물건을 습득한 자는 신속히 그 물건을 경찰서에 제출하여야 한다. ② 제1항의 물건에 관하여는 법률에서 정하는 바에 따라 몰수할 것을 제외하고는 이 법 및 민법 제253조의 규정을 준용한다. 단, **공소권이 소멸되는 날로부터 1년간 환부받는 자가 없을 때에만 습득자가 그 소유권을 취득**한다. ③ 범죄수사상 필요할 때에는 **경찰서장은 공소권이 소멸되는 날까지 공고를 하지 아니할 수 있다.** ④ 경찰서장은 제출된 습득물이 장물이 아니라고 판단되는 상당한 이유가 있고, 재산적 가치가 없거나 타인이 버린 것이 분명하다고 인정될 경우에는 이를 **습득자에게 반환**할 수 있다.
준유실물 (제12조)	착오로 점유한 물건, 타인이 놓고 간 물건이나 일실한 가축에 관하여는 이 법 및 민법 제253조의 규정을 준용한다. 단, **착오로 점유한 물건에 대하여는 보관비, 공고비 기타 필요한 비용과 보상금을 청구할 수 없다.**

매장물	① 매장물에 관하여는 제10조(선박, 차량, 건축물등내의 습득)의 규정을 제외하고는 본법을 준용한다. ② 매장물이 민법 제255조에서 정하는 물건인 경우에는 국가는 매장물을 발견한 자와 매장물이 발견된 토지의 소유자에게 통지하여 그 가액에 상당한 금액을 반으로 나누어 국고에서 각자에게 지급하여야 한다. 다만, 매장물을 발견한 자와 매장물이 발견된 토지의 소유자가 같을 때에는 그 전액을 지급하여야 한다. ③ 금액에 불복이 있는 자는 그 **통지를 받은 날로부터 6개월 이내에 민사소송을 제기할 수 있다.**
불수취로 인한 소유권 상실	물건의 소유권을 취득한 자가 그 **취득한 날로부터 6개월 이내에 물건을 경찰서 또는 자치경찰단으로부터 수취하지 아니할 때에는 그 소유권을 상실**한다. {04.1 승진}
수취인이 없는 물건의 귀속	경찰서 또는 자치경찰단이 보관한 물건으로서 교부받을 자가 없는 경우에는 그 소유권은 국고 또는 제주특별자치도의 **금고에 귀속**한다. {04.1 승진}

【유실물 절차】

습득신고(7일 이내) → **공고**(14일간) → **경찰관서 보관**(공고일 후 1년) → **습득자소유권 취득**(6개월, 습득일로부터1년 14일 경과시) → **국고귀속**(1년 6월 14일)

【유실물 관련판례】

① **무기명식 양도성 예금증서의 습득자에게 지급할 보상금의 액**을 산정하면서, 양도성 예금증서의 액면금은 예금증서 자체의 가치가 아니라 예금증서가 표창하는 은행에 대한 정기예금 반환청구권의 가치를 나타내는 점, 고액의 예금증서의 유실에 따라 유실자가 손해를 입을지도 모르는 객관적 위험성의 정도가 상당히 작은 점 등을 참작하여, 위 양도성 예금증서에 대한 유실물법 제4조에 정한 **물건가액을 그 액면금액의 5%**로 보았다. [서울남부지법 2009.7.2 2008가합21793]
② 유실물법상의 유실자 또는 소유자 기타 물건회복의 청구권을 가진 자라고 인정되어 습득자 또는 경찰서장 등으로부터 **유실물을 실제로 수령한 자는** 특별한 사정이 없는 한 위 법상의 보상금 지급의무를 부담하는 자에 해당한다. [서울남부지법 2009.7.2 2008가합21793]

수사경찰 활동

제1절　수사의 기초이론

수사경찰활동에 대한 자세한 내용은 『황영구 박사의 通 경찰학개론 : http://cafe.daum.net/police2004』 카페에 있는 자료를 참고하시길 바랍니다.

Ⅰ. 수사의 개념과 이념

개념		수사는 어떤 **형사사건에 대하여 공소제기 여부결정, 또 공소제기 한 것을 유지**하기 위해 **범죄사실을 조사**하고 **범인 및 증거를 발견 · 수집 · 보전하는 수사기관의 활동**을 말한다.
이념	실체적 진실의 발견	당사자의 주장, 인부 또는 입증에 구애받지 않고 **객관적인 사실의 진상을 규명하려는 절차법상의 이념**을 말한다.
	기본적 인권보장	증거를 수집하고 범인의 신병을 확보하는 과정에서 **필연적으로 신체의 자유 등 국민의 여러 가지 기본권이 제한**된다. 또한 형사소송법에서도 형사소송절차나 수사절차상 인권유린이 없도록 **국민의 여러 가지 기본권을 보장하기 위해 임의수사의 원칙을 선언**하고, 강제처분은 법률에 특별한 규정이 있을 때에만 극히 예외적으로 규정하고 있다.

Ⅱ. 수사의 조건 ➡ 수사권 발동을 제한하는 원리

1. 수사실행의 조건

수사의 필요성			① 수사의 목적을 달성하는데 필요한 경우에 한해서 허용한다. ② 현행 **형사소송법은 수사의 필요성을 수사의 조건으로 명시**하고 있다. ③ 임의수사는 피의자 신문, 참고인 조사, 감정·통역·번역의 위촉 등은 **수사에 필요한 때에 한하여 허용**한다. ④ 강제수사는 형사소송법에 특별한 규정이 없으면 하지 못한다.(체포의 필요성, 구속의 필요성, 압수·수색·검증의 필요성) ⑤ **친고죄에서 고소가 없더라도 원칙적으로는 수사는 가능**하다는 것이 통설의 입장이다.
수사의 상당성			① 수사의 상당성은 수사권의 발동 내지 수사실행의 조건이 된다. ② **수사의 상당성은 강제수사의 경우에 강조**된다. ③ 수사의 **신의칙(신의성실의 원리)과 수사비례의 원칙을 내용**으로 한 조건이다.
	신의칙 (함정수사)	대륙법계	피교사자의 범죄성립 인정(형벌감경사유 고려)
		영미법계	영미법계에서는 **범의유발형과 범죄기회형으로 구분**하여 **범의유발형**은 공공정책의 위반이라는 이유로 피교사자에 대한 무죄의 항변사유로 인정되고, **범죄기회형**은 피교사자의 범죄성립을 인정한다.
		판　　례	범죄기회형은 문제되지 않으나(합법), 범의유발형은 수사의 상당성이 결여되어 위법하다는 것이 판례입장이다.
	비례의 원칙		① 수사는 그 목적달성을 위하여 필요한 최소한도에 그쳐야 하며, **수사를 위하여 불가피하게 침해될 개인이나 공공의 이익과 수사활동을 통하여 얻을 형사사법적 이익이 형평을 이루지 않으면 안 된다는 원칙**이다. ② 범죄인지의 상당성이 있어야 한다. 즉, 피해가 극히 경미한 사건에 대해서 범죄인지를 하는 것은 범죄인지권의 남용이라 할 수 있다.

2. 수사개시의 조건

(주관적) 범 죄 혐 의	범죄사실 존재의 개연성	
	주 관 적 범죄혐의	① **수사개시의 조건** ② 수사기관이 범죄혐의를 인정하는 경우를 말한다.
	객 관 적 범죄혐의	① **체포·구속의 조건** ② 피의자가 죄를 범하였다고 의심할 만한 상당한 이우가 있는 때에 　한하여 피의자 체포·구속이 허용된다.
	최　　초 범죄혐의	① **압수·수색의 조건** ② 객관적 혐의를 요하는 것은 아니다.

III. 범죄수사의 제 원칙

1. 범죄수사의 3대 원칙(3S원칙)

현장보존의 원칙	**범죄현장은 "증거의 보고"이다.** 즉 수사관이 그 범죄현장을 보존하고 철저히 관찰하지 않으면 수사가 곤경에 빠질 우려가 있다.
공중협력의 원칙	범죄흔적은 목격자의 기억에 남는 것이므로 목격자가 살고 있는 **사회는 "증거의 바다"**라고 한다.
신속착수의 원칙	모든 범죄수사는 **신속하게 착수하여 증거가 인멸되기 전에 수사종결**하여야 한다.

2. 범죄수사상의 준수원칙

법령준수의 원칙	범죄수사에 있어서 **관계법령을 철저히 준수**하여 실시하여야 한다.
종합수사의 원칙	범죄수사에 있어서 선입견을 배제한 모든 기술과 지식 그리고 **조직을 동원하여 체계적이고 조직적인 수사**를 하여야 한다.
민사관계 불간섭의 원칙	범죄수사에 있어서 **형사사건에 한하여 허용**된다.
선증후포의 원칙	**먼저 증거확보 후 범인을 체포해야 한다는 원칙**이다.

3. 수사의 기본원칙

수사비례의 원칙	수사권발동의 이익과 그로 인한 이익간의 균형을 잃어서는 안 된다
자기부죄 강요금지의 원칙	헌법은 고문의 금지와 형사상 진술거부권을 보장하고 있다(**헌법상의 원칙**).
임의수사의 원칙	수사는 임의수사를 원칙으로 한다. 강제수사는 예외적으로 허용된다. 임의수사는 무죄추정의 법리의 제도적 표현이기도 하다.
제출인 환부의 원칙	수사기관은 사인간의 권리관계에는 관여하지 아니하기 때문에 압수물을 환부할 때는 피압수자에게 환부하는 것이 원칙이다.
영장주의	강제처분에 관한 영장주의는 헌법상의 원칙이므로 수사기관의 강제처분에 관하여는 영장주의 원칙이 적용된다.(**헌법상의 원칙**)
강제수사 법정주의	수사기관의 강제처분은 형사소송법에 특별한 규정이 있는 경우에 한해서 허용된다는 것을 강제수사법정주의 또는 강제처분법정주의라고 한다(**헌법상의 원칙**).
수사 비공개의 원칙	공판절차는 공개주의를 채택, 수사는 비공개를 원칙으로 한다(증거인멸방지, 관계자의 비밀이나 인권보호 등).

4. 수사실행의 5원칙

수사자료 완전 수집의 원칙(제1단계)	수사의 기본방법 중 제1조건은 그 사건과 관련된 **모든 자료를 완전히 수집**하는 것이다.
수사자료 감식·검토의 원칙(제2단계)	수사관의 상식적인 검토나 경험적인 판단에 그치지 말고 **과학적 지식 또는 시설**을 유용하게 이용해야 한다는 것이다.
적절한 추리의 원칙(제3단계)	수사자료의 수집과 검토 후에는 그것을 기초로 사건에 대하여 **가상의 추측과 판단**을 적절히 해보아야 한다. 추측의 대상은 범인과 범죄사실에 대하여 행해진다.
검증적 수사의 원칙(제4단계)	여러 가지 추측 중에서 과연 어떤 추측이 정당한가를 가리기 위해서는 **추측 하나하나를 모든 각도에서 검토**해야 한다는 것이다. **【검증의 순서】** ① **수사사항의 결정** → ② **수사방법의 결정** → ③ **수사의 실행**
사실판단 증명의 원칙(제5단계)	수사관만의 주관적인 판단에 그칠 것이 아니라 다른 누구에 대해서도 그 판단이 진실이라는 것을 **객관적으로 증명**해야 한다.

Ⅳ. 경찰의 수사권 독립

경찰 수사권 독립 찬성론	① **국민의 편익저해** : 사건이 검찰에 송치된 후 피의자에 대한 검찰의 불필요한 중복조사가 이루어지고 있다. ② **현실과 법규범의 괴리** : 경찰이 인지한 대부분의 일상범죄에 대한 수사개시는 사법경찰관의 독자적 판단에 의하여 이루어지고 있다. ③ **행정조직원리에의 위배** : 경찰수사기관은 검사와 상급경찰의 이중의 지휘를 받게 되어 수사행정의 효율화를 저해한다. ④ **권한과 책임의 불일치** : 법률상 수사에 있어서 검사의 지휘를 받게 되어 있는 경찰에 대하여서만 책임을 지게 하는 현실은 권한과 책임의 일치라는 대전제에서 벗어나 있다. ⑤ **경찰업무의 과중화** : 현재 검찰은 수사지휘와 동떨어진 각종 부가적인 지시를 하고 있으며, 인력동원까지 지시하여 경찰업무를 더욱 가중시켜 경찰의 기본업무 수행에 차질을 빚게 하고 있다. ⑥ **수사요원의 사기저하** : 수사업무의 대부분을 검사의 지휘를 받아 수사하도록 되어 있어 실제 수사를 담당하는 사법경찰관들의 주체성이 결여되어 있고 책임감이나 윤리의식이 약해진다. ⑦ **검찰로의 권력집중** : 국가공권력의 대표격인 수사권을 공소권까지 가지고 있는 소수의 검사에게 독점시키고 또한 이에 대한 견제장치가 없는 현실에서는 검찰의 권력 남용의 우려가 있다.
경찰 수사권 독립 반대론	① **공소권의 주체가 수사의 주체** : 수사는 공소의 준비단계이므로 공소권의 주체인 검사가 수사의 주재자가 되어야 한다. ② **경찰은 수사의 합목적성만 강조** : 법률전문가가 아닌 경찰에게 독자적 수사권을 부여하면 수사의 합목적성만을 강조하여 적정절차와 인권존중의 요청을 외면하기 쉽다. ③ **법집행의 왜곡과 인권보장** : 법률전문가인 검사가 수사의 전 과정을 지휘함으로써 법률지식의 미흡으로 발생하는 법집행의 왜곡을 막고, 인권옹호에 더 충실할 수 있다. ④ **경찰에의 권력집중** : 막강한 정보력을 가진 경찰에게 수사권을 부여하는 경우 경찰에의 권력집중으로 인한 피해가 있을 수 있다. ⑤ **검사의 지휘가 수사력 강화** : 다양해진 범죄현상에 효율적으로 대처하기 위해서는 경찰은 검찰의 지휘 아래 법률적 지식을 보완받아야 수사력을 강화할 수 있다.

제2절　수사의 과정

Ⅰ. 수사의 전개과정

<table>
<tr><td rowspan="3">수사
단서</td><td colspan="3">수사기관이 범죄를 인지하여 수사를 개시하게 되는 자료이다.</td></tr>
<tr><td>수사기관의
인지에
의한 단서</td><td colspan="2">① 현행범인 체포　　② 변사자 검시　　③ 불심 검문
④ 다른 사건 수사 중의 범죄 발견　　⑤ 신문기사, 풍설, 세평 등</td></tr>
<tr><td>타인 경험의 청
취에 의한 단서</td><td colspan="2">① 고소, 고발　　　　　② 자수
③ 진정　　　　　④ 피해신고　　　　⑤ 투서 등</td></tr>
<tr><td rowspan="9">내　사</td><td colspan="3">수사의 전 단계로서 범죄혐의가 유무를 밝히는 단계이다.</td></tr>
<tr><td rowspan="3">내사의
분류</td><td>첩보내사</td><td>범죄첩보에 대한 내사</td></tr>
<tr><td>진정·탄원내사</td><td>서면으로 접수되는 진정·탄원사건 등에 대한 내사</td></tr>
<tr><td>일반내사</td><td>첩보내사와 진정·탄원내사를 제외한 내사</td></tr>
<tr><td rowspan="2">내사의
착수</td><td colspan="2">① 첩보내사 : 해당 범죄첩보의 사본을 첨부하고 내사할 대상 및 내용, 내사가 필요한 이유 등을 기재한 서면에 의하여 소속 경찰관서의 수사부서의 장에게 보고하고 그 지휘를 받아 내사에 착수한다.
② 진정·탄원내사 : 접수된 서면에 대하여 소속 경찰관서의 수사부서의 장의 지휘를 받아 내사에 착수한다.</td></tr>
<tr><td colspan="2">③ 일반내사 : 내사할 대상 및 내용, 내사가 필요한 이유 등을 기재한 서면에 의하여 소속 경찰관서의 수사부서의 장에 보고하고 그 지휘를 받아 내사에 착수한다.</td></tr>
<tr><td rowspan="3">내사의
종결</td><td colspan="2">① 내사과정에서 범죄혐의가 인정되어 수사할 필요가 있는 경우에는 내사를 종결하고 범죄사건부에 등재하여 수사하여야 한다. 다만, 형사소송법 제200조의3 제1항에 해당하여 긴급체포한 경우에는 즉시 검사의 승인을 얻는 등 관련조치와 함께 입건하여야 한다.
② 진정·탄원내사의 공람종결 사유
　㉠ 3회 이상 반복 진정하여 2회 이상 그 처리결과를 통지한 진정과 같은 내용인 경우
　㉡ 무기명 또는 가명으로 한 경우
　㉢ 단순한 풍문이나 인신공격적인 내용인 경우
　㉣ 완결된 사건 또는 재판에 불복하는 내용인 경우
　㉤ 민사소송 또는 행정소송에 관한 사항인 경우</td></tr>
<tr><td colspan="2" align="center">【입건하지 않는 내사】</td></tr>
<tr><td>내사종결</td><td>혐의 없음, 죄가 안 됨, 공소권 없음 등에 해당하여 입건의 필요가 없는 경우</td></tr>
</table>

<table>
<tr><td>내사중지</td><td>피내사자 또는 참고인 등의 소재불명으로 사유해소 시까지 내사를 계속할 수 없는 경우</td></tr>
<tr><td>내사병합</td><td>동일 또는 유사한 내용의 내사사건이거나 경합범으로 다른 사건과 병합처리할 필요가 있는 경우</td></tr>
<tr><td>내사이첩</td><td>토지 또는 사물관할이 없거나 범죄특성 및 병합처리 등을 고려하여 다른 경찰관서 및 수사기관에서 내사할 필요가 있는 경우</td></tr>
</table>

수사 착수 (인지)	고소 · 고발 · 자수 이외의 원인에 의하여 직접 범죄혐의를 인정하고 **수사에 착수한 때는 범죄인지보고서를 작성**하며, **실무상 수사를 먼저 진행하고 조치를 취한 후 사후에 범죄인지보고서를 작성**하기도 한다.	
수사 개시 (입건)	① 수사기관의 사건을 수리하여 **수사를 개시함을 입건**이라고 한다. ② **수사개시한 사건은 내사종결할 수 없고, 검찰에 송치**하여야 한다.	
수 사 실 행	사법경찰관은 관계법령(형소법, 사법경찰관리직무규칙, 범죄수사규칙 등)과 예규 등을 준수하여 그 범위 내에서 수사를 실행해야 한다.	
	초동수사	사건발생초기에 범인을 체포하고 증거를 확보하기 위해 행하는 긴급한 수사활동을 말한다.
	현장관찰	수사자료를 수집하기 위하여 현장 물체의 존재 및 상태를 관찰하는 활동을 말한다.
	기초수사	초동수사 이후의 수사사항의 결정, 수사방침의 수립을 위한 수사자료를 수집하는 활동을 말한다.
	탐문수사	수사관이 범인 이외의 제3자로부터 범죄에 대하여 전문 도는 직접 체험한 사실을 탐지하기 위하여 행하는 수사활동이다.
	감별수사	범인과 피해자 또는 범인과 범행지 및 주변의 지역 간에 존재하는 사정, 관계 등에 근거를 두고 수사하는 방법이다.
	유류품 수사	범행현장에 남아 있는 흉기, 옷, 휴지, 소지품 등을 검토함으로써 범인의 윤곽이나 범행상황 등을 추정하는 수사활동이다.
	장물수사	피해자를 통해 범죄피해품을 확정하고, 피해품의 출처를 역추적 하여 범인을 발견하고자 하는 수사방법이다.
	알리바이 수사	범죄의 혐의자가 범죄가 행하여진 시간에 범죄현장 이외의 장소에 있었다는 사실이 명확하여 범죄현장에는 있지 않았음이 증명되는 것을 말한다.
	수법수사	범인이 일정한 수단과 방법 및 습벽으로 반복하여 범행하는 특징을 이용하여 범인을 찾아 검거하는 수사활동을 말한다.
	공조수사	경찰관서 상호 간 자료를 수집하고 수배 · 조회 · 통보 · 촉탁 · 또는 합동 수사를 함으로써 범인 · 여죄 · 장물 · 범죄경력 · 신원불상자의 신원을 확인하며 범인을 검거하고 범죄를 구증하기 위한 과학적 · 입체적 · 조직적 수사활동이다.
사건 송치	사법경찰관은 사건에 대해 진상이 파악되고 **적용할 법령, 처리의견을 제시할 수 있을 정도가 되면 사건을 검찰청에 송치**해야 하며, 경찰의 수사행위는 일단 종결되는 것으로 본다.	
송치후 수사	사건 송치 후 피의자의 여죄가 발견되거나 검사의 공소제기, 또는 우지를 위한 보강수사 지시가 있을 경우 추가적인 수사활동이 전개 가능하며, 미리 주임검사의 지휘를 받아야 한다.	
수사 종결	모든 사건의 **수사종결권은 검사**에게 있다. **종결처분은 기소처분과 불기소처분**이 있다. 단, 20만 원 이하의 벌금 또는 구류, 과료에 처할 범죄사건으로서 **즉결심판에 의하여 처리될 경미사건은 경찰서장이 수사종결의 주체**가 된다.	

제3절　범죄첩보

I. 범죄첩보

의 의	① 범죄첩보란 수사첩보의 한 내용으로서 **범죄수사상 참고가 될 만한 제반사항**을 말한다. ② **범죄첩보는 범죄의 종류, 범죄발생 전후, 지역적 제한을 받지 않는다.**	
특 징	시한성	범죄첩보는 **시간이 경과**함에 따라 가치가 감소한다.
	결합성	범죄첩보는 **여러 첩보가 결합**되어 이루어진다.(기초첩보→사건첩보→범죄첩보)
	혼합성	범죄첩보는 그 속에 **하나의 원인과 결과를 내포**하고 있다.
	가 치 변화성	범죄첩보는 **수사기관의 필요성**에 따라 가치가 달라진다.
	결 과 지향성	범죄첩보는 수사 후 **현출되는 결과**가 있어야 한다.
수 집 요 령	사전의 준 비	첩보수집의 목적을 이해하고 상대방의 기억능력을 고려하여 사전 직후 상대방이 편리한 시간·장소를 택하며, **상대방의 취미·기호·사상 등을 미리 알아두면 도움**이 된다.
	면담의 마 음 가 짐	① 면접자의 순서는 **가장 공평한 위치에 있는 자와의 면담을 선순위**로 한다. ② 이야기는 **상대방이 60%, 면접관이 40%정도의 비율**로 한다. ③ 언제나 **면접할 수 있는 사람**이나, 다시 면접을 요하는 경우에는 상대방의 긴장도에 따라 다음 기회로 한다. ④ 상대방이 중요한 사항을 말하기 시작하면 **면전에서 필기는 금한다.**
	보고의 확 행	① 수사상 참고가 될 만한 사항을 인지하였을 때는 신속히 상사에게 보고해야 한다. ② 보고는 특별한 경우를 제외하고는 보안유지와 함께 **서면(수사보고서)으로** 해야 하며, 보안유지에 주의한다.
첩보의 검토	수집된 첩보는 여러 방면에서 다각도로 검토하여야 하며, 첩보제공자에 대해서는 그 성별, 연령, 직업, 경력, 사회적 지위, 성격, 전과의 유무 등을 종합하여 첩보의 신빙성 여부와 정보제공의 이유를 주관적으로도 검토하여야 한다.	

II. 수사첩보 수집 및 처리(수사첩보 수집 및 처리 규칙 2008. 3. 26개정)

분류	수사첩보	범죄첩보	범죄내사첩보	대상자, 혐의 내용, 증거자료 등이 특정된 내사 단서 자료
			범죄동향첩보	범죄 관련 동향
			기획첩보	범죄첩보 중 일정기간 집중적으로 수집이 필요한 내사 단서 자료 및 동향
		정책첩보		수사제도 및 형사정책 개선, 범죄예방 및 검거대책에 관한 자료
	범죄첩보분석 시스템(CIAS)			수사첩보의 작성, 수집, 평가, 배당 등 전 과정을 전산화한 시스템으로서 경찰청 과학수사센터에서 구축, 운영 중인 시스템이다.

적용 범위	모든 **경찰공무원에게 적용**된다
월 수집 기준량	경찰공무원은 「견문 수집 및 처리 규칙」에서 정한 기준건수를 수집·보고하되, **수사·형사 외근 요원**(경찰청 수사국장의 업무지휘를 받고 있는 경찰관서의 수사부서 근무자)은 4건 이상, **수사내근·지구대·파출소·분소 직원**은 1건 이상의 수사첩보를 수집·보고하도록 한다.
제출 방법	경찰공무원은 입수한 **모든 수사첩보는 CIAS를 통하여 작성·제출함을 원칙**으로 한다.
평가 및 기록 관리 책임자	① 평가 및 기록관리 책임자는 다음과 같다. 　㉠ 경찰청은 과학수사센터장 　㉡ 지방경찰청 및 경찰서는 수사과장, 형사과가 분리된 경우 형사과장 ② 평가 책임자는 제출된 첩보를 신속히 검토 후 **적시성, 정확성, 활용성 등을 종합 판단**하여 공정하게 평가하고 필요한 조치에 대하여 구체적으로 지시하여야 한다. ③ 평가 책임자는 제출된 첩보에 대하여 **비공개를 원칙**으로 하되, 범죄예방 및 검거 등 수사목적상 첩보 내용을 공유할 필요가 있다고 인정할 경우 CIAS상에서 공유하게 할 수 있다.
첩보 처리	① 경찰공무원이 입수한 **모든 수사첩보는 CIAS를 통하여 처리**되어야 한다. ② 모든 수사첩보는 수사 착수 전에 누설되는 일이 없도록 **철저히 브안을 유지**하여야 한다.
이송	① 수집된 첩보는 **수집관서에서 처리하는 것을 원칙**으로 한다. 다만, 평가책임자는 첩보에 대해 범죄지, 피내사자의 주소·거소 또는 현재지 중 어느 1개의 **관할권도 없는 경우 이송**할 수 있다. ② 이송을 하는 첩보의 평가 및 처리는 **이송 받은 관서**의 평가 책임자가 담당한다.

수사 첩보의 평가	**범죄첩보의 성적 평가**	**특보(10점)**	① 전국단위 기획수사에 활용될 수 있는 첩보 ② 2개 이상의 지방청과 연관된 중요 사건 첩보 등 경찰청에서 처리해야 할 첩보
		중보(5점)	2개 이상 경찰서와 연관된 중요 사건 첩보 등 지방청 단위에서 처리해야 할 첩보
		통 보(2점)	경찰서 단위에서 내사할 가치가 있는 첩보
		기 록(1점)	내사할 정도는 아니나 추후 활용할 가치가 있는 첩보
		참고	단순히 수사업무에 참고가 될 뿐 사용가치가 적은 첩보

포상	① 수사첩보에 의해 사건해결 또는 중요범인을 검거하였을 경우 첩보제출자를 **사건을 해결한 자 또는 검거자와 동등하게 특별승진 또는 포상**할 수 있다. ② 일정기간 동안 개인별로 첩보성적을 평가하여 포상, 특별승진 등 기준으로 사용할 수 있다. ③ 제출한 첩보에 의해 수사시책 개선발전에 기여한 자는 별도 포상한다.
인사 반영	경찰공무원이 제출한 첩보 성적평가 결과는 **매월 해당부서에 통보하겨 인사에 반영**한다.

제4절　수사의 단서 및 종류

Ⅰ. 수사단서의 종류

수사기관의 인지에 의한 단서	타인 경험의 청취에 의한 단서
① 현행범인 체포　　② 변사자 검시 ③ 불심검문　　④ 신문기사, 풍설 등 ⑤ 다른 사건 수사 중의 범죄발견	① 고소, 고발, 자수　　② 진정 ③ 범죄신고　　④ 피해신고 ⑤ 투서 등
※ 형사소송법의 명문으로 규정된 단서 　　① 현행범 체포(제212조)　② 변사자의 검시(제222조)　③ 고소, 고발(제223조)　④ 자수(제240조)	

1. 수사기관의 인지에 의한 단서

1) 현행범인 체포

광의의 현행범인	협의의 현행범인 (현행범인)	범죄의 실행 중이거나 실행 즉후(卽後)인 자 ▣ 범죄의 실행 중 – 실행에 착수하여 종료하지 못한 상태 ▣ 범죄의 실행 즉후 – 현행범인은 결과발생의 유무와 관계없으며 실행행위를 전부 종료하였을 것도 요하지 않으며, 또한 시간적 접착성과 장소적 접착성도 인정되어야 한다. ▣ 현행범인 경우에는 시간적 접착성과 범행의 명백성이 인정되는 상황을, 준현행범인인 때에는 범행과의 관련성이 강하게 인정되는 상황을 현행범인 체포서 또는 인수서에 구체적으로 기재하여야 한다.
	준 현행범인	① 범인으로 호창되어 추적되고 있는 자 ② 흉기 등을 소지하고 있는 자 ③ 신체나 의복 등에 현저한 증적(證跡)이 있는 자 ④ 누구임을 물음에 대하여 도망하려는 자
현행범인의 처　　리		① 수사기관이 현행범인을 체포하거나 인도 받았을 때는 즉시 수사를 개시 ② 수사기관이 현행범인을 직접 체포한 경우 → **현행범인 체포경위서를 작성** ③ 사인이 현행범인을 체포한 경우 → **현행범인의 인수서를 작성** ④ 현행범을 **체포한 사인에 대해 임의동행 요구**할 수 있다.

2) 변사사건의 처리

개 념	노쇠사·병사 등의 자연사(검시할 필요가 없음)가 아니고 부자연한 사망을 하여 그 사인이 불명하여 **범죄에 기인한 것이 아닌가 의심 있는 사체**를 말한다.
내 용	변사체 검시는 수사가 아니라 **수사의 단서**, 즉 **수사 전의 처분**에 불과하다.

3) 불심검문(법적근거 = 경찰관직무집행법, 범죄수사규칙, 주민등록법 등)

불심검문 대 상 자		① 거동이 수상한 자 ② 어떠한 죄를 범하였다고 의심할 만한 상당한 이유가 있는 자(**피의자**) ③ 범하려 하고 있다고 의심할 만한 상당한 이유가 있는 자(**우범자**) ④ 이미 행하여진 범죄나 행하여지려고 하는 범죄행위에 관하여 그 사실을 안다고 인정되는 자(**참고인**) ✋ 앞에서 가로막는 행위, 자전거 핸들이나 짐받이를 잡는 행위 배후에서 어깨에 손을 얹는 행위는 허용한다. ✋ 정지시키기 위해 양쪽에서 밀착하여 체포하는 듯한 인상을 주는 것은 허용되지 않는다.
임의동행 요 건		① 질문을 하는 것이 **당해인에게 불리하거나 교통이 방해가 된다고 인정**되는 때에는 임의동행을 요구할 수 있다. ② 당해인은 경찰관의 **동행요구를 거절**할 수 있다. ✋ 신분증을 제시하지 않는다고, 질문을 답변을 하지 않는다고 해서 동행을 강요할 수 없다.
흉기검사 및 신체수색	**소 지 품 검 사**	질문을 할 때에 흉기의 소지여부를 조사할 수 있다. ① 상대방의 가방은 상대방이 직접 열어보이게 하여야 한다. ② 금전 등은 상대방이 직접 펴서 세어보게 한다. ③ 종류 및 수량에 대하여 질문한다. ④ 소지품은 가능한 한 상대방에게 꺼내 보이게 한다.
	신체수색	① 신체수색의 대상은 흉기에 한한다. ② 신체수색시 **위에서 아래로 수색**한다. ③ 주머니를 검사할 경우 **외부주머니부터 내부주머니 순**으로 한다.
불심검문 절 차		질문하거나 동행을 요구할 경우 경찰관은 당해인에게 자신의 신문을 표시하는 증표를 제시하면서 소속·성명을 밝히고 그 목적과 이유를 설명하여야 하며, 동행의 경우에는 동행장소를 밝혀야 한다.
불심검문 고지내용		동행을 한 경우 경찰관은 당해인의 가족 또는 친지 등에게 동행한 경찰관의 신분, 동행장소, 동행목적과 이유를 고지하거나 본인으로 하여금 즉시 연락할 수 있는 기회를 부여하여야 하며, **변호인의 조력을 받을 권리가 있음을 고지**하여야 한다. ✋ 변호인선임권 고지(○), 진술거부권은 고지(×), 가족에게 연락부여(○)
기타		① 동행을 한 경우 경찰관은 당해인을 **6시간**을 초과하여 경찰관서에 머물게 할수 없다. ② 당해인은 형사소송에 관한 법률에 의하지 아니하고는 신체를 구속당하지 아니하며, 그 의사에 반하여 답변을 강요당하지 아니한다.

【임의동행에 있어서의 임의성의 판단 기준】

① 동행의 시간과 장소　　② 동행의 방법　　③ 동행거부의사의 유무
④ 동행 이후의 조사방법　　⑤ 퇴거의사의 유무 등 종합하여 객관적인 상황을 기준

2. 타인 체험으로 인한 단서

1) 고소

개 념	피해자와 그와 일정한 관계가 있는 **고소권자**가 수사기관에 대해 범죄사실을 신고하여 범인의 소추를 구하는 의사표시(수사단서, 친고죄에서의 고소는 소송조건)	
고소 권자	피 해 자	① **고소의 고유권자** ② 범죄로 인한 피해자(자연인·법인·법인격 없는 단체 포함) ③ 고소권은 양도·상속 허용 안됨 (단, 특허권·저작권은 허용) ④ **피해자가 사망한 경우 ➡** 그 배우자·직계친족·형제자매가 고소 　✊ 사망자의 의사에 반해 고소를 할 수 있다.(×)
	피해자의 법정대리인	① **고소의 고유권자**(판례입장, 학설대립) ② 피해자의 법정대리인은 독립 고소할 수 있으며, 범죄시나 고소 후에 지위를 상실하여도 고소는 유효하다. ③ 피해자의 고소권이 소멸하여도 법정대리인은 고소할 수 있다. ④ **피해자의 법정대리인 또는 그 친족이 피의자인 경우** 　➡ 피해자의 친족이 독립고소
	피해자의 친족 및 자손	**사자명예훼손의 경우 ➡** 그 친족·자손이 고소
	지정고소권자	고소할 자가 없는 경우 이해관계인의 신청이 있으면 검사는 **10일 이내**에 고소할 수 있는 자를 지정하여야 한다.
고소의 내 용	① 고소는 범죄사실의 신고로 일시·장소 등 범죄사실을 특정할 수 있는 정도이면 충분하며, 성명불상의 피고소인이더라도 그 범죄를 범한 자를 처벌할 의사표시가 있으면 적법한 고소로 볼 수 있다. 　✊ 피고소인의 성명, 연령 등을 구체적으로 특정하여야 고소가 가능하다.(×) ② 고소는 고소능력(고소권)이 있어야 한다. 　✊ 구술 고소의 경우에는 독립된 진술조서를 작성하여야 한다.(×) → 조서는 처벌희망 의사표시로 족하므로 독립된 조서일 필요는 없다.	
고소의 제 한	① **자기 또는 배우자의 직계존속을 고소하지 못한다.** 　단, 성폭력범죄 또는 가정폭력범죄에 대하여는 자기 또는 배우자의 직계존속을 고소할 수 있다. ② 간통죄의 고소는 혼인이 해소되거나, 이혼소송을 제기한 후에만 허용하며, 고소 후 다시 혼인을 하거나 이혼소송을 취하한 때에는 고소는 취소된 것으로 간주한다.	
고소의 기 간	① 고소할 수 있는 기간은 **원칙적으로 제한이 없으나**, 친고죄는 범인을 알게 된 날로부터 **6개월 이내**에 하여야 한다. 단, 성폭력범죄 중 친고죄인 경우에는 **1년 이내**에 하여야 한다. 　✊ 청소년에 대한 강간, 강제추행, 준강간, 준강제추행은 범인을 안 날로부터 2년을 경과하면 고소하지 못한다.(×) 　✊ 형법 제297조에 해당하는 강간죄는 범인을 알게 된 날로부터 6개월이 경과하면 고소하지 못한다.(×) → 강간죄, 준강간, 강제추행, 업무상위력 등에 의한 간음 등은 성폭력범죄로서 「성폭력범죄의 처벌 등에 관한 특례법」 제18조에 의하여 고소기간이 1년이다.	

고 소 취 소 효 과	① 고소의 취소는 **1심판결선고 전까지 취소 가능**하며, 동일 범죄에 대해 다시 고소할 수 없다. ② 반의사불벌죄의 처벌불원 의사도 1심판결선고 전까지 취소할 수 있고, 이 경우에도 처벌 불원의사를 취소하지는 못한다. 따라서 합의 후 합의금의 지급불이행을 이유로 고소의 취소가 무효임을 주장하지 못한다. ③ 공범과 고소의 취소 　 기소 후 공범자의 1인에 대하여 제1심 판결이 선고되어 그에 대한 고소취소가 불가능한 경우에 **제1심 판결전의 공범자에 대한 고소취소도 불가능**하며, 취소가 있어도 효력이 없다는 것이 판례이다.
고소의 절 차	① **서면고소(원칙)** 　② 구술고소 　③ 대리고소
고소의 처 리	범죄수사규칙상 고소 또는 고발된 사건은 접수한 날로부터 **2개월 이내에 수사를 완료**하여야 한다. 2개월의 기간 내에 수사를 완료하지 못할 경우에는 경찰서장에게 보고, 지방검찰청 또는 지청의 검사의 지휘를 받아야 한다.
고소의 포 기	**고소권의 포기를 부정**한다.(판례)

2) 고발

개 념	범인 및 고소권자 이외의 **제3자**가 범죄사실을 수사기관에 신고하여 범인의 처벌을 구하는 의사표시이다.		
고 발 권 자	누구든지 범죄사실이 있다고 사료할 때에는 고발할 수 있다. ☞ 고발인 조사를 할 수 없다.(×) → 개인고발이든, 기관고발이든 고발장만으로 고발취지와 증거자료가 불충분한 경우에는 고발인 조사를 할 수 있다.		
고 발 절 차	① **대리고발 할 수 없다.** ② 서면으로 고발장 및 고발 취소장을 제출한 경우에는 보충진술조서를 작성하며, 구두 고발을 수리하였을 때에는 고발조서를 작성하여야 한다.		
고발이 소 송 조 건	소속기관장의 고발이 소송조건이 되는 경우	① 전투경찰대법　② 출입국관리법　③ 조세범처벌법 ④ 물가안정에 관한 법률 ⑤ 독점규제 및 공정거래에 관한 법률　⑥ 관세법	
	소속기관장의 고발이 소송조건이 아닌 경우	특정범죄 가중처벌 등에 관한 법률위반에 해당힐 때는 소속기관장의 고발 없이도 수사할 수 있다.	
		특가법 제6조	① 관세법 제269조(밀수출입죄) ② 관세법 제270조(관세포탈죄 등) ③ 관세법 제274조(밀수품의 취득죄)
		특가법 제8조	조세범처벌법 제9조(조세포탈죄 등)

【고소 & 고발의 차이점】

	고소	고발
주 체	고소권자	제3자
기 간	고소는 원칙적으로 제한은 없으나 친고죄는 범인을 알게 된 날부터 6월 이내, 성폭력범죄는 1년 이내	무제한
대 리	허용	불허
취 소	제1심판결선고전까지	제한 없다.
재고소·고발	불허	허용

【고소·고발 반려사유】

① 고소·고발사실이 범죄를 구성하지 않을 경우
② 공소시효가 완성된 사건
③ 동일한 사안에 대하여 이미 법원의 판결이나 수사기관의 처분이 존재하여 다시 수사할 가치가 없다고 인정되는 사건. 다만, 고소·고발인이 새로운 증거가 발견된 사실을 소명한 때에는 예외로 함
④ 피의자가 사망하였거나 피의자인 법인이 존속하지 않게 되었음에도 고소·고발된 사건
⑤ 반의사불벌죄의 경우, 처벌을 희망하지 않는 의사표시가 있거나 처벌을 희망하는 의사가 철회되었음에도 고소·고발된 사건
⑥ 고소 권한이 없는 자가 고소한 사건
⑦ 고소 제한규정에 위반하여 고소·고발된 사건

3) 자수

개 념	범인이 스스로 수사기관에 대하여 자신의 범죄사실을 신고하여 처벌을 희망하는 의사표시
시 기	① 자기의 범죄사실을 신고하는 **자수의 시기는 제한이 없다.** ② 체포 전에 자발적으로 신고한 이상 자수에 해당한다.
수 단	① **자수의 수단·방법에 대해서는 법률상 특별한 제한이 없다.** ② 대리인에 의한 자수는 허용되지 않는다. 　　✋ 제3자에게 자수의사를 전달하여 달라고 한 것만으로는 자수라고 할 수 없다.
법 적 효 과	**임의적 감경 및 면제**(형법 제52조)

Ⅱ. 임의수사와 강제수사

임 의 수 사	개념	**상대방의 동의하에** 행하는 수사		
	종류	① **승**낙수색·검증　② **출**석요구　③ **감**정·통역·번역의 위촉　④ **사**실조회 ⑤ **촉**탁수사　⑥ **피**의자신문　⑦ **참**고인조사		
강 제 수 사	개념	**상대방의 의사에 반하여** 실질적으로 그의 법익을 침해하는 수사		
	종류	① 체포영장에 의한 체포　② 긴급체포　③ 현행범인의 체포 ④ 피의자의 구속　⑤ 압수·수색·검증　⑥ 임의제출물의 압수 ⑦ 증거보전　⑧ 증인신문의 청구　⑨ 수사상 감정유치 ⑩ 통신제한조치		

Ⅲ. 통신비밀보호법

	통신제한조치	통신사실확인자료
대상 (내용)	① 우편물개봉 ② 인터넷송수신방해 ③ 전자우편 내용확인	① 전기통신개시 · 종료시간 ② 가입자의 전기통신 일시 ③ 발 · 착신 통신번호 등 상대방 가입자번호 ④ 사용도수 ⑤ 컴퓨터통신 또는 인터넷로그 기록자료 ⑥ 발신기지국의 위치추적자료 ⑦ 접속자의 추적자료
대상 범죄	280여 개	모든 범죄
요건	범죄수사, 국가안보	범죄수사, 국가안보, 형집행
허가/ 승인 절차	① 범죄수사 → **사 · 경 신청, 검사청구** 　　　　　→ **법원 허가** ㉠ **청구 관할법원** 　㉠ 통신제한조치를 받을 통신당사자의 쌍방 or 　　일방의 주소지 · 소재지 · 범죄지 　㉡ 통신당사자와 공범관계에 있는 자의 주소지 · 　　소재지 관할 지방법원 및 지원 ㉡ **기간 : 2개월** 　2개월 범위 내에서 연장 가능 ② 국가안보 → **정보수사기관의 장** ㉠ 내국인 : 고등법원 수석부장판사 허가 ㉡ 대한민국에 적대하는 국가, 반국가활동 등 　의 혐의가 있는 외국기관 · 단체 등 　　: 서면으로 대통령 승인 ㉢ **기간 : 4개월** 　　　　(4개월 범위 내에서 연장 가능)	① 범죄수사, 형 집행 → **사 · 경, 검사**는 　전기통신사업자에게 요청 　→ **법원 허가** ② 국가안보 → **정보수사기관의 장** ㉠ 내국인 : 고등법원 수석부장판사 허가 ㉡ 대한민국에 적대하는 국가, 반국가 활동의 　혐의가 있는 외국기관 · 단체 등 　　: 서면으로 대통령 승인
긴급시	검사, 사법경찰관, 정보수사기관의 장은 **긴급 시 법원허가, 대통령승인 없이 가능**(단, 긴급 통신제한조치를 한 때부터 **36시간 이내에 허 가 및 승인**을 받아야 함)	① **허가나 승인 없이 가능** ② 범죄수사 → **사후 지체 없이 허가** ③ 국가안보 → **36시간 이내에 승인**
사후 통지	① 사법경찰관 → 범죄수사 및 긴급통신제한 조치를 집행한 사건에 관하여 검사로부터 공소를 제기하거나 제기하지 않는 처분(**기 소중지 결정 제외**)의 통보를 받거나 내사	① 범죄수사 → 공소제기, 공소제기 또는 입 건을 하지 아니하는 처분(기소중지결정 제외)을 한 날로부터 **30일 이내에 서면통지** ② 국가안보 → 통신사실 확인자료제공요청을

		종료한 날로부터 **30일 이내에 서면통지**
	사건에 관하여 입건하지 않는 처분을 한 날로부터 **30일 이내에 서면 통지** ② 검사 → 범죄수사 및 긴급통신제한조치를 집행한 사건에 관하여 공소제기, 공소제기 또는 입건을 하지 아니하는 처분(**기소중지 결정 제외**)을 한 날로부터 **30일 이내에 서면통지** ③ 정보수사기관의 장 → 국가안보 및 긴급통 신제한조치를 종료한 날로부터 **30일 이내에 서면통지** ※ 통지유예 → 소명자료 첨부하여 **관할 지방검찰청 검사장 승인** ※ 사법경찰관 · 검사 · 정보수사기관의 장 → 통지유예사유가 해소된 때에는 그 사유가 **해소된 날로부터 30일 이내 서면통지** ○	

【통신제한조치의 대상범죄에 속하지 아니한 경우】

외국국기 · 국장모독죄, 존속협박죄, 자동차 등 불법사용죄, 상해치사, 폭행치사, 사기, 공무집행방해, 장물취득, 폭처법위반(상해, 폭행), 관세법위반, 직무유기, 주거침입, 미성년자 등에 대한 간음 등

【암기요령】 미	국	공	주	자녀들이	장	관	직	에 의존	하면 폭	상	폭	사	당한다.
성	장	무	거	동	물	세	무	속	처	해	행	기	
년	모	집	침	차	취	법	유	협	법	치	치		
자	독	행	입	등	득	위	기	박		사	사		
간	죄	방	죄	불	죄	반		죄					
음		해		법									
죄		죄		사									
				용									
				죄									

Ⅳ. 범죄신고자 등 보호 및 보상에 관한 규칙[시행 2010.8.18]

용어 **(제2조)**	① **범죄신고자**라 함은 범죄의 사실관계와 범죄혐의자를 경찰공무원에게 신고한 자를 말한다. ② **범인검거공로자**라 함은 범죄의 범인이 검거되기 전에 경찰공무원에게 범인 또는 범인의 소재를 신고하여 검거하게 한 자, 범인을 검거하여 경찰공무원에게 인도한 자 및 범인검거에 적극 협조하여 그 공이 현저한 자를 말한다. ③ **범죄신고자 등**이라 함은 범죄신고자와 범인검거공로자를 말하며 **외국인을 포함**한다.
범죄신고자 등에 대한 신변안전 조치 **(제3조)**	경찰공무원은 범죄신고자 등이 피의자 기타의 사람으로부터 생명·신체에 해를 받거나 받을 염려가 있다고 인정되는 때에는 직권 또는 **범죄신고자 등의 신청에 의하여 범죄신고자 등의 신변안전에 필요한 조치**를 취할 수 있다. **【신변안전조치의 종류】** ① 일정기간 동안의 특정시설에서의 보호 ② 일정기간 동안의 신변경호 ③ 참고인 또는 증인으로 출석·귀가 시 동행 ④ 범죄신고자 등의 주거에 대한 주기적 순찰 ⑤ 기타 신변안전에 필요하다고 인정되는 조치
범죄신고자 등에 대한 비밀누설 금지 **(제4조)**	① 경찰공무원은 직무상 취득한 범죄신고자 등에 대한 비밀을 누설하여서는 아니 된다. ② 경찰공무원은 성명, 연령, 주소, 직업, 용모 등에 의하여 범죄신고자 등임을 미루어 알 수 있을 정도의 사실이나 사진을 제3자에게 제공하지 못한다. 다만, 범죄신고자 등이 동의한 경우에는 그러하지 아니하다.
보상심의 위원회 **(제8조)**	범인검거공로자 보상에 관한 사항을 심사·결정하기 위하여 **경찰청, 지방경찰청 및 경찰서에 범인검거공로자보상심의위원회를** 둔다.
보상금의 지급 **(제10조)**	① **보상금은 위원회에서 결정된 즉시 지급**한다. ② 경찰서장은 별지 제2호 서식에 의한 보상심의위원회의 결정에 따라 지방경찰청장으로부터 배정받은 보상금을 지급하고 그 결과를 지방경찰청장에게 보고한다. ③ 지방경찰청장은 경찰서간 보상금의 균형, 예산상의 제약 등을 고려하여 보상금을 조정할 수 있다.

제5절　특별사범의 수사

Ⅰ. 컴퓨터이용범죄 수사

1. 의의 및 특성

의의	컴퓨터범죄의 개념에 대해서는 아직 국내 학자들 간에 합의점을 도출하지 못하여 어디까지를 컴퓨터범죄로 볼 것인가에 대하여 다양한 견해가 있으나 대체로 컴퓨터의 자료처리과정과 관련된 위법행위를 말한다.	
특성	범행동기적 측면의 특성	① 예금의 무단인출 등을 통한 경제적 이익의 취득 ② 게임이나 단순한 유희 ③ 정치적 목적이나 산업경쟁 ④ 지적모험심의 추구를 위한 해킹 ⑤ 보복 등이 동기가 된다.
	행위자 측면의 특성	① 행위자의 연령은 낮으며, 초범이 많다. ② 죄의식이 희박하다. ③ 컴퓨터 전문가 또는 내부인이 많다.
	행위측면의 특성	① 발각과 입증의 곤란 ② 반복성과 계속성 ③ 자동성과 광범성 ④ 형법상 고의에 대한 입증의 어려움

2. 유형

	컴퓨터의 부정조작	컴퓨터 파괴행위	컴퓨터스파이 행위
의 의	컴퓨터의 **처리결과를 변경**시키거나 자료처리에 간섭하는 행위	컴퓨터의 정상적인 **기능을 곤란 또는 불가능**하게 만드는 행위	타인의 컴퓨터에 침입해 **일정내용을 탐지·획득·누설**하는 행위
특 징	① 행위자의 대부분은 관련자료를 입력하는 **내부인**이다. ② 부정조작 및 행위자를 발견하기 어렵다. ③ 피해규모가 매우 크다. ④ 금융기관에서 많이 발생하고 재산범죄 성격을 띤다.	범인은 내부인이 아니라 **외부의 해커**에 의해 이루어지고 있다.	① 범인은 내부인보다 외부적 **전문가인 해커가 많다.** ② 시간적·장소적 제한이 없으며 특히 국가 간 경계를 초월 ③ 대부분 중요한 자료나 정보를 처리·보관하는 기관이 대상 ④ 피해자가 자신의 컴퓨터가 스파이 당한 사실발견이 어렵다.

투입 조작	일부은닉 · **변경된 자료를 컴퓨터에 입력**하여 잘못된 산출을 초래케 하는 방법	① 컴퓨터에 있는 자료나 프로그램을 삭제 및 변경시키는 행위 ② 주컴퓨터의 비밀번호변경 및 바이러스를 감염시키는 행위 ③ 스팸메일에 의해 통신서비스를 마비시키는 행위 ④ 자료접근 방해행위	① 전산망에서 시스템 최고관리자의 권능을 획득한 후 자료를 무단열람하는 경우 ② 통신망에서 회원비밀번호를 알아낸 후 자료를 열람하거나 복사 ③ 국가기관의 비밀번호를 알아낸 후 산하기관으로부터 정보를 제공받는 경우 ④ 불법복제가 가장 대표적이다. 불법복제의 방법으로는 자료의 유출, 쓰레기 줍기, 비동기적 침범, 도청 등	
프로그램 조작	**기존 프로그램을 변경**하거나 전혀 다른 새로운 프로그램을 작성 · 투입하는 방법			
Console 조작	Console을 부당하게 조작해 프로그램을 처리될 **기억정보를 변경**시키는 방법			
산출물 조작	정당하게 처리, **산출내용을 변경**시키는 방법			

3. FBI 컴퓨터범죄 수법분류

프로그램 조작	트로이목마	프로그램 목적을 실행하면서 일부에서 부정한 결과가 나오도록 프로그램 속에 **범죄자만 아는 명령문을 삽입**시켜 사용하는 방법이다.
	트랩 도아	프로그램 개발과정에서 프로그램 검증을 위해 **프로그램을 수정할 수 있는 명령이 있는 것을 삭제하지 않고 범행에 이용**하는 방법기다.
	수퍼 재핑	컴퓨터가 작동 정지되어 복구나 제작 등 절차에 의하여 해결할 수 없을 때 사용하는 **Master Key와 같은 프로그램을 이용하여 범행하**는 것으로 주로 프로그래머나 오퍼레이터에 의하여 사용된다.
	부정명령 은닉	프로그램에 어떤 조건을 넣어 주고 그 조건이 충족될 때마다 자동적으로 부정행위가 이루어지도록 하는 방법이다.
	시뮬레이션과 모델링	컴퓨터를 정상적인 시험이나 시뮬레이션하는 것처럼 하면서 실제로는 컴퓨터를 범행도구로 이용하는 것이다.
컴퓨터 스파이	비동기성의 이용	컴퓨터의 비동기성을 이용하여 범죄를 저지르는 것이다.
	부정접속	데이터 통신회사에 불법적으로 선로를 접속시켜 단말기 등을 연결 · 조작하여 자료를 절취하거나 컴퓨터를 부정사용하는 방법이다.
	스카벤징	컴퓨터 작업수행이 완료된 후 쓰레기통이나 주위에 버려진 명세서 또는 복사물을 찾아 습득하거나 컴퓨터 기억장치에 남아 있는 것을 찾아내서 획득하는 방법으로 일명 '**쓰레기주워모으기수법**'이라고도 한다.
기타	전송시 은닉과 위장	일정한 사람에게만 사용이 허가된 지역에 사용자가 출입할 때 함께 들어가 컴퓨터를 사용하거나 정당한 사용자가 작업을 중단하였을 때 정당한 사용자처럼 컴퓨터를 사용하는 것이다.
	살라미기법	어떤 일을 정상적으로 실행하면서 관심 밖에 있는 조그마한 이익을 긁어모으는 수법으로 금융기관의 컴퓨터 체계에 이자계산 시 **단수 이하의 적은 금액을 특정계좌에 모이게 하는 방법** 등을 사용한다.
	자료변조	자료가 최종적으로 컴퓨터에 입력되는 순간에 자료를 절취 · 삭제 · 변경 · 추가하는 방법으로 컴퓨터범죄의 일반적인 수법 중에서 가장 단순하고 안전하며 자료준비원, 자료운반원 등 자료에 접근이 용이한 사람들이 주로 이용하는 수법이다.

II. 사이버범죄 수사(순서: 수사첩보 수집 → 피해증거 확보 → 접속기록 확보 → 접속자 확인)

의 의			인터넷이라는 사이버공간에 행해지는 범죄를 사이버범죄라고 한다. 컴퓨터범죄는 독립적인 컴퓨터시스템에서의 범죄로 한정하여 양자는 일단 구별하는 것이 일반적이다.
특 징			① 비대면성 및 익명성 ② 전문성과 기술성 ③ 시간적·공간적 무제약성 ④ 빠른 전파성과 천문학적 재산피해 ⑤ 죄의식의 희박 ⑥ 발견과 증명 및 고의입증의 곤란 ⑦ 미래사회의 범죄수단 ⑧ 정보의 집약 및 정보전달의 신속성
유 형	테러형 사이버범죄	해 킹	시스템의 관리자가 구축해 놓은 보안망을 어떤 목적에서건 무력화시켰을 경우 이에 따른 모든 행동을 해킹이라고 하지만 일반적으로 시스템 관리자의 권한을 불법적으로 획득하여 악용하는 경우를 말한다.
		Dos공격	대상 컴퓨터에 큰 부하를 발생시켜 서비스를 하지 못하게 공격하는 것을 말한다.
		바이러스 제작·유포	컴퓨터에서 실행되는 프로그램의 일종으로 자기복제 기능을 가지고 컴퓨터에 저장된 자료의 파괴나 나아가 시스템 자체에 악영향을 미치는 프로그램을 말한다. **【컴퓨터 바이러스 발전단계】** 1단계 : **원시형** 바이러스 2단계 : **암호형** 바이러스 3단계 : **은폐형** 바이러스 4단계 : **갑옷형** 바이러스 5단계 : **매크로** 바이러스
		메일폭탄	메일시스템이 감당하기 어려울 정도의 자료를 단시간 내에 특별한 명령을 사용하여 메일을 보냄으로써 시스템에 과부하가 걸려 다운되도록 하는 것이다.
	일반형 사이버범죄		일반적 사이버범죄란 도박, 스토킹, 성폭력, 명예훼손, 협박, 사기, 개인정보의 유혹, 인터넷포르노사이트 운영, 소프트웨어적 저작권 침해, 원조교제나 미성년자에게 음란물 사이트 열람행위 등의 범죄를 사이버공간을 이용하여 저지르는 범죄를 말한다.

III. 신용카드범죄수사

1. 신용카드의 기능과 범죄

기 능	경제적 기능	소비자 신용기능	상품 및 용역 등을 신용으로 외상 구매할 수 있는 기능
		지불수단 기능	현금이나 수표를 대신할 수 있는 지불수단 기능
		자금융통 기능	일정 한도의 자금을 현금서비스 등의 방법으로 차입할 수 있는 기능
	사회적 기능	신분증명 기능	소지자의 신분확인, 신용상태 정도를 파악할 수 있는 기능
		소비생활의 변화기능	소비효용을 극대화시키는 동시에 소비자의 채무를 증대시키는 기능
신용카드 관련범죄	부정취득		① 진정한 신용카드를 취득한 경우 ② 신용카드를 위조한 경우
	부정사용		① 카드 가맹점에서 물품을 구입하거나 용역을 제공받는 경우 ② 현금자동지급기나 자동인출기에서 예금을 인출하거나 현금서비스를 받는 행위
	부정처분		신용카드의 소유권은 신용카드회사에 있고 카드회원은 대여를 받아 사용할 권한을 갖고 있음에 불과한데도 신용카드를 양도·양수·질권 설정하는 행위를 말한다.

가맹점 준수사항	① 신용카드가맹점은 신용카드에 의한 거래를 이유로 물품의 판매 또는 용역의 제공 등을 거절하거나 신용카드회원을 불리하게 대우하지 못한다. ② 신용카드가맹점은 신용카드에 의한 거래를 할 때마다 당해 신용카드가 본인에 의하여 정당하게 사용되고 있는지의 여부를 확인하여야 한다. ③ 신용카드가맹점은 가맹점수수료를 신용카드회원으로 하여금 부담하게 하여서는 아니 된다. ④ 신용카드가맹점은 아래에 해당하는 행위를 하여서는 아니된다. 다만, **결제대행업체의 경우에는 ㉠, ㉣ 및 ㉤의 규정을 적용하지 아니하며, 수납대행업체의 경우에는 ㉢, ㉤의 규정을 적용하지 아니한다.** 　㉠ 물품의 판매 또는 용역의 제공이 없이 신용카드에 의한 거래를 한 것으로 가장하는 행위 　㉡ 실제 매출금액을 초과하여 신용카드에 의한 거래를 하는 행위 　㉢ 다른 신용카드가맹점 명의로 신용카드에 의한 거래를 하는 행위 　㉣ 신용카드가맹점의 명의를 타인에게 대여하는 행위 　㉤ 신용카드에 의한 거래를 대행하는 행위 ⑤ 결제대행업체는 물품의 판매 또는 용역의 제공 등을 하는 자의 신용정보 및 신용 카드 거래의 대행내역을 신용카드업자에게 제공하는 등 대통령령이 정하는 사항을 준수하여야 한다.

2. 여신전문금융업법

적용대상	① 신용카드　　② 직불카드　　③ 선불카드　　☞ **캐쉬카드(×)**
미수범 처벌	① 신용카드 등을 위조 또는 변조한 자 ② 위조 또는 변조된 신용카드 등을 판매하거나 사용한 자

Ⅳ. 지적재산권침해사범수사

【산업재산권과 저작권 비교】			
산업재산권	의 의	산업적 또는 영업적 재산권을 말한다.	
	보호법률	특허법	출원일부터 20년, 친고죄
		실용신안법	출원일부터 10년, 일부 친고죄
		디자인보호법	설정등록일부터 15년, 친고죄
		상표법	설정등록일부터 10년 갱신등록으로 연장 가능, 비친고죄
저작권	의 의	문학적 또는 미술적 저작물에 관한 권리	
	보호법률	저작권법 (친고죄) ─ 보호기간의 원칙	저작재산권에 한하여 생존하는 동안과 사망 후 50년(공동저작물은 마지막 사망한 저작자의 사망 후 50년)
		저작권법 (친고죄) ─ 무명 또는 이명 저작물	공표된 때부터 50년
		저작권법 (친고죄) ─ 업무상 저작물	
		저작권법 (친고죄) ─ 영상저작물 및 프로그램	
		반도체집적회로의 배치설계에관한법률 (일부 친고죄)	배치설계권의 존속기간은 설정등록일부터 10년
		부정경쟁방지및영업비밀보호에관한법률	제한 없음.

1. 산업재산권

특허법	① 특허권 침해행위는 특허권자나 전용실시권자의 **고소에 의해 수사**한다. ② 법인의 침해행위는 실행위자와 함께 **양벌규정에 의해 법인도 처벌**한다. ③ 특허법원에 사전에 계류 중인 경우가 많으므로 신중을 기해야 한다. ④ **특허표시를 허위로 하거나 혼동하기 쉽게 표시한 행위는 특허법 위반**이 되어 특허법에 의하여 처벌된다. 　　　　　　　　　　【특허권제도의 원칙】 ① 권리주의　　② 등록주의　③ 심사주의　　　④ 직권주의 ⑤ 서면·국어주의　⑥ 도달주의　⑦ 수수료납부주의　⑧ 1건1통주의 ☞ **발송주의**
상표법	① 등록된 상표를 보호한다. ② 출원순위에 따라 인정한다. 각 상품마다 각각 상표를 등록하여야 한다. ③ 상표권의 효력은 속지주의 원칙에 따라 국내에서만 효력이 인정된다. ④ 외국의 유명 브랜드를 로열티를 주고 국내 전용사용권을 취득하였으나, 우연히 동일상표가 국내에 상표로 등록되어 있었다면 국내에서 외국브랜드를 사용할 수 없고 이를 사용하면 상표법위반의 책임을 진다.

⑤ 판례에 의하면 등록된 상표 앞에 "원조"라는 말을 덧붙여 유사한 상품에 표시하여 사용한 경우에도 상표권 침해행위가 될 수 있으므로 상표의 형태, 상표를 붙인 상품의 내용 등 구체적인 사정을 조사해야 한다.

⑥ 상표의 사회적 가치가 커짐에 따라 실제 사용하지 않으면서 미리 상표만 등록하여 권리를 주장하는 경우에도 보호하여야 한다.

⑦ 위조상품은 범죄행위에 의하여 만들어진 물건으로 몰수대상이므로 위조상품의 전량 압수하고 소유권 포기각서를 받아 두어야 한다.

⑧ 우리나라에 등록된 상표를 함부로 해외공장에서 생산한 물건에 부착하여 현지에서 판매하더라도 속지주의원칙에 따라 권리침해 행위로 국내법으로 처벌할 수 없다.

2. 저작권

보호받지 못하는 저작물	① 헌법 · 법률 · 조약 · 명령 · 조례 및 규칙 ② 국가 또는 지방자치단체의 고시 · 공고 · 훈령 그 밖의 이와 유사한 것 ③ 법원의 판결 · 명령 및 심판이나 행정심판절차 그 밖의 이와 유사한 절차에 의한 의결 결정 등 ④ 국가 또는 지방자치단체가 작성한 것으로서 ① 내지 ③에 규정된 것의 편집물 또는 번역물 ⑤ 사실의 전달에 불과한 시사보도 등이다.		
저작권의 구분	저작인격권	① **공표권**　　② **성명표시권**　　③ **동일성유지권**	
	저작재산권	① 복제권　　② 공연권　　③ 공중송신권 ④ 전시권　　⑤ 배포권　　⑥ 대여권 ⑦ 2차적 저작물 작성권	

제6절　생활경제사범 수사

I. 서민생활관련 사범

부정식품 관련 사범	① 지방식품의 품안전청, 시·군·구청 위생과 등 관계기관과 협조하여 공조수사 체제를 유지한다. ② 유통기한 경과 식품판매, 농약사용 콩나물, 유해물질 착색, 건강보조식품의 허위광고 등 광범위한 범죄첩보를 수집·분석한다. ③ 형사처벌 대상과 과태료 사안을 명백히 구분하여 무분별한 형사입건 사례가 없도록 한다. ④ 식품을 수거할 때는 **식품위생감시원**이 실시하도록 한다.
농산물 유통과 관련한 범죄유형을 규제하는 법률	① 농산물 매점매석 행위 → **물가안정에 관한 법률** ② 농산물 원산지허위표시 판매행위 → **농수산물의 원산지표시에 관한 법률** ③ 담합으로 인한 비정상적 가격조절행위 → **독점규제 및 공정거래에 관한 법률** ④ 무허가 농산물 중개행위 → **농수산물 유동 및 가격안정에 관한 법률**
건축 관련 비리 수사에 있어서 불법행위 유형과 처벌 근거법령	① 건축법 시행령에 규정된 일정한 건축물을 건축사 아닌 자가 설계[**건축사법(○), 건축법(×)**] → 건축법 시행령에 규정된 일정한 건축물은 건축사가 설계를 하며(건축법 제19조, 건축사법 제4조) 이를 위반한 경우 건축사법 제39조에 처벌근거가 있다. ② 건설업 면허 대여 → **건설산업기본법** ③ 등록을 하지 않고 소방시설공사업 → **소방법** ④ 안전진단전문기관 명의 대여 → **시설물의 안전관리에 관한 특별법**

II. 방문판매

판매형태	① 방문판매　　② 전화권유판매　　③ 다단계판매		
단속대상	① 미등록 다단계판매업, 각종 의무·금지행위 위반 등 불법 다단계판매 ② 합숙훈련을 빙자한 감금행위 및 이탈방지를 위한 폭력행위 ③ 상품에 대한 허위 과대광고로 폭리취득 등 경제질서 문란행위		

다단계판매와 불법피라미드 판매의 비교		다단계 판매	피라미드 판매
	합법성	**합법적인** 판매방식	**불법적인** 판매방식
	상 품	우수한 중·저가소비재	**품질이 나쁜 고가제품**
	가입비	**없음.**	각종 명목으로 **금품징수**
	사업장	철저한 **무점포**	사업장, **대리점 형태**
	수입원	판매에 의한 수입 발생	판매원 등록 시 수익 발생
	조직붕괴	피해자 거의 없음.	피해자 다수 발생

제7절　환경사범 수사

I. 환경범죄의 개관

1. 일반적 내용

의 의	환경사범이란 환경오염에 관한 법규를 위반한 사범을 통칭하는 것이다.
보호법익	환경형법의 보호법익은 환경행정의 원활성 확보와 **사람의 건강과 생명 · 신체 보호**이다.
범죄행위	환경형법상 범죄행위는 각종 환경관계법률에 위반하는 행위로서 환경오염물질의 배출행위인 각종 환경오염행위가 중심을 이룬다.
인과관계	환경형법에 규정된 **대부분의 환경범죄는 거동범(형식범)**으로서 환경오염행위와 그 결과사이에 인과관계가 필요치 않으나 **결과범에 있어서는 인과관계**가 있어야 한다.
고의 및 과실	① 환경범죄는 **원칙적으로 고의범을 처벌**하므로 고의가 요구된다. 일반범죄와는 달리 미필적 고의를 가지는 경우가 대부분이다. ② 그러나 **환경범죄의 처벌에 관한 특별 조치법**을 제정하여 특정 수질유해물질을 배출하여 공중의 생명 · 신체에 위험을 발생시킨 경우는 **업무상과실범도 처벌**한다.
양벌규정	법인의 대표자 또는 법인이나 개인의 대리인 · 사용인 기타 종업원이 그 법인 또는 개인의 업무에 관하여 제2조 또는 제3조의 위반행위를 한 때에는 행위자를 벌하는 외에 그 **법인 또는 개인에 대하여도 각 해당조의 벌금형을 과한다.**

2. 환경범죄의 특징

인위적 활동성	자연적 재해가 아닌 인위적 활동에 의해서 야기된다.
침해의 간접성	환경오염 자체는 유해물질의 배출로 직접 나타나지만 **생명 · 신체에 대한 위험은 대기 · 토양 등의 오염으로 간접적**으로 나타난다.
침해의 완만성	환경오염 후 상당기간이 경과한 후에 공중의 생명 · 신체에 위험이 초래된다.
원인 및 정도의 불명확성	위험이 언제부터 어떻게 어느 정도 발생되었는지가 불명확하다
침해의 상규성	기업체의 일상적인 활동으로 발생하여 침해가 계속적이며, 죄의식이 희박하다.
침해주체의 불명확성	어떤 회사가 **범행의 주체인지를 확정하기 곤란**하다.
침해의 전파성 복합성 · 경합성	환경재의 특수성으로 피해범위가 확산되며, 다른 요인들과 복합되는 경우가 많다.
힘의 불균형성	가해자가 피해자보다 높은 지위에 있고 관계정보를 독점하고 있다.

3. 환경관계법

환경법의 변천과정	환경정책기본법, 수질환경보전법, 소음·진동규제법, 유해화학물질관리법, 대기환경보전법, 가축분뇨의 관리 및 이용에 관한 법률, 하수도법 등 오염원인별로 법률을 제정·시행하고 있다.
환경정책 기본법	① 본법은 헌법 제35조의 환경권을 보장·실현하기 위하여 국가 환경시책의 기본이념과 방향을 제시한 것이다. ② 우리나라의 현행 환경관련법의 가장 기본이 되는 법이다. ③ 본법이 다른 개별적인 환경관련법보다 우월한 효력이 있는 것은 아니며, 단지 선언적 성격이 강한 법으로서 직접 환경오염을 규제하는 것도 아니다. ④ 기존의 절충주의 입법방식을 탈피하여 복수주의를 채택하고 있다.

II. 환경오염사범별 수사요령

1. 수질오염사범 수사(수질 및 수생태계 보전에 관한 법률[시행 2011.10.29])

목적 (제1조)	수질오염으로 인한 국민건강 및 환경상의 위해를 예방하고 하천·호소 등 공공수역의 수질 및 수생태계를 적정하게 관리·보전함으로써 국민으로 하여금 그 혜택을 널리 향유할 수 있도록 함과 동시에 미래의 세대에게 승계될 수 있도록 함을 목적으로 한다.
용어 (제2조)	① 폐수라 함은 물에 **액체성 또는 고체성**의 수질오염물질이 혼입되어 그대로 사용할 수 없는 물을 말한다. ② 특정수질유해물질이라 함은 사람의 건강, 재산이나 동·식물의 성육에 **직접 또는 간접으로 위해를 줄 우려가 있는 수질오염물질**로서 환경부령이 정하는 것을 말한다.
단속대상	① 공장폐수 ② 상수원지역에서의 가두리 양식장 ③ 축산폐수
단속시기	① 주로 해빙기에 폐수방지시설이 동파되거나 기타 사유로 파손된 것을 방치하는 경우가 많고, **하절기에는 무단방류하는 사례가 많다.** ② 일제단속을 하는 경우 기간이 **3일을 넘지 않도록 하고 인원을 집중 투입하여 단기간에 실시**할 필요가 있다. ③ 문제업소에 대하여는 수시로, **기습적으로 단속**하는 것이 효과적이다.
금지행위 (제15조)	① 공공수역에 특정수질유해물질, 폐기물관리법에 의한 지정폐기물, 석유 및 석유대체연료사업법에 의한 석유제품 및 원유(석유가스를 제외), 유해화학물질관리법에 의한 유독물, 농약관리법에 의한 농약을 누출·유출하거나 버리는 행위 ② 공공수역에 분뇨, 축산폐수, 동물의 사체, 폐기물(폐기물관리법에 의한 지정폐기물을 제외) 또는 오니를 버리는 행위 ③ 하천·호소에서 자동차를 세차하는 행위 ④ 공공수역에 다량의 토사를 유출하거나 버려 상수원 또는 하천·호소를 현저히 오염되게 하는 행위

2. 폐기물사범 수사(폐기물관리법[시행 2011.10.29])

의의 (제2조)		폐기물이란 쓰레기, 연소재(燃燒滓), 오니(汚泥), 폐유(廢油), 폐산(廢酸), 폐알칼리 및 동물의 사체(死體) 등으로서 사람의 생활이나 사업활동에 필요하지 아니하게 된 물질을 말한다.
종 류	생활 폐기물	사업장폐기물 외의 폐기물을 말한다.
	사업 폐기물	대기환경보전법·수질환경보전법 또는 소음·진동규제법의 규정에 의하여 배출시설을 설치·운영하는 사업장 기타 대통령령이 정하는 사업장에서 발생되는 폐기물을 말한다.
	지 정 폐기물	사업장폐기물 중 폐유·폐산 등 주변환경을 오염시킬 수 있거나 감염성폐기물 등 인체에 위해를 줄 수 있는 유해한 물질로서 대통령령이 정하는 폐기물을 말한다.
	의료 폐기물	보건·의료기관, 동물병원, 시험·검사기관 등에서 배출되는 폐기물 중 인체에 감염 등 위해를 줄 우려가 있는 폐기물과 인체조직 등 적출물·실험동물의 사체 등 보건·환경보호상 특별한 관리가 필요하다고 인정되는 폐기물

용어 **(제2조)**	① 폐기물처리시설 : 폐기물의 중간처리시설과 최종처리시설을 말한다. ② **폐기물감량화시설** : 생산 공정에서 발생하는 폐기물의 양을 줄이고, 사업장 내 재활용을 통하여 폐기물 배출을 최소화하는 시설을 말한다.
폐기물 관리법 적용을 받 지 않 는 물 질 **(제3조)**	① 아래에 해당하는 물질에 대하여는 적용하지 아니한다. 　㉠ 원자력법에 따른 **방사성 물질**과 이로 인하여 오염된 물질 　㉡ **용기에 들어 있지 아니한 기체상태의 물질** 　㉢ 수질 및 수생태계보전에 관한 법률에 따른 수질 오염 방지시설에 유입되거나 공공수역(水域)으로 배출되는 **폐수** 　㉣ 가축분뇨의 관리 및 이용에 관한 법률에 따른 **가축분뇨** 　㉤ 하수도법에 따른 **하수ㆍ분뇨** 　㉥ 가축전염병예방법상 **가축의 사체, 오염 물건, 수입 금지 물건 및 검역 불합격품** 　㉦ 수산동물질병관리법상 **수산동물의 사체, 오염된 시설 또는 물건, 수입금지물건 및 검역 불합격품** 　㉧ 군수품관리법상 폐기되는 **탄약** ② 이 법에 따른 폐기물의 해역 배출은 해양환경관리법으로 정하는 바에 따른다.

3. 대기오염사범 수사(대기환경보전법[시행 2011.10.29])

용어 **(제2조)**		① 기후ㆍ생태계 변화유발물질 : 지구 온난화 등으로 생태계의 변화를 가져올 수 있는 **기체상 물질**로서 온실가스와 환경부령으로 정하는 것을 말한다. ② 가스 : 물질이 연소ㆍ합성ㆍ분해될 때에 발생하거나 물리적 성질로 인하여 발생하는 **기체상 물질**을 말한다. ③ 검댕 : 연소할 때에 생기는 유리(遊離) 탄소가 응결하여 입자의 지름이 **1미크론 이상**이 되는 입자상물질을 말한다. ④ 특정대기유해물질 ; 사람의 건강과 재산이나 동식물의 생육(生育)에 **직접 또는 간접으로 위해를 끼칠 우려가 있는 대기오염물질**로서 환경부령으로 정하는 것을 말한다. ⑤ 첨가제 : 자동차의 성능을 향상시키거나 배출가스를 줄이기 위하여 자동차의 연료에 첨가하는 탄소와 수소만으로 구성된 물질을 제외한 화학물질로서 자동차의 연료에 부피 기준으로 **1퍼센트 미만의 비율로 첨가하는 물질**. 다만, 석유 및 석유대체연료사업법 제2조 제7호 및 제8호에 따른 석유정제업자 및 석유수출입업자가 자동차연료인 석유제품을 제조하거나 품질을 보정(補正)하는 과정에 첨가하는 물질의 경우에는 그 첨가비율의 제한을 받지 아니한다.
단속 요령	**대 기**	① 공장굴뚝을 통하여 배출되는 대기오염 정도를 측정하는 경우에는 **시료채취는 원칙적으로 가스의 흐름이 안정되어 균일한 농도의 시료를 채취할 수 있다고 판정되는 시점을 선정**하여야 한다. ② 관리일지상 표기된 약품구입량, 약품재고량, 약품투입 등을 확인한다. ③ 비밀배출구 설치 여부를 확인한다. ④ 신나, 페인트 등 도장시설의 경우에도 피해가 심하여 천식 등 직업병을 초래하므로 단속할 필요가 있다.
	자동차 매연	① 대기오염의 주범이므로 강력한 단속이 필요하다. ② 비디오 카메라에 의한 단속을 강화할 필요가 있다. ③ 회차하는 차량은 **차고지에서 회차 즉시 점검**하는 것이 능률적이므로 이 방법을 활용할 필요가 있다.

악 취	악취의 측정이나 평가방법은 악취물질을 구성하고 있는 각 부분에 대한 **화학분석 및 기기분석과 인간의 후각에 의한 관능시험으로 대별**할 수 있으니 **주로 관능법**에 의한다.	
비산 분진	연탄공장이 집중적으로 몰려있는 지역에는 주민들 중 진폐증 환자가 많이 발생하여 사회문제화되고 있는바, 이러한 공장들이나 기타 시멘트 공장 등에서 나오는 먼지를 측정, 단속할 필요가 있다.	

4. 소음 · 진동사범 수사(소음 · 진동관리법[시행 2011.10.29])

용어 (제2조)	① 소음 · 진동배출시설 : 소음 · 진동을 발생하는 공장의 기계 · 기구 · 시설, 그 밖의 물체로서 환경부령으로 정하는 것을 말한다. ② 소음 · 진동방지시설 : **소음 · 진동배출시설로부터** 배출되는 소음 · 진동을 없애거나 줄이는 시설로서 환경부령으로 정하는 것을 말한다. ③ 방음시설(防音施設) : **소음 · 진동배출시설이 아닌 물체로부터** 발생하는 소음을 없애거나 줄이는 시설로서 환경부령으로 정하는 것을 말한다. ④ 방진시설 : **소음 · 진동배출시설이 아닌 물체로부터** 발생하는 진등을 없애거나 줄이는 시설로서 환경부령으로 정하는 것을 말한다. ⑤ 교통기관 : 기차 · 자동차 · 전차 · 도로 및 철도 등을 말한다. 다만, **항공기와 선박은 제외**한다.
규제대상	① 공장 소음 · 진동　　② 생활 소음 · 진동 ③ 교통 소음 · 진동　　④ 항공기 소음　　　　☞ **자연소음 · 진동(×)**
소음공해 의 특징	축적성이 없는 감각공해로서 국소적이고 다발적이다. 소음발생 지역 주변에 민원 등의 진정이 많고 소음장지 후에 처리할 물질이 발생하지 않는 것이 주요 특징이라 할 수 있다.

5. 토양오염사범 수사(토양환경보전법[시행 2011.10.6])

용어 (제2조)	① 토양오염 : 사업활동이나 그 밖의 사람의 활동에 의하여 토양이 오염되는 것으로서 사람의 건강 · 재산이나 환경에 피해를 주는 상태를 말한다. ② 토양오염물질 : 토양오염의 원인이 되는 물질로서 환경부령으로 정하는 것을 말한다.
적용제외 (제3조)	① **방사성물질에 의한 토양오염 및 그 방지에 관하여는 적용하지 아니한다.** ② 오염된 농지를 농지법 제21조에 따른 토양의 개량사업으로 정회하는 경우에는 제15조의3 및 제15조의6을 적용하지 아니한다.
행위제한 (제21조)	① 누구든지 대책지역에서는 수질 및 수생태계 보전에 관한 법률 제2조 제8호에 따른 특정수질유해물질, 폐기물관리법 제2조 제1호에 따른 폐기물, 유해화학물질관리법 제2조 제8호에 따른 유해화학물질, 하수도법 제2조 제1호 · 제2호에 따른 오수 · 분뇨 또는 가축분뇨의 관리 및 이용에 관한 법률 제2조 제2호에 따른 가축분뇨를 토양에 버려서는 아니 된다. 다만, 환경부령으로 정하는 행위는 제외한다. ② 누구든지 대책지역에서는 그 지정 목적을 해할 우려가 있다고 인정되는 시설을 설치하여서는 아니 된다. ③ 특별자치도지사 · 시장 · 군수 · 구청장은 행위 또는 시설의 설치로 인하여 토양이 오염되었거나 오염될 우려가 있다고 인정하는 경우에는 해당 행위자 또는 시설의 설치자에게 토양오염물질의 제거나 시설의 철거 등을 명할 수 있다.

6. 유해화학물질관리법위반사범 수사(유해화학물질 관리법[시행 2010.7.5])

용어 **(제2조)**	① 유독물 : **유해성이 있는 화학물질**로서 대통령령으로 정하는 기준에 따라 환경부장관이 정하여 고시한 것을 말한다. ② 관찰물질 : **유해성이 있을 우려가 있는 화학물질**로서 대통령령으로 정하는 기준에 따라 환경부장관이 정하여 고시한 것을 말한다. ③ 취급제한물질 : 특정용도로 사용되는 경우 **위해성**이 크다고 인정되어 그 용도로의 제조, 수입, 판매, 보관·저장, 운반 또는 사용을 금지하기 위하여 제32조에 따라 환경부장관이 관계 중앙행정기관의 장과 협의하여 지정·고시한 화학물질을 말한다. ④ 취급금지물질 : **위해성**이 크다고 인정되어 모든 용도로의 제조, 수입, 판매, 보관·저장, 운반 또는 사용을 금지하기 위하여 제32조에 따라 환경부장관이 관계 중앙행정기관의 장과 협의하여 지정·고시한 화학물질을 말한다. ⑤ 유해화학물질 : 유독물, 관찰물질, 취급제한물질 또는 취급금지물질, 사고대비물질, 그 밖에 유해성 또는 위해성이 있거나 그러할 우려가 있는 화학물질을 말한다. ⑥ **유해성(有害性)** : 화학물질의 독성 등 사람의 건강이나 환경에 좋지 아니한 영향을 미치는 화학물질 고유의 성질을 말한다. ⑦ **위해성(危害性)** : 유해한 화학물질이 노출되는 경우 사람의 건강이나 환경에 피해를 줄 수 있는 정도를 말한다. ⑧ 취급시설 : 화학물질을 제조, 보관·저장, 운반(**항공기·선박·철도를 이용한 운반은 제외**) 또는 사용하는 시설이나 설비를 말한다.
적용 **범위** **(제3조)**	아래에 해당하는 **화학물질에는 적용하지 아니한다.** ① 원자력법에 따른 **방사성물질** ② 약사법에 따른 의약품과 **의약외품** ③ 마약류관리에 관한 법률에 따른 **마약류** ④ 화장품법에 따른 **화장품**(같은 법 제4조 제3항에 따라 안전성에 관한 심사를 받아야 하는 원료와 식품의약품안전청장이 지정·고시한 화장품의 원료를 포함) ⑤ 농약관리법에 따른 원제(原劑)와 **농약** ⑥ 비료관리법에 따른 **비료** ⑦ 식품위생법에 따른 **식품과 식품첨가물** ⑧ 사료관리법에 따른 **사료** ⑨ 총포·도검·화약류 등 단속법에 따른 **화약류** ⑩ 고압가스 안전 관리법에 따른 **독성가스**

제8절　대형안전사고 수사

I. 폭발사고 수사

의 의	폭발이란 급속한 화학반응에 의해 다량의 가스와 열량이 발생하여 급격히 용적을 증대하면서 폭음·화염 및 파괴작용을 일으키는 현상을 말한다.		
폭발물 분류	**법규에 의한 분류**	**화 약**	흑색화약, 무연화약
		폭 약	다이너마이트, TNT
		화공품	도화선, 도폭선, 뇌관, 공포, 연화
	위력에 의한 분류	**저성능 폭약**	흑색화약, 무연화약
		고성능 폭약	다이너마이트, TNT, COMP4, RDX, 아지드 화연(LEAD AZID)
수사본부 에서의 임무분담	**총괄반**		경찰청, 시도지방경찰청, 기타 **관계 기관과의 연락** 자료의 작성을 담당한다.
	증거품반		수집증거품의 정리보관, **증거분석**검토, **피해관계를 파악·장악**한다.
	감수사반		사건 발생장소 및 부근 거주자, 폭파대상 출입자, 친족, 고용인 등을 물색하여 연고감·지리감을 수사한다.
	지연수사반		현장을 중심으로 한 **지연(地緣)·행방**에 대한 탐문을 담당한다.
	폭발물 수사반		유류품 및 해명된 **기폭장치, 폭발물**의 용기, 화약 등 폭발물에 대하여 제조지·구입자 조사 등의 수사를 담당한다.
	정보수사반		폭발물에 관한 전과자, 동기를 보아 적격성을 지닌 **개인의 정보를 수집**한다.
	특명수사반		**중요 특이한 사건**으로 극비에 속하는 것, 기타 필요에 따라 수사주무관이 지시하는 특명수사를 담당한다.

【LP가스 & 도시가스의 비료】

	LP가스	도시가스	
비 중	공기대비 1.5~2.0배	공기대비 0.5~0.7배	
착화원인	하부착화원인	상부착화원인	
일산화탄소	미함유	천연가스	미함유
		제조가스	함유
사고형태	단순폭파사고+질식사고	천연가스	폭파사고 + 질식사고
		제조가스	폭파사고 + 중독사고

II. 열차사고

열차사고와 검시와 검증요령	① 당사자인 운전사가 사망한 경우 그에 대한 검시를 실시한다. ② 운전사 사망 시에는 시체를 해부하여 간질·심장마비·음주 등 사고원인과 관련되는 사실의 존재 여부를 명확히 하여야 하며 **사고현장 전체를 파악키 위해서는 항공사진이나 고층빌딩 등의 옥상에서 사진을 촬영하는 것이 바람직하다.** ③ 열차사고의 전문성을 감안 철도관계자를 보조자로 지정한다.		
열차사고의 채증하여야 할 물건	현장 채증할 것	**① 사고열차전부　　　② 현장의 선로·분기기·침목 등** **③ 탈선 후 진행한 흔적　　④ 전철기 등**	
	현장 이외에서 증거화할 것	선로도, 신호기 위치도 및 검수기록, 신호기 연동도표, 계획운전선도, 운행계획표, 제동거리표 및 동곡선, 사고열차편성표 및 검사·검수기록, 운전자의 신분관계서류 및 적성검사의 판정결과, 당일 운행표와 지시사항, 검차 등 각 담당업무일지, 관계법규, 사고열차 형식도와 그 해설, 제동조작, 철도청이 작성한 본건 사고기록에 관한 문서, 사고에 의하여 생긴 열차영향 및 열차손해조서 등	

III. 항공기 사범

실황조사 (검증)의 실시에 있어서 유의사항	① 실황조사는 각 반별로 진행되므로 종합적인 관련성을 명확히 하도록 한다. ② 실황조사(검증)는 **항공사고조사위원회 등의 협력을 구하여 실시**하고 계기류, 특히 **비행기록기에 대하여는** 절대로 이동하거나 손을 대지 말고 **위원회에서 취급하도록 한다.** ③ 공항의 변전소에 있는 보안시설의 작동상황에 관한 자동기록장치를 압수한다.	
항공기 사고시 압수하여야 할 물건	항공국 관계자	비행계획, NOTAM의 사진
	항공보안 사무소	교신 녹음테이프, 동 재생문서, 관제일지, 관제무선업무 일지, 계기비행 운행표, 관제탑 기기 점검표, 테레타이프 전보, 통신관계 자료, **비행계획**, 등화관계 조작, 자동기록지, 사고보고서, 운항표, **NOTAM자료**
	공항사무소·항무과	업무일지, 검사기록, 기타 관계기록
	기상관계	기상원부, 지상관측 원부, 각종 자동기록지, 일기도, 활주로 시거리
	회사책임자	운항규정, 정비규정, 사업계획, 항공기 등록원보, 비행기력, 지상비치용 항공일지, 승객명부, 사고보고서 등
	운항관리사	**비행계획**, 중량표
	정비관계자	정비규정, 정비일정, 정비방식, 정비취급설명, 정비점검표, 정비검사기록, 항공경력서 등

제3장

경비경찰 활동

제1절　경비경찰의 개관

Ⅰ. 경비경찰의 일반적 내용

의 의		경비경찰이란 공공의 안녕·질서의 위험 또는 경찰위반의 상태가 발생되었거나 발생할 우려가 있는 경우 이를 **예방·경계·진압·검거하는 등의 조직적인 경찰활동**을 말한다. 여기에서 **위험 또는 경찰위반의 상태는 사람에 의한 경우는 물론이고 동물이나 자연력에 의한 것도 포함**된다. {02.11 순경} ☞ **지진·해일·홍수 등 자연력에 의해 발생한 자연재해도** 경비경찰의 대상에 속한다. ☞ **금융기관 도난방지를 위한 경비**는 경비경찰의 대상에 속하지 않는다.
법적 근거 {11.2 순경}	**헌 법**	"국민의 모든 자유와 권리는 국가안전보장·질서유지 또는 공공복리를 위하여 필요한 경우에 한하여 **법률**로써 제한할 수 있으며, 제한하는 경우에도 **자유와 권리의 본질적인 내용을 침해할 수 없다**(헌법 제37조 제2항)."고 규정하고 있다. 즉, **경비경찰의 활동근거를 제시**하고, 동시에 **경비경찰의 활동을 제한하는 근본 규정으로서 의미를 갖는다.**
	경찰법	"국가경찰은 국민의 생명·신체 및 재산의 보호와 범죄의 예방·진압 및 수사, 치안정보의 수집, 교통의 단속 기타 공공의 안녕과 질서유지를 그 임무로 한다(경찰법 제3조)."고 규정하고 있다. 즉, **경찰업무의 전반적 내용을 규정하고 있으며, 조직법적 성격을 가지고 있다.**
	경찰관직무 집행법	"경찰관은 ㉠ 범죄의 예방·진압 및 수사, ㉡ 경비·요인경호 및 대간첩작전수행, ㉢ 치안정보의 수집·작성 및 배포, ㉣ 교통의 단속과 위해의 방지, ㉤ 기타 공공의 안녕과 질서유지의 직무를 행한다(제2조)."고 규정하고 있다고 규정하고 있다. 즉, **경비경찰권 발동의 가장 주된 법적 근거를 규정**하고 있다. {11.2 순경}
	전투경찰대 설치법	**전투경찰대의 조직·임무를 규정**하고 있다.
	화염병사용 등의 처벌에 관한 법률	"이 법은 국민의 생명·신체 및 재산을 보호하고 공공의 안녕과 질서를 유지하기 위하여 화염병을 **제조·보관·운반·소지**(3년 이하의 징역 또는 300만 원 이하의 벌금) **또는 사용한 사람**(5년 이하의 징역 또는 500만 원 이하의 벌금, 미수범 처벌)**을 처벌함을 목적**으로 한다(제1조)."고 규정하고 있다. {10.1 승진}　☞ **화염병 알선(×)**
	기 타	형법, 계엄법, 전투경찰순경관리규칙(전·의경의 근무·관리), 경찰직무응원법(경찰기동대에 관한 규정), 대통령 등의 경호에 관한 법률, 통합방위법 및 시행령, 수난구호법, 전직대통령예우에 관한 법률, 물품관리법, 재난 및 안전관리기본법, 경찰장비의 사용 등에 관한 규정 등이 있다.
한국 경비 경찰의 특색	**대간첩작전을 포함하는 경찰의 준군사적 활동**	대간첩작전을 포함하는 경찰의 준군사적 활동은 우리나라의 남북분단 상황으로부터 야기하는 것으로서 군대가 맡는 것이 보통이나, **통합방위법시행령에 의해 소규모 무장간첩 침입 시 경찰책임 구역 내에서 경찰이 독자적으로 작전을 수행**할 수 있다.
	진압경비 수요의 과다	학생중심의 **이데올로기적 집단시위, 님비(NIMBY)현상**이나 과격한 **불법노사 분규** 등으로 인해 진압경비 수요의 과다를 야기하고 있다.

특징	복합기능적 활동	경비경찰은 **예방과 진압을 아울러 수행**한다. 그리고 교통경찰이나 정보 · 수사 · 보안경찰과 밀접한 기능적 관련을 맺고 있으므로 **다른 업무보다도 종합업무성이 강하다.**
	현상유지적 활동	① 경비활동은 **기본적으로 현재의 질서상태를 보존하는 것에 가치를 둔다고** 볼 수 있다. ② 이때 보존은 **소극적 · 정태적인 질서유지(질서가 무너졌을 때 개입)가 아니라** 새로운 변화와 발전을 보장하기 위한 **적극적 · 동태적인 의미의 유지작용(질서가 무너질 기미가 보일 때 개입)**이어야 한다.
	즉응적 활동	① 경비사태는 항상 긴급을 요하는 것으로 **국가적으로나 사회적으로 중대한 영향을 주므로 신속한 처리가 요망**된다. ② 신속한 출동으로 각종사태에 조기진압 및 수습 등의 즉시적 활동이 이루어지도록 112타격대, 치안상황실 등을 운영하고 있다.
	조직적인 부대활동	경비경찰은 개인적인 활동으로 이루어지기보다는 **항상 부대활동으로 훈련을 하고 근무를 하며 경비사태 발생 시 조직적이고 집단적이며 물리적인 힘으로 대처**하는 것을 특징으로 한다.
	직접적인 사회공공의 안녕 및 질서유지활동	경비경찰의 대상은 **직접적으로 공공의 안녕과 질서를 파괴하는 범죄 그 자체**로서 이러한 점에서 생활안전경찰이나 수사경찰과 구별된다.
	하향적 명령에 의한 활동	경비경찰의 활동은 **조직적인 부대활동**이며, **하향적인 명령에 의해 움직이는 활동**이다.

II. 경비경찰의 조직운영의 원칙 {11.8 순경}

체계통일성의 원칙	① 조직의 상하 계급 간에 일정한 관계가 형성되어 책임과 임무의 분담이 명확히 이루어지고 **명령과 복종의 체계가 통일되어야 한다는 원칙**이다. ② 경비조직의 모든 단위나 체계는 **당해 경비조직이 추구하는 목적을 위해 일관되게 작용**하여야 한다. {09.3 순경}
치안협력성의 원칙	① 업무 수행과정에서 국민과 협력을 이루어야 효과적인 목적달성이 가능하다는 원칙이다. ② 경비조직이 **모든 사태에 세밀히 대처할 수 없기 때문에 국민들과의 협력을 필수요소로** 하여야 한다. {09.3 순경}
지휘관 단일성의 원칙	① 긴급성과 신속성을 요하는 경비업무의 효율적인 수행을 위하여 지휘관을 한 사람만 두어야 한다는 원칙이다. → **의사결정단일의 원칙(×)** ② **지시는 한 사람에 의해서 행해져야 하고, 보고도 한 사람을 통해서 이루어져야 한다는 명령통일의 원칙에서 도출되는 원칙**이다. {09.3 순경, 04.1 승진}
부대단위 활동의 원칙	① 경비경찰의 활동은 **부대단위로 운영**되어야 한다는 원칙이다. ② **부대의 관리와 임무수행을 위한 최종결정은 지휘관만이 할 수 있으며**, 부대의 성패도 지휘관에 이해 크게 좌우된다. {09.3 순경}

Ⅲ. 경비경찰의 수단

경비수단의 원칙 {11.2 순경, 10.1 승진, 05.3 순경, 02.2 경간부, 01.11 순경}	**안전의 원칙**		경비사태 발생 시 경비하는 **경찰력이나 군중들이 사고 없이 안전하게 진압되어야 한다는 원칙**을 말한다.
	균형의 원칙		① 경비수단으로 실력을 행사할 때 **경력운영을 균형 있게 하여야 한다는 원칙**이다. ② 경비사태의 상황에 따라 **주력부대와 예비부대를 유효적절하게 활용**함으로써 한정된 경찰력을 가지고 최대의 성과를 올릴 수 있어야 한다. {10.1 승진, 09.7 순경}
	시점의 원칙		① 특정한 경비상황에 있어 **경찰력을 통한 실력행사를 할 경우 가정 적절한 시점을 이용하여야 한다는 원칙**이다. ② 상대방의 기세와 힘이 **가장 허약한 시점을 포착**하여 집중적이고 강력한 실력행사를 감행하는 것을 말한다.
	위치의 원칙		① 경비사태에 실력행사를 할 경우 **유리한 지점과 위치를 확보**하여야 한다는 원칙이다. ② 경비사태로 **상대하는 군중보다 유리한 지점과 위치를 선점**하는 것이 작전 수행이나 진압을 용이하게 한다. {10.1 승진}
경비수단의 종류	**간접적 실력행사**	**경고**	① 경고는 범죄실행의 의사를 자발적으로 포기하도록 하는 **간접적 실력행사**이다. {10.1 승진, 08.10 순경, 08.3 순경, 03.1 승진} ② 경고는 관계자에게 주의를 촉구하는 **사실상의 통지행위**이다. {10.1 승진, 08.1 승진, 03.1 승진} ③ 경고는 **임의처분이며 경찰비례의 원칙이 적용**된다. {10.3 순경, 10.1 승진, 08.1 승진, 06.10 순경, 02.1 승진} ④ **경찰관직무집행법 제5조(위험발생의 방지)에 근거**를 두고 있으며, **경비사태를 예방·경계·진압하기 위하여 발할 수 있는 조치**이다. {11.2 순경, 10.1 승진, 06.10 순경}
	직접적 실력행사	**제지**	① 경비사태를 예방·진압하기 위한 **강제처분으로 무기사용이 허용**된다. {10.1 승진, 08.3순경, 08.1 승진, 06.10 순경} ② 강제해산·세력분산·통제·파괴·주동자 및 주모자의 격리 등을 실시하는 **직접적 실력행사**이다. {10.1 승진, 08.10 순경, 08.3 순경, 08.1 승진, 06.10 순경, 03.1 승진, 02.1 승진} ③ **경찰관직무집행법 제6조(범죄의 예방과 제지)에 근거**하고 있으며, **행정상 즉시강제에 해당**한다. {11.2 순경, 10.3 순경, 10.1 승진, 08.10 순경, 08.1 승진, 06.10 순경}
		체포	① 상대방의 신체를 구속하는 강제처분이며, **직접적 실력행사**이다. {{10.1 승진, 08.10 순경, 08.3 순경, 08.1 승진, 06.10 순경} ② **형사소송법에 근거**를 두고 있다. {11.2 순경, 10.3 순경, 10.1 승진, 08.10 순경, 08.3 순경, 08.1 승진, 06.10 순경, 03.1승진, 02.1 승진} ③ 체포는 **명백한 위법일 때 실력을 행사하는 행위**이다. {08.1 승진, 06.10 순경}

☞ **경비수단을 통한 실력행사시에 정해진 순서는 없으며**, 주어진 경비상황에 따라 경찰에게 수단 선택에 재량이 인정된다. {10.3. 순경, 10.1 승진, 08.3 순경}

☞ 간접적 실력행사인 경고가 반드시 직접적 실력행사인 제지·체포에 선행되어야 하는 것은 아니다. {11.2 순경}

제2절　경비경찰의 활동

Ⅰ. 경비경찰활동의 기본원칙(조리상 한계) {03.3 순경}

적시성의 원칙	경비경찰권은 경비상황의 발생에 따른 개입의 조건을 고려하여 **가장 적합한 시기에 발동되어야 한다는 원칙**이다.
보충성의 원칙	경비경찰의 법집행은 공공의 안녕과 질서의 유지를 목적으로 하는 공권력에 의한 활동이므로, **다른 사회일반적인 방법으로는 통제가 불가능할 때 최후의 수단으로서 개입해야 한다는 원칙**이다.
비례성의 원칙	경찰의 질서권 발동의 조건과 그 정도는 공공질서의 유지를 위하여 **개인의 자유와 권리를 제한할 경우에라도 필요 최소한도 내에서 행사되어야 한다는 원칙**이다.

Ⅱ. 경비경찰의 대상

개인적 · 단체적 불법행위	**치안경비** (다중범죄 진압경비)	공안을 해하는 다중범죄 등 집단적인 범죄사태가 발생하거나 발생할 우려가 있는 경우에 대비하여 적절히 사태를 예방 · 경계 · 진압하기 위한 경비활동
	특수경비 (대테러)	총포 · 도검 · 폭발물 등에 의한 인질난동, 살상 등 사회이목을 집중시키는 중요사건의 예방 · 경계 · 진압하는 경비활동
	경호경비	정부요인을 암살하려는 행위를 미연에 방지하고 피경호자의 신변을 보호하는 경비활동
	중요시설경비	국가산업시설, 국가행정시설을 적의 공격으로부터 방호하기 위한 경비활동
자연적 · 인위적 혼잡 · 재난	**행사안전경비** (혼잡경비)	공연, 기념행사, 경기대회 등 각종행사에 의해 야기되는 자연적 · 인위적인 환란상태를 예방 · 경계 · 진압하는 경비활동
	재난경비	천재지변, 화재 등의 자연적 · 인위적 돌발사태로 인하여 인명 또는 재산상 피해가 야기될 경우 이를 예방 · 경계 · 진압하는 활동
기 타	**청원경찰 지도감독**	① 경비업법에 의한 **경비업의 지도 · 관리 → 생활안전경찰의 소관**(경찰청 생활안전국) {03.11 순경, 01.11 순경} ② 청원경찰법상의 국가보안상 중요시설에 배치된 **청원경찰 → 경비경찰의 소관**(경찰청 경비국)
	① 전 · 의경의 관리　② 경찰기동대　③ 해안선 경계근무　④ 비상경계근무	

【경비관련 용어】	
지휘본부 (경비본부)	① CP: Command Post ② 관할 경찰서에 설치하며, 원칙적으로 설치관의 장이 본부장이 된다.
지휘소 연습 (도상훈련)	① CPX: Command Post Exercise ② 군사분야에서는 전술적 도상훈련으로 개념이 정립되어 있으나, 경찰에서는 전시대비계획을 보강할 목적으로 제정한 비상대비업 무지침에 의거하여 정부 전기관이 상호 연계성을 유지하면서 동시에 종합적으로 실시하는 정부연습(을지연습)을 말한다.
실제기동훈련	**FTX: Trainning Exercise** {08.1 승진, 07.12 순경}
관측초소	OP: Observation Post

III. 행사안전경비(=혼잡경비)

1. 의의 및 법적근거

의 의	① 행사안전경비(혼잡경비)란 각종대회, 제례·종교행사, 기념행사 등을 위해 모인 **미조직된 군중에 의하여 발생**되는 자연적인 혼잡상태를 사전에 예방하거나 경계하고, 위험한 사태가 발생한 경우에 신속히 조치하여 확대되는 것을 방지하는 경찰활동을 말한다. {03.4 순경} ② 경찰은 군중의 밀집으로 인한 압사사고의 방지에 노력하여야 하며, 민간업체가 주최하는 공연 등의 경우에는 수익자부담의 원칙에 의하여 주최 측에서 민간경비업체 등을 활용하여 행사안전경비(혼잡경비)에 임하도록 기획단계에서부터 지도하여야 한다.
법 적 근 거	① **경찰법** 제3조(경찰의 의무) ② **경찰관직무집행법** 제2조(직무의 범위), 제5조(위험발생 방지조치) 제6조(범죄의 예방과 제지), 제7조(위험방지를 위한 출입)

2. 행사안전경비(혼잡경비)와 다중범죄진압경비의 비교

		행사안전경비(혼잡경비))	다중범죄 진압경비
차 이 점	조직화 정도	**미조직된 군중** {08.1 승진, 07.12 순경}	**조직된 군중** {08.1 승진, 07.12 순경}
	부대편성 배치비교	파견요구, 편성, 배치 – **사전조치** {03.11 순경}	㉠ 파견요구, 편성 – **사전조치** ㉡ 배치 – **현장조치** ㉢ 철수 – **사후조치**
양자의 구별기준		군중의 조직화 정도 {08.1 승진, 07.12 순경}	

3. 행사안전경비(혼잡경비)활동의 원칙

통제활동	집회장 내외부의 질서유지를 위한 효과적인 통제방안을 마련하고, 사고방지를 위하여 철저한 경계를 하여야 한다.
군중정리 및 공보활동	군중정리와 혼잡사태를 사전에 예방할 수 있는 경력배치와 불의의 사고를 미연에 방지하는 활발한 공보활동의 전개한다.
수익성 행사 및 국가적 행사	① **프로스포츠, 은행 등 영리를 목적으로 하는 경비활동은 수익자부담원칙을 적용**한다. 단, **올림픽·월드컵 같은 국가적 행사에는 수익자부담원칙을 적용하기가 곤란**하다. {08.1 승진, 07.12 순경, 04.11 순경, 03.4 순경} ② 수익성 행사의 경우 수익자부담원칙에 의해 **주관사로 하여금 사설경호 업체를 동원**하도록 하여야 하며, **경찰은 우발사태대비 개념으로 운용**되어야 한다. {08.1 승진, 04.11 순경, 03.11 순경, 03.4 순경}

적정한 부대배치	① 경찰지휘본부는 **행사장 전체를 조망 · 관리할 수 있는 장소에 설치**하여야 하며, **주력부대와 예비대를 적절하게 활용하여** 적정한 경력을 배치하여 한정된 경력으로 최대의 성과를 올리도록 해야 한다. {08.1 승진, 07.12 순경, 04.11 순경, 03.11 순경} ② **관중석에 배치되는 예비대는 통로주변에 배치, 긴급투입이 가능**하도록 하여야 한다. {04.11 순경, 03.11 순경, 03.4 순경} ③ **행사안전경비(혼잡경비)시 출연진과 관객의 통로를 구분**하여야 하며, 기상변화 등 돌발사태를 대비하여야 하고, **경기내용 · 행사 내용보다 관중을 주시**하여야 한다.
초기대응 및 구호활동	사고 · 혼잡 등의 예방을 위하여 **주최 측과의 협조체제를 구축**하며, 사고발생 시에 우발사태에 대비한 **앰뷸런스 대기 및 구호시설 등의 확보**하여야 한다. {08.1 승진, 03.11 순경}

4. 행사안전경비(혼잡경비)상 군중정리의 원칙 {11.8 순경}

이동의 일정화	군중은 현재의 자기 위치와 갈 곳을 모르면 불안감과 초조감을 갖게 되므로 **일정한 방향과 속도로 이동을 주어 주위상황을 파악할 수 있는 여건을 조성**함으로써 심리적 안정감을 갖도록 하는 것이다. {10.1 승진}
경쟁적 활동의 지양	질서를 지키면 손해를 볼 수 있다는 분위기를 느끼게 되면 **남보다 먼저 가려고 하는 심리상태**로 인하여 혼란상태가 발생하게 되므로 질서 있게 행동하면 모든 일이 잘 될 수 있다는 것을 납득시켜야 한다. {10.1 승진}
지시의 철저	계속적이고도 **자세한 안내방송을 함으로써 혼잡사태와 사고를 방지할 것**이다. {10.1 승진}
밀도의 희박화	제한된 면적에 많이 사람들이 모이게 되면 혼잡을 야기하게 되드로, **가급적 많은 사람이 모이는 것을 회피하게 하는 것**이다. 즉, **대규모 군중이 모이는 장소는 사전에 블록화**한다. {10.1 승진, 08.1 승진}

Ⅳ. 재난경비

1. 일반적 내용

의 의	재난경비라 함은 자연재해 및 인위적인 재난으로부터 국민의 생명과 재산을 보호하고 공공의 안전을 유지하기 위하여 이를 예방·경계·진압하는 일련의 경비활동을 말한다.	
법 적 근 거	직접 관련법규	경찰관직무집행법 제2조 제5호(직무의 범위), 제5조(위험발생의 방지), 제6조(범죄의 예방과 제지)
	간접 관련법규	재난 및 안전관리기본법, 민방위기본법, 자연재해대책법, 재해구호법, 수난구호법, 소방기본법, 경찰법, **경찰직무응원법** 등 {08.1 승진, 07.12 순경}
재난관리 주무부서	소방방재청	재난발생시 재난관리 주무부서 {12.8 순경}
	경찰	재난발생시 지역통제단장으로 재난 대처의 일반적 지휘·통제임무를 수행하는 것이 아니라 현장통제 등 구조 및 피해복구 지원기관으로의 임무를 수행한다.
재난경비 의 특징	① 재난경비시 가장 중요한 경비활동은 **인명구조활동**이다. {97.1 승진} ② 긴급상황에 대한 시간적 변수가 고려되어야 하며, 신속한 대응을 위해 **선조치 후보고의 원칙이 준수**되어야 한다. ③ 단순한 재난진압으로써 경찰의 임무가 끝나는 것이 아니라 계속유지하고 사후활동까지 하여야 하므로 **경비실시의 장기화**된다. ④ **관계기관의 협조를 필요로 한다.**	
현대사회 재난의 특징	① 일상성　　　② 타율성　　　③ 익명성 ④ 불확실성　　　⑤ 재난불감증	

2. 재난에 대한 경찰의 조치

사전조치 사항	기초조사	**재난경비계획을 수립하기 위한 조사로서 관내의 위험개소와 재난발생시 동원할 수 있는 인적·물적 자원을 파악하는 절차**이며, 반드시 현장을 답사하고 현황을 참고하며, 과거 재난발생상황과 전문지식인의 의견을 참작하여 객관성 있는 조사가 이루어질 수 있도록 하여야 한다.
	시설·장비의 확보 및 교육훈련	기초조사를 통해 파악된 재난예상지역과 예상되는 **재난의 내용에 대처할 수 있는 시설·장비 및 자제를 확보**하여야 하며, **사용자를 지정하여 충분히 훈련**을 해 두어야 한다.
	재난경비 계획의 수립	재난경비계획은 **융통성·탄력성·실현가능성이 있는 계획을 수립**하여야 하며, 최악의 경우 고려하여 수립하여야 한다
현장조치 사항 {99.1 승진}	① 경고 및 초동조치 ② **피난조치** 및 이재민구호 ③ **절도범 등 범죄단속** ④ 경찰관의 비상소집과 부대편성 ⑤ 피해조사와 보고 ⑥ 구조활동 ⑦ 교통소통을 위한 현장조치 등	

3. 현장지휘본부

현장지휘 본부	설치 지시권자	**경찰청장**은 소속지휘관에게 **현장지휘본부를 설치·운용토록 지시**할 수 있다.
	설치권자	대규모 재난발생 시 모든 경찰활동은 현장지휘본부를 중심으로 전개되므로 **사고지역 관할경찰서장은 즉시 현장지휘본부를 설치·지휘**하여야 한다.
	설치 여부 진단	**지방경찰청장 또는 경찰서장이 피해의 규모·범위 등을 고려하여 결정하거나 경찰청장이 설치·지시**를 할 수 있다. {07.3 순경}
	설치장소	**사고현장 인근파출소 등 경찰관서** 기타 이용 가능한 **공공건물을 이용**하고 활용 가능한 **사무실이 없는 경우 지휘차량 등을 활용**하여 설치한다.
	현장 지휘관	재난규모 등을 고려하여 **일반재난 시에는 경찰서장, 대구모 재난 시에는 지방경찰청장이 담당**하며, 이들은 현장지휘관으로 상시 현장에 임장하여 총괄지휘해서 재난관리에 만전을 기하여야 한다.
현장 지휘본부의 임무 {12.1 승진}	경찰CP	**전체 경찰관의 활동을 총괄지휘·조정·감독**
	공 보	**관련정보 자료를 사실대로 제공**, 교통통제 등 국민협조 사항 홍보, 경찰활동사항의 적극적·다각적 홍보 {05.2 경간부}
	수 사	**피해자의 신원확인**, 사고원인 및 범죄관련여부 수사 {05.2 경간부}
	정 보	**피해자 가족 등 동향파악**, 사태관련 유용한 정보의 수집·보고 {05.2 경간부}
	경 비	**경찰통제선 설치, 현장지휘본부의 설치·운영, 유관기관의 합동본부연락관 파견업무**
	교 통	**비상통로 사전지정 및 관리**, 현장주변 교통통제 {05.2 경간부}
	생활안전	**유류품 접수 및 인계**, 대피한 건물, 시상자 소지품의 약탈방지
	통 신	현장지휘를 위한 통신시설 설치

4. 경찰통제선

경찰 통제선	설 치 목 적	경찰통제선은 **위험으로부터 주민을 보호하고 구조 등 작업에 장애를 주는 요소를 제거**하여, 장비 차량의 효과적인 투입을 지원하기 위해 설치한다. {08.2 경간부, 07.3 순경}
	설 치 및 운 영	① 설치범위는 구조 및 복구작업에 지장이 없도록 **초기단계에는 넓게 설정**하고 상황의 진전에 따라 **축소 또는 확대**하도록 한다. {08.2 경간부} ② 보통 **제1통제선(통제관 : 소방서장·소방본부장)은 소방**, **제2통제선(통제관 : 경찰서장·지방경찰청장)은 경찰**이 담당한다. {07.3 순경} ③ 구조활동에 **직접 가담하는 인원·장비 외에는 통제구역 안으로의 출입을 통제**하나, **출입이 필요한 자는 적당한 표시를 하여 출입을 허용**한다. {08.2 경간부} ④ 출입구는 통제구역 안으로 들어가는 **입구 1개를 원칙**으로 하되, **필요시 반대편에 1개를 추가**할 수 있으며, 출입이 필요하다고 인정되는 자는 적당한 표시를 하여 출입을 허용한다. {08.2 경간부, 07.3 순경}
경찰정보 지원센터 설치	설 치 목 적	경찰정보지원센터는 **재난현장에 설치**하여 관계인에게 **피해상황을 적절히 알려 주는 기능을 수행**하는데, 다수의 인명피해가 발생하여 문의하는 사람이 많은 경우에 설치한다.
	설치장소 및 홍보	① 사고수습 활동에 지장을 주지 않도록 **경찰통제선 밖에 설치**하여 인근에 **공공기관, 교회 등 적절한 장소가 없는 경우 경찰버스 등을 활용**한다. {08.1 순경, 07.12 순경} ② 책임간부는 공보기능과 협조하여 정보센터 활동을 적극적으로 홍보한다.

【기상특보 발표기준】

종 류	주의보	경 보
강 풍	육상에서 풍속 14m/s 이상 또는 순간풍속 20m/s 이상이 예상될 때. 다만, 산지는 풍속 17m/s 이상 또는 순간풍속 25m/s 이상이 예상될 때 {08.1 승진}	육상에서 풍속 21m/s 이상 또는 순간풍속 26m/s 이상이 예상될 때. 다만, 산지는 풍속 24m/s 이상 또는 순간풍속 30m/s 이상이 예상될 때
풍 랑	해상에서 풍속 14m/s 이상이 3시간 이상 지속되거나 유의파고가 3m 이상이 예상될 때	해상에서 풍속 21m/s 이상이 3시간 이상 지속되거나 유의파고가 5m 이상이 예상될 때
호 우	12시간 강우량이 80mm 이상 예상될 때 {08.1 승진}	12시간 강우량이 150mm 이상 예상될 때
대 설	24시간 신적설이 5cm 이상 예상될 때 {08.1 승진}	24시간 신적설이 20cm 이상 예상될 때. 다만, 산지는 24시간 신적설이 30cm 이상 예상될 때.
건 조	실효습도 35% 이하가 2일 이상 계속될 것이 예상될 때	실효습도 25% 이하가 2일 이상 계속될 것이 예상될 때
폭풍 해일	천문조, 태풍, 폭풍, 저기압 등의 복합적인 영향으로 해수면이 상승하여 발효기준값 이상이 예상될 때. 다만, 발효기준값은 지역별로 별도지정	천문조, 태풍, 폭풍, 저기압 등의 복합적인 영향으로 해수면이 상승하여 발효기준값 이상이 예상될 때. 다만, 발효기준값은 지역별로 별도지정
지진 해일	한반도주변해역(21N~45N, 110E~145E) 등에서 규모 7.0 이상의 해저지진이 발생하여 우리나라 해안가에 해일파고 0.5~1.0m 미만의 지진해일 내습이 예상될 때	한반도 주변해역(21N~45N, 110E~145E) 등에서 규모 7.0 이상의 해저지진이 발생하여 우리나라 해안가에 해일파고 1.0m 이상의 지진해일 내습이 예상될 때
한 파	10월~4월에 다음 중 하나에 해당하는 경우 ① 아침 최저기온이 전날보다 10℃ 이상 하강하여 평년값보다 3℃가 낮을 것으로 예상될 때 ② 아침 최저기온이 −12℃ 이하가 2일 이상 지속될 것이 예상될 때 ③ 급격한 저온현상으로 중대한 피해가 예상될 때	10월~4월에 다음 중 하나에 해당하는 경우 ① 아침 최저기온이 전날보다 15℃이상 하강하여 평년값보다 3℃가 낮을 것으로 예상될 때 ② 아침 최저기온이 −15℃ 이하가 2일 이상 지속될 것이 예상될 때 ③ 급격한 저온현상으로 광범위한 지역에서 중대한 피해가 예상될 때
태 풍	태풍으로 인하여 강풍, 풍랑, 호우 현상 등이 주의보 기준에 도달할 것으로 예상될 때 {08.1 승진}	태풍으로 인하여 풍속이 17m/s 이상 또는 강우량이 100mm 이상 예상될 때. 다만 예상되는 바람과 비의 정도에 따라 아래와 같이 세분한다. |	3급	2급	1급 | | 바람(m/s)	17~24	25~32	33 이상 | | 비(mm)	100~249	250~399	400 이상 |
황 사	황사로 인해 1시간 평균 미세먼지(PM10) 농도 400μg/㎥ 이상이 2시간 이상 지속될 것으로 예상될 때	황사로 인해 1시간 평균 미세먼지(PM10) 농도 800μg/㎥ 이상이 2시간 이상 지속될 것으로 예상될 때
폭 염	6월~9월에 일최고기온이 33℃ 이상이고, 일최고열지수(Heat Index)가 32℃ 이상인 상태가 2일 이상 지속될 것으로 예상될 때	6월~9월에 일최고기온이 35℃ 이상이고, 일 최고열지수(Heat Index)가 41℃ 이상인 상태가 2일 이상 지속될 것으로 예상될 때

※ 출처: 기상청(http://www.kma.go.kr)

Ⅳ. 국가중요시설경비

1. 중요시설경비

1) 일반적 내용

의 의		중요시설이라 함은 공공기관, 공항·항만 주요산업시설 등 적에 의하여 점령 또는 파괴되거나 기능이 마비될 경우 국가안보 및 국민생활에 심대한 영향을 미치는 시설을 말한다. {10.1 승진, 08.1 승진}
	중요 시설의 업무	중요시설이라 함은 공공기관, 공항·항만 주요산업시설 등 적에 의하여 점령 또는 파괴되거나 기능이 마비될 경우 **국가안보 및 국민생활에 심대한 영향을 미치는 시설**인 국가중요시설을 보호하기 위한 제반경찰활동을 말한다. {03.7 순경}
	중요 시설의 방호	중요시설의 방호는 중요시설의 위치·규모·구조·주위환경·특성에 따른 취약요소를 분석하여 중요시설의 경비능력을 파악하는 활동이다.
법적근거		① **통합방위법 시행령**　② **통합방위법**　③ **국가중요시설 지정 및 방호훈령** {03.7 순경}
지정권자		국가중요시설은 **국방부장관**이 관계행정기관의 장 및 국가정보원장과 협의하여 지정한다. {12.1 승진, 10.1 승진, 08.7 순경}
지정절차		① 국가중요시설 지정(신규지정, 등급변경, 해제)대상시설은 국가중요시설 심의위원회에서 심의·의결한 「국가중요시설 지정(안)」을 **지체없이 관계 행정기관의 장 및 국가정보원장에게 문서로 통보하여 협의**한다. ② 국가중요시설 지정과 관련된 관계 행정기관의 장 및 국가정보원장은 통보된 「국가중요시설 지정(안)」에 대한 의견을 문서 접수일로부터 **15일 이내에** 국방부 장관에게 통보한다. ③ **국방부장관은** 관계 행정기관의 장 및 국가정보원장으로부터 통보된 의견을 반영하여 **국가중요시설을 지정한다.**
경비의 사태별 조치		① 대기 → ② 출동 → ③ 전투
특 징		① 중요시설의 경비는 통상 **경비경찰, 청원경찰, 특수경비원, 군이 함께 수행**한다. {03.7 순경} ② 중요시설에 대한 방호와 관련하여 **경찰은 청원경찰, 특수경비원을 감독**하고, **군은 정기방호진단 및 방호계획을 수립**하며, **청원경찰과 특수경비원이 실제 경비업무를 담당**하고 있다.

2) 중요시설의 분류[국가중요시설 지정 및 방호훈령, 시행 2009.5.25]

형식적 분류 {04.7 순경}		사용목적상에 의한 분류
	행정시설	청와대, 국회의사당, 대법원, 중앙부처기관, 한국은행, 지방관청 등
	산업시설	일반산업시설, 발전시설, 방송·통신서설 등

실질적 분류 {08.7 순경, 04.7 순경, 03.7 순경}	시설이 **국가안전에 미치는 영향(중요도)**에 따른 분류 {08.7 순경, 04.7 순경, 03.7 순경}		
	가 급	의의	적에 의하여 점령 또는 파괴되거나 기능마비시 **광범위한 지역**의 통합방위 작전 수행이 요구되고 국민생활에 **결정적인 영향**을 미칠 수 있는 시설
		예	청와대, 국회의사당, 대법원, 정부중앙청사, 국방부, 국가정보원, 한국은행 본점, 원자력발전소 등 {05.2 경간부}
	나 급	의의	적에 의하여 점령 또는 파괴되거나 기능마비시 **일부지역**의 통합방위 작전수행이 요구되고 국민생활에 **중대한 영향**을 미칠 수 있는 시설
		예	중앙행정기관 각 부(部)·처(處) 및 이에 준하는 기관, 경찰청, 대검찰청, 기상청, 한 국산업은행, 한국수출입은행 본점 등 {10.1 승진, 05.2 경간부}
	다 급	의의	적에 의하여 파괴되거나 기능마비시 **제한된 지역**에서 단기간 통합방위 작전수행이 요구되고 국민생활에 **상당한 영향**을 미칠 수 있는 시설
		예	중앙행정기관의 청사, 한국은행 각 지부, 다수의 정부기관이 입주한 남북출입 관리시설, 기타 중요 국·공립기관 등 {10.1 승진, 05.2 경간부}

3) 중요시설의 방호책임

방호 책임자	평 시	시설주는 **중요시설 방호의 1차적 책임자**이며, 관할경찰서장의 관리 · 감독을 받는다. {08.7 순경} ☞ **국가중요시설 방호업무의 지도 · 감독책임**은 경찰책임지역 내의 **군(軍)지도 · 감독 시설을 제외하고는 당해 지방경찰청장이 담당**한다.
	전 시	**군이 담당하는 경비시설을 제외한 나머지 중요시설에 대한 감독책임은 경찰이 담당**한다.
	비상시	① 갑종(군 : 계엄사령관)　② 을종(국방부장관)　③ 병종(행안부장관)
방호의 임무	시설장	① 경비인력 확보 ② 출입자 통제 및 직원의 신상파악 ③ 방호시설물 설치 ④ 지체계획의 수립 · 시행 ⑤ 자체경비력의 점검 및 감독
	경찰 기관의 장	① 방호계획의 종합 및 조정 ② 시설방호상태 지도감독 ③ 방호위원회 운영 ④ 경비요원에 대한 교육훈련실시
국가중요 시설의 경비 · 보안 및 방호		① **국가중요시설의 관리자(소유자 포함)**는 경비 · 보안 및 방호책임을 지며, 통합방위사태에 대비하여 **자체방호계획을 수립**하여야 한다. {10.1 승진} ② **지방경찰청장 또는 지역군사령관**은 통합방위사태에 대비하여 **국가중요시설에 대한 방호 지원계획을 수립 · 시행**하여야 한다. {10.1 승진} ③ 국가중요시설의 평시 경비 · 보안활동에 대한 지도 · 감독은 **관계 행정기관의 장과 국가 정보원장이 수행**한다. {10.1 승진} ④ 국가중요시설은 **국방부장관이 관계 행정기관의 장 및 국가정보원장과 협의하여 지정**한다.

4) 중요시설 3지대 방호 {08.7 순경}

제1지대 (경계 지대)	의의	시설 울타리 전방 취약지점에서 시설에 접근하기 전에 저지할 수 있는 **예상 접근로 상의 "목" 지점 및 감제고지 등을 통제하는 지대**
	대책	**불규칙적인 지역수색 · 매복활동으로 적 은거 및 탐지활동 시행, 장애물을 설치하여 방호 실시** {08.1 승진}
제2지대 (주방어 지대)	의의	**시설 내부 및 핵심시설로 침투하는 적을 결정적으로 거부하기 위한 지대**로서 시설 및 울타리를 연결하고 외곽의 소총 유효사거리를 고려하여 설정하는 지대 {06.3 순경}
	대책	**시설 자체 경계요원, 주 · 야간 초소 및 순찰활동, CCTV 등 설치 · 운영**
제3지대 (핵심방어 지대)	의의	시설의 주기능에 결정적인 영향을 미치는 주요핵심시설로서 **주방어지대에 중심을 보강하고 침투한 적을 최종적으로 격멸하는 핵심 방어지대**
	대책	주 · 야간 경계요원에 대한 계속적인 감시 · 통제가 될수 있도록 **경비인력 운용, 시설의 보강(지하화, 방호벽, 방탄막 등)을 최우선 설치**하여야 하며, 유사시는 결정적인 보호가 될 수 있도록 경비인력을 증가 배치

5) 경계태세의 구분

진돗개 하나 (경계태세 1급)	**최고수준**의 경계태세를 유지하고 국지도발 대비계획을 시행하는 단계
진돗개 둘 (경계태세 2급)	**평상시보다 강화**된 경계태세 및 출동준비태세
진돗개 셋 (경계태세 3급)	**평상시** 경계태세 및 출동준비태세

6) 주한 외국기관에 대한 시설경비활동

목 적	주한 외국공관 기타 외국기관에 대한 경비활동을 통하여 각종 위해로부터 **외교관의 신변 및 시설물에 안전을 도모함으로써 외교관계를 유지 · 발전**시키는 데 목적이 있다. {01.1 승진}
근무자세	① 외교관에 대한 장례 등 **예의표시는 의전상 필요시에만 실시하고 경비의 중요성을 감안하여 경계근무에 치중**한다. {01.1 승진} ② 출입자 및 면회요청자에게 대한 동태파악 및 불심자에 대한 검문을 철저히 하여 경비임무수행에 만전을 기한다. ③ 경비구역 주변에 대한 방범활동을 철저히 하여 화재 및 범죄예방에 노력한다.
근무시 유의사항	① 시위대가 기습적으로 공관내부에 들어간 경우 **체포를 위한 공관 내로 들어갈 수 없다.** {01.1 승진} ② **공관지역은 불가침이므로 접수국의 관헌은 공관장의 동의없이 공관지역에 들어가지 못한다.** {01.1 승진} ③ 테러가 예상되는 상황이 발생한 경우 **상부의 지시에 따라 총기를 휴대하고 근무할 수 있다.** {01.1 승진}

2. 청원경찰(청원경찰법[시행 2010.7.1])

1) 청원경찰의 의의

의 의	① 청원경찰이란 국가기관의 장 또는 시설·사업장, 국내 주재 외국기관 등의 경영자가 경비를 부담할 것을 조건으로 경찰의 배치를 신청하는 경우 그 **기관·시설 또는 사업장 등의 경비를 담당하게 하기 위하여 배치하는 경찰**을 말한다. ② 청원경찰은 **경찰의 경비기능에서 관장하고, 일반 민간경비 관련 업무는 생활안전기능에서 관장하여 민간경비가 이원적으로 관리**되고 있다.

신 분	원 칙	**민간인**(임용권자가 청원주인 경우)
	예 외	**공무원** ㉠ 형법 기타 법령에 의한 벌칙의 적용 ㉡ 청원경찰법 및 동시행령에서 특히 규정한 경우 ㉢ 청원경찰의 임용권자가 국가기관·지방자치단체의 경우
		형식적 의미의 경찰과 실질적 의미의 경찰에 해당한다.

2) 청원경찰의 배치

배치시설 (제2조)	① 국가기관 또는 공공단체와 그 관리 하에 있는 중요 시설 또는 사업장 ② 국내 주재(駐在) 외국기관(**외국대사관은 제외**) ③ 그 밖에 행정안전부령으로 정하는 중요 시설, 사업장 또는 장소 　㉠ 선박, 항공기 등 수송시설 　㉡ 금융 또는 보험을 업(業)으로 하는 시설 또는 사업장 　㉢ 언론, 통신, 방송 또는 인쇄를 업으로 하는 시설 또는 사업장 　㉣ 학교 등 육영시설 　㉤ 의료법에 따른 의료기관 　㉥ 그 밖에 공공의 안녕질서 유지와 국민경제를 위하여 고도의 경비가 필요한 중요시설, 사업체 또는 장소
배치순서	① 청원주의 **배치신청** → ② 지방경찰청장의 **배치결정** → ③ 청원주의 **임용신청** → ④ 지방경찰청장의 **임용승인** → ⑤ 청원주의 **임용** {10.1 승진}
배치신청 (제4조)	① 청원주가 **청원경찰배치 신청서**를 사업장을 관할하는 **경찰서장을 거쳐 지방경찰청장에게 제출**한다. ② 신청받은 **지방경찰청장은 지체 없이** 그 **배치 여부를 결정**하여 **신청인에게 통지**하여야 한다. ③ 지방경찰청장은 청원경찰의 배치가 필요하다고 인정되는 기관의 장 또는 시설·사업장의 경영자에게 청원경찰을 배치할 것을 요청할 수 있다.
배치의 폐지 (제10조의5)	① 청원주는 청원경찰이 배치된 시설이 폐쇄되거나 축소되어 청원경찰의 배치를 폐지하거나 배치인원을 감축할 필요가 있다고 인정하면 청원경찰의 배치를 폐지하거나 배치인원을 감축할 수 있다. 다만, **청원주는 경비업법에 따른 특수경비원을 배치할 목적으로 청원경찰 배치를 폐지하거나 배치인원을 감축할 수 없다.** ② 청원주가 청원경찰을 폐지하거나 감축하였을 때에는 청원경찰배치 결정을 한 경찰관서의 장에게 알려야 하며, 그 사업장이 지방경찰청장이 청원경찰의 배치를 요청한 사업장일 때에는 그 폐지 또는 감축 사유를 구체적으로 밝혀야 한다.

3) 임용

임용자격 **(제5조)**	① 국가공무원법 제33조 제1항 각 호의 어느 하나에 해당되지 않는 자 ② **18세 이상 50세 미만의 사람. 다만, 남자의 경우에는 군복무를 마쳤거나 군복무가 면제된 자** {12.1 승진, 08.3 순경} ③ 행정안전부령으로 정하는 신체조건에 해당하는 사람 ④ 경찰공무원 임용의 결격사유에 해당하지 않아야 한다.
임용승인 **의 신청** **(시행령** **제4조)**	① 청원경찰의 배치 결정을 받은 자(청원주)는 배치 결정의 **통지를 받은 날부터 30일 이내**에 배치 결정된 인원수의 임용예정자에 대하여 청원경찰 임용승인을 **지방경찰청장에게 신청**하여야 한다. ② 임용승인은 청원경찰로서 **적합성 여부를 판단하는 것으로 지방경찰청장의 권한에 해당**된다. {10.1 승진 08.3 순경}
임용 **(시행령** **제4조)**	① 임용승인된 청원경찰에 대하여 **청원주가 임용할 수 있다.** {10.1 승진, 08.3 순경} ② 청원주가 청원경찰을 **임용할 때 또는 퇴직한 때에는 10일 이내**에 그 임용사항을 사업장의 소재지를 관할하는 **경찰서장을 거쳐 지방경찰청에게 보고**하여야 한다. {10.1 승진}

4) 직무 및 한계

직무범위 **(제3조)**	청원경찰은 **청원경찰의 배치 결정을 받은 자(청원주)**와 배치된 기관　시설 또는 사업장 등의 구역을 관할하는 **경찰서장의 감독**을 받아 그 **경비구역만의 경비를 목적**으로 필요한 범위에서 **경찰관직무집행법에 따른 경찰관의 직무를 수행**한다. {10.1 승진, 09.1 승진, 08.3 순경} **【경찰관직무집행법상 직무범위】** ① 불심검문　　　　　② 보호조치 ③ 위험발생의 방지　　④ 범죄의 예방과 제지 ⑤ 교통정리　　　　　⑥ 무기사용 ⑦ 경비·요인경호 및 대간첩작전의 수행　⑧ 위해의 방지 ⑨ 질서유지 등		
한 계	**직무** **보고**	직무를 행하는 경우 보고는 **관할 경찰서장에게 서면으로 보고함에 앞서 지체 없이 구두로 보고**하고 그 지시에 따라야 한다.
	장소적 **한 계**	경비구역 내에 한하여 경찰관직무집행법에 의하여 직무를 수행하며 **경비목적을 위하여 필요한 최소한도 내**에 그쳐야 한다.
	사항적 **한 계**	① 경찰관직무집행법에 의한 직무 외에 **수사활동과 같이 사법경찰관리의 직무를 행하여서는 아니 된다.** ② 직권남용시 **청원경찰법에 의하여 처벌**된다.

5) 감독 및 경비부담

감독 (제9조의3)	① 청원주는 항상 소속 청원경찰의 근무 상황을 감독하고, 근무 수행에 필요한 교육을 하여야 한다. ② 지방경찰청장은 청원경찰의 효율적인 운영을 위하여 청원주를 지도하며 감독상 필요한 명령을 할 수 있다. ③ **관할경찰서장은 매월** 1회 이상 청원경찰을 배치한 경비구역에 임하여 **복무규율 및 근무상황 및 무기관리 및 취급사항을 감독**하여야 한다. {10.1 승진} ④ 청원경찰에 대한 직무상 **감독권자는 지방경찰청장, 관할경찰서장, 청원주 등**이다. {10.1 승진, 09.1 승진}
징 계	① 관할 경찰서장은 청원경찰이 아래에 해당한다고 인정되면 **청원주에게 해당 청원경찰에 대하여 징계처분을 하도록 요청**할 수 있으며, **징계절차를 거쳐 징계처분**을 하여야 한다. 　㉠ 직무상의 의무를 위반하거나 직무를 **태만**히 한 때 　㉡ 품위를 **손상**하는 행위를 한 때 ② 청원경찰에 대한 징계의 종류는 **파면, 해임, 정직, 감봉 및 견책으로 구분**한다. {10.1 승진, 09.1 승진} ③ 정직(停職)은 **1개월 이상 3개월 이하**로 하고, 그 기간에 청원경찰의 신분은 보유하나 직무에 종사하지 못하며, **보수의 3분의 2**를 줄인다. ④ 감봉은 **1개월 이상 3개월 이하**로 하고, 그 기간에 **보수의 3분의 1**을 줄인다. {10.1 승진, 09.1 승진, 08.10 순경} ⑤ 견책(譴責)은 **전과(前過)에 대하여 훈계하고 회개**하게 한다. ⑥ 청원주는 청원경찰 배치 결정의 통지를 받았을 때에는 **통지를 받은 날부터 15일 이내**에 청원경찰에 대한 징계규정을 제정하여 관할 지방경찰청장에게 신고하여야 한다. ⑦ 지방경찰청장은 징계규정의 보완이 필요하다고 인정할 때에는 청원주에게 그 보완을 요구할 수 있다.
경비부담	① **청원주는 청원경찰 경비를 부담**하여야 한다. 　㉠ 청원경찰에게 지급할 봉급과 각종 수당　　㉡ 청원경찰의 피복비 　㉢ 청원경찰의 교육비　　　　　　　　　　㉣ 보상금 및 퇴직금 ② 국가기관 또는 지방자치단체에 근무하는 청원경찰의 보수는 아래에 따라 같은 **재직기간에 해당하는 경찰공무원의 보수를 감안**한다. 　㉠ 재직기간 15년 미만 : 순경 　㉡ 재직기간 15년 이상 30년 미만 : 경장 　㉢ 재직기간 30년 이상 : 경사 ③ 청원주의 봉급·수당의 최저부담기준액(국가기관 또는 지방자치단체에 근무하는 청원경찰의 봉급·수당은 제외)과 **비용의 부담 기준액은 경찰청장이 정하여 고시(告示)**한다.

6) 의무 및 책임

제복착용		① 청원경찰은 근무 중 **제복을 착용**하여야 한다. ② 청원경찰의 복제(服制)는 **제복 · 장구(裝具) 및 부속물로 구분**한다. ③ 청원경찰이 그 배치지의 특수성 등으로 특수복장을 착용할 필요가 있을 때에는 청원주는 지방경찰청장의 승인을 받아 특수복장을 착용하게 할 수 있다.
장구휴대	**무기 휴대**	① **지방경찰청장은** 청원경찰이 직무를 수행하기 위하여 필요하다고 인정하면 **청원주의 신청을 받아 관할 경찰서장으로 하여금 청원경찰에게 무기를 대여하여 지니게 할 수 있다.** {09.1 승진} ② 청원주가 청원경찰이 휴대할 무기를 대여받으려는 경우에는 관할 경찰서장을 거쳐 지방경찰청장에게 무기대여를 신청하여야 한다. ③ 신청을 받은 지방경찰청장이 무기를 대여하여 휴대하게 하려는 경우에는 **청원주로부터 국가에 기부채납된 무기에 한정하여 관할 경찰서장으로 하여금 무기를 대여하여 휴대**하게 할 수 있다. {10.1 승진}
	분사기 휴대	청원주는 총포 · 도검 · 화약류등단속법에 따른 분사기의 소지허가를 받아 청원경찰로 하여금 그 분사기를 휴대하여 직무를 수행하게 할 수 있다.
직권남용 금지 (제10조)		① **청원경찰이 직무를 수행할 때 직권을 남용**하여 국민에게 해를 끼친 경우에는 6개월 이하의 징역이나 금고에 처한다. ② 청원경찰 업무에 종사하는 사람은 **형법이나 그 밖의 법령에 따른 벌칙을 적용할 때에는 공무원으로 본다.**
배상책임		① 청원경찰(국가기관이나 지방자치단체에 근무하는 청원경찰은 제외)의 직무상 **불법행위에 대한 배상책임에 관하여는 민법**의 규정을 따른다. ② 국가기관 또는 지방자치단체에 근무하는 **청원경찰의 직무상 불법행위에 대한 배상책임에 관하여는 국가배상법의 규정**에 의하여 국가기관 또는 지방자치단체가 책임을 진다.

【청원경찰에 대한 권한자】

① 청원경찰의 배치신청권자 · 임용신청권자 · 임용권자 · 징계권자 : **청원주(또는 국가 · 지방자치단체)**
② 청원경찰의 배치승인 · 임용승인권자 : **지방경찰청장**
③ 청원경찰의 직무감독권자 : **지방경찰청장, 관할경찰서장, 청원주**

【연령】

① **청원경찰** : 18세 이상 ~ 50세 미만 가능(단, 당연퇴직은 59세)
② **일반경비원** : 18세 이상 가능
③ **특수경비원** : 18세 이상 ~ 58세 미만

Ⅵ. 다중범죄진압경비(치안경비)

1. 일반적 내용

의 의	다중범죄진압은 공안을 해하는 다중범죄 등 집단적인 범죄사태 등 공공의 안녕과 질서를 해치는 **조직화된 군중**에 의한 불법사태가 발생하거나 발생할 것에 대비하여 시기를 놓치지 않고 신속·적절한 조치를 취함으로써 사태를 예방·진압하여 피해를 극소화하고 궁극적으로 사회적 안녕과 질서를 회복·유지하는 경찰활동으로서 실무상 치안경비라고 한다.	
특 징 {08.7 순경, 01.1 승진, 99.1 승진, 96.1 승진}	조직적 연계성	다중범죄는 **특정한 조직에 기반을 두고** 조직의 뜻대로 계획해서 뚜렷한 목적의식을 가지고 감행되는 경우가 대부분이다.
	부화뇌동적 파급성	다중범죄의 발생은 **군중심리로 인하여 발생되는 경우가 많으므로** 일단 발생되면 부화뇌동으로 인하여 갑자기 확대될 수 있다. {01.11 순경}
	비이성적 단순성	시위군중은 **이성적인 판단능력을 상실함으로써** 과격·단순·편협하여 타협이나 설득이 어려운 경우가 많다. {01.11 순경}
	확신적 행동성	다중범죄의 참여자는 **자신의 주장이 옳다는 확신**을 가지고 사회정의를 위하여 투쟁한다는 생각으로 **투신, 자살 등 전투적인 행동**을 하는 경우가 많다.

2. 다중범죄의 정책적 치료법

경쟁 행위법	① **반대의견의 부각** ② 불만집단과 **반대되는 대중의견을 크게 부각시켜 불만집단이 위압되어 스스로 해산 및 분산되도록** 하는 방법 {08.7 순경, 08.2 경간부, 07.1 승진} 　예 서울지하철노조의 명분 없는 파업에 대해 언론에 일반시민의 불만과 비난의 목소리가 커지자 이에 지하철노조가 굴복하여 파업을 철회하는 경우
선수 승화법	① **사전해결** ② 특정한 불만집단에나 정보활동을 강화하여 **사전에 불만 및 분쟁요인으로 찾아내어 해소**시켜 주는 방법 {08.2 경간부, 07.3 순경} 　예 특정지역의 재개발과 관련하여 일부 세입자의 시위가 예상되어 경찰서 정보과에서 관계인 면담을 주선하여 대화에 의한 타협을 본 경우
전이법	① **다른 이슈의 제기** ② 다중범죄의 발생징후나 이슈가 있을 때 **집단이나 국민들의 관심을 집중시킬 수 있는** 경이적인 사건을 폭로하거나 **규모가 큰 행사를 개최하여 원래의 이슈가 상대적으로 약화**되도록 하는 방법 {12.1 승진, 08.2 경간부} 　예 다중범죄의 징후가 있을 때 국민들의 관심을 집중시킬 수 있는 대규모 행사를 개최하여 이전 이슈를 상대적으로 약화시킨 경우
지연 정화법	① **시간의 지연** ② 불만집단의 **고조된 주장에 대해 시간을 끌어 이성적으로 생각할 기회를 부여**하고 정서적으로 감정을 둔화시켜서 흥분을 가라앉게 하는 방법 {08.2 경간부}

3. 다중범죄의 진압활동

1) 진압의 기본원칙 {11.8 순경}

봉쇄·방어	군중들이 중요시설 등 보호대상물의 점거를 기도할 경우, **사전에 진압부대가 점령하거나 바리케이드 등으로 봉쇄하여 방어조치를 취하는 방법**으로 군중의 의도를 사전에 봉쇄하여 충돌 없이 효과적으로 무산시키는 방법을 말한다. {08.7 순경}
주동자 격리	**주모자를 사전에 검거하거나 군중과 격리시켜 군중의 집단적 결속력을 약화시켜 계속된** 행동을 못하게 진압하는 방법을 말한다.
차단·배제	**군중이 목적지에 집결하기 전에 중간에서 차단하여 집합을 못하게 하는 방법**으로, **중요 목지점에 경력을 배치하고 검문검색을 실시**하여 가담자를 사전 색출·검거하거나 귀가조치하여 시위군중을 집합을 사전에 차단하는 방법을 말한다. {08.7 순경, 02.1 승진} ㉔ 서울시청 앞 광장에서 예정된 불법집회에 참가하기 위하여 상경한다는 첩보에 따라 지방경찰청별로 기차역, 톨게이트, 버스터미널 등에 경력을 배치하여 상경을 저지한 경우
세력분산	시위대가 집단을 형성한 이후에 시위집단의 통제력을 차단시키며 **수 개의 소집단으로 분할시켜 그 세력을 분산시키는 방법**을 말한다.

대규모 시위대가 지하철로 이동하면서 하차하여 불법시위를 할 것이 명백한 경우 경찰이 지하철역에 요구하여 무정차 통과토록 조치하였다면 경찰관직무집행법 제6조(범죄의 예방과 제지)에 근거한 조치로 볼 수 있다(○). {11.2 순경}

제주공항에서 시민단체 회원들이 제주도로부터 440여 km 떨어진 서울에서 열릴 옥외집회에 참석하기 위해 비행기에 탑승하려 하였으나, 경찰은 위 집회가 금지통고를 받은 불법집호라는 이유를 들어 이들의 비행기 탑승 자체를 저지하였다. 이는 경찰관직무집행법 제6조(범죄의 예방과 제지)에 근거한 정당한 경찰권의 행사이다(×). {11.2 순경}

→ 경찰관직무집행법 제6조(범죄의 예방과 제지) 중 제지에 관한 부분은 범죄의 예방을 위한 경찰행정상 즉시강제, 즉 눈앞의 급박한 경찰상 장애를 제거하여야 할 필요가 있고, 의무를 명할 시간적 여유가 없거나 의무를 명하는 방법으로는 그 목적을 달성하기 어려운 상황에서 의무불이행을 전제로 하지 아니하고 경찰이 직접 실력을 행사하여 경찰상 필요한 상태를 실현하는 권력적 사실행위에 해당되는 것으로 **시간적·장소적 근접하지 않는 다른 지역에서 그 집회·시우에 참가하기 위하여 출발 또는 이동하는 행위를 함부로 제지하는 것은 경찰관직무집행법 제6조 제1항의 행정상 즉시강제인 경찰관의 제지의 범위를 명백히 넘어 허용될 수 없다.【대판 2007도9794】**

2) 다중범죄 진압의 단계별 조치사항

사전조치	예고정보수집과 상황판단, 경비방침의 수립, 경비실시계획의 수립, 경비요원의 소집, **경비부대의 편성**, 응원 · **파견의 요구**, 진압 · 통신 · 운송장비의 점검, 출동태세의 점검
현장조치	**부대의 배치, 현장정보활동**, 현장선무활동, **단계별 실력행사(위력시위 → 대형공격 → 가스공격)**, 현장검거 및 채증활동
사후조치	**부대의 단계별 철수**, 재집결 방지, 조사활동 및 보고, 피검거자처리 및 증거확보, 자체평가 분석 및 보완

【진압활동시의 3대 원칙】 {12.8 순경, 10.1 승진, 08.7 순경}

① 신속한 해산	② 주모자 체포	③ 재집결 방지

【진압 5대 행동수칙】

① 개인행동 엄금	② 구타 · 폭행 엄금	③ 감정언어 엄금
④ 지휘명령 준수	⑤ 진압질서 확립	

【실력행사의 단계】

① 위력시위 →	② 대형공격 →	③ 가스공격

【차단을 위한 차벽전술】	
가로차벽	① 차량의 옆면으로 시위대를 막는 방법으로 넓은 지역을 방어할 수 있다. ② 시위대가 차량을 밀거나 밧줄 등으로 이용해 당길 경우 전복의 위험이 있다. ③ 경력의 전출입을 위한 적정한 차량간 공간, 일명 '숨구멍'을 설치해야 한다. ④ 차벽설치 시 차량의 출입문 방향이 시위대 반대쪽에 있어야 사위대의 차량 내부 진입을 방지할 수 있다.
세로차벽	① 차량의 후면으로 시위대를 막는 방법으로 방어면적이 좁다. ② 시설점거 후 시위대의 정문방면 진출차단에 유용하다. ③ 시위대에 의한 전복위험이 적으며 유사시 이동이 용이하다. ④ 차량회재 및 고립에 대비한 비상탈출 방법이 강구되어야 한다.

4. 집합행동

1) 집합행동의 의의

의 의	동일한 대상에 초점을 맞추고 이에 반응을 하는 사람들의 행위를 달한다.
특 징	일시적이고 구조화되어 있지 않으며, 우발적이어서 예측하기 어렵다.

2) 군중의 행동

의 의		어떤 사건을 중심으로 하여 공통의 이해를 가지고 일시적으로 모인 사람들의 집합체이며, 물리적으로는 근접해 있지만 조직화되어 있지 않으며, 구성원들은 기존에 상호작용이 없는 사람들이다.
종 류	우연적 군중	사람들이 **일시적으로 특정한 개인이나 사건에 대한 관심** 때문에 모여든 군중 예 교통사고 주위에 모여서 사고현장을 지켜보는 군중, 길거리 약장수의 현란한 말솜씨를 구경하는 군중 {08.1 승진}
	인습적 군중	**특정한 목적을 위하여** 한 자리에 모인 군중 예 동일한 목적지로 가기 위해 탑승한 비행기의 승객이라든가, 음악회에 모인 청중, 운동경기시합을 구경하기 위하여 모인 군중
	능동적 군중	어떤 쟁점을 이루는 **사건에 관심을 가지고 자발적**으로 집합한 사람들 예 운동경기장의 관중이 심판의 판정에 불만을 품고 패싸움을 벌이는 군중
특 징 {10.1 승진}	익명성	군중 속에서 행동할 때 개인은 군중의 단순한 일원으로서 행동하며 **이름이 밝혀지거나 신분이 노출되지 않으므로 쉽게 과격행동을 하게 되며, 자신의 행동에 책임성을 느끼지 않게 된다.**
	비개인성	군중 속에서의 개인이 집단행동을 할 때에는 **어느 특정 개인을 공격하거나 지지하는 것이 아니다.**
	피암시성	군중 속에서 조직적인 사고를 가진 지도자가 존재하지 않으며 **단지 군중 속의 누군가의 암시에 쉽게 동조하여 즉흥적인 행동을 하게 된다는 것이다.**

3) 군중의 심리

특 징		경신성과 피암시성		군중은 유언비어 등을 쉽게 믿고, 현실 상황을 합리적으로 판단하지 못하고 **암시에 따른 행위**를 하게 된다.
		충동성과 변이성		군중은 **충동적으로 행동하고, 부단한 변화를 행동으로 반영**한다.
		감정의 과장성과 단순성		개성이 소멸하여 **생각이 단순**해지고, **감정이 강화·과장**되어 나타난다.
		편협성과 전횡성		다른 사람의 반대의견을 허용하지 않는 **편협성과 한 방향으로만 나아가려는 속성**을 지니고 있다.
종 류	정상 군중심리	의 의		**보통 사회 상황에서 만들어지는 군중심리**로 정서의 평행상태를 유지하는 심리적 상태를 말하며, **정부와 국민간의 신임·충성·단결**과 관련이 있다.
		종 류		① 안전심리　　② **집체심리** {10.1 승진}　　③ **동정심리** ④ 호기심리　　⑤ 수치심리
	이상 군중심리	의 의		**군중 상황 하에서 만들어지는 군중심리**로 정서의 평행상태가 붕괴된 심리적 상태를 말하며, **강렬한 감정·불만·냉소·파괴감정 등**과 관련이 있다.
		종 류		① **욕망의 확장성**　　② **도덕의 모순성** {10.1 승진} ③ **추리의 단순성**　　④ **정서의 충동성**

4) 군중심리이론

전염이론	한 개인이 군중 속에 포함되면 일종의 **자신과 집단간의 일체감이라는 것이 형성되어 군중 상호간의 전염에 의하여 감정의 공유로 정신과 행동의 일치로 나타나 군중행동이 발생한다는 이론**이다. 처음부터 유사한 사람들끼리 집단을 형성하는 것이 아니다.
집중(수렴) 이론	기질적으로 **유사한 성향의 사람끼리 집단을 형성**하며, 어느 한 사람이 자신의 욕구를 달성하기 위해 행동을 개시하면 **다른 사람들도 이에 동조하여 감추어 둔 욕망·충동 등이 드러난다는 이론**이다.
긴급(발현적) 규범이론	군중 내에서는 주동자, 조심스러운 가담자, 수동적 지지자, 방관자, 반대자 등이 존재한다. **다양한 사람들로 이루어진 군중 내에서 공유된 규점 즉 일치된 의견과 통일성이 어떻게 형성되고 발생하는가를 설명하려는 이론**으로 군중이 일치된 행위규범을 만들 때 비로소 군중의 구성원 및 주변의 관망자들도 이 규범에 의지하게 되어 일정한 구속력을 가진다는 것이다.

스맬저의 부가가치 접근이론	**구조적 유발성**	집합행동은 **어떤 사회·구조적 문화적 선행요건 전제**되지 않으면 발생하기 어렵다. 예 미국에서의 인종폭동과 같은 집합행동은 흑백간의 인종적 차별이 전제되지 않았다면 발생하지 않았을 것
	구조적 긴장	사회적 환경 속에서의 **상대적 박탈감, 인종차별, 빈곤 등으로 구성원은 긴장 상태**에 들어가게 된다.
	신념화된 가치체계	**긴장의 원인을 찾아 문제를 해결하려고하는 공감대가 형성**된다. 예 빈곤으로 인한 긴장을 경우 부유층을 공격하면 될 것이라는 등의 신념체계가 구성원들 사이에 형성된다는 것
	촉발요인	① **앞의 신념화된 가치가 집합행동이 될 수 있도록 하는 요인**을 말한다. ② 미국의 사회학자 스멜저가 파악한 집합행동의 가치부과 과정에서 "**폭탄의 뇌관**"과 가장 관계가 깊다. {10.1 승진} 예 1991년 미국 LA시 왓쯔 지역의 흑인폭동의 경우 음주운전을 한 흑인청년(로드니 킹) 4명을 백인경찰이 체포하면서 시작되었다. 이웃 주민과 부모형제가 이를 항의하고 말리다가 폭동으로 번진 사건이다. {08.1 승진}
	행동을 위한 참여자의 동원	사회적 조건이 모두 갖추어진다 해도 참여자가 없이는 폭동과 같은 집합행동이 이루어질 수 없으며, **사람들을 동원하기 위해서는 커뮤니케이션과 리더십이 필요**하다.
	사회통제 기제로서 작용	**사회통제기제의 작용이 효율적일 경우 집합행동은 억제**되나 그렇지 못한 경우에는 집합적 행동을 더욱 촉진시킬 수 있다.

게임이론	대다수 사람들은 부득이한 경우를 제외하고는 법과 도덕규범을 준수하는데 일반인이 부정당한 일에 참여할 때는 **반드시 순수한 보수의 양을 생각하여 집단적인 행동이 더 큰 보수를 얻을 가능성이 높을 때 집단에 참여하기 때문에 군중행동이 발생한다는 이론**이다.
무규범이론	군중행위를 무규범이론을 통하여 설명한 것으로 **결속력이 약화되면 무규범사회가 도래하고 이때 억제되었던 개인적 욕망을 표출하여 군중행위가 발생한다는 이론**이다.

Ⅶ. 경호경비

1. 일반적 내용

의 의	① 경호경비는 정부요인·국내외 중요인사 등의 신변에 대하여 가해지려는 직·간접의 위해를 방지하기 위하여 위험요소를 사전에 제거하고, 사태 발생 시 신속히 조치함으로써 **피경호자의 안전을 확보하는 경찰활동**을 말한다. {12.1 승진} ② 경호는 **호위와 경비를 포함**한다.
법 적 근 거	경찰관직무집행법, 대통령 등의 경호에 관한 법률, 경호규칙 등등
특 징	① 위험요소를 사전에 제거하고, 사태 발생 시 신속히 조치함으로써 **피경호자의 안전을 확보(궁극적 목적)**하는 경찰활동으로서 **타 업무에 우선하여 최우선적으로 처리**해야 한다. {03.1 승진} ② 경호경비는 **보안유지에 철저**를 기해야 하고, **교통통제가 중요하드로 교통과의 긴밀한 협조**를 하여야 한다. {03.1 승진} ③ 경호경비는 한번 실패하면 **사후에 보완이 불가능**한 특색이 있다. {08.1 승진} ④ 경비업무가 발령시 보안과는 **경호안전대책서를 작성**하며, 경비과는 **경비계획서**를 작성한다. ⑤ 경호업무는 3중 경호원리에 의하여 실시한다. 즉, **1선 안전구역은 VIP승하차 지점 및 행사장 내부로서 대통령실 소속 경호처에서 담당, 경찰은 2선 경비구역, 3선 경계구역의 경비를 담당**한다. {03.4 순경, 03.1 승진} ⑥ 경호행사 시 동원경력은 **2시간 전에 배치**한다. {02.1 승진, 01.3 순경, 01.2 경간부} ⑦ 880행사란 **완전비공식 행사**를 말한다. {02.1 승진, 01.2 경간부} ⑧ 경호시에는 대통령 등의 경호에 관한 법률에 따라 **경찰과 대통령실 소속 경호처는 상호 협력**해야 한다. {02.1 승진, 01.2 경간부}

2. 경호의 대상

국내 요인	甲호	① **대통령과 그 가족** {08.3 순경} ② **대통령으로 당선인과 그 가족** {03.6 순경} ③ 대통령권한대행과 그 배우자 ④ **퇴임 후 10년 이내** 전직대통령과 그 배우자 및 자녀	대통령실 소속 경호처 {02.1 승진}
	乙호	① **국회의장, 대법원장, 국무총리, 헌법재판소장** {03.6 순경, 03.1 승진, 01.1 승진} ② **대통령선거후보자** ③ **퇴임 후 10년이 경과**한 전직대통령	경찰 {10.2 경간부, 03.6 순경 02.1 승진}
	丙호	甲호, 乙호 외에 경찰청장이 필요하다고 인정한 사람	
국외 요인	A, B, C, D등급	① **대통령, 국왕, 행정수반(수상포함)** {03.1 승진, 01.1 승진} ② **행정수반이 아닌 총리, 부통령** {02.1 승진} ③ A, B, C, D등급은 **경호처장**이 정한다.	대통령실 소속 경호처 (10.2 경간부}
	E, F 등급	① 부총리, 왕족, A, B, C, D등급의 배우자 단독 방한 ② 전직대통령, 전직총리, 국제기구·국제회의 중요인사 ③ 기타 장관급 이상으로 경찰청장이 경호가 필요하다고 인정한 사람 ④ E, F등급은 **경찰청장**이 정한다.	경찰 {04.4 순경}

3. 경호의 구분

1) 행사성격에 의한 구분

완전공식	대규모 국가적인 행사로 **사전에 언론을 통해 완전히 공개**된 행사시 실시하는 경호 예 **대통령 취임식, 월드컵축구경기, 아시아 유럽정상회의 ASSEM 등** {03.1 승진, 01.1 승진}
공식	**연례적 · 통상적으로 실시하는 공개**된 행사시 경호 예 **국경일, 기공식 및 준공식, 기념일 등**
비공식	**보안유지가 요구되는 비공개 행사**시 실시하는 경호 예 **현장방문행사 등**
완전 비공식 (880행사)	정무 또는 사무상 필요에 의해 **사전통보나 절차 없이 이루어지는 행사시 실시하는 경호** {10.2 경간부, 04.1 승진} 예 **비공식방문(민정시찰 · 사저행차), 운동, 공연관람 등** {10.2 경간부, 04.4 순경}

2) 연도경호에 의한 구분

1등급 경호	총력경호체제가 요구되는 **완전공식행사**시 경호활동 (**3선 경호**개념 적용)
2등급 경호	연례적이고 통상적인 **공식행사**시의 경호활동 (**3선 경호**개념 적용)
3등급 경호	선별적으로 경력이 운용되는 **비공식행사**시 경호활동 (**2선 경호**개념 적용)
4등급 경호	근접경호 위주의 **완전비공식행사**시 경호활동 (**1선 경호**개념 적용) {04.4 순경}
5등급 경호	근접경호와 순찰차 에스코트 위주의 경호활동

3) 경호장소에 대한 구분

육상경호 {01.2 경간부}	행사장경호	피경호자가 행사에 참석하거나 주관하는 장소에서의 경호	
	숙소경호	행사장 경호요령에 준해서 실시	
	연도경호	육로경호	피경호자가 행·환차할 것으로 예측되는 주·예비도로에 대한 제반 위해요소를 사전에 배제하는 활동
		철도경호	
해상 및 해안경호	선박이동시 실시하는 경호		
공중경호	특별기, 공군기, 민항기, 공군헬기 등으로 이동시 실시하는 경호		

☞ **연도경호는 물적 위해요소가 방대하여 엄격하고 통제된 3중 경호 원리를 적용하기 어렵다.** {12.1 승진}

4) 경호활동시점 및 경호방법에 대한 구분

선발경호	사전에 일정한 규모의 경호팀이 도착하여 수행하는 각종 경호활동
수행(근접) 경호	행사 중 기동 간이나, 행사장에서 피경호인에 근접하여 수행하는 경호활동

4. 직접경호지역(경찰활동지역) {08.1 승진}

제1선 (안전구역: 내부)	의 의	① **절대 안전 확보구역 → 완벽통제** ② 피경호자에게 직접적으로 위해를 가할 수 있는 거리내의 지역 ③ **통상 수류탄 투척거리 또는 권총 유효사거리**로서 실내행사는 행사장 내부, **실외 행사는 행사장 반경 50m 내외** ④ 경호에 대한 주관 및 책임은 **대통령실 소속 경호처**
	주 요 활 동	출입자 통제관리, MD설치 운용, 비표확인 및 출입자 감시 {12.1 승진, 10.1 승진, 10.2 경간부}
제2선 (경비구역: 내곽)	의 의	① **주경비지역 → 부분적 통제** ② 제1선을 제외한 행사장 중심으로 반경 **500m 내외의 취약개소** ③ 실내행사는 **건물내부 또는 담장을 연하는 경계책 내곽, 실외행사는 소총 유효사거 리 내외** {08.1 승진, 03.1 승진} ④ 경호책임은 **경찰이 담당**하고, 군부대 내일 경우 **군이 책임**
	주 요 활 동	돌발사태 대비 예비대 운영 및 구급차, 소방차 대기, 바리케이드 등 장애물 설치 등 {10.1 승진}
3선 (경계구역: 외곽)	의 의	① **조기경보지역 → 보안 및 수색활동** ② 소구경 곡사화기의 유효사거리를 고려한 **1~2km권 내 지역** ③ 실내행사는 **소총 유효사거리**, 실외행사는 **소구경 곡사화기의 유효사거리를 고 려한 거리** ④ 경호책임은 통상 **경찰이 책임**
	주 요 활 동	감시조 운영, 도보등 원거리 기동순찰조 운영, 원거리 불심자 검문차단
경호 시 주의사항		① 행사장 경호업무는 제3선 개념에 의해 실시하는데, 제1선은 경호실에서 담당하고, 제2선 과 3선은 경찰이 담당하며, 경찰은 경호실의 지시에 따라야 한다. ② 행사장 내 일반참석자와 안전요원의 비율은 최소한 50:1이 되도록 배치한다. ③ 행사장 경호 시 **일반경호경력은 2시간 전에 배치를 완료**해야 하고, MD조는 3시간 전에 배치를 완료해야 한다.

【경호활동 및 경호수준과 직접경호지역 관계】

행사성격	경호수준	직접경호지역
완전공식행사	1등급 경호	3선
공식행사	2등급 경호	3선
비공식행사	3등급 경호	2선
완전비공식행사	4등급 경호	1선

5. 경호경비의 4대 원칙 {12.8 순경, 11.8 순경}

자기담당구역 책임의 원칙	경호원은 자기담당구역 내에서 일어나는 어떠한 사태에 대하여도 **다른 사람이 아닌 자기만이 책임을 지고 해결하여야 한다는 원칙**이다. {07.2 경간부}
자기희생의 원칙	경호원은 피경호자가 위기가 처해졌을 때는 **육탄방어의 정신으로 피경호자를 보호하여야 한다는 원칙**이다. {07.2 경간부}
하나의 통제된 지점을 통한 접근의 원칙	피경호자에게 접근할 수 있는 통로는 경호상 통제된 **유일한 통로만이 필요하고 여러개의 통로는 필요가 없는 원칙**이다. {10.1 승진, 07.2 경간부, 03.1 승진}
목표(적)물 보존의 원칙 {10.1 승진, 08.1 승진, 06.10순경, 04.10 순경, 07.3 경간부}	피경호자(목표물)를 암살기도나 위해를 가할 가능성이 있는 자들로부터 분리(격리)시켜야 한다는 원칙을 말하며, 다음의 사항을 고려하여야 한다. {07.2 경간부} ① 행차코스 · 행사할 예정 장소 등은 **원칙적으로 비공개**되어야 한다. ② 동일한 장소에 수차 행차하였던 곳은 **가급적 변경**하여야 한다. ③ 대중에게 **노출된 도보행차**는 가급적 **제한**되어야 한다.

6. 경호안전대책

의의	경호상 **피경호자의 신변에 대한 위해요소를 사전에 제거하는 모든 활동**을 말한다. {02.1 승진}	
내용	인적 위해요소 배제	신원조사, 비표관리, 요시찰인 동향감시 등이 있다.
	물적 위해요소 배제	안전조치, 안전검축 및 안전유지 등이 있다.
	지리적 취약요소 배제	특별방범심방, 감제고지 및 수림지 수색, 취약지역 중점수색 등이 있다.
	안전판단서 작성	
	경호보안대책	
	경호 관련 첩보 및 정보수집	
기능별 임무	경비과	**경비계획서**를 작성, 행사개요 · 특징 · 취약성 · 대책 · 동원경력배치 {03.1 승진}
	보안과	**경호안전대책서**를 작성, 인적 · 물적 · 취약요소에 대한 분석과 대책을 제시 {03.11 순경, 03.1 승진}
	교통과	**교통관리계획서**를 작성
	생활안전과	**안전유지대책서**를 작성, 안전검축과 안전유지
	경무과	경찰관서의 **무기 · 탄약의 관리**에 관한 사항, 경호경찰관의 보급관련 사항

【안전검축】		
의 의	경호상의 **위해요소를 미연에 제거하기 위하여 행차연도 및 행사장 · 숙소의 내 · 외부에 대하여 실시하는 안전조사 활동**을 말한다.	
내 용 {08.1 승진}	안전점검	폭발물 등 각종 위해물의 설치 · 매설 등을 탐지하여 제거하고 고층건물을 이용한 저격 등의 위험을 예방하는 활동을 말한다.
	안전검사	소방 · 전기시설 등 시설의 안전상태를 검사하는 활동을 말한다.
	안전유지	**검사한 상태가 경호 종료 시까지 유지되도록 감시 · 접근금지 등의 경계를 하는 활동**을 말한다(생활안전과). {12.1 승진}
대 상	외부, 내부, 공중지역, 연도로 구분하여 빠짐없이 실시하는 것이 중요하다. {08.1 승진}	

Ⅶ. 선거경비

의 의		① 선거경비는 각종 선거 시 후보자에 대한 완벽한 신변보호와 거리유세 및 투표·개표장 등에서 선거와 관련된 폭력·난동·테러 등 선거방해 요소를 사전에 예방·경계·제거함으로써 평온한 선거가 실시되도록 치안질서를 확립하는 것을 말한다. ② **선거경비는 혼잡·특수·경호·다중범죄진압경비 등 종합적인 경비가 요구**된다. {12.2 순경} ③ 선거경비는 **선거관리위원회, 지방자치단체 등과 협의한 후 시행**하여 물의 야기 및 변수 요인을 제거하는 방향으로 운영을 하여야 한다.
비상근무 체제	경계강화기간	통상 선거공고일부터 선거일 전까지 {07.1 승진}
	갑호비상	선거당일부터 개표 종료시까지이다. {08.1 승진}
후보자 신변보호	대통령 후보자	① 대통령 후보자의 신변보호기간은 **후보자등록 시부터 당선확정 시까지**이다. {12.2 순경, 07.1 승진} ② **대통령선거 후보자는 乙호 경호대상이며, 대통령으로 당선된 자는 甲호 경호의 대상**이다. {12.2 순경, 12.1 승진} ③ 후보자 요청에 따라 전담 신변경호대를 편성·운용하여 거리유세, 숙소 등 **24시간 근접경호임무를 수행**한다. {07.1 승진} ④ 신변경호를 원하지 않는 후보자는 시·도 지방경찰청에서 경호 경험이 있는 자로 선발된 직원을 대기시켜 **관내 유세기간 중 근접 배치**한다.
	자치단체장 및 국회의원 후보자	각 선거구를 관할하는 경찰서에서는 **후보자가 원할 경우 전담경호요원을 배치**한다.
투표소 경비		① 투표소가 대학인접지역 등 **취약지역에 설치되지 않도록 사전 협의·조정**한다. ② 투표소에는 **무장 정복경찰 2명 이상을 배치**하고, 투표소 별로 ス구대 연계 순찰하는 것이 바람직하며, **돌발상황을 대비해 112타격대 및 채증조를 운용**한다. ③ 투표용지의 인쇄·호송 시에도 연계 순찰과 112타격대 등의 방법으로 상황에 맞는 경비를 실시한다.
투표함 운송경비		① 투표함 운송경비는 **선관위 자체적으로 실시**하고, **경찰은 순찰활동 및 112타격대 출동 대기 조치**를 하는 것이 바람직하다. ② 대도시 등 교통취약지역은 에스코트를 실시하여 사고를 예방한다. ③ 도서지역 투표함 운송을 위하여 선거관리위원회에 해경함정 지원요청 시에는 해양경찰청에서 지원해야 한다.
개표소 경비	제1선 (개표소 내부)	① 내부질서유지는 **선거관리위원장의 책임** 하에 질서를 유지하며, 사태발생 시 개표소 내부에는 선거관리위원장 또는 선거관리위원의 요청이 있는 경우에만 정복경찰관을 투입할 수 있다. {12.2 순경, 10.1 승진, 03.11 순경} ② 개표소 내부의 안전검측 및 유지는 **경찰과 선거관리위원회가 협조하여 합동으로 보안안전팀을 운영하여 실시**한다. {10.1 승진} ③ 개표소 내부의 질서가 회복되거나 **선거위원장의 요구가 있을 때는 퇴거**한다. {12.2 순경}
	제2선 (울타리 내곽)	**선거관리위원회와 합동으로 출입자를 통제**하며, **2선 출입문은 되도록 정문만 사용**하고 기타 출입문은 시정해야 한다. {10.1 승진}
	제3선 (울타리 외곽)	외곽정문에 선거관리위원회 직원과 합동근무, 불순자에 대해 출입을 통제하며, **검문조·순찰조를 운용**하여 위해 기도자 접근을 차단한다. {10.1 승진}

IX. 경찰작전

1. 일반적 내용

의 의	경찰작전은 **대간첩작전, 전시대비, 경찰작전, 비상업무, 상황실의 운영, 검문검색 등의 작전상황에 대비한 경비경찰 일체 작전업무**를 말한다.
법적 근거	① 경찰관직무집행법 제2조 ② 통합방위법 → **중요시설경비의 법적근거, 병종사태시 경찰작전 수행의 근거규정** {04.4 순경} ③ 통합방위시행령[대통령령 제21827호] ④ 전투경찰대설치법 → 1968. 1. 21. 김신조 사건의 계기로 설치

2. 통합방위사태

의 의			적의 침투·도발이나 그 위협에 대응하여 **甲종, 乙종, 丙종사태의 구분에 따라 선포하는 단계별 사태**를 말한다.
유 형	갑종 사태	의 의	**적의 대규모 병력침투 또는 도발**로 인한 비상사태로서 **통합방위본부장 또는 지역군사령관의 지휘·통제** 하에 통합방위작전을 수행하여야 할 사태
		건의사유	**甲종사태 발생시**
		건의권자	**국방부장관**
		선포권자	국무총리를 경유하여 **대통령(선포 즉시 국회에 통고)** {08.1 승진}
	을종 사태	의 의	**일부 또는 수개 지역**에서 적의 침투·도발로 인하여 **단기간 내**에 치안회복이 어려워 **지역 군사령관의 지휘·통제**하에 통합방위작전을 수행하여야 할 사태 {10.1 승진}
		건의사유	① **乙종 사태 발생시** ② 2인 이상 시·도에 걸쳐 **乙종 사태 발생 시**
		건의권자	① 乙종 사태 발생시 – **지방경찰청장 또는 지역군사령관** ② 2인 이상 시·도에 걸쳐 乙종 사태 발생 시 – **국방부장관**
		선포권자	① 乙종 사태 발생 시 – **시·도지사 선포** ② 2인 이상 시·도에 걸쳐 乙종 사태 발생 시 – **대통령 선포**
	병종 사태	의 의	적의 침투·도발위협이 예상되거나 **소규모(5명 이내)의 적이 침투한 때**에 **지방경찰청장·지역군사령관 또는 함대사령관의 지휘·통제**하에 통합방위작전을 수행하여 단기간 내에 치안이 회복될 수 있는 사태
		건의사유	① **丙종 사태 발생시** ② 2인 이상 시·도에 걸쳐 **丙종 사태 발생 시**
		건의권자	① 丙종 사태 발생시 – **지방경찰청장 또는 지역군사령관** ② 2인 이상 시·도에 걸쳐 丙종 사태 발생 시 – **행정안전부장관 또는 국방부장관**
		선포권자	① 丙종 사태 발생시 – **시·도지사 선포** ② 2인 이상 시·도에 걸쳐 丙종 사태 발생 시 – **대통령 선포**
		경찰작전 지휘체계	① 병종사태 발생시 경찰책임구역 내에서는 **지방경찰청장 책임하**에 경찰이 독자적으로 대간첩작전을 수행 가능하다. ② 대간첩 작전의 조정과 합리적인 예비군 운용과 기관간의 협조를 위하여 통합방위협의회를 운영하는데, 통합방위협의회는 **행정구역 단위로 설치·운영**한다.

3. 비상대비훈련

의 의	전시 · 사변 또는 이에 준하는 국가비상사태 발생 시 이에 대하여 경찰이 수행하는 업무를 말한다. {02.1 승진}		
국가비상 사태시 경찰의 임무	① 전시치안확보 활동　　　　　② 중요시설의 보호 및 방호지도 · 감독 ③ 효율적인 군사작전 지원　　　④ 민간이 보유 총포 · 화약류의 안전관리 ⑤ 용공불순세력의 색출 · 처리		
충무계획	의 의		충무계획은 실제적으로 전쟁의 발생이 임박한 경우에 **실전에 대비하여 3단계로 대응하는 전체적인 방안을 체계적으로 수립**한 것이며, **경찰은 충두계획에 의거한 부대편성**이 이루어지는데 전투경찰대, 기동대는 직접 군에 작전 배속이 되어 있다. {02.1 승진}
	전시 사태의 구분	충무 3종 사태	정치적인 긴장사태가 조성되고 적의 **전쟁도발 징후가 현저히 증가된** 상황으로 충무계획의 **시행을 준비**하는 단계
		충무 2종 사태	적의 **전쟁도발 징후가 더욱 고조**된 단계로 충무계획을 **일부 시행**하는 단계
		충무 1종 사태	**전쟁이 임박한 단계**로 충무계획을 **전면 시행**하는 단계
	화랑 훈련		① 후방지역에 대한 종합훈련으로 통합방위본부 주관 하에 권역별로 실시한다. ② 후방지역에 대한 전 · 평시 연계된 작전계획 시행절차를 숙달하고 지역주민의 안보의식을 고취시키며, 민 · 관 · 군통합방위 태세를 확인하는 데 중점을 두고 실시한다.
을지연습 (정부연습)	의 의		정규전에 대비하여 실시하는 전국적인 도상훈련으로서, **실제 비상사태에 대비한 충무계획을 토대로 매년 1회 실시하는 방어목적의 훈련**으로서 정부연습이라고도 한다.
	방 법		① 을지연습의 총감은 **국무총리**이다. ② 을지연습은 통상적으로 **매년 1회 실시하는 범국민적인 방어목적 훈련**이다. ③ 을지연습은 실제 전쟁 발발시 적용되는 충무계획을 기본으로 통상 **도상연습을 실시**하며, **실제기동훈련도 병행**한다. ④ 훈련기간은 **연간 7일을 초과**할 수 없고, 선거기간에는 실시하지 않는다. ⑤ 을지연습은 **을지 1종 · 2종 · 3종 사태로 구분**한다. ⑥ 기능별반 **문서접수반 · 종합반 등으로 구분, 임무를 수행**한다.

4. 경찰비상업무(경찰비상업무규칙[시행 2005.7.28])

1) 용어

비상상황	대간첩 · 테러, 대규모 재난 등의 긴급 상황이 발생하거나 발생할 우려가 있는 경우 또는 다수의 경력을 동원해야 할 치안수요가 발생하여 치안활동을 강화할 필요가 있는 때를 말한다.
지휘선상 위치 근무	비상연락체계를 유지하며 유사시 **1시간 이내에 현장지휘 및 현장근무가 가능한 장소에 위치**하는 것을 말한다. {12.1 승진}
정위치 근무	감독순시 · 현장근무 및 사무실 대기 등 **관할구역 내에 위치**하는 것을 말한다. {12.1 승진}
정착근무	사무실 또는 상황과 관련된 **현장에 위치**하는 것을 말한다. {12.1 승진}
필수요원	전 경찰관 및 일반 · 별정 · 기능직공무원 중 경찰기관의 장이 지정한 자로 **비상소집시 1시간 이내에 응소하여야 할 자**를 말한다.
일반요원	필수요원을 제외한 경찰관 등으로 비상소집 시 **2시간 이내에 응소하여야 할 자**를 말한다.
가용경력	총원에서 병가 · 휴가 · 출장 · 교육 · 파견 등을 제외하고 **실제 동원될 수 있는 모든 인원**을 말한다.
소집관	비상근무발령권자로부터 권한을 위임받아 비상근무발령에 따른 비상소집을 지휘 · 감독하는 **주무참모 또는 상황관리관(치안상황실장)**을 말한다.

2) 비상근무

근무방침 (제3조)	① 비상근무는 비상상황 하에서 업무수행의 효율화를 도모하기 위해서 발령한다. ② **비상근무 대상은 경비, 작전, 정보(보안), 수사, 교통 업무 중 비상상황에 국한**한다. 다만, **2개 이상의 기능에 관련되는 상황에 대하여는 경비비상으로 통합 단일화하여 실시**한다. ③ 적용지역은 **전국 또는 일정지역(지방경찰청 및 경찰서 관할)으로 구분**한다. 다만, **2개 이상의 지역에 관련되는 상황은 차상급 기관에서 주관하여 실시**한다.			
비상근무의 종류 및 등급 (제4조)	**상황의 유형에 따라**	경비 소관		경비, 작전비상
		정보(보안) 소관		정보비상
		수사 소관		수사비상
		교통 소관		교통비상
	기능별 상황의 긴급성 및 중요도에 따라	갑호 비상, 을호 비상, 병호 비상, 경계 강화		
근무요령 (제7조)	갑호 비상	경력 동원		비상근무 갑호가 발령된 때에는 연가를 중지하고 **가용경력 100%까지 동원**할 수 있다.
		근무 요령		**지휘관(지구대장, 파출소장은 지휘관에 준함)과 참모는 정착 근무를 원칙**으로 한다. {09.3 순경}
	을호 비상	경력 동원		비상근무 을호가 발령된 때에는 연가를 중지하고 **가용경력 50%까지 동원**할 수 있다.
		근무 요령		**지휘관과 참모는 정위치 근무를 원칙**으로 한다. {09.3 순경}
	병호 비상	경력 동원		비상근무 병호가 발령된 때에는 부득이한 경우를 제외하고는 연가를 억제하고 **가용경력 30%까지 동원**할 수 있다. {09.3 순경}
		근무 요령		**지휘관과 참모는 정위치 근무 또는 지휘선상 위치 근무를 원칙**으로 한다.
	경계 강화	경력 동원		㉠ 별도의 **경력동원 없이** 특정분야의 근무를 강화한다. ㉡ 전 경찰관은 **비상연락체계를 유지하고 경찰작전부대는 상황발생시 즉각 출동이 가능하도록 출동대기 태세를 유지**한다. {09.3 순경}
		근무 요령		**지휘관과 참모는 지휘선상 위치 근무를 원칙**으로 한다.

3) 발령 및 해제

발령 (제5조)	발령권자	경찰청장	전국 또는 2개 이상 지방경찰청 관할지역
		지방경찰청장	지방경찰청 또는 2개 이상 경찰서 관할지역
		경찰서장	단일 경찰서 관할지역
	① 비상근무의 발령권자는 비상상황이 발생하여 비상근무를 실시하고자 할 경우에는 비상근무의 목적, 지역, 기간 및 동원대상 등을 특정하여 비상근무발령서에 의하여 비상근무를 발령한다.		

	② 비상근무 발령권자는 비상구분, 실시목적, 기간 및 범위, 경력 및 장비동원사항 등을 차상급 기관의 장에게 보고하여 **사전에 승인을 얻어야** 한다. 다만, **긴급을 요하는 경우에는 비상근무를 발령하고, 사후에 승인을 얻을 수 있다.** {03.1 승진, 05.2 경간부} ③ **경계강화를 발령한 경우에는 승인을 요하지 아니한다.** ④ 비상근무를 발령할 경우에는 정황의 특수성을 감안하여 비상근무의 목적이 원활히 달성될 수 있도록 적정한 인원, 계급, 부서를 동원하여 불필요한 동원이 없도록 하여야 한다.
해제 **(제6조)**	① 비상근무의 발령권자는 비상상황이 종료되는 즉시 비상근무를 해제하고, 비상근무 해제시 **지방경찰청 또는 2개 이상 경찰서 관할지역(지방경찰청장), 단일 경찰서 관할지역(경찰서장)의 발령권자는 6시간 이내에** 해제일시, 사유 및 비상근무결과 등을 **차상급 기관의 장에게 보고**한다. ② 비상근무를 발령한 경우 차상급 기관의 장은 **비상근무의 적정성을 판단하여 비상근무의 해제를 지시**할 수 있으며 **지시를 받은 비상근무발령권자는 즉시 비상근무를 해제**하여야 한다.

4) 지휘본부의 운영

설치 **(제17조)**	① 비상상황에서 **경찰청, 지방경찰청, 경찰서 등에 경찰지휘본부를** 둘 수 있다. ② **경찰지휘본부는** 당해 지휘본부장이 필요하다고 인정할 때에 설치하며 **경찰청 및 지방경찰청은 치안상황실에 설치함을 원칙으로** 한다. ③ 각종 상황발생시 상황의 효율적인 관리를 위해 필요한 경우 현장인근에 현장지휘본부를 설치할 수 있다.
구성 **(제18조)**	① 지휘본부는 **본부장과 참모 및 본부요원으로 구성**한다. ② 경찰청 지휘본부의 본부장은 **경찰청장**이, 지방경찰청장과 경찰서의 본부장은 **당해 지방경찰청장 및 경찰서장**이 된다. ③ **참모는 지휘본부 소속 국장(부장)·과장**이 된다. ④ 본부장은 소속 직원 중에서 본부요원 약간인을 배치하고 지휘본부의 서무에 종사하게 한다.
임 무	**지휘본부장의 임무** **(제19조)**	① **본부장은 지휘본부의 업무를 총괄**하고 소속직원을 지휘 감독한다. ② 본부장은 필요하다고 인정할 때에는 그 권한의 전부 또는 일부를 주된 참모에게 위임할 수 있다.
	참모의 임무 **(제20조)**	① 각 참모는 비상사태의 진전과 현황을 신속·정확하게 파악하고 소관 사항별로 필요한 대책을 강구하여 본부장을 보좌한다. ② 사태의 성격에 따라 해당기능 참모가 주된 참모로써 임무를 수행하되, **2개 이상의 기능에 관련되는 사태에 대하여는 경비업무 담당참모가 임무를 통할하여 수행**한다. ③ 참모는 임무를 수행함에 있어서 관계참모와 긴밀히 협조하여야 한다. ④ 참모는 임무수행상 필요한 때에는 보좌관과 연락관을 둘 수 있다.

5. 치안상황실운영

목 적	국가비상사태 또는 긴급사태 등 치안상황이 발생하는 경우 상황처리를 단일화하여 신속·정확한 상황파악과 초동조치로 발생한 사태의 확대방지와 진압을 위하여 경찰청·지방경찰청·경찰서·기동단(대)·경비단(경비대대 포함)에 설치되어 **24시간 운영**되고 있다.	
기 능	① 치안상황의 신속·정확한 파악　　② 긴급초동조치　　③ 유관기관과의 협조 ④ 각종 상황의 신속·정확한 파악　　⑤ 상황의 신속한 전파·보고·통보·연락·하달 등	
보고· 통보 및 하달순위	**1단계**	**직접 행동**을 취할 기관 및 부대보고
	2단계	**협조 및 지원**을 요하는 기관 및 부대보고
	3단계	**지휘계통**에 보고
	4단계	**기타 필요**한 기관 및 부대 {10.2 경간부, 05.2 경간부, 03.1 승진}
상황처리 순서 (先조치 後보고의 원칙)	① 긴급사태발생시 치안상황실에서는 **112타격대 출동 → 긴급배치하령 → 경찰서장에 보고 → 지방경찰청에 보고** 등의 순서로 조치를 취해야 한다. {05.2 경간부, 03.1 승진} ② **중요사건·사고시 상황실장이 초동조치**하고, **추후 상황처리 책임은 주무과장이 담당**한다.	
임 무	**상황실장**	㉠ 요원의 전반적인 지휘·감독 ㉡ 상황실을 관리·운용 ㉢ 상황의 신속 정확한 판단·보고·통고 및 하달 ㉣ 당해 주무국장·과장을 보좌, 상황처리
	상황 부실장	㉠ 112타격대의 지휘·감독 ㉡ 실장 유고시 그 직무의 대행
	타격대장	현장상황반장으로서 상황발생 시 112타격대를 인솔하여 현장출동하며, 112타격대를 직접 지휘·감독
속보사항의 보고시한	총 **35분 이내**에 경찰청 상황실까지 보고한다. 지구대상황실　→　경찰서 상황실(15분 이내)　→　지방경찰청 상황실(10분 이내) → 경찰청 상황실(10분 이내)	

6. 경찰기동대(경찰관기동대 운영규칙[시행 2009.7.22])

1) 경찰기동대의 임무

목적 (제1조)	집회시위 관리 등을 위해 창설된 경찰관기동대의 조직·임무·운영과 경찰관기동대원의 인사·복무 등에 대한 사항을 규정함을 목적으로 한다.
용어 (제2조)	① 경찰관기동대 : 집회시위 관리 등을 위하여 경찰공무원으로 편성된 기동부대를 말한다. ② 여경기동대 : 여성 경찰공무원으로 편성된 기동부대를 말한다. ③ 제대 : 4개 팀으로 구성된 30명 내외 규모의 기동부대단위를 말한다. ③ 팀 : 경찰관기동대원 8명에서 10명 정도로 편성된 경찰관기동대 최하위 기동부대 단위를 말한다. ④ **당번부대** : 일과시간 전·후의 상황출동 또는 상황의 종료시까지 대기하거나 민생치안 등 지원근무를 우선 담당하도록 지정된 경찰관기동대를 말한다.

임무 **(제4조)**	**경찰관** **기동대의** **임무**	㉠ 집회시위관리, 재난경비, 경호경비, 행사안전경비(혼잡경비) 등 주임무 ㉡ 생활안전활동 및 각종 범죄단속, 교통지도단속 등 지원임무 ㉢ 기타 지방경찰청장이 필요하다고 인정하는 임무
	① 여경기동대는 경찰관기동대의 임무를 수행함에 있어서 **여성, 장애인 · 노약자 · 임산부 ·** **소아동반자 등의 보호관리 · 단속 · 체포 등의 임무를 우선** 수행한다. ② 지방경찰청장은 **경찰청장의 승인을 얻어** 재난관리기동대 · 교통기동대 등 특수목적기동 부대 또는 특수목적겸임기동부대를 운영할 수 있다. 이 경우 해당 기동부대의 특수목적 임무는 그 기동부대의 주임무로 본다.		

2) 경찰기동대의 편제 및 지휘

편제 **(제5조)**	① 경찰관기동대장은 **경정**으로 보한다. ② 경찰관기동대는 **행정팀과 3개 제대로 구성**하고, **각 제대장은 경감으로, 행정팀장은 경위** 로 보한다. ③ 각 **제대는 4개 팀으로 구성**하고, **팀장은 경위**로 보한다. ④ 경찰관기동대의 편제 및 정원은 별표 1과 같다. 다만, 물포의 운용 등 별도의 임무를 위해서는 필요한 인원을 추가로 구성할 수 있다. ⑤ 시설경비 등 특수임무를 위한 기동대는 편제를 달리 정할 수 있다. ⑥ 지방경찰청장은 경비부서에 근무하는 경찰공무원의 인력수급 상황에 따라 바로 아래 계급으로 보할 수 있다.		

지휘 및 **감독책임** **(제6조)**	**지휘** **·** **감독**	**지방경찰청장**	경찰관기동대의 조직 및 운영에 관하여 총괄 지휘 · 감독	
		기동본부장	소속 기동단을 지휘 · 감독	
		기동단장	소속 경찰관기동대를 지휘 · 감독	
		기동대장	경찰관기동대 운영 및 임무수행에 관한 제반사항을 지휘 · 감독	
		제대장 및 팀장	소속 경찰관기동대원을 지휘 · 통솔	
	감독 **책임의** **한계**	**1차 감독자** 팀장	**2차 감독자** 제대장	**3차 감독자** 기동대장	**4차 감독자** 기동단장 (기동단이 없는 지방경찰청은 경비과장 또는 경비교통과장)

3) 경찰기동대의 인사

선발 및 **교체** **(제10조)**	① 지방경찰청장은 기동대 근무 순위명부에 따라 경찰관기동대에 근무할 경찰공무원을 선발하여야 한다. 이 경우 연령의 제한 등 구체적인 선발 기준은 각 지방경찰청의 인사 관리규칙 등으로 따로 정한다. ② 지방경찰청장은 여경기동대원을 선발할 때에는 아래에 해당하는 자는 **제외**하여야 한다. 　㉠ 임산부 및 장기요양이 필요한 자 등 신체이상으로 경찰관기동대원으로서의 임무수행 　　이 불가능한 자 　㉡ 도서 · 벽지 등의 원거리 근무자 등 지방경찰청장이 제외대상으로 인정한 자

③ 지방경찰청장은 경찰관기동대원이 아래에 해당하는 경우에는 근무기간 종료 이전이라도 인사위원회의 심의를 거쳐 **교체**할 수 있다.

　㉠ 경찰관기동대원으로서의 임무수행이 불가능한 경우

　㉡ 경찰관기동대원으로서의 근무가 불성실한 경우

　㉢ 기타 경찰관기동대에 근무하기가 부적합하다고 판단되는 경우

④ 지방경찰청장은 여경기동대원에게 **경찰관기동대원으로서의 임무수행이 불가능한 경우**에는 지체 없이 인사위원회의 심의를 거쳐 교체하여야 한다.

4) 근무

근무기간 **(제11조)**	① 순경으로 임용된 후 최초로 경찰관기동대원으로 선발된 경찰공무원의 **근무기간은** 승진 등의 인사 요인과 관계없이 **2년으로 하고**, 그 밖에 기동대 근무 순위명부에 따라 경찰관기동대원으로 선발된 경찰공무원의 **근무기간은 1년으로** 한다. 다만, 지방경찰청장은 해당 지방경찰청의 인력수급상황을 감안하여 **순경으로 임용 후 최초로 경찰관기동대원으로 선발된 경찰공무원의 경우에도 근무기간을 1년 이상 2년 이내의 범위에서 단축**할 수 있다. ② 지방경찰청장은 근무기간이 종료된 경찰관기동대원이 희망하는 때에는 인사위원회의 심의를 거쳐 **1년 단위로 근무기간을 연장**할 수 있다. 이 경우 **연장 횟수에 제한이 없다.** ③ 지방경찰청장은 대규모 집회시위 등이 계속되는 등 필요하다고 판단되는 경우에는 **경찰관기동대원의 근무기간을 6개월을 넘지 않는 범위 내에서 한시적으로 연장**할 수 있다. ④ 지방경찰청장은 경찰관기동대원이 전출하는 때에는 **신규 전입자와 3일 이상 합동근무를 실시하도록 조치**하여야 한다.
근무체계 **(제12조)**	① 경찰관기동대의 **근무는 7일 주기로 5일간 일근근무 후 2일간 휴무를 원칙**으로 하고, **휴무일은 2일을 연속하여 지정함을 원칙**으로 한다. ② 지방경찰청장은 효율적인 경력운용을 위해 근무주기를 일부 변경할 수 있다. 이 경우 **7일 주기를 기준으로 한 월중 휴무일수를 보장**하여야 한다. ③ 지방경찰청장이 **매월 말 3일 전까지 익월 기동대별 근무 · 휴무일정을 지정하여 운용**하여야 한다. 단, 지방경찰청장은 집회시위상황 및 일일가용경력 등을 고려하여 일일근무지시로 근무 · 휴무일정을 변경할 수 있다. ④ 지방경찰청장은 필요하다고 판단되는 경우에는 경찰관기동대, 제대 또는 팀별 윤번제로 근무 및 휴무일을 지정할 수 있다. 이 경우 휴무일은 연속하여 부여하지 않을 수 있다.
근무지정시 유의사항 **(제13조)**	① 지방경찰청장은 경찰관기동대의 전일 근무종료 시간 또는 당일의 업무시작 시간, 야간 상황대비 또는 지원근무 실시 여부 등을 고려하여 업무에 지장이 없는 범위 안에서 출근시간을 조정하거나 오전 또는 오후의 휴무를 지정하는 등 탄력근무를 실시할 수 있다. 이 경우 **치안여건 등으로 당일에 휴무를 지정할 수 없는 경우에는 다른 날을 휴무일로 지정**할 수 있다. ② 기동본부장, 기동단장 또는 기동대장은 경찰관기동대원에 대한 탄력근무를 실시할 때에는 교육훈련 및 업무에 지장이 없는 범위 안에서 출근 및 퇴근시간을 조정할 수 있다. 이 경우 **기동대장 등은 사후에 소속 지휘 · 감독자를 거쳐 지방경찰청장에게 이 사실을 보고**하여야 한다.

	③ 지방경찰청장은 휴무일에 경찰관기동대원을 동원한 경우 출동 및 귀대시간을 포함한 동원시간만큼의 대체휴무를 지정하여야 한다. 다만, 대체휴무를 지정할 수 없는 경우에는 시간외수당 등 그에 상응하는 수당을 지급하여야 하며, 치안여건상 부득이한 경우 이외에는 가급적 예산의 지급한계를 넘는 경찰관기동대원의 동원을 지양하여야 한다.
민생치안 지원근무 (제15조)	① 지방경찰청장은 주임무의 수행, 휴무, 교육훈련 등에 지장이 없는 범위 안에서 경찰관기동대별, 제대별 또는 팀별로 생활안전 · 교통 · 수사 기타 필요한 근무를 지정할 수 있다. 이 경우 해당 **경찰관기동대를 지원받은 경찰관서장이 지휘 · 감독**한다. ② 지방경찰청장은 **심야(23:00~06:00)의 경우에는 4시간을 초과하여 지원근무를 지정할 수 없다. 단, 잠복근무 등 불가피한 경우에는 경찰관기동대원에게 교대로 총 심야근무시간의 1/4 이상의 휴게시간을 지정**하여야 한다. ③ 지방경찰청장은 야간 또는 심야에 지원근무를 지정한 경우에도 다음 날 집회시위관리 · 교육훈련 등의 근무를 지정하는 경우에는 해당 지원근무를 면제 또는 취소하여야 한다. 지방경찰청장은 전문지식이 필요한 단속업무 등에 경찰관기동대를 투입할 때에는 충분한 사전교육을 실시하고, 적정한 장비를 지급하여야 한다. ④ 경찰관기동대를 지원받은 경찰관서장은 근무 투입 전에 직접 또는 과장급 이상의 담당 경찰공무원을 통하여 근무지 현황, 근무요령, 주의사항 등을 반드시 교육하여야 하고, 근무감독용 차량 등 필요한 장비를 지원하여야 한다.

5) 복무 및 포상

당직 (제22조)	① 기동대장은 비상연락 업무 등을 위해 최소 인력으로 편성한 당직조를 구성하여 운용한다. ② 당직근무자는 **청사 내 방범, 방화, 보안점검, 비상연락, 경력운영 사항 전파, 비상시 조치 등의 임무**를 수행한다. ③ 기동본부와 기동단의 경우에는 상황실 근무자가 당직근무를 병행하고 필요시 당직근무자를 추가로 편성할 수 있다. ④ 합동청사의 경우에는 통합상황실을 설치하여 당직근무조를 편성할 수 있다.
포상 (제25조)	경찰청장, 지방경찰청장, 기동본부장, 기동단장 또는 기동대장은 경찰관기동대원 중 아래에 해당하는 자가 있을 때에는 **포상**할 수 있다. ㉠ 집회시위관리 등 각종 임무를 성실히 완수하여 타의 귀감이 된 자 ㉡ 다중범죄에 관한 첩보를 입수, 미연에 방지하였거나 진압임무 수행을 용이하게 한 자 ㉢ 경찰관기동대 발전에 특별한 공로가 있거나 교육훈련 성적이 우수한 자

7. 전 · 의경관리{전투경찰대설치법(2012.7.1) 및 시행령(2012.1.6)}

의 의		1968. 1. 21. 김신조 사건을 계기로 **전투경찰대를 설치**하였으며, 간첩의 침투거부 · 포착 · 섬멸 기타의 대간첩작전을 수행하고 치안업무를 보조하기 위하여 지방경찰청장 및 대통령령이 정하는 **국가경찰기관의 장 또는 해양경찰기관의 장 소속하에 전투경찰대**를 둔다.
유형 (시행령 제2조)	작전전투 경찰순경	**경찰청장이 국방부장관에게 소요인원을 요청**하여 현역병으로 입영한 자를 병역기간 동안 경찰로 전환 복무하게 하는 자를 말한다.
	의무전투 경찰순경	**군 입대 전의 자원을 경찰에서 모집 · 선발하여** 현역병 입영 후 소정의 기초군사훈련을 마치고 병역기간 동안 경찰에서 활용하는 자를 말한다.

징계 (제5조)	① 전투경찰대의 대원 중 경사 · 경장 또는 순경(전투경찰순경을 포함)에 대한 **징계는 파면 · 해임 · 정직 · 감봉 · 견책 · 영창 및 근신**으로 한다. ② **영창**은 전투경찰대 또는 함정 기타의 구금장에 구금함을 말하며 그 기간은 **15일 이내**로 한다. ③ **근신**은 훈련 또는 교육을 받는 경우를 제외하고는 평상근무에 복무함을 금하고 일정한 장소에서 비행을 반성함을 말하며 그 기간은 **15일 이내**로 한다.
소청 (제6조)	① **징계처분을 받고 처분에 불복하는 자의 소청은 각기 소속에 따라 당해 전투경찰대가 소속된 기관에 설치된 경찰공무원 징계위원회에서 이를 심사**한다. ② 심사를 청구한 때에도 이에 대한 결정이 있을 때까지는 당해 징계처분에 따라야 한다.
복무이탈자의 인사처리 (제23조의2)	① 정당한 사유 없이 복무를 이탈한 전투경찰순경은 **복무를 이탈한 날로부터 탈영으로 처리**하고, **15일 이내**에 귀대하지 아니할 때에는 탈영삭제로 처리한다. ② 탈영 또는 탈영삭제 중인 자가 귀대하거나 체포된 때에는 사안에 따라 징계조치하거나 관할경찰서에 고발하여야 한다. ③ 탈영삭제로 처리된 자는 **현원에서 제외**하며 귀대 또는 체포된 때에는 **지체 없이 복귀조치**를 하여야 한다.
휴가 (시행령 제26조)	① 전투경찰순경의 휴가는 **연가 · 공가 · 청원휴가 · 위로휴가 및 포상휴가로 구분**한다. ② **연가는 연 25일 이내에서 1회 또는 2회 이상 나누어 허가**할 수 있다. ③ **공가는** 아래에 해당하는 경우에 필요한 기간 동안 허가한다. 　㉠ 공무에 관하여 법원에 소환된 때 　㉡ 법률의 규정에 의하여 투표에 참가할 때 　㉢ 공무로 인한 상이 · 질병으로 근무를 할 수 없을 때 ④ **청원휴가는** 아래의 기준에 의하여 허가한다. 　㉠ 본인의 상이 · 질병으로 인하여 휴가를 요할 때에는 **연 2월 이내** 　㉡ 직계가족의 상이 · 질병으로 본인의 간호를 요할 때에는 **연 20일 이내** 　㉢ 본인의 혼인 또는 직계가족이 사망한 때에는 **연 14일 이내** ⑤ **위로휴가는** 훈련 · 검열 기타 **특별한 근무로 피로가 심할 때에 7일 이내**의 기간을 정하여 허가한다. ⑥ **포상휴가는** 경찰기관의 장은 근무성적이 탁월하거나 다른 경찰공무원의 모범이 될 공적이 있는 경찰공무원에 대하여 **1회 10일 이내의 포상휴가를 허가**할 수 있다. 이 경우의 **포상휴가기간은 연가일수에 산입하지 아니한다.**

종류		요 건	기 간
휴가종류	청원휴가	① 본인의 상이 · 질병으로 인하여 휴가를 요할 때	연 2개월 이내
		② 직계가족의 상이 · 질병으로 본인 간호를 요할 때	연 20일 이내
		③ 본인의 혼인 또는 직계가족이 사망한 때	연 14일 이내
		④ 각종 관혼상제 등 개인적 사유로 필요시 요청한 경우	7일 이내
	위로휴가	훈련 · 검열 기타 특별한 근무로 피로가 심할 때	7일 이내
	포상휴가	근무성적 탁월, 타의 모범 등 공적으로 지방경찰청장(경찰대학장) 이상 표창 수상자	10일 이내
	공 가	① 공무에 관하여 법원에 소환된 때 ② 법률의 규정에 의하여 투표에 참가할 때 ③ 공무로 인한 상이 · 질병으로 근무할 수 없을 때	필요한 기간 동안
	연 가	① 대상 : 모든 전 · 의경 ② 횟수 : 연 1회에서 2회 실시 ③ 제한 : 신규임용 후 2개월 미경과자, 부대 전입 후 1개월 미경과자, 입원자, 수감자, 교육 중인 자는 제한	총30일 (각 10일씩)

당연퇴직 (제29조)	전투경찰순경이 복무 중 **1년 6월 이상의 징역 또는 금고의 실형을 선고받은 때**에는 당연히 **퇴직**된다.
직권면직 (제30조)	① 임용권자는 전투경찰순경이 아래에는 **직권에 의하여 면직**시킬 수 있다. 　㉠ 전상·공상으로 인하여 직무를 감당하지 못할 때 　㉡ 간질·야맹증·정신이상·성격장애 등 복무가 곤란한 질병 또는 심신의 장애로 인하여 직무를 감당하지 못할 때 　㉢ 휴직된 자가 그 휴직기간이 만료된 후에도 직무를 감당하지 못할 때 　㉣ 휴직된 자가 그 휴직기간 만료일까지 생사 또는 소재지가 불명할 때 　㉤ 징역 또는 금고의 형을 선고받은 자 중 제29조의 규정에 해당하지 아니하는 자로서, 전투경찰순경으로 부적합하다고 인정되는 자 ② ㉠ 국립병원장 또는 국군병원장이 판정한 진단서에 의하여, ㉡ 소속 국가경찰기관의 장의 사망보고서에 의하여, ㉢ 형자재복무적부심사위원회의 심사에 의하여 각각 직권면직을 결정하여야 한다. 다만, 제1항 제1호 내지 제3호에 해당하는 자 중 병역법 제12조 제1항의 규정에 의한 신체등위가 5급 및 6급에 이르지 아니하는 자와 제1항 제5호에 해당하는 자는 각각 제36조의3의 규정에 의하여 직권면직을 결정하여야 한다.
휴직 (제31조)	① 임용권자는 전투경찰순경이 아래에 해당하는 때에는 본인의 의사에 불구하고 **휴직**을 명한다. 　㉠ 복무 중 전상·공상외의 질병 기타 심신의 장애로 인하여 복무를 감당할 수 없을 때 　㉡ 적과의 교전이나 무장폭동 또는 반란을 진압하기 위한 전투행위 중에 그 생사가 불명하게 된 때 　㉢ 전란 또는 천재·지변이나 항공기 또는 함정 등의 사고로 인하여 그 생사가 불명하게 된 때 　㉣ 생사가 불명하게 된 때 　㉤ 휴가기간이 만료된 자가 계속 가료를 요할 때 ② ㉠ 및 ㉤의 **휴직기간은 6월 이내**로, ㉡ 및 ㉢의 **휴직기간은 3년 이내**로, ㉣의 **휴직기간은 1년 이내**로 한다. ③ ㉠에 의하여 휴직된 자의 휴직 중의 치료 기타 절차에 관하여는 **경찰청장 또는 해양경찰청장**이 정한다.
휴직의 효력 (제32조)	① 휴직 중인 전투경찰순경은 **신분을 보유하나 직무에 종사하지 못한다.** ② 임용권자는 휴직기간 중 그 사유가 소멸된 때에는 **지체 없이** 복직을 명하여야 한다. ③ 휴직기간이 만료된 전투경찰순경은 **제31조 제1항 제2호 내지 제4호의 경우를 제외하고는 복직**된다.
직위해제 (제33조)	① 임용권자는 아래 중 제1호 및 제2호에 해당하는 전투경찰순경에 대하여는 그 **직위를 해제**할 수 있으며, 제3호에 해당하는 전투경찰순경에 대하여는 그 **직위를 해제**하여야 한다. 　㉠ 직무수행능력이 부족하거나 근무성적이 현저히 불량한 자 　㉡ 징계의결의 요구 중인 자 　㉢ 형사사건으로 구속 또는 기소된 자 ② 임용권자는 제1항 제1호 및 제2호의 규정에 의하여 직위를 해제한 경우 그 **사유가 소멸된 때에는 지체 없이 직위를 부여**하여야 하며, 제1항 제3호의 규정에 의하여 **직위해제된 자가 불기소처분을 받거나 공소기각·무죄·면소 또는 형의 면제의 재판을 받은 때에는 지체 없이 직위를 부여**하여야 한다.

VIII. 대테러업무

1. 테러의 일반적 내용과 지침

의 의	테 러	정치 및 사회적 목적(경제적 목적×) 또는 자신의 특별한 신념을 가지고 공포심을 불러일으키기 위해 암살·폭파 등 폭력적 수단을 통해 무고한 제3자를 고의적이며 조직적으로 살상·위협하는 일체의 행위를 말한다.
	테러리즘	**정치적·사회적 목적 또는 자신의 특별한 신념을 위한 목적으로 조직적이고 계획적으로 비합법적인 폭력을 사용하거나 위협함으로써 상징적인 인물이나 불특정 다수에게 심리적인 공포심을 부여하는 행위**를 말한다. {10.1 승진}
법 적 근 거		**국가대테러활동지침**[시행 2012.2.9]
유 형		① 국가테러리즘　　　② 좌익테러리즘　　　③ 우익테러리즘 ④ 민족주의적 테러리즘　　　⑤ 사이버테러리즘
발생 원인		① 정치적 참여기회 박탈 및 정치적 부패 등 **정치적 환경변화** ② 농경사회에서 산업사회로 이행, 경제적 빈곤 등 **경제적 환경변화** ③ 고도의 산업사회화, 도시화와 새로운 과학기술의 발전 등 **사회적 환경변화** ④ 그 밖의 정치·민족·폭력·식민 등 **사상적 원인**
특 징		① 경찰은 대테러 업무를 효율적으로 수행하기 위하여 권역별로 대테러부대를 창설하였으며, **경찰청 경비국 대테러센터에서 담당**한다. ② 비교적 소규모로 나타나며, 주로 **민간인이 대상**이 된다. {10.1 승진} ③ 범행목적이 **정치적 성향**이 많다.
기본지침 (제3조)		① 국가의 대테러업무를 효율적으로 수행하기 위하여 **범국가적인 종합대책을 수립하고 지휘 및 협조체제를 단일화**한다. ② **관계기관 등은 테러위협에 대한 예방활동에 주력**하고, 테러 관련정보 등 징후를 발견한 경우에는 관계기관에 신속히 통보하여야 한다. ③ 테러사건이 발생하거나 발생이 예상되는 경우에는 **테러대책기구 및 사건대응조직을 통하여 신속한 대응조치를 강구**한다. ④ 국내외 테러의 예방·저지 및 대응조치를 원활히 수행하기 위하여 **국제적인 대테러 협력체제를 유지**한다. ⑤ 국가의 대테러능력을 향상·발전시키기 위하여 **전문인력 및 장비를 확보하고, 대응기법을 연구·개발**한다. ⑥ 테러로 인하여 발생하는 각종 피해의 복구와 구조활동, 사상자에 대한 조치 등 수습활동은 **재난 및 안전관리기본법 등 관계법령에서 정한 체계와 절차에 따라 수행함을 원칙**으로 한다. ⑦ 이 훈령과 대통령훈령 제28호 통합방위지침의 적용 여부가 불분명한 사건이 발생한 경우에는 사건 성격이 명확히 판명될 때까지 통합방위지침에 의한 대응활동과 병행하여 이 훈령에 의한 대테러활동을 수행한다.
테러경보의 단계별 조치 (제36조)	관심 단계	테러 관련 상황의 전파, 관계기관 상호간 연락체계의 확인, 비상연락망의 점검 등
	주의 단계	테러대상 시설 및 테러에 이용될 수 있는 위험물질에 대한 안전관리의 강화, 국가중요시설에 대한 경비의 강화, 관계기관별 자체 대비태세의 점검 등
	경계 단계	테러취약요소에 대한 경비 등 예방활동의 강화, 테러취약시설에 대한 출입통제의 강화, 대테러 담당공무원의 비상근무 등
	심각 단계	대테러 관계기관 공무원의 비상근무, 테러유형별 테러사건대책본부 등 사건대응조직의 운영준비, 필요장비·인원의 동원태세 유지 등

2. 한국의 대테러조직

대응 체계 (제20조)	대테러 대책회의	① 국가대테러정책에 대한 **최고 심의기구** ② 의장 : **국무총리** 　위원 : 경찰청장 등 21개 부처장
	테러대책 상임위원회	① 국가대테러정책의 실질적인 **협의 · 조정 · 결정기구** ② 위원장 : **국가정보원장** 　위원 : 경찰청장 등 9명으로 구성
	테러사건 대책본부	① 원자력안전위원회 위원장(방사능테러사건대책본부) ② 외교통상부장관(국외테러사건대책본부) ③ 국방부장관(군사시설테러사건대책본부) ④ 보건복지부장관(생물테러사건대책본부) ⑤ 환경부장관(화학테러사건대책본부) ⑥ 국토해양부장관(항공기테러사건대책본부) ⑦ 경찰청장(국내일반테러사건대책본부) ⑧ 해양경찰청장(해양테러사건대책본부)
	현장지휘 본부	테러 유형별로 **각 소관 대책본부 하에 설치**

3. 대테러 관련 대책기구

① 대통령 직속 하에 **국무총리를 위원장**으로 하는 대테러대책위원회를 두고, 그 아래에 대테러실무위원회를 두고 있다.

② 경찰 대테러 대책기구
　㉠ 경찰청장 직속 하에 **경찰청 차장을 위원장**으로 한 경찰청대테러위원회를 두며, 대테러대책위원회 및 대테러실무위원회 결정사항의 시행 등을 임무로 한다.
　㉡ 지방경찰청에 **지방경찰청 차장을 위원장**으로 한 지방경찰청 대테러위원회를 두며, 경찰청대테러위원회에서 결정된 사항의 시행 등을 처리한다.

③ 관계기관이 테러관련 정보를 입수한 경우에는 지체 없이 사건관할기관장 및 국가정보원장에게 통보하여야 한다.

④ 국내에서 테러사태 발생 시 신속한 초동조치의 임무를 담당하는 자는 **경찰서장**이다.

【테러와 전쟁 · 게릴라전과의 비교】

	테 러	전쟁, 게릴라전
조직의 규모	10명 내외 비교적 소규모 〔10.1 승진〕	수백~수만명의 대규모
폭력행사의 대상	비전투원인 민간인을 주대상	작전 중인 근대나 경찰
동기	정치적 동기	경제적 재화

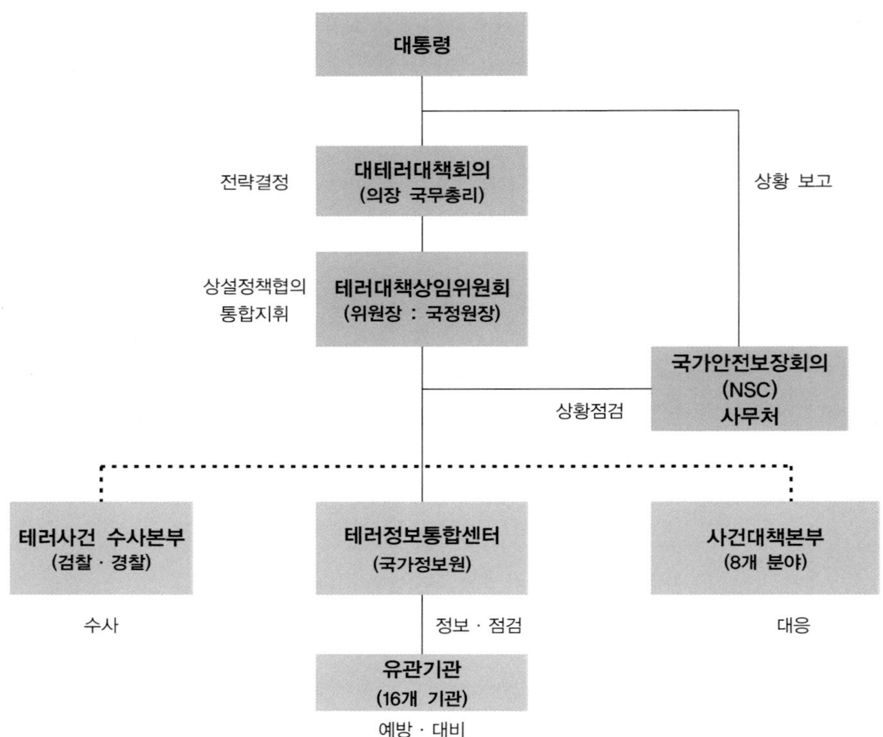

4. 경찰특공대

편 제	'86아시안게임과' 88올림픽을 **대비**하여 1983년에 국가대테러활동지침에 의해 창설된 **KNP868 부대**는 대테러예방 및 대응을 위해 만들어진 **특수부대**이며, 현재는 **서울지방경찰청 직할부대로 소속**되어 있다. {10.1 승진}
전 술 운 용	**준비단계 → 선무공작단계 → 공격검거단계 → 수습단계**의 순서로 전술을 운용한다.
임 무	① 경찰특공대의 1차적 임무는 **인질구출작전**이며, 그 밖에 청와대 경호실의 지원요청에 따른 대통령과 외국의 주요 국빈을 경호하는 임무도 맡고 있다. ② 지역적 활동범위는 **국내로 한정**하고 있으며, **군 특수기동타격대인 707대대는 해외작전**을 맡고 있다.

5. 인질협상

8단계	1단계	협상의 준비단계	양보할 것, 얻기를 희망하는 것, 꼭 얻어야 하는 것을 준비한다.
	2단계	논쟁의 개시단계	인질범으로 하여금 떼를 쓰고 흥정을 걸어오도록 유도한다.
	3단계	신호단계	석방요구를 하면서 협상의 의사가 있음을 전달한다.
	4단계	제안단계	협상상대, 교신방법, 진행방법 등을 제시한다.
	5단계	타결안단계	**개개 내용에 대한 일괄타결을 유도**하여야 하며, 여러 가지 내용을 한 덩어리로 취급해서는 안 된다.
	6단계	흥정단계	협상은 양보가 아니라 교역이므로 주고받는 형식으로 이루어져야 하며, 요구사항이 바뀌는 경우에는 다시 협상을 해야 한다.
	7단계	정리단계	합의시마다 내용을 정리하여 명확하게 하겨야 한다.
	8단계	타결단계	타결이 불가능한 경우에는 다음 단계의 작전을 위하여 지속적인 대화나 접촉을 실시해야 한다.
주의 사항			① 사건현장을 경찰이 미리 차단하여 보도진의 접근을 방지 ② 인질범들이 도주할 수 있는 루트 제공 ③ 신속하고 정확한 통신수단을 준비 ④ 인질과의 대화통로를 단일화 ⑤ 기법상의 탈출로를 만들어 두고 협상을 개시 ⑥ 요구조건을 적당한 선에서 들어줌으로써 협상을 유리하게 이끌 필요가 있다. ⑦ 인질범의 부모나 여자 친구 등은 인질범의 감정을 자극하므로 현장에서 멀리한다. ⑧ 협상시 극단적인 표현이나 심문식 질문을 자제하고 길게 답을 유도한다.

【스톡홀름증후군과 리마증후군】	
리마증후군	인질범이 인질에게 동화되는 현상 {10.1 승진, 07.3 순경, 05.1 승진}
스톡홀름증후군(오귀인 효과)	인질이 인질범에게 동화되는 현상 {10.1 승진, 05.10 순경}

XI. 세계 주요 테러조직

1. 아시아

JRA	일본적군파(JRA)는 일본 공산당 연맹에서 탈퇴한 "시게노부 후사코"가 1960년대 말에 창설하였으며, 1970년 4월 일본도로 무장한 9명의 테러리스트들이 요도호를 납치하여 북한행을 요구하는 항공기 납치로 세상에 실체가 드러난 조직이다.
LTTE	타밀타이거(LTTE)는 **스리랑카 북부 타밀족의 독립을 목표로 결정된 조직**이다. {10.1 승진}
NPA	1968년 창설된 **필리핀 공산당의 군사조직**이다. {04.1 승진, 03.1 승진}

2. 유럽

ETA	바스크독립운동(ETA)은 **스페인 정부로부터 바스크 지역의 독립을 주장한 운동**이다. {02.1 승진}
PKK	압둘라 오질란이 쿠르드족 **독립국가 건설을 목표로 결성한 무장 게릴라 단체로서 터키와 유럽을 주 무대로 본격적인 테러활동**을 전개한 조직이다. {10.1 승진, 05.7 순경, 05.1 승진}
RAF	서독적군파(RAF)는 **미국의 존재를 독일에서 제거하고 자본주의의 붕괴, 전 세계 막스주의 혁명을 달성하기 위한 수단**으로 반체제주의 활동과 테러리즘을 수단으로 활용한 조직이다.
IRA	북아일랜드 공화국(IRA)의 구성원들은 대부분 아일랜드 민족주의자 혹은 공화주의 주창자들로 **핵심요원은 북아일랜드 출신의 좌익 성향의 청년들**이다. 이는 **양동정책, 즉 테러리즘과 합법적인 정치세력화 노력을 추구**하고 있으며, 최근 영국과 화해를 하였다.
NAP	무장 플로레타리아 조직(NAP)는 **나폴리를 주된 기반**으로 1974년에 부상한 단체로서, 대학생 전과자 및 극좌익 단체인 Lotta Comtinua(투쟁이 계속되다)로부터 이탈한 자들로 이탈리아에서 활동하는 조직이다. {04.1 승진}
붉은여단	붉은여단은 1970년대 결성되어 **사회 지도층에 속하는 기업체 간부, 경찰간부, 법조인, 정치 지도자 등이 주요 공격대상**이며, 이탈리아에서 **활동하며, 나토반대, 다국적 기업을 반대하는 조직**이다.
TPLA	터키의 인민해방군(TPLA)은 1968년 프랑스와 서독에서의 학생소요 때에 터키에서는 터키 혁명 청년연맹이 형성되었는데, **목표는 터키정부를 폭력에 의한 혁명으로 전복시키고 극좌 정권을 수립**하는 것이다.

3. 중동지역

ANO	**아부니달(ANO)은 리비아에 본부를 둔 팔레스타인 테러단체이다.** 목표는 시온주의 유태인에 대한 무장투쟁, 친아라파트 인사들에 대한 공격을 통해 **이스라엘과 팔레스타인간이 평화협상 무산, 팔레스타인 문제에 부정적인 아랍국가에 대한 공격** 등이다. {05.7 순경, 02.1 승진}
PFLP	팔레스타인행방인민전선(PFLP)은 1967년 6월 전쟁에서 아랍이 대패한 직후, "조지 하바시"가 기존의 아랍민족주의 운동의 **"돌아온 영웅", 팔레스타인 해방국민전선, 독립 팔레스타인 해방전선을 통합하여 결성한 것**이다. PFLP의 **최종목표는 팔레스타인 지역에서 이스라엘인들을 완전히 몰아내고 팔레스타인 국가를 만드는 것**이다.

Hamas	① 하마스(Hamas)는 **회교 수니파의 원리주의조직으로 팔레스타인의 해방을 이념**으로 하는 **과격테러단체**이다. {10.1 승진. 05.1 승진} ② **이슬람 전통과 혁명사상을 강조하면서 이스라엘이 이슬람 팔레스타인 국가건설을 목표**로 한다. ③ 1987년 **아마드 야신**에 의해 설립된 정치 및 군사조직으로 현재 가자 지구와 웨스트 뱅크지역에서 활동하고 있다.
Hizballah	헤즈볼라(Hizballah)는 이란의 **호메이니의 무슬림 군국주의 노선에 영향**을 받아 1983년에 조직된 **정치·군사적으로 중동지역 최대 테러리스트 조직**이다. {05.1 승진. 04.1 승진. 02.1 승진}
검은 9월단	검은 9월단은 PLO(팔레스타인행방기구) 가운데 알파타에서 분리된 가장 과격한 극좌파 무장조직이다. {05.1 승진. 04.1 승진. 02.1 승진}
알카에다	알카에다는 **기초란 의미로 사우디아라비아 출신의 테러분자인 오사마 빈 라덴에 의해 설립·운영**되고 있는 테러조직이다.
알 지하드	알 지하드는 1980년대 후반 빈 라덴의 개인적인 내과의사인 알 지하드가 만든 것으로서 **알 지하드는 "성전"이라는 뜻으로 이집트 카이로에 본부를 두고, 아사마 빈 라덴의 알카에다와 주요한 네트워크망을 가지고 있는 조직**이다.

4. 기타

미국 민병대	미국 민병대는 연방정부와 UN에 대한 반감, 오클라호마 연방건물을 폭파사건의 주범이다.
아르헨티나의 인민혁명군	1969년 산투초에 의하여 혁명 노동당의 군사조직으로 창설되었으며, 아르헨티나 및 여타 남미제국 자본주의 체제를 전복을 목표로 한다.
우루과이의 뚜빠마로스	1960년대 초에 농촌 게릴라 세력으로 활동을 시작하였으며, 마르크스주의와 무정부주의를 추구하며, 혁명달성을 목표로 한다.

제3절　외국의 경비경찰

I. 외국의 경비경찰

영　국	① 영국은 독자적 경비분야가 **독립되어 있지 않고 경비의 각 기능을 개별적인 기관에서 수행**하고 있는 실정이다. ② **다중범죄진압, 대테러 업무, 요인경호 등 핵심 업무를 일괄적으로 한 부서에서 집권적으로 수행하고 있지 않다.** {01.1 승진} ③ 수도경찰청의 공공질서과(일반경비업무, 왕실보호 담당), **기마경찰대(다중범죄진압 담당),** 공공질서훈련센터(평소의 교육담당)에서 담당한다. {01.1 승진} ④ 1972년 **수도경찰청에 국가상황실을 설치**하였으며, 이는 대규모 시위 · 소요사태 시에 각 지방경찰청 기동대의 이동 · 배치 등을 지휘한다. {01.1 승진} ⑤ 영국은 1942년 **세계 최초로 테러진압 특공대인 SAS를 창설**하였다. {04.7 순경, 04.1 승진, 02.1 승진, 01.1 승진}
미　국	① 한국 경찰청 경비국과 같이 **독립된 경비업무를 담당하고 있는 총괄부서가 없는 점**이 특색이다. {01.1 승진} ② 최근 미국에서는 범죄가 증가하고 치안여건이 약화로 **민간경비회사가 발전**하게 되었다. {01.1 승진} ③ 미국 경찰조직은 주군인경찰이라는 제도가 있는데 이는 주경찰력의 하나로서 **현재 미국에는 국가 육상경비대와 국가 항공경비대의 2가지 주군인경찰 조직이 있다.** {02.1 승진, 01.1 승진} ④ **대통령의 경호(SS) : 국토안보부 연방정보국(비밀경호국 특별업무국)에서 담당**하고 있다. {04.7 순경, 02.11 순경, 02.1 승진, 01.1 승진} ⑤ 대테러 업무는 전통적으로는 군에서 수행하고 있으며, **미육군의 대테러특수부대인 텔타포스(Delta Forces), 레인저(Ranger), 미해군의 특수부대인 네이비 실[Navy SEAL: 해상(Sea), 항공(Air), 육상(Land)의 영문 머리글자]**이 있다. {10.1 승진, 04.7 순경, 03.1 승진, 02.1 승진} ⑥ 9 · 11 테러 이후 대테러 전문기관으로 2002년 11월 **국토안보부(DHS: 국가안정청)를 설치하여 대테러 업무를 총괄**하도록 하고 있다. ⑦ 대테러 경찰조직으로서는 **주경찰 내에 조직된 경찰특수부대로서 SWAT**를 두고 있다. {10.1승진}
독　일	① 연방국경경비업무는 **연방의 내무부장관 지휘 하에 있는 연방경찰청**이 담당한다. ② 1972년 뮌헨 올림픽에서 **검은 9월단에 의한 이스라엘 선수 테러사건** 발생 후 대테러부대의 필요성을 절감한 서독정부는 **연방국경경비대(BGS) 안에 특수부대인 GSG-9를 창설**하였다. {10.1승진, 04.7 순경, 03.1 승진, 02.1 승진} ③ **주의 경찰기동대(SEK)는 시위진압 업무를 담당**하고 있으며, 각 주와 주요 도시에 편성된 특수작전 부대이다. 미국의 SWAT와 유사하다. {02.10 순경, 02.11 순경, 02.1 승진}

프랑스	① **국가경찰기동대(CRS) : 경비전담부서로서의 역할을 수행**하는데, 경찰관으로 편성된 부대로서 **시위진압 · 폭동진압 등의 임무**를 수행한다. {02.11 순경, 02.2 경간부, 02.1 승진} ② **생활안전국(경비국) :** 생활안전국(경비국)에는 1972년의 뮌헨올림픽 테러사건을 계기로 결성된 **경찰의 대테러 특수부대인 경찰특공대(G.I.P.N)**가 있다. {10.1승진, 03.1 승진, 02.1 승진} ③ **군 경찰 :** 군인경찰특공대(G.I.G.N)는 1973년 **프랑스 주재 사우디대사관 점거사건이 직접적인 계기가 되어 창설**된 군경찰소속의 대테러특수부대이다. {12.1 승진, 04.7 순경} ④ 국립경찰청 산하의 **경호국(V.O)**에서는 **대통령 및 요인 경호를 담당**하고 있다. ⑤ 현역병 중 일부를 징집하여 경비업무를 수행하게 하는 **한국의 의무경찰제도와 비슷한 보조경찰제도**가 있다.
일 본	① 일본 경찰청에는 한국에서와 같이 경비국이 설치되어 있는 등 **한국과 가장 유사한 체제를** 갖추고 있지만, **한국과는 달리 경비국에서는 경비업무뿐만 아니라 공안업무도 함께 담당**하고 있다. {02.1 승진} ② 경호활동은 한국과 달리 경찰이 전담하고 **경호업무와 경위업무로 구분**되어 있다. **경호(警護)는** 정부요인이나 외국요인에 대한 신변보호활동으로서 경찰청에서 담당하며, **경위(警衛)는** 일본천황이나 황족에 대한 보호활동으로서 경찰청 직속의 황궁경찰본부가 전담하고 있다. {02.11 순경} ③ **진압경비업무는 한국과 같이 기동대를 운영**하고 있는데, 이것은 1957년 **동경 경시청에 기동대를 창설**함으로써 시작되어, 1969년에는 **관구 경찰국에도 기동대를 두고 주로 데모경비업무를 담당**케 하고 있다. {02.1 승진}
중 국	① 경호경비를 담당하는 **경위국에서는 국가지도자와 내방 중인 외국인사의 경호, 중요행사의 안전 · 경호를 책임**지고 있다. ② **인민무장경찰대 :** 준군사조직으로 **집회 · 시위 등 집단사태를 진압하는 임무를 수행**하고 있으며, 1989년 천안문 사태 이후에 인민무장경찰을 근간으로 **전국 주요 도시에 폭동진압경찰을 조직**하였다. ③ **민병(民兵) :** 1958년 모택동의 제안에 따라 **전국 각지에서 민병이 조직되어 정권장악을 위한 사병으로 이용**되었으며, 최근에는 후방의 방위역량을 확보하고 **군사적 역할을 강화**하여 **대규모 시위에 군 대신 활용**되기도 한다.

【각국의 대테러조직】 {12.8 순경}		
한 국	① 경찰특공대(KNP868)	② 707특수임무대대
영 국	특수공군부대(SAS: 1942)	
미 국	① 국가안전청(국토안보부) ③ 해군 : 네이비 실	② 육군 : **델타포스(1980)**, 레인저 ④ 경찰 : 경찰특수부대(SWAT)
독 일	① GSG-9(1972)	② 주경찰기동대(SEK)
프랑스	① 경찰특공대(G.I.P.N)	② 군인경찰특공대(G.I.G.N: 1973)
이스라엘	사렛트 매트칼(Sayaret Matkal)	
중 국	① 인민무장경찰대	② 민병(民兵)

제4절　관련판례

1. 국가배상책임 관련판례[2]

인정 판례	① 경찰관이 **농민들의 시위를 진압**하고 시위과정에 도로상 방치된 트랙터에 대하여 위험발생 **방지조치를 취하지 않고 철수**하여 야간에 운전자가 이를 피하려다가 다른 트랙터에 부딪혀 **상해를 입은 경우 국가배상책임을 인정**하였다[대판 1998. 8. 25, 선고 98다16890].{07.12 순경} ② 경비경찰이 다량의 최루탄 사용, 시위하는 군중을 양방향에서 포위, 이를 피하기 위해 비좁은 골목으로 군중이 한꺼번에 몰리면서 넘어져 압사한 경우 국가배상책임을 인정하였다[서울고등법원 1995. 4. 25, 선고 제5민사부 판결; 1995. 11. 10, 95다23897]. {08.1 승진, 07.12 순경} ③ 검문소 근무 경찰관이 통행금지 또는 비상경계령이 내려 있지 않는데도 검문소 운영요강을 지키지 아니하고 **도로상에 방치해 둔 바리케이드에 오토바이 운행자가 충돌하여 사망한 경우 국가배상책임을 인정**하였다[부산지법 1992. 8. 25, 선고 91가합31268].{08.1 승진, 07.12 순경} ④ 무장공비와 격투 중에 있는 청년의 가족의 요청을 받고도 **경찰관이 출동하지 않아 결과적으로 그 청년이 공비에게 사살된 경우 국가배상책임을 인정**하였다. {07.3 순경, 07.1 승진}
부정 판례	① 시위가 빈발한 대학에서 불법집회를 마치고 **50m 정도에 진출 시위대가 던진 화염병이 A 약국 창문 밖 에어컨 배수용 비닐호스에 인화, 에어컨이 폭발하여 약국이 전소한 경우 국가배상책임을 부정**하였다[대판 1997. 7. 25, 선고 94다2480]. ② **전경들이 대학도서관에 진입하게 된 것이 불법시위 참가자들의 일부가 도서관으로 도주함에 따라 이를 추적·체포하기 위한 것이었다면** 이를 현행범을 체포하는 데 필요한 행위로서 형사소송법 제216조 제1항 제1호에 의하여 영장 없이 행할 수 있는 경우에 해당하여 적법한 행위라 할 것이고, 대학도서관이라고 하여 동조항의 적용이 없다고 할 수는 없으므로 **전경들의 도서관 진입으로 인한 정신적 충격과 학습권 침해를 이유로 한 위자료 지급 청구를 부인**하였다[서울지법 1996. 8. 22, 95가합43551].

2. 기타 중요 판례

① 피고인이 100명의 학생들과 함께 화염병, 쇠파이프 등을 들고 사위를 하면서 **전경을 체포하려한 경우 집회 및 시위에 관한 법률상 시위에 해당**된다. {08.1 승진} ② 데모하는 대학생들에게 납치된 전경을 구출하기 위해 대학도서관에 **압수·수색영장 없이 진입해도 적법**하다. 대학생들에 의하여 납치, 감금된 전경들을 구출하기 위하여 경찰이 압수·수색영장 없이 대학교 도서관에 진입한 것이 **적법한 공무집행에 해당**한다. {08.1 승진} ③ 피고인 등 데모대원이 던진 돌에 저지하던 경찰관이 상해를 입었다면 피고인이 던진 돌이 동인에게 맞고 안 맞고를 가리지 않고 **치상에 대하여 책임**이 있다. {08.1 승진}

---

2) 임병락(2010), 경찰학개론, pp.971~974.

④ 피고인도 그 속에 끼인 **단체 또는 다중인 데모대원이 던진 돌에 의하여 공무집행 중이던 경찰관이 상해를 입은 경우** 피고인이 던진 돌이 동 피해자에게 맞고 안 맞고를 가리지 않고 **특수공무방해치상죄가 성립**한다[대판 1979. 7. 25, 선고 94다2480]. {07.10 순경}

⑤ 자진해산 요청 후 약 40분 후에 **해산명령을 10분간에 걸쳐 3회 이상 발령 후 검거한 것은 적법**하다. {07.10 순경}

⑥ **KBS 본관현관 앞 계단과 도로는** 천정이 없거나 사방이 폐쇄되지 않은 장소로서 **이곳에서의 집회나 시위는 바로 집회 및 시위에 관한 법률 제2조 제1호에 규정된 옥외집회 또는 시위에 해당**한다. [대판 1991. 6. 28, 선고 91도944]. {07.10 순경}

⑦ 촛불집회 시 사망한 여중생을 추모하는 내용이 포함되었고 대부분의 집회가 명화적으로 전개된 것은 사실이나, **집회참가자들이 도로를 점거하고 미대사관으로 행진하도록 유도, 질서유지를 위해 근무 중인 경찰관을 폭행, 모형 성조기를 소각, 반미감정을 자극하고 정권을 비난하는 정치적 구호를 외치는 등** 시위양상의 전개과정으로 보아 집회 및 시위에 관한 법률상 사전신고를 요하지 않는 순수한 추모행사를 범위를 벗어나 **불법**이라고 판결하였다. [대판 2005. 2. 22, 선고 2002도919].

【불법집회 해산절차】 {12.1 승진, 07.10 순경}

① (주최자에게) **종결선언** → ② (직접 참가자에게) **자진해산요청** → ③ **3회 이상 해산명령** → ④ **직접해산**

제4장

교통경찰 활동

제1절　교통경찰의 일반

I. 교통경찰

1. 교통의 의의 및 기능

의 의	① 교통은 **공간적 장소의 변화 또는 장소적 이동**이며, 사람의 장소적 이동을 의미할 뿐만 아니라, **화물의 장소적 이동인 수송**도 교통에 속한다. ② 인간의 의사전달수단인 **통신**도 지역간에 정보를 이동시킨다는 사실은 같으므로 통신 또한 광의의 교통에 포함된다.
기 능	① 교통은 **승객과 화물을 일정한 시간에 목적지까지 운송**한다. ② 교통은 **산업활동의 생산성을 제고시키고, 생산비를 낮추는 데 기여**한다. ③ 교통은 유사시에 **국가방위에 기여**한다. ④ 교통은 **도시간 혹은 지역간의 정치·사회적 교류를 촉진**시킨다. ⑤ 교통은 **도시화를 촉진시키고, 대도시와 주변도시를 유기적으로 연관**시켜 준다. ⑥ 교통은 **문화, 사회활동 및 기타 건강, 교육 등의 활동을 수행**시키는 데 이동성을 부여한다. ⑦ 교통은 소비자에게 여러 가지 품목을 제공해 주고 **교역의 범위를 확대**시켜 준다.

2. 교통경찰의 의의 및 대상

교통경찰 의의	교통경찰이란 교통에서 발생하는 **위험을 방지하거나 제거**하여 **교통의 안전과 원활한 교통 소통을 도모**함을 목적으로 하는 경찰활동을 말한다.
교통경찰 대상	① 교통경찰이 대상으로 하는 **교통은 정보의 장소적 이동을 제외한 일반교통의 영역**이라고 할 수 있다. ② 일반교통 중에서도 궤도에 의한 **철도교통이나, 항공교통은 해당 전문기관에서 취급하므로 제외**된다. {10.1 승진, 03.11 순경} ③ **해상교통은 부분적으로 해양경찰의 대상**이 된다. ④ **교통경찰의 주 대상은 도로교통**이라고 할 수 있다.

3. 교통경찰활동의 성질

교통경찰 활동의 법적 근거	① 경찰법(제3조 : 교통의 단속)　　② 도로교통법(일반법적 성격) ③ 교통사고처리특례법　　　　　　④ 형법 ⑤ 경찰관직무집행법(제2조 : 교통의 단속과 위해의 방지) ⑥ 특정범죄 가중처벌에 관한 법률(인명피해야기 후 뺑소니 피의자 처벌)　☞ **도로법(×)**
교통경찰 활동의 특징 {02.7 순경, 01.1 승진, 99.1 승진, 96.1 승진}	① **전국적인 관련성**이 강하다. ② **교통 정세의 변화**가 급격하다. ③ **행정직 분야**에 속하는 사항이 많다. ④ **모든 계층의 사람이 교통경찰의 대상**이 된다. ⑤ 교통경찰의 활동은 **사회활동 등에 중대한 영향**을 미친다. ⑥ 자동차 구조 등 **기술적 분야에 속하는 전문지식을 필요**로 한다. ⑦ 교통경찰활동의 적부(適否)는 단순히 그 교통경찰관만의 평가에 그치지 않고 **전(全)경찰 활동 평가의 창구**가 된다.

Ⅱ. 도로

1. 도로의 의의

<table>
<tr><td rowspan="4">의 의</td><td colspan="2">도로교통법상 도로란 함은 도로법에 의한 도로, 유료도로법에 의한 우료도로,{01.6 순경} 농어촌도로정비법에 따른 농어촌도로. 그 밖에 현실적으로 불특정 다수의 사람 또는 차마의 통행을 위하여 공개된 장소로서 안전하고 원활한 교통을 확보할 필요가 있는 장소를 말한다.</td></tr>
<tr><td colspan="2">① 도로법상 도로란 일반인의 교통을 위하여 제공되는 도로로서 {01.6 순경} ㉠ 고속국도, ㉡ 일반국도, ㉢ 특별시도 · 광역시도, ㉣ 지방도, ㉤ 시도, ㉥ 군도, ㉦ 구도를 말한다.</td></tr>
<tr><td colspan="2">② 유료도로법상 유료도로란 유료도로법 또는 사회기반시설에 대한 민간투자법 제26조의 규정에 따라 통행료 또는 사용료를 받는 도로를 말한다.</td></tr>
<tr><td colspan="2">③ 농어촌도로란 도로법에 규정되지 아니한 도로(읍 또는 면 지역의 도로만 해당)로서 농어촌지역 주민의 교통 편익과 생산 · 유통활동 등에 공용되는 공로(公路) 중 제4조 및 제6조에 따라 고시된 도로를 말한다.</td></tr>
<tr><td rowspan="4">도로의
성립
요건</td><td>형태성</td><td>차로의 설치, 노면의 균일성 유지 등 자동차 운송수단의 통행이 가능한 형태를 구비하는 경우</td></tr>
<tr><td>공개성</td><td>도로는 불특정 다수인에게 이용이 허용되고 실제로 이용되고 있는 경우</td></tr>
<tr><td>이용성</td><td>사람의 왕복, 화물수송, 자동차의 운행 등 공중의 교통영역으로 이용되고 있는 경우</td></tr>
<tr><td>교통경찰권
(단속권)</td><td>공공의 안녕과 질서유지를 위하여 교통경찰권이 발동될 수 있는 경우</td></tr>
<tr><td rowspan="2">도로
해당
여부</td><td>도로에 해당하는 경우</td><td>도로에 해당하지 않는 경우</td></tr>
<tr><td>① 울산 현대조선소 구내 {04.7 순경, 00.1 승진}
② 누구나 출입이 허용되는 아파트단지 내의 도로
③ 시청 내의 광장 주차장
④ 도정 공장 내 마당
⑤ 크라운제과 직매장 마당
⑥ 부두의 경우 도로의 연장 인정
⑦ 농로, 임도, 광산로, 사도, 아파트 내의 큰길, 공지, 광장, 해변 그 밖의 도로에 연결되는 길
⑧ 논둑길, 밭둑길도 도로가 될 수 있는 경우가 있다.</td><td>① 학교구내(교정), 격구내 {01.6 순경}
② 경비원이 차단기 등으로 일반인의 출입을 통제하는 아파트 단지 내의 도로
③ 경찰서 주차장 {00.1 승진}
④ 개인차고 {00.1 승진}
⑤ 나이트클럽의 주차장
⑥ 주점 옆 주차장
⑦ 대형건물 부설 주차장
⑧ 노상 주차장(주차-장법 적용됨)
⑨ 광주 고속버스터기널 내
⑩ 소년원 원내
⑪ 공중이용에 제공되지 않은 주차장
{00.1 승진}</td></tr>
</table>

2. 도로교통의 3요소와 4E원칙

3요소 {04.1 승진}	① 교통운영 및 규제적인 측면 ② 도로의 기하구조적인 측면 ③ 교통안전시설 및 도로 부대시설적인 측면	
4E원칙	교통안전공학 (Engineering)	교통안전에 관한 도로환경정비 · 교통안전시설 · 차량 등과 같은 물질적 요소로서 교통사고 및 교통체중 해소에 기여하는 대책의 추진을 말한다.
	교통단속 (Enforcement)	교통규제 · 면허제도 · 교통지도 및 단속이 포함되며, 교통법규를 준수하지 않는 도로 이용자에게 대해서 단속을 실시하여 도로교통의 질서를 유지해야 한다.
	교통안전교육 (Education)	교통안전에 관한 교육훈련 · 홍보 · 계몽 등 교통안전의식을 고취시키고, 그 실천을 유도하는 활동을 가리킨다.
	교통환경 (Environment)	위 3가지 요소로만 안전성이 부족하여 근래에 첨가된 원칙으로 자동차 교통과 관련된 주의의 사물실태를 말하며, 주로 불량한 환경의 개선으로 교통안전을 실현하고자 하는 것이 목적이다.

【게슈탈트의 효과】 {10.1 승진, 08.1 승진}

안전한 운전환경의 개발 및 유지 문제를 수용하여 최대의 안전과 미를 제공하도록 설계된 각 개별 시선들의 결합된 효과는 흔히 안전하지도 않으면서 아름답지도 않는 시설로 될 수 있는 현상을 말한다.

제2절　교통경찰의 활동

I. 교통정리

1. 교통정리의 의의 및 목적

의 의	교통경찰이 원활하고 안전한 교통상태의 실현을 위해 제반신호나 코시를 수단으로 교통의 혼잡을 완화하고 질서를 유지시키는 적극적이고 기술적인 경찰활동을 말한다.
목 적	① 교통의 혼잡을 완화하여 교통의 원활한 촉진　　② 안전확보　　③ 교통공해방지

2. 교통정리의 4대원칙 {12.1 승진, 96.1 승진}

교통군 단순화의 원칙	① 방향에 의한 단순화　　　　　② 속도(속력)에 의한 단순화 ③ 교통물체의 종류에 의한 단순화	
도로능률 증진의 원칙	교통량은 기하급수적으로 느는데 비하여, 도로는 한정될 수밖에 없으므로 도로의 활용률을 극대화시켜야 한다는 원칙이다.	
교통기회 평등의 원칙	차량과 보행자 어느 한쪽에 치우치지 않고 각종의 교통대상에 평등하게 교통기회를 부여해야 한다는 원칙이다.	
우선 교통권의 원칙 {04.1 승진, 02.1 승진, 01.1 승진}	진행방향에 따른 우선권	① **선진입차 우선** : 교통정리가 되지 않는 교차로에서는 진행하는 것이 방향을 전환하는 것보다 우선권이 있다. ② **우측차 우선** : 모든 차가 동등하게 횡단할 대로의 교차로에서 교차할 때는 우측의 차가 좌측의 차에 우선하여 도로의 우선통행권이 있다. ③ **직진 및 우회전차 우선** : 모든 차의 운전자는 교차로에서 좌회전하려는 경우에 그 교차로에 진입하여 직진하거나 우회전하려는 다른 차가 있는 때에는 그 차의 진행을 방해하여서는 아니 된다.
	도로에 따른 우선권	간선도로(넓은 도로) 또는 주요도로를 통행하는 교통물체에게 보조도로 또는 소도로를 통행하는 교통물체보다 우선권이 주어진다.
	교통의 종류에 따라 우선권	교통물체의 종류에 따라 교통의 능률성과 공공성에 비추어 우선권을 부여한다. 　㉠ 궤도차(기차, 전차)의 우선권 　㉡ 완속도차에 대한 고속도차의 우선권 　㉢ 빈차에 대한 짐을 실은 차의 우선권 　㉣ 비탈진 좁은 도로에서 올라가는 자동차에 대한 나려가는 자동차의 우선권 　㉤ 소방차·구급차 등의 우선권 **【차마 서로 간 통행의 우선순위】** **긴급자동차 → 긴급자동차 외의 자동차 → 원동기장치자전거 → 자동차 및 원동기장치자전거 외의 차마**

II. 교통순찰

1. 교통순찰의 의의 및 기능

의 의	교통사고 방지 및 교통소통의 원활을 기하기 위해 일정지역을 순회하면서 **법규위반자에 대한 지도 · 단속 · 교통사고처리 · 교통정체요인 등을 제거하는 교통외근활동**을 말한다. {96.1 승진}
기능 (목적)	① **위반하려는 자의 경계 및 경고** {02.7 순경, 01.10 순경, 96.1 승진} ② **교통상황의 주시 및 보고** {02.7 순경, 01.10 순경, 96.1 승진} ③ **교통량의 상태 보고** {02.7 순경, 01.10 순경, 96.1 승진} ④ 운전자들의 위반행위를 먼저 예방 ⑤ 교통이 혼잡한 장소의 주목 ⑥ 주변 교통환경의 정리 · 보고 ⑦ 대민처우의 증진 ⑧ 교통순찰경찰관의 규범 준수

2. 교통순찰의 방법

고정순찰	일정한 구역을 **일정한 시간에 순찰하는 방법**을 말하며, 순찰의 공백시간대에 법규위반을 자행하는 단점이 있다.
역순찰	순찰한 노선이나 지역을 **다시 되돌아가서 순찰하는 방법**을 말하며, 반복 시 고정순찰과 동일한 단점이 있다.
합동순찰	집중단속을 목적으로 **방범 순찰대 · 기동대 등과 합동으로 순찰하는 방법**을 말하며, 특히 불시에 실시하면 특별한 효과를 거둘 수 있다.
정지관찰 (휴식순찰) {98.1 승진}	교통상태의 조사, 위험지역에서의 단속을 목적으로 **미리 예정된 지역에 정차해 있는 방법**으로 **교통혼잡이 있을 때, 정지장소의 전망이 좋을 때 선택**한다. 단, 은폐나 정지관찰로 인해 위반행위를 유발시키면서 하는 함정단속을 해서는 안 된다.

Ⅲ. 교통규제

1. 교통규제의 의의

의 의	교통규제란 지방경찰청장 등이 도로에서의 위험을 방지하고 교통의 안전과 원활을 도모하며, 그 밖의 도로교통으로 인한 장애를 방지하기 위하여 신호기나 안전코시를 설치하는 등으로 통행의 금지·제한 등 **도로에서의 통행 규칙을 설정하는 활동**을 말한다.

2. 교통규제의 수단(신호기, 안전표지, 교통경찰관 등의 수신호 또는 지시와 명령)

1) 신호기

녹색의 등화	① 보행자는 횡단보도를 횡단할 수 있다. ② 차마는 직진 또는 다른 교통에 방해되지 않도록 천천히 우회전할 수 있다. ③ **비보호좌회전표지 또는 비보호좌회전표시가 있는 곳**에서는 신호에 따르는 다른 교통에 방해가 되지 않을 때에는 **좌회전할 수 있다. 단, 다른 교통에 방해가 된 때에도 신호위반책임을 지지 않는다.** ④ 버스전용차로에 차마는 직진할 수 있다. ⑤ 자전거는 직진 또는 우회전할 수 있다. ⑥ 자전거는 자전거횡단도를 횡단할 수 있다.
황색의 등화	① 차마는 정지선이 있거나 횡단보도가 있을 때에는 그 직전이나 교차로의 직전에 정지하여야 하며, 이미 교차로에 차마의 일부라도 진입한 경우에는 신속히 교차로 밖으로 진행하여야 한다. ② 차마는 우회전할 수 있고 우회전하는 경우에는 보행자의 횡단을 방해하지 못한다. ③ 버스전용차로에 있는 차마는 정지선이 있거나 횡단보도가 있을 때에는 그 직전이나 교차로의 직전에 정지하여야 하며, 이미 교차로에 차마의 일부라도 진입한 경우에는 신속히 교차로 밖으로 진행하여야 한다. ④ 자전거는 정지선이 있거나 횡단보도가 있을 때에는 그 직전이나 교차로의 직전에 정지하여야 하며, 이미 교차로에 차마의 일부라도 진입한 경우에는 신속히 교차로 밖으로 진행하여야 한다. ⑤ 자전거는 우회전할 수 있고 우회전하는 경우에는 보행자의 횡단을 방해하지 못한다.
적색의 등화	① 보행자는 횡단보도를 횡단하여서는 아니 된다. ② 차마는 정지선, 횡단보도 및 교차로의 직전에서 정지하여야 한다. 다만, 신호에 따라 진행하는 다른 차마의 교통을 방해하지 아니하고 우회전할 수 있다 ③ 버스전용차로에 있는 차마는 정지선, 횡단보도 및 교차로의 직전에서 정지하여야 한다. ④ 자전거는 정지선, 횡단보도 및 교차로의 직전에서 정지하여야 한다. 다만, 신호에 따라 진행하는 다른 차마의 교통을 방해하지 아니하고 우회전할 수 있다. ⑤ 자전거는 자전거횡단도를 횡단하여서는 아니 된다.
녹색화살표시의 등화	차마는 화살표시 방향으로 진행할 수 있다.
녹색 등화의 점멸	① 보행자는 횡단을 시작하여서는 아니 되고, 횡단하고 있는 보행자는 신속하게 횡단을 완료하거나 그 횡단을 중지하고 보도로 되돌아와야 한다. ② 자전거는 횡단을 시작하여서는 아니 되고, 횡단하고 있는 자전거는 신속하게 횡단을 종료하거나 그 횡단을 중지하고 진행하던 차도 또는 자전거도로로 되돌아와야 한다.

적색등화 의 점멸	① 차마는 정지선이나 횡단보도가 있을 때에는 그 직전이나 교차로의 직전에 **일시정지한 후 다른 교통에 주의하면서 진행**할 수 있다. ② 버스전용차로에 있는 차마는 정지선이나 횡단보도가 있을 때에는 그 직전이나 교차로의 직전에 **일시정지한 후 다른 교통에 주의하면서 진행**할 수 있다. ③ 자전거는 정지선이나 횡단보도가 있는 때에는 그 직전이나 교차로의 직전에 **일시정지한 후 다른 교통에 주의하면서 진행**할 수 있다.
황색등화 의 점멸	① 차마는 다른 교통 또는 안전표지의 표시에 **주의하면서 진행**할 수 있다 ② 버스전용차로에 있는 차마는 다른 교통 또는 안전표지의 표시에 **주의하면서 진행**할 수 있다. ③ 자전거는 다른 교통 또는 안전표지의 표시에 **주의하면서 진행**할 수 있다.

【신호 등의 등화순서】		
	배열순서	신호순서
2색 등화	적색 → 녹색	녹색 → 적색
3색 등화	적색 → 황색 → 녹색	녹색 → 황색 → 적색
4색 등화	적색→ 황색 → 녹색화살표 → 녹색	적색 및 녹색화살표시 → 황색 → 녹색 → 황색 → 적색

【신호제어기의 종류】		
정주기 신호기	① 교차로에 유입되는 교통량의 순간적인 변동과는 관계없이 **사전에 정해진 신호 등** 시간, 즉 주기, 현시 순서 및 현시 시간계획에 따라 계속적으로 **동일한 신호표시가 반복되는 신호기**이다. ② 이 신호기는 교통량이 시간에 따라 변동이 심하지 않은 독립(반응) 교차로에 많이 사용된다.	
교통감응 신호기	교차로 유입부에 설치된 검지기로부터 통과하는 교통을 검지하여 교통수요의 순간적인 변동에 따라 적정한 신호표시를 해 주는 신호기이다.	
	반감응 신호기 {10.1 승진}	**주도로 쪽에 계속적으로 녹색신호표시를 하다가** 만약 부도로 유입부에 설치된 검지기로부터 교통수요가 있다고 검지되면 부도로 측으로 녹색신호가 표시되어 **부도로교통을 처리한 후에 다시 주도로 측에 녹색신호기표시를 하는 신호기**
	전감응 신호기	교통량의 변화에 따라 각 접근로의 신호가 수시로 변하는 것으로 **접근교통량이 시간별, 주기별로 크게 변동될 경우에 사용되는 신호기**
전자 신호기	**교통수요를 측정하고** 이에 따라 신호 등 **시간계획을 수립**하며 이를 각 신호 등에 보내어 등화로 표시하는 등 신호 등 전 체계의 운영ㆍ감독ㆍ통제를 중앙컴퓨터에서 하는 것으로서 **주로 지역 내의 도로망 전체의 교통을 통제하기 위하여 사용되는 신호기**이다.	
보행자를 위한 신호기	**보행자 작동신호기**	보행자 작동신호기는 다음과 같은 조건을 만족할 때 교통감응신호기와 함께 설치한다. ㉠ 교통감응신호기는 설치되어 있고 보행자의 수가 적어 보행자신호등의 필요성은 없으나, 보행자가 횡단하기 위해 장시간 대기하여야 할 경우 ㉡ 차량용 신호기가 설치되어 있으나 녹색시간 동안 보행자가 도로를 횡단하기에는 시간이 부족할 때
	보행자 신호기	보행자 신호기는 다음과 같은 조건을 만족할 때 차량신호기와 함께 설치함을 그 원칙으로 한다. ㉠ 차량용 신호기가 있으나 잘 보이지 않아 보행자가 횡단하는 데 사용할 수 없을 때 ㉡ 차도의 폭이 16m 이상인 교차로 또는 횡단보도에서 차량신호 등이 변하더라도 보행자가 차도 안에 남을 때가 많은 경우

※ 자료: 임병락(2010), 경찰학개론, p.1024

2) 교통안전표시 {10.2 경간부, 10.1 승진, 04.4 순경, 01.1 승진}

노면표시	① **도로교통의 안전을 위하여 각종 주의 · 규제 · 지시 등의 내용을 노면에** 기호 · 문자 또는 선으로 도로사용자에게 알리는 표지 ② 중앙선 표시, 노상장애물 중 도로중앙장애물표시, **주차금지표시, 정차 · 주차금지 표시** 및 안전지대표시는 **황색**, 버스전용차로표시 및 다인승차량 전용차선표시는 **청색**, 어린이보호구역 또는 주거지역 안에 설치하는 속도제한 표시의 테두리선은 **적색**, 그 외의 표시는 **백색**으로 한다.
보조표지	① **주의표지 · 규제표지 또는 지시표지의 주 기능을 보충**하여 도로사용자에게 알리는 표지 예 견인지역표지, 어린이 보호구역표지 등 ② 구간 시작 표지, 구간 내 표지 및 구간 끝 표지의 기호는 적색으로 하고, 어린이보호구역표지의 바탕은 황색으로 한다.
규제표지	① **도로교통의 안전을 위하여 각종 제한 · 금지 등의 규제를 하는 경우에 이를 도로사용자에게 알리는 표지** 예 횡단금지표지, 양보표지, 서행표지, (차간)안전거리 확보표지, 정차 · 주차금지표지, 차높이 제한표지 등 ② **정차 · 주차금지표지 및 주차금지표지의 바탕은 청색**, 진입금지표지 딫 일시정지표지의 바탕은 **적색**, 문자와 기호는 **백색**으로 한다. {10.1 승진}
주의표지	① **도로상태가 위험하거나 도로 또는 그 부근에 위험물이 있는 경우에 필요한 안전조치를 할 수 있도록 이를 도로사용자에게 알리는 표지** {10.1 승진} 예 자전거표지, 야생동물보호표지, **터널표지 등** {10.2 경간부} ② 신호기표지의 기호는 필요에 따라 횡으로 할 수 있고, 위 또는 조-로부터 **적색 · 황색 · 녹색의 순**으로 한다.
지시표지	① **도로의 통행방법 · 통행구분 등 도로교통의 안전을 위하여 필요한 지시를 하는 경우에 도로사용자가 이에 따르도록 알리는 표지** 예 일방통행표지, 자동차전용도로표지, 자전거전용도로표지 등 ② 일방통행표지의 기호부분은 청색바탕에 백색기호로, 문자부분은 백색바탕에 흑색문자로 한다.

3) 교통경찰관 등의 수신호 · 지시 · 명령

신호기가 고장나거나 긴급자동차 등을 통행시키는 경우와 같이 부득이한 사정으로 신호기와 다르게 **교통경찰관이 수신호나 지시 · 명령을 할 경우 교통경찰관의 수신호 등이 우선**한다.

【경찰공무원을 보조하는 사람의 범위】	
보조하는 사람(○)	① **무사고운전자 또는 유공운전자의 표시장을 받은 사람으로서** 경찰청장이 정하는 바에 따라 **교통안전 봉사활동에 종사하는 모범운전자** ② 군사훈련 및 작전에 동원되는 부대의 이동을 유도하는 **헌병**
보조하는 사람(×)	어린이교통경찰대, 자원봉사자, 녹색어머니회, 경비원 등

3. 교통규제권자와 규제내용

1) 경찰청장의 교통규제

<table>
<tr><td rowspan="4">고
속
도
로</td><td>자동차
등의 속도</td><td>① **경찰청장 또는 지방경찰청장은** 도로에서의 위험을 방지하고 교통의 안전과 원활한 소통을 확보하기 위하여 필요하다고 인정하는 때에는 **경찰청장은 고속도로를, 지방경찰청장은 고속도로를 제외한 도로의 구역 또는 구간을 지정하여 정한 속도를 제한**할 수 있다. {03.11 순경}
② 자동차 등의 운전자는 규정에 의한 최고속도를 초과하거나 최저속도에 미달하여 운전하여서는 아니된다. 다만 교통이 밀리거나 그 밖의 부득이한 사유로 최저속도에 미달하게 되는 경우에는 그러하지 아니하다.</td></tr>
<tr><td>교통안전시
설의 설치
및 관리</td><td>① **고속도로의 관리자는** 고속도로에서의 위험을 방지하고 교통의 안전과 원활한 소통을 확보하기 위하여 교통안전시설을 설치 · 관리하여야 한다. 이 경우 **고속도로의 관리자가 교통안전시설을 설치하고자 하는 때에는 경찰청장과 협의**하여야 한다. {03.11 순경}
② 경찰청장은 고속도로의 관리자에게 교통안전시설의 관리에 관하여 필요한 사항을 지시할 수 있다.</td></tr>
<tr><td>고속도로
전용차로의
설치</td><td>**경찰청장은** 고속도로의 원활한 소통을 위하여 특히 필요한 때에는 **고속도로에 전용차로를 설치**할 수 있다.</td></tr>
<tr><td>도로의
점용허가
등에 관한
통보</td><td>① **도로관리청이** 도로에서 아래에 해당하는 행위를 한 때에는 **고속도로의 경우에는 경찰청장에게, 고속도로 외의 도로의 경우에는 관할 경찰서장에게 각각 그 내용을 즉시 통보**하여야 한다.
　㉠ 도로법 제38조의 규정에 의한 도로의 점용허가
　㉡ 도로법 제58조 또는 제59조의 규정에 의한 통행의 금지 또는 제한
② **통보를 받은 경찰청장 또는 관할 경찰서장은** 교통의 안전과 원활한 소통을 확보하기 위하여 필요하다고 인정하는 때에는 **도로관리청에 필요한 조치를 요구**할 수 있다. 이 경우 도로관리청은 정당한 사유가 없는 한 이에 응하여야 한다.</td></tr>
<tr><td colspan="2">고속도로 등에
있어서의 특례</td><td>① **긴급자동차는 갓길을 통행**할 수 있다. {07.1 승진}
② 긴급자동차 이외의 자동차는 **긴급자동차가 고속도로에 들어가는 때에는 그 진입을 방해하여서는 안 된다.** {07.1 승진}
③ 자동차는 고속도로에서도 **몇 가지 예외적인 경우에는 주차**할 수 있다. {07.1 승진}</td></tr>
<tr><td colspan="2">고속도로
버스전용차로
이용 가능차량</td><td>① **13인승 이상은 승차인원 관계없이** 고속도로 버스전용차로로 운행 가능
② **9~12인승 이하 승용 · 승합자동차(6인 이상 탑승한 경우에 한한다.)**
{10.1 승진. 03.11 순경}</td></tr>
</table>

2) 특별시 · 광역시 또는 시장 · 군수의 교통규제

특별시장 · 광역시장 · 제주특별자치도지사 또는 시장 · 군수	① 특별시장 · 광역시장 · 제주특별자치도지사 또는 시장 · 군수(광역시의 군수를 제외)는 도로에서의 위험을 방지하고 교통의 안전과 원활한 소통을 확보하기 위하여 필요하다고 인정하는 때에는 **신호기 및 안전표지를 설치 · 관리**하여야 한다. 다만, **유료도로법상 유료도로에서는 시장 등의 지시에 따라 그 도로관리자가 이를 설치 · 관리**하여야 한다. ② 시장 등은 도로에 설치된 교통안전시설의 철거 또는 원상회복이 필요한 경우에는 그 사유를 유발한 사람으로 하여금 해당 공사에 소요되는 **비용의 전부 또는 일부를 부담**하게 할 수 있다. ③ **전용차로의 설치는 지방경찰청장 또는 경찰서장과 협의**를 요한다. {03.11 순경} ④ 어린이 보호구역의 지정 및 관리 ⑤ 노인 및 장애인 보호구역의 지정 및 관리
지방경찰청장에게 위임 및 경찰서장에게 위탁	① (고속도로 외 도로의)**신호기 및 안전표지의 설치 · 관리** {10.2 경간부, 03.11 순경, 02.1 승진} ② 비용부담 명령 ③ 어린이 보호구역의 지정 및 관리에 관한 권한 ④ 유료도로 관리자에 대한 지시 ⑤ 노인보호구역의 지정 및 관리에 관한 권한은 특별시장 · 광역시장이 지방경찰청장에게 위임하고, 시장 · 군수는 관할 경찰서장에게 위탁한다.

☞ 특별시장 · 광역시장은 지방경찰청장에게 위임하고, 시장 · 군수는 관할 경찰서장에게 위탁되어 있으므로, 실제 교통규제 권한은 모두 경찰에게 위임 · 위탁되어 있다.

3) 지방경찰청장의 교통규제

① **자동차 등의 속도제한**(고속도로의 경우는 경찰청장) {04.7 순경, 01.2 경간부}
② **정차 및 주차금지구역의 지정** {04.7 순경, 01.2 경간부}
③ **구간을 정하여 차마의 통행을 금지하거나 제한** {03.11 순경}
④ **자전거횡단도의 설치**
⑤ **안전기준을 초과한 승차인원 또는 적재중량 및 적재용량의 제한**
⑥ 차로 · 가변차로의 설치
⑦ 횡단 등의 금지
⑧ **교차로 통행방법의 지정**
⑨ 보행자전용차로의 설치
⑩ 서행 및 일시정지 장소의 지정
⑪ 긴급자동차의 지정
⑫ 무면허 운전 등의 금지(지방경찰청장으로부터 운전면허를 받지 아니하거나 운전면허의 효력이 정지된 경우)

4) 경찰서장의 교통규제

통행의 금지 및 제한	경찰서장은 도로에서의 위험을 방지하고 교통의 안전과 원활한 소통을 확보하기 위하여 필요하다고 인정하는 때에는 **우선 보행자나 차마의 통행을 금지하거나 제한한 후 그 도로관리자와 협의하여 금지 또는 제한의 대상과 구간 및 기간을 정하여 도로의 통행을 금지하거나 제한**할 수 있다.
승차 또는 적재의 방법과 제한	모든 차의 운전자는 **승차인원 · 적재중량 및 적재용량에 관하여 운행상의 안전기준을 넘어서 승차시키거나 적재하고 운전하여서는 아니 된다.** 다만, 출발지를 관할하는 경찰서장의 허가를 받은 때에는 그러하지 아니하다.
도로의 점용허가 등에 관한 통보	도로관리청이 도로법 규정에 의한 도로의 점용허가, 통행의 금지 또는 제한의 행위를 한 때에는 고속도로 외의 도로의 경우에는 관할 경찰서장에게 **각각 그 내용을 즉시 통보**하여야 하며, **통보를 받은 관할 경찰서장은** 교통의 안전과 원활한 소통을 확보하기 위하여 필요하다고 인정하는 때에는 **도로관리청에 필요한 조치를 요구**할 수 있다. 이 경우 도로관리청은 정당한 사유가 없는 한 이에 응하여야 한다.

5) 경찰공무원의 교통규제

신호 또는 지시에 따를 의무 (제5조)	① 도로를 통행하는 보행자와 차마의 운전자는 교통안전시설이 표시하는 신호 또는 지시와 아래에 해당하는 사람이 하는 신호 또는 지시를 따라야 한다. 　㉠ 교통정리를 하는 국가경찰공무원(전투경찰순경을 포함) 및 제주특별자치도의 자치경찰공무원 　㉡ 국가경찰공무원 및 자치경찰공무원을 보조하는 사람 　　ⓐ 무사고운전자 또는 유공운전자의 표시장을 받은 사람으로서 경찰청장이 정하는 바에 따라 교통안전 봉사활동에 종사하는 모범운전자 　　ⓑ 군사훈련 및 작전에 동원되는 부대의 이동을 유도하는 헌병 ② 도로를 통행하는 보행자와 모든 차마의 운전자는 교통안전시설이 표시하는 신호 또는 지시와 교통정리를 하는 **국가경찰공무원 · 자치경찰공무원 또는 경찰보조자의 신호 또는 지시가 서로 다른 경우에는 경찰공무원 등의 신호 또는 지시에 따라야 한다.**
통행의 금지 및 제한 (제6조)	① 지방경찰청장은 도로에서의 위험을 방지하고 교통의 안전과 원활한 소통을 확보하기 위하여 필요하다고 인정할 때에는 구간(區間)을 정하여 보행자나 차마의 통행을 금지하거나 제한할 수 있다. 이 경우 지방경찰청장은 보행자나 차마의 통행을 금지하거나 제한한 도로의 관리청에 그 사실을 알려야 한다. ② 경찰서장은 도로에서의 위험을 방지하고 교통의 안전과 원활한 소통을 확보하기 위하여 필요하다고 인정할 때에는 우선 보행자나 차마의 통행을 금지하거나 제한한 후 그 도로관리자와 협의하여 금지 또는 제한의 대상과 구간 및 기간을 정하여 도로의 통행을 금지하거나 제한할 수 있다. ③ 지방경찰청장이나 경찰서장은 금지 또는 제한을 하려는 경우에는 그 사실을 공고하여야 한다. ④ 경찰공무원은 도로의 파손, 화재의 발생이나 그 밖의 사정으로 인한 도로에서의 위험을 방지하기 위하여 **긴급히 조치할 필요가 있을 때에는 필요한 범위에서 보행자나 차마의 통행을 일시 금지하거나 제한할 수 있다.**

교통혼잡을 완화시키는 위한 조치 (제7조)	경찰공무원은 보행자나 차마의 통행이 밀려서 교통 혼잡이 뚜렷하게 우려될 때에는 혼잡을 덜기 위하여 필요한 조치를 할 수 있다.
어린이 등에 대한 보호 (제11조)	① 어린이의 보호자는 교통이 빈번한 도로에서 어린이를 놀게 하여서는 아니 되며, **유아(6세 미만인 사람)**의 보호자는 교통이 빈번한 도로에서 유아가 혼자 보행하게 하여서는 아니 된다. ② 앞을 보지 못하는 사람의 보호자는 그 사람이 도로를 보행할 때에는 흰색 지팡이를 갖고 다니도록 하거나 앞을 보지 못하는 사람에게 길을 안내하는 개("맹인안내견")를 동반하도록 하여야 한다. ③ 어린이의 보호자는 도로에서 어린이가 자전거를 타거나 위험성이 큰 움직이는 놀이기구를 타는 경우에는 어린이의 안전을 위하여 인명보호 장구(裝具)를 착용하도록 하여야 한다. ④ 경찰공무원은 신체에 장애가 있는 사람이 도로를 통행하거나 횡단하기 위하여 도움을 요청하거나 도움이 필요하다고 인정하는 경우에는 그 사람이 안전하게 통행하거나 횡단할 수 있도록 필요한 조치를 하여야 한다. ⑤ 경찰공무원은 아래에 해당하는 사람을 발견한 경우에는 그들의 안전을 위하여 적절한 조치를 하여야 한다. 　㉠ 교통이 빈번한 도로에서 놀고 있는 어린이 　㉡ 보호자 없이 도로를 보행하는 유아 　㉢ 앞을 보지 못하는 사람으로서 흰색 지팡이를 가지지 아니하거나 맹인안내견을 동반하지 아니하고 다니는 사람 　㉣ 횡단보도나 교통이 빈번한 도로에서 보행에 어려움을 겪고 있는 노인(65세 이상인 사람)
위험방지를 위한 조치 (제47조)	① 경찰공무원은 자동차 등의 운전자가 **무면허운전 등의 금지(제43조)**, 술에 취한 상태에서의 **운전금지(제44조)**, 과로한 때 등의 운전금지(제45조)의 규정을 위반하여 자동차 등을 운전하고 있다고 인정되는 경우에는 차를 일시정지시키고 그 운전자에게 자동차운전면허증을 제시할 것을 요구할 수 있다. ② 경찰공무원은 술에 **취한 상태에서의 운전금지(제44조), 과로한 때 등의 운전금지(제45조)를 위반**하여 자동차 등을 운전하는 사람에 대하여는 정상적으로 운전할 수 있는 상태가 될 때까지 운전의 금지를 명하고 그 밖의 필요한 조치를 할 수 있다.

【설치 및 제한권자 총정리】			
신호기 및 안전표지 설치 · 관리권자	고속도로	고속도로의 관리자 (경찰청장과 협의, 경찰청장은 필요한 사항을 관리자에게 지시)	
	고속도로 외 도로	시장 등(특별시장 · 광역시장 또는 시장 · 군수) → 지방경찰청장에게 위임, 경찰서장에게 위탁	
	유료도로	유료도로 관리자 (시장 등의 지시 → 위임 · 위탁으로 지방경찰청장, 경찰서장의 지시)	
자동차의 속도제한	고속도로	경찰청장	
	고속도로 외의 도로	지방경찰청장	
도로의 통행금지 · 제한권자	차마통행	금지 · 제한	지방경찰청장
		우선금지 · 제한	경찰서장
		일시금지 · 제한	경찰공무원
도로의 점용허가 등에 관한 통보	고속도로	경찰청장	
	고속도로 외 도로	경찰서장	
차량의 통행 제한권자	경찰공무원, 국토해양부장관, 도로관리청		
고속도로(버스)전용차로 설치권자	경찰청장		
횡단보도 설치권자	지방경찰청장		
차로 및 가변차로의 설치권자	지방경찰청장		
승차인원 또는 적재용(중)량의 제한(총인원, 총중량)	지방경찰청장		
보행자 전용도로의 설치권자	지방경찰청장 또는 경찰서장		
안전기준 초과 (승차인원, 적재중량, 적재용량)	출발지 경찰서장의 허가		
전용차로의 설치권자	시장 등(지방경찰청장 또는 경찰서장과 협의를 요함)		

Ⅳ. 교통지도단속

1. 교통지도단속의 일반적 내용

의 의	교통지도단속이란 도로에서의 위험을 방지하고 교통의 안전과 원활한 소통을 도모함을 목적으로 **교통법규 위반자들을 감시 · 예방 · 경고 · 주의 그리고 필요에 따라 적발 · 검거하는 일체의 교통경찰활동**을 말한다.
기본 자세	**합법성** **각종 법령을 정확하게 이해하고 적용**하여야 한다. **합리성** 위반행위에 대한 **객관적인 단속과 합리적인 신속한 조치를** 한다. **타당성** 각종 업무에 **인권침해나 과잉단속이 없도록 사회상규에 비추어 타당**해야 한다.
내 용	① **교통지도단속의 핵심은** 교통법규의 준수를 강제하기 위한 교통법규위반자의 제지 · 검거활동이다. ② 교통지도단속활동의 내용으로는 ㉠ **교통흐름의 정리**, ㉡ **지도 및 경고**, ㉢ **교통법규위반자의 제지 · 검거**, ㉣ **각종 보호 및 원조활동**이다. ③ 대표적인 지도단속은 **교통사고처리특례법상의 11개 항이고, 그 중 음주 · 과속 · 신호위반 · 중앙선침범 등 사고요인행위가 중점단속대상**이다.

2. 교통지도단속의 방법과 순서

방 법	**선택적 단속**	교통사고의 주요원인 및 교통체증 원인을 분석하여 **날짜별, 시간별, 장소별, 요일별, 계절별 등으로 구체적으로 분석하여 그 위반행위를 중점 단속**하는 것을 말한다.
	질적 단속	교통법규 위반자의 단속 행위가 **사고 요인과 관련성이 높은 행위를 선별하여 단속**하는 것을 말한다.
	양적 단속	단속의 건수를 많이 하여 **법규 위반 및 교통사고를 감소하게 하고자 하는 단속방법**을 말한다.
순 서	**안전한 장소로 유도**	① 명백한 **위반사실을 확인한 후에 안전한 장소로 유도**하여야 한다. 만약 교통법규 위반행위가 애매하여 상호 시비가 예상되는 경우에는 단속을 지양하고 당사자가 수긍할 수 있는 명백한 때에만 단속하여야 한다. ② **단속 시에는 운전석 바로 옆에 또는 그 차량의 후미 좌측 1보 뒤에서 단속**한다. {04.1 승진}
	인사	운전자에게 소속과 계급, 성명을 알리면서 인사를 한다.
	위반고지	**위반내용과 적용법규를 설명**한 후 정중히 **면허증 제시를 요구**한다. {04.1 승진}
	이의절차 안내	통고처분 후 **단속에 이의나 불만이 있으면 10일 이내 경찰서 교통계에 이의신청을** 할 수 있다는 것을 안내한다. {04.1 승진}
	경례	경례와 함께 간단하게 인사말을 한다.
위반자 조치요령	**외국인**	① **내국인과 동일하게 단속**한다. {08.1 승진, 07.1 승진} 단, **국제면허소지자는 곧바로 즉결심판에 회부**한다. {08.1 승진} ② **외교특권자의 재판권은 면제되나, 면허행정처분에는 면책특권이 없다.** {07.1 승진} ③ 주한공관차량의 한국인운전자에 대하여는 관할권 면제가 이루어지지 않는다.

SOFA 대상	**원칙적으로 통고처분**을 하고, 부득이한 사유가 있을 경우에는 범칙금을 면제처리 한다.	
군용차량	**통고처분을 하지 않고, 적발보고서를 작성**하여 운전사 **소속부대에 서면통보**를 한다. {08.1 승진, 07.1 승진, 04.1 승진}	
관용차량	**일반인과 동일하게 단속**한다. {08.1 승진}	
개인택시 차량	개인택시운전자의 **운전면허가 취소되면 해당 지방자치단체에 그 사실을 통보**하여야 한다. {07.1 승진}	

3. 음주운전 단속요령

의 의		누구든지 술에 취한 상태에서 자동차(건설기계 외의 건설기계를 포함) 등을 운전하여서는 아니 된다.			
주취운전 구성요소	주취상태	술에 취한 상태라 함은 혈중알콜농도 0.05% 이상을 말하며, 만취상태라 함은 혈중알콜농도 0.1% 이상을 말한다.			
	자동차등	㉠ 자동차 등이란 자동차와 원동기장치자전거를 포함하는 개념이다. ㉡ 원동기장치자전거를 운전하고자 하는 자는 배기량에 상관없이 술에 취한 상태에서 운전하면 안된다 ㉢ 모든 건설기계가 음주단속의 대상이 된다. ㉣ 취중 경운기나 트랙터 운전, 자전거의 경우 주취운전에 해당하지 않는다. 　 단, 취중 자전거운전금지규정은 있으나 자전거음주운전에 대한 처벌규정은 없다.			
	도로에서 운전	도로에서 운전은 이제 주취운전의 요건이 아니다. 이제는 도로가 아닌 곳에서의 주취운전도 단속대상이다. 즉, 대학교정이나 역구내에서 술에 취한 상태에서의 운전하는 것도 단속대상이 된다.			
음주 운전 단속 및 처벌 기준	음주 단속	**위반횟수**		**처벌기준**	
		1회	0.05%~0.1% 미만	6개월 이하 징역 또는 300만원 이하 벌금	
			0.1%~0.2% 미만	6개월~1년 이하 징역 또는 300~500만원 이하 벌금	
			0.2% 이상	1~3년 이하 징역 또는 500~1천만원 이하벌금	
		2회 위반	1회와 동일		
		3회 이상	1~3년 이하 징역 또는 500~1천만원 이하 벌금		
		측정거부	1~3년 이하 징역 또는 500~1천만원 이하 벌금		
	음주 사고 처벌 기준	**혈중알콜농도**	**대물사고**	**대인사고**	**행정처분**
		0.05%~0.1% 미만	불구속	구속	100일 면허정지
		0.1%~0.35% 미만	불구속	구속	면허취소
		0.35% 이상	구속	구속	면허취소
		혈중알코올 농도와 무관하게 전치 3~4주 이상의 상해 및 사망 : 구속			면허취소

단속 요령	**기본 요령**	① 주취운전자를 단속하는 때에는 **3인 이상의 경찰관이 합동으로 단속**하여야 하며, 경사 이상의 경찰관이 현장에서 감독하여야 한다. ② 음주단속장소는 교통소통에 지장을 주지 않는 장소 등에서 실시토록 하고, 제반 안전사고에 유의하여 음주단속을 실시하여야 한다. ③ 음주운전자로 인정할 만한 상당한 이유가 있는 자가 도주하는 때에는 추적 · 검거한다. ④ 음주정도 측정결과 음주운전자로 확인된 때에는 특별한 사유가 없는 한 현장에 대기시키지 말고 즉시 경찰서로 동행한다.
	착안 사항	① 현행범체포 시 **반드시 미란다원칙을 고지**한다. ② 음주감지기로만 확인하지 말고 눈동자, 냄새 등을 종합적으로 고찰한다. ③ 음주측정 시에 사용하는 음주측정기용 불대(mouth piece)는 **1인 1회 사용함을 원칙**으로 한다. ④ 채혈 시 **반드시 본인 또는 가족 동의서 작성 후 의사가 채혈**해야 한다. ⑤ 음주 후 **20분 이내**에는 구강 내 잔류알코올에 의한 과대 측정의 우려가 있으므로 최종음주시간을 확인하여 **일정시간 경과 후에 음주측정**을 한다. {08.1 승진}
	단속 후 조치	① 측정결과 단속대상(0.05% 이상)이 되면 **주취운전자 적발보고서를 작성**하고, 채혈 감정할 수 있음과 **미란다원칙을 고지**하고 **지체 없이 경찰서로 동행**하여 의법 조치한다. {03.1 승진} ② 사회 저명인사 적발시나 특이사항 발생 시 즉시 보고한다. ③ 측정지수에 불복하는 운전자에 대하여는 운전자의 동의를 얻어 채혈감정을 할 수 있다.
	적발 보고서 작성	① 음주측정 요구에 불응하는 운전자에 대하여는 **음주측정 불응에 따른 불이익을 10분 간격으로 3회 이상 명확히 고지**한 후 측정거부로 주취운전자 적발보고서를 작성한다. {03.1 승진} ② 측정거부로 주취운전자 적발보고서를 작성한 이후에는 당해 운전자가 음주측정을 요구하더라도 **다시 측정해 주어서는 아니 된다.** {03.1 승진}
관련 판례		① 술에 취한 피고인이 자동차 안에서 잠을 자다가 추위를 느껴 히터를 가동하기 위하여 시동을 걸었고, 실수로 제동장치 등을 건드렸다고 하더라도 자동차가 움직였으면 음주운전에 **해당되지 않는다**[2004도1109]. {12.1 승진} ② 물로 입 안을 헹굴 기회를 달라는 요구를 무시한 채 호흡측정기로 혈중알코올농도를 측정하여 음주운전 단속수치가 나왔다고 하더라도 음주운전을 하였다고 **단정할 수 없다**[2005도7034]. ③ 흉골골절로 인한 통증으로 깊은 호흡을 할 수 없어 십여 차례 음주측정기를 불었으나 끝내 음주측정이 되지 아니한 경우 **음주측정불응죄가 성립하지 아니한다**[2005도7125]. ④ 음주감지기에서 음주반응이 나온 경우 그것만으로 술에 취한 상태에 있다고 인정할 만한 **상당한 이유가 있다고 볼 수 없다**[2002도6632].

4. 중점단속 및 무인단속대상

사고요인행위인 중점단속대상 {04.1 승진}	① 과속　　② 음주　　③ 신호위반　　④ 중앙선 침범 ☞ 차선위반단속(×)
무인교통 단속장비로써 단속할 수 있는 법규위반 사항 {08.1 승진}	① 주·정차위반　　　　② 중앙선침범 ③ 갓길위반　　　　　④ 신호위반 ⑤ 버스전용차로위반　　⑥ 속도위반 ☞ 진로변경위반(×)
도로상에서의 차량시위자에 대한 처벌	① 미신고 집회에 대한 해산명령 불응 시 집회 및 시위에 관한 법률위반으로 처벌할 수 있다. ② 차량으로 도로를 막거나 도로상에 방치하여 **형법상 일반교통방해죄로 입건되면 면허취소사유**이다. ③ 집단서행으로 **경찰관의 3회 이상 시정명령**에 따르지 않거나 주정차 위반으로 **경찰관의 3회 이상 이동명령**을 받고 불응한 경우 **40일 면허정지 사유**이다. ④ 농기계운전자는 운전면허가 없으므로 차량시위시 면허취소는 할 수 없으나 **형법과 도로교통법을 적용하여 처벌**은 가능하다.

【자동차의 강제처리(자동차관리법 제26조)】

금지행위	자동차(자동차와 유사한 외관 형태를 갖춘 것을 포함)의 소유자 또는 점유자는 **아래에 해당하는 행위를 하여서는 아니 된다.** {10.2 경간부} ㉠ 자동차를 일정한 장소에 고정시켜 운행 외의 용도로 사용하는 행위 ㉡ 자동차를 도로에 계속하여 방치하는 행위 ㉢ 정당한 사유 없이 자동차를 타인의 토지에 방치하는 행위
위반차량의 조치방법	① 시장·군수·구청장은 위반한 행위라고 판단되면 해당 자동차를 일정한 곳으로 옮긴 후 국토해양부령으로 정하는 바에 따라 그 **자동차의 소유자 또는 점유자에게 폐차요청**이나 그 밖의 처분 등을 하거나, 그 자동차를 찾아가는 등의 방법으로 **본인이 적절한 조치를 취할 것을 명하여야 한다.** ② 시장·군수·구청장은 자동차의 **소유자 또는 점유자가 명령을 이행하지 아니하거나 해당 자동차의 소유자 또는 점유자를 알 수 없을 경우**에는 대통령령으로 정하는 바에 따라 그 **자동차를 매각하거나 폐차할 수 있다.** 이 경우 **매각 또는 폐차에 든 비용은 그 소유자 또는 점유자로부터 징수**할 수 있다. ③ 자동차를 매각 또는 폐차한 경우 그에 들어간 비용을 충당하고 남은 금액이 있을 때에는 그 **자동차의 소유자 또는 점유자에게 잔액을 지급**하여야 한다. 다만, 자동차의 소유자 또는 점유자를 알 수 없는 경우에는 공탁법에 따라 잔액을 공탁(供託)하여야 한다.

【운전 중 휴대용 전화 사용할 수 있는 경우】

① 자동차 등이 정지하고 있는 경우(신호대기 중이거나 정체로서 있을 때 포함)
② 긴급자동차를 운전하고 있는 경우
③ 각종 범죄 및 재해신고 등 긴급을 요하는 경우
④ 휴대전화를 손으로 잡지 아니하고 본래 용도로 사용할 수 있는 기기(핸즈프리, 마이크가 달린 이어폰 등)를 사용할 때

제3절　도로교통법

Ⅰ. 용어정리[시행 2012.9.22]

도로 {05.3 순경, 05.2경간부, 04.10 순경, 04.3 순경, 01.6 순경}	① 도로법에 의한 **도로** 　→ **고속도로, 일반국도, 특별시도 · 광역시도, 지방도, 시도, 군도, 구도** ② 유료도로법에 의한 **유료도로** ③ 농어촌도로정비법에 따른 **농어촌도로** ④ 그 밖에 현실적으로 불특정 다수의 사람 또는 차마가 통행할 수 있도록 공개된 장소로서 안전하고 원활한 교통을 확보할 필요가 있는 장소 　☞ **일반교통에 사용되지 않는 초등학교 내 도로(×)**
자동차 전용도로	**자동차만**이 다닐 수 있도록 설치된 도로
고속도로	**자동차의 고속운행에만** 사용하기 위하여 지정된 도로
차도	연석선(차도와 보도를 구분하는 돌 등으로 이어진 선), **안전표지나 그와 비슷한 인공구조물을 이용하여 경계를 표시**하여 모든 차가 통행할 수 있도록 설치된 도로의 부분
중앙선	차마의 통행방향을 명확하게 구분하기 위하여 **도로에 황색실선 또는 황색점선 등의 안전표지로 표시한 선**이나 **중앙분리대 · 울타리 등으로 설치한 시설물**을 말하며, 제14조 제1항 후단의 규정에 의하여 가변차로가 설치된 경우에는 신호기가 지시하는 진행방향의 가장 왼쪽의 황색점선을 말한다.
차로	차마가 한 줄로 도로의 정하여진 부분을 통행하도록 **차선으로 구분한 차도**의 부분
차선	**차로와 차로를 구분**하기 위하여 그 경계지점을 안전표지로 표시한 선
자전거 도로	안전표지, 위험방지용 울타리나 그와 비슷한 인공구조물로써 경계를 표시하여 자전거가 통행할 수 있도록 설치된 자전거이용활성화에관한법률 제3조 각 호의 도로 **자전거전용도로** — 자전거만이 통행할 수 있는 도로 **자전거보행자 겸용도로** — 자전거 외에 보행자도 통행할 수 있는 도로 **자전거자동차 겸용도로** — 자전거 외에 자동차도 일시 통행할 수 있는 도로
자전거 횡단도로	자전거가 일반도로를 횡단할 수 있도록 안전표지로 표시한 도로의 부분
보 도	연석선, **안전표지나 그와 비슷한 인공구조물로써 경계를 표시하여 보행자**(유모차 및 행정안전부령이 정하는 보행보조용 의자차를 포함)**의 통행할 수 있도록 한 도로의 부분** {05.2 경간부, 04.10 순경, 04.3 순경}
길 가장 자리구역	**보도와 차도가 구분되지 아니한 도로에서** 보행자의 안전을 확보하기 위하여 안전표지 등으로 경계를 표시한 도로의 가장자리 부분

횡단보도	보행자가 **도로를 횡단할 수 있도록 안전표지로 표시한 도로의 부분** {05.2 경간부, 04.10 순경, 04.3 순경} **【횡단보도의 설치기준】** ① 횡단보도에는 횡단보도표시와 횡단보도표지판을 설치할 것 ② 횡단보도를 설치하고자 하는 장소에 횡단보행자용 신호기가 설치되어 있는 경우에는 횡단보도표시를 설치할 것 ③ 횡단보도를 설치하고자 하는 도로의 표면이 포장이 되지 아니하여 **횡단보도표시를 할 수 없는 때에는 횡단보도표지판을 설치할 것.** 이 경우 그 횡단보도표지판에 횡단보도의 너비를 표시하는 보조표지를 설치하여야 한다. {10.1 승진, 03.11 순경} ④ 횡단보도는 **육교 · 지하도 및 다른 횡단보도로부터 200미터 이내에는 설치하지 아니할 것.** {10.1 승진, 10.2 경간부} 다만, 어린이 보호구역이나 노인보호구역으로 지정된 구간인 경우 또는 보행자의 안전이나 통행을 위하여 특히 필요하다고 인정되는 경우에는 그러하지 아니하다.	
교차로	'십'자로, 'T'자로나 그 밖에 둘 이상의 도로(보도와 차도가 구분되어 있는 도로에서는 차도)가 교차하는 부분	
안전지대	도로를 횡단하는 **보행자나 통행하는 차마의 안전을 위하여 안전표지**나 그와 비슷한 인공구조물로써 표시한 도로의 부분	
신호기	도로교통에 관하여 **문자 · 기호 또는 등화로써 진행 · 정지 · 방향전환 · 주의 등의 신호를 표시**하기 위하여 사람이나 전기의 힘에 의하여 조작되는 장치	
안전표지	교통안전에 필요한 **주의 · 규제 · 지시 등을 표시하는 표지판**이나 도로의 바닥에 표시하는 기호 · 문자 또는 선 등	

다음 각 목의 차와 우마를 말한다.

차마(車馬)	**차**	① **자**전거 ② **원동기장치자전거** ③ **자동**차 ④ **건설기계** ⑤ 사람 또는 가축의 힘이나 그 밖의 동력에 의하여 도로에서 운전되는 것. 다만, **전동차, 유모차, 보행보조용 의자차(휠체어), 케이블카, 세발자전거 등은 제외**한다. {08.1 승진, 05.2 경간부, 04.11 순경, 02.1 승진, 01.11 순경, 96.1 승진}
	우 마	교통 · 운수에 사용되는 가축

자동차 {01.1 승진}	철길이나 가설된 선을 이용하지 아니하고 원동기를 사용하여 운전되는 차(견인되는 자동차도 자동차의 일부로 봄)로서 다음의 각 목의 차	
	자동차관리법 제3조의 규정에 의한 다음의 자동차. 다만, **원동기장치자전거를 제외**	① 승용자동차 ② 승합자동차 ③ 화물자동차 ④ 특수자동차 ⑤ 이륜자동차
	건설기계관리법 제26조 제1항 단서의 규정에 의한 **건설기계**	

원동기장치 자전거	① 자동차관리법 제3조의 규정에 의한 이륜자동차 가운데 **배기량 125cc 이하의 이륜 자동차** ② **배기량 50cc 미만**(전기를 동력으로 하는 경우에는 **정격출력 0.59킬로와트 미만**)의 원동기를 단 차 {05.3 순경, 05.2 경간부, 04.10 순경, 04.3 순경}	

자전거	자전거이용활성화에 관한 법률 제2조 제1호에 따른 자전거
자동차 등	**자동차와 원동기장치자전거** {10.1 승진, 01.1 승진}
긴급 자동차	긴급자동차라 함은 다음 각 목의 자동차로서 그 **본래의 긴급한 용도로 사용되고 있는 자동차**를 말한다. {05.2 경간부, 04.10 순경, 04.3 순경} ① **소방자동차**　② **혈액공급차량**　③ **구급자동차**　④ **그 밖에 대통령령이 정하는 자동차**

어린이 통학버스		
	어린이 통학버스	아래 시설 가운데 **어린이(13세 미만의 사람)를 교육대상으로** 하는 시설에서 어린이의 통학 등에 이용되는 자동차로서 제52조의 규정에 의하여 신고된 자동차{05.2 경간부} ① 유아교육법에 의한 유치원, 초 · 중등교육법에 의한 초등학교 및 특수학교 ② 영유아보육법에 의한 보육시설 ③ 학원의 설립 · 운영 및 과외교습에 관한 법률에 의하여 설립된 학원 ④ 체육시설의 설치 · 이용에 관한 법률에 의하여 설립된 체육시설
	어린이 통학버스의 특별보호	① 어린이통학버스가 도로에 정차하여 어린이나 유아가 타고 내리는 중임을 표시하는 점멸등 등의 장치를 작동 중일 때에는 **어린이통학버스가 정차한 차로와 그 차로의 바로 옆 차로로 통행하는 차의 운전자는 어린이통학버스에 이르기 전에 일시정지하여 안전을 확인한 후 서행하여야 한다.**{12.1 승진} ② 중앙선이 설치되지 아니한 도로와 편도 1차로인 도로에서는 반대방향에서 진행하는 차의 운전자도 어린이통학버스에 이르기 전에 일시정지하여 안전을 확인한 후 서행하여야 한다. ③ **모든 차의 운전자는 어린이나 유아를 태우고 있다는 표시를 한 상태로 도로를 통행하는 어린이통학버스를 앞지르지 못한다.** {10.2 경간부}
	어린이 통학버스 운전자 및 운영자의 의무	① 어린이통학버스를 운전하는 사람은 어린이나 유아가 타고 내리는 경우에만 점멸등 등의 장치를 작동하여야 하며, 어린이 나 유아를 태우고 운행 중인 경우에만 표시를 하여야 한다. ② 어린이통학버스를 운전하는 사람은 어린이나 유아가 어린이통학버스를 탈 때에는 어린이나 유아가 좌석에 앉았는지 확인한 후에 출발하여야 하며, 내릴 때에는 보도나 길가장자리구역 등 자동차로부터 안전한 장소에 도착한 것을 확인한 후에 출발하여야 한다. ③ 어린이통학버스를 운영하는 자는 어린이통학버스에 어린이나 유아를 태울 때에는 아래에 해당하는 보호자를 함께 태우그 운행하여야 한다. 　㉠ 「유아교육법」에 따른 유치원이나 「초 · 중등교육법」에 따른 초등학교 또는 특수학교의 교직원 　㉡ 「영유아보육법」 제2조제5호에 따른 보육교직원 　㉢ 「학원의 설립 · 운영 및 과외교습에 관한 법률」 제13조제1항에 따른 강사 　㉣ 「체육시설의 설치 · 이용에 관한 법률」에 따든 체육시설의 종사자 　㉤ 그 밖에 어린이통학버스를 운영하는 자가 지정한 사람
	어린이 통학용 자동차 운전자의 의무	어린이를 교육 대상으로 하는 시설에서 어린이의 통학 등에 이용되는 자동차(제52조에 따라 신고한 자동차는 제외한다. 이하 "어린이통학용자동차"라 한다)를 운전하는 사람은 어린이가 승차 또는 하차하는 때에 자동차에서 하차하여 어린이가 길가장자리구역 등 자동차로부터 안전한 장소에 도착한 것을 확인하여야 한다. 다만, 자동차에 어린이의 승차 또는 하차를 도와주는 성년인 사람이 동승한 경우에는 그러하지 아니하다.
	【도로교통법상 연령정리】	
	㉠ 유아 : 6세 미만　　　㉡ 어린이 : 13세 미만　　　㉢ 노인 : 65세 이상	

주 차	운전자가 승객을 기다리거나 화물을 싣거나 고장 나거나 그 밖의 사유로 인하여 차를 계속하여 **정지상태에 두는 것 또는 운전자가 차에서 떠나서 즉시 그 차를 운전할 수 없는 상태에 두는 것** {07.1 승진}
정 차	운전자가 **5분**을 초과하지 아니하고 **차를 정지시키는 것**으로서 주차 외의 정지상태 {05.2 경간부, 04.10 순경, 04.3 순경}
운 전	**도로**(제44조 · 제45조 · 제54조제1항 · 제148조 및 제148조의2에 한하여 도로 외의 곳을 포함)에서 **차마를 그 본래의 사용방법에 따라 사용하는 것(조종을 포함)** {04.1 승진}
초보 운전자	처음 운전면허를 받은 날(처음 운전면허를 받은 날부터 2년이 지나기 전에 운전면허 취소의 처분을 받은 경우에는 그 후 다시 운전면허를 받은 날을 말한다)부터 **2년이 경과되지 아니한 사람**을 말한다. 이 경우 원동기장치 자전거면허만을 받은 사람이 원동기장치자전거면허 외의 운전면허를 받은 경우에는 처음 운전면허를 받은 것
서 행	운전자가 차를 **즉시 정지시킬 수 있는 정도의 느린 속도로 진행**하는 것 {05.2 경간부, 04.10 순경}
앞지르기	차의 운전자가 앞서가는 다른 차의 옆을 지나서 그 차의 앞으로 나가는 것
일시정지	차의 운전자가 그 **차의 바퀴를 일시적으로 완전히 정지**시키는 것 **【일시정지장소】** {05.1 승진} ① 교통정리가 행하여지고 있지 아니하고 **좌우를 확인할 수 없거나 교통이 빈번한 교차로** ② 지방경찰청장이 도로에서의 위험을 방지하고 교통의 안전과 원활한 소통을 확보하기 위하여 필요하다고 인정하여 **안전표지에 의하여 지정한 곳**
보행자 전용도로	**보행자만이 다닐 수 있도록** 안전표지나 그와 비슷한 인공구조물로써 표시한 도로 **【보행자가 아닌 사람】** {05.2 경간부, 05.1 승진} ① **손수레, 원동기장치자전거, 자전거를 타고 횡단하는 자** ② 횡단보도에 누워 있거나 엎드려 있는 자 ③ 횡단보도 내에서 교통정리를 하고 있는 중인 자 ④ 횡단보도 내에서 택시를 잡는 중인 자 ⑤ 횡단보도 내에서 적재물 하역작업을 하는 중인 자 ⑥ 보도에 서 있다가 횡단보도 내로 넘어진 자
자동차 운전학원	자동차 등의 운전에 관한 지식 · 기능을 교육하는 시설로서 다음 각 목의 시설 외의 시설 ① 교육관계법령에 의한 학교에서 소속 학생 및 교직원의 연수를 위하여 설치한 시설 ② 사업장 등의 시설로서 소속 직원의 연수를 위한 시설 ③ 전산장치에 의한 모의운전연습시설 ④ 지방자치단체 등이 신체장애인의 운전교육을 위하여 설치하는 시설 가운데 지방경찰청장이 인정하는 시설 ⑤ 대가를 받지 아니하고 운전교육을 실시하는 시설 ⑥ 운전면허를 받은 사람을 대상으로 다양한 운전경험을 체험할 수 있도록 하기 위하여 도로가 아닌 장소에서 운전교육을 실시하는 시설

2. 긴급자동차

의 의	긴급자동차란 **소방자동차, 구급자동차** 그 밖의 대통령령이 정하는 **자동차**로서 그 본래의 긴급한 용도로 사용되고 있는 중인 **자동차**를 말한다. {10.1 승진, 05.3 순경, 05.2 경간부, 04.10 순경}	
운전자의 면허자격	① 1종대형　　② 1종보통(12인 이하 승용·승합자동차의 경우) 면허	
유 형	**도로 교통법**	① **소**방자동차　　　　② **혈**액공급차량　　　③ **구**급자동차 ④ 그 밖에 대통령령이 정하는 자동차
	도로 교통법 시행령 (법정긴급 자동차) {10.1 승진, 05.7 순경, 02.10 순경}	① 경찰용 자동차 중 **범죄수사·교통단속** 그 밖에 긴급한 경찰업무수행에 사용되는 자동차 ② 국군 및 주한국제연합군용 자동차 중 **군내부의 질서유지나 부대의 질서 있는 이동을 유도**하는데 사용되는 자동차 {06.10 순경} ③ **수사기관의 자동차 중 범죄수사를 위하여 사용**되는 자동차 　{05.7 순경, 02.10 순경} ④ **교도기관**(교도소·소년교도소·구치소 또는 보호감호소, 소년원 또는 소년분류심사원, 보호관찰소)의 자동차 중 **도주자의 체포 또는 피수용자·피관찰자의 호송·경비를 위하여 사용**되는 자동차 ⑤ 국내외 요인에 대한 **경호업무수행**에 공무로서 사용되는 자동차 {07.12 순경}
	지방경찰청장 의 지정 (사용자의 신청) {06.10 순경}	① **전**기사업·**가**스사업 그 밖의 공익사업기관에서 위험방지를 위한 응급작업에 사용되는 자동차 {07.12 순경} ② **민**방위업무를 수행하는 기관에서 **긴급예방 또는 복구를 위한 출동에 사용되는 자동차** {07.12 순경} ③ **도로관리를 위하여 사용되는 자동차** 중 도로상의 위험을 방지하기 위한 응급작업 및 운행이 제한되는 자동차를 단속하기 위하여 사용되는 자동차 {07.12 순경} ④ **전**신·**전**화의 수리공사 등 응급작업에 사용되는 자동차와 우편물의 운송에 사용되는 자동차 중 긴급배달 우편물의 운송에 사용되는 자동차 및 전파감시업무에 사용되는 자동차
	준 긴급 자동차 {10.1 승진}	① 경찰용의 긴급자동차에 의하여 유도되고 있는 자동차 ② 국군 및 주한국제연합군용의 긴급자동차에 의하여 유도되고 있는 국군 및 주한국제연합군의 자동차 ③ **생명이 위급한 환자나 부상자 또는 수혈을 위한 혈액을 운반 중인 자동차**
지정· 취소권자	**지방경찰청장**	
긴급 자동차의 지정 신청 (동 규칙 제3조)	① 긴급자동차의 지정을 받으려는 사람 또는 기관 등은 긴급자동차 지정신청서에 아래의 서류를 첨부하여 **지방경찰청장에게 제출**하여야 한다. 　㉠ 임대차계약서 사본 1부(자동차가 다른 사람의 소유인 경우에 한정한다) 　㉡ 지정받을 차량 사진 2매 ② **지방경찰청장**은 긴급자동차의 지정을 하는 때에는 **긴급자동차 지정증을 신청인에게 교부**하여야 한다. ③ 교부받은 긴급자동차지정증은 그 자동차의 앞면 창유리의 보기 쉬운 곳에 붙여야 한다.	

	④ **긴급자동차지정증을 잃어버렸거나 헐어 못쓰게 된 때에는 긴급자동차지정증 재교부신청서를 지방경찰청장에게 제출**하여 다시 교부받아야 한다. 다만, 긴급자동차지정증이 헐어 못쓰게 되어 다시 신청하는 때에는 긴급자동차 지정증 재교부신청서에 헐어 못쓰게 된 지정증을 첨부하여 제출하여야 한다. ⑤ 서류를 제출받은 지방경찰청장은 전자정부법 제36조 제1항에 따른 행정정보의 공동이용을 통하여 신청인의 사업자등록증과 자동차등록증을 확인하여야 하며, 신청인이 확인에 동의하지 아니하는 경우에는 그 사본을 첨부하도록 하여야 한다.
지정의 취소 **(동 규칙 제4조)**	① **지방경찰청장은** 지정을 받은 긴급자동차가 아래에 해당하는 경우에는 그 **지정을 취소할 수 있다.** 　㉠ 자동차의 색칠·사이렌 또는 경광등이 자동차안전기준에 규정된 긴급자동차에 관한 구조에 적합하지 아니한 경우 　㉡ 그 차를 영 제2조 제1항 각 호의 목적에 벗어나 사용하거나 고장이나 그 밖의 사유로 인하여 긴급자동차로 사용할 수 없게 된 경우 ② 지방경찰청장은 긴급자동차의 지정을 취소한 때에는 **지체 없이 긴급자동차지정증을 회수**하여야 한다.
긴급 자동차의 우선권 **(법 제29조)**	① 차마의 운전자는 도로(보도와 차도가 구분된 도로에서는 차도)의 중앙(중앙선이 설치되어 있는 경우에는 그 중앙선)으로부터 우측부분을 통행하여야 하지만, **긴급자동차는 긴급하고 부득이한 경우에는 도로의 중앙이나 좌측 부분을 통행**할 수 있다. {10.1 승진} ② 긴급자동차는 도로교통법에 따른 명령에 따라 정지하여야 하는 경우에도 불구하고 **긴급하고 부득이한 경우에는 정지하지 아니할 수 있다.** ③ 긴급자동차의 운전자는 교통안전에 특히 주의하면서 통행하여야 한다. ④ 모든 차의 운전자는 교차로나 그 부근에서 긴급자동차가 접근하는 경우에는 교차로를 피하여 도로의 우측 가장자리에 일시정지하여야 한다. 다만, **일방통행으로 된 도로에서 우측 가장자리로 피하여 정지하는 것이 긴급자동차의 통행에 지장을 주는 경우에는 좌측 가장자리로 피하여 정지**할 수 있다. {10.1 승진} ⑤ 모든 차의 운전자는 제4항에 따른 곳 외의 곳에서 긴급자동차가 접근한 경우에는 도로의 우측 가장자리로 피하여 진로를 양보하여야 한다. 다만, **일방통행으로 된 도로에서 우측 가장자리로 피하는 것이 긴급자동차의 통행에 지장을 주는 경우에는 좌측 가장자리로 피하여 양보할 수 있다.**
긴급 자동차에 대한 특례 **(법 제30조)**	① 긴급자동차에 대하여는 ㉠ **앞지르기의 금지 시기와 장소**, ㉡ **끼어들기의 금지**, ㉢ **자동차 등의 속도 제한**. 다만, 긴급 자동차에 대하여 속도를 제한한 경우에는 같은 조의 규정을 적용한다.{05.7 순경, 02.10 순경} ② 긴급업무 수행 중 신호위반이나 중앙선침범으로 인한 사고 야기시에는 교통사고처리특례법에 의거한 **신호위반사고, 중앙선침범사고로 처벌받는다.** {12.1 승진, 10.1 승진, 05.7 순경, 02.10 순경}
긴급 자동차의 운행 **(시행령 제3조)**	① 소방자동차·구급자동차·혈액공급차량 및 긴급자동차는 자동차관리법에 따른 자동차의 안전운행에 필요한 기준에서 정한 긴급자동차의 구조를 갖추어야 하고, 우선 통행 및 긴급자동차에 대한 특례와 그 밖에 법에서 규정된 **특례의 적용을 받으려는 때에는 사이렌을 울리거나 경광등을 켜야 한다.** 다만, 속도 위반차량을 단속하는 경우의 긴급자동차와 국내외 요인에 대한 경호업무수행에 공무로서 사용되는 긴급자동차는 예외로 한다. ② **국내외 요인에 대한 경호업무수행에 공무로서 사용되는 긴급자동차와 준긴급자동차로 보는 자동차**는 전조등 또는 비상표시등을 켜거나 그 밖에 적당한 방법으로 긴급한 목적으로 운행되고 있음을 표시하여야 한다.

3. 주 · 정차 금지 및 주차금지의 장소

<table>
<tr><td rowspan="7">정차
및
주차의
금지
(법 제32조)</td><td>모든 차의 운전자는 아래에 해당하는 곳에서는 차를 정차하거나 주차하여서는 아니 된다. 다만, 도로교통법에 따른 명령 또는 경찰공무원의 지시를 따르는 경우와 위험방지를 위하여 일시정지하는 경우에는 그러하지 아니하다.</td></tr>
<tr><td>① 교차로 · 횡단보도 · 건널목이나 보도와 차도가 구분된 도로의 도도(주차장법에 따라 차도와 보도에 걸쳐서 설치된 노상주차장은 제외)</td></tr>
<tr><td>② 교차로의 가장자리나 도로의 모퉁이로부터 5미터 이내인 곳 {10.1 승진}</td></tr>
<tr><td>③ 안전지대가 설치된 도로에서는 그 안전지대의 사방으로부터 각각 10미터 이내인 곳</td></tr>
<tr><td>④ 버스여객자동차의 정류지(停留地)임을 표시하는 기둥이나 표지판 또는 선이 설치된 곳으로부터 10미터 이내인 곳. 다만, 버스여객자동차의 운전자가 그 버스여객자동차의 운행시간 중에 운행노선에 따르는 정류장에서 승객을 태우거나 너리기 위하여 차를 정차하거나 주차하는 경우에는 그러하지 아니하다.</td></tr>
<tr><td>⑤ 건널목의 가장자리 또는 횡단보도로부터 10미터 이내인 곳 {07.1 승진}</td></tr>
<tr><td>⑥ 지방경찰청장이 도로에서의 위험을 방지하고 교통의 안전과 원활한 소통을 확보하기 위하여 필요하다고 인정하여 지정한 곳</td></tr>
<tr><td rowspan="8">주차
금지의
장소
(법 제33조)
{10.1 승진,
07.10 순경}</td><td>① 터널 안 및 다리 위 {07.1 승진}</td></tr>
<tr><td>② 화재경보기로부터 3미터 이내인 곳 {10.1 승진, 07.1 승진}</td></tr>
<tr><td>③ 다음 각 목의 곳으로부터 5미터 이내인 곳</td></tr>
<tr><td>　㉠ 소방용 기계 · 기구가 설치된 곳 {05.3 순경}</td></tr>
<tr><td>　㉡ 소방용 방화(防火) 물통</td></tr>
<tr><td>　㉢ 소화전(消火栓) 또는 소화용 방화 물통의 흡수구나 흡수관(흡수관)을 넣는 구멍</td></tr>
<tr><td>　㉣ 도로공사를 하고 있는 경우에는 그 공사 구역의 양쪽 가장자리</td></tr>
<tr><td>④ 지방경찰청장이 도로에서의 위험을 방지하고 교통의 안전과 읠활한 소통을 확보하기 위하여 필요하다고 인정하여 지정한 곳</td></tr>
</table>

제4절　운전면허

I. 운전면허

1. 운전면허의 일반적 내용

의 의	운전면허라 함은 자동차 등을 운전함에 따라 발생할 수 있는 도로상의 위험을 방지하기 위하여 일반적·상대적으로 금지하고 있는 운전행위를 일정한 자격을 갖춘 자에 한하여 적법하게 할 수 있도록 허가하는 것을 말한다.	
운전면허 허가권자	합격한 지역을 관할하는 **지방경찰청장으로부터 운전면허증을 교부**받는다.	
법 적 성 질	운전면허	**법률행위적 행정행위**이며, 명령적 행위 중에서 **경찰허가**이며 **대인적 허가**이다.
	운전면허증 교부	**준법률행위적 행정행위** 중에서 '**공증**'에 해당한다.
	운전면허 시험에 합격	**준법률행위적 행정행위** 중 '**확인**'에 해당한다.
효력 발생시기	운전면허의 효력은 운전면허시험에 합격한 후 **본인 또는 그 대리인이 운전면허증을 교부받은 때부터 발생**한다. {10.1 승진, 03.6 순경} 운전면허의 효력은 지방경찰청장으로부터 **운전면허증을 현실적으로 교부받아야만 발생하는 것은 아니고, 운전면허신청인이 이를 교부받을 수 있는 상태가 되면 운전면허의 효력이 발생**한다고 보아야 한다. 따라서 현실적으로 면허증을 교부받지 않았지만, 면허증 교부일 후에 운전을 해도 무면허로 볼 수 없다.	

2. 운전면허의 구분(운전할 수 있는 차 등의 종류) {11.8 순경}

종 별	구 분 {11.8순경}	운전할 수 있는 차의 종류		연 령
제1종	대형 면허	① 승용자동차		19세 이상 자동차 (이륜자동차 제외) 운전경험 1년 이상 {11.8 순경, 04.1 승진 02.1 승진}
		② **15인승 이상** 승합자동차		
		③ **12톤 이상** 화물자동차 {11.2 순경}		
		④ 긴급자동차		
		⑤ 원동기장치자전거		
		⑥ 특수자동차(단, 트레일러, 레카는 제외)		
		⑦ 건설기계	㉠ 덤프트럭, **아스팔트살포기, 노상안정기** {10.1 승진, 07.3 순경}	
			㉡ **콘크리트믹서트럭**, 콘크리트펌프 {09.4 순경}	
			㉢ **천공기(트럭적재식)** {10.1 승진}	
			㉣ **도로를 운행하는 3톤 미만의 지게차** {11.2 순경, 04.10 순경}	

종별	면허구분	운전할 수 있는 차량	응시조건
	특수면허	① **트레일러** {10.1 승진}	19세 이상 운전경험 1년 이상 {11.8 순경}
		② **레카** {10.1 승진}	
		③ 제2종 보통면허로 운전할 수 있는 차량 {10.1 승진}	
	보통면허 {11.2 순경}	① 승용자동차	18세 이상 {12.8 순경, 04.11 순경}
		② **승차정원 15인 이하 승합자동차** {10.1 승진, 08.10 순경, 07.3 순경, 04.10 순경}	
		③ **승차정원 12인 이하 긴급자동차** (승용 및 승합자동차에 **한·함**) {12.8 순경, 08.10 순경, 07.3 순경, 03.3 순경}	
		④ **적재중량 12톤 미만 화물자동차** {11.2 순경, 10.1 승진, 07.3 순경, 04.10 순경}	
		⑤ 건설기계(도로를 운행하는 **3톤 미만**의 지게차에 한함) {11.2 순경}	
		⑥ 원동기장치자전거	
	소형면허	① **3륜 승용자동차** {10.1 승진}	
		② **3륜 화물자동차** {10.1 승진}	
		③ 원동기장치자전거	
제2종	보통면허	① 승용자동차	
		② **승차정원 10인 이하의 승합자동차** {10.1 승진}	
		③ **적재중량 4톤 이하 화물자동차**	
		④ 원동기장치자전거	
	소형면허	① 2륜 자동차(측차부 포함) 　– **배기량 125cc 초과인 오토바이** {10.1 승진}	
		원동기장치자전거	
	원동기장치 자전거면허	원동기장치자전거 – **배기량 125cc 이하인 오토바이**	16세 이상 {04.11 순경}
연습 면허	제1종보통	① 승용자동차 ② 승차정원 15인 이하 승합자동차 ③ 적재중량 12톤 미만 화물자동차	
	제2종보통	① 승용자동차 ② 승차정원 10인 이하 승합자동차 ③ 적재중량 4톤 이하 화물자동차	

【위험물 운반차】

구분	운전할 수 있는 차량
1종 대형면허	① 적재중량 **3톤 초과** 화물자동차 ② 적재용량 **3천ℓ 초과** 화물자동차
2종 보통면허	① 적재중량 **3톤 이하** 화물자동차 ② 적재용량 **3천ℓ 이하** 화물자동차

【자동차의 형식·구조 또는 장치가 변경·승인된 경우(기준)】			
자동차의 형식이 변경된 경우	차종이 변경되거나 승차정원 또는 적재중량이 증가한 경우	변경승인 후의 차종이나 승차정원 또는 적재중량이 기준 {08.1 승진}	
	차종이 변경 없이 승차정원 또는 적재중량이 감소한 경우	변경승인 전의 승차정원 또는 적재중량이 기준 {08.1 승진}	
자동차의 구조·장치가 변경된 경우	변경승인 전의 승차정원 또는 적재중량 기준이 기준 {08.1 승진}		

🔲 승차정원 **45인승인 대형버스**를 승차정원 **12인승**으로 개조하였을 경우에는 2종보통면허가 아닌 변경승인전의 승차정원 45인승을 운전할 수 있는 **제1종 대형운전면허**로 이 차량을 운전하여야 한다.

【자동차변경·이전등록신청 기한】		
자동차 변경·등록신청	변경등록은 그 사유가 **발생한 날로부터 15일 이내**에 등록관청에 신청하여야 한다.	
자동차 이전등록 신청기한 {10.1 승진}	매 매	매수한 날로부터 **15일 이내**
	증 여	증여를 받은 날로부터 **20일 이내**
	상 속	상속개시일부터 **3개월 이내**
	기 타	소유권 이전의 경우에는 사유가 발생한 날부터 **15일 이내**

3. 연습운전면허

종류 및 유효기간	① 연습운전면허는 **제1종 보통연습면허 및 제2종 보통연습면허의 2종류**가 있다(동 규칙 제57조). {08.7 순경} ② 연습운전면허시험에 응시하고자 하는 사람은 **제1종 보통연습면허 및 제2종 보통연습면허를 동시에 신청할 수 없다**(동 규칙 제57조). ③ 자동차운전면허시험 응시원서의 **유효기간은 최초의 필기시험일부터 1년간**으로 하되, 제1종 보통연습면허 또는 제2종 보통연습면허를 받은 때에는 그 연습운전면허의 유효기간으로 한다(동 규칙 제58조). {12.8 순경. 11.8 순경}
효 력	연습운전면허는 그 **면허를 받은 날부터 1년 동안 효력**을 가진다. {11.8 순경} 다만, 연습운전면허를 받은 날부터 1년 이전이라도 연습운전면허를 받은 사람이 **제1종 보통면허 또는 제2종 보통면허를 받은 경우 연습운전면허는 그 효력을 잃는다**(법 제81조). {08.7 순경}
준수사항	① 운전면허(연습하고자 하는 자동차를 운전할 수 있는 운전면허에 한함)를 받은 날부터 **2년이 경과된 사람**(소지하고 있는 운전면허의 효력이 정지지간 중인 사람을 제외)**과 함께 승차하여 그 사람의 지도를** 받아야 한다. ② 여객자동차운수사업법 또는 화물자동차운수사업법에 따른 사업용 자동차를 운전하는 등 **주행연습 외의 목적으로 운전하여서는 아니 된다.** ③ 주행연습 중이라는 사실을 다른 차의 운전자가 알 수 있도록 연습 중인 자동차에 "**주행연습**"의 표지를 붙여야 한다.

연습운전 면허의 취소 등 행정처분	① 연습운전면허에 대해서는 법규위반이 있더라도 벌점관리대상의 면허가 아니므로 **면허 정지처분 대상이 아니다.** ② **지방경찰청장은** 연습운전면허를 교부받은 사람이 운전 중 **고의 또는 과실로 교통사고** 를 일으키거나 **도로교통법 또는 도로교통법에 의한 명령에 위반한 때에는 그 면허를 취소하여야** 한다. {09.4 순경, 08.7 순경} ③ 연습운전면허 취소의 예외사유는 아래와 같이 **본인에게 귀책사유가 없는 경우에는 취소를 하지 않는다.** {09.4 순경, 08.7 순경} ㉠ 도로교통공단의 도로주행시험을 담당하는 사람, 자동차운전학원의 강사, **전문학원의 강 사 또는 기능검정원의 지시에 따라 운전하던 중 교통사고를 일으킨 경우** ㉡ **도로가 아닌 곳에서 교통사고를 일으킨 경우** ㉢ **교통사고를 일으켰으나 물적 피해만 발생한 경우**

4. 운전면허 결격사유 및 발급기간 제한

1) 운전면허 결격사유

결격 사유 (법 제82조)	① 18세 미만(원동기장치자전거의 경우에는 16세 미만)인 사람 ② 교통상의 위험과 장해를 일으킬 수 있는 정신질환자 또는 간질혼·자(癎疾患者) ③ **듣지 못하는 사람(제1종 운전면허 중 대형면허·특수면허만 해당한다),** 앞을 보지 못하는 사람이나 그 밖에 신체장애인 {05.3 순경} ④ 양쪽 팔의 팔꿈치관절 이상을 잃은 사람이나 양쪽 팔을 전혀 쓸 수 없는 사람. 다만, 본인의 신체장애 정도에 적합하게 제작된 자동차를 이용하여 정상적인 운전을 할 수 있 는 경우에는 그러하지 아니하다. ⑤ 교통상의 위험과 장해를 일으킬 수 있는 마약·대마·향정신성의약품 또는 알코올 중독자 ⑥ 제1종 대형면허 또는 제1종 특수면허를 받으려는 경우로서 19세 미만이거나 자동차(이륜 자동차는 제외)의 운전경험이 1년 미만인 사람 ① **농아자 및 한쪽 팔이 없는 사람은 결격사유에 해당하지 않는다.** {01.1 경간부} ② **농자의 경우에는 제2종 면허는 발급이 가능**하다. {05.3 순경, 01.2 경간부}

2) 운전면허 발급기간 제한

즉시 응시	① 적성검사를 받지 아니하여 운전면허가 취소된 경우 {08.2 경간부} ② 제1종 운전면허를 받은 사람이 적성검사에 불합격되어 다시 제2종 운전면허를 받으려 는 경우
정지처분 기간 중	운전면허효력 정지처분을 받고 있는 경우 {08.3 순경, 08.2 경간부, 05.7 순경}
6개월	원동기장치자전거 면허를 받으려는 경우
1년	① 무면허운전(운전면허 정지기간 중 운전) 또는 운전면허발급제한 기간 중 국제운전면허증으 로 자동차를 운전한 경우 ② 운전면허를 받은 사람이 자동차 등을 이용하여 살인 또는 강간 등 행정안전부령이 정하는 범 죄행위를 한 때

	③ 위 사항 이외의 사유로 면허가 취소된 경우 (교통사고로 인하여 운전면허가 취소된 때, 음주운전으로 운전면허가 취소된 때(0.1% 이상에서 운전 한 경우 등)
2년	① 무면허운전(운전면허 정지기간 중 운전) 또는 운전면허발급제한 기간 중 국제운전면허증으로 자동차를 운전하여 위반한 경우 3회 이상 위반하여 자동차 등을 운전한 경우 {12.2 순경, 08.3 순경} ② 음주운전 금지 또는 음주측정에 불응에 대해 3회 이상 위반하여 운전면허가 취소되었을 때 {12.2 순경, 09.4 순경, 08.2 경간부} ③ 허위 또는 부정한 수단으로 운전면허를 받은 경우 ④ 운전면허를 받은 사람이 다른 사람의 자동차등을 훔치거나 빼앗은 때 {12.2 순경, 09.4 순경, 09.3 순경, 05.10 순경} ⑤ 다른 사람이 부정하게 운전면허를 받도록 하기 위하여 운전면허시험에 응시한 경우 {10.1 승진, 09.3 순경, 08.3 순경, 05.1 승진} ⑥ 2회 이상의 공동위험행위로 운전면허가 취소된 경우 ⑦ 운전면허를 받을 수 없는 사람이 운전면허를 발급받은 경우
3년	① 음주 운전금지를 위반하여 술에 취한 상태에서 운전을 하다가 3회 이상 교통사고를 일으킨 경우 {12.2 순경, 10.1 승진, 08.2 경간부, 09.3 순경, 08.3 순경, 05.10 순경, 05.3 순경, 05.1 승진} ② 자동차 등을 이용하여 범죄행위를 하거나 다른 사람의 자동차 등을 훔치거나 빼앗은 사 람이 무면허운전의 금지를 위반하여 그 자동차 등을 운전한 경우 {09.4 순경, 09.3 순경, 08.2 경간부, 05.10 순경, 05.7 순경, 05.1 승진}
4년	음주 운전금지, 과로한 때 등의 운전금지, 공동위험행위의 금지까지의 규정에 따른 사유가 아닌 다른 사유로 사람을 사상한 후 사고발생에 따른 필요한 조치 및 신고를 하지 아니한 경우 {05.10 순경}
5년	① 무면허운전을 하거나 운전면허발급제한 기간 중 국제운전면허증으로 자동차를 운전하여 사람을 사상한 후 사고발생에 따른 필요한 조치 및 신고를 하지 아니한 경우 {08.3 순경, 05.1 승진} ② 음주운전금지, 과로한 때 등의 운전금지, 공동위험행위의 금지를 위반하여 사람을 사상한 후 사고발생에 따른 필요한 조치 및 신고를 하지 아니한 경우 {12.8 순경, 10.1 승진, 08.3순경, 05.10 순경, 04.7 순경}

【무면허운전의 유형】

① 운전면허를 받지 아니하고 운전하는 행위
② 유효기간이 지난 면허증으로 운전하는 행위(적성검사기간 만료일로부터 1년간의 취소유예기간이 지난 면허증으로 운전하는 경우)
③ 면허의 취소처분을 받은 자가 운전하는 행위
④ **면허정지기간 중 운전하는 행위** {04.1 승진}
⑤ **운전면허시험에 합격한 후에 면허증 교부 전에 운전하는 행위** {04.1 승진}
⑥ 면허의 범위를 벗어난 면허외 운전을 하는 행위
⑦ **국제운전면허증으로 사업용 시외버스를 운전하는 행위** {04.1 승진}

5. 임시운전증명서(법 제91조)

의 의	**지방경찰청장은** 아래에 해당하는 사람이 임시운전증명서 발급을 신청하면 **임시운전증명서를 발급할 수 있다.** 다만, **적성검사 또는 운전면허증 갱신교부의 신청을 하거나 수시적성검사를 신청한 경우에는** 소지하고 있는 운전면허증에 행정안전부령으로 정하는 사항을 기재하여 발급함으로써 임시운전증명서 발급을 갈음할 수 있다. ㉠ 운전면허증을 받은 사람이 운전면허증 분실, 헐어 못쓰게 된 경우 등으로 인해 재교부 신청을 한 경우 ㉡ 정기 적성검사 또는 운전면허증 갱신 발급 신청을 하거나 수시 적성검사를 신청한 경우 ㉢ 운전면허의 취소처분 또는 정지처분 대상자가 운전면허증을 제출한 경우. 단, **교부권한은 관할 경찰서장에게 위임**한다.
효 력	임시운전증명서는 그 **유효기간 중 운전면허증과 같은 효력**이 있다.
유 효 기 간	① 임시운전증명서의 유효기간은 **20일 이내**로 한다. {10.1 승진} ② 운전면허의 취소 또는 정지처분 대상자의 경우에는 **40일 이내**로 할 수 있다. {10.1 승진, 05.1 승진} 다만, 경찰서장이 필요하다고 인정하는 경우에는 그 **유효기간을 1회에 한하여 20일의 범위에서 연장**할 수 있다. {10.1 승진} ☞ **최대유효기간은 60일**이다. {10.1 승진, 05.1 승진}

6. 국제운전면허증(법 제98조)

1) 국내에서 교부(발급)받은 국제운전면허증

신 청	국내에서 운전면허를 받은 사람이 국외에서 운전을 하기 위하여 도로교통에 관한 협약에 의한 국제운전면허증을 교부받고자 하는 때에는 **지방경찰청장에게 신청**하여야 한다. {01.1 승진}
발 급	① 국내운전면허를 받은 사람{**원동기장치자전거면허 및 연습운전면허를 받은 사람은 제외**}이 국제운전면허증을 발급받으려는 경우에는 신청서를 **도로교통공단에 제출**하여야 한다. {10.1 승진, 03.4 순경, 01.1 승진, 97.1 승진} ② **도로교통공단은** 신청서를 받은 때에는 **국제운전면허증을 발급**하여야 한다. ③ **도로교통공단은** 국제운전면허증을 발급하는 때에는 **자동차운전면허대장과 국제운전면허 발급대장에 각각 이를 기재**하여야 한다. ④ 국제운전면허증을 발급받은 자라도 운전 시 이를 **소지하지 않으면 무면허운전으로 처벌된다.** {10.1 승진, 05.1 승진, 03.4 순경, 03.1 승진, 01.1. 승진}
유효기간	국제운전면허증의 유효기간은 **교부받은 날부터 1년**으로 한다. {03.4 순경, 96.1 승진}
효 력	① 국제운전면허증은 이를 발급받은 사람의 **국내운전면허의 효력이 없어지거나 취소된 때에는 그 효력을 잃는다.** {03.4 순경} ② 국제운전면허증은 이를 발급받은 사람의 **국내운전면허의 효력이 정지된 때에는 그 정지기간 중 효력이 정지**된다. {03.4 순경}

2) 외국에서 발급받은 국제운전면허증

의 의	① 외국의 권한 있는 기관에서 1949년 제네바에서 체결된 도로교통에 관한 협약, 1968년 비엔나에서 체결된 도로교통에 관한 협약의 규정에 의한 국제운전면허증을 발급받은 사람은 제80조 제1항(운전면허)의 규정에 불구하고 **국내에 입국한 날부터 1년의 기간에 한하여 그 국제운전면허증으로 자동차 등을 운전**할 수 있다. {10.1 승진, 05.1 승진, 03.1 승진} ② **운전할 수 있는 자동차의 종류는 그 국제운전면허증에 기재된 것에 한한다.** {05.1 승진, 03.1 승진}
운전금지 차량 (제96조)	① 국제운전면허를 외국에서 발급받은 사람은 **여객자동차운수사업법** 또는 **화물자동차운수사업법에 의한 사업용자동차를 운전할 수 없다.** 다만, 여객자동차운수사업법에 의한 대여사업용자동차를 임차하여 운전하는 경우에는 그러하지 아니하다. {10.1 승진, 09.4 순경, 05.1 승진, 03.1 승진} ② 운전면허 결격사유에 해당하는 사람으로서 동항 각 호의 구분에 의한 기간이 지나지 아니한 사람은 제1항의 규정에 불구하고 자동차 등을 운전하여서는 아니 된다.
자동차 등의 운전금지 (제97조)	① 국제운전면허증을 가지고 국내에서 자동차 등을 운전하는 사람이 아래에 해당하는 경우에는 **그 사람의 주소지를 관할하는 지방경찰청장**은 행정안전부령이 정한 기준에 의하여 **1년을 넘지 아니하는 범위 이내에서 국제운전면허증에 의한 자동차 등의 운전을 금지**할 수 있다. {10.1 승진} 그러나 **면허취소·정지사유에 해당한다 해도 발행청이 외국 행정청이므로 경찰이 국제운전면허를 취소·정지처분을 할 수는 없다.** ㉠ 수시적성검사를 받지 아니하였거나 적성검사에 불합격된 경우 ㉡ **운전 중 고의 또는 과실로 교통사고를 일으킨 경우** ㉢ 대한민국 국적을 가진 사람이 운전면허가 취소되거나 효력이 정지된 후 면허발급제한 기간이 지나지 아니한 경우 ㉣ 자동차 등의 운전에 관하여 이 법이나 이 법에 의한 명령 또는 처분을 위반한 경우 ② **자동차 등의 운전이 금지된 사람**은 지체 없이 국제운전면허증에 의한 운전을 금지한 **지방경찰청장에게 그 국제운전면허증을 제출**하여야 한다. ③ 지방경찰청장은 금지기간이 끝난 경우 또는 금지처분을 받은 사람이 그 금지기간 중에 출국하는 경우에 그 사람의 반환청구가 있으면 지체 없이 보관 중인 국제운전면허증을 돌려주어야 한다.

【운전면허증의 반납(제95조)】

① 운전면허증을 받은 사람이 아래에 해당하는 때에는 그 사유가 **발생한 날부터 7일 이내에 주소지를 관할하는 지방경찰청장에게 운전면허증을 반납**하여야 한다.
　㉠ 운전면허 취소처분을 받은 경우
　㉡ 운전면허효력 정지처분을 받은 경우
　㉢ 운전면허증을 잃어버리고 다시 발급받은 후 그 잃어버린 운전면허증을 찾은 경우
　㉣ 연습운전면허증을 받은 사람이 제1종 보통면허증 또는 제2종 보통면허증을 받은 경우
　㉤ 운전면허증 갱신을 받은 경우
② 경찰공무원은 제1항을 위반하여 운전면허증을 반납하지 아니한 사람이 소지한 운전면허증을 직접 회수할 수 있다.
③ 지방경찰청장이 **운전면허효력 정지처분을 받은 자**에게 운전면허증을 반납받았거나 운전면허증을 회수하였을 때에는 이를 보관하였다가 **정지기간이 끝난 즉시 돌려주어야 한다.**

7. 운전면허증의 갱신과 정기 적성검사(제87조)

운전 면허증의 갱신	① 최초의 운전면허증 갱신기간은 **운전면허시험에 합격한 날부터 기산하여 10년**(운전면허시험 합격 일에 65세 이상인 사람은 5년)이 되는 날이 속하는 해의 1월 1일부터 12월 31일까지 ② ① 외의 운전면허증 갱신기간은 직전의 **운전면허증 갱신 일부터 기산하여 매 10년**(직전의 운전면허증 갱신 일에 65세 이상인 사람은 5년)이 되는 날이 속하는 해의 1월 1일부터 12월 31일까지
정기 적성검사	① 제1종 운전면허를 받은 사람 ② 제2종 운전면허를 받은 사람 중 운전면허증 갱신기간에 70세 이상인 사람 ③ 정기 적성검사를 받지 아니하거나 이에 합격하지 못한 사람은 운전면허증을 갱신하여 받을 수 없다. ④ 운전면허증을 갱신하여 발급받거나 정기 적성검사를 받아야 하는 사람이 해외여행 또는 군 복무 등 사유로 그 기간 이내에 운전면허증을 갱신하여 발급받거나 정기 적성검사를 받을 수 없는 때에는 이를 미리 받거나 그 연기를 받을 수 있다.

II. 운전면허 행정처분

1. 일반기준

의 의	① 운전면허 행정처분이란 면허를 발급받고 운전행위를 하던 자가 교통법규를 위반하거나 교통사고를 야기한 경우에 지방경찰청장이 그 자의 운전면허의 효력을 **일정기간 정지시키거나 취소하는 행정행위**를 말한다. ② 운전면허 행정처분에 대해서는 형법상 공소시효 등이 적용되지 않으므로, 행정처분 사유가 **객관적으로 증명될 경우 행정처분**할 수 있다. ③ 군부대에서 자체 발급된 운전면허에 대해서는 신병과 사고 보고서 인계 시 군수사기관에 인계하고 **별도 행정처분은 없으나, 일반운전면허를 소지한 경우에는 행정처분**을 할 수 있다.
용 어	① 벌점이라 함은 행정처분의 기초자료로 활용하기 위하여 법규위반 또는 사고야기에 대하여 그 위반의 경중, 피해의 정도 등에 따라 배점되는 점수를 말한다. ② 누산점수라 함은 **위반 · 사고 시의 벌점을 누적하여 합산한 점수**에서 상계치(무위반 · 무사고기간 경과 시에 부여되는 점수 등)를 뺀 점수를 말한다. 다만, 제3호 가목의 1란 및 7란에 의한 벌점은 누산점수에 이를 산입하지 아니하되, 범칙금 미납 벌점을 받은 날을 기준으로 과거 3년간 2회 이상 범칙금을 납부하지 아니하여 벌점을 받은 사실이 있는 경우에는 누산점수에 산입한다. **누산점수** = 매 위반 · 사고 시 벌점의 누적 합산치 − 상계치 ③ 처분벌점이라 함은, 구체적인 법규위반 · 사고야기에 대하여 **앞으로 정지처분기준을 적용하는 데 필요한 벌점**으로서, 누산점수에서 이미 정지처분이 집행된 벌점의 합계치를 뺀 점수를 말한다. **처분벌점** = 누산점수 − 이미 처분이 집행된 벌점의 합계치 = 매 위반 · 사고시 벌점의 누적 합산치 − 상계치− 이미 처분이 집행된 벌점의 합계치

벌점의 종합관리	누산점수의 관리	법규위반 또는 교통사고로 인한 벌점은 행정처분기준을 적용하고자 하는 당해 위반 또는 사고가 있었던 날을 기준으로 하여 과거 **3년간의 모든 벌점을 누산하여 관리**한다.
	무위반 · 무사고기간 경과로 인한 벌점 소멸	**처분벌점이 40점 미만인 경우**에 최종의 위반일 또는 사고일로부터 위반 및 사고 없이 **1년이 경과한 때에는 그 처분벌점은 소멸**한다.
	도주차량 신고에 따른 벌점 공제	교통사고(인적 피해사고)를 야기하고 도주한 차량을 검거하거나 신고하여 검거하게 한 운전자(교통사고의 피해자가 아닌 경우에 한한다)에 대하여는 **40점의 특혜점수를 부여**하여 기간에 관계없이 그 운전자가 정지 또는 취소처분을 받게 될 경우, 검거 또는 신고별로 각1회에 한하여 누산점수에서 이를 공제한다.

	개별기준 적용에 있어서의 벌점 합산(법규위반으로 교통사고를 야기한 경우)	법규위반으로 교통사고를 야기한 경우에는 **각 벌점을 모두 합산**한다. ㉠ 교통법규위반시의 벌점(교통사고의 원인이 된 법규위반 이 둘 이상인 경우에는 그중 가장 중한 것 하나만 적용) ㉡ 사고결과에 따른 벌점 ㉢ 조치 등 불이행에 따른 벌점
벌점의 종합관리	정지처분 대상자의 임시운전 증명서	**경찰서장**은 면허 정지처분 대상자가 면허증을 반납한 경우에는 본인이 희망하는 기간을 참작하여 **40일 이내의 유효기간을 정하여 임시운전증명서를 발급**하고, 동 증명서의 유효기간 만료일 다음 날부터 소정의 정지처분을 집행하며, 당해 면허 정지처분 대상자가 정지처분을 즉시 받고자 하는 경우에는 임시운전 증명서를 발급하지 않고 **즉시 운전면허 정지처분을 집행할 수 있다.** {02.7 순경, 01.3 순경}
벌점 등 초과로 인한 운전면허의 취소·정지	벌점·누산점수 초과로 인한 면허 취소	1회의 위반·사고로 인한 벌점 또는 연간 누산점수가 다음 표의 벌점 또는 누산점수에 도달한 때에는 그 운전면허를 취소한다. | 기간 | 벌점 또는 누산점수 | | 1년간 | **121점 이상** {02.7 순경, 01.3 순경} | | 2년간 | **201점 이상** {10.1 승진} | | 3년간 | 271점 이상 |
	벌점·처분벌점 초과로 인한 면허 정지	운전면허 정지처분은 **1회의 위반·사고로 인한 벌점 또는 처분벌점이 40점 이상이 된 때부터 결정하여 집행하되, 원칙적으로 1점을 1일로 계산하여 집행**한다. {02.7 순경, 01.3 순경}
처분벌점 및 정지처분 집행일수의 감경	특별교통안전교육에 따른 처분벌점 및 정지처분 집행일수의 감경	① 처분벌점이 40점 미만인 사람이 **교통법규교육**을 마친 경우에는 경찰서장에게 교육필증을 제출한 날부터 **처분벌점에서 20점을 감경한다.** ② 면허정지처분을 받은 사람이 **교통소양교육**을 마친 경우에는 경찰서장에게 교육필증을 제출한 날부터 **정지처분기간에서 20일을 감경한다.** 다만, 해당 위반행위에 대하여 운전면허행정처분 이의심의위원회의 심의를 거치거나 행정심판 또는 행정소송을 통하여 행정처분이 감경된 경우에는 그러하지 아니하다. ③ 면허정지처분을 받은 사람이 **교통소양교육을 마친 후에 교통참여교육**을 마친 경우에는 경찰서장에게 교육필증을 제출한 날부터 정지처분기간에서 **30일을 추가로 감경한다.** 다만, 해당 위반행위에 대하여 운전면허행정처분 이의심의위원회의 심의를 거치거나 행정심판 또는 행정소송을 통하여 행정처분이 감경된 경우에는 그러하지 아니하다.
	모범운전자에 대한 처분집행일수 감경	모범운전자(법 제146조에 따라 무사고운전자 또는 유공운전자의 표시장을 받은 사람으로서 교통안전 봉사활동에 종사하는 사람을 말한다.)에 대하여는 **면허 정지처분의 집행기간을 2분의 1로 감경**한다. 다만, 처분벌점에 교통사고 야기로 인한 벌점이 포함된 경우에는 감경하지 아니한다.
	정지처분 집행일수의 계산에 있어서 단수의 불산입 등	정지처분 집행일수의 계산에 있어서 **단수는 이를 산입하지 아니하며**, 본래의 정지처분 기간과 가산일수의 합계는 1년을 초과할 수 없다.

행정처분의 취소		교통사고(법규위반을 포함)가 **법원의 판결로 무죄확정**(혐의가 없거나 죄가 되지 아니하여 불기소처분된 경우를 포함)**된 경우**에는 즉시 그 운전면허 행정처분을 **취소**하고 당해 **사고 또는 위반으로 인한 벌점을 삭제**한다. 다만, 법 제82조 제1항 제2호 또는 제5호에 따른 사유로 무죄가 확정된 경우에는 그러하지 아니하다.
처분기준의 감경	**감경사유**	① **음주운전으로 운전면허 취소처분 또는 정지처분을 받은 경우** : 운전이 가족의 생계를 유지할 중요한 수단이 되거나, 모범운전자로서 처분 당시 3년 이상 교통봉사활동에 종사하고 있거나, 교통사고를 일으키고 도주한 운전자를 검거하여 경찰서장 이상의 표창을 받은 사람으로서 다음의 어느 하나에 해당되는 경우가 없어야 한다. ㉠ 혈중알코올농도가 0.12퍼센트를 초과하여 운전한 경우 ㉡ 음주운전 중 인적피해 교통사고를 일으킨 경우 ㉢ 경찰관의 음주측정요구에 불응하거나 도주한 때 또는 단속 경찰관을 폭행한 경우 ㉣ 과거 5년 이내에 3회 이상의 인적 피해 교통사고의 전력이 있는 경우 ㉤ 과거 5년 이내에 음주운전의 전력이 있는 경우 ② **벌점·누산점수 초과로 인하여 운전면허 취소처분을 받은 경우** : 운전이 가족의 생계를 유지할 중요한 수단이 되거나, 모범운전자로서 처분 당시 3년 이상 교통봉사활동에 종사하고 있거나, 교통사고를 일으키고 도주한 운전자를 검거하여 경찰서장 이상의 표창을 받은 사람으로서 다음의 어느 하나에 해당되는 경우가 없어야 한다. ㉠ 과거 5년 이내에 운전면허 취소처분을 받은 전력이 있는 경우 ㉡ 과거 5년 이내에 3회 이상 인적피해 교통사고를 일으킨 경우 ㉢ 과거 5년 이내에 3회 이상 운전면허 정지처분을 받은 전력이 있는 경우 ㉣ 과거 5년 이내에 운전면허행정처분 이의심의위원회의 심의를 거치거나 행정심판 또는 행정소송을 통하여 행정처분이 감경된 경우 ③ 그 밖에 정기적성검사 또는 운전면허증 갱신교부에 대한 연기신청을 할 수 없었던 불가피한 사유가 있는 등으로 취소처분 개별기준 및 정지처분 개별기준을 적용하는 것이 현저히 불합리하다고 인정되는 경우
	감경기준	위반행위에 대한 처분기준이 운전면허의 취소처분에 해당하는 경우에는 해당 위반행위에 대한 **처분벌점을 110점으로 하고**, 운전면허의 정지처분에 해당하는 경우에는 그 **처분기준의 2분의 1로 감경**한다. 다만, 벌점·누산점수 초과로 인한 면허취소에 해당하는 경우에는 **면허가 취소되기 전의 누산점수 및 처분벌점을 모두 합산하여 처분벌점을 110점**으로 한다.
	처리절차	감경사유에 해당하는 사람은 행정처분을 받은 날(정기적성검사를 받지 아니하거나 운전면허증 갱신을 하지 아니하여 운전면허가 취소된 경우에는 행정처분이 있음을 안 날)부터 **60일 이내에 그 행정처분에 관하여 주소지를 관할하는 지방경찰청장에게 이의신청**을 하여야 하며, 이의신청을 받은 지방경찰청장은 운전면허행정처분 이의심의위원회의 심의·의결을 거쳐 처분을 감경할 수 있다.

2. 운전면허의 취소 · 정지(연습운전면허는 제외)

필수적 취소사유	① 음주운전 또는 측정거부를 2회 이상 위반한 사람이 다시 운전면허 정지 사유에 해당된 경우 ② 술에 취한 상태에 있다고 인정할 만한 상당한 이유가 있음에도 불구하고 경찰공무원의 측정에 응하지 아니한 경우 ③ 아래에 해당하는 사람 중에서 운전면허를 받을 수 없는 사람에 해당된 경우 　㉠ 교통상의 위험과 장해를 일으킬 수 있는 정신질환자 또는 간질환자(癎疾患者)로서 대통령령이 정하는 사람 　㉡ 듣지 못하는 사람(제1종 운전면허 중 대형면허 · 특수면허에 한한다), 앞을 보지 못하는 사람이나 그 밖에 대통령령이 정하는 신체장애인 　㉢ 양팔의 팔꿈치관절 이상을 잃은 사람이나 양팔을 전혀 쓸 수 없는 사람. 다만, 본인의 신체장애 정도에 적합하게 제작된 자동차를 이용하여 정상적인 운전을 할 수 있는 경우에는 그러하지 아니하다. 　㉣ 교통상의 위험과 장해를 일으킬 수 있는 마약 · 대마 · 향정신성의약품 또는 알코올 중독자로서 대통령령이 정하는 사람 ④ **운전면허를 받을 수 없는 사람이 운전면허를 받거나 거짓이나 그 밖의 부정한 수단으로 운전면허를 받은 경우** 또는 운전면허효력의 정지기간 중 운전면허증 또는 운전면허증을 갈음하는 증명서를 발급받은 사실이 드러난 경우 ⑤ **적성검사를 받지 아니하거나 그 적성검사에 불합격한 경우**(정기 적성검사 기간이 지난 경우는 제외) ⑥ **다른 사람의 자동차 등을 훔치거나 빼앗은 경우** ⑦ 이 법에 따른 교통단속 임무를 수행하는 경찰공무원등 및 시 · 군공무원을 폭행한 경우 ⑧ 자동차관리법에 따라 등록되지 아니하거나 임시운행허가를 받지 아니한 자동차(이륜자동차는 제외)를 운전한 경우 ⑨ 제1종 보통면허 및 제2종 보통면허를 받기 전에 연습운전면허의 취소 사유가 있었던 경우 ⑩ 다른 법률에 따라 관계 행정기관의 장이 운전면허의 취소처분 또는 정지처분을 요청한 경우
임의적 취소사유 (1년 이내 범위에서 정지 가능)	① 다른 사람이 부정하게 운전면허를 받도록 하기 위하여 **운전면허시험에 대신 응시**한 경우 ② 이 법이나 이 법에 따른 **명령 또는 처분을 위반**한 경우 ③ **공동 위험행위**를 한 경우 ④ 교통사고로 사람을 사상한 후 필요한 **조치 또는 신고**를 하지 아니한 경우 {01.1 승진} ⑤ 운전 중 고의 또는 과실로 **교통사고**를 일으킨 경우 {02.1 승진} ⑥ 운전면허를 받은 사람이 자동차 등을 이용하여 살인 또는 강간 등 행정안전부령으로 정하는 **범죄행위**를 한 경우 ⑦ **술**에 취한 상태에서 자동차 등을 운전한 경우 ⑧ **약물**의 영향으로 인하여 정상적으로 운전하지 못할 우려가 있는 상태에서 자동차 등을 운전한 경우 ⑨ 운전면허증을 다른 사람에게 빌려주어 운전하게 하거나 다른 사람의 **운전면허증을 빌려서 사용**한 경우

3. 운전면허 취소 · 정지처분권자

> **지방경찰청장**은 운전면허를 취소하거나 1년 이내의 범위에서 운전면허의 효력을 정지시킬 수 있다.
> 단, 운전면허 정지권은 경찰서장에게 위임이 되어 있기 때문에 **경찰서장이 행사**하게 된다.

4. 운전면허 처분에 대한 이의신청

> ① 운전면허의 취소처분 또는 정지처분이나 연습운전면허 취소처분에 대하여 이의(異議)가 있는 사람은
>   그 **처분을 받은 날부터 60일 이내**에 지방경찰청장에게 이의를 신청할 수 있다.
> ② 지방경찰청장은 이의를 심의하기 위하여 운전면허행정처분 이의심의위원회를 두어야 한다.
> ③ 이의를 신청한 사람은 그 이의신청과 관계없이 행정심판을 청구할 수 있다. 이 경우 이의를 신청하
>   여 그 결과를 통보받은 사람(결과를 통보받기 전에 행정심판법에 따른 행정심판을 청구한 사람은 제외)은
>   **통보받은 날부터 90일 이내에 행정심판을 청구**할 수 있다.

5. 취소처분 개별기준[개정 2012.9.22]

번호	위반사항	내 용
1	교통사고를 일으키고 구호조치를 하지 아니한 때	**교통사고로 사람을 죽게 하거나 다치게 하고, 구호조치를 하지 아니한 때** {01.11 순경}
2	술에 취한 상태에서 운전한 때	① 술에 취한 상태의 기준(혈중알코올농도 0.05퍼센트 이상)을 넘어서 운전을 하다가 교통사고로 사람을 죽게 하거나 다치게 한 때 ② 술에 만취한 상태(혈중알코올농도 0.1퍼센트 이상)에서 운전한 때 ③ 2회 이상 술에 취한 상태의 기준을 넘어 운전하거나 술에 취한 상태의 측정에 불응한 사람이 다시 술에 취한 상태(혈중알코올농도 0.05퍼센트 이상)에서 운전한 때
3	술에 취한 상태의 측정에 불응한 때	술에 취한 상태에서 운전하거나 술에 취한 상태에서 운전하였다고 인정할 만한 상당한 이유가 있음에도 불구하고 경찰공무원의 측정 요구에 불응한 때
4	다른 사람에게 운전면허증 대여 (도난, 분실 제외)	① 면허증 소지자가 다른 사람에게 면허증을 대여하여 운전하게 한 때 ② 면허 취득자가 다른 사람의 면허증을 대여 받거나 그 밖에 부정한 방법으로 입수한 면허증으로 운전한 때
5	결격사유에 해당	① 교통상의 위험과 장해를 일으킬 수 있는 정신질환자 또는 간질병자로서 영 제42조 제1항에 해당하는 사람 ② 앞을 보지 못하는 사람, 듣지 못하는 사람(제1종 면허에 한한다) ③ 양팔의 팔꿈치 관절 이상을 잃은 사람, 또는 양팔을 전혀 쓸 수 없는 사람. 다만, 본인의 신체장애 정도에 적합하게 제작된 자동차를 이용하여 정상적으로 운전할 수 있는 경우에는 그러하지 아니하다. ④ 다리, 머리, 척추 그 밖의 신체장애로 인하여 앉아 있을 수 없는 사람 ⑤ 교통상의 위험과 장해를 일으킬 수 있는 마약, 대마, 향정신성의약품 또는 알코올중독자로서 영 제42조 제3항에 해당하는 사람

6	약물을 사용한 상태에서 자동차 등을 운전한 때	약물(마약·대마·향정신성 의약품 및 유해화학물질관리법 시행령 제26조에 따른 환각물질)의 투약·흡연·섭취·주사 등으로 정상적인 운전을 하지 못할 염려가 있는 상태에서 자동차 등을 운전한 때
6의2	공동위험행위	법 제46조 제1항을 위반하여 공동위험행위로 구속된 때
7	정기적성검사 불합격 또는 정기적성검사 기간 1년 경과	**정기적성검사에 불합격하거나 적성검사기간 만료일 다음 날부터 적성검사를 받지 아니하고 1년을 초과한 때** {02.1 승진}
8	수시적성검사 불합격 또는 수시적성검사 기간 경과	수시적성검사에 불합격하거나 수시적성검사 기간을 초과한 때
9	삭제 〈2011.12.9〉	
10	운전면허 행정처분기간 중 운전행위	운전면허 행정처분 기간 중에 운전한 때
11	허위 또는 부정한 수단으로 운전면허를 받은 경우	① 허위·부정한 수단으로 운전면허를 받은 때 ② 법 제82조에 따른 결격사유에 해당하여 운전면허를 받을 자격이 없는 사람이 운전면허를 받은 때 ③ 운전면허 효력의 정지기간 중에 면허증 또는 운전면허증에 갈음하는 증명서를 교부받은 사실이 드러난 때
12	등록 또는 임시운행 허가를 받지 아니한 자동차를 운전한 때	자동차관리법에 따라 등록되지 아니하거나 임시운행 허가를 받지 아니한 자동차(이륜자동차를 제외한다)를 운전한 때
13	자동차 등을 이용하여 범죄행위를 한 때	**① 국가보안법을 위반한 범죄에 이용된 때** **② 형법을 위반한 다음 범죄에 이용된 때** 　㉠ 살인, 사체유기, 방화 　㉡ 강도, 강간, 강제추행 　㉢ 약취·유인·감금　☞ **절도, 조직범죄 (×)** {03.1 승진, 03.6 순경} 　㉣ 상습절도(절취한 물건을 운반한 경우에 한함) 　㉤ 교통방해(단체에 소속되거나 다수인에 포함되어 교통을 방해한 경우에 한함)
14	다른 사람의 자동차 등을 훔치거나 빼앗은 때	운전면허를 가진 사람이 **자동차 등을 훔치거나 빼앗아 이를 운전한 때** {03.1 승진, 02.1 승진, 99.1 승진, 98.1 승진}
15	다른 사람을 위하여 운전면허시험에 응시한 때	운전면허를 가진 사람이 **다른 사람을 부정하게 합격시키기 위하여 운전면허 시험에 응시한 때** {03.1 승진, 02.1 승진, 99.1 승진, 98.1 승진}
16	운전자가 단속 경찰공무원 등에 대한 폭행	단속하는 경찰공무원 등 및 **시·군·구 공무원을 폭행하여 구속된 때** {04.7 순경, 02.1 승진, 01.3 순경, 99.1 승진, 98. 1 승진}
17	연습면허 취소사유가 있었던 경우	제1종 보통 및 제2종 보통면허를 받기 이전에 연습면허의 취소사유가 있었던 때(연습면허에 대한 취소절차 진행 중 제1종 보통 및 제2종 보통면허를 받은 경우를 포함한다)

6. 정지처분 개별기준[개정 2012.9.22]

1) 도로교통법이나 이 법에 의한 명령을 위반한 때

위반사항	벌 점
1. 삭제 〈2011.12.9〉	
2. 술에 취한 상태의 기준을 넘어서 운전한 때(혈중알코올농도 0.05퍼센트 이상 0.1퍼센트 미만)	100
3. **속도위반(60km/h 이상)**	**60**
4. 정차 · 주차위반에 대한 조치불응(단체에 소속되거나 다수인에 포함되어 경찰공무원의 3회 이상의 이동명령에 따르지 아니하고 교통을 방해한 경우에 한한다)	
4의2. 공동위험행위로 형사입건된 때	
5. **안전운전의무위반**(단체에 소속되거나 다수인에 포함되어 경찰공무원의 3회 이상의 안전운전 지시에 따르지 아니하고 타인에게 위험과 장해를 주는 속도나 방법으로 운전한 경우에 한한다)	40
6. 승객의 차내 소란행위 방치운전	
7. 출석기간 또는 범칙금 납부기간 만료일부터 60일이 경과될 때까지 즉결심판을 받지 아니한 때	
8. 통행구분 위반(중앙선 침범에 한함)	
9. **속도위반(40km/h ~ 60km/h 이하)** {06.10 순경}	
10. **철길건널목 통과방법위반** {06.10 순경}	
11. 고속도로 · 자동차전용도로 갓길통행	30
12. 고속도로 버스전용차로 · 다인승전용차로 통행위반	
13. **운전면허증 등의 제시의무위반** 또는 운전자 신원확인을 위한 경찰공무원의 질문에 불응 {06.10 순경, 01.11 순경}	
14. 신호 · 지시위반	
15. **속도위반(20km/h ~ 40km/h 이하)**	
15의2. 속도위반(어린이보호구역 안에서 오전 8시부터 오후 8시까지 사이에 제한속도를 **20km/h 이내에서 초과한 경우에 한정**한다)	
16. 앞지르기 금지시기 · 장소위반	15
17. **운전 중 휴대용 전화 사용** {10.1 승진}	
18. 운행기록계 미설치 자동차 운전금지 등의 위반	
19. 어린이통학버스운전자의 의무위반	
20. **통행구분 위반**(보도침범, 보도 횡단방법 위반) {10.1 승진, 06.10 순경}	
21. 지정차로 통행위반(진로변경 금지장소에서의 진로변경 포함)	
22. 일반도로 전용차로 통행위반	
23. 안전거리 미확보(진로변경 방법위반 포함)	
24. 앞지르기 방법위반	
25. 보행자 보호 불이행(정지선위반 포함)	10
26. 승객 또는 승하차자 추락방지조치위반	
27. **안전운전 의무 위반** {10.1 승진}	
28. 노상 시비 · 다툼 등으로 차마의 통행 방해행위	
29. 어린이 통학버스 특별보호 위반	

2) 자동차 등의 운전 중 교통사고를 일으킨 때

(1) 사고결과에 따른 벌점기준

구 분		벌 점	내 용
인적 피해 교통 사고	사망 1명마다	90	① 교통사고가 주원인이 되어 **사고발생 시로부터 30일 이내에 사망한 때**(교통사고처리지침) {10.1 승진, 01.1 승진} ② 사고발생 시부터 **72시간 이내에 사망**한 때(도로교통법시행규칙)
	중상 1명마다	15	3주 이상의 치료를 요하는 의사의 진단이 있는 사고
	경상 1명마다	5	3주 미만 5일 이상의 치료를 요하는 의사의 진단이 있는 사고
	부상신고 1명마다	2	5일 미만의 치료를 요하는 의사의 진단이 있는 사고

① 교통사고 발생 원인이 불가항력이거나 피해자의 명백한 과실인 때에는 행정처분을 하지 아니한다.
② 자동차 등 대 사람 교통사고의 경우 쌍방과실인 때에는 그 벌점을 2분의 1로 감경한다.
③ 자동차 등 대 자동차등 교통사고의 경우에는 그 사고원인 중 중한 위반행위를 한 운전자만 적용한다.
④ 교통사고로 인한 벌점산정에 있어서 처분받을 운전자 본인의 피해에 대하여는 벌점을 산정하지 아니한다.

【벌점 및 사망통계 기준】	
인피사고 벌점부과 기준	사고발생 시부터 **72시간 이내**에 사망한 때
교통사고 사망통계 기준	교통사고가 주원인이 되어 **30일 이내**에 사망한 때 {10.1 승진}

(2) 조치 등 불이행에 따른 벌점기준

불이행 사항	사 고	벌 점	내 용
교통사고 야기시 조치 불이행	물적 피해사고 야기시	0	물적 피해사고 야기 시는 **원칙적으로 벌점을 부과하지 않는다.**
		15	물적 피해가 발생한 교통사고를 일으킨 후 **도주한 때** → **자수하더라도 벌점은 감경되지 않는다.**
	인적 피해사고 야기시	면허 취소	인적 피해사고 야기 후 **도주한 때**
		30	인적 피해사고 야기 후 도주한 자가 신고시한(고속도로, 특별시·광역시 및 시의 관할구역과 군(광역시의 군을 제외)의 관할구역 중 **경찰관서가 위치하는 리 또는 동 지역에서 3시간**(그 밖의 지역에서는 12시간)}이내에 자진신고를 한 때 **면허취소를 30점의 벌점으로 감경**한다.
		60	인적 피해사고 야기 후 도주한 자가 신고시한을 넘어서 **48시간 이내**에 자진신고를 한 때 **면허취소를 60점의 벌점으로 감경**한다.

사고 발생시의 조치 (법 제54조)	① 차의 운전 등 교통으로 인하여 사람을 사상(死傷)하거나 물건을 손괴(損壞)한 때에는 그 **차의 운전자나 그 밖의 승무원은 즉시 정차하여 사상자를 구호하는 등 필요한 조치**를 하여야 한다. ② 차의 운전자 등은 경찰공무원이 현장에 있는 때에는 그 경찰공무원에게, 경찰공무원이 현장에 없는 때에는 가장 가까운 국가경찰관서(지구대·파출소 및 출장소를 포함)에 아래의 사항을 **지체 없이 신고하여야 한다.** 다만, 운행 중인 차만이 손괴된 것이 분명하고 도로에서의 위험방지와 원활한 소통을 위하여 필요한 조치를 한 때에는 그러하지 아니하다. 　㉠ 사고가 일어난 곳　　　　㉡ 사상자 수 및 부상 정도 　㉢ 손괴한 물건 및 손괴 정도　㉣ 그 밖의 조치사항 등 ③ 신고를 받은 국가경찰관서의 경찰공무원은 부상자의 구호와 그 밖의 교통위험 방지를 위하여 필요하다고 인정하는 때에는 **경찰공무원(자치경찰공무원을 제외)이 현장에 도착할 때까지 신고를 한 운전자 등에 대하여 현장에서 대기**할 것을 명할 수 있다. ④ 경찰공무원은 교통사고를 낸 차의 운전자 등에 대하여 그 현장에서 부상자의 구호와 교통안전상 필요한 지시를 명할 수 있다. ⑤ **긴급자동차 또는 부상자를 운반 중인 차 및 우편물자동차 등**의 운전자는 긴급한 경우에는 승차자로 하여금 제1항 및 제2항의 규정에 의한 **조치 또는 신고를 하게 하고 운전을 계속 할 수 있다.** ⑥ 경찰공무원(자치경찰공무원을 제외)은 교통사고가 발생한 때에는 대통령령이 정하는 바에 의하여 필요한 조사를 하여야 한다.

【사고 후 미신고 사고사례】

1. 교통사고의 신고 의무는 운전자의 사고발생에 있어서 고의 과실 혹은 유책 위법의 유무에 관계없이 부과된 의무라고 해석할 것이다. **【대법원판결 80. 6. 23, 80도3320】** {02.1 승진}
2. 사고의 내용이 자동차의 전면 우측부분을 손괴한 정도의 경미한 것이라면 소정의 신고 의무가 없다. **【대법원판결 86. 2. 11, 85도2504】**
3. 교통사고처리특례법에서도 도로이외의 장소에서 발생한 교통사고에 대해서도 적용을 받으나 신고 의무는 도로상에서 발생한 사고에 국한한다. **【부산지방법원판결 87. 1. 27, 86노1756】**
4. 교통사고의 신고의무는 사고발생 경위에 대한 진실을 진술할 의무까지는 포함하지 않는다. **【부산지방법원판결 86. 12. 22, 86고단6507】**
5. 교통사고 신고의무는 도로상에서 발생한 위해방지 제거 및 교통의 안전과 원활을 도모키 위해 경찰관에게 신속히 알리도록 한 것이다. **【대법원판결 87. 7. 21, 87노1113】**
6. 도로교통법상의 신고불이행죄는 특가법상의 도주한 때에 흡수되고 다시 별죄를 구성하지 아니한다. **【수원지방법원판결 88. 5. 27, 88고합214】** {04.11 순경, 02.1 승진}
7. 교통사고의 신고의무는 피해자의 구호 및 교통질서의 회복을 위해 조치를 필요한 상황에서만 적용되는 것이다. **【헌법재판소결정 90. 8. 27, 89헌가118】**
8. 구호조치 불이행은 자동차 사용정지처분의 사유이나 신고의무 불이행은 이에 포함되지 않는 것으로 새기는 것이 옳다. **【대법원판결 89. 12. 26, 89누4437】**
9. 주차장에서 후진하다가 주차차량을 충돌, 피해차량의 주인이 없어 관리인에게 가해자의 전화 연락처를 적어 놓고 갔다면 사고의 필요한 조치를 하였으므로 신고의무 불이행으로 처벌할 수 없다고 본다. **【대법원판결 91. 2. 26, 90도2462】**
10. 경찰관서에서의 사고신고 의무는 경찰의 교통소통 등 현장의 조치를 필요로 하는 때에만 진다. **【대법원판결 91. 6. 25, 91도1013】**
11. 교통사고 발생 시 경찰관서에 사고신고 의무는 절대적인 것은 아니다. **【대법원판결 91. 10. 11, 91도1153】** {04.11 순경, 02.1 승진}
12. 야간에 버스운전 중 차도를 건너던 피해자를 치어 부상을 입히고 병원으로 후송 입원 조치한 경우 소정의 신고의무가 있다고 할 수 없다. **【대법원판결 91. 11. 12, 91도2027】**

7. 연습운전면허 취소처분기준[개정 2011.12.9]

일련 번호	위반사항	적용법조 (도로교통법)	내 용
1	교통사고	제93조	도로에서 자동차 등의 운행으로 인한 교통사고(다만, 물적 피해만 발생한 경우를 제외)를 일으킨 때
2	술에 취한 상태에서의 운전	제93조	술에 취한 상태의 기준(혈중알코올농도 0.05퍼센트 이상)을 넘어서 운전한 때
3	술에 취한 상태의 측정에 불응한 때	제93조	술에 취한 상태에서 운전하거나 술에 취한 상태에서 운전하였다고 인정할 만한 상당한 이유가 있음게도 불구하고 경찰공무원의 측정요구에 불응한 때
4	다른 사람에게 연습운전면허증 대여 (도난, 분실 제외)	제93조	① 다른 사람에게 연습운전면허증을 대여하여 운전하게 한 때 ② 다른 사람의 면허증을 대여받거나 그 밖에 부정한 방법으로 입수한 면허증으로 운전한 때
5	결격사유에 해당	제93조	① 교통상의 위험과 장해를 일으킬 수 있는 정신질환자 또는 간질병자로서 영 제42조 제1항에 허당하는 사람 ② 앞을 보지 못하는 사람, 듣지 못하는 사람(제1종 보통연습면허에 한한다) ③ 양팔의 팔꿈치 관절 이상을 잃은 사람 또는 양팔을 전혀 쓸 수 없는 사람. 다만, 본인의 신체장애 정도에 적합하게 제작된 자동차를 이용하여 정상적으로 운전할 수 있는 경우에는 그러하지 아니하다. ④ 다리, 머리, 척추 그 밖의 신체장애로 인하여 앉아 있을 수 없는 사람 ⑤ 교통상의 위험과 장해를 일으킬 수 있는 마약, 대마, 향정신성의 약품 또는 알코올중독자로서 영 제42즈 제3항에 해당하는 사람
6	약물을 사용한 상태에서 자동차 등을 운전한 때	제93조	약물(마약 · 대마 · 향정신성의약품 및 우해화학물질관리법 시행령 제26조에 따른 환각물질)의 투약 · 흡연 · 섭취 · 주사 등으로 정상적인 운전을 하지 못할 염려7- 있는 상태에서 자동차 등을 운전한 때
7	허위 · 부정수단으로 연습운전면허를 취득한 경우	제93조	허위 또는 부정한 수단으로 연습운전면허를 받은 사실이 드러난 때
8	등록 또는 임시운행 허가를 받지 아니한 자동차 운전	제93조	자동차관리법에 따라 등록되지 아니하거나 임시운행 허가를 받지 아니한 자동차(이륜자동차를 제외)를 운전한 때

9	자동차를 이용하여 범죄행위를 한 때	제93조	① 국가보안법을 위반한 범죄에 이용된 때 ② 형법을 위반한 다음 범죄에 이용된 때 　㉠ 살인, 사체유기 또는 방화 　㉡ 강도, 강간 또는 강제추행 　㉢ 약취·유괴 또는 감금 　㉣ 상습절도(절취한 물건을 운반한 경우에 한한다) 　㉤ 교통방해(단체에 소속되거나 다수인에 포함되어 교통을 방해한 경우에 한한다)
10	다른 사람의 자동차 등을 훔치거나 빼앗은 때	제93조	다른 사람의 자동차 등을 훔치거나 빼앗아 이를 운전한 때
11	다른 사람을 위하여 운전면허 시험에 응시한 때	제93조	다른 사람을 부정하게 합격시키기 위하여 운전면허 시험에 응시한 때
12	단속 경찰공무원 등에 대한 폭행	제93조	단속하는 경찰공무원등 및 시·군·구 공무원을 폭행한 때
13	준수사항을 위반한 때	제93조	① 연습운전면허로 운전할 수 없는 자동차 등을 운전한 때 ② 제55조 제1호 내지 제3호 어느 하나의 규정을 위반한 때
14	이 법이나 이 법에 따른 명령을 위반 한때	제93조	연습운전면허 유효기간에 별표 28 제3호 가목 중 제4호부터 제17호까지와 제20호부터 제29호까지의 위반사항 중 어느 하나에 해당하는 사항을 3회 이상 위반한 때

제5절　교통사고처리

I. 교통사고

1. 교통사고의 일반적 내용

의 의	도로교통법	교통사고란 **도로에서의** 차의 교통으로 인하여 사람을 사상하거나 물건을 손괴한 것을 말한다.
	교통사고 처리특례법	교통사고라 함은 차의 교통으로 인하여 사람을 사상하거나 물건을 손괴하는 것이라 할 수 있다. 주의할 것은 교통사고처리특례법상 교통사고는 반드시 도로에서의 사고에 한하는 것이 아니고 **도로 이외의 장소에서의 일어난 경우에도 교통사고에 해당**한다.[대판 1987.11.10 87도1727]
특 성 {03.9 순경}	우발성	교통사고는 과실에 의한 것이 보통이기 때문에 언제 어디서든지 발생할 수 있으며, 그 예측이 곤란한 **우발적인 사고**이다.
	현장보존의 곤란성	교통이 빈번한 장소에서 우발적으로 발생되므로 현장이 변경되기 쉽고 교통소통을 위하여 **현장을 계속적으로 보존하기 곤란**하다.
	증거확보의 곤란성	자동차교통은 점차 고도화하고 있으며, **범인과 목격자, 참고인 등은 유동성이 있어서 인정증거확보가 곤란**한 데다 인적 증거의 경우 사후에 조작되는 경우가 자주 발생하게 된다.

2. 교통사고의 목적

교통사고 조사의 목적 {05.1승진}	① 사고방지 대책을 위한 정확한 원인의 조사 ② 부상자 구호 및 사체의 처리 ③ 사고확대의 방지와 교통소통의 회복
교통사고 처리의 목적	① 사고의 확대방지와 원인규명(교통사고처리의 핵심) ② 사고에 관한 형사책임의 규명(증거수집 및 보전활동 등) ③ 교통사고로 인한 부상자 등의 신속한 구호 ④ 사고의 재발방지를 위한 원인조사 ⑤ 교통법령위반에 대한 행정소자(운전면호의 취소, 정지 등)

3. 교통사고의 구성요건

차에 의한 사고일 것	**차는 자동차(덤프트럭), 건설기계, 원동기장치자전거, 자전거(성인용), 또는 사람 또는 가축의 힘이나 그 밖의 동력에 의하여 도로에서 운전되는 것**을 말한다. {02.1 승진} ☞ **우마차·손수레·경운기 등에 의한 사고도 교통사고임** ☞ **기차·전동차·케이블카·항공기·선박의 사고는 교통사고처리특례법상의 사고가 아니며, 유모차·신체장애자용 의자차는 도로교통법 보행자로 보기 때문에 제외**된다.
교통으로 인하여 발생한 사고일 것	① 교통사고에 있어서 **교통이라 함은 차의 운전**을 말하는데, 이는 사람의 왕래나 화물의 운반을 위한 운행을 뜻하는 것으로서 **차를 본래의 사용방법에 따라 사용하는 것을 말하며 조종을 포함**한다. 따라서 조수석에서 차 안의 기기를 만지다 핸드브레이크가 풀서 시동이 걸리지 않은 채 10cm 밀려 내려가 사고 난 경우에는 운전에 해당하지 않는다.

	② **직접적인 차의 운행**뿐만 아니라 차의 운행과 밀접하게 관련된 **부수적인 행위를 포함**하며, 차량자체에 의하여 발생한 경우뿐만 아니라 차량에 적재된 화물 등 차량과 밀접하게 연결된 부위에 의하여 발생된 경우를 포함한다. {02.1 승진} 　例 **적재된 화물로 인한 사고, 차량의 일시정지시 사고, 견인 중에 일어난 사고, 버스나 택시의 승·하차시의 사고** ③ **도로교통법상의 사고는 도로에서의 사고에 한하지만, 교통사고처리특례법상의 사고는 도로에서의 사고에 한정되지 않고, 도로가 아닌 곳에서 발생한 사고도 포함**된다.
피해의 결과가 발생할 것	① 타인의 **유형적 피해만을 의미**하며, 정신적 손해 등 **무형적인 피해는 제외**된다. ② 피해는 **타인의 피해**를 말하며, **자기 자신의 피해는 해당되지 않는다.** ③ 차의 운행 중 충돌, 접촉 등으로 인한 것이라 해도 **피해가 없을 경우에는 교통사고에 해당되지 않으며,** 다만 행정법규위반을 고려한 문제가 됨에 그친다. {02.1 승진}
업무상 과실이 있을 것	① 교통사고는 **기본적으로 과실과 고의가 결합된 특정범죄가중처벌법상의 도주차량(업무상 과실범과 고의범이 결합)의 경우를 제외하고는 과실범이자 결과범**이므로 교통사고 조사 시에는 운전자의 과실을 명백히 가리고 발생 여부 및 정도를 조사하는 것이 반드시 필요하다. {02.1 승진} ② **고의에 의한 범행은 교통사고가 아니라 일반 형사사건**이다. 　例 **교통사고 야기 후 도주(뺑소니) 등은 과실과 고의가 결합된 경우로서 인명피해의 교통사고의 경우 → 특정범죄가중처벌 등에 관한 법률이 적용**

【안전거리확보】	
안전거리	앞차가 급정거하는 경우에 **앞차와 추돌을 피할 수 있을 정도의 안전한 거리**를 말한다.
공주거리	운전자가 위험을 느끼고 **브레이크를 밟았을 때 자동차가 제동되기 시작하기까지의 사이에 주행하는 거리**를 말한다.
제동거리 (활주거리)	자동차가 실제로 **제동되기 시작하여 정지하기까지의 거리** {10.1 승진}
정지거리	① **정지거리 : 공주거리+제동거리**, 공주거리 : 정지거리－제동거리 ② 최소한의 안전한 정지거리는 **공주거리와 제동거리를 합한 거리**가 되는 것이다.

【교통사고 초동조치를 규정하고 있는 법령】

① 경찰관직무집행법
② 도로교통법
③ 교통사고현장초동조치요령
④ 지역경찰조직 및 운영에 관한 규칙
⑤ 교통사고처리지침
　☞ **교통사고처리특례법(×)**

II. 교통사고처리특례법[시행 2011.12.9]

1. 교통사고처리 적용법령 및 목적

<table>
<tr><td rowspan="8">적용
법령
{02.5
순경}</td><td colspan="2">형 법</td><td>교통사고는 형법상의 업무상 과실치사상죄에 해당된다.</td></tr>
<tr><td colspan="2">도로
교통법</td><td>① 인적피해 없이 물적 피해만 있는 경우에 적용된다. {07.12 순경}
② 물적 피해사고 야기 후 도주한 경우에 적용된다. {03.3 순경, 02.3 순경}</td></tr>
<tr><td rowspan="4">교통사고
처리
특례법
(일반적
적용)</td><td>목 적</td><td>① 업무상 과실(業務上過失) 또는 중대한 과실로 교통사고를 일으킨 운전자에 관한 형사처벌 등의 특례를 정함으로써 교통사고로 인한 피해의 신속한 회복을 촉진하고 국민생활의 편익을 증진함을 목적으로 한다.
② 일반적으로 차의 교통으로 인한 사고인 경우에는 형법상의 업무상 과실치사상죄가 아닌 교통사고처리특례법으로 처리한다.
{03.3 순경, 02.3 순경}</td></tr>
<tr><td>특 례</td><td>합의 또는 종합보험 · 공제 가입시 업무상 과실 또는 중과실로 물적 · 인적 피해를 야기할 경우 처벌을 면제하는 특례규정을 두고 있다.</td></tr>
<tr><td>특례적용
예외</td><td>피해의 결과가 극심한 사고원인에 대한 처벌을 강화하기 위하여 다음 사항을 위반했을 경우에는 합의(보험가입) 불문하고 반드시 공소제기를 하도록 하고 있다. {03.1 승진, 02.3 순경, 02.1 승진}
㉠ 특례법상 중대과실 10개 항목에 위반한 치상사고에 해당한 때
㉡ 치상사고 후 필요한 구호조치 · 신고하지 않고 도주나 유기한 후 도주한 때
㉢ 업무상 과실치사죄에 해당한 때
㉣ 중상해
㉤ 도주 후 음주측정요구 불응</td></tr>
<tr><td>적용범위</td><td>도로에서의 사고에 한정되지 않고, 도로가 아닌 곳에서 발생한 사고도 포함된다.
㉤ 공장 안에서 지게차를 운전하여 물건을 나르던 중 피해자를 들이받아 상해를 입혔다. {07.12 순경}
㉤ 휴게소 주차장에 잠시 주차해 두었던 차의 브레이크가 풀리면서 행인에게 2주 부상을 입혔다. {07.12 순경}
㉤ 경비원이 있는 아파트 단지 내 지하주차장에서 후진 중 부주의로 지나가던 여자에게 부상을 입히고 도주하였다.
{07.12 순경, 03.11 순경, 02.1 승진}</td></tr>
<tr><td colspan="2">특정범죄
가중처벌
등에
관한법률
{05.7 순경}</td><td>① 자동차 · 원동기장치자전거의 교통으로 인하여 업무상과실 · 중과실 치사상(형법 제268조)의 죄를 범한 해당 차량의 운전자가 피해자를 구호하는 등 사고발생시 조치를 하지 아니하고 도주한 경우에는 아래에 따라 가중처벌한다.
{05.1 승진, 03.3 순경, 03.1 승진}
㉠ 피해자를 사망에 이르게 하고 도주하거나, 도주 후에 피해자가 사망한 경우
㉡ 피해자를 상해에 이르게 한 경우
② 사고운전자가 피해자를 사고 장소로부터 옮겨 유기하고 도주한 경우에는 아래에 따라 가중처벌한다.
㉠ 피해자를 사망에 이르게 하고 도주하거나, 도주 후에 피해자가 사망한 경우
㉡ 피해자를 상해에 이르게 한 경우</td></tr>
</table>

☞ 특정경제범죄가중처벌 등에 관한 법률(×), 자동차관리법(×)

2. 교통사고처리의 요령

인적 피해사고	**치사사고**		형사입건(○)
	치상사고	**합의(○)**	형사입건(공소권 없음)
		합의(×)	형사입건(공소권 있음)
		합 의 불 문	① **도주**(구호하는 조치를 하지 아니하고 도주, 사고장소로부터 옮겨 유기하고 도주) {02.3 순경} ② **음주측정요구에 불응** ③ **특례 11개 항** {03.1 승진, 02.7 순경, 02.1 승진} 　모두 형사입건(○)
		종합보험 에 가입 (특례)	① **원칙 – 공소권 없음** ② **예외 – 공소권 있음** 　㉠ 도주(구호하는 조치를 하지 아니하고 도주, 사고장소로부터 옮겨 　　유기하고 도주) 　㉡ 음주측정요구에 불응 　㉢ 특례 11개 항목에 해당 　㉣ 중상해 　㉤ 보험계약 또는 공제계약이 무효 및 해지 – 보험 지급의무가 　　없어진 경우
물적 피해사고	**합의(○) (보험가입)**		① 형사입건(×) ② **피해액과 관계없이 내사종결** {03.1 승진}
	합의(×)		① 형사입건(○) ② 피해액 20만 원 미만인 사고는 즉심에 회부 ③ 피해액수에 제한 없이 합의되거나 종합보험 또는 공제에 가입된 　경우 – 형사입건(×)
교통사고 야기 후 도주사고	**인적피해**		① **형사입건(○)** {02.3 순경} 　→ **특정범죄가중처벌 등에 관한 법률** {05.7 순경, 02.1 승진} ② **면허취소가 되며, 자수시 면허정지처분이 된다.** {02.3 순경, 02.1 승진}
	단순 물적 피해		① **형사입건(○)** {02.3 순경} 　→ **도로교통법** {03.3 순경} ② **벌점 15점이 되며, 자수하더라도 감경제도는 없다.** 　{02.1 승진, 01.11 순경}
	미신고 사고		형사입건(○) → 도로교통법

【교통사고 적용법규】	
도로교통법	① **도로(○) + 물피사고** {02.7 순경}
	② **도로(×) + 단순물피사고 : 교통사고 범주 × → 민사관계** {03.3 순경}
	도로(○,×) + 물피사고 + 도주 {07.12 순경}
교통사고처리특례법	**도로(○,×) + 인피사고** {07.12 순경, 02.3 순경}
특정범죄가중처벌 등에 관한 법률	**도로(○,×) + 인피사고 + 도주** {07.12 순경, 02.7 순경} → **가중처벌**

Ⅲ. 교통사고(특례 11개 조항)조사

1. 교통사고로 인한 업무상 과실 · 중과실치사상 및 업무상 과실 · 중과실 재물손괴죄

① 보험 또는 공제에 가입한 경우에는 공소제기할 수 없다.

② 보험 또는 공제에 미가입한 경우에는 피해자의 명시적인 의사에 반하여 공소를 제기할 수 없다.
 (반의사불벌죄)

2. 반드시 공소제기(보험 또는 공제에 가입한 경우)

① 피해자를 구호(救護)하는 등 조치를 하지 아니하고 도주한 경우

② 피해자를 사고 장소로부터 옮겨 유기(遺棄)하고 도주한 경우

③ 술에 취한 상태에서의 운전금지규정을 위반하여 음주측정요구에 따르지 아니 한 경우(운전자가 채혈측정을 요청하거나 동의한 경우는 제외)

④ **예외 11개 항 사고** {05.7 순경}

　㉠ **어린**이 보호구역에서의 안전의무위반

　㉡ **승객**의 추락방지의무 위반

　㉢ **무면허운전**

　㉣ **과속**

　㉤ **음주운전** 및 약물운전

　㉥ **신호** · 지시 위반

　㉦ **중**앙선침범 및 자동차전용도로에서의 횡단 · 유턴 · 후진의 경우

　㉧ **철길건널목 통과방법 위반** {05.3 순경}

　㉨ **앞**지르기 방법 · 금지시기 · 금지장소 또는 끼어들기 금지 위반

　㉩ **횡단**보도 보행자보호의무 위반

　㉪ **보도**침범 및 보도횡단방법 위반

1) 신호 · 지시 위반

의 의	신호기 또는 교통정리를 하는 **경찰공무원 등의 신호나 통행의 금지 또는 일시정지를 내용으로 하는 안전표시가 표시하는 지시에 위반**하여 운전한 경우를 말한다.
내 용	① 적색등화 점멸 시 일시정지를 무시하고 진행 중 사고인 경우 　→ **신호 또는 지시위반(×)** 　㉠ 일시정지를 명하는 교통안전표지가 **있는** 경우 → **지시위반(○)** 　㉡ 일시정지를 명하는 교통안전표지가 **없는** 경우 → **신호위반(×)** ② 비보호 좌회전 : 비호호좌회전 표시가 있는 교차로에서 직진신호가 작동 중일 때 직진해 오는 차량이 없을 경우 좌회전하여도 신호위반이 아니나, **직진차량과 충돌하는 등 다른 교통에 방해가 된 경우에도 신호위반 책임**을 지지 않는다.

2) 중앙선침범 및 자동차전용도로에서의 횡단 · 유턴 · 후진의 경우

중앙선 침범	의의	중앙선이란 차마의 통행을 방향별로 명확하게 구분하기 위하여 **도로에 황색실선 또는 황색점선 등의 안전표지로 표시한 선이나 중앙분리대 · 울타리 등으로 설치한 시설물**을 말하며, **가변차로가 설치된 경우에는 신호기가 지시하는 진행방향의 가장 왼쪽의 황색점선**을 말한다.
	침범 행위	① 중앙선침범이란 **교통사고 발생지점이 중앙선을 넘어선 모든 경우를 가리키는 것이 아니고 불가항력이나 부득이한 사유 없이** 중앙선을 침범하여 교통사고를 발생하게 한 경우이다. ② **차체의 어느 일부라도 중앙선(도로에 황색실선 또는 황색점선 등의 안전표지로 표시한 선이나 중앙분리대·울타리 등으로 설치한 시설물)을 침범**하면 중앙선 침범이다. {10.1 승진} ③ 신호등이 설치되어 있지 아니한 횡단보도로 실제로 중앙선이 그어져 있지 아니하더라도 횡당보도를 제외한 도로에는 황색실선의 중앙선이 곧바로 이어져 설치되어 있어 좌회전이 금지된 장소인 점을 미루어 횡단보도의 표시를 위하여 부득이 중앙선이 황색실선을 설치하지 못하였다고 하더라도 **중앙선의 연장으로 보아 중앙선침범 운행으로 처리하는 것이 합리적**이다. ④ **중앙선이 황색실선일 경우에는 중앙선침범, 황색점선일 경우에는** 운행 당시의 객관적인 여건이 장애물을 피해가야 하는 등 **월선의 필요성이 있는 경우에는 앞지르기금지로, 월선의 필요성이 없는 경우에는 중앙선침범으로 각 단속**하면 된다.
	적용	① **중앙선을 침범한 물피사고의 경우**에는 교통사고처리특례법이 아닌 **도로교통법이 적용**된다. ② 중앙선 침범의 경우 매 **중앙선침범행위마다 각 죄가 성립**하게 된다.
후진 사고		① **일반도로에서** 후진 중 사고가 발생한 경우 → **후진위반** ② 차로가 설치되지 않은 **골목길이나 이면도로에서** 후진 중 사고가 발생한 경우 　→ **안전운전의무 위반** ③ 자동차 운전자는 후진 시 보조자의 수신호에 따르고 있다 해도 후사경 등을 통해 후방을 주시하며 진행할 의무가 있다(판례)

3) 제한속도

제한속도	과속은 제한속도를 **20km 초과**하는 것을 말한다.			
법정속도	구 분	도로법	최저속도(km/h)	최고속도(km/h)
	일반도로	편도 1차로		매시 60km 이내
		편도 2차로 이상		매시 80km 이내
	자동차 전용도로		매시 30km	매시 90km 이내
	고속도로	편도 1차로	매시 40km	매시 80km 이내
		편도 2차로 이상	매시 50km (중부고속도로 + 10km)	매시 100km. 단, 화물차(적재중량 1.5톤 초과), 특수자동차 · 위험물운반자동차 및 건설기계의 최고속도는 **매시 80km**(중부고속도로 110km)
	비 · 안개 · 눈 등으로 인한 악천 후 시에 는 감속연행 {10.1 승진}	① 비가 내려 **노면이 젖어있는 경우** ② 눈이 20ml **미만** 쌓인 경우		최고속도의 20/100 줄인 속도 로 운행하여야 하는 경우
		① 폭우 · 폭설 · 안개 등으로 **가시거리가** 100m 이내인 경우 ② **노면이 얼어 붙은 경우** ③ 눈이 20ml **이상 쌓인 경우**		최고속도의 50/100 줄인 속도 로 운행하여야 하는 경우

4) 앞지르기 방법 · 금지시기 · 금지장소 또는 끼어들기 금지 위반

앞지르기 방법	① 모든 차의 운전자는 **다른 차를 앞지르고자 하는 때에는 앞차의 좌측으로 통행**하여야 한 다(좌측통행 원칙). ② 앞지르고자 하는 모든 차의 운전자는 반대방향의 교통과 앞차 앞쪽의 교통에도 주의를 충분히 기울여야 하며, 앞차의 속도 · 진로와 그 밖의 도로상황에 따라 방향지시기 · 등화 또는 경음기를 사용하는 등 안전한 속도와 방법으로 앞지르기를 하여야 한다. ③ 모든 차의 운전자는 앞지르기를 하려는 차가 앞지르기를 하는 때에는 **속도를 높여 경쟁하거 나 앞지르기를 하는 차의 앞을 가로막는 등의 방법으로 앞지르기를 방해하여서는 안 된다.**
앞지르기 금지시기	① 앞차의 좌측에 다른 차가 앞차와 나란히 가고 있는 경우 ② 앞차가 다른 차를 앞지르고 있거나 앞지르고자 하는 경우 ③ 모든 차의 운전자는 ㉠ **이 법에 의한 명령에 따라 정지하거나 서행하고 있는 차**, ㉡ **경 찰공무원의 지시에 따라 정지하거나 서행하고 있는 차**, ㉢ **위험을 방지하기 위하여 정지 하거나 서행하고 있는 차**는 다른 차를 앞지르지 못한다.
앞지르기 금지장소	① 교차로 · 터널 안 또는 다리 위 ② 도로의 구부러진 곳 ③ 비탈길 고개마루 부근 또는 가파른 비탈길의 내리막 ④ 지방경찰청장이 도로에서의 위험을 방지하고 교통의 안전과 원활한 소통을 확보하기 위 하여 필요하다고 인정하는 곳으로서 안전표지에 의하여 지정한 곳
끼어들기 의 금지	모든 차의 운전자는 ㉠ **이 법에 의한 명령에 따라 정지하거나 서행하고 있는 차**, ㉡ **경찰공 무원의 지시에 따라 정지하거나 서행하고 있는 차**, ㉢ **위험을 방지하기 위하여 정지 하거나 서행하고 있는 차**는 다른 차 앞으로 끼어들지 못한다.

【서행과 일시정지】

서 행	의 의	서행이란 차가 위험발견 **즉시 정지할 수 있는 느린 속도(일반적으로 10km 이내)로 진행하는 것**을 말한다.
	장 소	① 교통정리가 행하여지고 있지 아니한 교차로 ② 도로가 구부러진 부근 ③ 비탈길의 고개마루 부근 ④ 가파른 비탈길의 내리막 ⑤ 지방경찰청장이 도로에서의 위험을 방지하고 교통의 안전과 원활한 소통을 확보하기 위하여 필요하다고 인정하여 안전표지에 의하여 지정한 곳 등
일시정지	의 의	일시정지란 법령의 규정 · 경찰관의 지시 · 위험방지를 위해 **차가 일시적으로 그 바퀴를 완전히 정지시키는 것**을 말한다.
	장 소	① 교통정리가 행하여지고 있지 아니하고는 좌우를 확인할 수 없거나 교통이 빈번한 교차로 ② 지방경찰청장이 도로에서의 위험을 방지하고 교통의 안전과 원활한 소통을 확보하기 위하여 필요하다고 인정하여 안전표지에 의하여 지정한 곳 등

5) 철길건널목 통과방법 위반 {05.3 순경}

모든 차의 운전자는 철길건널목을 통과하고자 하는 때에는 **건널목 앞에서 일시정지하여 안전한지의 여부를 확인한 후에 통과**하여야 한다. 다만, 신호기 등이 표시하는 신호에 따르는 경우에는 정지하지 아니하고 통과할 수 있다.

6) 횡단보도 보행자보호의무 위반

횡단보도		횡단보도란 보행자가 도로를 횡단할 수 있도록 안전표지로서 표시한 도로의 부분을 말하며, **지방경찰청장이 횡단보도 설치권자**가 된다.
보행자	의 의	**도로 위를 걷는 사람을 의미하며, 유모차나 신체장애자용 의자차도 보행자에 포함**하고 있다. 손수레나 원동기장치자전거, 자전거를 이를 끌고 가는 자는 보행자에 포함되지만, **이를 타고 도로를 횡단하는 자는 보행자에 포함되지 않는다.**{05.2 경간부, 05.1 승진}
	보행자의 보호	① 모든 차의 운전자는 보행자가 횡단보도를 통행하고 있는 때에는 그 **횡단보도에서 일시정지하여 보행자의 횡단을 방해하거나 위험을 주어서는 아니 된다.** ② 모든 차의 운전자는 교통정리가 행하여지고 있는 교차로에서의 좌회전 또는 우회전을 하고자 하는 경우에 신호기 또는 경찰공무원 등의 **신호 또는 지시에 따라 도로를 횡단하는 보행자의 통행을 방해하여서는 아니 된다.** ③ 모든 차의 운전자는 **교통정리가 행하여지고 있지 아니하는 교차로 또는 그 부근의 도로를 횡단하는 보행자의 통행을 방해하여서는 아니 된다.** ④ 보행자는 보도와 차도가 구분된 도로에서는 차도를 횡단하는 때, 도로공사 등으로 보도의 통행이 금지된 때, 그 밖의 부득이한 경우를 **제외하고는** 언제나 보도를 통행하여야 한다. ⑤ 보행자는 보도와 차도가 구분되지 아니한 도로에서는 **도로의 좌측 또는 길가 장자리 구역을 통행**하여야 한다.

7) 무면허운전

요 건	무면허운전, 음주운전 등은 도로에서 운전하는 때에 한하여 적용된다
유 형	① 운전면허를 받지 않고 운전하는 행위 ② 면허의 취소처분을 받은 자가 운전하는 행위 ③ **면허정지기간 중에 운전하는 행위 → 취소사유** {04.11 순경} ④ 유효기간이 지난 면허증으로 운전하는 행위(적성검사기간 만료일로부터 1년간 취소유예기간이 지난 면허증으로 운전) ⑤ **운전면허시험에 합격한 후에 면허증 교부 전에 운전하는 행위** {04.11 순경} ⑥ 면허 외 운전(운전면허를 받은 사람이 그 운전면허로 운전할 수 있는 자동차 등의 종류 외의 자동차를 운전) ⑦ 외국인으로 국제운전면허 없이 운전 ⑧ 외국인으로 입국 1년이 지난 국제운전면허증을 소지하고 운전 ⑨ **국제운전면허증으로 사업용 시외버스를 운전** {04.11 순경} 　　☞ **무등록 차량(원동기장치자전거, 이륜자동차 제외)운전 → 취소사유(O), 무면허운전(×)** 　　　{04.11 순경}

8) 음주운전 및 약물운전

기준		위반횟수	처벌기준		
음주 운전 단속 및 처벌 기준	음주 단속	1회	0.05%~0.1% 미만	6개월 이하 징역 또는 300만원 이하 벌금	
			0.1%~0.2% 미만	6개월~1년 이하 징역 또는 300~500만원 이하 벌금	
			0.2% 이상	1~3년 이하 징역 또는 500~1천만원 이하벌금	
		측정거부	1~3년 이하 징역 또는 500~1천만원 이하 벌듣		
		2회 위반	1회와 동일		
		3회 이상	1~3년 이하 징역 또는 500~1천만원 이하 벌듣		

		혈중알코올농도	대물사고	대인사고	행정처분
	음주 사고 처벌 기준	0.05%~0.1% 미만	불구속	구속	100일 면허정지
		0.1%~0.35% 미만	불구속	구속	면허취소
		0.35% 이상	구속	구속	면허취소
		혈중알코올 농도와 무관하게 전치 3~4주 이상의 상해 및 사망 : 구속			면허취소

약물 운전	약물로 인하여 정상적으로 운전하지 못할 우려가 있는 상태에서 자등차 등을 운전한 사람은 3년 이하의 징역이나 1천만 원 이하의 벌금에 처한다.

9) 보도침범 및 보도횡단방법 위반

① 차마의 운전자는 **보도와 차도가 구분된 도로에서는 차도를 통행**하여야 한다. 다만, 도로 외의 곳에 출입하는 때에는 보도를 횡단하여 통행할 수 있다.

② **차마의 운전자는 보도를 횡단하기 직전에 일시정지하여** 좌측 및 우측부분 등을 살핀 후 보행자의 통행을 방해하지 아니하도록 횡단하여야 한다.

10) 어린이 보호구역에서의 안전의무위반

어린이 보호구역에서 어린이의 안전에 유의하면서 운전하여야 할 의무를 위반하여 어린이의 신체를 상해에 이르게 한 경우

11) 승객의 추락방지의무 위반

① 모든 차의 운전자는 운전 중 타고 있는 사람 또는 타고 내리는 사람이 떨어지지 아니하도록 하기 위하여 문을 정확히 여닫는 등 필요한 조치를 하여야 한다.

② **화물차 적재함에 작업하던 피해자가 차에서 내린 것을 확인하지 않는 채 출발함으로써 피해자가 추락하여 상해를 입게 된 경우, 승객의 추락방지의무를 위반하여 운전한 경우에 해당하지 않는다**(판례).

③ 버스운전자는 차내의 승차자가 차의 진행 중에 개문 하차하리라고 예상하여 승차자의 동정을 주의 깊게 살펴야 할 주의의무가 있다고는 볼 수 없을 뿐만 아니라 갑자기 하차하려는 사람을 모르고 차를 운행한 데 과실이 있다고 할 수 없다(판례).

【어린이 보호구역의 지정】

의 의	① 시장 등은 교통사고의 위험으로부터 어린이를 보호하기 위하여 필요하다고 인정하는 때에는 **유치원, 초등학교, 특수학교, 보육시설, 학원 등**에 해당하는 시설의 주변도로 가운데 일정 구간을 어린이 보호구역으로 지정하여 **자동차 등의 통행속도를 시속 30킬로미터 이내로 제한 등** 필요한 조치를 할 수 있다. {12.1 승진, 10.1 승진, 03.11 순경} ② 시장 등은 교통사고의 위험으로부터 어린이를 보호하기 위하여 필요하다고 인정하는 때에는 유치원, 초등학교, 특수학교, 100인 이상의 보육시설의 주변도로 가운데 일정 구간을 어린이 보호구역으로 지정하여 차의 통행을 제한·금지하는 등 필요한 조치를 할 수 있다.
설치구간	① 시장 등은 조사 결과 보호구역으로 지정·관리할 필요가 인정되는 경우에는 관할 지방경찰청장 또는 경찰서장과 협의하여 해당 보호구역 지정대상시설의 주(主) 출입문을 중심으로 **반경 300미터 이내의 도로 중 일정구간을 보호구역으로 지정한다.** {10.1 승진} ② 시장 등은 필요한 경우 보호구역 지정대상시설의 주 출입문을 중심으로 **반경 500미터 이내의** 도로에 대해서도 보호구역으로 지정할 수 있다.
법적근거	① 도로교통법　　② 어린이·노인 및 장애인보호구역의 지정 및 관리에 관한 규칙
보호구역의 지정 (동 규칙 제3조)	① **초등학교 등의 장**은 어린이 보호구역 지정 신청서에 따라 **특별시장·광역시장·특별자치도지사 또는 시장·군수(광역시의 군은 제외)에게** 초등학교 등의 주변도로를 어린이 보호구역으로 지정하여 줄 것을 신청할 수 있다. 다만, **개교 또는 개원을 하기 전의 초등학교 등의 경우에는 교육감이나 구청장**(구청장은 자치구의 구청장을 말하며, 보육시설에만 해당)이 어린이 보호구역의 지정을 신청할 수 있다. ② **노인복지시설 등을 설립·운영하는 자는** 노인 보호구역 지정 신청서에 따라 **특별시장·광역시장·특별자치도지사 또는 시장·군수에게** 노인복지시설 등의 주변도로를 노인 보호구역으로 지정하여 줄 것을 신청할 수 있다. ③ **장애인복지시설을 설립·운영하는 자는** 장애인 보호구역 지정 신청서에 따라 **시장 등에게** 장애인복지시설의 주변도로를 장애인 보호구역으로 지정하여 줄 것을 신청할 수 있다.
노상주차장의 설치 금지 (제8조)	① 특별시장·광역시장·특별자치도지사 또는 시장·군수·구청장은 보호구역으로 지정된 시설의 **주 출입문과 직접 연결되어 있는 도로에는 노상주차장을 설치해서는 아니 된다.** {10.1 승진} ② 특별시장·광역시장·특별자치도지사 또는 시장·군수·구청장은 보호구역에 **이미 노상주차장이 설치되어 있는 경우에는 특별한 사유가 없으면 이를 폐지하거나 어린이·노인 또는 장애인의 통행 및 안전에 지장이 없는 곳으로 이전하여야** 한다.
보호구역에서의 필요한 조치 {10.1승진, 05.1승진}	① 자동차의 **통행을 금지하거나 제한**하는 것 ② 이면도로(도시지역에 있어서 간선도로가 아닌 도로로서 일반의 교통에 사용되는 도로를 말한다)를 **일방통행로로 지정·운영**하는 것 ③ 운행속도를 **시속 30킬로미터 이내로 제한**하는 것 ④ 자동차의 **정차나 주차를 금지**하는 것

가중처벌 {12.8 순경}	적용시간	오전 8시부터 오후 8시까지
	적용대상	통행금지·제한 위반, 주·정차위반, 속도위반, 신호·지시위반, 보행자보호의무 불이행
	내 용	① 일반도로보다 범칙금·과태료·벌점 가중처벌 ② 벌점 2배가중하는 경우 – **신호·지시위반, 속도위반, 보행자보호의무불이행** ③ 20km/h 이내 속도위반 　㉠ **일반도로 : 벌점부과(×), 승합·승용자동차 3만원** 　㉡ **어린이보호구역 : 벌점 15점,** 　　**범칙금 승합·승용자동차 6만원, 과태료 승합·승용자동차 7만원**

Ⅳ. 교통사고조사규칙[시행 2011.11.1][경찰청훈령 제642호]

1. 용어 및 초동조치

용어의 정의	교통	차를 도로에서 운전하여 사람 또는 화물을 이동시키거나 운반하는 등 차를 그 본래의 용법에 따라 사용하는 것을 말한다.
	교통사고	차의 교통으로 인하여 사람을 사상하거나 물건을 손괴한 것을 말한다.
	대형사고	**3명 이상이 사망**(교통사고 발생일부터 30일 이내에 사망한 것을 말한다)하거나 **20명 이상의 사상자가 발생한 사고**를 말한다.
	교통조사관	교통사고를 조사하여 검찰에 송치하는 등 교통사고 조사업무를 처리하는 경찰공무원을 말한다.
	스키드마크 (Skid mark)	차의 급제동으로 인하여 타이어의 회전이 정지된 상태에서 노면에 미끄러져 생긴 타이어 마모흔적 또는 활주흔적을 말한다.
	요마크 (Yaw mark)	급핸들 등으로 인하여 차의 바퀴가 돌면서 차축과 평행하게 옆으로 미끄러진 타이어의 마모흔적을 말한다.
	충돌	차가 반대방향 또는 측방에서 진입하여 그 차의 정면으로 다른 차의 정면 또는 측면을 충격한 것을 말한다.
	추돌	2대 이상의 차가 동일방향으로 주행 중 뒤차가 앞차의 후면을 충격한 것을 말한다.
	접촉	차가 추월, 교행 등을 하려다가 차의 좌우 측면을 서로 스친 것을 말한다.
	전도	차가 주행 중 도로 또는 도로 이외의 장소에 차체의 측면이 지면에 접하고 있는 상태(좌측면이 지면에 접해 있으면 좌전도, 우측면이 지면에 접해 있으면 우전도)를 말한다.
	전복	차가 주행 중 도로 또는 도로 이외의 장소에 뒤집혀 넘어진 것을 말한다.
	추락	차가 도로변 절벽 또는 교량 등 높은 곳에서 떨어진 것을 말한다.
	뺑소니	교통사고를 야기한 차의 운전자가 피해자를 구호하는 등 도로교통법 제54조 제1항의 규정에 따른 조치를 취하지 아니하고 도주한 것을 말한다.
초동 조치		① 교통사고를 인지하거나 신고를 접수한 **경찰공무원은 관할 또는 근무시간 여부와 관계없이 신속히 현장에 출동하여야 한다.** 이 경우 소방 등 구호기관에도 통보하여 구급차 출동 등 사상자 구호활동이 이루어지도록 하여야 한다. ② 사망사고, 대형사고, 사회이목이 집중될 만한 사고는 **반드시 경위 이상의 간부가 현장에 출동하여 초동조치를 지휘하여야 한다.** ③ 다른 경찰서 관내의 교통사고 현장에 출동한 경찰공무원은 필요한 초동조치를 취한 후 신속히 해당 경찰서에 통보하여 그 경찰서에서 출동·조사하게 하여야 한다.

2. 교통사고조사

사고조사 의 목적	① 부상자의 구호 및 사체의 처리　　② 사고확대방지와 교통소통의 회복 ③ 사고방지 대책을 위한 정확한 원인조사　　④ 형사책임의 규명 ⑤ 그 밖의 사고와 관련된 자료의 수집 등
현장보존	① 교통조사관은 교통사고 발생원인 및 사고에 대한 책임소재를 구명하는 데 필요한 증거를 수집하기 위하여 현장을 보존하여야 한다. ② 교통조사관은 다음 각 호에서 정하는 조치 등에 유의하여 사고현장을 보존하여야 한다. 　㉠ 사고현장 보존을 위하여 필요한 최소 범위 내에서 교통을 통제하거나 일방통행의 조치를 취하는 경우에는 "교통사고 조사 중" 표지판, 적색 경광등 등을 설치하여 다른 차의 운전자가 사고현장임을 쉽게 알 수 있도록 조치 　㉡ 사고현장의 보존은 사고차량의 상태와 정지지점을 표시한 후 현장을 촬영하여 사후에도 현장상황이 확인되도록 조치 　㉢ 사고현장을 변경할 필요가 있는 때에는 제2호의 사진촬영 이외에 현장약도를 작성하여 사후 조사에 지장이 없도록 조치 　㉣ 스키드마크·요마크 등 타이어흔적, 혈흔, 유리 또는 페인트 조각, 유류품 등 멸실의 우려가 있는 증거자료는 사진촬영 및 채취하여 보존 조치 　㉤ 현장의 신호기, 표지판, 전주, 가로수, 그 밖의 재물 등의 파손상태는 사진촬영 등 보존 조치 　㉥ 현장에 출동한 경찰공무원이 2명 이상일 경우에는 그 임무를 분담하여 수행하고, 상황에 따라 도로관리청 또는 일반인의 협조 조치
사고지점 확정	교통조사관은 교통사고 발생원인을 명확히 규명하기 위하여 사고현장에서 사고와 관계있는 지점의 위치를 아래의 방법을 이용하여 표시하여야 한다. ㉠ 필요지점을 확정하기 위하여 **기점 2개소를 선정**하고 필요지점까지의 거리를 측정하는 **2점 방식** ㉡ 필요지점을 확정하기 위하여 **기점 3개소를 선정**하고 필요지점까지의 거리를 측정하는 **3점 방식**
현장도면 작성	① 교통조사관은 교통사고 현장도면을 작성할 때에는 사실 인정에 중요하다고 인정되는 부분은 정밀하게, 그렇지 않은 부분은 비교적 간단명료하게 작성한다. ② 도면을 작성하는 때에는 **400분의 1의 축적으로 작성하는 것을 원칙**으로 하고, 상황에 따라 축적비율을 조정하되 **반드시 축적비율 및 방위를 표시하여야 한다.** ③ 조사에 필요한 경우에는 **평면도뿐 아니라 입체도를 작성**할 수 있다. 이 경우에도 **반드시 방위를 표시하여야 한다.** {10.1 승진} ④ **거리를 측정하거나 지점을 확정하는 경우에는 각각의 지점의 경칭을 붙여 특정지어야 한다.** {10.1 승진} ⑤ 각각의 지점을 표시하는 부호는 다음 각 호를 준용하는 등 통일을 기하여야 한다. 　㉠ **가해자**의 진로상의 지점 **1. 2. 3** 　㉡ **피해자**의 진로상의 지점 **가. 나. 다** 　㉢ 그 밖의 물건, 인물의 지점 ⑥ 도로의 광협, 자동차의 대소, 거리의 장단 등을 표시하는 때에는 그 비율에 따라 축적을 표시하여야 한다. ⑦ 차량의 사고지점과 정차지점을 표시하는 때에는 **이동지점을 점선으로 표시하고, 정차지점은 실선으로 표시한다.** ⑧ 현장 도면에는 작성자가 계급, 성명을 기입하고 **날인하여야 하며, 현장도면과 조서 사이에는 간인하여야 한다.**

3. 교통사고처리 및 대형사고

교통사고의 수 (제20조의2)	① 교통조사관은 교통사고와 관련된 차가 2대 이하인 경우로서 충돌, 추돌, 접촉 등 사고의 원인이 된 행위가 하나인 경우 **1건의 사고로 처리**한다. ② 교통조사관은 교통사고와 관련된 차가 3대 이상인 경우로서 하나의 원인행위로 인하여 시간·장소적으로 밀접한 연속선상에서 발생한 경우 **1건으로 처리**하고, 그 이외에는 수 건(數 件)으로 처리한다.
사고유형의 결정 (제20조의3)	① **차대차 사고** : 차와 다른 차가 충돌·추돌 또는 접촉한 사고 ② **차대사람 사고** : 차가 보행자를 충격한 사고 ③ **차량단독 사고** : 운전자, 차, 도로상에 설치된 각종 시설물 또는 자연물이 원인이 되어 차가 스스로 전도·전복·추락·충격한 사고(차량단독 사고 후 그 충격 등으로 다른 차 또는 보행자를 충격한 경우 차량단독 사고로 처리) ④ **건널목 사고** : 철길건널목에서 차와 기차가 충돌한 사고
당사자 순위의 결정 (제20조의4)	교통조사관은 아래의 기준에 따라 1건의 교통사고와 관련된 당사자의 순위를 결정한다. ① 차대차 사고로서 당사자 간의 과실이 차이가 있는 경우 **과실이 중한 당사자를 선순위로 지정** ② 차대차 사고로서 당사자 간의 과실이 동일한 경우 **피해가 경한 당사자를 선순위로 지정** ③ 차대사람 사고는 **운전자를 선순위로 지정** ④ 동승자가 있는 차대차 사고는 ①부터 ③에 따라 **당사자의 순위를 정한 후 선순위의 차에 동승한 자를 다음 순위로, 후 순위의 차에 동승한 자를 그 다음 순위로 지정** ⑤ ①부터 ④ 이외의 당사자는 그 다음 순위로 지정
사고처리 기간	교통조사관은 특별한 사유가 없는 한 아래 기간 안에 교통사고의 조사·보고·통보를 완료하여야 한다. ㉠ 단순 물피사고는 **지체 없이 처리** ㉡ 인피사고 및 제20조 제2항 제2호(피해자가 가해자에 대하여 처벌을 희망하지 아니하는 의사표시가 없거나 보험등에 가입되지 아니한 경우에는 「도로교통법」 제151조를 적용하여 기소의견으로 송치. 다만, 피해액이 20만원 미만인 경우에는 즉결심판을 청구하고 대장에 입력한 후 종결)의 물피사고는 **접수한 날부터 2주 이내** ㉢ 피해자의 혼수상태 또는 국립과학수사연구원·도로교통공단 등 전문기관의 사고분석기일 지연 등으로 **2월 이내에 조사를 완료하지 못할 경우에는** 경찰서장에게 그 이유를 보고하고 **검사로부터 조사기일 연장의견을 들어 빠른 시일 내에 완료**하여야 한다.
보고 및 통보	경찰서장(교통과장)은 관할 지역에서 대형사고가 발생한 경우 지체 없이 "대형사고발생보고"를 작성하여 지방경찰청장(교통과장 및 종합상황실장)에게 보고하여야 한다.

4. 뺑소니 사고

보 고	**교통사고에 관한 보고절차**는 아래와 같다. 다만, 물피사고로서 도로에서의 위험방지와 원활한 소통을 위하여 필요한 조치가 이루어진 경우에는 그러하지 아니하다. ㉠ 교통사고를 현장목격 또는 인지하였거나 신고를 접수한 경찰공무원은 경찰서장(교통과 · 계장 또는 야간 종합상황실장)에게 발생일시 · 장소, 사고의 종류 및 피해상황 등 즉보 ㉡ 경찰서장은 교통사고를 보고받은 즉시 교통조사관 현장출동 및 조사 하명 ㉢ 현장에 출동한 교통조사관은 현장조사 후 즉시 그 결과를 "교통사고 발생보고서(초동조사용)"에 의하여 교통과 · 계장 또는 야간 종합상황실장에게 보고 ㉣ 대형사고가 발생한 경우에는 제25조의 규정에 의하여 보고 ㉤ 고위공무원, 정치인, 방송연예인 등 사회적 파장이 예상되는 사람의 교통사고는 대형사고에 준하여 보고
교통사고 접수처리 대장기록	① 교통사고를 접수한 **교통조사관은 24시간 이내에 대장에 교통사고 내용을 입력**하여야 한다. ② 경찰서 교통조사계장은 대장을 **매 건마다 일일 결재**하면서 사고처리상황 및 대장정리 상황을 확인 · 감독하여야 한다. ③ 교통사고를 조사한 교통조사관은 실황조사서를 작성하여 수결 및 운전면허 벌점부과 등 필요한 조치를 취한 후 이를 교통사고 행정처분 담당자에게 인계하여야 한다.

V. 신뢰의 원칙과 관련 판례

1. 의의

① 교통규칙에 맞추어 행동하는 사람은 다른 교통관여자도 교통규칙을 잘 지키리라는 것을 신뢰하면 충분하며, 타인의 교통규칙 위반사실을 인식할 수 있는 특별한 사정이 없는 한 미리 그 타인이 교통규칙 위반행위로 나오리라는 것을 예견하고 주의의무까지 필요하지는 않다는 원칙이다.

② **과실범에 있어서 주의의무의 한계를 정하는 원칙**{11.8 순경}으로서 현대사회에서의 도로교통의 사회적 의미를 고려하여 **과실범의 처벌을 완화**하고, 주의의무를 합리적으로 조정하여 원활한 교통을 가능하게 하는 이론이다.

③ 신뢰의 원칙은 독일의 판례가 채택한 이래 **스위스, 오스트리아, 일본, 우리나라의 판례에 영향**을 주었다. {11.8 순경}

예 {11.8 순경}

㉠ 고속도로에서 상대방 차량이 중앙선을 침범하지 않을 것이라는 것을 믿어도 된다는 원칙

㉡ 다른 차량이 무모하게 앞지르지 않을 것을 믿어도 된다는 원칙

㉢ 교차로에 들어서서 통행후순위 차량이 앞질러 진입하지 않을 것을 믿어도 된다는 원칙

　☞ **도로교통에서 상대방의 규칙위반을 이미 인식한 경우에는 신뢰의 원칙이 적용되지 않는다.**

2. 관련 판례

1) 고속도로에서의 주의의무 【대판 1981.12.8, 81도1801】

일반적으로 야간 기타 악천후 등으로 인하여 시계가 극히 좁다든지, 비 또는 눈 등으로 인하여 노면사정이 좋지 않다든지 하는 등의 특별한 사정이 없는 한, 고속도로를 운전하는 자동차 운전자에게는 고속도로 상에서 도로를 횡단하는 보행인 등 장애물이 나타날 것을 예견하여 제한속도 이하로 감속 서행할 **주의의무가 없다.** {03.1 승진, 01.11 순경}

2) 자동차전용도로상에서의 주의의무 【대판 1989.2.28, 88도1689】

도로교통법상 자동차전용도로는 자동차만이 다닐 수 있도록 설계된 도로로서 보행자 또는 자동차 외의 차마가 통행하거나 횡단하여서는 안 되도록 되어 있으므로 제한시속 이하로 운행하는 자동차의 운전자로서는 특별한 사정이 없는 한 무단횡단하는 보행자가 나타날 경우를 미리 예상하여 감속 서행할 **주의의무는 없다.** {01.11 순경}

3) 반대차로차량에 대한 주의의무

운전자에게는 특별한 사정이 있는 경우 외에는 반대차로를 운행하는 차가 갑자기 중앙선을 넘어 올 것까지 예견하여 감속하는 등 미리 충돌을 방지할 태세를 갖추어 차를 운전하여야 할 **주의의무는 없다.** {12.1 승진, 03.1 승진, 02.10 순경}

4) 교차로상에서의 주의의무

교차로를 거의 통과할 무렵 직진신호가 주의신호로 바뀌는 경우 좌회전 대기 차량이 주의신호임에도 좌회전하는 것, 사거리를 녹색신호에 따라 통과할 무렵 제한속도를 초과하였다 할지라도 신호를 위반하고 직진한 상대방 차량, 통행 우선순위를 무시하고 교차로 왼쪽에서 과속으로 오는 것 등에 대비할 **주의의무는 없다.**

5) 육교 밑에서의 주의의무

심야 도로교통이 빈번한 대도시 육교 아래에서의 자동차 운전자는 무단횡단자가 없을 것으로 믿고 운전하면 되는 것이고, 도로교통법규에 위반하여 그 자동차의 앞을 횡단하려고 하는 사람이 있을 것까지 예상하여 그 안전까지 확인해 가면서 **운전해야 할 의무는 없다.** {03.1 승진, 02.10 순경, 01.11 순경}

6) 좁은 도로에서 진입하는 차량

넓은 도로를 운행하는 차량의 운전자는 교차로에서 좁은 도로의 차량이 교통법규에 따라 적절히 행동을 취할 것을 신뢰하여 운전하므로 좁은 도로에서 진입하는 차량이 일단정지를 하지 않고 계속 진행하여 큰 도로로 진입할 것을 미리 예견하고 이에 대한 방어 조치를 **강구할 필요는 없다.**

7) 횡단보도상에서의 주의의무

보행자 신호가 녹색신호에서 적색신호로 바뀔 무렵 전후에 횡단보도를 통과하는 자동차 운전자는 보행자가 교통신호를 철저히 준수할 것이라는 신뢰만으로 자동차를 운전할 것이 아니라, 좌우에서 이미 횡단보도에 진입한 보행자가 있는지 여부를 살펴보고, 또한 그의 동태를 살피면서 서행하는 등 그와 같은 상황에 있는 보행자의 안전을 위해 어느 때라도 정지할 수 있는 태세를 갖추고 자동차를 운전할 **주의의무가 있다.** {03.1 승진, 02.10 순경, 01.11 순경}

8) 교차로에서 좌회전신호를 보내지도 않고 거울을 통해 확인

운전자에게는 후방주시를 하여 후행 차량을 발견하고 충돌을 방지할 조치를 취하여야 한다든가 나아가 일시 정지하거나 속도를 낮추어 앞지르려는 후행차량을 선행하도록 하여줄 주의가 없으나 교차로에서 좌회전신호를 보내지도 않고 거울을 통하여 뒤따라오는 차량이 있는지 여부를 확인함도 없이 좌회전하다가 차량 우측 뒤를 따라오던 후행 차량을 차례로 충격하여 사망에 이르게 한 경우 **주의의무위반이 인정된다.** {03.1 승진}

9) 아파트 단지에서 음주운전

아파트 주출입구와 부출입구에 경비초소, 차단기 등이 없고 경비원이 차량 출입을 통제하지 않아 불특정 다수의 사람이나 차량이 자유롭게 통행할 수 있는 아파트단지 도로는 도로교통법상 도로라고 보았다. 이 사건 아파트 통행로는 외부인의 우회도로로 사용될 여지가 없고 차단시설이 없지만, 경비원이 외부차량 출입을 통제하는 점 등을 고려하면 불특정 다수의 사람이나 차량의 통행로로 사용되는 도로교통법상 도로라고 볼 수 없다. {02.1 승진}

【차량흔적 및 노면 상처】

구분			내용
차량 흔적	의 의		스키드마크란 굴러가는 자동차 바퀴에 갑자기 정지될 정도로 강하게 브레이크가 조작되어 **노면상에 굴러갈 수 없게 된 경우 타이어에 의해 나타는 노면 흔적**을 말한다. {08.3 순경}
	유 형	갭 스키마크	① 도중에 끊긴 스키드마드마크 ② 브레이크가 중간에 풀렸다가 다시 제동될 대한 세트의 **스키드마크에서 중간부분(통상 3m 내외)이 끊어지는 경우** {12.1 승진} ③ 주행차량이 보행자 또는 자전거와 충돌할 때 주로 나타난다.
		스킵 스키드마크	① **띄엄띄엄 난 스키드마크** ② 반복적으로 끊어져 있거나 또는 가늘어졌다가 넓어졌다 하며 생성된 흔적으로 **끊어진 사이의 거리는 보통 1m 내외로 짧다.**
		충돌 스크럽	차량이 심하게 충돌하고 있을 때 차량의 손괴된 부품이 타이어를 꽉 눌러 그 회전을 방해하고 동시에 충돌에 의해 지면을 향한 큰 힘이 작용하는데, 이때 **타이어와 노면사이에 순간적으로 강한 마찰력이 발생되면서 나타나는 현상**을 말한다. {12.1 승진}
	요 마크		**자동차가 심하게 코너링할 때** 전, 후륜 내륜차가 생기고 이때 **바깥쪽 바퀴가 원심력에 의해 노면과 마찰할 때 생기는 것**이다.
	가속 스카프		충분한 동력이 구르는 바퀴에 전달되어 **도로표면에 적어도 한 번의 스핀이나 슬립이 발생되어 나타는 흔적**을 말한다. {12.1 승진}
	타이어 새겨진 흔적 (Imprint)		눈, 모래, 자갈, 잔디와 같이 느슨한 노면 위를 타이어가 미끄러짐이 없이 굴러가면서 **노면상에 타이어 접지면의 무늬모양을 그대로 새겨 놓은 흔적**이다. {12.1 승진}
노면 상처	노면에 파인 자국 {08.1 승진}	칩 (Chip)	**호미로 노면을 판 것 같이 짧고 깊게 패인 가우지 마크로서 차량 충돌 시** 충돌의 힘에 의해서 금속부분이 노면과 부딪칠 때 발생하므로 차량 간의 최대 접촉 시 만들어진다.
		찹 (Chop)	**도끼로 노면을 깎아낸 것 같이 넓고 얕은 가우지 마크로서** 프레임이나 타이어림에 의해서 만들어진다. **찹은 최대접촉 시 발생할 가능성**이 높은데, 흔적이 발생하는 방향성은 깊고 날카로운 쪽에서, 얕고 거친 쪽으로 만들어진다.
		그루브 (Groove)	**길고 좁은 홈 자국으로 직선일 수도 있고 곡선일 수도 있다.** 그루브의 밑바닥을 조사해 보면 그것을 만들어 낸 것이 차량의 어느 부분인지를 알 수 있다.
	노면에 긁힌 흔적		큰 압력 없이 미끄러진 금속물에 의해 **단단한 포장노면에 가볍게 불규칙적으로 좁게 나타나는 긁힌 자국**으로 차량의 전복위치 및 충돌 진행 방향을 알 수 있는 중요한 흔적을 말한다.

【차량에서 발생할 수 있는 현상】 {12.1 승진}	
수막현상 (Hydroplaning)	비가 내려 노면에 많은 물이 덮여 있을 때 고속 주행하면 나타나는 현상
스탠딩 웨이브 (Standing wave)	자동차가 고속으로 주행할 때 타이어가 완전한 원형을 유지하고 있지 않은 현상
베이퍼록 (Vapor lock)	브레이크액이 끓어올라 파이프 안에 기포가 발생하여 브레이크 페달을 밟아도 브레이크가 듣지 않게 되는 현상
페이드(Fade) 현상	브레이크를 너무 많이 사용하여 브레이크 슈와 드럼이 과열함에 따라 브레이크 라이닝이 고온으로 변질되고 마찰계수가 줄어들어서 브레이크가 듣지 않게 되는 현상

제6절　범칙금 통고처분제도

l. 범칙금 통고처분

1. 범칙행위와 범칙금

의 의	범칙금 통고처분제도란 경미한 교통법규 위반자에 대해서 일일이 즉심에 회부하는 복잡성을 피하고 범칙금 통고서를 발부하여 업무를 신속·간편하게 처리하여 법규위반 운전자가 **즉결심판을 받은 것과 동일한 효과를 나타내도록 경찰관이 직접 위반현장에서 위반자에게 범칙금을 납부할 것을 통고하여 주고 운전을 계속하게 하는 제도**를 말한다. {10.3 순경, 06.3 순경, 05.2 경간부, 02.11 순경, 02.7 순경, 02.3 순경}
범칙행위 (법 제162조)	범칙행위라 함은 제156조 또는 제157조의 죄에 해당하는 위반행위를 말하는데, **20만원 이하의 벌금·구류·과료의 형의 구성요건에 해당하는 위법·유책한 행위**를 말한다. {10.1 승진} **【범칙자에 해당하지 않는 경우】** {10.3 순경} ㉠ 범칙행위 운전면허증 등 또는 이를 갈음하는 증명서를 제시하지 못하거나 경찰공무원의 운전자 신원 및 운전면허 확인을 위한 질문에 응하지 아니한 운전자 ㉡ 범칙행위로 교통사고를 일으킨 사람. 다만, 교통사고처리특례법상 업무상 과실치상죄·중과실치상죄 또는 도로교통법상 차의 운전자가 업무상 필요한 주의를 게을리 하거나 중대한 과실로 다른 사람의 건조물이나 그 밖의 재물을 손괴한 죄에 대한 벌을 받지 아니하게 된 사람은 제외한다. **【경범죄처벌법 및 도로교통법상 통고처분 적용제외자 비교】** 경범죄처벌법상 통고처분 적용제외자 {10.3 순경, 05.3 순경} ㉠ **주거**·신원불상자 ㉡ **통고처분서를** 받기를 거부한 사람 ㉢ **통고처분하기가** 매우 어려운 사람 도로교통법상 통고처분 적용제외자 {05.3 순경} ㉠ **달**아날 염려가 있는 사람 ㉡ **성**명·주소불명자 ㉢ **범칙금납부통고서** 받기를 거부한 사람
범칙금 (법 제162조 제3항)	범칙금이라 함은 범칙자가 **통고처분에 의하여 국고 또는 제주특별자치도의 금고에 납부하여야 할 금전**을 말한다. {96.1 승진}

2. 통고처분자 및 통고처분 대상자

통고 처분자	통고처분은 **경찰서장**이 이유를 명시한 서면으로 범칙금을 납부할 것을 통고하는 고유권한이다.
통고처분 대상자	① 범칙자로 인정되는 사람에 대하여는 그 이유를 명시한 서면으로서 범칙금을 납부할 것을 통고할 수 있다. ② 다음의 경우에는 범칙자이지만 **통고처분을 할 수 없고 즉결심판 대상**이 된다. {10.3 순경, 06.3 순경, 05.3 순경, 02.7 순경, 02.3 순경}

	㉠ 성명 또는 주소가 확실하지 아니한 사람 ㉡ 달아날 염려가 있는 사람 ㉢ 범칙금납부통고서 받기를 거부한 사람 ③ 제주특별자치도지사가 통고처분을 한 경우에는 **관할경찰서장에게 그 사실을 통보**하여야 한다. **【경범죄처벌법 및 도로교통법상 범칙자가 아닌 경우의 비교】** **경범죄처벌법상 범칙자가 아닌 경우**　㉠ 범칙행위를 상습적으로 행하는 자　㉡ 구류처분함이 상당하다고 인정되는 자　㉢ 피해자가 있는 행위를 한 자　㉣ 18세 미만인 사람　☞ ㉠㉡㉢은 즉결, ㉣은 훈방 **도로교통법상 범칙자가 아닌 경우**　㉠ 운전면허증을 제시하지 못한 자　㉡ 범칙행위로 교통사고를 일으킨 사람(단, 사고에 대한 형벌 면제자는 제외)　㉢ 국제운전면허증 소지자　☞ ㉠㉢은 즉결, ㉡은 사고로 처리
범칙금의 납부 (제164조)	① 통고처분에 의하여 **범칙금납부통고서를 받은 사람은 10일 이내에 경찰청장이 지정하는** 국고은행, 지점, 대리점, 우체국 또는 제주특별자치도지사가 지정하는 금융기관이나 그 지점에 범칙금을 납부하여야 한다. {10.1 승진, 10.2 경간부, 05.2 경간부, 96.1 승진} 다만, **천재 · 지변이나 그 밖의 부득이한 사유로** 말미암아 그 7 간 이내에 범칙금을 납부할 수 없는 때에는 **부득이한 사유가 없어지게 된 날부터 5일 이내에 납부**하여야 한다. {10.2 경간부, 96.1 승진} ② 납부기간 이내에 범칙금을 납부하지 아니한 사람은 납부기간이 **만료되는 날의 다음 날부터 20일 이내에 통고받은 범칙금에 100분의 20을 더한 금액을 납부**하여야 한다. {10.2 경간부} ③ **범칙금을 납부한 사람은 범칙행위에 대하여 다시 벌 받지 아니한다.** {10.2 경간부, 06.3 순경} ④ **범칙금은 분할하여 납부할 수 없다**
효 과	① 범칙자에 대하여 **통고처분을 이행할 것을 강제할 수 없다.** ② 범칙자가 통고처분의 내용대로 **범칙금을 납부하게 되면 당해 범칙행위에 대하여 다시 벌 받지 아니한다.** ③ 범칙자가 이에 복종하지 않은 경우에는 **통고처분은 효력을 상실하고 보통의 형사절차로 이행**하게 된다. ④ **통고처분의 하자로 인하여 불복이 있는 사람은** 즉결심판에 관힌 절차법 제11조 및 제14조에 의거 **7일 이내에 정식재판을 청구**할 수 있다.
통고처분 불이행자 등의 처리 (법 제165조)	① 경찰서장은 통고처분에 의한 **2차 납부시한까지 범칙금에 100분의 20을 더한 금액을 납부하지 않은 사람에 대하여 지체 없이 즉결심판을 청구하여야 한다.** 다만, 즉결심판이 청구되기 전까지 **통고받은 범칙금액에 100분의 50을 더한 금억을 납부한 사람에 대하여는 그러하지 아니하다.** {10.2 경간부} ② 즉결심판이 청구된 피고인이 **즉결심판의 선고 전까지 통고받은 범칙금액에 그 100분의 50을 더한 금액을 납부**하고 증빙서류를 제출한 때에는 경찰서장은 피고인에 대한 즉결심판 청구를 취소하여야 한다. ③ **범칙금을 납부한 사람은 그 범칙행위에 대하여 다시 벌 받지 아니한다.** ④ 제주특별자치도지사는 해당하는 사람이 있는 경우에는 즉시 관할경찰서장에게 그 사실을 통보하고 관련 서류를 이첩하여야 한다. 이 경우 통보를 받은 경찰서장은 ① 내지 ③의 규정에 따라 이를 처리하여야 한다.

3. 범칙행위 및 범칙금액표(운전자)[개정 2012.9.22]

범칙행위	차량종류별 범칙금액	
1. 속도위반(60km/h 초과)	승합자동차 등 승용자동차 등 이륜자동차 등	13만 원 12만 원 8만 원
1. 속도위반(40km/h 초과 60km/h 이하) {10.1 승진} 2. 승객의 차내 소란행위 방치 운전 {10.1 승진}	승합자동차 등 승용자동차 등 이륜자동차 등	10만 원 9만 원 6만 원
3. 신호 · 지시위반 {10.1 승진, 05.2 경간부} 4. 중앙선침범 · 통행구분위반 5. 철길건널목 통과방법위반 6. 횡단 · 유턴 · 후진위반 7. 운전 중 휴대용 전화 사용 8. 앞지르기 금지시기 · 장소위반 9. 앞지르기 방법위반 10. 횡단보도 보행자 횡단방해(신호 또는 지시에 따라 횡단하는 보행자 통행방해를 포함) 11. 보행자전용도로 통행위반(보행자전용도로 통행방법 위반을 포함) 12. 승차인원 초과 · 승객 또는 승하차자 추락방지조치위반 13. 어린이 · 맹인 등의 보호위반 14. 속도위반(20km/h 초과 40km/h 이하) {10.1 승진} 15. 운행기록계미설치 자동차운전금지 등의 위반 16. 어린이통학버스운전자의 의무위반 17. 어린이통학버스운행자의 의무위반 18. 고속도로 · 자동차전용도로 갓길통행 19. 고속도로버스전용차로 · 다인승전용차로 통행위반	승합자동차 등 승용자동차 등 이륜자동차 등 자전거 등	7만 원 6만 원 4만 원 3만 원
20. 통행금지 · 제한위반 21. 일반도로 전용차로 통행위반 22. 고속도로 · 자동차전용도로 안전거리 미확보 23. 앞지르기의 방해금지위반 24. 교차로 통행방법 위반 {10.1 승진} 25. 교차로에서의 양보운전위반 26. 보행자 통행방해 또는 보호 불이행 27. 긴급자동차에 대한 피양 · 일시 정지위반 28. 정차 · 주차금지위반 29. 주차금지위반 30. 정차 · 주차방법위반 31. 정차 · 주차위반에 대한 조치 불응 32. 적재제한위반 · 적재물 추락방지위반 또는 유아나 동물을 안고 운전하는 행위 33. 안전운전의무위반(난폭운전을 포함) 34. 노상시비 · 다툼 등으로 차마의 통행방해행위 35. 급발진 · 급가속 · 엔진 공회전 또는 반복적 · 연속적인 경음기 울림으로 소음 발생행위 36. 적재함 승객탑승운행행위 37. 어린이통학버스 특별보호위반 38. 고속도로 지정차로 통행위반 39. 고속도로 · 자동차전용도로 횡단 · 유턴 · 후진위반 40. 고속도로 · 자동차전용도로 정차 · 주차금지위반 41. 고속도로 진입위반 42. 고속도로 · 자동차전용도로 고장 등의 경우 조치 불이행	승합자동차 등 승용자동차 등 이륜자동차 등 자전거 등	5만 원 4만 원 3만 원 2만 원

위반행위	차종	범칙금
43. 혼잡완화 조치위반 44. 지정차로 통행위반 · 차로너비보다 넓은 차 통행금지 위반(진로변경금지 장소에서의 진로변경을 포함) **45. 속도위반(20km/h 이하)** 46. 진로변경방법위반 47. 급제동금지위반 48. 끼어들기금지위반 49. 서행의무위반 50. 일시정지위반 51. 방향전환 · 진로변경 시 신호 불이행 52. 운전석 이탈시 안전확보불이행 53. 승차자 등의 안전을 위한 조치위반 54. 지방경찰청 고시위반 55. 좌석안전띠 미착용 56. 이륜자동차 · 원동기장치자전거 인명보호장구 미착용 57. 어린이 통학버스와 유사한 도장 · 표지 금지위반	**승합자동차 등** **승용자동차 등** 이륜자동차 등 자전거등	**3만 원** **3만 원** 2만 원 1만 원
58. 삭제 〈2010.7.9〉 59. 최저속도위반 60. 일반도로 안전거리미확보 61. 삭제 〈2010.7.9〉 62. 등화점등 · 조작불이행(안개 · 강우 또는 강설 때는 제외) 63. 삭제 〈2010.12.31〉 64. 불법부착장치차 운전(교통단속용장비의 기능을 방해하는 장치를 한 차의 운전을 제외) 65. 택시의 합승(장기 주 · 정차하여 승객을 유치하는 경우에 한함) · 승차거부 · 부당요금 징수행위 65의2. 운전이 금지된 위험한 자전거의 운전 66. 삭제 〈2010.12.31〉	승용자동차 등 이륜자동차 등	2만 원 1만 원
67. 특별한 교통안전교육 미필 　가. 과거 5년 이내에 법 제44조를 1회 이상 위반하였던 사람으로서 다시 같은 조를 위반하여 운전면허효력 정지처분을 받게 되거나 받은 사람이 그 처분기간이 만료되기 전에 특별 교통안전교육을 받지 아니한 경우 　나. 가목 외의 경우 68. 삭제 〈2010.12.31〉 69. 삭제 〈2010.12.31〉 70. 경찰관의 실효된 면허증 회수에 대한 거부 또는 방해	차종구분 없이	6만 원 4만 원 3만 원
(주) 위 표 가운데 ① 승합자동차 등이라 함은 승합자동차 · 4톤 초과 화물자동차 · 특수자동차 · 건설기계를 말한다. ② 승용자동차 등이라 함은 승용자동차 · 4톤 이하 화물자동차를 말한다. ③ 이륜자동차 등이라 함은 이륜자동차 · 원동기장치자전거를 말한다. ④ 자전거 등이라 함은 자전거 · 손수레 · 경운기 · 우마차를 말한다.		

4. 범칙행위 및 범칙금액표(보행자)[개정 2010.12.31]

범칙행위	범칙금액
1. 신호 · 지시위반 2. 차도보행 · 차도에서 차잡는 행위 3. 육교 바로 밑 · 지하도 바로 위 무단횡단(횡단이 금지되어 있는 도로부분 횡단을 포함) 4. 도로에서의 금지행위위반 　㉠ 술에 취하여 갈팡질팡하는 행위 　㉡ 교통에 방해되는 방법으로 눕거나 앉거나 서있는 행위 　㉢ 교통이 빈번한 도로에서 놀이를 하는 행위 　㉣ 도로상의 사람이나 차마를 손상시킬 염려가 있는 물건을 던지거나 발사하는 행위(차마로부터 던지는 행위를 포함) 　㉤ 진행 중인 차마에 뛰어타거나 매달리거나 뛰어내리는 행위	3만 원
5. 통행금지 · 제한위반 6. 육교 바로 밑 · 지하도 바로 위 외의 무단 횡단(차의 바로 앞 · 뒤 횡단금지위반을 포함)	2만 원
7. 혼잡완화조치위반 8. 행렬 등의 차도 우측통행 위반(지휘자를 포함)	1만 원

5. 어린이 보호구역에서의 범칙행위 및 범칙금액표[개정 2011.12.6]

범칙행위		차량종류별 과태료금액	
1. 신호 · 지시위반 2. 횡단보도 보행자 횡단방해		•승합자동차 등 •승용자동차 등 •이륜자동차 등 •자전거 등	13만 원 12만 원 8만 원 6만 원
3. 속도위반	60km/h 초과	•승합자동차 등 •승용자동차 등 •이륜자동차 등	16만 원 15만 원 10만 원
	40km/h 초과 60km/h 이하	•승합자동차 등 •승용자동차 등 •이륜자동차 등	13만 원 12만 원 8만 원
	20km/h 초과 40km/h 이하	•승합자동차 등 •승용자동차 등 •이륜자동차 등	10만 원 9만 원 6만 원
	20km/h 이하 {12.8 순경}	**•승합자동차 등** **•승용자동차 등** •이륜자동차 등	**6만 원** **6만 원** 4 원
4. 통행금지·제한위반 5. 보행자 통행방해 또는 보호불이행 6. 정차 · 주차금지위반 7. 주차금지위반 8. 정차 · 주차방법위반 9. 정차 · 주차위반에 대한 조치 불응		•승합자동차 등 •승용자동차 등 •이륜자동차 등 •자전거 등	9만 원 8만 원 6만 원 4만 원

제7절　과태료 처분

I. 과태료

1. 과태료에 대한 일반적 내용

의 의		사진·비디오 기타 영상매체에 의해 과속, 버스전용차로위반, 갓길위반, 신호위반 등의 교통법규 위반행위가 입증되지만, **위반운전자를 확인할 수 없어서 고지서를 발부하거나 통고처분을 할 수 없는 경우에 고용주 등에 대하여 20만 원 이하의 과태료에 처한다.** 물론, 위반운전자가 확인되면 해당운전자에게 범칙금 및 벌점이 부과된다. {01.3 순경}
부과권자	경찰서장	① 무인교통단속장비에 의해 적발된 **신호·속도위반** ② **고속도로 전용차로 위반행위**
	시장·군수·구청장	① **주·정차위반** ② 일반도로 전용차로위반 행위
의견제출		① 과태료를 부과하고자 하는 때에는 과태료부과대상자에게 **10일 이상의 기간을 정하여 의견을 제출할 기회**를 주어야 하며, 지정된 기일까지 의견제출이 없는 경우에는 의견이 없는 것으로 본다. ② 의견제출 기한 이내에 과태료를 **자진납부하는 경우에는 부과될 과태료의 100분의 20의 범위 이내에서 감경**할 수 있다. **【과태료처분 제외대상】** ㉠ **위규차량이 도난당한 경우** {05.1 승진} ㉡ 운전자가 당해 위반행위로 통고처분을 받은 경우 ㉢ 의견진술로 위반행위를 한 운전자가 밝혀진 경우 ㉣ 범죄의 예방, 진압 기타 긴급한 사건사고의 조사를 위한 경우 ㉤ 도로공사 또는 교통지도단속을 위한 경우 ㉥ **응급환자의 수송 또는 치료를 위한 경우** {05.1 승진} ㉦ **화재, 수해, 재해 등의 구난 작업을 위한 경우** {05.1 승진} ㉧ 장애인복지법의 규정에 의한 장애인의 승하자를 돕는 경우
납부기한		과태료는 **과태료납부고지서를 받은 날로부터 60일 이내에 납부**하여야 한다. 다만, 천재지변이나 그 밖의 부득이한 사유로 과태료를 납부할 수 없는 때에는 그 **사유가 없어진 날로부터 5일 이내에 납부**하여야 한다.
가산금 징수		행정청은 당사자가 납부기한까지 과태료를 납부하지 아니한 때에는 납부기한을 경과한 날부터 **체납된 과태료에 대하여 100분의 5에 상당하는 가산금을 징수**한다.
체납처분		체납된 과태료를 납부하지 아니한 때에는 **납부기한이 경과한 날로부터 매 1개월이 경과할 때마다 체납된 과태료의 1천분의 12에 상당하는 가산금을 가산금에 가산하여 징수**한다. 이 경우 중가산금을 가산하여 징수하는 **기간은 60개월을 초과하지 못한다.**

이의제기	행정청의 과태료 부과에 불복하는 당사자는 **과태료 부과 통지를 받은 날부터 60일 이내에** 해당 행정청에 서면으로 이의제기를 할 수 있으며, **이의제기가 있는 경우에는** 행정청의 **과태료 부과처분은 그 효력을 상실**한다.
법원에의 통보	이의제기를 받은 행정청은 **이의제기를 받은 날부터 14일 이내에** 이에 대한 의견 및 증빙서류를 첨부하여 **관할 법원에 통보**하여야 한다.
재 판	과태료 재판은 이유를 붙인 결정으로써 하며, **결정은 당사자와 검사에게 고지함으로써 효력이 발생**하며, **당사자와 검사는 과태료 재판에 대하여 즉시항고**를 할 수 있다.

2. 과태료의 부과기준[개정 2012.9.22]

위반행위 및 행위자	차량종류별 과태료금액
1. 법 제78조의 규정을 위반하여 교통안전교육기관 운영의 정지 또는 폐지의 신고를 하지 아니한 사람	100만 원
2. 법 제109조 제2항의 규정을 위반하여 강사의 인적사항과 교육과목을 게시하지 아니한 사람	100만 원
3. 법 제110조 제2항의 규정을 위반하여 수강료 등을 게시하지 아니하거나 동조 제3항의 규정을 위반하여 게시된 수강료 등을 초과한 금액을 받은 사람	100만 원
4. 법 제111조의 규정을 위반하여 수강료 등의 반환 등 교육생 보호를 위하여 필요한 조치를 하지 아니한 사람	100만 원
5. 법 제112조의 규정을 위반하여 학원 또는 전문학원의 휴원 또는 폐원신고를 하지 아니한 사람	100만 원
6. 법 제115조 제1항의 규정에 의한 간판 기타 그 밖의 표지물의 제거, 시설물의 설치 또는 게시문의 부착을 거부·방해 또는 기피하거나 게시문이나 설치한 시설물을 임의로 제거하거나 못쓰게 만든 사람	100만 원
6의2. 법 제49조 제1항 제1호를 위반하여 고인 물 등을 튀게 하여 다른 사람에게 피해를 준 운전자	•승합자동차 등: 2만 원 •승용자동차 등: 2만 원 •이륜자동차 등: 1만 원
6의3. 법 제49조 제1항 제3호를 위반하여 창유리의 암도기준을 위반한 차의 운전자	2만 원
7. 법 제50조 제1항·제2항 또는 법 제67조 제1항의 규정을 위반하여 승차자로 하여금 좌석안전띠를 매도록 하지 아니한 운전자	3만 원
8. 법 제50조 제3항의 규정을 위반하여 승차자로 하여금 인명보호장구를 착용하도록 하지 아니한 운전자	2만 원
8의2. 법 제52조 제2항을 위반하여 어린이통학버스 안에 신고필증을 갖추지 아니한 어린이통학버스의 운행자	3만 원
8의3. 법 제67조 제2항에 따른 고속도로 등에서의 준수사항을 위반한 운전자	•승합자동차 등: 2만 원 •승용자동차 등: 2만 원 •이륜자동차 등: 1만 원

위반행위	과태료 금액
8의4. 법 제87조제1항을 위반하여 운전면허증 갱신기간 이내에 운전면허를 갱신하지 아니한 사람	2만 원
9. 법 제87조제2항 또는 제88조제1항을 위반하여 정기 적성검사 또는 수시 적성검사를 받지 아니한 사람	3만 원
10. 다음 각 목의 어느 하나에 해당하는 차의 고용주 등 　가. 법 제13조 제3항의 규정을 위반하여 중앙선을 침범한 차 　나. 법 제60조 제1항의 규정을 위반하여 고속도로에서 갓 길을 통행한 차 　다. 법 제61조 제2항에서 준용되는 제15조 제3항의 규정을 위반하여 고속도로에서 전용차로를 통행한 차	•승합자동차 등: 10만 원 •승용자동차 등: 9만 원
11. 법 제5조를 위반하여 신호 또는 지시를 따르지 아니한 자의 고용주등	• 승합자동차등: 8만원 • 승용자동차등: 7만원 • 이륜자동차등: 5만원
11의2. 법 제17조제3항을 위반하여 제한속도를 준수하지 아니한 차의 고용주등	
• 60km/h 초과	• 승합자동차등: 14만원 • 승용자동차등: 13만원 • 이륜자동차등: 9만원
• 40km/h 초과 60km/h 이하	• 승합자동차등: 11만원 • 승용자동차등: 10만원 • 이륜자동차등: 7만원
• 20km/h 초과 40km/h 이하	• 승합자동차등: 8만원 • 승용자동차등: 7만원 • 이륜자동차등: 5만원
• 20km/h 이하	• 승합자동차등: 4만원 • 승용자동차등: 4만원 • 이륜자동차등: 3만원
12. 법 제15조 제3항의 규정을 위반하여 일반도로에서 전용차로를 통행한 차의 고용주 등	•승합자동차 등: 6만 원 •승용자동차 등: 5만 원 •이륜자동차 등: 4만 원
13. 법 제32조 내지 법 제34조의 규정을 위반하여 주차 또는 정차를 한 차의 고용주 등	•승합자동차 등: 5만 원(6만 원) •승용자동차 등: 4만 원(5만 원)
14. 법 제29조제4항 및 제5항을 위반하여 도로의 우측 가장자리에 일시정지하지 아니하거나 진로를 양보하지 아니한 차의 고용주등	• 승합자동차등: 6만원 • 승용자동차등: 5만원 • 이륜자동차등: 4만원

3. 어린이 보호구역에서의 과태료 부과기준[신설 2011.12.6]

위반행위 및 행위자	차량종류별 과태료금액	
1. 법 제5조를 위반하여 신호 또는 지시를 따르지 아니한 차의 고용주 등	•승합자동차 등 •승용자동차 등 •이륜자동차 등	14만 원 13만 원 9만 원
2. 법 제17조 제3항을 위반하여 제한속도를 준수하지 아니한 차의 고용주 등 　가. 60km/h 초과	•승합자동차 등 •승용자동차 등 •이륜자동차 등	17만 원 16만 원 11만 원
나. 40km/h 초과 60km/h 이하	•승합자동차 등 •승용자동차 등 •이륜자동차 등	14만 원 13만 원 9만 원
다. 20km/h 초과 40km/h 이하	•승합자동차 등 •승용자동차 등 •이륜자동차 등	11만 원 10만 원 7만 원
라. 20km/h 이하	**•승합자동차 등** **•승용자동차 등** •이륜자동차 등	**7만 원** **7만 원** 5만 원
3. 법 제32조부터 제34조까지의 규정을 위반하여 정차 또는 주차를 한 차의 고용주 등	•승합자동차 등 •승용자동차 등	9만 원 (10만 원) 8만 원 (9만 원)

제5장

정보경찰 활동

제1절　정보일반

I. 정보와 첩보의 개념

1. 정보의 개념

의의		정보란 정보기관이 조직활동을 통하여 수집된 첩보를 평가·분석·종합·해석하여 얻어진 지식을 의미한다. **【연혁】** 정보라는 용어는 군에서 사용하던 전문용어이며, 현재 한국에서 사용하고 있는 정보라는 용어는 일본의 메이지 정부가 프랑스식 병제를 채택하여 구일본 육군을 창설하면서 프랑스군이 사용하던 군사용어를 번역하여 만든 것이다. {10.1 승진}
학자	클라우제비치 (Clausewitz)	전쟁론에서 **정보란 적과 적국에 관한 우리들의 지식의 총체를 의미**하며 전쟁에 있어서 아군의 계획 및 행동의 기초를 이루는 것이라고 정의하였다. {10.1 승진}
	위너 (Wiener)	정보란 **인간이 외계에 적응하려고 행동**하고 그 조절행동의 결과를 **외계로부터 감지할 때에 외계와 교환하는 내용**이라고 정의하였다.
	셔먼 켄트 (Sherman Kent)	**정보란 지식이며 조직이고 활동**이라고 정의하였다. {05.1 승진}
	데이비스 (Davis)	정보란 **받아들이는 사람에게 필요한 형태로 처리된 데이터**이며, 현재 또는 장래의 의사결정에 있어서 실현되든가 또는 가치를 인정받는 것이라고 정의하였다.
	제프리 리첼슨 (Jeffery T. Richelson)	정보는 외국이나 국외지역과 관련된 제반 첩보자료들을 수집·평가·분석·종합, 판단의 과정을 거쳐서 생성된 산출물이라고 정의하였다.
	마이클 허만 (Michael Herman)	정부 내에서의 조직된 지식이라고 정의하였다.
	에이브럼 슐스키 (Abram N. Shulsky)	국가안보 이익을 극대화하고, 실제적 또는 잠재적 적대세력의 위험을 취급하는, 정부의 정책 수립과 정책의 구현과 연관된 자료라고 정의하였다.
	마크 로웬탈 (Mark M. Lowenthal)	① 정보란 정책결정자의 필요에 부응하는 지식을 말하며, 이를 위해 수집 가공된 것이라고 정의하였다. ② 정보와 정책에 대해 일정 수준의 분리 필요성을 강조한 전통주의의 대표적 학자로서 '**정보는 정책에 의존하여 존재하지만, 정책은 정보의 지지 없이도 존재할 수 있다.**'고 주장하였다. {10.1 승진}
	마이클 워너 (Michael Warner)	정보는 우리측에 해악을 끼칠 수 있는 다른 국가나 다양한 적대세력의 영향을 미치거나 또는 단지 그들을 이해하기 위한 노력을 지원하는 비밀스러운 그 무엇이라고 정의하였다.
	로저 힐스만 (Roger Hilsman)	정보생산자는 정책과정에 대해 연구하고 이해해야 한다고 주장하였다. {10.1 승진}

2. 첩보의 의의

의 의	① 첩보란 평가 · 해석되지 않은 정보의 자료가 되는 **제1차적 지식**을 말한다. ② 첩보란 **정보가 되기 전의 모든 사회적 현상**을 말하는 것으로, 부정확하고 단편적이며 불규칙한 사실에 대한 견문이다. ③ 첩보란 **보고 들은 모든 것**이라고 할 수 있다.
첩보의 질을 결정짓는 요소	① 첩보수집기법　　② 수집자의 자질　　③ 망원의 자질

【첩보와 정보의 비교】

	첩보(Information)[1차 정보, 생(生)정보]	정보(Intelligence)[2차 정보, 가공정보]
정확성	**부정확**한 전문(傳聞)지식을 포함	객관적으로 평가된 **정확**한 지식
완전성	**기초적 · 단편적 · 불규칙적 · 미확인 상태**	특정한 사용목적에 맞도록 평가 · 분석 · 종합 · 해석하여 만든 **정확하고 완전한 지식**
적시성	시간에 구애받지 않고 **과거와 현재의 것을 불문**	정보사용자가 **필요로 하는 때에 제공**되어야 하는 적시성이 특히 요구
생산과정의 특수성	협동작업이 아닌 **단편적이고 개인의 식견**에 의한 지식	**여러 사람의 협동작업을 통하여 생산**됨. → 생산과정의 특수성 가짐.
사용자의 목적성	사물에 대해 보고 들은 상태 그 자체의 묘사이므로 **목적성이 없음.**	사용자의 **목적에 맞드록 작성된 지식**
공통점	첩보와 정보 모두 지식으로서의 **자료적 가치**를 가짐.	

☞ **모든 첩보가 정보는 아니지만, 모든 정보는 첩보라는 말은 성립**한다. {10.1 승진}
☞ 정보와 첩보의 구별이 점점 희미해진다.
☞ 첩보보고의 양이 많다고 첩보의 가치가 있는 것은 아니하다.

【광의의 정보】

	광의의 정보		
	자료(Data)	첩보(Information)	정보(Intelligence)
의 미	단순사실, 신호, 소재 {10.1 승진}	목적의식에 따라 수집된 자료	일정한 절차에 따라 처리된 **유용한 정보**
용 어	데이터(자료)	1차 정보, 첩보, 생정보	2차 정보, 정보, 가공정보, 지식
활 동	입력	수집	평가, 분석, 가공
활동특성	임의적	의식적	의식적
활동주체	전임직원	전임직원	정보전문부서
특 성	**무의미**	**불확실성**	**확실성**
유용성	**小**	**中**	**大**
시 간	자동적	신속성	지연성

※ 자료: 안종우(2010), TOP PASS 안종우 경찰학개론, p.813.

3. 정보의 특성

비이전성	타인에게 전달해도 본인에게 정보로서의 가치가 그대로 남아 있다. {10.1 승진}
누적효과성	생산 · 축적되면 될수록 그 가치가 커진다. {10.1 승진}
신용가치성	① 같은 정보라도 **신뢰도가 높을수록 정보가치가 증가**한다. {10.1 승진} ② 정보출처(정보원)의 신용정도에 따라 가치가 달라진다.
무한가치성	**필요한 사람이면 누구에게나 가치**를 가진다. {10.1 승진}
필요성	정보사용자가 현재 당면하고 있거나 당면하게 될 문제해결을 위해 정보사용자의 의사결정에 **반드시 필요한 내용을 제공할 때 가치**를 지니고 있다.
정보제공의 빈도	정보는 정보사용자가 얼마나 자주 정보를 접하느냐, 즉 **빈도가 높을수록 사용자에게 도움**이 되며, 그 가치가 높아진다.
정보의 독점성	아무리 중요한 정보라도 **공개가 되고 나면 정보의 가치**는 급속히 떨어진다.
변화성	동일한 정보라도 **사용자에 따라 정보의 중요도에 차이**가 있다.

4. 정보의 질적요건(정보의 가치에 대한 평가기준)

적실성	① 정보는 **정보사용자의 사용목적에 얼마나 관련된 것이냐 여부**이다. {03.1 승진, 01.11 순경} ② 사용권자의 의사결정에 **반드시 필요한 내용을 제공할 때 정보로서의 가치를 발휘**하는 특성이 있다. {07.9 순경, 03.1 승진, 01.11 순경} ③ 정보의 의사결정 상황에서 문제상황을 인식하며 대안을 분석하는데 도움이 될수록 적실성은 커진다. **[사례]** A경찰서 정보과에 근무하는 김경사는 9월 중 관내 중소기업체의 노사분규에 대한 정보보고서 작성을 지시받고는 재래시장의 생필품 가격동향, 구로백화점에 매출 추세, 지하철 노조 구로역 지부의 조합비 현황 등을 내용으로 하는 보고서를 작성 · 제출하였다. {10.1 승진, 05.1 승진, 02.1 승진}
정확성	① 정보란 국가가 추구하는 가치의 달성을 위한 정책의 수립과 수행에 있어 이용 가능한 사전지식으로서 그 존재가치가 있기 때문에 정확해야 한다. ② 정보는 **객관적으로 평가된 정확한 지식**이어야 하며, 정확성을 기하기 위해서는 수집된 첩보가 올바른 것이어야 하며, 다양한 정보원을 활용해야 한다. **[사례1]** 칭기즈 칸은 전쟁을 하기 전에 모든 계층과 여러 인종 중에서 선발된 간첩을 대상으로 변장시킨 후 주변 각지의 부족에 침투시켜 첩보를 수집하였으며, 공격에 앞서 입수된 첩보를 여러 경로로 확인하였다. **[사례2]** 전쟁을 하기 전에 모든 계층과 여러 인종 중에서 선발된 간첩을 변장시킨 후 주변 각지의 부족에 침투시켜 첩보를 수집하였으며, 공격에 앞서 입수된 첩보를 여러 경로로 확인하였다.

적시성	① 정보는 정보사용자의 의사결정에 **필요한 시기에 제공될 때 그 가치가 높아지며**, 일반적으로 시간이 갈수록 가치가 줄어든다. {06.7 순경} ② 정보의 제공이 너무 이르면 보안에 문제가 생길수도 있고, 그렇다고 지나치게 늦으면 시기를 잃어 의사결정에 사용할 수 없게 된다. ③ 정보는 일반적으로 시간이 지날수록 가치가 줄어드는 특성이 있으며, **가장중요한 정보의 속성으로 정보의 절대적 생명**이다. **[사례]** A경찰서 정보과에 근무하는 김경사는 9월 중 관내 중소기업체의 노사분규에 대한 정보보고서 작성을 지시받고는 해당 기업의 노조위원장 역할, 노조원들의 조직체계 및 성향, 사업주와 노조원들 간의 관계, 노조원들의 행동계획 및 기업의 대처방향, 상급 노동단체의 개입정도, 주변 관련기업체의 분규동향 및 파급영향 등에 대해서 정보를 완전하게 수집하느라 보고기일을 놓쳐서 제출하였다. **[사례]** 정보의 완전성은 절대적인 완전성을 뜻하는 것이 아니라 시간이 허용하는 한 최대로 완전한 지식이 되어야 함을 의미하며, 긴급한 사항을 완전한 정보로 제공하려다가 시기를 놓치는 그런 우(遇)를 범해서는 안 될 것이다.
완전성	① 정보는 시간이 허용하는 한 **최대의 완전한 지식**이어야만 그 가치가 높아진다. ② 정보의 완전성은 절대적인 완전성을 뜻하는 것이 아니라 시간이 허용하는 최대로 완전한 시직이 되어야 함을 의미하며, 긴급한 사항을 완전한 정보로 제공하려다가 시기를 놓치는 우를 범해서는 안 된다. 즉, **완전성과 적시성은 상호충돌가능성이 높다.** ③ **콜린 파월** – 필요한 정보량이 40∼70%에 해당하면 강력하게 업무를 추진한다. **[사례1]** 미국 국무장관을 역임했던 콜린 파월은 자신의 리더십 지침 중에서 '필요한 정보량이 40∼70% 안에 들면 일을 배짱 있게 추진한다.'는 원칙을 지켜 왔다고 한다. **[사례2]** 보고서는 세상에서 일어난 사실을 객관적으로 묘사한 글이다. 수상문도 아니고 소설도 아니며 일기, 기행문도 아니다. 또한 특정한 입장을 주장하는 글도 아니다. 따라서 보고서는 사용자가 궁금한 사항이 없도록 6하 원칙에 의거하여 작성되어야 한다.
객관성	① 정보가 국가정책에 결정과정에서 사용될 때 국익중대와 안보추구라는 차원에서 완전한 객관적 입장을 유지해야 한다. ② 생산자나 사용자의 의도에 따라 정보가 주관적으로 왜곡되면 선호정책의 합리화 도구로 전락될 수 있다. **[사례1]** 임진왜란 직전 전쟁발발 여부를 탐지하기 위해 일본에 파견되었다 돌아온 황윤길과 김성일은 전혀 상반된 내용을 보고하였다. 당시 김성일은 전쟁이 일어난다고 보고하면 온 나라가 놀랄 것이라고 예단, 임금에게 전쟁이 일어나지 않을 것이라고 보고하였다. **[사례2]** 정부의 부동산정책과 관련 여론을 수집·보고하려고 한다. 그런데 강남지역의 주택 소유자를 중심으로 불만여론을 수집·보고하면서 대상지역과 대상자의 특성을 정보보고서에 기재하지 않았다. **[사례3]** 김군은 비록 정부평가위원회 평가 결과에서 최군에 비해 뒤떨어지나, 지역민 반발이 진정될 가능성이 거의 없으므로 김군을 조기 선정할 필요가 있다.(객관성 결여)

II. 정보의 가치

1. 정보의 효용

의 의		정보의 효용이란 질적 요건을 갖춘 정보를 **어떻게 사용하면 정책결정과정에 기여할 수 있는가에 대한 기준**으로, 정책결정과정에서 정보가 **효과적으로 활용**될 수 있기 위해서는 아래와 같은 요소들이 고려되어야 한다.
정보의 효용을 평가하는 기준	형식 효용	① 정보는 **정보사용자의 요구에 맞는 형식(형태)에 부합할 때** 형식효용이 높다는 평가를 받게 되며, **정보사용자의 수준에 따라 정보형태가 결정**된다. ② 전략정보와 전술정보는 **형식효용면에서 차이**가 있을 수 있다. {06.2 순경} ③ **전략정보**는 대통령 등 최고정책결정자가 보는 만큼 형식효용에 있어서도 중요한 요소만을 축약해 놓은 상태(**보고서 1면주의 원칙**)가 바람직하지만, **전술정보**는 낮은 수준의 정책결정자나 실무자에게 제공되므로 비교적 상세하고 구체적인 필요가 있다. {09.3 순경}
	소유 효용	① 정보는 **상대적으로 많이 소유할수록 집적의 효과를 발휘**할 수 있다. ② **'정보는 국력이다.'** 라는 표현은 정보의 소유효용을 잘 나타내고 있다. {09.3 순경}
	접근 효용	① 정보는 정보사용자가 쉽게 접근할 수 있어야 하며, **정보의 비밀성(통제효용)을 유지해야 할 필요와 충돌**할 수 있다. {10.1 승진} ② 통제효용을 저해하지 않는 범위 내에서 정보자료들의 접근성을 높이는 방향으로 효율적으로 관리하여야 한다. ③ 접근효용을 높이기 위해서는 **정보의 사용절차가 간소화되어야** 한다. {10.1 승진}
	시간 효용	① 정보는 **정보사용자가 정보를 필요로 하는 시점에 제공될 때** 시간효용이 높다는 평가를 받으며, **시간효용은 적시성과 밀접히 관련**되며 정책결정이 이루어지는 시점에 제공되어야 한다. {09.3 순경} ② 정보의 사용자가 명시적인 정보요구가 없다 하더라도 정보 생산자가 이 정도는 정책결정자(사용자)가 알고 있어야 한다고 판단될 경우 사전적인 정보제공이 이루어진다.
	통제 효용 (차단의 원칙)	① 정보는 정보를 필요로 하는 사람들에게 필요한 만큼 제공되도록 **통제**되어야 한다. {10.1 승진, 09.3 순경, 01.1 승진} ② 정보의 통제는 국익과 안보를 위해 필요한 경우 **정책판단과 정책결정의 비밀성을 유지하기 위한 것**이다. ③ **방첩활동과 가장 밀접하게 관련된 것은 통제효용**이다. {10.1 승진} ④ **'필요한 사람에게 필요한 만큼'**, **'차단의 법칙'은 횡적인 정보의 통제효용**과 관련이 높다. {10.1 승진, 09.3 순경}

2. 정보사용자의 장애요인

정책결정자의 시간적 제약성	정보결정자들은 각종 정책보고서에서부터 관련 설명자료, 언론보도 내용 등 수많은 문서와 구두보고에 시달리고 있어, 전달된 정보도 충분한 시간을 갖고 검토할 수 없는 시간적 제약성도 갖고 있다.
정책결정자의 선호정보	자신이 선호하는 정보와 반대되거나 모순되는 정보가 제공될 경우 이는 편향된 것으로 비판하면서 무시해 버린다.
정책결정자의 자존심	정책결정자가 가지게 되는 자기분야에서의 최고라는 자신감, 기존의 경력·경험 등에 기인한 자존심과 성공에 대한 압박, 그간 구축해 온 특정한 이미지 등으로 인해 정책결정자는 자신의 견해를 반대하는 정보들을 비현실적이고 잘 알지 못한데 따른 것이며 가치 없는 것으로 치부해 버리기도 했다.
정보에 대한 과도한 기대	정책결정자들은 세상의 많은 문제들이 알 수 없는 것임에도 불구하고 정보가 그것들에 대한 비밀스런 대답과 지침을 주기를 기대한다.
판단정보의 소외	**정책결정자들은 현용정보를 가장 높이 평가하며, 판단정보는 그보다 낮게 평가**한다. {10.1 승진}

3. 정보생산자(정보분석관)로부터의 장애요인 {08.1 승진}

다른 정보와의 경쟁	신문·방송 및 인터넷 등을 통해 **수많은 정보들이 거의 실시간으로 전파**되고, 기업정보부서 등 **사설정보지 등에 의해서도 정보의 생산·배포**가 이루어지고 있다.
적합성의 문제	**정보가 필요한 사안이 정책결정에 어느 정도 관련되는가를 나타내는 것이 적합성이다.**
편향적 분석의 문제	① 정보분석관들의 편향적 분석은 교육배경, 정치적 신념, 가치관 등에 따라 의식적 또는 무의식중에 나타난다. ② **정보분석관의 객관적 분석의 결여와 더불어, 정보기관의 집단적 편견도 정보실패의 주요 원인**이다.
적시성의 문제	**정책결정자의 수요에 맞추어 제시간에 정보보고서를 제출**할 수 있어야지 완벽한 보고서를 만든다고 시간변수를 간과한다면 좋은 정보보고서를 만들 수 없다.
판단의 불명확성	① **정책결정자들은 정보판단이 명확한 답변을 주기를 기대**한다. ② **정보기관의 흥정(back scratching and log rolling)을 통해 정보를 왜곡시키기도 하고, 각주(footnote)를 통해** 정보판단보고서의 초점을 흐려 버릴 수도 있다. {10.1 승진}

4. 정보사용자와 정보생산자(정보분석관)의 관계

① 정보사용자는 장기적인 판단정보보다는 **현용정보를 요구**한다.
② 정보사용자는 자신이 선호하는 정책대안을 지지하는 정보판단을 기대한다.
③ 정보생산자나 정보사용자는 서로의 시각 차이를 충분히 인식함으로써 합리적인 정보효과를 기대할 수 있다.
④ 정보생산자는 정보사용자가 기대하는 수준의 정보를 수집하기 어렵다.
⑤ 정보생산자와 정보사용자 양자는 **밀접한 관계를 가질수록 정보의 적실성이나 적시성이 높아진다.**

III. 정보의 분류

1. 성질(사용수준)에 따른 분류 {08.1 승진}

전략정보 (국가정보)	① 전략정보는 **국가가 사용주체**이다. ② 전략정보는 **국가정책과 안전보장에 막대한 영향을 주는 상황**에 대하여 각 정보기관에서 **작성한 정보**를 모두 토대로 하여 **평상시**에 국가의 안전과 관련된 정책결정의 기초가 되며, **전시**에는 군사작전계획의 기초로 사용되는 정보를 말한다. {04.4 순경}
전술정보 (부문정보)	① 전술정보는 **각 부처가 사용주체**이다. ② 전술정보는 전략의 기본적인 방침하에 이를 구체적으로 수행하기 위한 **세부적이고 부문적인 정보**를 말한다. {04.4 순경} **【전략정보과 전술정보의 비교】** {표} ☞ 전략정보나 전술정보는 **항상 상대적인 개념**으로 파악되고 있다.
방첩정보 또는 대정보 (大情報)	① 방첩정보는 **국가안보를 위협하는 적대국가나 집단의 간첩·태업·전복 등 공작활동을 무력화하기 위한 정보**를 말한다. {04.4 순경} ② 방첩정보는 **소극적·방어적 의미의 정보**로서 적대적 제3국 또는 집단의 정보공작력에 대항하기 위한 정보활동을 통해 얻어진다. ③ **방첩보는 소극적 정보로서의 성격**을 갖는다면 **전략정보와 전술정보는 적극적 정보로서의 성격**을 갖는다.

【전략정보과 전술정보의 비교】

전략정보	전술정보
국가의 기본적인 **종합정보**	세부적이고 **부문적인 정보**
기본지침	전략에 종속된 **세부적인 지침**
역사적 단계에 따라 **행동하는 정치노선**	단기간에 적용되는 **세부적인 행동지침**
거시적이면서 불변의 법칙	**미시적**이고 정세에 따라 수시로 변화

2. 내용에 따른 분류 {08.1 승진}

정책정보	정책정보는 **정부시책의 효과 및 현실적 타당성 등을 판단**하고 시행과정에서 발생하는 **문제점을 파악하여 개선방안을 제시하는 정보**이다. {08.1 승진}
민심정보	민심정보는 주요정책이나 현안사항에 대한 **국민여론을 지역별·계층별 등으로 다양하게 파악**하여 정책조정이나 후속조치 등에 반영할 수 있도록 하는 정보이다. {08.1 승진}
범죄정보	범죄정보는 **각종 범죄관련 수사의 단서로 사용**될 수 있는 정보이다. {08.1 승진}
상황정보	① 상황정보는 어떤 사상(事象)의 현 상태에 관한 정보를 보고하는 것으로 **특별한 사안에 대한 일시적인 상황과 진행과정을 신속하게 보고하는 정보**이다. {08.1 승진} ② 상황정보에는 **상황속보와 정보판단서**가 있으며, **현용정보의 일종으로 속보**라고도 한다. {10.1 승진} ③ 보고는 **반드시 형식을 갖춘 보고서에 의할 필요가 없다**. {10.1 승진} ④ 본질상 **제1보, 제2보 등의 형식을 취하는 경우가 많다**. {10.1 승진}
치안정보	**치안정책의 수립진행**, 치안행정 전반에 걸친 문제점 및 제도·개선사항에 관한 지식을 보고하는 것

3. 사용주체에 따른 분류

내부정보	하나의 개체 즉, 독립기관 자체에서 발생 또는 생산되는 정보
외부정보	다른 개체 또는 기관에서 발생되거나 생산되어 전달되는 정보

4. 기능에 따른 분류 {10.1 승진}

기본정보	① 모든 상태의 **정적인 상태**를 기술한 정보 ② **과거의** 사례에 대한 기본적·서술적 또는 일반자료적인 유형의 정보, 즉 **과거에 관한 기초자료** {07.3 순경} 　예 2010년 인구통계, 2010년 개인택시 면허발급현황 등 ③ 매일의 변화의 의미를 해석하는 기초가 되며, 장래의 예측이 그것 없이는 무의미하게 될 기초가 되는 정보
현용정보	① 모든 상태의 **현재의 동적인 상태**를 현재의 시점에서 객관적으로 기술한 정보{07.3 순경} ② 의사결정자에게 그때의 동향으로 알리기 위한 정보　예 노사분규상황 등 ③ 일일중요정보보고서는 매일 매일의 가변적인 정보상황을 기록한 현용정보의 일종 ④ 실무상 **속보와 가장 관련성이 높다.**
판단정보 (기획정보)	① 특정문제를 체계적·실증적으로 연구하여 **미래에 있을 어떤 상태를 추적·평가한 정보** ② **예측평가적 또는 보고적 유형의 정보로서 정보생산자의 능력과 재능을 가장 많이 필요한 정보** {07.3 순경} 예 2010 치안전망과 과제 등 [사례] 정보과 甲경사는 S대학교 총학생회의 최근 움직임과 향후 학생운동 예상방향 및 대책 등에 관한 보고서를 작성하였다. {08.1 승진} ③ 정보사용자는 발등에 떨어진 불인 현안문제해결에 급급하므로 **현용정보에 비해 판단정보를 다소 소홀히 하는 경향**이 있다.

5. 요소별 분류

지리정보	한 나라의 지형요소에 대한 사전지식
경제정보	일국의 경제적인 제요소를 분석·평가하여 얻어지는 정보 ① 국가경제의 규모·구조와 성장률　　② 천연자원과 인적 자원 ③ 국민총생산　　　　　　　　　　　④ 통화량의 감소 ⑤ 채권 가격의 폭락　　　　　　　　⑥ 석유값의 폭등 등
군사정보	가상적인 적이나 실제적인 적군 또는 직전지역에 관한 정보
수송·통신 정보	한 국가의 수송·통신체계의 능력과 취약성 및 평시·전시의 역할에 관한 정보
사회정보	사회적 제요소에 관한 정보로서 사회적인 능력과 취약성 및 가능한 행동방책과 의도에 관한 지식 ① 복지 및 보건위생　　② 학생 및 사회운동　　③ 민원성 집단시위 등 ④ **노동조합의 임금협상전략** {02.1 승진}　　　　⑤ 사회저도
과학기술 정보	한 국가가 국가적 목표를 추구하기 위한 과학적 능력과 잠재력에 관한 정보
정치정보	한 국가의 정치력, 정치상의 취약점 등 개인, 집단의 정치권력의 획득·유지·행사 등에 관한 정보 ① **정치기구(정당, 의회기구의 활동)** {02.1 승진}　② 정치과정 ③ 국가권력구조와 세력의 소재　　　　　　　④ **국민의 정치의식과 태도** {02.1 승진} ⑤ 국가정책　　　　　　　　　　　　　　　　⑥ **압력단체의 활동** {02.1 승진} ⑦ 정치집단과 그의 정치적 실현, 지도력　　　⑧ 선전 ⑨ 경찰 및 정보조직, 국제적 결속관계, 대외정책 등

6. 대상에 따른 분류 {10.1 승진, 08.1 승진}

소극정보 (보안정보)	① **국가의 경찰기능을 위한 정보(공공의 안녕과 질서유지)** ② 국가안전보장을 위태롭게 하는 간첩활동, 태업 및 전복에 대비할 국가적 취약점의 분석과 판단에 관한 정보로서 국가의 경찰기능을 위한 정보 　예 : 자국민 또는 자국내 거주하는 외군인의 국내법위반 범죄행위 정보 　　　 외부에서 침투하는 간첩·기타 비밀활동자의 색출을 위한 정보 　　　 밀입국자·밀수업자·마약거래자의 예방과 적발을 위한 정보
적극정보	① **국가의 경찰기능에 필요한 정보 이외의 모든 정보** ② 국가이익을 증대하기 위한 정책의 입안과 계획수립 및 정책계획의 수행에 있어서 필요한 제 정보요소로서의 정책정보

7. 입수형태에 따른 분류

직접정보	**매개체 없이 직접 입수**하는 것으로, 정보의 입수자가 직접적으로 경험하거나 직접 보고 듣고 느껴서 얻은 정보로서 **일반적으로 신뢰성이 가장 높은 정보**
간접정보	① 책이나 라디오, 잡지, 신문, TV 등 중간매체를 통하여 입수한 정보 ② 최근 교통·통신이 발달하면서 **직접정보보다 간접정보가 많아지는 추세이다.**

8. 기타 분류

경찰업무에 따른 분류	일반정보, 보안정보, 범죄정보, 교통정보, 외사정보
지역에 따른 분류	국내정보, 국외정보

【정보의 분류】

기 준	종 류
성질(사용수준)에 따른 분류	전략정보(국가정보), 전술정보(부문정보), 방첩정보(大情報)
내용에 따른 분류	정책정보, 민심정보, 상황정보, 범죄정보, 치안정보
사용주체에 따른 분류	내부정보, 외부정보
기능에 따른 분류	기본정보, 현용정보, 판단정보
요소별 분류	정치정보, 경제정보, 사회정보, 군사정보, 지리정보, 수송·통신정보, 과학기술정보
대상에 따른 분류	적극정보, 소극정보(보안정보)
입수형태에 따른 분류	직접정보, 간접정보
경찰업무에 따른 분류	일반정보, 보안정보, 범죄정보, 교통정보, 외사정보
지역에 따른 분류	국내정보, 국외정보

제2절　정보의 순환

I. 정보순환의 의의와 특징

의 의	정보의 순환과정은 소요되는 정보요구를 결정하고, 이 요구를 충족시키기 위한 첩보를 수집·보고하며, 수집된 첩보를 평가·분석·종합 및 해석하여 정보가 생산되며, 사용자에게 배포하는 과정을 말한다.
순환 과정	① 정보요구단계 → ② 첩보수집단계 → ③ 정보생산단계 → ④ 정보배포단계 {08.1 승진, 01.1 승진}
특 징	정보순환과정은 일방적·계속적·반복적인 순환과정으로서 **연속성과 동시성**을 가지며, **각 단계는 매 단계마다 소순환과정을 거쳐 전체 순환과정에 연결**이 된다. {10.1 승진}

II. 정보순환의 과정

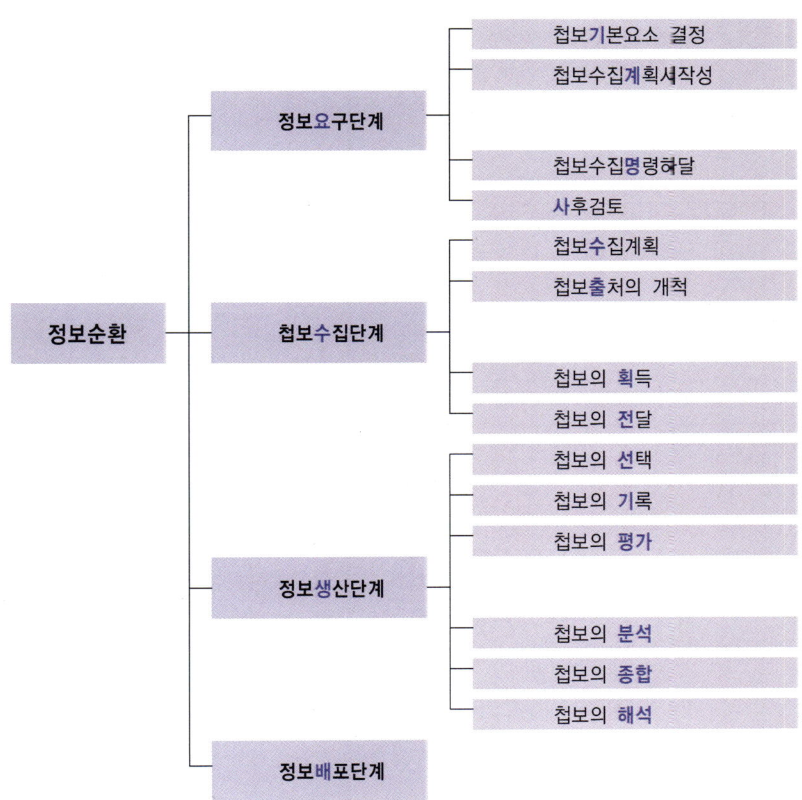

1. 정보요구(1단계)

1) 정보요구의 의의

의 의	정보요구란 **정보의 사용자가 필요에 따라 첩보의 수집활동을 지시하는 단계**이며, **정보순환과정 중에서 최초의 단계**이며, **정보활동의 기초단계**이다. {08.1 승진}		
정보요구 4단계	① 첩보기본요소의 결정 → ② 첩보수집계획서의 작성 → ③ 첩보수집 명령하달 → ④ 사후검토 {10.1 승진, 09.1 승진}		
	첩보기본 요소의 결정	첩보의 요구내용을 한정하고 구체적 요구를 가능하게 하기 위하여 **정치 · 경제 · 사회 · 군사 · 과학 등 어느 부문의 정보를 요구할 것인가를 결정하는 단계**를 말한다.	
	첩보수집 계획서의 작성	의의	첩보수집계획서란 **정보작성자가 첩보의 조직적인 수집을 위하여 작성한 논리적인 계획서**를 말한다.
		첩보수집 계획서의 내용	㉠ 요소　　㉡ 수집기관　　㉢ 구체적 활동지침 ㉣ 배경첩보　㉤ 식별기호 등 {10.2 경간부, 10.1 승진}
	첩보수집 명령 · 하달	수집계획서가 완성되면 수집활동에 적합한 시기에 요구방법에 따라 **구두나 서면으로 수집기관에 첩보수집책임을 부여**한다.	
	사후검토	요구된 내용이 수집기관에 의하여 잘 수집되고 있는지, 수집 · 지시된 내용 중에서 필요 없는 내용이나 더 첨가해서 보완해야 할 요구사항은 없는지를 검토하는 단계를 말한다.	

☞ 첩보의 출처는 **첩보수집단계에서 고려할 사항**이며, **수집책임자까지 지정할 필요가 없다.**

2) **정보요구의 방법**(정보활동의 우선순위 : PNIO → EEI → SRI → OIR)

의 의	정보요구의 방법은 요구되는 정보의 내용이나 성질에 따라 **구두 또는 서면의 방식**을 택할 수 있을 것이며, 여러 정보수집기관에 동시에 요구하거나 개별적으로 요구할 수도 있다.	
일반적인 정보요구 의 형태	① 국가지도자 및 정책입안자가 요구하는 것 ② 횡적 기관에서 오는 수요 ③ 정보생산자 자체의 판단에서 오는 수요	
국가 정보목표 우선순위 (PNIO)	의의	PNIO는 국가안전보장이나 정책에 관련되는 국가정보목표물의 우선순위로서 **국가의 전 정보기관의 세부활동계획 수립 시에 기본방침이 되는 것**을 말한다.
	특징	① PNIO는 **국정원**에서 작성한다. ② 경찰청은 **PNIO를 기초로 정보활동을 위한 일반적 지침인 EEI를 작성**한다. ③ **국가의 전 정보기관(경찰청 포함)에서 정보활동계획을 수립할 때 가장 중요한 지침이 되는 것**을 말한다. ④ **전략정보**이다.

첩보 기본요소 (EEI)	의의	EEI는 일반적 · 포괄적 의미를 지니고 있으며, **계속적 · 반복적으로 수집하여야 할 필요가 있는 경우에 사전 계획서에 의하여 첩보의 수집이 명령되는 것**을 말한다. {07.1 승진, 01.11 순경, 98.2 경간부}
	특징	① **첩보의 기본요소**(첩보수집요구의 기본적 지침)이다. {01.11 순경, 98.2 경간부} ② 국가지도자 또는 정책수립자 임무를 효과적으로 수행하기 위하여 **우선적으로 필요로 하는 정보요구사항으로 첩보수집계획서의 핵심으로서 국가정보목표(PNIO)에 따라 결정된다.** {10.1 승진, 07.1 승진} 따라서 PNIO와 EEI는 직접적인 관련이 있다. ③ **전체적인 의미를 가진 일반적인 내용으로 계속적 · 반복적으로 수립할 사항**이다. {10.1 승진} ④ **광범위한 지역에 걸쳐 수집**되어야 할 요구사항이다. {07.1 승진} ⑤ **사전에 반드시 첩보수집요구계획서를 작성**한다. {10.1 승진, 09.2 경간부} ⑥ **요구형식은 통상 서면**으로 하는 경우가 많다. {10.1 승진, 09.2 경간부} ⑦ **대부분 통계표와 같이 공개적인 것**이다. {09.2 경간부}
특별 요구정보 (SRI)	의의	SRI란 특정지역의 **특별한 돌발상황**에 대한 **단기적 해결**을 의하여 필요한 범위 내에서 **임시적이고 단편적인 첩보를 요구**하는 것을 말하며, **일상적 경찰업무에서 활용되는 정보요구는 주로 SRI에 의해 이루어지고 있다.** {09.2 경간부, 07.3 순경, 07.1 승진}
	특징	① **특수 지역적 문제 해결에 필요한 정보요구이며, 특정 주제에 대하여 구체적 · 개별적으로 요구**한다. {09.2 경간부, 07.3 순경} ② **수시적 돌발상황의 해결에 필요한 정보요구이며, 수시르 단편적 사항에 대하여 명령되는 것이 원칙**이다. {09.2 경간부, 01.11 순경, 98.2 경간부} ③ **사전 수집계획서는 불필요**하다. {09.2 경간부, 07.3 순경} ④ **첩보수집지침은 사안과 대상에 따라 상이하며 비교적 구체성 · 전문성이 요구**된다. {09.2 경간부} ⑤ **서면과 구두 모두 가능**하지만 구두 요구가 많다. {09.2 경간부} ⑥ 가장 적합하고 실용적인 요구이다. 　예 댐을 건설하는 문제와 관련하여 서울지방경찰청은 종로 경찰서장에게 댐 건설에 반대하는 환경단체의 현황을 파악하여 보고하라고 하는 정보요구를 하달하였다. 　　{10.2 경간부, 07.3 순경, 01. 6 순경}
기타 정보요구 (OIR)		OIR란 급변하는 정세의 변화에 따라 불가피하게 **정책상 수정이 필요**하거나 또는 이를 위한 자료가 요구될 때 PNIO에 우선하여 이를 충족시키기 위한 정보요구를 말한다. 예 경찰청에서 국민연금제도 실시에 대한 국민여론이 악화되자 정책수정을 위한 자료를 제공하고자 국민여론 및 연금납부실적 등에 대한 정보를 각 지방경찰청별로 수집 · 보고 하도록 지시했다면 기타 정보요구에 해당된다. {10.2 경간부, 05.3 순경}
국가 첩보요소 (NEI)		국가정보원장이 **국가정책 수립상의 요구에 응해야 하는 우선적 사항**이다.

【첩보기본요소(EEI)와 특별첩보요구(SRI)의 비교】 {01.11 순경, 98.1 승진}		
	첩보기본요소(EEI)	특별첩보요구(SRI)
첩보수집계획서	사전에 **반드시 필요**	사전 첩보수집계획서는 **불필요**
요구형식	**서면**이 원칙	**서면과 구두** 모두 가능, 대부분 서면
시기 · 지역	계속적 · 반복적 · **전국적** 사항	임시적 · 돌발적인 **특수지역**적인 특수사항
문제해결	일반적 · **장기적**인 문제해결 → 첩보의 신뢰성이 중요함.	돌발적 · **단기적** 문제해결 → 첩보의 적시성이 중요함.

※ 자료: 김은표(2009), 멘토 경찰학개론, p.611.

2. 첩보의 수집(2단계)

의 의	첩보수집기관이 수집지시 및 수집요구에 의해 첩보를 수집하고 이를 지시 또는 요구한 사용자에게 제공하는 단계로서 정보순환과정 중에서 가장 중요하고 가장 어려운 단계이다.
첩보수집 4단계	① **첩보수집계획** → ② **첩보출처의 개척** → ③ **첩보의 획득** → ④ **첩보의 전달**

1) 첩보수집계획

방 법		㉠ 관찰 ㉡ 면담 ㉢ 혈연 · 지연 · 학연 ㉣ 공개된 자료활용 ㉤ 촬영 · 복사 · 도청 등
첩보수집의 우선순위 결정 시 고려해야 할 기준	고이용 정보우선의 원칙	① 달성하고자 하는 목표에 얼마나 영향을 미치는가 하는 문제이다. ② **이용가능성이 높은 정보부터 수집**하는 것이 시간비용을 줄일 수 있다.
	참신성의 원칙	① 정보의 가치는 신선도에 의하여 크게 영향을 받는다. ② **이제까지 알려져 있지 않은 정보를 우선적으로 수집**함으로써 정보의 가치 창출을 확대시킬 수 있다. {09.1 승진}
	긴급성의 원칙	정보의 신속성은 정보의 가치에 결정적인 영향을 주는 요소이며 **긴급한 정보일수록 우선순위를 두어 수집**하여야 한다.
	수집가능성 의 원칙	아무리 중요하고 필요한 정보라 하더라도 수집가능성이 희박하다면 곤란하며, **수집가능성이 있는 정보부터 수집**하여야 한다.
	경제성의 원칙	수집에 필요한 경비 · 시간 · 노력 등이 얼마나 소요되는지를 검토하여 우선순위를 정함으로써 불필요한 낭비를 방지하며, **경제성이 있는 정보부터 수집**하여야 한다.

2) 첩보출처의 개척

첩보출처의 의의			첩보를 제공하는 모든 실제적인 원천으로 **기관 · 사람 · 물건 · 사건 등을 포함**한다.
정보가 얻어지는 출처에 따른 분류 (입수단계에 따른 분류)	근본출처		① 정보가 획득되는 **실질적인 원천 그 자체** ② 첩보가 존재하는 근원에서 중간기관의 **변형없이** 그대로의 첩보를 제공받는 출처
	부차적 출처		① **근본출처에서 획득한 정보**를 정보작성기관에 전달해 준 사람 또는 기관 ② 부차적 출처에서 얻은 정보는 **중간기관에 의해 부분적으로 평가되거나 요약 또는 변형되어 전달되는 속성**이 있다. {10.1 승진}
정보가 획득되는 시기에 따른 분류 (주기성에 따른 분류)	정기출처		**정기적으로 정보를 획득할 수 있는 출처**를 말하는데, 정기간행물, 방송, 신문 등이 이에 속한다. {10.1 승진}
	우연출처 {07.1 승진}		**우연히 정보가 제공되는 출처**
		소극적인 경우	사람이 많이 모인 장소, 다방이나 공원, 시장 등지에서 **우연한 기회에 정보를 입수**하는 것
		적극적인 경우	평소 주위 사람들과 원만한 인간관계를 이루어 주변사람들로 하여금 발생된 **정보를 자발적으로 제공**해 올 수 있도록 하는 것 {07.1 승진}
비밀보호의 정도에 따른 분류 (공개여부에 따른 분류)	공개출처	의 의	① 첩보가 공개되어 있어 합법적으로 이용이 가능한 출처로서 **특별한 보호조치가 요구되지 않은 출처**로서 일상적인 방법으로 첩보를 수집하는 출처 ② **공개출처에서 얻은 첩보는 약 70%에 이르며 비밀출처에서 얻은 첩보보다 가치가 떨어지는 것은 아니다.** {10.1 승진}
		방 법	㉠ 신문이나 잡지, 학술논문, 학술지, ㉡ 라디오 및 TV, 정부 간행물, 공식적인 보고서, ㉢ 여행자 등과의 접촉, 공식적인 외교경로 등 {96.1 승진}
		장 점	높은 객관성, 예산절감, 높은 신뢰도 {97.1 승진, 96.1 승진}
		단 점	낮은 중요도 {96.1 승진}
	비공개 출처 (비밀출처)		① 외부에 노출되면 출처로서의 기능을 상실하게 되는 것은 물론 출처의 입장이 난처해질 위험이 크기 때문에 **외부로부터 강력히 보호를 받아야 하는 출처** ② **비밀출처라고 해서 반드시 공개출처에 비해 신뢰성이 높거나 그 반대의 경우인 것은 아니다.** {10.1 승진} ③ **국가정보기관의 존재 이유는 비밀출처 정보의 수집이라고 할 수 있다.** {10.1 승진} ④ **비밀출처는 보안성과 높은 기술성이 요구**된다. {96.1 승진} 　㉑ **도청 · 면접 · 감시 등** {96.1 승진}

3) 첩보의 회득

수단에 따른 구분	신호정보	통신, 전자 등
	영상정보	영상, 항공사진, 위성사진, 지상사진 등
	인간정보	신문, 수색정찰, 공작, 관측 등
	기술정보	기계, 문서, 물자 등
합법성 여부에 따른 구분	공개적 첩보수집 방법	TV, 라디오, 신문, 인터넷, 잡지, 서적, 단행본, 각종인쇄물 등
	비공개적 첩보수집 방법	비밀공작, 정보망원, 첩보원 등
신문을 통한 첩보수집 방법	① 목적의식을 가지고 읽는다. ② 경제신문이나 업계신문 등 특정신문을 놓치지 않는다. ③ 서평과 신간안내, 광고, 인물란 등은 반드시 주의해서 읽는다. ④ 제목은 반드시 읽어 기사의 흐름을 잃어버리지 않도록 한다. ⑤ 기사의 이면, 배경, 흐름 등을 파악하려는 자세를 가진다. ⑥ 기사 및 보도태도의 변화를 파악하여 여론분석의 자료로 활용한다.	
첩보수집의 기본자세	① 목적의식을 갖는다. ② 정보의 배경을 분석한다. ③ 다각적이고 종합적인 시각을 갖도록 한다. ④ 공개정보를 중시한다. ⑤ 선입관 없이 바라본다. ⑥ 우선순위를 정한다.	

4) 첩보의 전달

보고시기	EEI나 SRI에 해당되는 사항은 명시된 시기까지 전달되면 되지만, 그렇지 않을 경우에는 수집된 첩보의 중요성과 긴급성에 따라 필요한 기관에 신속히 될 수 있다.
수집한 첩보의 관리요령	① 필요한 자료는 즉시 정리하며, 꼭 필요한 자료를 선택한다. ② 정보의 분류를 크게 하며, 정보를 수집할 때 처음부터 지나치게 자세히 분류하면 정보가 산만해질 수 도 있기 때문에 어느 정도 수집한 후 정보가 늘어나게 되면 중항목, 소항목으로 분류해 나가는 것이 좋다. ③ 컴퓨터 등 첨단기기를 최대한 활용한다. ④ 보관기간을 정하여 정리한다. ⑤ 바인더를 효과적으로 활용한다.

3. 정보의 생산(3단계)

의 의	정보의 생산이란 **첩보를 정보로 산출하는 정보순환의 단계**이다.	
특 징	① 정보산출과정의 **가장 중심이 되는 기능**을 말한다. ② **학문적 성격이 가장 많이 지배하는 단계**이다. ③ 정보생산의 소순환과정은 **항상 순차적으로 이루어지는 것이 아니라, 거의 동시작용으**로 이루어진다. {10.1 승진}	
정보생산 단계의 소순환과정 {10.2경간부 10.1 승진, 09.1 승진, 06.3 순경, 05.10 순경, 04.1 승진}	첩보의 **선택**	수집된 첩보 중에서 긴급성 · 유용성 · 신뢰성 · 적합성 등을 기준으로 필요한 첩보와 불필요한 첩보를 분류하는 과정으로 제1차적인 평가과정이라 할 수 있다
	첩보의 **기록**	수집된 첩보 중에 즉각 사용되지 않거나 이미 사용된 첩보를 기록하여 관리하는 과정을 말한다.
	첩보의 **평가**	첩보의 출처 및 내용에 관하여 그 신뢰성과 사실성, 즉 타당성을 판정하는 생산과정이다
	첩보의 **분석**	분석은 평가된 첩보를 기본요소별로 분류하고 기존자료에 관계있는 것과 비교하여 상호 관련성을 발견함으로써 이미 평가된 첩보를 재분류를 하는 과정이다
	첩보의 **종합**	부여된 주제에 대한 정보를 생산하기 위하여 동류의 것끼리 분류된 사실을 하나의 통일체로 결합하는 과정이다
	첩보의 **해석**	평가 · 분석 · 종합된 새 정보에 대하여 그 의미와 중요성을 결정하고 건전한 결론을 도출할 수 있게 하는 과정이다.

1) 첩보의 선택

수집된 첩보 중에서 긴급성 · 유용성 · 신뢰성 · 적합성 등을 기준으로 **필요한 첩보와 불필요한 첩보를 분류하는 과정**으로 제1차적인 평가과정이라 할 수 있다. {06.3 순경, 04.1 승진}

2) 첩보의 기록

의 의	수집된 첩보 중에 **즉각 사용되지 않거나 이미 사용된 첩보를 기록하여 관리하는 과정**을 말한다. {06.3 순경, 04.1 승진}	
첩보의 분류원칙 {04.1 승진}	**병치의 원칙**	**유사한 것이나 관계되는 자료는 가깝게 위치할 수 있도록 분류**하여야 한다는 것이다. {08.1 승진}
	상호배제의 원칙	**분류의 세분항목을 확실하게 하여 중복 없이 분류**하여야 한다. {08.1 승진}
	일관성의 원칙	**동일한 분류기준에 따라 끝까지 동일하게 분류**하여야 한다. {08.1 승진}
	점진의 원칙	**간단한 것에서 복잡한 것으로, 일반적인 것에서 특수한 것으로 분류**해 나가야 한다. {08.1 승진}
	통합의 원칙	첩보를 분류하는 데 있어서 **다른 사항과의 관계를 그려하여 분류**하여야 한다.

정보기록 분류방법	명칭별 분류	자료를 제공한 출처나 발송기관 **명칭을 '가나다순'으로 배열하는 방법**이다.
	연대별 분류	자료를 **접수하는 일자 순으로 배열하는 방법**으로 소규모 기관, 자료를 단기간 보관하거나 일정한 기간이 경과하면 폐기하여야 하는 기관에서 효과적이다. {05.1 승진}
	주제별 분류	**보관할 자료의 내용을 대표하는 주제에 의해 배열하는 방법**으로 자료의 양이 많고 내용을 위주로 하는 기관에 편리하나 **어렵고 고도의 분류기술이 필요**하다. {05.1 승진} 특히 경찰정보기록을 관리할 때는 **일반적으로 주제별 분류방법을 사용**하고 있다.
	번호별 분류	접수되는 **자료의 순차에 따라 또는 출처나 기관에 따라 일련번호를 배당**하고 그 **번호 순으로 배열하는 방법**이다. {05.1 승진}
	지역별 분류	**자료의 내용이 발생한 지역 또는 지명별로 배열하는 방법**으로 특정 지역 문제를 연구하는 기관에 효과적이다. {05.1 승진}

3) 첩보의 평가

의 의		첩보의 출처 및 내용에 관하여 그 신뢰성과 사실성, 즉 타당성을 판정하는 생산과정이다. {06.3 순경, 04.1 승진}
첩보에 대한 평가방법	적절성	현재나 장래에 있어 그 첩보가 **어느 정도로 유용**한 것인가를 검토한다.
	신뢰성	첩보의 적절성을 검토하여 적당한 시기에 입수되었고 유용한 자료라고 판단될 때에는 그 자료를 제공한 **출처 또는 기관에 대한 신뢰성을 검토**하여야 한다.
	가망성 (검토요건) 상세성	보고내용이 얼마나 내용을 상세히 포함되는지 여부
	가망성 (검토요건) 타당성	평가자의 보유정보로 보아 얼마나 타당성이 있는지 여부
	가망성 (검토요건) 일치성	타 출처에서 입수된 첩보와 얼마나 내용이 일치하는지 여부
	가망성 (검토요건) 견실성	내용에 얼마나 충실하고 전후 모순이 없는지 여부

4) 첩보의 분석

의 의			분석은 **평가된 첩보를 기본요소별로 분류**하고 기존자료에 관계있는 것과 비교하여 **상호 관련성을 발견**함으로써 이미 평가된 첩보를 **재분류를 하는 과정**이다. {06.3 순경, 04.1 승진}
첩보의 분석방법	자료 위주의 분석방법		① 현안문제에 대해 가능한 모든 첩보를 종합하여 현안문제에 대한 결론을 제시하는 분석방법이다. ② 자료 위주의 분석방법은 분석보다는 첩보수집에 우선을 두는 형태로 볼 수 있다.
	개념 위주의 분석방법	상황논리 분석	① 정보분석에 있어서 가장 일반적으로 이용되는 것으로 알려진 이론적 모형이다. ② 현안을 구성하는 구체적인 사실들과 해당지역 또는 시간의 특수성에 초점을 맞추게 된다.
		이론적용 분석	현안과 관련된 보편적인 이론들을 검토하여 가장 적합한 이론에서 제시하는 방법에 따라 분석하는 모형이다.
		역사적 상황과의 비교분석	현재의 분석대상이 과거의 사례들과 비교할 수 있는 유사성을 가지는지를 우선 검토하게 된다.

5) 첩보의 종합

의 의	부여된 주제에 대한 정보를 생산하기 위하여 동류의 것끼리 분류된 사실을 하나의 통일체로 결합하는 과정이다. {06.3 순경, 04.1 승진}
특 징	분석과 종합은 미리 평가된 첩보를 언제나 해석할 수 있도록 정보로 전환하는 정보처리의 핵심으로서 흔히 동시에 이루어진다.

6) 첩보의 해석

의 의	평가·분석·종합된 새 정보에 대하여 그 의미와 중요성을 결정하고 건전한 결론을 도출할 수 있게 하는 과정이다. {06.3 순경, 04.1 승진}
특 징	① 타당한 해석을 위해서는 **분석관의 객관적인 관찰과 예리한 판단력이 필요**하다. ② 해석에는 특히 **주관이 개입할 가능성이 많으므로 주의**를 하여야 한다.

4. 정보의 배포(4단계)

의 의		정보배포란 정보를 필요로 하는 **공인된 개인이나 기관에게 적합한 형태와 내용을 갖추어서 적당한 시기에 분배하는 것**을 말하며, 정보산출과정의 최종적인 단계이다.
정보배포의 원칙	필요성의 원칙	① **배포대상의 결정기준**이다. ② 정보는 먼저 누구에게 전달할 것인가를 정하여야 하며, 이 같은 배포선의 결정에 기준이 되는 것이 필요성의 원칙이다. ③ 필요성의 원칙은 **정보는 알아야 할 필요가 있는 대상자에게만 알려야 하고, 알 필요가 없는 대상에게는 알려서는 안 된다는 원칙**이다. {10.1 승진, 09.1 승진} ④ 배포기관은 누가 어떤 정보를 언제, 어떻게 사용할 것인가를 파악하고 있어야 한다. {11.8 순경}
	적시성의 원칙	① **배포시기의 결정기준**이다. {07.9 순경} ② 정보는 **사용자가 필요로 하는 적당한 시기에 배포**되어야 한다. {04.1 승진} 즉 정확하고 완전한 정보라 할지라도 배포과정에서 지연되어 사용 시기를 놓치거나 너무 일찍 전달되면 정보의 가치는 상실된다. {11.8 순경} ③ 너무 빨리 전달하거나 너무 늦게 배포하는 것은 올바른 정보전달의 방법이 되지 않는다.
	계속성의 원칙	**어떤 정보가 필요한 어떤 기관에 배포되었으면 그 정보와 관련성을 가진 새로운 정보가 작성되었을 때는 계속 배포**해 줄 필요가 있다. {11.8 순경, 10.1 승진, 04.1 승진}
	보안성의 원칙	① **배포수단을 결정하는 기준**은 적시성과 보안성이다. ② 비밀보호를 위해서는 여러 가지 보안대책을 강구해 나가면서 **동시에 비밀등급을 만들어 꼭 필요한 인가자에게만 배도함으로만 알고 있는 사람의 수를 줄이는 것**이다. {11.8 순경, 10.1 승진, 09.1 승진, 04.1 승진}
	적당성의 원칙	① **배포량의 결정기준**이다. ② 정보의 배포는 **사용자의 능력과 상황에 맞추어 적당한 양을 조절하여 필요한 만큼만 전달**하여야 한다. {11.8 순경, 10.1 승진, 04.1 승진}

	【배포의 방법】
브리핑	정보사용자 또는 다수 인원에 대하여 개인이 정보내용을 **요약하여 구두로 설명하는 것으로, 통상 강연식이나 문답식으로 진행**되며, 시간을 절약할 수 있어 현용정보의 배포수단으로 많이 이용된다. {08.1 승진}
메 모	**정기간행물에 적절히 포함시킬 수 없는 긴급한 정보, 즉 현용정보를 전달하는 데 주로 사용**하는 정보의 배포수단이다.
특별 보고서	축적된 정보가 **다수의 사람이나 기관에게 이해관계가 있거나 가치가 있을 때에 사용**하는 정보의 배포수단이다.
전신 전화	**돌발적이고 긴급을 요하는 정보의 배포**를 위하여 이용되는 수단이다.
정기 간행물	주간, 월간에 발생하거나 발생할 것으로 예상되는 상황을 **정기적인 문건의 형태로 배포하는 수단**이다.
일일정보 보고서	당일 발생한 상황이나 익일 일어날 것으로 예상되는 상황을 망라한 보고서이다.
서적	정보가 다수인의 참고나 교범을 위하여 필요할 때 이용된다.
도표 및 사진	내용을 쉽게 이해하는 데 효과적이며 통상 타수단의 설명을 보충하거나 요약하기 위하여 이용된다.

제3절　정보경찰의 의의

I. 정보경찰의 일반적 내용

1. 정보경찰의 의의

의 의	정보경찰이란 공공의 안녕과 질서에 대한 위험 또는 경찰위반상터를 제거하기 위한 경찰활동이며, **치안정보 또는 그 배경이 되는 내외의 정치·경제·사회·문화 등의 일반정보를 수집·작성·배포하는 경찰작용을** 말한다. {03.1 승진}
필요성	① 예방수단으로의 정보활동이다. ② **진압 또는 검거를 위한 사후수단으로서의 정보활동**이다. {03.1 승진}
정보요원의 마음가짐 {03.1 승진}	① 정보는 공익을 위한 것이므로 **객관적 자세**를 가져야 한다. ② 의사결정자에 도움이 될 수 있도록 **목적의식을** 가져야 한다. ③ 정보는 국가의 거울이라는 **사명감을** 가져야 한다. ④ 오관을 총동원하고 **정보마인드를** 가져야 한다.

2. 정보경찰의 특징

		정보경찰	일반경찰
성질상 특징	1차 목적	**국가의 안전보장 및 사회안전의 확보** {07.9 순경, 07.1 승진}	국민의 생명·신체·재산 보호
	활동지침	사전적·예방적 활동	사후 교정적 활동
	대상범죄	범죄 발생 전의 원인을 대상 **(위태성 범죄)** {07.9 순경}	이미 발생한 범죄를 대상 **(침해성 범죄)** {07.9 순경}
	보호법익	국가안전	개인의 법익보호
수단상 특징	① 신분의 비노출성　　② 업무의 비공개성　　③ 불법적 합법수단		
조직상의 특징	① 총괄성의 원칙　　② 전문성의 원칙　　③ 조정의 원칙 ④ 정보조직의 민주화　　⑤ 독립·합의제 정보조직의 운용		

3. 정보경찰활동의 일반적 특색 {04.1 승진, 02.1 승진}

기초 활동성	보안정보, 외사정보, 범죄정보, 경비정보 등의 정보수집활동은 **각종 경찰활동의 기초가 되는 활동**이다. {02.11 순경}
사실 행위성	① 정보수집활동의 법적 성질은 **사실행위**이다. {02.11 순경} ② 국민의 권리 또는 이익에 직접적·구체적으로 변동을 초래하는 행정처분과는 달리 **정보경찰활동 그 자체는 취소소송 등 항고소송의 대상이 될 여지가 없다.** {10.1 승진}
비권력성	① 정보경찰활동은 임의수단에 의한 **비권력적 작용**이다. {10.1 승진, 02.11 순경} ② 정보활동은 **구체적 수권(개별적 법적 근거) 없이 직무에 관한 일반조항(경찰법, 경찰관직무집행법)만으로도 활동이 가능**하다. {08.3 순경}
광범위성	① 경찰정보활동은 모든 경찰활동을 위한 기초적인 활동이므로, 대상면에서나 **사태 또는 범죄의 전후 여부 등의 제한이 없이 그 범위가 광범위하다.** {02.11 순경} ② 치안정보에는 경비, 수사, 보안, 외사정보는 물론 교통에 관련된 정보 등 널리 경찰의 기본적 임무를 수행하는 데 필요한 정보가 모두 포함된다.

II. 정보경찰활동의 법적 근거와 한계

1. 정보경찰활동의 법적근거

경찰법	① 경찰법 제3조 : **치안정보의 수집·작성 및 배포** {03.1 승진} ② **치안정보수집이 국가경찰이 책무로 경찰법 제정 당시부터 명문으로 규정**되어 있다. ③ 경찰법에 치안정보에 대한 **정의규정 없이** 어디까지를 치안정보로 보아 정보경찰이 합법적으로 수집할 수 있는 대상이 되는지가 **불명확하다는 비판**이 있다. {07.9 순경}
경찰관 직무집행법	경찰관직무집행법 제2조 제3호 : **치안정보의 수집·작성 및 배포**
경찰청과 그 소속기관 등 직제	경찰청과 그 소속기관 등 직제 제14조 : 정보국의 업무로서 **치안정보 및 정책정보의 수집·종합·작성 및 배포를 규정**하여 치안정보에 대한 세부적인 내용을 규정하고 있다.
경찰공무원 승진임용규정	경찰공무원승진임용규정 제7조 : 경찰공무원에 대한 근무성적의 평정요소로 견문수집에 따른 점수를 부여한다.
기 타	㉠ 통신비밀보호법　　㉡ 견문수집 및 처리규칙　　㉢ 수사첩보 활동규칙 등

2. 정보경찰활동의 한계

한계의 필요성		① 경찰의 정보활동은 **비권력적인 사실행위이므로 개별적 수권조항 없이 조직법적 임무규범만으로도 활동이 가능**하다. {08.3 순경} ② 활동의 대상이 광범위하고 실무적으로 정치정보 등 정치적으로 민감한 부분도 있어 그 한계가 문제된다.
조리상 한계의 3요소 {04.1승진 02.1승진}	필요성	정보활동이 **경찰활동의 목적달성을 위해 어느 정도 필요한가를 고려**하여 행하여야 한다.
	상당성	정보활동의 **수단이 목적을 필요성과 관련하여 상당한 것인지를 고려**하여 행하여야 한다.
	타당성	정보활동의 **수단이 사회적으로 보아 타당한가를 고려**하여 행하여야 한다.
한계의 근거		① 경찰은 그 직무를 수행함에 있어서 **헌법과 법률에 따라 국민의 자유와 권리를 존중**하고, **국민 전체에 대한 봉사자**로서 공정 중립을 지켜야 하며, 부여된 **권한을 남용하여서는 아니 된다.** {08.3 순경} ② 경찰관의 직권은 그 직무수행에 **필요한 최소한도 내에서 행사**되어야 하며, 이를 남용하여서는 아니 된다. ③ **일본의 경우 경찰의 책무범위에 구체적으로 정보경찰활동의 근거가 명시되어 있지 않아서 정보경찰활동의 기준이 문제**되었는데, 정보경찰활동이 목적의 정당성, 그 행위의 필요성 및 그 행위의 상당성 등 3요건을 구비한 경우에는 적법하다고 하였다. {03.1 승진}

정보활동 의 한계	① 정보기관이 **법적 근거 없이 비밀리에 수집·관리하는** 개인정보에 따른 손해는 그 정보가 **공개되지 않더라도 발생**한다.[1998. 7. 24, 96다42879] ② 인간의 존엄성과 기본인권보장(헌법 제10조)과 사생활의 비밀과 자유(헌법 제17조)는 **치안정보의 수집활동과 충돌할 가능성**이 있다. ③ 프라이버시권은 종래 사생활의 내용이 함부로 공개되지 않도록 하는 **소극적 권리**에서 자신에 관한 정보를 통제하는 권리를 포함하는 **적극적 권리로 확대**되었다. ④ 경찰법, 경찰관직무집행법상 치안정보의 수집이라는 직무범위는 개인정보 수집·관리에 관한 **일반적 수권조항이라고 보는데 이견이 많다.** ⑤ 정보수집 대상인물이 공적 인물인 경우 **정보기관의 비밀성 있는 정보수집은 일반 국민의 알 권리와 관련된 사안이 아니다.** ⑥ 정보수집 대상인물이 공적 인물인 경우 **정보기관이 해당 정보를 비밀리에 관리하여 공개되지 않은 경우에도 면책되지 않는다.**

■ 대법원 1998. 7. 24, 선고 96다42789 판결 요지 ■

[1] 헌법 제10조는 "모든 국민은 인간으로서의 존엄과 가치를 가지며, 행복을 추구할 권리를 가진다. 국가는 개인이 가지는 불가침의 기본적 인권을 확인하고 이를 보장할 의무를 진다."고 규정하고, 헌법 제17조는 "모든 국민은 사생활의 비밀과 자유를 침해받지 아니한다."라고 규정하고 있는바, 이들 헌법 규정은 개인의 사생활 활동이 타인으로부터 침해되거나 사생활이 함부로 공개되지 아니할 소극적인 권리는 물론, 오늘날 고도로 정보화된 현대사회에서 자신에 대한 정보를 자율적으로 통제할 수 있는 적극적인 권리까지도 보장하려는 데에 그 취지가 있는 것으로 해석된다.

[2] 구 국군보안사령부가 군과 관련된 첩보 수집, 특정한 군사법원 관할 범죄의 수사 등 법령에 규정된 직무범위를 벗어나 민간인들을 대상으로 평소의 동향을 감시·파악할 목적으로 지속적으로 개인의 집회·결사에 관한 활동이나 사생활에 관한 정보를 미행, 망원 활용, 탐문채집 등의 방법으로 비밀리에 수집·관리한 경우, 이는 헌법에 의하여 보장된 기본권을 침해한 것으로서 불법행위를 구성한다.

[3] 공적 인물에 대하여는 사생활의 비밀과 자유가 일정한 범위 내에서 제한되어 그 사생활의 공개가 면책되는 경우도 있을 수 있으나, 이는 공적 인물은 통상인에 비하여 일반 국민의 알 권리의 대상이 되고 그 공개가 공공의 이익이 된다는 데 근거한 것이므로, 일반 국민의 알 권리와는 무관하게 국가기관이 평소의 동향을 감시할 목적으로 개인의 정보를 비밀리에 수집한 경우에는 그 대상자가 공적 인물이라는 이유만으로 면책될 수 없다.

즉, 헌법 제10조, 제17조의 규정은 개인의 사생활 활동이 타인으로부터 침해되거나 사생활이 함부로 공개되지 아니할 **소극적인 권리는 물론, 오늘날 고도로 정보화된 현대사회에서 자신에 대한 정보를 자율적으로 통제할 수 있는 적극적인 권리까지도 보장하려는 데** 그 취지가 있으므로 정보통신서비스이용자들은 자신들의 의사에 반하여 개인정보가 함부로 공개되지 아니할 권리를 가지고, 위와 같이 헌법에 의하여 보장된 기본권을 보호하기 위해 제정된 정보통신망이용촉진및정보보호등에관한법률에 따라 이용자들의 개인정보를 수집·관리하는 정보통신서비스제공자로서는 이용자들의 개인정보가 누출되지 않도록 필요한 관리적 조치를 다하여야 할 주의의무를 부담한다.

① **정보기관이 법적 근거 없이 비밀리에 수집·관리**하는 개인정보에 따른 손해는 그 **정보가 공개되지 않더라도 발생한다**는 것이 판례의 태도이다. {10.1 승진}
② 정보수집 대상인물이 **공적인물인 경우** 정보기관의 비밀성 있는 정보수집은 **일반 국민의 알 권리와 관련된 사안이 아니다.**
③ 정보수집 대상인물이 **공적인물인 경우** 정보기관이 해당 정보를 비밀리에 관리하여 **공개되지 않은 경우에도 면책되지 않는다.**

III. 정보공개제도

1. 정보공개의 의의

의 의	지방공공단체를 비롯한 공공기관이 보유한 문서 및 기타 정보를 국민이나 주민의 청구에 의해 이를 공개하는 행위를 의미하며, 정부와 국민 간의 정보소통을 자유롭게 하여 국민은 충분한 정보를 얻고 정부는 국민의 지지와 신뢰를 얻도록 하는 데 의의가 있다.	

구 별		정보공개	정보제공
	의 미	**국민**이 원하는 정보를 접근·이용할 수 있게 하는 것	**정부**가 홍보·선전용으로 국민에게 정보를 제공하는 것
	제공정보	**가공되지 않은 정보제공**	**가공된 홍보성 정보제공**
	청구유무	**공개청구**	**공개청구 유무에 관계없음.**
	제공의무	**법령에 의해 공개가 의무화**	**제공정보의 선택이 재량사항**
	실 례	① 행정절차에 의한 이해관계인에 대한 정보공개 ② 쟁송에 있어서 증거의 제출 ③ 법령에 의한 의무적 공표제도 ④ 정보공개제도에 의한 정보공개 ⑤ 자기정보공개청구제도의 의한 자기정보의 공개	① 홍보·공청회제도에 의한 행정홍보 ② 보도기관에 대한 정보제공 ③ 행정창구나 행정자료실에 의한 일반 정보 서비스

IV. 정보경찰에 대한 통제

통제의 필요성	① 지휘·감독의 집중으로 인해 **권력자의 정보기관에 대한 자의적인 운용이 우려**된다. {08.1 승진} ② 정보의 **독점성 및 은밀성으로 인해 민주적 통제가 절실히 요구**된다. {08.1 승진} ③ 국민세금으로 운용되는 만큼 **당연히 예산감시와 그에 따른 책임을 져야** 한다. {08.1 승진}	
각종 통제의 유형 {08.1 승진}	**대통령**	인사권 및 조직개편 권한
	의 회	입법권행사 및 정보위원회 운영
	정보공개제도	공공기관의 정보공개에 관한 법률

☞ 개인정보 보호를 위해 자율규제 방식 : **미국, 일본, 캐나다**

☞ 개인정보 보호를 위해 정부규제 방식 : **영국, 독일, 프랑스, 스웨덴**

Ⅴ. 프라이버시권과 정보활동

의 의		① 프라이버시권은 **사생활의 내용이 함부로 공개되지 않도록 하는 권리(소극적 권리)와 자신에 대한 정보를 통제하는 권리(적극적 권리)를 포함**한다. ② 프라이버시의 개념은 **심리적 측면에서 자아영역의 불가침성이라는 의미를 포함**하고 있다. {08.1 승진} ③ 정보화 사회가 진행되면서 **프라이버시 문제는 점차 증가**되고 있다. {08.1 승진} ④ 알권리와 프라이버시권이 경합되는 경우에 어느 것이 우선할 것인가에 대해서는 논란이 많다. {08.1 승진}
침해 유형	사적인 일에의 침입	① **개인의 일상적이고 정상적인 사생활을 침해하여 불안이나 불쾌감 등을 유발하는 행위**를 말한다. ② 개인정보취득 수단이 비정상적이고 불법적이면 목적에 관계없이 사생활침해가 되며, **개인뿐만 아니라 공권력에 의해서도 일어날 수 있다.** 　예 개인이나 공권력에 의한 **타인의 전화내용을 도청하거나 은행계좌의 불법추적** 등 {08.7 순경}
	사적인 사실의 공개	① **공개를 원하지 않는 사적인 사실을 일반에게 공개하는 행위**를 말한다. ② 특정 개인의 범죄경력 사실을 언론에 공개하여 현재의 정상적인 사생활을 침해이며, **주로 신문, 잡지, 방송 등의 대중매체의 의해서 이루어진다.** 　예 **타인의 범죄경력 사실이나 기형적인 신체 상태를 공개하는 행위** {08.7 순경}
	사생활에 관한 판단의 오도 {10.2 경간부}	① 사생활의 내용을 공개하거나 간섭하는 행위 이상으로 **내용의 본질을 왜곡시켜 대중의 판단을 그릇되게 하여 해당 개인의 신상에 침해를 주는 행위**를 말한다. {08.7 순경} ② 일반인의 눈에 해당인이 진실과 다르게 보이도록하여 해당 개인에게 정신적인 고통을 주는 행위를 말하며, **형법상 명예훼손의 행위가 될 수도 있다.** 　예 **특정인의 사건을 현상수배자 리스트에 넣는 행위** {10.1 승진, 08.7 순경}
	사적인 일의 영리적 이용	① 특정 개인의 이익을 침해하여 경제상의 이익을 취하는 행위로서 **특정인의 성명, 사진, 경력을 영업적 이득의 확보를 위해 이용하는 행위**를 말한다. ② 프라이버시의 침해에 대하여 추구하는 보호법익은 **정신적 이익의 보호뿐만 아니라 경제적 이익의 보호까지도 포함**한다.
학 자	사무엘 웨런과 루이스 브렌데이스	프라이버시란 **개인의 혼자 있을 권리로 이해**하여 민주주의에서 가장 중요한 자유로서 헌법에 반영되어야 한다. {10.3 순경}
	알랜 에프 웨스턴	프라이버시는 개인, 그룹 또는 조직이 **자기에 관한 정보를 언제, 어떻게 또는 어느 정도 타인에게 전할까** 하는 것을 **스스로 결정할 수 있는 권리**이다. {10.3 순경}
	에드워드 블라우스턴	프라이버시는 **인간의 인격권의 법익이므로 인격의 침해, 개인의 자주성, 존엄과 완전성을 보호**하는 것이다. {10.3 순경, 10.1 승진}
	루쓰 가비슨	프라이버시의 3가지 요소로서 **비밀, 익명성, 고독**을 갖으며, 그것이 자신의 선택에 의해서 또는 **타인의 행위에 의해서 상실할 수 있는 상태**를 말한다. {10.3 순경, 10.1 승진, 07.10 순경}

제4절　정보경찰의 주요활동

Ⅰ. 일반정보활동

① 정보경찰은 정치·경제·사회·문화 등 분야에 관련되는 치안정보의 수집 등의 업무를 담당한다.
② 정보기능에서는 경찰청과 그 소속기관직제가 규정한 **보안정보, 외사정보, 수사정보를 제외한 일반정보업무를 분장**한다. {10.2 경간부}

Ⅱ. 견문수집 및 처리

1. 견문수집의 의의 및 법적근거

의 의	① 견문이란 경찰관이 공·사 생활을 통하여 보고 들은 **국내외의 정치·경제·사회·문화 등 제 분야에 관한 각종 보고자료**를 말한다. ② 견문보고서는 전국 각지의 경찰관이 일반시민들과 직접적으로 접촉하여 얻는 경우가 대부분이므로 **시민의 소리를 여과 없이 생생하게 전달할 수 있어 경찰행정을 비롯한 국가의 정책결정 및 평가에 중요한 역할**을 한다.
법적 근거	① 견문수집 및 처리규칙　　② 수사첩보활동규칙

2. 정보보고

의 의	정보보고란 **구두나 서면으로 일정한 사실을 상부기관 또는 상사에게 전달하는 행정활동**을 말하며, 이를 서면에 의해 보고하는 경우 정보의 내용을 전달하는 문서를 정보보고서라 한다. {08.1 승진}
목 적	일정한 **사실의 명확한 전달 및 이를 통한 이해**이다.
구비요건	① 보고서 작성 시 미사여구나 **주관적 판단을 첨가해서는 안 된다.** ② 작업과정에서 **시간과 경비의 절약**을 이루어야 한다. ③ 보고사항은 **필요한 가치가 인정**되어야 한다. ④ 실기(失機)하지 않게 적시에 보고해야 한다.
여론·반응·제언의 수집방법	① 각계를 대표할 수 있는 **관련인물을 선정**한다. {01.1 승진} ② 가능한 **외근요원이 직접 접촉**하며, **접촉이 불가능할 경우 전화 및 FAX를 통해 의견을 청취**한다. {01.1 승진} ③ **녹취는 금물**이며, 핵심 키워드(Key Word)를 기억했다가 **최단시간 내에 기록**해 둔다. {01.1 승진} ④ **반응과 함께 보완할 부분에 대한 제언도 반드시 포함**시킨다. ⑤ 보고서의 양에 구애받지 않고 **반응을 생생하게 그대로 기록**한다. {01.1 승진}
여론과 정보경찰의 관계	① 여론분석도 **정보경찰의 중요한 업무**이다. {03.9 순경} ② 사회 각 분야에 대한 **여론동향은 정보판단과 관계가 깊다.** {03.9 순경} ③ **여론의 방향이 반드시 옳은 것만은 아니다.** {03.9 순경} ④ 여론이 **부정적이라도 여론분석은 필요**하다. ⑤ 여론반응을 수집할 때 **대화하면서 녹취해서는 안 된다.** {03.9 순경}

정보자료의 종류	정책자료	정부의 정책 및 치안행정 시행과정에서 나타나는 제반 문제점과 개선책 또는 관련 여론 등을 수집·분석한 견문
	판단·대책자료	집회·시위 등 치안상황과 관련하여 조치 및 판단을 하도록 제공하는 견문
	중요정보자료	집회·시위 및 행사, 주요 사건 등 특별한 상황을 종합한 견문
	기록자료	계속 보존의 가치가 있어서 존안철 등에 기록을 요하는 견문
	보완자료	내용이 불확실하거나 출처의 신빙성이 약하여 재확인을 요하는 견문
	통보자료	① 업무를 주관하는 부서에서 처리토록 하거나 시책자료로 사용할 수 있도록 하기 위하여 당해 부서에 통보하여 주는 견문 ② **타기관의 공조 및 조정을 위해 필요하거나 타 사용자에 의하여 효율을 더욱 높일 수 있는 자료** {04.1 승진}
	참고자료	단순히 정보업무수행에 참고가 될 뿐 사용가치가 적은 견문
	범죄자료	각종 범죄로부터 국민의 생명과 재산을 보호하고 범죄의 예방 및 검거와 관련하여 수사의 단서로 사용될 수 있는 모든 견문

3. 정보보고서

의 의		생산된 정보는 기관이나 개인에게 배포하여야 하며, 정보를 사용자에게 배포하는 **가장 간편한 방법은 구두에 의해서이지만 대부분은 일정한 형식을 갖춘 문서**를 말한다. {08.1 승진}
종 류 {08.1 승진}	견문보고서	경찰관이 오관작용을 통해 근무, 일상생활 중 지득한 국가시책 또는 국내외 치안상 필요한 제 견문을 신속·정확하게 수집·제보하는 보고서이다.
	정책(특별)보고서	**정부의 정책 및 치안행정 시행과정에서 나타나는 제반 문제점과 개선책 또는 관련 여론 등을 수집·분석하는 보고서**를 말한다.
	정보판단서	타 견문과 자료를 종합·분석하여 작성한 보고서로서 **지휘관으로 하여금 경력동원 등 상황에 대한 조치를 요하는 보고서**이다. {01.10 순경}
판단을 나타내는 용어	추정됨	구체적인 근거는 없이 현재 나타난 동향의 원인·배경 등을 다소 **막연히 추측**할 때
	판단됨	어떤 징후가 나타나거나 상황이 전개될 것이 **거의 확실시되는 근거**가 있는 경우 {09.2 경간부}
	예상됨	첩보분석의 결과 **단기적으로** 어떤 상황이 전개될 것이 비교적 확실한 경우 {09.2 경간부}
	우려됨	구체적인 징후는 없으나 전혀 그 가능성을 배제하기 곤란하여 **최소한의 대비가** 필요한 때 {09.2 경간부}
	전망됨	과거의 움직이나 현재동향, 미래의 계획 등으로 미루어 **장기적으로** 활동의 윤곽이 어떠하리라는 예측을 할 경우 {09.2 경간부}

III. 신원조사(보안업무규정)

1. 신원조사의 일반적 내용

의 의	신원조사란 국가정보원이 국가안보를 위하여 보안의 대상이 되는 인원, 즉 국가안전에 관련되는 임무에 종사하거나 이에 관련되는 행위를 하는 자 및 그 예정자에 대하여 실시하는 **권력적 사실행위인 대인정보활동**을 말한다.
원 칙	**간접조사가 원칙**이며, 부득이 **직접조사를 할 경우에는 보안에 유의**하여야 한다.
목 적	보안의 대상이 되는 인원의 국가에 대한 **충성심·성실성 및 신뢰성**을 측정하기 위한 것이다.
법적 근거	① 국가정보원 제3조 : 국가기밀에 속하는 문서, 자재, 시설, 지역에 대한 보안업무를 담당 ② **보안업무규정 제31조 : 경찰의 신원조사** ③ 보안업무규정시행규칙 : 신원조사 ④ 정보 및 보안업무기획·조정규정 제5조 : 조정업무의 범위 ⑤ 신원조사업무처리규칙 ⑥ 여권발급신청자 신원조사업무처리규칙 등
대상 (보안업무 규정 제31조)	① 공무원임용예정자 ② 비밀취급인가예정자 ③ 해외여행을 하고자 하는 자(입국하는 교포도 포함) ④ 국가중요시설·장비 및 자재 등의 관리자와 기타 각급기관의 장이 국가보안상 필요하다고 인정하는 자 ⑤ 공공단체의 직원과 임원의 임명에 있어서 정부의 승인이나 동의를 요하는 법인의 임원 및 직원

신원 조사권자	**원칙적 실시권자**	신원조사는 국가정보원장이 그 **직권 또는 관계기관의 장의 요청**에 의하여 이를 실시한다(보안업무규정 제32조).
	권한의 위임	국정원장은 신원조사에 관한 권한의 일부를 **국방부장관과 경찰청장에게 위임**할 수 있다(보안업무규정 제33조).
	조사결과 처리	① 각 조사기관의 장은 신원조사의 결과 국가안전보장상 유해로운 정보가 있음이 확인된 자에 대하여는 관계기관의 장에게 그 사실을 통보하여야 한다. ② 통보를 받은 관계기관의 장은 신원조사의 결과에 따라 필요한 보안대책을 강구하여야 한다.

경찰 업무주관 부서	**정보기능 (정보과)**	신원조사는 **경찰서 정보과에서 처리**함이 원칙
	외사기능 (외사과)	외국인 및 교포·출입국자와 자비 또는 강제송환자, 외국기관 종사원에 대한 신원조사
	보안기능 (보안과)	긴급조회, 긴급신원조사

2. 긴급신원조사

긴급 신원조사	목 적	대통령 등의 경호에 관한 법률 제4조에 규정한 피경호인에 대한 **경호 및 안전 업무 수행목적**을 위해서만 행하여야 한다. {01.7 순경}
	담당기관	긴급신원조사업무는 **경찰청에서는 보안1과장, 지방경찰청에서는 보안과장, 경찰서에서는 경찰서장이 관장**한다.
	대상자	긴급신원조사의 대상자는 **본인 및 연고자**로 하며, 조사 시에는 피조사자가 감지하지 못하도록 **반드시 간접적으로 조사**하여야 한다.
	처리절차	신원조사를 수명하거나 협조를 받은 경찰서에서는 타 업무에 우선하여 처리하여야 하며, 원칙적으로 수명 시로부터 **24시간 이내에 유선통신으로 조사 회보**하여야 한다.

Ⅳ. 채증활동

의 의	채증활동이란 각종 집회나 시위 및 치안 위해사태의 발생 시에 ㉠ **위법상황을 촬영·녹화 또는 녹음 등의 방법으로 채증함으로써** ㉡ **사후 정확한 진상파악**과 ㉢ **위법자의 사법처리를 위한 증거자료를 확보**하기 위한 활동이다. {99.1 승진}
법적 근거	① 경찰법 제3조 : 치안정보의 수집 ② 경찰관직무집행법 제2조 제3호: 치안정보 수집작성 및 배포 ③ 채증활동규칙 ④ 형사소송법 　☞ **집회 및 시위에 관한 법률(×)**
목 적	① 집회 및 시위 등의 상황파악 ② 사법처리의 증거확보 ③ 치안자료로 축적
유의사항	① 채증자료는 **신속히 판독**하여야 한다. ② 채증 시에는 **범죄의 구성요건에 해당하는 행위에 중점**을 두어 처증한다. ③ 주동자 등 인물채증은 **얼굴의 식별이 가능하도록 촬영**한다. ④ 주요 부분은 **반복하여 촬영**한다. ⑤ 사용된 주요 장비 및 시위용품은 **특정지울 수 있도록 촬영**한다. ⑥ 사용된 **차량은 번호를 식별할 수 있도록 채증**한다. ⑦ 전경(全景)을 촬영하기 어려울 때에는 **파노라마식으로 촬영**한다.

Ⅴ. 집회 및 시위에 관한 업무(집회 및 시위에 관한 법률[시행 2008.9.22])

1. 목적 및 용어

목적 **(제1조)**	⊙ 적법한 집회(集會) 및 시위(示威)를 최대한 보장하고 ⓛ 위법한 시위로부터 국민을 보호함으로써 집회 및 시위의 권리 보장과 ⓒ 공공의 안녕질서가 적절히 조화를 이루도록 하는 것을 목적으로 한다.	

용어 **(제2조)**	**옥외** **집회**	천장이 없거나 사방이 폐쇄되지 아니한 장소에서 여는 집회를 말한다. {03.4 순경} **【집회신고대상 여부】** **집회신고대상(O)** {07.3 순경, 07.1 승진, 04.1 승진} ⎮ **집회신고대상(×)** ⊙ **집회 없는 행진** ⓛ **군작전 관할구역에서의 옥외집회** {12.8 순경} ⓒ **지하철역사 대합실에서의 주간집회** ⓔ **도로, 역광장 등 공공장소에서의 유인물배포** {09.2 경간부} ㉹ 4대강 정비, 반대집회, 개발제한구역 해제 철회집회, 노동절집회, 의료보험통합반대집회 ⎮ ⊙ 옥내집회 : 옥내집회 후 행진을 하는 경우에는 신고가 필요하다. ⓛ **학문, 예술, 체육, 종교, 의식, 친목, 오락, 관혼상제 및 국경행사에 관한 집회**{12.2 순경, 10.1 승진} ⓒ 공중이 자유롭게 통행할 수 없는 장소에서의 시위 {12.8 순경} ⓔ 차량시위(자동차, 건설기계를 동원한 도로 행진) {12.8 순경} ⓜ 행상시위, 공중시위 {12.8 순경} ㉹ 대학교 학생회관 대강당에서의 집회, 프로축구 결승전, 대규모 콘서트, 대규모 학술토론회 등
	시 위	여러 사람이 공동의 목적을 가지고 도로, 광장, 공원 등 **일반인이 자유로이 통행할 수 있는 장소를 행진하거나 위력 또는 기세를** 보여, 불특정한 여러 사람의 의견에 영향을 주거나 제압을 가하는 행위를 말한다. {04.1 승진}
	주최자	① **자기 이름으로 자기 책임 아래 집회나 시위를 여는 사람이나 단체를** 말한다. {09.2 경간부} 주최자는 주관자를 따로 두어 집회 또는 시위의 실행을 맡아 관리하도록 위임할 수 있다. 이 경우 주관자는 그 위임의 범위 안에서 주최자로 본다. ② **주최자의 자격에는 아무런 제한이 없으며, 단체인 경우에는 법인격의 유무를 불문**한다. {09.7 순경}
	질서 **유지인**	주최자가 자신을 보좌하여 집회 또는 시위의 **질서를 유지하게 할 목적으로 18세 이상의 사람을 임명**할 수 있다.
	질서 **유지선**	관할 경찰서장이나 지방경찰청장이 적법한 집회 및 시위를 보호하고 질서유지나 원활한 교통 소통을 위하여 **집회 또는 시위의 장소나 행진 구간을 일정하게 구획하여 설정한 띠, 방책, 차선 등의 경계표지**를 말한다.
	경찰 **관서**	**국가경찰관서**를 말한다.

2. 집회 · 시위의 신고(제6조)

신고기간	옥외집회나 시위를 주최하려는 자는 그에 관한 다음 각 호의 사항 모두를 적은 신고서를 옥외집회나 시위를 시작하기 **720시간 전부터 48시간 전(최대29일)에 관할 경찰서장에게 제출하여야 한다.** {11.2 순경, 09.7 순경, 09.3 순경, 04.3 순경, 03.7 순경, 03.4 순경}
신고서 기재사항	① 목적 ② 일시(필요한 시간을 포함) ③ 장소 ④ 주최자(단체인 경우에는 그 대표자를 포함), 연락책임자, 질서 유지인에 관한 다음 각 목의 사항 　㉠ 주소　　　　㉡ 성명 　㉢ 직업　　　　㉣ 연락처 ⑤ 참가 예정인 단체와 인원 ⑥ 시위의 경우 그 방법(진로와 약도를 포함)
신고서 제출기관	관할경찰관서 ① 1의 경찰서 관할인 경우 : **경찰서장** ② 2 이상의 경찰서 관할인 경우 : **지방경찰청장** ③ 2 이상의 지방경찰청 관할인 경우 : **주최지를 관할하는 지방경찰청장**
접수증 교부 등 고지	① 관할 경찰서장 또는 지방경찰청장은 신고서를 접수하면 신고자에게 접수 일시를 적은 **접수증을 즉시 내주어야 한다.** ② **주최자는 신고한 옥외집회 또는 시위를 하지 아니하게 된 경우에는 신고서에 적힌 집회 일시 전에 관할경찰관서장에게 그 사실을 알려야 한다.** {10.1 승조} ③ 통지를 받은 관할경찰관서장은 금지 통고를 한 집회나 시위가 있는 경우에는 그 금지 통고를 받은 주최자에게 사실을 즉시 알려야 한다. ④ 통지를 받은 주최자는 그 금지 통고된 집회 또는 시위를 최초에 신고한 대로 개최할 수 있다. 다만, 금지 통고 등으로 시기를 놓친 경우에는 일시를 새로 정하여 집회 또는 시위를 시작하기 **24시간 전에 관할 경찰관서장에게 신고서를 제출**하고 집회 또는 시위를 개최할 수 있다.

【집회 및 시위의 신고】	
신고대상 속하는 것	① 군 작전 관할 구역 내에서의 옥외집회(해당 군부대장에게 신고) ② 대학구내 · 회사구내 · 종교시설 구내 등 소위 성역에서의 옥외집회 ③ 공공장소(도로 · 역 · 광장 등)에서의 가두서명 · 유인물 배포 등 집단행위 ④ 옥내집회 후 행진하는 경우(또는 집회 없는 행진) ⑤ 지하철 역사 내의 대합실에서의 주간집회
신고대상 에 속하지 않는 것	① 대학구내 · 회사구내 · 종교시설 구내 등 소위 성역에서의 옥내집회 ② 학문 · 예술 · 체육 · 의식 · 친목 · 오락 · 관혼상제 · 국경행사에 관한 집회 ③ 공중이 자유롭게 통행할 수 없는 장소에서의 시위 ④ 차량시위(자동차 · 건설기계 · 농기계 등을 동원) · 해상시위 · 공중시위 등 　→ 동 법률 적용대상이 아니므로 신고를 철회토록 행정지도를 하고 있다.

3. 신고서의 처리

신고서의 보완 (제7조)	① 관할경찰관서장은 신고서의 기재 사항에 미비한 점을 발견하면 **접수증을 교부한 때부터 12시간 이내에 주최자에게 24시간을 기한으로 그 기재 사항을 보완할 것을 통고할 수 있다.** {12.8 순경, 11.2 순경, 10.1 승진, 09.7 순경, 09.3 순경, 08.10 순경, 07.1 승진, 06.3 순경, 05.7 순경, 03.4 순경, 03.3 순경} ② 보완 통고는 보완할 사항을 분명히 밝혀 **서면으로 주최자 또는 연락책임자에게 송달**하여야 한다. ③ 신고자가 신고서의 미비점에 대한 보완지시를 이행하지 않을 경우 경찰서장은 접수한 때로부터 **48시간 내에 집회의 금지를 통고할 수 있다.** {07.1 승진, 06.3 순경, 03.4 순경}

집회 및 시위의 금지 또는 제한 통고 (제8조)	**금지통고의 시한**	① 신고서를 접수한 관할경찰관서장은 신고된 옥외집회 또는 시위 **신고서를 접수한 때부터 48시간 이내에 집회 또는 시위를 금지할 것을 주최자에게 통고할 수 있다.** {07.1 승진, 06.3 순경} 다만, 집회 또는 시위가 집단적인 폭행, 협박, 손괴, 방화 등으로 **공공의 안녕 질서에 직접적인 위험을 초래한 경우**에는 남은 기간의 해당 집회 또는 시위에 대하여 신고서를 접수한 때부터 48시간이 지난 경우에도 금지 통고를 할 수 있다. ① 헌법재판소의 결정에 따라 해산된 정당의 목적을 달성하기 위한 집회 또는 시위 ② 집단적인 폭행, 협박, 손괴(損壞), 방화 등으로 공공의 안녕 질서에 직접적인 위험을 끼칠 것이 명백한 집회 또는 시위 ③ 신고서의 기재사항은 보완할 것을 통고받고 이를 기한 내에 이행하지 않는 경우 ④ 일출시간 전, 일몰시간 후 집회·시위 ⑤ 주요 도시의 주요 도로에서의 집회 또는 시위에 대하여 교통 소통을 위하여 필요하다고 인정될 때 ② 관할경찰관서장은 집회 또는 시위의 시간과 장소가 중복되는 2개 이상의 신고가 있는 경우 그 목적으로 보아 서로 상반되거나 방해가 된다고 인정되면 뒤에 접수된 집회 또는 시위에 대하여 그 집회 또는 **시위의 금지를 통고할 수 있다.** {08.10 순경}
	금지통고 사유	① 헌법재판소의 결정에 따라 **해산된 정당의 목적을 달성**하기 위한 집회 또는 시위 {11.8 순경} ② 집단적인 폭행, 협박, 손괴(損壞), 방화 등으로 **공공의 안녕 질서에 직접적인 위협을 끼칠 것이 명백한 집회 또는 시위** ③ 신고서의 기재사항은 보완할 것을 통고받고 이를 기한 내에 이행하지 않는 경우 ④ 일출시간 전, 일몰시간 후 집회·시위 [**헌법불합치, 2008헌가25, 2010. 6. 30. 시한으로 입법자가 개정할 때까지 계속 적용됨**] ⑤ 옥외집회 및 시위의 금지장소에서 집회·시위를 행하는 경우 ⑥ **관할경찰관서장은 집회 또는 시위의 시간과 장소가 중복되는 2개 이상의 신고가 있는 경우 그 목적으로 보아 서로 상반되거나 방해가 된다고 인정되면 뒤에 접수된 집회 또는 시위** {08.1 승진}

금지 또는 제한 통고사유	아래에 해당하는 경우로서 그 **거주자나 관리자가 시설이나 장소의 보호를 요청하는 경우에는 집회나 시위의 금지 또는 제한을 통고**할 수 있다. ㉠ 신고서에 적힌 장소가 다른 사람의 주거지역이나 이와 유사한 장소로서 집회나 시위로 재산 또는 시설에 심각한 피해가 발생하거나 사생활의 평온을 뚜렷하게 해칠 우려가 있는 경우 ㉡ 신고장소가 학교의 주변 지역으로서 집회 또는 시위로 **학습권을 뚜렷이 침해할 우려가 있는 경우** {11.8 순경} ㉢ 신고장소가 군사시설의 주변 지역으로서 집회 또는 시위로 **군사시설이나 군 작전의 수행에 심각한 피해가 발생할 우려가 있는 경우** {11.8 순경}	
방 법	집회 또는 시위의 금지 또는 제한 통고는 그 이유를 분명하게 밝혀 **서면으로 주최자 또는 연락책임자에게 송달**하여야 한다.	

4. 집회 및 시위의 금지 통고에 대한 이의 신청(제9조)

이의 신청기간	집회 또는 시위의 주최자는 **금지 통고를 받은 날부터 10일 이내**에 해당 경찰관서의 **바로 위의 상급경찰관서의 장에게 이의를 신청**할 수 있다. {12.2 순경, 10.1 승진, 09.7 순경, 09.3 순경, 08.10 순경, 08.1 승진, 07.1 승진, 03.3 순경}
재결기관	**금지통고를 한 당해 경찰관서의 직근 상급경찰관서의 장**이다. {08.10 순경, 07.1 승진, 06.3 순경, 03.3 순경}
재결기간	이의 신청을 받은 경찰관서의 장은 접수 일시를 적은 접수증을 이의 신청인에게 즉시 내주고 **접수한 때부터 24시간 이내에 재결**을 하여야 한다. {11.2 순경, 09.3 순경, 09.1 승진, 07.1 승진, 05.7 순경, 03.3 순경}
효력상실	① **접수한 때부터 24시간 이내에 재결서를 발송하지 아니하면 관할경찰관서장의 금지 통고는 소급하여 그 효력을 잃는다.** {09.2 경간부, 09.1 승진} ② **이의신청이 각하 또는 기각된 경우에는 금지통고는 유효**하다. {08.2 경간부, 05.1 승진, 03.1 승진}
재결의 효과	이의 신청인은 ㉠ **금지 통고가 위법하거나 부당한 것으로 재결**되거나 ㉡ **그 효력을 잃게 된 경우** 처음 신고한 대로 집회 또는 시위를 개최할 수 있다. {11.2 순경} 다만, **금지 통고 등으로 시기를 놓친 경우에는 일시를 새로 정하여** 집회 또는 시위를 시작하기 **24시간 전**에 관할경찰관서장에게 신고함으로써 **집회 또는 시위를 개최**할 수 있다. {11.2 순경, 08.2 경간부, 08.1 승진, 05.1 승진, 03.1 승진}
이의신청 불복	이의신청의 결과에 불복할 경우에는 **행정소송을 제기**할 수 있으며, 이의신청을 거치지 않고 **즉시 행정소송의 제기도 가능**하다. 이때 피고는 금지통고를 한 **경찰관서장(처분청)**이 된다. {08.2 경간부, 08.1 승진, 05.1 승진, 03.1 승진}

5. 집회 및 시위에 대한 금지 및 제한

절대적 금지사항	사유상 금지	① 누구든지 아래에 해당하는 집회나 시위를 주최하여서는 아니 된다. 　㉠ **헌법재판소의 결정에 따라 해산된 정당의 목적을 달성하기 위한 집회 또는 시위** {11.8 순경, 09.4 순경} 　㉡ **집단적인 폭행, 협박, 손괴(損壞), 방화 등으로 공공의 안녕 질서에 직접적인 위협을 끼칠 것이 명백한 집회 또는 시위** {09.4 순경} ② 누구든지 금지된 집회 또는 시위를 할 것을 선전하거나 선동하여서는 아니 된다.
	특수 장소상 금지	누구든지 아래에 해당하는 **청사 또는 저택의 경계 지점으로부터 100 미터 이내의 장소에서는 옥외집회 또는 시위를 하여서는 아니 된다.** {12.2 순경, 10.1 승진, 09.4 순경, 09.1 승진, 08.10 순경, 05.1 승진, 03.4 순경, 02.1 승진, 96.1 승진} ① **국회의사당, 각급 법원, 헌법재판소** ② **대통령 관저(官邸), 국회의장 공관, 대법원장 공관, 헌법재판소장 공관** ③ **국무총리 공관**. 다만, 행진의 경우에는 해당하지 아니한다. {11.8 순경, 09.4 순경} ④ **국내 주재 외국의 외교기관이나 외교사절의 숙소.** 　외교기관 또는 외교사절 숙소의 기능이나 안녕을 침해할 우려가 없다고 인정되는 때에는 해당하지 아니한다. {09.1 승진, 05.1 승진} 　㉠ **해당 외교기관 또는 외교사절의 숙소를 대상으로 하지 아니하는 경우** 　㉡ **대규모 집회 또는 시위로 확산될 우려가 없는 경우** 　㉢ **외교기관의 업무가 없는 휴일에 개최하는 경우**
상대적 금지사항	보완 통고 불이행 시	관할 경찰관서장은 신고자가 보완통고서 수령 시로부터 **24시간 이내에 신고서의 미비점에 대한 보완통고를 이행하지 않을 경우, 경찰서장은 접수한 때로부터 48시간 내에 집회의 금지를 통고할 수 있다.**
	교통소통을 위한 제한	**원칙**: 관할경찰관서장은 대통령령으로 정하는 주요 도시의 주요 도로에서의 집회 또는 시위에 대하여 **교통 소통을 위하여 필요하다고 인정하면 이를 금지하거나 교통질서 유지를 위한 조건을 붙여 제한할** 수 있다. **예외**: **집회 또는 시위의 주최자가 질서유지인을 두고 도로를 행진하는 경우에는 금지를 할 수 없다.** {11.8 순경} 다만, 해당 도로와 주변 도로의 교통 소통에 장애를 발생시켜 심각한 교통 불편을 줄 우려가 있으면 금지를 할 수 있다. {04.1 승진}
	시간상 제한	**원칙**: **누구든지 일출시간 전 일몰시간 후에는** 옥외집회 또는 시위를 하여서는 아니 된다. **예외**: 집회의 성격상 부득이하여 주최자가 질서유지인을 두고 미리 신고한 경우에는 **관할경찰관서장은 질서유지를 위한 조건을 붙여 일출시간 전 일몰시간 후에도 옥외집회를 허용할 수 있다.** {05.7 순경, 04.1 승진}
	타인의 주거지역 등 제한	**원칙**: **거주자 등 보호요청이 있는 경우에는 금지 또는 제한이 가능**하다. **예외**: 타인의 주거, 학교지역, 군사시설지역 등은 **엄격하게 제한적으로 적용**하여야 한다.
	집회시위의 경합	시간과 장소가 경합이 되는 2이상 신고가 있는 경우에는 **뒤에 접수된 집회·시위에 대하여 금지통고가 가능**하다.
확성기등 사용의 제한 (제14조)		① 집회 또는 시위의 주최자는 확성기, 북, 징, 꽹과리 등의 기계·기구를 사용하여 타인에게 심각한 피해를 주는 소음으로서 대통령령으로 정하는 기준을 위반하는 소음을 발생시켜서는 아니 된다. ② 관할경찰관서장은 집회 또는 시위의 주최자가 기준을 초과하는 소음을 발생시켜 타인에게 피해를 주는 경우에는 그 기준 이하의 소음 유지 또는 확성기 등의 사용 중지를 명하거나 확성기 등의 일시보관 등 필요한 조치를 할 수 있다.

【확성기 등의 소음기준(제14조 관련)[개정 2010.6.28]**】**

(단위: Leq dB(A))

대상 지역 ＼ 시간대	주간(해 뜬 후 ～ 해 지기 전)	야간(해 진 후 ～ 해 뜨기 전)
주거지역, 학교	**65 이하** {08.1 승진}	**60 이하** {12.8 순경}
기타지역	80 이하	70 이하

㉠ 확성기 등의 소음은 **관할 경찰서장(현장 경찰공무원)이 측정**한다.

㉡ 소음 측정 장소는 **피해자가 위치한 건물의 외벽**에서 소음원 방향으로 1～3.5m 떨어진 지점으로 하되, 소음도가 높을 것으로 예상되는 지점의 지면 위 1.2～1.5m 높이에서 측정한다. 다만, 주된 건물의 경비 등을 위하여 사용되는 부속 건물, 광장·공원이나 도로상의 영업시설물, 공원의 관리사무소 등은 소음 측정 장소에서 제외한다.

㉢ **소음은 5분 이상 측정**하되, 소음 발생시간이 5분 이내인 경우에는 그 발생시간 동안 측정·기록하고, 비고 2의 측정지점에서 두 번 측정하여 그 산술 평균치를 측정소음도로 한다.

㉣ 측정소음도와 배경소음도의 차이가 3～9dB이면 아래의 보정치를 보정한 후 대상소음도를 구하고, 그 차이가 2dB 이하인 경우에는 다시 두 번 측정하여 측정 소음도를 구하며, 다시 두 번 측정하여 측정소음도를 구하여도 그 차이가 2dB 이하인 경우에는 확성기 등의 소음으로 보지 아니한다.

측정소음도와 배경소음도의 차이	3	4	5	6	7	8	9
보정치	−3	−2		−1			

그 밖에 소음의 측정방법 및 평가단위 등과 관련하여 필요한 사항은 환경분야시험·검사 등에 관한 법률 제6조 제1항 제2호에 따른 분야의 환경오염공정시험기준에 적합하게 생활소음 규제기준의 측정방법에 따른다.

6. 집회 및 시위의 준수사항

주최자의 준수사항 (제16조)	① 집회 또는 시위의 주최자는 집회 또는 시위에 있어서의 질서를 유지하여야 한다. ② **집회 또는 시위의 주최자는 집회 또는 시위의 질서 유지에 관하여 자신을 보좌하도록 18세 이상의 사람을 질서유지인으로 임명할 수 있다.** {12.2 순경, 08.1 승진} ③ 집회 또는 시위의 주최자는 질서를 유지할 수 없으면 그 집회 또는 시위의 종결(終結)을 선언하여야 한다. ④ 집회 또는 시위의 주최자는 아래에 해당하는 행위를 하여서는 아니 된다. 　㉠ 총포, 폭발물, 도검(刀劍), 철봉, 곤봉, 돌덩이 등 다른 사람의 생명을 위협하거나 신체에 해를 끼칠 수 있는 기구(器具)를 휴대하거나 사용하는 행위 또는 다른 사람에게 이를 휴대하게 하거나 사용하게 하는 행위 　㉡ 폭행, 협박, 손괴, 방화 등으로 질서를 문란하게 하는 행위 　㉢ 신고한 목적, 일시, 장소, 방법 등의 범위를 뚜렷이 벗어나는 행위 ⑤ **옥내집회의 주최자는 확성기를 설치하는 등 주변에서의 옥외참가를 유발하는 행위를 하여서는 아니 된다.** {08.1 승진}
질서 유지인의 준수사항 (제17조)	① 질서유지인은 **주최자의 지시에 따라 집회 또는 시위 질서가 유지**되도록 하여야 한다. ② **질서유지인은 아래에 해당하는 행위를 하여서는 아니 된다.** {06.10 순경, 06.1 승진} 　㉠ 총포, 폭발물, 도검(刀劍), 철봉, 곤봉, 돌덩이 등 다른 사람의 생명을 위협하거나 신체에 해를 끼칠 수 있는 기구(器具)를 휴대하거나 사용하는 행위 또는 다른 사람에게 이를 휴대하게 하거나 사용하게 하는 행위 　㉡ 폭행, 협박, 손괴, 방화 등으로 질서를 문란하게 하는 행위 　㉢ 신고한 목적, 일시, 장소, 방법 등의 범위를 뚜렷이 벗어나는 행위 ③ 질서유지인은 참가자 등이 질서유지인임을 쉽게 알아볼 수 있도록 **완장, 모자, 어깨띠, 상의** 등을 착용하여야 한다. {08.1 승진} ④ 관할경찰관서장은 집회 또는 시위의 주최자와 협의하여 질서유지인의 수(數)를 적절하게 조정할 수 있다. ⑤ 집회나 시위의 주최자는 질서유지인의 수를 조정한 경우 집회 또는 시위를 개최하기 전에 **조정된 질서유지인의 명단을 관할 경찰관서장에게 알려야 한다.**
참가자의 준수사항 (제18조)	집회나 시위에 참가하는 자는 **주최자 및 질서유지인의 질서 유지**를 위한 지시에 따라야 한다.

7. 집회 및 시위의 통제

질서유지선의 설정 (재13조)	① 신고를 받은 관할경찰관서장은 집회 및 시위의 보호와 공공의 질서 유지를 위하여 필요하다고 인정하면 **최소한의 범위를 정하여 질서유지선을 설정할 수 있다.** ② 경찰관서장이 질서유지선을 설정할 때에는 **주최자 또는 연락책임자에게 서면으로 고지**하고 설정하여야 한다. 다만, 집회 또는 시위 장소의 상황에 따라 질서유지선을 새로 설정하거나 변경하는 경우에는 **집회 또는 시위의 장소에 있는 국가경찰공무원이 구두로 알릴 수 있다.**
경찰관의 출입 (제19조)	① 경찰관은 **집회 또는 시위의 주최자에게 알리고 그 집회 또는 시위의 장소에 정복(正服)을 입고 출입**할 수 있다. {08.1 승진, 05.7 순경} **다만, 옥내집회 장소에 출입하는 것은 직무 집행을 위하여 긴급한 경우에만 할 수 있다.** 단, 집회 및 시위에 관한 법률상은 사복착용이 불가능하지만, 경찰법이나 경찰관직무집행법에 의해서는 **정보활동 및 범인검거활동** 등을 위해 사복 착용 출입이 가능하다. {06.10 순경} ② 집회나 시위의 주최자, 질서유지인 또는 장소관리자는 질서를 유지하기 위한 경찰관의 직무집행에 협조하여야 한다.

8. 집회 및 시위의 보호

집회 및 시위에 대한 방해 금지 (제3조)	① 누구든지 폭행, 협박, 그 밖의 방법으로 평화적인 집회 또는 시위를 방해하거나 질서를 문란하게 하여서는 아니 된다. ② 누구든지 폭행, 협박, 그 밖의 방법으로 **집회 또는 시위의 주최자나 질서유지인의 임무수행을 방해하여서는 아니 된다.** ③ 집회 또는 시위의 주최자는 평화적인 집회 또는 시위가 방해받을 염려가 있다고 인정되면 **관할 경찰관서에 그 사실을 알려 보호를 요청**할 수 있다. 이 경우 **관할 경찰관서의 장은 정당한 사유 없이 보호 요청을 거절하여서는 안 된다.** {06.10 순경} ④ 집회 또는 시위의 주최자 및 질서유지인은 특정한 사람이나 단체가 집회나 시위에 참가하는 것을 막을 수 있다. 다만, 언론사의 기자는 출입이 보장되어야 하며, 이 경우 **기자는 신분증을 제시하고 기자임을 표시한 완장(腕章)을 착용**하여야 한다. {04.1 승진} ⑤ 군인·검사 또는 경찰관이 집회나 시위를 방해한 경우에는 **가중 처벌**한다. ☞ ①, ② 위반한 자는 3년 이하의 징역 또는 300만 원 이하의 벌금. 단, 군인, 검사 또는 경찰관은 5년 이하의 징역(가중처벌)에 처한다. {08.1 승진, 06.10 순경}
특정인 참가의 배제 (제4조)	집회 또는 시위의 주최자 및 질서유지인은 특정한 사람이나 단체가 집회나 시위에 참가하는 것을 막을 수 있다. 다만, 언론사의 기자는 출입이 보장되어야 하며, 이 경우 **기자는 신분증을 제시하고 기자임을 표시한 완장(腕章)을 착용**하여야 한다. {12.8 순경}

9. 집회 및 시위의 해산

집회 또는 시위의 해산 (제20조)	① **관할경찰관서장은** 아래에 해당하는 집회 또는 시위에 대하여는 상당한 시간 이내에 **자진(自進) 해산할 것을 요청하고 이에 따르지 아니하면 해산(解散)을 명할 수 있다.** ㉠ 헌법재판소의 결정에 따라 해산된 정당의 목적을 달성하기 위한 집회 또는 시위 ㉡ 집단적인 **폭행, 협박, 손괴(損壞), 방화 등으로 공공의 안녕질서에 직접적인 위협을 끼칠 것이 명백한 집회 또는 시위** ㉢ 누구든지 해가 뜨기 전이나 해가 진 후에는 옥외집회 또는 시위를 하여서는 아니 된다. 다만, 집회의 성격상 부득이하여 주최자가 질서유지인을 두고 미리 신고한 경우에는 관할경찰관서장은 질서 유지를 위한 조건을 붙여 해가 뜨기 전이나 해가 진 후에도 옥외집회를 허용할 수 있다. [**헌법 불합치**, 2008헌가25, 2010. 6. 30.을 시한으로 입법자가 개정할 때까지 계속 적용] ㉣ **청사, 저택으로부터 100미터 이내 장소에서의 옥외집회·시위** {08.1 승진} ㉤ **주최자가 종결을 선언한 집회·시위** {08.1 승진} ㉥ **신고하지 않은 옥외집회·시위** {08.1 승진} ㉦ **금지통고된 옥외집회·시위** {08.1 승진} ㉧ **주요 도로의 교통소통을 위하여 금지된 집회·시위** {08.1 승진} ㉨ **주요 도로에서의 조건 붙은 집회·시위가 조건에 위반**하여 질서유지에 직접적인 위험을 명백히 초래한 경우 ㉩ 총포·도검 기타 타인의 생명·신체에 위해를 가할 수 있는 기구를 휴대·사용하여 질서를 유지할 수 없을 때 ㉪ 신고한 목적·일시·장소 등을 현저히 일탈하게 되어 질서를 유지할 수 없을 때 ② 집회 또는 시위가 해산 명령을 받았을 때에는 **모든 참가자는 지체 없이 해산**하여야 한다. ③ 자진 해산의 요청과 해산 명령의 고지(告知) 등에 필요한 사항은 대통령령으로 정한다.
집회·시위의 해산절차	① **(주최자에게) 종결선언요청** → ② **(직접 참가자에게) 자진해산요청** → ③ **3회 이상 해산명령** → ④ **직접해산** {09.2 경간부, 08.1 승진}

VI. 선거에 관한 업무(공직선거법[시행 2012.7.1])

1. 목적 및 용어

적용범위 (제2조)	대통령선거 · 국회의원선거 · 지방의회의원 및 지방자치단체의 장의 선거에 적용한다.
선거인의 정의 (제3조)	선거권이 있는 사람으로서 **선거인명부 또는 재외선거인명부에 올라 있는 사람**을 말한다.

2. 후보자 등의 신분보장

대통령선거의 후보자	후보자의 등록이 끝난 때부터 개표종료 시까지 **사형 · 무기 또는 장기 7년 이상의 징역이나 금고에 해당하는 죄**를 범한 경우를 제외하고는 **현행범인**이 아니면 **체포 또는 구속되지 아니하며, 병역소집의 유예**를 받는다.
국회의원선거, 지방의회의원 및 지방자치단체의 장의 선거의 후보자	**후보자**의 등록이 끝난 때부터 개표종료 시까지 **사형 · 무기 또는 장기 5년 이상의 징역이나 금고에 해당하는 죄**를 범하였거나 제16장 벌칙에 규정된 죄를 범한 경우를 제외하고는 **현행범인**이 아니면 **체포 또는 구속되지 아니하며, 병역소집의 유예**를 받는다. {10.3 순경, 10.1 승진}
선거사무장, 선거연락소장, 선거사무원, 회계책임자, 연설원, 대담 · 토론자, 투표참관인, 부재자투표참관인과 개표참관인	선거사무장, 선거연락소장, 선거사무원, 회계책임자, 연설원, 대담 · 토론자, 투표참관인, 부재자투표참관인과 개표참관인(예비후보자가 선임한 선거사무장 · 선거사무원 및 회계책임자는 제외)은 당해 신분을 취득한 때부터 개표종료 시까지 **사형 · 무기 또는 장기 3년 이상의 징역이나 금고에 해당하는 죄**를 범하였거나 매수 및 이해유도죄(제230조) 내지 방송 · 신문 등의 불법이용을 위한 매수죄(제235조) · 선거의 자유방해죄(제237조) 내지 선거범죄선동죄(제259조)의 죄를 범한 경우를 제외하고는 현행범인이 아니면 **체포 또는 구속되지 아니하며, 병역소집의 유예**를 받는다.

3. 선거권과 피선거권

선거권 (제15조)	대통령 {02.10 순경}	**19세 이상의 국민**은 대통령의 선거권이 있다. {08.1 승진}
	국회의원	**19세 이상의 국민**은 국회의원의 선거권이 있다. ㉠ 해당 **국회의원지역선거구 안에 주민등록이 되어 있는 사람** ㉡ 재외동포의 출입국과 법적지위에 관한 법률 제6조 제1항에 따라 해당 **국회의원지역선거구의 선거구역 안에 거소를 두고 그 국내거소 신고인명부에 3개월 이상 계속하여 올라 있는 사람**
	지방자치단체의 의회의원 및 장의 선거권	① **19세 이상의 국민**으로서 선거인명부작성기준일 현재 당해 **지방자치단체의 관할 구역에 주민등록이 되어 있는 사람** ② 재외동포의 출입국과 법적지위에 관한 법률 제6조 제1항에 따라 해당 **지방자치단체의 국내 거소신고인명부에 3개월 이상 계속하여 올라 있는 국민** ③ 출입국관리법 제10조에 따른 영주의 체류자격 취득일 후 **3년**이 경과한 외국인으로서 같은 법 제34조에 따라 해당 지방자치단체의 외국인등록대장에 올라있는 사람 {08.2 경간부}

피선거권 **(제16조)**	**대통령의** **피선거권**	① 선거일 **현재 5년 이상 국내에 거주하고 있는 40세 이상의 국민**은 대통령의 피선거권이 있다. {08.1 승진, 02.10 순경} ② 이 경우 공무로 **외국에 파견된 기간과 국내에 주소를 두고 일정기간 외국에 체류한 기간은 국내거주기간**으로 본다.
	국회의원의 **피선거권**	**25세 이상의 국민은 국회의원의 피선거권**이 있다. {10.1 승진}
	지방의회의원 **및 지방자치** **단체의 장의** **피선거권**	① 선거일 현재 계속하여 **60일 이상**(공무로 외국에 파견되어 선거일 전 60일 후에 귀국한 자는 선거인명부작성 기준일부터 계속하여 선거일까지) **당해 지방자치단체의 관할구역 안에 주민등록**(국내거소신고인명부에 올라 있는 경우를 포함)**이 되어 있는 주민으로서 25세 이상의 국민**은 그 **지방의회의원 및 지방자치단체의 장의 피선거권**이 있다. {02.10 순경} ② 이 경우 60일의 기간은 그 지방자치단체의 설치·폐지·분할·합병 또는 구역변경에 의하여 중단되지 아니한다.

【선거권자와 피선거권자】

	선거권자	피선거권자
대통령	19세 이상 국민	5년 이상 국내거주 40세 이상 국민
국회의원	19세 이상 국민 주민등록자, 선거구역 안에 거소 (3개월 이상)	25세 이상 국민
지방자치단체 **및 의원**	19세 이상 국민 주민등록자, 선거구역 안에 거소 (3개월 이상) ※ 외국인, 영주체류자격 취득일 후 　3년 경과한 외국인	60일 이상 주민등록자 25세 이상 국민

연령산정기준 **(제17조)**	선거권자와 피선거권자의 연령은 **선거일 현재로 산정**한다.
선거권이 **없는 자** **(제18조)**	① **금치산선고를 받은 자**　☞ 한정치사(○) ② 금고 이상의 형의 선고를 받고 그 **집행이 종료되지 아니하거나 그 집행을 받지 아니하기로 확정되지 아니한 자** ③ 선거범, 정치자금법 제45조(**정치자금부정수수죄**) 및 제49조(**선거비용관련 위반행위에 관한 벌칙**)에 규정된 죄를 범한 자 또는 대통령·국회의원·지방의회의원·지방자치단체의 장으로서 그 재임 중의 직무와 관련하여 형법(**특정범죄가중처벌 등에 관한 법률 제2조에 의하여 가중처벌되는 경우를 포함**) 제129조(**수뢰, 사전수뢰**) 내지 제132조(**알선수뢰**)·**특정범죄가중처벌 등에 관한 법률 제3조(알선수재**)에 규정된 죄를 범한 자로서, ⓐ 100만원 이상의 벌금형의 선고를 받고 그 형이 확정된 후 **5년**을 경과하지 아니한 자, {02.10 순경} ⓑ 형의 집행유예의 선고를 받고 그 형이 확정된 후 **10년**을 경과하지 아니한 자 ④ 선거범 등으로서 징역형의 선고를 받고 그 집행을 받지 아니하기로 확정된 후 또는 그 형의 집행이 종료되거나 면제된 후 **10년**을 경과하지 아니한 자(형이 실효된 자도 포함) ⑤ **법원의 판결 또는 다른 법률에 의하여 선거권이 정지 또는 상실된 자**
피선거권이 **없는 자** **(제19조)**	① 선거권이 없는 자 ①③④에 해당하는 자 ② **금고 이상의 형의 선고를 받고 그 형이 실효되지 아니한 자** ③ 법원의 판결 또는 다른 법률에 의하여 **피선거권이 정지되거나 상실된 자**

4. 선거일과 선거기간

대통령	**임기만료** (제34조)	대통령선거는 그 임기만료일 전 **70일 이후 첫 번째 수요일** {07.1 승진}
	재 · 보궐 (제35조)	대통령의 궐위로 인한 **선거 또는 재선거(선거의 일부무효로 인한 재선거는 제외)**는 그 선거의 실시사유가 확정된 때부터 60일 이내에 실시하되, 선거일은 늦어도 선거일 전 50일까지 대통령 또는 대통령권한대행자가 공고하여야 한다.
	선거기간 (제33조)	**23일** {07.1 승진, 02.10 순경} ※ 선거기간이란 **후보자등록마감일의 다음 날부터 선거일까지**를 말한다. {06.1 승진}
국회의원	**임기만료** (제34조)	국회의원선거는 그 임기만료일 전 **50일 이후 첫 번째 수요일** {07.1 승진}
	재 · 보궐 (제35조)	① 지역구국회의원 · 지방의회의원 및 지방자치단체의 장의 보궐선거 · 재선거, 지방의회의원의 증원선거는 전년도 10월 1일부터 3월 31일까지의 사이에 그 선거의 실시 사유가 확정된 때에는 4월 중 마지막 수요일에 실시하고, 4월 1일부터 9월 30일까지의 사이에 그 선거의 실시사유가 확정된 때에는 10월 중 마지막 수요일에 실시한다. ② 지방자치단체의 설치 · 폐지 · 분할 또는 합병에 의한 지방자치단체의 장 선거는 그 **선거의 실시사유가 확정된 때부터 60일 이내에 실시**하되, 선거일은 관할 선거구선거관리위원회위원장이 당해 지방자치단체의 장(직무대행자를 포함)과 협의하여 **선거일 전 20일까지 공고**하여야 한다. ③ 선거의 일부무효로 인한 재선거는 확정판결 또는 결정의 **통지를 받은 날부터 30일 이내에 실시**하되, 관할선거구선거관리위원회가 그 재선거일을 정하여 공고하여야 한다.
	선거기간 (제33조)	**14일** {07.1 승진} ※ 선거기간이라 함은 **후보자등록마감일 후 6일부터 선거일까지**를 말한다. {05.1 승진}
지방자치 단체장 및 지방의회 의원	**임기만료** (제34조)	지방의회의원 및 지방자치단체의 장의 선거는 그 임기만료일 전 **30일 이후 첫 번째 수요일** {07.1 승진}
	재 · 보궐 (제35조)	국회의원 재 · 보궐(제35조)과 동일
	선거기간 (제33조)	**14일** ※ 선거기간이라 함은 **후보자등록마감일 후 6일부터 선거일까지**를 말한다.

☞ 선거일이 국민생활과 밀접한 관련이 있는 민속절 또는 공휴일인 때와 선거일전일이나 그 다음날이 공휴일인 때에는 그 다음 주의 수요일로 한다.

【선거일, 선거기간, 선거운동기간】 {07.1 승진}

	선거일(임기만료에 의한 선거)	재 · 보궐		선거기간	선거운동 기간
		선거실시	공고		
대통령	임기만료일 전 **70일** 이후 첫 번째 수요일	선거의 실시사유가 확정된 때부터 60일 **이내**에 실시	선거일 전 **50일까지** 공고	**23일**	**22일**
국회의원	임기만료일 전 **50일** 이후 첫 번째 수요일	선거의 실시사유가 확정된 때부터 60일 **이내**에 실시	선거일 전 **20일까지** 공고	**14일**	**13일**
지방의회의원 및 지방자치단체장	임기만료일 전 **30일** 이후 첫 번째 수요일	선거의 실시사유가 확정된 때부터 60일 **이내**에 실시	선거일 전 **20일까지** 공고	**14일**	**13일**

　☞ **선거기간** : 후보자등록마감일의 다음날부터 선거일까지 {06.1 승진}
　☞ **선거운동기간** : 선거기간 개시일부터 선거일 전일까지 {06.1 승진}

5. 공무원 등의 입후보

원칙	공무원 등이 후보자가 되려는 사람은 **선거일 전 90일까지 그 직을 그만두어야 한다.** {03.1 승진}
후보자 등록전 까지 사퇴	① 비례대표국회의원선거나 비례대표지방의회의원선거에 입후보하는 경우 ② 보궐선거등에 입후보하는 경우 ③ 국회의원이 지방자치단체의 장의 선거에 입후보하는 경우 ④ 지방의회의원이 다른 지방자치단체의 의회의원이나 장의 선거에 입후보하는 경우 ⑤ 비례대표국회의원이 지역구국회의원 보궐선거 등에 입후보하는 경우 및 비례대표지방의 　회의원이 해당 지방자치단체의 지역구지방의회의원 보궐선거 등에 입후보하는 경우

6. 기탁금

기탁금 (제56조)	① 후보자등록을 신청하는 자는 등록신청 시에 **후보자 1명마다 아래의 기탁금을 중앙선거관리위원회규칙으로 정하는 바에 따라 관할선거구선거관리위원회에 납부**하여야 한다. 이 경우 예비후보자가 해당 선거의 같은 선거구에 후보자등록을 신청하는 때에는 제60조의2 제2항에 따라 납부한 기탁금을 제외한 나머지 금액을 납부하여야 한다.

대통령선거	3억 원 {10.2 경간부}
국회의원선거	1천500만 원 {10.2 경간부}
시 · 도의회의원선거	300만 원 {10.2 경간부}
시 · 도지사선거	5천만 원 {10.2 경간부}
자치구 · 시 · 군의 장 선거	1천만 원
자치구 · 시 · 군의원선거	200만 원

② 기탁금은 체납처분이나 강제집행의 대상이 되지 아니한다.

기탁금의 반환 (제57조)	① 관할선거구선거관리위원회는 아래의 구분에 따른 금액을 **선거일 후 30일 이내에 기탁자에게 반환**한다. 이 경우 반환하지 아니하는 기탁금은 국가 또는 지방자치단체에 귀속한다. 　㉠ 대통령선거, 지역구국회의원선거, 지역구지방의회의원선거 및 지방자치단체의 장 선거

① **후보자가 당선되거나 사망한 경우** ② **유효투표총수의 100분의 15 이상을 득표한 경우**	**기탁금 전액**
후보자가 유효투표총수의 100분의 10 이상 100분의 15 미만을 득표한 경우	기탁금의 **100분의 50**에 해당하는 금액
① **예비후보자가 사망한 경우** ② **제57조의2 제2항 본문에 따라 후보자로 등록될 수 없는 경우**	제60조의2 제2항에 따라 납부한 기탁금 전액

　㉡ 비례대표국회의원선거 및 비례대표지방의회의원선거 : 당해 **후보자명부에 올라 있는 후보자 중 당선인이 있는 때에는 기탁금 전액.** 다만, 제189조 및 제190조의2에 따른 당선인의 결정 전에 사퇴하거나 등록이 무효로 된 후보자의 기탁금은 제외한다.

② **기탁금에서 부담하여야 할 비용은 기탁금을 반환하는 때에 공제**하되, 그 부담비용이 반환할 기탁금을 넘는 사람은 그 차액을, 기탁금 전액이 국가 또는 지방자치단체에 귀속되는 사람은 그 부담비용 전액을 해당 선거구선거관리위원회의 고지에 따라 그 **고지를 받은 날부터 10일 이내에 납부**하여야 한다.

7. 선거운동

의 의	당선되거나 되게 하거나 되지 못하게 하기 위한 행위를 말한다. {10.3 순경}
선거 운동으로 보지않는 경우	법률의 규정에 의하여 금지 또는 제한되는 경우를 제외하고는 누구든지 자유롭게 선거운동을 할 수 있지만, 아래의 경우에는 선거운동으로 보지 않는다. ① **선거에 관한 단순한 의견개진 및 의사표시** {10.3 순경, 09.4 순경, 08.2 경간부, 02.1 승진} ② **입후보와 선거운동을 위한 준비행위** {10.3 순경, 02.1 승진} ③ 정당의 후보자 추천에 관한 **단순한 지지·반대의 의견개진 및 의사표시** {10.3 순경} ④ **통상적인 정당활동** {10.3 순경, 02.1 승진} ⑤ 특정 정당 또는 후보자(후보자가 되려는 사람을 포함)를 지지·추천하거나 반대하는 내용 없이 투표참여를 권유하는 행위(호별로 방문하는 경우 또는 선거일에 확성장치·녹음기·녹화기를 사용하거나 투표소로부터 100미터 안에서 하는 경우는 제외)
선거 운동기간 (제59조)	선거운동은 **선거기간 개시일부터 선거일 전일까지**에 한하여 할 수 있다. {09.4 순경, 06.1 승진, 05.1 승진} 다만, 아래에 해당하는 경우에는 그러하지 아니하다. ① 예비후보자 등이 선거운동을 하는 경우 ② 선거일이 아닌 때에 문자(문자 외의 음성·화상·동영상 등은 제외)메시지를 전송하는 방법으로 선거운동을 하는 경우. 이 경우 컴퓨터 및 컴퓨터 이용기술을 활용한 자동 동보통신의 방법으로 전송할 수 있는 자는 후보자와 예비후보자에 한하되, 그 횟수는 5회(후보자의 경우 예비후보자로서 전송한 횟수를 포함한다)를 넘을 수 없으며, 매회 전송하는 때마다 중앙선거관리위원회규칙에 따라 신고한 1개의 전화번호만을 사용하여야 한다. ③ 선거일이 아닌 때에 인터넷 홈페이지 또는 그 게시판·대화방 등에 글이나 동영상 등을 게시하거나 전자우편(컴퓨터 이용자끼리 네트워크를 통하여 문자·음성·화상 또는 동영상 등의 정보를 주고받는 통신시스템을 말한다.)을 전송하는 방법으로 선거운동을 하는 경우. 이 경우 전자우편 전송대행업체에 위탁하여 전자우편을 전송할 수 있는 사람은 후보자와 예비후보자에 한한다.
선거운동을 할 수 있는 자 (제60조)	① 대한민국 국민이 아닌 자에 해당하는 사람이 **예비후보자·후보자의 배우자인 경우** ② 아래 해당하는 사람이 **예비후보자·후보자의 배우자인 경우이거나 후보자의 직계존비속인 경우** ① 국가공무원법 제2조(공무원의 구분)에 규정된 국가공무원 지방공무원법 제2조(공무원의 구분)에 규정된 지방공무원 다만, 정당법 제22조(발기인 및 당원의 자격) 제1항 제1호 단서의 규정에 의하여 정당의 당원이 될 수 있는 공무원(국회의원과 지방의회의 원외의 정무직 공무원을 제외)은 그러하지 아니하다. ② 제53조(공무원 등의 입후보) 제1항 제2호 내지 제8호에 해당하는 자(제4호 내지 제6호의 경우에는 그 상근직원을 포함) ③ 향토예비군 소대장급 이상의 간부 ④ 통·리·반의 장 및 읍·면·동주민자치센터(그 명칭에 관계없이 읍·면·동 사무소 기능전환의 일환으로 조례에 의하여 설치된 각종 문화·복지·편익시설을 총칭한다)에 설치된 주민자치위원회(주민자치센터의 운영을 위하여 조례에 의하여 읍·면·동 사무소의 관할구역별로 두는 위원회를 말한다) 위원 ⑤ 특별법에 의하여 설립된 국민운동단체로서 국가 또는 지방자치단체의 출연 또는 보조를 받는 단체(바르게살기운동협의회·새마을운동협의회·한국자유총연맹을 말한다)의 상근 임·직원 및 이들 단체 등(시·도조직 및 구·시·군조직을 포함)의 대표자 다만, 정당법 제22조(발기인 및 당원의 자격) 제1항 제1호 단서의 규정에 의하여 **정당의 당원이 될 수 있는 공무원(국회의원과 지방의회의원 외의 정무직공무원을 제외)**은 그러하지 아니하다.

선거운동을 할 수 없는 자 (제60조)	① 아래에 해당하는 사람은 선거운동을 할 수 없다. 다만, ㉠에 해당하는 사람이 예비후보자·후보자의 배우자인 경우와 ㉣부터 ◎까지의 규정에 해당하는 사람이 예비후보자·후보자의 배우자이거나 후보자의 직계존비속인 경우에는 그러하지 아니하다. 　㉠ 대한민국 국민이 아닌 자(외국인) {10.3 순경} 　㉡ 미성년자(19세 미만의 자) {10.3 순경} 　㉢ 제18조(선거권이 없는 자) 제1항의 규정에 의하여 선거권이 없는 자 　㉣ 국가공무원법 제2조(공무원의 구분)에 규정된 국가공무원과 지방공무원법 제2조(공무원의 구분)에 규정된 지방공무원 　㉤ 제53조(공무원 등의 입후보) 제1항 제2호 내지 제8호에 해당하는 자(제4호 내지 제6호의 경우에는 그 상근직원을 포함) 　㉥ 향토예비군 소대장급 이상의 간부 　㉦ 통·리·반의 장 및 읍·면·동주민자치센터(그 명칭에 관계없이 읍·면·동사무소 기능전환의 일환으로 조례에 의하여 설치된 각종 문화·복지·편의시설을 총칭한다)에 설치된 주민자치위원회(주민자치센터의 운영을 위하여 조례에 의하여 읍·면·동사무소의 관할구역별로 두는 위원회를 말한다) 위원 　◎ 특별법에 의하여 설립된 국민운동단체로서 국가 또는 지방자치단체의 출연 또는 보조를 받는 단체(바르게살기운동협의회·새마을운동협의회·한국자유총연맹을 말한다)의 상근 임·직원 및 이들 단체 등(시·도조직 및 구·시·군조직을 포함)의 대표자 　㉭ 선상부재자신고를 한 선원이 승선하고 있는 선박의 선장 ② 각급선거관리위원회위원·향토예비군 중대장급 이상의 간부·주민자치위원회위원 또는 통·리·반의 장이 선거사무장, 선거연락소장, 선거사무원, 활동보조인, 회계책임자, 연설원, 대담·토론자 또는 투표참관인이나 부재자투표참관인이 되고자 하는 때에는 **선거일 전 90일(선거일 전 90일 후에 실시사유가 확정된 보궐선거등에서는 그 선거의 실시사유가 확정된 때부터 5일 이내)까지 그 직을 그만두어야 하며, 선거일 후 6월 이내(주민자치위원회위원은 선거일까지)에는 종전의 직에 복직될 수 없다.**

8. 금지사항

의정활동 보고금지	**선거일전 90일부터 선거일까지** 직무상의 행위 그 밖의 명복여하를 불문하고 인터넷에 의정활동보고서를 게재하는 외의 방법으로 의정활동을 보고할 수 없다.
기부행위금지	국회의원, 지방의회의원, 지방자치단체의 장, 정당의 대표자, 후보자(후보자가 되고자 하는 자를 포함)와 그 배우자는 당해 선거구안에 있는 자나 기관, 단체, 시설 또는 당해 선거구의 밖에 있더라도 그 선거구민과 연고가 있는 자나 기관, 단체, 시설에 기부행위(결혼식에서의 주례행위 포함)를 할 수 없다.
당원수련회	**선거일 전 30일부터 선거일까지** 금지
출판기념회	**선거일 전 90일부터 선거일까지** 후보자와 관련있는 저서의 출판기념회를 개최할 수 없다.
여론조사결과 공표금지	**선거일 전 6일부터 선거일의 투표마감시각까지** 금지
출구조사	**투표소로부터 50m 밖에서 가능**

9. 예비후보

예비후보자 등록 (제60조의2)	예비후보자가 되려는 사람(비례대표국회의원선거 및 비례대표지방의회의원선거는 제외)은 다음 각 호에서 정하는 날(그날 후에 실시사유가 확정된 보궐선거 등에 있어서는 그 선거의 실시사유가 확정된 때)부터 **관할선거구선거관리위원회에 예비후보자등록을 서면으로 신청하여야 한다.**

【예비후보자 등록 등】

대통령 선거 {05.1 승진}	선거일 전 240일
지역구 국회의원선거 및 시·도지사 선거	선거일 전 120일
지역구 시·도의회의원선거, 자치구·시의 지역구의회의원 및 장의 선거	선거기간 개시일 전 90일
군의 지역구의회의원 및 장의 선거	선거기간 개시일 전 60일 {09.4 순경}

예비후보자 등의 선거운동 (제60조의3)

① 예비후보자는 아래에 해당하는 방법으로 선거운동을 할 수 있다.

　㉠ 선거사무소를 설치하거나 그 선거사무소에 간판·현판 또는 현수막을 설치·게시하는 행위

　㉡ 자신의 성명·사진·전화번호·학력(정규학력과 이에 준하는 외국의 교육과정을 이수한 학력을 말한다.)·경력, 그 밖에 **홍보에 필요한 사항을 게재한 길이 9센티미터, 너비 5센티미터 이내의 명함을 직접 주거나 지지를 호소하는 행위.** {09.4 순경, 05.1 승진} 다만, 지하철역구내 그 밖에 중앙선거관리위원회규칙으로 정하는 다수인이 왕래하거나 집합하는 공개된 장소에서 주거나 지지를 호소하는 행위는 그러하지 아니하다.

　㉢ 선거구안에 있는 **세대수의 100분의 10에 해당하는 수 이내**에서 자신의 사진·성명·전화번호·학력·경력, 그 밖에 홍보에 필요한 사항을 게재한 인쇄물을 작성하여 관할 선거관리위원회로부터 발송대상·매수 등을 확인받은 후 **선거기간개시일 전 3일까지** 중앙선거관리위원회규칙이 정하는 바에 따라 우편발송하는 행위.

　➡ 이 경우 대통령선거 및 지방자치단체의 장선거의 예비후보자는 표지를 포함한 전체면수의 100분의 50 이상의 면수에 선거공약 및 이에 대한 추진계획으로 각 사업의 목표·우선순위·이행절차·이행기한·재원조달방안을 게재하여야 하며, 이를 게재한 면에는 다른 정당이나 후보자가 되려는 자에 관한 사항을 게재할 수 없다.

　㉣ 선거운동을 위하여 어깨띠 또는 예비후보자임을 나타내는 표지물을 착용하는 행위

　㉤ 전화를 이용하여 송·수화자 간 직접 통화하는 방식으로 지지를 호소하는 행위

10. 선거사무소 설치 및 사무관계자 선임

정당선거 사무소의 설치 (제61조의2)

① 정당은 선거에 있어서 당해 선거에 관한 정당의 사무를 처리하기 위하여 **아래에서 정하는 날**(그날 후에 실시사유가 확정된 보궐선거 등에 있어서는 그 선거의 실시사유가 확정된 때)부터 **선거일 후 30일까지 선거구 안에 있는 구·시·군**(하나의 구·시·군이 2 이상의 국회의원 지역구로 된 경우에는 국회의원지역구)**마다 1개소의 정당선거사무소를 설치**할 수 있다.

대통령선거	선거일 전 **240일**
국회의원선거 및 시·도지사선거	선거일 전 **120일**
지방의회의원선거 및 자치구·시·군의 장 선거	선거기간개시일 전 **60일**

② 정당선거사무소에는 **당원 중에서 소장 1인을 두어야 하며, 2인 이내의 유급사무직원을** 둘 수 있다.

선거 사무관계자 의 선임 (제62조)	① 예비후보자는 선거운동을 할 수 있는 자중에서 **선거사무장을 포함하여 아래에 따른 수의 선거사무원을 둘 수 있다.** {05.1 승진}

대통령선거	10인 이내
시 · 도지사선거	5인 이내
지역구국회의원선거 및 자치구 · 시 · 군의 장 선거	3인 이내
지역구지방의회의원선거	2인 이내

② 중앙선거관리위원회규칙으로 정하는 장애인 **예비후보자 · 후보자**는 그의 활동을 보조하기 위하여 선거운동을 할 수 있는 사람 중에서 1명의 활동보조인을 둘 수 있다.

【예비후보자 등록 등】

	예비후보자 등록기간	선거사무소의 설치	선거 사무관계자의 선임
대통령 선거{05.1 승진}	선거일 전 240일	선거일 전 240일	10인 이내
시·도지사 선거	선거일 전 120일	선거일 전 120일	5인 이내
국회의원 선거	선거일 전 120일	선거일 전 120일	3인 이내
시도 의원선거	선거일 전 90일	선거일 전 60일	2인 이내
구청장, 시장 선거			3인 이내
구의원, 시의원 선거			2인 이내
군수 선거	선거일 전 60일		3인 이내
군의원 선거	{09.4 순경}		2인 이내

11. 신문광고 및 방송광고

신문광고 (제69조)	① 선거운동을 위한 신문광고는 후보자(대통령선거에 있어서 정당추천후보자와 비례대표 국회의원선거의 경우에는 후보자를 추천한 정당을 말한다)가 아래에 의하여 **선거기간 개시일부터 선거일 전 2일까지** 소속정당의 정강 · 정책이나 후보자의 정견, 정치자금모금(대통령선거에 한한다) 기타 홍보에 필요한 사항을 신문 등의 진흥에 관한 법률 제2조(정의) 제1호 가목 및 나목에 따른 일간신문에 게재할 수 있다. 이 경우 **일간 신문에의 광고회수의 계산에 있어서는 하나의 일간신문에 1회 광고하는 것을 1회**로 본다.

대통령선거	총 **70회** 이내
비례대표국회의원선거	총 **20회** 이내
시 · 도지사선거	총 **5회** 이내

② 다만, **인구 300만을 넘는 시 · 도에 있어서는 300만을 넘는 매 100간까지마다 1회를 더한다.**

방송광고 (제70조)	① 선거운동을 위한 방송광고는 후보자(대통령선거에 있어서 정당추천후보자와 비례대표 국회의원선거의 경우에는 후보자를 추천한 정당을 말한다)가 아래에 따라 선거운동기간 중 소속정당의 정강 · 정책이나 후보자의 정견 그 밖의 홍보에 필요한 사항을 텔레비전 및 라디오 방송시설[방송법에 의한 방송사업자가 관리 · 운영하는 무선국 및 종합유선방송국(보도전문편성의 방송 채널사용사업자의 채널을 포함)을 말한다. 이하 이 조에서 같다]을 이용하여 실시할 수 있되, **광고시간은 1회 1분을 초과할 수 없다.** 이 경우

	광고회수의 계산에 있어서는 재방송을 포함하되, **하나의 텔레비전 또는 라디오 방송시설을 선정하여 당해 방송망을 동시에 이용하는 것은 1회로 본다.**
대통령선거	텔레비전 및 라디오 방송별로 **각 30회** 이내
비례대표국회의원선거	텔레비전 및 라디오 방송별로 **각 15회** 이내
시 · 도지사선거	지역방송시설을 이용하여 텔레비전 및 라디오 방송별로 **각 5회** 이내

② 광고를 실시하는 방송시설의 경영자는 방송광고의 일시와 광고내용 등을 중앙선거관리위원회규칙이 정하는 바에 따라 관할선거구선거관리위원회에 통보하여야 한다.

12. 후보자 등의 연설

후보자 등의 방송연설 (제71조)	① 후보자와 후보자가 지명하는 연설원은 소속정당의 정강 · 정책이나 후보자의 정견 기타 홍보에 필요한 사항을 발표하기 위하여 아래에 의하여 선거운동기간 중 텔레비전 및 라디오 방송시설을 이용한 연설을 할 수 있다.	
	대통령선거	후보자와 후보자가 지명한 연설원이 각각 1회 **20분 이내에서 텔레비전 및 라디오 방송별 각 11회 이내**
	비례대표 국회의원선거	정당별로 비례대표국회의원후보자 중에서 선임된 대표 **2인이 각각 1회 10분 이내에서 텔레비전 및 라디오 방송별 각 1회**
	지역구국회의원 선거 및 자치구 · 시 · 군의 장 선거	후보자가 **1회 10분 이내**에서 지역방송시설을 이용하여 **텔레비전 및 라디오 방송별 각 2회 이내**
	비례대표 시 · 도의원선거	정당별로 비례대표시 · 도의원선거구마다 당해 선거의 후보자 중에서 선임된 **대표 1인이 1회 10분 이내**에서 지역방송시설을 이용하여 **텔레비전 및 라디오 방송별 각 1회**
	시 · 도지사선거	**후보자가 1회 10분 이내**에서 지역방송시설을 이용하여 **텔레비전 및 라디오 방송별 각 5회 이내**
	② 이 법에서 "지역방송시설"이라 함은 당해 시 · 도의 관할구역 안에 있는 방송시설(도의 경우 당해 도의 구역을 방송권역으로 하는 인접한 광역시 안에 있는 방송시설을 포함)을 말하며, 당해 시 · 도의 관할 구역 안에 지역방송시설이 없는 시 · 도로서 서울특별시에 인접한 시 · 도의 경우 서울특별시 안에 있는 방송시설을 말한다.	
경력방송 (제73조)	① 한국방송공사는 대통령선거 · 국회의원선거 및 지방자치단체의 장 선거에 있어서 선거운동기간 중 텔레비전과 라디오 방송시설을 이용하여 **후보자마다 매회 2분 이내의 범위 안**에서 관할선거구선거관리위원회가 제공하는 후보자의 사진 · 성명 · 기호 · 연령 · 소속정당명 및 직업 기타 주요한 경력을 선거인에게 알리기 위하여 방송하여야 한다. 이 경우 대통령선거가 아닌 선거에 있어서는 그 지역방송시설을 이용하여 실시할 수 있다.	

【텔레비전 및 라디오 방송 횟수】

대통령선거	각 **8회** 이상
국회의원선거 및 자치구 · 시 · 군의 장 선거	각 **2회** 이상
시 · 도지사선거	각 **3회** 이상

② 경력방송을 하는 때에는 그 회수와 내용이 선거구 단위로 모든 후보자에게 공평하게 하여야 하며, 그 비용은 한국방송공사가 부담한다.

연설 금지장소 (제80조)	**아래에 해당하는 시설이나 장소에서는** 제79조(공개장소에서의 연설·대담)**의 연설·대담을 할 수 없다.** ㉠ 국가 또는 지방자치단체가 소유하거나 관리하는 건물·시설. 다만, 공원·문화원·시장·운동장·주민회관·체육관·도로변·광장 또는 학교 기타 다수인이 왕래하는 공개된 장소는 그러하지 아니하다. ㉡ 선박·정기여객자동차·열차·전동차·항공기의 안과 그 터미널구내 및 지하철역구내 ㉢ 병원·진료소·도서관·연구소 또는 시험소 기타 의료·연구시설
단체의 선거운동 금지 (제87조)	① 다음 각 호의 어느 하나에 해당하는 기관·단체(그 대표자와 임직원 또는 구성원을 포함)는 그 **기관·단체의 명의 또는 그 대표의 명의로 선거운동을 할 수 없다.** 　㉠ 국가·지방자치단체 　㉡ 제53조(공무원 등의 입후보)제1항제4호 내지 제6호에 규정된 기관·단체 　㉢ 향우회·종친회·동창회, 산악회 등 동호인회, 계모임 등 개인간의 사적모임 　㉣ 특별법에 의하여 설립된 국민운동단체로서 국가 또는 지방자치단체의 출연 또는 보조를 받는 단체(바르게살기운동협의회·새마을운동협의회·한국자유총연맹을 말한다) 　㉤ 법령에 의하여 정치활동이나 공직선거에의 관여가 금지된 단체 　㉥ 후보자 또는 후보자의 가족이 임원으로 있거나, 후보자 등의 재산을 출연하여 설립하거나, 후보자 등이 운영경비를 부담하거나 관계법규나 규약에 의하여 의사결정에 실질적으로 영향력을 행사하는 기관·단체 　㉦ 구성원의 과반수가 선거운동을 할 수 없는 자로 이루어진 기관·단체 ② 누구든지 선거에 있어서 후보자(후보자가 되고자 하는 자를 포함)의 선거운동을 위하여 연구소·동우회·향우회·산악회·조기축구회, 정당의 외곽단체 등 그 명칭이나 표방하는 목적 여하를 불문하고 사조직 기타 단체를 설립하거나 설치할 수 없다.
야간연설 등의 제한 (제102조) {10.1 승진}	① 연설·대담과 대담·토론회(방송시설을 이용하는 경우를 제외)는 **오후 11시부터 다음 날 오전 6시까지**는 개최할 수 없으며, 공개장소에서의 연설·대담은 **오후 10시부터 다음 날 오전 7시까지**는 이를 할 수 없다. 다만, 공개장소에서의 연설·대담에 있어서 휴대용 확성장치만을 사용하는 경우에는 **오전 6시부터 오후 11시까지** 할 수 있다. ② 공개장소에서의 연설·대담을 하는 경우 **오후 9시부터 다음 날 오전 7시까지** 같은 조 제10항에 따른 녹음기와 녹화기(비디오 및 오디오 기기를 포함)를 사용할 수 없다.
여론조사의 결과공표 금지 (제108조)	① **누구든지 선거일 전 6일부터 선거일의 투표마감시각까지** 선거에 관하여 정당에 대한 지지도나 당선인을 예상하게 하는 여론조사(모의투표나 인기투표에 의한 경우를 포함)의 경위와 그 결과를 공표하거나 인용하여 보도할 수 없다. ② **누구든지 선거일전 60일**(선거일전 60일 후에 실시사유가 확정된 보궐선거 등에서는 그 선거의 실시사유가 확정된 때)**부터 선거일까지** 선거에 관한 여론조사를 투표용지와 유사한 모형에 의한 방법을 사용하거나 후보자(후보자가 되고자 하는 자를 포함) 또는 정당(창당준비위원회를 포함)의 명의로 선거에 관한 여론조사를 할 수 없다. ③ 아래에 해당하는 자를 제외하고는 **누구든지 선거일 전 180일부터 선거일의 투표마감시각까지** 선거에 관하여 정당에 대한 지지도나 당선인을 예상하게 하는 **여론조사(공표·보도를 목적으로 하지 아니하는 여론조사를 포함)를 실시하려면** 중앙선거관리위원회규칙으로 정하는 바에 따라 여론조사의 목적, 표본의 크기, 조사지역·일시·방법 전체 설문내용 등을 여론조사·개시일 전 2일까지 해당 선거구선거관리위원회에 서면으로 신고하여야 한다.

　　㉠ 제3자로부터 여론조사를 의뢰받은 여론조사 기관·단체(제3자의 의뢰 없이 직접 하는 경우는 제외)

　　㉡ 정당(창당준비위원회와 정당법 제38조에 따른 정책연구소를 포함)

　　㉢ 방송사업자

　　㉣ 신문사업자 및 인터넷신문사업자

　　㉤ 정기간행물사업자

　　㉪ 뉴스통신사업자

④ 누구든지 선거에 관한 여론조사를 하는 경우에는 피조사자에게 여론조사기관·단체의 명칭, 주소 또는 전화번호와 조사자의 신분을 밝혀야 하고, 해당 조사대상의 전계층을 대표할 수 있도록 피조사자를 선정하여야 하며, 아래에 해당하는 행위를 하여서는 아니 된다.

　　㉠ 특정 정당 또는 후보자에게 편향되도록 하는 어휘나 문장을 사용하여 질문하는 행위

　　㉡ 피조사자에게 응답을 강요하거나 조사자의 의도에 따라 응답을 유도하는 방법으로 질문하거나, 피조사자의 의사를 왜곡하는 행위

　　㉢ 오락 기타 사행성을 조장할 수 있는 방법으로 조사하는 행위

　　㉣ 피조사자의 성명이나 성명을 유추할 수 있는 내용을 공개하는 행위

⑤ 누구든지 선거에 관한 여론조사의 결과를 공표 또는 보도하는 때에는 조사의뢰자와 조사기관·단체명, 피조사자의 선정방법, 표본의 크기(연령대별·성별 표본의 크기를 포함한다), 조사지역·일시·방법, 표본오차율, 응답률, 질문내용, 조사된 연령대별·성별 표본 크기의 오차를 보정한 방법 등을 함께 공표 또는 보도하여야 하며, 선거에 관한 여론조사를 실시한 기관·단체는 조사설계서·피조사자선정·표본추출·질문지작성·결과분석 등 조사의 신뢰성과 객관성의 입증에 필요한 자료와 수집된 설문지 및 결과분석자료 등 해당 여론조사와 관련있는 자료일체를 해당 **선거의 선거일 후 6개월까지 보관하여야 한다.**

⑥ **누구든지 야간(오후 10시부터 다음 날 오전 7시까지를 말한다)에는 전화를 이용하여 선거에 관한 여론조사를 실시할 수 없다.**

【신문, 광고 등】

	신문광고	방송광고	후보자 연설	TV, R 방송연설
대통령 선거	총 70회 이내	TV, R 각 30회 이내	후보자/후보자가 지명한 연설원 : 각각 1회 20분 이내 TV, R 각 11회 이내	각 **8회** 이상
비례대표 국회의원 선거	총 20회 이내	TV, R 각 15회 이내	비례대표국회의원후보자 중에서 **선임된 대표 2인 :** **각각 1회 10분 이내** TV, R 각 1회 이내	
시도지사 선거	총 5회 이내	TV, R 각 5회 이내	후보자가 1회 10분 이내 TV, R 각 5회 이내	각 **3회** 이상
비례대표 시도의원 선거			선거의 후보자 중에서 선임된 대표 1인 : 1회 10분 이내 TV, R 각 1회 이내	
국회의원 선거 자치구, 시, 군의 장			후보자가 1회 10분 이내 TV, R 각 2회 이내	각 **2회** 이상

13. 의정활동의 보고

의정활동 보고 (제111조)	① 국회의원 또는 지방의회의원은 보고회 등 집회, 보고서(인쇄물, 녹음·녹화물 및 전산자료 복사본을 포함), 인터넷, 문자메시지, 송·수화자 간 직접 통화방식의 전화 또는 축사·인사말(게재하는 경우를 포함)을 통하여 의정활동(선거구활동·일정고지, 그 밖에 업적의 홍보에 필요한 사항을 포함)을 선거구민(행정구역 또는 선거구역의 변경으로 새로 편입된 구역의 선거구민을 포함)에게 보고할 수 있다. 다만, **대통령선거·국회의원선거·지방의회의원선거 및 지방자치단체의 장선거의 선거일전 90일부터 선거일까지 직무상의 행위 그 밖에 명목여하를 불문하고 의정활동을 인터넷 홈페이지 또는 그 게시판·대화방 등에 게시하거나 전자우편·문자메시지로 전송하는 외의 방법으로 의정활동을 보고할 수 없다.** {05.1 승진, 08.2 경간부} ② 국회의원 또는 지방의회의원이 의정보고회를 개최하는 때에는 고지벽보와 의정보고회 장소표지를 첨부·게시할 수 있으며, 고지벽보와 표지에는 보고회명과 개최일시·장소 및 보고사항(후보자가 되고자 하는 자를 선전하는 내용을 제외)을 게재할 수 있다. 이 경우 의정보고회를 개최한 국회의원 또는 지방의회의원은 고지벽보와 표지를 의정보고회가 끝난 후 지체 없이 철거하여야 한다. ③ 보고서를 우편으로 발송하고자 하는 국회의원 또는 지방의회의원은 그 발송수량의 범위 안에서 선거구민인 세대주의 성명·주소의 교부를 연 1회에 한하여 구·시·군의 장에게 서면으로 신청할 수 있으며, 신청을 받은 구·시·군의 장은 다른 법률의 규정에도 불구하고 지체 없이 그 세대주명단을 작성·교부하여야 한다. ④ 현역의원의 **인터넷홈페이지에 의정활동보고서를 게재하는 것은 어느 때나 가능**하다. ⑤ **누구든지 선거일 전 90일**(선거일 전 90일 후에 실시사유가 확정된 보궐선거 등에 있어서는 그 선거의 실시사유가 확정된 때)**부터 선거일까지 후보자**(후보자가 되고자 하는 자를 포함)**와 관련 있는 저서의 출판기념회를 개최할 수 없다**(법 제103조) {08.2 경간부, 05.1 승진} ⑥ 누구든지 선거운동을 위하여 또는 선거기간 중 **입당의 권유를 위하여 호별로 방문할 수 없다**(법 제106조). {08.1 승진, 05.1 승진}

14. 후보자 등의 기부행위

후보자 등의 기부행위 제한 (제113조)	① **국회의원·지방의회의원·지방자치단체의 장·정당의 대표자·후보자(후보자가 되고자 하는 자를 포함)와 그 배우자는** 당해 선거구 안에 있는 자나 기관·단체·시설 또는 당해 선거구의 밖에 있더라도 **그 선거구민과 연고가 있는 자나 기관·단체·시설에 기부행위(결혼식에서의 주례행위를 포함)를 할 수 없다.** {02.1 승진} ② 누구든지 제1항의 행위를 약속·지시·권유·알선 또는 요구할 수 없다.
정당 및 후보자의 가족 등의 기부행위 제한 (제114조)	① 정당(정당법 제37조 제3항에 따른 당원협의회와 창당준비위원회를 포함), 정당선거사무소의 소장, 후보자(후보자가 되고자 하는 자를 포함)나 그 배우자의 직계존·비속과 형제자매, 후보자의 직계비속 및 형제자매의 배우자, 선거사무장, 선거연락소장, 선거사무원, 회계책임자, 연설원, 대담·토론자나 후보자 또는 그 가족과 관계있는 회사 그 밖의 법인·단체 또는 그 임·직원은 선거기간 전에는 당해 선거에 관하여, **선거기간에는 당해 선거에 관한 여부를 불문하고 후보자 또는 그 소속정당을 위하여 일체의 기부행위를 할 수 없다.** 이 경우 후보자 또는 그 소속정당의 명의를 밝혀 기부행위를 하거나 후보자 또는 그 소속정당이 기부하는 것으로 추정할 수 있는 방법으로 기부행위를 하는 것은 당해 선거에 관하여 후보자 또는 정당을 위한 기부행위로 본다.

	② **후보자 또는 그 가족과 관계있는 회사 등이라 함은** 아래에 해당하는 회사 등을 말한다. 　㉠ 후보자가 임·직원 또는 구성원으로 있거나 기금을 출연하여 설립하고 운영에 참여하고 있거나 관계법규나 규약에 의하여 의사결정에 실질적으로 영향력을 행사할 수 있는 회사 기타 법인·단체 　㉡ 후보자의 가족이 임원 또는 구성원으로 있거나 기금을 출연하여 설립하고 운영에 참여하고 있거나 관계법규 또는 규약에 의하여 의사결정에 실질적으로 영향력을 행사할 수 있는 회사 기타 법인·단체 　㉢ 후보자가 소속한 정당이나 후보자를 위하여 설립한 정치자금법에 의한 후원회
제3자의 기부행위 제한 (제115조)	제113조(후보자 등의 기부행위제한) 또는 제114조(정당 및 후보자의 가족 등의 기부행위제한)에 규정되지 아니한 자라도 **누구든지 선거에 관하여 후보자(후보자가 되고자 하는 자를 포함) 또는 그 소속정당(창당준비위원회를 포함)을 위하여 기부행위를 하거나 하게 할 수 없다.** 이 경우 후보자 또는 그 소속정당의 명의를 밝혀 기부행위를 하거나 후보자 또는 그 소속정당이 기부하는 것으로 추정할 수 있는 방법으로 기부행위를 하는 것은 당해 선거에 관하여 후보자 또는 정당을 위한 기부행위로 본다.
기부의 권유·요구 등의 금지 (제116조)	누구든지 선거에 관하여 **기부행위가 제한되는 자로부터 기부를 받거나 기부를 권유 또는 요구할 수 없다.**
기부받는 행위 등의 금지 (제117조)	누구든지 선거에 관하여 정치자금법 제31조(기부의 제한)의 규정에 따라 **정치자금을 기부할 수 없는 자에게 기부를 요구하거나 그로부터 기부를 받을 수 없다.**

15. 선거일 후 답례금지

선거일 후 답례금지 (제118조)	후보자와 후보자의 가족 또는 정당의 당직자는 선거일후에 당선되거나 되지 아니한 데 대하여 **선거구민에게 축하 또는 위로 그 밖의 답례를 하기 위하여 아래에 해당하는 행위를 할 수 없다.** ㉠ 금품 또는 향응을 제공하는 행위 ㉡ 방송·신문 또는 잡지 기타 간행물에 광고하는 행위 ㉢ 자동차에 의한 행렬을 하거나 다수인이 무리를 지어 거리를 행진하거나 거리에서 연달아 소리 지르는 행위. 다만, 자동차를 이용하여 당선 또는 낙선에 대한 거리인사를 하는 경우에는 그러하지 아니하다. ㉣ 일반선거구민을 모이게 하여 당선축하회 또는 낙선에 대한 위로회를 개최하는 행위 ㉤ 현수막을 게시하는 행위. 다만, 선거일의 다음 날부터 13일 동안 해당 선거구 안의 읍·면·동마다 1매의 현수막을 게시하는 행위는 그러하지 아니하다.

16. 투표시간

투표소는 선거일 **오전 6시에 열고 오후 6시**(보궐선거 등에 있어서는 오후 8시)에 닫는다.

17. 당선무효

피선거권 상실로 인한 당선무효	선거일에 피선거권이 없는 자는 당선인이 될 수 없다. 또한 당선인이 임기개시 전에 피선거권이 없게 된 때에는 당선의 효력이 상실된다.
선거비용의 초과지출로 인한 당선무효 (제263조)	① 공고된 선거비용제한액의 **200분의 1이상을 초과지출**한 이유로 **선거사무장, 선거사무소의 회계책임자가 징역형 또는 300만 원 이상의 벌금형의 선고를 받은 때에는 그 후보자의 당선은 무효**로 한다. 다만, 다른 사람의 유도 또는 도발에 의하여 당해 후보자의 당선을 무효로 되게 하기 위하여 지출한 때에는 그러하지 아니하다. ② 정치자금법 제49조(선거비용관련 위반행위에 관한 벌칙) 제1항 또는 제2항 제6호의 죄를 범함으로 인하여 선거사무소의 **회계책임자가 징역형 또는 300만 원 이상의 벌금형의 선고를 받은 때에는 그 후보자(대통령후보자, 비례대표국회의원후보자 및 비례대표 지방의회의원후보자를 제외)의 당선은 무효**로 한다.
당선인의 선거 범죄로 인한 당선무효 (제264조)	**당선인**이 당해 선거에 있어 이 법에 규정된 죄 또는 정치자금법 제49조의 죄를 범함으로 인하여 **징역 또는 100만 원 이상의 벌금형의 선고를 받은 때에는 그 당선은 무효**로 한다.
선거사무장 등의 선거 범죄로 인한 당선무효 (제265조)	선거사무장 · 선거사무소의 회계책임자(선거사무소의 회계책임자로 선임 · 신고되지 아니한 자로서 후보자와 통모하여 당해 후보자의 선거비용으로 지출한 금액이 선거비용제한액의 3분의 1 이상에 해당되는 자를 포함) 또는 후보자(후보자가 되려는 사람을 포함)의 **직계존비속 및 배우자가 해당 선거에 있어서 제230조부터 제234조까지 제257조 제1항 중 기부행위를 한 죄** 또는 정치자금법 제45조 제1항의 정치자금 부정수수죄를 범함으로 인하여 **징역형 또는 300만 원 이상의 벌금형의 선고를 받은 때**(선거사무장, 선거사무소의 회계책임자에 대하여는 선임 · 신고되기 전의 행위로 인한 경우를 포함)에는 **그 선거구 후보자**(대통령후보자, 비례대표국회의원후보자 및 비례대표지방의회의원후보자를 제외)의 **당선은 무효**로 한다.
당선무효된 자 등의 비용반환 (제265조의2)	① 당선이 무효로 된 사람(그 기소 후 확정판결 전에 사직한 사람을 포함)과 당선되지 아니한 사람으로서 자신 또는 선거사무장 등의 죄로 **당선무효에 해당하는 형이 확정된 사람은 반환 · 보전받은 금액을 반환**하여야 한다. 이 경우 **대통령선거의 정당추천후보자는 그 추천 정당이 반환**하며, **비례대표국회의원선거 및 비례대표지방의회의원선거의 경우 후보자의 당선이 모두 무효로 된 때에 그 추천 정당이 반환**한다. ② 관할선거구선거관리위원회는 반환사유가 발생한 때에는 지체 없이 당해 정당 · 후보자에게 반환하여야 할 금액을 고지하여야 하고, 당해 정당 · 후보자는 그 **고지를 받은 날부터 30일 이내에 선거구선거관리위원회에 이를 납부**하여야 한다. ③ 관할선거구선거관리위원회는 납부기한까지 당해 정당 · 후보자가 납부하지 아니한 때에는 당해 후보자의 주소지(정당에 있어서는 중앙당의 사무소 소재지를 말한다)를 관할하는 세무서장에게 징수를 위탁하고 관할세무서장이 국세체납처분의 예에 따라 이를 징수한다. ④ **납부 또는 징수된 금액은 국가 또는 지방자치단체에 귀속**된다.

18. 선거범의 재판기간에 관한 강행규정 및 자수자에 대한 특례

선거범의 재판 기간에 관한 강행규정 (제270조)	선거범과 그 공범에 관한 재판은 **다른 재판에 우선하여 신속**히 하여야 하며, 그 판결의 선고는 **제1심에서는 공소가 제기된 날부터 6월 이내에, 제2심 및 제3심에서는 전심의 판결의 선고가 있은 날부터 각각 3월 이내에** 반드시 하여야 한다.
자수자에 대한 특례 (제262조)	① 제230조 제1항·제2항, ·제231조(재산상의 이익목적의 매수 및 이해유도죄) 제1항 및 제257조(기부행위의 금지제한 등 위반죄) 제2항의 규정에 위반한 자중 금전·물품 기타 이익 등을 받거나 받기로 승낙한 자(후보자와 그 가족 또는 사위의 방법으로 이익 등을 받거나 받기로 승낙한 자를 제외)가 **자수한 때에는 그 형을 감경 또는 면제한다.** ② 각급선거관리위원회(읍·면·동선거관리위원회를 제외)에 자신의 선거범죄사실을 신고하여 선거관리위원회가 관계수사기관에 이를 통보한 때에는 **선거관리위원회에 신고한 때를 자수한 때로 본다.**

19. 공소시효

공소시효 (제268조)	① 이 법에 규정한 죄의 공소시효는 **당해 선거일후 6월(선거일 후에 행하여진 범죄는 그 행위가 있는 날부터 6월)을 경과함으로써 완성**한다. {10.3 순경} 다만, 범인이 도피한 때나 **범인이 공범 또는 범죄의 증명에 필요한 참고인을 도피시킨 때에는 그 기간은 3년으로** 한다. {10.3 순경} ② 선상투표와 관련하여 선박에서 범한 이 법에 규정된 죄의 공소시효는 **범인이 국내에 들어온 날부터 6개월을 경과함으로써 완성**된다.

20. 사이버선거부정감시단

설치 또는 운영	중앙선거 관리위원회	인터넷을 이용한 선거부정을 감시하기 위하여 중앙선거관리위원회규칙으로 정하는 바에 따라 **5인 이상 10인 이하로 구성**된 사이버선거부정감시단을 설치·운영하여야 한다. 다만, **선거일 전 60일**(선거일 전 60일 후에 실시사유가 확정된 보궐선거 등의 경우 그 선거의 실시사유가 확정된 때)**부터 선거일 후 10일까지는 10인 이내의 인원을 추가하여 구성**할 수 있다.
	시·도선거 관리위원회	인터넷을 이용한 선거부정을 감시하기 위하여 **선거일전 120일**(선거일 전 120일 후에 실시사유가 확정된 보궐선거 등에 있어서는 그 선거의 실시사유가 확정된 후 5일)**부터 선거일까지 30인 이내로 구성**된 사이버선거부정감시단을 설치·운영하여야 한다.
자 격		정당의 당원이 아닌 **중립적이고 공정한 자로 구성**한다.

21. 선거부정감시단

설치목적	각급선거관리위원회(읍 · 면 · 동선거관리위원회는 제외)는 **선거부정을 감시**하기 위하여 선거부정감시단을 둔다.
구성	선거부정감시단은 선거운동을 할 수 있는 자로서 **정당의 당원이 아닌 중립적이고 공정한 자** 중에서 중앙선거관리위원회규칙으로 정하는 바에 따라 **10명 이내로 구성**. 다만, **선거일 전 60일**(선거일 전 60일 후에 실시사유가 확정된 보궐선거 등의 경우 그 선거의 실시사유가 확정된 때)**부터 선거일 후 10일까지**는 중앙선거관리위원회 및 시 · 도선거관리위원회는 **10인 이내의**, 구 · 시 · 군선거관리위원회는 **20인 이내의 인원을 추가하여 구성**할 수 있다.
임무	선거부정감시단은 관할 선거관리위원회의 지휘를 받아 이 법에 위반되는 행위에 대하여 **증거자료를 수집하거나 조사활동**을 할 수 있다.
수당 또는 실비	선거부정감시단의 소속원에 대하여는 **예산의 범위 안에서 수당 또는 실비를 지급**할 수 있다.

22. 선거관리위원회(선거관리위원회법[시행 2010.11.18])

성 격	**독립된 합의제 헌법기관**이다. {04.1 승진}		
임 무	① **정당에 관한 사무처리**를 한다. ② **선거와 국민투표의 공정한 관리**를 한다.		
종 류	① 중앙선거관리위원회(9인)　② 특별시 · 광역시 · 도선거관리위원회(9인) ③ 구 · 시 · 군선거관리위원회(9인)　④ 읍 · 면 · 동선거관리위원회(7인)		
중앙 선거관리 위원회	위원의 임명	중앙선거관리위원회는 **대통령이 임명하는 3인**, **국회에서 선출하는 3인**과 **대법원장이 지명하는 3인**의 위원으로 구성한다. 이 경우 **위원은 국회의 인사청문을 거쳐 임명 · 선출 또는 지명**하여야 한다. {04.1 승진}	
	위원장	① 각급선거관리위원회에 **위원장 1인**을 둔다. ② 각급선거관리위원회의 위원장은 당해 선거관리위원회위원 중에서 **호선한다.** ③ 위원장은 위원회를 대표하고 그 사무를 통할한다.	
	상임 위원	① 중앙선거관리위원회와 시 · 도선거관리위원회에 위원장을 보좌하고 그 명을 받아 소속 사무처의 사무를 감독하게 하기 위하여 **각 1인의 상임위원**을 둔다. ② 중앙선거관리위원회의 **상임위원은 위원 중에서 호선**한다. {04.1 승진}	
	위원의 임기	각급선거관리위원회위원의 임기는 6년으로 한다.	
	의결 정족수	① 각급선거관리위원회는 위원과반수의 출석으로 개의하고 **출석위원 과반수의 찬성으로 의결**한다. ② 위원장은 표결권을 가지며 **가부동수인 때에는 결정권**을 가진다. {04.1 승진}	

【용어정리】

스핀닥터 (spin doctor)	특정 정치인이나 고위 관료의 최측근에서 그들의 **대변인 구실을 하는 사람**을 말한다. 요즘에는 선거관리나 선거기획 등을 담당하는 참모들을 일컫는 말로 활용되기도 한다.
비즈니스 닥터 (business doctor)	기업의 경영 상태를 검토하여 불건전한 점을 발견하면 그 시정책을 세워 그대로 실시하도록 **지도·조언하는 사외의 전문인 또는 기관**을 말한다.
커미션 닥터 (comminssion doctor)	각 경기연맹의 위임을 받아 **선수들의 건강을 돌보는 지정의**를 말한다.
언더독 효과	**선거에서 불리한 후보에게 동정표가 쏠리는 현상**을 말한다.
밴드왜건효과	**선거에서 앞서가는 사람을 계속 지지하려는 현상**을 말한다.
데킬라 효과	1995년 멕시코 금융위기가 다른 중남미 국가에 미친 파급효과를 지칭하는 말로서 **전염효과, 바트효과, 톰얌효과**라고도 한다.
YAO YO 효과	감원에 대한 불안과 범죄만연 등 **불안한 환경아래 믿을 것은 자기뿐이라는 의식을 갖고 개인과 가정으로의 회귀를 가져오는 현상**을 말한다.

【정치자금법】 [시행 2012.2.29]

원칙 (제2조)	① 1회 120만원을 초과하여 정치자금을 기부하는 자와 아래 금액을 초과하여 정치자금을 지출하는 자는 수표나 신용카드·예금계좌입금 그 밖에 실명이 확인되는 방법으로 기부 또는 지출하여야 한다. 다만, 현금으로 연간 지출할 수 있는 정치자금은 연간 지출총액의 100분의 20(선거비용은 선거비용제한액의 100분의 10)을 초과할 수 없다. 　㉠ 선거비용 외의 정치자금 : 50만원. 다만, 공직선거의 후보자·예비후보자의 정치자금은 20만원 　㉡ 선거비용 : 20만원 ② 누구든지 타인의 명의나 가명으로 정치자금을 기부할 수 없다.
후원인의 기부한도 (제11조)	① 후원인이 후원회에 기부할 수 있는 **후원금은 연간 2천만원을 초과할 수 없다.** ② 후원인이 하나의 후원회에 연간(대통령후보자등·대통령선거경선후보자·당대표경선후보자·국회의원후보자등 및 지방자치단체장후보자의 후원회의 경우에는 당해 후원회를 둘 수 있는 기간을 말한다. 이하 같다) **기부할 수 있는 한도액은 아래와 같다.** 　㉠ 대통령후보자등·대통령선거경선후보자의 후원회에는 각각 1천만원(후원회지정권자가 동일인인 대통령후보자등후원회에는 합하여 1천만원) 　㉡ ㉠ 외의 후원회에는 각각 500만원(후원회지정권자가 동일인인 국회의원후보자등후원회와 국회의원후원회는 합하여 500만원) ③ **후원인은 1회 10만원 이하, 연간 120만원 이하의 후원금은 이를 익명으로 기부할 수 있다.** ④ 후원회의 회계책임자는 익명기부한도액을 초과하거나 타인의 명의 또는 가명으로 후원금을 기부받은 경우 그 초과분 또는 타인의 명의나 가명으로 기부받은 금액은 국고에 귀속시켜야 한다. ⑤ **후원회의 회원은 연간 1만원 또는 그에 상당하는 가액 이상의 후원금을 기부하여야 한다.**

후원회 모금·기부 한도 (제12조)	① 후원회가 연간 모금할 수 있는 한도액(전년도 이월금은 제외)은 아래와 같다. 다만, 신용카드 · 예금계좌 · 전화 또는 인터넷전자결제시스템 등에 의한 모금으로 부득이하게 연간 모금한도액을 초과하게 된 때에는 그러하지 아니하되, 그 이후에는 후원금을 모금할 수 없다. 　㉠ 대통령후보자등후원회 · 대통령선거경선후보자후원회는 **각각 선거비용제한액의 100분의 5에 해당하는 금액**(후원회지정권자가 동일인인 대통령후보자등후원회는 합하여 선거비용제한액의 100분의 5에 해당하는 금액) {10.1 승진} 　㉡ **국회의원 · 국회의원후보자등 및 당대표경선후보자의 후원회는 각각 1억5천만원**(후원회지정권자가 동일인인 국회의원후보자등후원회는 합하여 1억5천만원) 　㉢ 지방자치단체장후보자후원회는 **선거비용제한액의 100분의 50에 해당하는 금액** ② 후원회가 모금한 후원금이 연간 기부한도액을 초과하는 때에는 다음 연도에 이월하여 기부할 수 있다. ③ 후원회가 해산된 후 후원회지정권자가 같은 종류의 새로운 후원회를 두는 경우 그 새로운 후원회가 모금 · 기부할 수 있는 후원금은 당해 후원회의 연간 모금 · 기부한도액에서 종전의 후원회가 모금 · 기부한 후원금을 공제한 금액으로 한다.
불법후원금의 반환 (제18조)	후원회의 회계책임자는 후원인으로부터 기부받은 후원금이 이 법 또는 다른 법률에 위반되는 청탁 또는 불법의 후원금이라는 **사실을 안 날부터 30일 이내에 후원인에게 반환**하고, 정치자금영수증을 교부하였을 때에는 이를 회수하여야 한다. 이 경우 후원인의 주소 등 연락처를 알지 못하여 반환할 수 없거나 후원인이 수령을 거절하는 때에는 선거관리위원회를 통하여 이를 국고에 귀속시켜야 한다.
기탁금의 기탁 (제22조)	① 기탁금을 기탁하고자 하는 개인(당원이 될 수 없는 공무원과 사립학교 교원을 포함)은 각급 선거관리위원회(읍 · 면 · 동선거관리위원회를 제외)에 기탁하여야 한다. ② 1인이 기탁할 수 있는 기탁금은 1회 1만원 또는 그에 상당하는 가액 이상, 연간 1억원 또는 전년도 소득의 100분의 5 중 다액 이하로 한다. ③ 누구든지 타인의 명의나 가명 또는 그 성명 등 인적 사항을 밝히지 아니하고 기탁금을 기탁할 수 없다. 이 경우 기탁자의 성명 등 인적 사항을 공개하지 아니할 것을 조건으로 기탁할 수 있다.
기탁금의 배분과 지급 (제23조)	① 중앙선거관리위원회는 기탁금의 모금에 직접 소요된 경비를 공제하고 지급 당시 국고보조금 배분율에 따라 기탁금을 배분 · 지급한다. ② 중앙선거관리위원회가 **기탁금을 배분 · 지급하는 때에는 1회 300만원을 초과하여 기탁한 자의 성명 등 인적 사항을 공개하여야 한다.** 다만 제22조(기탁금의 기탁)제3항 후단의 규정에 의하여 이를 공개하지 아니할 것을 조건으로 기탁한 경우에는 그러하지 아니하다.
보조금 (제27조의2)	이 법에 따라 정당이 보조금을 지급받을 권리는 **양도 또는 압류하거나 담보로 제공할 수 없다.**
기부의 제한 (제31조)	① **외국인, 국내 · 외의 법인 또는 단체는 정치자금을 기부할 수 없다.** {10.1 승진} ② 누구든지 국내 · 외의 법인 또는 단체와 관련된 자금으로 정치자금을 기부할 수 없다.

VII. 노동조합관련 업무(노동조합 및 노동관계조정법[시행 2011.7.1])

1. 목적 및 용어

목 적	헌법에 의한 **근로자의 단결권 · 단체교섭권 및 단체행동권을 보장하여 근로조건의 유지 · 개선과 근로자의 경제적 · 사회적 지위의 향상을 도모**하고, 노동관계를 공정하게 조정하여 노동쟁의를 예방 · 해결함으로써 **산업평화의 유지와 국민경제의 발전에 이바지함을 목적으로** 한다.	
용 어	근로자	근로자라 함은 직업의 종류를 불문하고 **임금 · 급료 기타 이에 준하는 수입에 의하여 생활하는 자**를 말한다.
	노동조합	노동조합이라 함은 근로자가 주체가 되어 자주적으로 단결하여 근로조건의 유지 · 개선 기타 근로자의 경제적 · 사회적 지위의 향상을 도모함을 목적으로 조직하는 단체 또는 그 연합단체를 말한다. **【노동조합으로 보지 않는 경우】** {07.1 승진} ㉠ 사용자 또는 항상 그의 이익을 대표하여 행동하는 자의 참가를 허용하는 경우 ㉡ 경비의 주된 부분을 사용자로부터 원조받는 경우 ㉢ 공제 · 수양 기타 복리사업만을 목적으로 하는 경우 ㉣ 근로자가 아닌 자의 가입을 허용하는 경우. 다만, 해고된 자가 **노동위원회에 부당노동행위의 구제신청을 한 경우**에는 중앙노동위원회의 재심판정이 있을 때까지는 근로자가 아닌 자로 해석하여서는 아니 된다. {03.1 승진} ㉤ **주로 정치운동을 목적으로 하는 경우** {08.7 순경}
	노동쟁의	노동쟁의라 함은 **노동조합과 사용자 또는 사용자단체간에 임금 · 근로시간 · 복지 · 해고 기타 대우 등 근로조건의 결정에 관한 주장의 불일치로 인하여 발생한 분쟁상태**를 말한다. {04.1 승진} 이 경우 주장의 불일치라 함은 당사자 간에 합의를 위한 노력을 계속하여도 더 이상 자주적 교섭에 의한 합의의 여지가 없는 경우를 말한다.
	쟁의행위	쟁의행위라 함은 **파업 · 태업 · 직장폐쇄 기타 노동관계 당사자가 그 주장을 관철할 목적으로 행하는 행위와 이에 대항하는 행위**로서 업무의 정상적인 운영을 저해하는 행위를 말한다.

2. 노동조합

노동조합의 조직 · 가입 (제5조)	근로자는 자유로이 노동조합을 조직하거나 이에 가입할 수 있다. {07.1 승진} 다만, 공무원과 교원에 대하여는 따로 법률로 정한다.
법인격의 취득 (제6조)	① 노동조합은 그 규약이 정하는 바에 의하여 **법인으로 할 수 있다.** ② **노동조합은 당해 노동조합을 법인으로 하고자 할 경우**에는 대통령령이 정하는 바에 의하여 **등기**를 하여야 한다. {07.1 승진} ③ 법인인 노동조합에 대하여는 이 법에 규정된 것을 제외하고는 민법 중 사단법인에 관한 규정을 적용한다.

노동조합의 보호요건 (제7조)	① 이 법에 의하여 설립된 노동조합이 아니면 **노동위원회에 노동쟁의의 조정 및 부당노동행위의 구제를 신청할 수 없다.** ② 제1항의 규정은 제81조 제1호 · 제2호 및 제5호의 규정에 의한 근로자의 보호를 부인하는 취지로 해석되어서는 아니 된다. ③ 이 법에 의하여 설립된 노동조합이 아니면 **노동조합이라는 명칭을 사용할 수 없다.**
조세의 면제 (제8조)	노동조합에 대하여는 그 **사업체를 제외하고는 세법이 정하는 바에 따라 조세를 부과하지 아니한다.**
차별대우의 금지 (제9조)	노동조합의 조합원은 어떠한 경우에도 인종, 종교, 성별, 연령, 신체적 조건, 고용형태, 정당 또는 신분에 의하여 **차별대우를 받지 아니한다.**

3. 노동조합의 설립

설립의 신고 (제10조)	① 노동조합을 설립하고자 하는 자는 ㉠ 명칭, ㉡ 주된 사무소의 소재지, ㉢ 조합원수, ㉣ 임원의 성명과 주소, ㉤ 소속된 연합단체가 있는 경우에는 그 명칭을 기재한 **신고서를 아래와 같이 제출하여야 한다.** 표 참조 ② 연합단체인 노동조합은 동종산업의 단위노동조합을 구성원으로 하는 산업별 연합단체와 산업별 연합단체 또는 전국규모의 산업별 단위노동조합을 구성원으로 하는 총연합단체를 말한다.
신고증의 교부 (제12조)	① 고용노동부장관, 특별시장 · 광역시장 · 도지사 · 특별자치도지사 또는 시장 · 군수 · 구청장은 **설립신고서를 접수한 때에는 3일 이내에 신고증을 교부하여야** 한다. ② 행정관청은 설립신고서 또는 규약이 기재사항의 누락 등으로 보완이 필요한 경우에는 대통령령이 정하는 바에 따라 **20일 이내의 기간을 정하여 보완을 요구**하여야 한다. 이 경우 **보완된 설립신고서 또는 규약을 접수한 때에는 3일 이내에 신고증을 교부**하여야 한다. ③ **노동조합이 신고증을 교부받은 경우에는 설립신고서가 접수된 대에 설립된 것으로 본다.**

설립의 신고 표:

연합단체인 노동조합	**고용노동부장관** {08.7 순경, 07.1 승진}
2이상의 특별시 · 광역시 · 도 · 특별자치도에 걸치는 단위노동조합	
2이상의 시 · 군 · 구에 걸치는 단위노동조합	특별시장 · 광역시장 · 도지사
그 외의 노동조합	특별자치도지사 · 시장 · 군수 · 구청장

4. 노동조합의 관리

서류비치 (제14조)	① 노동조합은 **조합설립일부터 30일 이내에 사무소에 비치**하여야 한다. ② 회의록, 재정에 관한 장부는 3연간 보존하여야 한다.
총회의 개최 (제15조)	① 노동조합은 **매년 1회 이상 총회를 개최**하여야 한다. ② **노동조합의 최고의사결정기관은 총회**이며, **노조전임제를 인정**하고 있다. ③ **노동조합의 대표자**는 총회의 의장이 된다.
총회 의결 (제16조)	① 총회는 **재적조합원 과반수의 출석과 출석조합원 과반수의 찬성으로 의결**한다. 다만, 규약의 제정·변경, 임원의 해임, 합병·분할·해산 및 조직형태의 변경에 관한 사항은 **재적조합원 과반수의 출석과 출석조합원 3분의 2 이상의 찬성**이 있어야 한다. ② 임원의 선거에 있어서 출석조합원 과반수의 찬성을 얻은 자가 없는 경우에는 결선투표를 실시하여 다수의 찬성을 얻은 자를 임원으로 선출할 수 있다.
대의원회 (제17조)	① 노동조합은 규약으로 총회에 갈음할 대의원회를 둘 수 있다. ② 대의원은 조합원의 **직접·비밀·무기명투표에 의하여 선출**되어야 한다. ③ 대의원의 임기는 규약으로 정하되 **3년을 초과할 수 없다.**
임시총회 등의 소집 (제18조)	① 노동조합의 대표자는 필요하다고 인정할 때에는 **임시총회 또는 임시대의원회를 소집할** 수 있다. ② 노동조합의 대표자는 **조합원 또는 대의원의 3분의 1 이상**(연합단체인 노동조합에 있어서는 그 구성단체의 3분의 1 이상)이 회의에 부의할 사항을 제시하고 회의의 소집을 요구한 때에는 지체 없이 임시총회 또는 임시대의원회를 소집하여야 한다. ③ 행정관청은 노동조합의 대표자가 회의의 소집을 고의로 기피하거나 이를 해태하여 **조합원 또는 대의원의 3분의 1 이상이 소집권자의 지명을 요구한 때에는 15일 이내에 노동위원회의 의결을 요청**하고 노동위원회의 의결이 있는 때에는 지체 없이 회의의 소집권자를 지명하여야 한다. ④ 행정관청은 노동조합에 총회 또는 대의원회의 소집권자가 없는 경우에 **조합원 또는 대의원의 3분의 1 이상이 회의에 부의할 사항을 제시**하고 소집권자의 지명을 요구한 때에는 **15일 이내**에 회의의 소집권자를 지명하여야 한다.
소집의 절차 (제19조)	**총회 또는 대의원회는 회의개최일 7일 전까지** 그 회의에 부의할 사항을 공고하고 규약에 정한 방법에 의하여 소집하여야 한다. 다만, 노동조합이 동일한 사업장 내의 근로자로 구성된 경우에는 그 규약으로 공고기간을 단축할 수 있다.
표결권의 특례 (제20조)	노동조합이 특정 조합원에 관한 사항을 의결할 경우에는 **그 조합원은 표결권이 없다.**
조합원의 권리와 의무 (제22조)	노동조합의 조합원은 균등하게 그 노동조합의 모든 문제에 참여할 권리와 의무를 가진다. 다만, **노동조합은 그 규약으로 조합비를 납부하지 아니하는 조합원의 권리를 제한**할 수 있다.
임원의 선거 (제23조)	① 노동조합의 임원은 그 **조합원 중에서 선출**되어야 한다. ② 임원의 임기는 규약으로 정하되 **3년을 초과할 수 없다.**
노동조합의 전임자 (제24조)	① 근로자는 단체협약으로 정하거나 사용자의 동의가 있는 경우에는 근로계약 소정의 근로를 제공하지 아니하고 노동조합의 업무에만 종사할 수 있다. ② 노동조합의 업무에만 종사하는 자는 그 전임기간 동안 사용자로부터 어떠한 급여도 지급받아서는 아니 된다. ③ 사용자는 전임자의 정당한 노동조합 활동을 제한하여서는 아니 된다.

근로시간 면제심의 위원회 (제24조의2)	① 근로시간 면제 한도를 정하기 위하여 **근로시간면제심의위원회를 고용노동부**에 둔다. ② 근로시간 면제 한도는 위원회가 심의·의결한 바에 따라 고용노동부장관이 고시하되, 　**3년마다 그 적정성 여부를 재심의하여 결정**할 수 있다. ③ 위원회는 **노동계와 경영계가 추천하는 위원 각 5명, 정부가 추천하는 공익위원 5명으** 　**로 구성**된다. ④ 위원장은 **공익위원 중에서 위원회가 선출**한다. ⑤ 위원회는 **재적위원 과반수의 출석과 출석위원 과반수의 찬성으로 의결**한다.

5. 노동조합의 해산

해산사유 (제28조) {08.7 순경}	① 노동조합은 아래에 해당하는 경우에는 해산한다. 　㉠ **규약에서 정한 해산사유가 발생한 경우** {05.1 승진} 　㉡ **합병 또는 분할로 소멸한 경우** {05.1 승진} 　㉢ **총회 또는 대의원회의 해산결의가 있는 경우** {05.1 승진} 　　☞ **노동위원회의 결의(×)** 　㉣ 노동조합의 임원이 없고 노동조합으로서의 활동을 1년 이상하지 아니한 것으로 　　인정되는 경우로서 **행정관청이 노동위원회의 의결을 얻은 경우** {08.7 순경} ② ㉠ 규약에서 정한 해산사유가 발생한 경우 ㉡ 합병 또는 분할로 소멸한 경우 ㉢ 총회 　또는 대의원회의 해산결의가 있는 경우로 노동조합이 해산한 때에는 그 **대표자는 해산** 　**한 날부터 15일 이내에 행정관청에게 이를 신고**하여야 한다.

6. 단체교섭 및 단체협약

교섭 및 체결권한 (제29조)	① **노동조합의 대표자**는 그 노동조합 또는 조합원을 위하여 사용자나 **사용자단체와 교섭** 　**하고 단체협약을 체결할 권한**을 가진다. ② 결정된 **교섭대표노동조합의 대표자는** 교섭을 요구한 모든 노동조합 또는 조합원을 위 　하여 **사용자와 교섭하고 단체협약을 체결할 권한을 가진다.** ③ 노동조합과 사용자 또는 사용자단체로부터 교섭 또는 단체협약의 체결에 관한 권한을 　위임받은 자는 그 노동조합과 사용자 또는 사용자단체를 위하여 위임받은 범위 안에서 　그 권한을 행사할 수 있다. ④ 노동조합과 사용자 또는 사용자단체는 교섭 또는 단체협약의 체결에 관한 권한을 위임 　한 때에는 그 사실을 상대방에게 통보하여야 한다.
교섭창구 단일화 절차 (제29조의2)	① 하나의 사업 또는 사업장에서 조직형태에 관계없이 근로자가 설립하거나 가입한 **노동** 　**조합이 2개 이상인 경우 노동조합은 교섭대표노동조합**(2개 이상의 노동조합 조합원을 　구성원으로 하는 교섭대표기구를 포함)**을 정하여 교섭을 요구**하여야 한다. 다만, 교섭 　대표노동조합을 자율적으로 결정하는 기한 내에 사용자가 이 조에서 정하는 교섭창구 　단일화 절차를 거치지 아니하기로 동의한 경우에는 그러하지 아니하다. ② **기한 내에 교섭대표노동조합을 정하지 못하고 사용자의 동의를 얻지 못한 경우에는** 교 　섭창구 단일화 절차에 참여한 노동조합의 전체 조합원 과반수로 조직된 **노동조합**(2개 　이상의 노동조합이 위임 또는 연합 등의 방법으로 교섭창구 단일화 절차에 참여한 노 　동조합 전체 조합원의 과반수가 되는 경우를 포함)**이 교섭대표노동조합이 된다.** ③ **교섭대표노동조합을 결정하지 못한 경우에는** 교섭창구 단일화 절차에 참여한 **모든 노** 　**동조합은 공동으로 교섭대표단을 구성하여 사용자와 교섭**하여야 한다. 이 때 공동교섭 　대표단에 참여할 수 있는 노동조합은 그 조합원 수가 교섭창구 단일화 절차에 참여한 　노동조합의 전체 조합원 100분의 10 이상인 노동조합으로 한다.

교섭단위 결정 (제29조의3)	① 교섭대표노동조합을 결정하여야 하는 **단위는 하나의 사업 또는 사업장**으로 한다. ② 하나의 사업 또는 사업장에서 현격한 근로조건의 차이, 고용형태, 교섭 관행 등을 고려하여 교섭단위를 분리할 필요가 있다고 인정되는 경우에 노동위원회는 노동관계 당사자의 양쪽 또는 어느 한쪽의 신청을 받아 **교섭단위를 분리하는 결정**을 할 수 있다.
공정대표 의무 (제29조의4)	① 교섭대표노동조합과 사용자는 교섭창구 단일화 절차에 참여한 노동조합 또는 그 조합원 간에 합리적 이유 없이 차별을 하여서는 아니 된다. ② 노동조합은 교섭대표노동조합과 사용자가 차별한 경우에는 **그 행위가 있은 날부터 3개월 이내**에 대통령령으로 정하는 방법과 절차에 따라 **노동위원회에 그 시정을 요청**할 수 있다. ③ 노동위원회는 신청에 대하여 합리적 이유 없이 차별하였다고 인정한 때에는 그 시정에 필요한 명령을 하여야 한다.
교섭 등의 원칙 (제30조)	① 노동조합과 사용자 또는 사용자단체는 **신의에 따라 성실히 교섭하고 단체협약을 체결**하여야 하며 그 **권한을 남용하여서는 아니 된다.** ② 노동조합과 사용자 또는 사용자단체는 정당한 이유 없이 교섭 또는 단체협약의 체결을 거부하거나 해태하여서는 아니 된다.
단체협약의 작성 (제31조)	① 단체협약은 서면으로 작성하여 **당사자 쌍방이 서명 또는 날인**하여야 한다. ② 단체협약의 **당사자는 단체협약의 체결일부터 15일 이내**에 이를 행정관청에게 신고하여야 한다. ③ 행정관청은 단체협약 중 위법한 내용이 있는 경우에는 노동위원회의 의결을 얻어 그 시정을 명할 수 있다.
단체협약의 유효기간 (제32조)	① 단체협약에는 **2년을 초과하는 유효기간을 정할 수 없다.** ② 단체협약에 그 유효기간을 정하지 아니한 경우 또는 기간을 초과하는 유효기간을 정한 경우에 그 **유효기간은 2년**으로 한다. ③ 단체협약의 유효기간이 만료되는 때를 전후하여 당사자 쌍방이 새로운 단체협약을 체결하고자 단체교섭을 계속하였음에도 불구하고 새로운 단체협약이 체결되지 아니한 경우에는 별도의 약정이 있는 경우를 제외하고는 종전의 단체협약은 그 **효력만료일부터 3월까지 계속 효력을 갖는다.** 다만, 단체협약에 그 유효기간이 경과한 후에도 새로운 단체협약이 체결되지 아니한 때에는 새로운 단체협약이 체결될 때까지 종전 단체협약의 효력을 존속시킨다는 취지의 별도의 약정이 있는 경우에는 그에 따르되, **당사자 일방은 해지하고자 하는 날의 6월 전까지 상대방에게 통고함으로써 종전의 단체협약을 해지**할 수 있다.
기준의 효력 (제33조)	① 단체협약에 정한 근로조건 기타 **근로자의 대우에 관한 기준에 위반하는 취업규칙 또는 근로계약의 부분은 무효**로 한다. ② 근로계약에 규정되지 아니한 사항 또는 무효로 된 부분은 단체협약에 정한 기준에 의한다.
단체협약의 해석 (제34조)	① 단체협약의 해석 또는 이행방법에 관하여 관계 당사자 간에 의견의 불일치가 있는 때에는 당사자 쌍방 또는 단체협약에 정하는 바에 의하여 어느 일방이 노동위원회에 그 해석 또는 이행방법에 관한 견해의 제시를 요청할 수 있다. ② 노동위원회는 요청을 받은 때에는 **그 날부터 30일 이내에 명확한 견해를 제시**하여야 한다. ③ 노동위원회가 제시한 해석 또는 이행방법에 관한 견해는 중재 재정과 동일한 효력을 가진다.
일반적 구속력 (제35조)	하나의 사업 또는 사업장에 상시 사용되는 동종의 근로자 반수 이상이 하나의 단체협약의 적용을 받게 된 때에는 **당해 사업 또는 사업장에 사용되는 다른 동종의 근로자에 대하여도 당해 단체협약이 적용**된다.
지역적 구속력 (제36조)	① 하나의 지역에 있어서 종업하는 **동종의 근로자 3분의 2이상이 하나의 단체협약의 적용을 받게 된 때에는** 행정관청은 당해 단체협약의 당사자의 쌍방 또는 일방의 신청에 의하거나 그 직권으로 노동위원회의 의결을 얻어 당해 지역에서 종업하는 다른 동종의 근로자와 그 사용자에 대하여도 당해 단체협약을 적용한다는 결정을 할 수 있다. ② 행정관청이 지체 없이 이를 공고하여야 한다.

7. 쟁의행위

1) 쟁의행위의 종류

동맹파업	적극적으로 사용자에 의한 재산의 지배·관리를 저지한다든가, 수력발전소의 용수를 방류하는 행위, 환자의 생명·안전에 직접 관계되는 의료행위 거부는 정당한 쟁의행위가 아니다. 그러나 **소극적인 동맹파업은 정당한 쟁의행위에 해당한다.**
생산관리	사용자의 **소유권과 경영권을 침해하는 것으로 원칙적으로 위법으로 현실적으로 허용되지 않는다.**
보이콧	① **1차적 보이콧은 폭력을 수반하지 않는 한 위법이 아니며**, 그 결과 제3자와 거래가 방해되어도 반드시 정당성을 상실하는 것은 아니다. ② **2차적 보이콧은 사용자의 관계 및 제3자와의 관계를 고려할 대 원칙적으로 위법**이다.
피켓팅	파업에 참가하지 않은 **근로희망자들의 사업장 또는 공장출입을 저지하고 파업에의 참여를 요구하는 행위**이다.
단체행동	반드시 업무의 정상적인 운영의 저해를 수반하지 않는다는 점에서 **쟁의행위보다 그 개념이 넓다.**
직장폐쇄	**직장폐쇄의 요건** ① 사용자는 노동조합이 **쟁의행위를 개시한 이후에만 직장폐쇄**를 할 수 있다. ② 사용자는 직장폐쇄를 할 경우에는 **미리 행정관청 및 노동위원회에 각각 신고**하여야 한다. **직장폐쇄의 효과** ① 사용자는 **원칙적으로 임금지불 의무가 면제된다.** ② 직장폐쇄가 정당하면 **파업불참 근로자에 대하서도 임금지불 의무가 면제된다.** ③ 직장폐쇄를 하지 않고 휴업을 한 경우 **휴업수당을 지불**해야 한다. ④ 직장폐쇄를 하더라도 **근로자의 사업장 출입은 저지 할 수 있다.**
태 업	① 사용자의 지휘명령을 따르지 아니하고 조합의 지시에 의하여 불완전한 노무제공을 하는 행위는 허용한다. ② 노동자가 조업을 계속하면서도 단결하여 그 능률을 의식적으로 저하시키고, 사용자에게 경영상의 고통을 주어 자신의 요구를 관철시키려고 하는 행위는 허용한다.
준법투쟁	노동조합이 법령이나 단체협약·취업규칙 등의 내용을 **엄격히 준수한다는 명분아래 업무의 능률이나 실적을 저하시키는 집단행동**으로 주로 파업지원을 위한 보조수단으로 사용하는 쟁의수단이다.

2) 쟁의행위의 내용

쟁의행위의 기본원칙 (제37조)	① 쟁의행위는 그 목적·방법 및 절차에 있어서 법령 기타 사회질서 위반되어서는 아니 된다. ② 조합원은 노동조합에 의하여 주도되지 아니한 쟁의행위를 하여서는 아니된다.
근로자의 구속제한 (제39조)	근로자는 쟁의행위 기간 중에는 **현행범 외에는 이 법 위반을 이유로 구속되지 아니한다.**
쟁의행위의 제한과 금지 (제41조)	① 노동조합의 쟁의행위는 그 조합원의 직접·비밀·무기명투표에 의한 **조합원 과반수의 찬성으로 결정하지 아니하면 이를 행할 수 없다.** ② 방위사업법에 의하여 지정된 주요방위산업체에 종사하는 근로자 중 전력, 용수 및 주로 방산물자를 생산하는 업무에 종사하는 자는 쟁의행위를 할 수 없다.

폭력행위 등의 금지 (제42조)	① 쟁의행위는 폭력이나 파괴행위 또는 생산 기타 주요업무에 관련되는 시설과 이에 준하는 시설을 점거하는 형태로 이를 행할 수 없다. ② 사업장의 안전보호시설에 대하여 정상적인 유지·운영을 정지·폐지 또는 방해하는 행위는 쟁의행위로서 이를 행할 수 없다. ③ 행정관청은 쟁의행위가 **사업장의 안전보호시설에 대하여 정상적인 유지·운영을 정지·폐지 또는 방해하는 행위에 해당한다고 인정하는 경우에는 노동위원회의 의결을 얻어 그 행위를 중지할 것을 통보**하여야 한다. 다만, 사태가 급박하여 노동위원회의 의결을 얻을 시간적 여유가 없을 때에는 그 의결을 얻지 아니하고 즉시 그 행위를 중지할 것을 통보할 수 있다. ④ 행정관청은 **지체 없이 노동위원회의 사후승인**을 얻어야 하며 그 승인을 얻지 못한 때에는 그 통보는 그 때부터 효력을 상실한다.
필수유지 업무에 대한 쟁의행위의 제한 (제42조의2)	① **필수유지업무**라 함은 필수공익사업의 업무 중 그 업무가 정지되거나 폐지되는 경우 공중의 생명·건강 또는 신체의 안전이나 공중의 일상생활을 현저히 위태롭게 하는 업무를 말한다. ② 필수유지업무의 정당한 유지·운영을 정지·폐지 또는 방해하는 행위는 쟁의행위로서 이를 행할 수 없다.
필수유지업무 유지·운영 수준 등의 결정 (제42조의4)	① 노동관계 당사자 쌍방 또는 일방은 필수유지업무협정이 체결되지 아니하는 때에는 노동위원회에 필수유지업무의 필요 최소한의 유지·운영 수준, 대상직무 및 필요인원 등의 결정을 신청하여야 한다. ② 신청을 받은 노동위원회는 사업 또는 사업장별 필수유지업무의 특성 및 내용 등을 고려하여 필수유지업무의 필요 최소한의 유지·운영 수준, 대상직무 및 필요인원 등을 결정할 수 있다. ③ **노동위원회의 결정은 특별조정위원회가 담당**한다. ④ 노동위원회의 결정에 대한 해석 또는 이행방법에 관하여 **관계당사자 간에 의견이 일치하지 아니하는 경우에는 특별조정위원회의 해석**에 따른다. 이 경우 특별조정위원회의 해석은 노동위원회의 결정과 동일한 효력이 있다.
쟁의행위 기간 중의 임금지급 요구의 금지 (제44조)	① 사용자는 쟁의행위에 참가하여 **근로를 제공하지 아니한 근로자에 대하여는 그 기간 중의 임금을 지급할 의무가 없다.** ② 노동조합은 쟁의행위 기간에 대한 임금의 지급을 요구하여 이를 관철할 목적으로 쟁의행위를 하여서는 아니 된다.
조정의 전치 (제45조)	① 노동관계 당사자는 노동쟁의가 발생한 때에는 어느 일방이 이를 **상대방에게 서면으로 통보**하여야 한다. ② 쟁의행위는 조정절차(제61조의2의 규정에 따른 조정종료 결정 후의 조정절차를 제외)를 거치지 아니하면 이를 행할 수 없다.
직장폐쇄의 요건 (제46조)	사용자는 **노동조합이 쟁의행위를 개시한 이후에만 직장폐쇄**를 할 수 있으며, 직장폐쇄를 할 경우에는 미리 행정관청 및 노동위원회에 각각 신고하여야 한다.

8. 노동쟁의의 조정

조정의 개시 (제53조)	① 노동위원회는 관계 당사자의 일방이 **노동쟁의의 조정을 신청한 때에는 지체 없이 조정을 개시**하여야 하며 관계 당사자 쌍방은 이에 성실히 임하여야 한다. ② 노동위원회는 조정신청 전이라도 원활한 조정을 위하여 교섭을 주선하는 등 관계 당사자의 자주적인 분쟁 해결을 지원할 수 있다.
조정기간 (제54조)	① 조정은 조정의 신청이 있은 날부터 **일반사업에 있어서는 10일, 공익사업에 있어서는 15일 이내**에 종료하여야 한다. {08.7 순경. 03.1 승진. 02.1 승진} ② 조정기간은 관계 당사자 간의 합의로 **일반사업에 있어서는 10일, 공익사업에 있어서는 15일 이내**에서 연장할 수 있다.
조정위원회의 구성 (제55조)	① 노동쟁의의 조정을 위하여 노동위원회에 조정위원회를 둔다. ② 조정위원회는 **조정위원 3인으로 구성**한다. ③ 조정위원은 당해 노동위원회의 위원 중에서 사용자를 대표하는 자, 근로자를 대표하는 자 및 공익을 대표하는 자 각 1인을 그 **노동위원회의 위원장이 지명**하되, 근로자를 대표하는 조정위원은 사용자가, 사용자를 대표하는 조정위원은 **노동조합이 각각 추천하는 노동위원회의 위원 중에서 지명**하여야 한다. 다만, **조정위원회의 회의 3일전까지** 관계 당사자가 추천하는 위원의 명단제출이 없을 때에는 당해 위원을 위원장이 따로 지명할 수 있다. ④ 노동위원회의 위원장은 근로자를 대표하는 위원 또는 사용자를 대표하는 위원의 불참 등으로 인하여 조정위원회의 구성이 어려운 경우 **노동위원회의 공익을 대표하는 위원 중에서 3인을 조정위원으로 지명**할 수 있다. 다만, 관계 당사자 쌍방의 합의로 선정한 노동위원회의 위원이 있는 경우에는 그 위원을 조정위원으로 지명한다.
조정위원회의 위원장 (제56조)	① **조정위원회에 위원장**을 둔다. ② 위원장은 **공익을 대표하는 조정위원이 된다. 다만, 조정위원회의 위원장은 조정위원 중에서 호선**한다.
단독조정 (제57조)	① 노동위원회는 관계 당사자 쌍방의 신청이 있거나 관계 당사자 쌍방의 동의를 얻은 경우에는 **조정위원회에 갈음하여 단독조정인에게 조정을 행하게 할 수 있다.** ② 단독조정인은 당해 노동위원회의 위원 중에서 관계 당사자의 쌍방의 합의로 선정된 자를 그 노동위원회의 위원장이 지명한다.
출석금지 (제59조)	조정위원회의 위원장 또는 단독조정인은 **관계 당사자와 참고인외의 자의 출석을 금할 수 있다.**
조정의 효력 (제61조)	① 조정안이 관계 당사자에 의하여 수락된 때에는 조정위원 전원 또는 단독조정인은 조정서를 작성하고 관계 당사자와 함께 서명 또는 날인하여야 한다. ② 조정서의 내용은 단체협약과 동일한 효력을 가진다. ③ 조정위원회 또는 단독조정인이 제시한 해석 또는 이행방법에 관한 견해는 중재재정과 동일한 효력을 가진다.
조정종료 결정 후의 조정 (제61조의2)	노동위원회는 조정의 종료가 결정된 후에도 노동쟁의의 해결을 위하여 조정을 할 수 있다.

9. 긴급조정

긴급조정의 결정 (제76조)	① **고용노동부장관**은 쟁의행위가 공익사업에 관한 것이거나 그 규모가 크거나 그 성질이 특별한 것으로서 현저히 국민경제를 해하거나 국민의 일상생활을 위태롭게 할 위험이 현존하는 때에는 긴급조정의 결정을 할 수 있다. ② 고용노동부장관은 긴급조정의 결정을 하고자 할 때에는 미리 중앙노동위원회 위원장의 의견을 들어야 한다. ③ 고용노동부장관은 긴급조정을 결정한 때에는 지체 없이 그 이유를 붙여 이를 공표함과 동시에 중앙노동위원회와 관계 당사자에게 각각 통고하여야 한다.
긴급조정시의 쟁의행위 중지 (제77조)	관계 당사자는 긴급조정의 결정이 공표된 때에는 **즉시 쟁의행위를 중지**하여야 하며, **공표일부터 30일이 경과하지 아니하면 쟁의행위를 재개할 수 없다.**
중앙노동위원 회의 조정 (제78조)	중앙노동위원회는 통고를 받은 때에는 지체 없이 조정을 개시하여야 한다.

10. 중재

중재의 개시 (제62조)	① **관계 당사자의 쌍방이 함께 중재를 신청한 때** {08.1 승진} ② **관계 당사자의 일방이 단체협약에 의하여 중재를 신청한 때**
중재 시의 쟁의행위의 금지 (제63조)	노동쟁의가 중재에 **회부된 때**에는 일반사업과 공익사업 구분없이 그 날부터 15일간은 **쟁의행위를 할 수 없다.** {08.7 순경. 08.1 승진}
중재위원회의 구성 (제64조)	① 노동쟁의의 중재 또는 재심을 위하여 노동위원회에 중재위원회를 둔다. ② **중재위원회는 중재위원 3인으로 구성**한다. ③ 중재위원은 당해 노동위원회의 공익을 대표하는 위원 중에서 관계 당사자의 합의로 선정한 자에 대하여 그 **노동위원회의 위원장이 지명**한다. 다만, 관계 당사자 간에 합의가 성립되지 아니한 경우에는 노동위원회의 공익을 대표하는 위원 중에서 지명한다.
중재위원회의 위원장 (제65조)	① **중재위원회에 위원장**을 둔다. ② 위원장은 **중재위원 중에서 호선**한다.
출석금지 (제67조)	중재위원회의 위원장은 **관계 당사자와 참고인외의 자의 회의출석을 금할 수 있다.**
중재재정 (제68조)	① 중재재정은 **서면으로 작성**하여 이를 행하며 그 **서면**에는 **효력발생 기일을 명시**하여야 한다. ② 중재재정의 해석 또는 이행방법에 관하여 관계 당사자간에 의견의 불일치가 있는 때에는 당해 중재위원회의 해석에 따르며 그 해석은 중재재정과 동일한 효력을 가진다.
중재재정 등의 확정 (제69조)	① 관계 당사자는 **지방노동위원회 또는 특별노동위원회의 중재재정이 위법이거나 월권에 의한 것이라고 인정하는 경우**에는 그 중재재정서의 **송달을 받은 날부터 10일 이내에 중앙노동위원회에 그 재심을 신청**할 수 있다. {08.1 승진} ② 관계 당사자는 중앙노동위원회의 중재재정이나 **재심결정이 위법이거나 월권**에 의한 것이라고 인정하는 경우에는 행정소송법 제20조의 규정에 불구하고 그 **중재재정서 또는 재심결정서의 송달을 받은 날부터 15일 이내에 행정소송을 제기**할 수 있다.

	③ 기간 내에 재심을 신청하지 아니하거나 행정소송을 제기하지 아니한 때에는 그중 재재정 또는 재심결정은 확정된다. ④ 중재재정이나 재심결정이 확정된 때에는 관계 당사자는 이에 따라야 한다.
중재재정 등의 효력 (제70조)	① 중재재정의 내용은 단체협약과 동일한 효력을 가진다. ② 노동위원회의 중재재정 또는 재심결정은 **중앙노동위원회에의 재심신청 또는 행정소송의 제기에 의하여 그 효력이 정지되지 아니한다.** {08.1 승진}
중앙노동위원회의 중재회부 결정권 (제79조)	① 중앙노동위원회의 위원장은 조정이 성립될 가망이 없다고 인정한 경우에는 공익위원의 의견을 들어 그 사건을 중재에 회부할 것인가의 여부를 결정하여야 한다. ② **결정은 통고를 받은 날부터 15일 이내**에 하여야 한다.
중앙노동위원회의 중재 (제80조)	중앙노동위원회는 당해 관계 당사자의 일방 또는 쌍방으로부터 중재신청이 있거나 중재회부의 결정을 한 때에는 지체 없이 중재를 행하여야 한다.

【필수공익사업업무(장)】	
의 의	① 필수유지업무라 함은 필수공익사업의 업무 중 그 업무가 정지되거나 폐지되는 경우 공중의 생명 · 건강 또는 신체의 안전이나 공중의 일상생활을 현저히 위태롭게 하는 업무를 말한다. ② 필수유지업무의 정당한 유지 · 운영을 정지 · 폐지 또는 방해하는 행위는 쟁의행위로서 이를 행할 수 없다.
필수공익 사업업무	① 철도사업과 도시철도사업의 필수유지업무(예 서울메트로, 한국철도공사 등) ② 항공운수사업의 필수유지업무(예 대한항공 등) ③ 수도사업의 필수유지업무 ④ 전기사업의 필수유지업무 ⑤ 가스사업(액화석유가스사업은 제외)의 필수유지업무 ⑥ 석유정제사업과 석유공급사업(액화석유가스사업을 포함)의 필수유지업무 ⑦ 병원사업의 필수유지업무 ⑧ 혈액공급사업의 필수유지업무(예 적십자사 혈액원 등) ⑨ 한국은행사업의 필수유지업무(예 한국은행 등) ⑩ 통신사업의 필수유지업무　　☞ **시내버스 국민은행은 필수공익사업장이 아님**
사용자의 채용제한	① 사용자는 쟁의행위 기간 중 그 쟁의행위로 중단된 업무의 수행을 위하여 **당해 사업과 관계없는 자를 채용 또는 대체할 수 없다.** ② 사용자는 **쟁의행위기간 중 그 쟁의행위로 중단된 업무를 도급 또는 하도급 줄 수 없다.** ③ 필수공익사업의 사용자가 쟁의행위 기간 중에 한하여 당해 사업과 관계없는 자를 채용 또는 대체하거나 그 업무를 도급 또는 하도급 주는 경우에는 적용하지 아니한다. ④ 사용자는 당해 **사업 또는 사업장 파업참가자의 100분의 50을 초과하지 않는 범위 안에서 채용 또는 대체하거나 도급 또는 하도급 줄 수 있다.**

【공무원의 노동조합 설립 및 운영 등에 관한 법률】 [시행 2011.8.24]

노동조합 활동의 보장 및 한계 (제3조)	① 공무원의 노동조합의 조직, 가입 및 노동조합과 관련된 정당한 활동에 대하여는 국가공무원법 제66조 제1항 본문 및 지방공무원법 제58조 제1항 본문을 적용하지 아니한다. ② 공무원은 노동조합 활동을 할 때 다른 법령에서 규정하는 공무원의 의무에 반하는 행위를 하여서는 아니 된다.
정치활동의 금지 (제4조)	**노동조합과 그 조합원은 정치활동을 하여서는 아니 된다.** {04.1 승진} ☞ 공무원은 단체교섭권, 단결권은 보장되나 단체행동권은 보장되지 않는다. ☞ 전임자는 기간 중 휴직을 명하여야 하고, 보수는 지급되지 않는다.
가입 범위 (제6조)	**노동조합에 가입할 수 있는 공무원의 범위** ㉠ **6급 이하**의 일반직공무원 및 이에 상당하는 일반직공무원 ㉡ 특정직공무원 중 **6급 이하**의 일반직공무원에 상당하는 외무행정·외교정보관리직 공무원 ㉢ **기능직공무원** ㉣ **6급 이하**의 일반직공무원에 상당하는 별정직공무원 및 계약직공무원
	노동조합에 가입할 수 없는 공무원의 범위 ㉠ 다른 공무원에 대하여 지휘·감독권을 행사하거나 다른 공무원의 업무를 총괄하는 업무에 종사하는 공무원 ㉡ **인사·보수에 관한 업무를 수행하는 공무원 등 노동조합과의 관계에서 행정기관의 입장에서 업무를 수행하는 공무원** ㉢ **교정·수사** 또는 그 밖에 이와 유사한 업무에 종사하는 공무원 ㉣ 업무의 주된 내용이 노동관계의 조정·감독 등 노동조합의 조합원 지위를 가지고 수행하기에 적절하지 아니하다고 인정되는 업무에 종사하는 공무원
조정신청 (제12조)	① 단체교섭이 결렬(決裂)된 경우에는 당사자 어느 한쪽 또는 양쪽은 중앙노동위원회에 조정(調停)을 신청할 수 있다. ② 중앙노동위원회는 당사자 어느 한쪽 또는 양쪽이 조정을 신청하면 지체 없이 조정을 시작하여야 한다. 이 경우 당사자 양쪽은 조정에 성실하게 임하여야 한다. ③ 중앙노동위원회는 조정안을 작성하여 관계 당사자에게 제시하고 수락을 권고하는 동시에 그 조정안에 이유를 붙여 공표할 수 있다. 이 경우 필요하면 신문 또는 방송에 보도 등 협조를 요청할 수 있다. ④ 조정은 조정신청을 **받은 날부터 30일 이내**에 마쳐야 한다. 다만, 당사자들이 합의한 경우에는 **30일 이내**의 범위에서 조정기간을 연장할 수 있다.
중재의 개시 (제13조)	중앙노동위원회는 아래에 해당하는 경우에는 지체 없이 중재(仲裁)를 한다. ㉠ 단체교섭이 결렬되어 관계 당사자 양쪽이 함께 중재를 신청한 경우 ㉡ 조정이 이루어지지 아니하여 공무원 노동관계 조정위원회 전원회의에서 중재 회부를 결정한 경우
중재재정의 확정 (제16조)	① 관계 당사자는 중앙노동위원회의 중재재정이 위법하거나 월권(越權)에 의한 것이라고 인정하는 경우에는 행정소송법 제20조에도 불구하고 중재재정서를 **송달받은 날부터 15일 이내**에 중앙노동위원회 위원장을 피고로 하여 행정소송을 제기할 수 있다. ② **15일 이내**에 행정소송을 제기하지 아니하면 그 **중재재정은 확정**된다. ③ 중재재정이 확정되면 관계 당사자는 이에 따라야 한다. ④ 중앙노동위원회의 중재재정은 행정소송의 제기에 의하여 그 효력이 정지되지 아니한다. ⑤ 확정된 중재재정의 내용은 단체협약과 같은 효력을 가진다. ⑥ 중앙노동위원회는 필요한 경우 확정된 중재재정의 내용을 국회, 지방의회, 지방자치단체의 장 등에게 통보할 수 있다.

Ⅷ. 근로관련 업무(근로기준법[시행 2012.8.2])

1. 용어 및 적용범위

용 어	근로자	근로자란 직업의 종류와 관계없이 임금을 목적으로 **사업이나 사업장에 근로를 제공하는 자**를 말한다.
	사용자	사용자란 사업주 또는 사업 경영 담당자, 그 밖에 근로자에 관한 사항에 대하여 사업주를 위하여 행위하는 자를 말한다.
	근 로	근로란 **정신노동과 육체노동**을 말한다.
	평균임금	평균임금이란 이를 산정하여야 할 **사유가 발생한 날 이전 3개월 동안에 그 근로자에게 지급된 임금의 총액을 그 기간의 총 일수로 나눈 금액**을 말한다. 근로자가 취업한 후 3개월 미만인 경우도 이에 준한다.
	단시간 근로자	1주 동안의 소정근로시간이 그 사업장에서 같은 종류의 업무에 종사하는 **통상 근로자의 1주 동안의 소정근로시간에 비하여 짧은 근로자**를 말한다.
적용범위		① **상시 5명 이상의 근로자를 사용하는 모든 사업 또는 사업장에 적용**한다. 다만, 동거하는 친족만을 사용하는 사업 또는 사업장과 가사(家事) 사용인에 대하여는 적용하지 아니한다. ② **상시 4명 이하의 근로자를 사용하는 사업 또는 사업장**에 대하여는 대통령령으로 정하는 바에 따라 이 법의 **일부 규정을 적용**할 수 있다.

2. 근로계약

계약기간 (제16조)	근로계약은 기간을 정하지 아니한 것과 일정한 사업의 완료에 필요한 기간을 정한 것 외에는 그 **기간은 1년을 초과하지 못한다.**
단시간 근로자의 근로조건 (제18조)	① 단시간근로자의 근로조건은 그 사업장의 같은 종류의 업무에 종사하는 통상 근로자의 근로시간을 기준으로 산정한 비율에 따라 결정되어야 한다. ② **4주 동안**(4주 미만으로 근로하는 경우에는 그 기간)**을 평균하여 1주 동안의 소정근로시간이 15시간 미만인 근로자**에 대하여는 **휴일과 연차유급휴가를 적용하지 아니한다.**
해고 등의 제한 (제23조)	① 사용자는 근로자에게 정당한 이유 없이 해고, 휴직, 정직, 전직, 감봉, 그 밖의 징벌(懲罰)을 하지 못한다. ② 사용자는 근로자가 **업무상 부상 또는 질병의 요양을 위하여 휴업한 기간과 그 후 30일 동안 또는 산전(産前)·산후(産後)의 여성**이 이 법에 따라 **휴업한 기간과 그 후 30일 동안은 해고하지 못한다.** 다만, 사용자가 일시보상을 하였을 경우 또는 사업을 계속할 수 없게 된 경우에는 그러하지 아니하다.
우선 재고용 (제25조)	① 근로자를 해고한 사용자는 **근로자를 해고한 날부터 3년 이내에 해고된 근로자**가 해고 당시 담당하였던 업무와 같은 업무를 할 근로자를 채용하려고 할 경우 해고된 근로자가 원하면 그 근로자를 우선적으로 고용하여야 한다. ② 정부는 해고된 근로자에 대하여 생계안정, 재취업, 직업훈련 등 필요한 조치를 우선적으로 취하여야 한다.

해고의 예고 (제26조)	사용자는 근로자를 해고(경영상 이유에 의한 해고를 포함)하려면 **적어도 30일 전에 예고를** 하여야 하고, **30일 전에 예고를 하지 아니하였을 때에는 30일분 이상의 통상임금을 지급**하여야 한다. {10.1 승진} 다만, 천재·사변, 그 밖의 부득이한 사유로 사업을 계속하는 것이 불가능한 경우 또는 근로자가 고의로 사업에 막대한 지장을 초래하거나 재산상 손해를 끼친 경우로서 고용노동부령으로 정하는 사유에 해당하는 경우에는 그러하지 아니하다.
해고사유 등의 서면통지 (제27조)	① 사용자는 근로자를 해고하려면 **해고사유와 해고시기를 서면으로 통지**하여야 한다. ② 근로자에 대한 **해고는 서면으로 통지하여야 효력**이 있다.
부당해고 등의 구제신청 (제28조)	① 사용자가 근로자에게 **부당해고 등을 하면 근로자는 노동위원회에 구제를 신청**할 수 있다. ② 구제신청은 **부당해고 등이 있었던 날부터 3개월 이내**에 하여야 한다.
구제명령 등의 확정 (제31조)	① 노동위원회법에 따른 지방노동위원회의 구제명령이나 기각결정에 불복하는 **사용자나 근로자는 구제명령서나 기각결정서를 통지받은 날부터 10일 이내**에 중앙노동위원회에 재심을 신청할 수 있다. ② **중앙노동위원회의 재심판정에 대하여 사용자나 근로자는 재심판정서를 송달받은 날부터 15일 이내**에 행정소송법의 규정에 따라 소(訴)를 제기할 수 있다. ③ 기간 이내에 재심을 신청하지 아니하거나 행정소송을 제기하지 아니하면 그 구제명령, 기각결정 또는 재심판정은 확정된다.
구제명령 등의 효력 (제32조)	노동위원회의 구제명령, 기각결정 또는 재심판정은 중앙노동위원회에 대한 재심 신청이나 행정소송 제기에 의하여 그 효력이 정지되지 아니한다.
이행 강제금 (제33조)	① 노동위원회는 구제명령(구제명령을 내용으로 하는 재심판정을 포함)을 받은 후 **이행기한까지 구제명령을 이행하지 아니한 사용자에게 2천만 원 이하의 이행강제금을 부과**한다. ② 노동위원회는 **이행강제금을 부과하기 30일 전까지** 이행강제금을 부과·징수한다는 뜻을 사용자에게 미리 문서로써 알려 주어야 한다. ③ 이행강제금을 부과할 때에는 이행강제금의 액수, 부과 사유, 납부기한, 수납기관, 이의제기방법 및 이의제기기관 등을 명시한 문서로써 하여야 한다. ④ 이행강제금을 부과하는 위반행위의 종류와 위반 정도에 따른 금액, 부과·징수된 이행강제금의 반환절차, 그 밖에 필요한 사항은 대통령령으로 정한다. ⑤ 노동위원회는 **최초의 구제명령을 한 날을 기준으로 매년 2회의 범위에서 구제명령이 이행될 때까지 반복**하여 이행강제금을 부과·징수할 수 있다. 이 경우 **이행강제금은 2년을 초과하여 부과·징수하지 못한다.** ⑥ 노동위원회는 구제명령을 받은 자가 구제명령을 이행하면 새로운 이행강제금을 부과하지 아니하되, 구제명령을 이행하기 전에 이미 부과된 이행강제금은 징수하여야 한다. ⑦ 노동위원회는 이행강제금 납부의무자가 납부기한까지 이행강제금을 내지 아니하면 기간을 정하여 독촉을 하고 지정된 기간에 이행강제금을 내지 아니하면 국세 체납처분의 예에 따라 징수할 수 있다. ⑧ 근로자는 구제명령을 받은 사용자가 이행기한까지 구제명령을 이행하지 아니하면 이행기한이 **지난 때부터 15일 이내**에 그 사실을 노동위원회에 알려줄 수 있다.

예고해고 의 적용 예외 (제35조)	① 일용근로자로서 **3개월을 계속 근무하지 아니한 자** ② **2개월 이내의 기간**을 정하여 사용된 자 ③ 월급근로자로서 **6개월이 되지 못한 자** ④ 계절적 업무에 **6개월 이내의 기간**을 정하여 사용된 자 ⑤ **수습 사용 중인 근로자**
미지급 임금에 대한 지연이자 (제37조)	① 사용자는 지급하여야 하는 임금 및 근로자퇴직급여보장법 제2조 제5호에 따른 급여(일시금만 해당된다)의 전부 또는 일부를 **지급 사유가 발생한 날부터 14일 이내에 지급하지 아니한 경우** 그 다음 날부터 지급하는 날까지의 지연 일수에 대하여 **연 100분의 40 이내의 범위에서** 은행법에 따른 은행이 적용하는 연체금리 등 경제 여건을 고려하여 대통령령으로 정하는 이율에 따른 **지연이자를 지급**하여야 한다. ② 사용자가 천재 · 사변, 그 밖에 대통령령으로 정하는 사유에 따라 임금 지급을 지연하는 경우 그 사유가 존속하는 기간에 대하여는 적용하지 아니한다.
계약 서류의 보존 (제42조)	사용자는 근로자 명부와 대통령령으로 정하는 근로계약에 관한 **중요한 서류를 3년간 보존**하여야 한다.

3. 임금

임금 지급 (제43조)	① **임금은 통화(通貨)로 직접 근로자에게 그 전액을 지급**하여야 한다. 다만, 법령 또는 단체협약에 특별한 규정이 있는 경우에는 임금의 일부를 공제하거나 통화 이외의 것으로 지급할 수 있다. ② **임금은 매월 1회 이상 일정한 날짜를 정하여 지급**하여야 한다. 다만, 임시로 지급하는 임금, 수당, 그 밖에 이에 준하는 것 또는 대통령령으로 정하는 임금에 대하여는 그러하지 아니하다.
체불사업주 명단공개 (제43조의2)	① 고용노동부장관은 임금, 보상금, 수당, 그 밖에 일체의 금품을 지급하지 아니한 사업주(법인인 경우에는 그 대표자를 포함)가 **명단 공개 기준일 이전 3년 이내 임금 등을 체불하여 2회 이상 유죄가 확정된 자로서 명단 공개 기준일 이전 1년 이내 임금 등의 체불총액이 3천만원 이상인 경우에는 그 인적사항 등을 공개할 수 있다.** 다만, 체불사업주의 사망 · 폐업으로 명단 공개의 실효성이 없는 경우 등 사유가 있는 경우에는 그러하지 아니하다. ② 고용노동부장관은 명단 공개를 할 경우에 **체불사업주에게 3개월 이상의 기간을 정하여 소명 기회를 주어야 한다.**
비상시 지급 (제45조)	사용자는 근로자가 출산, 질병, 재해, 그 밖에 대통령령으로 정하는 비상(非常)한 경우의 비용에 충당하기 위하여 임금 지급을 청구하면 지급기일 전이라도 이미 제공한 근로에 대한 임금을 지급하여야 한다.
휴업수당 (제46조)	① 사용자의 귀책사유로 휴업하는 경우에 사용자는 휴업기간 동안 그 근로자에게 **평균임금의 100분의 70 이상의 수당을 지급**하여야 한다. 다만, **평균임금의 100분의 70에 해당하는 금액이 통상임금을 초과하는 경우에는 통상임금을 휴업수당으로** 지급할 수 있다. ② 부득이한 사유로 사업을 계속하는 것이 불가능하여 노동위원회의 승인을 받은 경우에는 제1항의 기준에 못 미치는 휴업수당을 지급할 수 있다.
임금의 시효 (제49조)	임금채권은 **3년간 행사하지 아니하면 시효로 소멸**한다.

4. 근로시간과 휴식

근로시간 (제50조)	① 1주간의 근로시간은 휴게시간을 제외하고 40시간을 초과할 수 없다. {10.1 승진} ② 1일의 근로시간은 **휴게시간을 제외하고 8시간을 초과할 수 없다.** ③ 근로시간을 산정함에 있어 작업을 위하여 **근로자가 사용자의 지휘·감독 아래에 있는 대기시간 등은 근로시간으로 본다.**
탄력적 근로 시간제 (제51조)	① 사용자는 취업규칙에서 정하는 바에 따라 **2주 이내의 일정한 단위기간을 평균하여 1주간의 근로시간이 휴게시간을 제외하고 40시간을 초과**하지 아니하는 범위에서 **특정한 주에 휴게시간을 제외하고 40시간을, 특정한 날에 휴게시간을 제외하고 8시간을 초과**하여 근로하게 할 수 있다. 다만, 특정한 주의 근로시간은 48시간을 초과할 수 없다. ② 사용자는 근로자대표와의 서면 합의에 따라 아래의 사항을 정하면 **3개월 이내의 단위기간을 평균하여 1주간의 근로시간이** 휴게시간을 제외하고 40시간을 초과하지 아니하는 범위에서 **특정한 주에 휴게시간을 제외하고 40시간을,** 특정한 날에 휴게시간을 제외하고 8시간을 초과하여 근로하게 할 수 있다. 다만, **특정한 주의 근로시간은 52시간을, 특정한 날의 근로시간은 12시간을 초과할 수 없다.** 　㉠ 대상 근로자의 범위 　㉡ 단위기간(3개월 이내의 일정한 기간으로 정하여야 한다) 　㉢ 단위기간의 근로일과 그 근로일별 근로시간 ③ **15세 이상 18세 미만의 근로자와 임신 중인 여성 근로자에 대하여는 적용하지 아니한다.**
선택적 근로 시간제 (제52조)	사용자는 취업규칙에 따라 업무의 시작 및 종료 시각을 근로자의 결정에 맡기기로 한 근로자에 대하여 근로자대표와의 서면 합의에 따라 아래의 사항을 정하면 1개월 이내의 정산기간을 평균하여 **1주간의 근로시간이 휴게시간을 제외하고 40시간을 초과**하지 아니하는 범위에서 **1주간에 휴게시간을 제외하고 40시간을, 1일에 휴게시간을 제외하고 8시간을 초과하여 근로하게 할 수 있다.** 　㉠ 대상 근로자의 범위(15세 이상 18세 미만의 근로자는 제외한다) 　㉡ 정산기간(1개월 이내의 일정한 기간으로 정하여야 한다) 　㉢ 정산기간의 총 근로시간 　㉣ 반드시 근로하여야 할 시간대를 정하는 경우에는 그 시작 및 종료 시각 　㉤ 근로자가 그의 결정에 따라 근로할 수 있는 시간대를 정하는 경우에는 그 시작 및 종료 시각 　㉥ 그 밖에 대통령령으로 정하는 사항
연장 근로의 제한 (제53조)	① 당사자 간에 합의하면 **1주간에 12시간을 한도로 근로시간(제50조)을 연장**할 수 있다. ② 당사자 간에 합의하면 **1주간에 12시간을 한도로 탄력적 근로시간제(제51조)의 근로시간을 연장**할 수 있고 **휴게시간을 제외하고 8시간을 평균하여 1주간에 12시간을 초과하지 아니하는 범위에서 선택적 근로시간제(제52조)의 근로시간을 연장**할 수 있다. ③ 사용자는 특별한 사정이 있으면 고용노동부장관의 인가와 근로자의 동의를 받아 근로시간을 연장할 수 있다. 다만, 사태가 급박하여 고용노동부장관의 인가를 받을 시간이 없는 경우에는 사후에 지체 없이 승인을 받아야 한다. ④ 고용노동부장관은 근로시간의 연장이 부적당하다고 인정하면 그 후 연장시간에 상당하는 휴게시간이나 휴일을 줄 것을 명할 수 있다.

휴게 **(제54조)**	① 사용자는 **근로시간이 4시간인 경우에는 30분 이상, 8시간인 경우에는 1시간 이상의 휴게시간을 근로시간** 도중에 주어야 한다. ② 휴게시간은 근로자가 자유롭게 이용할 수 있다.
휴일 **(제55조)**	사용자는 근로자에게 **1주일에 평균 1회 이상의 유급휴일**을 주어야 한다.
연장 · 야간 **및 휴일** **근로** **(제56조)**	사용자는 연장근로와 야간근로(**오후 10시부터 오전 6시까지 사이의 근로**) 또는 휴일근로에 대하여는 **통상임금의 100분의 50 이상을 가산하여 지급**하여야 한다.
연차 **유급휴가** **(제60조)**	① 사용자는 **1년간 80% 이상 출근한 근로자에게 15일의 유급휴가**를 주어야 한다. ② 사용자는 계속하여 근로한 기간이 **1년 미만인 근로자 또는 1년간 80% 미만 출근한 근로자에게 1개월 개근 시 1일의 유급 휴가**를 주어야 한다. ③ 사용자는 **근로자의 최초 1년간의 근로에 대하여 유급휴가를 주는 경우에는 휴가를 포함하여 15일**로 하고, 근로자가 휴가를 **이미 사용한 경우에는 그 사용한 휴가 일수를 15일**에서 뺀다. ④ 사용자는 **3년 이상 계속하여 근로한 근로자에게는 휴가에 최초 1년을 초과하는 계속 근로 연수 매 2년에 대하여 1일을 가산한 유급휴가를** 주어야 한다. 이 경우 **가산휴가를 포함한 총 휴가일수는 25일**을 한도로 한다. ⑤ 사용자는 휴가를 근로자가 청구한 시기에 주어야 하고, 그 기간에 대하여는 취업규칙 등에서 정하는 통상임금 또는 평균임금을 지급하여야 한다. 다만, 근로자가 청구한 시기에 휴가를 주는 것이 사업 운영에 막대한 지장이 있는 경우에는 그 시기를 변경할 수 있다. ⑥ 다음 아래에 해당하는 기간은 출근한 것으로 본다. 　㉠ 근로자가 업무상의 부상 또는 질병으로 휴업한 기간 　㉡ 임신 중의 여성이 보호휴가로 휴업한 기간 ⑦ **휴가는 1년간 행사하지 아니하면 소멸**된다. 다만, 사용자의 귀책사유로 사용하지 못한 경우에는 그러하지 아니하다.

5. 여성과 소년

최저 **연령과** **취직** **인허증** **(제64조)**	① **15세 미만인 자**(초 · 중등교육법에 따른 중학교에 재학 중 인 18세 미만인 자를 포함)**는 근로자로 사용하지 못한다.** 다만, 대통령령으로 정하는 기준에 따라 고용노동부장관이 발급한 취직인허증을 지닌 자는 근로자로 사용할 수 있다. ② 취직인허증은 본인의 신청에 따라 의무교육에 지장이 없는 경우에는 직종(職種)을 지정하여서만 발행할 수 있다. ③ 고용노동부장관은 거짓이나 그 밖의 부정한 방법으로 취직인허증을 발급받은 자에게는 그 인허를 취소하여야 한다.
사용 금지 **(제65조)**	① 사용자는 임신 중이거나 **산후 1년이 지나지 아니한 여성과 18세 미만자를 도덕상 또는 보건상 유해 · 위험한 사업에 사용하지 못한다.** {10.1 승진} ② 사용자는 임산부가 아닌 18세 이상의 여성을 보건상 유해 · 위험한 사업 중 임신 또는 출산에 관한 기능에 유해 · 위험한 사업에 사용하지 못한다.

근로계약 (제67조)	① **친권자나 후견인은 미성년자의 근로계약을 대리할 수 없다.** ② 친권자, 후견인 또는 고용노동부장관은 근로계약이 미성년자에게 불리하다고 인정하는 경우에는 이를 해지할 수 있다. ③ 사용자는 18세 미만인 자와 근로계약을 체결하는 경우에는 **근로조건을 서면으로 명시하여 교부**하여야 한다.
임금의 청구 (제68조)	미성년자는 **독자적으로 임금을 청구**할 수 있다. {10.1 승진}
근로시간 (제69조)	15세 이상 18세 미만인 자의 근로시간은 1일에 7시간, 1주일에 40시간을 초과하지 못한다. 다만, 당사자 사이의 합의에 따라 1일에 1시간, 1주일에 6시간을 한도로 연장할 수 있다.
야간근로와 휴일근로의 제한 (제70조)	① **사용자는 18세 이상의 여성을 오후 10시부터 오전 6시까지의 시간 및 휴일에 근로시키려면 그 근로자의 동의**를 받아야 한다. ② **사용자는 임산부와 18세 미만자를 오후 10시부터 오전 6시까지의 시간 및 휴일에 근로시키지 못한다.** 다만, 다음 아래에 해당하는 경우로서 고용노동부장관의 인가를 받으면 그러하지 아니하다. 　㉠ 18세 미만자의 동의가 있는 경우 　㉡ 산후 1년이 지나지 아니한 여성의 동의가 있는 경우 　㉢ 임신 중의 여성이 명시적으로 청구하는 경우 ③ 사용자는 고용노동부장관의 인가를 받기 전에 근로자의 건강 및 모성 보호를 위하여 그 시행 여부와 방법 등에 관하여 그 사업 또는 사업장의 근로자대표와 성실하게 협의하여야 한다.
시간외 근로 (제71조)	사용자는 **산후 1년이 지나지 아니한 여성**에 대하여는 단체협약이 있는 경우라도 **1일에 2시간, 1주일에 6시간, 1년에 150시간을 초과하는 시간외근로를 시키지 못한다.**
생리휴가 (제73조)	사용자는 여성 근로자가 청구하면 **월 1일의 생리휴가**를 주어야 한다.
임산부의 보호 (제74조)	① 사용자는 임신 중의 **여성에게 출산 전과 출산 후를 통하여 90일의 출산전후 휴가**를 주어야 한다. 이 경우 **휴가 기간의 배정은 출산 후에 45일 이상**이 되어야 한다. ② 사용자는 **임신 중인 여성 근로자가 임신 16주 이후 유산 또는 사산한 경우로서 그 근로자가 청구하면 보호휴가**를 주어야 한다. 다만, 인공 임신중절 수술(모자보건법 제14조 제1항에 따른 경우는 제외)에 따른 유산의 경우는 그러하지 아니하다. ③ **휴가 중 최초 60일은 유급**으로 한다. 다만, 남녀고용평등과일·가정양립지원에 관한 법률 제18조에 따라 산전후휴가급여 등이 지급된 경우에는 그 금액의 한도에서 지급의 책임을 면한다. ④ 사용자는 **임신 중의 여성 근로자에게 시간외근로**를 하게 하여서는 아니 되며, 그 근로자의 요구가 있는 경우에는 쉬운 종류의 근로로 전환하여야 한다. ⑤ 사업주는 보호휴가 종료 후에는 휴가 전과 동일한 업무 또는 동등한 수준의 임금을 지급하는 직무에 복귀시켜야 한다.
육아 시간 (제75조)	**생후 1년 미만의 유아(乳兒)를 가진 여성 근로자가 청구하면 1일 2회 각각 30분 이상의 유급 수유 시간**을 주어야 한다.

Ⅸ. 압력단체관련 업무

의 의	자기들의 특수이익을 실현하기 위해 **정치권력에 영향력을 행사하는 집단**을 말한다. {08.2 경간부, 08.1 승진}		
종 류	**이익내용에 따른 분류** {10.1 승진}	**기능별·분야별 집단**	노동·상업·공업 등 각 분야별 이익을 정치에 반영하려는 집단을 말한다. {10.1 승진} 예 농업협동조합, 한국노총, 전국경제인연합회 등
		원인·촉진 집단	농산물 수입정책 반대, 국민연금폐지, 개발제한구역 폐지 등과 같이 특정정책이나 이슈를 목적으로 조직화된 집단을 말한다.
	조직형태에 따른 분류	① **연합조직**　② **민주조직**　③ **단일조직**　④ **협동조직** {10.1 승진, 08.1 승진}	
	회원의 자격에 따른 분류	① 공개적 조직　　② 제한적 조직	
발생 원인 {10.1 승진}	① **정당의 한계** ② **정부통제의 확대·강화(행정국가화 경향)** ③ **대중민주주의의 발전** ④ **이익의 다원화**		
활동 수단	**로비활동**	**가장 대표적인 압력행사 방법에 해당**한다. 특히 로비활동 중 특히 매수를 목적으로 하는 로비는 **소셜 로비(social lobby)**라고 한다.	
	대중선전	압력단체는 로비활동으로 성과를 거두지 못하면 **대중선전(TV, 신문광고, 잡지 등)활동을 통해 목적을 관철**시키기도 한다.	
	선거운동	**자신들에게 유리한 입후보자의 지지를 공식적으로 표명**하고 선거운동에 자금과 운동원을 제공하여 당선을 도와 단체에 유리한 법안을 통과시키는 전략이다.	
	파 업	**정부가 어떤 정책을 채택 또는 거부하도록 하기 위하여 파업을 이용하는 방법**이다.	
	기 타	연좌시위, 동맹파업, 가두행진, 불매운동 등	
특 징 {08.1 승진}	① **정치에 압력을 가한다는 점**에서 단순한 친목단체가 아니다. ② **항구적 조직을 갖고 있다는 점**에서 정치적 압력을 가하는 시민단체와 다르다. ③ **정부의 정책에 영향을 미치게 한다 할지라도 그 책임을 지지 않으므로 정부기관이 아니라는 특징**이 있다.		

제5절 기타 부문별 정보활동

I. 경제정보

1. 실업의 형태와 그 대책

구조적 실업	내 용	저학력이나 장애 또는 취업에 필요한 기술습득이 부족하여 취업을 하지 못하는 경우 {08.1 승진}
	대 책	교육훈련을 통한 인력개발 정책 등 {08.1 승진}
계절적 실업	내 용	특수한 계절적 요인으로 인하여 일시적으로 일하지 못하는 경우
	대 책	농촌지역에 새로운 농공지구의 설정 등 {08.1 승진}
마찰적 실업	내 용	한 직업으로부터 다른 직업으로 옮기거나 다른 직업을 찾기 위해 자발적으로 일하지 않는 경우
	대 책	취업정보의 원활한 유통 등 {10.1 승진, 08.1 승진}
수요적 실업	내 용	특정분야의 생산품에 대한 수요가 감소함으로써 관련사업의 침체로 인하여 발생하는 경우
	대 책	적자재정 실시로 통화량을 증가시켜 총수요를 증가 등 {08.1 승진}

☞ **노동가능인구, 생산연령인구** : 만 15세 이상의 인구

2. 경제블록의 유형

관세동맹	① 회원국 상호 간에는 **상품의 자유이동을 보장**된다. ② 역외의 비회원국에 대해서는 **각국이 공동의 수입관세를 부과**하는 형태의 통합이다. {08.1 승진}
경제동맹	① **공동시장을 더욱 발전시킨 형태**이다. ② 역내 **상품 및 생산요소의 자유이동**과 공동관세제의 운영과 함께 **각 회원국의 금융·재정 등의 경제정책 전반에 대하여 조정·통제**를 할 수 있는 통합형태이다. {10.1 승진}
완전한 경제동맹	① **회원국 상호 간에 초국가적 기구를 설치**하여 그 기구로 하여금 각 회원국의 모든 사회·경제정책을 조정·통합·관리하는 형태의 통합 유형이다. ② 각국은 사실상 **하나의 단일경제로 통합되는 것을 전제**로 한다.
공동시장	① 회원국 상호 간에는 재화뿐만 아니라 노동·자본과 같은 **생산요소의 자유이동이 보장**되며, **관세동맹보다 더욱 강화된 통합형태**이다. ② 역외 비가맹국에 대해서는 **각국이 공동의 관세제도를 채택**하고 있는 형태의 통합이다. {10.1 승진, 07.1 승진}
자유무역 지대	① 회원국 상호 간에는 **상품이동에 대한 일체의 무역제한 조치를 철폐**하여 역내에서는 **자유무역을 보장**된다. ② 역외의 비회원국에 대해서는 각국이 독자적인 관세정책 및 무역제한조치를 취하는 형태의 경제통합을 의미한다.

☞ 경제블록의 새로운 경향으로서 각 지역주의 협정이 가지고 있는 배타성을 보완하고 지역 간 협력확대를 목표로 하는 지역 간 협력체제에 대한 논의에 대한 산물[**아시아 유럽 정상회담(ASEM), 범대서양자유무역지대(TAFTA)**]

3. 경제전의 수단 {08.1 승진}

해안봉쇄	적국의 해안을 봉쇄함으로써 통상을 방해하여 경제력을 상실시키는 수단이다. {08.1 승진}		
수출입통제	우방국에는 전략물자를 공급하고 비우방국가 또는 적성국가에는 수출입이 되지 않게 제한함으로써 적성국가의 경제력을 저해시키는 수단이다. {08.1 승진}		
선박통제 {10.1 승진}	해안봉쇄가 불충분한 경우에 보강책으로 취해진 방법		
	방법	봉쇄해역통과증	지정상품에 대하여서만 통과
		선박해역통과증	일정항로만을 이용하게 하는 방법
		선박면허증	우방의 선박은 항구의 출입을 자유롭게 할 수 있게 허용하고 비우방 선박은 통제하는 방법
전시무역 협정	중립국과 무역관계를 맺는 것으로 전쟁 중 적국에게 전력물자를 보급하는 것을 방지하기 위한 수단		
예방적 구매 또는 매점	평시에 또는 전시초기에 미리 중립국이 보유한 중요자원과 군수품을 매점하여 적으로 하여금 구입할 수 없게 하는 수단으로 비용이 많이 드는 방법이다. {10.1 승진}		
적국자산의 동결	국내에 보유되어 있는 적국의 자산을 적국이 자기의 군사 및 경제증가용도에 활용하지 못하게 동결하는 것이다. {10.1 승진}		
블랙리스트 관리	국제협정에 의하여 규정된 제한을 회피하는 개인회사를 통제하는 것으로 중립국에서 적과 거래하는 회사의 명단을 기입하여 특별히 관리한다. {08.1 승진}		
밀수예방	밀수에 의해 전력물자가 적국에 유출되고 국내경제를 침해할 상품이 유입되는 것을 방지하기 위해 엄중한 법적 단속을 취하여 관련 정보수집을 강화하는 활동을 뜻한다.		
무기대여	전쟁 중에 우방에 대하여 무기나 장비 등을 대여해 줌으로써 우방의 승리를 돕는 방법이다. {10.1 승진}		

4. 국제경제기구

국제부흥개발 (IBRD)	① 1944년 브레튼우즈회의에서 채택된 국제부흥개발은행 협정에 의거하여 설립되었으며, 일명 세계은행이라고 부른다. {07.1 승진} ② IBRD의 보조기관으로서 국제금융공사(IFC), 자매기관으로서 국제개발공사(IDA)가 있다. {07.1 승진} ③ IBRD회원국은 IMF회원국이어야 하므로 IMF회원국 자격이 상실되면 IBRD가입자격도 상실된다. {07.1 승진} ④ 전쟁으로 파괴된 경제회복 및 개발원조를 목적으로 설립되었다. {07.1 승진}
국제통화기금 (IMF)	① 1945년 브레튼우즈 협약에 의해 설립되었다. ② 세계무역의 안정을 목적으로 설립된 국제금융기구이다. ③ IMF의 임무는 통화의 안정유지, 환기금 설치 및 자금제공, 환제한 철폐 등이다.
세계무역기구 (WTO)	① 1955년 출범하였으며, 분쟁해결기구인 DSB(Dispute Settlement Body)를 운영하고 있다. DSB는 모든 회원국의 대표로 구성된다. ② 상품무역 외에 서비스무역, 지적재산권 보호 등 새로운 분야를 포괄하는 무역체제이다.
국제금융공사 (IFC)	① 1956년 발족하였으며, 국제부흥개발은행(IBRD)의 보조기관이다. ② 회원국 중 저개발지역의 생산적인 민간기업의 발전을 촉진시키기 위한 기관이다.
국제개발공사 (IDA)	1960년 발족하였으며, 경제개발을 돕기 위해 설립된 기관이며, 국제부흥개발은행(IBRD)의 자매기관이다.

【경제용어의 정리】	
서킷 브레이커	① 주가가 급락할 경우 **투자자를 보호가 위해 주식거래를 일시정지시켜 시장을 진정시키는 제도**이다. {09.2 경간부} ② 뉴욕증권거래소의 87년 10월 증시폭락 이후 최초 도입하여 우리나라 98년 12월 7일 국내주식가격 제한 폭이 상하 15%로 확대되면서 도입되었다. {09.2 경간부} ③ 종합주가지수가 **전일 대비 10% 이상 하락한 상태가 1분간 지속될 경우 모든 주식거래를 20분간 정지시켜 시장을 진정시키는 제도**이다. ④ 모터 등 전자장치에 전기가 과도하게 흘러 온도가 올라가면 자동으로 회로를 끊어 화재나 손상을 방지하는 부품을 비유적으로 사용하였다. {09.2 경간부}
사이드 카	선물가격이 **전일 종가 대비 5% 이상 상승 또는 하락해 1분간 지속되면 주식시장 프로그램 매매호가의 효력이 5분간 정지시키는 제도**이다. {09.2 경간부}
콜 금리	금융기관끼리 남거나 모자라는 자금을 주고받을 때 적용되는 금리를 말한다.
공매도	주식을 빌려 비싸게 판 뒤 나중에 주가가 떨어지면 싸게 사서 되갚아 차익을 얻은 투자기법이다.
트리플약세	**주가지수선물 · 주가지수옵션 · 개별주식옵션의 만기가 동시에 겹치는 날**을 일컫는 증권용어이다.
역외펀드	주식투자 대상국이 아닌 제3국에서 조성되는 주식투자용 기금을 말한다.
환헤지	투자 대상국의 통화가치가 하락하면 생기는 환차손을 막기 위해 환매 시 환율을 현재 시점의 환율로 미리 고정해 두는 것을 말한다.

II. 문화정보

1. 학생운동에 대한 이론적 접근

오이디푸스적 반항이론 (Lewis S. Feuer)	① 학생운동을 학생들의 아버지와 구세대의 권위에 대한 **맹목적이고 무의식적인 오이디푸스(Oedipus)적 적개심의 표현**이라고 지적한다. {10.1 승진. 08.1 승진} ② 대부분의 시위학생은 폭력수단을 통하여 **시해(弑害)와 살부(殺父), 그리고 자살 등의 복합적 욕구를 표현**한다. {10.1 승진. 08.1 승진} ③ 금세기 특유의 대학생 시위를 설명하는 데 있어 다른 이론보다 적합하지 못하다. {08.1 승진} ④ 아버지와의 관계가 원만함에도 학생운동에 적극적으로 참가하는 학생들의 경우를 설명하는 데 모순점을 가지고 있다. {08.1 승진}
다니엘 벨의 사회적 부적응이론 (Daniel Bell)	① **학생들이 역사의 변화와 사회의 구조적 변화를 거부**하는 데게서 학생운동이 발생한다는 이론이다. ② **학생운동의 원인에 대한 사회부적응이론을 주장**하였다. {10.1 승진}
리차드 플랙스 (Richard Flacks)	중산층 가정에서 강조한 평등 · 정의 · 관용 등의 가치와 정부의 권위주의 등 **각종 부조리가 맞물려 가치관의 혼란 속에서 학생운동이 발생**한다고 주장하였다. {10.1 승진}
필립 슬래터 (Philip Slater)	**새로운 문화적 가치와 기존의 문화적 가치사이에서 갈등**을 느낄 때 학생운동이 발생한다고 이론을 주장하였다. {10.1 승진}
카드 맨하임 (Kart Mannheim)	청년들의 **심리적인 요인과 특수사회의 사회적인 요인의 이원적 요인 간의 상호작용**의 결과 학생운동이 발생한다고 주장하였다. {10.1 승진}

2. 종교의 자유

신앙의 자유	① **신앙을 가지는 자유와 신앙을 가지지 않는 자유**를 말한다. ② 신앙을 가지는 자유에는 **신앙선택, 신앙변경, 신앙포기, 신앙침묵의 자유 등**이 속한다. ③ 신앙을 가지지 않는 자유, 즉 **무신론도 보호**를 받는다.
신앙실현의 자유	① 여러 가지 **종교행사 내지 종교활동을 통해서 신앙을 실천하는 자유**를 말한다. ② 여기에는 **종교의식의 자유, 종교선전의 자유, 종교교육의 자유, 종교적 집회 · 결사의 자유 등**이 있다.

Ⅲ. 사회정보

1. 사회변동

의 의	**사회구조가 변모한다는 의미**로서 산업구조가 1차 산업에서 2·3차 산업으로 발전하거나, 가족구조가 확대가족에서 핵가족 제도로 변화하는 것 등을 들 수 있다.
요 인	① 인구변동 ② 태도와 가치관 ③ 변화에의 욕구 ④ 리더십과 대중의 지지 ⑤ 사회제도 및 과학기술의 발전
저해요인	① 특수한 가치규범과 태도 ② 새로운 수용에 대한 혼란 ③ 경제적 부담 ④ 기득권의 침해

2. 사회적 현상의 종류

노비즘 (Nobyism)	이웃이나 사회에 피해가 가더라도 자신에게 손해가 되지 않는 일에는 무관심한 현상으로 **철저한 개인주의에 바탕**을 둔 사고이다. {08.1 승진} 예 도로나 그 밖의 공공장소에 쓰레기를 버리는 것은 상관 않지만, 자신의 집 앞에 버리는 것은 용납하지 못하는 것
아노미 (Anomie)	**무규범, 무질서의 상태**를 말한다.
님비현상 (NIMBY syndrome)	① **유해시설 설치를 기피하는 현상**을 말하며, **바나나 현상과 비슷한 개념**이다. ② **내 뒷마당에서는 안 된다(Not In My Back Yard)**에서 나온 말이다. 예 범죄자, 마약중독자 ADIS환자, 산업폐기물 등 각종 사회병폐를 수용하거나 처리할 혐오시설을 설치를 반대하는 것
임피현상 (IMFY syndrome)	① **좋은 시설은 자기네 마을에 지어달라(요구)는 현상**을 말하며, **님비현상에 대비되는 개념**이다. ② **In My Front Yard**에서 나온 말이다. 예 세수원 확보나 지역발전에 영향을 미치는 행정구역 조정, 미세권 확보, 정수장관리, 청사 유치 등을 위해 적극적으로 활동하는 것
바나나 현상 (BANANA syndrome)	**유해시설 설치 자체를 반대하는 현상**을 말한다. 예 각종 환경오염 시설들을 자기가 사는 지역권 내에는 절대 설치하지 못한다는 지역 이기주의의 한 현상, 즉 공공정신의 약화 현상
스프롤 현상 (spraw)	도시의 급격한 팽창에 따라 **도시의 교외지역의 무질서하게 주택화하는 현상**을 말한다.
U턴 현상	대도시에 취직한 **시골출신자가 고향으로 되돌아가는 형태의 노동력 이동현상**을 말한다.
도넛현상	대도시에 **거주지역 및 업무의 일부가 외곽지역으로 집중되고 도심에는 공공기관·상업기관만 남아 도심의 도넛모양으로 텅 비어 버리는 현상**(공동화 현상)을 말한다.

Ⅳ. 정책정보

1. 전통주의

주 장	Mark M. Lowenthal {10.1 승진, 09.1 승진}
의 의	정보와 정책에 대한 일정수준의 분리의 필요성을 강조한 입장이다. {10.1 승진}
특 징	① 전통주의를 따를 경우 **현용정보에 정보역량을 집중**하는 결과를 낳았다. ② **정보는 정책에 의존하여 존재**하지만, **정책은 정보의 지지 없이도 존재**할 수 있는 것이다. {10.1 승진, 09.2 경간부, 09.1 승진} ③ 정보생산자는 **정보의 제공과 정보의 조작을 구분**해야 한다. {10.1 승진, 09.1 승진} ④ 고위정책결정자들은 **고위정보관에게 자문**을 구할 수 있어야 한다. {10.1 승진, 09.2 경간부} ⑤ 정보가 정책결정에 조언을 주는 방향으로만 분리적으로 기능해야 한다.

2. 행동주의

주 장	Roger Hilsman {09.2 경간부, 09.1 승진}
의 의	정보와 정책이 공생관계에 있기 때문에 상호 간에 밀접히 연결되어야 한다는 입장이다.
특 징	① 정보생산자는 **정책과정에 대해 연구하고 이해**해야 한다. {09.1 승진} ② 정보생산자는 **정보사용자에게 의미가 있는 사안들에 정보역량을 동원**해야 한다. {10.1 승진, 09.2 경간부, 09.1 승진} ③ **정보와 정책 간에 환류체제가 필요**하다. {10.1 승진, 09.2 경간부, 09.1 승진}

CIA가 창설되던 시기에는 전통주의들의 시각이 팽배했었기 때문에 **1947년에서 1955년까지 CIA는 전통주의적인 시각을 추구**하였으나, **1982년 CIA는 행동주의를 채택**하게 되었다. {09.1 승진}

제6절　외국의 정보경찰

Ⅰ. 영국의 정보기관 {04.1 승진}

비밀정보국 **(SIS)**	① **특별정보국(MI-6)이라는 명칭**으로 발족, 외무성으로 이관 {10.1 승진} ② **국외(해외)정보수집 · 분석과 공작활동 담당** {10.1 승진} ③ 최근에는 테러집단에 대한 정보활동과 산업정보수집활동을 강화
보안국 **(SS)**	① **특별정보국(MI-5)이라는 명칭**으로 창설, 내무성으로 이관 {02.1 승진} ② **영국 내의 간첩 · 태업 및 정부전복음모를 사전에 탐지하여 예방**
국방정보참모부 **(DIS)**	① **주로 군사정보의 수집 · 분석과 방첩활동** ② **미국의 국방정보국(DLA)에 해당되는 기능 수행**
정보통신본부 **(GCHQ)**	① **육군, 해군, 공군의 도청 기구와 부서들의 활동을 지휘** ② **미국의 국가안보국(NSA)과 유사한 역할을 수행** {04.1 승진}
런던 경찰청의 **특별국**	① **왕족, 각료 및 공적인 방문을 고위인사들에 대한 경호** ② **대사관 건물의 감시와 경호** ③ **여행자의 안전을 위한 항구 및 공항의 감시**

Ⅱ. 미국의 정보기관 {02.1 승진}

중앙정보국 **(CIA)**	① 국가안전보장에 관련되는 **국외 정보활동**을 담당 ② **국가의 정책정보를 수집**하며, 수집된 정보를 분석하여 생산, 배포하고, 방첩활동과 **대통령이 승인한 특수공작 수행** {05.1 승진, 03.1 승진}
연방수사국 **(FBI)**	① 스파이, 반란, 정부전복 등의 범죄행위에 대한 수사뿐만 아니라 관련 첩보수집활동도 수행 {05.1 승진, 03.1 승진} ② **FBI는 국내수사, 방첩정보활동이 원칙이고, 해외방첩활동은 CIA와 협조하에 수행**
국토안보부 **(DHS)**	① **테러위협으로부터 국토를 수호하는 것을 주요 임무** ② 미국 내 법집행기관, 정보기관들의 첩보는 물론 기타 연방정부, 주 및 지방정부기관과 민간 분야의 첩보를 개척, 수집, 분석하고 테러 방지 등의 역할 담당 ③ **2001년 '9 · 11테러 사건'을 계기로 테러위협으로부터 국토를 수호하는 것을 주요 임무로 부시 대통령에 의해 설립된 미국의 정보기관** {08.1 승진}
국가안보국 **(NSA)** {08.1 승진,	**통신과 신호들에 대한 첩보보안 및 각종 도청공작, 암호해독 및 암호보호 기술개발, 우주공간 및 미사일 감청 등 담당** {05.1 승진, 03.1 승진}
국가정찰국 **(NRO)**	① **우주정찰에 대한 미국의 정책을 검토하기 위해 설립** {05.1 승진, 03.1 승진} ② 미국의 정보공동체 전체의 위성정찰계획 등 관리 {10.1 승진}

III. 독일의 정보기관

연방정보부 (BND)	① 연방정부의 **관방장관의 관할 하**에 있으며, **외국으로부터 정보를 수집, 분석, 평가하**여 **정치에 필요한 정보판단자료를 지도자에게 제공** ② 정보활동의 결과를 연방수상에게 직접 보고하는 체제
통신감청국	국경선을 따라 독일이 운영하는 **광대한 전자신호 정보망을 조정하는 역할 수행**
연방헌법 보호청(BFVS)	**국내 스파이활동의 방지 및 제거**와 연방헌법에 적대적인 혁명분자의 감시업무 담당

IV. 프랑스의 정보기관

국립경찰청 정보국 (D.C.R.G) {10.1 승진}	① **국내보안과 첩보활동을 관장**하는 내부성 산하 기관 ② 국가안전보장을 위한 국내정보수집, 외국의 첩보활동 탐지, 적발, 태러, 마약범죄 등 범죄수사 등 임무수행
해외안전총국 (D.G.S.E)	① 국방성 산하에서 **국외정보와 방첩업무 담당** ② 프랑스 안보에 유리한 정보를 추구하고 이용하며, 국토전역어 걸쳐 프랑스의 이익에 반대되는 간첩활동을 탐지하고 분쇄하는 임무수행

V. 일본의 정보기관

내각정보 조사실	내각의 중요정책에 관한 정보수집, 보고 및 국내외 언론의 분석, 국내치안관련 정보취급 {03.1 승진}
공안조사청	① 일본 내 단일 정보조직으로는 최대 규모 ② 국내외의 모든 파괴적 요소에 대한 정보수집 및 조사업무 담당하며, 특히 **일본 내에**서 **북한에 대하여 가장 활발한 정보활동**이다. {03.1 승진}

VI. 기타 각국 정보기관

이스라엘	**해외정보기관으로 모사드(Mossad)**가 있으며, **국내정보기관으로서 신베쓰(Shin Beth)**가 있다. {10.1 승진, 02.1 승진}
중 국	1983년 **국가안전부가 창설**되었으며, **대내업무와 대외업무 담당**한다.
북 한	북한의 정보기관으로는 **국가안전보위부와 인민보안성**이 있다.

【각국 정보기관과 테러부대】 {10.1 승진, 08.1 승진, 02.1 승진}

	미국	영국	독일	프랑스	이스라엘
국내 정보기관	FBI (연방수사국)	SS (보안국)	BVS (연방헌법보호청)	DCRG(정보국) DST(국토감시국)	신베스 (Shin-Beth)
국외 정보기관	CIA (중앙정보국)	SIS (비밀정보부)	BND (연방정보부)	DGSE (해외안전총국)	모사드 (Mossad)
통신	NSA (국가안보국)	GCHQ (정보통신본부)			
군사	DLA (국방정보국)	DIS (국방정보참모부)			
테러	① 국토안보부(DHS) ② 육군 **델타포스, 레인저** ③ 해군 : 네이비 실 ④ 경찰 경찰특수부대(SWAT)	특수공군부대(SAS)	① GSG-9 ② 주경찰기동대 (SEK)	① 경찰특공대 (G.I.F.N) ② 군인경찰특공대 (G.I.G.N)	**사렛트 매트칼** (Sayaret Matkal)

제6장

보안경찰 활동

제1절　보안경찰의 의의

I. 보안경찰의 의의 및 특징

의 의	보안경찰이란 국가안전보장을 위태롭게 하는 간첩활동 및 반국가활동세력에 대비해서 **국가적 대공 취약점에 대한 첩보수집·분석·판단과 보안사범 수사를 전담하는 경찰**을 말한다. 여기에서 보안경찰은 **실무상 의미의 보안경찰을 의미**하며, 협의의 행정경찰과 대립되는 보안경찰은 학문상 개념인 보안경찰을 의미한다.

법적 근거	경찰법 (제3조)	① 국민의 생명·신체 및 재산 보호　② 범죄예방·진압 및 수사 ③ 경비·요인경호 및 대간첩작전 수행　④ 치안정보의 수집·작성 및 배포 ⑤ 교통의 단속과 위해의 방지　⑥ 그 밖의 공공의 안녕과 질서유지
	경찰관직무집행법 (제2조)	① 국민의 생명·신체 및 재산 보호　② 범죄예방·진압 및 수사 ③ 경비·요인경호 및 대간첩작전 수행　④ 치안정보의 수집·작성 및 배포 ⑤ 교통의 단속과 위해의 방지　⑥ 그 밖의 공공의 안녕과 질서유지
	기 타	형법, 국가보안법, 보안관찰법, 북한이탈주민의 보호 및 정착지원에 관한 법률, 정보 및 보안업무기획·조정
	※ 보안경찰활동이라는 직무범위는 경찰법 제3조와 경찰관직무집행법 제2조에 명시되어 있지 않다. **다만, 기타 공공의 안녕과 질서유지에 포함된다**고 본다.	

특 징	① 보안경찰도 정보경찰과 마찬가지로 **국가안전과 사회공공의 안녕질서유지를 목적**으로 하지만, **국민의 생명·신체·재산의 보호를 목적**으로 하는 일반(보통)경찰과 **다르다.** {07.3 순경, 02.5 순경} ② 보안경찰도 정보경찰과 마찬가지로 **국가적·사회적 침해행위를 그 대상**으로 하나 **주 대상은 대공**에 관한 사항이다. {07.3 순경} ③ 경찰공무원임용령은 **보안경과를 따로 규정**하고 있다. {02.5 순경} ④ 보안경찰활동은 직접 국가안전보장에 관련되는 범죄를 대상으로 하기 때문에 **고도의 보안을 요하는 비공개활동**이다. {07.3 순경, 02.5 순경} ⑤ 국가안전보장을 위한 **가장 중핵적 역할은 국가정보원이 수행**하므로 **경찰의 보안(방첩)·정보·외사 기능을 정보 및 보안업무의 통합기능 수행을 위하여 필요한 범위 내에서 국가정보원의 조정**을 받는다. {02.5 순경} ⑥ 국가정보원장은 각 정보수사기관의 업무와 행정기관의 정보 및 보안업무를 조정하는 권한을 보유하고 있다.

임 무	① 보안경찰업무에 관한 기획 및 교육 ② **보안관찰에 관한 업무지도** {02.5 순경, 97.1 승진} ③ 북한이탈 주민관리 및 경호안전대책 업무 ④ 간첩 등 보안사범에 대한 수사의 지도·조정 ⑤ **보안관련 정보의 수집 및 분석** {02.5 순경, 97.1 승진} ⑥ **남북교류와 관련**되는 보안경찰업무 ⑦ **간첩 등 중요방첩수사**에 관한 업무 ⑧ **중요좌익사범의 수사**에 관한 업무 　　☞ **강력사범 검거(×) – 수사경찰의 임무** 　　☞ **풍속사범 단속(×) – 생활안전경찰의 임무** 　　☞ **보호감호(×), 치료감호(×), 보호관찰(×)**

제2절　보안경찰의 활동

I. 방첩활동

방첩의 의의	국가기밀·보안유지{07.9 순경}라고도 하며, 상대방으로 하여금 우리 측의 의도를 간파하지 못하게 하고, 우리 측의 어떤 상황도 또한 상대에게 전파되어서는 안 된다는 것이다.	
방첩활동의 의의	적의 정보활동에 대비하여 자기편을 보호하는 노력으로써 간첩·태업·전복{97.1 승진, 96.1 승진} 등을 미연에 방지하고 적발하기 위한 조직된 활동으로서 소극적·적극적 보안대책에 관계되는 활동을 말한다. {07.9 순경}	
방첩의 기본원칙 {10.1 승진, 07.9 순경}	계속접촉의 원칙 {07.9 순경}	방첩기관이 간첩용의자를 발견하였다고 해서 즉시 검거해서는 안 되며, 조직망 전체가 완전 파악될 때까지 계속해서 유형·무형의 접촉을 해야 한다는 원칙이다. {02.11 순경} 예 경찰서 보안과장이 조선족으로 가장한 우회침투간첩 밀입국자를 발견하더라도 직접 검거하지 않고 배후를 파악한 후 검거하라고 지시하는 것 {07.9 순경} **【계속 접촉의 유지단계】** {10.1 승진} ① 계속탐지 → ② 정확한 판명 → ③ 동정을 미행주시 → ④ 행동을 역이용 → ⑤ 완전 일망타진(검거)
	완전협조의 원칙	전담기관인 방첩기관과 보조기관 및 일반대중과 완전 완전협조가 이루어져야 방첩목표를 달성할 수 있다는 원칙이다. {02.11 순경}
	치밀의 원칙	적에 대한 정확한 정보판단과 전술전략의 완전한 분석 등 치밀한 계획과 준비로서 방첩활동을 수행하여야 한다는 원칙이다. {02.11 순경}
방첩의 수단 {09.1 승진}	적극적 방첩수단	개념: 침투되어 있는 적 및 적의 공작망을 분쇄하기 위하여 취하는 공격적인 수단을 말한다. 수단: ① 적 첩보공작분석 {07.9 순경}　② 대상인물 감시 {07.9 순경} ③ 침투공작 전개 {07.9 순경}　④ 적 첩보수집 ⑤ 간첩을 활용한 역용공작　⑥ 간첩신문
	소극적 방첩수단	개념: 적의 비밀공작으로부터 우리 측을 보호하기 위해 자체보안 기능을 발휘하는 방어적 조치수단을 말한다. 수단: ① 정보·자재보안 {10.1 승진}　② 인원보안 {10.1 승진} ③ 시설보안 {07.9 순경} ④ 보안업무의 규정화 → 소극적 방첩수단을 통일성 있게 통제할 수 있는 가장 효과적인 방법 {10.1 승진, 08.1 승진} ⑤ 입법사항 건의
	기만적 방첩수단	개념: 비밀이 적에게 노출되어 있는 상황 하에서 우리가 기도한 바를 적이 오인하도록 방해하는 조치이며, 고도의 기술과 계획이 요구되는 수단을 말한다. 수단: ① 허위정보 유포 {10.1 승진}　② 유언비어 유포 {10.1 승진} ③ 양동간계시위 {10.1 승진}

II. 방첩의 대상

1. 간첩

1) 간첩의 의의 및 분류

의 의	① 간첩이란 **타국에 대한 국가기밀수집, 태업행위, 전복행위 등을 목적으로 대상국내에 잠입한 자 또는 이를 지원·동조하거나 협조한 자**를 말한다. {10.1 승진} ② 대상국의 기밀을 수집하거나 태업·전복화동을 하는 모든 조직적 구성분자를 말한다.		
분 류	**활동 방법에 의한 분류**	배회간첩	지역의 고정 없이 **일정한 공작기간이 설정되어 있는 점**이 주된 특징으로서 전국을 배회하면서 임무를 수행하는 간첩을 말한다.
		공행간첩	공용으로 입국하여 **합법적 신분을 보유하면서 정보를 수집하는 간첩**을 말한다. {10.1 승진, 03.1 승진}
		고정간첩	**일정한 공작기간이 없고**, 일정지역에서 장기적·고정적으로 간첩활동을 하도록 임무를 부여받고 활동하는 간첩을 말한다.
	임무에 의한 분류	무장간첩	요인암살·파괴, 간첩의 호송·연락·안내를 위하여 특별히 무장한 간첩을 말한다.
		보급간첩	간첩을 보내거나 또는 침투된 간첩들에게 필요로 하는 **공작금품·장비·증명서원본·화폐 등을 지원하거나 보급하는 특수목적을 위한 간첩**을 말한다. {10.1 승진, 03.1 승진}
		증원간첩	**간첩망의 보강을 위해** 파견되는 간첩 또는 간첩으로 이용할 양민의 납치·월북 등을 주된 임무로 하는 간첩을 말한다.
		일반간첩	일반적으로 간첩이라 하면 이를 지칭하는 것으로 **정보수집·태업·전복공작을 등을 주로 하는 간첩**을 말한다. {03.1 승진}
	활동 범위 (인원수)에 의한 분류	대량형 간첩	특수한 대상의 지목 없이 광범위한 분야에서 정보를 입수하여 주로 **전시에 많이 파견되는 간첩**을 말한다.
		지명형 간첩	특정한 목표와 임무를 부여받아 특수한 정보를 수집하는 간첩을 말하며, **평시에 많이 파견이 되며, 색출이 곤란**하다. {03.1 승진}
	손자 (孫子)에 의한 간첩의 분류	사간 (死間)	**배반할 염려가 있는 아군**의 간첩에게 고의로 조작된 사실을 주어 적에게 전언 또는 누설하게 하는 것을 말한다. {09.1 승진}
		생간 (生間)	**적국 내에 잠입**하여 정보활동을 하고 돌아와 보고하는 것을 말한다. {09.1 승진}
		내간 (內間)	**적의 관리를 매수**하여 정보활동을 시키는 것을 말한다.
		반간 (反間)	**적의 간첩을 역으로 이용**하여 아군을 위해 활동하는 것을 말한다. {09.1 승진} [사례] 소련 KGB는 미국 CIA의 對KGB 비밀요원인 에임스를 매수하여 십여 년간 CIA의 각종 비밀활동에 관한 정보를 얻어오다가 발각이 되었다. {08.1 승진}
		향간 (鄕間)	**적국의 시민을 이용**하여 정보활동을 하는 것을 말한다. {09.1 승진}

2) 간첩망의 형태

삼각형	의 의	**지하당 구축에 흔히 사용하는 형태**로서 간첩이 3명 이내의 공작원을 포섭하여 지휘하여 **공작원간 횡적 연락 차단**시키는 활동조직을 말하며, **북한 간첩이 주로 사용하는 조직형태**이다. {10.1 승진. 06.10 순경}
	장 점	공작원 간의 횡적연락이 안되므로 **비교적 보안유지가 잘 되나, 일망타진의 가능성은 적다.** {10.1 승진}
	단 점	**활동범위가 좁고**, 공작원 검거 시 간첩 정체가 쉽게 노출된다. {10.1 승진}
서클형	의 의	**첩보전에 많이 이용하는 형태**로서 간첩이 **합법적 신분을 이용**하여 적국의 이념이나 사상에 동조토록 유도하여 공작목표를 달성하기 위한 조직형태를 말한다. {10.1 승진}
	장점	**간첩활동이 자유롭고 대중적 조직 및 동원이 가능**하다.
	단점	간첩의 정체가 폭로되었을 때 **외교적 문제가 야기**될 수 있다. {10.1 승진}
단일형	의 의	**대남간첩이 가장 많이 사용하고 있는 형태**로서 간첩이 특정목적 수행을 위해 동조자 없이 **단독으로 활동**하는 점조직의 형태를 말한다. {06.10 순경}
	장 점	**보안유지 및 신속한 활동이 가능**하다. {06.10 순경}
	단 점	활동범위가 좁고 공작성과가 낮다. {06.10 순경}
피라미드형	의 의	**간첩이 주공작원 2~3명을 두고, 주공작원은 그 밑에 각각 2~3명의 행동공작원을 두는 조직형태**를 말한다. {06.10 순경}
	장 점	일시에 많은 공작을 입체적으로 수행할 수 있어 **활동범위가 넓다.**
	단 점	행동의 노출이 쉬워 **일망타진 가능성**이 높으며, 조직구성에 많은 시간이 소요된다.
레포형	의 의	**현재 사용되지 않는 형태**로서 피라미드형 조직에 있어서 **간첩과 주공작원 간, 행동공작원 상호 간에 연락원을 두고 종횡으로 연결**하는 조직형태를 말한다. {06.10 순경}

3) 간첩의 전술

간첩의 포섭방법		① 돈·명예·여자를 통한 포섭 ② 월북자 가족을 통한 포섭 ③ 강압이나 기만을 통한 포섭 ④ 신분노출을 이용한 직접포섭 : 김동식·최정남 부부간첩사건
간첩의 침투전술	**육상 침투전술**	휴전선 방벽공사 이후 이용이 어려워진 전술이나, 1990년대 이후 육상으로 침투
	강상 침투전술	한강이나 임진강 등을 이용하여 침투, 주로 얼음이 얼지 않는 3월초~11월말까지 이용
	해상 침투전술	가장 많이 이용하는 침투, 해안이 인가와 밀집되어 위장침투가 가능하고 내륙과 교통수단 연계가 잘되어 있는 장소에 침투
	우회 침투전술	합법적인 입국을 가장하기 위해 해외에서 망명이나 귀순을 가장하는 방법

잠복전술	의 의		잠복전술이란 침투 간첩들이 남한지역에 체류하는 동안 정보수사기관의 인지를 피하여 활동거점을 마련하고 은신하는 기술과 활동을 의미한다.
	종 류	비합법 기술잠복	① 가장 기본적인 것으로 **침투지점부터 공작지역까지 침투 · 복귀 시, 공작지역에 체류하는 전 기간에 기본적으로 은거하는 잠복**을 말한다. ② 잠복장소를 비트라고 하며, **공작지역까지의 침투과정에서 만드는 임시 비트와 공작지에서 활동거점**으로 만드는 영구비트가 있다.
		비합법 자연잠복	비트를 만들 시간적 여유가 없거나, 토질조건의 불량 등 비트 제작여건이 못 되는 경우에 **자연지리적인 조건과 지형지물을 이용하여 잠복**하는 유형이다.
		반합법 기술잠복	간첩이 유흥접객업소의 종사자와 동거 · 동숙하는 신분확인이 곤란한 점을 이용하여 합법적인 인물처럼 공개적으로 잠복하는 방법이다. {07.3 순경}
		반합법 엄호잠복	침투간첩들이 포섭된 대상의 엄호를 받으며 그의 거주지나 영업소에 은거하여 합법적인 인물로 가장하여 잠복하는 방법이다.

2. 태업

의 의			① **대상국가의 방위력 또는 전쟁수행능력을 직 · 간접으로 손상하기 위하여 행해지는 일체의 행위**를 말한다. {08.7 순경, 03.11 순경} ② 원래는 노동쟁의의 수단이었으나, **공산주의자들이 침략전술로 이용하여 방첩활동의 주요 대상**이 되고 있으며, 태업에 대한 가장 근본적이 대책은 '**보안유지**'라 할 수 있다.
대 상 {08.7 순경}			① **전략 · 전술적인 가치**가 있을 것 ② 일단 파괴되면 **수리하거나 대체하기가 어렵고, 많은 시간이 소요**되는 것 ③ 태업에 필요한 기구가 용이하게 입수되고 접근이 가능한 것일 것
유 형 {08.7 승진}	물리적 태업	방화태업	① **인화물로 목적물에 화재를 발생시키는 행위**를 말한다. ② **가장 파괴력이 강하고 우연한 사고로 위장 용이**하다. {08.7 승진, 08.1 승진}
		폭파태업	① **폭발물을 사용하여 목표물을 파괴시키는 행위**를 말한다. ② **파괴가 전체적이고 즉각적이어야 할 때 주로 사용**한다.
		기계태업	① 철물, 황산 등의 기계투입, 열차탈선 등으로 손실 초래, 주로 장기공작원에 의하여 행해지며 목표물에 접근해 있는 자가 실행한다. ② **범행이 용이하며 사용자가 사전에 결함 발견이 곤란**하다. {08.1 승진}
	심리적 태업	정치태업	**정치적 갈등, 부당한 정치적 물의를 일으켜 국민의 일체감을 약화시키는 태업**을 말한다. {08.1 승진}
		경제태업	화폐위조 및 남발, 악성 노동쟁의 등으로 경제질서 혼란 초래하기 위한 태업을 말한다.
		선전태업	유언비어 유포, 반국가적 여론조성 등으로 사회불안, 국민의 사기저하 등 유도하는 태업을 말한다. {08.1 승진}

3. 전복

의 의		폭력수단 동원 등 위헌적인 방법으로 헌법에 의하여 설치된 **국가기관을 강압에 의하여 변혁시키거나 기능을 저하시키기 위하여 취하여지는 실력행위**를 말한다.
수 단		전위당(공산당)조직, 통일전선, 선전 · 선동, 테러, 파업과 폭동, 게릴라 전술 등 **다양한 수단**이 있다.
형 태	국가전복	협의의 혁명으로 **피지배자가 지배자를 타도하여 정권을 탈취하는 것**을 말한다.
	정부전복	동일 지배계급 내의 **일부세력이 집권세력을 폭력으로써 타도하여 정권을 탈취하는 것**을 말한다.

III. 비밀공작

1. 공작의 의의 및 성격

의 의	비밀공작이란 정보기관이 **어떠한 목적 하에 주어진 목표에 대하여 계획적으로 수행하는 비밀활동**으로서, 방첩업무에 현저히 가치가있는 보안정보의 수집이나 **乙-첩 · 반국가단체에 대한 범증 획득 및 범인색출 등 국가 안전보장을 위한 비노출적 보안활동**을 말한다.	
성 격	헌신성	비밀공작의 종사요원에 대하여 **국가목적적 헌신성이 요구**된다.
	장기성	목전의 성과보다 **장기에 걸친 활동효과를 추구**한다.
	다양성	적대국 · 제3국 · 우방 등 **다양한 대상에 대해 전개**된다.
	변화성	현실상황에 따라 **다양한 대처로 비정형적 성격**을 가진다.
	복선성	노출에 대비 주관자는 **철저한 위장대책의 수립이 요구**된다.
	비밀성	공작의 계획 · 추진과정은 물론 **종료 후에도 비밀유지가 요구**된다.
	전제성	**강력한 통제 하에 수행**되며, 지령에 대한 하급자의 반대는 허용되지 않는다.

2. 공작의 분류 {05.3 순경}

공작운영 기구에 의한 분류	통합공작	**연락공작 및 연합공작**이라고도 하며, 공식적으로 **둘 이상 국가의 정보기관이** 상호 간의 이익을 위하여 **협동**으로 비밀공작을 수행하는 것을 말한다.
	합동공작	우방국가 정보기관들이 **상호 간의 이익을 위하여 개별적인 공작을 사안별로** 협력하여 진행시키는 형태를 말한다.
공작목적에 의한 분류	역용공작	**검거된 간첩을 전향시키거나 자수한 간첩을 활용하여 적의 첩보를 수집하거나** 다른 간첩을 검거하는 데 이용하는 공작을 말한다.
	태업공작	어떤 물자 · 물건 · 시설 · 생산공정이나 자연자원을 **열시적 또는 항구적으로** 사용하지 못하도록 적극적인 행동을 기도하는 공작을 말한다.
	지원공작	제3국에서 **아국(我國)의 정책을 해당국 정부나 국민에게 이해시키고, 적국(敵國)의 정책을 폭로 · 규탄하여 국제사회에서 우리를 지지하도록** 하는 활동을 말한다.
	와해모략 공작	**자신을 불명예스럽게 폭로 내지 행동하도록 상대방을 유혹하는 심리적 공작을** 말한다.
	첩보수집 공작	**정보분석 활동에 필요한 제반 첩보를 수집하는 활동**을 말한다.
공작대상 지역에 의한 분류	대(對)북공작, 대(對)공산권공작, 대(對)우방국공작	

3. 방첩공작

방첩공작 진행순서	① 보안첩보수집 → ② 내사 → ③ 공작평가보고서 작성 → ④ 지방경찰청장의 공작승인 → ⑤ 방첩공작
공작평가 보고서 {02.1 승진}	① 지방경찰청에서는 사안에 따라 A, B, C급으로 분류하여 공작을 승인하고 예산을 배정하여 준다. ② 방첩공작을 진행하기 위해서는 보안첩보를 입수한 후, 내사공작을 거쳐 방첩공작의 가치가 있다고 판단되면, 공작평가보고서를 작성하여 지방경찰청장의 공작승인요청을 한다. ③ 방첩활동을 위한 **보안정보의 수집은 보안경찰의 업무 중 가장 중요**한 부분이고, 보안정보의 수집에는 **공개출처뿐만 아니라 비공개출처도 적극 활용**하여야 한다.

4. 공작의 4대 요소와 순환과정

공작의 4대 요소 {10.1 승진, 07.1 승진, 03.1 승진}	**공작목표**	공작상황에 따라 결정되며, 개괄적이고 광범위한 것부터 구체적이거나 특정된 것까지 있으나, **공작의 진행에 따라 구체화ㆍ세분화되는 것이 특징**이다. {03.1 승진}
	주관자 (공작관)	상부로부터 받는 지령을 계획하고 수행하는 집단으로서 **공작의 책임자를 공작관**이라고 한다. {03.1 승진}
	공작원 {10.1 승진}	① 공작원이란 공작관을 대행하여 비밀조직의 최선단계에서 철저한 가장과 통제 하에 공작목표에 대하여 **비밀을 탐지하거나 기타 부여받은 공작임무를 수행하는 사람**이다. ② 공작망의 책임자인 **주공작원**과 주공작원의 지휘ㆍ조정을 받는 **행동공작원, 지원공작원**이 있다.
	주공작원	**공작관 밑에 위치하는 공작망의 책임자**이며, 공작관의 명령시달에 의하여 자기 공작망 산하 공작원에 대한 지휘조종의 책임을 담당한다. {10.1 승진, 03.1 승진}
	행동 공작원	공작목표에 대하여 실제로 첩보수집 기타 공작임무를 직접 수행하며, **통상 주공작원의 지휘조종을 받아 임무를 수행**한다.
	지원 공작원	비밀활동을 수행하는 공작원ㆍ조직체에 공작에 필요한 기술ㆍ물자 등을 지원하는 활동을 수행하며, **통상 주공작원의 지휘조종을 받아 임무를 수행**한다.
	공작금	**선정된 공작목적의 달성을 위한 제한을 극복하기 위해 많은 공작금이 필요**하다. {03.1 승진}
비밀공작 의 순환과정 {10.1 승진, 07.1 승진}	**의의**	공작은 공작관이 임의적으로 수행하는 것이 아니라, **상부의 지령에 의하여 수행되는 것**이며, 상부에서는 공작관의 보고서에 의해서 공작의 계속성 여부 및 공작방향을 결정하게 된다.
	순환과정	① 지령 → ② 계획 → ③ 모집 → ④ 훈련 → ⑤ 브리핑(**공작관이 공작원에게 임무부여**) → ⑥ 파견 및 귀환 → ⑦ 디브리핑(**공작원이 공작관에게 보고**) → ⑧ 보고서 작성 → ⑨ 해고

5. 비밀공작망의 조직형태

비밀 공작망의 의의		공작임무를 효과적으로 수행하기 위하여 주공작원을 중심으로 공작원과 그의 세포로 구성된 조직을 말한다.
직접망	의의	① 최일선에서 활동하는 **공작원이 직접 공작관과 연락되어 공작관의 조정 통제를 받는 망형태**이다. {08.1 승진} ② **북한이 최근 이용하는 점조직 간첩망**이다.
	장점	① **공작비가 절약**된다. {08.1 승진} ② **공작원에 대한 직접적인 조정 · 통제가 용이**하다. ③ 공작관과 공작원이 직접 접촉하게 되어 **공작원에 대한 테스트가 용이**하다. {08. 1 승진} ④ **양질의 첩보수집과 보안유지가 가능**하다.
	단점	① 공작원의 업무량이 많다. ② 많은 목표를 대상으로 할 수 없다. ③ 공작원이 체포되었을 때 **신분이 알려져 조직노출의 위험이 크다.**
주 공작원망	의의	공작관으로부터 **공작임무를 위임받은 주공작원이 일선에서 공작원을 조정 통제하는 망 형태**이다. {08.1 승진}
	장점	① **많은 공작원을 간접적으로 조정**할 수 있다. ② **공작관이 노출될 염려가 적다** ③ 유용한 공작원의 활용으로 능률이 높다. ④ **국외공작인 경우 주공작원과 일선 공작관의 언어장벽이 해소**된다. {08.1 승진}
	단점	① 공작관이 **공작원을 직접 통제 할 수 없다** ② **공작비가 많이 든다.** ③ 공작관이 **공작원에 대한 테스트나 가치평가가 어렵다.**
혼합망 {07.1 승진}	의의	**직접망과 주공작원명을 혼합하여 조직하는 망형태**이다. {08.1 승진, 07.1 승진}
	장점	① **공작관이 직접 주공작원을 통제**할 수 있다. {08.1 승진, 07.1 승진} ② **공작관이 공작 · 첩보보고 등의 진위를 확인**할 수 있다. {07.1 승진}
	단점	주공작원망의 단점과 유사하다. {07.1 승진}

6. 공작활동(비밀공작의 수단)

가 장	의의		정보활동에 관계되는 모든 요소의 정체가 외부에 노출되지 않도록 꾸며지는 **내적 · 외적인 활동**을 말하며, **외관만을 다르게 꾸미는 위장과는 구별**된다.
	종류	**부차적 가장**	기본적 가장이 폭로되거나 사용할 수 없는 경우에 대비해 마련된 **2차적 가장**
		자연적 가장	기존의 신분이나 직업 등 기존 사실대로 **가장하는 것** {08.1 승진}
		집단 가장	정보기관 종사자가 **집단적으로 행동할 때 취하는 가장**
		개인 가장	**개개인을 비밀활동에 적합**하게 가장하는 것
		조직적 가장	비밀공작조직 자체를 **정보활동 수행에 적합한 명칭이나 기업체처럼 가장하는 것** {08.1 승진}
		신분 가장	공작지역에 체류함이 가능하도록 **신분이나 상태를 보호하여 주는 가장**
		행동 가장	정보활동 수행상 **제반 행동사항을 보호하여 주는 가장**

		인공적 가장	새로운 신분이나 직업 · 생활 등을 조작하여 허위의 가장을 하는 것 {08.1 승진}
		중가장	가장을 충분히 입증할 수 있는 증명문건 등을 완전히 구비하여 **일반적 수사에서 정체가 쉽게 폭로되지 않는 가장** {08.1 승진}
		경가장	입증문구 등의 **구비상태가 완벽하지 못한 가장**
		기본적 가장	정보활동에 있어서 **제1차적이고 기본이 되는 가장**
신호	의의		비밀공작활동에 있어서 **조직원 상호간에 어떤 의사를 전달하기 위하여 사전에 약정해 놓은 표시**를 말한다.
	종류	행동신호	계획상의 **행동수행이나 변경, 공작활동 가능여부를 연락하기 위한 신호**를 말한다.
		인식신호	인원 · 시설 · 지역 · 물자 등에 사전에 약정된 방법으로 **표시 또는 행동함으로써 상호 식별케 하는 인식수단**을 말한다.
		안전 · 위험신호	공작활동에 있어서 **인원, 시설, 지역 또는 단체의 현재상태가 안전 또는 위험하다는 것을 알리기 신호**를 말한다.
		확인신호	인식신호로써 대상자임을 인식하고 접근한 후, **다시 확인하기 위해 약속된 신호로서 통상 물자교환이나 약속된 대화**를 한다.
연 락	의의		비밀공작을 수행함에 있어서 **상 · 하급 인원이나 기관 간에 비밀을 은폐하려고 기도하는 방법**을 말하며, **첩보, 문서, 관념, 물자 등을 전달하기 위하여 강구된 수단 · 방법의 유지 및 운용**을 말한다.
	3대 요소		① 정확성,　② 신속성,　③ 안전성
	연락선		**변동하는 각종상황 하에서도 비밀조직 내의 인원이나 기관 간에 상호　연락할 수 있도록 체계를 구성하는 것**을 말한다. **【연락선의 종류】** {07.1 승진} **정상선** : 정상적인 공작상황에서 **지령, 첩보, 문서 등 통신물을　전달하기 위하여 조직한 접촉수단**이며, **기본선, 보조선, 긴급선**이라고도　한다. {07.1 승진} **예비선** : **조직원의 교체 또는 조직의 변동 등에 대비하여 최초접촉을 위한 선**이다. {07.1 승진} **비상선** : **위급상황에서 공작의 중단이나 정지를 알리기 위해 조직된 선**으로 **경고선**이라고도 한다. {07.1 승진}
	수단	차 단	조직원의 직접 접촉 없이 **매개체를 이용**하여 연락하는 수단을 말한다. **【차단의 수단】** **수수소 (무인포스트)** : 직접 접촉 없이 조직의 양자 간에 전달될 수 있도록 **문서나 물품을 은닉 · 비장하는 장소, 시설물, 물체**를 말한다. {07.1 승진} 예 자동차, 선박, 공중변소, 전화박스 등 **수수자 (유인포스트)** : 조직구성원간의 접촉이 없이 **문서, 물건 등이 전달을 매개하여 주는 제3자인 중간 연락자를 의미**하며, 노출의 가능성이 크므로 비상시에만 사용함이 보통이다. {07.1 승진} **편의주소 관리인** : **일반우편을 이용**하여 필요한 물건이나 통신문을 보내거나 받는 데 있어서 편의상 선정한 주소관리인을 말한다. **연락원** : 연락물을 운반·전달하는 지원공작원을 말하며, 조직의 일원인 점에서 이동수수자와 다르다. {07.1 승진}

		개인 회합	비밀조직내의 두 구성원 간에 접촉의 유지, 첩보보고, 지령, 공작자료를 전달 또는 연락하기 위하여 **직접 상면하는 연락수단**을 말한다.
		아지트	아지트란 **비합법적인 운동이나 간첩행위 등의 근거지로 사용하는 집회소나 지도본부**이며, **공작원이 외부로부터 보호될 수 있는 고도의 차단성을 구비**하여야 한다. {07.1 승진, 02.1 승진}
		A-3 방송	**북한이 남파간첩에게 지령을 하는 수단으로 사용하고 있는 방송**이다.
		드보크	① **사람을 통하지 않고 자연지물을 이용한 비밀함에 의하여 문건이나 물건 · 공작금 · 무기 등을 주고받는 연락수단**을 말한다. {01.1 승진} ② 드보크는 **러시아어로 참나무를 뜻하는 "두푸"에서 변형된 말**로 시베리아 지방에서 큰 참나무 등을 표식으로 편지나 물건을 주고받았던 데서 유래되었다. {02.1 승진}
		비트	**땅을 파고 들어가 은신하는 비합법적인 활동의 잠복거점**이다. {02.1 승진}
		난수표	간첩이 지령이나 보고의 내용을 은닉 · 보호하기 위하여 **아라비아 숫자로 상호 약정한 암호문건**이다.
감 시	의의		① 공작대상인 인물 · 시설 · 물자 및 지역 등에 대한 **정보를 획득할 목적**으로 시각이나 청각 등을 사용하여 관찰하는 기술을 말한다. ② 대인감시는 **헌법상 기본권 보장문제와 관련하여 국가목적 수행을 위한 최소한의 범위 내에서 실시**되어야 한다.
	법적 근거		대통령경호실법, 국가정보원법 등
	종류	신중감시	**대상자가 감지하지 못하도록 행하는 감시**를 말하며, 신중감시 도중 대상자가 접선 등 어떤 용의사실이 발견되면 근접감시의 형태로 전환한다.
		근접감시 (직접 감시)	**대상자가 감시당하고 있음을 감지하여도 계속 감시**하는 것을 말하며, 대상자를 절대 놓쳐서는 안 될 경우, 대상자의 공작을 방해하기 위한 경우에 사용되는 감시방법이다.
		완만감시	**대상자가 이미 알려져 있는 자로서 계속감시를 필요로 하지 않는 자에 대하여 필요한 시간 · 장소를 정하여 실시**하며, 적은 인원으로 많은 효과를 올리고자 할 때 적합하다.
사전 정찰	의의		장래의 공작활동을 위하여 **공작목표나 공작지역에 대하여 예비지식을 수집하는 사전조사활동**을 말한다.
	필요한 이유		① 회합을 위한 적당한 장소 선정 ② 보안성이 유지되는 수수소의 선정 ③ 공작대상지역의 선정
	절 차		① 계획서 작성 → ② 공작원 선정 → ③ 안전대책 점검 → ④ 정찰실시 → ⑤ 보고서 작성
관찰 · 묘사			관찰이란 **일정한 목적 하에 사물의 현상 및 사건의 전말을 감지하는 과정**을 말하며, 묘사란 **관찰한 경험을 재생하여 표현 · 기술하는 것**이다.

Ⅳ. 심리전

1. 심리전의 의의 및 유형

의 의	비무력적인 선전 · 선동 · 모략 등의 수단에 의해 **직접 상대국의 국민 · 군대에 정신적 자극을 주어 사상혼란과 국론분열을 유발시킴으로써 자국의 의도대로 유도하는 비무력 전술**이다. {09.1 승진}		
유 형	**목적에 의한 분류** {09.1 승진}	선무 심리전	**타협심리전**이라고도 하며, 우리 측 **후방지역의 사기를 양양**시키거나 **수복지역의 주민들의 협조를 얻어 질서를 유지하는 선전활동**을 말한다. {09.2 경간부}
		공격적 심리전	적측에 대해 특정의 목적을 달성하기 위해 **공격적으로 행하는 심리전**을 말한다.
		방어적 심리전	적측에 가해 오는 **공격을 와해 · 축소시키기 위해 방어적으로 행하는 심리전**을 말한다.
	운용에 의한 분류 {09.1 승진}	전략 심리전	광범위하고 **장기적인 목표 하에 대상국의 전 국민을 대상으로 실시하는 심리전**을 말한다. {09.1 승진} 예 자유진영국가들이 공산진영국가의 국민들을 대상으로 전개하는 대공산권방송 등
		전술 심리전	**단기적인 목표 하에 즉각적인 효과를 기대하고 실시하는 심리전**을 말한다. {09.1 승진} 예 간첩을 체포한 후 널리 공개하는 것
	주체에 의한 분류	공연성 심리전	사실출처를 명시하면서 실시하는 심리전(통상 백색선전)
		비 공연성 심리전	출처를 밝히지 않거나 위장·도용하여 상대국의 시책 등을 모략·비방함으로써 내부혼란을 조장하는 방법으로 전개하는 심리(통상 회색선전, 흑색선전)

2. 심리전의 수단

선전 {10.2 경간부}	① 특정 집단의 심리적 작용을 자극하여 **감정이나 견해 등을 자기 측에 유리한 방향으로 유도하기 위하여 계획적으로 특정한 주장과 지식 등을 전파하는 심리전의 기술**을 말한다. {10.1 승진} ② **대중들에게 의식 · 무의식 간에 그들의 태도에 일정한 경향과 방향을 부여하는 것**이다.		
	출처의 공개 여부 {10.1 승진}	백색 선전	**출처를 공개하고 행하는 선전**을 말한다. {10.1 승진}
		장점	① 국가 또는 공인된 기관이 공식적인 보도기관을 통하여 행하게 되므로 **주제 · 용어 등에 제한은 받지만 신뢰도가 높다.** {10.2 경간부, 10.1 승진} ② 적의 의도를 가장 정확하게 판단하는 자료가 된다.
		단점	적국 내에서 실시가 불가능하다.
		흑색 선전	**출처를 위장하면서 암암리에 실시하는 선전**을 말한다. {10.1 승진, 08.1 순경} 예 **구 한민전의 "구국의 소리" 방송** {08.10 순경}
		장점	① 적으로 하여금 그 내부에 모순이 있음을 드러내어 적 내부를 분열 · 혼란시켜 사기를 저하시킬 수 있다. ② 적국 내의 백색선전인 것처럼 위장하여 행하게 되므로 적국 내에서도 수행이 가능하며, **특정한 목표에 대해 즉각적이고 집중적인 선전을 할 수 있다.** {10.2 경간부, 10.1 승진}

		단점	출처 노출을 피하기 위해 많은 주의가 요구되며, 정상적인 통신망을 이용할 수 없다는 단점이 있다. {10.2 경간부. 10.1 승진}	
	회색 선전	**출처를 밝히지 않고** 행하는 선전을 말한다. {10.1 승진}		
		장점	**기술적으로 운용을 잘하면 적의 선전**이라는 선입관을 주지 않고 효과를 얻을 수 있다. {10.2 경간부. 10.1 승진}	
		단점	**적의 역선전에 취약하고, 출처의 은폐로 선전의 효과를 거두기 어렵다.** {10.1 승진}	
	형 태	① 직접선전　　　　② 간접선전		
	방 법	① 매스컴에 의한 선전　　② 대화에 의한 선전		
	목 적	폭로 · 은폐선전		
	☞ 선전에 있어 형태, 방법, 목적이 다 동일한 것은 아니다. {10.2 경간부}			
선동	① 대중의 심리를 자극, 감정을 폭발시킴으로써 그들의 이성 · 판단력을 마비시켜 폭력을 유발케 하는 심리전의 한 기술이다. {02.1 승진} ② 대중의 주체의식과 개성을 상실시키는 특징이다.			
유언 비어	국가불안이나 국론분열 등 공작목표에 따라 확실한 근거가 없고, **출처가 불분명한 풍설을 터뜨리는 심리전의 한 방법**이다.			
전단	심리전 주체가 의도한 선전내용을 간단히 문자 · 그림 등으로 수록한 유인물을 말한다.			
	장 점	소지가 쉽고, 타인에게 보여줄 수가 있어 **다량전파가 가능**하고 사용이 자유롭다.		
	단 점	**많은 시간이 걸리며, 적의 역대응에 약하고, 기상 등의 영향**을 받는다.		
불온 선전물	북한불온선전물은 북한이 선전선동 등 대남심리전의 일환으로 살포한 전단을 말한다.			
불온 유인물	**국내에서 집회 · 시위 또는 인권운동의 수단으로 정치 · 사회 · 노동단체 · 학생 등이 제작 · 살포한 전단**을 말한다.			
모략	계획적 · 날조적으로 상대측의 **특정 개인 · 단체에게 누명을 씌우거나,** 상대국세력을 약화 또는 **단결력을 파괴시키는 활동**을 말한다.			

【선전과 선동의 구별】 {02.1 승진}

	선 전	선 동
주 체	특정문제에 대한 이론적인 **분석능력이 있는 전문가 · 학자에 의해** 행해짐	용변이나 예언 등에 뛰어난 사람, **대중의 인기를 모을 수 있는 사람에 의해** 행해짐.
수 단	특정문제에 대한 **체계적 · 학문적 · 이론적인 설득으로 그 목적**을 달성	대중의 감정을 고조시켜 폭동하여 그 목적을 달성

3. 대공상황 분석과 판단

대공상황의 의의	국가안전와 관련된 새로운 제반사태 중 **보안경찰의 업무영역에 해당하는 상황**을 말한다.
대공상황의 발생	국가안보에 관련되는 사항으로서 간첩·괴한·거동수상자·괴선박·간첩장비·적성물품 등의 출현 또는 발견 그리고 무기 피탈, 무장군인 탈영, 대형화재, 폭발사건 등 북한 공작원 또는 간첩에 의한 공작차원의 범죄 가능성이 있는 경우에 발생되며 이때 **대공상황 분석판단이 요구**된다.
대공상황 발생시 조치요령	① 보고와 전파시에는 **적시성, 정확성, 간결성, 보안성이 고려**되어야 하며, 보고는 우선 개요를 보고하고, 의문점에 대하여는 2보, 3보로 연속하여 종료시까지 미비점을 보완하면서 일관성 있게 보고 한다. ② 현장확보와 목배치 등 **초동조치는 사건처리의 중요한 관건**이다. ③ 출동조치와 병행하여 군·보안부대 등 유관기관에의 통보가 이루어져야 하며, **목배치로 도주로를 차단**하도록 한다. ④ 대공상황에 있어서도 일반형사사건과 마찬가지로 **현장조사는 상황분석 판단에 매우 중요하게 취급**된다. ⑤ 휴대장비는 작전지도, 취약지 분석자료, 채증장비(카메라, 녹음기, 족적 및 지문채취 도구 등), 손전등, 소형 삽, 금속탐지기, 나침반, 분도기, 삼각자, 통신장비, 무기 등이다.

대공상황 분석·판단	**의 의**	**상황발생과 전개과정에 대한 체계적 인식과정으로, 대공상황의 분석은** 상황발생 및 발전과정을 세밀히 파악하고 그 내용을 확인하며 관련성을 검토·체계화하는 것이고, **판단은** 상황분석한 내용을 전개과정과 결과발생을 종합하여 결론을 도출하는 과정이다. 이렇게 **분석과 판단은 다른 의미를 가지나 보안경찰의 업무수행상 필요불가결한 기본과정으로 절대적 상관관계를 갖는다.**
	대공상황분석· 판단의 목적	대공상황 분석·판단은 정책결정권자에게 사태에 따른 처리방향과 결심을 주는 데 그 의의가 있다. 따라서 **이론적 방향을 제공하기보다는 행동방책이 주목적**이다.
	대공상황 분석과정상 유의사항과 분석요령	① 여러 출처에서 나온 정보를 활용하는 것이 좋다. ② 전체적인 관련성을 유지한다. ③ 합리적이며 논리적 분석이 필요하다. ④ 관련 사항에 대한 비교 대조가 정확하게 이루어져야 하며 주어진 상황과 결론은 일치하여야 한다. ⑤ 상황을 내용별로 분류하고, 사소한 의아점이라도 끝까지 확인하여야 한다.
	대공상황 판단을 위한 구비요건	① 자료는 사실 그대로 수집하고 이를 종합하여야 한다. ② 과대한 표현 방법을 지양하여야 한다. ③ 객관적 자료를 예시하고 간명하게 기술하여야 한다. ④ 유관기관과 협조하여 의견을 종합적으로 판단하여야 한다. ⑤ **판단시 배제되어야 할 점**으로는 주관적 선입관, 불충분한 자료의 응용, 불합리한 사실에 기초한 추리판단, 중요한 사항의 결락, 증거물의 임의적 제외를 들 수 있다.

제3절　보안사범의 수사활동

Ⅰ. 보안사범의 의의 및 특징

의 의	보안사범을 인지·색출·검거·신문하는 일련의 활동을 보안수사라 하며, **보안경찰의 보안수사의 대상이 되는 범죄를 범한 자**를 보안사범(정보사범)이라고 한다.	
특 징	확신범	자기의 행위가 절대적으로 정당하다고 **확신**하고 반행을 감행할 의무가 있다고 **확신**한다.
	보안성	자체의 **보안**에 위장술·은닉술 같은 특별한 대책을 강구하는 등 범죄수법이 고도로 지능화되어 있다.
	비인도적 범행	목적달성을 위해 수단과 방법을 가리지 않기 때문에 살인, 방화, 폭파 등의 범행을 자행한다.
	동족간의 범행	한국의 경우 **동족 간**에 이루어지고 있다.
	조직적 범죄	정보사범은 그 활동에 있어 지하조직과 같이 **조직적이고 집단적**인 경우가 많다.
	비노출적 범행	범행의 결과가 **노출되지 않기** 때문에 범죄의 인식이 매우 어렵다.
	추상적 위험범	**실행에 착수**하면 기수가 된다.

Ⅱ. 국가보안법[시행 1998.1.1]

1. 목적 및 특성

보 호 법 익	국가의 안전과 국민의 생존 및 자유를 확보함을 목적으로 한다.
법 적 성 격	① 국가보안법은 국가와 국민 간의 법률관계를 규율하는 법으로서 **공법**에 해당되며, 국가형벌권의 실현을 목적으로 하는 **형사사법법**이다. 또한 실체적 규정과 절차적 규정이 혼재되어 있는 **형법과 형사소송법에 대한 특별법(형사특별법)**이다. ② 형사소송법과 국가보안법이 상충되는 경우에는 **국가보안법이 우선**한다. {03.2 경간부, 02.10 순경}

2. 국가보안법의 특성

예비·음모·미수의 확장	형법상 예비·음모죄는 예외적으로 처벌되지만, 미수도 법률이 정하는 죄로 한정하고 있다. {10.1 승진}		
	【예비·음모 처벌】		
	예비·음모 처벌(○)	① **반국가단체구성**　② **목적수행**　③ **자진지원**　④ **잠입**·탈출 ⑤ 이적단체구성　⑥ **무기류** 등의 편의제공 등 범죄 {11.2 순경}	
	예비·음모 처벌(×)	① 금품수수　② 찬양고무　③ 회합통신　④ 단순편의제공 ⑤ 불고지죄　⑥ 특수직무유기죄　⑦ 무고 등의 죄 {09.1 승진, 08.1 승진}	

고의범만 처벌	**고의범만 처벌**한다. {09.7 순경}
편의 제공죄	① 형법상 범인에게 금품 기타 재산상 이익 등을 제공하는 것은 종범으로 **정범의 실행행위에 종속되어 처벌**된다. {10.1 승진} ② 국가보안법은 범인에게 편의를 제공한 자는 종범으로서가 아니라 별개로 **독립된 정범으로 처벌**한다.
선동·선전 및 권유죄	① **형법상 범죄를 선동, 선전 및 권유하는 행위는 교사 또는 방조로서 정범의 실행행위에 종속되어 처벌되는 것이 원칙**이다. {10.1 승진, 08.1 승진, 03.2 경간부, 02.10 순경} ② 국가보안법은 행위의 중대성과 위험성을 고려하여 반국가단체 가입권유, 목적수행을 위한 선전·선동행위, 국가변란 선전·선동행위를 별도의 범죄로 규정하여 처벌한다.
불고지죄	① 국가보안법은 국가안전보장을 위하여 모든 국민에 대하여 일반적으로 고지의무를 부과하고 이를 위반한 경우에 불고지죄를 인정·처벌하고 있다. {09.1 승진} **【불고지죄의 대상범죄】** {11.2 순경, 10.1 승진, 08.1 승진} ① **반**국가단체구성죄　　② **목**적수행죄　　③ **자**진지원죄 ② 법정형이 5년 이하의 징역 또는 200만원 이하의 벌금으로 **국가보안법 중 유일하게 벌금형**을 두고 있다.
재범자의 가중처벌	① 형법상 누범가중은 금고 이상의 형을 받아 그 집행을 종료하거나 면제 받은 후 **3년 이내**에 금고 이상에 해당하는 죄를 범한 누범자는 그 죄에 정한 형의 장기의 **2배**까지 가중하고 있다. {10.1 승진} ② 국가보안법은 반국가적 범죄로서 금고이상의 형을 선고받고 **5년이 경과하지 아니한 자**가 다시 특정한 국가보안법상의 일정한 범죄를 범하였을 때에는 최고형을 일률적으로 **사형으로 규정**하고 있다. {10.2 경간부, 09.1 승진, 07.3 순경, 03.3 순경}
형의 특별감면	타인의 범행을 고발·방해하였을 때, 범인이 자수하였을 때에는 그 **형을 감경 또는 면제**한다. {10.2 경간부} **【감면사유】**

	국가보안법위반 사범	
임의적 감면	① **특수직무유기죄**(본범과 친족관계가 있는 경우) ② **단순편의제공죄** {08.1 승진, 07.10 순경}	
필요적 감면	① **타**인을 고발한 때 ② **불고지죄**(본범과 친족관계가 있는 경우) {08.1 승진, 07.10 순경, 10.2 경간부} ③ **자수**한 때 ④ 타인이 죄를 범하는 것을 **방**해한 때	

몰수·추징 및 압수물의 처분	국가보안법의 범인이 범행의 보수를 받았을 때에는 **필요적으로 몰수**하며, 불기소 처분 시에도 압수물을 환부하지 않고 폐기 또는 국고 귀속을 명할 수 있다. {10.1 승진, 09.1 승진, 08.1 승진, 03.3 순경}
참고인의 구인과 유치	참고인으로 소환을 받은 자가 정당한 이유 없이 **2회 이상 소환에 불응할 때에는 지방법원 판사의 구속영장을 받아 구인할 수 있다.** {12.2 순경, 10.1 승진, 09.7 순경, 09.1 승진, 08.1 승진, 03.3 순경}

피의자의 구속기간의 연장	① 사법경찰관의 구속기간은 1차, 검사의 구속기간은 2차에 한하여 각각 10일씩 연장을 허가할 수 있다. 따라서 **사법경찰관은 최장 20일, 검사는 최장 30일 구속할 수 있어 총 50일간 구속수사가 가능**하다. {12.2 순경, 10.2 경간부, 09.7 순경, 09.1 승진, 07.3 순경, 07.1 승진, 04.1 승진, 03.3 순경} ② **찬양·고무죄 및 불고지죄의 경우에는** 구속기간의 연장이 불가능하다. {07.1 승진, 04.1 승진} ③ **특수직무유기죄와 무고·날조죄는** 처음부터 구속기간 연장의 대상이 아니다.

【구속기간】

국가보안법위반 사범			최대 구속기간
헌재 위헌판결	① **찬양·고무** {09.3 순경}　　② **불고지**		**최장 30일** {10.2 경간부}
연장규정 無	③ **특수직무유기**　　　　④ **무고날조죄**		
① 반국가단체구성　② 목적수행　③ 편의제공　④ 금품수수 ⑤ 자진지원　　　　⑥ 잠입·탈출　⑦ 회합·통신			**최장 50일** {08.1 승진}

공소보류	① 검사는 이 법의 죄를 범한 자에 대하여 범인의 연령, 성행 등을 참작하여 공소제기를 보류할 수 있으며, **공소보류를 받은 자가 2년간 공소의 제기 없이 경과한 때에는 그를 소추할 수 없다.** {12.2 순경, 10.2 경간부, 10.1 승진, 09.7 순경, 09.3 순경, 07.3 순경, 05.7 순경} ② 공소보류를 받은 자가 법무부장관이 정한 **감시·보도에 관한 규칙에 위반한 때에는 공소보류를 취소할 수 있다.** {10.1 승진} ③ 공소보류가 취소된 경우에는 **재구속 제한규정에도 불구하고, 동일**한 범죄사실로 **재구속·소추를 할 수 있다.** {10.1 승진, 05.7 순경}

3. 보안수사의 대상

1) 반국가단체(제3조)

반국가단체의 구성	반국가단체란 (**정부**)를 참칭하거나 (**국가**)를 변란할 것을 목적으로 하는 국내외의 결사 또는 집단으로서 (**지휘통솔체제**)를 갖춘 단계를 말한다. {10.3 순경, 08.4 순경, 08.1 승진}
반국가단체의 성립요건	① **목적 : 정부를 참칭하거나 국가를 변란할 것을 목적으로 할 것** 　㉠ 정부를 참칭한다는 것은 함부로 단체를 조직하여 정부를 사칭하는 것으로 **정부와 동일한 명칭을 사용할 필요는 없고, 일반인이 정부로 오인할 정도면 충분**하다. {10.3 순경} 　㉡ **국가변란이란 정부를 전복하여 새로운 정부를 조직하는 것**을 말하며, 정부전복이란 정부를 구성하고 있는 자연인의 사임이나 교체만으로는 부족하고 **정부조직이나 제도 그 자체를 파괴하는 것을** 의미한다. {10.3 순경} 　㉢ 정부참칭과 국가변란의 목적은 반드시 직접적일 것을 요한다. 　㉣ 국헌문란의 규정은 국가변란보다는 넓은 개념이라고 할 수 있다. {10.3 순경, 08.1 승진} ② **형태 : 결사 또는 집단일 것** 　㉠ 집단이란 결사와 같이 일정한 공동목적을 위해 조직된 **특정 다수인의 집합체**이다. 　㉡ **결사가 계속적인 집합체임에 반하여 집단은 일시적인 집합체**를 말한다. 　{08.1 승진}

<table>
<tr><td colspan="2">【결사의 요건】</td></tr>
<tr><td colspan="2">ⓐ 일정한 공동목적의 수행을 위하여 조직된 것</td></tr>
<tr><td>ⓑ 반드시 구성원이 2인 이상일 것</td><td>ⓒ 계속성이 있을 것</td></tr>
<tr><td colspan="2">③ 체제 : 지휘통솔체제를 갖출 것 {08.1 승진}</td></tr>
<tr><td colspan="2">2인 이상의 특정 다수인 사이에 내부질서를 유지하고 그 단체를 주도하기 위하여 일정한 위계 및 분담 등의 체계를 갖출 것을 요한다.</td></tr>
<tr><td colspan="2">④ 장소 : 국내·외를 불문 {08.1 승진}</td></tr>
</table>

2) 목적수행죄(제4조)

의 의	반국가단체의 구성원 또는 그 지령을 받은 자가 그 **목적수행을 위하여 자행하는 간첩 · 인명살상 · 시설파괴 등의 행위**를 말한다.			
국가기밀의 기준(判)	① 기밀로서 보호할 실질적 가치가 있어야 한다. ② 신문 · 라디오에 보도된 공지의 사실은 군사기밀로 볼 수 없다. ③ 사회 · 정치 · 경제 등에 대한 기밀도 군사기밀이 될 수 있다. ④ 군사기밀은 누설되면 국가의 안전에 위험을 초래할 수 있는 일체의 기밀을 말한다.			
행위태양 {11.2 순경}	제1호	외환의 죄, **존속살해**, 강도살인, 강도치사 등의 범죄		
	제2호	**간첩죄**(형법 제98조에 규정된 행위), **간첩방조죄, 국가기밀탐지 · 수집 · 누설 등의 범죄 → 가장 중요한 범죄**		
		간첩죄	주 체	반국가단체의 구성원 또는 그 지령을 받은 자
			객 체	㉠ 군사상 비밀 ㉡ 정치, 경제, 사회, 문화 등의 모든 기밀사항도 포함 ㉢ **이미 신문 · 라디오 등에 보도된 공지의 사실 등은 기밀이 아니다**(판례). {09.3 순경}
			실행착수 시기	㉠ 국내에서 지령을 받은 경우 : 기밀탐지 · 수집행위이 있어야 한다. ㉡ 북한 남파간첩의 경우 : 대한민국에 잠입한 때 성립 　단, 국내간첩이 무인포스트를 설치하거나 암호를 해독하는 것은 실행행위가 아니라 준비행위이다. ☞ 국내간첩이 무인포스트를 설치하거나 암호책자 해독은 준비행위로 실행의 착수가 아니다.
			기수시기	기밀을 탐지 · 수집한 때(판례), 지령자에게 도달 여부는 불문
		간첩방조죄	개 념	간첩의 범의에 의한 실행행위를 용이하게 하는 일체의 행위를 함으로 성립한다.
			기수시기	방조행위자체를 완료한 때
			행 위	유형방조(무기나 금품의 제공 등), 무형방조(격려 등) 모두 포함
			수 단	제한이 없다.
	제3호	**소요**, 폭발물 사용, 방화, 살인 등의 범죄		
	제4호	중요시설파괴, **약취 · 유인**, 항공기, 무기 등의 이동 · 취거 등의 범죄		
	제5호	**유가증권위조**, 상해, 국기기밀서류, 물품의 손괴 · 은닉 등의 범죄		
	제6호	**선전 · 선동**, 허위사실 날조 · 유포 등의 범죄　☞ **금품수수, 잠입 · 탈출(×)**		

3) 자진지원죄(제5조 제1항)

의 의	**반국가단체 구성원 또는 그 지령을 받은 자(주체가 아님)** 이외의 자가 반국가단체나 그 구성원 또는 그 지령을 받은 자를 지원할 목적으로 자진하여 제4조 제1항에 규정한 행위를 함으로써 성립하는 범죄를 말한다.
행위주체	**반국가단체의 구성원 또는 그 지령을 받은 자 이외의 자이다.**
행 위 태 양	반국가단체의 구성원 또는 그 지령을 받은 자와 아무런 의사의 연락 없이 스스로 의사에 의하여 범행하는 경우, 타인의 요구에 의한 범행인 경우 그가 **반국가단체의 구성원이나 그 지령을 받은 자가 아니라도 본죄가 성립**한다.
처 벌	**미수 · 예비 · 음모 처벌**한다. {07.3 순경}

4) 금품수수죄(제5조 제1항)

의 의	국가의 존립, 안전이나 자유민주적 기본질서를 위태롭게 한다는 점을 알면서 **반국가단체 구성원 또는 그 지령을 받은 자로부터 금품을 수수함으로써 성립하는 범죄**를 말한다.
주 체	아무런 제한이 없다.
행 위 태 양	① 자진지원죄와 달리 **반국가단체의 구성원이나 그 지령을 받은 자도 본죄의 주체**가 된다. ② 국가의 존립 · 안전이나 자유민주적 기본질서를 위태롭게 한다는 정을 알아야 하나, 그 **금품수수가 대한민국을 해할 의도가 있어야 하는 것은 아니다(판례).** ③ 지령은 **지휘와 명령으로 상명하복의 지배관계가 있을 것을 필요로 하지 아니하고 형식에도 제한이 없다.**
판 례	① 어획고를 올리기 위해 어로저지선 부근에서 작업을 하다가 납북되어 그들로부터 금품을 수수한 행위는 금품수수에 해당하지 않는다. ② 밀입북 후 기거하던 초대소를 옮길 때 짐을 싸기 위해 여행용 가방 1개를 대남지도원에게 건네받았다는 것은 금품수수에 해당하지 않는다.
처 벌	**미수범은 처벌**하나, 예비 · 음모는 처벌하지 않는다.

5) 잠입 · 탈출죄(제6조)

의 의		국가의 존립, 안전이나 자유민주적 기본질서를 위태롭게 한다는 점을 알면서 **반국가단체의 지배하에 있는 지역으로부터 잠입하거나 그 지역으로 탈출함으로써 성립하는 범죄**를 말한다.
주 체		아무런 제한이 없다.
행 위 태 양	기수시기	잠입의 기수시기는 육로(휴전선 월경시), 해상 · 공중(영해 · 영공 침범시)
	종 류	① 단순잠입 · 탈출죄　　② 특수잠입 · 탈출죄
	사 례	김씨는 사업의 실패와 이혼 등을 이유로 자유민주질서에 위배된다는 정을 알면서 사업을 가장하여 북한에 들어갔으나, 북한으로부터 이용가치가 없다는 이유로 추방당한 경우
처 벌		미수범과 예비 · 음모는 처벌한다.

6) 찬양 · 고무죄(제7조 제1항)

의 의	국가의 존립, 안전이나 자유민주적 기본질서를 위태롭게 한다는 정을 알면서 **반국가단체나 그 구성원 또는 그 지령을 받은 자의 활동을 찬양 · 고무 · 선전 또는 이에 동조하거나 국가변란을 선전 · 선동하는 행위**를 말한다.
주 체	① 아무런 제한이 없다. ② 반국가단체를 이롭게 할 목적의식 또는 의욕은 요하지 않고, 그와 같은 **인식만 있으면 충분**하다. ③ 반국가단체의 지령을 받은 자라 함은 **반국가단체로부터 직접 지령을 받은 자뿐만 아니라 위 지령을 받은 자로부터 다시 받은 자도 포함**한다(판례).
행위태양	찬양 · 고무 · 선전 · 동조행위와 국가변란의 선전 · 선동행위
판 례	① 북한공산집단의 상투적인 선전 · 선동에 동조한 경우 ② 반국가단체나 그 활동을 찬양 · 고무하는 행위 ③ 자유민주적 기본질서를 위협하는 공격적 표현
처 벌	미수범은 처벌하며, 예비·음모는 처벌하지 않는다.

7) 이적단체 구성 · 가입죄(제7조 제3항)

의 의	이적찬양 · 고무 · 선전행위를 목적으로 하는 단체를 구성하거나 이에 가입하는 행위를 말한다.
주 체	① 제한이 없다. ② 반국가단체의 구성원은 물론 그로부터 지령을 받거나 그러한 자들로부터 다시 지령을 받은 자도 된다.
내 용	**필요적 공범의 일종으로서 반국가단체의 구성 · 가입죄와는 달리 행위자의 지위와 역할의 차이에 따른 법정형의 구별을 두지 않고 있으며, 법정형이 찬양 · 고무죄보다 중하다.**
처 벌	미수범은 처벌하며, 예비·음모도 처벌한다.

【반국가단체와 이적단체의 차이점】		
	반국가단체	이적단체
1차 목적	국가변란, 정부참칭	반국가단체의 존재를 전제로 반국가단체의 활동을 찬양, 고무
	이적단체도 궁극적인 목적은 정부참칭 또는 국가변란	
법정형	지위, 관여정도에 따라 차이	동일
	① 수괴 : 사형, 무기징역 ② 간부 : 5년 이상 징역 ③ 그 외 : 2년 이상 유기징역	1년 이상 유기징역

8) 안보위해문건 제작 등 죄(제7조 제5항)

의 의	문서·도화 기타의 표현물을 제작·수입·복사·소지·운반·반포·판매 또는 취득함으로써 성립한다.
주 체	주체에는 제한이 없다.
내 용	① 형법상 문서와 달리 **문서의 명의유무를 불문**한다. ② 초고·초안·사본도 사람의 의사나 관념을 표시한 것이면 해당한다.
처 벌	미수범을 처벌하며, 예비·음모는 처벌하지 않는다.

9) 회합 · 통신죄(제8조)

의 의	국가의 존립 · 안전이나 자유민주적 기본질서를 위태롭게 한다는 정을 알면서 반국가단체의 구성원 또는 그 지령을 받은 자와 회합 · 통신 기타의 방법으로 연락을 하는 행위를 말한다.
주 체	제한이 없다.
내 용	① **국민의 거주이전의 자유, 신체의 자유, 통신의 자유, 행복추구권 및 인간의 본질적 가치를 침해하는지에 대해서 헌법재판소는 소극적 입장**이다. {10.1 승진} ② 회합, 통신 기타의 방법으로 연락이라고 함은 **반국가단체의 구성원 또는 지령을 받은 자를 직접 상대방으로 하는 경우는 물론이고 제3자를 이용하여 통신 기타의 방법으로 연락하는 것을 말한다.** {10.1 승진} ③ 회합자 상호 간에 사전 공동의사가 있어야 하는 것도 아니고, **반드시 일정사항을 논의하거나 결정하여야 하는 것도 아니다.** {10.1 승진} ④ **북한의 지령을 받은 자와 회합해도 동죄가 곧바로 성립되는 것은 아니다.** {10.1 승진}
처 벌	미수범을 처벌하며, 예비·음모의 처벌규정은 없다.

10) 편의제공죄(제9조)

의 의	국가보안법 제3조 내지 제8조의 **죄를 범하거나 범하려는 자에게 유·무형의 편의를 제공함으로써 그들의 활용을 용이하게 하는 행위를 처벌**하기 위한 조항이다.	
주 체	아무런 제한이 없다.	
처 벌	무기류 편의제공	① 미수범을 처벌한다. ② 예비·음모를 처벌한다. ③ 본범과 친족관계가 있더라도 감면규정 없다.
	기타 편의제공	① 미수범을 처벌한다. ② 예비·음모에 대한 처벌규정이 없다. ③ 본범과 친족관계가 있는 때에는 그 형을 감경 또는 면제할 수 있다.

【편의제공죄 성립】

편의제공죄 해당(○)	국가보안법 **반국가단체 구성·가입(제3조), 목적수행(제4조), 자진지원죄·금품(제5조), 잠입·탈출(제6조), 찬양고무(제7조), 회합·통신(제8조)**의 죄를 범하거나 범하려는 자라는 정을 알면서 금품 기타 재산상의 이익을 제공하거나 잠복 · 회합 · 통신 · 연락을 위한 장소를 제공하거나 기타의 방법으로 편의를 제공한 자
편의제공죄 해당(×)	**불고지죄(제10조), 특수직무유기(제11조), 무고날조(제12조)**

11) 불고지죄(제10조)

의 의	**반국가단체의 구성·가입·가입권유죄, 목적수행죄, 자진지원죄(미수, 예비, 음모 포함)의 범죄행위**를 알면서도 그 사실을 수사기관이나 정보기관에 신고하지 아니함으로써 성립한다. {08.1 승진}
주 체	아무런 제한이 없다.
행위태양	수사기관이나 정보기관에 신고하지 아니함으로써 성립되며 **고지의 수단방법에는 제한이 없다.**
처 벌	① 5년 이하의 징역 또는 200만 원 이하의 벌금 → **국가보안법에서 유일한 벌금형** {12.2 순경, 09.3 순경} ② 본범과 친족관계가 있을 때는 그 **형을 감면한다.** {10.2 경간부, 09.3 순경, 07.10 순경}

12) 특수직무유기죄(제11조)

의 의	범죄수사 또는 정보의 직무에 종사하는 공무원이 이 법의 죄를 범한 자라는 정을 알면서 그 직무를 유기하는 행위를 말한다.
주 체	**범죄수사 또는 정보의 직무에 종사하는 공무원에 국한**된다.
행위태양	**직무를 유기**하는 것이다.
처 벌	① 본범과 친족관계가 있을 때는 **형을 감경 또는 면제할 수 있다.** ② 미수범과 예비·음모를 처벌하는 규정은 없다.

13) 무고날조죄(제12조)

의 의	타인으로 하여금 **형사처분을 받게 할 목적**으로 국가보안법에 규정된 죄에 대하여 무고·위증하거나 증거를 날조·인멸·은닉하는 행위를 처벌하기 위한 규정하였다. {03.2 경간부, 02.10 순경}
주 체	**일반 무고·날조(제1항)는 제한이 없으나, 직권남용 무고·날조(제2항)는 범죄수사 또는 정보의 직무에 종사하는 공무원이나 이를 지휘하는 자**를 말한다.
행위태양	① 일반 무고·날조(제1항)　　　② 직권남용 무고·날조(제2항)
처 벌	무고·날조죄는 **감경 면제 규정이 없다.** {08.1 승진, 07.10 순경}

【범죄의 주체】	
금품수수죄, 찬양고무 이적단체구성가입죄, 회합통신죄, 안보위해문건제작죄	주체에 제한없음
목적수행죄	반국가단체의 구성원 또는 그 지령을 받은 자만 주체가 될 수 있음
자진지원죄	반국가단체의 구성원 또는 그 지령을 받은 자는 추제가 될 수 없음
특수직무유기	범죄수사 또는 정보의 직무에 종사하는 공무원

【미수범 처벌】	
미수범 처벌 (○)	반국가단체 구성·가입·가입권유죄, 목적수행죄, 자진지원죄, 금품수수죄, 잠입탈출죄, 찬양고무죄, 이적단체구성가입죄, 안보위해문건 제작 등 죄, 회합통신죄, 편의제공죄
미수범 처벌 (×)	불고지죄, 특수직무유기죄, 무고날조죄

Ⅲ. 보안관찰

1. 보안관찰의 의의 및 성격

의 의	간첩 등 국가 안위에 관계되는 특정범죄를 범하여 형의 전부 또는 일부의 집행을 받은 자에 대하여 **장래의 재범의 위험성을 예방하고 건전한 사회복귀를 촉진하기 위하여 법무부장관이 결정하는 특별 예방적 보안처분의 일종으로 보안경찰의 활동대상**이 된다. {11.8 순경, 07.1 승진}
법적성격	보안관찰은 대상자의 자유를 제한하는 **대인적 보안처분으로서 행정처분의 성격을 갖는다.** {07.1 승진}
특 징	① 보안관찰처분에는 여행의 자유를 제한하는 등 **주거제한적 요소는 있지만 가택보호처분을 포함하지는 않는다.** {08.1 승진, 07.1 승진, 05.10 순경, 03.4 순경} ② **피보안관찰자의 직업알선 등 사회복귀에 적응시키려는 데 그 목적**이 있다.
보안관찰 처분기간 진행정지 사유	① 보안관찰처분의 집행중지결정이 있거나 징역 · 금고 · 구류 · 노역장유치 중에 있는 때 ② 구사회보호법에 의한 감호의 집행 중에 있는 때 ③ 치료감호법에 의한 치료감호의 집행 중에 있는 때

2. 보안관찰처분대상자와 대상범죄

보안관찰 처분대상자	㉠ 보안관찰 해당범죄 또는 ㉡ 이와 경합한 범죄로 금고이상의 형의 선고를 받고 그 **형기합계가 3년 이상인 자**로서 ㉢ 형의 전부 또는 일부의 집행을 받은 사실이 있는 자를 말한다. {12.8 순경, 11.8 순경, 08.1 승진, 07.1 승진, 03.4 순경}		
처분기간	① **보안관찰처분의 기간은 2년으로 한다.** {11.8 순경, 10.1 승진, 08.1 승진, 07.1 승진, 05.10 순경, 05.3 순경, 03.9 순경, 03.4 순경, 02.3 순경} ② **법무부장관은 검사의 청구가 있는 때에는 보안관찰처분심의위원회의 의결을 거쳐 그 기간을 갱신할 수 있다.** {11.8 순경, 10.1 승진, 08.1 승진, 05.10 순경, 05.3 순경, 03.9 순경, 03.4 순경}		
관련범죄	형 법	해당 범죄	① **여**적죄　② **시**설파괴이적죄　③ **간첩죄** {10.1 승진, 09.2 경간부} ④ **내란목적살인죄** {10.1 순경, 09.2 경간부, 08.1승진} ⑤ **외환유치죄**　⑥ **모병이적죄** {05.3 순경}　⑦ **시**설제공이적죄 ⑧ **물건제공이적죄** {09.2 경간부, 02.1 승진}
		제외 범죄	**내란죄, 일반이적죄, 전시군수계약불이행죄** {09.2 경간부, 08.1 승진, 05.10 순경, 05.7 순경, 03.9 순경, 03.4 순경, 02.1 승진}
	군형법	해당 범죄	① 반란죄　　　　　　　　　② 반란목적의 군용물탈취 ③ 군대 및 군용시설제공죄　④ 군용시설등파괴죄 ⑤ 간첩죄　　　　　　　　　⑥ **일반이적죄** {05.7 순경} ⑦ 반란불보고죄
		제외 범죄	단순반란불보고죄
	국가 보안법	해당 범죄	① **총포 · 탄약 · 무기 등 편의제공죄** {10.1 승진, 08.1 승진} ② **잠입 · 탈출죄** {10.1 승진, 08.1 승진}　③ **자진지원** ④ **목적수행죄** {10.1 승진}　　　　⑤ **금품수수죄** {10.1 승진, 08.1 승진} ☞ 국가보안법은 **보안관찰 대상범죄에 대해 명시**하고 있으나, **보안관찰처분에 대한 내용은 없다.** {07.1 승진}
		제외 범죄	① **회합 · 통신죄** {08.1 승진} ② **반국가단체구성 · 가입 · 권유죄** {08.1 승진} ③ **찬양 · 고무죄** {10.1 승진, 08.1 승진}　　④ 기타 편의제공죄(제9조②항)

3. 보안관찰처분결정의 절차

① 대상자의 신고 → ② 사안의 조사 → ③ 사안의 송치 → ④ 청구(검사) → ⑤ 결정(법무부장관) → ⑥ 이의신청 → ⑦ 기간갱신

대상자의 신고	**대상자 신고**	보안관찰처분 대상자는 **출소 2개월 전까지 교도소 등의 장을 경유**하여 **거주예정지 관할경찰서장에게 신고**해야 한다.
	출소사실 신고	**출소 후 7일 이내에** 그 거주예정지 **관할경찰서장에게 출소사실을 신고**해야 한다. {09.1 승진, 08.1 승진}
	변동사항 신고	출소한 후 신고사항에 변동이 있을 때에는 **변동이 있는 날로부터 7일 이내에** 그 변동된 사항을 관할경찰서장에게 신고하여야 한다. {09.1 승진}
사안의 조사		① 검사는 보안관찰처분 청구를 위하여 필요한 때에는 보안관찰처분대상자, 청구의 원인이 되는 사실과 보안관찰처분을 필요로 하는 자료를 조사할 수 있고, **사법경찰관리는 검사의 지휘를 받아 사안조사**를 할 수 있다. ② 검사는 보안관찰처분대상자가 보안관찰해당범죄를 **다시 범할 위험성이 있다고 의심하여 조사에 착수하는 때에는 사안인지서를 작성**하여야 하며, 사법경찰관이 조사에 착수하고자 하는 때에는 **사안인지승인신청서를 작성하여 검사의 승인**을 얻어야 한다. ③ 검사 또는 사법경찰관리는 용의자 또는 그 관계인과 친족 기타 특별한 관계로 인하여 **조사의 공정성을 잃거나 의심을 받을 염려**가 있다고 인정되는 사안에 대하여는 소속관서의 장의 허가를 받아 그 조사를 회피하여야 한다. ④ **용의자 조사시 복역교도소 등에 대한 조회, 공안 전과조회 등을 통하여야 한다.**
사안의 송치		① 사법경찰관리는 **조사를 종결한 때에는 지체 없이 사안을 관할검사장에게 송치**하여야 한다. ② 사법경찰관리는 **사안송치 후 조사를 계속하고자 하는 때에는 미리 주임검사의 지휘를** 받아야 하며, 사안송치 후 당해 사안에 속하는 용의자의 다른 재범의 위험성을 발견한 때에는 즉시 주임검사에게 보고하고 그 지휘를 받아야 한다. ③ **송치서류는 형사사건기록과 같은 요령으로 작성하며, 의견서는 사법경찰관 명의로 작성**한다.
청구 (검사)		검사는 **사안의 조사를 종결한 때에는 검찰총장을 경유하여 법무부장관에게 보안관찰처분 청구**를 하여야 한다. {04.11 순경, 02.3 순경} 다만, 보안관찰처분 청구의 필요가 없다고 인정하는 경우에는 그 청구를 하지 아니하는 조치를 할 수 있다.
결정 (법무부 장관)		법무부장관은 **검사의 청구와 보안관찰처분심의위원회의 심의·의결을 거쳐 결정**한다.
이의신청		법무부장관의 결정을 받은 자가 그 결정에 이의가 있을 때에는 **그 결정이 집행된 날로부터 60일 이내에** 서울고등법원에 소를 제기할 수 있다. {03.1 승진, 02.3 순경}
기간갱신		법무부장관은 검사의 청구가 있는 때에는 **보안관찰처분심의위원회의 의결을 거쳐 그 기간을 갱신할 수 있으며, 갱신기간은 2년**이고, **갱신횟수에는 제한이 없다.** {10.1 승진, 08.1 승진, 07.1 승진, 05.10 순경, 05.3 순경, 03.9 순경, 02.4 순경}
처분결정의 취소		검사는 법무부장관에게 **보안관찰처분의 취소 또는 기간의 갱신을 청구**할 수 있으며, **법무부장관은 위원회의 의결을 거쳐 이를 심사·결정**하여야 한다.

4. 보안관찰처분대상자의 신고 및 면제

신고사항	출소 전에 "**대상자 신고**", 출소 후에 "**출소사실 신고**", 그리고 "**변동사항 신고**" 등의 의무가 있다.	
신고기간	**출소 후 7일 이내**에 출소사실을 신고하고 기타 변동사항이 있을 경우에는 **7일 이내**에 거주 (예정)지 관할 경찰서장에게 변동사항을 신고해야 한다. {12.8 순경, 08.1 승진}	
신고의무 {03.6 순경}	**피보안 관찰자 신고**	피보안관찰자는 보안관찰처분결정고지를 **받은 날부터 7일 이내**에 주거지를 관할하는 지구대 또는 파출소의 장을 거쳐 관할경찰서장게게 신고하여야 한다.
	정기신고	피보안관찰자는 보안관찰처분결정고지를 **받은 날이 속한 달부터 매3월이 되는 달의 말일까지** 지구대·파출소장을 거쳐 관할경찰서장에게 신고하여야 한다. {09.1 승진}
	변동신고 (수신신고)	피보안관찰자는 **국외여행 또는 국내에서 10일 이상 여행하거나 신고사항에 변경이 있는 경우**에는 신고하여야 한다. {09.1 승진, 08.1 승진}
	이전신고 (사전신고)	피보안관찰자가 ㉠ **주거지를 이전하거나** ㉡ **국외여행 또는** ㉢ **10일 이상 주거를 이탈하여 여행하고자 할 때**에는 미리 지구대·파출소장을 거쳐 관할경찰서장에게 신고하여야 한다.
면제결정	① 법무부장관은 보안관찰처분대상자중 아래에 해당자에 대하여는 **보안관찰처분을 하지 아니하는 결정(이하 "면제결정"이라 한다)을** **할 수 있다.** {12.8 순경, 10.1 승진} **【면제의 요건】** {04.11 순경} ㉠ **준법정신이 확립되어 있을 것** {10.1 승진} ㉡ 일정한 주거와 생업이 있을 것 ㉢ 대통령령이 정하는 2인 이상의 신원보증이 있을 것 ② 법무부장관은 보안관찰처분대상자의 신청이 있을 때에는 부득이한 사유가 있는 경우를 제외하고는 **3월 이내에 보안관찰처분 면제 여부를 결정**하여야 한다. ③ 면제결정신청에 대한 기각결정을 받은 자가 그 결정에 이의가 있을 때에는 그 **결정이 있는 날부터 60일 이내에 서울고등법원에 소를 제기**할 수 있다.	

5. 보안관찰처분의 집행 및 불복

집 행	보안관찰처분의 집행은 **검사가 관할경찰서장을 지휘하여 집행**한다. {10.1 승진, 02.3 순경}
집행중지	① 피보안관찰자가 ㉠ **도주한 때**, ㉡ 피보안관찰자가 **1개월** 이상 소재불명인 경우에는 관할 경찰서장이 검사에게 신청한다. {10.1 승진, 09.2 경간부, 08.1 승진, 07.2 경간부} ② **검사**는 보안관찰처분의 **집행중지의 결정을 할 수 있고, 집행중지 결정일로부터 그 결정이 취소될 때까지 보안관찰처분 기간의 진행이 정지**된다. {10.1 승진, 09.2 경간부, 05.7 순경} ③ 검사는 **집행중지 결정 후 지체 없이 법무부장관에게 보고**하며, 집행중지의 사유가 소멸된 때에는 **검사는 지체 없이 그 결정을 취소**하여야 한다. {10.1 승진, 09.2 경간부}
불 복	① 보안관찰법에 의한 법무부장관의 결정을 받은 자가 그 결정에 이의가 있을 때에는 그 결정이 법령에 위반되거나, 재량권의 일탈·남용을 이유로 하여 소를 제기할 수 있다. {02.3 순경} ② 소의 제기기간은 **결정이 집행된 날로부터 60일 이내에 서울고등법원에 소를 제기**하여야 하며, 다만 면제결정 신청에 대한 기각결정을 받은 자가 그 결정에 이의가 있을 때에는 그 **결정이 있는 날로부터 60일 이내에 소를 제기**하여야 한다. {12.8 순경, 08.1 승진, 05.3 순경, 03.1 승진}

6. 벌칙

> ① 보안관찰처분대상자 또는 피보안관찰자가 보안관찰처분 또는 보안관찰을 면탈할 목적으로 **은신 또는 도주한 때에는 3년 이하의 징역**이 처한다.
> ② 보안관찰처분대상자가 또는 피보안관찰자를 **은닉하거나 도주하게 한 자는 2년 이하의 징역**에 처한다. 다만, 친족이 본인을 위하여 본문의 죄를 범한 때에는 벌하지 아니한다.

7. 보안관찰처분의 수단 {07.1 승진}

경 고	검사 및 사법경찰관리는 **피보안관찰자에게 부상·질병 기타 긴급한 사유가 발생하였을 때에는 필요한 구호**를 할 수 있다.	
관찰 및 동태보고	**매월 1회 이상** 피보안관찰자의 동태를 관찰하여 보고할 수 있다. {03.9 순경}	
지 도	**지도사항** (검사 및 사법경찰관리)	㉠ 피보안관찰자와 긴밀한 접촉을 가지고 항상 그 행동 및 환경 등을 관찰하는 것 ㉡ 피보안관찰자에 대하여 신고사항을 이행함에 적절한 지시를 하는 것 ㉢ 기타 피보안관찰자가 사회의 선량한 일원이 되는데 필요한 조치를 취하는 것
	재범방지조치 (검사 및 사법경찰관) {01.1 승진}	㉠ 보안관찰해당범죄를 범한 자와의 회합·통신을 금지하는 것 ㉡ 집단적인 폭행, 협박, 손괴, 방화 등으로 공공의 안녕질서에 직접적인 위협을 가할 것이 명백한 집회 또는 시위장소에의 출입을 금지하는 것 ㉢ 피보안관찰자의 보호 또는 조사를 위하여 특정장소에의 출석을 요구하는 것
응급구호	검사 및 사법경찰관리는 피보안관찰자가 의무를 위반하였거나 위반할 위험성이 있다고 의심할 상당한 이유가 있는 때에는 그 이행을 촉구하고 **형사처벌 등 불이익한 처분을 받을 수 있음을 경고**할 수 있다.	
보 호	① 검사 및 사법경찰관리는 피보안관찰자가 자조의 노력을 함에 있어, 그의 개선과 자위를 위하여 필요하다고 인정되는 적절한 보호를 할 수 있다. **【보호의 방법】** {05.10 순경} ㉠ 주거 또는 취업을 알선하는 것 ㉡ 직업훈련의 기회를 제공하는 것 ㉢ 환경을 개선하는 것 ㉣ 기타 본인의 건전한 사회복귀를 위하여 필요한 원조를 하는 것 ② 법무부장관은 보안관찰처분대상자 또는 피보안관찰자 중 국내에 가족이 없거나 가족이 있어도 인수를 거절하는 자에 대하여는 **거소를 제공할 수 있다.** ③ 사회복지사업법에 의한 사회복지시설로서 시설의 장은 **법무부장관으로부터 보안관찰처분대상자 또는 피보안관찰자에 대한 거소제공의 요청을 받은 때에는 정당한 이유없이 이를 거부하여서는 아니 된다.** ④ 법무부장관은 거소제공을 받은 자에게 국내에 인수를 희망하는 가족이 생기거나 기타 거소변경의 필요가 있는 때에는 **본인의 신청 또는 검사의 청구에 의하여 이미 제공한 거소를 변경**할 수 있다. 이 경우 **법무부장관은 3월 이내에 거소 변경 여부를 결정**하여야 한다.	

【보안관찰처분심의위원회】

의 의	보안관찰처분에 관한 사안을 심의·의결하기 위하여 **법무부에 보안관찰처분심의위원회**를 둔다. {12.8 순경, 11.8 순경}
근 거	보안관찰법
소 속	법무부
위원장	**법무부차관** {12.8 순경, 04.1 승진}
위 원	학식과 덕망이 있는 자로 하되, 그 **과반수는 변호사의 자격이 있는 자** {04.1 승진}
구 성	① 위원회는 **위원장 1인과 6인의 위원으로 구성**한다. {12.8 순경} ② 위원 중 공무원이 아닌 위원도 이 법 기타 다른 법률의 규정에 의한 벌칙의 적용에 있어서는 공무원으로 본다. ③ 위원장은 위원회의 회무를 통리하고 위원회를 대표하며, 위원희의 회의를 소집하고 그 의장이 된다. ④ 위원장이 사고가 있을 때에는 미리 그가 지정한 위원이 그 직무를 대행한다.
임 명	위원은 법무부장관의 제청으로 대통령이 임명 또는 위촉한다.
위원임기	**위촉된 위원의 임기는 2년**으로 한다. {04.1 승진} 다만, 공무원인 위권은 그 직을 면한 때에는 위원의 자격을 상실한다.
의결 방법	위원회의 회의는 위원장을 포함한 **재적위원 과반수의 출석으로 개의하고 출석위원 과반수의 찬성으로 의결**한다. {04.1 승진} **【위원회 심의·의결】** ㉠ 보안관찰처분 또는 그 기각의 결정 ㉡ 면제 또는 그 취소결정 ㉢ 보안관찰처분의 취소 또는 기간의 갱신결정

제4절　북한의 대남전략전술 및 남북교류협력 관련활동

I. 북한의 대남전략·전술

1. 공산주의 이론

1) 공산주의(마르크스)경제이론 {08.1 승진}

노동가치설	노동 = 모든 상품가치의 원인, 가치측정의 척도
잉여가치설	필요노동은 노동자에 지불, 잉여노동은 자본가 금고로 들어감
자본주의 붕괴론	㉠ **자본축소**의 법칙 → ㉡ **자본집중의 법칙** → ㉢ **빈곤증대의 법칙을 거쳐 자본주의 사회를 붕괴시키기 위한 혁명이 발생한다.** {10.1 승진}

2) 공산주의 정치이론

폭력혁명론	① 국가 = 지배계급의 도구 ② 노동자계급의 해방 = 혁명에 의해서만 가능 ③ 폭력혁명은 자본주의가 고도로 발전된 선진국에서 발생
프롤레타리아 독재론	계급이 소멸하고 국가가 사멸하는 공산주의 사회에 도달하기 위해서 프롤레타리아는 부르주아 기구가 전복된 후 우선 국가권력을 장악하고 자기 자신을 지배계급으로 높인 다음 부르주아의 부활과 그 잔재를 말끔히 근절하는 것이다.

3) 공산주의 철학이론

헤겔의 변증법	① 양(量)의 질화(質化) 및 그 역(逆)의 법칙 ② 대립물 통일의 법칙 ③ 부정의 부정법칙
유물론	만물의 근원은 물질이라는 사상으로 공산주의에서는 인간사회의 근본을 경제문제로 보고 **경제문제는 물질중심으로** 본다.
유물사관	① 역사를 발전시키는 원동력은 변증법적 유물론에 비롯되므로 미래 사회는 **우리들이 욕구한 의식이나 관념에 의해 결정되는 것이 아니라 물질적인 생산양식(생산력+생산관계)에 의해 결정된다는 것**이다. 【마르크스의 역사발전 5단계】 **① 원시공동사회 → ② 고대노예사회 → ③ 중세봉건사회 → ④ 근대자본주의 사회 → ⑤ 사회주의(공산주의)사회** ② 변증법적 유물사관 　㉠ 생산력이 발전함에 따라 이에 알맞도록 생산관계(하부구조)가 변하고, 생산관계의 변화에 따라 법률·정치·예술·종교·철학 등 이른바 관념형태(상부구조)도 이에 대응하여 결정된다고 본다. 　㉡ **원시공동사회가 正의 개념**에, **고대노예·중세봉건·근대자본주의 사회는 反의 개념**에 **사회(공산)주의 사회는 合의 개념에 해당**한다.

2. 남한의 좌익운동권의 분파

NL주사파 (김일성 주체사상 신봉)	① **민족해방 민중민주주의 혁명론**(NLPDR: National Liberation People's Democracy Revolution)은 주한미군을 철수시키고 현 정권을 타도하여 인민정권을 수립을 이룩하고, 북한과 합작을 통하여 사적소유를 철폐하고 프롤레타리아 독재권력을 수립하는 본격적인 사회주의 혁명을 완수하자는 혁명론이다. {10.2 경간부, 10.1 승진, 09.1 승진} ② NLPDR는 북한의 민족해방인민민주주의 혁명전략 중 인민을 민중으로 바꾼 것에 불과하다. ③ NL주사파의 민족해방민중민주주의의 혁명론에서는 반미자주화, 반파쇼민주화, 조국통일을 주장하고 있다. {10.1 승진} ④ **북한 및 김일성의 주체사상을 추종하는 세력**이다. {10.1 승진} 　→ 마르크스─레닌주의를 추종하는 세력이다.(×) {10.1 승진} ⑤ **先 미제축출, 後 현정권 타도**를 외치고 있다. {10.2 경간부, 10.1 승진, 09.1 승진}
NDR파 (전통적 마르크스─레닌사상 신봉)	① 1단계는 **민족민주혁명 완수 후** 2단계로서 **사회주의 혁명 완수**하는 혁명론이다. ② 현 정권 타도 후 미제국주의 축출하고 민주주의 민주공화국을 수립하여 북한과 연방제 통일을 주장하고 있다. 예) 사노맹, 전학련 등
PDR파 (전통적 마르크스─레닌사상 신봉)	① '**민중민주주의 혁명론**'을 말하며, 이 계열의 단체는 전국학생연대, 대장정학생연합 등이 현재 활동 중이다. {09.1 승진} ② 제독 PDR, 제파 PDR **모두 한국사회를 신식민지 국가 독점주의 사회로 평가**한다. {10.2 경간부, 09.1 승진} **제독 PDR**　**반제반독점 민중민주주의 혁명론**으로 제국주의와 독점자본을 동시에 타도하는 혁명론이다. {09.1 승진} **제파 PDR**　**반제반파쇼 민중민주주의 혁명론**으로 현 정권 타도 후 제국주의를 축출하자는 혁명론이다. {09.1 승진}
ISR파 (트로츠키노 선 신봉)	국제사회주의혁명론은 **남한에서 현 정권을 타도**하고 미제를 축출하여 사회주의 혁명을 이룩한 후 **북한노동자를 지원하여 북한 정권을 타도**하고 **남북통일 노동자권력을 건설**한다는 혁명론이다.
트로츠키파	기존 자본주의권은 물론 세계차원에서 국가 자본주의체제를 분쇄하여 영속적인 국제사회주의 혁명을 이룩하자는 혁명론이다. {09.1 승진}

3. 공산주의 전략의 원칙 {10.1 승진}

① **일**사후퇴와 양보의 원칙	② **관**망의 원칙	③ **배**합의 원칙
④ **임**기응변의 원칙	⑤ **불포기**의 원칙	⑥ **다양성**의 원칙

【전략과 전술의 비교】

전 략	전 술
① 역사가 봉건사회라면 타파하는 것이 전략 목표이다. {07.12 순경} ② **전략은 역사적 · 정치적으로 장기적**이다. {07.12 순경} ③ **전략은 기본목표**이자 큰 **행동지침(기본지침)**이다. {08.1 승진, 07.12 순경} ④ 전략은 정세변화에 수시로 변화하지 않는다 (**불변**). {07.12 순경}	① 봉건제도의 타파를 위해 어느 계급과 연합할 것인가를 전술지침이다. {07.12 순경} ② 전술은 **단기적**이다. {08.1 승진} ③ 전술은 전략에 종속된 **구체적 방법(세부시침)**이다. {08.1 승진, 07.12 순경} ④ 전술은 정세변화에 수시로 변화한다(**변화무쌍**). {07.12 순경}

※ 자료: 임병락(2010), 경찰학개론, p.1210.

4. 북한의 대남전략과 계층구조

1) 대남전략 {08.1 승진}

통일전선 전략	대남적화 혁명을 위한 연합동맹전략으로 힘이 부족하여 **1대1로 타도할 수 없을 때 이용**한다.
남조선혁명 전략	조선혁명은 **남한의 혁명세력이 주체**가 되어 수행해야 한다는 전략이다.
혁명기지 전략	**북한지역을 혁명의 근거지로 구축**한 다음에 그 역량을 바탕으로 남한까지 전 한반도에서 공산혁명을 완수한다는 전략이다.

2) 계층구조 {07.9 순경}

적대계층 (복잡계층)	유해노동직에 배치되고 **진학·입당 등이 원칙적으로 봉쇄된 계층**으로 북한 공산집단에 동조하지 않는 계층을 말한다.
동요계층 (기본계층)	동요계층은 기본계층, **회색분자, 기회주의자**라고도 하며, **하급간부나 기술자로 배치**되는 계층을 말한다. {10.1 승진}
핵심계층	정규의 당원을 비롯하여 **김정은에게 충성을 다하는 계층**을 말한다.

5. 대남공작기구

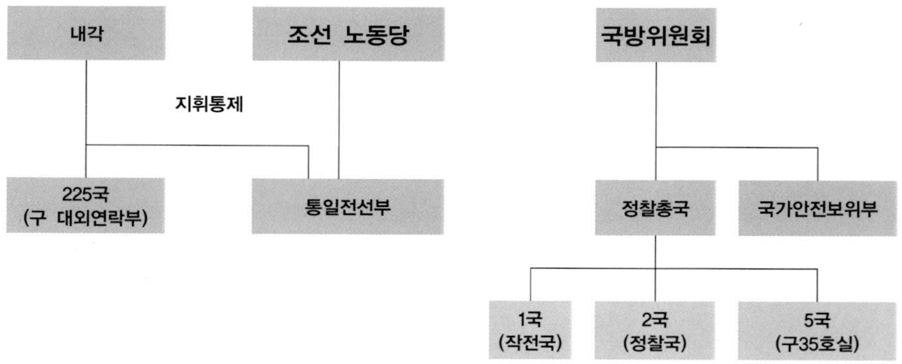

※ 자료: 박현옹 외9(2012), 경찰실무종합, p.623

노동당	**통일 전선부**	① 핵심적 대남공작부서 ② **임무** {07.3 순경} 　㉠ **남북대화 주관** 　㉡ 조총련 및 **해외교포 공작사업** 　㉢ **대남심리전** 및 통일전선공작 등을 전담
내각	**225국**	① 구 대외연락부 ② 노동당에서 내각부로 소속이관 ③ **대남공작**의 주무부서 ④ **임무** {10.1 승진, 07.3 순경} 　㉠ **공작원 밀봉교육** 　㉡ **우회침투를 위한 해외공작 및 조총련을 전담** 　㉢ 당계통의 간첩남파조종 및 **공작**사명부여 　㉣ 남한내 **지하당조직 공작**으로 **혁**명토대 구축
정찰 총국	**1국 (작전국)**	① 김일성정치군사대학 ② **남파공작원 파견**기지인 해상연락소를 청진 · 원산 · 남포 · 해주 등에 보유 ③ **임무** {10.1 승진} 　㉠ **침투공작원 호송 · 안**내 · 복귀 {07.3 순경} 　㉡ **대남침투로 개**척 　㉢ **남파공작원**과 전투원들에 대한 **기본교육훈련** 　㉣ **대**남테러공작 등
	2국 (정찰국)	① 인민무력부 총참모부 소속 ② 448군부대, 907군부대, 남포해상특수부대 등을 관장 ③ **임무** {10.1 승진, 08.3 순경, 07.3 순경} 　㉠ **무장공비 양성 · 남**파 　㉡ **주요시설 파**괴 　㉢ **요인암살** · 납치 등 **게릴라** 활동 　㉣ 대남군사정보**수**집 등
	5국 (대외 정보국)	① 조사부(구 35호실, 대외정보조사부) ② 해외공작 및 테러를 전담하는 **해외담당** ③ **임무** {10.1 승진, 07.3 순경} 　㉠ **대외 · 대남정보 수집** 　㉡ **해외 간첩공작 및 테러공작(KAL기 폭발)을 전담**하고 있는 부서

II. 남북교류협력에 관한 법률[시행 2010.12.30]

1. 목적과 용어

목적 (제1조)	군사분계선 이남지역과 그 이북지역 간의 상호 교류와 협력을 촉진하기 위하여 필요한 사항을 규정함으로써 **한반도의 평화와 통일에 이바지하는 것을 목적으로** 한다.
주관자	남북교류협력의 주관자는 **통일부장관(남북교류협력추진위 위원장)**이며, 남·북 간의 교류·협력관계에는 기본적으로 **통일부장관의 승인**을 요한다.
다른 법률과의 관계	남한과 북한과의 왕래·교역·협력사업 등 남북교류의 협력을 목적으로 하는 행위에 관하여는 이 **법률의 목적 범위 안에서 다른 법률에 우선하여 이 법을 적용**한다.

【남북교류협력 추진협의회】	
의 의	**남북교류·협력에 관한 정책을 협의·조정**하고, 중요 사항을 심의·의결하기 위하여 **통일부에 남북교류협력 추진협의회를** 둔다.
근 거	납북교류협력에 관한 법률
소 속	통일부
위원장	**통일부장관**
위 원	위원은 아래에 해당하는 사람 중에서 **국무총리가 임명하거나 위촉**한다. 이 경우 위원 중 **3명 이상은 ⓛ에 해당하는 사람**으로 한다. ㉠ 차관 또는 차관급 공무원 ㉡ 남북교류·협력에 관한 전문지식과 경험을 갖춘 민간전문가
구 성	협의회는 **위원장 1명을 포함한 18명 이내의 위원으로 구성**한다. ① 위원장이 부득이한 사유로 직무를 수행할 수 없을 때에는 위원장이 미리 지정한 위원이 직무를 대행한다. ② 위원이 회의에 출석하지 못할 부득이한 사유가 있을 때에는 그가 소속된 기관의 다른 공무원으로 하여금 회의에 대리출석하여 그의 권한을 대행하게 할 수 있다. ③ 협의회에는 **위원장이 지명하는 간사 1명**을 둔다.
협의회의 기능	협의회는 아래 사항을 심의·의결한다. ① 남북교류·협력에 관한 정책의 협의·조정 및 기본원칙의 수립 ② 남북교류·협력에 관한 승인이나 그 취소 등에 관한 중요 사항의 협의·조정 ③ 반출·반입 승인대상 물품 등의 공고에 관한 사항 ④ 협력사업에 대한 총괄·조정 ⑤ 남북교류·협력 촉진을 위한 지원 ⑥ 관계 부처 간의 협조가 필요한 남북교류·협력과 관련된 중요 사항 ⑦ 그 밖에 위원장이 회의에 부치는 사항
협의회의 회의와 운영	① 협의회의 회의는 **위원장이 소집**한다. ② 협의회의 회의는 **재적위원 과반수의 출석과 출석위원 과반수의 찬성으로 의결**한다.

2. 남북한 방문

<table>
<tr>
<td rowspan="3">방문
증명서
(제9조)</td>
<td colspan="2">① 남한의 주민이 북한을 방문하거나 북한의 주민이 남한을 방문하려면 통일부장관의 방문승인을 받아야 하며, 통일부장관이 발급한 증명서를 소지하여야 한다. {03.1 승진, 01.1 승진}
② 방문증명서는 유효기간을 정하여 북한방문증명서와 남한방문증명서로 나누어 발급한다. {03.1 승진, 01.1 승진}
③ 통일부장관은 방문승인을 받은 사람이 아래에 해당하는 경우에는 그 승인을 취소할 수 있다. 다만, ㉠의 경우에는 그 승인을 취소하여야 한다.
　㉠ 거짓이나 그 밖의 부정한 방법으로 방문승인을 받은 경우
　㉡ 제4항(방문기간–1년 이내, 방문결과보고서 제출을 조건)에 따른 조건을 위반한 경우
　㉢ 남북교류·협력을 해칠 명백한 우려가 있는 경우
　㉣ 국가안전보장, 질서유지 또는 공공복리를 해칠 명백한 우려가 있는 경우</td>
</tr>
<tr>
<td>북한
·
남한
방문
증명서
(원칙)</td>
<td>① 한 차례만 사용할 수 있는 방문증명서
② 각각 1회에 한하여 북한 또는 남한을 방문할 수 있는 증명서
③ 통일부장관은 방문승인을 하는 경우 북한 또는 남한에 머무를 수 있는 방문기간을 부여하여야 하고, 남북교류·협력의 원활한 추진을 위하여 북한방문 결과보고서 제출 등 조건을 붙일 수 있다.
④ 방문승인을 받은 사람은 방문기간 내에 한 차례에 한하여 북한 또는 남한을 방문할 수 있다.</td>
</tr>
<tr>
<td>복수방문
증명서
(예외)</td>
<td>① 유효기간이 끝날 때까지 여러 차례 사용할 수 있는 방문증명서
② 복수방문증명서의 유효기간은 5년 이내로 하며, 5년의 범위에서 연장할 수 있다.
③ 복수방문증명서를 발급받은 사람 중 외국을 거치지 아니하고 북한 또는 남한을 직접 방문하는 사람 등 방문기간 내에 횟수게 제한 없이 북한 또는 남한을 방문할 수 있다. 다만, 방문기간 내에라도 방문 목적이나 경로를 달리하여 방문할 경우에는 통일부장관의 방문승인을 별도로 받아야 한다.</td>
</tr>
<tr>
<td rowspan="2">재외국민</td>
<td colspan="2">재외국민이 외국에서 북한을 왕래할 때에는 통일부장관이나 재외공관의 장에게 신고하여야 한다. 다만, 외국을 거치지 아니하고 남한과 북한을 직접 왕래할 때에는 발급된 방문증명서를 소지하여야 한다.</td>
</tr>
<tr>
<td>재외국민의
범위</td>
<td>㉠ 외국정부로부터 영주권을 취득하였거나 이에 준하는 장기체류 허가를 받은 사람
㉡ 외국에 소재하는 외국법인 등에 취업하여 업무수행의 목적으로 북한을 방문하는 사람</td>
</tr>
<tr>
<td>무국적자</td>
<td colspan="2">외국 국적을 보유하지 아니하고 대한민국의 여권(旅券)을 소지하지 아니한 외국 거주 동포가 남한을 왕래하려면 「여권법」 제14조제1항에 따른 외교통상부장관이 발급하는 여행증명서를 소지하여야 한다.</td>
</tr>
</table>

3. 남북한 주민 접촉

신고의무	남한의 주민이 북한의 주민과 회합 · 통신 그 밖의 방법으로 접촉하고자 할 때에는 통일부장관에게 **접촉 7일 전까지** 북한주민접촉 신고서에 ㉠ 북한주민접촉 신고인 인적사항, ㉡ 그 밖에 통일부장관이 필요하다고 인정하는 서류를 첨부하여 제출하여야 한다. 다만, 아래의 부득이한 사유에 해당하는 경우에는 **접촉한 후 신고할 수 있으며, 북한주민과 접촉한 사람은 접촉 후 7일 이내에 통일부장관에게 신고**하여야 한다. {03.1 승진} ① 가족인 북한주민과 회합 · 통신하거나 가족의 생사 확인을 위하여 북한주민과 접촉한 경우 ② 교역을 목적으로 긴급히 북한주민과 접촉한 경우 ③ 사전 계획 없이 전자우편 · 전자상거래 등 인터넷을 통하여 북한주민과 접촉한 경우 ④ 편지의 접수 등 사전 신고가 불가능하거나 그 밖에 부득이한 사유로 사전에 신고의 수리를 받지 아니하고 북한 주민과 접촉한 경우 ⑤ 외국 여행 중에 우발적으로 북한주민과 접촉한 경우
신고수리 거부	통일부장관은 접촉에 관한 신고를 받은 때에는 남북교류 · 협력을 해칠 명백한 우려가 있거나 **국가안전보장, 질서유지 또는 공공복리를 해칠 명백한 우려가 있는 경우에만 신고의 수리(受理)를 거부**할 수 있다.
접촉신고 유효기간	① 접촉신고를 받은 통일부장관은 남북교류 · 협력의 원활한 추진을 위하여 북한주민 접촉결과 보고서 제출 등 조건을 붙이거나, **3년 이내의 유효기간을 정하여 수리**할 수 있다. 다만, **가족인 북한주민과의 접촉을 목적으로 하는 경우에는 5년 이내의 유효기간**을 정할 수 있다. ② 통일부장관은 필요하다고 인정할 경우 **유효기간을 3년의 범위에서 연장**할 수 있다.
남북한 방문에 대한 심사	북한을 직접 방문하는 **남한주민과 남한을 직접 방문하는 북한주민은 출입장소에서 심사**를 받아야 한다.
남북한 거래의 원칙	남한과 북한 간의 거래는 **국가 간의 거래가 아닌 민족내부의 거래**로 본다.

4. 남북한의 교역

남북한 거래의 원칙	남한과 북한 간의 거래는 **국가 간의 거래가 아닌 민족내부의 거래**로 본다.	
물품의 반출·반입	통일부장관의 승인·변경승인	① 물품 등을 반출하거나 반입하려는 자는 그 물품 등의 품목, 거래형태 및 대금결제 방법 등에 관하여 **통일부장관의 승인**을 받아야 한다. ② 통일부장관은 승인 또는 변경승인을 할 때에는 중요하다고 인정되는 사항은 미리 관계 행정기관의 장과 협의하여야 한다.
	조건·유효기간	통일부장관은 반출이나 반입을 승인하는 경우 남북교류 · 협력의 원활한 추진을 위하여 대통령령으로 정하는 바에 따라 반출 · 반입의 목적 등 조건을 붙이거나, 승인의 유효기간을 정할 수 있다.
	포괄적 승인	통일부장관은 반출이나 반입을 승인할 때에는 물품 등의 품목, 거래형태 및 대금결제 방법 등에 관하여 일정한 범위를 정하여 포괄적으로 승인할 수 있다.

물품의 반출·반입 승인취소	임의적 취소	㉠ 조건을 위반한 경우 ㉡ 공고된 사항을 위반한 경우 ㉢ 조정명령을 따르지 아니한 경우 ㉣ 보고를 하지 아니하거나 거짓으로 보고한 경우 ㉤ 남북교류 · 협력을 해칠 명백한 우려가 있는 경우 ㉥ 국가안전보장, 질서유지 또는 공공복리를 해칠 명백한 우려가 있는 경우
	필요적 취소	거짓이나 그 밖의 부정한 방법으로 반출이나 반입을 승인받은 경우

5. 협력사업

의의	남한과 북한의 주민(법인 · 단체를 포함)이 공동으로 하는 문화, 관광, 보건의료, 체육, 학술, 경제 등에 관한 모든 활동을 말한다.
협력사업의 승인	① 협력사업을 하려는 자는 협력사업마다 아래의 요건을 모두 갖추어 **통일부장관의 승인**을 받아야 한다. **【협력사업 승인요건】** ㉠ 협력사업의 내용이 실현 가능하고 구체적일 것 ㉡ 협력사업으로 인하여 남한과 북한 간에 분쟁을 일으킬 사유가 없을 것 ㉢ 이미 시행되고 있는 협력사업과 심각한 경쟁을 하게 될 가능성이 없을 것 ㉣ 협력사업을 하려는 분야의 사업실적이 있거나 협력사업을 추진할 만한 자본 · 기술 · 경험 등을 갖추고 있을 것 ㉤ 국가안전보장, 질서유지 또는 공공복리를 해칠 명백한 우려가 없을 것 ② 통일부장관은 협력사업의 승인을 하려면 미리 관계 행정기관으 장과 협의하여야 하며, 변경승인을 하려면 중요하다고 인정되는 경우에 한하여 미리 관계 행정기관의 장과 협의하여야 한다.
조건·유효 기간	통일부장관은 협력사업의 승인을 하는 경우 남북교류 · 협력의 원활한 추진을 위하여 사업범위 등 조건을 붙이거나 승인의 유효기간을 정할 수 있다.
협력사업의 정지·승인 취소	**임의적 정지·승인 취소** ① 조정명령을 따르지 아니한 경우 ② 보고를 하지 아니하거나 거짓으로 보고한 경우 ③ 조사를 정당한 사유 없이 거부 · 기피하거나 방해한 경우 ④ 협력사업의 승인을 받고 최근 3년간 계속하여 협력사업의 실적이 없는 경우 ⑤ 협력사업의 시행 중 남북교류 · 협력을 해칠 명벅한 우려가 있는 행위를 한 경우 ⑥ 국가안전보장, 질서유지 또는 공공복리를 해칠 명백한 우려가 있는 경우 **필요적 정지·승인 취소** ① 거짓이나 그 밖의 부정한 방법으로 협력사업의 승인을 받은 경우 ② 승인요건을 갖추지 못하게 된 경우 ③ 승인요건 외의 부분 후단에 따른 변경승인을 받지 아니하고 협력사업의 내용을 변경한 경우 ④ 조건(사업범위, 승인의 유효기간)을 위반한 경우 ⑤ 협력사업 정지기간 중에 협력사업을 한 경우

협력사업의 신고	① 소액투자 등 대통령령으로 정하는 협력사업을 하려는 자는 승인요건 중 2가지 요건(협력사업으로 인하여 남한과 북한 간에 분쟁을 일으킬 사유가 없을 것, 국가안전보장, 질서유지 또는 공공복리를 해칠 명백한 우려가 없을 것) 갖추어 **통일부장관에게 신고**하고 협력사업을 할 수 있다. ② 신고를 받은 통일부장관은 남북교류 · 협력의 원활한 추진을 위하여 사업범위 등 조건을 붙이거나 유효기간을 정하여 수리할 수 있다.

6. 국가보안법과 법리문제

① 처음부터 국가의 안전보장을 해칠 목적으로 또는 해가 될 것을 알면서 남북교류협력을 한 경우에는 **국가보안법이 적용**된다.

② 남북교류협력에 관한 법률에 의해 남북을 왕래하면서 승인없이 금품을 수수한 경우 정당성이 인정되면 **국가보안법이 적용되지 않는다**(판례). {09.1 승진, 03.1 승진, 02.1 승진}

③ 무승인 · 법정절차 위반시 **남북교류협력에 관한 법률이 적용**된다.

④ 단순히 증명서를 발급받지 않고 남북을 왕래하거나 신고 없이 회합하면 **남북교류협력에 관한 법률이 적용**된다. {09.1 승진, 02.1 승진}

⑤ 재외국민이 재외공관장에게 단순히 신고하지 않고 북한을 왕래하면 **남북교류협력에 관한 법률이 적용**된다. {09.1 승진, 02.1 승진}

III. 북한이탈주민의 보호 및 정착지원에 관한 법률[시행 2010.12.30]

1. 기본원칙과 보호기준

적용범위 (제3조)	대한민국의 보호를 받으려는 의사를 표시한 **북한이탈주민에 대하여 적용**한다.
기본원칙 (제4조)	① 대한민국은 보호대상자를 **인도주의에 입각하여 특별히 보호**한다 ② 대한민국은 **외국에 체류하고 있는 북한이탈주민의 보호 및 지원 등을 위하여 외교적 노력**을 다하여야 한다. ③ 보호대상자는 **대한민국의 자유민주적 법질서에 적응하여 건강하고 문화적인 생활을 할 수 있도록 노력**하여야 한다. ④ 통일부장관은 북한이탈주민에 대한 보호 및 지원 등을 위하여 **북한이탈주민의 실태를 파악**하고, 그 **결과를 정책에 반영**하여야 한다.
보호기준 (제5조)	① 보호대상자에 대한 보호 및 지원 기준은 **나이, 세대 구성, 학력, 경력, 자활 능력, 건강 상태 및 재산 등을 고려**하여 합리적으로 정하여야 한다. ② 보호 및 정착지원은 **원칙적으로 개인을 단위로 하되, 필요하다고 인정하는 경우에는 세대를 단위로** 할 수 있다. ③ 보호대상자를 정착지원시설에서 **보호하는 기간은 1년 이내**로 하고, **거주지에서 보호하는 기간은 5년**으로 한다. 다만, 특별한 사유가 있는 경우에는 북한이탈주민 대책협의회의 심의를 거쳐 그 기간을 단축하거나 연장할 수 있다.

2. 발생 및 입국단계

보호신청 (제7조)	① 북한이탈주민으로서 보호를 받으려는 사람은 **재외공관이나 그 밖의 행정기관의 장**(각급 군부대의 장을 포함)에게 **보호를 직접 신청**하여야 한다. 다만, 보호를 직접 신청하지 아니할 수 있는 사유가 있는 경우에는 그러하지 아니하다. {09.4 순경} ② 보호신청을 받은 재외공관장 등은 **지체 없이 그 사실을 소속 중앙행정기관의 장을 거쳐 통일부장관과 국가정보원장에게 통보**하여야 한다. ③ 통보를 받은 국가정보원장은 임시 보호나 그 밖의 필요한 조치를 한 후 지체 없이 그 결과를 통일부장관에게 통보하여야 한다.
보호결정 (제8조)	① **통일부장관은 통보를 받으면 통보를 받은 날부터 30일 이내에 협의회의 심의를 거쳐 보호 여부를 결정**한다. {09.4 순경} 다만, 국가안전보장에 현저한 영향을 줄 우려가 있는 사람에 대하여는 **국가정보원장이 그 보호 여부를 결정**하고, **그 결과를 지체 없이 통일부장관과 보호신청자에게 통보**하거나 알려야 한다. ② 국가정보원장은 임시 보호나 그 밖의 **필요한 조치를 마친 날부터 30일 이내에 보호 여부를 결정**하여야 한다. 다만, 부득이한 사유가 있는 경우에는 그러하지 아니하다. ③ 보호 여부를 결정한 **통일부장관은 그 결과를 지체 없이 관련 중앙행정기관의 장을 거쳐 재외공관장등에게 통보**하여야 하고, 통보를 받은 재외공관장등은 이를 보호신청자에게 즉시 알려야 한다.

보호 결정의 기준 (제9조)	① 보호 여부를 결정할 때 아래에 해당하는 사람은 **보호대상자로 결정하지 아니할 수 있다.** **【보호대상자에 해당되지 않는 자】** ① 항공기 납치, 마약거래, 테러, 집단살해 등 국제형사범죄자 ② 살인 등 중대한 비정치적 범죄자 ③ 위장탈출 혐의자 ④ 체류국(滯留國)에 10년 이상 생활 근거지를 두고 있는 사람 ⑤ 국내 입국 후 1년이 지나서 보호신청한 사람 ⑥ 그 밖에 보호대상자로 정하는 것이 부적당하다고 대통령령으로 정하는 사람 ② 체류국이나 체류 중인 북한이탈주민에게 부득이한 사정이 있는 경우에는 그러하지 아니하다. ③ **통일부장관은 북한이탈주민으로서 보호대상자로 결정되지 아니한 사람에게는 필요한 경우 아래에 해당하는 보호 및 지원을** 할 수 있다. 　㉠ 제11조(정착지원시설에서의 보호 등), 제13조(학력 인정), 제14조(자격 인정), 제19조(가족관계 등록 창설의 특례), 제19조의2(이혼의 특례), 제22조(거주지 보호), 제26조의2(국민연금에 대한 특례)에 따른 보호 및 특례 　㉡ 그 밖에 사회정착에 필요하다고 대통령령으로 정하는 보호 및 지원
국내 입국교섭 (시행령 제19조)	① 해외에 있는 보호대상자의 국내 입국을 위한 해당 주재국과의 교섭 및 그의 신병이송 등에 필요한 사항은 **외교통상부장관이 국가정보원장과 협의하여 정하며**, 보호대상자에 대해서는 국가정보원장이 이를 정한다. ② 외교통상부장관과 국가정보원장은 해외에 있는 보호대상자의 신병이송 시기 · 방법 등을 결정한 때에는 지체 없이 이를 **통일부장관에게 통보**하여야 한다. 다만, 보호대상자의 신변안전에 중대한 위해요소가 현존하고도 명백한 때에는 국내 입국 즉시 통보할 수 있다.

【북한이탈주민 대책협의회】

① 북한이탈주민에 관한 정책을 협의 · 조정하고 보호대상자의 보호 및 정착지원에 관한 사항을 심의하기 위하여 통일부에 북한이탈주민 대책협의회를 둔다.
② 협의회는 위원장 1명을 포함한 25명 이내의 위원으로 구성한다.
③ 위원장은 **통일부차관**이 되며, 협의회의 업무를 총괄한다.

3. 보호 및 관리단계

정착지원 시설의 설치 (제10조)	① **통일부장관은 보호대상자에 대한 보호 및 정착지원을 위하여 정착지원시설을 설치 · 운영**한다. 다만, 국가정보원장이 보호하기로 결정한 사람을 위하여는 **국가정보원장이 별도의 정착지원시설을 설치 · 운영**할 수 있다. {09.4 순경} ② 통일부장관 또는 국가정보원장은 정착지원시설을 설치하는 경우 보호대상자의 건강하고 쾌적한 생활과 적응활동이 이루어질 수 있도록 숙박시설과 그 밖의 필요한 시설을 갖추어야 한다.
협조요청 (시행령 제24조)	① 통일부장관은 정착지원시설에서 보호 중인 보호대상자의 정착지원을 위하여 다른 행정기관의 장 또는 지방자치단체의 장에게 협조를 요청할 수 있으며, 협조 요청을 받은 행정기관의 장 또는 지방자치단체의 장은 이에 협조한다. ② **통일부장관은 정착지원시설에서 보호 중인 보호대상자의 신변안전을 위하여** 국방부장관 또는 경찰청장 등에게 그 시설의 경비 · 치안유지 등에 대한 협조를 요청할 수 있으며, 협조 요청을 받은 **국방부장관 또는 경찰청장 등은 이에 협조**한다.
사회적응 교육 (제15조)	① **통일부장관은 보호대상자가 대한민국에 정착하는 데 필요한 기본교육을 실시**하여야 한다. ② 통일부장관은 기본교육 외에 보호대상자에게 거주지에서 별도의 적응교육을 추가로 실시할 수 있다.

4. 배출 및 정착단계

학력인정 (제13조)	보호대상자는 **북한이나 외국에서 이수한 학교 교육의 과정에 상응하는 학력을 인정**받을 수 있다.
자격인정 (제14조)	① 보호대상자는 관계 법령에서 정하는 바에 따라 **북한이나 외국에서 취득한 자격에 상응하는 자격 또는 그 자격의 일부를 인정**받을 수 있다. ② 통일부장관은 자격 인정 신청자에게 자격 인정을 위하여 필요한 **보수교육 또는 재교육을 실시**할 수 있다. ③ 시행하기 위하여 필요한 경우 자격 인정 여부를 심사하기 위한 위원회를 둘 수 있다.
직업훈련 (제16조)	① **통일부장관은 직업훈련을 희망하는 보호대상자 또는 보호대상자이었던 사람에 대하여 직업훈련을 실시**할 수 있다. ② 직업훈련의 실시기간은 대상자의 직무능력 등을 고려하여 3개월 이상이 되도록 노력하여야 한다.
취업보호 (제17조)	통일부장관은 보호대상자가 정착지원시설로부터 그의 거주지로 전입한 후 대통령령으로 정하는 바에 따라 **최초로 취업한 날부터 2년간 취업보호를 실시**한다. 다만, 사회적 취약계층, 장기근속자 등 취업보호 기간을 연장할 필요가 있는 경우로서 대통령령으로 정하는 사유에 해당하는 경우에는 **1년의 범위에서 취업보호 기간을 연장**할 수 있다.
취업보호의 제한 (제17조의2)	① 통일부장관은 취업보호대상자가 아래의 경우에는 **일정 기간 취업보호를 제한**할 수 있다. 　㉠ 취업한 후 정당한 사유 없이 6개월 동안 근무하지 아니하고 자의로 퇴직한 경우 → 　　**6개월간 취업보호 제한** 　㉡ 근무태만, 직무유기 또는 부정행위 등의 사유로 징계에 의하여 면직된 경우 　　→ **1년간 취업보호 제한** ② 통일부장관은 취업보호대상자가 거짓이나 그 밖의 **부정한 방법으로 사업주로 하여금 고용지원금을 받게 한 때에는 협의회의 심의를 거쳐 취업보호를 중지하거나 종료**할 수 있다. ③ 통일부장관은 취업보호를 중지하거나 종료한 때에는 그 사유를 구체적으로 밝혀 해당 취업보호대상자에게 알려야 한다.
세제혜택 (제17조의4)	국가 및 지방자치단체는 **북한이탈주민을 채용하는 기업에 대하여 예산의 범위에서 재정지원**을 하거나 **조세 관계 법률에서 정하는 바에 따라 세금을 감면**할 수 있다.
특별임용 (제18조)	① **북한에서의 자격이나 경력이 있는 사람 등 북한이탈주민으로서 공무원으로 채용하는 것이 필요하다고 인정되는 사람**에 대하여는 국가공무원법 제28조 제2항 및 지방공무원법 제27조 제2항에도 불구하고 **북한을 벗어나기 전의 자격·경력 등을 고려하여 국가공무원 또는 지방공무원으로 특별임용**할 수 있다. ② 북한의 군인이었던 **보호대상자가 국군에 편입되기를 희망하면 북한을 벗어나기 전의 계급, 직책 및 경력 등을 고려하여 국군으로 특별임용**할 수 있다.
가족관계 등록 창설의	① 통일부장관은 보호대상자로서 군사분계선 이남지역에 가족관계 등록이 되어 있지 아니한 사람에 대하여는 **본인의 의사에 따라 등록기준지를 정하여 서울가정법원에 가족관계 등록 창설허가 신청서를 제출**하여야 한다.

특례 (제19조)	② 가족관계 등록 창설허가 신청서에는 작성된 보호대상자의 등록대장 등본과 가족관계등 록부의 기록방법에 준하여 작성한 신분표를 붙여야 한다. ③ **서울가정법원은 가족관계 등록 창설허가 신청서를 받은 때에는 지체 없이 허가 여부를 결정**하고, 가족관계 등록 창설허가를 한 때에는 **해당 등록기준지의 시(구를 두지 아니한 시)·구·읍·면의 장에게 가족관계 등록 창설허가 등본을 송부**하여야 한다. ④ **시·구·읍·면의 장은 가족관계 등록 창설허가 등본을 받은 때에는 지체 없이 가족관계등록부를 작성**하여야 하고, **주소지 시장(특별시장·광역시장은 제외)·군수·구청장(자치구의 구청장) 또는 특별자치도지사에게 가족관계 기록사항에 관한 증명서를 첨부하여 가족관계 등록 신고사항을 통보**하여야 한다.
주거지원 (제20조)	① **통일부장관은 보호대상자에게 주거지원**을 할 수 있다. {09.4 순경} ② 주거지원을 받는 보호대상자는 그 주민등록 **전입신고를 한 날부터 2년간 통일부장관의 허가를 받지 아니하고는 임대차계약을 해지**하거나 그 주거지원에 따라 **취득하게 된 소유권, 전세권 또는 임차권을 양도하거나 저당권을 설정할 수 없다.** ③ **소유권 등의 등기신청은 보호대상자를 대리하여 통일부장관**이 한다. 이 경우 소유권 등은 양도나 저당권 설정이 금지된다는 사실을 그 등기신청서에 기록하여야 한다. ④ 통일부장관은 보호대상자에게 가정과 같은 주거 여건과 보호를 제공하는 공동생활시설을 이용하는 데 필요한 지원을 할 수 있다.
정착금 등의 지급 (제21조)	① 통일부장관은 보호대상자의 정착 여건 및 생계유지 능력 등을 고려하여 **정착금이나 그에 상응하는 가액의 물품을 지급**할 수 있다. {09.4 순경} ② 통일부장관은 보호대상자가 제공한 정보나 가지고 온 장비(재화를 포함)의 활용 가치에 따라 등급을 정하여 보조금을 지급 할 수 있다. ③ **정착금은 양도하거나 담보로 제공할 수 없고, 압류할 수 없다.**
거주지 보호 (제22조)	① 통일부장관은 보호대상자가 정착지원시설로부터 그의 거주지로 전입한 후 정착하여 스스로 생활하는 데 장애가 되는 사항을 해결하거나 그 밖에 자립·정착에 필요한 보호를 할 수 있다. ② **통일부장관은 보호 업무를 행정안전부장관과 협의하여 보호대상자의 거주지를 관할하는 지방자치단체의 장에게 위임**할 수 있다.
보고의무 (제23조)	지방자치단체장은 **반기(半期)마다 보호대상자의 정착 실태 등을 파악하여 행정안전부장관을 거쳐 통일부장관에게 보고**하여야 한다.
의료급여 (제25조)	통일부장관은 **보호대상자와 그 가족에게 의료급여법에서 정하는 바에 따라 의료급여를 실시**할 수 있다.
생활보호 (제26조)	보호가 종료된 사람 중 **생활이 어려운 사람에게는 본인의 신청에 의하여 국민기초생활보장법 제5조에도 불구하고 5년의 범위에서 보호**를 할 수 있다.
생업지원 (제26조의3)	국가와 지방자치단체, 그 밖의 공공단체는 소관 공공시설에 편의사업 또는 편의시설의 설치를 허가하거나 위탁하는 경우 이 법에 따른 보호대상자의 신청이 있을 때에는 우선적으로 고려하여야 한다.

보호의 변경 (제27조)	① 통일부장관은 보호대상자가 **아래에 해당하는 경우에는 협의회의 심의를 거쳐 보호 및 정착지원을 중지하거나 종료할 수 있다.** 　㉠ 1년 이상의 징역 또는 금고의 형을 선고받고 그 형이 확정돈 경우 　㉡ 고의로 국가이익에 반하는 거짓 정보를 제공한 경우 　㉢ 사망선고나 실종선고를 받은 경우 　㉣ 북한으로 되돌아가려고 기도(企圖)한 경우 　㉤ 이 법 또는 이 법에 따른 명령을 위반한 경우 　㉥ 그 밖에 대통령령으로 정하는 사유에 해당한 경우 ② 지방자치단체장은 보호대상자의 보호 및 정착지원의 중지 또는 종료나 제5조 제3항 단서에 따른 **보호 기간의 단축 또는 연장을 행정안전부장관을 거쳐 통일부장관에게 요청**할 수 있다. ③ 통일부장관은 보호 및 정착지원을 중지 또는 종료하거나 제5조 제3항 단서에 따라 보호기간을 단축 또는 연장한 경우에는 그 사유를 구체적으로 밝혀 해당 보호대상자에게 알려야 하고, **행정안전부장관과 지방자치단체장에게 그 사실을 통보**하여야 한다. ④ 법무부장관은 **보호대상자에게 1년 이상의 징역 또는 금고의 형을 선고받고 그 형이 확정된 경우에 즉시 이를 통일부장관에게 통보**하여야 한다. ⑤ 통일부장관은 보호대상자에게 보호변경 사유가 있는지를 확인하기 위하여 관계 기관에 자료를 요청할 수 있다. 이 경우 요청을 받은 관계 기관의 장은 특별한 사유가 없는 한 이에 따라야 한다.
신고의무 (제28조)	보호대상자는 최초의 **거주지에 전입한 날부터 5년간 주소, 직업 또는 근무지가 변동된 경우에는 그 사유가 발생한 날부터 14일 이내에 관할 지방자치단체장에게 서면으로 신고하여야 하고, 신고를 받은 지방자치단체장은 그 신고서 사본을 행정안전부장관을 거쳐 통일부장관에게 제출**하여야 한다.
비용부담 (제29조)	① 보호 및 정착지원에 드는 비용은 **국가가 부담**한다. ② 국가는 **보호 업무의 비용을 매년 해당 지방자치단체에 지급하며, 그 부족액을 추가로 지급하거나 초과액을 환수**하여야 한다.

5. 이의신청

이의신청 (제32조)	① 보호 및 지원에 관한 처분에 이의가 있는 보호대상자는 그 **처분의 통지를 받은 날부터 90일 이내에 통일부장관에게 서면으로 이의신청**을 할 수 있다. ② 통일부장관은 이의신청을 받은 때에는 지체 없이 이를 검토하여 처분이 위법 또는 부당하다고 인정되는 경우에는 그 시정이나 그 밖의 필요한 조치를 할 수 있다. 이 경우 미리 협의회의 심의를 거쳐야 한다.

제5절　외국의 보안경찰

영 국	① 수도경찰 특수부서를 제외하고는 **한국처럼 보안업무와 유사한 기능을 수행하는 경찰관은 없다.** ② 이 외의 국가안전보장기관으로 **내무부의 보안국(SS), 외무부의 비밀정보국(SIS)** 등이 있다.
미 국	① 연방수사국(FBI)의 정보부가 **미국 방첩업무의 최고 책임기관**이다. ② 이 외의 국가안전보장기관으로 **중앙정보국(CIA), 국가정찰국(NRO), 국방정보국(DIA), 법무부의 연방수사국(FBI)** 등이 있다.
독 일	① 독일경찰의 핵심인 **주경찰 내부에는 보안업무의 전담조직이 없다.** ② **연방정보부(BND), 연방헌법보호청(BVS)과 주헌법보호청(LVS)**등이 보안경찰의 업무를 수행하고 있다.
프랑스	① 프랑스의 국가안전보장기관으로는 **국방부의 해외안전총국, 국립경찰청의 국토감시국, 외무부정보과 등**이 있다. ② 국립경찰청의 국토감시국(DST)은 **대간첩업무의 수행, 국제기관 및 외국공관의 동향파악 등 국가의 외적 안녕에 대한 침해행위를 적발 · 응징**하며, 국가주권에 대한 침해행위의 증거를 법원에 제공하는 업무를 수행하며, **영국의 MI−5와 미국의 FBI와 유사한 조직**이다.
일 본	경찰청 경비국은 **한국의 정보와 보안 및 외사방첩기능을 통합 수행하는 부서로서 한국의 경찰청 보안국의 업무를 담당**하고 있다.

제7장

외사경찰 활동

제1절　외사경찰의 일반

Ⅰ. 외사경찰의 의의 및 특징

의 의	외사경찰이란 대한민국의 안전과 사회공공의 안녕 및 질서유지를 목적으로 외국인, 해외교포 또는 외국과 관련된 기관, 단체 등 외사 대상에 대하여 이들의 동정을 관찰하고 이들과 관련된 범죄를 예방 · 단속하는 것을 주된 임무로 하는 경찰활동을 말한다.		
법적근거	직접적 근거	경찰청과 그 소속기관직제	
	간접적 근거	헌법, 경찰법, 경찰관직무집행법,	
	기타	출입국관리법, 여권법, 범죄인인도법, 국제형사사법공조법 등	
대 상	① 주한 외국인 또는 외국기관 · 단체가 대한민국 내에서 저지른 범죄 　예 **영국인이 한국 여행 중 재물을 절취한 경우** {02.1 승진} ② 외국인이 외국에서 대한민국 또는 대한민국 국민을 대상으로 저지른 범죄 　예 **미국인이 한국은행 뉴욕지점에서 강도를 한 경우** {02.1 승진} ③ 내국인 또는 해외교포가 외국에서 저지른 범죄 　예 **한국인이 일본에서 차별대우에 반발해 야쿠자를 살해한 경우** {02.1 승진} ④ 내국인이 외국인 또는 외국기관 · 단체 등과 연계하여 저지른 범죄 ⑤ 내국인이 국내에서 외국 · 외국인을 대상으로 저지른 범죄 ⑥ 간첩 · 불순분자 등의 제3국을 통한 우회침투를 방지 · 색출하고 무장 · 과격분자 또는 국제범죄단체 등에 의한 테러와 납치 등 국제성 범죄에 대처하는 것 　☞ **월남참전 고엽제 환자가 미대사관 앞에서 불법시위를 한 경우**(×) {02.1 승진}		
특 징	**대상의 특징**	① **외사경찰은 국내에 체류하고 있는 외국인, 외국기관 · 단체 또는 해외교포를 주요 대상으로 하므로**, 일반 내국인과 관련된 범죄의 예방과 단속을 주 업무로 하는 일반경찰활동과 구별된다. ② 외교사절도 외사경찰의 대상이 되며, **외교사절은 일반체류외국인과는 달리 특별한 지위를 누리고 있으므로 업무 취급상 특별한 주의를** 요한다. ③ **외사경찰의 가장 큰 특징은** 업무대상이 내국인, 내국범죄와 구별되는 **외국인 또는 재외동포, 외국범죄**이다. {10.1 승진}	
	수단상의 특징	**고도의 기술성**	외사경찰은 외국인, 해외동포, 외교관 등 대상으로 하므로 **충분한 지식과 뛰어난 어학능력 등 고도의 기술성이 요구**된다. {02.1 승진}
		국가법익의 보호	외사경찰은 개인의 이익보다는 **국가의 안전과 국익의 보호를 우선적 목적으로** 한다.
		비공개성	업무의 특성상 외사경찰의 임무를 수행하기 위해서는 **철저한 신분과 업무내용의 비밀유지가 필요**하다.
		비노출성	임무수행상의 특성상 **전혀 신분을 노출시키지 않아야 한다.** {02.1 승진}

II. 국제화

1. 국제화에 따른 치안환경의 변화

인적 교류의 증가	① 출입국자의 증가 ② 외국인 노동인력의 유입 ③ 해외여행자의 증가 ④ 출입국사범의 증가
물적 교류의 확대	① 다양한 외국문화의 유입 ② 산업정보의 유출 ③ 밀수사범의 증가 ④ 외사관찰대상의 증가
범죄의 탈국가화	① 외국인 범죄의 증가 ② 국제범죄 조직의 침투 ③ 화폐위조 및 돈세탁 ④ 내국인의 국외범 증가 ⑤ 해외도피사범의 증가

2. 국제질서에 관한 주요 견해

Hobbes적 견해	① 자연상태의 인간은 '만인대 만인의 투쟁'이라는 견해를 국제정세에도 적용한다. ② 모든 국가는 생존을 위해 투쟁하고 있으며, **전쟁은 생존을 위한 대외전략**의 하나로서 아무런 도덕적 또는 법적구속을 받을 필요가 없다고 본다.
Kant적 견해	**Hobbes적 견해와 반대 입장**이며, 국제정치의 본질은 국가 간의 쿠쟁이 아니라 **국가내부에 존재하는** '**초국가적 유대감**'에 있다고 보는 견해이다.
Grotius적 견해	주어진 국제질서 속에서 **상호 공존과 협력**을 위하여 노력하는 것이 국제정치의 요체이다.

3. 국제질서에 대한 사상들의 변천 순서

사 상	시 대	주요 내용
이상주의	18C	국가도 국제관계의 이익에 봉사해야 한다.
자유방임주의	19C	전세계적 자유무역 주장
제국주의	19C 말	보호무역, 열강들의 식민지 쟁탈전
이데올로기적 패권주의	1차 대전 이후	자유주의(미)와 공산주의(소)의 이데올로기 대립
경제패권주의	1980년 이후	냉전종식, WTO체제, 자국의 경제적 기익추구

【뉴 라운드】

우루과이 라운드 (UR)	공산품은 물론 농산물, 지적재산권, 금융, 서비스, 교육 등 **모든 부문에 대해 시장을 개방하는 완전한 자유무역체제를 이루기 위한 다자간 협상**으로 무역장벽을 철폐시키기 위해 미국주도하에 이루어진 협상을 말한다.
그린라운드 (GR)	일명 환경 라운드로서 지구환경을 파괴할 수 있는 물질의 사용을 금지하자는 협약, 즉 **환경보존을 위한 다자간 국제협상**을 말한다.
기술라운드 (TR)	각국의 연구개발 활동 등 **기술적인 요소가 공정무역 차원에서 장애가 되지 않아야 한다는 것**을 주요 내용으로 하고 있다.
윤리라운드 (ER)	수주과정에서 외국 공무원에게 **뇌물을 주는 기업에 대해 현지국 정부가 처벌**할 수 있도록 하는 것을 포함, 조달시장의 개방과 엄격한 회계기준 정립 등의 내용을 담고 있다.
블루(노동) 라운드 (BR)	**취약한 임금이나 열악한 노동 조건을 개선**하라는 것으로 국제적 근로 기준을 준수하지 않는 나라에는 교역상의 제재를 가한다는 매우 강경한 대책까지 구상하고 있다.
경쟁정책 라운드 (CR)	**각국의 국내규제나 정책의 차이**가 무역장애로 등장함에 따라 개방과 내국인 대우를 통한 **경제조건의 평균화를 추진하는 것**이다. {10.1 승진}

【통역의 종류】

동시통역	마련된 통역부스(booth) 안에서 통역사 헤드폰으로 연사의 발언을 들으면서 **동시에 다른 언어로 통역하는 것**을 말한다.
순차통역	화자의 발언을 노트테이킹하다가 발언이 끝나면 통역하는 방법으로 **가장 보편적인 통역**을 일컫는 말이다.
릴레이통역	동시통역에서 **3개 국어 이상의 언어가 통역되어야 할 때 이용**되는 방법이다.
생동시통역	동시통역의 형태이나 별도의 통시통역부스나 **장비 없이 생으로 동시통역을 하는 것**을 말한다.
방송통역	**TV화면과 함께 음성을 동시통역하는 것**을 말한다.
화상회의통역	말 그대로 원격지에 있는 사람들과 **화상회의를 할 때 사용되는 통역**을 말한다.
위스퍼링	동시통역이 필요한 상황에서 통역장비 없이 **한두 명의 청자 옆에서 소곤소곤 동시통역**을 하는 것을 말한다.

제2절 외사경찰의 대상

I. 외국인

1. 외국인의 의의 및 용어

의 의	외국인은 대한민국의 국적을 가지지 않은 자를 말하며, **무국적자와 외국국적을 가진 자가 포함**된다. {07.3 순경} **복수국적자는 내국인**으로 취급한다.	
용 어	외국인	대한민국의 국적을 가지지 아니한 사람 {07.3 순경}
	난민	난민의지위에관한협약 제1조나 난민의지위에관한의정서 제1조에 따라 난민협약의 적용을 받는 사람 {07.3 순경}
	여권	대한민국정부·외국정부 또는 권한 있는 국제기구에서 발급한 여권 또는 난민여행증명서나 그 밖에 여권을 갈음하는 증명서로서 대한민국정부가 유효하다고 인정하는 것 {07.3 순경}
	선원신분증명서	대한민국정부나 외국정부가 발급한 문서로서 선원임을 증명하는 것 {07.3 순경}
	재외공관의 장	외국에 주재하는 대한민국의 대사(大使), 공사(公使), 총영사(總領事), 영사(領事) 또는 영사업무를 수행하는 기관의 장
	보호	출입국관리공무원이 강제퇴거 대상에 해당된다고 의심할 만한 상당한 이유가 있는 사람을 출국시키기 위하여 외국인보호실, 외국인 보호소 또는 그 밖에 법무부장관이 지정하는 장소에 인치(引致)하고 수용하는 집행활동
	외국인보호실	외국인을 보호할 목적으로 출입국관리사무소나 그 출장소에 설치한 장소
	외국인보호소	외국인을 보호할 목적으로 설치한 시설

2. 외국인의 지위 및 권리

외국인의 지위	① 외국인은 자국의 통치권뿐만 아니라 체류국의 통치권에 복종해야 하는 **이중적 복종의 지위**에 있다. ② 외국인의 지위에 관한 원칙으로 상호주의와 평등주의가 있으나, 우리 헌법은 국제법과 조약이 정하는 바에 의하여 **외국인의 지위를 보장**한다고 규정하고 있다.		
외국인의 권리	공법상 권리	의의	**원칙적으로 금지되거나 제한되는 경우가 많다.**
		인정되는 권리	㉠ 자유권 ㉡ 재판청구권
		인정되지 않는 권리	㉠ **참정권**(공무담임권, 선거권, 피선거권) ㉡ **수익권**(근로의 권리·교육을 받을 권리 등) 단, **영주 체류자격 취득일 후 3년이 경과한 19세 이상의 외국인**으로서 당해 지방자치단체의 외국인등록대장에 등재된 자는 지방자치단체의원 및 단체장의 **선거권**을 가지며, **조례의 제정과 개폐 청구권**을 가진다. ㉢ 20세 이상의 외국인으로 대한민국 계속 거주할 수 있는 자격을 갖춘 자로서 지방자치 단체의 조례가 정하는 자는 **주민투표권**을 가진다.

사법상 권리		**원칙적으로 상호주의에 입각하여 보호**받고 있다 그러나 변호사 개업, 지적재산권, 토지소유권, 국가 또는 지방자치단체에 대한 손해배상청구권은 **상호주의 원칙에 의해 제한**된다. 【절대적으로 제한(부정)되는 권리】 ㄱ 선박소유권　　ㄴ 항공기 소유권　　ㄷ 도선사가 되는 권리 【상호주의에 의하여 제한되는 권리】 ㄱ 지적재산권　　ㄴ 변호사 자격 있는 자의 개업　　ㄷ 토지소유권 ㄹ 국가 또는 지방자치단체에 대한 손해배상청구권 【정부의 인허를 요하는 권리】 어업권
외국인의 의무	원칙	① 원칙적으로 외교사절을 제외하고는 내국인과 동일한 의무를 부담한다. 즉, **재판권, 경찰권, 납세권에 복종**해야 한다. ② 외국인은 **병역의 의무, 교육의 의무, 사회보장가입의 의무 등은 부담하지 않는다.** 다만, 수해·화재·유행병·폭행에 있어서의 비상경찰적인 의무, 전시의 방공활동의 의무 등은 국민과 같이 부과한다.
	등록 의무	체류지를 관할하는 **사무소장이나 출장소장에게 외국인등록**을 하여야 한다.

	등록 대상자	ㄱ 외국인이 입국한 날부터 90일 초과하여 대한민국에 체류하려면 입국한 날부터 **90일 이내에 외국인등록**을 하여야 한다. ㄴ 체류자격을 받는 사람으로서 그 날부터 90일을 초과하여 체류하게 되는 사람은 체류자격을 받는 때에 외국인등록을 하여야 한다. ㄷ 체류자격 변경허가를 받는 사람으로서 입국한 날부터 90일을 초과하여 체류하게 되는 사람은 체류자격 변경허가를 받는 때에 외국인등록을 하여야 한다.
	등록제외 대상	ㄱ 주한 외국공관(대사관과 영사관 포함)과 국제기구의 직원 및 그 가족 ㄴ 대한민국정부와위 협정에 따라 외교관 또는 영사와 유사한 특권 및 면제를 누리는 사람과 그의 가족 ㄷ 대한민국정부가 초청한 사람 등으로서 법무부령으로 정하는 사람
	등록증 발급	ㄱ 외국인등록을 마친 외국인에게는 외국인등록증을 발급하여야 하나, 그 **외국인이 17세 미만인 때**에는 이를 발급하지 아니할 수 있다. ㄴ 외국인등록증을 발급받지 아니한 **외국인이 17세가 된 때에는 90일 이내에 체류지 관할 사무소장이나 출장소장에게 외국인등록증 발급 신청**을 하여야 한다.

【국적법】 [시행 2011.1.1]

국 적	① **원칙** : 속인(혈통)주의 ② **예외** : 속지(출생)주의			
특 징	① 단일국적주의, 복수국적을 제한적으로 허용 ② 부모양계 혈통주의 ③ 부부별개 국적주의			
국적 취득 형태	선천적 취득	출생에 의한 국적취득		
	후천적 취득	인지, 귀화, 수반취득, 국적회복에 의한 국적취득, 국적의 재취득 등		
국 적 취 득 형 태	출생 (선천) 에 의한 취득 사유	① 아래에 해당하는 자는 **출생과 동시에 대한민국 국적(國籍)을 취득**한다. 　㉠ 출생 당시에 부(父)또는 모(母)가 대한민국의 국민인 자 　㉡ 출생하기 전에 부가 사망한 경우에는 그 사망 당시에 부가 대한민국 　　의 국민이었던 자 　㉢ 부모가 모두 분명하지 아니한 경우나 국적이 없는 경우에는 대한민국 　　에서 출생한 자 ② 대한민국에서 발견된 기아(棄兒)는 대한민국에서 출생한 것으로 **추정한다.**		
	후천적 취득 사유	인지에 의한 취득	① 대한민국의 국민이 아닌 자로서 대한민국의 국민인 부 또는 모에 의하여 인지(認知)된 자가 아래의 요건을 모두 갖추면 **법 무부장관에게 신고함으로써 대한민국 국적을 취득**할 수 있다. 　㉠ 대한민국의 민법상 미성년일 것 　㉡ 출생 당시에 부 또는 모가 대한민국의 국민이었을 것 ② **신고한 자는 그 신고를 한 때에 대한민국 국적을 취득**한다.	
		귀화에 의한 취득	의의	① **대한민국 국적을 취득한 사실이 없는 외국인은 법무 부장관의 귀화허가(歸化許可)를 받아 대한민국 국적 을 취득**할 수 있다. ② 법무부장관은 귀화허가 신청을 받으면 심사한 후 그 요건을 갖춘 자에게만 귀화를 허가한다. ③ 귀화허가를 받은 자는 **법무부장관이 그 허가를 한 때에 대한민국 국적을 취득**한다.
			일반 귀화 요건	① **5년 이상** 계속하여 대한민국에 주소가 있을 것 ② 대한민국의 민법상 성년일 것 ③ 품행이 단정할 것 ④ 자신의 자산(資産)이나 기능(技能)에 의거하거나 생계 를 같이하는 가족에 의존하여 생계를 유지할 능력이 있을 것 ⑤ 국어능력과 대한민국의 풍습에 대한 이해 등 대한민 국 국민으로서의 기본 소양(素養)을 갖추고 있을 것

			간이 귀화 요건	① 아래에 해당하는 외국인으로서 대한민국에 **3년 이상** 계속하여 주소가 있는 자는 귀화허가를 받을 수 있다. 　㉠ 부 또는 모가 대한민국의 국민이었던 자 　㉡ 대한민국에서 출생한 자로서 부 또는 모가 대한민국에서 출생한 자 　㉢ 대한민국 국민의 양자(養子)로서 입양 당시 대한민국의 민법상 성년이었던 자 ② 배우자가 대한민국의 국민인 외국인으로서 아래에 해당하는 자는 귀화허가를 받을 수 있다. 　㉠ 그 배우자와 혼인한 상태로 대한민국에 2년 이상 계속하여 주소가 있는 자 　㉡ 그 배우자와 혼인한 후 3년이 지나고 혼인한 상태로 대한민국에 1년 이상 계속하여 주소가 있는 자
			특별 귀화 요건	아래에 해당하는 외국인으로서 **대한민국에 주소가 있는 자**는 귀화허가를 받을 수 있다. {10.3 순경} 　㉠ 부 또는 모가 대한민국의 국민인 자. 다만, 양자로서 대한민국의 민법상 성년이 된 후에 입양된 자는 제외한다. 　㉡ 대한민국에 특별한 공로가 있는 자 　㉢ 과학·경제·문화·체육 등 특정 분야에서 매우 우수한 능력을 보유한 자로서 대한민국의 국익에 기여할 것으로 인정되는 자
수반 취득 (제8조)				① 외국인의 자(子)로서 **대한민국의 민법상 미성년인 자**는 부 또는 모가 귀화허가를 신청할 때 함께 국적 취득을 신청할 수 있다. ② 국적 취득을 신청한 자는 **법무부장관이 부 또는 모에게 귀화를 허가한 때에 함께 대한민국 국적을 취득**한다.
국적회복 에 의한 국적 취득 (제9조)				① 대한민국의 국민이었던 **외국인은 법무부장관의 국적회복허가(國籍回復許可)를 받아 대한민국 국적을 취득**할 수 있다. ② 법무부장관은 국적회복허가 신청을 받으면 심사한 후 **아래에 해당하는 자에게는 국적회복을 허가하지 아니한다.** 　㉠ 국가나 사회에 위해(危害)를 끼친 사실이 있는 자 　㉡ 품행이 단정하지 못한 자 　㉢ 병역을 기피할 목적으로 대한민국 국적을 상실하였거나 이탈 하였던 자 　㉣ 국가안전보장·질서유지 또는 공공복리를 위하여 법무부장관이 국적회복을 허가하는 것이 적당하지 아니하다고 인정하는 자 ③ **국적회복허가를 받은 자는 법무부장관이 허가를 한 때에 대한민국 국적을 취득**한다.
국적취득 자의 외국국적 포기의무 (제10조)				① 대한민국 국적을 취득한 외국인으로서 외국 국적을 가지고 있는 자는 **대한민국 국적을 취득한 날부터 1년 내에 그 외국 국적을 포기하여야** 한다. ② 대한민국 국적을 취득한 날부터 1년 내에 외국 국적을 포기하거나 법무부장관이 정하는 바에 따라 **대한민국에서 외국 국적을 행사하지 아니하겠다는 뜻을 법무부장관에게 서약하여야** 한다.
국적의 재취득 (제11조)				① 대한민국 국적을 상실한 자가 **그 후 1년 내에 그 외국 국적을 포기하면 법무부장관에게 신고함으로써 대한민국 국적을 재취득**할 수 있다. ② **신고한 자는 그 신고를 한 때에 대한민국 국적을 취득**한다.

이중(복수) 국적자의 국적선택 의무 (제12조)	① 만 20세가 되기 전에 복수국적자가 된 자는 **만 22세가 되기 전까지,** 만 20세가 된 후에 복수국적자가 된 자는 그 때부터 2년 내에 하나의 국적을 **선택**하여야 한다. 다만, **법무부장관에게 대한민국에서 외국 국적을 행사하지 아니하겠다는 뜻을 서약한 복수국적자는 제외**한다. 　예 한국인 甲과 乙이 결혼 후 乙이 임신하자 미국비자를 발급받아 미국에서 딸 丙을 낳았다. 이 경우 丙은 만 22세가 되기 전까지 국적을 선택하여야 한다. ② 병역법에 따라 **제1국민역에 편입된 자는 편입된 때부터 3개월 이내에 하나의 국적을 선택**하거나 ③의 ㉠㉡㉢ 어느 하나에 해당하는 **때부터 2년 이내에 하나의 국적을 선택**하여야 한다.
대한민국 국적의 선택 절차 (제13조)	① 복수국적자로서 **2년 내**에 대한민국 국적을 선택하려는 자는 ㉠ 외국 국적을 포기하거나 ㉡ 법무부장관이 정하는 바에 따라 대한민국에서 외국 국적을 행사하지 아니하겠다는 뜻을 **서약하고** 법무부장관에게 대한민국 국적을 선택한다는 뜻을 **신고할 수 있다.** ② 복수국적자로서 **2년 후**에 대한민국 국적을 선택하려는 자는 외국 국적을 **포기한 경우에만** 법무부장관에게 대한민국 국적을 선택한다는 뜻을 **신고할 수 있다.**
대한민국 국적의 이탈 요건 및 절차 (제14조)	① 복수국적자로서 외국 국적을 선택하려는 자는 외국에 주소가 있는 경우에만 주소지 관할 재외공관의 장을 거쳐 **법무부장관에게 대한민국 국적을 이탈한다는 뜻을 신고할 수 있다.** ② **국적 이탈의 신고를 한 자는 법무부장관이 신고를 수리한 때에 대한민국 국적을 상실**한다.
외국 국적 취득에 따른 국적 상실 (제15조)	① 대한민국의 국민으로서 자진하여 외국 국적을 취득한 자는 그 **외국 국적을 취득한 때에 대한민국 국적을 상실**한다. ② 대한민국의 국민으로서 아래에 해당하는 자는 그 **외국 국적을 취득한 때부터 6개월 내**에 법무부장관에게 **대한민국 국적을 보유할 의사가 있다는 뜻을 신고하지 아니하면 그 외국 국적을 취득한 때로 소급(遡及)하여 대한민국 국적을 상실**한 것으로 본다. 　㉠ 외국인과의 혼인으로 그 배우자의 국적을 취득하게 된 자 　㉡ 외국인에게 입양되어 그 양부 또는 양모의 국적을 취득하게 된 자 　㉢ 외국인인 부 또는 모에게 인지되어 그 부 또는 모의 국적을 취득하게 된 자 　㉣ 외국 국적을 취득하여 대한민국 국적을 상실하게 된 자의 배우자나 미성년의 자(子)로서 그 외국의 법률에 따라 함께 그 외국 국적을 취득하게 된 자 ③ 외국 국적을 취득함으로써 대한민국 국적을 상실하게 된 자에 대하여 그 외국 국적의 취득일을 알 수 없으면 그가 사용하는 외국 여권의 최초 발급일에 그 외국 국적을 취득한 것으로 **추정한다.**
국적 상실자의 권리 변동 (제18조)	① 대한민국 국적을 상실한 자는 국적을 상실한 때부터 대한민국의 국민만이 누릴 수 있는 권리를 누릴 수 없다. ② 권리 중 대한민국의 국민이었을 때 취득한 것으로서 양도(讓渡)할 수 있는 것은 그 권리와 관련된 법령에서 따로 정한 바가 없으면 **3년 내에 대한민국의 국민에게 양도**하여야 한다.
법정대리 인이 하는 신고 (제19조)	국적법에 규정된 신청이나 신고와 관련하여 그 신청이나 신고를 하려는 자가 **15세 미만이면 법정대리인이 대신하여 이를 행한다.**
국적 판정 (제20조)	법무부장관은 대한민국 국적의 취득이나 보유 여부가 분명하지 아니한 자에 대하여 이를 심사한 후 판정할 수 있다.

II. 국민의 입국 및 출국(출입국관리법[시행 2012.7.27])

국민의 입국 (제6조)	① 대한민국 밖의 지역에서 대한민국으로 입국하려는 국민은 유효한 여권을 가지고 입국하는 출입국항에서 출입국관리공무원의 입국심사를 받아야 한다. 다만, 부득이한 사유로 출입국항으로 입국할 수 없을 때에는 사무소장이나 출장소장의 허가를 받아 출입국항이 아닌 장소에서 출입국관리공무원의 입국심사를 받은 후 입국할 수 있다. ② 출입국관리공무원은 국민이 유효한 여권을 잃어버리거나 그 밖의 사유로 이를 가지지 아니하고 입국하려고 할 때에는 확인절차를 거쳐 입국하게 할 수 있다.
국민의 출국 (제3조)	대한민국에서 대한민국 밖의 지역으로 출국하려는 국민은 유효한 여권을 가지고 출국하는 출입국항에서 출입국관리공무원의 출국심사를 받아야 한다. 다만, 부득이한 사유로 출입국항으로 출국할 수 없을 때에는 관할 출입국관리사무소장이나 관할 출입국관리사무소 출장소장의 허가를 받아 출입국항이 아닌 장소에서 출입국관리공무원의 출국심사를 받은 후 출국할 수 있다. .
출국의 금지 (제4조)	① 법무부장관은 아래에 해당하는 국민에 대하여는 **6개월 이내의 기간을 정하여 출국을 금지할 수 있다.** {02.1 승진} ㉠ **형**사재판에 계속(係屬) 중인 사람 ㉡ **징**역형이나 **금**고형의 집행이 끝나지 아니한 사람 ㉢ **1**천만 원 이상의 벌금 또는 **2**천만원 이상의 추징금을 납부하지 않는 자 ㉣ **5**천만 원 이상의 국세, 관세 도는 지방세를 정당한 사유 없이 그 납부기한까지 내지 아니한 사람 ㉤ 그 밖에 ㉠부터 ㉣까지의 규정에 준하는 사람으로서 대한민국의 이익이나 공공의 안전 또는 경제질서를 해칠 우려가 있어 그 출국이 적당하지 아니하다고 법무부령으로 정하는 사람 • **2**억원 이상의 **국**세포탈혐의로 세무조사를 받고 있는 자 • **20**억 원 이상의 **허**위 세금계산서 또는 계산서를 발행한 혐의로 세무조사를 받고 있는 자 • 그 밖에 법무부 장관이 그 출국이 국가안보 또는 외교관계를 현저하게 해할 **염려**가 있다고 인정하는 자 ② 법무부장관은 범죄 수사를 위하여 출국이 적당하지 아니하다고 인정되는 사람에 대하여는 **1개월 이내의 기간을 정하여 출국을 금지**할 수 있다. 다만, 다음 아래에 해당하는 사람은 그 호에서 정한 기간으로 한다. {02.1 승진} ㉠ 소재를 알 수 없어 기소중지결정이 된 사람 또는 도주 등 특별한 사유가 있어 수사진행이 어려운 사람: **3개월 이내** ㉡ 기소중지결정이 된 경우로서 체포영장 또는 구속영장이 발부된 사람: **영장 유효기간 이내**
출국금지 기간의 연장 (제4조의2)	① 법무부장관은 출국금지기간을 초과하여 계속 출국을 금지할 필요가 있다고 인정하는 경우에는 그 기간을 연장할 수 있다. ② 출국금지를 요청한 기관의 장은 출국금지기간을 초과하여 계속 출국을 금지할 필요가 있을 때에는 **출국금지기간이 끝나기 3일 전까지 법무부장관에게 출국금지기간을 연장하여 줄 것을 요청**하여야 한다. {10.1 승진}

	【출국금지예정기간】 {10.1 승진} ㉠ **범죄**의 수사를 위하여 그 출국이 부적당하다고 인정되는 자 : **1월** ㉡ **지**명수배자, **기**소중지 등 특별한 사유가 있는 경우는 **3월** ㉢ **기**타출국금지사유(재판 · 형집행 · 벌금 · 세금 · 국가의 이익)에 해당하는 자 : **6월** ㉣ **출**금금지 예정기간은 **불확정기한으로 표시**하여야 한다.
출국금지 의 해제 (제4조의3)	① 법무부장관은 출국금지 사유가 없어졌거나 출국을 금지할 필요가 없다고 인정할 때에는 즉시 출국금지를 해제하여야 한다. ② 출국금지를 요청한 기관의 장은 출국금지 사유가 없어졌을 때에는 즉시 법무부장관에게 출국금지의 해제를 요청하여야 한다.
출국금지 결정 등의 통지 (제4조의4)	① **법무부장관은 출국을 금지하거나 출국금지기간을 연장하였을 대에는** 즉시 당사자에게 그 사유와 기간 등을 밝혀 **서면으로 통지**하여야 한다. ② 법무부장관은 출국금지를 해제하였을 때에는 이를 **즉시 당사자에게 통지**하여야 한다. ③ 법무부장관은 아래의 어느 하나에 해당하는 경우에는 통지를 히지 아니할 수 있다. 　㉠ 대한민국의 안전 또는 공공의 이익에 중대한 위해(危害)를 끼칠 우려가 있다고 인정되는 경우 　㉡ 범죄수사에 중대한 장애가 생길 우려가 있다고 인정되는 경우. 다만, 연장기간을 포함한 총 출국금지기간이 3개월을 넘는 때에는 당사자에게 통지하여야 한다. 　㉢ 출국이 금지된 사람이 있는 곳을 알 수 없는 경우
출국금지 결정 등에 대한 이의신청 (제4조의5)	① 출국이 금지되거나 출국금지기간이 연장된 사람은 **출국금지결정이나 출국금지기간 연장의 통지를 받은 날 또는 그 사실을 안 날부터 10일 이내에 법무부장관에게 출국금지결정이나 출국금지기간 연장결정에 대한 이의를 신청**할 수 있다. ② 법무부장관은 이의신청을 받으면 **그날부터 15일 이내에 이의신청의 타당성 여부를 결정**하여야 한다. 다만, 부득이한 사유가 있으면 **15일의 범위에서 한 차례만 그 기간을 연장**할 수 있다. ③ 법무부장관은 이의신청이 이유 있다고 판단하면 즉시 출국금지를 해제하거나 출국금지기간의 연장을 철회하여야 하고, 그 이의신청이 이유 없다고 판단하면 이를 기각하고 당사자에게 그 사유를 서면에 적어 통보하여야 한다.
긴급출국 금지 (제4조의6)	① 수사기관은 범죄 피의자로서 **사형 · 무기 또는 장기 3년 이상의 징역이나 금고에 해당하는 죄를 범하였다고 의심할 만한 상당한 이유가 있고,** 아래에 해당하는 사유가 있으며, 긴급한 필요가 있는 때에는 출국심사를 하는 출입국관리공무원에게 출국금지를 요청할 수 있다. 　㉠ 피의자가 증거를 인멸할 염려가 있는 때 　㉡ 피의자가 도망하거나 도망할 우려가 있는 때 ② 요청을 받은 출입국관리공무원은 출국심사를 할 때에 출국금지가 요청된 사람을 출국시켜서는 아니 된다. ③ 수사기관은 긴급출국금지를 요청한 때로부터 **6시간 이내에 법므부장관에게 긴급출국금지 승인을 요청**하여야 한다. 이 경우 검사의 수사지휘서 및 범죄사실의 요지, 긴급출국금지의 사유 등을 기재한 긴급출국금지보고서를 첨부하여야 한다. ④ 법무부장관은 수사기관이 긴급출국금지 승인 요청을 하지 아니한 때에는 수사기관 요청에 따른 출국금지를 해제하여야 한다. 수사기관이 긴급출국금지 승인을 요청한 때로부터 **12시간 이내에 법무부장관으로부터 긴급출국금지 승인을 받지 못한 경우에도 또한 같다.** ⑤ 출국금지가 해제된 경우에 수사기관은 동일한 범죄사실에 관하여 다시 긴급출국금지 요청을 할 수 없다.

III. 외국인의 입국, 등록, 출국

1. 외국인의 입국

의 의		① 외국인이 우리나라에 입국하고자 할 때에는 본국에서 발급한 유효한 여권 또는 이에 갈음할 수 있는 **여행증명서, 국제연합통행증과 대한민국 법무부장관이 발급한 사증(Visa)을 가지고 있어야 입국**할 수 있다. {12.2 순경, 02.1 승진} ② 주한미군의 여권 및 사증에 관한 사항은 출입국관리법의 적용대상이 아니다. {10.1 승진, 02.1 승진} ③ 출입국사범의 처리는 출입국관리공무원 외의 수사기관이 출입국사범을 입건한 때에는 지체 없이 관할 출입국관리사무소장 또는 외국인보호소장에게 사건을 인계하여야 한다. ④ 외국에 여행할 때에는 반드시 출입국항에서 출입국에 필요한 **통관절차, 출입국심사, 검역조사를 받게 되는데, 이 절차를 통상 C.I.Q과정**이라 한다. {10.1 승진}

【C.I.Q과정】 {08.1 승진}

통관절차(Customs)	세관공무원의 세관검열
출입국심사(Immigrations)	출입국관리공무원의 출입국심사
검역조사(Quarantine)	검역관리공무원의 검역조사

입국의 성질	원 칙	① **2개 국가 간 통제체결 여부와 상관없이 상호 입국의 허용이 원칙**이다. {09.2 경간부} ② 통상조약이 체결되어 있지 않는 경우도 **외국인의 입국을 허용하는 것이 일반적**이다. {09.2 경간부}
	영미법계	외국인 입국문제는 본질적으로 국내문제이므로 **원칙적으로 금지가 가능**하다. {10.1 승진, 09.2 경간부}
	대륙법계	외국인 입국문제는 국가의 교통권이라는 기본적 권리를 인정하여 **원칙적으로 허용**한다. {10.1 승진, 09.2 경간부}
사증 없이 입국할 수 있는 경우 (제7조 제2항)		① 재입국허가를 받은 사람 또는 재입국허가가 면제된 사람으로서 그 허가 또는 면제받은 기간이 끝나기 전에 입국하는 사람 {08.1 승진} ② **대한민국과 사증면제협정을 체결한 국가의 국민으로서 그 협정에 따라 면제대상이 되는 사람** {08.1 승진} ③ 국제친선, 관광 또는 대한민국의 이익 등을 위하여 입국하는 사람으로서 대통령령으로 정하는 바에 따라 따로 입국허가를 받은 사람 　㉠ 외국정부 또는 국제기구의 업무를 수행하는 자로서 부득이한 사유로 사증을 가지지 아니하고 입국하고자 하는 자 　㉡ **30일이내의 기간 내에** 대한민국을 관광할 목적으로 입국하는 자 {08.1 승진} 　㉢ 기타 **법무부장관**이 대한민국의 이익 등을 위하여 그 입국이 필요하다고 인정하는 자 {08.1 승진} ④ 난민여행증명서를 발급받고 출국한 후 그 유효기간이 끝나기 전에 입국하는 사람 {08.1 승진}
체류자격 (제10조)		① 입국하려는 외국인은 체류자격을 가져야 한다. ② 1회에 부여할 수 있는 체류자격별 체류기간의 상한은 법무부령으로 정한다

【외국인의 체류자격 및 체류기간의 사항[개정 2010.11.15]】

체류자격 (기호)	체류자격에 해당하는 자 또는 활동범위	1회에 부여하는 체류기간의 상한
외교 (A-1)	대한민국정부가 접수한 외국정부의 외교사절단이나 영사기관의 구성원, 조약 또는 국제관행에 따라 외교사절과 동등한 특권과 면제를 받는 자와 그 가족	재임기간
공무 (A-2)	대한민국정부가 승인한 외국정부 또는 국제기구의 공무를 수행하는 자와 그 가족	공무수행기간
협정 (A-3)	대한민국정부와의 협정에 의하여 외국인등록이 면제되거나 이를 면제할 필요가 있다고 인정되는 자와 그 가족	신분존속기간 또는 협정상의 체류기간
사증면제 (B-1)	대한민국과 사증면제협정을 체결한 국가의 국민으로서 그 협정에 의한 활동을 하려는 자	협정상의 체류기간
관광통과 (B-2)	관광 · 통과 등의 목적으로 대한민국에 사증 없이 입국하려는 자	법무부장관이 따로 정하는 기간
일시취재 (C-1)	일시적인 취재 또는 보도활동을 하려는 자	90일
교수 (E-1)	고등교육법에 의한 자격요건을 갖춘 외국인으로서 전문대학 이상의 교육기관 또는 이에 준하는 기관에서 전문분야의 교육 또는 연구지도활동에 종사하고자 하는 자	5년
회화지도 (E-2)	법무부장관이 정하는 자격요건을 갖춘 외국인으로서 외국어전문학원, 초등학교 이상의 교육기관 및 부설어학연구소, 방송사 및 기업체부설 어학연수원 기타 이에 준하는 기관 또는 단체에서 **외국어 회화지도에 종사하고자 하는 자** {10.1 승진}	**2년**
연구 (E-3)	대한민국내의 공 · 사기관으로부터 초청되어 각종 연구소에서 자연과학분야의 연구 또는 산업상의 고도기술의 연구개발에 종사하고자 하는 자[교수(E-1)자격에 해당하는 자는 제외]	5년
기술지도 (E-4)	자연과학분야의 전문지식 또는 산업상의 특수한 분야에 속하는 기술을 제공하기 위하여 대한민국내의 공 · 사기관으로부터 초청되어 종사하고자 하는 자	5년
전문직업 (E-5)	대한민국의 법률에 의하여 자격이 인정된 외국의 변호사, 공인회계사, 의사 기타 국가공인 자격을 소지한 자로서 대한민국의 법률에 의하여 행할 수 있도록 되어 있는 법률, 회계, 의료 등의 전문업무에 종사하고자 하는 자[교수(E-1)자격에 해당하는 자는 제외]	5년
예술흥행 (E-6)	수익이 따르는 음악, 미술, 문학 등의 예술활동과 수익을 목적으로 하는 연예, 연주, 연극, 운동경기, 광고 · 패션모델 기타 이게 준하는 활동을 하고자 하는 자	2년
특정활동 (E-7)	대한민국 내의 공 · 사기관 등과의 계약에 의하여 법무부장관이 특히 지정하는 활동에 종사하고자 하는 자	3년

관광취업 (H-1)	대한민국과 "관광취업"에 관한 협정이나 양해각서 등을 체결한 국가의 국민으로서 관광을 주된 목적으로 하면서 이에 수반되는 관광경비 충당을 위하여 단기간 취업활동을 하려는 자[협정 등의 취지에 반하는 업종이나 국내법에 의하여 일정한 자격요건을 갖추어야 하는 직종에 취업하려는 자는 제외)	협정상의 체류기간
방문취업 (H-2)	체류자격에 해당하는 사람: 재외동포의출입국과법적지위에관한법률 제2조 제2호에 따른 외국국적동포에 해당하고, 다음의 어느 하나에 해당하는 만 25세 이상인 사람 중에서 나목의 활동범위 내에서 체류하려는 사람으로서 법무부장관이 인정하는 사람[다만, 재외동포(F-4)자격에 해당하는 사람은 제외]	3년

입국의 금지 (제11조)	① 법무부장관은 아래에 해당하는 **외국인에 대하여는 입국을 금지**할 수 있다. ㉠ 강제퇴거명령을 받고 출국한 후 **5년**이 지나지 아니한 사람 {10.1 승진, 09.2 경간부} ㉡ **경**제질서 또는 사회질서를 해치거나 선량한 풍속을 해치는 행동을 할 염려가 있다고 인정할 만한 상당한 이유가 있는 사람 {10.1 승진, 08.3 순경, 08.1 승진} ㉢ **사**리 분별력이 없고 국내에서 체류활동을 보조할 사람이 없는 정신장애인, **국내체류비용을 부담할 능력이 없는 사람** {08.3 순경}, 그 밖에 구호(救護)가 필요한 사람 ㉣ **총**포 · 도검 · 화약류 등 단속법에서 정하는 **총포 · 도검 · 화약류 등을 위법하게 가지고 입국하려는 사람** {08.3 순경, 08.1 승진} ㉤ **감**염병환자, 마약류중독자, 그 밖에 **공중위생상 위해를 끼칠 염려가 있다고 인정되는 사람** {10.1 승진, 08.3 순경, 08.1 승진} ㉥ **대**한민국의 이익이나 공공의 안전을 해치는 행동을 할 염려가 있다고 인정할 만한 상당한 이유가 있는 사람 {08.3 순경} ㉦ 1910년 8월 29일부터 1945년 8월 15일까지 사이에 다음 아래에 해당하는 정부의 지시를 받거나 그 정부와 연계하여 인종, 민족, 종교, 국적, 정치적 견해 등을 이유로 사람을 학살 · 학대하는 일에 관여한 사람 　a. 일본 정부 　b. 일본 정부와 동맹 관계에 있던 정부 　c. 일본 정부의 우월한 힘이 미치던 정부 ◎ ㉠부터 ㉦까지의 규정에 준하는 사람으로서 법무부장관이 그 입국이 적당하지 아니하다고 인정하는 사람 ② 법무부장관은 **입국하려는 외국인의 본국(本國)이 입국금지사유로 국민의 입국을 거부할 때에는 그와 동일한 사유로 그 외국인의 입국을 거부**할 수 있다. {08.1 승진}
입국심사 (제12조)	① 외국인이 입국하려는 경우에는 입국하는 출입국항에서 출입국관리공무원의 입국심사를 받아야 한다. ② 출입국관리공무원은 입국심사를 할 때에 아래의 요건을 갖추었는지를 심사하여 입국을 허가한다. 　㉠ 여권과 사증이 유효할 것. 다만, 사증은 이 법에서 요구하는 경우만을 말한다. 　㉡ 입국목적이 체류자격에 맞을 것 　㉢ 체류기간이 법무부령으로 정하는 바에 따라 정하여졌을 것 　㉣ 입국금지사유에 따른 입국의 금지 또는 거부의 대상이 아닐 것 ③ 출입국관리공무원은 외국인이 요건을 갖추었음을 증명하지 못하면 입국을 허가하지 아니할 수 있다.

<table>
<tr><td colspan="4" align="center">【여권】 (여권법[시행 2010.1.1])</td></tr>
<tr><td rowspan="2">의 의</td><td colspan="3">① 한국정부 · 외국정부 또는 권한 있는 국제기구에서 발급한 국외에 여행할 수 있음을 본국에서 일방적으로 증명하는 문서를 말한다.</td></tr>
<tr><td colspan="3">② 여권이 효력을 발휘하기 위해서는 여행목적지 국가에서 발급하는 사증(Visa)이 있어야 한다.</td></tr>
<tr><td>발급권자</td><td colspan="3">원칙적으로 외교통상부장관이 발급하나,{12.2 순경} 외교통상부장관은 여권 등의 발급, 재발급과 기재사항 변경에 관한 사무의 일부를 영사나 지방자치단체장(특별시장, 광역시장, 도지사)이 대행할 수 있다. 다만, 외국에서는 영사가 일반여권이나 여행증명서를 발급할 수 있으나 외교관여권에 대하여는 발급신청 및 교부만을 대행할 뿐 외교통상부에서만 발급할 수 있다.</td></tr>
<tr><td rowspan="5">종 류</td><td rowspan="3">목적에 따라</td><td>일반여권(녹색)</td><td>㉠ 원칙 : 유효기간 10년 이내
㉡ 예외 :
　　재외공관에서 발급하는 사진부착시 여권 – 5년
　　18세 미만인 사람 – 5년</td></tr>
<tr><td>관용여권(황갈색)</td><td>유효기간 5년 이내</td></tr>
<tr><td>외교관여권(남색)</td><td>유효기간 5년 이내</td></tr>
<tr><td rowspan="2">사용횟수에 따라</td><td>단수여권</td><td>㉠ 1회 한하여 외국여행을 할 수 있는 여권
㉡ 1년 이내 유효기간이 설정된 단수여권 발급가능</td></tr>
<tr><td>복수여권</td><td>횟수에 제한이 없이 외국여행을 할 수 있는 여권</td></tr>
<tr><td rowspan="2">여권대용
증명서
{03.1 승진}</td><td colspan="2">여행증명서</td><td>긴급하거나 부득이 필요한 경우에 외교통상부장관이 여권에 대신하여 발급하는 증명서 {07.1 승진}</td></tr>
<tr><td colspan="2">국제연합통행증</td><td>국제연합이 그 직원들에게 발급하는 증명서로서 접수국에서 통상적으로 여권으로 취급</td></tr>
<tr><td>발급신청</td><td colspan="3">① 여권을 발급받으려는 사람은 일정한 정보(여권의 종류, 발행국, 여권번호, 발급일, 국적, 성별, 성년월일, 주민등록번호와 사진, 여권의 명의인의 지문 등)을 제공하면서 외교통상부장관에게 여권의 발급을 신청하여야 한다. 다만, 지문을 채취할 수 없는 부득이한 사정(의학적 이유로 지문채취를 할 수 없는 사람, 12세 미만인 어린이)이 있는 경우에는 지문을 제공하지 아니할 수 있다.
② 여권의 발급 신청은 원칙적으로 본인이 직접하여야 한다. 다만, 아래의 사람에 대하여는 대리인으로 하여금 신청하게 할 수 있다.
　㉠ 의전상 필요가 있는 대통령(전직 대통령을 포함), 국회의장, 대법원장, 헌법재판소장, 국무총리 및 그 밖에 외교통상부장관이 대리인에 의한 여권발급 신청이 특별히 필요하다고 인정하는 사람
　㉡ 본인이 직접 신청할 수 없을 정도의 신체적 · 정신적 질병, 장애나 사고 등으로 인하여 외교통상부장관이 대리인에 의한 여권발급 신청이 특별히 필요하다고 인정하는 사람
　㉢ 12세 미만의 어린이</td></tr>
</table>

여권의 발급 등의 거부 · 제한 (제12조)	① 외교통상부장관은 아래에 해당하는 사람에 대하여는 **여권의 발급 또는 재발급을 거부**할 수 있다. ㉠ **장기 2년 이상의 형(刑)에 해당하는 죄를 범하고 기소(起訴)되어 있는 사람** 또는 **장기 3년 이상의 형에 해당하는 죄를 범하고 국외로 도피하여 기소중지된 사람** ㉡ 여권법 제24조부터 제26조까지에 규정된 죄를 범하여 **형을 선고받고 그 집행이 종료되지 아니하거나** 집행을 받지 아니하기로 확정되지 아니한 사람 ㉢ 여권법 제24조부터 제26조의 외의 죄를 범하여 금고 **이상의 형**을 선고받고 그 집행이 종료되지 아니하거나 그 집행을 받지 아니하기로 확정되지 아니한 사람 ㉣ 국외에서 대한민국의 안전보장 · 질서유지나 **통일 · 외교정책에 중대한 침해를 야기할 우려가 있는 경우**로서 다음 각 목의 어느 하나에 해당하는 사람 　ⓐ 출국할 경우 테러 등으로 생명이나 신체의 안전이 침해될 위험이 큰 사람 　ⓑ 보안관찰법 제4조에 따라 보안관찰처분을 받고 그 기간 중에 있으면서 같은 법 제22조에 따라 경고를 받은 사람 ② 외교통상부장관은 아래에 해당하는 사람에 대하여는 그 **사실이 있는 날부터 1년 이상 3년 이하의 기간 동안 여권의 발급 또는 재발급을 제한할 수 있다.** ㉠ 여권법 제24조부터 제26조에서 규정하는 죄를 범하여 그 형의 집행을 종료하거나 그 형의 집행을 받지 아니하기로 확정된 사람 ㉡ 외국에서의 위법한 행위 등으로 국위(國威)를 크게 손상시킨 사실이 재외공관 또는 관계 행정기관으로부터 통보된 사람
여행 증명서의 발급 대상자	① **국외에 체류하거나 거주하고 있는 사람으로서** 여권을 잃어버리거나 유효기간이 만료되는 등의 경우에 여권 발급을 기다릴 시간적 여유가 없이 **긴급히 귀국**하거나 **제3국에 여행**할 필요가 있는 사람 ② **국외에 거주하고 있는 사람으로서** 일시 귀국한 후 여권을 잃어버리거나 유효기간이 만료되는 등의 경우에 여권 발급을 기다릴 시간적 여유가 없이 **긴급히 거주지 국가로 출국**하여야 할 필요가 있는 사람 ③ 출국하는 무국적자(無國籍者) ④ 해외 입양자 ⑤ 남북교류협력에 관한 법률 제10조에 따라 여행증명서를 소지하여야 하는 사람으로서 여행증명서를 발급할 필요가 있다고 외교통상부장관이 인정하는 사람 ⑥ 출입국관리법 제46조에 따라 대한민국 밖으로 강제퇴거되는 외국인으로서 그가 국적을 가지는 국가의 여권 또는 여권을 갈음하는 증명서를 발급받을 수 없는 사람 ⑦ ①부터 ②까지의 규정에 준하는 사람으로서 긴급하게 여행증명서를 발급할 필요가 있다고 **외교통상부장관**이 인정하는 사람

【외교통상부에서 발령하는 여행경보】

① 1단계 : **여행유의** – 신변안전 유의

② 2단계 : **여행자제** – 신변안전 특별유의 · 여행필요성 신중 검토

③ 3단계 : **여행제한** – 가급적 여행삼가 · 긴급 용무가 아닌 한 귀국

④ 4단계: **여행금지** – 방문금지 · 즉시대피 또는 철수

【여권을 대신할 수 있는 증명서】 {07.1 승진}

① **국**제연합통행증(국제연합이 그 직원들에게 발급)

② **외**교관 신분증

③ **여**행증명서(무국적자 등)

④ **군**인신분증(SOFA)

　☞ **S.S.N(쏘살 넘버)(×)** → 생활보장번호,　**선원신분증명서(×)** → 여권 기능 ×, 신분확인기능 ○
　　인터폴 신분증(×)

【사증(Visa)】

의 의	외국에 여행하고자 하는 자에 대하여 **여행목적지 국가에서 발급하는 입국허가서**		
발급권자	**법무부장관**이 발급권자이며{12.2 순경, 02.1 승진}, 그 권한을 **재외공관장에게 위임할 수** 있다. {02.1 승진}		
종 류	목적에 따라	관 광	체류기간은 **통상 30일**
		통 과	**통상 15일**간 유효한 사증
	사용횟수에 따라	단수사증	1회에 한하여 입국할 수 있는 허가서
		복수사증	2회 이상 입국할 수 있는 허가서
유효기간	① 단수사증은 **유효기간은 발급일로부터 3월로** 한다. ② 복수사증은 유효기간은 발급일로부터 다음의 기간으로 한다. 　㉠ 체류자격이 외교(A–1), 공무(A–2), 협정(A–3)에 해당하는 자의 복수사증은 **3년 이내** 　㉡ 체류자격이 방문취업(H–2)에 해당하는 자의 복수사증은 **5년 이내** ③ 사증은 여권과 함께 외국여행에 필수적인 것이므로 **여권이 있어도 사증을 받지 못하면 그 나라에 입국할 수 없다.** {10.1 승진}		
사증발급 인정서 (제9조)	① 법무부장관은 사증을 발급하기 전에 특히 필요하다고 인정할 때에는 입국하려는 외국인의 신청을 받아 사증발급인정서를 발급할 수 있다. ② 사증발급인정서 발급신청은 그 외국인을 초청하려는 자가 대리할 수 있다.		

2. 외국인의 등록

외국인 등록 (제31조)		① 외국인이 입국한 날부터 90일을 초과하여 대한민국에 체류하려면 **입국한 날부터 90일 이내에 그의 체류지를 관할하는 사무소장이나 출장소장에게 외국인등록**을 하여야 한다. {10.1 승진, 09.2 경간부, 05.2 경간부, 04.4 순경, 02.1 승진}
	등록제외 대상 {10.3 순경, 05.2경간부 04.4 순경, 02.1 승진}	① 주한외국공관(대사관과 영사관을 포함)과 국제기구의 직원 및 그의 가족(IMF직원) ② 대한민국정부와의 협정에 따라 외교관 또는 영사와 유사한 특권 및 면제를 누리는 사람과 그의 가족(**군인**) ㉠ 주한 미국대사관에 부속된 무관 ㉡ 주한 미연합 군사고문단 ③ **대한민국정부가 초청한 사람 등으로서 법무부령으로 정하는 사람** {11.2순경} 예 ㉠ 주한 브라질 대사의 부인 ㉡ 한미연합사령부에 근무하는 미국 군인 ㉢ IMF(국제통화기금)에 근무하는 직원 ㉣ 16세의 파키스탄인 ㉤ 30세의 미국인으로 체류 40일째 ㉥ 체류 70일째의 일본인
	등록대상	① **관광 목적으로 입국한 17세 해외 입양되었던 자(국적없음)** ② **부친과 함께 거류하는 18세의 영국인**
		② 외국인이 체류자격을 받는 사람으로서 **그 날부터 90일을 초과**하여 체류하게 되는 사람은 체류자격을 받는 때에 외국인등록을 하여야 한다. {11.2순경} ③ 체류자격 변경허가를 받는 사람으로서 **입국한 날부터** 90일을 **초과**하여 체류하게 되는 사람은 체류자격 변경허가를 받는 때에 외국인등록을 하여야 한다. {11.2순경, 10.1 승진}
외국인 등록증의 발급 (제33조)		① 외국인등록을 받은 사무소장이나 출장소장은 외국인에게 외국인 등록증을 발급하여야 한다. 다만, 그 외국인이 17세 미만인 경우에는 발급하지 아니할 수 있다. ② 외국인등록증을 발급받지 아니한 **외국인이 17세가 된 때에는 90일 이내에 체류지 관할 사무소장이나 출장소장에게 외국인등록증 발급신청**을 하여야 한다.
외국인 등록증의 반납 (제37조)		① 등록을 한 외국인이 출국할 때에는 **출입국관리공무원에게 외국인등록증을 반납**하여야 한다. **【외국인등록증을 반납할 필요가 없는 경우】** ① **재**입국허가를 받고 일시 출국하였다가 그 허가기간 내에 다시 입국하려는 경우 ② **난**민여행증명서를 발급받고 일시 출국하였다가 그 유효기간 내에 다시 입국하려는 경우 ③ **복**수사증 소지자나 재입국허가 **면**제대상 국가의 국민으로서 일시 출국하였다가 허가된 체류기간 내에 다시 입국하려는 경우 ② 외국인이 허가된 기간 내에 다시 입국하였을 때에는 **14일 이내**에 사무소장이나 출장소장으로부터 외국인등록증을 돌려받아야 하고, 그 허가받은 기간 내에 다시 입국하지 아니하였을 때에는 외국인등록증을 반납한 것으로 본다.

3. 외국인의 체류

외국인의 체류 및 활동범위 (제17조)	① 외국인은 그 체류자격과 체류기간의 범위에서 대한민국에 체류할 수 있다. ② **대한민국에 체류하는 외국인은** 이 법 또는 다른 법률에서 정하는 경우를 제외하고는 **정치활동을 하여서는 아니 된다.** ③ 법무부장관은 대한민국에 체류하는 외국인이 정치활동을 하였을 때에는 그 외국인에게 서면으로 그 활동의 중지명령이나 그 밖에 필요한 명령을 할 수 있다.
외국인을 고용한 자 등의 신고의무 (제19조)	취업활동을 할 수 있는 체류자격을 가지고 있는 외국인을 고용한 자는 아래에 해당하는 사유가 발생하면 그 **사실을 안 날부터 15일 이내에** 사무소장이나 출장소장에게 신고하여야 한다. ㉠ 외국인을 해고하거나 외국인이 퇴직 또는 사망한 경우 ㉡ 고용된 외국인의 소재를 알 수 없게 된 경우 ㉢ 고용계약의 중요한 내용을 변경한 경우
체류자격 외 활동 (제20조)	대한민국에 체류하는 외국인이 그 체류자격에 해당하는 활동과 함께 다른 체류자격에 해당하는 활동을 하려면 **미리 법무부장관의 체류자격 외 활동허가를 받아야 한다.** {12.2 순경}
활동범위의 제한 (제22조)	법무부장관은 공공의 안녕질서나 대한민국의 중요한 이익을 위하여 필요하다고 인정하면 대한민국에 체류하는 외국인에 대하여 거소(居所) 또는 활동의 범위를 제한하거나 그 밖에 필요한 준수사항을 정할 수 있다.
체류자격 부여 (제23조)	대한민국에서 출생하여 체류자격을 가지지 못하고 체류하게 되는 외국인은 그가 **출생한 날부터 90일 이내에**, 대한민국에서 체류 중 대한민국의 국적을 상실하거나 이탈하는 등 그 밖의 사유로 체류자격을 가지지 못하고 체류하게 되는 외국인은 그 **사유가 발생한 날부터 30일 이내에 체류자격을 받아야 한다.**
체류자격 변경허가 (제24조)	① 대한민국에 체류하는 외국인이 그 체류자격과 다른 체류자격에 해당하는 활동을 하려면 미리 법무부장관의 체류자격 변경허가를 받아야 한다. ② 신분이 변경되어 체류자격을 변경하려는 사람은 **신분이 변경된 날부터 30일 이내에 법무부장관의 체류자격 변경허가를 받아야 한다.**
체류기간 연장허가 (제25조)	외국인이 체류기간을 초과하여 계속 체류하려면 체류기간이 끝나기 전에 **법무부장관의 체류기간 연장허가를 받아야 한다.**

4. 외국인의 상륙

종 류	내 용	상륙기간	허가권자
승무원의 상륙 (제14조)	**출입국관리공무원은** 아래에 해당하는 외국인승무원에 대하여 선박 등의 장 또는 운수업자나 본인이 신청하면 **15일의 범위에서 승무원의 상륙을 허가**할 수 있다. {10.1 승진} ㉠ 승선 중인 선박 등이 대한민국의 출입국 항에 정박하고 있는 동안 휴양 등의 목적으로 상륙하려는 외국인승무원 ㉡ 대한민국의 출입국 항에 입항할 예정이거나 정박 중인 선박 등으로 옮겨 타려는 외국인승무원	**15일** {10.1 승진, 09.1 승진, 08.10 순경}	출입국 관리공무원
관광상륙 (제14조의2)	출입국관리공무원은 관광을 목적으로 대한민국과 외국 해상을 국제적으로 순회(巡廻)하여 운항하는 여객운송선박 중 선박에 승선한 외국인승객에 대하여 그 선박의 장 또는 운수업자가 상륙허가를 신청하면 **3일의 범위에서 승객의 관광상륙을 허가**할 수 있다.	**3일**	출입국 관리공무원
긴급상륙 (제15조)	**출입국관리공무원은** 선박 등에 타고 있는 외국인(승무원을 포함)이 질병이나 그 밖의 사고로 긴급히 상륙할 필요가 있다고 인정되면 그 선박 등의 장이나 운수업자의 신청을 받아 **30일의 범위에서 긴급상륙을 허가**할 수 있다. {10.1 승진}	**30일** {10.1 승진, 09.1 승진, 08.10 순경}	출입국 관리공무원
재난상륙 (제16조)	**사무소장이나 출장소장은** 조난을 당한 선박 등에 타고 있는 외국인(승무원을 포함)을 긴급히 구조할 필요가 있다고 인정하면 그 선박 등의 장, 운수업자, 수난구호법에 따른 구호업무 집행자 또는 그 외국인을 구조한 선박 등의 장의 신청에 의하여 **30일의 범위에서 재난상륙허가를** 할 수 있다. {10.1 승진}	**30일** {09.1 승진, 08.10 순경}	출입국 관리사무 소장 또는 출장소장
난민 임시상륙 (제16조의2)	**사무소장이나 출장소장은** 선박 등에 타고 있는 외국인이 난민협약 제1조A(2)에 규정된 이유나 그 밖에 이에 준하는 이유로 그 생명 · 신체 또는 신체의 자유를 침해받을 공포가 있는 영역에서 도피하여 곧바로 대한민국에 비호(庇護)를 신청하는 경우 그 외국인을 상륙시킬 만한 상당한 이유가 있다고 인정되면 **법무부장관의 승인**을 받아 **90일의 범위에서 난민 임시상륙허가**를 할 수 있다. 이 경우 **법무부장관은 외교통상부장관과** 협의하여야 한다. {12.2 순경, 10.1 승진, 09.1 승진}	**90일** {09.1 승진, 08.10 순경}	출입국 관리사무 소장 또는 출장소장

5. 외국인의 출국

외국의 출국의 개념	외국인의 출국이란 외국인이 체류하는 국가의 영역 밖으로 퇴거하거나 여행하는 것을 말한다.
출국심사 (제28조)	① 외국인이 출국할 때에는 유효한 여권을 가지고 출국하는 출입국항에서 출입국관리공무원의 출국심사를 받아야 한다. ② 외국인 등록을 한 외국인이 출국하는 때에는 출입국관리공무원에게 외국인등록증을 반납하여야 한다.

외국인 출국의 정지 (제29조)	① 법무부장관은 아래에 해당하는 외국인에 대하여는 출국을 정지할 수 있다. 　⊙ **형**사재판에 계속(係屬) 중인 사람 　ⓒ **징**역형이나 **금**고형의 집행이 끝나지 아니한 사람 　ⓒ **1천만 원** 이상의 벌금 또는 **2천만 원** 이상의 추징금을 납부하지 않는 자 　② **5천만 원** 이상의 국세, 관세 도는 지방세를 정당한 사유 없이 그 납부기한까지 내지 아니한 사람 　⑩ 그 밖에 ⊙부터 ②까지의 규정에 준하는 사람으로서 대한민극의 이익이나 공공의 안전 또는 경제질서를 해칠 우려가 있어 그 출국이 적당하지 아니하다고 법무부령으로 정하는 사람 　　• **2 억 원** 이상의 **국**세포탈혐의로 세무조사를 받고 있는 자 　　• **20 억 원** 이상의 **허**위 세금계산서 또는 계산서를 발행한 혐의로 세무조사를 받고 있는 자 　　• 그 밖에 법무부 장관이 그 출국이 국가안보 또는 외교관계를 현저하게 해할 **염려**가 있다고 인정하는 자 ② 법무부장관은 범죄 수사를 위하여 출국이 적당하지 아니하다고 인정되는 사람에 대하여는 **1개월 이내의 기간을 정하여 출국을 금지**할 수 있다. 다만, 다음 아래에 해당하는 사람은 그 호에서 정한 기간으로 한다. 　⊙ 소재를 알 수 없어 기소중지결정이 된 사람 또는 도주 등 특별한 사유가 있어 수사 진행이 어려운 사람 : **3개월 이내** 　ⓒ 기소중지결정이 된 경우로서 체포영장 또는 구속영장이 발부된 사람 : **영장 유효기간 이내**
외국인 강제퇴거의 대상자 (제46조) {11.2 순경, 10.2 경간부, 10.1 승진, 09.2 경간부, 08.3 순경}	① 출입국관리공무원의 **출**입국심사를 받지 않고 출국하려고 하는 사람 ② 근무처 변경 허가를 받지 아니하고 **근**무처를 변경·추가하거나 외국인을 고용·알선한 사람 ③ **허**위초청 등의 행위로 입국한 외국인 ④ 유효한 여권과 법무부장관이 발급한 **사**증 없이 입국한 외국인 ⑤ 출입국관리공무원의 입국심사를 받지 않거나, 선박 등을 이용하여 **불법**으로 입국한 외국인 ⑥ **입**국금지 사유가 입국 후에 발견되거나 발생한 사람 ⑦ **금**고 이상의 형을 선고받고 석방된 사람 ⑧ 사무소장이나 출장소장이 붙인 **허**가조건을 위반한 사람 ⑨ **승무원의 상륙허가, 관광상륙허가, 긴급상륙허가, 재난상륙허가, 난민임시상륙허가**를 받지 아니하고 상륙한 사람 ⑩ **승무원의 상륙허가, 긴급상륙허가, 재난상륙허가, 난민임시상륙허가**에 따라 사무소장·출장소장 또는 출입국관리공무원이 붙인 허가조건을 위반한 사람 ⑪ 체류기간, 고용제한, 체류자격외 활동, 체류자격, 체류자격 변경, 체류자격 연장허가 등을 위반한 사람 ⑫ 법무부장관이 정한 거소 또는 활동범위의 제한이나 그 밖의 즌수사항을 위반한 사람 ⑬ 외국인등록 의무를 위반한 사람

【내국인 또는 외국인에 대한 조치사항】 {06.2 순경}

내국인	출국금지		
외국인	⊙ 입국금지　　ⓒ 출국정지　　ⓒ 강제퇴거　　② 보호조치 및 일시보호 ⑩ 출국권고　　ⓗ 출국명령		
내국인 또는 외국인	⊙ 통고처분		ⓒ 고발조치

	【외국인근로자의 고용 등에 관한 법률】 [시행 2010.7.5]
외국인 근로자의 개념 (제2조)	외국인근로자란 대한민국의 국적을 가지지 아니한 사람으로서 국내에 소재하고 있는 사업 또는 사업장에서 임금을 목적으로 근로를 제공하고 있거나 제공하려는 사람을 말한다.
적용범위 (제3조)	외국인근로자 및 외국인근로자를 고용하고 있거나 고용하려는 사업 또는 사업장에 적용한다. 다만, 선원법의 적용을 받는 선박에 승무(乘務)하는 선원 중 대한민국 국적을 가지지 아니한 선원 및 그 선원을 고용하고 있거나 고용하려는 선박의 소유자에 대하여는 적용하지 아니한다.
근로계약 (제9조)	① 사용자가 외국인근로자를 고용하려면 고용노동부령으로 정하는 표준근로계약서를 사용하여 **근로계약을 체결**하여야 한다. ② 사용자는 근로계약을 체결하려는 경우 이를 한국산업인력공단법에 따른 **한국산업인력공단에 대행하게 할 수 있다.** ③ 고용허가를 받은 사용자와 외국인근로자는 기간 내에서 당사자 간의 합의에 따라 근로계약을 체결하거나 갱신할 수 있다. ④ 취업활동 기간이 연장되는 외국인근로자와 사용자는 연장된 취업활동 기간의 범위에서 근로계약을 체결할 수 있다.
취업활동 기간의 제한 (제18조)	① 외국인근로자는 **입국한 날부터 3년의 범위**에서 취업활동을 할 수 있다. ② 고용허가를 받은 사용자에게 고용되어 **국내에서 취업한 후 출국한 외국인으로서 출국한 날부터 6개월이 지나지 아니한 사람은 이 법에 따라 다시 취업할 수 없다.** {10.3 순경}
취업활동 기간 제한에 관한 특례 (제18조의2)	아래의 외국인근로자는 **1회에 한정하여 2년 미만의 범위에서 취업활동 기간을 연장받을 수 있다.** ㉠ 고용허가를 받은 사용자에게 고용된 외국인근로자로서 **취업활동 기간 3년이 만료되어 출국하기 전에 사용자가 고용노동부장관에게 재고용 허가를 요청한 근로자** ㉡ 특례고용가능확인을 받은 사용자에게 고용된 외국인근로자로서 취업활동 기간 3년이 만료되어 출국하기 전에 사용자가 고용노동부장관에게 재고용 허가를 요청한 근로자
외국인근로자 고용의 제한 (제20조)	① 직업안정기관의 장은 아래에 해당하는 사용자에 대하여 그 **사실이 발생한 날부터 3년간 외국인근로자의 고용을 제한할 수 있다.** ㉠ 고용허가서나 특례고용가능확인서를 발급받지 아니하고 외국인근로자를 고용한 자 ㉡ 외국인근로자의 고용허가나 특례고용가능확인이 취소된 자 ㉢ 외국인근로자의 고용 등에 관한 법률 또는 출입국관리법을 위반하여 처벌을 받은 자 ㉣ 그 밖에 대통령령으로 정하는 사유에 해당하는 자 ② 고용노동부장관은 외국인근로자의 고용을 제한하는 경우에는 그 사용자에게 고용노동부령으로 정하는 바에 따라 알려야 한다.
사업 또는 사업장의 변경 (제30조)	① 외국근로자는 다른 사업 또는 사업장으로의 **변경을 신청한 날부터 3개월 이내**에 출입국관리법 제21조에 따른 근무처 변경허가를 받지 못하거나 사용자와 **근로계약이 종료된 날부터 1개월 이내에** 다른 사업 또는 사업장으로의 변경을 신청하지 아니한 외국인근로자는 출국하여야 한다. 다만, 업무상 재해, 질병, 임신, 출산 등의 사유로 근무처 변경허가를 받을 수 없거나 근무처 변경신청을 할 수 없는 경우에는 그 사유가 없어진 날부터 각각 그 기간을 계산한다. ② 외국인근로자의 사업 또는 사업장 변경은 **원칙적으로 3회를 초과할 수 없으며, 연장된 기간 중에는 2회를 초과할 수 없다**

제3절　외사경찰의 주요활동

Ⅰ. 외사경찰의 업무분장과 주요 업무

업무분장	① 외사경찰업무에 관한 기획 · 지도 및 조정
	② 재외국민 및 외국인에 관련된 신원조사
	③ 외국경찰기관과의 교류 · 협력
	④ 국제형사경찰기구에 관련되는 업무
	⑤ 외사정보의 수집 · 분석 및 관리
	⑥ 외국인 또는 외국인과 관련된 간첩의 검거 및 범죄의 수사지도
	⑦ 외사보안업무의 지도 · 조정
	⑧ 국제공항 및 국제해항의 보안활동에 관한 계획 및 지도
주요 업무 {10.1 승진}	① 외사정보활동　　② 외사수사활동　　③ 외사보안활동 ④ 국제협력활동　　⑤ 해외주재업무　　⑥ 외사기획활동

Ⅱ. 외사정보활동

의 의	외사정보활동이란 국가의 안전과 이익, 사회공공의 안녕과 질서유지를 목적으로 국내 체류 중인 외국인, 외교사절, 외국기관, 해외교포 등을 대상으로 외사첩보를 수집 · 첩보를 수집 · 분석하여 정책자료 등을 제공하는 경찰활동을 말한다.	
중요성	① 국제범죄조직과의 연계　　② 국제경찰공조의 필요성 증대 ③ 내국인 외사사범의 증가　　④ 출 · 입국자의 증가 ⑤ 범죄의 탈국경화 양상　　⑥ 불법체류자의 증가	
대 상	인적 대상	① 외교사절 및 준외교사절 ② 주한미군, 군속 및 그 가족 등 ③ 국내거류 및 체류 외국인 ④ 불법체류자 ⑤ 재외동포 및 해외거주 내국인, 관광객 ⑥ 외국과 관련있는 내국인 ⑦ 국제조직범죄 단체원 및 테러조직원
	물적 대상	① 외국공관 ② 외국기관 ③ 외국상사 ④ 외국단체 ⑤ 외국언론기관, 재외 국내단체 및 기업체 ⑥ 국제범죄조직 국제테러조직

유의사항	대상의 특수성 고려	① 외교사절의 지위와 특권을 훼손하여 **외교마찰을 야기하지 않도록** 하여야 한다. ② 외국인 접촉 시 국가별 관습과 국제관계 등을 고려하여 **최대한 편의를 제공**하여야 하며, **보호의 자세를 견지하며, 상대방을 존중**하여야 한다. ③ 외국적으로 민감한 사안에 대해 오해를 불러일으키지 않도록 **가급적 비노출로 첩보활동**을 하여야 한다 ④ 외사경찰은 **한국경찰을 대표한다는 긍지와 품위를 유지**할 수 있어야 한다.
	접촉ㆍ 출입의 일부제한	① 외국공관 등에 중복적인 출입으로 거부감 또는 업무의 지장을 초래하지 않도록 하여야 한다. ② 기타 중요대상에 대해 접촉을 할 경우 소속 상관의 사전 승인 하에 한정해서 하도록 제한하여야 한다.
	내용상 유의사항	① 시기적으로 적절한 현실문제 첩보수집에 주력하여야 한다. ② 언론에 이미 보도되어 활용도가 떨어지는 공개된 첩보는 지양한다. ③ 국익과 관련되는 산업스파이 등 경제관련 첩보수집에 주력하여야 한다.

III. 외사보안활동

의 의		외사보안활동은 국가안전 및 사회공공의 안녕과 질서유지를 목적으로 **외국인, 외국기관ㆍ상사ㆍ단체원, 해외교포, 출입국자 등을 대상으로 국가보안법 위반사항**이나 **산업스파이 등의 반국가적 행위를 예방ㆍ진압하기 위한 경찰활동**을 말한다.
유 형	외사보안 업무	국제행사의 원활한 진행을 위해 인적ㆍ물적 위해요소를 제거하고, 국제테러단체와 그 조직원의 활동으로부터 보호하기 위한 **외사경찰활동의 중요한 분야**이다.
	외사동향 관찰업무	국내체류 외국인 또는 해외교포 등이 국가기밀이나 첨단산업분야 기술 등을 불법으로 유출하는 것을 막기 위해 **입국ㆍ체류ㆍ출국까지의 동향을 관찰하는 활동**이다.
	외사방첩 업무	외사관찰대상자 중 국가기밀이나 첨단산업관련 정보활동을 하고 있는 혐의가 있는 자에 대하여 **비밀내사 및 검거를 위한 수사활동**이다.
보고서 작성		① 전체 내용을 압축할 수 있도록 간단명료하면서도 내용을 예측할 수 있도록 제목을 선정 ② 보고하는 사안에 대한 개괄적인 요지를 함축적으로 기술하여 개요만을 읽고서도 사안 전체를 파악할 수 있도록 내용을 작성 ③ 정형적인 보고서 형식으로 보고하는 것이 원칙이지만, 긴급한 경우에는 전화보고 후 외사상황정보보고서를 작성하여 보고할 수 있다. ④ 사안의 현황·실태·문제점·진행동향 등을 상세하게 기술하며, 제반 요인들에 대한 보고자의 경험지식을 통한 분석 결과도 포함되도록 본문을 작성한다.

Ⅳ. 외사수사활동

1. 외사수사활동의 의의 및 대상

의의			외사수사활동은 외국인 또는 외국과 관련된 범죄 및 범죄자에 대해 범죄사실을 탐지하고, 범인을 검거 · 조사하며, 증거를 수집 · 보전하는 외사경찰의 활동을 말한다.
대상	내용에 따른 분류	개인적 법익침해	외국인에 의한 살인 · 강간 · 절도 · 사기 등의 범죄
		국가적 법익침해 {96.1 승진}	국가보안법, 형법, **출입국관리법**, 관세법, **외국환관리법**, **외국인의 토지취득 및 관리에 관한 법률, 외국간행물 수입배포에 관한 법률** 등
		사회적 법익 침해 {99.1 승진}	외국인, 해외교포 또는 외국과 관련되어 **마약류에 관리에 관한 법률, 관광진흥법, 직업안정법**
	태양에 따른 분류	국제성 범죄	**의 의** 국제협약 등에서 규정하고 있는 범죄나 국내범죄 중 인적 · 장소적으로 2개 이상의 국가와 관련되어 국제성을 띠고 있는 범죄
			유 형 {02.1 승진, 96.1 승진} ① 국제테러 ② 항공기 납치범죄 ③ 북한의 우회침투간첩 ④ **국제간첩사건**과 같은 반국가적 범죄 ⑤ **국제통화위조 · 국제상거래범죄** · 돈세탁 등 국제경제질서를 해치는 범죄 ⑥ 마약 · **무기밀매**, 인신매매, 국제적 매춘조직 등 인간의 존엄성과 건강을 위협하는 국제적 · 조직적인 범죄 ⑦ **금괴밀수, 국제수표위조** ☞ **외국인토지법 위반(×)**
		외사사범	**의 의** 일반외사사범이란 범죄의 성질상 국제성 범죄에 속하지 않는 범죄로서 주로 국내체류 외국인 또는 국내인의 외국관련 범죄를 말한다.
			유 형 ① 여권법위반 사범 ② 출입국관리법위반 사범 ③ **한미행정협정위반 사범** ④ 외국인의 국내형법위반 사범 ⑤ 밀항단속법위반 사범 ⑥ 기타 각종 단행법규나 국제협정우 반사범
		외국인 형사범	① 외국인에 의한 살인·강도·강간·절도 등 국내 형법위반범죄 ② SOFA 대상자의 범죄
	체류 유형별 분류		① 거류외국인 범죄　② 불법체류자 범죄　③ 외국인의 국외범 ④ 체류외국인 범죄　⑤ 주한미군지위협정(SOFA) 대상자의 범죄

2. 외국인범죄 수사

<table>
<tr><td rowspan="2">의 의</td><td>외사범죄</td><td>**외국 또는 외국인과 인적 · 물적으로 관련된 범죄**를 의미하며, 외국인이 피해자이건 피의자이건 불문하고, **외국인의 등록 · 미등록과는 관계없다.** {10.1 승진}</td></tr>
<tr><td>외국인 범죄</td><td>국내체류 외국인에 의한 외국인범죄와 내국인의 외국관련 범죄를 포함하는 것으로서 성질상 국제성범죄에 속하지 않는 범죄이다.</td></tr>
<tr><td>특징
{10.1
승진}</td><td colspan="2">① **외교특권 등이 범죄에 이용**되기도 한다.
② 수사상 **국제범죄에 관한 특칙이 적용**된다.
③ 일반범죄에 비해 **비공개 · 비노출성**이 있다.
④ **조직적 · 계획적 · 광역적**이기에 사실파악에 어려움이 있다.
⑤ 국민에게 직접 개인적 피해가 없으므로 **국민의 피해의식이 희박**하다.</td></tr>
<tr><td rowspan="7">처리
요령</td><td rowspan="5">외국인
범죄</td></tr>
<tr><td>즉보사항</td><td>모든 외국인 범죄는 **경찰서장 · 지방경찰청장에게 즉보**하여야 한다.</td></tr>
<tr><td>영사기관
통보</td><td>① 외국인을 체포 또는 구금할 경우 일반적으로 피의자의 의사에 따라 해당 **영사기관에 통보**하여야 하며, 피의자가 희망하지 않는 경우 영사통보를 하지 아니한다.
② 다만, **한·러영사협약과 같이 양자 간 영사협약**에 의하여 무조건 영사통보 의무를 규정한 경우에는 **피의자의 의사와 상관없이 영사통보하여야 한다.**</td></tr>
<tr><td>영사와의
면담</td><td>외국인 범죄자를 경찰관서에 동행하였을 경우에는 지체 없이 영사와의 면담여부를 문의하여 면담토록 조치하고, 면담을 원하지 않을 경우에는 진술서에 그 사실을 기록한다.</td></tr>
<tr><td>영사기관
통보</td><td>**체포 · 구금 시에는 반드시 해당 영사기관에 통보**하여야 한다.
{03.1 승진}</td></tr>
<tr><td>피의자
조사</td><td>외국인 피의자를 조사할 때에는 **공정성 확보를 위해 반드시 통역인의 통역**을 통하여 하여야 한다. {03.1 승진}</td></tr>
<tr><td rowspan="2">출입국
위반사범</td><td>단순
출입국위반
사범인 경우</td><td>① 출입국관리공무원 외의 수사기관이 출입국사범을 입건할 때에는 **지체 없이 관할 출입국관리사무소장 · 출장소장 또는 외국인보호소장에게 사건을 인계**하여야 한다. {03.1 승진}
② **출입국관리소장의 고발이 있어야 공소를 제기**할 수 있다.
{03.1 승진}</td></tr>
<tr><td>형사사건과
출입국위반
혐의가
병합된 경우</td><td>**우선 일반 형사사건에 대한 수사 · 절차를 종료된 후에** 출입국관리사무소에 인계하여야 한다. {03.1 승진}</td></tr>
</table>

V. 국제협력활동

1. 국제형사사법공조(국제형사사법 공조법[시행 2009.11.2])

의 의	형사사건에 있어서 수사 · 기소 · 재판절차와 관련하여 어느 한 국가의 요청에 의하여 다른 국가가 행하는 형사사법상 협조를 의미하며 국가마다 그 개념이 다양하다.
법과 조약	① 국제형사사법공조법은 1991년 제정되어 **형사사법공조의 범위와 절차 등을 규정**하였다. ② 형사사법공조조약은 2004년 호주(최초 체결), 캐나다, 미국, 프랑스, 중국 등 9개국과 체결되어 발표 중이다. ③ 국제형사사법공조법의 규정과 형사사법공조조약의 내용에 상호충들이 있는 경우에는 **형사사법공조조약이 우선 적용**된다.
공조 유형	형사사법공조조약이 체결되지 않은 국가의 경우에는 아래의 방법으로 공조가 가능하다. ① **외교경로를 통한 공조** ② **인터폴을 통한 공조** ③ **해외경찰주재관을 통한 공조** **【해외경찰주재관】** • 자 격 : 경감 이상의 계급, 학사학위 이상의 학위소지자, 영어 또는 주재국 공용어 구사능력 등 • 선 발 : 파견 1년 전에 파견희망자를 대상으로 외국어 검정 후 적격심사를 거쳐 최종선발 • 임 무 : 재외국민의 권익보호를 위한 활동 및 국제성 범죄자 검거를 위한 수사공조활동 등 • 신분 및 특권 : 해외경찰주재관은 대통령의 임명에 의해 해외공관에 파견된 외교통상부 소속 외교관으로서 외교특권을 인정받게 된다.
기본 원칙 {10.1 승진}	**상호주의** : 형사사법공조에 있어서 외국이 동일 또는 유사사항에 관하여 사법공조에 응한다고 보증하는 경우 **자국도 동일 또는 유사한 범위 내에서 당해 외국으로부터 공조요청에 응한다는 원칙**이다. {07.1 승진} **쌍방 가벌성의 원칙** : 형사사법공조에 있어 대상이 되는 범죄는 **요청국과 피요청국에서 모두 처벌 가능한 범죄이어야 한다는 원칙**이다. {02.1 승진} **특정성의 원칙** : 요청국이 공조에 의하여 취득한 증거를 공조요청의 대상이 된 범죄 이외의 범죄에 관한 수사나 재판에 사용하여서는 안 된다는 원칙이다. 즉, **공조요청한 범죄에 대해서만 공조**를 한다.
공조의 범위 (제5조)	① 사람 또는 물건의 소재에 대한 수사 ② 서류 · 기록의 제공 ③ 서류 등의 송달 ④ 증거 수집, 압수 · 수색 또는 검증 ⑤ 증거물 등 물건의 인도(引渡) ⑥ 진술 청취, 그 밖에 요청국에서 증언하게 하거나 수사에 협조하게 하는 조치
공조의 연기 (제7조)	대한민국에서 수사가 진행 중이거나 재판에 계속(係屬)된 범죄에 대하여 외국의 공조요청이 있는 경우에는 그 **수사 또는 재판 절차가 끝날 때까지 공조를 연기할 수 있다**

공조의 제한 (임의적 공조거절 사유) (제6조)			① 대한민국의 **주권**, **국**가안전보장, **안**녕질서 또는 **미**풍양속을 해칠 우려가 있는 경우 ② **인종, 국적, 성별, 종교, 사회적 신분** 또는 특정 사회단체에 속한다는 사실이나 정치적 견해를 달리한다는 이유로 처벌되거나 **형**사상 불리한 **처분을 받을 우려가 있다고 인정되는 경우** {10.2 경간부, 10.1 승진, 09.1 승진, 05.1 승진} ③ 공조범죄가 정치적 성격을 지닌 범죄이거나, 공조요청이 정치적 성격을 지닌 다른 범죄에 대한 **수사 또는 재판을 할 목적으로 한 것이라고 인정되는 경우** {10.2 경간부, 10.1 승진} ④ **공조범죄가 대한민국의 법률에 의하여 범죄를 구성하지 아니하거나 공소를 제기할 수 없는 범죄인 경우** {10.2 경간부, 10.1 승진, 09.1 승진, 05.1 승진} ⑤ **공조법에 요청국이 보증하도록 규정되어 있음에도 불구하고 요청국의 보증이 없는 경우** {10.2 경간부, 10.1 승진, 09.1 승진, 05.1 승진}
공조절차	**외국의 공조요청**	수사에 대한 공조요청	요청국 → 외교통상부장관 → 법무부장관(공조 여부 결정) → 지방검찰청 검사장 → 검사(공조자료 수집) → 역순으로 송부
		재판에 대한 공조요청	요청국 → 외교통상부장관 → 법무부장관(공조 여부 결정) → 법원행정처장 → 관할지방법원장(공조자료 수집) → 역순으로 송부
	외국에 대한 공조요청	**수사에 관한 공조요청**	경찰서 → 검사 → 대검찰청 → **법무부장관** → **외교통상부장관** → 상대국 주재 한국대사관 → 상대국 외무부장관 → 상대국 경찰기관 {10.1 승진, 07.1 승진}
		재판에 관한 공조요청	법원 → 법원행정처장 → 법무부장관 → 외교통상부장관 → 상대국주재 한국대사관 → 상대국 외무부장관 → 상대국경찰기관
	인터폴을 통한 공조절차		지구대 → 경찰서 외사계 → 지방경찰청 보안부 외사과(계) → 경찰청 외사국 외사수사과 인터폴계 → **상대국 인터폴** → 상대국 경찰관서 {06.3 순경}

2. 국제형사경찰기구(INTERPOL)

의 의	국제형사경찰기구는 국제수사기관이 **아니라** 국제범죄의 예방과 진압을 위해 인터폴 헌장과 국내법이 허용하는 범위 내에서 **회원국 상호 간 필요한 자료와 정보를 교환**하고 **범인체포 및 인도에 상호 협력하는 국제적 경찰기구**이다. {11.8 순경, 10.1 승진}
법적 근거	**범죄인인도조약, 국제형사사법공조법, 인터폴헌장 등**
법적 지위	① 인터폴은 인터폴헌장, 회원국의 국내법에 의거하여 국제간 경찰협력을 위해 활동하는 국제기구이다. ② **인터폴은 수사기관이 아니고 정보와 자료를 교환하고 범인체포와 인도에 관하여 상호 협조하는 정부 간 국제형사공조기구**이다. {11.8 순경, 09.2 경간부} ③ 인터폴 내에는 자체적인 국제수사관이 없고, **인터폴은 체포나 구속 등에 대한 권한도 없다.** {11.8 순경} ④ 인터폴의 활동범위는 **일반범죄와 관련된 업무에 국한**하고, **정치·군사·종교·인종적 성격을 가진 사항에 대한 관여나 활동은 엄격히 금지**되고 있다. {10.1 승진} ⑤ 의결정족수 {표} | **출석회원국의 과반수 찬성** | 통상적인 의결 | | **출석회원(참석회원국)의 2/3 이상의 찬성** {08.1 승진} | 인터폴 신규가입, 총재선거, 총칙의 승인 및 개정 | | **재적회원국의 2/3 이상의 찬성** | **인터폴 헌장의 개정** |

임 무		① 국제범죄의 정보 및 자료교환 {02.3 순경, 01.7 순경, 01.3 순경} ② 국제범죄의 동일증명 및 전과조회 {01.7 순경, 01.3 순경} ③ 국외도주범 소재수사 {03.11 순경} ④ 국제범의 수사 및 체포 {02.3 순경} ⑤ 국제수배서 및 간행물발간 {01.7 순경} ⑥ 국제범죄에 관한 사실 확인 및 조사 {03.11 순경, 01.7 순경, 01.3 순경} ⑦ 범죄의 예방과 진압에 관한 자료교환 {03.11 순경, 02.3 순경, 01.7 순경} ⑧ 범죄예방과 일반협조 ⑨ 기술향상을 위한 교육 또는 자료교환 ⑩ 총회가 결정한 사안의 집행 ⑪ 기타 인터폴 운영에 관한 사항 ⑫ 사무총국 또는 타 국가 사무국이 요청하는 경찰업무에 대한 협조와 업무의 협조 요청 　☞ **각 나라를 돌아다니면서 수배자를 검거(×), 수배된 피의자의 추적·체포(×)** 　　**국제범죄의 범죄인 체포 및 구속(×)**
운영 경비		회원국의 재정분담금에 주로 의존한다. {10.1 승진}
조 직	**총 회**	인터폴의 최고의결기관은 **매년 1회 개최**하여 일주일간 진행된다. {10.1 승진}
	집행 위원회	**제한적 심의기관**이며, 총회에서 선출되는 13명의 위원으로 구성되며, **총재는 4년 임기로 선출**되고 **부총재와 집행위원은 3년 임기로 선출**된다.
	사무 총국	① 상설행정기관임과 동시에 기술기관으로서 **총회와 집행위원회에서 결정된 사항을 집행**한다. {09.2 경간부} ② **사무총장은 총회에서 5년 임기로 선출**되며, **인터폴의 본부는 프랑스 리용**에 있다. {09.2 경간부} ③ 회원국 간 협조관계를 유지하면서 각종 국제범죄에 관한 정보를 교환함으로써 **국제경찰협력에 있어 중추적 역할을 수행**한다. ④ 사무총국 제2국이 **연락 및 범죄정보의 배포 등 핵심적 기능을 수행**한다. {09.2 경간부}
	국가 중앙 사무국	모든 회원국 내에 설치된 상설기구로 회원국 간의 각종 공조요구에 대응하고 있다. {12.2 순경, 10.1 승진} **【각국의 인터폴 국가중앙사무국】**

한 국	경찰청 외사국장 소속의 외사수사과 인터폴계
영 국	중대조직범죄청(SOCA)
미 국	법무부소속의 국제형사경찰기구(인터폴) 중앙사무국
독 일	연방범죄수사국(BKA)
프랑스	사법경찰국 외부연락부국 국제관계과　☞ **극제협력국(SCTIP)(×)**
일 본	장관관방 국제부
중 국	공안부 국제합작국 소속 인터폴업무처(형사국→국제협력국→형사정사국→**공안부 국제합작국 소속 인터폴업무처**)

협 력	협력의 기본원칙	주권의 존중	회원국의 국내법에 따라 행하는 통상적 업무수행의 범위 내에서 협조한다.
		일반형법의 집행	일반범죄와 관련된 범죄의 예방 및 진압에 국한된다.
		보편성	모든 회원국은 타 회원국과 협력할 수 있으며, 그러한 협력은 지리·언어 등 요인에 의해 방해받아서는 안 된다.
		평등성	**모든 회원국은 재정분담금의 규모와 관계없이 동일한 혜택과 지원을** 받는다. {09.2 경간부}
		타 기관과의 협력	각 회원국은 국가중앙사무국을 통해 일반범죄의 예방과 진압에 관여하고 있는 타 국가기관과도 협력할 수 있다.
		협력방법의 융통성	협조방식은 규칙성·계속성이 있어야 하나 회원국의 국내실정을 충분히 고려하여 협조의 방식을 변경할 수 있다.
	협력의 종류 {11.8순경, 10.1 승진}	범죄수사 협력	① ㉠ 범죄행위 또는 그 결과가 **자국과 외국에 걸쳐 행하여진 경우**, ㉡ 예비음모와 범죄실행이 **자국과 외국에서 분리 실행된 경우**, ㉢ **자국민의 외국에서의 범죄행위**, ㉣ 자국 내 사건의 참고인 또는 증거물 등이 외국에 있는 경우에 대해 조사요청을 받을 시에는 피요청국이 이를 조사·통보한다. ② 범죄인도를 전제로 한 체포요청서에 의거하여 범인의 현재지 국가에서 조약상의 절차에 따라 체포 또는 신병을 인도한다.
		범죄예방 협력	① 범죄정보회람서 ② 기술협조 ③ 새로운 범죄사건 발생시 각국에 참고통보 ④ 국제성 범죄관련 우범자 등 발생시 사전통보

3. 국제수배서

의의		사무총국 및 각 회원국 간에 각종 국제범죄예방과 진압에 효과적으로 대처하고 신속한 국제공조수사체제를 유지하여 수배대상을 색출할 목적으로 발행하는 것이다.
종류	황색수배서 (가출인수배서 = Yellow Notice)	가출인의 소재확인 또는 기억상실자 등의 **신원확인을 할 목적**으로 발행하는 수배서이다. {09.7 순경, 08.10 순경}
	녹색수배서 (국제경고 수배서 = Green Notice)	상습적으로 범행하였거나 범행할 가능성이 있는 **국제범죄자와 동향을 파악하여 사전에 그 범행을 방지할 목적**으로 발행하는 수배서이다. {09.7 순경, 08.10 순경, 07.3 순경, 05.3 순경, 03.1 승진}
	청색수배서 (국제정보 조회수배서 = Blue Notice)	일반 형법을 위반하여 체포영장이 발부되어 **피수배자의 신원과 소재확인을 목적**으로 수배자의 도피처가 명확한 경우에 한하여 발행하는 수배서이다. {07.3 순경, 07.2 경간부}
	오렌지 수배서 (안전경보 = Orange Notice)	2004년 **폭발물, 테러범 등에 대하여 경보**하기 위하여 발행하는 수배서이다. {10.1 승진, 09.7 순경, 08.10 순경, 07.3 순경, 05.1 승진}

적색수배서 (국제체포 수배서 = Red Notice)	가장 중요한 수배서로서 일반형법을 위반하여 체포영장이 발부된 범죄인에 대하여 **범죄인 인도를 목적**으로 하는 경우에 발행하는 수배서이다. {09.2 경간부, 08.1 순경, 07.3 순경} **【인터폴 적색수배의 요청기준】** {09.7 순경, 09.2 경간부, 08.10 순경, 08.3 순경, 07. 3 순경} ① 살인 · 강도 · 강간 등 강력범죄 관련사범 ② **50억 원** 이상 다액 경제사범 ③ 중간보스 이상 조직폭력사범　☞ **폭력조직원 등 조직폭력사범(×)** ④ 기타 수사관서에서 특별히 적색수배를 요청하는 중요사범 **【인터폴 적색수배자 입국 시 관할경찰서 조치요령】** ① 수배자 여부를 컴퓨터로 재확인한 후 수배자의 동향을 24시간 감시한다. {10.1 승진, 08.1 승진} ② 수배자가 타 관할로 이동한 경우 이동한 경찰서 의사요원에게 동향감시를 인계한 후 경찰청으로 즉보한다. {08.1 승진} ③ 인수받은 경찰서는 수배자 출국시까지 동향감시하고 그 결과를 **매일** 경찰청에 즉보한다. {08.1 승진} ④ 지원이 필요한 경우에는 관할 지방경찰청 외사과에 보고하여 필요한 인원을 지원받는다. {08.1 승진}
장물수배서 (Stolen Notice)	도난당하였거나 불법 취득한 것으로 보이는 **물건에 대해 수배를 하는 것**을 말한다.	
흑색수배서 (변사자수배서 = Black Notice)	사망자의 신원을 확인할 수 없거나 또는 사망자가 가명을 사용하였을 경우 **정확한 신원을 파악할 목적**으로 발행하는 수배서이다. {08.10 순경}	
범죄수법 수배서 (Modus Operandi)	각국에서 범인들이 사용한 **새로운 범죄수법 등을 회원국에 배포할 때 발행하는 수배서**이다.	
발행 및 취소	수배서 발행	① 긴급한 경우 인터폴 무선망을 이용하여 사무총국 및 각 회원국에 수배 의뢰한 후 사무총국에 국제수배서 발행을 요청한다. ② 사무총국은 각 회원국에서 수배 의뢰한 것을 종합하여 **월 1회 국제수배서를 발행**하여 우편 또는 인터폴 통신망을 이용하여 **각 회원국에 배포**한다. 단, 청색 및 황색수배서 등은 사무총국의 재량으로 발행하고 있다.
	수배서 취소	① 수배자 검거 · 시효완료 · 범인인도 · 소재확인 · 신원파악 · 장물 회수 등 수배취소사유 발생 시에는 사무총국에 통보하고, 사무총국은 이를 종합하여 **월 2회 수배해제를 각 회원국에 통보**한다. ② 녹색수배서의 경우에는 특별한 경우 외에는 취소되지 않으며, 수배요청국의 재량에 의해 취소될 수 있을 뿐이다.

4. 범죄인인도(범죄인인도법[시행 2010.3.31])

1) 일반적 내용

의 의	한 국가의 형법 기타 형사관계법에 위반한 범죄인이 다른 나라에 있는 경우 **범죄인의 현재지 국가가 범죄지 국가의 요청에 따라 그 범죄인을 인도하는 것**을 말한다.
특 징	① **범죄인인도를 의무로 하는 일반국제법은 존재하지 아니하며**, 범죄인인도는 조약상의 의무 또는 국제예양에 의하여 행하여지므로, **국가는 범죄인 청구에 응해야 할 국제법상 의무가 없다.** ② 범죄인인도는 **외교기관을 경유하나 추방은 그러하지 않다.** ③ **강제출국이라는 점에서 추방과 동일**하다고 볼 수 있다.
인도조약과의 관계 (제3조의2)	범죄인 인도에 관하여 인도조약에 범죄인인도법과 다른 규정이 있는 경우에는 **인도조약의 규정이 우선한다.** {12.2 순경}
인도에 관한 원칙 (제5조)	대한민국 영역에 있는 범죄인은 범죄인인도법서 정하는 바에 따라 청구국의 인도청구에 의하여 소추(訴追), 재판 또는 형의 집행을 위하여 청구국에 인도할 수 있다.
인도범죄 (제6조)	대한민국과 청구국의 법률에 따라 인도범죄가 **사형, 무기징역, 무기금고, 장기(長期) 1년 이상의 징역 또는 금고에 해당하는 경우에만 범죄인을 인도**할 수 있다. {12.2 순경, 10.1 승진, 04.1 승진, 03.4 순경}

2) 범죄인인도에 관한 제한원칙 {10.1 승진, 08.7 순경}

쌍방가벌성의 원칙	① **청구국과 피청구국 쌍방 모두의 법률에 의하여 범죄를 구성하지 않는 경우에는 범죄인을 인도하지 않는다는 원칙**이다. {10.2 경간부, 03.1 승진} ② 대한민국과 청구국의 법률에 따라 인도범죄가 사형, 무기징역, 무기금고, 장기 1년 이상의 징역 또는 금고에 해당하는 경우에만 범죄인을 인도할 수 있다. **【최소한 중요성의 원칙】** 범죄인 인도에 많은 경비와 노력이 들어 너무 경미한 범죄인까지 인도의 대상으로 삼으면 낭비이기 때문에 일반범죄라도 최소한 중요성이 있어야 한다는 원칙이다.
최소한 중요성의 원칙	① **어느 정도 중요성을 띤 범죄만 인도한다는 원칙**이다. ☞ **단순도박은 인도대상(×)** ② 대한민국과 청구국의 법률에 따라 **인도범죄가 사형, 무기징역, 무기금고, 장기(長期) 1년 이상의 징역 또는 금고에 해당하는 경우에만 범죄인을 인도**할 수 있다. {04.1 승진, 03.4 순경, 01.1 승진}
상호주의 (제4조)	인도조약이 체결되어 있지 아니한 경우에도 범죄인의 인도를 청구하는 국가가 같은 종류 또는 유사한 인도범죄에 대한 **대한민국의 범죄인인도청구에 응한다는 보증이 있는 경우 인도한다는 원칙**이다. {07.1 승진, 04.1 승진, 03.4 순경, 03.1 승진}

군사범 불인도의 원칙	① **군사범죄자는 인도하지 않는다는 원칙**이다. ② **한국 범죄인인도법에 명문규정을 두고 있지 않다.** {10.3 순경, 08 7 순경}
특정성의 원칙 (제10조)	① 인도된 범죄인이 인도가 **허용된 범죄 외의 범죄로 처벌받지 않는다는 원칙**이다. {07.9 순경} **【특정성 원칙의 배제사유】** ㉠ 인도가 허용된 범죄사실의 범위에서 유죄로 인정될 수 있는 범죄 또는 인도된 후에 범한 범죄로 범죄인을 처벌하는 경우 ㉡ 범죄인이 인도된 후 청구국의 영역을 떠났다가 자발적으로 청구국에 재입국한 경우 ㉢ 범죄인이 자유롭게 청구국을 떠날 수 있게 된 후 45일 이내에 청구국의 영역을 떠나지 아니한 경우 ㉣ 대한민국이 동의하는 경우 ② 법무부장관은 범죄인을 인도받은 청구국으로부터 인도가 허용된 범죄 외의 범죄로 처벌하거나 범죄인을 제3국으로 다시 인도하는 것에 관한 동의 요청을 받은 경우 그 요청에 타당한 이유가 있다고 인정될 때에는 이를 승인할 수 있다. **다만, 청구국이나 제3국에서 처벌하려는 범죄가 제7조(절대적 인도거절사유) 각 호 또는 제3조(정치적 성격을 지닌 범죄 등의 인도거절)에 해당되는 경우에는 그 요청을 승인하여서는 아니 된다.**
정치범 불인도의 원칙 (제8조)	① **정치적 성격을 지닌 범죄는 인도하지 않는다는 원칙**이다. {03.4 순경, 03.1 승진} ② 인도범죄가 정치적 성격을 지닌 범죄이거나 그와 관련된 범죄인 경우에는 범죄인을 인도하여서는 아니 된다. {12.2 순경} **【예외적 인도사항】** {04.1 승진} **범죄인인도법 상의 예외적 인도사항** ㉠ 국가원수(國家元首)·정부수반(政府首班) 또는 그 가족의 생명·신체를 침해하거나 위협하는 범죄 ㉡ 다자간 조약에 따라 대한민국이 범죄인에 다하여 재판권을 행사하거나 범죄인을 인도할 의무를 부담하고 있는 범죄 ㉢ 여러 사람의 생명·신체를 침해·위협하거나 이에 대한 위험을 발생시키는 범죄 **기타 예외적 인도사항** 국가원수 암살범, 항공기 불법납치, 집단학살, 전쟁범죄, 야만·약탈행위, 위조, 마약거래, 고문, 인종차별 등 ③ 인도청구가 범죄인이 범한 정치적 성격을 지닌 다른 범죄에 대하여 재판을 하거나 그러한 범죄에 대하여 이미 확정된 형을 집행할 목적으로 행하여진 것이라고 인정되는 경우에는 범죄인을 인도하여서는 아니 된다.
유용성의 원칙 (제7조1호)	① **실제로 처벌하기 위해 필요한 범죄자만 인도한다는 원칙**이다. ② **한국은 명문의 규정이 없으며,** 시효완성, 서면 등으로 처벌하지 못하는 범죄자는 인도대상에서 제외된다.
자국민 불인도의 원칙 (제9조)	① **자국민은 인도하지 않는다는 원칙**이다(한국은 임의적 거절사유르 규정하고 있음). {04.1 승진, 03.4 순경, 03.1 승진} ② **대륙법계 국가에서는 채택,** 영미법계 국가에서는 채택하지 않고 있다. **즉, 보편적인 국제규칙이 아니다.**

☞ **범죄인인도법에 명시적 규정이 없는 범죄 :** 군사범 불인도의 원칙

3) 범죄인인도거절 사유

절대적 인도거절 사유 (제7조)	① 대한민국 또는 청구국의 법률에 따라 인도범죄에 관한 공소시효 또는 형의 시효가 완성된 경우 {08.1 승진, 07.3 순경} ② 인도범죄에 관하여 대한민국 법원에서 재판이 계속(係屬) 중이거나 재판이 확정된 경우 {08.1 승진, 07.3 순경} ③ 범죄인이 인도범죄를 범하였다고 의심할 만한 상당한 이유가 없는 경우 {08.1 승진} 다만, 인도범죄에 관하여 청구국에서 유죄의 재판이 있는 경우는 제외한다. ④ 범죄인이 인종, 종교, 국적, 성별, 정치적 신념 또는 특정 사회단체에 속한 것 등을 이유로 처벌되거나 그 밖의 불리한 처분을 받을 염려가 있다고 인정되는 경우
임의적 인도거절 사유 (제9조)	① 범죄인이 대한민국 국민인 경우 {08.1 승진, 07.3 순경, 04.1 승진, 03.1 승진} ② 인도범죄의 전부 또는 일부가 대한민국 영역에서 범한 것인 경우 {08.1 승진, 07.3 순경} ③ 범죄인의 인도범죄 외의 범죄에 관하여 대한민국 법원에 재판이 계속 중인 경우 또는 죄인이 형을 선고받고 그 집행이 끝나지 아니하거나 면제되지 아니한 경우 ④ 범죄인이 인도범죄에 관하여 제3국(청구국이 아닌 외국을 말함)에서 재판을 받고 처벌되었거나 처벌받지 아니하기로 확정된 경우 {08.1 승진, 07.3 순경} ⑤ 인도범죄의 성격과 범죄인이 처한 환경 등에 비추어 범죄인을 인도하는 것이 비인도적(非人道的)이라고 인정되는 경우

4) 범죄인 인도의 심사절차

(1) 외국의 인도청구가 있는 경우

인도청구서 의 접수	범죄인 인도 조약이 체결되어 있는 경우에는 외교경로에 따라 **외교통상부에 인도를 청구**하고, 조약 체결이 안 된 나라에서는 상호보증서를 첨부하여야 한다. {10.1 승진}
외교통상부 장관의 조치 (제11조)	외교통상부장관은 청구국으로부터 범죄인의 인도청구를 받았을 때에는 인도청구서와 관련 자료를 **법무부장관에게 송부**하여야 한다. {10.1 승진}
법무부장관 의 인도심사 청구명령 (제12조)	① 법무부장관은 외교통상부장관으로부터 인도청구서 등을 받았을 때에는 이를 **서울고등검찰청 검사장(檢事長)에게 송부**하고 그 소속 검사로 하여금 서울고등법원에 범죄인의 인도허가 여부에 관한 **심사를 청구하도록 명하여야 한다.** {12.2 순경, 10.1 승진, 05.1 승진} 다만, 인도조약 또는 이 법에 따라 범죄인을 인도할 수 없거나 인도하지 아니하는 것이 타당하다고 인정되는 경우에는 그러하지 아니하다. ② 법무부장관은 인도심사청구명령을 하지 아니하는 경우에는 그 사실을 외교통상부장관에게 통지하여야 한다.
(서울고등 검찰청의) 인도심사 청구 (제13조) {05.1 승진}	① 검사는 법무부장관의 인도심사청구명령이 있을 때에는 지체 없이 **법원에 인도심사를 청구**하여야 한다. 다만, 범죄인의 소재(所在)를 알 수 없는 경우에는 그러하지 아니하다. ② 범죄인이 인도구속영장에 의하여 구속되었을 때에는 **구속된 날부터 3일 이내에 인도심사를 청구**하여야 한다. ③ 인도심사의 청구는 관계 자료를 첨부하여 서면으로 하여야 한다. ④ 검사는 인도심사를 청구하였을 때에는 그 청구서의 부본(副本)을 범죄인에게 송부하여야 한다.

(서울고등법원)의 인도심사 (제14조) {05.1 승진}	① 법원은 인도심사의 청구를 받았을 때에는 지체 없이 인도심사를 시작하여야 한다. ② 법원은 범죄인이 인도구속영장에 의하여 구속 중인 경우에는 **구속된 날부터 2개월 이내에 인도심사에 관한 결정(決定)**을 하여야 한다. ③ 범죄인은 인도심사에 관하여 변호인의 도움을 받을 수 있다. ④ 법원은 인도심사에 관한 결정을 하기 전에 범죄인과 그의 변호인에게 의견을 진술할 기회를 주어야 한다. 다만, 인도심사청구 각하결정(却下決定) 또는 인도거절 결정을 하는 경우에는 그러하지 아니하다. ⑤ 법원은 인도심사를 하면서 필요하다고 인정할 때에는 증인을 신문(訊問)할 수 있고, 감정(鑑定) · 통역 또는 번역을 명할 수 있다.
법원의 결정 (제15조)	① **법원은 인도심사의 청구에 대하여 아래에 따라 결정을 하여야 한다.** {10.1 승진} **인도심사청구 각하결정** — 인도심사의 청구가 적법하지 아니하거나 취소된 경우 **인도거절 결정** — 범죄인을 인도할 수 없다고 인정되는 경우 **인도허가 결정** — 범죄인을 인도할 수 있다고 인정되는 경우 ② 결정에는 그 이유를 구체적으로 밝혀야 한다. ③ 결정은 그 주문(主文)을 검사에게 통지함으로써 효력이 발생한다. ④ 법원은 결정을 하였을 때에는 지체 없이 검사와 범죄인에게 결정서의 등본을 송달하고, 검사에게 관계 서류를 반환하여야 한다.
범죄인의 인도 동의 (제15조의2)	① **범죄인이 청구국으로 인도되는 것에 동의하는 경우** 법원은 신속하게 결정을 하여야 한다. 이 경우 **인도거절 결정을 할 수 없다.** ② **동의는 서면으로 법원에 제출**되어야 하며, 법원은 범죄인의 진의(眞意) 여부를 직접 확인하여야 한다. ③ 결정이 있는 경우 법무부장관은 명령 여부를 신속하게 결정하여야 한다.
인도청구의 경합 (제16조)	① 법무부장관은 **둘 이상의 국가로부터 동일 또는 상이한 범죄에 관하여 동일한 범죄인에 대한 인도청구를 받은 경우에는 범죄인을 인도할 국가를 결정**하여야 하며, 필요한 경우 외교통상부장관과 협의할 수 있다. ② 결정을 할 때에는 인도범죄의 발생일시, 발생장소, 중요성, 인도청구 날짜, 범죄인의 국적 및 거주지 등을 고려하여야 한다.
인도심사 청구 명령의 취소 (제18조)	① 외교통상부장관은 서류를 송부한 후에 청구국으로부터 범죄인의 인도청구를 철회한다는 통지를 받았을 때에는 그 사실을 **법무부장관에게 통지**하여야 한다. ② **법무부장관은 인도심사청구명령을 한 후에 외교통상부장관으로부터 통지를 받거나 인도심사청구명령을 취소하여야 한다.** ③ 검사는 인도심사청구를 한 후에 인도심사청구명령이 취소되었을 때에는 지체 없이 인도 심사청구를 취소하고 범죄인에게 그 내용을 통지하여야 한다. ④ **인도심사청구의 취소는 서면**으로 하여야 한다.

(2) 외국에 대한 인도청구

법무부 장관의 인도청구	① 법무부장관은 대한민국 법률을 위반한 범죄인이 외국에 소개하는 경우 그 외국에 대하여 **범죄인인도 또는 긴급인도구속을 청구**할 수 있다. ② **인도를 청구할 수 있는 대상** 　㉠ 대한민국의 법률을 위반하여 대한민국에서 수사 또는 재판을 받고 있는 자 　㉡ 유죄의 재판을 받은 자
외국에 대한 동의요청	법무부장관은 외국으로부터 인도받은 범죄인을 인도가 허용된 범죄 외의 범죄로도 처벌할 필요가 있다고 판단하는 경우 그 외국에 대하여 처벌에 대한 동의를 요청할 수 있다.

5) 범죄인 인도의 대체수단

① 인터폴 수배를 통한 강제송환
② 추방요구
③ 여권행정제재(여권무효처리)
④ 제3국에서의 인도
⑤ 외국에서의 사법처리

제4절　외국군대 및 군함

I. 외국군대

의 의	군대란 국가의 독립·권위·안전을 유지하기 위하여 존재하는 국가기관으로서 군대의 행위는 국가에 귀속되며, **외국군대의 구성원은 군인·군속·그 부양가족을 포함하나, 무관은 외교특권 향유자이므로 외국군대에서 제외된다.** {10.3 순경, 08.1 승진}

외국 군대의 주둔	외국군대의 주둔이라 함은 파견국과 접수국간 우호관계에 의거 파견국 군대가 접수국 영토 내에 주둔하는 것을 말한다.

【점령과 주둔의 비교】 {08.1 승진}

	점 령	주 둔
근 거	파견국의 일방적 행위	파견국과 접수국의 합의
상 태	전시(戰時)	평시(評詩) : 장기주둔
법적지위	**전시국제법에 의함.**	**조약에 의하여 정해짐.**
주둔지역 영유권	적대관계에 기한 것으로 **점령지역 영유권은 평화조약에 의해 귀속관계를 결정**함.	우호관계에 기한 것으로 **주둔지역의 영유권 귀속과는 무관**함.

☞ **주한미군의 한국주둔이 근거**는 조약에 의하여 정해진다. {97.1 승진}

외국 군대의 지위	① 관계국들 간의 방위조약 등 합의에 의해 주둔하며, **평상시에는 장기적으로 주둔하는 것**이다. ② 외국군대 구성원은 국가면제를 누리지 못하며, **원칙적으로 영토국인 접수국의 관할권에 속하게 된다.** ③ 외국군대는 파견국의 특수기관임을 고려하여 여러 편의제공 및 버려를 하는 것이지 **외교특권을 누리는 것은 아니다.**

원 칙	접수국의 법령준수 의무	**접수국의 법령준수 의무**가 있으며, 외국 군인의 접수국 출입국관리 절차를 간소화하고 있다.
	통관 및 관세	**외국군인은 원칙적으로 접수국의 관세법이 적용**된다. 다만 그들이 공용 사용으로 직접 사용하기 위하여 외국군대 당국의 공인된 기관을 통하여 수입하는 물건에는 관세를 면제한다.
	출입국 관리	외국군대의 출입국 관리 절차는 간소화되어 있는데 우선 이들은 여권·비자에 관한 규칙의 적용을 받지 않는다.
	조세	접수국은 외국 군대가 사용하는 재산에 대하여 조세를 면제하고 있고, 외국 군인이 근무하여 얻은 소득은 조세를 면제한다.
	형사관할권	외국군대 구성원은 외교특권이 인정되지 아니하며, **원칙적으로 접수국의 관할권에 속하게 된다.**

II. 외국군함

의 의	외국군함이란 해군에 복종하는 승무원이 승선하고 해군장교의 지휘 하에 있는 선박으로 군대의 일부이며, **국제법상 국가기관이므로 군함의 법률상·사실상 행위의 효과는 국가에 귀속된다.**

군함 자체의 지위	불가침권		① 군함은 불가침권을 가지므로 연안국 관헌은 **함장의 동의 없이 함 내로 들어갈 수는 없다.** ② **범인이 함 내로 도피한 경우에는 함장의 동의를 얻어 들어 가거나 인도를 요청**하여야 하며, 함장이 인도를 거부하면 외교경로를 통해 범인의 인도를 요구하여야 한다.
		경찰관의 외국군함 내에 출입	① **외국군함은 항구의 정박 여부를 떠나 외국영토로 인정되며, 외국군함은 국제법상 특권·면제가 인정**된다. {08.1 승진} ② 당해 군함의 **함장의 승낙이나 청구가 있는 경우에는 출입**할 수 있다. {05.10 순경} ③ 범죄인의 체포 등 수사에 있어 **급속을 요하는 경우에도 그 신병의 인도**(급속을 요할 경우 당해 함장에 대하여 임의의 **인도를 요구**{05.10 순경})나 수사상 협조를 요구할 수 있을 뿐이며, **중대한 범죄를 범한 자가 도주하여 대한민국 영역 안에 있는 외국군함으로 들어갔을 때는 신속히 경찰청장에게 보고하여 지시를 받아야 한다.** {05.10 순경}
		외국 선박내의 범죄	경찰관은 **대한민국의 영해에 있는 외국 선박 내에서 발생한 범죄로서 아래에 해당하는 경우에는 수사를 하여야 한다.** ㉠ 대한민국 육상이나 항내의 안전을 해할 때 ㉡ 승무원 이외의 자나 대한민국의 국민에 관계가 있을 때 ㉢ 중대한 범죄가 행하여졌을 때
	비호권		① 원칙적으로 범죄자에 대한 비호권이 없다. ② **일반범죄인의 인도의무가 있으며, 인도불응 시 연안국은 군함에 대하여 자국의 영해에서 퇴거할 것을 요구**할 수 있다.
	치외법권		① 군함 내의 모든 민사 또는 형사사건뿐만 아니라 **군함 자체에 관한 사건에 대해서 연안국의 재판관할권으로부터 면제되며, 타국 정박 시 연안국의 재판권으로부터 면제**된다. {08.1 승진} ② **항해, 위생, 경찰 등 연안국의 행정규칙을 준수해야 하며, 이의 위반 시에는 퇴거요구가 가능**하다.
	【무해통항권】		
	의 의		영해 내에서 외국선박이 연안국의 평화·공공질서 또는 안전 등 국가의 제 이익을 해하지 않는 한 자유로이 항해할 수 있는 권리를 말한다.
	인정여부 {08.1 승진}		① 모든 국가의 선박에 대해 인정된다. ② **군함의 경우 많은 논란이 있으며, 군함의 경우에는 보통 사전 통고제 또는 허가제를 취하고 있다.** ③ **한국은 3일 전 사전통고를 요건으로 하고 있다.**

군함 승무원의 지위	**공무상 외국의 영토에 상륙한 승무원의 지위**	군함의 승무원은 제복을 입고 공무수행을 위해서 상륙한 경우에는 **치외법권을 가지므로 범죄행위를 한 경우에도 처벌할 수 없다.** 그러나 **일시적인 신체의 구속은 가능**하며, 이 경우에도 함장의 인도요구가 있으면 이를 응하여야 한다.
	공무 외의 사유로 외국의 영토에 상륙한 승무원의 지위	**사용(私用) 또는 단순한 휴양 중에 행한 육상범죄에 대해서는 치외법권이 인정되지 않으나**, 실제로는 연안국이 재판권을 행사하지 않고 범인을 군함에 인도하는 경우가 많다.
	탈주한 승무원의 지위	승무원이 탈주한 경우에 지휘관은 그를 육상에서 체포하려고 해서는 안 되고, 그 **본국의 영사를 통하여 지방당국에 체포를 요청**하여야 하며, 이 경우에도 그 **도망자를 군함의 지휘관에게 인도**하는 것이 일반적 관행이다
경찰관의 외국군함에의 출입		① 당해 군함의 **함장의 승낙이나 청구가 있는 경우 외에는** 출입할 수 없다. ② 범죄인 체포 등 수사에 잇어 **급속을 요할 경우에도 그 신병의 인도나 수사상 협조를 요구할 수 있을 뿐**이다. ③ 중대한 범죄를 범한 자가 도주하여 대한민국영역 안에 있는 외국군함으로 들어갔을 때는 신속히 경찰청장에게 보고하여 지시를 받아야 한다.

제5절 │ 외교사절의 외교특권

Ⅰ. 외교사절

의 의	외교사절이란 외교교섭 등의 **정치적 임무를 수행**하기 위해 외국에 파견되는 **국가의 대외적 대표기관(국가원수, 외교통상부장관, 외교사절, 군대, 군함 등)**을 말한다.

특 징	① **외교사절은 자국민을 임명하는 것이 원칙**이나, 예외적으로 접수 국민이나 제3국인을 임명할 수 있으며, 이 경우 접수국의 동의를 받아야 한다. {04.1 승진} ② 외교사절의 파견 · 접수 · 직무 · 특권 등은 포괄적으로 비엔나협약에 근거하고 있다.

외교 사절 {02.3 순경, 97.1 승진}	종류	상임 외교사절	접수국에 상주하며, 외교관계를 처리하는 외교사절	
		임시 외교사절	사무사절	특정한 외교교섭, 국제회의 참석, 조약체결을 위해 일시적으로 파견
			예의사절	외국의 축전 또는 의식에 국가대표로 파견
	계급	대사	국가의 원수에 의해 파견된 대사	
		공사	국가의 원수에 의해 파견된 대사	
		대리공사	**외교통상부장관**에 의해 파견된 대사	
	용어	"아그레망을 받았다"는 것은 파견에 동의한다는 의미		

③ **외국문화원**은 자국의 문화를 전파하고 주재국과 문화교류를 증진시킬 목적으로 주재국에 설치한 **비정부기관**이다.

④ 외교관은 공관장과 외교직원을 의미한다.

공관장		대사 / 대사대리
공관 직원 {10.1 승진}	외교직원	① **외교관은 공관장과 외교직원으로서 비엔나협약의 모든 특권을 향유**한다. {10.1 승진} ② 공사, 참사관, 각급서기관, 각종 주재관(무관, 공보관) 등 외교관 신분이 부여된 자
	행정 · 기술직원	① 속기사, 타자수 등 행정 · 기능직원의 경우 **형사재판은 직무불문 면제, 민사·행정재판권 면제는 직무중의 행위에 한한다.** {10.1 승진} ② 부기사, 개인비서, 속기사, 타자수, 기록보관사, 교정사 등
	노무직원	① **요리사는 노무직원으로 직무대상 중의 행위에 한하여 형사재판권이 면제**된다. {10.1 승진} ② 요리사, 운전사, 사환, 하인 등
개인사용인		① 공관직원의 가사에 종사하며 파견국의 피고용인이 아닌 자 ② 접수국 국민이나 영주권자 아닌 한, 보수에 대한 부과금이나 조세로부터 면제

☞ **외교관** = 공관장 + 외교직원
☞ **공관원** = 공관장 + 공관직원
☞ 외교사절은 서열이나 의전상의 대우에 약간의 차이는 있으나 계급은 직무와 특권에는 아무런 영향이 없다.

외교 사절의 파견과 접수	아그레망의 의의	아그레망이란 외교사절의 파견을 희망하는 국가는 파견에 앞서 **접수국에 특정인의 임명 및 파견에 관해 동의를 구하는 절차**를 말한다.
	아그레망의 요청	① 파견국의 아그레망의 요청에 대해 접수국은 스스로 판단으로 부여나 거부를 할 수 있다. ② **외교사절단의 장(공관장)은 아그레망이 필요**하고, 그 외 직원과 UN대사는 아그레망이 필요없다. {04.1 승진}
	아그레망의 부여	① 접수국이 파견국의 아그레망 요청에 대해 이의가 없다는 의사표시를 하는 것을 말한다. ② 접수국은 아그레망을 요청받은 특정인이 자국의 이익을 위해 비우호적인 인물이라고 판단되면 이를 거절할 수 있으며, 이때 **파견국에 대하여 거절의 이유를 통지할 의무는 없다.** 　　　**【페르소나 논 그라타(Persona non grate)】** 비우호적 인물에 대해 접수국은 외교사절과 직원에 대해서 언제든지 "Persona non grate" 선언을 할 수 있고, 이러한 통지를 받은 파견국은 당해 직원을 소환하든지 또는 해임을 하여야 한다. {08.1 승진}
	신임장의 부여	파견국은 아그레망을 얻으면 파견 예정자를 **외교사절로 임명**하고 **신임장을 주어** 파견국에 파견하는데, 이 신임장은 특정인을 외교사절로 신임·파견한다는 공문서이다.
	신임장의 제출	외교사절이 접수국에 도착하면 **신임장 부본을 접수국의 외무부당국에 제출**하여 도착을 통지하며, **접수국이 지정하는 일시에 정본을 제출**한다.
외교 사절의 직무	직무개시 시기	① **신임장의 원본이 정식으로 수리되었을 때**이다. ② **외교사절의 특권·면제는 신임장을 휴대하고 입국한 즉시 부여**된다. 　{04.3 순경, 03.1 승진}
	직무의 내용 {01.1 승진}	① **파견국을 대표**하는 기능 ② **접수국 정부와 교섭**하는 기능 ③ 파견국 정부에 보고하는 기능 ④ **파견국과 국민의 이익을 보호**하는 기능 ⑤ 파견국과의 경제·문화·과학 등 협력관계를 증진시키는 기능 　☞ 자국 국민 상호간의 사법적 분쟁을 재판하는 기능(×)

　　　　　　　　　【외교사절의 파견절차】　{04.1 승진}

① 아그레망의 요청 → ② 아그레망의 부여 → ③ 임명 → ④ 신임장 부여 → ⑤ 파견 → ⑥ 신임장 접수

II. 외교특권

1. 외교특권의 근거 및 인정범위

외교특권의 의의	① 외교관과 그들의 가족, 임무수행 중인 행정 및 기술관료(외교사절의 수행원)들이 가지는 **재판권과 행정권으로부터 면책권**을 말하며, 비엔나협약은 외교특권을 치외법권 또는 특권과 면제 등의 용어로 사용한다. ② 외교특권을 가지는 **외교관은 대사 · 공사**이다. ③ 주한 미연합군고문단원이나 대사관 무관의 경우에는 '**준외교특권**'을 향유한다. 　☞ **주한미군은 외교특권의 주체가 아니므로 형사처벌이 면제되지 아니한다.** 　{03.2 경간부, 02.2 경간부}	
외교특권의 근거	본질적인 근거	외교특권을 인정하는 본질적인 근거는 **상호주의 원칙**에 있다.
	실정법적 근거	① 외교특권은 국제관습법으로 인정되어 오다가 **외교관계에 대한 비엔나 협약(1961), 영사관계에 대한 비엔나 협약(1963) 등에 의해서 명문화**되었다. ② 외교특권은 헌법 제6조에 따라 국제관습법에 의거하여 일반적으로 승인된 법규로서 국내법과 동일한 효력을 갖는다. {04.3 순경}
외교특권의 포기	외교특권은 개인의 권리가 아니고 **파견국의 권리**이므로 파견국이 외교관의 **면책특권을 포기**할 수는 있지만, 외교관 개인은 포기할 수 없다. {03.1 승진}	
외교특권의 인정범위	시간적 범위	시 기	외교사절이 **접수국에 입국하였을 때**
		종 기	외교사절이 **접수국의 영토를 출국할 때까지**
	공간적 범위	접수국의 **배타적 통치권이 미치는 일체의 영역**(영토, 영해, 영공 모두 포함)에 미친다. {03.1 승진}
	인적범위	외교관	① 외교관 : 공관장 + 외교직원 {03.1 승진} ② 비엔나 협약의 **모든 특권향유**
		행정 · 기술요원	① 외교직원과 같은 특권과 면제를 향유 ② **민사, 행정재판권 면제는 직무 중의 행위에 한함**
		업무직원	**직무 대상 중의 행위에 한함**
		개인 사용(私用)인	보수면제, 기타 특권의 인정여부는 각국의 재량

2. 외교특권의 내용

외교사절의 불가침권 {08.1 승진, 04.3 순경, 99.1 승진}	신체의 불가침 {04.3 순경}	① **원칙적으로** 외교사절의 신체는 불가침이며 원칙적으로 어떠한 형태의 체포 또는 구금도 당하지 아니한다. ② **예외적으로** 정당방위 또는 범죄예방 · 제지와 같은 긴급사태 시에는 일시적인 신체의 구속은 가능하다.
	관사 (공관)의 불가침	① **원칙적으로** 외교사절의 공관 및 개인주택은 불가침이다. {03.1 승진} ② 접수국의 관헌은 외교사절의 요구나 동의가 없이는 직무수행을 위해 들어갈 수 없는 것이 원칙이다. **다만, 범죄인의 비호권은 인정되지 않는다.** {03.1 승진} ③ **예외적으로** 화재나 전염병의 발생과 같이 공안을 유지하기 위하여 긴급을 요하는 경우에는 사절의 **동의 없이** 공관에 들어갈 수 있는데, 이는 **국제적 관습으로 인정되고 있다.** {01.1 승진}

	문서의 불가침	① **원칙적으로** 외교사절의 문서(공문서, 사문서 불문)와 서류는 언제, 어디서나 불가침이며 수색·검열·압수되거나 그 제시가 요구되지 아니한다. {03.3 순경, 04.1 승진, 03.1 승진} ② 외교행낭(파우치)은 공문서만이 내용물에 포함될 수 있으며, **배달인(커리어) 및 행낭은 불가침권을 가지게 되며, 외교행낭(공문서○, 사문서×)은 개봉·유치될 수가 없다.** {99.1 승진} **예외적으로** 외교사절의 문서가 간첩행위의 서증이 되는 경우 또는 외교사절의 동일한 국적의 간첩이 주재국에서 절취·복사한 문서로서 그것을 접수국이 입수한 경우에는 **불가침권이 상실**된다. {99.1 승진} ③ 외교관의 개인서류, 통신문서 및 그의 개인재산도 또한 불가침이며, 문서가 어느 장소에 있든지, 심지어 **외교단절의 경우에도 접수국은 문서의 불가침을 존중하고 보호해야 한다.** {03.3 순경, 04.1 승진}	
외교사절의 면제권 (치외법권)	**의 의**	외교사절은 **원칙적으로 접수국의 통치권에 복종하지 않는다.**	
	재판권 면제	**의 의**	외교사절의 **범죄행위는 접수국의 실체법에는 적용**되나 **재판권에서 면제되므로 소추할 수 없어 처벌되지 않을 뿐이**다.
		형사 재판권의 면제 {02.1 승진, 01.6 순경}	① **원칙적으로** 외교사절에 대하여 소추·치포·감금하거나 처벌할 수 없다. ② 중대한 범죄로 인정될 경우에도 면제권이 인정되며, 개인자격으로 행한 범죄도 면제권이 인정된다. ③ **예외적으로** 사안이 중대할 경우에는 소환 요구나 추방조치는 가능하고, **긴급 시에는 일시적으로 신체의 자유를 구속**할 수 있다. ④ 외교사절의 특권을 포기하거나 자격을 상실한 경우에는 소추·처벌할 수 있다.
		민사· 행정 재판권 {08.1 승진}	① **원칙적으로** 외교사절을 상대로 **민사소송을 제기할 수 없을 뿐만 아니**라 수리할 수도 없으며, 강제집행이나 손해배상청구 등도 일체 허용되지 않는다. ② **예외적으로** 개인의 부동산소유, 영업, 상속재산, 손해배상 등에 관한 소송의 경우에는 재판에 응할 수 있다.
		증언의무 {08.1 승진}	① **원칙적으로** 외교사절은 민·형사사건을 불문하고 **법정에 출석하여 증언할 의무가 없음은 물론 관사 내에서 증언할 의무도 없다.** ② **예외적으로** 자발적으로 행하는 것은 가능하다.
	경찰권 면제	① **원칙적으로 경찰의 명령이나 규칙은 외교사절을 구속하지 않지만**, 외교사절도 주재국의 법질서를 존중할 의무로부터 해당되는 것은 아니므로 대사관 차량이라도 일상적 교통과 관련하여서는 교차로에서 적색신호에 정차하여야 한다. {01.1 승진} ② 외교사절이 접수국의 경찰법규를 위반하더라도 **강제처분이나 어떤 경찰벌도 과할 수 없다.** ③ 긴급방어나 긴급사태의 상황이 존재할 경우에는 **예외적으로 경찰강제가 허용**된다. {01.1 승진} ④ **예외적으로** 긴급 시 일시적으로 신체의 자유를 구속할 수 있다.	
	과세권 면제	① **외교사절은 접수국의 과세권으로부터 면제**된다. {02.1 승진, 01.6 순경} ② **예외적으로** 간접세, 외교사절의 사유부동산에 대한 취득세·상속세 등에 대해서는 면제되지 않는다. {08.1 승진}	

III. 영사

의 의	영사는 정치적 교섭을 주임무로 하는 외교사절과는 달리 **국가 간의 경제적 목적수행과 자국민 보호 등 비정치적 목적수행을 위해 파견된 공식기관**을 말하며, 영사는 정치적 대표성이 없고, 기능적 성격만 가지고 있다.
직 무	① **자국민 보호** {97.1 승진}　　② 우호관계 촉진 {03.1 승진} ③ 정보수집　　④ **여권 및 사증발급** {03.1 승진, 97.1 승진} ⑤ 제반 공증 · 호적사무　　⑥ 자국민의 분쟁조정 ⑦ 서류송달 · 증인조사　　⑧ **선박 · 항공기 · 승무원의 감독** {03.1 승진, 97.1 승진} ⑨ **접수국의 통상·경제·문화·과학상의 관련발전 및 우호촉진** {03.1 승진} 　☞ 정치·군사 등 자국의 이익과 관련한 정보수집(×), 접수국 정부와의 외교교섭(×)
파 견	영사 파견시에는 **아그레망이나 신임장은 필요하지 않으며, 국가원수나 외교통상부장관 명의의 위임장을 부여**한다.
계 급	① 총영사　　② 영사　　③ 부영사　　④ 영사대리
특 권	① 영사는 외교사절이 아니므로 일반적인 외교특권은 가지지 않지만 **외교사절에 비하여 제한적인 일정한 면제권을 향유**하는데 그 내용은 대체로 영사관계에 관한 비엔나협약을 준용한다. ② 특권 부여시기는 **입국한 때(이미 접수국 내에 있을 때는 직무를 개시한 때)**이다.
영사등에 관한특칙 (범죄 수사규칙 제238조)	① 경찰관은 임명국의 국적을 가진 대한민국 주재의 총영사, 영사 또는 부영사에 대한 사건에 관하여 구속 또는 조사할 필요가 있다고 인정될 때에는 미리 경찰청장에게 보고하여 그 지시를 받아야 한다. ② 경찰관은 총영사, 영사 또는 부영사의 사무소는 **당해 영사의 청구나 동의가 있는 경우 외에는 이에 출입해서는 아니된다.** ③ 경찰관은 총영사, 영사 또는 부영사의 사택이나 명예영사의 사무소 혹은 사택에서 수사할 필요가 있다고 인정될 때에는 미리 경찰청장에게 보고하여 그 지시를 받아야 한다. ④ 경찰관은 **총영사, 영사 또는 부영사나 명예영사의 사무소 안에 있는 기록문서에 관하여는 이를 열람하거나 압수하여서는 아니 된다.**

<table>
<tr><td colspan="2" align="center">【조약의 유형】</td></tr>
<tr><td>조 약</td><td>가장 격식을 따지는 정식문서로서 주로 정치적 · 외교적 기본관계나 지위에 관한 포괄적인 합의를 기록하는 데 사용, 체결주체는 주로 국가이다.</td></tr>
<tr><td>헌 장</td><td>국제기구를 구성하거나 특정제도를 규율하는 국제적인 합의에 사용된다.</td></tr>
<tr><td>협 정</td><td>정치적인 요소가 포함되지 않은 전문적 · 기술적인 주제를 다툼으로써 조정하기 어렵지 아니한 사안에 대한 합의에 사용된다.</td></tr>
<tr><td>협 약</td><td>양자조약의 경우 특정분야 또는 기술적인 사항에 관한 입법적 성격의 합의에 사용된다.</td></tr>
<tr><td>의정서</td><td>**주로 기본적인 문서에 대한 개정이나 보충적인 성격을 띠는 조약에 주로 사용되나 최근에는 전문적 성격의 다자조약에도 사용**된다. {10.1 승진}</td></tr>
</table>

<table>
<tr><td colspan="3" align="center">【외교사절과 영사의 비교】</td></tr>
<tr><td></td><td align="center">외교사절</td><td align="center">영 사</td></tr>
<tr><td>성 질</td><td>정치적 기관(정치적 대표성) {03.1 승진}</td><td>비정치적 · 통상적 기관(기능적 성격)</td></tr>
<tr><td>국 적</td><td>① 원칙 : 자국민(파견국 국민)
② 예외 : 접수국민이나 제3국인을 임명할
　　수 있음(접수국의 동의 필요)</td><td>자국민일 필요가 없음 {03.1 승진}</td></tr>
<tr><td>계 급</td><td align="center">대사, 공사, 대리공사</td><td align="center">총영사, 영사, 부영사, 영사대리</td></tr>
<tr><td>규제법규</td><td>일반 국제법(국제관습 · 협약) {03.1 승진}</td><td>개별적 조약(영사조약 등) {03.1 승진}</td></tr>
<tr><td>아그레망</td><td align="center">필요함</td><td align="center">필요 없음.</td></tr>
<tr><td>파견 시</td><td align="center">신임장 부여</td><td align="center">위임장 부여</td></tr>
<tr><td>임무개시</td><td align="center">신임장 정본의 제출 시</td><td align="center">접수국의 영사 인가장 부여 시</td></tr>
<tr><td>신체의
불가침</td><td align="center">포괄적(일시적 구속 가능)</td><td align="center">공무에 한해서(체포 · 구속 · 기소 가능)</td></tr>
<tr><td>공관의
불가침</td><td align="center">포괄적(공 · 사저)</td><td align="center">공관만 향유</td></tr>
<tr><td>문서의
불가침</td><td align="center">포괄적(공 · 사문서)</td><td align="center">공문서만 보호(개봉요구 할 수 있음)</td></tr>
<tr><td>치외법권
(면제권)</td><td align="center">포괄적으로 향유</td><td align="center">공무상 행위만 해당(제한적)</td></tr>
<tr><td>직 무</td><td>① 외교교섭 {03.1 승진}
② 파견국 대표
③ 관찰과 보고(합법적 정보수집)
④ 자국민의 보호와 감독
⑤ 우호관계 촉진</td><td>① 자국민 보호
② 우호관계 촉진
③ 정보수집(정치 · 군사정보는 제외)
④ 여권 및 사증발급(외교사절도 수행 가능)
⑤ 제반 공증 · 호적사무
⑥ 자국민의 분쟁조정
⑦ 서류송달 · 증인조사
⑧ 선박 · 항공기 · 승무원의 감독</td></tr>
</table>

※ 자료: 김은표(2009), 멘토 경찰학개론, p.731.

제6절　주한미군지위협정(SOFA)

Ⅰ. 의의

의 의	주한미군지위협정은 주한미군의 법적인 지위를 규정한 협정(1966. 7. 9.)으로서 미군들에 대한 편의제공차원을 넘어 한국의 주권을 상실할 정도로 다른 국가의 협정에 비하여 지나치게 불평등하다.
개 정	**한국과 미합중국 모두가 어느 때든지 협정에 대한 개정을 요청**할 수 있다. {02.1 승진}

Ⅱ. 주민미군지위협정(SOFA)의 적용대상자

미합중국 군대의 구성원	**대한민국의 영역 안에 있는 주한미군의 구성원(육군, 해군, 공군)으로서 현역군인**을 말한다. {07.1 승진, 05.2 경간부, 03.6 순경, 03.1 승진, 01.4 순경} ☞ 준외교특권을 누리는 **주한미군사고문단원**과 주한미대사관에 근무하는 **무관은 제외**된다. {09.4 순경, 05.2 경간부, 04.1 승진, 03.1 승진}
군 속	① 미국의 국적을 가진 민간인으로서 **대한민국에 주재하고 있는 미군에 고용되거나(가족 포함) 근무하는 자**를 말한다. {07.1 승진, 04.1 승진, 03. 6 순경, 03.1 승진} ② 한국과 미국의 국적을 모두 가진 **이중국적자로서 주한미군에 고용되어 있는 자(가족 포함)**를 말한다. {03.1 승진} ③ 제3국인으로서 **주한미군에 고용되어 근무하는 자(동반자 포함)**를 말한다.
가 족	① **주한미군의 구성원 또는 군속의 가족 중에서 배우자 및 21세 미만의 자녀**를 말한다. {09.4 순경, 07.1 승진, 05.2 경간부, 03.1 승진, 01.7 순경, 01.4 순경} ② **부모 및 21세 이상의 자녀 또는 친척으로서 생계비의 반액 이상**을 주한미군 또는 군속에 의존하는 자를 말한다. {07.1 승진, 03.1 승진}
초청 계약자	특정한 조건하에 미국정부의 지정에 의한 계약이행만을 위하여 대한민국에 체류하는 자로서 ㉠ **미국의 법률에 따라 조직된 법인**, ㉡ **통상적으로 미국에 거주하는 그의 고용원**, ㉢ **법인, 고용원의 그 가족을 포함**한다. {04.1 승진, 03. 6 순경, 03.1 승진}

【적용대상에 속하지 않는 경우】

① 관광목적으로 여행 중인 미군 : **적용 안 됨.**

② 한국에 공무로 여행 중인 미군 : **적용 안 된다는 것이 다수설**

③ 카투사 : **적용 안 됨**(인사·행정권은 한국군, 지휘·감독권은 미군)

④ 미8군에 근무하는 한국국적의 고용인 : **적용 안 됨.**

⑤ 주한미군사고문단, 경제적으로 독립한 주한미군의 21세의 아들, NATO에 근무 중 공무상 여행 중인 미군, 미대사관에 근무하는 무관, 주한 미대사관에 근무하는 미군 사병 : **모두 적용 안 됨**

Ⅲ. 형사재판권

의 의		형사재판권에 관한 국제관례는 주둔군은 접수국의 관할에 속하는 것이 원칙이다. 다만, 상호간의 협정 등을 통해 일정한 배분을 규정하고 있다.
재판 관할권		① 미군당국은 미군의 구성원, 군속 및 그들의 가족에 대하여 미국 법령이 부여한 모든 형사재판권 및 징계권을 대한민국 안에서 행사할 권리를 갖는다. ② **평화 시에는 미군의 군속 및 가족에 대한 형사재판권은 대한민국 당국이 행사**한다. {03.11 순경, 03.1 승진, 02.1 승진} ③ **한국이 계엄령을 선포할 경우에는 선포지역 내에서는** 형사재판권의 제 규정의 효력이 즉시 정지되고, 해제될 때까지 **미군당국이 재판권을 행사**한다. {03.1 승진, 02.1 승진}
전속적 재판권	**한국의 전속적 재판권**	① **미군의 범죄로서 한국법령에 의하여 처벌이 가능**하나, 미국법령에 의하여 처벌할 수 없는 범죄(한국의 안전에 관한 범죄를 포함) {03.1 승진, 02.1 승진} ② 미군속과 가족의 범죄로서 **평화시에는 군속(초청계약자 포함) 및 가족에 대하여 전속적 재판권의 행사가 가능** {03.1 승진, 02.1 승진}
	미국의 전속적 재판권	미국법령에 의하여 처벌할 수 있지만, **한국법령에 의하여 처벌할 수 없는 범죄**(미국의 안전에 관한 범죄를 포함)
	국가안전에 관한 범죄	① 해당국에 대한 반역행위 및 태업 ② 간첩행위 ③ 해당국의 공무상 또는 국방상의 비밀에 관한 법령위반 → **각 국의 전속적 재판권 행사** {03.1 승진, 02.1 승진}
제1차적 재판권 (재판권의 경합)	**의 의**	① 특정범죄에 대하여 양국이 각각 자국의 법률에 의하여 재판권을 행사하여 처벌할 수 있는 경우를 말한다. ② **재판권이 경합하는 경우 한국 즉결심판사안을 제외하고는 언제나 미국에 통고**해야 하나, 미군당국은 **한국이 1차적 재판권을 가질 경우에만 통고**하도록 규정되어 있다.
	한국당국의 1차적 재판권행사	미군당국의 1차적 재판권 행사의 대상에 속하지 않는 모든 범죄에 대해 **원칙적으로 대한민국 당국이 재판권을 가진다.**
	미군당국의 1차적 재판권행사	① 오로지 합중국의 재산 또는 객체에 대한 범죄(미군의 안전이나 재산에 관한 범죄) ② 오로지 주한미군의 타구성원이나 군속 또는 그들 가족의 신체나 재산에 대한 범죄(미군부대 내부의 범죄) ③ **공무집행 중의 작위 또는 부작위의 범죄(공무수행에 부수한 행위도 포함)** {03.1 승진, 02.1 승진}
	재판권의 포기	주한미군이 재판권 포기를 요청할 경우, 한국이 재판하는 것이 특히 중요하다고 결정한 경우를 제외하고는 이를 호의적으로 고려하여야 한다.

재판 전 피의자의 체포 및 구금	**피의자의 체포**		① 주한미군지위협정 대상자를 체포한 경우 상호 통고 및 통지의무 명시하고 있다. ② 재판권이 경합하는 경우 한국은 모든 사건을 미국에 통고해야 하나, 미군은 한국이 1차적 재판권을 가질 경우에만 통고하도록 규정되어 있다.	
	피의자의 구금 및 인도	**미군 당국이 체포한 경우**	원칙	**대한민국의 인도요청이 있으면** 합중국은 이를 호의적으로 고려해야 한다고 규정하고 있으므로 **재판절차가 종결**되고 대한민국 당국이 구금을 요청할 때까지 계속 구금할 수 있다.
			예외	**12개의 중요범죄** {02.10 순경} ㉠ 살인 ㉡ 흉기를 휴대한 강도 ㉢ 마약거래 ㉣ 마약생산 ㉤ 강간 ㉥ 석방대가 갈취목적의 유괴 ㉦ 방화 ㉧ 폭행치사 · 상해치사 ㉨ 음주운전으로 인한 치사 ㉩ 상기 7개 범죄의 미수 ㉪ 교통사고 치사 후 도주 ㉫ 상기 범죄를 포함하는 다른 죄명의 범죄인 경우에는 기소시에 한국 측에 인도한다.
		대한민국 당국이 체포한 경우	원칙	**미군의 요청이 있으면** 피의자를 **미군 당국에 인도**해야 한다고 규정하고 있으므로 한국은 재판절차가 종결된 후에 미군 당국에 인도 요청을 하여 신병을 인도받는다.
			예외	**살인 혹은 죄질이 나쁜 강간**을 저지른 미군 피의자인 경우에는 신병을 인도하지 않고 계속구금이 가능하다. {02.1 승진}
		국가별 신병인도	한 · 미SOFA 경우	살인 혹은 죄질이 나쁜 강간을 제외하고는 미군당국에 신병을 인도
			독 · 미SOFA의 경우 NATO SOFA의 경우	미군 당국에 신병을 인도
			일 · 미SOFA 경우	정당한 이유 및 필요가 없는 한 미군당국에 신병을 인도
	피의자 및 피고인의 권리		① 한미행정협정 대상자가 대한민국 당국에 의해 피의자나 피고인이 된 경우에 원칙적으로 대한민국 법률이 국민에게 부여하고 있는 형사소송절차상 권리를 가지며, 추가적으로 합중국 정부대표와 접견 · 교통할 권리 및 자신의 재판에 그 대표를 입회시킬 권리를 가진다. ② 접견의 경우 **무제한적 접견권을 인정**하며, 의류, 음식, 침구, 의료 등 보조적인 보호와 물건을 공여할 수 있다. {02.1 승진}	

Ⅳ. 현행범 체포 및 시설 및 구역내의 경찰권

현행범 체포	① 주한 미연합군사고문단원이나 대사관 무관인 경우 외교관에 즌하는 특권을 향유하는 외국인이므로 **현행범으로 체포할 수 없다.** ② 일단 인적사항을 기록한 후 조사를 위하여 임의동행을 요구하고 거부할 경우 돌려보내어야 한다. ③ **모든 외국인범죄는 경찰서장, 지방경찰청장에 즉보**한다.				
시설 및 구역내의 경찰권	**시설 및 구역 내부 경찰권**	① **미군시설 및 구역 내에서 발생한 모든 범죄자에 대해 미군당국이 체포**할 수 있다. {04.10 순경} ② 대한민국 당국이 체포하려는 자로서 한미행정협정 대상이 아닌 자가 이러한 시설 및 구역 내에 있을 때에는 **대한민국 당국이 요청하는 경우에 미군당국은 그 자를 체포하여 즉시 인도**하여야 한다. {04.10 순경} ③ ㉠ **미군당국이 동의한 경우**, ㉡ **중대한 죄를 범하고 도주하는 현행범인을 추적하는 경우에는 미군시설 및 구역 내에서 대한민국 당국이 체포가 가능**하다. {04.10 순경, 02.10 순경}			
	시설 및 구역주변 경찰권	미군당국의 시설 및 구역주변에서 국적 여하를 불문하고 **시설 및 구역의 안전에 대해 현행범인을 체포 · 유치할 수 있다.** {04.10 순경}			
	압수 · 수색 · 검증	**대한민국 당국은 미군 당국이 동의가 없으면** 시설 또는 구역 내에서 사람이나 재산에 관하여 또는 시설 및 구역 내외를 불문하고 **미국재산에 관하여 압수 · 수색 또는 검증을 할 수 없다.** 단, 압수 · 수색 · 검증에 관한 대한민국 당국의 요청이 있는 때에는 미군 당국은 필요한 조치를 하여야 한다.			
출입국 관리 및 신분 증명서	① 주한미군의 구성원(미군 · 군속 · 가족)은 대한민국에 있는 동안 그들의 신분을 증명하기 위하여 성명, 생년월일, 계급과 군번 및 군의 구분을 기재하고 사진을 첨부한 신분증명서를 소지하여야 하며, 동 신분증명서는 대한민국의 관계당국이 요구하면 이를 제시하여야 한다. ② **주한미군의 구성원(미군 · 군속 · 가족)은 외국인 등록 제외대상**이다. ③ **주한미군의 구성원(미군 · 군속 · 가족)의 여권 및 사증에 관한 사항은 여권법이나 출입국 관리법 등 대한민국 법령의 적용이 면제**된다.				
손해 배상	피해 주민이 해당 지역 정부배상심의위원회에 신청하면 미군 또는 한미합동으로 피해조사를 한 후 결정한다. {03.1 순경}				
	공무수행 중 발생한 손해	① 공무집행 중 입힌 손해에 대해서는 **대한민국이 1차 소송당사자로서 피해자에게 배상을 한 뒤에, 다시 미국에 대해 청구**하게 된다. 　→ **미군당국의 간접적 보상** ② 미군의 이의제기 시 국가배상법에 따라 **대한민국 법원이 최종 결정** {03.1 순경} ③ 대한민국이 1차 보상 시 금액은 **원화로 지불**한다.			
		배상액의 부담	대상자의 전적인 과실인 경우 {04.1 승진, 03.1 순경} (전적으로 미군의 책임인 경우)	한국 25% 미국 75%	
			대상자의 전적인 과실이 아닌 경우 {04.1 승진} (미군과 한국정부의 공동책임인 경우)	한국 50% 미국 50%	
	비 공무수행 중 발생한 손해	① SOFA 대상자의 공무 외에 발생한 손해에 대한 **배상은 미군당국이 보상액을 최종 결정토록 되어 있다.** 　→ **미군당국의 직접적 보상** ② 피해자가 동의할 경우 **보상금 전액을 미군이 부담**한다.		미국 100%	

Ⅴ. 주한미군지위협정(SOFA)사건 처리요령

지구대에서의 처리	피의자 동행	① SOFA 사건 발생 시 지구대에서는 신속히 현장에 임하여 현행범인 체포 등의 절차에 따라 피의자의 신병을 확보하는 한편 목격자 등 참고인의 인적사항을 파악하고 **피의자에게 지구대로 동행을 요구**한다. ② 피의자가 도주한 경우 사건의 정황과 목격자의 진술 등을 종합하여 범죄발생의 유무를 판단하고 SOFA 대상자에 의한 범죄라고 심증이 가는 경우라도 통상의 양식에 따라 **범죄발생보고서를 작성하여 경찰서에 보고**한다.
	경찰서로 동행	① 확인 결과 SOFA 대상자이고 범죄혐의가 있는 경우에는 **SOFA사건피의자 동행보고서를 작성하여 피의자를 즉시 경찰서로 동행, 신병을 인계**한다. ② 피의자가 공무집행 중에 일어난 사건임을 주장하는 경우 공무수행 중인가의 판단은 미군이 발행한 공무집행증명서가 1차적 판단기준이 되며, 이러한 판단은 검찰에서 하는 점을 설득시켜 경찰서로 동행해야 한다.
경찰서 외사계에서의 처리	기초사실 조사 및 예비수사	① 경찰서로 동행한 피의자에 대하여 SOFA대상자 여부를 확인한 후 소속·계급·성명·생년월일·범죄사실 등 **기초사실을 조사**한다. {02.1 승진} ② 체포 후 신병을 **미국 당국에 인도하기 전에 예비수사**를 할 수 있으며{96.1 승진}, 예비수사는 피의자의 신분확인, 증거조사 등 공소제기에 필요한 초동수사를 포함하며 일정한 제약은 없다.
	미국 당국에 통보	SOFA 대상 피의자를 경찰서에 동행한 후 **미군 당국에 피의자가 체포되어 있음을 통고**하며, 이때 통고방법은 통상 피의자가 소속된 부대의 헌병대를 통해 전화로 한다. {96.1 승진}
	SOFA 사건 발생보고	피의자에 대한 예비조사 미국당국에 대한 통보가 끝난 후 예비조사 결과를 토대로 사건접수 후 **24시간 이내**에 관할 지방검찰청에 SOFA 사건 발생보고를 한다. {02.10 순경, 02.1 승진}
	신병인도	① 사건통고를 받은 **미군당국이 피의자의 신병인도를 요청하는 경우** 책임장교의 서명과 신병인수증을 받은 후 **피의자의 신병을 인도**해야 한다. {02.1 승진, 96.1 승진} ② **단,** 사건이 중대하고 증거인멸 등의 우려가 있는 경우 신병을 즉시 인도하지 말고 미국대표를 출석·입회시킨 가운데 예비조사(통상 구두로 행한다)를 실시한다.
피의자 조사	출석요구	수사당국은 적어도 **48시간 전에 미군당국에 피의자출석을 서면으로 요구**하여야 한다.
	피의자 신문조서의 작성	① **조서는 한글로 작성**하며, 성명과 소속은 반드시 영문으로 병기하고 미정부대표자가 조서말미에 서명한다. ② **조서에 피의자의 서명·날인은 반드시 요구되지 않으며,** 피의자가 서명·날인을 거부하였더라도 조사관의 서명·날인과 미국정부대표의 서명·날인이 있는 한 일반적으로 효력에는 영향이 없다. 다만, 피의자가 서명·날인을 거부한 사유는 형사소송법 제48조에 따라 그 사유를 조서에 기재하여야 한다. {02.1 승진} ③ 대한민국 당국은 **정부대표의 입회를 흠결하거나 정부대표의 서명이 없이 작성된 신문조서는 그 효력을 상실**한다. {06.1 승진, 96.1 승진} ④ **미군속·초청계약자 및 이들의 가족은 아무리 경미한 사건이라도** 대한민국에 전속적 재판권이 있으므로 **반드시 피의자 신문조서를 작성**하여야 한다.

피의자의 구속	**사건송치**	① 중요사건을 송치할 때에는 미군헌병대 또는 범죄수사대(CID)에서 조사한 진술서(번역문 포함)를 첨부하여 송치하는 것이 바람직하다. ② 미군속, 초청계약자 및 이들의 가족은 **아무리 경미한 형사사건이라도 반드시 피의자 신문조서를 작성하여 기소의견으로 송치**한다. ③ 피의자가 변호인을 선임하지 않은 경우, 피의자로부터 포기서에 서명을 받고 미국 정부대표에게도 피의자의 권리를 고지한 후, 동 포기서에 연명으로 서명하게 해야 한다.
	구속대상 범죄	① 대한민국의 안전에 관한 범죄 ② 살인(상해치사, 폭행치사 등) ③ 강도 · 강간 ④ 마약류의 밀수출 · 입 ⑤ 중대한 관세법 위반 ⑥ 위 범죄의 미수 · 공범 ⑦ 죄질이 위 범죄에 상응하다고 인정되는 범죄
	피의자 구속절차	① 현행범은 체포 즉시 검사에게 보고 후 구속영장을 신청하고, 최단거리의 미합중국군대의 헌병대장(또는 헌병사령관)에게 통고한다. ② 현행범이 아닌 경우에는 구속대상인 피의자의 경우에도 미군당국의 신병인도 요청이 있으면 일단 신병을 인도한 후 구속영장을 발부받아 피의자 소속부대의 헌병대장에게 제시하고 신병을 인도받는다. ③ 일반적으로 SOFA 대상자에 대한 구속은 검찰이 행하며, 구금장소는 구금시설에 대한 최저기준에 합당한 장소에 구금한다.

【경찰서 SOFA 사건 처리 순서】

① 기초사실 조사 → ② 체포사실 통고 → ③ 신병인도 전 조사와 미정부 대표 출석요구 → ④ 미군당국에 신병인도 → ⑤ 출석요구 → ⑥ 피의자조사 → ⑦ 사건송치(7일 이내) → ⑧ 피의자 구속

제7절　외국의 외사경찰

Ⅰ. 외국의 외사경찰

미 국	**미국은 외사기능을 담당하는 특별한 경찰조직은 없으나,** 미국경찰의 정보3과에서 외국경찰기관의 연락조정 등 한국의 외사경찰과 가장 유사한 기능을 수행한다.
프랑스	프랑스의 **국제기술협력국은 외국경찰과의 협력활동, 위탁교육, 국제회의, 주재관의 파견 등** 한국의 외사경찰과 가장 흡사한 기능을 수행한다.
일 본	종래에는 경비국에서 외사경찰의 기능을 맡아왔으나, 1994년부터 장관관방 하에 **국제부를 설치하여 외사기능을 종합적으로 수행**하고 있다.

부 록

【최근 2년간 경찰학개론 출제경향 분석표】

	목 차	2011.2	2011.8	2012.2	2012.8	합계
총론	경찰학의 기초이론	2	2	1	1	6
	한국경찰사	1			1	2
	외국경찰사		1			1
	경찰법학	6	8	7	6	27
	경찰행정학		1	2	2	5
	경찰에 대한 통제방안 및 향후과제	1			2	3
	총론 합계	10	12	10	12	44
각론	생활안전경찰활동	2	1	3	2	8
	수사경찰활동					
	경비경찰활동	3	1	1	1	6
	교통경찰활동	1	2	2	2	7
	정보경찰활동	1	2	1	1	5
	보안경찰활동	2	1	1	1	5
	외사경찰활동	1	1	2	1	5
	각론 합계	10	8	10	8	36

참고문헌

경찰대학(1998), 『경찰경비론』, 경찰대학교재편찬위원회

경찰대학(1998), 『경찰교통론』, 경찰대학교재편찬위원회

경찰대학(1998), 『경찰보안론』, 경찰대학교재편찬위원회

경찰대학(1998), 『경찰외사론』, 경찰대학교재편찬위원회

경찰대학(1998), 『경찰윤리론』, 경찰대학교재편찬위원회

경찰대학(2000), 『한국경찰사』, 경찰대학교재편찬위원회

경찰실무교재 편찬위원(2010), 『경찰실무종합 : 경찰학 총론·각론』, 경찰공제회

경찰종합학교(1994), 『50년사: 1945~1994』, 경찰종합학교

경찰학연구소(2001), 『경찰경무론』, 좋은세상

경찰학연구소(2001), 『경찰윤리론』, 좋은세상

경찰학연구소(2001), 『경찰윤리론』, 좋은세상

경찰학연구소(2004), 『경찰정보론』, 경찰승진정보

공병인(2010), 『공병인 경찰학개론』, 배움

김규정(2000), 『행정학개론』, 법문사

김상균(2004), 『최신 범죄학원론』, 양서원

김은표(2010), 『멘토 경찰학개론』, 준커뮤니케이션즈

김재규(2001), 『경찰방범론』, 경찰승진연구회

김재규(2008), 『생활안전론』, 경찰승진연구회

김종보(2003), 『경찰교통론』, 경찰고시연구원

김충남(2004), 『경찰학개론』, 박영사

김형만(2003), 『비교경찰제도론』, 법문사

김형중(1998), 『한국중세경찰사』, 수서원

김형중(2010), 『경찰학개론』, 청목출판사

박균성(2009), 『판례행정법』, 법률저널

박인용(2001), 『경찰윤리론』, 경찰승진연구회

박창호(2005), 『비교수사제도론』, 박영사

백승기(2010), 『행정학원론』, 대명사

백승엽(2002), 『교통경찰실무론』, 화학사

서정범(1998), 『독일경찰법론』, 세창출판사

손봉선(2005), 『경찰외사론』, 대왕사

손봉선, 송재복(2002), 『경찰조직관리론』, 대왕사

송병호(2011), 『경찰조직관리론』, 청목출판사

송봉선(2008), 『경찰교통론』, 21세기사

신경식(2008), 『경찰인사행정론』, 대왕사

신현기, 이영남(2003), 『경찰인사관리론』, 법문사

안종우(2010), 『TOP PASS 안종우 경찰학개론』, 샘과 바다

양영철(2008), 『자치경찰론』, 대영문화사

양원규(2010), 『경찰조직관리론』, 백산출판사

염장호(2000), 『범죄학』, 열린

이관희(2011), 『경찰공법 판례연구』, 수사연구사

이상원(2010), 『경찰학개론』, 대명출판사

이영남, 신현기(2003), 『경찰조직관리론』, 법문사

이윤근(2001), 『비교경찰제도론』, 법문사

이윤호(2010), 『범죄학』, 박영사

이진권, 홍덕기(2002), 『경찰경무론』, 경찰고시연구원

이현희(2004), 『한국경찰사』, 한국학술정보(주)

이황우외(2001), 『경찰학개론』, 한국형사정책연구원

임병락(2010), 『경찰학개론』, 배움

임준태(2009), 『범죄예방론』, 대영문화사

전돈수(2005), 『범죄학개론』, 21세기사

정진환(1994), 『미국경찰론』, 양영각

조규철(2010), 『외사경찰론』, 진영사

조준현(2009), 『범죄학』, 법원사

조철옥(2008), 『경찰학개론』, 대명문화사

조철옥(2008), 『현대범죄학』, 대영문화사

최영규(2007), 『경찰행정법』, 법영사

최정일(2010), 『행정법의 정석, 행정법Ⅱ』, 박영사

한견우(1992), 『행정법이론』, 박영사

홍정선(2010), 『경찰행정법』, 박영사

황영구(2010), 『범죄수사론Ⅰ』, 한국학술정보(주)

황영구(2010), 『범죄수사론Ⅱ』, 한국학술정보(주)

황영구 ───

경찰학박사
계명대학교 일반대학원 경찰행정학과 석·박사 졸업
현) 경찰단기학교 수사 대표교수
　　신림동 우리경찰학원 경찰학개론 대표교수
　　대전 국민경찰학원 경찰학개론/수사 대표교수
전) 대구/부산 국민경찰학원
　　대구/부산 JBS경찰학원
　　부산 금자탑경찰학원
　　마산 육서당경찰학원

『通 경찰학개론 기본서』(2012)
『通 경찰학개론 문제집』(2012)
『바이블 수사 요약집』(2011)
『바이블 수사 문제집』(2011)
『범죄수사론 Ⅰ』(2010)
『범죄수사론 Ⅱ』(2010)
『멘토 황영구 수사』(2010)
『수사 X파일 문제집』(2009)
『수사 X파일 요약집』(2009)
「범죄수사용 DNA 데이터베이스(DB) 구축의 장애요인에 관한 연구」(2010)
「DNA 신원확인정보의 이용 및 보호에 관한 법률에 대한 비판적 검토」(2010)
「범죄수사 효율성을 위한 유전자정보은행 설립방향에 관한 연구」(2008)
「범죄자 유전자정보은행의 운영방안에 관한 연구」(2008)
「경찰공무원(순경) 채용제도 개선방안에 관한 실증적 연구」(2008)
「DNA형 감정의 운영에 관한 지침의 개정에 관한 고찰」(2006)
「여자경찰공무원의 현황과 활성방안에 관한 연구」(2005)
「사이버경찰의 수사한계와 수사력 강화방안」(2004)
외 다수

모든 것이 通하는 황영구 박사의

通 **경찰학개론**

초판인쇄 | 2013년 1월 18일
초판발행 | 2013년 1월 18일

편 저 자 | 황영구
펴 낸 이 | 채종준
펴 낸 곳 | 한국학술정보㈜
주　　소 | 경기도 파주시 문발동 파주출판문화정보산업단지 513-5
전　　화 | 031) 908-3181(대표)
팩　　스 | 031) 908-3189
홈페이지 | http://ebook.kstudy.com
E-mail | 출판사업부　publish@kstudy.com
등　　록 | 제일산-115호(2000. 6. 19)

ISBN　　978-89-268-4058-0 94350 (Paper Book)
　　　　　978-89-268-4059-7 95350　(e-Book)